개정증보신판
4th Edition

시스코 전문가가 말하는 네트워크 따라잡기

CISCO 시스코

후니의 쉽게 쓴 네트워킹

★ 무료 동영상 강의 네트워크의 기초 + 서브넷 마스크 제공 ★

Vol. 1

진강훈 외 지음

네트워크를 이렇게 쉽게 설명한 책은 없다!
당신에게 네트워크 전문가의 꿈을 이루게 해 줄 최고의 입문서

NEW

저자 직강 유료 동영상 강좌 개설!

파트별 이론 설명 + 시스코 장비 실습

1위
네트워크 분야
bm.cyber.co.kr

★ 저자 직강 유료·무료 ★
동영상 강의 교재

Q&A 이 책의 내용 문의는 '네이버 후니카페(http://cafe.naver.com/hoonycafe)'에
있는 질문게시판을 이용하세요.

BM (주)도서출판 성안당

KB091053

개정증보신판
4th Edition

CISCO 시스코

후니의
쉽게 쓴 네트워킹

Foreign Copyright:
Joonwon Lee   Mobile: 82-10-4624-6629
Address: 3F, 127, Yanghwa-ro, Mapo-gu, Seoul, Republic of Korea
             3rd Floor
Telephone: 82-2-3142-4151
E-mail: jwlee@cyber.co.kr

개정증보신판 4th edition

CISCO 네트워킹

2002. 1. 10. 초 판 1쇄 발행
2005. 2. 15. 초 판 15쇄 발행
2005. 5. 15. 1차 개정증보 2판 1쇄 발행
2010. 3. 30. 1차 개정증보 2판 18쇄 발행
2010. 9. 9. 2차 개정증보 3판 1쇄 발행
2017. 9. 15. 2차 개정증보 3판 19쇄 발행
2018. 10. 15. 3차 개정증보 4판 1쇄 발행
2024. 8. 7. 3차 개정증보 4판 10쇄(통산 62쇄) 발행

지은이 | 진강훈 외
펴낸이 | 이종춘
펴낸곳 | **BM** ㈜도서출판 **성안당**

주소 | 04032 서울시 마포구 양화로 127 첨단빌딩 3층(출판기획 R&D 센터)
        | 10881 경기도 파주시 문발로 112 파주 출판 문화도시(제작 및 물류)

전화 | 02) 3142-0036
        | 031) 950-6300
팩스 | 031) 955-0510
등록 | 1973. 2. 1. 제406-2005-000046호
출판사 홈페이지 | www.cyber.co.kr
ISBN | 978-89-315-8919-1 (13000)
정가 | **43,000원**

이 책을 만든 사람들

책임 | 최옥현
편집·진행 | 정지현
교정·교열 | 안혜희
본문 디자인 | 앤미디어
표지 디자인 | 이플디자인, 박원석
홍보 | 김계향, 임진성, 김주승
국제부 | 이선민, 조혜란
마케팅 | 구본철, 차정욱, 오영일, 나진호, 강호묵
마케팅 지원 | 장상범
제작 | 김유석

■ **도서 A/S 안내**

성안당에서 발행하는 모든 도서는 저자와 출판사, 그리고 독자가 함께 만들어 나갑니다.
좋은 책을 펴내기 위해 많은 노력을 기울이고 있습니다. 혹시라도 내용상의 오류나 오탈자 등이
발견되면 **"좋은 책은 나라의 보배"**로서 우리 모두가 함께 만들어 간다는 마음으로 연락주시기
바랍니다. 수정 보완하여 더 나은 책이 되도록 최선을 다하겠습니다.
성안당은 늘 독자 여러분들의 소중한 의견을 기다리고 있습니다. 좋은 의견을 보내주시는 분께는
성안당 쇼핑몰의 포인트(3,000포인트)를 적립해 드립니다.

잘못 만들어진 책이나 부록 등이 파손된 경우에는 교환해 드립니다.

개정증보신판
4th Edition

시스코 전문가가 말하는 네트워크 따라잡기

CISCO 시스코

후니의 쉽게 쓴 네트워킹

Vol. 1

진강훈 외 지음

BM (주)도서출판 성안당

어렸을 적 어른들께서 자주 하시는 말씀 중에 '시간이 화살처럼 지나간다'는 말을 들은 기억이 있습니다. 하루라도 빨리 나이 먹고 어른이 되고 싶었던 제게는 너무 비현실적인 이야기였습니다. 특히 군대에 갔을 때 시간은 화살이 아니라 거북이보다도 느리게 간다는 것을 몸으로 체험한 적도 있었습니다. 어느덧 시간이 흘러 꽤나 나이를 먹어버린 요즘에야 그때 어른들께서 하시던 말씀이 와닿는 것 같습니다.

후니가 처음으로 이 책을 세상에 내놓았던 해는 "대~한민국"으로 온 나라가 시끄럽던 2002년이었던 것으로 기억합니다. 그리고 16년이 지난 올해 또 한 번의 월드컵이 열리는 해가 되었습니다. 맨 처음 이 책을 쓸 때는 16년 동안이나 여러분들 기억에 남을 책이 될 수 있을 거라고 상상이나 했을까요?

그동안 두 번의 개정판을 내고, 어찌 보면 마지막일지도 모르는 세 번째 개정 작업을 시작할 수 있었던 건 바로 이 책을 찾아주시는 독자 여러분의 덕분이라고 생각합니다.

이제 후니도 콘솔을 놓은 지가 오래되다 보니 아는 지식이 없어 여러분께 무언가를 알려드릴 능력도 없습니다. 하지만 다행히도 이 책이 추구하는 바가 쉬운 기초 만들기여서 그 기초라는 것이 크게 변하지 않아 변화된 부분에 대해서 좀 더 이야기해 드리면 될 것 같아 용기를 냈고, 조금이라도 지식을 전달할 수 있는 지금, 제가 알고 있는 지식을 독자 여러분께 전달해 드리고 싶다는 마음도 있었던 것 같습니다.

따라서 이번 개정판에서는 지난 몇 년간 기술과 장비의 변화에 맞추어 수정작업을 진행했습니다. 아울러 배운 내용을 활용해 볼 수 있도록 실전 문제를 추가했으며, 최근 네트워크 업계에서 관심을 많이 갖는 핫한 아이템에 대해서 최대한 빠르고 쉽게 이해할 수

CISCO

있도록 '후니의 1분 정보' 코너를 책 중간중간에 추가했습니다. 공부하다가 잠깐 쉬어가는 시간에 읽어보면 도움이 되실 겁니다.

개정 작업을 진행하다 보니 역시 가장 빨리 변하는 기술은 무선인 것 같습니다. 이번 개정판에서는 무선에 대해서도 최근 기술을 반영해서 수정 작업을 진행했고, 최신 시스코 무선제품에 대한 설명도 추가했습니다.

마지막으로 이번 개정판에는 이 책의 초반 부분에 해당하는 네트워크의 기초에 대한 동영상 강의를 추가했습니다. 그동안 많은 독자분들이 이 책에 대한 동영상 강의에 대해 말씀해주셔서, 용기를 내어 오랜만에 여러분과 동영상으로 만나는 기회를 만들었습니다. 책의 모든 내용을 담을 수는 없었지만, 이 동영상 강의를 통해 네트워크가 무엇이고, 어떻게 동작하는지, 그리고 허브, 스위치, 라우터는 어떤 차이가 있는지 등을 이해하는 데 도움이 되리라 기대합니다.

나름 꽤나 오랜 시간을 들여 노력했다고 생각했는데, 막상 책을 내놓고 보니 부족하기 그지없습니다. 나머지를 채우는 건 여러분의 노력일 거라고 믿겠습니다. 아무쪼록 이 책이 여러분들의 네트워크 탐험에 작은 나침반이 되길 기원합니다.

감사합니다.

진강훈 드림

NETWORKING

이 책의 구성

PREVIEW

질문 있어요! QnA

후니 카페에 올라왔던 질문과 평소 네트워크를 공부하면서 궁금했던 사항을 친절하고 쉽게 설명하였습니다.

(네이버 후니 카페 http://cafe.naver.com/hoonycafe)

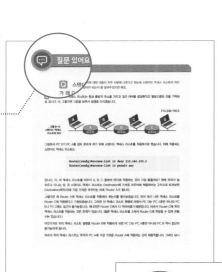

네트워크 플러스+

본문에서 자세히 설명하지 못한 알아두면 유용한 내용을 좀 더 집중적으로 정리하였습니다.

쉬어가는 페이지

저자의 흥미로운 이야기를 들으며 잠시 휴식을 갖는 시간입니다.

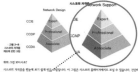

새로운 디자인&풍부한 일러스트

새롭게 바뀐 디자인과 그림을 통해 네트워크 구성도를 빠르고 정확하게 이해할 수 있도록 하였습니다.

후니의 1분 정보 ^{NEW}

시스코 전문가 저자 후니가 직접 선택한 최근 네트워크 업계의 핫한 아이템과 이슈를 쉽고 재미있게 소개합니다.

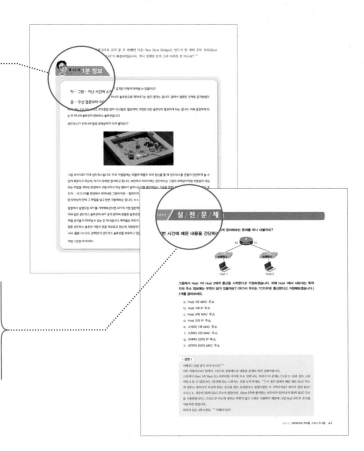

실전 문제 ^{NEW}

배운 내용을 토대로 문제를 풀며 자신의 실력을 점검할 수 있도록 새롭게 구성하였습니다.

후니 직강 동영상 강의 소개

새롭게 개정된 4th Edition은 기본 '서브넷 마스크' 해설 강의와 함께 네트워크 전반의 기본이 되는 '네트워크의 기초' 동영상 강의를 무료로 제공합니다.

저자 직강 무료 강의

저자 후니가 직접 '서브넷 마스크'와 '네트워크의 기초'를 귀에 쏙쏙 들어오도록 쉽게 설명합니다. 강의를 통해 네트워크를 여러분의 것으로 만드세요.

강의 자료

강의 시청 시 파워포인트 자료를 함께 보면서 네트워크를 훨씬 더 수월하게 이해할 수 있습니다.

· 무료 강의 수강권 이용 방법 ·

성안당 e러닝(bm.cyber.co.kr) 접속 ▶ 회원가입 후 로그인 ▶ 마이페이지 ▶ 나의 결제 정보 ▶ 쿠폰 등록/발급내역 ▶ 쿠폰번호 입력(하이픈 포함 입력) ▶ 등록하기 클릭 ▶ 아래의 목록에서 사용하기 클릭 ▶ (수강중인 강좌로 이동) ▶ 강의실 입장하기 클릭

★ 쿠폰을 등록하면 강의는 30일 동안 수강할 수 있습니다. 단, 쿠폰 유효기간은 2025년 12월 31일까지입니다.

차례
CONTENTS

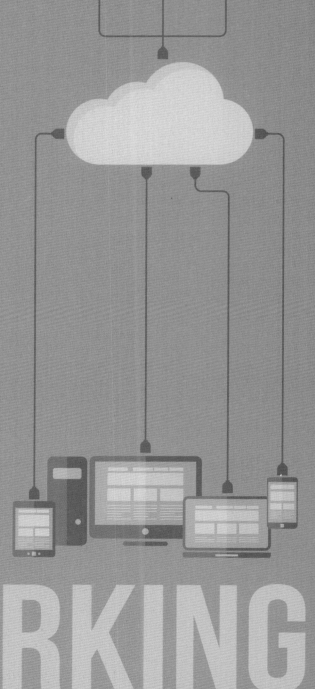

CISCO
NETWORKING

PART 01

네트워크 세상에 들어서며

01
SECTION

네트워크가 없어도
잘 살던 시절이 있었습니다

네, 그랬습니다.

얼마 전까지만 해도 그랬습니다. 네트워크가 뭔지 몰라도 되던 시절이 있었습니다. 그때는 그 랬습니다. 단지 컴퓨터를 잘 안다는 것만으로도 인정받던 시절이 있었습니다. 그때 컴퓨터를 모르는 사람들을 우리는 '컴맹'이라고 불렀습니다. 하지만 이제는 컴맹 말고 '넷맹'이란 말이 나 왔습니다. 네트워크를 모르는 사람.

여러분은 어떻습니까?

갑자기 몰아닥친 네트워크의 바람, 인터넷의 바람에 아무런 준비도 없이 노출되어 있는 건 아닙 니까?

저 역시 그랬습니다.

대학을 마치고 처음 들어온 네트워크팀이란 곳은 저를 그렇게 무방비 상태로 만들었습니다. 하 긴 그때만 해도 지금으로부터 10년도 더 된 옛날 이야기니 '네트워크'란 말이 생소하긴 했지만 말입니다.

여러분 중에 아직도 네트워크에 대한 자신이 없으신 분은 이제 저와 같이 네트워크 세상으로의 여행을 준비하기 바랍니다. 조금 먼저 시작한 후니랑 떠나는 네트워크 세상 이야기입니다.

후니는 지방에서 학교를 마치고 서울로 올라와 대기업이란 곳에서 약 8년간을 네트워크 녀석과 씨름을 했고, 그 일이 질릴 때쯤 무작정 회사를 나와서 게임방을 차렸던 녀석입니다. 잘 되던 게임방 사업(?)을 접고 다시 회사에 들어와 버린 건 한 곳에서만 지내야 하는 게임방 생활이 조 금은 힘들었기 때문일 겁니다.

1999년 게임방을 창업(?)하고 네트워크 칼럼을 처음 시작하던 시절에 썼던 이 글이 조금 오래 되긴 했지만 아직도 첫 페이지를 장식하는 건 원본의 느낌을 독자 여러분께 전달하고 싶은 제 마음이랍니다.

전직 게임방 주인과 함께하는 네트워크 이야기, 이제부터 시작입니다.

이제는 인터넷 세상

세상이 바뀌는 건 어찌 보면 한순간인 것 같습니다. 몇 년 전까지만 해도 인터넷 게임방은 우리에겐 너무 생소한 존재였습니다. 그 당시에 소위 '통신 세대'라고 하면 전화 모뎀을 이용해서 천리안, 하이텔 등에 접속하는 사람들이었는데, 정말 그 사람들이 최초의 컴퓨터 통신 세대가 아닐까 합니다. 하지만 이제 세상은 많이 바뀌었습니다.

술 한 잔 마시고 거리를 기웃거리다 보면 곳곳에서 마주치는 인터넷 게임방 간판⋯. 명함에 이메일 주소 하나 없으면 원시인쯤으로 대접(?)받는 세상⋯. 뭔가 유행했다 하면 곧바로 인터넷에 그 사실이 올라오는 세상⋯.

이젠 더 이상 주식투자를 해보겠다고 객장까지 찾아가 기웃거릴 필요가 없어지고, 주택청약을 하겠다고 새벽부터 줄을 서던 사람들이 사라지고, 주민등록등본을 떼려고 회사에서 몰래 빠져나와 동사무소까지 달려가지 않아도 되는 세상이 온 것도 바로 이 네트워크 때문입니다.

편지도, 음악도, 사진도, 동영상도 모두 인터넷으로 주고받는 세상, 초등학교 숙제조차 이젠 학교 홈페이지를 열어봐야 알 수 있는 세상, IP 전화라는 말과 인터넷 TV라는 말이 전혀 낯설게 들리지 않는 세상에 와 있습니다.

제가 여러분께 말씀드리고자 하는 이야기는 바로 이런 네트워크에 대한 이야기입니다. 우리가 늘 만나는, 그래서 이제는 피해갈 수 없는 이 네트워크라는 녀석의 속 이야기를 한번 해볼까 합니다. 그냥 편안하게 네트워크의 속사정을 들어보면 여러분들도 네트워크란 녀석에게 점점 빠져들게 될 거고, 또 그만의 사정을 이해할 수도 있을 겁니다.

어느 광고 문구의 말대로 좀 더 빠르고 편리한 네트워크 세상 구축을 위해서 우리 한번 시작해 볼까요? ^^

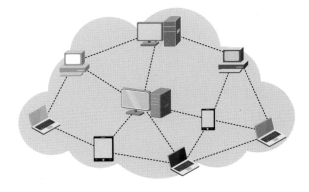

| 그림 1-1 |
인터넷 세상

네트워킹의 정체

SECTION

그럼 네트워킹이란 어떤 걸까요?

네트워킹(Networking)이란, 서로 연결하는 겁니다. 그렇다고 그냥 연결만 한다고 네트워킹이 되지는 않을 겁니다. 서로 연결된 장비들끼리 대화를 주고받을 수 있어야 합니다. 왜 그런 것을 하냐고요? 그건 정보의 공유를 위해서입니다. 또한 자원의 공유 때문입니다. 맨 처음 '네트워킹'이란 말이 나온 것도 비싼 장비를 혼자 쓰는 게 아까웠던 것에서부터 출발했다고 합니다. 여러분들이 다 아는 IBM 호스트 장비는 얼마나 비싼 장비들입니까? 그런 장비를 혼자 쓰기 아까우니까 보통 '터미널'이라고 불리는, 우리가 지금 쓰는 단말기와 비슷하게 생긴 장비들 여러 대를 호스트 컴퓨터에 붙여서 사용했고, 여기서 출발한 아이디어가 서버만 공유하지 말고 프린터도 공유해보자는 생각으로 이어졌고, 그러다 이번에는 하나의 호스트만 공유하지 말고 여러 대의 호스트를 함께 공유해 보자는 요구가 생겨나면서 결국 지금의 네트워킹으로 발전하게 된 겁니다.

여기까지 보시고 네트워킹에 대한 이해가 안 가도 상관없습니다. 그냥 네트워킹이란, '서로 연결해서 대화할 수 있게 하는 거구나.'라고만 이해하시면 됩니다. 네트워킹이란 좋은 겁니다. 그러니까 너도 나도 네트워킹을 하려고 하는 겁니다. 또 예전에는 PC 한 대만 사줘도 좋아하던 아이들이 요즘은 너도 나도 집에 인터넷을 설치해 달라고 난리이고, 집에 있는 PC를 놔두고 게임방으로 직행하는 거 아니겠습니까?

자, 그래서 네트워킹이 무엇인지 한마디로 정의하면 '장비들을 서로 대화가 가능하도록 묶어주는 것이다'라고 쉽게 생각하면 됩니다.

04
SECTION

인터넷, 인트라넷, 엑스트라넷

🔍 인터넷

그럼 인터넷은 무엇일까요? 그 의미부터 한번 알아보겠습니다.

인터넷(Internet)의 '인터(Inter)'라는 의미는 연결을 의미합니다. 예를 들어볼까요? '인터내셔널(International)'이란 말 아시죠? 사전을 찾아보면 '국제적인' 또는 '국제간의'라는 뜻으로 해석됩니다. 즉 International이란, 여러 나라를 묶을 때 사용하는 말입니다. 또 제가 있는 사무실 옆에 있는 인터컨티넨탈 호텔의 인터컨티넨탈(Intercontinental) 역시 컨티넨탈, 즉 '대륙을 묶는다'는 의미가 있다는 것을 아실 겁니다. 아, 또 있네요. 인터폴(Interpol)은 국제경찰, 즉 각 나라의 경찰을 묶은 것을 의미합니다. 그리고 보니 인터폰(Interphone)도 있네요. 전화를 서로 묶어주는 역할을 하죠. 따라서 인터넷(Internet)이란, '여러 개의 네트워크를 묶었다'는 의미를 가지고 있는 겁니다.

앞에서 말씀드린 대로 각각의 회사나 단체에서 자신들의 정보를 공유하고자 만들었던 네트워크를 좀 더 많은 사람들과 정보를 공유하고자 서로 연결하기 시작했는데, 이게 바로 인터넷의 시작이 되었습니다. 처음에는 아마도 인터넷이란 말도 없었을지 모릅니다. 그냥 서로 자기들만의 네트워크를 만들어서 사용했을 겁니다. 그러다가 다른 네트워크에 있는 정보를 공유하고 싶었겠죠? 그래서 케이블을 길게 끌고 가서 연결을 했거나, 아니면 전화선 같은 걸 가지고 2개의 네트워크를 연결했을 겁니다. 그렇게 시작된 인터넷이 이제는 우리가 어디서라도 연결될 수 있는 지금의 인터넷으로 발전한 거라고 생각하면 됩니다.

여러분도 'Web'이란 말을 들어보셨을 겁니다. 처음 들어보셨다구요? 우리가 보통 이야기하는 인터넷 주소가 맨 처음에 www로 시작하잖아요? 예를 들어서 www.cisco.com처럼 말입니다. 이때 맨 앞에 붙는 www가 바로 'World Wide Web'의 약자라는 걸 아실 겁니다. Web처럼, 즉 정말 거미줄처럼 인터넷이 서로 연결되어 있기 때문에 거미줄을 뜻하는 Web이란 말을 쓰지 않나 생각됩니다.

이러한 인터넷은 몇 가지 특징을 가지고 있습니다.

첫 번째 특징은 하나의 프로토콜만을 사용한다는 겁니다.

프로토콜이 뭐냐구요? 그건 대화의 규칙이라고 일단 생각하면 됩니다. 여기에서는 통신의 규칙이 되겠네요. 만약 일상생활에서도 대화할 때 프로토콜이 맞지 않는다면 아마 대화가 불가능할 겁니다. 즉 한 사람은 한국말을 하는데 상대편은 한국말은 전혀 모르고 영어로만 이야기한다면 이 두 사람은 서로 프로토콜이 다르다고 이야기합니다. (이 문제가 실은 저도 늘 사무실에서 겪고 있는 문제 중 하나입니다. 외국 사람들이 좀 많거든요.)

이렇게 서로 다른 프로토콜을 사용하게 되면 통신, 즉 대화가 불가능하다는 겁니다. 따라서 인터넷에서는 하나의 언어, 즉 하나의 프로토콜만을 사용하는데 인터넷에서 사용하는 이 하나의 프로토콜이 바로 TCP/IP라는 녀석입니다. 이것에 대해서는 앞으로 차차 알아보기로 하겠습니다.

인터넷의 또 하나의 특징은 주로 익스플로러나 크롬, 파이어폭스와 같은 웹 브라우저를 이용해서 인터넷을 탐험한다는 겁니다. 써보셔서 아시겠지만 웹 브라우저는 굉장히 편리합니다. 그냥 마우스를 몇 번 클릭하는 것만으로도 우리는 이제 전 세계를 누비고 다닐 수 있게 된 겁니다.

그럼 마지막 하나의 특징은 뭘까요? 그건 바로 인터넷에는 없는 정보가 없다는 겁니다. 다시 말해서 필요한 정보는 무엇이든지 다 있다는 겁니다. 어디서나 인터넷 하나면 못 찾아내는 게 없죠. 오히려 필요 없는 것까지 너무 많이 찾아내서 문제가 되기도 합니다. 암튼 이렇게 인터넷이 전 세계의 컴퓨터를 서로 묶어놓게 되었고, 우리는 이곳에서 많은 정보를 얻어낼 수 있는 것입니다.

🔍 인트라넷

자, 그럼 인트라넷(IntraNet)은 무얼 의미할까요?

아까 배운 인터넷과는 뒤의 넷은 똑같은데 앞에 Intra가 붙어 있습니다. 인트라가 뭔 말인고 하니 '내부의' 뭐 그런 말이니까…. 쉽게 말하자면 내부의 네트워크가 됩니다. 그런데 이런 특징이 있습니다. 즉 우리가 인터넷이란 걸 웹 브라우저(크롬이나 익스플로러)만 가지고 사용하다 보니 너무나 편리했던 겁니다. 그래서 사내 업무도 이렇게 웹 브라우저만을 가지고 쓸 수 없을까 해서 만든 게 바로 인트라넷입니다.

따라서 인트라넷 역시 TCP/IP란 프로토콜을 사용하고, 또 웹 브라우저를 이용해서 마치 우리가 인터넷을 사용하듯이 사내 업무를 처리하게 되었습니다. 예를 들어 업무 보고를 한다든지, 휴가 신청을 한다든지, 아니면 회사 연락처를 알아본다든지 하는 일을 처리합니다. 하지만

인트라넷은 인터넷과는 차이가 있습니다. 즉 그 회사 사람 말고 다른 사람은 인터넷을 통해서 접속이 불가능하다는 겁니다. 마치 생긴 건 인터넷과 똑같아도 특정 회사의 사람들에게만 사용이 허가된 사내 네트워크인 셈입니다. 요즘은 거의 모든 회사들이 사내 메일 시스템이나 인사 총무 등의 시스템을 이처럼 인트라넷을 이용해서 개발하고 사용하고 있습니다. 저희 회사도 물론 그렇구요.

| 그림 1-2 |
시스코의 인트라넷 홈페이지

엑스트라넷

엑스트라넷(ExtraNet)이라는 것도 들어보셨을 겁니다. 내용은 인트라넷과 거의 유사하지만, 기업의 인트라넷을 그 기업의 종업원 이외에도 협력 회사나 고객에게 사용할 수 있도록 한 것이 바로 엑스트라넷의 가장 큰 차이점입니다.

≫ 알고 갑시다!

자, 그럼 결론을 내려볼까요?

인터넷은 네트워크를 여러 개 묶어놓은 네트워크 연합을 말하고 이것들은 TCP/IP라는 공통의 프로토콜을 사용한다.
인트라넷은 회사에서 쓰는 여러 가지 프로그램들을 마치 인터넷을 사용하는 것처럼 쓰도록 만들어놓은 것인데, 인트라넷은 그 회사의 직원 이외에는 사용할 수가 없다. 그러나 엑스트라넷은 그 사용 범위를 직원 이외에도 협력 회사나 고객까지로 확대한 개념이다.

여기까지만 알면 인터넷과 인트라넷, 그리고 엑스트라넷을 어느 정도 이해한 것입니다.

CISCO
NETWORKING

PART
02

네트워크와 케이블,
그리고 친구들

01

LAN(Local Area Network)이란?

네트워크를 하다 보면 가장 먼저 만나는 것이 'LAN'이라는 단어입니다.

저도 처음 입사했던 곳이 LG의 LAN팀이었습니다. 졸업하고 첨 들어갔을 땐 여기가 뭐 하는 곳인가 했습니다. 그렇습니다. LAN이란, 네트워크에서 가장 자주 나오는 말입니다. 아마 대부분이 아시겠지만 LAN(우리말로 '랜' 혹자는 '란'이라고도 하는데, 저는 '랜'이 맞다고 우기고 있습니다.)이란, 'Local Area Network'의 약자로 Local, 즉 '어느 한정된 공간에서 네트워크를 구성한다'는 것입니다.

예를 들어 한 사무실에 컴퓨터가 30대 있는데, 이것들을 네트워크로 구성한다면 '사무실에 LAN을 구축한다'라고 말합니다. 그러니까 PC방에서 각 PC를 네트워킹하는 것을 LAN을 구축한다고 하는 게 맞을 겁니다. 어떤 사람들은 'LAN을 깐다'라고도 합니다. 그건 아마도 케이블이 대부분 바닥이나 천장에 깔리기 때문일 거라는 게 제 생각입니다.

LAN과 비교되는 말로 WAN이 있습니다.

WAN은 'Wide Area Network'의 약자로서 '멀리 떨어진 지역을 서로 연결하는 경우'에 사용합니다. 요즘은 모두 인터넷을 쓰는 세상이니 인터넷에 접속하는 것은 WAN이라고 봐야 할 겁니다. 그래서 요즘은 네트워킹을 한다고 하면 주로 LAN과 WAN이 공존합니다. 예전처럼 랜을 설치하느니, 왠을 설치하느니 대신에 그냥 '네트워킹을 한다'라고 말하는 게 요즘 추세입니다.

아무튼 여기에서는 이것만 알고 넘어가도록 하겠습니다. LAN은 한정된 지역 안에서의 네트워크 구축이고, WAN은 서로 멀리 떨어진 곳을 네트워크로 연결하는 것! 여기까지입니다.

TIP

LAN은 한정된 지역에서의 네트워크 구축, WAN은 멀리 떨어진 곳과의 네트워크 구축입니다.

02 이더넷은 인터넷의 친구?

SECTION

그럼 이더넷(Ethernet)은 또 뭘까요? 혹시 지금까지 우리가 배운 인터넷의 친척 정도가 아닐까요? 결론부터 말씀드리면 이더넷은 좀 다른 녀석입니다. 이더넷은 네트워킹의 한 방식입니다. 즉 네트워크를 만드는 방법 중 하나라고 생각하면 됩니다. 이러한 이더넷 방식의 가장 큰 특징은 CSMA/CD라는 프로토콜을 사용해서 통신을 한다는 것입니다.

CSMA/CD는 뭐고, 프로토콜은 또 뭐냐구요? 점점 더 어려워지고 있다구요? 인터넷만 알면 되지 무슨 이더넷까지 알아야 하냐구요? 아닙니다. 지금 우리나라에서 사용하고 있는 네트워킹 방식의 대부분이 바로 이런 이더넷 방식이기 때문에 여러분들은 여기서 이더넷에 대해 어느 정도 이해해야 합니다.

예를 들어볼까요? 네트워킹 방식은 얼마 전까지만 해도 우리가 말한 이더넷 방식 말고도 토큰링 방식도 있었고, FDDI 방식도 있었으며, 또 ATM 방식도 있었습니다. 어떤 네트워킹 방식을 사용하느냐에 따라 랜카드를 비롯하여 구입해야 하는 네트워크 장비들이 다릅니다.

다시 말해, 자신의 네트워킹 방식을 모르고는 랜카드 한 장도 함부로 살 수 없습니다. 그러므로 네트워킹이 어떤 방식인지와 어떤 식으로 통신을 하는지를 알아두면 훨씬 도움이 될 것입니다.

아마 여러분이 지금 회사나 학교에서 네트워크를 통해서 인터넷을 사용하고 계신다면 그건 바로 이더넷 방식이 대부분일 겁니다. 따라서 여러분 PC에 설치된 랜카드도 이더넷용일 것이므로 무턱대고 아무 랜카드나 설치하면 안 됩니다.

이야기가 길어졌네요. 다시 이더넷으로 돌아와서 이더넷의 CSMA/CD라는 통신 방식에 대해서 한번 알아보겠습니다.

CSMA/CD는 'Carrier Sense Multiple Access/Collision Detection'을 줄여서 부르는 방식입니다. 이 통신 방식을 한 마디로 이야기하자면 '대충 알아서 눈치로 통신하자'입니다. 이것이 무슨 말인지 살펴보겠습니다.

이더넷 환경에서 통신을 하고 싶은 PC나 서버는 먼저 지금 네트워크상에 통신이 일어나고 있는지를 확인합니다. 즉 우리 네트워크 자원을 쓰고 있는 PC나 서버가 있는지를 확인해보는 것입니다. 즉 캐리어(이건 에어컨 이름이 아닙니다. 즉 네트워크상에 나타나는 신호라고 생각하면 되겠네요.)가 있는지를 감지하는 겁니다. 이것을 바로 'Carrier Sense'라고 합니다. 이때 만약 캐리어가 감지되면, 다시 말해서 누군가가 네트워크상에서 통신을 하고 있으면 자기가 보낼 정보가 있어도 못 보내고 기다립니다. 그러다가 네트워크에서 통신이 없어지면(이때는 캐리어가 감지되지 않았겠죠?) 눈치를 보다가 무조건 자기 데이터를 네트워크상에 실어서 보냅니다.

그런데 만약 네트워크상에서 두 PC나 서버가 보낼 데이터를 가지고 눈치를 살피고 있었다고 가정해보겠습니다. 그러다가 네트워크상에서 통신이 일어나지 않고 있다는 것을 알아냈습니다. 그리고 바로 자신의 데이터를 네트워크상에 실어서 보냈습니다. 물론 두 PC나 서버가 그것도 동시에 말입니다. 이더넷에서는 이렇게 2개 이상의 PC나 서버가 동시에 네트워크상에 데이터를 실어 보내는 경우가 발생할 수 있습니다. 이 경우를 바로 'Multiple Access(다중 접근)'라고 합니다.

통신에서 이렇게 2개의 장비들이 데이터를 동시에 보내려다 부딪치는 경우를 충돌(콜리전, Collision)이 발생했다고 합니다. 따라서 이더넷에서는 데이터를 네트워크에 실어서 보내고 나서도 혹시 다른 PC 때문에 콜리전이 발생하지 않았는지를 잘 점검해야 합니다. 그것이 바로 'Collision Detection(충돌 감지)'이라는 겁니다. 그러다 만약 콜리전이 발생하게 되면 데이터를 전송했던 PC들은 랜덤(Random)한 시간 동안 기다린 후 다시 데이터를 전송하게 됩니다. 여기서 랜덤한 시간이란, 우리가 느끼지 못할 만큼 작은 시간입니다.

암튼 콜리전, 즉 충돌이 발생하면 다시 보낸다는 겁니다. 그런데 이렇게 기다렸다가 보내도 또 충돌이 발생했다면 어떻게 할까요? 네! 또 기다렸다가 보냅니다. 충돌이 생기면 기다렸다 다시 보내고, 또 충돌이 나면 기다렸다 다시 보내고, 이렇게 15번을 했는데도 충돌이 나면 그냥 포기하게 됩니다. '아이고, 여기선 도저히 통신 못 해 먹겠다!' 하구요.

따라서 이더넷에서 충돌, 즉 콜리전이 발생하는 것은 이더넷의 CSMA/CD라는 특성상 자연스러운 일이지만, 너무 많은 충돌이 발생하게 되면 통신 자체가 불가능해지는 경우도 생길 수 있습니다. 이런 문제를 어떻게 하면 방지할 수 있는지는 다음에 계속 알아보도록 하겠습니다.

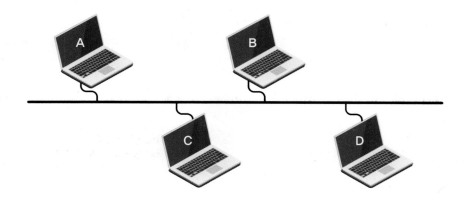

| 그림 2-1 |
CSMA/CD의 동작 1

[그림 2-1]에서처럼 네트워크로 4대의 PC가 연결되어 있습니다. 지금까지 네트워크상에서는 아무 통신이 일어나고 있지 않네요.

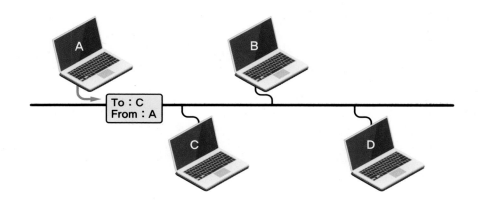

| 그림 2-2 |
CSMA/CD의 동작 2

그러자 A PC가 이것을 눈치채고 재빨리 C PC에게 보낼 데이터를 네트워크상에 실어서 보냈습니다.

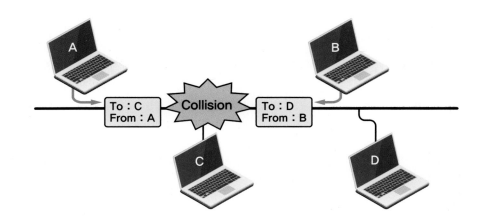

| 그림 2-3 |
CSMA/CD의 동작 3

그런데 B PC도 네트워크가 비었다는 것을 눈치채고 D PC에 보낼 데이터를 A와 동시에 네트워크에 실었습니다. 이 경우 충돌, 즉 콜리전이 발생하게 되는 겁니다.

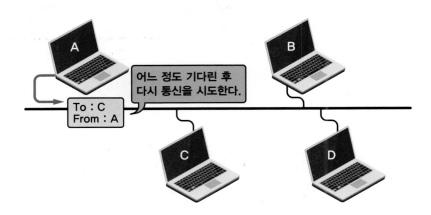

| 그림 2-4 |
CSMA/CD의 동작 4

콜리전이 발생하면 A와 B는 콜리전이 발생한 것을 감지하고 랜덤한 시간 동안 기다린 후 다시 통신을 시도하게 됩니다.

>> 알고 갑시다!

자, 그럼 이더넷에 대한 결론을 알아볼까요?

이더넷이란, 네트워크를 구축하는 방식 중 하나로, 우리나라에서는 대부분이 이더넷 방식을 사용하고 있다.

이더넷 방식의 가장 큰 특징은 CSMA/CD 방식으로 통신한다는 것인데, 이 방식은 통신하고자 하는 컴퓨터가 네트워크를 살펴봐서 아무도 통신을 하고 있지 않으면 무조건 자기 데이터를 실어서 보낸 후 잘 갔는지 확인해보는 방식이다. 그런데 만약 동시에 2개의 컴퓨터에서 데이터를 실어 보내려고 하면 충돌이 발생하게 되는데, 이것을 '콜리전'이라고 한다. 이렇게 콜리전이 발생하면 이 두 PC는 자신이 보내려던 데이터를 랜덤한 시간 동안 기다렸다가 다시 보내게 된다.

참! 프로토콜을 빼먹었네요. 이것은 다음에 다시 할 거니까 너무 걱정마시구요.

여기까지입니다.

이제 잠깐 쉬었다가 하실까요? 차도 한 잔 하시고 담배도(?) 한 대 피우시고, 천천히 공부하기 바랍니다. 보통 공부를 별로 안 좋아하는 사람들이 책 사면 바로 절반 이상 앉은 자리에서 독파해 버리죠. 그리곤 다시는 들여다보지 않는답니다. 차라리 조금씩 하더라도 꾸준히 하는 게 좋겠죠? (이상은 제 경험을 바탕으로 한 이야기였습니다.)

03
SECTION

그럼 토큰링(TokenRing)은요?

그럼 이번에는 토큰링에 대해서 알아보겠습니다. 어떤 분은 이더넷보다 토큰링이 더 친숙하게 들린다고 합니다. 토큰이라면 우리에겐 아련한 옛 기억을 떠올리게 하지 않습니까? 요즘은 교통카드나 현금을 이용해서 버스를 타지만, 예전에는 토큰을 가지고 버스를 타던 기억이 있을 겁니다. 맞습니다. 그 토큰이죠.

토큰링 방식의 네트워크에서 데이터를 전송하고자 하는 PC는 이더넷처럼 자기 맘대로 보내고 싶을 때 남들이 전송만 하지 않고 있으면 막 보내는 게 아닙니다. 그 네트워크에서 오직 한 PC, 즉 토큰을 가진 PC만이 네트워크에 데이터를 실어 보낼 수 있는 겁니다. (한 네트워크에 토큰이 달랑 하나거든요. 물론 몇 개씩 가지는 경우도 있긴 합니다.) 데이터를 다 보내고 나면 바로 옆 PC에 토큰을 건네주게 됩니다. 만약 전송할 데이터가 없다면 토큰을 다시 옆 PC에 전달합니다. 이렇게 옆으로 전달하는 방식으로 통신이 이루어지는 겁니다. 이해가 가시죠? 그러니까 토큰링에서는 당연히 충돌(Collision)이 발생하지 않겠죠? 또 네트워크에 대한 성능을 미리 예측하기도 쉽습니다. 그 대신 단점도 있습니다.

내가 지금 바로 보내야 할 데이터가 있고, 다른 PC들은 보낼 데이터가 하나도 없다고 하더라도 차례가 올 때까지 계속 기다려야 됩니다. 비록 다른 PC들은 보낼 데이터가 없더라도 토큰은 계속 옆으로만 전달되기 때문입니다. 1990년대 초반까지만 해도 이더넷보다 안정된 기술이라는 주장이 나오면서 토큰링 방식이 인기를 끌던 시절이 있었지만, 그 후 이더넷의 눈부신(?) 발전으로 이제 토큰링은 역사의 뒤안길로 사라지기 시작했답니다. 참고로 토큰링 프로토콜은 IBM이 처음 개발했답니다.

TIP

이더넷은 순서 없이 아무나 통신을 하지만, 토큰링은 토큰을 가진 순서에 따라 통신이 일어납니다.

》 알고 갑시다!

자, 그럼 결론을 살펴보겠습니다.

데이터 네트워크의 2가지 형태가 있는데, 하나는 이더넷, 그리고 또 하나는 토큰링이 있다(다른 것도 있는데 생략)고 기억하면 된다. 그런데 우리는 이더넷을 많이 쓰고 있고 이더넷의 일반적인 속도는 100/1,000Mbps이다. (토큰링은 4Mbps/16Mbps이다.)

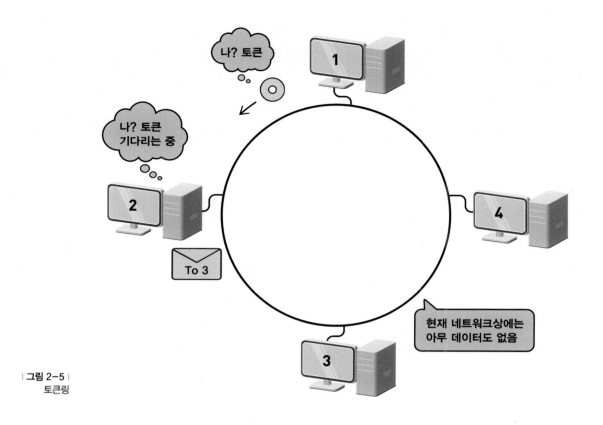

| 그림 2-5 |
토큰링

그림 보이시죠? 지금 네트워크상에는 아무 데이터가 실려있지 않습니다. 이때 2번 컴퓨터가 3번에 보낼 데이터가 있다고 가정해보겠습니다. 그런데 2번 컴퓨터는 아직 토큰을 받지 못했습니다. 쉽게 말씀드려서 자기 차례가 오지 않은 거죠. 이 경우는 아무리 네트워크상에 데이터가 없어도 2번 컴퓨터는 토큰이 올 때까지 기다렸다가 전송을 시작하게 됩니다.

요즘 뜨는 네트워크 게임에 대하여

아마 요즘 네트워크 게임에 대해서 한 번쯤 들어보지 않으신 분은 없을 겁니다.

대표적인 게임에는 스타크래프트나 피파온라인, 리니지 등이 있는데, 이런 게임들은 예전처럼 혼자 앉아서 하는 방식 대신 네트워크 게임으로, 다른 사람과의 게임이 가능한 것들입니다.

예를 들어 스타크래프트 게임은 한 명은 서울에서, 다른 한 명은 부산에서, 그리고 또 한 명은 미국에서 한 화면 안으로 들어와 혈전을 벌일 수 있습니다.

그래서 우리나라 사람들이 전 세계 스타크래프트 랭킹 10위 안에 4명이 들었다는 이야기도 있잖습니까? 요즘은 또 포커니 고도리, 바둑, 오목 등 전통 게임들도 네트워크상에서 즐기게 되었으니 점점 네트워크의 활용도는 다양해지고 있는 게 사실인 모양입니다.

아무튼 이런 네트워크 게임이 가능해진 것은 모두 네트워킹 기술 덕분입니다. 앞으로 우린 이제 전화도 따로 필요 없고, 텔레비전도 필요 없고, 팩스도 필요 없고, 단 하나 고성능 PC와 네트워킹만으로 이 모든 것을 전부 해결할 수 있게 된다는 겁니다. 물론 지금도 이게 가능하긴 하지만 속도 문제가 가

| 그림 2-6 |
네트워크 포커 게임

장 큰 걸림돌입니다. 해보신 분은 아시겠지만 만약 방송국 사이트에 들어가서 인터넷으로 드라마라도 하나 보려고 하면 콩알 딱지만 한 화면에 드라마는 나오다가 끊기고 또 기다리고, 또 요즘 뜬다는 인터넷 VJ가 진행한다는 성인 어쩌고저쩌고 인터넷 방송 좀 보려고 하면 중요한 대목에서 자꾸 느려져서 못 보는 경우도 있습니다. (저는 안 봤기 때문에 순전히 남들에게 들은 이야기입니다.) 그건 바로 인터넷의 속도 문제 때문입니다. 너무 큰 화면을 전송하면 더 느려지기 때문이죠. 따라서 요즘은 인터넷의 속도도 예전의 모뎀 방식보다는 DSL 기술의 보다 빠른 기술로 진화했고, 또 인터넷 서비스 업체들도 빠른 전송을 위해 여러 가지 기술을 구현하고 있습니다. 아마 몇 년 안에 이런 문제는 완전히 해결될 수 있을 겁니다. (이 글을 맨 처음 썼던 2000년대 초보다 이젠 정말 많은 변화가 있었다는 걸 느끼실 겁니다. 이제 컴퓨터뿐만 아니라 스마트폰에서 동영상을 보는 데도 전혀 지장이 없으니 말입니다. 인터넷 방송이 끊겨서 못 보던 시절은 이제 옛날 이야기가 되었네요. ^^)

그러니 역시 네트워크 분야는 아직도 넓고 할 일이 많겠죠? 아직 자신의 진로를 정하지 못하신 분은 꼭 이 분야에 관심을 갖기 바랍니다. 해보면 스스로 흥미를 느끼실 겁니다. 아직 대부분의 기술이 국산 아닌 미국 기술이다 보니 영어는 필수겠죠? 네트워크 게임에만 너무 심취하지 말고 어떻게 이것이 가능한지에 대한 관심도 기울여 달라는 부탁이었습니다.

이상 후니 생각이었습니다.

UTP 케이블만이라도 제대로 알아볼까요?

네트워크를 구성하면서 가장 자주 만나는 것이 바로 케이블이 아닐까 생각합니다. 네트워크에 대한 공부를 하려고 하면 무조건 장비만 공부하는 분들이 계신데, 이렇게 열심히 공부하고 막상 네트워크를 설치하러 가보면 자주 문제가 생기는 부분은 장비보다는 케이블인 경우가 많습니다. 따라서 케이블에 대한 이해는 꼭 필요한 부분일 수밖에 없습니다. 여기에서 케이블이란, 전화 케이블이나 전원 케이블이 아니고 통신 케이블을 말합니다.

이런 통신 케이블들이 어디에 들어가냐구요?

장비와 장비의 연결에는 어디에나 들어갑니다. 즉 PC에서 허브나 스위치까지의 연결, 스위치와 스위치의 연결, 스위치와 라우터의 연결, 라우터와 라우터의 연결 등 아무튼 네트워크 장비와 네트워크 장비를 연결하기 위해서는 어떤 종류의 케이블이든 반드시 케이블이 들어가게 되는 겁니다. 이렇게 들어가는 케이블은 광케이블, UTP 케이블, 동축 케이블 등 종류도 가지가지입니다.

이번에는 이 중에서 우리가 가장 많이 사용하는, 거의 모든 사무실과 게임방이 사용하고 있는 UTP 케이블에 대해서 한번 알아보도록 하겠습니다.

그럼 UTP 케이블의 의미는 무엇일까요? 일단 TP 케이블이란 Twisted-pair, 즉 '꼬인 녀석이다'라는 거죠. [그림 2-7]에서처럼 페어(페어는 한 쌍, 즉 두 가닥을 의미합니다.)가 서로 꼬여 있는 것을 말합니다. 그래서 'TP'라고 하는 겁니다. TP에는 UTP와 STP가 있습니다.

UTP는 Unshielded(언쉴드, 즉 감싸지 않았다는 거겠죠?) TP를 말합니다. 주로 우리가 사용하는 케이블이 바로 이 UTP입니다. STP는 Shielded로 케이블의 주위를 어떤 절연체로 감싸서 만든 것을 말합니다. STP가 좀 더 비싸고 성능이 좋다고 합니다. EMI를 줄였다고 하네요.

암튼 그래도 기존에 워낙 UTP로 구성된 네트워크가 많았기 때문에 결국은 UTP가 중심을 이루게 되었고, STP는 주로 토큰링쪽에 많이 쓰이고 있는 추세입니다. 자, 그러면 우리가 보통 말하는 카테고리 5나 카테고리 3이니 하는 것은 무엇을 의미하는 것일까요? 말이 나온 김에 카테고리별로 한번 알아볼까요?

● **카테고리 1** : 주로 전화망에 사용하는 용도로 만들어진 케이블입니다. 따라서 데이터 전송용으로는 맞지 않습니다.

● **카테고리 2** : 데이터를 최대 4Mbps의 속도로 전송할 수 있는 능력을 가지고 있는 케이블이라고 합니다. 저 역시 본 적이 없는 케이블입니다.

● **카테고리 3** : 10 Base T 네트워크에 사용되는 케이블입니다. 전에는 UTP 케이블이라고 하면 바로 이 케이블을 이야기할 정도로 일반적인 케이블이었습니다. 최대 10Mbps 속도까지 데이터 전송을 할 수 있습니다. 잘만 구성하면 100Mbps 속도에도 적용이 가능한 케이블이지만, 실제로 이 케이블을 가지고 100Mbps를 구성하는 것은 매우 드뭅니다.

● **카테고리 4** : 토큰링 네트워크에서 사용되는 케이블입니다. 최대 16Mbps의 데이터 전송 능력을 가지고 있다고 합니다.

● **카테고리 5** : 지금까지는 최대 전송 속도 100Mbps를 지원하는 Fast Ethernet용으로 사용되었습니다. 그런데 얼마 전에 기가비트 표준이 완성되면서 이제 이 케이블로도 기가비트 속도의 데이터 전송이 가능해졌습니다. (이 경우에는 8가닥을 모두 사용해야 가능합니다.)

● **카테고리 6** : 기가비트 이상의 속도에 적합한 케이블입니다. 최근 사용하는 케이블 중 가장 많은 종류가 바로 카테고리 6 케이블이랍니다. 카테고리 6 케이블은 Cat6와 Cat6a로 구분되는데, 뒤에 나온 Cat6a 케이블이 좀 더 성능이 개선된 케이블이고, 최대 10Gbps를 지원한다고 합니다.

⚙ TIP

현재 케이블에서 10Gbps를 사용하려고 한다면 최소 Cat6 케이블 이상이 필요하답니다. 특히 Cat6 케이블에서도 10Gbps로 100미터 이상을 지원하기 위해서는 최소 Cat6a 이상의 케이블이 필요하다는 점을 알아두세요. ^^

● **카테고리 7** : 주로 10Gbps 속도 이상을 지원하기 위한 케이블로, 아직까지 많이 사용되고 있진 않지만 앞으로 점점 더 많이 사용될 케이블이랍니다. 이제 곧 10Gbps가 일반화되고 나면 좀 더 자주 보게 될 케이블이기도 합니다.

여기까지만 알아두시면 그래도 TP 케이블에 대한 개념을 잡았을 겁니다.

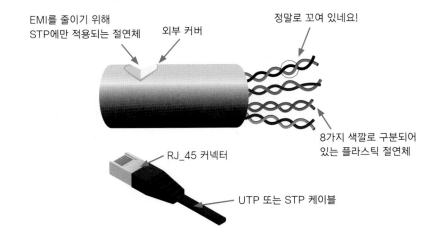

EMI를 줄이기 위해 STP에만 적용되는 절연체

외부 커버

정말로 꼬여 있네요!

8가지 색깔로 구분되어 있는 플라스틱 절연체

RJ_45 커넥터

UTP 또는 STP 케이블

| 그림 2-7 |
UTP 케이블과
STP 케이블의 모양

케이블, 이 정도만 알면

자, 이번에는 우리가 흔히 사용하는 케이블의 종류에는 어떤 것이 있는지 한번 알아보겠습니다. 일단 우리가 케이블 종류를 말할 때는 약간의 법칙이 있습니다.

예를 들어 볼까요?

10 Base T에서 일단 맨 앞에 나오는 10이란 숫자는 속도를 나타냅니다. 즉 여기에서 10이란, 10Mbps의 속도를 지원하는 케이블을 의미합니다. 그다음에 나오는 Base란 말은 이 케이블이 Baseband용 케이블이라는 것을 알려주고 있습니다. 원래 케이블 종류에는 베이스밴드(Baseband)와 브로드밴드(Broadband)가 있는데, 쉽게 생각해서 베이스밴드는 디지털 방식이고, 브로드밴드는 아날로그 방식이라고 생각하면 됩니다.

자, 그다음은 T라고 되어 있네요. 원래 이 자리에는 케이블의 종류 또는 이 케이블이 전송할 수 있는 최대 거리가 나오게 되어 있습니다.

위의 예, 즉 10 Base T에서는 케이블의 종류가 나온 겁니다. 그래서 T란, TP(Twisted Pair) 케이블이라는 것을 나타냅니다. 이것이 바로 우리가 보통 사용하는 UTP 케이블을 나타냅니다.

만약 맨 뒷자리에 위에서처럼 글자(여기선 T였습니다.)가 나오지 않고 숫자가 나오면, 예를 들어 '10 Base 5'일 때 맨 뒤에 나오는 숫자는 최대 통신 거리입니다. 따라서 최대 500미터까지 통신이 가능하다는 것을 뜻합니다.

즉 10 Base 5 케이블은 10M의 속도로 최대 500미터까지 전송이 가능한 케이블을 말합니다. 그런데 이 케이블은 전에는 많이 썼지만 요즘은 쓰지 않고 있습니다. (너무 두껍고, 전송 거리도 짧고, 게다가 10Mbps 속도밖에 지원하지 않기 때문입니다.)

그럼 말이 나온 김에 요즘 우리가 많이 쓰는 케이블을 한번 알아보겠습니다.

● **10 Base T** : 10Mbps로 통신하고, 최대 전송 거리 100미터인 UTP 케이블로, 카테고리 3, 4, 5를 사용할 수 있습니다. 이 케이블에는 RJ45 잭을 사용해서 연결해 줍니다.

● **10 Base FL** : 10Mbps로 통신하는 케이블인데, 광케이블입니다. 즉 뒤에 나오는 FL(Fiber-optic)이 광케이블이란 것을 알려주고 있습니다. 이 케이블은 ST 커넥터라는 것을 사용해서 연결하고 광케이블은 싱글 모드 또는 멀티 모드 케이블을 사용합니다.

- **10 Base 2** : 이제 이 정도 보셨으면 이 케이블은 그냥 아실 겁니다. 맞습니다. 10Mbps로 통신이 가능하고, 최대 200미터(정확히는 185미터라고 하는데, 200미터라고 외워두셔도 됩니다.)까지 전송이 가능한 케이블입니다. 몇 년 전까지만 해도 이 케이블을 사무실에서 가장 많이 사용했습니다. 그런데 요즘은 UTP 케이블에 밀려서 완전히 자취를 감추고 말았습니다. 이 케이블은 그냥 'Thin 케이블'이라고도 불렀고 BNC 커넥터를 사용했습니다. 혹시 랜카드 옛날 것을 가지고 계신 분은 자신의 랜카드를 보면 UTP 잭을 연결하는 거 말고 동그란 뭔가를 끼우게 되어 있는 것을 보게 되실 겁니다. '이건 어디다 쓰는 걸까?' 하고 고민했을 텐데, 바로 그게 10 Base 2가 사용하던 BNC 커넥터를 연결하던 곳입니다. 참! 이 케이블은 전깃줄 두께의 까만색 케이블입니다.

- **10 Base 5** : 10Mbps 통신을 지원하는 케이블이고 최대 거리는 500미터로 두껍게 생겼다고 해서 'Thick 케이블'이라고 부르거나 색이 노랗다고 해서 '옐로우(Yellow) 케이블'이라고 부릅니다. 주로 백본 케이블. 즉 중앙망용으로 천장 위에 설치하고 트랜시버 케이블을 이용해서 천장에서 하나씩 뽑아 내린 다음에 PC의 랜카드와 연결했습니다. 랜카드 중에 AUI 인터페이스(15핀으로 생긴 사다리꼴 인터페이스)를 가진 것이 바로 이 케이블과 연결하기 위한 인터페이스가 됩니다.

- **100 Base TX** : Category 5 UTP 케이블을 사용하는 케이블이고 최대 거리는 100미터, 전송 속도는 100Mbps짜리 케이블입니다.

- **100 Base T2** : 원래 100Mbps 속도를 내려면 위에서처럼 Category 5 케이블을 사용하는데, 100 Base T2 방식을 쓰면 Category 3, 4, 5를 전부 사용해서 100M를 구현할 수 있다고 합니다. 자주 쓰이는 방식은 아니니까 그냥 알아만 두세요.

- **100 Base T4** : Category 3 케이블을 가지고 100Mbps용으로 사용할 때 만드는 케이블입니다. 그 대신 다른 케이블은 2페어(4가닥)를 사용하지만, 이것은 4페어(8가닥)를 전부 사용한다는 차이점이 있습니다.

- **100 Base FX** : 이 케이블은 100Mbps 광케이블을 이용해서 구현하는 건데, 전송 거리가 보통 2km에서 10km까지 가능하고 SC라는 네모난 접속 커넥터를 이용해서 접속합니다. 물론 ST(동그랗게 생겨서 돌려서 끼우는 방식)도 사용하지만 일반적이지는 않습니다.

- **1000 Base SX** : 이것은 기가비트, 즉 1,000Mbps의 속도가 나는 케이블입니다. Short Wavelength라는 광케이블을 사용하는데, 최대 전송 거리는 약 270미터(62.5micro meter = 1/1,000,000m)에서 550미터(50micro meter) 정도입니다.

- **1000 Base T** : 1,000Mbps로 UTP 케이블을 통해 전송하고, 최대 거리는 100미터인 케이블 스펙입니다. Category 5 케이블을 사용하면 됩니다. 기가비트용 UTP 케이블이 Category 5로 결정되었다는 이야기를 전에 한 번 했죠? 그리고 이렇게 구성하기 위해선 4페어(8가닥)를 다 사용한다는 사실도 기억해두기 바랍니다.

기가비트의 경우는 위에 나온 1000 Base SX 외에도 1000 Base LX/LH 같은 스펙은 광케이블을 사용해서 최대 10킬로미터까지도 전송이 가능하도록 구성되어 있습니다. 여기서 알아두셔야 할 것은 케이블의 경우 속도가 빨라지면 빨라질수록 전송 거리는 점점 짧아진다는 겁니다. 왜 그런지는 뒤에서 알아보도록 하겠습니다.

Q 안녕하세요? 후니형! 갑자기 궁금한 게 생겨서요.

후니형, UTP 케이블에서 총 8개의 선이 있다고 하던데요. 그 중 쓸 수 있는 선이랑 쓸 수 없는 선이 있고, 거기에 따라 번호도 매겨져 있고, 그것을 RJ-45 커넥터(?)랑 결합시켜야만 케이블이 완성된다고 하던데…. 글구 제대로 케이블이 동작을 하려면 커넥터랑 연결할 때 번호순으로 잘 결합시켜야 된다고 하던데요? 그 부분에 대해서 좀 알려주세요. 마지막으로 또 크로스 케이블이라고 있던데요. 집에서 랜카드 꽂고 2대의 컴퓨터를 공유하면서 쓸 때 사용하면 편하다고 하던데, 크로스 케이블을 만드는 법도 좀 갈켜주세요.

A 일단 이렇게 외워두세요.

1번 : 화이트 오렌지   2번 : 오렌지   3번 : 화이트 그린   4번 : 블루
5번 : 화이트 블루   6번 : 그린   7번 : 화이트 브라운   8번 : 브라운

예를 들어 화이트 오렌지와 오렌지는 케이블이 서로 꼬여있는 페어(Pair)예요. 마찬가지로 그린과 화이트 그린, 블루와 화이트 블루, 브라운과 화이트 브라운이 같은 쌍이죠. 아마 케이블을 보시면 금방 이해가 되실 거예요. 1번에서 8번까지의 순서는 UTP 잭의 클립 부분을 아래로 했을 때의 순서예요. 즉 배 부분을 위로 해놓고 보았을 때죠. 이와 같이 양쪽을 같은 순서로 연결하는 경우를 '다이렉트(Direct) 케이블'이라고 하고, 이 경우 우리가 사용하는 번호는 1, 2번과 3, 6번입니다. 즉 1, 2번과 3, 6번을 이용해서 통신을 한다는 겁니다. 송신과 수신이라고 생각하면 되겠네요. 이렇게 만들어진 다이렉트 케이블은 보통 허브와 PC 사이의 연결이나 라우터와 허브의 연결 등에 사용됩니다.

그러나 질문의 경우처럼 PC끼리의 연결이나 허브끼리의 연결에는 크로스(Cross) 케이블을 사용하는데, 이 경우 1, 2번과 3, 6번이 서로 바뀌어 들어가게 구성하면 됩니다. 일단 한쪽 끝은 12345678 순서로 케이블을 만들고, 다른 한쪽은 36145278이 되는 겁니다. 이해가 되세요?

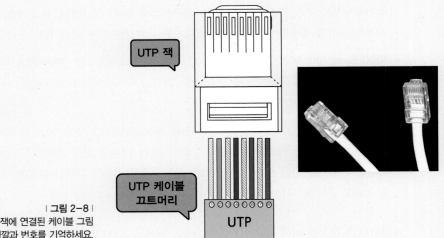

| 그림 2-8 |
UTP 잭에 연결된 케이블 그림
– 색깔과 번호를 기억하세요.

주로 100Mbps를 사용하던 몇 년 전까지만 해도 앞에 설명한 대로 주로 4가닥만을 사용했지만, 이제 기가비트가

대세인 만큼 최근의 케이블링은 8가닥을 모두 사용하는 방식으로 변경되었답니다. 즉 1Gbps 이상의 속도를 내기 위해선 8가닥 모두를 연결해야 하는데, 이때도 앞에서 배운 방법을 그대로 사용하시면 됩니다.

다이렉트 케이블을 만드실 때는 똑같이 1번에서 8번까지를 같은 순서로 배열해주시면 되구요, 크로스 케이블의 경우는 앞에서와 마찬가지로 1, 2와 3, 6을 바꿔주는 것만 기억하시면 역시 똑같이 12345678번을 36145278로 연결해주면 된답니다. 따라서 실제 UTP 커넥터를 연결하는 방법은 100Mbps 때나, 1Gbps 때나 바뀌지 않았답니다. ^^

지금까지 케이블의 스펙에 대해서 알아봤습니다. 물론 여기서 다루지 않은 것이 더 많습니다. 하지만 이 정도만 알아두셔도 앞으로 케이블을 다루시는 데는 충분할 거라고 생각합니다.

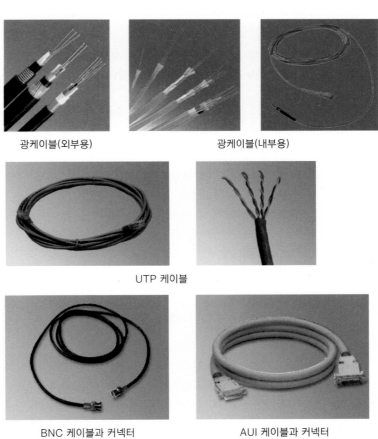

광케이블(외부용)　　　　　　광케이블(내부용)

UTP 케이블

| 그림 2-9 |
케이블의 종류

BNC 케이블과 커넥터　　　　　　AUI 케이블과 커넥터

케이블 사진입니다. 위쪽 줄이 광케이블입니다. 얇게 생긴 광섬유를 타고 전송이 이루어집니다. 여기서 광케이블의 한 가닥을 '코어'라고 부르는데, 통신을 위해서는 최소 2코어의 광케이블이 필요합니다. (수신과 송신에 각각 하나씩 필요합니다.) 따라서 우리는 광케이블을 이야기할 때 "이게 몇 코어짜리 광케이블이다"라고 말하곤 합니다.

그다음 가운뎃줄이 우리가 가장 많이 사용하는 UTP 케이블입니다. 보이는 것처럼 좀 꼬여있습니다. 그림에서는 4가닥으로 보이지만 사실은 8가닥으로 2가닥이 하나로 꼬여있습니다. 그래서 UTP의 T가 바로 Twist, 즉 꼬였다는 뜻이라고 합니다.

그리고 아랫줄의 케이블은 이제는 기억 속에 사라져가는 BNC 케이블(10 Base-2)과 AUI 케이블입니다. 이제 케이블 업계에서 명퇴(?)한 녀석들이죠. 참! AUI 케이블은 10 Base-5 케이블에 연결해서 사용하는 케이블이라고 생각하시면 쉬울 겁니다. 즉 두꺼운 10 Base-5 케이블을 두고 이 케이블의 중간중간에 '트랜시버'라는 것을 넣은 후 AUI 케이블의 한쪽 끝은 트랜시버에, 또 다른 끝은 PC나 네트워크 장비에 연결하는 겁니다. 이해가 되시죠?

 질문 있어요! QnA

Q 케이블 종류는 이제 좀 이해가 가는데 회선 속도에 대해서 설명 좀 해주세요. T1급, T2급, 또 뭐라더라? E1급 이렇게 나누지 않나요? 이거 무슨 말이죠? 앞의 T는 트위스트…. 그거란 말인가요? 저의 무지함을 용서하시기를….

A 요즘 인터넷에 대한 관심이 커지면서 회선 속도에 대한 이야기를 많이 하게 됩니다. 물론 인터넷에 연결하는 방법이 꼭 전용선만 있는 것은 아닙니다.

예를 들어 전화선, 즉 모뎀을 이용한 방법이 있을 수도 있고, ISDN도 있고, 또 케이블 모뎀을 이용한 방식, ADSL을 이용한 방식 등 그 방법은 한두 가지가 아닙니다. 하지만 방금 말씀드린 이런 방식은 대부분 개인 사용자가 집에서 인터넷을 접속할 때 사용하는 방법(즉 PC 한 대가 인터넷에 접속하는 경우 사용되는 방법입니다.)이고, 사무실이나 게임방 등 여러 대의 컴퓨터를 인터넷에 접속할 경우에는 라우터란 장비를 이용해서 인터넷 서비스 제공업체(ISP; Internet Service Provider)와 전용선으로 연결하게 됩니다.

전용선은 우리가 현재 사용하고 있는 내부의 네트워크와 ISP라고 부르는 인터넷 서비스 제공업체 간을 전용선으로 연결하는 것을 말합니다. 이런 ISP에는 여러 사업자들이 있는데 KT, SKT, LG U+ 등이 그 대표적인 예입니다. 따라서 인터넷 전용선을 개설하기 전에는 먼저 ISP 업체를 선정하게 됩니다.

인터넷의 접속 속도는 물론 회선 속도에 따라 크게 좌우되긴 하지만, ISP 업체의 선정도 중요할 수 있습니다. 왜냐하면 ISP 업체가 얼마의 속도로 인터넷에 접속하는가와 또 그 ISP 업체의 네트워크에 대한 안정성 등을 고려해야 하기 때문입니다. 물론 가격도 고려해야겠죠? 예를 들어 우리 네트워크가 아무리 빠른 전용선으로 ISP에 연결되었다고 해도 이 ISP 업체가 인터넷을 연결한 전용선의 속도가 느리다면, 아니면 너무 많은 가입자 때문에 자신이 사용할 수 있는 대역폭이 줄어든다면 아무 소용이 없게 됩니다. 따라서 ISP 선정 역시 무시할 수 있는 건 아니라는 겁니다.

이렇게 ISP가 선정되고 나면 회선 속도를 결정해야겠죠? 우리가 주로 사용하는 회선 속도에는 56K, 128K, 256K, 512K, T1, E1, T3 정도가 있습니다. 요즘 나와 있는 모뎀은 대부분이 56K를 지원합니다. 여기서 56K란 정확히 1초에 56,000비트를 전송할 수 있다는 것을 의미합니다. 그럼 56,000비트는 어느 정도일까요? 8bit가 1Byte이고 한글 한 글자가 보통 2Byte라고 했을 때 1초에 약 3,500글자 정도라고 생각하면 됩니다. 하지만 이 속도가 다 뜨는 경우는 없습니다. 네트워크에서는 항상 오버헤드라는 것이 있습니다. 즉 이론적으로 나오는 속도와 이런 오버헤드들이 붙어 나오는 속도는 차이가 있다는 겁니다. 보통은 신청한 속도의 약 60% 정도 이상이 뜨면 그냥 쓸 수 있는 정도라고 생각하면 됩니다.

그리고 T1, T2, T3라는 회선의 속도는 주로 북미 방식을 말합니다. 우리나라에서는 T1, T3를 사용하고 있는 것으로 알고 있습니다. 여기서 T1은 약 1.544Mbps이고 T3는 45Mbps입니다. 또 유럽 방식인 E1은 약 2.048Mbps의 속도입니다. 다음에 기회가 되면 이 부분에 대해서는 다시 한번 설명을 드리도록 하겠습니다.

망 분리 I

앞으로 여러분을 위해 1분 안에 이해할 수 있을 만한 짤막한 업계 동향과 기술에 대한 내용을 소개할까 합니다.

최대한 쉽게 풀어서 설명할 예정이며, 말씀드린 대로 1분 안에 읽을 수 있게 짧게 만들어 책 중간중간에 넣어둘 예정이니 공부하다 심심할 때(?) 읽어보시기 바랍니다.

그럼 첫 주제로는 망 분리 함 해볼까 합니다…. 부릉~

망 분리… 다들 들어보셨을 겁니다.

말 그대로 망을, 즉 네트워크를 분리한다는 개념입니다. 왜??

보안 때문이죠…. ㅎㅎ 즉 업무망과 인터넷망을 분리해서 쓰도록 해서 요즘같이 인터넷으로부터 들어오는 다양하고 놀라운 공격을 막겠다는 게 망 분리의 이유입니다.

망 분리는 크게 '물리적 망 분리'와 '논리적 망 분리'로 나뉩니다.

물리적 망 분리는 진짜 망을 인터넷망과 업무망으로 나누는 겁니다. 즉 지금 쓰는 PC는 업무망으로만 연결시켜서 업무만 하게 하고, 인터넷을 하는 PC는 따로 망을 꾸미서 아예 딴 살림을 차려주는 케이스입니다.

하지만 이거… 돈 많이 들고… 전기도 많이 들고… 자리도 많이 차지하고… 엄청 불편합니다.

이래서 나온 게 논리적 망 분리입니다.

네? 1분 지났다구요??

그럼 이번 시간은 여기까지! ㅋㅋ

06
SECTION

맥 어드레스(MAC Address)에 대한 이야기

네트워크를 하다 보면 꼭 한 번은 짚고 넘어가야 할 것이 있습니다. 그중 하나가 미디어 액세스 컨트롤(Media Access Control)에 관한 것인데, MAC(맥)이 바로 이것의 준말입니다.

자, 이것을 한번 생각해 볼까요? 컴퓨터는 네트워크상에서 어떻게 서로를 구분해서 인식할까요? 즉 통신을 위해서는 서로를 구분할 일종의 주소가 필요합니다. 우리가 편지를 서로 주고받기 위해서 각각의 건물이나 집에 서로 다른 주소가 필요한 것처럼 말입니다. 이 역할을 담당하는 주소가 바로 MAC 주소입니다.

이쯤 해서 네트워크를 조금 공부해보신 분이라면 분명히 어떤 질문 하나가 생각나실 겁니다. 그것은 바로 IP 주소에 관한 것일 겁니다. 우리가 아는 대로 통신을 위해서 각 장비마다 IP 주소가 분명히 배정되고, 또 그 주소를 가지고 통신을 하는 것 아니냐고 질문을 하게 되실 겁니다. 맞습니다. 앞에서 배운 대로 인터넷은 TCP/IP로 통신을 하고 따라서 통신을 위해서 IP 주소를 사용합니다. 그럼 이 경우에 맥 어드레스는 사용하지 않는 걸까요? 일단 답은 '이 경우에도 맥 어드레스를 사용한다'입니다.

우리가 IP 주소를 사용하니까 IP 주소만 있으면 모든 통신이 일어날 것 같지만, 사실은 IP 주소를 다시 MAC으로 바꾸는 절차(이 과정을 ARP; Address Resolution Protocol이라고 합니다.)를 밟고 있는 겁니다. 여기서 혹시 자기 PC에 설치된 랜카드의 맥 어드레스를 알고 싶으신 분은 윈도우의 [시작] 버튼을 누른 후 [실행]을 눌러 [열기]에서 'cmd'를 입력하고 도스 모드로 나와서 'ipconfig/all'을 입력해보시면 됩니다. 이때 'Physical address' 또는 '물리적 주소'라고 보이는 주소가 바로 자신의 맥 어드레스입니다.

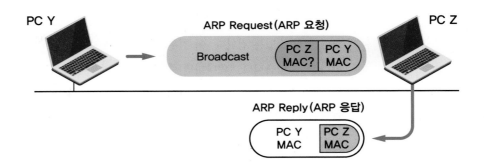

| 그림 2-10 |
ARP 요청과 응답

갑자기 이상하고도 어렵게 보이는 그림이 나왔습니다. 게다가 영어까지? 하지만 너무 어렵게 생각하실 필요 없습니다. 간단한 그림이니까요. 그림을 한번 볼까요? 그림이 2개 보이네요. 먼저 [그림 2-10]은 단독 네트워크, 즉 라우터를 거치지 않는 하나의 네트워크 안에서의 통신입니다. (여기서 여러분은 아직 라우터가 뭔지 아실 필요는 없습니다.)

PC Y가 PC Z와 통신을 하려고 합니다.

TIP

IP 주소를 MAC 주소로 바꾸는 과정을 ARP(Address Resolution Protocol)이라고 합니다.

이때 PC Y는 PC Z의 IP 주소를 알고 있습니다. 그럼 PC Y는 자기가 속한 네트워크에 있는 모든 PC에 메시지를 보냅니다. (이것을 '브로드캐스트'라고 하는데, 이건 나중에 다시 설명드리겠습니다.) 뭐라고 보내냐면요, "우리 네트워크에 혹시 Z라는 녀석이 있으면 내가 통신하고 싶으니까 맥 어드레스 좀 알려주라." 이렇게 보냅니다.

이때 Z는 Y와 같은 네트워크에 있기 때문에 Y가 보낸 브로드캐스트를 받았을 겁니다. (원래 같은 네트워크 안에 사는 PC만이 브로드캐스트를 받을 수 있습니다. 이것도 아직 모르셔도 됩니다.) 그럼 Z는 Y에게 자신의 맥 어드레스를 알려주게 되고 Y는 Z의 맥 어드레스를 안 다음에 비로소 통신을 시작하게 되는 겁니다.

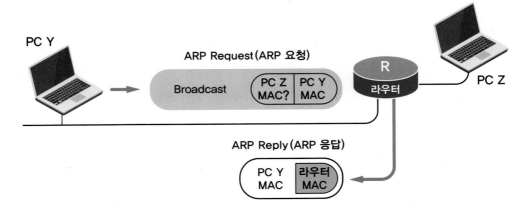

| 그림 2-11 |
ARP 요청과 응답

[그림 2-11]은 호스트 Z가 다른 네트워크에 있는 경우입니다. 즉 라우터를 넘어서 다른 네트워크에서 살고 있는 겁니다. 이 경우 호스트 Y가 브로드캐스트를 보내도 호스트 Z는 그 메시지를 받아볼 수 없습니다. (왜냐하면 중간에 있는 라우터가 브로드캐스트를 통과시키지 않기 때문입니다. 이것은 다음에 더 자세히 배울 기회가 있을 겁니다. 아무튼 여기서는 라우터가 중간에 브로드캐스트를 막는다는 것만 알고 넘어갑니다.)

그럼 이런 경우에는 통신이 안 된다는 걸까요?

그건 아닙니다. 앞의 경우처럼 PC Y가 "우리 네트워크에 혹시 Z라는 PC가 있으면 내가 통신하고 싶으니까 맥 어드레스 좀 알려주라." 이렇게 메시지를 보내게 되면 Y와 연결되어 있는 라우터는 PC Z의 IP 주소를 보고 이 PC가 우리 네트워크에 살고 있지 않고 따라서 아무도 이 질문에 대답하지 않을 것을 알게 됩니다. (라우터는 똑똑한 녀석이거든요.) 이것을 알게 된 라우터는 Y에게 라우터 자신의 맥 어드레스를 보내줍니다. "PC Y야, PC Z에게 뭘 보내고 싶으면 내게 보내. 내가 전달해줄게." 이런 편지를 같이 보내겠죠?

따라서 PC Y는 PC Z에게 정보를 보낼 때 받는 맥 어드레스를 라우터의 맥 어드레스로 해서 보내게 됩니다. 그럼 그 정보를 라우터가 받은 후 Z가 살고 있는 해당 네트워크로 넘겨주는 거죠. 그쪽에 살고 있는 라우터에 전달해 주는 겁니다. 그곳에 사는 라우터는 다시 자기 네트워크 안에 있는 PC Z의 맥 어드레스를 찾게 됩니다. 그리고 PC Z의 맥 어드레스를 알아낸 후 Z의 맥 어드레스를 이용해서 전달하게 되는 겁니다. 좀 많이 복잡하죠? 아직은 이 내용을 이해 못 하셔도 상관없습니다. 그냥 IP 주소가 있어도 통신에서 맥 어드레스가 사용되는 거구나…. 이 정도만 알면 됩니다.

자, 여기까지만 말씀드리고, 다시 본론으로 돌아가서 MAC(Media Access Control) Address란 무엇인가에 대해서 한번 알아보도록 하겠습니다. 네트워크(여기서는 이더넷-Ethernet-입니다.)에 붙는 각 장비들은 48bit(6octet이 됩니다. 여기서 옥텟이란, 8개의 비트를 묶은 것을 말합니다. 일단 '8개의 비트가 옥텟이다'라고 알고 넘어갑니다. 원래 옥텟이란 말이 8의 의미가 있으니까요. 그래서 '도레미파솔라시도'처럼 8음을 '옥타브'라고 합니다.)의 주소를 갖게 되는데, 이 주소는 랜카드 또는 네트워크 장비에 이미 고정되어 있는 주소이고 유일한(즉 전 세계에서 유일한) 주소입니다. 이 주소를 바로 '맥 어드레스' 또는 '하드웨어 주소'라고 합니다. 모든 랜(LAN)의 디바이스(device)들은 반드시 유일한 맥 어드레스를 가져야 합니다. 따라서 랜카드 하나하나마다 서로 다른 맥 어드레스가 있고 또 라우터나 스위치에도 맥 어드레스가 들어있습니다. 물론 서버에도 들어있겠죠? 서버에는 랜카드가 설치될 거니까 말입니다.

맥 어드레스는 8자리마다 하이픈(-)이나 콜론(:), 점(.)으로 구분되기도 합니다. 예를 들어 다음과 같이 나타냅니다.

```
00-60-97-8F-4F-86
00:60:97:8F:4F:86
0060.978F.4F86
```

위의 3개는 모두 같은 호스트를 나타냅니다. (즉 같은 맥 어드레스입니다.) 여기서 여러분들은 갑자기 혼동되기 시작할 겁니다. 분명히 맥 어드레스는 48비트라고 했는데, 왜 여기 써있는 주소는 48자리 주소가 아닐까요? 아주 좋은 질문입니다. (네? 질문 안 하셨다구요? 그래도 질문 했다고 가정하고 계속 진행하겠습니다. ^^) 처음에 말씀드린 대로 맥 어드레스는 48비트로 이루어져 있습니다. 따라서 원래대로라면 위에 표시된 맥 어드레스는 이진수로 표시되어야 합니다. (48비트라는 의미가 이진수 48개를 의미하기 때문입니다.) 그런데 여기서 갑자기 애매해지기 시작합니다. 그것은 여러분이 이진수를 모르고 있다는 사실입니다. 물론 아시는 분도 계시겠지만 분명 모르시는 분도 계실 겁니다. 이진수는 앞으로 따로 공부하실 시간이 있을 겁니다. 그러니까 일단은 맥 어드레스가 0과 1만으로 이루어진 이진수 48자리로 만들어진다고 알고 넘어갑니다.

그럼 이야기를 계속해볼까요? 그래서 위에서 설명한 0060.978F.4F86의 원래 맥 어드레스는 0000 0000.0110 0000.1001 0111.1000 1111.0100 1111.1000 0110이 되는 겁니다. 정말 48자리가 맞는지 세어보는 분이 있으실 겁니다. 맞죠? 그런데 이렇게 표시하면 너무 길고 복잡해서 관리하고 기억하기가 불편하기 때문에 보통은 16진수로 표시하게 됩니다. (16진수는 또 뭐냐구요? 학교 다닐 때도 2진수, 16진수가 하기 싫었는데, 여기까지 와서 이걸 배워야 하냐구요? 너무 걱정하실 필요는 없습니다. 여기서 배우게 될 2진수나 16진수는 아주 조금이기 때문에 학교에서처럼 복잡하지 않습니다. 아마 금방 이해하실 겁니다. 게다가 중요한 건 지금 배울 필요가 없다는 겁니다. 일단은 '이진수 4자리를 묶어서 16진수 한 자리를 만든다'라고만 생각하시면 됩니다. 왜냐하면 2의 4승이 16이니까요.) 그래서 위에 표시된 숫자가 바로 16진수로 표시된 맥 어드레스입니다. 아까 말씀드린 대로 이진수 4자리를 가지고 16진수 한 자리를 만들다 보니 48자리의 이진수로 이루어진 맥 어드레스가 이제는 12자리의 16진수 맥 어드레스가 되겠죠? 아마 이해가 가실 겁니다.

이때 이 주소에서 앞쪽 6개의 16진수(여기서는 00-60-97이겠죠?)가 벤더, 즉 생산자를 나타내는 코드로, 이 코드를 'OUI(Organizational Unique Identifier)'라고 합니다. 즉 이 코드는 메이커에 따라 다르기 때문에 우리가 MAC 주소의 앞부분을 보면 어느 회사에서 만든 제품인지를 알 수 있는 겁니다. 그리고 뒤에 오는 나머지 6자리의 수가 메이커에서 각 장비에 분배하는 Host Identifier입니다. 한마디로 시리얼 넘버인 셈입니다.

즉 다시 한번 정리해보면 맥 주소 중에서 앞쪽의 절반은 미리 약속된 규정에 따라 각 네트워크 장비를 만드는 회사에 분배해주고, 그 회사에서는 나머지 절반을 일련번호로 만들어 각 장비에 부여하는 겁니다.

그러니까 여기서는 00-60-97을 회사가 부여받은 겁니다. 그리고 그 회사에서 네트워크 장비 (예를 들어 랜카드라고 한다면)에 00-60-97-00-00-00부터 00-60-97-ff-ff-ff까지를 부여하는 겁니다. (여기서 ff는 십진수에서 9처럼 16진수에서 가장 큰 값으로, 십진수로 환산하면 15가 됩니다.) 이렇게 만들어진 맥 어드레스는 통신하는 데 가장 중요한 요소로 사용됩니다. 좀 어려우신가요? 하지만 맥 어드레스는 중요하니까 꼭 알아두길 바랍니다.

| 그림 2-12 |
랜카드에 들어있는 맥 어드레스
(MAC Address)

이번 시간에 배운 내용을 간단하게 정리해보는 문제를 하나 내볼까요?

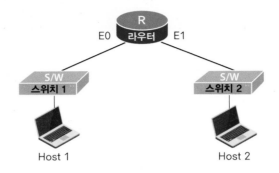

그림에서 Host 1이 Host 2에게 통신을 시작한다고 가정하겠습니다. 이때 Host 1에서 내보내는 목적지의 주소 정보에는 무엇이 담겨 있을까요? (여기서 우리는 TCP/IP로 통신한다고 가정해보겠습니다.) 2개를 골라보세요.

- a. Host 1의 MAC 주소
- b. Host 1의 IP 주소
- c. Host 2의 MAC 주소
- d. Host 2의 IP 주소
- e. 스위치 1의 MAC 주소
- f. 스위치 2의 MAC 주소
- g. 라우터 E0의 IP 주소
- h. 라우터 E0의 MAC 주소

| 설명 |

어때요? 금방 답이 보이시나요? ⌢⌢

너무 어렵다구요? 앞에서 그림으로 설명해드린 내용을 문제로 바꾼 것뿐이랍니다.

그림에서 Host 1과 Host 2는 라우터를 사이에 두고 있답니다. 따라서 이 문제는 [그림 2-11]과 같은 그림이라고 볼 수 있답니다. (중간에 있는 스위치는 신경 쓰지 마세요. ⌢⌢) 이 경우 앞에서 배운 대로 MAC 주소의 경우는 라우터가 자신의 MAC 주소를 대신 보내준다고 설명드렸던 거 기억나시죠? 따라서 일단 MAC 주소는 h. 라우터 E0의 MAC 주소가 된답니다. (Host 1쪽에 붙어있는 라우터가 E0이니까 E0의 MAC 주소를 사용한답니다.) 그리고 IP 주소의 경우는 바뀌지 않고 그대로 사용하기 때문에 그냥 Host 2의 IP 주소를 사용하면 된답니다.

따라서 답은 d와 h네요. ⌢⌢ 이해되시죠?

07 SECTION
유니캐스트, 브로드캐스트, 멀티캐스트

유니캐스트

이번에는 통신에서 자주 사용하는 용어인 캐스트에 대해서 알아보도록 하겠습니다. 유니캐스트, 멀티캐스트, 브로드캐스트 등 이 캐스트 3형제는 한마디로 네트워크에서 통신을 하는 방식에 따른 구분이라고 생각하면 됩니다. 즉 1대 1로 하는 통신 방식이냐, 어떤 그룹을 대상으로 하는 통신 방식이냐, 아니면 전부를 대상으로 하는 통신 방식이냐 하는 겁니다.

그럼 가장 맏형인 유니캐스트(Unicast)부터 알아보겠습니다. 대개 네트워크를 분석해보면 지금 말씀드린 3가지 통신이 모두 사용되고 있는데, 그중에서도 현재 우리가 네트워크상에서 가장 많이 사용되는 트래픽이 무엇인가 하면 바로 유니캐스트입니다. (물론 브로드캐스트가 더 많이 사용되는 네트워크도 있겠죠. 하지만 그런 네트워크를 가지고 있으신 분은 빨리 고쳐야 합니다. 결코 좋은 현상이 아니거든요. 왜냐구요? 그건 나중에 알려드릴게요.)

아무튼 유니캐스트란, 우리가 랜에서 통신을 한다고 할 때 데이터를 보내고자 하는 PC의 맥 어드레스가 (00-60-80-AA-BB-CC)라고 가정하고, 받는 PC의 맥 어드레스가 (00-60-80-DD-EE-FF)라고 가정한 경우입니다.

일단 통신을 위해서는 전송되는 프레임 안에 항상 출발지와 목적지의 주소, 즉 맥 어드레스가 들어 있어야 한다는 것은 앞에서 이미 배워서 알고 계실 겁니다. 따라서 위의 경우 프레임 안에 출발지는 00-60-80-AA-BB-CC로, 그리고 목적지는 00-60-80-DD-EE-FF라고 써넣는 겁니다. 이러한 방식이 바로 유니캐스트 통신 방식입니다.

즉 정확하게 받는 PC의 주소를 프레임 안에 써넣는데, 이때 PC가 하나이어야 한다는 겁니다. 우리가 편지를 보내는 방식과 같다고 보면 이해가 쉬울 겁니다. 봉투에 받는 사람 주소를 적고, 보내는 사람 주소를 적은 다음에 우체통에 넣는 방식입니다. 이런 방식으로 어떤 PC가 유니캐스트 프레임을 뿌리게 되면, 어차피 로컬 이더넷의 기본 성격이 붙어있는 모든 PC들에게 정보를 뿌리는 Shared 방식이기 때문에 그 로컬 네트워크상에 있는 모든 PC들은 일단 이 프레임을 받아들여서 랜카드에서 자신의 맥 어드레스와 비교하게 됩니다. (여기서 자신의 맥 어드레스는 랜카드의 맥 어드레스가 됩니다.) 그다음 자신의 랜카드 맥 어드레스와 목적지 맥 어드레스가 서로 다른 경우는 바로 그 프레임을 버리게 됩니다. (내 것이 아니라고 생각하는 거죠.) 이렇게 되면 그 PC의 CPU까지는 영향을 주지 않기 때문에 PC의 성능이 저하되는 일은 발생하지 않습니다. (브로드캐스트의 경우는 PC의 성능을 저하시키기 때문에 이 부분이 중요합니다.)

TIP

네트워크에서 유니캐스트, 브로드캐스트 등의 비율을 알아보는 장비는 NMS나 네트워크 트래픽 분석기가 있습니다.

이때 만약 목적지 주소를 자신의 맥 주소와 비교했더니 같으면 어떡할까요? 그럼 "아! 이건 내 거구나" 하고 생각한 후 랜카드는 이 프레임을 CPU로 올려보내면서 이렇게 말합니다.

"편지요!"

그럼 그다음부터는 CPU가 알아서 하겠죠? 이런 게 바로 유니캐스트의 통신 방식입니다. 쉽죠? 자, 그럼 유니캐스트의 결론을 알아볼까요? 현재 네트워크상에서 가장 많이 사용되는 통신 방식이 바로 이 유니캐스트 방식입니다. 유니캐스트는 특정 목적지의 주소 하나만을 가지고 통신하는 방식입니다. 그리고 이런 유니캐스트 통신 방식은 그 목적지 주소가 아닌 다른 PC들의 CPU 성능을 저하시키지는 않습니다. 그 이유는 자신의 맥 어드레스가 아니라고 판단되면 랜카드가 이 프레임을 버리기 때문입니다.

자, 여기까지만 아시면 유니캐스트(Unicast)는 다 배운 겁니다.

🔍 브로드캐스트

유니캐스트에 이은 브로드캐스트(Broadcast)를 한번 알아볼까요? 브로드캐스트는 한마디로 로컬 랜에 붙어 있는 모든 네트워크 장비들에게 보내는 통신입니다. 여기서 로컬 랜이란, 라우터에 의해서 구분된 공간, 즉 브로드캐스트 도메인이라고 하는 공간을 뜻합니다. 브로드캐스트는 통신의 대상이 특정한 어떤 한 네트워크 장비가 아니고 내가 살고 있는 네트워크 안의 모든 네트워크 장비들에 통신할 때 쓰기 위한 방식이라고 생각하시면 됩니다. 받는 사람이 이 브로드캐스트 도메인 안에 사는 모든 네트워크 장비들이죠.

예를 들어 동네 이장님이 마이크로 방송하는 것과 똑같습니다. "동네 사람들! 반상회가 있으니까 다 모이세요!" 이렇게 말합니다. 이런 통신 방식이 바로 브로드캐스트입니다. 그리고 이때 이 방송을 듣는 영역, 즉 여기서는 그 동네가 되겠는데, 그것을 우리는 브로드캐스트 도메인이라고 합니다. 다시 말하면 브로드캐스트 도메인이란 방송을 하면 들리는 영역이라고 생각하면 쉽게 이해가 될 것입니다. 다시 이장님 이야기를 해볼까요? 이장님이 아까 말한 대로 방송을 했습니다. 그렇게 하면 그 동네 사람들은 다 그 내용을 들었겠죠? 듣고 싶었든 아니든 말입니다. 브로드캐스트도 마찬가지입니다.

자기가 받기 싫다고 해서 받지 않는 것이 아니라 무조건 받는 겁니다. 브로드캐스트의 주소는 미리 정해져 있는데, 바로 FFFF.FFFF.FFFF(맥 어드레스로 했을 때)입니다. 이 주소가 오면 랜카드는 비록 자신의 맥 어드레스와 같지는 않지만 이 브로드캐스트 패킷을 CPU에 보내게 됩니다. (원래 자신의 맥 어드레스와 다르면 버린다고 했는데, 이번에는 버리지 않는 것입니다.) 그다음은 CPU가 이 패킷을 알아서 처리하게 됩니다.

따라서 자신의 맥 어드레스와 다르면 바로 버리고 CPU를 괴롭히지 않았던 유니캐스트에 비해서 CPU가 할 일이 늘어나겠죠? 브로드캐스트는 네트워크상의 전체 노드로 전송되기 때문에 전체적인 트래픽도 증가하지만, 이 패킷을 받은 모든 랜카드가 이 패킷을 CPU로 전송하기 때문에 CPU는 하던 일을 멈추고 또 다른 일을 해야 하고, 이에 따라 전체 PC의 성능도 떨어지게 되는 겁니다. 따라서 과도한 브로드캐스트는 전체 네트워크의 성능뿐만 아니라 PC 자체의 성능역시 떨어뜨리는 결과를 가져오는 겁니다. 당연한 결과겠죠? CPU는 랜카드가 요청한 일을 하느라고 다른 일을 못 하게 될 테니까 말입니다.

그럼 브로드캐스트는 어떤 경우에 발생할까요? 예를 들어 처음 두 PC 간에 통신을 하는 경우에는 상대편의 맥 어드레스를 모르겠죠? 상대편의 IP 주소는 알 수 있어도 말입니다. 이 경우에 상대의 맥 어드레스를 알아내기 위해서 하는 동작이 바로 ARP(Address Resolution Protocol)입니다. 이 ARP가 바로 브로드캐스트입니다. 즉 우리 동네 사는 모든 사람들에게 "이 IP 주소 가진 사람 누구야?" 하고 브로드캐스트를 보내는 겁니다. 그럼 그 IP 주소를 가진 사람이 "나야!"하고 대답한 후 자신의 맥 어드레스를 보내게 되는데, 이런 과정을 ARP라고 합니다. 앞에서 배웠는데 기억나시죠? 이때 바로 브로드캐스트가 발생하게 됩니다.

그 외에도 라우터끼리 정보를 교환한다거나 다른 라우터를 찾을 때, 또 서버들이 자신이 어떤 서비스를 제공한다는 것을 모든 클라이언트들에게 알릴 때 등 여러 경우에 사용됩니다. 이런 브로드캐스트들은 한 번 발생하고 끝나는 것이 아니라 대부분은 30초나 1분에 한 번씩 주기적으로 발생하게 됩니다. 따라서 브로드캐스트는 꼭 필요하긴 하지만 많아지면 문제가 됩니다. 어떠세요? 브로드캐스트가 왜 필요한지, 그리고 어떤 문제가 있을 수 있는지 이제 이해 가시죠?

잠깐 그림을 한번 볼까요? 우리는 여기서 한 가지 실험을 해보도록 하겠습니다. 다음에 있는 [그림 2-13]은 유니캐스트(Unicast)에 대한 실험입니다. 현재 이 네트워크상에는 랜카드 맥 어드레스가 A인 PC 혼자만 살고 있습니다. 이때 트래픽 발생기가 목적지 주소를 B로 해서 맥 어드레스가 A인 랜카드가 설치되어 있는 PC에 트래픽을 계속 보내기 시작했습니다.

자, 그럼 어떻게 될까요?

PC에 설치된 랜카드는 들어오는 프레임의 목적지 주소를 보게 됩니다. 비교해 보니 목적지 주소가 자기 맥 어드레스와 다르다는 것을 알겠죠? 따라서 이 프레임을 무시하고 CPU에게는 올려보내지 않는 겁니다. 그럼 CPU는 자기가 하던 일을 계속 수행할 수 있겠죠?

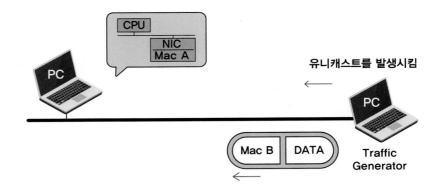

| 그림 2-13 |
유니캐스트와 브로드캐스트에
대한 비교 실험

하지만 다음 [그림 2-14]를 볼까요? 그림에서 보이는 대로 앞의 상황과 똑같은 구성입니다. 다만 이번에는 트래픽 발생기에서 브로드캐스트(Broadcast)를 발생시켰습니다. 그러자 PC가 자신의 맥 어드레스 'A'와 다른 'FFFF'인데도 불구하고 이 프레임을 버리지 않고 CPU에 전달하면서 인터럽트를 걸게 됩니다. 즉 "너 지금 하던 일을 멈추고 이것부터 해결해줘!"라고 랜카드가 CPU쪽으로 프레임을 던져주는 겁니다. 따라서 말씀드린 대로 CPU가 다른 일을 해야 하기 때문에 PC는 당연히 느려질 수밖에 없는 겁니다.

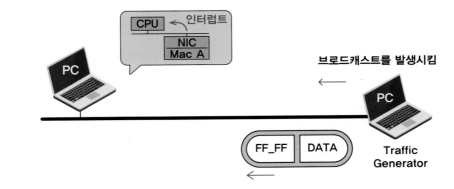

| 그림 2-14 |
유니캐스트와 브로드캐스트에
대한 비교 실험

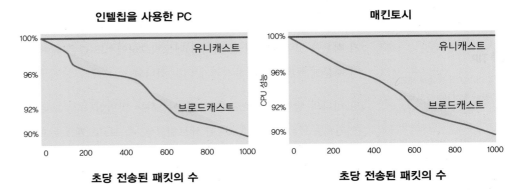

| 그림 2-15 |
유니캐스트, 브로드캐스트에서
CPU 성능 저하 비교

앞의 [그림 2-15]는 브로드캐스트가 얼마나 CPU의 성능을 저하시키는지를 보여주고 있는 그림입니다. 이 데이터는 노턴 유틸리티를 이용해서 만들어진 것으로, 초록색 선이 유니캐스트, 그리고 빨간색 선이 브로드캐스트를 나타냅니다. 즉 최초 CPU 성능이 100%인 상태에서 유니캐스트를 계속 발생시켰습니다. 그래프의 아래쪽은 초당 발생시킨 패킷의 숫자를 나타내는데, 유니캐스트의 경우 아무리 많은 패킷을 발생시켜도 CPU의 성능은 저하되지 않음을 보여주고 있습니다. 이러한 현상은 인텔 PC(우리가 보통 사용하는 펜티엄 PC라고 생각하면 됩니다.)나 매킨토시 모두 마찬가지입니다.

하지만 브로드캐스트 패킷을 발생시킨 경우에는 그 패킷의 수가 많아질수록 CPU의 성능이 떨어지고 있음을 알 수 있습니다. 즉 앞에서 설명드린 대로 브로드캐스트의 경우는 CPU의 성능을 떨어뜨리기 때문입니다. 물론 여기 있는 그림의 자료는 어떤 PC로, 어떤 패킷으로 측정하는가에 따라서 결과가 조금 차이가 있을 수 있지만, 브로드캐스트가 CPU 성능을 떨어뜨리는 것은 사실입니다.

멀티캐스트

마지막 캐스트인 멀티캐스트(Multicast)를 한번 알아보도록 하겠습니다. 200명의 사용자가 있는 네트워크에서 150명에게만 같은 정보를 동시에 보내야 하는 상황이라고 가정해 봅시다. 감이 잘 안 오신다구요? 그렇다면 예를 들어 증권시황 제공 서버라는 것이 있는데, 이 서버에 가입한 150명의 사용자에게 같은 증권시황을 시간별로 동시에 뿌려야 한다고 가정해보는 겁니다.

그렇다면 서버는 어떻게 해야 이 정보를 동시에 150명의 사용자에게 뿌려줄 수 있을까요? 방법은 여러 가지가 있습니다.

첫 번째, 우리가 이미 배운 유니캐스트라는 걸 사용하는 경우입니다. 즉 150명의 주소로 하나씩 전부 보내주는 겁니다. 일일이 각각의 주소를 적어넣은 편지를 150번 보내주는 겁니다. 이것도 가능한 방법이겠죠? 하지만 서버쪽에서 볼 때는 같은 데이터를 150번이나 반복해서 보내야 하기 때문에 일이 많아질 뿐 아니라 네트워크상에서도 같은 데이터가 150번이나 반복되어 보내지기 때문에 트래픽을 가중시키게 되는 겁니다.

또 하나의 방법은 브로드캐스트를 이용하는 방법입니다. 브로드캐스트로 한 번에 모든 사용자(여기서는 200명이 되겠죠? 한 네트워크상, 즉 브로드캐스트 도메인 안에 있는 사용자 수가 200명이기 때문입니다.)에게 보내는 겁니다. 이 경우에는 서버에서 한 번에 브로드캐스트 주소를 사용해서 보내기 때문에 유니캐스트처럼 150명에게 한 번씩 보낼 필요가 없을 겁니다. 하지만

TIP

기존의 네트워크에서 트래픽은 유니캐스트와 브로드캐스트가 전부였습니다. 하지만 현재의 네트워크에서는 멀티미디어 등의 영향으로 멀티캐스트의 사용이 늘어나고 있는 추세입니다.

이 경우에는 이 데이터를 받을 필요도 없는 나머지 50명조차도 이 데이터를 받아야만 한다는 문제가 발생합니다. 앞에서 언급한 것처럼 브로드캐스트는 데이터를 CPU로 올려보내기 때문에 PC 자체의 성능을 떨어뜨립니다. 따라서 나머지 50대는 브로드캐스트 때문에 쓸데없는 영향을 받게 되는 겁니다.

자, 그렇다면 이 문제를 가장 쉽게 해결하는 방법은 뭘까요?

그게 바로 멀티캐스트(Multicast)입니다.

멀티캐스트는 보내고자 하는 그룹 멤버들에게만 한 번에 보낼 수 있기 때문에 유니캐스트처럼 여러 번 보낼 필요도 없고, 브로드캐스트처럼 받기 싫어하는 사람에게까지 보낼 필요도 없습니다. 그 그룹에 속해있는 사람들에게만 선택적으로, 그것도 한 번에 보낼 수 있는 겁니다. 참 좋은 기능이죠? 예전에는 이 멀티캐스트가 별로 쓸 일이 없었습니다. 하지만 요즘은 여러 가지 애플리케이션 프로그램에 이러한 기능이 필요하기 때문에 점점 더 인기를 더해가고 있는 추세입니다. 그러니까 알아두시면 좋겠죠? 지금 배운 멀티캐스트는 라우터나 스위치에서 이 기능을 지원해 주어야만 쓸 수 있습니다. 만약 라우터나 스위치가 멀티캐스트를 지원하지 않는다면 라우터의 경우는 이러한 멀티캐스트를 마치 브로드캐스트처럼 취급해서 다 막아버리고(라우터는 원래 브로드캐스트를 막아버리는 성질이 있습니다.) 스위치의 경우는 모든 포트로 뿌려버립니다. (마치 브로드캐스트처럼요.) 다시 설명드리겠지만 멀티캐스트는 그룹에 포함되고 또 그룹에서 빠져나가는 것을 정의하기 위해 몇 가지 기술을 사용합니다. 또한 IP 주소의 경우도 클래스 D를 사용합니다. 일단은 이 정도만 알아두시면 충분합니다.

자, 이제 정리를 해볼까요? 먼저 유니캐스트는 우리가 가장 많이 사용하는 통신 방법으로, 목적지 주소를 하나만 적어서 특정한 한 PC에만 보내는 방식이고, 브로드캐스트는 그 브로드캐스트 도메인(영역) 안에 있는 모든 PC들에게 한 번에 전송하는 방식입니다. 이 경우 모든 PC가 CPU에 인터럽트를 걸기 때문에 PC 성능이 떨어진다는 단점이 있습니다. 마지막으로 멀티캐스트는 특정 그룹 데이터를 보내는 경우 적당한 방법으로 유니캐스트와 브로드캐스트의 장점을 결합해서 한 번에 그룹 멤버들에게 다 보내면서도 그룹 멤버 이외의 PC에는 영향을 주지 않는다는 특징을 가지고 있지만, 스위치나 라우터가 이 멀티캐스트 기능을 꼭 지원해야 한다는 제약이 있습니다. 이해되시죠?

네트워크 업계로의 취업

일을 진행하다 보면 심심치 않게 물어보는 질문 중 하나가 바로 취업에 대한 것입니다. 요즘은 그야말로 취업 전쟁이라고 해도 과언이 아닌 것 같습니다. 제가 취업을 생각하던 시기만 해도 이렇지는 않았던 것 같은데, 요즘은 대학교에서부터 자격증 공부다, 취업 공부다 해서 정말 눈코 뜰 새가 없다고 합니다. 어디 그뿐입니까? 예전에는 일단 어떡하든지 회사에 입사하고 나면 내가 나가고 싶을 때까지는 천년만년(?) 회사에 다닐 수 있었는데, 요즘은 하루가 멀다 하고 감원이다, 구조 조정이다 해서 한마디로 살아도 산목숨이 아니라는 우스갯소리까지 나오고 있습니다.

따라서 직장에 있는 사람들 역시 자기계발을 위해 부단히 노력을 하고 있는 게 바로 요즘의 현실인 것 같습니다. 하지만 회사 입장에서는 아직도 뭔가 사람을 구하려고 하면 마땅히 능력을 갖추고 있는 사람을 찾기 어렵다고들 합니다. 왜 그럴까요? 특히 이 계통, 즉 네트워크 업계가 이런 인력난은 더 심한 것 같습니다. 따라서 여러분들에게는 아직도 기회가 많이 있다는 것을 의미합니다. 모든 능력을 갖추고 도전한다면 말입니다. 여기서 말하는 준비해야 할 능력이란 크게 3가지 정도로 나누어 볼 수 있습니다.

첫 번째가 기술 능력입니다. 즉 통신 기술에 대한 이해와 각 장비에 대한 이해, 그리고 장비를 가지고 네트워크를 디자인한다거나 구성하는 능력을 말합니다. 이런 능력을 객관적으로 심사하기 위한 것이 바로 네트워크 자격증입니다. 뒤에서 네트워크 자격에 대한 이야기가 나오겠지만, 시스코에서 시행하는 CCNA, CCNP, CCIE 등의 자격증이 바로 그러한 것들입니다. 특히 CCNA의 경우는 원래 네트워크 경력이 1년 정도 있는 엔지니어가 응시하는 시험임에도 불구하고 요즘에는 졸업을 앞둔 학생들이 많이 응시하는 추세입니다.

두 번째는 영어 능력입니다. 물론 영어는 네트워크 분야뿐 아니라 어느 기업에 입사할 경우에도 꼭 필요한 능력입니다. 하지만 네트워크 업계의 경우는 거의 모든 기술 서적이 영어로 되어 있고, 또 자격 시험 역시 영어로 출제되기 때문에 영어는 필수라고 해도 과언이 아닙니다. 저 역시 영어에 그렇게 밝은 편이 아니라서 늘 고생을 하고 있기 때문에 이 중요성을 새삼 더 느끼고 있구요.

마지막이 현장 경험입니다. 우리나라에서 네트워크라는 것이 시작된 건 이제 겨우 10여 년입니다. 따라서 많은 경험을 가지고 있는 사람이 부족한 건 사실입니다. 물론 이 분야가 경험만 많다고 최상은 아닙니다. 늘 새 기술이 나오기 때문에 옛 경험만으로는 해결할 수 없는 것들이 부지기수입니다. 하지만 현장에서의 경험은 책으로는 배울 수 없는 것들이 많기 때문에 만약 지금 직장에 계신 분이라면 현장 경험을 많이, 그리고 빨리 쌓는 데 집중하시길 바랍니다.

현재 우리나라에서 네트워크를 한다는 곳은 아마도 몇백, 아니 몇천 군데의 회사가 있을 겁니다. 하지만 제대로 된 규모의 네트워크를 하는 곳은 그리 많지 않습니다. 따라서 맨 처음 회사를 선택할 때 뭔가 배울 수 있는 곳을 선택하시길 바랍니다. 네트워크 분야로 나가고 싶다면 우선 네트워크 전문 회사가 어디인지를 알아보고 그 회사에 입사하시길 바랍니다. 이미 경험하신 분도 계시겠지만 네트워크라고 해서 가보면 너무 단순한 일만 반복되는 곳도 허다합니다. 그냥 취직이 우선이라는 생각에 아무 곳에 원서를 내지 마시고 꼭 회사에 대한 정보를 하나하나 점검하신 후 자신이 가고 싶은 곳에 계속 도전하시기 바랍니다. 지금 이 책을 읽고 있는 여러분들은 분명히 성공하게 되실 겁니다. ^^

어떤 분이 말씀하신 것처럼 여러분 모두 성공하셔서 네트워크의 정상에서 만날 수 있었으면 합니다. 여러분 모두의 건투를 빕니다!

08 SECTION
OSI 7 Layer(레이어, 계층)는 왜 만들어졌나요?

네트워크를 한 번쯤 공부해 보신 분들이라면 OSI(Open Systems Interconnection) 7 Layer란 말을 들어보셨을 겁니다. 굉장히 자주 접하는 말이면서도 읽어볼수록 머리 복잡하고 이해 안 되는 말이죠. 대체 이 말을 왜 만들었을까요? 그냥 한 번에 통신하면 될 것을 왜 귀찮게 7개로 나누었을까요?

여기까지 이야기하니까 아마 처음 네트워크를 접하는 분은 도대체 지금 무슨 소리를 하는 거냐고 이야기하실 겁니다. 그럼 먼저 OSI의 7 레이어에 대해서 정말 간단히 알아보겠습니다.

통신에 관한 국제적인 표준기구인 International Organization for Standardization(ISO)라는 곳에서 만든 OSI 7 레이어는 통신이 일어나는 과정을 7개의 단계로 나누었습니다. 이는 통신을 7개의 단계별로 표준화하여 그 효율성을 높이기 위해서 사용되었습니다.

학교 다닐 때 네트워크만 나오면 외웠던 것이 바로 OSI 7계층 뭐 이런 거였는데, 요즘도 배우고 들 있는지 궁금하네요. 아래 있는 것이 바로 이 OSI 7계층(유식하게는 OSI Seven Layer라고도 합니다.)인데 그냥 한번 참고만 하길 바랍니다.

TIP

OSI 7계층 중에서 네트워크에서는 주로 1, 2, 3 계층(Physical, Datalink, Network)을 공부합니다.

- Application Layer(애플리케이션 계층)
- Presentation Layer(프레젠테이션 계층)
- Session Layer(세션 계층)
- Transport Layer(트랜스포트 계층)
- Network Layer(네트워크 계층)
- Data Link Layer(데이터 링크 계층)
- Physical Layer(피지컬 계층)

이것을 저는 '에-프-스-트-엔-들-피'라고 외웠던 기억이 납니다. 왜 그랬는지는 아시죠? 아무튼 그땐 왜 그렇게 안 외워지던지 괜히 '어떤 사람이 이렇게 네트워크를 나눴지?'라는 생각을 했습니다. 하지만 그땐 왜 그것을 이렇게 나눴는지에 대해선 별로 생각을 못했습니다.

지금 한번 생각해 볼까요?

첫 번째는 데이터의 흐름이 한눈에 보인다는 겁니다. 즉 우리가 사용하는 애플리케이션 계층부터 맨 마지막 피지컬 계층까지를 나누어 놓으니까 어떻게 데이터가 날아가는지 보기 쉽다는 겁니다.

두 번째는 문제를 해결하기가 편리하다는 겁니다. 네트워크에서 문제가 발생하면 이 문제 하나를 7개의 작은 문제로 나눈 후 그 문제를 해결하면 훨씬 쉽다는 겁니다. 즉 예를 들어 자신의 PC가 전자메일이 안 된다면 어떻게 하십니까? 네트워크를 조금 아는 사람이라면 도스 모드로 빠져나가서 핑(Ping)을 쏴봅니다. (핑에 대해서는 나중에 자세히 알려드릴 기회가 있을 겁니다.) 즉 인터넷이 끊어졌는지를 확인해 보는 겁니다. 이것은 내 메일 프로그램의 문제, 즉 애플리케이션 문제가 발생했을 때 핑을 쏴봄으로써 네트워크 계층 문제 때문에 메일이 안 되는지를 확인해 보는 겁니다. (핑은 네트워크 계층에 속하는 프로그램이거든요.) 만약 핑을 쐈는데 이상이 없다면 일단 네트워크 계층까지는 이상이 없는 거니까 맨 아래 피지컬, 그다음 데이터 링크, 그리고 네트워크 계층까지의 문제는 아니라는 결론을 내립니다. 그리고 그 위의 계층부터 확인하면 됩니다. (즉 특정 단계까지 통신이 이상 없으면 그 아래 단계는 문제가 없기 때문입니다.)

만약 게임방에서 스타크래프트를 하는데 배틀넷이 끊어진다면 이때 게임방 주인은 모든 PC가 그런 것인지, 한 PC만 그런 것인지를 확인하잖아요? 만약 모든 PC가 배틀넷이 안 된다면 그것은 어떤 문제일까요? 그건 아마도 게임방의 인터넷 접속에 문제가 있다고 보면 됩니다. 즉 피지컬 계층의 문제라고 봐야겠죠. 이렇듯 우리가 모르는 사이에 벌써 우리는 OSI의 7 Layer를 사용하고 있는 겁니다.

TIP

상위 계층의 장비는 하위 계층 장비의 기능을 포함합니다.

또 세 번째는 이렇게 계층을 7개로 나누고 층별로 표준화를 하니까 여러 회사 장비를 써도 네트워크가 이상 없이 돌아가는 겁니다. 즉 케이블은 국산, 랜카드는 인텔, 스위치나 라우터는 시스코를 써도 계층별로 나누어졌기 때문에 아무 이상 없이 네트워크를 쓸 수 있는 겁니다.

만약 계층이 나뉘지 않았다면 어떻게 될까요? 정말 큰 문제겠죠? 참고로 그럼 제가 몇 가지 문제를 내보겠습니다.

- 데이터 케이블이나 허브 등은 무슨 계층에 속할까요?

  답은 Physical Layer입니다.
- 그럼 스위치나 브리지는요?

  답은 Data Link Layer입니다.
- 그럼 라우터는요?

  답은 Network Layer 장비입니다.

아직 뭐가 뭔지 모르시겠다구요? 그게 정답입니다. 지금 다 아시는 분은 너무 잘 아는 분이기 때문에 이 책을 더 이상 볼 필요가 없을지도 모릅니다. 아무튼 우리가 여기서 내린 결론은 네트워크는 7개의 계층으로 잘게 쪼개져 있고 그 계층별로 장비들이 있다. 그리고 이렇게 네트워크를 7개로 나눠놓은 것은 바로 통신의 편리를 위해서이다. 쉽죠?

조금 더 공부해 보고 싶으신 분을 위해서 7 레이어에 대한 각 레이어별 설명을 조금만 하고 넘어가겠습니다. 이 부분은 공부를 더 하실 분만을 위한 거니까 읽지 않고 넘어가셔도 됩니다.

먼저 맨 아래 계층은 레이어 1인 피지컬 계층(Physical Layer)입니다.

말씀드린 대로 이 계층은 통신의 맨 아래 단계로, 여기서는 주로 전기적, 기계적, 기능적인 특성을 이용해서 통신 케이블로 데이터를 전송하게 됩니다. 이 계층에서 사용되는 통신 단위는 비트이며, 이것은 1과 0으로 나타내는, 즉 전기적으로 On, Off 상태라고 생각하면 됩니다. 이 계층에서는 단지 데이터를 전달할 뿐 이 데이터가 무엇인지, 어떤 에러가 있는지, 어떻게 보내는 것이 더 효과적인지 하는 것은 전혀 관여하지 않습니다. 이 계층에 속하는 대표적인 장비는 통신 케이블, 리피터, 허브 등이 있습니다.

바로 그 위 계층이 데이터 링크 계층(Data Link Layer)입니다.

피지컬 레이어를 통하여 송·수신되는 정보의 오류와 흐름을 관리하여 안전한 정보의 전달을 수행할 수 있도록 도와주는 역할을 합니다. 따라서 통신에서의 오류도 찾아주고 재전송도 하는 기능을 가지고 있을 뿐만 아니라 전에 배운 맥 어드레스를 가지고 통신할 수 있게 해줍니다. 이 계층에서 전송되는 단위를 우리는 '프레임'이라고 부릅니다. 이 계층에 속하는 대표적인 장비에는 브리지, 스위치 등이 있습니다.

그다음 레이어, 즉 레이어 3이 바로 네트워크 계층(Network Layer)입니다.

네트워크를 하시는 여러분이 가장 많이 다루어야 하는 계층입니다. 여기서 하는 가장 중요한 기능은 데이터를 목적지까지 가장 안전하고 빠르게 전달하는 것입니다. 보통 이것을 '라우팅'이라고 합니다. 따라서 경로를 선택하고, 주소를 정하며, 경로에 따라 패킷을 전달해주는 것이 이 계층의 역할입니다. 라우터가 바로 이 계층에 속하는 장비이며, 요즘은 스위치 중에서도 라우팅 기능을 수행하는 스위치가 나오고 있는데, 이들 스위치를 보통 'Layer 3 스위치'라고 하는 이유도 여기에 있습니다.

네 번째 레이어는 트랜스포트 계층(Transport Layer)입니다. 트랜스포트 계층에서 하는 중요한 일은 주로 플로 컨트롤과 에러 복구 기능입니다. 즉 에러 복구를 위해 패킷을 재전송하거나 플로를 조절해서 데이터가 정상적으로 전송될 수 있도록 하는 역할을 합니다. 우리가 나중에 배우게 될 TCP나 UDP가 이 계층에 해당된다고 기억해 두시면 된답니다.

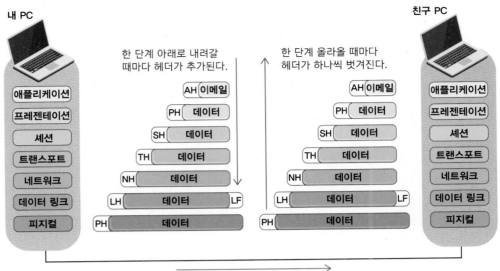

| 그림 2-16 |
7계층을 이용한 이메일 전송

위의 그림은 지금 자신의 PC와 친구 PC 사이에서 이메일을 주고받는다고 가정한 것입니다. 자신이 보낸 이메일은 각 단계를 내려가면서 정성스럽게 포장이 됩니다. 그리고 그 포장 앞에는 '헤더'라는 정보가 붙습니다. 헤더에는 각 계층별로 관리하는 여러 가지 관리 사항들이 붙습니다. 그 계층을 잘 지나갈 수 있도록 말입니다. 예를 들어 네트워크 계층의 헤더에는 IP 주소가 붙을 겁니다. 그리고 맨 아래 피지컬 계층에서는 컴퓨터가 이해하는 이진수, 즉 1과 0(전기적으로는 ON과 OFF)으로 바뀌어서 전기적인 신호가 친구쪽으로 전달됩니다. 네트워크 케이블을 통해서 말입니다. 친구 PC에 도착한 데이터는 이제 포장을 하나씩 벗기 시작합니다. 그리고 계층별로 내용에 이상이 없는지를 확인하게 됩니다. 만약 레이어 4에서 포장을 열어보니 문제가 있다면 어떻게 될까요? 여러 가지 조치를 취하게 됩니다.

즉 재전송을 요구하거나, 아니면 에러의 복구를 시도하게 됩니다. 따라서 아무 이상이 없는 경우에만 맨 위 계층까지 올라가게 되고, 이때서야 비로소 친구는 내가 보낸 메일을 읽게 되는 겁니다.

그럼 여기서 뭔가 눈치챌 수 있을 겁니다. 아무것도 눈치챈 게 없다구요? 음…. 그래도 할 수 없지만 자세히 보면 맨 처음에 만들어낸 데이터의 크기에 비해서 실제 전달되는 데이터는 헤더와 같은 정보가 붙여지면서 더 커지게 됩니다. 따라서 전에 한 번 말씀드린 적이 있지만, 자신이 생각하는 전송 속도가 제대로 나오지 않은 건 이런 여러 가지 정보가 원래 데이터에 붙기 때문이기도 합니다.

09
SECTION

컴퓨터는 프로토콜(Protocol)로 말한다

프로토콜(Protocol)이 뭐냐구요? 혹시 스타크래프트에 나오는 프로토스를 잘못 쓴 게 아니냐구요? 아닙니다.

두 사람이 서로 대화를 한다고 가정을 해보겠습니다. 두 사람이 대화를 하려면 일단 서로 가까이 마주 서서 같은 언어를 사용해야만 대화가 가능하겠죠? 만약 한 사람은 아프리카어로 말하는데, 한 사람은 우리나라 말로 대화하려고 한다면 대화가 이루어질 수 있을까요? 물론 서로 대화를 한다는 건 불가능합니다. 그렇습니다. 컴퓨터의 대화에서도 사용하는 언어가 서로 같은 컴퓨터끼리만의 대화, 즉 통신이 가능한 겁니다. 바로 이때 프로토콜(Protocol)이란 얘기가 나옵니다. 프로토콜(Protocol)이란, 우리말로 하면 규약, 협약과 비슷한 뜻인데, 컴퓨터끼리는 프로토콜이 서로 같은 것끼리만 통신이 가능합니다. 여기서 질문이 나오겠죠?

그렇다면 인터넷을 사용하고 있는 모든 PC는 같은 언어를 사용하고 있는 걸까요? 답은 '그렇습니다.'입니다. 인터넷을 사용하기 위해서는 모든 PC가 TCP/IP라는 프로토콜을 사용해야 합니다. 앞에서도 한 번 말씀드렸지만 인터넷을 사용하는 모든 PC는 바로 이 프로토콜을 사용하기 때문에 인터넷을 접속할 수 있는 겁니다. 좀 어려웠나요? 아무튼 다시 한번 더 정리해보면 '프로토콜이란, 컴퓨터끼리 서로 통신하기 위해서 꼭 필요한 서로 간의 통신 규약 또는 통신 방식에 대한 약속으로, 프로토콜이 같은 것끼리만 대화, 즉 통신이 가능하다'입니다.

그런데 프로토콜에도 여러 종류가 있습니다. 앞에서 배운 대로 컴퓨터가 대화를 하는 것은 프로토콜을 서로 맞추어서 하는 겁니다. 그렇다면 프로토콜에는 어떤 것이 있을까요? 정말로 우리가 그 프로토콜이란 것까지 알아야 할까요? 그렇습니다. 왜 배워야 하냐구요? 별로 어렵지도 않으면서, 아는 체를 할 수 있고 또 배워두면 다음에 네트워크를 이해하는 데 큰 도움이 되기 때문입니다. 자, 그럼 배워볼까요? 일단 우리가 어디선지 들어본 것 같은 것부터 시작해 보겠습니다. TCP/IP라고 들어보셨습니까? 그중 뒤에 있는 P는 Protocol이란 말의 약자입니다. TCP/IP(Transmission Control Protocol/Internet Protocol)입니다.

앞으로도 네트워크에 나오는 영어 약자 중에서 뒤에 P자가 들어가는 것은 대부분 '프로토콜이구나!'라고 생각하면 십중팔구는 맞을 겁니다. TCP/IP는 인터넷에서 사용하는 프로토콜입니다.

이 프로토콜은 아주 중요한 거니까 다음에 다시 자세히 알아보겠습니다.

그다음은 IPX(Internetwork Packet eXchange)라는 프로토콜입니다. 혹시 이 프로토콜을 어디선가 본 듯한 분이라면 게임방 주인이거나 스타크래프트를 많이 해보신 분일 겁니다. 스타크래프트를 배틀넷에 접속해서 하는 경우, 즉 인터넷에 접속한 게이머들과 게임을 하는 경우에는 TCP/IP를 사용하지만, 같은 게임방에서 친구들끼리 편을 나누어 게임을 하는 경우에는 IPX라는 프로토콜을 사용합니다. IPX도 컴퓨터가 통신하는 방법 중 하나이고, 또 서로 게임을 할 수 있는 건 바로 이 프로토콜을 사용하기 때문입니다.

자, 그럼 이제 조금씩 결론이 보이죠? 즉 게임방에 설치되어 있는 PC는 최소한 2개의 프로토콜을 사용합니다. 하나는 인터넷을 사용하기 위한 TCP/IP, 그리고 또 하나는 내부에서 스타크래프트 등을 같이 하기 위한 IPX입니다. 나중에 IPX에 대해서도 좀 더 자세히 알아보기로 하겠습니다.

그리고 매킨토시가 사용하는 프로토콜인 AppleTalk가 있습니다. '맥'이라고도 부르는 매킨토시들이 서로 간의 통신을 위해 사용하는 프로토콜이 바로 애플토크(AppleTalk)입니다. 물론 이 외에도 프로토콜의 수는 너무나 많습니다. 하지만 최근 가장 많이 사용하는 것은 위의 3가지 정도가 아닐까 싶습니다. 그러니까 이 정도만 알아두셔도 누가 프로토콜을 이야기할 때 절대 안 밀릴 정도는 됩니다.

만약 취업을 생각한다면…

이번에는 조금 쉬어가는 의미로 우리의 미래에 대해서 한번 생각해보겠습니다. 아무래도 제가 여러분의 선배일 확률이 조금 높으니까(혹시 저보다 인생 선배이신 분은 양해해 주시기 바랍니다. 죄송) 만약 여기에 취업을 생각하는 분들이 계신다면 제 경험을 바탕으로 도움을 드릴까 합니다.

보통 대학교 3, 4학년이 되면 취업파, 대학원파, 유학파 등등 주로 두세 부류로 나뉘게 됩니다. 뭐 휴학파도 있긴 하지만 여기선 건너뛰기로 하겠습니다.

그중 취업을 생각하는 분들이 가장 중요하게 생각하는 건 무엇일까요?

그것은 바로 빠른 취업일 겁니다. 거기다가 취업하는 곳이 이름 있고 안정된 곳이면 더 좋을 거고, 또 월급까지 많이 주는 곳이라면 더 말할 필요가 있겠습니까? (물론 여기서 월급은 주로 대졸 초봉만을 따지게 되는데 이게 맹점입니다.)

아무튼 저 역시 그랬으니까요.

하지만 정말 직장 생활을 제대로 해보고 싶은 분이라면 전 그것을 권하고 싶지 않습니다. 일단 첫 직장이 중요하긴 하지만 이젠 더 이상 평생직장이란 말은 없습니다. 물론 들어가서 열심히 일하는 것도 중요하지만, 그러면서도 자신의 경력 관리는 철저히 해나가야 한다는 겁니다. 기회가 되면 외국 연수를 갈 수도 있는 거고(물론 휴직하고), 또는 대학원을 다닐 수도 있는 겁니다.

직장을 들어갔다고 무조건 회사 생활을 열심히 해서 진급하는 것이 목표라는 생각은 애당초 버리는 게 좋습니다. 물론 회사에 오래오래 남아서 사장까지 하려는 분이 아니라면 말입니다. 회사 다니면서도 아침에는 외국어 학원도 다니고, 저녁엔 학교도 다니고, 또 휴일엔 도서관도 가고….

그런 사람만이 무한 경쟁 시대에 살아남는 겁니다. 회사 입사하고 한 3~4년 되었는데도 아무 곳에서도 스카우트 제의가 들어오지 않는다면 그 사람은 자신의 경력 관리에 문제가 있다고 봐야 할 겁니다. (요즘은 워낙에 사정이 좋지 않으니 스카우트 제의를 못 받았다고 너무 실망하진 마세요. 이건 경제가 좋을 때 이야기입니다.)

회사 생활, 즉 사회 생활을 하면서 사람을 많이 사귀는 것도 중요합니다. 자신에게 도움이 된다고 생각하는 사람은 무조건 사귀어 두는 것이 자신의 미래에 도움이 됩니다. 이렇게 열심히 노력한 사람은 가만히 있어도 여기저기에서 스카우트 제의가 오고, 또 더 높은 보수를 받고 더 좋은 자리로 옮길 수가 있는 겁니다. 진정한 자신의 능력은 자신이 다른 곳으로 옮겼을 때 받는 보수라고 합니다.

제가 뭐 그렇게 사회 생활을 오래 한 것은 아니지만 선배로서 여러분께 드리고 싶은 말씀은 바로 이겁니다. 자신의 가치를 스스로 높이는 사람이 되자는 겁니다. 그래서 모두가 탐내는 그런 사람이 되자는 겁니다. 그리고 기회가 오면 바로 그 기회를 이용하는 사람이 되자는 겁니다.

여러분 모두가 성공하길 빕니다.

CISCO
NETWORKING

PART
03

TCP/IP와의
만남

01
SECTION

TCP/IP를 모르면
인터넷을 아는 게 아니다?

그게 무슨 소리냐구요? TCP/IP가 뭔지 몰라도 지금까지 인터넷을 잘만 썼다구요? 그런 거 필요 없다구요? 인터넷을 쓰기 위한 필수 조건이 바로 TCP/IP입니다. 앞에서 TCP/IP는 프로토콜의 한 종류라고 말씀드렸죠? 맞습니다. TCP/IP는 인터넷을 사용하기 위해 꼭 필요한 프로토콜입니다. 다시 말하면 인터넷에서의 공용어는 TCP/IP인 셈이죠. (여기까지는 전에 한 번 언급한 적이 있으니까 알고 계실 겁니다.) 따라서 지금 인터넷을 사용하고 있는 모든 PC는 모두 TCP/IP가 세팅되어 있습니다.

그럼 TCP/IP라는 프로토콜의 정체는 무엇일까요?

1970년대 초반부터 많은 업체들이 다양한 방법과 기술로 데이터 전송에 대한 프로토콜들을 개발하기 시작했는데, 대표적인 몇 가지를 알아보면 AppleTalk, IPX, NetBEUI, 그리고 나머지 하나가 바로 TCP/IP입니다. 나머지 프로토콜은 뭐 나중에 시간이 되면 알아보기로 하구요. TCP/IP만을 알아보자면 이 4가지 중에서 가장 성공한 것이라고 해도 과언이 아닐 정도로 오늘날 많이 사용되고 있는 프로토콜입니다. 왜냐구요? 그건 바로 인터넷 때문입니다.

Transmission Control Protocol/Internet Protocol의 약자인 TCP/IP는 ARPANET에 의해서 처음 개발되었습니다. 각각의 네트워크에 접속되는 호스트들은 고유의 주소를 가지고 있어서 자신이 속해 있는 네트워크뿐만 아니라 다른 네트워크에 연결되어 있는 호스트까지도 서로 데이터를 주고받을 수 있도록 만들어져 있는 것이 특징이라고 할 수 있습니다. 이때 사용하는 호스트들의 고유 주소는 Internet Network Information Center(InterNIC)란 단체에서 관리 분배되고 있습니다.

아무튼 여기서는 인터넷에서의 공용어는 TCP/IP라는 프로토콜이란 것만 알고 넘어가기로 하겠습니다. 인터넷을 쓰는 자기 PC에서 정말 TCP/IP를 쓰고 있는지 확인하고 싶으신 분은 지금 당장 제어판에 있는 [네트워크 연결]이나, 바탕화면에 있는 [내 네트워크 환경]에서 마우스 오른쪽 버튼을 눌러 [현재 네트워크의 상태 보기]를 찾아보시기 바랍니다. 무선은 Wireless network로, 유선은 Local Area connection이라고 되어 있을 겁니다. 일단 유선을 사용한다고 가정하고 Local Area connection에서 [속성 보기] 버튼 또는 마우스 오른쪽 버튼을 눌러 [속성

보기]를 선택합니다. 아마 [그림 3-1]과 같은 화면을 보실 수 있을 겁니다.

혹시 못 보신 분이 있을지 몰라서 제 PC에 있는 네트워크 세팅을 보여드리겠습니다. 아래 그림이 보이시죠? TCP/IP가 랜카드에 세팅되어 있습니다. (여기서 제가 사용하는 랜카드는 인텔에서 만든 기가비트 이더넷 카드입니다.) 만약 TCP/IP 없이도 인터넷을 쓸 자신이 있으신 분은 TCP/IP 항목을 마우스로 선택하신 후 아래에 있는 [제거] 버튼을 눌러서 지워보시기 바랍니다. 그리고 PC를 다시 부팅해서 인터넷으로 접속해 보기 바랍니다. 아마 못 들어갈걸요? 그건 이제 여러분의 PC는 TCP/IP라는 언어를 모르는 PC가 되었기 때문입니다. 그럼 다시 TCP/IP를 세팅하는 방법은 뭐냐구요? 그건 이 책을 계속 보시면서 알게 될 겁니다. 그러니까 제가 지워보라고 했다고 무조건 지우면 안 되겠죠? 요즘은 윈도우에서 TCP/IP를 지우지 못하게 아예 TCP/IP를 지우려고 하면 [제거] 버튼이 활성화되지 않으니 너무 걱정 마세요.^^

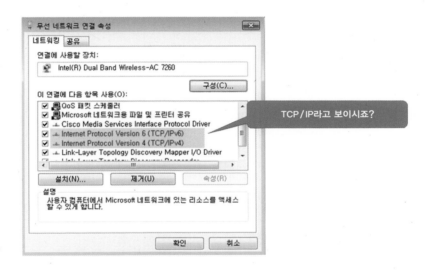

| 그림 3-1 |
PC에 세팅되어 있는 TCP/IP

>>> 알고 갑시다!

자, 이번 시간의 결론은 다음과 같습니다.

인터넷을 사용하기 위한 프로토콜은 TCP/IP이고 우리가 모르고 있었지만 이미 컴퓨터에 이 프로토콜이 세팅되어 있다.

Q 안녕하세요. TCP/IP를 배우다 갑자기 궁금한 게 생겼습니다. 왜 TCP/IP와 같이 중간에 슬래시 (/)를 써서 표현해야 하나요? 또 앞에서 배운 OSI 7계층과 TCP/IP는 어떻게 연관이 되나요?

A 네. TCP/IP라고 쓰는 건 편리하게 2개의 프로토콜을 묶어서 표현하기 위한 방법이라고 이해하시면 좋을 것 같습니다. TCP/IP라고 하는 것은 실은 IP 계층을 사용하면서 그 위에 사용하는 프로토콜을 TCP로 사용한다는 의미랍니다. 물론 IP 위에 올라가는 프로토콜이 TCP만 있는 건 아니고 UDP도 있는데, 이상하게 UDP/IP라고는 사용하지 않는답니다. ^^

그럼 말이 나온 김에 TCP/IP의 계층과 OSI 7계층에 대해서도 알아볼까요? 그림을 봐주시기 바랍니다.

그림에서처럼 OSI 7계층 구조와 TCP/IP 구조는 약간(?) 차이가 납니다. OSI 7계층은 말 그대로 통신을 7개의 계층으로 나누는 반면, TCP/IP는 통신을 크게 4가지 계층으로 나눈답니다. 따라서 IP는 TCP/IP 계층 구조에서는 인터넷 계층에 속하는데, OSI 7계층으로는 네트워크 계층에 속하고, TCP는 TCP/IP 계층 구조에서도 트랜스포트 계층에 속하는데, OSI 7계층으로도 트랜스포트 계층에 속하게 된답니다.

그림 한번 잘 봐두시면 아마 다음에 도움이 되실 겁니다. ^^

안녕~

OSI 7계층

TCP/IP 계층

02
SECTION

이 세상에서 나만을 위한
유일한 것

그런 것이 있을까요?

이 세상에 나 혼자만이 가지고 있는 것이라, 이름? 동명이인도 있으니까 이건 아닐 수도 있고, 그럼 얼굴? 쌍둥이요? 그럼 뭐죠? 그건 바로 IP 주소입니다. 인터넷을 쓰는 사람이라면 누구나 하나씩 가지고 있어야 하는 IP 주소는 전 세계에서 유일하게 나만이 가지고 있는 것입니다. 다시 말해 전 세계에서 인터넷을 사용하는 모든 사람은 모두 서로 다른 IP 주소를 가지고 있다는 겁니다.

정말이냐구요? 직접 확인해 보세요. 먼저 윈도우의 [시작] 버튼을 누른 후 오른쪽 맨 아래쪽에 보이는 [실행]을 눌러 [열기]에서 'cmd'를 입력하고 도스 모드로 나와서 'ipconfig/all'을 입력합니다. 거기 나오는 IP 주소가 있죠? 찾으셨습니까? 그게 바로 전 세계에서 여러분 혼자만이 가진 주소입니다. 물론 전화 접속 네트워크나 ADSL을 이용하는 사용자는 일단 전화 접속으로 접속한 다음에 하셔야겠죠? 만약 이 주소를 나 말고 다른 사람이 똑같이 쓴다면 어떻게 될까요? IP 주소가 서로 충돌하기 때문에 둘 중 하나는 인터넷을 못쓰는 결과를 가져옵니다. 이런 경우를 보통 "IP 주소가 죽났다"라고 말합니다. 그런데 이 말은 좀 무식해 보일 수도 있으니 여러분들은 그냥 "IP 주소가 충돌했다"라고 하면 됩니다.

TIP

인터넷을 사용하기 위해선 자신만의 유일한 IP 주소가 필요합니다. 하지만 요즘은 이러한 공인 IP 주소의 부족으로 비공인 주소를 사용할 수 있는 여러 가지 기술이 개발되고 있습니다.

≫ 알고 갑시다!

자, 그래서 결론은,

인터넷을 사용하는 우리에게 모두 하나씩 주어진 주소가 있는데, 이것을 'IP 주소'라고 하고, 이 주소는 전 세계적으로 유일한 주소를 가지게 된다. 따라서 남들과 똑같은 주소를 갖게 되면 인터넷에 둘 중 한 명은 접속이 불가능해진다.

여기까지입니다.

그런데 지금까지 말씀드린 것과는 달리 요즘 인터넷은 같은 주소를 사용하는 경우도 있습니다. 이게 무슨 말이냐구요? 뒤에서 다시 설명드리겠지만 우리가 지금 사용하고 있는 IP 주소는 이제 거의 전부를 사용해 버렸기 때문에 각기 다른 IP 주소를 사용한다는 것이 점점 더 힘들어지고 있습니다. 인터넷을 사용하는 사람들은 점점 늘어나고 있고 사용할 수 있는 IP 주소는 한정되어 있기 때문입니다. 따라서 내부 네트워크에서는 공인되지 않은 IP 주소를 사용하고, 인터넷으로 나갈 때만 공인 주소(즉 유일한 IP 주소)를 가지고 나가는 방식인 NAT(Network Address Translation)나 동일한 IP 주소를 가지고 여러 명이 인터넷에 접속하면서 포트 넘버만을 바꾸는 PAT 등이 사용되고 있습니다. 하지만 이런 것들은 나중에 다시 자세히 이야기해 보도록 하고, 일단 여기서는 '인터넷을 제대로 사용하기 위해서는 전 세계에서 유일하게 나만이 갖는 IP 주소가 있어야 한다.'라고 알아두시기 바랍니다. 이때 유일한 IP 주소를 사용하기 위해서는 누군가가 공인된 IP 주소를 관리하고 나눠줘야 하는데, 전 세계에 이런 공인 주소를 나눠주고 관리해주는 기관이 바로 NIC(Network Information Center)라는 곳입니다.

| 그림 3-2 |
내 PC에서의 IP 정보 보기

자, 여기서 잠깐 IP 주소는 어떻게 생겼는지 알아볼까요?

```
10.139.4.36
```

네 자리의 십진수로 되어 있고 중간에 점을 하나씩 찍어 주었습니다. 한 자리가 최소 0부터 최대 255까지 가능합니다. 왜 한 자리가 최대 255가 될까요? 이건 이유가 있습니다. 왜 그런고 하니 IP 주소는 이진수로 만들어졌기 때문입니다. 즉 여기서 보이는 십진수 한 자리는 이진수

8자리로 만들어져 있습니다. 이진수를 아시는 분은 계산을 해보면 금방 아시겠지만, 이진수 8자리로 만들어낼 수 있는 가장 큰 수(11111111)가 바로 십진수로는 255가 됩니다. 우리들이 이진수보다는 십진수를 좋아하니까 십진수로 표시하는 것뿐이지 사실 IP 주소는 이진수로 만들어졌습니다. 즉 이진수 8자리가 4묶음으로 되어 있고 중간에 점을 찍어서 표시하는 게 원래의 IP 주소가 됩니다. 따라서 IP 주소는 32개의 이진수로 만들어지게 됩니다.

그럼 우리가 만들 수 있는 IP 주소는 전부 몇 개나 있을까요? 숫자로 하면 2의 32승만큼이니까 한번 계산해보세요. 아주 많습니다. 그런데 그 주소가 모든 인터넷 사용자 각자에서 서로 다른 주소를 부여하다 보니 요즘은 모자란다고 합니다. IP 주소에 대한 이야기는 다음에도 계속 나오게 되니까 이번에는 우선 여기까지만 하고 다음으로 넘어가기로 하겠습니다. 그래도 여기서 우리는 IP 주소가 유일해야 인터넷을 쓸 수 있다는 것과, IP 주소는 원래는 이진수 32자리로 만들어져 있고 이진수 8자리마다 중간에 점을 하나씩 찍어서 표시하는데, 이진수로 표시하면 어려우니까 그냥 십진수로 표시해서 사용하는 추세라는 것까지 배웠습니다.

스타크래프트 게임을 해보신 분이라면…

스타크래프트(이하 '스타'로 생략)를 게임방에서 해보신 분이라면 누구나 배틀넷에 들어갈 때는 TCP/IP로 접속하고, 또 게임방 내부에서 친구들끼리 편을 나눠서 게임을 할 때는 IPX로 한다는 사실을 알고 계실 겁니다. (물론 친구들끼리도 배틀넷에서 게임을 할 수야 있지만 같은 게임방에서 게임하는데 배틀넷까지 들어갈 필요가 있겠습니까?)

자, 왜 그럴까요? IPX는 또 무엇일까요? 왜 IPX로는 배틀넷에 못 들어갈까요?

IPX 역시 우리가 전에 배운 프로토콜 중의 하나입니다. 전에도 잠깐 말씀드린 기억이 있습니다만, 프로토콜은 컴퓨터가 통신하기 위해 사용하는 언어인데 IPX 역시 이 중 한 가지입니다. IPX(Internetwork Packet eXchange)라는 프로토콜은 원래 노벨이란 회사에서 나온 제품인 네트웨어(NetWare)라는 파일 서버와 클라이언트 간의 통신에서 사용하는 프로토콜입니다.

파일 서버란, 간단하게 말씀드리면 파일을 한 곳에 넣어두고 서로 공유하는 장비를 말합니다. 대부분의 회사에서 이러한 서버를 가지고 있고 그 서버에 들어갈 때는 로그인이라는 절차를 밟아서 사용 권한을 부여받아 사용하게 되는데, 각자의 PC에 자료를 넣어두는 것에 비해서 공유가 쉽고 보안이 우수하기 때문에 많이 사용하고 있는 추세입니다. 몇 년 전까지만 해도 파일 서버하면 모두 노벨 파일 서버인 적이 있었습니다. 그런데 요즘은 윈도우 NT가 그 시장을 많이 잠식하고 있는 게 사실입니다. 하지만 아직도 노벨 파일 서버는 많은 곳에서 사용되고 있고, 또 노벨의 IPX는 이렇게 게임에서까지 사용되고 있습니다. 그러고 보니 저 역시 맨 처음 회사에 들어와서는 노벨의 서버를 설치하러 다니는 게 가장 큰일이었던 것 같습니다.

IPX 프로토콜과 TCP/IP를 비교해 보자면 랜(LAN) 구간에서는 IPX의 성능이 좀 더 좋다고 하고, WAN 구간, 즉 외부로 접속하는 경우에는 IPX가 TCP/IP에 비해 느리다고 합니다. 제 경험으로도 IPX가 WAN 구간에서의 성능은 조금 떨어지는 게 사실입니다. 따라서 IPX의 성능을 제대로 낼 수 있는 랜(LAN) 구간, 즉 게임방 내부 게임에서는 IPX를 사용하지만 외부와의 접속, 즉 배틀넷으로의 연결에는 TCP/IP를 사용합니다. 외부와의 게임 시 TCP/IP를 쓰는 또 다른 이유는 배틀넷 서버가 TCP/IP만을 지원하기 때문입니다. 또한 인터넷에 공용되는 프로토콜이 TCP/IP이기 때문에 IPX를 가지고 인터넷을 여행할 수 없습니다.

요즘은 관심이 많이 사라진 IPX가 게임에서는 등장하고 있다는 것이 조금 아이러니합니다.

| 그림 3-3 |
스타크래프트 접속 화면

컴퓨터는 이진수로만 이해한다는데

네, 그렇습니다.

컴퓨터는 우리가 일상적으로 사용하는 십진수(0~9)를 사용하지 않고 오직 이진수(0~1)만을 사용합니다. 왜냐구요? 컴퓨터는 전원이 켜졌을 때를 ON, 전원이 꺼졌을 때를 OFF로 인식하기 때문에 ON은 '1', 그리고 OFF는 '0'으로 생각하는 겁니다. 그래서 컴퓨터에서 사용하는 모든 숫자는 이진수라고 생각하면 됩니다. 물론 전에 말씀드린 IP 주소도 이진수로 되어 있습니다.

210.218.150.25가 왜 이진수냐구요?

네, 맞습니다. 그것은 십진수입니다. 사람들이 알아보기 좋게 십진수로 바꾼 겁니다. 원래는 1101 0010.1101 1010.1001 0110.0001 1001입니다. 맨 앞에 있는 1101 0010이 210을 뜻하고, 1101 1010이 218, 1001 0110이 150, 마지막으로 0001 1001이 25를 나타내고 있습니다. 어렵죠? 만약 IP 주소를 이런 식으로 쓴다면 바로바로 이해하는 사람이 얼마나 될까요? 그래서 십진수로 바꾼 겁니다. 그럼 어떻게 해서 십진수가 이진수로 이렇게 바뀐 걸까요? 그건 앞으로 계속 진도를 나가면서 알려드리겠습니다. 자, 그렇다면 전에 말씀드린 대로 이렇게 만들어낼 수 있는 IP 주소는 몇 개나 될까요?

0000 0000.0000 0000.0000 0000.0000 0000에서

1111 1111.1111 1111.1111 1111.1111 1111까지입니다.

(물론 이 중에서 규칙에 의해 사용하지 못하는 것도 몇 개 있지만, 여기서는 그런 건 아직 생각하지 않기로 하겠습니다.)

그럼 몇 개나 되는지 아시겠죠? 모르시겠다구요? 직접 한번 해보라구요? 윽! 좋아요.

```
0000 0000.0000 0000.0000 0000.0000 0000
0000 0000.0000 0000.0000 0000.0000 0001
0000 0000.0000 0000.0000 0000.0000 0010
0000 0000.0000 0000.0000 0000.0000 0011
0000 0000.0000 0000.0000 0000.0000 0100
0000 0000.0000 0000.0000 0000.0000 0101
                      ⋮
1111 1111.1111 1111.1111 1111.1111 1111
```

여기까지입니다. 아까도 말씀드렸지만 이 중에서 모든 주소가 IP 주소로 사용되는 건 아닙니다 만 대충 이렇게 계산해보면 전체 2의 32승(2^{32})개가 됩니다.

그럼 2의 10승(2^{10})은 1,024, 2의 11승(2^{11})은 2,048, 2의 12승(2^{12})은 4,096, ··· 계속 2를 곱해보 시면, 2의 32승(2^{32})은 42억 9496만 7296 정도가 됩니다. 직접 계산해보시면 이렇게 나올 겁니 다. 그런데 얼마 전에 나온 이야기를 들어보니까 이제 이 많던 IP 주소도 6% 정도만 남아있다 고 합니다. 정말 인터넷을 쓰는 인구가 많다는 것을 알 수 있습니다. 그래서 요즘은 이 주소 체 제보다 훨씬 많은 주소를 부여할 방법을 찾아내고 있다고 합니다. 들어보셨는지 모르겠는데 이 것이 바로 IPv6(버전 6)이라는 겁니다. 지금까지 사용하던 IP 버전 4가 32개의 이진수로 이루 어진 것에 비해서 IP 버전 6이라는 주소 방식은 128개의 이진수로 이루어져 있기 때문에 사용 할 수 있는 IP 주소가 약 340,282,366,920,938,463,463,374,607,431,768,211,456개가 된다 고 합니다. 정말 많은 수죠?

≫ 알고 갑시다!

여기에서의 결론은 다음과 같습니다.

아무튼 IP 주소는 원래 이진수로 되어 있는데, 사람들이 이해하기 쉬우라고 십진수를 만들어서 쓰고 있다. 그리고 우리가 현재 사용하는 IP 주소 방식은 버전 4로, 이제 주소가 부족해서 앞으로는 버전 6이 사용될 예정이다.

이진수 계산 그 첫 번째

SECTION

TCP/IP를 쓰는 분이라면 모두 이진수에 대한 이야기를 들으셨을 겁니다. 지금부터 시간 있을 때마다 이진수 이야기를 해볼까 하는데요, 이건 진도와는 상관없는 거니까 관심 있으신 분만 읽어주시면 좋겠습니다.

자, 그럼 첫 번째 이야기.

먼저 문제를 하나 내볼까요?

이진수에 2가 있을까요?

답은 '없다'입니다. 이진수는 0과 1로만 모든 수를 표현합니다. 따라서 우리가 보통 쓰는 십진수와 비교해보면 다음과 같습니다.

십진수	이진수
1	1
2	10
3	11
4	100
5	101
6	110
7	111
8	1000
9	1001

이런 식입니다.

왜 이런지 우리가 어렸을 때 배운 산수 시간으로 돌아가 볼까요? 십진수는 0에서 9까지 한 자리를 쓰고, 9에 1을 더한 10은 자릿수가 하나 늘어나서 10이 됩니다. 이진수도 마찬가지입니다. 0에서 1까지 한 자리를 쓰고 1에 1을 더한 값은 자릿수가 하나 늘어나 10이 됩니다. (어려운

가요?) 즉 십진수에서 십이 두 자릿수 10이 되듯이 이진수에서는 2가 두 자릿수 10이 되는 겁니다. 따라서 앞에서 말씀드린 대로 이진수에는 2가 없고 1과 0, 그리고 1보다 1 큰 수는 2가 아닌 10이 됩니다.

이번에는 이진수를 십진수로 바꾸는 방법을 배워보겠습니다.

우선 십진수에서 456은 $4\times100+5\times10+6\times1$입니다. 여기서 100은 10의 2승이구요, 10은 10의 1승, 그리고 1은 10의 0승입니다.

같은 방법으로 이진수 110의 경우 십진수로 표시하려면 110은 $1\times4+1\times2+0\times1$입니다. 즉 1 곱하기 2의 2승 더하기, 1 곱하기 2의 1승 더하기, 0 곱하기 2의 0승입니다. 그렇다면 이 답은 4+2=6입니다. 너무 쉽죠?

몇 개만 더 해볼까요?

이진수 1101은 십진수로 얼마일까요?

$$
\begin{aligned}
1101 &= (1\times2^3) + (1\times2^2) + (0\times2^1) + (1\times2^0) \\
&= (1\times8) + (1\times4) + (0\times2) + (1\times1) \\
&= 8 + 4 + 0 + 1 \\
&= 13
\end{aligned}
$$

이진수 10110은 십진수로 얼마일까요?

$$
\begin{aligned}
10110 &= (1\times2^4) + (0\times2^3) + (1\times2^2) + (1\times2^1) + (0\times2^0) \\
&= (1\times16) + (0\times8) + (1\times4) + (1\times2) + (0\times1) \\
&= 16 + 0 + 4 + 2 + 0 \\
&= 22
\end{aligned}
$$

우리가 TCP/IP 주소를 이해하는 데 가장 기본이 되는 것이 이진수이기 때문에 조금 낯설어도 이진수와 친해두는 것이 도움이 될 것입니다. 나중에는 여기서처럼 하나씩 계산하지 않아도 한 눈에 이진수가 10진수로 바뀌어 보이는 때가 있을 겁니다. 그때까지는 될 수 있으면 계속 연습을 해보기 바랍니다.

또 한 가지 알아두셔야 할 것은 바로 Logical AND 기능입니다.

예를 들어 1100 1111과 1111 0000을 AND 하면 답은 얼마일까요? 1100 0000입니다. 옛날에 배운 기억나세요? 즉 AND는 양쪽이 모두 1인 경우에만 1이 되고, 하나라도 0인 경우에는 0이 되는 성질을 가지고 있습니다.

```
0 AND 0  =  0
0 AND 1  =  0
1 AND 0  =  0
1 AND 1  =  1
```

따라서 다음과 같습니다.

```
       1100 1111
AND    1111 0000
_____

       1100 0000
```

즉 앞에서 보듯이 아래가 1111인 부분은 위에 있는 수가 모두 그대로 내려왔고, 아래가 0000인 부분은 위에 무슨 수가 있든지 그냥 0000이 되어서 내려왔습니다. 하나 더 해볼까요?

```
       1000 0101
AND    1111 1111
_____

       1000 0101
```

여기서는 아래쪽에 오는 이진수가 전부 1로만 구성되어 있습니다. 그러다 보니 논리 AND를 하고 난 후에 나오는 값은 바로 윗줄에 있던 이진수와 같게 됩니다.

여기서 배운 논리 AND 연산은 나중에 서브넷 마스크를 사용할 때 아주 긴요하게 사용됩니다. 그러니 조금 어렵더라도 많이 연습해 보셔야겠죠? 이렇게 하나하나 쌓아두는 기본 지식이 결국 남들과의 차이가 되고 네트워크에 대한 기본 지식이 되는 겁니다. 조금 어렵다고 자꾸 건너뛰고 넘어가고 하다 보면 나중에 책의 맨 뒤에 도착해서는 내가 별로 배운 게 없다고 생각될지도 모릅니다. 천천히 나가도 상관없으니 여러분들은 여기 나오는 내용을 완전히 내 것으로 만들고 넘어가기 바랍니다.

05
SECTION

이진수 계산 그 두 번째

이왕 시작한 거니까 이진수에 대해서 잠깐 더 알아볼까요?

제가 이진수를 자꾸 강조하는 건 TCP/IP 주소 규칙 때문입니다. TCP/IP 주소 규칙을 이해하려면 이진수에 대한 완벽한 이해가 필요합니다. 물론 네트워크에 입문하는 분들이나 전공이 아니신 분들은 어렵게 생각하시겠지만 자꾸 하다 보면 눈에 익게 될 겁니다. 결코 어려운 건 아니니까 계속 연습해보시기 바랍니다. 자, 계속해서 연습해 볼까요? 아래 그림을 보시면 십진수의 이진수 변환과 이진수의 십진수 변환이 있으니까 한번 해 보시기 바랍니다.

먼저 십진수의 이진수 변환에서 십진수를 2로 나누어 보세요. 그럼 몫은 16이 되고 나머지는 1 입니다. 다시 몫인 16을 2로 나눕니다. 그럼 몫은 8이고 나머지는 0이죠. 아래 그림처럼 몫은 바로 아래에 쓰고 나머지는 그 옆에 얌전하게 쓰는 겁니다. 그와 같은 과정을 반복해서 맨 마지막까지 가서 더 나누어지지 않게 되었을 때 나머지를 역방향으로 계속 쓰면 그것이 이진수 값이 되는 겁니다. (그림에서 보이시죠? 이런 식으로 쓰면 되는 겁니다.) 이진수의 십진수 변환은 전에 한번 설명드렸죠?

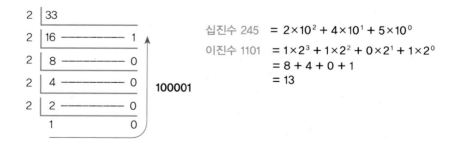

십진수 33을 이진수로?

$$십진수\ 245 = 2\times10^2 + 4\times10^1 + 5\times10^0$$

$$이진수\ 1101 = 1\times2^3 + 1\times2^2 + 0\times2^1 + 1\times2^0$$
$$= 8 + 4 + 0 + 1$$
$$= 13$$

100001

| 그림 3-4 |
이진수의 계산

나중에는 십진수를 이진수로 고치는 게 이런 방식을 쓰지 않고도 쉽게 되겠지만, 우선은 지금 말씀드린 것처럼 2로 나누어서 나오는 나머지들을 가지고 역순으로 써주면 됩니다.

그럼 몇 개를 더 해볼까요?

한번 직접 해보시기 바랍니다.

문제 ❶ | 십진수 45는 이진수로 얼마일까요?

정답은 101101입니다.

문제 ❷ | 십진수 209는 이진수로 얼마일까요?

정답은 11010001입니다.

문제 ❸ | 십진수 255는 이진수로 얼마일까요?

정답은 11111111입니다.

이런 문제를 풀다 보면 2의 승수를 미리 알고 있는 것이 많은 도움이 된다는 것을 자연스럽게 느끼게 될 겁니다. 무슨 말인고 하니 2의 1승은 2, 2의 2승은 4, 2의 3승은 8, 2의 4승은 16… 이렇게 해서 2의 10승이 1,024라는 것까지는 알고 계시는 것이 좋습니다. 지금부터라도 시간이 날 때마다 2의 승수에 대한 값을 알고 가기 바랍니다.

```
2⁰  =  1
2¹  =  2
2²  =  4
2³  =  8
2⁴  =  16
2⁵  =  32
2⁶  =  64
2⁷  =  128
2⁸  =  256
2⁹  =  512
2¹⁰ =  1,024
```

늘 IP 주소 배정으로 골치가 아프더니…

네트워크 관리자라면 IP 주소 배정은 보통 일이 아니라고 합니다. 한두 대도 아니고 수백 대의 PC에 일일이 IP 주소를 배정해야 하고, 게다가 PC라도 포맷하거나 부서 이전이라도 있는 날에는 골치 아픈 사람은 항상 네트워크 관리자였습니다. 안 쓰는 IP 주소를 찾아서 배정해야 하고 또 쓰던 주소를 다시 찾아와야 하는 일을 반복해야 하는 거죠. 아마 당해보지 않으신 분은 모르실 겁니다.

TCP/IP의 가장 큰 특징은 바로 IP 주소가 서로 같으면 안 된다는 거 아닙니까? 또한 네트워크별로 동일한 네트워크 부분을 가져야 하고, 또 서브넷 마스크를 동일하게 가져야 합니다. (이 규칙은 아직 모르셔도 됩니다. 안 배웠거든요. 하지만 일단은 같은 네트워크상에 있는 PC들은 동일한 네트워크 부분과 동일한 서브넷 마스크를 가져야 한다고 알아두기 바랍니다.) 그런데 사용자들은 이러한 것들을 잘 모르고 있는 게 사실입니다. 자신의 IP 주소가 어떤 건지도, 그리고 무엇 때문에 네트워크에 문제가 발생했는지도 알지 못하고, 안 되면 무조건 네트워크 관리자에게 물어보니 네트워크 관리자는 항상 커다란 IP 주소에 대한 배정표를 들고 다닐 수밖에 없는 겁니다.

이런 문제를 좀 더 쉽게 풀어볼 수는 없을까요?

그래서 나온 것이 바로 DHCP라는 겁니다. DHCP는 IP 주소를 자동으로 배정해 줍니다.

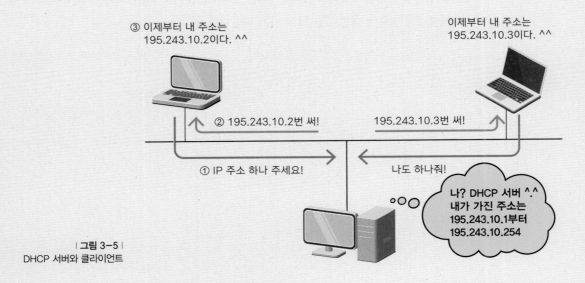

③ 이제부터 내 주소는
195.243.10.2이다. ^^

이제부터 내 주소는
195.243.10.3이다. ^^

② 195.243.10.2번 써!

195.243.10.3번 써!

① IP 주소 하나 주세요!

나도 하나줘!

나? DHCP 서버 ^.^
내가 가진 주소는
195.243.10.1부터
195.243.10.254

| 그림 3-5 |
DHCP 서버와 클라이언트

위의 그림 보이시죠? 아래쪽에 있는 것이 바로 DHCP(Dynamic Host Configuration Protocol) 서버이고 위에 있는 두 PC는 DHCP 클라이언트 PC들입니다. 이때 클라이언트들은 아직 자신의 IP 주소를 가지고 있지 않습니다. 이 네트워크에서 모든 IP 주소는 아래 있는 DHCP 서버가 가지고 있다가 클라이언트 PC가 켜지면서 네트워크에 브로드캐스트를 뿌립니다. (한마디로 방송을 하는 겁니다.) "나 IP 주소 하나만 주라." 이렇게요. 그럼 DHCP 서버는 그 요청을 듣고 클라이언트에게 자신이 관리하는 IP 주소 중 하나를 줍니다. 물론 자동으로요.

이렇게 되면 네트워크 관리자가 따로 IP 주소를 배정해줄 필요도 없고, 또 사용자들도 자신의 IP 주소를 몰라도 되겠죠?

게다가 부서를 이전해도 IP 주소를 따로 바꿀 필요가 없으니 이 얼마나 좋은 방법입니까? 따라서 PC는 DHCP 클라이언트 구성만 가지고 다니다가 이렇게 DHCP 서버가 있는 네트워크에 연결만 하면 자동으로 IP 주소를 부여받게 됩니다. 이런 DHCP 서버 기능은 윈도우 NT나 Novell Netware에 기본으로 포함되어 있을 뿐 아니라 요즘은 라우터에서도 이 기능을 제공해주는 경우가 있습니다. 구성은 서버에 따라서 다르니 직접 한번 확인해 보면 아실 수 있을 겁니다. 아마 한번 해보면 그 편안함에 놀라실 겁니다. 참! PC에는 IP 주소를 주지 않고 [자동으로 IP 주소 받기]를 선택해주면 됩니다.

| 그림 3-6 |
제어판에서 DHCP를 사용하기 위한
클라이언트 구성

이렇게 구성한 후에 자신의 PC가 DHCP 서버로부터 제대로 IP 주소를 받아왔는지 확인을 해야 합니다.

자, 그럼 어떤 명령을 이용하면 내 PC가 제대로 IP 주소를 받아왔는지 알 수 있을까요? 그건 바로 도스 모드에서 IP 주소를 보는 명령인 ipconfig/all입니다.

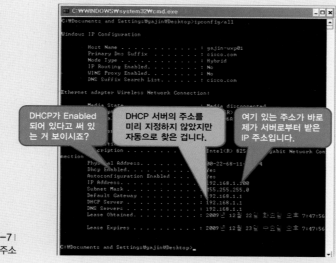

| 그림 3-7 |
DHCP로 구성된 IP 주소

그림에서처럼 'ipconfig/all'을 수행하면 자신의 PC에 대한 IP 정보가 나타납니다. 여기서 자기의 IP 주소를 볼 수 있습니다. 또 만약 자신의 PC가 DHCP 클라이언트로 동작한다면 DHCP가 Enabled되어 있다는 메시지를 볼 수 있을 겁니다.

자, 이제 모두 이해가 되시죠? 요즘 네트워크 환경에서 DHCP는 거의 일반화되어 있는 것 같습니다. 얼마 전에 어떤 연수원에 갔었는데, 그곳에는 각 방에 네트워크 케이블이 설치되어 있더군요. 누구라도 DHCP 클라이언트 기능만 Enabled되어 있는 PC라면 이 케이블을 이용해서 인터넷을 접속할 수 있게 해놓은 겁니다. DHCP 기능이 참 편리하죠?

≫ 알고 갑시다!

그럼 DHCP에 대한 결론을 내려볼까요?

DHCP는 PC마다 하나하나 IP 주소를 미리 지정해 놓지 않고 DHCP 서버가 그 네트워크에 필요한 IP 주소를 전부 가지고 있다가 IP 주소를 요구하는 PC에는 그때그때 자동으로 분배해주는 방식이다. 물론 다 쓰고 난 IP 주소는 회수한다.

여기까지입니다.

망 분리 II

1편에서 망 분리는 물리적 망 분리, 즉 진짜로 망을 2개로 가져가는 방식과, 논리적 망 분리, 즉 사실은 망 하나를 쓰는데…
마치 2개인 것처럼 하는 방식이 있다고 설명드렸죠? ^^

물리적 망 분리는 인터넷용과 내부용으로 장비를 각각 따로 가져가는 방식이니까 크게 어려울 게 없을 것 같아 이번 시간에 우리는 논리적 망 분리에 대해 잠깐 알아보겠습니다.

자, 논리적 망 분리를 보면, 요것도 다시 2가지로 구분할 수가 있는데요.

하나가 PC 안에서 업무 영역과 인터넷 영역을 구분해서 사용하는 방식인 CBC(Client Based Computing)가 있구요.
(뭔가 PC 안에 프로그램이 있겠죠?) 또 하나는, 작업은 서버에서 진행하면서 화면만 PC로 뿌려주는 SBC(Server Based Computing) 방식이 있습니다. (이건 좀 복잡한 방식인데 일단 망 분리를 서버를 통해서 진행한다고만 이해해 두시기 바랍니다.)

유식하게 다시 말하자면…

PC 기반의 가상화를 CBC라고 하구, 서버 기반의 가상화를 SBC라고 한다… 라고 알아두시기 바랍니다.

이렇게 줄여서 이야기하는 게 요즘 대세인 거 다들 아시죠? ^^

1분 정보는 여기까지!!

네트워크 자격증에 관한 이야기

어디서나 자신을 인정받을 때가 가장 기쁘죠.

노래방에 가면 노래 잘한다는 소릴 듣고, 나이트가면 부킹 잘한다는 소릴 듣고, 게임방에 가면 스타 잘한단 소릴 듣는 이런 사람을 우린 흔히 인정받는 사람이라고 하죠. (화류계에서 ^^)

네트워크 업계에서도 인정받는 사람이 되는 길은 자신의 경력을 잘 관리하는 것과 자격증을 가지고 있는 것입니다.

요즘은 어린 학생들도 한두 개의 자격증은 가지고 있을 정도로 자격증이란 게 흔해져 버린 세상이긴 하지만, 막상 내가 준비를 하려고 하면 막막한 게 사실입니다. 따라서 자격증을 취득하기 위해서는 무조건 남들이 한다고 따라하지 말고 나에게 가장 필요한 자격증이 무엇이고 그 자격증이 왜 필요한지부터 먼저 고민한 후 목표를 정하고 계획을 세워서 자격증을 준비해보시기 바랍니다.

자격증이란 건 물론 가진 것이 없는 것보다는 좋겠지만, 자격증을 따는 것 자체가 중요하다기보다는 자격증을 가질 만한 능력을 갖추는 것이 더 중요합니다. 따라서 대부분 비싼 돈이 드는 자격증을 그저 족보만 구해서 달달 외운 다음에 합격했다고 좋아할 것이 아니라, 준비 과정이 힘들더라도 하나하나 자기 힘으로 준비하고 취득한다면, 그 성취감은 엄청날 것입니다. 또한 누구 앞에서도 당당하게 내가 이런 자격증이 있다고 이야기할 수도 있게 될 겁니다.

시스코의 자격증 소개

Network Design

CCIE — Expert

CCDP — Professional

CCDA — Associate

Network Support

CCIE — Expert

CCNP — Professional

CCNA — Associate

| 그림 3-8 |
시스코의 자격증
제도에 관한 그림

위의 그림 보이시죠?

시스코의 자격증을 한눈에 보기 쉽게 만든 그림입니다. 이 그림은 시스코의 홈페이지에서도 보실 수 있습니다. 간단하게 먼저 말씀을 드리자면 위로 올라갈수록 좋은 겁니다. 그러니까 맨 꼭대기가 제일 좋은 거죠. 하지만 기본이 중요한 거니까 절대로 아래에 있는 자격증을 무시하시면 안 됩니다.

그럼 차근차근 알아볼까요? 국내에서 가장 많이 응시하는 분야인 라우팅&스위칭(Routing&Switching) 분야만 한번 알아보도록 하겠습니다. 시스코의 자격증은 위에 그림처럼 네트워크 지원 부분과 네트워크 디자인 지원으로 나뉩니다. 요즘은 커뮤니케이션과 서비스 부분이 새로 생겨나서 크게 보면 3가지가 되지만, 우선 2가지만 알아보도록 하겠습니다.

먼저 네트워크 부분을 보면 맨 아래에 있는 게 CCNA(Cisco Certified Network Associate)입니다. CCNA는 시스코 자격증 중에서 가장 기본이 되는 자격증입니다.

우리가 보통 CCNA(Cisco Certified Network Associate) 시험이라고 부르는 이 시험의 시험번호는 '200-125 CCNA'입니다. 시스코 시험의 경우 모든 시험에 시험 번호가 있으니 시스코 시험을 보는 분들은 그냥 "CCNA 시험이요!"라고 말하지 마시고, 멋지게 '200-125 시험'이라고 말해 주세요. ^^ 또 하나, 이렇게 번호를 붙이는 이유는 나중에 시험이 업그레이드되었을 때에도 번호로 구분하기 위함이랍니다.

이 시험은 전체 50~60문항을 90분 동안 풀도록 출제되는데, 예전에는 CCNA가 전부 객관식이었지만 이제는 좀 달라졌답니다. 4지선다형이나 5지선다형처럼 여러 개의 보기 중에서 하나를 선택하는 객관식 문제와 여러 개의 보기 중에서 여러 개를 선택하는 Multiple Choice 문제, 그림에서 마우스로 끌어다가 맞추는 Drag and Drop 문제, 빈칸에 써넣는 문제, 시뮬레이션 문제 등 다양한 문제 형식으로 출제되니 미리 비슷한 형식의 문제를 풀어보시는 것이 도움이 될 겁니다.

전에는 Sylvan이란 곳에서도 시험을 주관했는데, 이제는 Pearson VUE(www.vue.com/cisco)란 곳에서만 시험을 주관한답니다.

CCNA를 준비하시는 분들께 권하는 교육은 ICND(Interconnecting Cisco Networking Device) 1과정과 2과정입니다. 이 과정도 전에는 ICND 하나만 있었는데 2개의 과정으로 나뉘었나 보네요.

CCNA 시험에서 다루어지는 기술 영역은 다음과 같습니다.

- Network Fundamentals
- LAN Switching Technologies
- Routing Technologies
- WAN Technologies
- Infrastructure Services
- Infrastructure Security
- Infrastructure Management

시험 시간은 90분으로, 시험 중에는 모니터 오른쪽 위에 조그마한 시계가 움직이는데, 이 시계가 끝나기 전까지 시험을 마치셔야 합니다. 만약 시간이 초과되면 자동으로 끝나기 때문에 시간 안배에 주의를 하셔야 합니다. 하지만 시간이 부족한 경우는 거의 없으니까 너무 염려는 마시구요. 맨 마지막 문제를 풀고 [시험 끝]이라는 버튼을 누르면 자동으로 약 2초 안에 채점이 이루어져서 그 자리에서 합격 또는 불합격 여부를 알려줍니다. 바로 시험 결과가 프린트되어 나오기 때문에 만약 합격하셨을 경우에는 이 종이를 잘 간수해 두셔야 나중에 쓸모 있게 쓰실 수 있습니다. 합격하고도 웹에서 자신의 합격을 등록해야 하니까요.

준비할 때 가장 좋은 방법은 관련한 정규 교육과정을 받는 것인데, 현실적으로 개인이 교육을 받기는 가격이 비싸서 만만치 않답니다. 하지만 강사에게 체계적으로 네트워크의 기초를 배울 수 있고, 또 실습을 하나하나 해볼 수 있기 때문에 비용 문제만 없다면 권하고 싶습니다.

- **CCNA 대비용 추천 과정** : Interconnecting Cisco Networking Devices: Accelerated (CCNAX)과정
  또는 Interconnecting Cisco Networking Devices Part 1 (ICND1)과정
  Interconnecting Cisco Networking Devices Part 2 (ICND2)과정
- **CCNA 시험 코드** : 200-125 CCNA 또는 100-105 ICND1과 200-105 ICND2

CCDA(Cisco Certified Design Associate)의 경우는 말 그대로 디자인에 관련된 자격입니다. 즉 시험문제가 어떤 상황을 주고 그 상황에 맞는 네트워크 디자인을 묻는 문제와 시스코 제품에 관한 내용이 주를 이루고 있습니다. 물론 기본적인 네트워크의 개념이나 라우팅 프로토콜, 네트워크 관리 시스템 등에 관한 내용도 출제됩니다. 또 고객을 방문해서 제안서를 만들 때까지의 과정과 제안을 가지고 실제 적용하는 방법에 대한 내용이 나와 있는데, 아무래도 이 시험은 기본 네트워크 지식도 중요하지만 시험 대비를 위한 책을 가지고 준비를 하시는 게 합격에 유리할 걸로 생각됩니다. (제 개인적인 생각이지만 시험이 조금 주관적인 게 많거든요.) 또 전부 영어로 출제되다 보니 네트워크 디자인 시험이 영문 독해 시험처럼 느껴지기도 합니다. 전체 55~65문항으로 이루어져 있고, 시험시간은 75분입니다.

CCDA 시험에서 다루어지는 기술 영역은 다음과 같습니다.

- 네트워크를 디자인하기 위한 방법론
- 네트워크를 디자인하는 데 필요한 요소 이해
- 기존 네트워크에서의 주소 체계와 라우팅 프로토콜 이해
- 엔터프라이즈 네트워크와 지사 네트워크에 대한 디자인
- 기존 네트워크의 확장을 위한 고려사항

- **CCDA 대비용 추천 과정** : Designing for Cisco Internetwork Solutions (DESGN) v3.0
- **CCDA 시험 코드** : 200-310 DESGN

CCNP(Cisco Certified Network Professional) 자격은 말 그대로 프로페셔널을 인증하는 자격증인 만큼 CCNA에 비해서 훨씬 요구사항이 까다롭습니다.

복잡한 네트워크를 설치 운용하고 문제 해결에 대한 능력을 가지고 있는 사람이 응시할 수 있으며, 먼저 CCNA 자격을 가지고 있는 사람만 응시할 수 있습니다. 하지만 이 시험 역시 필기시험만 있기 때문에 앞에서 설명드린 VUE(www.vue.com/cisco)에서 실시하는 컴퓨터 방식의 시험에서 합격하면 바로 인증을 받을 수 있습니다. 국내에서도 요즘 많은 사람들이 이 자격을 준비하고 있고, 또 많이 합격하고 있는 추세입니다.

시험은 먼저 라우팅에 대한 전문 기술을 측정하는 시험인 300-101 ROUTE (Implementing Cisco IP Routing)가 있고, 스위치에 대한 기술력을 측정하는 300-115 SWITCH (Implementing Cisco IP Switched Networks)가 있으며, 라우터와 스위치로 구성된 네트워크를 효과적으로 관리하고 장애에 대비할 수 있는 능력을 측정하기 위한 300-135 TSHOOT (Troubleshooting and Maintaining Cisco IP Networks) 등 총 3가지로 구성됩니다.

- **CCNP 대비용 추천 과정**

  Implementing Cisco IP Routing (ROUTE)

  Implementing Cisco IP Switched Networks (SWITCH)

  Troubleshooting and Maintaining Cisco IP Networks (TSHOOT)

- **CCNP 시험 코드**

  300-101 ROUTE

  300-115 SWITCH

  300-135 TSHOOT

- **각 시험 기술 영역**

  300-101 ROUTE

  · IP 네트워크에 대한 세부 내용 이해

  · PPP 및 프레임 릴레이 네트워크 이해

  · Layer 3 네트워킹 기술에 대한 이해

  · VPN에 대한 이해

  · 네트워크에 대한 기본 보안 기법

  · 네트워크 운영을 위한 기본 기술 이해

  300-115 SWITCH

  · Layer 2 프로토콜과 VLAN에 대한 이해

  · 스위치 네트워크에서의 보안

  · 스위치를 통한 로드 밸런싱 이해

  300-135 TSHOOT

  · 시스코 장비의 기본 장애 처리 기법

  · Layer 2에서의 네트워크 운영 및 장애 처리 기법

  · Layer 3에서의 장애 처리 방법 이해

  · VPN 장애 처리 기법

  · 네트워크 기본 보안 방법에 대한 장애 처리 기법

CCDP(Cisco Certified Design Professional) 자격이 아마 필기시험 중에서는 가장 어려운 자격이 아닐까 하는 생각이 듭니다.

일단 CCNA 자격과 CCDA 자격이 있어야 응시가 가능하니까요. 이 자격은 복잡한 네트워크에 대한 구축 경험이 많고 네트워크 설치 경험 또한 많은 사람이 응시하도록 구성되어 있습니다. 시험 정보를 보시면 금방 아시겠지만, CCNP 시험과 한 과목만 빼고는 동일하기 때문에 만약 CCNA와 CCDA를 가지고 CCNP 자격을 준비하시는 분이라면 CCDP를 합격하는 건 무난할 거라고 봅니다. 국내에 이 자격을 가지고 있는 사람이 그리 많지 않은 점에 착안해서 여러분도 이 자격에 관심을 가져주시길 바랍니다.

- **CCDP 대비용 추천 과정**
  Implementing Cisco IP Routing (ROUTE)
  Implementing Cisco IP Switched Networks (SWITCH)
  Designing Cisco Network Service Architectures (ARCH)

- **CCDP 시험 코드**
  300-101 ROUTE
  300-115 SWITCH
  300-320 ARCH

사실 이런 자격시험들을 전부 코스별로 수강하고 시험을 본다면 시험 응시 비용 및 학습 비용이 만만치 않을 겁니다. 따라서 몇몇 과목은 수강을 하시고 나머지는 스스로 공부를 하셔야 하는데, 교재만큼은 어떤 방법을 이용해서라도 입수하셔서 공부하시길 권합니다. (코스별 교재를 공부하는 게 합격의 지름길입니다. 이게 바로 합격의 비법이죠.)

마지막은 역시 CCIE입니다. CCIE(Cisco Certified Internetwork Expert) 자격은 말 그대로 네트워크의 전문가를 인증하는 시험인 만큼 까다로운 필기 시험과 실기 시험이 있습니다. CCIE는 전에도 한번 설명드렸으니 여기서는 건너뛰겠습니다. 다만 실기 시험은 하루 동안에 걸쳐서 실시되고 채점 방식은 종합 점수제입니다. 따라서 시험을 보고 나서 시험 감독관이 채점을 한 후 각 응시자들에게 합격 여부를 메일로 통보해 줍니다. 기존에는 이틀간 봐야 하는 랩시험 때문에 고생하던 많은 사람들이 랩이 하루로 바뀌고 나서 오히려 쉬워졌다고 말하지만, 하루 동안에 예전의 이틀 치를 소화해야 하다 보니 이 역시 만만치는 않습니다. 다만 기존에 있던 케이블링과 IP 주소가 미리 세팅되어 있기 때문에 시간을 약간 절약할 수 있습니다. 최근에 CCIE 시험이 업데이트되면서 그동안 포함되지 않았던 Troubleshooting이 다시 들어갔다는 것도 참조하시기 바랍니다.

실기시험의 가장 중요한 포인트 중 하나는 시간 안배입니다. 따라서 시간을 어떻게 잘 쓰는가에 따라 합격 여부가 좌우된다고 할 정도이니 혹시 나중에 실기시험을 보실 경우는 이 점을 잊지 마시기 바랍니다. 저 역시 시간 부족을 많이 느꼈습니다. 여러분의 건투를 빕니다!

아울러 시스코 자격증의 요즘 추세를 한 가지 더 말씀드리자면 새로운 신기술에 대한 자격증이 계속 나오고 있다는 것입니다. 제가 이 책을 처음 쓰던 당시만 해도 시스코의 자격증은 위에서 말씀드린 정도가 전부였습니다.

하지만 지금 시스코에 관련된 자격증은 20여 개가 넘습니다. 즉 라우터와 스위치만 잘 알고 있으면 네트워크 엔지니어로 인정받던 몇 년 전에 비해 이제 우리가 알아야 할 네트워크 지식이 그만큼 늘어났다는 것입니다.

네트워크 보안에 대한 자격증인 CCNA Security, CCNP Security, CCIE Security, 최근 클라우드 환경에 맞게 새로 나온 CCNA Cloud와 CCNP Cloud도 눈에 띄구요, 가장 Hot하다는 데이터 센터의 전문가 자격증인 CCNA Data Center, CCNP Data Center, CCIE Data Center 자격증은 최신 데이터 센터 솔루션에 대한 완벽한 이해와 기술력이 있어야 취득 가능한 자격증이랍니다. 이 밖에도 무선 네트워킹에 관련된 CCNA Wireless, CCNP Wireless, CCIE Wireless 등 수많은 네트워킹 관련 기술에 대한 자격증이 새로 생겨났습니다.

따라서 이제 CCNA 자격증은 그저 이 많은 자격증을 따기 위한 준비운동이라고 생각이 될 정도로 기본이 되었습니다. 하지만 기본이 가장 중요하다는 거 아시죠?

기본이 튼튼해야 그 위에 높은 빌딩을 지을 수 있답니다. ^^

우리 모두 네트워크의 초고층 건물을 짓기 위해 탄탄하고 흔들림 없는 기초 공사를 시작해보자구요. ^^

국내에서 교육 및 시험을 볼 수 있는 장소(시스코 공인 교육기관)

- **한국글로벌널리지(주)**
  서울시 강남구 테헤란로 222 도원빌딩 3층, 4층
  Tel : 02) 783-1188
  http://www.globalknowledge.co.kr

- **패스트레인 코리아**
  서울시 서초구 남부순환로 2606 금정빌딩 4층
  Tel : 02) 525-6191
  http://www.flane.co.kr

참고로 2013년 기준으로 전 세계에 있는 CCIE는 약 38,000명 정도이고, 그중 Router & Switch CCIE가 27,000명 정도로 가장 많답니다. 그다음이 Security로 4,200명, 그리고 Service Provider가 3,100명, Voice가 2,300명 정도라고 합니다. 2013년 이후의 CCIE 현황은 찾아보기가 어렵긴 하지만, 2017년 현재 CCIE Number가 약 55,000번까지 간 것으로 유추했을 때 지금까지 세계에서 약 54,000명의 CCIE가 탄생했고(CCIE Number는 원래 1부터 시작한 게 아니고 1024번부터 시작했답니다. ^^), 그중 CCIE Recertification(재인증)을 안 해서 그 자격 조건을 갖추지 못한 CCIE로 예상되는 약 10,000명을 제외하면 약 45,000명의 CCIE가 있을 것으로 예상된다고 합니다. ^^

한국의 경우 역시 최근 자료는 찾을 수 없고, 2010년에 1,000명을 넘어선 것으로 알려져 있답니다. 사실 CCIE가 맨 처음 나왔을 때만큼 인기 있는 자격증은 아니지만, 아직도 네트워크 업계에서는 CCIE 자격증이 그만한 대우를 받는 만큼 네트워크쪽에서 경력을 쌓으실 계획이라면, 꼭 권하고 싶은 자격증이랍니다.

CISCO
NETWORKING

PART
04

네트워크 장비에
관한 이야기

랜카드도 세팅해야 되나요?

이번에는 쉬우면서도 기본적인 내용을 한번 알아보도록 하겠습니다. 이번 주제는 NIC(Network Interface Card)입니다. 보통 '랜카드'라고 하는 우리 주변에서 가장 많이 볼 수 있는 네트워크 장비입니다.

제가 네트워크를 처음 시작하던 시절에도 랜카드는 있었습니다. 물론 지금과는 많이 달랐지만 말입니다. 지금이야 PC에 랜카드를 꽂고 전원을 껐다가 다시 켜면 PC가 알아서 랜카드를 인식하고, 알아서 필요한 프로그램을 설치하고 네트워크에 연결해주는 아주 좋은 기능인 플러그 앤 플레이(Plug and Play 또는 P&P라고 합니다.)를 지원해 주지만, 옛날(?)에는 정말 하나하나 전부 사람이 해야 했습니다.

랜카드의 모든 세팅은 점퍼 형식으로 되어 있어서 랜카드의 점퍼를 하나씩 하나씩 조정해가면서 해주던 IRQ(Interrupt Request) 넘버의 세팅이나 Base Memory 등의 세팅은 고도의 인내심과 직감력(?)을 필요로 했기 때문에 이 작업을 제대로 해주려면 랜카드 한 장당 숙련된 엔지니어가 약 30분은 매달려야 했습니다. 랜카드 15장을 꽂고 나니까 하루 해가 뉘엿뉘엿 넘어가던 기억이 지금도 새롭습니다. 이런 랜카드는 아주 중요한 역할을 해주는 것입니다. 즉 유저의 데이터를 케이블에 실어서 허브나 스위치, 혹은 라우터 등으로 전달해주고 자신에게 온 데이터를 CPU에게 전달해주는 역할을 합니다.

이런 랜카드는 우선 어떤 환경에서 사용하는가에 따라서 이더넷용 랜카드와 토큰링용 랜카드, 그리고 FDDI, ATM용 랜카드 등으로 구분합니다. 하지만 대부분의 환경에서는 이더넷용을 사용하기 때문에 아마 여러분 PC에 설치된 랜카드나 사무실에 설치된 랜카드의 90% 이상은 이더넷용 랜카드일 겁니다. (이더넷이 뭔지는 전에 배우셨죠?) 여기서도 이더넷용 랜카드를 위주로 알아보도록 하겠습니다.

대부분 랜카드라고 하면 '랜에 접속하기 위한 카드처럼 생긴 것이다'라고 생각하면 딱 맞을 겁니다. 이것을 어디에 설치하는가에 따라서 데스크톱용 랜카드([그림 4-1]에 보이는 게 모두 데스크톱용 랜카드입니다.)와 PCMCIA 방식이라고 하는 노트북용 랜카드가 있습니다. 물론 이 외에도 프린터 포트에 연결하는 외장형 랜카드나 USB 포트에 연결하는 방식이 있기도 하지만 자주 사용하는 방식은 아닙니다. 데스크톱용이나, 노트북용이나, 프린터 포트용이나 모양은 다르지만 하는 일은 똑같습니다. 다만 PC와 연결할 때 접속하는 방법에 차이가 있다고 생각하면 됩니다. 하지만 하는 일이 다 똑같다고 아무거나 사서 쓰면 안 됩니다. 자신이 가지고 있는 PC에 맞는 걸 사야 합니다. 괜히 데스크톱 PC에 설치할 랜카드를 노트북용으로 샀다가는 쓸모없게 되기 때문입니다.

데스크톱용 랜카드를 선택하는 경우에는 또 하나 생각해야 할 것이 있습니다. 바로 PC의 버스(Bus) 방식입니다. PC의 버스 방식은 크게 3가지 정도로 나누어 볼 수 있는데, 현재 가장 많이 사용하고 있는 방식이 PCI 방식이고 이전까지는 ISA('아이사'라고 읽습니다.) 방식을 많이 사용했습니다. 자주는 아니지만 간혹 서버급 PC에서는 EISA('이아이사'라고 읽는데 Enhanced ISA입니다.) 방식의 버스도 있습니다. 갑자기 버스라고 하니까 왜 네트워크 이야기를 하다 말고 자동차 이야기를 꺼내느냐고 놀라시는 분도 계실 겁니다. 하지만 여기서 말하는 버스는 우리가 집에 갈 때 타고 다니는 버스가 아니라 컴퓨터에서 데이터가 날아다니는 길을 말합니다. 이렇게 버스 이야기를 드리는 것은 랜카드 역시 PC의 버스 방식에 맞는 것을 설치해야 하기 때문입니다. 자기 PC는 ISA 방식인데 랜카드는 PCI 방식을 설치하려고 한다면 그건 불가능합니다. 아까도 설명드렸지만 자신의 PC가 가지고 있는 버스 방식이 무엇인지는 알아두는 게 좋을 겁니다. 모르면요? 대충 구입한 지 1~2년 정도 된 PC의 경우는 PCI가 많을 겁니다. 하지만 찍는 건 틀릴 위험이 있겠죠?

제가 지금까지 랜카드에 대해 설명해드렸지만, 요즘은 아마 랜카드 자체를 아직 못 보신 분들도 있을 겁니다. 왜냐하면 랜카드가 이미 컴퓨터 안에 설치되어 제작되었기 때문입니다. 카드 형태로 된 것도 있고, 메인보드에 붙어있는 것도 있지만 이렇게 랜카드에 대해 배우는 건 네트워킹의 가장 기초가 되기 때문이랍니다. ^^ 그럼 계속 해볼까요?

☼ TIP

LAN Card는 보통 '네트워크 어댑터' 또는 'NIC(Network Interface Card)'라고도 합니다.

일단 어디에 설치하는가에 따른 구분을 알아봤습니다. 이번에는 속도에 따른 구분입니다. 이더넷 랜카드의 경우는 속도에 따라 크게는 10메가, 100메가, 10/100메가, 1기가 등으로 나눌 수 있습니다. 몇 년 전까지만 해도 10Mbps용 랜카드가 일반적이었습니다. 그런데 요즘은 100Mbps 또는 1Gbps용 랜카드가 거의 대부분입니다. 이는 네트워크 대역폭, 즉 네트워크상에서 날아다니는 데이터의 양이 그만큼 더 많아졌다는 것을 의미합니다. 여기서 여러분은 10Mbps나 100Mbps라고 하는 의미를 아실 겁니다. 그래도 한번 살펴보자면 10Mbps는 데이터의 전송 속도가 1초에 10,000,000bit라는 것을 의미합니다. 굉장히 빠르게 보이죠? 근데 이것은 뒤에 붙은 단위가 bit죠? 따라서 보통 파일의 크기를 나타내는 값을 바이트(Byte)로 바꾸어보려면 1바이트=8비트이기 때문에 8로 나누어 주면 됩니다. 즉 10,000,000/8=1,250,000바이트입니다. 다시 말해서 1초에 1MB(메가바이트) 정도의 파일을 전송할 수 있는 겁니다. 굉장히 빠른 속도죠? 하지만 실제 상황에서는 차이가 있습니다. 앞에서 배운 거 기억나시죠? 7 레이어에서 보면 순수한 데이터에 앞뒤로 이것저것이 붙어 다니는 거…. 게다가 이외에도 많은 Overhead가 있기 때문에 실제는 이런 속도가 나오지는 않습니다. 언제나 이론과 실제는 차이가 있다는 것을 알아두기 바랍니다.

또 랜카드에 접속하는 케이블의 종류에 따라서 TP 포트를 가진 랜카드, BNC나 AUI 포트를 가진 랜카드, 광케이블과 접속하는 랜카드 등의 종류로 나누어 볼 수 있습니다.

[그림 4-1]을 보면 우리가 자주 사용하고 있는 랜카드가 나와 있습니다.

예전에는 주로 AUI 타입의 커넥터와 BNC용 커넥터가 있는 방식을 많이 사용했습니다. 이유는 아시죠? 전에 케이블에 대한 내용을 읽어보신 분이라면 이해하실 겁니다. 뭐 하긴 그때야 UTP 케이블이 별로 없었으니까 당연한 일일 겁니다. 그리고 나서 한동안은 [그림 4-1]에서 오른쪽에 보이는 콤보(combo) 방식을 많이 쓰기도 했습니다. AUI와 BNC, 그리고 UTP를 모두 골라서 연결할 수 있는 타입이 바로 이 방식의 랜카드입니다. 한마디로 과도기적인 랜카드라고 볼 수 있습니다. 하지만 요즘에는 AUI나 BNC를 사용하는 사람이 거의 없는 편이니 주로 아래 보이는 UTP 타입을 쓰는 것이 일반적입니다. 하지만 어떤 경우에는 아래에 보이는 것처럼 광케이블을 직접 연결할 수 있게 만들어진 것도 있다는 것을 알아두면 좋겠네요.

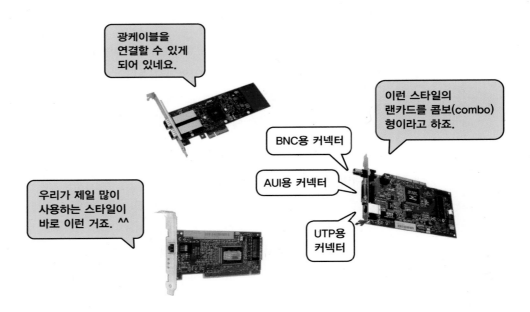

| 그림 4-1 |
랜카드의 종류

자신의 랜카드 정보를 보고 싶으신 분은 [시작] 버튼 → [제어판] → [시스템 및 보완] → [시스템] → [장치 관리자]로 들어가서 [네트워크 어댑터 정보]를 보시면 됩니다. 여기서 랜카드를 선택하고 더블클릭하면 몇 가지 정보가 나오는데, 이때 [리소스]란 것을 누르면 입·출력 범위,

인터럽트 요청, 메모리 범위 등이 나타납니다. 이게 바로 아까 말씀드린 IRQ(인터럽트 요청), Base Memory(메모리 범위)입니다. [그림 4-2]에서도 보이시죠? 지금 보이는 대로 이런 값은 내가 목적지인 데이터(목적지 주소가 자신의 랜카드 맥 어드레스와 일치하는 데이터)가 들어왔을 때 랜카드는 컴퓨터의 CPU에 자기가 가지고 있던 IRQ를 이용해서 인터럽트를 걸게 됩니다. 즉 CPU에 하던 일을 멈추고 자신의 일을 해줄 것을 요청하는 거죠. 그럼 CPU는 IRQ 번호를 보고 "아! 이 인터럽트는 랜카드가 요청한 서비스구나!" 이렇게 생각하는 겁니다. 그리고 이 데이터에 어떤 서비스를 할 것인지를 미리 정해놓는 장소(이게 Base Memory쪽이죠)로 이동해서 작업을 시작하는 겁니다.

TIP

사용하는 PC의 윈도우가 윈도우 10인 경우 설정 화면에서 [네트워크 및 인터넷] 화면으로 들어가면 다양한 구성 정보와 랜카드 정보를 보실 수 있습니다.

이때 만일 이 IRQ가 다른 서비스를 위해 이미 예약된 번호였다면(이 경우를 우리는 'IRQ가 쫑났다!'라고 하죠.) 랜카드를 인식하지 못하게 되는 겁니다. 요즘은 말씀드린 대로 랜카드를 꽂고 부팅을 하면 PC가 자동으로 안 쓰는 IRQ를 배정해주지만, 전에는 사람이 안 쓰는 IRQ를 하나하나 다 찾아내야 했던 시절이 있었습니다. '점퍼 세팅'이라고 랜카드에 있는 점퍼를 하나씩 바꿔가면서 말입니다. 그때를 생각하니까 지금도 아찔하네요. 그때 후니는 쫄따구였고 준비물은 늘 한 손엔 십자 드라이버, 그리고 한 손엔 랜카드였습니다.

| 그림 4-2 |
PC에 세팅되어 있는 랜카드

지금도 생각나네요. 크리스마스라고 남들은 한창 성탄카드를 사서 들고 다니는데, 전 성탄카드 대신 랜카드를 들고 설치하러 다니던 일이요. 그러고 보면 지금 네트워크를 하시는 여러분들은 정말 행복하신 거죠? ^^ 참고로 랜카드가 어디에 설치되는지를 아직도 모르시는 분이 있을 것 같아서 [그림 4-3]에서 설명드리겠습니다. 우리가 사무실에서, 그리고 게임방에서 인터넷을 쓰고, 메일을 보내고, 배틀넷 게임을 할 수 있는 건 바로 여러분 PC 안에 랜카드란 녀석이 살고 있기 때문입니다.

| 그림 4-3 |
PC 안에 살고 있는 랜카드

혹시 궁금하시면 PC의 뒤를 한번 확인해보세요. 랜카드의 머리끝이 조금 보일 겁니다. 그 머리 끝이 바로 케이블에 연결되어 있습니다. 지금까지 우리는 바로 이 랜카드에 대해서 알아본 겁니다.

후·니·의 1분 정보　　**망 분리 Ⅲ**

안녕하세요? ^^

지난번, 망 분리 2편에서는 논리적 망 분리에 CBC(Client Based Computing)와 SBC(Server Based Computing)가 있다는 이야기까지 드렸죠? CBC는 쓰던 PC에서 가상화를 시켜서 망을 분리하는 것이고, SBC는 서버를 두고 서버에서 가상화를 하는 방식이라고 설명드렸습니다. ^^

그럼 오늘은… CBC에 대해서 조금만 더 알아보죠.

앞서 설명한 대로 CBC 방식은 PC에서 업무 영역과 인터넷 영역을 나누는 방식입니다. 예를 들어 업무 영역에서 웹 브라우저를 띄우면 인터넷을 쓸 수 없고, 인터넷 영역에서 업무 파일을 찾으려면 못 찾게 막아놓은 겁니다.

이렇게 기존 PC에 프로그램만 설치하면 간단하게 망 분리가 가능하니까, 물리적 망 분리나 서버를 사야 하는 SBC에 비해 가격이 월등히 싸고, 추가로 장비를 설치할 필요가 없어 망 분리 솔루션을 찾는 많은 고객들이 선호하는 방식이랍니다.

근데 요거… 문제도 많습니다. ㅎㅎ

일단 PC에 깔린 게 많고, 쓰는 애플리케이션이 많아서 보안 이슈 없이 제대로 구성하기가 쉽지 않습니다. 그리고 기존 프로그램이랑 충돌하고, 또 최근 악성 코드는 메모리 또는 드라이브 영역까지 침투하는 능력을 가지고 있어 CBC로 막기에는 역부족인 경우도 있기 때문입니다.

그래서 나온 게… 바로 SBC, 즉 모든 프로그램은 서버에서 동작하고 PC는 그저 키보드 입력과 화면을 뿌려주는 것만 담당하게 하는 방식입니다. 이걸 다른 말로 'VDI'라고 하는데, 그건 다음 시간에 알아보자구요. ~

이번 시간은 여기까지 ~~

02
SECTION

허브 이야기 그 첫 번째

허브(HUB)란 무엇일까요?

혹시 박하사탕? 아닙니다.

다음 [그림 4-4]에도 보이지만 허브는 직사각형의 상자에 구멍이 뚫려있는 모양으로 되어 있습니다. 이 구멍이 몇 개 뚫려있느냐에 따라서 '몇 포트 허브다'라고 이야기하고, 이 구멍의 숫자가 바로 몇 대의 장비를 연결할 수 있는지를 결정하게 됩니다. 즉 랜카드가 설치된 각각의 PC들은 케이블을 타고 바로 이 허브에 연결되는 겁니다. 그리고 같은 허브에 연결된 PC끼리는 서로 통신이 가능합니다.

그렇다면 예를 들어 구멍 10개짜리 허브가 있는데, 18대의 PC를 연결하려면 어떻게 해야 할까요? 첫 번째 해결 방법은 구멍이 18개 이상 되는 허브를 따로 1대 사는 것입니다. 간단하긴 하지만 이 방법을 사용할 경우 기존에 가지고 있던 구멍 10개짜리 허브를 사용하지 못하기 때문에 절대 권하지 않는 방법입니다.

두 번째 방법은 구멍이 10개인 허브 1대를 더 산 후 이 2대를 서로 연결하고 2대의 허브에 PC를 연결하는 방법입니다. 즉 허브는 서로 연결을 하게 되면 마치 1대의 허브처럼 동작이 가능합니다. 하지만 여기에도 제한 사항이 있기 때문에 무조건 허브를 사서 연결만 한다고 되는 건 아닙니다. (여기에 대해서는 다음에 다시 한번 더 알아볼 기회가 있을 겁니다.)

허브 역시 랜카드처럼 이더넷용과 토큰링용이 있고, 이더넷 허브도 속도에 따라 그냥 허브(10Mbps)와 패스트(100Mbps) 허브가 있습니다. 물론 가격은 패스트 허브가 더 비싸겠죠? 혹시 100Mbps 랜카드를 설치하신 분이 허브는 10Mbps용을 사용하신다면 당연히 통신 속도는 10메가이기 때문에 랜카드에 맞는 허브를 선택하는 것이 중요합니다. 허브는 네트워크에서 약방에 감초처럼 없으면 안 되는 가장 기본이 되는 장비 중 하나입니다. (물론 요즘은 스위치란 것이 하도 싸서 네트워크 장비에서 허브를 찾아보기 어렵게 됐지만, 그렇다고 배우는 단계에서는 허브를 무시하면 안 된답니다. ^^) 예를 들어 랜카드, 케이블, 그리고 허브만 있으면 일단 내부에서는 허브에 접속된 모든 PC가 서로 통신이 가능하다는 겁니다. (물론 외부 인터넷은 못 나가지만 말입니다.)

TIP

허브는 아무런 세팅이 없어도 통신에 지장이 없습니다.

그럼 허브는 무슨 일을 할까요?

허브를 한마디로 이야기하면 '멀티포트(Multiport) 리피터(Repeater)'라고 말할 수 있습니다. 멀티포트는 말 그대로 포트가 많이 붙어있다는 뜻이고, 리피터는 들어온 데이터를 그대로 재전송한다는 의미를 가지고 있으니까 허브는 포트가 여러 개 달린 장비인데, 이것은 한 포트로 들어온 데이터를 나머지 모든 포트로 뿌려준다는 겁니다.

여기서 잠깐 리피터에 대해서 알아보도록 하겠습니다. 네트워크에서 데이터를 전송하는 경우 케이블에 따라서 전송 거리에는 제약이 있습니다. 예를 들어 우리가 현재 가장 많이 사용하고 있는 UTP 케이블의 경우는 최대 전송 거리가 100미터입니다. 즉 장비와 장비 사이가 100미터 이상 떨어져 있는 경우에는 통신이 불가능하다는 겁니다. (물론 100미터를 넘어서 통신이 되는 경우도 있지만 이건 완전한 통신을 보장할 수 없기 때문에 권하지 않습니다.) 또 광케이블의 경우에도 케이블에 따라 차이는 있지만 수백 미터에서 수 킬로미터까지 제한되어 있습니다. 그렇다면 이 경우 케이블이 갈 수 있는 최대 거리 이상 떨어진, 예를 들어 두 장비 간의 거리가 150미터인 경우 두 장비 간을 UTP 케이블로 연결하려면 어떻게 해야 할까요?

그때 중간에서 들어온 데이터를 다른 쪽으로 전달해 주는 역할을 하는 것이 바로 리피터입니다. 음성 통신의 경우 엠프라고 하는 것이 멀리 떨어진 곳에 소리를 전달하기 위해 쓰이는 것처럼 데이터는 중간에 리피터가 있어서 한쪽에서 들어온 데이터를 그대로 다른 쪽으로 전달해주는 겁니다. 따라서 중간에 리피터를 두고 두 장비는 케이블을 통해서 리피터로 연결하면 둘 간의 통신이 가능해지게 됩니다. 지금 설명드리고 있는 허브는 바로 이런 리피터의 기능도 가지고 있습니다.

제가 맨 처음 네트워크에 입문할 때만 해도 리피터라는 장비는 자주 사용되곤 했습니다. 그런데 이제는 허브가 그 역할을 대신하다 보니(그리고 허브 가격이 너무 싸졌기 때문일 겁니다.) 리피터를 만나기가 쉽지 않습니다. 아마 몇 년 후에는 어느 텔레비전에서 인기리에 방영되고 있는 '진품명품' 코너에 나오지 않을까 생각합니다.

이번에는 그림을 보면서 설명을 드리도록 하겠습니다. 허브에 1번에서 5번까지의 PC가 붙어 있는데, 만약 1번 PC가 2번 PC에게 데이터를 전송하는 경우를 예로 들어보지요.

❶ 1번 PC가 데이터를 허브를 통해 전송하면, 허브는 데이터가 들어온 1번 포트를 제외하고 나머지 모든 포트로 그 데이터를 뿌려주게 됩니다. 따라서 2번부터 5번까지 모든 포트로 데이터가 뿌려지게 됩니다.

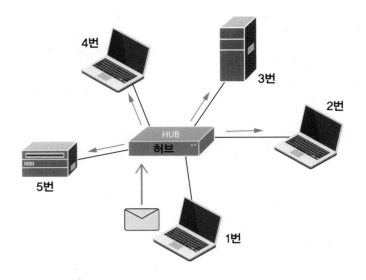

| 그림 4-4 |
허브에서의 통신 1

❷ 그렇게 되면 나머지 PC들(3번~5번)은 자신에게 온 데이터가 아니란 걸 눈치채고 데이터를 무시해 버립니다. 여기서 데이터가 나에게 온 건지 아닌지를 알아내는 역할을 하는 것이 바로 랜카드라는 것은 앞에서 배웠으니 기억하실 겁니다. 랜카드는 들어온 프레임의 목적지 맥 어드레스를 보고 나서 자신의 맥 어드레스와 비교한 후 자기 것이 아니면 버리게 됩니다.

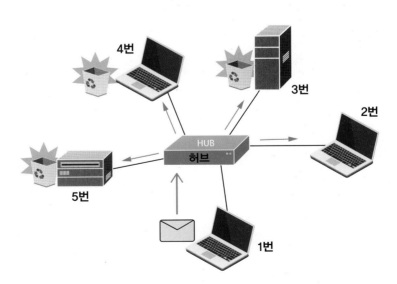

| 그림 4-5 |
허브에서의 통신 2

❸ 하지만 2번 PC는 자신에게 온 데이터라는 걸 알기 때문에 이 데이터를 받아들이게 되는 겁니다. 즉 랜카드가 CPU에 인터럽트를 걸어서 이 데이터를 처리해 줄 것을 요청합니다.

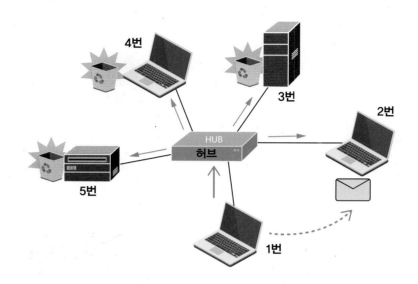

| 그림 4-6 |
허브에서의 통신 3

전에도 설명드렸지만 이 허브는 이더넷 허브인 만큼 CSMA/CD의 적용을 받습니다(이제 아시죠? CSMA/CD). 따라서 하나의 PC가 허브에 데이터를 보내고 있을 때 또 다른 PC가 데이터를 보내려고 하면 콜리전이 발생합니다. 따라서 같은 허브에 연결되어 있는 모든 PC들은 모두 '같은 콜리전 도메인(Collision Domain)에 있다'라고 말합니다. 즉 같은 콜리전 도메인(영역)에 있다는 의미는, 그 허브에 붙어있는 하나의 PC가 통신을 하게 되면 다른 모든 PC는 통신을 할 수 없게 되고, 또 이 허브에 붙어있는 하나의 PC에서 콜리전이 발생하면 모든 PC가 영향을 받는다는 개념입니다.

📍 TIP

허브를 계속 연결해 나갈수록 콜리전 도메인의 크기는 점점 커지게 됩니다.

그럼 여기까지의 결론은,

네트워크 구성에서 가장 기본적인 구성 요소가 바로 허브인데, 이 허브는 연결된 모든 PC들이 서로 통신할 수 있게 해주는 역할을 하는 것이고, 이 허브 또한 속도에 따라 10Mbps 허브와 100Mbps(패스트 이더넷) 허브가 있다.

그리고 더 중요한 거 하나! 허브에 붙어 있는 모든 것들은 같은 콜리전 도메인 안에 있다.

여기까지입니다. 참, 아래 있는 건 허브라는 거 눈치채셨죠?

| 그림 4-7 |
허브 사진

그림에서 보이는 것처럼 허브에는 여러 종류가 있습니다. 포트 수(구멍 수)도 다양하구요. 허브는 몇 포트를 가지는가에 따라서 8포트 허브, 12포트 허브, 24포트 허브 등으로 나뉩니다. 또 앞에서 설명드린 대로 10메가 허브 또는 100메가 허브로도 나뉩니다. 허브의 사용법은 간단합니다. 일단 전원에 연결해서 스위치를 ON하고 케이블을 꽂아서 쓰면 됩니다. 명령어나 IP 주소를 주지 않아도 동작에는 지장이 없냐구요? 전혀 없습니다. 파워를 연결하고 쓰면 됩니다.

안 되면? 그건 고장 난 허브입니다. 쉽죠?

허브의 한계

네트워크를 구성하려고 생각해 보신 분이라면 누구나 허브에 대한 얘기를 많이 들으셨을 겁니다. 뭐가 그렇게 종류도 많고, 기능도 다르고, 메이커도 다양하고, 거기다가 가격도 천차만별이라 도대체 무엇을 사야 할지 느낌이 안 올 때가 많습니다. 그럼 허브를 고를 때 무엇을 먼저 확인해 봐야 할까요?

가장 중요한 것은 안정성입니다. 또한 사후 AS 역시 중요한 요소입니다. 나름대로 약간은 이름이 있는 메이커를 선택하는 것이 편리할 겁니다. 전에 말씀드린 것처럼 허브에 연결된 모든 PC들은 서로 간에 통신이 가능합니다.

또한 이 모든 PC들은 하나의 콜리전 도메인(Collision Domain) 안에 있기 때문에 어느 한순간에는 한 PC만 데이터를 보낼 수 있는 겁니다. 따라서 이러한 기능을 수행하는 허브를 우리는 'Shared(셰어드, 즉 공유 방식) 허브'라고 합니다. 즉 10Mbps의 속도를 그 허브에 연결된 모든 PC들이 공유한다는 것입니다.

따라서 우리가 10Mbps의 허브에 20대의 PC를 연결해서 쓴다면 실제는 10Mbps를 20으로 나눈 만큼의 속도를 각자 쓰고 있는 겁니다. 하지만 너무 걱정 안 하셔도 됩니다. 네트워크 트래픽이 많은 경우를 제외하고는 실제 네트워크상에 계속 데이터가 날아다니는 것이 아니기 때문에 Shared 허브 역시 속도가 그렇게 느리지는 않기 때문입니다.

그런데 한번 가정해볼까요? 우리가 데이터 양이 아주 많은, 예를 들어 화상 회의나 멀티미디어 등에 모든 PC들이 계속 사용된다면 아무래도 10Mbps Shared HUB로는 무리가 되겠죠?

자, 그래서 랜카드를 100Mbps로 바꾸고, 케이블도 100Mbps용으로 바꾸고, 허브도 100Mbps용으로 바꾸었다고 가정하겠습니다. 더 빨라질까요? 물론 조금 더 빨라지겠지만 우리가 원하는 속도는 아닐 겁니다. 왜냐하면 100Mbps 허브 역시 어느 한순간에는 한 PC만 네트워크상에 데이터를 실어 보낼 수 있기 때문입니다.

또 한 가지는 한 번의 콜리전이 발생하면 그 허브에 붙어있는 모든 PC들이 영향을 받기 때문입니다. 게다가 만약 허브 한 대를 추가해서 허브 두 대가 서로 연결되어 있고, 그 두 대의 허브에 붙어있는 모든 PC들은 하나의 콜리전 도메인 안에 있기 때문에 더욱 더 콜리전이 자주 발생할 수밖에 없는 겁니다.

[그림 4-8]을 보면 왼쪽에 있는 그림은 허브 한 대를 사용할 경우 콜리전 도메인의 크기입니다. 그러나 만약 허브 두 대를 연결하는 경우 콜리전 도메인이 2배로 커진 거 보이시죠? 따라서 허브만으로 연결하는 것은 한계가 있습니다.

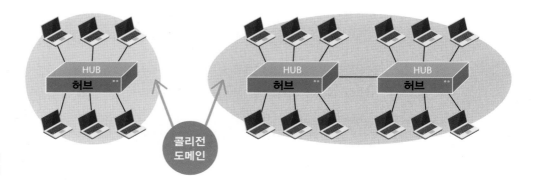

| 그림 4-8 |
콜리전 도메인의 크기

자, 그렇다면 이런 경우의 해결책은 과연 무엇일까요?

궁금하시죠? 계속 이 책을 보다 보면 아마 그 답이 나올지도 모르겠네요.

허브 이야기 그 두 번째

그럼 허브 얘기를 조금 더 해볼까요?

허브는 우리가 네트워크를 하면서 가장 자주 접하는 장비인 만큼 할 이야기도 많습니다. 우리가 보통 허브를 이야기할 때 허브의 종류를 나누는데, 그게 바로 '인텔리전트(Intelligent) 허브'와 '더미(Dummy) 허브'입니다. 굳이 하나 더 나누자면 '세미인텔리전트(Semi-Intelligent) 허브'입니다.

먼저 인텔리전트 허브란, 말 그대로 지능형 허브입니다. 보통 우리가 인텔리전트 허브와 더미 허브를 나누는 가장 중요한 요소로는 NMS(네트워크 관리 시스템)를 통해서 관리가 되는가입니다. 즉 인텔리전트 허브는 NMS에서 모든 데이터를 분석할 수 있을 뿐 아니라 제어도 가능합니다. 말 그대로 앉아서 멀리 있는 허브의 동작을 감시하고 조정까지 할 수 있습니다.

그런데 이 기능은 정말 대형 네트워크에서 NMS를 쓰는 경우에나 필요하지, 사무실에서 PC 몇 대 쓰는 경우라든지, 아니면 PC방에서 사용하는 경우에도 과연 필요할까요? 네, 전혀 필요치 않은 기능입니다. 따라서 인텔리전트라고 무조건 좋은 건 아니라는 겁니다. 값만 비싸죠.

하지만 인텔리전트 허브는 위의 기능 이외에도 몇 가지 기능을 가지고 있습니다. 예를 들어볼까요? 허브에 연결된 한 PC에 문제가 발생했습니다. 그래서 그 PC는 계속 이상한 데이터를 허브로 끊임없이 보낸다고 가정해 보겠습니다. 그럼 어떻게 될까요? 네, 맞습니다. 계속해서 콜리전이 발생하게 되면서 다른 모든 PC는 통신이 불가능한 상태로 빠져들게 됩니다.

바로 이더넷의 CSMA/CD란 특징 때문입니다.

이 경우 문제의 PC를 찾아내서 PC를 끄지 않는 이상에는 그 문제를 해결할 수가 없습니다. 하지만 인텔리전트 허브의 경우는 문제의 PC가 연결된 포트를 찾아내어 자동으로 Isolation(현 네트워크에서 분리시켜서 따로 고립시킴)시켜 버립니다. 즉 문제가 계속되는 포트는 방출시켜 버리는 겁니다. 따라서 그 한 PC는 통신이 불가능하게 되겠지만, 나머지는 그 PC로부터 영향을 받지 않으므로 정상적인 통신이 가능합니다.

또 분리된 포트는 허브에서 램프로 표시되기 때문에 바로 어떤 PC인지 알게 되어 조치가 가능하다는 겁니다. 이 기능을 Auto Partition이라고 하는데, 이 기능은 요즘은 더미 허브에서도 있는 경우가 많습니다.

조금 어려웠나요? 하지만 꼭 필요한 기능 중의 하나입니다. 이제 여러분은 허브를 구매하실 때 "이 허브는 오토 파티셔닝 기능이 있나요?"라든지 "이 허브는 인텔리전트 허브인가요?"라는 질문을 해볼 수 있을 겁니다. 또한 세미(semi) 더미 허브란, 일단 더미 허브인데 인텔리전트 허브와 연결하면 자기도 인텔리전트 허브가 됩니다. 따라서 혼자 있을 때는 더미 허브, 그리고 인텔리전트 허브랑 같이 있으면 인텔리전트 허브가 되는 허브를 말합니다.

또 허브나 스위치 등의 장비를 사려고 돌아다니다 보면 '스태커블(Stackable) 허브'라는 말을 듣게 되실 겁니다. 스태커블 허브란 무엇일까요? 우리말로 쉽게 풀어서 말씀드리면 스택이 가능한 허브, 즉 쌓을 수 있는 허브를 말합니다.

쌓을 수 있는 허브?

아… 위아래가 평평해서 여러 대의 허브를 올려놓을 수 있는 허브요? 그건 아닙니다. 스태커블 장비에 대해서는 바로 다음에 알아보기로 하겠습니다. 궁금해도 조금만 참아주세요.

[그림 4-9]에 허브의 사진이 있습니다. 이 허브는 스택이 가능한 스태커블 허브여서 스택을 위한 케이블로 서로 연결되어 있는 것을 볼 수 있습니다. 아래에 있는 그림은 네트워크 관리 화면입니다. 즉 허브의 상태를 웹 브라우저를 통해서 그대로 확인할 수 있을 뿐 아니라 포트의 상태나 데이터 양의 감시까지도 가능합니다. 물론 이 경우에는 허브 관리에 필요한 값을 세팅해주어야 합니다. 관리용 IP 주소라든지 암호, 관리 옵션 등을 넣어주어야 멀리 떨어진 곳에서도 관리가 가능하게 됩니다. 이처럼 관리 기능을 제공해 주는 허브를 '인텔리전트 허브'라고 합니다.

| 그림 4-9 |
스태커블 허브와
허브 관리 시스템

스택이 가능한(Stackable) 장비와 단독형(Standalone) 장비

스위치나 허브나 마찬가지지만 보통 우린 스태커블(Stackable, 스택이 가능한)형과 스탠드얼론(Standalone, 단독)형으로 구분합니다. 스태커블형은 말 그대로 허브나 스위치를 쌓아 놓을 수 있도록 만든 것이고, 스탠드얼론형은 단독으로 사용할 때 쓰는 건데, 그럼 단독형을 사서 쌓아놓으면 되는 것 아니냐고 묻는 분들이 계실 겁니다.

하지만 이전에 말씀드린 대로 그건 아닙니다. 물론 단독형 장비를 사신 다음에 쌓아두셔도 됩니다. 하지만 가장 큰 차이는 스태커블형의 경우 서로 간의 연결이 훨씬 효율적으로 설계되었다는 겁니다.

즉 스태커블끼리 연결하면 백플레인(Backplane, 장비 간에 데이터 전송을 위해 연결된 일종의 고속도로)이 훨씬 빨라지고 연결된 장비 중의 하나가 고장이 나도 다른 장비에 영향을 주지 않는 등 많은 장점을 가지게 됩니다. 즉 혼자 있는 것보다 여러 대가 스택으로 연결되면 훨씬 더 좋은 성능을 발휘하는 게 바로 스태커블형의 특징입니다. 또 [그림 4-10]에서처럼 네트워크 관리 시스템(NMS)을 이용한 관리 시에도 전체 스택 장비들을 마치 한 대의 장비처럼(IP 주소 하나로) 관리할 수 있다는 커다란 장점이 있습니다.

하지만 스탠드얼론형은 이런 특징을 가지고 있지 않습니다. 그렇다고 너무 걱정하지 않으셔도 됩니다. 서로 연결이 안 되는 건 아니니까 말입니다. 다만 단독형은 추후 확장을 생각하지 않고 만들었기 때문에 스태커블 장비가 가지고 있는 여러 가지 기능이 없다는 것뿐입니다.

이제 여러분이 허브나 스위치를 구매하실 때는 그 허브나 스위치가 스탠드얼론형인지, 아니면 스택형인지를 물어보실 수 있을 겁니다. 그래서 여러 대의 허브나 스위치를 쓰는 경우는 스택형을, 작은 규모의 경우는 스탠드얼론형을 사면 됩니다.

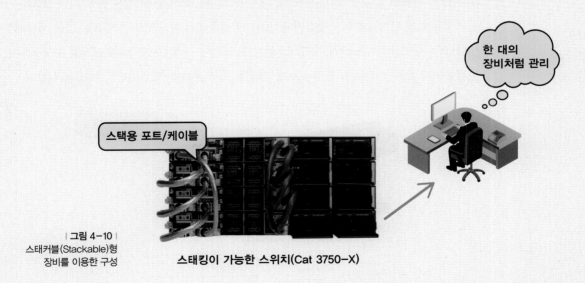

| 그림 4-10 |
스태커블(Stackable)형
장비를 이용한 구성

스태킹이 가능한 스위치(Cat 3750-X)

그림에서처럼 스택이 가능한 스태커블 장비는 스택용 포트와 스택용 케이블을 이용하는 경우가 많습니다. 또 네트워크 관리 시스템으로 관리할 때는 여러 대가 마치 한 대의 장비처럼 관리가 가능합니다. 장비의 구성을 변경하거나, 소프트웨어를 각 장비에 설치하거나, 장비 성능 등을 감시할 때 스태커블형 장비는 단독형에 비해서 훨씬 편리한 기능을 많이 가지고 있습니다.

허브의 끝과 스위치의 시작

이전에 허브의 한계에 대해서 말씀드렸죠?

아무리 빠른 속도를 내는 허브를 쓴다고 하더라도 어느 한순간에는 한 PC만 데이터를 보낼 수 있다고 하였습니다. 즉 허브에 연결된 한 PC에서 발생하는 콜리전이 다른 PC들에도 영향을 주는 콜리전 도메인(영역)이 그 허브에 연결된 모든 PC들이라는 뜻입니다. 그러므로 바로 콜리전 도메인이 너무 커지는 상황을 항상 조심해야 합니다. 콜리전 도메인이 너무 커지게 되면 콜리전에 의해 영향을 받는 PC가 너무 많아지면서 통신의 속도가 점점 떨어지게 됩니다.

이러한 문제를 해결하기 위해서 콜리전 도메인을 나누어 줄 수 있는 장비가 나왔는데, 이 장비가 바로 브리지(Bridge) 또는 스위치(Switch)입니다. 스위치가 나오기 전까지는 이 역할을 브리지 혼자 다 해주었지만, 이제 브리지보다 빠른 스위치가 나왔으니 브리지는 그 자리를 스위치에게 물려주고 사라져가는 추세입니다. 하지만 어디까지나 원조는 브리지라는 것을 잊지 마세요.

따라서 스위치의 모든 기능은 브리지에서 출발한다는 것 역시 잊어서는 안 됩니다. 스위치를 사겠다고 돌아다니다 보면 어디서는 스위치를 '스위칭 허브(Switching Hub)'라고도 하는데, 뒤에 나오는 허브라는 말 때문에 사람들이 혼동을 많이 합니다. 이게 허브인지, 아니면 스위치인지….

아무튼 '스위치'란 말이 들어가면 일단 스위치라고 생각하시면 될 것 같습니다. 물론 이것이 허브인지, 스위치인지를 알아낼 수 있는 방법은 있습니다. 그것은 나중에 스위치를 배우면서 알아보겠습니다.

스위치는 예를 들어 1번 포트에 연결된 PC가 2번 포트에 연결된 PC와 데이터를 주고받는 동안에도 3번 포트에 연결된 PC와 4번 포트에 연결된 PC가 서로 데이터를 주고받을 수 있게 하는 장비입니다. 이걸 전문적인 용어로는 '포트별로 콜리전 도메인이 나뉘어 있다'라고 말합니다.

즉 1번과 2번 사이에서 통신이 일어나면 나머지 모든 PC들은 기다려야만 하는 허브와는 달리 다른 PC들도 동시에 통신이 가능합니다. 이것이 스위치와 허브의 가장 큰 차이입니다.

그래서 우린 스위치의 경우 각각의 포트에 연결된 PC가 독자적으로(Dedicated하게) 10Mbps

또는 100Mbps의 속도를 갖는다고 이야기합니다. 물론 허브보다는 가격이 비싸겠죠?

요즘은 PC방에서도 스위치를 쓰는 곳이 많습니다. 아무래도 속도가 빠르기 때문입니다. 뒤에서도 다시 설명하겠지만 스위치는 허브에 비해서 데이터를 처리하는 방법이 우수할 뿐만 아니라 데이터의 전송 에러 등을 복구해 주는 기능 등 여러 가지 기능을 가지고 있습니다.

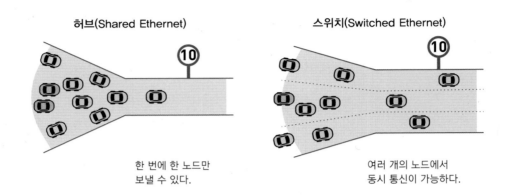

허브(Shared Ethernet)　　　　　　**스위치(Switched Ethernet)**

한 번에 한 노드만　　　　　　여러 개의 노드에서
보낼 수 있다.　　　　　　동시 통신이 가능하다.

| 그림 4-11 |
허브와 스위치의 그림 비교

[그림 4-11]을 살펴보겠습니다. 허브는 일차선 도로라고 생각하면 편합니다. 어느 한순간에는 한 대의 차밖에 달릴 수 없는 거죠. 하지만 스위치는 포트 수별로 차선이 만들어지는 겁니다. 즉 8포트 스위치라면 8차선 도로가 되는 겁니다. 이해되시죠?

'허브가 좋아요? 스위치가 좋아요?' 간혹 듣는 질문입니다.

답은 뭘까요? 비싼 게 좋다? 그래서 스위치?

물론 스위치의 기능은 지금까지 설명드린 대로 허브보다 우수합니다. 예를 들어 스위치는 허브가 처리할 수 없는 콜리전 문제의 해결이나 에러 처리 능력에 있어 우수합니다.

하지만 허브는 허브대로 장점이 있습니다. 일단 스위치보다 싸다는 것이 가장 큰 장점입니다.

또 데이터 처리 속도가 일반적으로 스위치에 비해 빠릅니다. 그럴 수밖에 없는 게 들어온 데이터에게 별로 해줄 일이 없기 때문입니다. 들어오는 대로 그냥 내보내기만 하면 됩니다. 물론 그 속도 차이라는 게 아주 작은 차이이고 또 스위치들이 속도 향상을 위해 많은 기능을 가지고 있기 때문에 스위치를 쓴다고 느려지는 건 아니지만 말입니다. 아무튼 일반적으론 그렇다는 겁니다. 따라서 좋다고 무조건 스위치만 쓰는 건 아무래도 낭비겠죠?

또 한 가지는 스위치를 사용하는 게 좋으냐, 허브를 사용하는 게 좋으냐를 결정할 때 그 네트워크에서 어떤 데이터가 돌아다니느냐 하는 것도 알아두어야 합니다. 예를 들어 채팅이나 메일 정도를 쓰는 경우는 네트워크상에 트래픽이 적기 때문에 PC들을 스위치에 붙이는 건 아무래도 낭비겠죠? 이 정도의 트래픽이라면 허브로도 충분합니다.

[그림 4-12]를 보면 허브와 스위치로 구성된 그림이 있습니다. 왼쪽의 그림이 허브이고, 오른쪽의 그림이 스위치입니다. 이때 여기 있는 모든 PC들은 네트워크에 접속하면 무조건 서버하고만 통신을 한다고 가정하겠습니다. 그럼 어떻게 될까요?

먼저 허브의 경우입니다. 모든 PC가 서버와 통신을 하려고 하지만, 허브는 연결된 모든 장비가 하나의 콜리전 도메인 안에 있기 때문에 어느 한순간에는 하나만 통신이 가능해서 나머지 모든 PC들은 기다려야 합니다. 이건 지금까지 배운 거니까 이해하실 겁니다. 자, 그렇다면 허브 대신 스위치를 연결하면 어떻게 될까요?

스위치는 포트별로 콜리전 도메인을 나누기 때문에 1번 PC가 2번 PC와 통신하는 도중에도 3번 PC는 4번 PC와 통신이 가능한 구조입니다. 하지만 여기서는 모든 PC가 전부 서버와 통신을 하는 경우입니다. 따라서 스위치가 아무리 콜리전 도메인을 나누었다 하더라도 서버와의 통신은 어느 한순간에는 하나의 PC만 가능하게 됩니다. 왜냐하면 서버가 한 대밖에 없기 때문입니다.

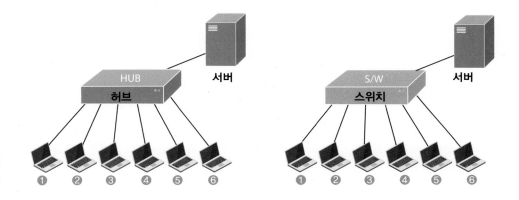

| 그림 4-12 |
허브와 스위치로 구성한
네트워크

이처럼 붙어있는 모든 장비가 무조건 어느 한 곳으로만 향하는 경우는 허브나 스위치나 속도의 차이가 크게 나지 않습니다. 물론 스위치의 다른 기능을 이용해서 통신의 효율성을 올릴 수는 있겠지만, 콜리전 도메인을 나눠주는 기능을 이용한 속도 향상은 기대할 수 없습니다.

따라서 상황에 따라서 허브와 스위치를 적당히 골라 쓰는 것이 중요합니다. 하지만 요즘은 스위치의 가격이 많이 싸져서 허브의 가격적인 매력이 줄어들었고 네트워크 사용자들이 모두 인터넷을 사용해서 많은 데이터를 주고받는 추세이다 보니 허브보다는 역시 스위치가 각광을 받는 추세입니다. 이제 여러분도 허브를 살까, 스위치를 살까, 결정하셨죠?

조그만 네트워크를 그림으로 그려보면…

지금까지 배웠던 랜카드와 케이블, 허브 그리고 스위치만 있으면 어느 정도 규모의 네트워크를 만들 수 있습니다. 다음의 [그림 4-13]을 한번 자세히 보기 바랍니다.

먼저 PC에는 앞에서 설명한 대로 자기 PC에 맞는 랜카드를 선택해서 설치해 주어야 합니다. PC에 설치하는 랜카드는 10메가용 랜카드를 사용하고 UTP 타입(RJ45 커넥터 방식이라고도 합니다.)을 사용하기로 하겠습니다. PC의 뚜껑을 열고 비어 있는 슬롯에 랜카드를 살포시 찔러넣은 후 나사로 단단히 조여주고 PC 뚜껑을 다시 닫게 되면 작업은 끝입니다. (물론 이때 PC 전원은 꺼져 있어야 합니다. 설마 PC 전원이 켜진 상태에서 이런 작업하는 분은 안 계시겠죠?)

그리고 나서 PC의 전원을 켜면 '뭔가 이상한 것이 PC에 붙어있습니다. 설치할까요?' 이렇게 물어봅니다. 그럼 '그래 설치해라.'를 선택하게 되면 대부분은 자동으로 설치가 됩니다. 만약 자동 설치가 안 되는 랜카드라면 랜카드를 살 때 같이 받은 CD를 이용해서 설치하면 됩니다.

TIP

윈도우 10의 경우 설정화면에서 [네트워크 및 인터넷] 화면으로 들어가면 다양한 네트워크 구성정보와 랜카드 정보로 보실 수 있습니다.

내 컴퓨터에 랜카드가 제대로 설치되었는지를 보는 것은 앞에서 설명드렸죠? 컴퓨터에서 [시작] 버튼 → [제어판] → [시스템 및 보완] → [시스템] → [장치 관리자]에서 네트워크 어댑터에 가서 보시면 됩니다. 하지만 요즘은 이미 랜카드가 설치되어 나오는 PC가 대부분이기 때문에 조립 PC의 경우에만 필요할 겁니다.

랜카드가 설치되고 나면 이번엔 허브를 설치하겠습니다. 여기서는 허브가 2대나 되네요. 아무튼 허브의 포장을 정갈히 뜯어내고 전원을 잘 확인한 후(110볼트짜리 허브를 220볼트에 연결하면 안 됩니다.) 전원을 연결합니다. '위잉' 하고 소리가 나면서 불이 반짝반짝거릴 겁니다. 그리고는 곧 불이 모두 꺼집니다. 그럼 허브의 설치가 완료된 것입니다. 허브 설치에서 한 게 뭐가 있냐구요? 전원만 연결했다구요? 맞습니다. 전에 말씀드린 대로 허브는 전원만 연결하면 됩니다.

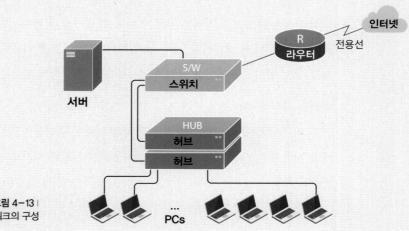

| 그림 4-13 |
아주 조그만 네트워크의 구성

이번엔 스위치를 설치하겠습니다. 스위치의 설치는 사실 허브의 설치에 비해서는 까다롭지만 여기서는 그냥 디폴트 구성을 사용한다고 가정했을 때 스위치 역시 전원만 연결하면 됩니다.

이렇게 스위치, 허브, 랜카드를 설치한 후 케이블을 이용해서 서로 연결해 주면 됩니다. 이때 허브와 PC 간의 연결은 다이렉트 케이블(1 대 1 케이블)을 사용합니다. 그러나 이때 주의해야 할 것이 있습니다. 허브와 스위치 간의 연결입니다. 허브와 스위치 간의 연결에 사용되는 케이블은 크로스 케이블입니다. 즉 1, 2번과 3, 6번이 꼬여있는 케이블을 말합니다. (이해 안 되는 분은 30쪽에 있는 UTP 케이블을 참고하세요.)

그림에서 서버는 우리가 내부에서 그냥 사용하는 서버라고 생각하면 됩니다. 서버의 경우 사용자들의 접속(Access)이 많기 때문에 스위치에 연결하는 것이 좋습니다. 또 라우터 역시 인터넷을 사용하는 모든 PC가 접속(Access)해야 하기 때문에 스위치에 연결하는 것이 좋습니다. 나머지도 자주 네트워크를 사용하는 장비들은 스위치에 연결하는 것이 좋습니다. 그리고 허브를 스위치에 연결합니다.

여기서는 스위치 1대와 허브 2대를 사용한다고 가정하고 허브를 각각 스위치에 연결했습니다. 허브 대신 전부 스위치를 사용해도 좋습니다. 아래의 경우 하나의 허브에서 연결된 PC들이 하나의 콜리전 도메인이 되는 겁니다. 즉 위에 있는 허브에 연결된 PC와 아래 있는 허브에 연결된 PC는 서로 다른 콜리전 도메인에 있게 됩니다. (왜냐하면 이 2대의 허브가 스위치에 연결되어 있기 때문입니다.)

대충 이해가 가시죠?

라우터는 아직 공부하지 않았으니 그냥 '인터넷을 접속하려면 라우터가 필요하구나!' 하는 정도만 알면 됩니다.

험한 세상의 브리지(다리?) 되어 그대 지키리

이번에는 허브에 이어 그보다 한 수 높은 장비인 브리지를 알아보겠습니다. 제가 앞에서 브리지가 스위치의 원조격이라고 했던 것을 기억하실 겁니다. 따라서 스위치를 이해하기 위해서는 브리지를 먼저 알고 넘어가야 합니다. 브리지가 가지고 있는 모든 특성은 바로 스위치의 특성이기도 합니다.

브리지는 말 그대로 다리입니다.

즉 허브는 모든 PC들이 하나에 붙어있기 때문에 이 허브로 연결된 PC들 간의 통신에는 문제가 생길 수 있습니다. 어떤 문제냐면, 허브에 연결된 PC들 중 두 PC만 통신을 하게 되면 그 순간에는 다른 PC의 통신이 불가능합니다. 아시죠? (CSMA/CD입니다. 중요한 거라서 계속 말씀을 드리는 겁니다.) 그 이유가 콜리전 도메인이 같기 때문이란 것도 이젠 아마 아실 겁니다.

콜리전 문제는 앞에서도 몇 번 말씀드렸지만 작은 규모의 네트워크에서는 문제가 안 되지만, 네트워크의 규모가 조금만 커지게 되면 말썽을 일으키게 됩니다.

그렇다면 이렇게 네트워크 규모가 커지고 통신량이 증가할 때 콜리전 도메인을 나누어 주기 위해 무엇을 사용해야 할까요?

이때는 허브로써는 감당이 안 되기 때문에 한 수 높은 스위치나 브리지를 사용해야 합니다. (물론 두 수위 라우터도 가능하지만, 닭 잡는 데 소 잡는 칼까지 필요하겠습니까? ^^) 브리지와 스위치는 사촌 간이라고 볼 수 있습니다. 하는 일이 서로 비슷합니다.

그럼 브리지는 이런 콜리전 도메인을 어떻게 나눠줄까요?

브리지는 허브로 만들어진 콜리전 도메인 사이를 반으로 나누고 중간에 다리를 놓는 겁니다.

그렇게 되면 다리 남단은 다리 남단끼리, 다리 북단은 다리 북단끼리 동시에 통신이 가능하게 됩니다. 즉 다리 남단에서 두 PC 간에 통신이 일어나는 사이에 다리 북단에 있는 PC들끼리도 통신이 가능하다는 겁니다. 그리고 만약 다리 남단에 있는 PC와 다리 북단에 있는 PC가 통신하고자 하는 경우에만 다리를 건너서 통신이 이루어집니다.

이것이 바로 브리지입니다.

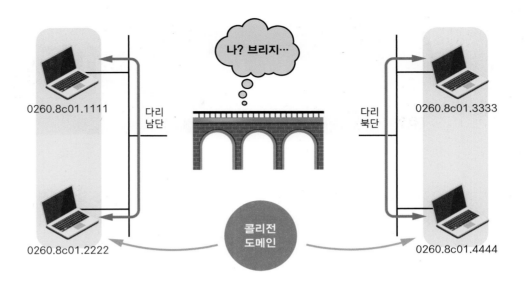

0260.8c01.1111
0260.8c01.2222
다리 남단
나? 브리지…
콜리전 도메인
다리 북단
0260.8c01.3333
0260.8c01.4444

| 그림 4-14 |
브리지는 어떤 다리일까요?

위의 그림을 살펴보면 0260.8c01.1111이라는 맥 어드레스(MAC Address)를 가진 PC가 0260.8c01.2222라는 맥 어드레스를 가진 PC에게 통신을 하는 중에도 0260.8c01.3333이라는 맥 어드레스를 가진 PC는 0260.8c01.4444라는 맥 어드레스를 가진 PC와 통신이 가능합니다. 즉 브리지는 0260.8c01.1111이 0260.8c01.2222와 통신할 때 이 통신이 다리를 건너지 않고서도 가능하다는 것을 알고 있습니다. (브리지가 관리하는 장부 – 맥 어드레스 테이블 – 를 보기 때문입니다.) 그래서 이 프레임은 다리를 통과시키지 않는 겁니다. (아시죠? 원래 허브였으면 모든 PC들에게 보내게 되는 것 말입니다. 이더넷(Ethernet)의 CSMA/CD 특성 때문입니다.)

따라서 이 두 PC들이 다리 남단에서 통신을 하는 사이에도 다른 두 PC는 다리 북단에서 통신이 가능할 수 있습니다. 이해 가시죠? 요즘은 이런 브리지의 기능을 스위치가 대신하기 때문에 브리지가 많이 사용되진 않고 있지만, 엄연히 브리지가 스위치보다는 훨씬 먼저 나온 형님이란 걸 여러분은 기억해 두기 바랍니다.

TIP

브리지나 스위치는 콜리전 도메인을 나누어 주는 역할을 합니다.

여기서 결론이 나오네요.

브리지는 허브보다 한 수 위의 장비인데, 허브는 나누지 못하는 콜리전 도메인을 나누어주는 역할을 한다. 어떻게? 중간에 서서 브리지 테이블을 보면서 통신이 다리 한쪽에서만 일어나면 다리를 못 건너가게 하고, 통신이 다리를 통과해야 가능하면 그때만 다리를 건너게 해준다. 그리고 스위치는 브리지랑 비슷한 기능을 한다.

여기까지입니다.

브리지나 스위치가 어떤 기능이 있어서 이렇게 콜리전 도메인을 나누어줄 수 있는지는 뒤에서 좀 더 자세히 알아보도록 하겠습니다.

브리지/스위치의 기능

SECTION

이번에는 좀 더 구체적으로 브리지나 스위치가 하는 일에 대해서 알아보도록 하겠습니다. 일단 결론부터 말씀드리면 브리지나 스위치는 다음 5가지 일을 합니다.

- Learning, 배운다.
- Flooding, 모르면 들어온 포트를 제외한 다른 모든 포트로 뿌린다.
- Forwarding, 해당 포트로 건네준다.
- Filtering, 다른 포트로는 못 건너가게 막는다.
- Aging, 나이를 먹는다.

자, 그럼 여기 나온 5가지를 하나씩 알아보도록 하겠습니다.

먼저 Learning입니다. 즉 배운다. 무엇을? 맥 어드레스(MAC Address)를… 어디의 맥 어드레스? 출발지의 맥 어드레스….

즉 브리지나 스위치는 자신의 포트에 연결된 'A'라는 PC가 통신을 위해서 프레임을 내보내면 그때 이 PC의 맥 어드레스를 읽어서 자신의 맥 어드레스 테이블('브리지 테이블'이라고 합니다.)에 저장해놓습니다. 그리고 나중에 어떤 PC가 'A'에게 통신할 경우에는 자신의 브리지 테이블을 참고해서 다리를 건너게 할 것인지, 아니면 못 건너가게 할 것인지를 결정하는 겁니다.

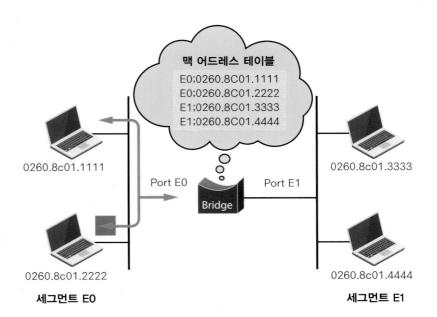

맥 어드레스 테이블

E0;0260.8C01.1111
E0;0260.8C01.2222
E1;0260.8C01.3333
E1;0260.8C01.4444

0260.8c01.1111

Port E0   Port E1

Bridge

0260.8c01.3333

0260.8c01.2222

0260.8c01.4444

| 그림 4-15 |
브리지의 Learning

세그먼트 E0

세그먼트 E1

⚙ TIP

브리지나 스위치가 기억할 수 있는 맥 어드레스는 이 장비가 가지고 있는 메모리의 크기에 따라 달라집니다.

[그림 4-15]에서 중간에 브리지가 있고 세그먼트 E0와 세그먼트 E1에 PC들이 연결되어 있습니다. 만약 세그먼트 E0에 있는 맥 어드레스 0260.8c01.1111을 가진 PC가 통신을 하게 되면 이더넷의 기본 성질에 따라 세그먼트 E0에 연결되어 있는 모든 장비는 그 프레임을 받게 되는데, 이때 브리지는 이 프레임을 받아서 이 프레임이 어디서 출발한 것인지를 확인합니다. 즉 출발지의 맥 어드레스를 확인하게 됩니다. 그리고 나서는 브리지가 관리하는 브리지 테이블에 이 정보를 써넣습니다. 그림에서처럼 세그먼트 E0에 맥 어드레스 0260.8c01.1111을 가진 녀석이 살고 있다. 이렇게 말입니다.

그다음은 Flooding입니다. 그냥 들어온 포트를 제외한 나머지를 모든 포트로 뿌리는 것을 의미합니다. 지금까지 계속 말씀드린 대로 브리지는 '어떤 프레임에 대해서 브리지를 열어줄 것인가, 아니면 못 건너가게 막을 것인가'를 브리지가 관리하는 브리지 테이블을 보고 결정한다고 했습니다. 그런데 들어온 프레임이 찾아가는 주소를 보니 그 주소가 만약 브리지가 가지고 있는 브리지 테이블에 없는 주소라면 어떻게 할까요? 다시 말해서 이 주소가 다리를 건너야 하는지, 아니면 안 건너도 되는지를 알지 못한다면 어떻게 해야 할까요? 이때 사용되는 것이 바로 Flooding입니다. 그냥 나머지를 포트로 뿌려주는 겁니다. 이런 Flooding은 브로드캐스트나 멀티캐스트의 경우에도 발생하게 됩니다.

[그림 4-16]에서 보면 세그먼트 E0에 있는 맥 어드레스 0260.8c01.1111을 가진 PC가 맥 어드레스 0260.8c01.5555를 가진 PC와 통신을 하려고 프레임을 보냈습니다. 브리지는 이 프레임을 받고 목적지를 보니 0260.8c01.5555가 자신의 맥 테이블에는 없다는 것을 알게 됩니다. 왜냐하면 0260.8c01.5555는 지금까지 한 번도 통신을 하지 않았기 때문에 브리지가 출발지 주소를 배우지 못한 겁니다.

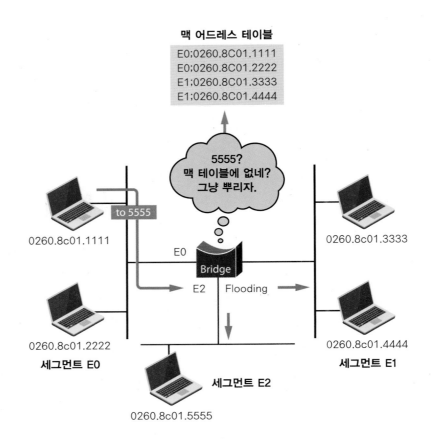

맥 어드레스 테이블

E0;0260.8C01.1111
E0;0260.8C01.2222
E1;0260.8C01.3333
E1;0260.8C01.4444

5555?
맥 테이블에 없네?
그냥 뿌리자.

to 5555

0260.8c01.1111

0260.8c01.2222

세그먼트 E0

E0

Bridge

E2   Flooding

0260.8c01.3333

0260.8c01.4444

세그먼트 E1

세그먼트 E2

0260.8c01.5555

| 그림 4-16 |
브리지의 Flooding

따라서 브리지는 이 프레임을 자신의 모든 포트로 뿌리게 됩니다(들어온 포트는 제외). 실제로는 E2로만 뿌려주면 되는데도 말입니다. 마찬가지로 브로드캐스트의 경우는 목적지가 모든 PC이기 때문에 역시 Flooding이 발생합니다.

자, 이번에는 Forwarding(포워딩)입니다. Forwarding은 브리지가 목적지의 맥 어드레스를 자신의 브리지 테이블에 가지고 있고, 이 목적지가 출발지의 맥 어드레스와 다른 세그먼트에 존재하는 경우에 일어납니다. 한마디로 목적지가 어디 있는지를 알고 있는데 그 목적지가 다리를 건너가야만 하는 경우에 Forwarding이 발생합니다. Forwarding은 이전에 배운 Flooding이 모든 포트로 프레임을 뿌리는 것과는 달리 오직 해당 포트쪽으로만 프레임을 뿌려줍니다.

[그림 4-17]에서 이번에는 브리지가 0260.8c01.5555가 어디 있는지를 알고 있는 경우입니다. (한 번 이상 0260.8c01.5555에서 통신이 발생했다는 의미겠죠?) 이때 세그먼트 E0에 있는 0260.8c01.1111이 0260.8c01.5555쪽으로 프레임을 보냅니다. 그러면 이를 접수한 브리지는 자신의 브리지 테이블을 보게 되고 목적지 0260.8c01.5555가 세그먼트 E0가 아닌 세그먼트 E2라는 것을 알게 됩니다. 따라서 다리를 건너야 한다는 것을 알게 됩니다. 이 경우 브리지는 0260.8c01.1111로부터의 프레임을 해당 세그먼트인 E2쪽으로 넘겨주게 되는데, 이것을 바로 'Forwarding'이라고 합니다.

TIP

포워딩과 플로딩은 모두 브리지를 넘어가지만 포워딩은 해당 포트로만 넘어가고, 플로딩은 들어온 포트를 제외한 나머지 모든 포트로 넘어갑니다.

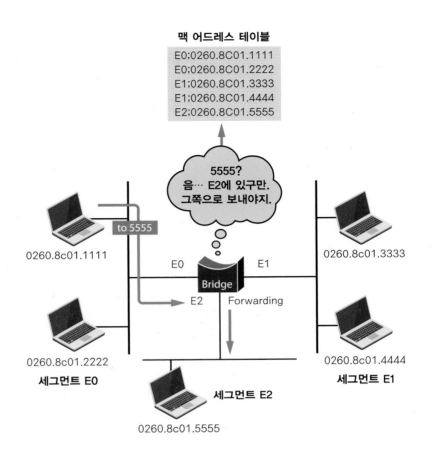

맥 어드레스 테이블

E0;0260.8C01.1111
E0;0260.8C01.2222
E1;0260.8C01.3333
E1;0260.8C01.4444
E2;0260.8C01.5555

5555?
음… E2에 있구만.
그쪽으로 보내야지.

to 5555

0260.8c01.1111

0260.8c01.3333

E0   E1

Bridge

E2   Forwarding

0260.8c01.2222

0260.8c01.4444

세그먼트 E0

세그먼트 E2

세그먼트 E1

| 그림 4-17 |
브리지의 Forwarding

0260.8c01.5555

Filtering(필터링)은 브리지를 못 넘어가게 막는다는 것을 뜻합니다. 그럼 어떤 경우에 필터링이 발생할까요? 필터링은 브리지가 목적지의 맥 어드레스를 알고 있고, (즉 브리지 테이블에 목적지 맥 어드레스가 들어있는 경우) 출발지와 목적지가 같은 세그먼트에 있는 경우입니다. 이 경우에는 브리지를 건너가지 않아도 통신이 일어날 수 있겠죠? 따라서 브리지는 다리를 막는 필터링을 실시하게 됩니다. 브리지의 이러한 Filtering(필터링) 기능 때문에 허브와는 다르게 콜리전 도메인을 나누어 줄 수 있는 것입니다.

[그림 4-18]에서 세그먼트 E0에 있는 0260.8c01.1111이 프레임을 0260.8c01.2222에 보내려고 합니다. 이더넷의 특성상 프레임은 0260.8c01.2222에도 날아가겠지만 브리지에도 들어오게 되겠죠? 이 프레임을 받은 브리지는 자신의 브리지 테이블을 보게 됩니다.

브리지 테이블에 있네요. 그런데 0260.8c01.2222는 세그먼트 E0, 즉 프레임을 발생시킨 0260.8c01.1111과 동일한 세그먼트에 있다는 것을 알게 됩니다. 따라서 브리지는 이 프레임이 브리지를 넘어가지 않아도 통신이 가능하다는 것을 알게 되기 때문에 필터링을 적용하게 됩니다. 따라서 이 경우에 만약 세그먼트 E1에 있는 0260.8c01.3333이 같은 세그먼트에 있는 0260.8c01.4444와 통신을 한다고 해도 이 프레임에 대해서 브리지는 필터링을 적용하기 때문에 세그먼트 E0에서 통신이 일어나는 중에도 세그먼트 E1에서 통신이 일어날 수 있는 것입니다. 즉 콜리전 도메인을 나눠줄 수 있습니다. 앞에서 말한 것처럼 브리지의 필터링이 바로 콜리전 도메인을 나눠주는 기능을 제공합니다.

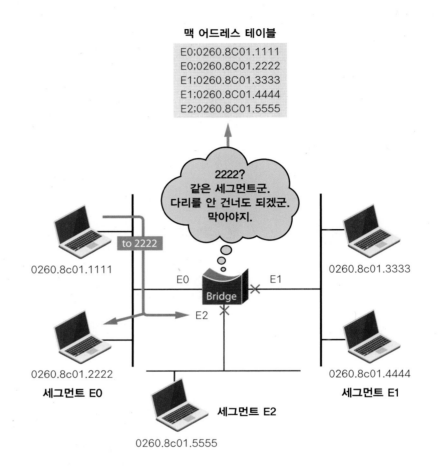

맥 어드레스 테이블

E0;0260.8C01.1111
E0;0260.8C01.2222
E1;0260.8C01.3333
E1;0260.8C01.4444
E2;0260.8C01.5555

2222?
같은 세그먼트군.
다리를 안 건너도 되겠군.
막아야지.

to 2222

0260.8c01.1111

0260.8c01.2222

E0   E1
Bridge
E2

0260.8c01.3333

0260.8c01.4444

세그먼트 E0

세그먼트 E2

세그먼트 E1

0260.8c01.5555

| 그림 4-18 |
브리지의 Filtering

필터링에 대해 제대로 이해하셨으면 브리지의 절반은 이해를 한 것입니다. 이해가 안 되는 분은 이해될 때까지 계속 읽어보기 바랍니다. 아래 그림을 보면 브리지의 필터링 때문에 양쪽 세그먼트에서 동시에 통신이 가능하다는 것을 알 수 있습니다. 즉 브리지는 콜리전 도메인을 이렇게 나누어 줄 수 있는 겁니다. 만약 이 자리에 브리지 대신 허브가 놓였다면 이런 통신은 불가능해질 겁니다.

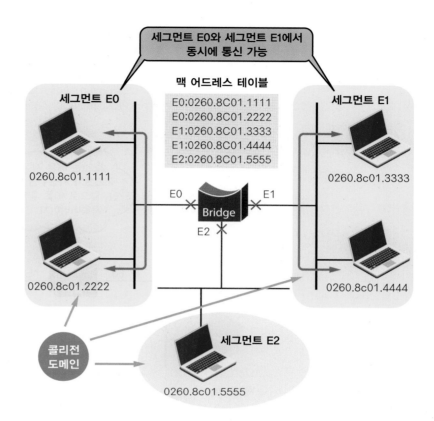

세그먼트 E0와 세그먼트 E1에서
동시에 통신 가능

맥 어드레스 테이블

세그먼트 E0

세그먼트 E1

E0;0260.8C01.1111
E0;0260.8C01.2222
E1;0260.8C01.3333
E1;0260.8C01.4444
E2;0260.8C01.5555

0260.8c01.1111

0260.8c01.3333

E0   E1
Bridge
E2

0260.8c01.2222

0260.8c01.4444

콜리전
도메인

세그먼트 E2

0260.8c01.5555

| 그림 4-19 |
브리지에서의 동시 통신

그렇다면 마지막으로 Aging은 무엇일까요? 아마 생소한 분들도 많을 겁니다. Aging이란, 말 그대로 나이를 먹는다는 겁니다. 구체적으로 알아볼까요? 지금까지 배운 대로 브리지는 학습 능력이 있다고 했습니다. 이것을 Learning이라고 하죠. 브리지는 출발지의 맥 어드레스를 외운 후 이것을 브리지 테이블이란 곳에 저장한다고 했습니다. 그렇다면 얼마 동안이나 저장할 수 있을까요? 평생 아니면 1년 동안? 어차피 브리지 테이블은 한정되어 있기 때문에 평생 저장하는 것은 불가능합니다. 만약 한 번 배운 맥 어드레스를 평생 저장한다면 금방 브리지 테이블이 다 차버릴 것이고, 그다음에는 배워도 저장할 곳이 없어서 기억을 못하게 될 테니까 말입니다. 따라서 브리지 테이블도 우리의 두뇌처럼 어느 정도 시간이 지나고 나면 이 정보를 브리지 테이블에서 지우게 됩니다.

다시 새로운 맥 어드레스를 기억해야 하기 때문입니다. 그 시간은 디폴트로는 5분, 즉 300초입니다. (물론 이 값은 조정이 가능합니다.) Aging이란 것은 바로 이것에 관련된 타이머입니다. 즉 어떤 맥 어드레스를 브리지 테이블에 저장하고 나면 그때부터 Aging이 가동되어서 저장한 후 300초가 지나도록 더 이상 그 출발지 주소를 가진 프레임이 들어오지 않으면 브리지 테이블에서 삭제시킵니다.

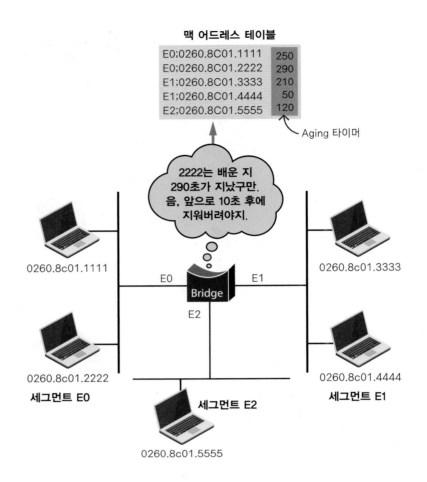

맥 어드레스 테이블

E0;0260.8C01.1111	250
E0;0260.8C01.2222	290
E1;0260.8C01.3333	210
E1;0260.8C01.4444	50
E2;0260.8C01.5555	120

Aging 타이머

2222는 배운 지 290초가 지났구만. 음, 앞으로 10초 후에 지워버려야지.

0260.8c01.1111

0260.8c01.2222

E0 **Bridge** E1

E2

0260.8c01.3333

0260.8c01.4444

세그먼트 E0

세그먼트 E2

세그먼트 E1

0260.8c01.5555

| 그림 4-20 |
브리지에서 Aging 타이머

'더 이상 그 프레임이 들어오지 않으면' 이건 또 무슨 말일까요? 예를 들어보겠습니다. 지금 어떤 프레임이 브리지에 들어왔습니다. 브리지는 그 녀석의 출발지 주소 'AAAA'(가정)를 배운 후 (Learning) 브리지 테이블에 저장하고 Aging을 시작했습니다. 약 280초가 지나갈 무렵 아까 들어온 출발지 주소와 같은 'AAAA'를 가진 녀석이 또 브리지로 들어왔습니다. 즉 맥 어드레스 AAAA란 녀석은 자주 통신을 하고 있는 겁니다. 이와 같이 Aging 타이머가 다 끝나기 전에 같은 출발지를 가진 녀석이 또 브리지로 들어오게 되면 브리지는 타이머를 리셋하고 처음부터 다시 카운트를 합니다. 이것을 Aging 타이머를 '리플래시(Refresh) 한다'라고 합니다.

[그림 4-21]을 완벽하게 이해한다면 브리지나 스위치에서 프레임이 어떻게 흘러가는가를 완벽하게 이해한 겁니다. 그림을 보면서 같이 한번 정리를 해볼까요? 학교 다닐 때 보던 그림이죠? 어려운 것이 아니니까 벌써부터 겁먹고 책을 덮어버리지 않기를 바랍니다.

자, 처음으로 브리지가 프레임을 접수했습니다. 그럼 브리지는 출발지의 맥 어드레스를 배운다고 했습니다. 이 경우는 브리지 테이블에 그 맥 어드레스가 들어있지 않은 경우겠죠? 하지만 이미 한 번 배워서 브리지 테이블에 저장되어 있는 맥 어드레스가 다시 브리지에 들어왔다면 아까 배운 대로 브리지는 Aging 타이머를 리플래시해서 맨 처음부터 다시 카운트를 하는 겁니다.

일단 브리지가 Learning을 마치고 나면 목적지 주소를 살펴보게 됩니다. 즉 목적지가 브로드 캐스트나 멀티캐스트 또는 자신의 브리지 테이블에 저장되어 있지 않은 주소라면 아까 배운 대로 브리지는 이 프레임을 어디로 보내야 할지를 결정하지 못하기 때문에 이 프레임이 들어온 포트를 제외한 나머지 모든 포트로 뿌려버리는데, 이것을 Flooding이라고 합니다.

그렇다면 만약 목적지 주소가 브리지 테이블에 저장된 주소인 경우는 어떻게 될까요? 이 경우에는 다시 한 번 질문을 하게 됩니다. 즉 목적지 주소와 출발지 주소가 같은 세그먼트에 있느냐 하는 것입니다. 만약 목적지 주소와 출발지 주소가 같은 세그먼트에 존재한다면, 즉 브리지를 건너가지 않고도 통신이 일어날 수 있다면 브리지는 나머지 모든 포트로 이 프레임이 건너가는 걸 막게 되는데, 이를 바로 'Filtering'이라고 합니다.

하지만 만약 목적지 주소가 출발지 주소와 다른 세그먼트에 있다면 어떻게 할까요? 그때는 브리지가 자신의 브리지 테이블을 살펴서 어떤 포트로 길을 열어줘야 하는가를 확인한 후 그 포트로 프레임을 전달해 주는데, 이를 'Forwarding'이라고 합니다.

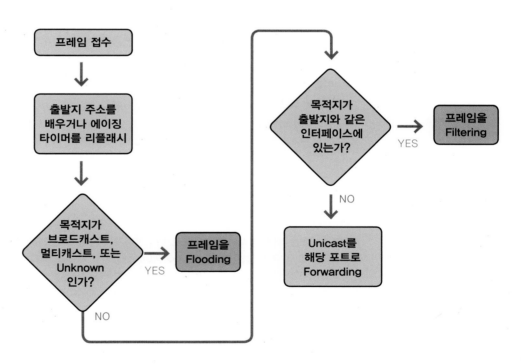

| 그림 4-21 |
브리지에서 프레임의 흐름

어때요? 여기까지 이해가 가십니까?

만약 브리지의 이런 5가지 기능을 제대로 이해하셨다면 앞으로 브리지를 이해하는 데는 크게 어려움이 없을 겁니다. 그렇게 어렵지는 않지만 잘못 생각하면 혼동하기 쉬우므로 계속 여러 번 읽어보셔서 충분히 이해하기 바랍니다.

그럼 여기에서는 무엇을 배웠는지 잠깐 알아볼까요?

브리지나 스위치나 다 기능이 비슷한데, 브리지의 기능을 보면 Learning, Filtering, Forwarding, Flooding, Aging으로 5가지가 있고, 그 중 콜리전 도메인을 나눠주는 기능을 하는 것은 Filtering이다. 여기까지입니다.

브리지와 스위치의 차이점

자, 잠깐 머리를 식히는 의미에서 이번에는 브리지와 스위치는 어떤 차이가 있는지 잠깐 알아보도록 하겠습니다.

일반적으로 브리지와 스위치는 같다고들 합니다. 왜냐하면 스위치도 데이터 링크 레이어(Data Link Layer)이고, 브리지도 데이터 링크 레이어, 즉 같은 레이어의 장비이면서 하는 일도 비슷하기 때문입니다.

하지만 이 둘 사이에도 몇 가지 차이점이 있습니다. 그것이 무엇일까요?

- **이름이 다르다.** – 하나는 스위치, 또 하나는 브리지입니다.
- **가격이 다르다.** – 스위치가 브리지보다 비쌉니다.
- **인기도가 다르다.** – 스위치가 브리지보다 훨씬 잘 나갑니다. 그렇습니다. 요즘 네트워크 장비 중에서 브리지를 찾는 사람은 아마 거의 없을 겁니다.

자, 여기까지는 다 아실 겁니다. 좀 더 구체적이고 실무적인 차이점을 살펴보겠습니다.

❶ 스위치는 처리 방식이 하드웨어로 이루어지기 때문에 소프트웨어적으로 프레임을 처리하는 브리지에 비해서 훨씬 빠르다는 차이점이 있습니다. 즉 브리지의 경우는 프레임의 처리 방식이 소프트웨어적 프로그램에 의해서 처리되는 방식을 취하지만, 스위치의 경우는 처리 절차를 미리 칩에 구워서 하드웨어 방식으로 만드는 ASIC('에이직'이라고 읽음. Application-Specific Integrated Circuit의 약자) 방식이기 때문에 프레임 처리 속도가 브리지에 비해서 훨씬 빠릅니다.

❷ 브리지는 포트들이 같은 속도를 지원하는 반면, 스위치는 서로 다른 속도를 연결해줄 수 있는 기능을 제공합니다. 예를 들어 스위치는 10메가 포트와 100메가 포트가 한 장비에 같이 있게 되는데, 이는 서로 다른 속도를 연결해주는 기능을 수행합니다.

❸ 스위치는 브리지에 비해 제공하는 포트 수가 훨씬 많습니다. 즉 브리지는 대부분 2개에서 3개 정도의 포트를 가지고 있는 반면, 스위치는 몇십 또는 몇백 개의 포트를 제공할 수 있습니다.

❹ 스위치의 경우는 Cut-through, 또는 Store-and-forward 방식을 사용하는 데 비해서 브리지는 오로지 Store-and-forward 방법만을 사용합니다. 여기서 잠깐 브리지와 스위치가 프레임을 처리하는 방식에 대해서 알아보겠습니다.

- **스토어-앤-포워드(Store-and-forwarding) 방식** : 이 방식은 스위치나 브리지가 일단 들어오는 프레임을 전부 받아들인 후 처리를 시작하는 방식입니다. 프레임을 모두 받아들이고 나서 이 프레임이 제대로 다 들어왔는지, 에러는 없는지, 또 출발지 주소는 어디인지, 목적지 주소는 어디인지를 파악해서 처리를 해주는 방식입니다. 만약 이때 에러가 발견되면 브리지나 스위치는 이 프레임을 버리고 재전송을 요구하기 때문에 에러 복구 능력이 뛰어납니다. 따라서 이런 방식은 회선에 에러가 자주 발생하거나 출발지와 목적지의 전송 매체가 다른 경우에는 자주 사용되는 방식입니다.

- **컷스루(Cut-through) 방식** : 이 방식은 스위치가 들어오는 프레임의 목적지 주소만 본 후 바로 전송 처리를 시작하는 방식입니다. 따라서 앞에서 배운 Store-and-forward 방식처럼 프레임이 다 들어오기를 기다리지 않고 앞에 들어오는 목적지 주소만을 본 후 바로 목적지로 전송하기 때문에 처음 48비트만을 보게 됩니다. 따라서 이전 방식에 비해서 훨씬 빨리 처리한다는 장점을 가지고 있지만, 프레임에 발생됐을지도 모를 에러를 찾아내기가 어렵기 때문에 에러 복구 능력에는 약점을 가지고 있습니다.

  이 2가지 방식의 장점만을 결합한 또 다른 스위칭 방식이 있는데, 이것을 'Fragment-free 방식'이라고 합니다.

- **프래그먼트-프리(Fragment-free) 방식** : 이 방식은 앞에서 배운 Store-and-forward 방식과 Cut-through 방식의 장점을 결합한 방식입니다. 즉 전체 프레임이 다 들어올 때까지 기다릴 필요가 없다는 측면에서는 Cut-through 방식을 닮았지만, 컷스루처럼 처음 48비트만을 보는 것이 아니라 처음 512비트를 보게 됩니다. 따라서 에러 감지 능력이 컷스루에 비해서는 우수하다고 할 수 있습니다.

요즘 고가형 스위치들은 대부분 여러 가지 모드의 스위칭 방식을 지원하는데, Store-and-forward의 경우도 워낙 하드웨어가 빨라지다 보니 이제는 컷스루에 비해서 결코 뒤지는 속도가 아니라고 합니다.

이제 어느 정도 브리지와 스위치가 어떤 차이가 있는지 눈에 보이실 거라고 믿습니다. 요즘은 브리지 이야기를 하면 누가 그런 것을 쓰느냐고 되묻겠지만, 아무리 뭐라고 해도 스위치의 원조는 브리지이므로 브리지의 기능에 대해서 알아두는 것이 좋습니다.

| 그림 4-22 |
여러 가지 스위치들

앞의 그림에 보이는 것이 스위치들인데, 종류도 정말 다양합니다. 물론 종류에 따라 가격도 다양하겠죠? 왼쪽 아래에 보이는 스위치가 바로 스택이 가능한 스위치입니다. 즉 서로 연결해서 하나로 동작할 수 있는 기능을 제공하는 스위치입니다.

스택에 대해서는 이미 잘 알고 계실 겁니다. 왼쪽 위에 있는 스위치는 한 대의 스위치에 연결할 수 있는 PC의 숫자가 80개인 80포트짜리 스위치입니다. 정말 대단하죠? 요즘은 이런 다중 포트 스위치들이 많이 나오고 있습니다. 자, 이번에는 오른쪽을 볼까요? 이미 짐작하셨겠지만 오른쪽의 스위치들이 훨씬 더 비쌉니다. 당연히 기능도 많겠죠? 성능 역시 우수합니다. 이런 스위치들을 '대형 스위치' 또는 '모듈형 스위치'라고 합니다. (대형 스위치가 거의 모듈형이기 때문입니다. 모듈형이란, 일단 커다란 섀시가 있고 그 섀시에 모듈을 하나씩 꽂을 수 있게 만든 스위치입니다.)

스위치의 가격은 싼 건 몇만 원도 있는 반면에 비싼 건 몇억 원도 있다고 합니다. 이런 가격 차이가 나는 이유는 스위치가 어떤 기능을 가지고 있느냐와 몇 포트를 지원하느냐, 그리고 어떤 성능을 가지고 있느냐에 의해서입니다. 만약 자기가 설치할 사이트가 규모가 작고 앞으로도 더 PC가 늘어날 계획이 없다면 고정형, 즉 왼쪽에 보이는 스타일을 구매하는 것이 좋습니다. 만약 네트워크가 굉장히 크고 앞으로도 계속 확장을 해야 하는 경우라면 오른쪽의 모듈형을 구매하는 것이 좋습니다. 일단 가격이 비싸도 다음에는 모듈만 구입하면 됩니다. 이제 다음에 직접 보셔도 금방 알 수 있겠죠?

Looping(뺑뺑이)은 왜 생길까요?

SECTION 08

이번에는 브리지나 스위치에서 자주 발생하는 루핑(Looping) 현상에 대해서 한번 알아보겠습니다.

루핑(Looping)은 프레임이 네트워크상에서 무한정으로 뺑뺑 돌기 때문에 이더넷의 특성상 네트워크가 조용해야 데이터를 전송할 수 있는 다른 녀석들이 계속 네트워크가 조용해지기를 기다리기만 할 뿐 데이터 전송은 불가능해지는 상태를 말하는데, 브리지나 스위치의 디자인에서는 가장 주의해야 할 사항입니다.

[그림 4-23]을 보세요. 그림에서처럼 두 호스트 사이에 스위치 또는 브리지가 두 개 있다고 가정해 보겠습니다. 즉 하나의 호스트에서 다른 호스트로 가는 경로가 두 개 이상 만들어진다는 겁니다. (이해가 가시죠? 왼쪽 브리지를 통해서 가는 길 하나와 오른쪽 브리지를 통해서 가는 길 하나가 있습니다.) 여기서 브리지 대신 스위치라도 상황은 마찬가지입니다. 보통 이렇게 구성하는 것은 하나의 경로가 끊어져도 다른 경로를 쓰기 위한 것인데, 아무 생각 없이 이렇게 구성을 하게 되면 가장 큰 문제, 즉 루핑이 발생하게 됩니다. 자, 그럼 다음과 같이 가정해 보겠습니다.

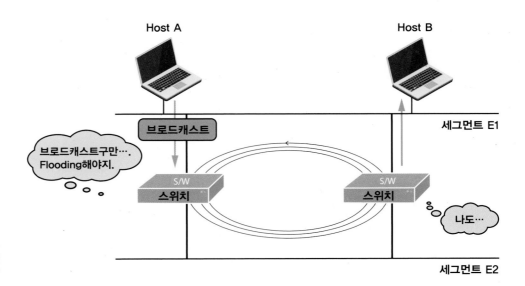

| 그림 4-23 |
브리지 또는 스위치에서의
루핑 현상

호스트 A가 브로드캐스트 패킷(Broadcast Packet)을 보냅니다. 그럼 양쪽 브리지(스위치)로 전달되겠죠? (이더넷의 특성상 같은 세그먼트에 있는 모든 네트워크 장비에 브로드캐스트가 전달됩니다.) 그다음에 그 두 개의 브리지는 이 패킷을 분석합니다. 이 패킷이 브로드캐스트 패킷이란 걸 알아낸 브리지는 어떻게 할까요? 네, 맞습니다. Flooding(플로딩)을 하게 됩니다. 브리지는 목적지 주소를 보고 그 주소가 자신의 브리지 테이블에 없거나, 멀티캐스트 주소이거나, 브로드캐스트 주소인 경우에는 들어온 포트를 제외한 나머지 모든 포트로 뿌려주는 Flooding을 하게 됩니다.

그럼 상대방쪽 세그먼트로 브로드캐스트 패킷이 보내지겠죠? 즉 양쪽 브리지에서 모두 패킷이 다리를 건너게 됩니다. 그다음엔 반대쪽으로 건너간 브로드캐스트 패킷은 다시 양쪽 브리지의 아래쪽 포트로 전달되고, 이 패킷 역시 브리지 특성에 따라 다시 위로 전달됩니다. (즉 다시 다리를 건너오게 됩니다.)

이런 과정이 반복되게 되면 한 번 발생한 브로드캐스트 패킷이 양쪽 브리지를 통해 네트워크를 계속 뱅뱅 돌게 되는 루핑이 발생하게 됩니다. 이와 같이 루핑이 발생되면 물론 다른 데이터를 전송할 수가 없겠죠? CSMA/CD의 특성, 즉 한 세그먼트 안에서 어느 한 순간에는 오직 한 녀석만이 통신을 할 수 있다는 규칙 때문에 그렇습니다. 따라서 네트워크가 무용지물 상태로 빠지게 됩니다.

이와 같이 루핑은 네트워크를 치명적인 상태에 빠뜨릴 수 있습니다. 자, 그렇다면 이런 루핑은 어떻게 하면 막을 수 있을까요? 물론 사람이 네트워크를 구성하면서 모든 목적지의 경로를 하나만 있도록 만들어주면 아예 루핑은 생기지 않을 겁니다. 하지만 늘 사람이 모든 걸 해줄 수는 없죠. 또 일부러 연결을 이중으로 하는 경우도 있으니까 무조건 못하게 하는 것도 문제가 있겠죠? 따라서 자동으로 루핑을 막아주는 알고리즘이 필요한데, 이 알고리즘을 '스패닝 트리 알고리즘(Spanning Tree Algorithm)'이라고 합니다. 스패닝 트리 알고리즘에 대해서는 뒤에서 알아보도록 하겠습니다. 여기서는 브리지나 스위치에 목적지까지의 경로가 두 개 이상 존재하면 반드시 루핑이 발생하고, 이를 막는 것이 스패닝 트리 알고리즘이라는 것까지만 알면 됩니다.

폴트 톨러런트(Fault Tolerant)와
로드 밸런싱(Load Balancing)에 대하여

여기에서는 네트워크에서 자주 나오는 말 중의 하나인 폴트 톨러런트와 로드 밸런싱에 대해서 한번 알아보겠습니다.

폴트 톨러런트란, 네트워크상에 어떤 문제가 발생할 때를 대비해서 미리 장애 대비를 해놓는 것을 말합니다. 예를 들어볼까요?

어떤 게임방이 있다고 가정해 보겠습니다. 이때 게임방의 구성이 라우터 한 대와 스위치 몇 대로 되어 있다고 할 때(여기까지는 이해 가시죠? 전에도 비슷한 구성을 보셨을 겁니다.) 만약 라우터가 고장이 난다면 어떻게 될까요? (아직 우린 라우터가 뭔지 배우지는 않았지만 라우터는 인터넷을 접속하는 데 필요한 것이라고만 알고 지나겠습니다.)

아무리 인터넷 회선이 살아있어도 사용자들은 인터넷을 사용할 수가 없겠죠?

만약 라우터가 두 대라면 어떨까요? 하나의 라우터가 죽었을 때를 대비해서 다른 한 대를 가지고 있었다면 말입니다.

이게 바로 폴트 톨러런트입니다. 장애 대비책이란 거죠.

물론 그냥 라우터를 한 대 더 가지고 있다가 고장 나면 교체하는 것은 진정한 의미의 폴트 톨러런트가 아닙니다. 두 대의 라우터로 네트워크를 구성한 후 한 대가 죽었을 때 자동으로 다른 라우터가 기존 라우터의 역할을 수행하는 것이 바로 진정한 의미의 폴트 톨러런트가 되는 겁니다.

여기서 여러분이 아셔야 할 것!

폴트 톨러런트란, 장애 대비책으로 대부분 이중 구조를 의미하고 전체 네트워크가 하나의 지점에서 발생한 장애로 인해 영향을 받는 것을 방지하기 위한 대책입니다. 만약 여러분이 네트워크를 디자인한다면 폴트 톨러런트는 꼭 잊지 말아야 할 이슈입니다.

그럼 로드 밸런싱은 뭘까요?

그건 말 그대로 로드를 분산하는 겁니다.

예를 들어 하나의 인터넷 회선을 이용한 인터넷 접속 대신 두 개의 인터넷 회선을 사용하는 겁니다. 이렇게 되면 데이터가 두 라인 중 하나를 선택해서 이용하기 때문에 로드가 분산되는 효과를 얻을 수 있습니다. 즉 속도가 두 배가 되는 겁니다. 그러다가 회선 하나가 끊어지면 다른 회선으로 이전할 수 있는데, 이럴 경우 로드 밸런싱과 폴트 톨러런트를 겸하게 됩니다.

이제 눈치채셨겠지만 대부분의 로드 밸런싱은 폴트 톨러런트가 가능합니다. 하지만 폴트 톨러런트는 로드 밸런싱이 안 되는 경우도 있습니다. 가끔 네트워크 분야에 있는 사람들도 로드 밸런싱과 폴트 톨러런트에 대해서 혼동하는 경우가 많습니다. 이제 여러분은 로드 밸런싱과 폴트 톨러런트에 대해서 확실히 이해했을 것입니다.

09
SECTION

스패닝 트리되지 않는
스위치는 팥 없는 찐빵!

여기서는 스패닝 트리 알고리즘(Spanning Tree Algorithm)에 대해서 알아보겠습니다. 사실 스패닝 트리 알고리즘에 대한 기술적인 내용으로 들어가면 굉장히 복잡하고 여러 가지 설명해야 할 게 많겠지만, 여기서는 이 알고리즘이 도대체 무엇이고 또 어디에 이 알고리즘을 활용해야 하는지에 대해서만 간략하게 알아보도록 하겠습니다. 앞에서 말한 거 기억하죠? 스위치나 브리지에 두 개 이상의 경로가 만들어지면 루핑이 발생하는 것을 이제 기억하시죠? 이렇게 루핑(Looping)이 발생하게 되면 네트워크에는 정말 치명적입니다. 통신도 안 되고 문제도 찾기 어려워집니다.

이런 경우를 한번 가정해 보겠습니다. 만약 어떤 사람이 게임방에 두 대의 스위치를 설치했습니다. 그럼 라우터는 스위치의 포트 중 하나에 연결되고 스위치에서는 각 PC들이 연결될 것입니다. 또 서로 간의 통신이 이루어져야 하기 때문에 두 대의 스위치 간에도 연결을 해야 합니다.

자, 이때 이 사람이 스위치 간의 연결이 하나밖에 없으면 속도도 느리고, 또 혹시 이 연결이 끊어지면 그 스위치에 붙어있는 PC들이 통신을 못하니까(아래 있는 스위치에 붙어있는 PC들은 위쪽 스위치에 연결되고, 다시 위쪽 스위치가 라우터에 연결되어서 인터넷으로 나가니까 당연히 스위치 간 연결이 끊어지면 아래쪽 스위치에 붙어있는 PC들은 인터넷을 할 수 없습니다. 이 정도를 생각해냈다면 그래도 네트워크를 어느 정도 알고 있는 우수한 게임방 주인인 것 같습니다.) 스위치 간에 링크(연결)를 두 개로 만들었습니다. 자, [그림 4-24]가 보이시죠? 이것이 그 게임방 주인이 그린 그림입니다.

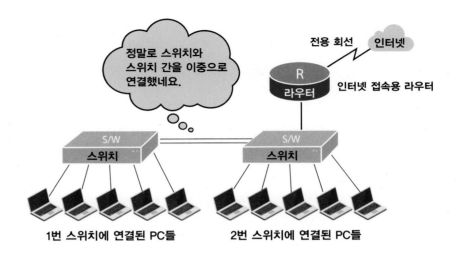

| 그림 4-24 |
게임방 주인이 그린 구성도

정말로 스위치와 스위치 간을 이중으로 연결했네요.

전용 회선 / 인터넷

R 라우터 / 인터넷 접속용 라우터

S/W 스위치 / S/W 스위치

1번 스위치에 연결된 PC들 / 2번 스위치에 연결된 PC들

그럼 어떻게 될까요? 주인 생각대로 속도가 두 배로 빨라지고(스위치 간에 연결이 두 개니까) 또 하나의 링크가 끊어져도 다른 하나가 살아있으니까 문제가 없도록 해줄까요? 정답은 '아니 오'입니다. (물론 스위치 중에는 위의 조건을 만족하는 스위치도 있습니다. 하지만 여기서는 일 반적인 스위치의 기능을 가졌다고 가정하겠습니다.)

즉 이 상태는 앞에서 설명드린 루핑이 발생하는 상태입니다. 1번 스위치에 연결된 PC와 2번 스 위치에 연결된 PC 간에 2개의 경로가 발생하고 있습니다. (그림에서 1번 스위치와 2번 스위치 간에 연결된 길이 두 개이기 때문입니다.)

이때 양쪽의 스위치들이 스패닝 트리 상태로 세팅되어 있지 않으면 네트워크에는 루핑이 발생 하고 결국 주인의 의도와는 상관없이 네트워크는 못쓰게 됩니다. 주인 입장에선 잘해 보려 다가 완전히 망치게 됩니다.

자, 이때 스패닝 트리가 세팅되어 있으면 스패닝 트리는 자동으로 루핑을 검색해서 이런 루핑이 발생할 수 있는 상황을 미리 막아주는 역할을 합니다. 어떻게 그렇게 만드냐구요? 그건 스위치 간의 두 개의 링크 중 하나를 끊어 놓는 겁니다. 따라서 실제 링크는 두 개이지만 데이터는 한 쪽으로만 다니게 하는 겁니다. 그럼 루핑은 발생하지 않겠죠?

자, 그렇다면 무엇 때문에 링크를 하나 더 연결하냐는 분이 있을 겁니다. 처음부터 하나만 연결 했으면 이런 문제도 발생하지 않았을 것 아니냐고 생각하실 겁니다. 하지만 이 링크는 지금 사 용하는 하나의 링크가 끊어졌을 때를 대비하는 겁니다. 만약 사용중인 링크가 끊어지게 되면 그 때 대기하던 나머지 하나가 살아나서 데이터 전송을 맡아줍니다.

즉 스패닝 트리 알고리즘(Spanning Tree Algorithm)이란, 스위치나 브리지에서 발생할 수 있 는 루핑을 미리 막기 위해 두 개 이상의 경로가 발생하면 하나를 제외하고 나머지 경로를 자동

으로 막아두었다가 기존 경로에 문제가 생기면 막아놓은 경로를 풀어서 데이터를 전송하는 알고리즘입니다. 그렇게 어렵진 않죠? 그래서 모든 스위치는 이 스패닝 트리 알고리즘을 지원합니다. (그래도 스위치를 살 때는 한번 확인해보면 좋겠죠?)

참고로 스패닝 트리 알고리즘에 의해서 현재의 링크가 끊어졌을 때 대기하고 있던 다른 링크가 다시 살아나서 연결을 해주는 데 걸리는 시간은 약 1분 이상이 소요됩니다. 그러니까 사용자들은 1분 이상을 네트워크가 끊어진 상태로 기다려야만 합니다. 따라서 요즘의 스위치들은 여러 가지 다양한 기능을 가지고서 이러한 전통적인 스패닝 트리 알고리즘의 약점을 보완하고 있습니다. 예를 들어 시스코의 이더 채널(Ether-Channel) 기술은 여러 개의 링크가 마치 하나의 링크처럼 인식되게 하는 기술입니다.

따라서 게임방 주인이 이더 채널이 지원되는 스위치를 구매했다면, 평소에도 두 배의 속도를 낼 뿐만 아니라 하나의 링크가 끊어져도 기다리는 시간이 전혀 없이 링크가 유지되는 장점이 있습니다.

이러한 이더 채널은 속도에 따라서 패스트 이더 채널(Fastether Channel, 100메가로 연결된 포트들을 묶는 기술입니다.)과 기가 이더 채널(Giga Ether Channel, 기가 비트 이더넷, 즉 1,000메가로 연결된 포트들을 묶는 기술입니다.) 등이 있고 최대 8개의 링크를 묶어서 만들 수 있게 되어 있습니다. 또 업링크 패스트(Uplink Fast)라는 기술은 전통적인 스패닝 트리에서 링크의 복구 시간이 1분 이상 걸리는 점에 착안해서 이 복구 시간을 약 2~3초 안에 가능하도록 만든 기술입니다.

이와 같이 요즘은 다양한 스위칭 기술이 많기 때문에 이제는 전통적인 스패닝 트리 알고리즘으로는 생각할 수 없었던 많은 기능이 제공되고 있습니다. 물론 저희들 같은 네트워크 엔지니어에게는 이것 또한 일이 되겠지만요(공부할 것이 많아지니까).

10 라우팅이냐, 스위칭이냐?

SECTION

지금까지 네트워크를 공부해오신 여러분께 가장 고전적인 질문을 한 가지 드리겠습니다.

라우팅이 좋을까요? 아니면 스위칭이 좋을까요?

왜 라우팅이 필요할까요? 일단 기본적인 내용부터 짚고 넘어가볼까요?

- **가격** : 라우터가 스위치보다 비쌉니다. (물론 라우터보다 비싼 스위치도 있지만 비슷한 스펙을 가지고 비교해보면 라우터가 비쌉니다.)

- **속도** : 이것도 스위치가 우세합니다. 라우터는 내부에서 처리하는 일이 많아서 스위치보다 패킷을 처리하는 속도가 느릴 수밖에 없습니다.

- **구성의 편리함** : 스위치가 훨씬 구성이 쉽습니다. 스위치는 대부분 전원만 공급해주면 사용이 가능하지만, 라우터는 그렇지 않습니다. 라우팅 프로토콜도 정해 주어야 하고, 네트워크도 설정해주어야 합니다. 필터링이니 보안이니 정말 구성해주어야 할 것이 많습니다.

자, 그렇다면 가격 싸고, 속도 빠르고, 구성 편리한 스위치만 쓰면 되지, 뭐하러 라우터란 것을 쓸까요?

한때는 라우터 없이 아주 빠른 스위치만으로 네트워크를 구성하면 어떨까 하는 논의도 있었다고 합니다. 하지만 아주 근본적인 문제에 걸리게 된 겁니다. 그게 바로 스위치로는 풀 수 없는 한계가 있다는 겁니다.

그 첫 번째 이유는 브로드캐스트입니다.

만약 우리가 사용하는 인터넷 전체가 하나의 브로드캐스트 영역(도메인)이라고 생각해보면 어떤 일이 벌어질까요?

저 멀리 독일에 있는 PC가 한 번 켜졌다 꺼져도 이 브로드캐스트가 우리나라에 있는 제 PC까지 전달됩니다. 또 통신을 할 때 상대편의 맥 주소를 찾기 위해 ARP(Address Resolution Protocol)를 사용하는데, 이게 바로 브로드캐스트입니다. 전 세계의 PC들이 이 ARP를 하루에 몇 번이나 사용할까요? 만약 이런 상황이 발생한다면 우리가 제대로 네트워크를 사용하는 것은 상상도 할 수 없을 뿐만 아니라 PC 자체도 사용이 불가능해집니다. (브로드캐스트는 CPU 성능도 저하시키기 때문입니다.) 따라서 브로드캐스트 영역(도메인)을 나누는 것은 정말 중요한 일입니다. 이러한 브로드캐스트 영역(도메인)을 나눠주기 위해서는 라우터가 꼭 필요합니다. 물론 요즘 스위치가 그런 기능을 하는 경우도 있지만(스위치가 라우터의 역할까지를 수행하는 경우 이런 스위치를 '레이어 3 스위치'라고 합니다.) 역시 내부를 들여다보면 그건 스위치에 라우터를 붙여놓은 거라고 보면 됩니다.

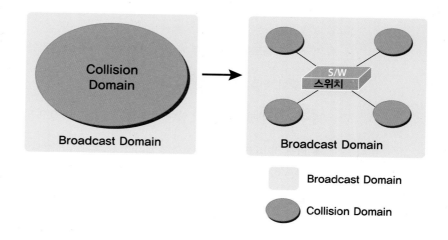

| 그림 4-25 |
스위치를 통한
Collision Domain 나누기

먼저 [그림 4-25]를 봐주시기 바랍니다. 왼쪽에 있는 그림은 허브로만 구성된 네트워크입니다. 동그라미가 콜리전 도메인이고, 네모가 브로드캐스트 도메인입니다. 그림에선 콜리전 도메인이 네모인 브로드캐스트 도메인보다 작아 보이지만, 사실은 같은 크기라고 이해하시면 된답니다. ^^ 이와 같은 허브만으로 구성된 네트워크에 새로 산 스위치를 가져와서 설치했다고 가정해보겠습니다. (여기서 스위치는 라우팅 기능이 없는 순수 스위치입니다.)

자! 그럼 어떻게 될까요?

오른쪽 그림 보이시죠? ^^ 네 맞습니다.

앞에서 배운 브리지와 스위치의 능력, 즉 콜리전 도메인을 나누는 능력을 발휘해서 오른쪽 그림처럼 이제 콜리전 도메인은 왼쪽보다 작아졌습니다. 이해 가시죠? ^^

그럼 이렇게 좋은 스위치를 계속 많이 구매해서 모든 네트워크를 다 스위치로 구성하면 어떻게 될까요? 그 구성이 [그림 4-26]에 나와 있습니다. 그림을 보면 동그라미로 표시되는 콜리전 도메인의 크기는 커지지 않은 대신 그 숫자는 늘어났죠? 하지만 자세히 보시면 네모로 표시되는 브로드캐스트 도메인은 점점 더 커진 것을 알 수 있답니다. 앞에서 설명드린 브로드캐스트 도메인이 늘어나서 한 번의 브로드캐스트가 모든 영역에 영향을 주는 문제가 발생하겠죠?

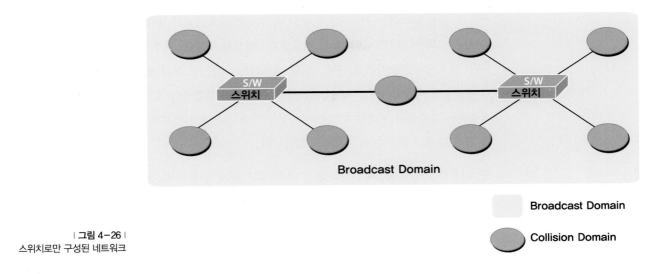

Broadcast Domain

Collision Domain

| 그림 4-26 |
스위치로만 구성된 네트워크

이때 이 문제를 해결하기 위해서는 방금 설명드린 대로 라우터가 필요하게 된답니다. [그림 4-27]을 보시면 스위치가 있던 자리에 라우터를 가져다 놓았더니 브로드캐스트 도메인이 반으로 나누어진 것을 알 수 있습니다. 어때요? 신기하죠? ^^

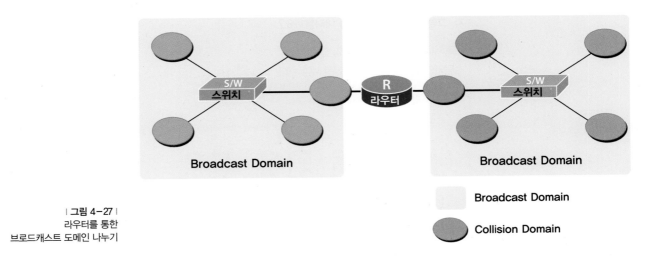

Broadcast Domain

Collision Domain

| 그림 4-27 |
라우터를 통한
브로드캐스트 도메인 나누기

브로드캐스트 영역을 나눌 때는 사용하는 프로토콜이나 애플리케이션 프로그램에 따라서 약간의 차이가 있습니다. 보통 권고 사항은

IP일 때 약 500 노드

IPX일 때는 300 노드

AppleTalk는 200 노드 정도가 좋다고 합니다.

하지만 실질적으로는 여기 기준에서 약 반 정도만 사용하셔야 제대로 네트워크를 사용할 수 있습니다. (그러니까 IP는 250 노드 정도겠죠? 여기서 노드란, 네트워크에 접속되는 장비를 말합니다. 주로 PC의 숫자가 됩니다.) 또한 라우터는 스위치가 보장 못하는 보안 기능, 즉 패킷 필터링 기능을 제공합니다. 따라서 네트워크 주소에 따라 전송을 막았다 풀었다 하는 필터 기능을 제공해서 불필요한 트래픽이 전송되는 것을 막습니다. 아시겠지만 이러한 보안 기능은 요즘 들어 점점 더 중요한 이슈로 떠오르고 있습니다.

또 하나 라우터가 제공해주는 기능은 바로 '로드 분배'입니다. 즉 여러 개의 경로를 가지고 있기 때문에 데이터가 여러 경로를 타고 날아갈 수 있습니다. 따라서 한쪽 경로에 문제가 생겨도 바로 다른 경로를 타고 날아갈 수 있습니다. 물론 스위치도 로드 분배가 가능하지만 이것은 굉장히 제한적입니다.

라우터는 그 외에도 프로토콜이나 데이터의 크기, 중요도 등 여러 상황에 따라 트래픽의 전송 순서를 조정해주는 QoS(Quality of Service) 기능도 제공합니다.

> ≫ **알고 갑시다!** ···
>
> **자, 그럼 여기에서의 결론을 내려볼까요?**
>
> 스위치냐, 아니면 라우터냐의 답은!
> 스위치와 라우터를 적당히 사용해야 한다.
>
> **이상입니다!**

그럼 제대로 이해하셨는지 문제 한번 풀어볼까요?

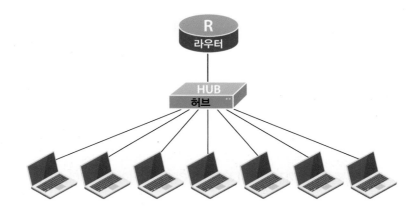

그림 보이시죠? 라우터와 허브가 연결되어 있고, 허브에는 7대의 컴퓨터가 연결되어 있습니다. 이때 이 허브를 스위치로 교체했다고 가정하겠습니다. 어떤 변화가 생길까요?

아래 보기에서 2개의 정답을 골라주세요.

    a. 콜리전 도메인의 크기가 줄어든다.

    b. 브로드캐스트 도메인의 크기가 줄어든다.

    c. 콜리전 도메인의 크기는 그대로이다.

    d. 브로드캐스트 도메인의 크기는 그대로이다.

    e. 콜리전 도메인의 크기가 커진다.

    f. 브로드캐스트 도메인의 크기가 커진다.

| 설명 |

앞에서 설명을 제대로 이해하신 분이라면 정말 쉬운 문제죠?

허브와 달리 스위치는 콜리전 도메인을 나누어주는 기능을 가지고 있으니까 'a. 콜리전 도메인의 크기가 줄어든다'가 답이겠죠? 하지만 스위치로 브로드캐스트 도메인을 나누어줄 수는 없기 때문에 'd. 브로드캐스트 도메인의 크기는 그대로이다'도 또 하나의 답입니다.

이번에는 조금 더 난이도가 있는(?) 문제를 풀어볼까 합니다. ^^

그림 보이시죠? 라우터의 한쪽에는 허브가, 그리고 다른 한쪽에는 스위치가 연결되어 있는 상태입니다.
여기 있는 허브와 스위치는 12포트짜리라고 가정하겠습니다. 허브와 스위치의 1번 포트는 라우터와 연결되어 있고, 나머지 2번부터 12번까지 11개의 포트는 PC와 연결되어 있습니다.
자, 그럼 여기서 문제 드립니다!
이 그림에서 브로드캐스트 도메인과 콜리전 도메인은 몇 개일까요? ^^

| 설명 |

굉장히 쉬운 문제이기는 한데, 그래도 혹시 하는 마음에 설명을 드립니다. 먼저 아래 그림을 봐주시기 바랍니다.

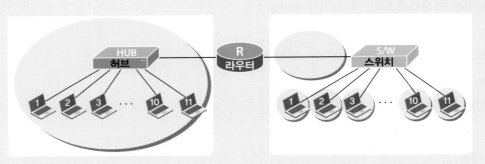

그림만 봐도 금방 이해가 되시죠?
동그라미가 콜리전 도메인이고, 네모가 브로드캐스트 도메인입니다. ^^
앞에서도 설명드린 대로 허브는 콜리전 도메인을 나누지 못한답니다. 스위치 이상의 장비가 나눌 수 있는 거죠. 따라서 콜리전 도메인은 중간에 있는 라우터와 오른쪽에 있는 스위치에 의해서 나뉘게 됩니다. 이때 스위치는 12포트라고 했으니까 12개의 콜리전 도메인으로 나뉘게 되겠죠? ^^ 따라서 전체 콜리전 도메인의 수는 13개가 되겠죠?
브로드캐스트 도메인의 수는 더 쉽죠? 오직 라우터만이 나눌 수 있다고 설명드렸으니까 그림에서 보이는 네모, 즉 2개가 되는 겁니다.
어때요? 쉽죠? ^^

책을 얼마나 사세요?

사실 한동안 후니는 서점에 가서 책을 산 기억이 없답니다.

이래저래 바쁘다는 이유와 그냥 인터넷에서 대충 뽑아서 프린트해서 볼만한 매뉴얼이 많다는 생각에 책을 사서 보는 걸 멀리했나 봅니다. 게다가 책 한 권 사려고 보면 왜 이렇게 비싼지…. (하긴 제 책도 꽤 비싸긴 하죠. ㅋㅋ) 그래서 안 사고 돌아온 적도 몇 번 있었답니다. ㅎㅎ

여러분께서는 어떠세요? 그게 어떤 종류의 책이라도 상관없답니다. 한 달에 몇 권이나 책을 사세요? 아니면 한 달에 몇 권이나 책을 읽으세요?

군대에서 제대하고 보니 세상에 퍼스널 컴퓨터(PC)란 게 나와 있더라고요. 입대할 때까지만 해도 컴퓨터라면 학교 전산실에 있는 커다란 호스트 컴퓨터와 터미널이 전부였는데…. 단 27개월 만에 세상이 바뀌어 있었고, 장비라곤 M16 소총에만 익숙했던 예비역 병장 후니 앞에 PC를 장난감 다루듯 하던 현역들은 한없이 높은 벽처럼만 느껴졌습니다. 그렇다고 자존심 하나는 남에게 지지 않는 제가 새파란 후배 옆에서 컴퓨터 사용법을 배우는 건 너무 싫었으니….

그래서 선택한 게 책이었습니다.

그땐 거의 하루에 한 번은 서점에 들렀고, 서점에 들릴 때마다 책 한 권 이상은 샀던 것 같습니다. '한 페이지를 보더라도 안 본 것보다는 좋겠지….' 그게 그때 제 생각이었습니다.

그렇게 사 모은 책이 한 권 한 권 쌓여 한쪽 벽을 가득 채울 때쯤 후니는 컴퓨터에서만큼은 누구 앞에서도 기죽지 않을 만한 실력을 갖추게 되었답니다. 어찌 보면 제대 후 그 열정이 그 후 후니에게 책이란 걸 쓰게 했던 힘이 되었는지도 모릅니다.

어떤 분이 제게 좋은 엔지니어가 되기 위해 갖추어야 할 조건이 무엇이냐고 질문한 적이 있습니다.

물론 제가 그런 경지에 가보지 못했기 때문에 "네, 그건 무엇입니다."라고 말씀드리진 못했지만, 제 생각에 좋은 엔지니어가 갖추어야 할 첫 번째 항목은 바로 열정이 아닐까 생각합니다.

열정이 있는 사람은 끊임없이 추구하고, 끊임없이 노력하며, 끊임없이 스스로를 개발합니다.

열정이 있는 사람은, 실패 앞에서도 다시 일어설 용기를 냅니다.

열정이 있는 사람은, 지금이 너무 힘들어도 미래를 생각합니다.

다시 한번 주먹 불끈 쥐고, 네트워크에 대한 열정을 불태워보고 싶지 않으세요?

저도 노력할게요. ^^

CISCO
NETWORKING

PART
05

IP 주소로의 여행

IP 주소 이야기 - 1탄

IP 주소란 무엇일까요? 일상생활에도 많은 주소가 있습니다. 한번 생각해볼까요? 먼저 집주소같이 우편번호와 주소가 있고, 또 전화번호나 휴대폰 번호 같은 것들도 일종의 주소라고 볼수 있습니다. 그뿐만 아니라 주민등록번호도 있습니다. 이런 많은 주소는 몇가지 공통점이 있는데, 그건 서로 구분된다는 것입니다. 즉 서로 달라야 한다는 겁니다. 같으면 구분하기가 어렵기 때문입니다. 또 하나는 일정한 규칙이 있어야 한다는 겁니다. 전화번호도 앞쪽이 국번이되고 뒤쪽이 번호가 되는 규칙이 있는 것처럼 말입니다.

TCP/IP라는 프로토콜을 만들 때 이 프로토콜을 사용하는 모든 장비들을 구분해주기 위해서만들어낸 것이 바로 IP 주소입니다. 서로 간의 통신을 위해서는 이들을 구분할 주소가 필요했던 겁니다. 원래 IP 주소를 만들 당시에는 이렇게 인터넷이 많이 보편화될 거란 생각을 하지않았던 것 같습니다. 요즘은 공인 IP 주소를 따내기가 그리 쉽지 않은데, 그것은 공인 IP 주소의 한계 때문입니다.

IP 주소는 이진수 32자리로 되어 있습니다. 즉
0000 0000.0000 0000.0000 0000.0000 0000에서
1111 1111.1111 1111.1111 1111.1111 1111까지입니다.

따라서 전에도 한 번 말씀드렸지만 지정 가능한 전체 IP 주소의 개수는 약 2의 32승 개(2^{32})정도밖에 되지 않는다는 겁니다. 2의 32승이 몇 개냐구요? 2를 계속 32번 곱해보면 아마 답이나올 겁니다. 대충은 42억 9,000개가 나옵니다. 이 중에서 못쓰는 주소도 있으니까 사용 가능한 주소는 이것보다 좀 적을 겁니다. 그런데 이 IP 주소가 이제 거의 다 나눠줘서 더 이상 나눠줄 게 별로 남지 않았다고 합니다. 약 6% 정도가 남았다고 합니다. 그럼 왜 중간중간에 점을찍었냐고요? 그건 약속입니다. 또 구분하기 쉽도록 8자리마다 하나씩 점을 찍기로 한 겁니다.

예를 들어 203.240.120.1이라고 중간에 점이 찍힌 것을 보셨을 겁니다.

전에도 설명드렸지만 원래 이진수인 IP 주소를 그대로 사용하면 너무 어려우므로 좀 더 익숙한십진수 방식으로 다시 고쳐서 사용하는 겁니다. (하지만 네트워크 엔지니어는 더 복잡해진 겁니다. 이진수를 십진수로 바꿔야 하니 말입니다.) 물론 컴퓨터는 이것을 이진수로만 이해하기

때문에 다시 이진수로 바꾸어 주어야 합니다. 아무튼 십진수로 바뀐 IP 주소 역시 중간에는 점을 찍는데, 이진수로 8자리가 나타낼 수 있는 가장 큰 십진수는 255이기 때문에 (1111 1111)을 십진수로 바꾸어 보면 255가 나옵니다. 이해가 안 가는 분은 'PART 03 TCP/IP와의 만남'에서 다루는 이진수의 계산을 다시 한 번 읽어보면 금방 이해가 가실 겁니다.) 8자리의 이진수를 묶어서 십진수를 만들고 중간에 점을 찍어주는 겁니다. 이 중간에 있는 점은 꼭 찍어 주어야 하고 주의 사항은 맨 마지막에는 점을 찍지 않는다는 것입니다.

이진수 8자리마다 점을 찍기 때문에 이들 8개를 묶어서 '옥텟(Octet)'이라고 부릅니다. 그래서 IP 주소는 총 4개의 옥텟으로 나뉘는 겁니다. 4개의 옥텟이니까 32비트가 되는 겁니다.

TIP

가끔 문제에서 '옥텟'이라는 말이 나옵니다. 설명에서처럼 '.'를 찍어 나누고 있는 8bit 를 묶어서 말합니다.

》 알고 갑시다!

그럼 여기에서 결론을 알아볼까요?

IP 주소는 원래 이진수 32자리로 되어 있다. 각 8자리(이건 십진수로 하면 최대 255가 된다), 즉 옥텟 (octet) 사이에는 점을 찍는다. 그런데 우리가 보통 쓰는 IP 주소는 이진수를 다시 십진수로 만들어서 쓰는 방식이다.

여기까지입니다. 쉽죠?

02
SECTION

라우터에서 IP 주소 이해하기

라우터가 물론 IP의 라우팅(일단 여기서는 라우팅이 경로 배정이라고만 알아두고 넘어가겠습니다.)만을 담당하는 건 아닙니다. 예를 들어 IPX(노벨 파일 서버), AppleTalk(매킨토시) 등 많은 프로토콜들의 라우팅을 할 수 있는데, 요즘은 IP를 제외한 나머지 프로토콜들은 거의 사용하고 있지 않답니다. 앞에서도 설명드렸지만 인터넷이라는 것이 IP 기반 위에서 움직이다 보니 다른 프로토콜들은 시간이 지나가면서 점차 사라지고 있는 추세입니다. 하지만 우린 네트워크 엔지니어니까 IP 말고 다른 프로토콜이 있었고, 어떻게 사용되었다는 것 정도는 알아두어도 좋을 것 같습니다.

일단 우리가 조그만 네트워크를 꾸민다고 가정해 보겠습니다. 약 50대 정도의 PC, 그리고 그 PC들이 전용선을 통해 인터넷을 쓴다고 가정하겠습니다. 전에 허브와 스위치에 대해서는 알아봤습니다. 이번엔 우리가 라우터를 알아볼 차례니까 라우터에 IP 주소를 배정하는 규칙을 한번 알아보겠습니다. 물론 지금 하는 라우터의 구성은 우선 IP 주소를 이해하기 위해서 간단히 한번 맛보기만을 하는 거니까 부담은 안 가지셔도 됩니다. 뒤에 가서 아주 지겹게(?) 해볼 수 있을 겁니다.

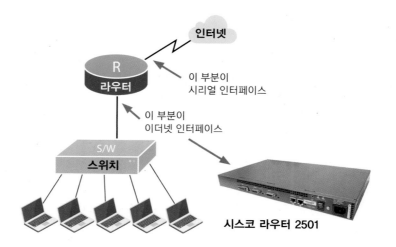

| 그림 5-1 |
라우터의 인터페이스

그림의 오른쪽은 우리가 가장 많이 사용하는 라우터인 시스코 2501에서 실제 이더넷과 시리얼 인터페이스를 나타내고 있습니다. (무엇이 이더넷 인터페이스이고, 또 무엇이 시리얼 인터페이스인지, 그리고 인터페이스란 무엇인지는 앞으로 배울 라우터에서 자세히 다룹니다. 여기서는 일단 내부 네트워크에 연결되는 라우터의 포트를 이더넷 인터페이스라고 생각하시고 외부, 즉 인터넷쪽으로 연결되는 인터페이스를 시리얼 인터페이스라고 생각하면 됩니다.)

시스코 2501의 경우 이더넷 인터페이스는 1개이고, 인터넷과 접속하기 위한 시리얼 인터페이스는 2개입니다. 그리고 시리얼 인터페이스는 DSU 또는 CSU라는 전용선 모뎀에 연결됩니다. 위와 같은 가정에서 우리가 라우터에 부여해야 하는 IP 주소는 두 개가 됩니다. 하나는 이더넷(Ethernet) 인터페이스에 부여할 주소이고, 또 하나는 시리얼(Serial) 인터페이스에 부여할 IP 주소입니다. 이더넷용 IP 주소는 우리가 내부에서 사용하기 위해 부여받은 IP 주소 중 하나를 배정해야 합니다.

이유는 아시죠? 즉 라우터의 이더넷쪽은 앞에서 말씀드린 대로 내부 네트워크에 접속되기 때문입니다. 예를 들어 우리가 내부 PC용으로 부여받은 주소가 203.120.150.1 ~ 203.120.150.255 까지라면 라우터의 주소는 그 중 하나, 이럴 때는 보통 맨 앞의 번호를 씁니다. (제일 중요하니까요.) 그래서 라우터의 이더넷 주소는 203.120.150.1이 부여되는 겁니다.

이때 주의할 점! 이렇게 라우터에 부여한 주소는 또 다시 PC에 부여하면 안 된다는 겁니다. 다 아시는 내용이죠? 그건 모든 PC에서도 마찬가지입니다. 절대로 같은 IP 주소를 갖는 PC가 있으면 안 되기 때문입니다. 만약에 라우터에 부여한 주소를 PC에 또 써서 두 IP 주소가 충돌이 발생하는 경우는 라우터의 역할을 제대로 수행할 수 없습니다.

그럼 시리얼(Serial)에는 어떤 주소를 부여해야 할까요?

그건 우리 마음대로 부여할 수 있는 게 아닙니다. 라우터가 접속하는 상대편(ISP 업체) 라우터의 시리얼 인터페이스와 IP 주소를 서로 맞추어야 하기 때문입니다. 일단은 우리 내부용 IP 주소와는 다른 네트워크가 됩니다. 당연하죠. 나중에 배우겠지만 라우터에서 인터페이스가 달라지면 그건 네트워크가 달라진다는 것을 의미합니다. 상대편 라우터의 시리얼과는 같은 네트워크가 되어야 합니다.

예를 들어볼까요?

상대편 라우터의 시리얼이 203.150.150.5에 서브넷 마스크가 255.255.255.252라면 우리 라우터의 Serial은 203.150.150.6에 서브넷 마스크는 255.255.255.252가 되는 겁니다. (일단 서브넷 마스크는 서로 같아야 합니다. 이것은 나중에 다시 배울 겁니다.)

이해가십니까? 이번에 이해 안 가신다고 너무 걱정하실 건 없습니다. 다음에 이 부분은 자세히 설명할 겁니다.

≫ 알고 갑시다!

여기에서의 결론!

우리가 보통 쓰는 라우터에 배정해야 하는 IP 주소는 두 개인데 하나는 이더넷 인터페이스용이고, 또 하나는 시리얼 (Serial) 인터페이스용이다. (물론 이건 네트워크 구성에 따라서 달라질 수 있습니다.) 이더넷용은 우리가 부여받은 번호 중에 하나를 쓰는 것이고, 시리얼(Serial)은 우리가 접속하는 ISP 업체에 따라 다르므로 인터넷 제공업체에 문의해서 써야 된다.

여기까지입니다.

IP 주소 이야기 - 2탄

앞에서 알아본 것처럼 IP 주소는 32자리 2진수로 구성되어 있습니다. 그럼 이번 시간에는 먼저 '네트워크 부분(Network Part)'과 '호스트 부분(Host Part)'이란 말이 무엇인지를 알아보도록 하겠습니다.

여기서 말하는 네트워크는 하나의 브로드캐스트 영역(Broadcast Domain)이라고 생각하면 됩니다. 더 어렵다구요? 무슨 말이냐면 하나의 PC가 데이터를 뿌렸을 때 그 데이터를 라우터를 거치지 않고도 바로 받을 수 있는 영역이란 뜻입니다.

예를 들어볼까요?

A라는 게임방에서 한 PC가 데이터를 그 게임방 안에 있는 다른 PC에게 전송한다면 그 데이터는 라우터를 거치지 않고 바로 전달이 가능합니다. 왜냐하면 두 PC는 같은 네트워크 영역(즉 네트워크 부분이 같다는 겁니다.) 안에 있기 때문입니다. 하지만 A라는 게임방에 있는 PC가 인터넷의 어떤 PC(예를 들면 외국에 있는 PC나 서버)에 데이터를 보낸다면 그건 라우터를 거치지 않고는 전달이 불가능합니다. 왜냐하면 두 PC가 같은 네트워크상에 있지 않기 때문입니다. (이 경우 두 PC의 네트워크 부분은 서로 다릅니다.) 아마 전에 설명드린 ARP를 기억하는 분은 금방 이해되실 겁니다. 전에도 라우터가 브로드캐스트 영역을 나누는 역할을 한다고 말씀드렸죠? 따라서 한 브로드캐스트 영역 안에 있는 두 PC는 라우터 없이도 통신이 가능하지만 그렇지 않은 경우에는 라우터를 꼭 거쳐야 한다는 겁니다.

이야기가 좀 길어졌습니다. 아무튼 '한 네트워크'란 용어의 정의는 하나의 브로드캐스트 영역이란 말인 동시에 라우터를 거치지 않고도 통신이 가능한 영역이란 뜻이 됩니다.

그럼 호스트란 말은 무엇일까요?

말뜻 그대로 주인이란 의미가 아니고 그냥 각각의 PC 또는 장비라고 생각하면 됩니다. 이렇게 네트워크와 호스트를 설명드리는 이유는 IP 주소가 보기에는 그냥 점 3개로 나누어진 4자리 숫자 같지만, 사실 IP 주소 자체는 네트워크 부분과 호스트 부분으로 나누어져 있습니다.

따라서 어떤 네트워크에서든지 '하나의 네트워크'에서는 네트워크 부분은 모두 같아야 되고 호스트 부분은 모두 달라야 정상적인 통신이 일어난다는 겁니다.

예를 들어볼까요? 한 사무실에서 50대의 PC가 한 라우터를 통해 연결되어 있다면(좀 더 정확히 표현하자면 한 라우터에 하나의 인터페이스란 표현이 맞을 겁니다. 왜냐하면 하나의 라우터에도 여러 개의 인터페이스가 있으니 말입니다.) 이 PC들은 모두 같은 네트워크상에 있다고 말합니다. (기억나시죠? 동일한 브로드캐스트 영역입니다.) 따라서 이 PC들의 IP 주소 중에서 네트워크 부분은 모두 같아야 합니다. 그래야 라우터를 거치지 않고 서로 통신하는 것이 가능합니다. 하지만 호스트 부분은 서로 모두 달라야 합니다. 만약 호스트가 같으면 두 PC는 서로 IP 주소 충돌이 생겨서 통신이 불가능하게 됩니다. 마치 각 지방별로 전화번호를 나눌 때 한 지역의 지역번호는 모두 같고(예를 들어 전북 지역의 모든 전화번호에서 지역번호는 063으로 모두 같습니다.) 전화번호는 서로 다른 것과 마찬가지입니다.

좀 더 구체적으로 예를 들어보면 한 PC방에서 쓰는 IP 주소가 203.240.100.1에서 203.240.100.255까지라면 이 중에서 203.240.100 부분은 네트워크 부분입니다. (왜 여기까지가 네트워크 부분이냐고 묻는 분이 있을 겁니다. 그것은 뒤에 가서 다 배웁니다. 확실한 건 마음대로 네트워크 부분을 정하는 건 아니고 규칙이 있다는 겁니다.) 따라서 이 PC방에서 쓰는 모든 IP 주소 중 이 부분은 모두 동일해야 한다는 겁니다. 그렇지 않으면 통신이 불가능해집니다. 또 하나 호스트 부분은 맨 마지막 자리(마지막 옥텟)가 됩니다. 따라서 1에서 255가 바로 호스트 부분이 되는 겁니다. 이해가 가시죠? (아직 이해가 안 가셔도 됩니다. 나중엔 아마 전부 이해가 가실 테니까요.) 호스트 부분 1에서 255까지는 모든 PC가 서로 달라야 합니다.

>> **알고 갑시다!**

여기까지의 결론!

모든 IP 주소는 네트워크 부분과 호스트 부분으로 나뉜다. 하나의 네트워크란, 라우터 없이도 통신이 가능한 하나의 브로드캐스트 영역이다. 한 네트워크상에서 뒤에 오는 호스트 부분은 각 PC가 모두 달라야 한다.

그림을 보면 2번 네트워크에 속한 두 대의 PC와 라우터의 인터페이스는 모두 같은 네트워크 부분, 즉 2를 가지고 있습니다. 하지만 호스트 부분(다른 말로는 '노드 부분'이라고도 합니다.)은 서로 다릅니다. 이 호스트 부분은 같은 네트워크에서는 반드시 서로 달라야 합니다. 하지만 서로 다른 네트워크에서는 호스트 부분이 서로 같아도 됩니다. (1번 네트워크에서도 호스트 부분에 1이 있는 것 보이죠?)

또한 여기서는 IP 주소 형식 대신 알아보기 쉽도록 중간에 점 하나만 찍는 약식 포맷을 사용했습니다. (원래는 이런 형식은 없습니다.) 또 하나 알아두셔야 할 내용은 IP 주소 중에 네트워크 부분만이 라우터가 라우팅을 할 때 참고하는 부분이라는 겁니다.

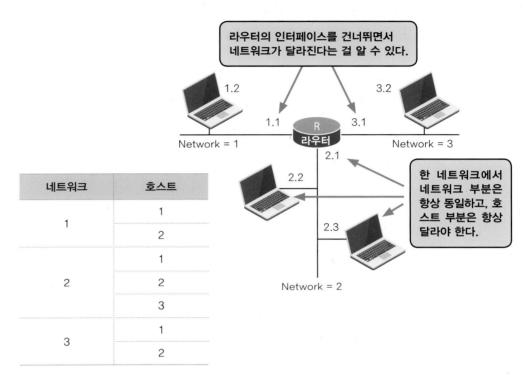

네트워크	호스트
1	1
	2
2	1
	2
	3
3	1
	2

| 그림 5-2 |
네트워크 부분과 호스트 부분

질문 있어요! QnA

Q 말씀하신 대로 네트워크 레이어에서의 IP 주소는 2개로 나뉘어 있어서 네트워크 주소로 라우터가 네트워크를 찾아준다고 들었습니다. 그러면 그 찾은 네트워크 안에서의 통신은 스위치나 허브를 통해 노드 어드레스를 보고서 하나요? 라우터는 그 같은 네트워크 통신에서는 사용될 수 없나요? 알려주세요.

A 라우터 없이 내부 통신이 가능할까요? 당연히 가능합니다. 즉 장비가 같은 네트워크에 있는 다른 PC를 찾아갈 때는 라우터가 전혀 필요하지 않습니다. 라우터는 다른 네트워크로 갈 때만 필요합니다.

04
SECTION

IP 주소 이야기 - 3탄

이번에는 IP 이야기 그 세 번째입니다. 왜 이렇게 IP 주소 이야기를 장황하게 늘어놓는지 궁금해 하는 분들도 있을 겁니다. 하지만 어차피 네트워크에 대한 이해를 위해선 필수적이라고 말씀 드렸죠? 게다가 요즘은 인터넷 열풍 시대 아닙니까? 그 인터넷에서 사용되는 프로토콜이 바로 TCP/IP이고, TCP/IP가 사용하는 주소가 바로 IP 주소이므로 꼭 제대로 이해하고 넘어갔으면 합니다.

이번에는 그 세 번째 이야기로 우선 지난 줄거리를 알아볼까요?

IP 주소는 32자리 이진수로 구성되어 있고, 또 이 주소는 보통 십진수로 표현되는데, 중간에 점 세 개를 찍어서 4개의 자리로 표시된다. 그리고 IP 주소는 네트워크 부분과 호스트 부분(노드 부분)으로 나뉘는데, 네트워크 부분은 '한 네트워크'상에서는 모두 같아야 되고 호스트 부분은 서로 모두 달라야 된다. 여기까지였습니다.

지금까지 이 책을 읽어본 분이라면 어디까지가 네트워크 부분이고, 또 어디까지가 호스트 부분인지 궁금하실 겁니다.

예를 들어 203.240.100.1이란 IP 주소에서 네트워크 부분은 어디까지일까요? 또 호스트 부분은 어디까지가 될까요? 여기서 네트워크 부분은 203.240.100까지입니다. 그리고 마지막 자리, 즉 1이 호스트 부분입니다. 어떻게 아냐구요? 혹시 제 마음대로 만들어낸 거 아니냐구요?

아닙니다. 이렇게 IP 주소를 보고 네트워크 부분과 호스트 부분을 나누는 방법은 서로 간의 약속입니다.

그런 약속을 해놓은 것이 바로 IP 주소의 Class입니다. 아시겠지만 IP 주소는 5개의 Class로 구분됩니다. 하지만 우선 3개만 알면 됩니다. 나머지 두 개는 여기서는 별로 쓰이지 않거든요. (두 개 중 하나는 멀티캐스트용, 하나는 연구용으로 생각하면 됩니다.)

IP 주소의 클래스(Class)는 A부터 B, C, D, E로 구분됩니다. 이렇게 클래스에 따라서 어디까지가 네트워크 부분이고, 어디까지가 호스트 부분인지가 나뉩니다. 그럼 왜 이렇게 클래스를 나누었을까요? IP 주소를 3개의 클래스로 나눈 건 바로 네트워크의 크기에 따른 구분이라고 생각하면 됩니다. 하나의 네트워크가 호스트의 수를 몇 개까지 가질 수 있는가에 따라서 클래스가 나뉩니다.

먼저 클래스 A를 알아보겠습니다.

클래스 A는 하나의 네트워크가 가질 수 있는 호스트 수가 가장 많은 클래스입니다. IP 주소가 원래 이진수로 표시된다는 것은 다 기억하시죠? 그래서 클래스 A는 32개의 이진수 중에서 맨 앞쪽 하나가 항상 0으로 시작되는 것들입니다.

즉 0xxx xxxx.xxxx xxxx.xxxx xxxx.xxxx xxxx와 같이 32개의 이진수 중에서 맨 앞 하나는 꼭 0이 나와야 되고 나머지는 0과 1 중 아무거나 나와도 됩니다. 어떤 숫자가 이 범위 안에 있는지 알아볼까요? (지금부터는 조금 계산을 해야 하니까 정말 배워보고 싶으신 분은 연필과 종이를 준비하고 저와 같이 한번 해보실래요?)

일단 위의 조건을 만족하는 가장 작은 수는 무엇일까요? 네. 맞습니다. 당연히 x 부분이 전부 0일 때입니다. 즉 0000 0000.0000 0000.0000 0000.0000 0000 십진수로는 0.0.0.0이 됩니다. 그렇다면 이번에는 위의 조건을 만족하면서 가장 큰 숫자는 무엇일까요? 그건 바로 x 부분이 이진수에서 가장 큰 수인 1로 채워지는 겁니다.

즉 0111 1111.1111 1111.1111 1111.1111 1111입니다. 맨 앞의 0은 꼭 써야 되니까 그다음부터 1을 썼습니다. 자, 그럼 이 숫자를 십진수로 만들면 어떻게 될까요? 이진수를 열심히 공부한 분이라면 금방 아실 겁니다. 이건 십진수로는 127.255.255.255입니다.

여기서 또 한 가지 클래스 A의 중요한 규칙이 나옵니다. 클래스 A의 경우는 앞의 8비트(즉 1개의 옥텟, 맨 앞의 십진수 부분)가 네트워크 부분을 나타내고, 나머지 24비트(즉 3개의 옥텟, 나머지 3개의 십진수)가 호스트 부분을 나타낸다는 약속이 있습니다.

그래서 클래스 A는 가장 작은 네트워크 1.0.0.0(0.0.0.0은 제외됩니다.)에서 가장 큰 네트워크 126.0.0.0(127은 제외됩니다. 이건 약속입니다. 또 네트워크를 나타낼 때는 호스트 부분은 모두 0으로 씁니다.)까지로 규정됩니다.

자, 이제 클래스 A에 대해 정리해보겠습니다.

IP 주소 중에서 1부터 126으로 시작하는 네트워크는 클래스 A입니다. 그리고 하나의 클래스 A가 가질 수 있는 호스트의 수는 2의 24승 빼기 2개(모두 0인 경우는 네트워크 자체를 나타내기 때문에 제외되고, 모두 1인 경우는 브로드캐스트 주소이기 때문에 제외), 즉 16,777,214개입니다. 정말 많죠? 이게 무슨 말이냐구요? 아마 쉽게 이해가 안 될 겁니다.

# Bits	1	7	24
클래스 A ;	0	Network#	Host#

- 네트워크 번호가 1~126으로 시작합니다.
- 한 네트워크 안에 들어갈 수 있는 호스트 수 : 16,777,214

즉 제가 만약 InterNIC(공인 IP 주소를 분배 관리하는 곳)으로부터 클래스 A 주소로 13.0.0.0 네트워크를 받았다고 가정해 보겠습니다.

클래스 A는 말씀드린 대로 맨 앞에 하나의 옥텟만 네트워크 부분이고, 나머지 3개의 옥텟은 호스트 부분이기 때문에 IP 주소를 분배하는 InterNIC에서는 이처럼 앞자리 13만 주게 됩니다. 뒤에 3개의 옥텟, 즉 호스트 부분은 마음대로 정할 수 있다는 겁니다.

따라서 13.0.0.0 네트워크 하나를 받았을 때 사용할 수 있는 호스트는 몇 대인가를 계산해보려면 13.0.0.0 ~ 13.255.255.255까지 몇 개의 수가 들어가는가를 알아보면 됩니다. (여기서는 쉽게 십진수로 표시했지만 여러분은 이진수로 계산해보기 바랍니다.) 옥텟 한 자리가 2의 8승(256) 개 만큼의 수이기 때문에 호스트 전체 자리인 옥텟 3자리로 나타낼 수 있는 전체 숫자는 2의 24승 개만큼 됩니다. (호스트의 자릿수가 2진수 24자리이기 때문입니다.) 그런데 호스트가 전부 0인 경우, 즉 13.0.0.0인 경우는 호스트 주소가 아니라 네트워크 전체를 나타내기 때문에 사용하지 않고, 또 호스트가 전부 1인 경우, 즉 13.1111 1111.1111 1111.1111 1111(즉 13.255.255.255)인 경우는 13 네트워크 전체에 있는 모든 호스트들에게 전송할 때 사용하는 브로드캐스트 주소이기 때문에 호스트 주소로 사용하지 않습니다. 따라서 13 네트워크에 가능한 호스트 수는 2의 24승에서 2를 뺀 수가 되는데, 이게 바로 16,777,214입니다.

이번에는 클래스 B를 알아보겠습니다.

클래스 B는 맨 앞이 반드시 10(이진수)으로 시작됩니다. 뒤에는 어떤 숫자가 와도 상관 없습니다. 즉 10xx xxxx.xxxx xxxx.xxxx xxxx.xxxx xxxx입니다. 따라서 맨 앞에는 10이 반드시 나와야 하고 나머지 30개의 이진수는 0과 1 중에서 어떤 수가 와도 됩니다.

자, 그럼 이 조건에 맞는 가장 작은 수와 가장 큰 수를 찾아볼 시간입니다. 10을 앞에 두고 모두 0을 집어넣으면 클래스 B에서 가장 작은 숫자를 찾을 수 있을 겁니다. 즉 1000 0000.0000 0000.0000 0000.0000 0000이고 십진수로는 128.0.0.0입니다. 그럼 가장 큰 숫자는 역시 10을 앞에 두고 나머지 부분을 이진수에서 가장 큰 숫자인 1로 모두 채워넣으면 됩니다. 즉 1011 1111.1111 1111.1111 1111.1111 1111이고, 십진수로는 191.255.255.255가 됩니다.

클래스 B의 경우는 앞의 16비트(즉 옥텟 2개, 맨 앞의 두 자리 십진수 부분)가 네트워크 부분을 나타내고, 나머지 16비트(즉 2개의 옥텟, 나머지 2개의 십진수)가 호스트 부분을 나타 낸다는 약속이 있습니다. 그래서 클래스 B는 가장 작은 네트워크 128.0.0.0에서 가장 큰 네트워크 191.255.0.0(네트워크를 나타낼 때는 호스트 부분은 모두 0으로 씁니다.)까지가 포함됩니다.

● 클래스 B

# Bits	1	1	14	16
클래스 B ;	1	0	Network#	Host#

· 네트워크 번호가 128.1~191.255로 시작합니다.
· 한 네트워크 안에 들어갈 수 있는 호스트 수 : 65,534

자, 이제 클래스 B에 대한 정리를 해보겠습니다.

IP 주소 중에서 128부터 191로 시작하는 네트워크는 클래스 B입니다. 그리고 하나의 클래스 B 네트워크가 가질 수 있는 호스트의 수는 2의 16승 빼기 2개(모두 0인 경우는 네트워크 자체를 나타내기 때문에 제외되고, 모두 1인 경우는 브로드캐스트 주소이기 때문에 제외), 즉 6만 5,534개입니다.

이번에는 마지막으로 클래스 C를 알아보겠습니다.

클래스 C의 경우는 맨 앞이 110(이진수)으로 시작됩니다. 뒤에는 어떤 숫자가 와도 상관 없습니다. 즉 110x xxxx.xxxx xxxx.xxxx xxxx.xxxx xxxx입니다. 따라서 맨 앞에는 110이 반드시 나와야 하고 나머지 29개의 이진수는 0과 1 중에서 어떤 수가 와도 됩니다. 자, 이번에도 이 조건에 맞는 가장 작은 수와 가장 큰 수를 찾아볼 시간입니다. 110을 앞에 두고 모두 0을 집어넣으면 클래스 C에서 가장 작은 숫자를 찾을 수 있습니다. 즉 1100 0000.0000 0000.0000 0000.0000 0000이고 십진수로는 192.0.0.0입니다. 그럼 가장 큰 숫자는 역시 110을 앞에 두고 나머지 부분을 이진수에서 가장 큰 숫자인 1로 모두 채워 넣으면 됩니다.

즉 1101 1111.1111 1111.1111 1111.1111 1111이고, 십진수로는 223.255.255.255가 됩니다.

클래스 C의 경우 앞의 24비트(즉 옥텟 3개, 맨 앞의 3자리 십진수 부분)가 네트워크 부분을 나타내고 나머지 8비트(즉 1개의 옥텟, 나머지 1개의 십진수)가 호스트 부분을 나타낸다는 약속이 있습니다. 그래서 클래스 C는 가장 작은 네트워크 192.0.0.0에서 가장 큰 네트워크 223.255.255.0(네트워크를 나타낼 때는 호스트 부분은 모두 0으로 씁니다.)까지가 포함됩니다.

# Bits	1	1	1	21	8
클래스 C ;	1	1	0	Network#	Host#

• 네트워크 번호가 192.0.0−223.255.255로 시작합니다.
• 한 네트워크 안에 들어갈 수 있는 호스트 수 : 254

자, 이제 마지막으로 클래스 C에 대해 정리해보겠습니다.

IP 주소 중에서 192부터 223으로 시작하는 네트워크는 클래스 C입니다. 그리고 하나의 클래스 C가 가질 수 있는 호스트의 수는 2의 8승 빼기 2개(모두 0인 경우는 네트워크 자체를 나타내기 때문에 제외되고, 모두 1인 경우는 브로드캐스트 주소이기 때문에 제외), 즉 254개입니다.

이제 클래스 A, B, C에 대해서 전부 알아봤습니다. 앞으론 어떤 IP 주소를 만나더라도 네트워크 부분과 호스트 부분을 알아낼 수 있을 것입니다.

정말 그런지 예를 한 번 들어볼까요? 전에 설명드렸던 203.240.100.1이란 IP 주소를 살펴보겠습니다. 이 IP 주소에서 네트워크 부분은 어디일까요? 이제 아시겠죠? 먼저 이 주소가 어떤 클래스에 속하는지를 알아야 합니다. 203으로 시작하는 주소는 클래스 C라는 것을 알 수 있습니다. 왜냐하면 203이 192에서 223 사이에 들어 있기 때문입니다. 따라서 클래스 C의 규칙에 따라서 203.240.100까지가 네트워크 번호입니다. 그럼 203.240.100 네트워크에 들어갈 수 있는 최대 호스트 수는 몇 개일까요? 그것은 1부터 254까지(0은 네트워크 번호이고, 255는 브로드캐스트 번호이므로 사용하지 않습니다.) 모두 254개입니다. 따라서 203.240.100 네트워크에는 254개의 PC밖에는 들어갈 수가 없습니다.

예를 들어 우리 사무실 PC가 1,000대라면 203.240.100 네트워크를 가지고는 모든 PC들을 한 네트워크상에 넣을 수 없는 겁니다. 따라서 254개보다 많은 호스트를 가질 수 있는 IP 주소가 필요한 겁니다. (아니면 클래스 C 네트워크를 몇 개 더 만들어야 합니다.)

그런데 만약 클래스 B 주소를 가지고 있다면 어떨까요? 예를 들어 150.150.100.1이란 주소는 네트워크 부분이 150.150이고, 호스트 부분이 100.1입니다. 그럼 이 네트워크상에는 몇 개의 호스트가 올 수 있을까요? 정답은 65,534개라는 것을 이제 다 알겠죠? 즉 150.150.0.1에서 150.150.255.254까지입니다.

이렇게 클래스를 나누는 이유는 IP 주소를 적정하고 효율적으로 배분하기 위한 것입니다. 이제 여러분은 클래스 A, B, C에 대해서는 이해가 가실 겁니다. 일단 이제 IP 주소의 앞부분만 살짝 보면 '아! 이게 클래스 C구나.' 아니면 '이건 클래스 A구나.'라고 금방 아실 겁니다.

그럼 지금까지 클래스 A, B, C에 대해서는 알아봤구요, 클래스 D와 E가 남았는데요, 클래스 D는 멀티캐스트용으로 사용되는 주소이고, 클래스 E는 연구용으로 사용되는 주소랍니다. 멀티캐스트는 나중에 다시 설명드릴 기회가 있겠지만, 여기서는 쉽게 내가 필요한 그룹에만 한꺼번에 데이터를 전송할 때 쓰는 주소라고만 기억해 두시면 될 것 같습니다. 여기서 간단하게 IP 주소를 클래스별로 정리해볼까요? ^^

- 클래스 A: 1~126(127은 예비번호)
- 클래스 B: 128~191
- 클래스 C: 192~223
- 클래스 D: 224~239(멀티캐스트용 주소)
- 클래스 E: 240~255(연구용 주소)

그럼 잠깐 클래스에 대해서 문제를 풀어보겠습니다. 확실히 안다고 생각하는 분은 안 푸셔도 됩니다. 자, 시작합니다.

문제 | 다음 IP 네트워크 부분과 호스트 부분을 말해보시오.

IP 주소	클래스	네트워크 부분	호스트 부분
10.3.4.3			
132.12.11.4			
203.10.1.1			
192.12.100.2			
130.11.4.1			
261.12.4.1			

다음이 정답입니다.

IP 주소	클래스	네트워크 부분	호스트 부분
10.3.4.3	A	10.0.0.0	3.4.3
132.12.11.4	B	132.12.0.0	11.4
203.10.1.1	C	203.10.1.0	1
192.12.100.2	C	192.12.100.0	2
130.11.4.1	B	130.11.0.0	4.1
261.12.4.1	이런 주소 없음		

네트워크 분야에서 일하고 싶은 학생이라면…

요즘 제게 네트워크 분야에서 일하고 싶다는 연락이 많이 옵니다. 그런데 지금 학생인데 뭘 어떻게 준비해야 하는가를 질문하시는 분들이 많습니다. 자격증을 공부하시는 분도 많고(정말 많더군요. 전엔 안 그랬는데) 또 휴학까지도 생각하는 분들이 있는 걸로 알고 있습니다. 이런 분들에 대한 제 생각은 이렇습니다. 일단은 학교 공부가 제일 중요하다는 겁니다. 물론 지금 전공이 이 분야이신 분들인 경우에는 말입니다.

만약 전공과 앞으로 진출하고 싶은 분야가 서로 다르다면 따로 그 분야를 공부하는 게 좋을 겁니다(청강이나 독학이나). 하지만 지금 배우고 있는 전공을 소홀히 하지는 마십시오. 분명히 전공과 연관해서 더 좋은 길을 찾으실 수 있을 겁니다. 예를 들어 경영학을 전공한 사람이 네트워크까지 알게 되면, 그냥 네트워크만 알고 있는 사람에 비해서는 회사에서도 훨씬 더 선호할 겁니다. 회사에는 여러 가지 응용 분야가 정말 다양하다는 것을 잊으시면 안 됩니다.

아무튼 기초가 중요하다는 겁니다. 학교 다닐 때 기초를 쌓지 못하면 회사에 와서는 그럴 수 있는 기회가 없습니다. 그것말고도 해야 할 일이 너무 많기 때문입니다.

그다음이 영어입니다.

아실 겁니다. 제가 얼마나 영어를 강조하고 있는지. 그나마 제가 대기업에서 버틸 수 있었고 또 외국 회사에 들어올 수 있었던 건 학교 다닐 때 짬짬이 배운 영어 회화덕이 아닌가 싶습니다. (물론 지금은 별로 하고 있지도 못하지만요, 아무튼 그때 수업료는 다 뽑아먹었다고 생각합니다.)

지금도 후회되는 것은 바로 어학 연수입니다. 만약 제가 다시 학생이 된다면 다른 생각 안 하고 한 1년 꼭 갔다 오고 싶습니다. 물론 그냥 간다고 영어를 잘하는 건 아닙니다. 만약 어학 연수를 1년 간다면 최소한 1년 정도 국내에서 준비가 필요하답니다. 직접 연수를 갔다 온 사람들의 이야기를 들어보면 우리나라에서는 팡팡 놀다가 외국 가서 열심히 하자는 사람들치고 제대로 공부하고 오는 사람이 없다고 합니다. 뭐든지 준비가 필요하다는 거 잊지 말기 바랍니다. 물론 형편이 안 돼서 생각도 못할 수도 있겠지만, 그게 안 된다면 학원이라도 꼬박꼬박 다니고 또 한 시간 학원 다닌다면 세 시간은 준비를 해서 가셔야 한다는 겁니다. 점점 더 세상은 지구촌이 되어가고 있습니다. 여러분이 더 느끼시겠지만 이제 내 것만으로는 이겨낼 수가 없는 세상입니다. 다른 사람의 지식을 가져와야 한다는 겁니다. 그걸 위해 언어는 필수입니다.

기초 지식과 언어가 어느 정도 준비되었다면 그다음이 바로 자격이니 응용이니 하는 겁니다. 특히 자격증은 실력이 있으면 언제라도 얻어낼 수 있는 겁니다. 지금 학교 다니시는 분들이 자격증을 딴다고 해도 사실 그걸 이용할 수 있는 분야는 그리 많지 않습니다. 이력서에 있는 자격증란에 쓸 수는 있겠지만 말입니다. 또 요즘 대부분의 자격증은 몇 년에 한 번씩 재인증을 받아야 하는 것도 많아졌습니다. 물론 이 자격을 따기 위해 노력하는 그 과정만큼은 너무 중요합니다.

후배님들… (제가 이렇게 불러도 되죠? ^_^)

전 여러분이 믿음직스럽습니다. 제가 만났던 몇몇 후배님들도 정말 믿음직스러웠습니다. 여러분은 잘해주시리라 믿습니다. 그리고 여러분의 앞날이 밝을 것이란 것도 알고 있습니다. 그 길을 가는 데 제가 조금이라도 도움이 된다면 전 만족합니다. 이 길을 조금 먼저 걷고 있는 제가 도와드릴 일이 있다면 언제나 알려주시기 바랍니다.

05

SECTION

IP 주소의 활용

지금까지 배운 IP 주소를 제대로 이해하고 있는지에 대한 활용이라고 생각하시면 됩니다. 먼저 우리가 알고 있는 몇 가지 정보를 정리해보는 시간을 가져보겠습니다.

네트워크가 서로 다른 두 장비 간의 통신은 라우터를 통해서만 가능합니다.

TCP/IP 통신할 경우 라우터의 각 인터페이스 역시 IP 주소를 부여해 주는 것이 좋습니다. (물론 일부 인터페이스는 IP 주소를 부여하지 않아도 되지만, 가능하면 부여하는 것이 좋습니다.) 라우터의 인터페이스에 IP 주소를 부여할 때는 그 인터페이스가 속한 네트워크의 주소를 부여해야 합니다. IP 주소를 배정할 때는 그 네트워크에 몇 개의 호스트가 접속이 가능한지를 먼저 확인한 후에 배정하는 주소가 이 호스트를 모두 포함할 수 있는지를 확인해야 합니다. 즉 예를 들어 300개의 호스트가 있는 네트워크에 클래스 C 하나를 배정하면 안 된다는 겁니다. (클래스 C는 최대 가능 호스트 수가 254개이기 때문입니다.)

이제 아래 그림에 대한 상황을 생각해 보겠습니다.

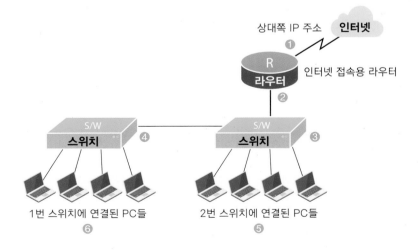

| 그림 5-3 |
IP 주소의 활용

자, 여러분은 이제 네트워크 전문가가 되어서 어떤 사이트에 컨설팅을 하러 나오셨습니다.

먼저 이 사이트를 파악해보니 사용자 수, 즉 PC의 수가 약 90대, 그리고 스위치가 2대, 라우터가 한 대입니다. 하지만 이 사이트는 앞으로 계속 확장되어 3년 이내에 PC가 약 200대로 늘어날 예정이라고 합니다.

문제 ❶ | 이 사이트에는 어떤 클래스의 IP를 배정하는 것이 좋겠습니까?

당연히 클래스 C입니다. 왜냐하면 클래스 C에 배정할 수 있는 호스트 수가 254개이기 때문에 현재 상황에 가장 맞습니다. 클래스 B나 클래스 A가 안 되는 것은 아니지만, 호스트 주소가 너무 많기 때문에 IP 주소를 낭비하는 일일뿐만 아니라 이렇게 큰 주소는 배정해 주지도 않습니다.

문제 ❷ | 배정받은 IP 주소가 203.240.100.0 네트워크입니다. 그렇다면 그림에 있는 번호 중에서 이 네트워크(203.240.100.0)에 속하지 않는 곳은 어디겠습니까?

답은 1번입니다. 1번은 시리얼 인터페이스인데, 라우터를 사이에 두고 1번과 2, 3, 4, 5, 6번이 나누어져 있는 걸 알 수 있습니다. 전에 말씀드린 대로 라우터를 넘어서게 되면 네트워크는 바뀌게 되는 겁니다. 따라서 2, 3, 4, 5, 6번은 하나의 네트워크, 즉 하나의 브로드캐스트 도메인이어서 라우터가 없이도 통신이 가능하지만, 1번과의 통신은 반드시 라우터를 거쳐야만 가능합니다.

문제 ❸ | 이번에는 객관식입니다. 다음 중 1번의 IP 주소로 적당한 것은 무엇입니까? 참고로 인터넷쪽에서 이 라우터와 연결된 상대편 라우터의 IP 주소는 210.11.2.1입니다. 적당한 IP 주소를 모두 골라주시기 바랍니다. (일단 서브넷 마스크는 생각하지 마세요.)

㉮ 210.11.2.1　　㉯ 210.11.2.2　　㉰ 210.100.1.1　　㉱ 150.10.1.1　　㉲ 210.11.2.125

㉳ 210.11.100.2　　㉴ 123.11.2.1　　㉵ 210.11.2.255　　㉶ 210.11.2.0

정답은 ㉯, ㉲ 이렇게 두 개가 됩니다. 왜 그런지 알아볼까요?

먼저 ㉮는 상대편 시리얼 주소와 같은 주소라서 이 주소를 선택하게 되면 IP 주소의 충돌이 발생합니다. IP 주소는 서로 같아서는 통신이 안 된다는 것 아시죠? ㉰는 서로 다른 네트워크입니다. 그러나 양쪽 라우터의 서로 연결된 인터페이스는 같은 네트워크에 속해야만 합니다. 따라서 인터넷쪽의 라우터가 210.11.2.1이라면 우리쪽 라우터의 시리얼 인터페이스쪽도 201.11.2.1과 같은 네트워크에 있는 IP 주소를 사용해야 한다는 겁니다. 그런데 210.11.2.1은 클래스 C이기 때문에 같은 네트워크가 되려면 최소한 210.11.2까지가 같아야 합니다. 클래스 C의 경우 앞쪽 3개의 옥텟이 네트워크 부분이 된다는 것 말입니다. 그런데 ⓓ는 이것에 해당되지 않습니다.

ⓔ 역시 서로 다른 네트워크라서 불가능합니다. ⓔ는 클래스 B라서 클래스도 완전히 다른 네트워크 번호입니다.

ⓕ 역시 다른 네트워크에 속한 IP 주소입니다.

ⓖ도 다른 네트워크에 속한 IP 주소입니다.

ⓗ는 같은 네트워크에 속한 번호이기는 하지만, 호스트에 부여하는 번호가 아니고 브로드캐스트용 번호입니다. 따라서 라우터의 인터페이스에 부여하는 번호가 아닙니다.

ⓘ는 호스트 주소가 아니고 네트워크 그 자체를 표시하는 주소입니다. 아시죠? 네트워크 번호는 호스트 부분을 '0'으로 쓴다는 것 말입니다.

그래서 정답은 ⓑ와 ⓒ입니다.

문제 ❹ | 네트워크에 부여된 주소가 203.240.100.0이라는 것은 문제 ❷에서 말씀드렸습니다. 그럼 이제 네트워크를 가지고 2, 3, 4, 5, 6번에 IP 주소를 부여했습니다. 2번 라우터의 이더넷 인터페이스의 IP 주소는 203.240.100.1입니다. 또 라우터의 시리얼 인터페이스의 IP 주소는 210.11.2.2입니다. 3번, 즉 스위치 1의 IP 주소는 203.240.100.10입니다. 이때 5번 PC의 IP 주소와 기본 게이트웨이(Default Gateway)가 맞게 짝지어진 것은 무엇일까요?

　ⓐ IP 주소 : 203.240.10.100　　　기본 게이트웨이 : 203.240.100.1
　ⓑ IP 주소 : 203.240.100.111　　　기본 게이트웨이 : 203.240.100.10
　ⓒ IP 주소 : 203.240.100.10　　　기본 게이트웨이 : 210.11.2.2
　ⓓ IP 주소 : 203.240.100.7 기본 게이트웨이 : 203.240.100.1

기본 게이트웨이가 뭐냐구요? 여러분의 PC 세팅에서 확인할 수 있습니다. PC마다 전부 기본 게이트웨이가 세팅되어 있습니다. 만약 PC에 기본 게이트웨이가 세팅되어 있지 않으면 여러분은 인터넷을 할 수 없습니다.

기본 게이트웨이(Default Gateway)란, 말 그대로 '기본이 되는 문'입니다. 즉 내부 네트워크에서는 라우터 없이도 통신이 가능합니다. 같은 브로드캐스트 도메인에서는 라우터 없이 통신이 가능하다는 것을 이제 알고 계실 겁니다. 따라서 통신을 할 때 우리가 어떤 곳을 찾아간다면 PC는 그곳을 찾기 위해 내부 네트워크를 먼저 뒤집니다. 전부 찾아봐도 없다면 그다음은 밖으로 나가서 찾아보는 겁니다. 이때 밖으로 나가는 문이 있는데, 이 문이 바로 기본 게이트웨이라는 겁니다.

즉 기본 게이트웨이란, 내부 네트워크에서 없는 녀석을 찾을 때 밖으로 통해 있는 문이 되는 겁니다. 따라서 이 문은 바로 라우터의 이더넷 인터페이스가 되는 겁니다. 자, 그렇다면 PC 5번의 기본 게이트웨이는 나왔죠? 바로 203.240.100.1입니다. 즉 라우터의 이더넷 인터페이스입니다. 그다음 5번 PC의 IP 주소는 203.240.100.0 네트워크에 속하면서 아직 사용하지 않은 번호를 선택하면 됩니다. 따라서 답은 ❹가 됩니다.

참고로 라우터에는 인터페이스별로 각각 IP 주소를 배정하지만, 스위치나 허브는 IP 주소를 장비별로 하나씩만 배정합니다. 또 이런 스위치나 허브에 IP 주소를 배정하는 이유는 단지 관리를 위한 것입니다. 즉 스위치나 허브에 IP 주소를 배정하지 않아도 통신에는 전혀 지장이 없다는 것을 잊지 마시기 바랍니다. 따라서 허브나 스위치에 IP 주소를 배정하지 않아서 또는 잘못 배정해서 통신이 안 된다는 말은 틀린 말입니다. (물론 IP 주소를 겹쳐 써서 IP 주소가 죵나는 경우는 빼고 말입니다. 또 Layer 3 이상의 스위치는 물론 IP 주소를 제대로 줘야겠죠?)

여기까지 그동안 배운 IP 주소를 이용한 예를 한 번 알아봤습니다. 그리 어렵지는 않았겠지만, 꾸준히 연습해 보기 바랍니다. 여러분이 앞으로 관련 사이트나 시험에서 자주 만날 수 있는 문제이기 때문입니다. 계속 연습하셔서 완전히 자기 것으로 만들기 바랍니다.

06
SECTION

서브넷 마스크(Subnet Mask)의 시작

여기에서는 서브넷 마스크에 대해서 알아보겠습니다.

서브넷 마스크를 잘 이해하는 것이야말로 IP 주소를 확실히 이해하는 가장 중요한 포인트입니다. 사실 네트워크 엔지니어들도 처음에는 서브넷 마스크 부분을 많이 혼동하는 경우가 있고, 또 네트워크에 관한 시험에는 이런 서브넷 마스크에 대한 문제가 항상 단골로 등장합니다.

자, 그럼 서브넷 마스크를 제대로 이해하려면 무엇이 가장 필요한지부터 알아볼까요?

먼저 이진수의 이해입니다. 제가 몇 번씩이나 이진수에 대해서 이야기드리는 것은 그만큼 이진수의 완벽한 이해가 필요하기 때문입니다.

두 번째는 논리적(Logical, 로지컬) AND에 대한 이해입니다. 그건 쉽죠?

Logical AND의 성질은 양쪽이 모두 1인 경우에만 결과도 1이 된다는 겁니다.

즉

0 AND 0 = 0
0 AND 1 = 0
1 AND 0 = 0
1 AND 1 = 1

이 된다는 겁니다.

이 2가지를 확실히 이해하셨으면 서브넷 마스크는 아주 쉽습니다. 자, 그럼 지금부터 왜 서브넷 마스크가 필요한지, 그리고 서브넷 마스크의 정체가 무엇인지를 알아보도록 하겠습니다.

서브넷 마스크(Subnet Mask)란, 일단 말뜻 그대로 서브, 즉 메인이 아닌 어떤 가공을 통한 네트워크를 만들기 위해서 씌우는 마스크라고 생각하면 됩니다. 다시 말해서 우리가 일단 어떤 IP 주소를 배정받게 되면 보통은 이 주소를 그대로 사용하지 않습니다. 왜냐하면 자신의 입맛에 맞추어야 하기 때문입니다.

TIP

서브넷 마스크는 클래식한 기존의 네트워크를 서브넷으로 나누어 주기 위한 기법입니다.

예를 들어 클래스 B 주소를 받았습니다. 이것을 그냥 사용할 수 있을까요? 하나의 네트워크가 65,000여 개의 호스트를 가지는데, 이렇게 큰 네트워크를 구성했다가는 브로드캐스트의 영향이 너무 커서 아마 아무것도 할 수 없을 겁니다.

따라서 나누어 써야 하는 겁니다.

우리가 돼지고기 5근을 사서 집에 가서 구워도 먹고 찌개도 끓여 먹으려면 일단 적당히 잘라서 나누어야겠죠? IP 주소도 마찬가지입니다. 고기를 자를 때 칼을 쓰듯이 IP 주소를 자를 때는 서브넷 마스크를 사용합니다. 즉 부여받은 원래 상태의 IP 주소에 서브넷 마스크를 씌워서 네트워크를 나누어 주는 겁니다. 대충 이해가 가시죠? 그럼 그것을 어떻게 나누는지는 뒤에 가서 알아보도록 하겠습니다.

여기서는 '서브넷 마스크는 주어진 IP 주소를 네트워크 환경에 맞게 나누어 주기 위해서 씌워주는 이진수의 조합이다.'까지만 알면 됩니다.

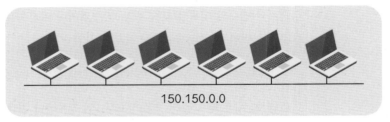

150.150.0.0

- 네트워크 150.150.0.0(호스트 수 – 65,534개)
- 브로드캐스트 도메인이 너무 커진다.
- 실제 상황에서는 통신이 불가능하다.

| 그림 5-4 |
서브넷 마스크를 하지 않은
네트워크

위의 그림처럼 클래스 B를 받아서 서브넷을 만들지 않고 그냥 사용하는 경우는 브로드캐 스트 도메인이 너무 커져서 브로드캐스트가 너무 많이 발생하게 됩니다. 따라서 정상적인 통신이 불가능해지므로 이 네트워크에는 서브네팅이 필요합니다.

TIP

서브넷으로 나누는 가장 큰 이유는 브로드캐스트 영역을 나누는 것과 IP 주소를 아끼기 위한 것입니다.

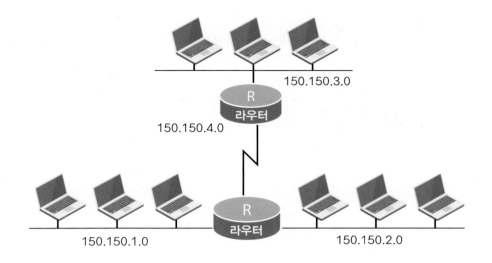

150.150.3.0

150.150.4.0

150.150.1.0

150.150.2.0

- 클래스 B 네트워크 150.150.0.0을 서브넷해서 사용한다.
- 서브넷 마스크는 255.255.255.0이다.
- 이렇게 해서 나누어진 서브넷 간의 통신은 라우터를 거쳐야만 가능하다.

| 그림 5-5 |
서브넷 마스크를 한 네트워크

서브넷 마스크를 하게 되면 위의 그림과 같은 구성이 가능합니다. 즉 브로드캐스트 도메인을 더욱 작게 나누었습니다. 서브넷 마스크는 원래 디폴트 서브넷 마스크가 255.255.0.0이었던 것이 새로운 서브넷 마스크 255.255.255.0으로 바뀝니다.

또한 각각의 서브넷 간의 통신은 라우터를 통해서만 가능합니다. 즉 150.150.1.0 네트워크와 150.150.2.0 네트워크 간의 통신은 라우터를 통해서만 가능해집니다.

여기서 여러분들은 왜 서브넷 마스크가 255.255.0.0인지, 또 그것이 의미하는 것이 무엇인지에 대한 의문이 생길 겁니다. 아직은 그런 건 설명을 하지 않았으니까 모르셔도 됩니다. 이번 장에서 아셔야 할 것은 그냥 '서브넷 마스크란 게 필요하구나!' 하는 정도입니다. 즉 서브넷 마스크는 커다란 네트워크를 잘게 나누기 위해서 필요하다는 것만 이해했다면 이번 장에서 배워야 할 내용을 다 배운 것입니다.

서브넷 마스크에도
기본은 있다

모든 IP 주소에는 서브넷 마스크가 따라다닙니다. 예를 들어 클래스 C 주소를 전부 쓰더라도 서브넷 마스크는 따라다닙니다. 즉 IP 주소를 나누어서 쓰기 위해서 사용하는 서브넷 마스크는 그 주소를 나누지 않더라도 항상 그 옆에 붙어다닌다는 겁니다. 그래야 그 주소를 나눈 건지, 나누지 않은 건지 알 수 있기 때문입니다.

예를 한번 들어볼까요?

210.100.100.1이란 주소가 있습니다. 이 주소는 아시는 것처럼 클래스 C입니다. 그래서 이 주소를 가지고 254개의 호스트에 IP 주소를 부여했다고 가정하겠습니다. 그럼 주어진 클래스 C를 하나도 가공하지 않고, 즉 쪼개지 않고 그대로 사용한 겁니다. 그렇다고 서브넷 마스크를 쓰지 않느냐? 그건 아닙니다. 이처럼 주어진 클래스 C를 나누어 쓰지 않고 몽땅 쓰는 경우에도 서브넷 마스크는 따라다니는데, 그게 바로 디폴트 서브넷 마스크(Default Subnet Mask), 즉 기본 서브넷 마스크입니다.

클래스 C의 경우 디폴트 서브넷 마스크는 255.255.255.0입니다.

클래스 B의 경우는 255.255.0.0이고, 또 클래스 A는 255.0.0.0입니다.

그러므로 주어진 네트워크를 하나도 나누지 않고 그대로 다 쓰는 경우는 위에서 설명드린 디폴트 서브넷 마스크를 쓰면 됩니다. 하지만 주어진 네트워크를 나누어서, 즉 가공해서 쓰는 경우는 디폴트 서브넷 마스크를 쓰지 않고 약간 고쳐서 씁니다. (이런 경우는 '디폴트 서브넷 마스크'라고 하지 않고 그냥 '서브넷 마스크'라고만 합니다.)

자, 그럼 서브넷 마스크를 어떻게 고쳐야 할까요?

일단 여기서는 한 가지만 정확히 알아두시기 바랍니다. '서브넷 마스크는 IP 주소를 가지고 어디까지가 네트워크 부분이고, 또 어디까지가 호스트 부분인지를 나타내는 역할을 한다'는 겁니다. 따라서 서브넷 마스크를 보면 그 IP 주소의 네트워크 부분과 호스트 부분을 알 수 있습니다.

이때 네트워크는 서브넷 마스크가 이진수로 '1'인 부분이고, 호스트는 서브넷 마스크가 이진수로 '0'인 부분이라는 겁니다. 즉, 가령 210.100.100.1의 서브넷 마스크가 255.255.255.0

이라면(여기서 255는 이진수로 바꾸면 1111 1111입니다.)

255.255.255.0은 1111 1111.1111 1111.1111 1111.0000 0000과 같습니다.

여기서 1인 부분은 네트워크 부분을 나타낸다고 했으니까 앞의 세 자리까지는 네트워크 부분이 되고, 뒤에 한 자리는 호스트 부분이 되는 겁니다. 따라서 210.100.100이 바로 네트워크 부분이 되고, 나머지 1이라고 쓰인 부분이 호스트가 됩니다.

```
1101 0010.0110 0100.0110 0100.0000 0001  =  210.100.100.1 → IP 주소
1111 1111.1111 1111.1111 1111.0000 0000  =  255.255.255.0 → 서브넷 마스크
1101 0010.0110 0100.0110 0100.0000 0000  =  210.100.100.0 → 서브넷 네트워크
```

그러니까 클래스 C의 기본 성격과 똑같죠? 그래서 255.255.255.0이 클래스 C의 디폴트 서브넷 마스크가 되는 겁니다. 이해가세요? 좀 어렵더라도 계속 해보면 아마 익숙해질 겁니다. 여러분이 만약 정말 멋진 엔지니어가 되고 싶다면 서브넷 마스크는 꼭 익혀야 합니다. 그러므로 자주 해보기 바랍니다.

여기서 잊어버리면 안 되는 것이 바로 서브넷 마스크가 이진수로 '1'인 부분이 네트워크가 되고 '0'인 부분이 호스트가 된다는 겁니다. 이것만 기억하면 아무리 어려운 서브네팅(Subnetting)도 가능할 겁니다. 이것이 바로 논리적 AND 연산입니다. 즉 위에 IP 주소를 적고, 아래에 서브넷 마스크를 적은 후 이 둘을 논리적 AND를 하게 되면 아래에 나온 답이 바로 서브넷이 되는 겁니다. 앞에서 배운 대로 논리적 AND 연산은 양쪽이 모두 1인 경우에만 1이 된다는 특징을 가지고 있습니다. 한번 확인해 보기 바랍니다.

자, 그럼 서브넷 마스크를 어떻게 사용하는지 좀 더 자세히 알아보도록 하겠습니다.

[그림 5-6]은 IP 주소가 서브넷 마스크를 통과해서 네트워크 부분이 어디까지인지를 알아내는 과정을 보여주고 있습니다. 지금까지 말씀드린 대로 서브넷 마스크를 가지고 있지 않는 IP 주소는 없습니다. 비록 네트워크를 작게 나누지 않고 원래 클래스대로 사용하더라도 서브넷 마스크는 있습니다. 이것이 바로 디폴트 서브넷 마스크입니다.

어떤 IP 주소라도 서브넷 마스크를 통과시키게 되면(이것이 바로 논리적 AND 연산입니다.) 네트워크 부분이 어디까지인지를 알 수 있습니다. 그 규칙은 디폴트 서브넷 마스크도 마찬가지입니다.

그림에서 150.150.100.1이라는 IP 주소에 디폴트 서브넷 마스크인 255.255.0.0을 씌웠습니다. (150.150.100.1은 클래스 B이기 때문에 디폴트 서브넷 마스크는 255.255.0.0입니다.) 그러자

서브넷 마스크를 통과해서 내려온 네트워크 부분은 150.150.0.0이 되었습니다.

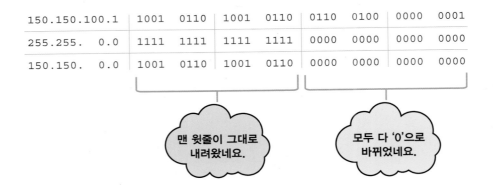

150.150.100.1	1001	0110	1001	0110	0110	0100	0000	0001
255.255. 0.0	1111	1111	1111	1111	0000	0000	0000	0000
150.150. 0.0	1001	0110	1001	0110	0000	0000	0000	0000

맨 윗줄이 그대로 내려왔네요.

모두 다 '0'으로 바뀌었네요.

| 그림 5-6 |
디폴트 서브넷 마스크를
사용했을 때 네트워크 부분

그림에서 서브넷 마스크를 통과해서 내려오는 값은 맨 윗줄의 IP 주소와 그다음 줄의 서브넷 마스크를 이진수로 만든 후 논리적 AND(Logical AND)를 수행한 값이 맨 아랫줄로 나오게 됩니다. 맨 아랫줄에 나온 네트워크 부분을 잘 살펴보면 이전에 설명드렸던 대로 서브넷 마스크 부분이 이진수로 '1'인 부분(십진수로는 255인 부분)은 위에 있던 주소가 그대로 아래로 내려왔고, 서브넷 마스크 부분이 이진수로 '0'인 부분(십진수로도 0인 부분)은 위에 무엇이 있든 간에 무조건 '0'으로 되어서 내려오는 것을 알 수 있습니다.

이렇게 나온 값 150.150.0.0이 바로 150.150.100.1의 네트워크 부분입니다.

그럼 이번에는 150.150.100.1에 디폴트 서브넷 마스크가 아닌 새로운 서브넷 마스크 255.255.255.0을 씌워 보겠습니다. 어차피 서브넷 마스크의 성질은 똑같습니다. 따라서 서브넷 마스크가 1인 부분은 IP 주소가 그대로 내려오고, 서브넷 마스크가 0인 부분은 모두 0이 된다는 원칙에는 변함이 없습니다. 따라서 이렇게 서브넷 마스크를 통과해서 내려온 값이 새로운 네트워크 부분이 됩니다.

	네트워크		서브넷		호스트		
150.150.100.1	1001	0110	1001	0110	0110	0100	0000	0001
255.255.255.0	1111	1111	1111	1111	1111	1111	0000	0000
150.150.100.0	1001	0110	1001	0110	0110	0100	0000	0000

네트워크 부분이 늘어났네요.

호스트 부분은 줄어들었네요.

| 그림 5-7 |
서브넷 마스크를
사용했을 때의 네트워크 부분

그림에서처럼 서브넷 마스크가 255.255.255.0이 되자 서브넷 마스크를 통과해서 아래로 내려온 네트워크 부분은 3자리의 십진수로 늘어났습니다. 즉 150.150.100.0이 되었습니다. 이 의미는 클래스 B 주소를 마치 클래스 C처럼 사용한다는 의미입니다. 즉 네트워크 부분이 3자리로 늘고 호스트 부분이 한 자리로 줄었습니다. 이렇게 하나의 주소를 서브넷 마스크를 씌워서 작은 네트워크로 만드는 것을 '서브네팅'이라고 합니다.

>>> 알고 갑시다!

여기서 우리는 서브넷 마스크에 대한 정리를 해볼 수 있습니다.

즉 서브넷 마스크는 디폴트 서브넷 마스크와 무언가 변형을 한 서브넷 마스크로 나누어 볼 수 있다. 그리고 서브넷 마스크를 사용하는 이유는 커다란 네트워크(호스트 숫자가 많은 네트워크)를 작은 네트워크 여러 개로 나누어서 쓰기 위함이다. 서브넷 마스킹은 기존 IP 주소의 호스트 부분의 일부를 네트워크 부분으로 바꾸는 작업이다.

여기까지입니다. 천천히 몇 번 읽어보시면 이해가 가실 겁니다. ^^

Q 이전에 콜리전 도메인의 크기가 커지면 네트워크 트래픽이 커지니 콜리전 도메인 크기를 작게 구성해야 된다고 말씀하신 듯한데요. 그럼 콜리전 도메인의 크기를 작게 하는 방법이 서브넷 마스크라고 할 수 있나요?

'콜리전 도메인 = 브로드캐스트 도메인'이라고 생각하면 되는지요. 둘이 비슷한 개념인 듯한데요.

서브넷 마스크로 나눌 때 각각은 서로 통신이 불가능한지요? NetBEUI 등….

서브넷 마스크로 나눌 때 물리적으로도 구분이 되어야 하는지요. 즉 서로 다른 전용선(라우터)으로 구분이 되어야 하는지요. 이때 최적의 효율을 위해 각 서브넷들은 더미 허브에 물리고 각 더미 허브들을 스위치에 물리면 되는지요.

A 말씀하신 것처럼 콜리전은 이더넷의 기본적인 성질이므로 이를 막을 수는 없습니다. 다만 콜리전이 자주 발생하면 통신 효율이 떨어지기 때문에 콜리전을 적정 규모로 가져가는 것이 중요합니다.

그런데 콜리전 도메인을 나누는 방법은 라우터가 아니고 스위치입니다. 물론 라우터로도 나눌 수 있지만 그것은 적당한 방법이 아닙니다.

따라서 스위치를 사용하면 콜리전 도메인을 나누는 역할을 해서 효율적인 통신이 가능합니다. 하지만 스위치를 사용해서 콜리전 도메인을 나누더라도 브로드캐스트 도메인의 크기는 그대로입니다.

따라서 브로드캐스트 도메인 = 콜리전 도메인은 아닙니다.

이러한 브로드캐스트는 전에 설명드린 대로 여러 가지 경우에 발생하는데, 통신뿐만 아니라 PC 자체의 성능도 저하하기 때문에 사용하는 프로토콜에 따라 브로드캐스트 도메인을 적정 규모로 유지하는 것 또한 중요합니다. TCP/IP의 경우 약 200개에서 250개 정도가 한 도메인에 있는 것이 정상인데, 이렇게 브로드캐스트 도메인을 나누는 데는 라우터가 쓰입니다.

즉 브로드캐스트는 라우터를 넘어서 다른 네트워크로 가지 않는 겁니다. 그리고 브로드캐스트 도메인을 나누었다는 것은 네트워크를 나누었다는 의미이기 때문에 둘 간의 통신을 위해서는 라우터가 꼭 필요합니다.

물론 전용선이 필요한 것은 아니구요. 라우터의 이더넷 인터페이스만 있으면 됩니다.

POINT 1

전문 자막 및 포인트 자막 제공

POINT 2

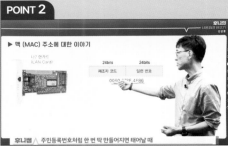

스토리 전개로 몰입도 높은 강의

POINT 3

시스코 라우터와 스위치로 실습 진행

POINT 4

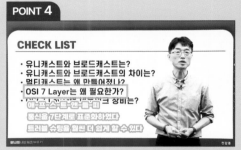

CHECK LIST를 통한 복습 및 마무리

후니가 알려주는 기초 CISCO 네트워킹

강의 할인 특별 행운권 사용 방법

01 교재 수령 후
행운권을 긁어주세요!

02 QR코드로 접속하여
행운권 번호를 입력해 주세요!

03 발급된 할인권을 유료 강좌
구매 시 적용하여 사용하세요!

※ 해당 쿠폰은 성안당 이러닝에서 가입 후 [후니의 시스코 네트워킹] 강좌 구매 시 적용 가능합니다.
※ 본 강의 및 이벤트 혜택으로 제공되는 〈트렌드 특강〉은 90일 수강 가능합니다.

! 도서에서 제공되는 무료 강좌와 시스코 네트워킹 유료 강좌는 무엇이 다른가요?

· 무료 강좌의 경우 네트워크의 기초+서브넷 마스크 범위만 제공 되며 30일만 수강 가능합니다.
· 유료 강좌의 경우 책 전반에 대한 강의 구성+이해를 돕는 실습 강의가 제공되며 90일 수강 가능합니다.

서브넷 마스크의 기본 성질

SECTION 08

네트워크에 입문하는 사람들이 흔히 서브넷 마스크는 너무 어렵다는 이야기를 합니다. 하지만 여러분이 이 책을 읽으면서 느끼신 대로 서브넷 마스크는 그리 어려운 것이 아닙니다. 특히 다음에 설명할 몇 가지 서브넷 마스크의 기본을 알아두면 서브넷 마스크를 이해하고 만들어서 사용하는 데 큰 도움이 될 것입니다.

일단 서브넷 마스크는 다음과 같은 기본 성질을 가지고 있습니다.

서브넷 마스크로 만들어진 네트워크, 즉 서브넷은 이제 하나의 네트워크이기 때문에 서로 나뉜 서브넷끼리는 라우터를 통해서만 통신이 가능합니다.

예를 들어 150.100.0.0이란 클래스 B 네트워크가 있었습니다. 이때 150.100.100.1과 150.100.200.1은 라우터를 거치지 않고 통신이 가능합니다. 왜 그런 줄 아시죠? 같은 네트워크에 있기 때문입니다.

클래스 B의 경우 디폴트 서브넷 마스크는 255.255.0.0입니다. 즉 2개의 옥텟까지 255가 있으니까 두 자리가 네트워크 부분이 되는 겁니다. 따라서 네트워크 부분은 150.100이고 뒤에 오는 두 자리 옥텟은 호스트를 나타낸다는 것을 이미 아실 겁니다. 따라서 네트워크 부분이 같고 호스트 부분이 서로 다르면 같은 네트워크 안에 산다고 말씀드렸으니까 150.100.100.1과 150.100.200.1은 같은 네트워크에 살고 있는, 즉 하나의 브로드캐스트 도메인에 있는 PC들이고 당연히 라우터 없이도 통신이 가능합니다.

하지만 이 주소를 255.255.255.0이란 서브넷 마스크를 사용해서 서브네팅했다고 가정해 보겠습니다. 이렇게 되면 네트워크 부분이 바뀌게 됩니다. 기존에는 150.100까지가 네트워크 부분이었는데, 서브넷 마스크가 세 번째 옥텟까지 255이기 때문에 네트워크 부분은 세 자리가 되어서 150.100.100과 150.100.200으로 바뀌게 됩니다. 이제 150.100.100.1(서브넷 마스크 255.255.255.0)과 150.100.200.1(서브넷 마스크 255.255.255.0)은 네트워크 부분이 서로 달라졌습니다. 즉 하나는 150.100.100이 되었고, 또 하나는 150.100.200이 되었습니다. (서브넷 마스크가 바뀌면서 네트워크 부분도 2자리에서 3자리로 늘어났습니다.)

따라서 150.100.100.1과 150.100.200.1은 이제 서로 다른 네트워크가 되었습니다. 따라서 이두 녀석은 이제는 라우터를 거쳐야만 통신이 가능하게 됩니다. 즉 서로 다른 브로드캐스트 도메인에 존재하고 있기 때문에 서로 아무리 소리쳐 불러도 상대편이 그 목소리를 들을 수 없습니다. 다만 라우터를 통해서만 서로의 소리를 전달할 수 있습니다. 이와 같이 서브넷 마스크에 의해 나누어진 네트워크, 즉 서브넷은 하나의 독립된 네트워크가 됩니다.

또 하나의 성질은 서브넷 마스크는 이진수로 썼을 때 '1'이 연속적으로 나와야 한다는 겁니다.

다시 말씀드리면, 서브넷 마스크를 만들 때 255.255.255.10이란 서브넷 마스크는 사용할 수 없습니다.

왜 그런지는 255.255.255.10을 이진수로 바꾸어 보면 알 수 있습니다. 즉 255.255.255.10을 이진수로 바꾸어보면 1111 1111.1111 1111.1111 1111.0000 1010입니다.

즉 1010과 같이 1이 연속적으로 나오지 않았기 때문에 이런 서브넷 마스크는 사용하지 않습니다.

그럼 하나 더 볼까요?

255.255.255.15라는 서브넷 마스크는 가능할까요?

TIP

서브넷 마스크는 이진수로 나타낼 경우 '1'이 연속적으로 나온 후에 '0'이 나오는 게 규칙입니다.

정답은 '가능하지 않다'입니다. 왜 그런지 다시 한 번 이진수로 바꾸어 보겠습니다. 255.255.255.15는 이진수로는 1111 1111.1111 1111.1111 1111.0000 1111입니다. 뒤에 15가 1111이기 때문에 1이 연속으로 나왔지만 중간에 '0'이 들어 있습니다 0000 1111로 말입니다. 즉 아까 말씀드린대로 1의 사이에는 어떠한 경우에도 0이 오면 안 된다는 것입니다.

255.255.255.252는 어떨까요?

255.255.255.252는 이진수로 바꾸면 1111 1111.1111 1111.1111 1111.1111 1100입니다. 어떻습니까? 1이 연속적으로 나왔죠? 즉 '1' 사이에는 '0'이 오지 않았기 때문에 255.255.255.252는 서브넷 마스크로 사용이 가능합니다.

》 알고 갑시다!

그럼 여기에서의 결론을 한번 알아보겠습니다.

서브넷 마스크를 가지고 나누어서 만들어낸 서브넷도 엄연히 하나의 네트워크니까 서로 간의 통신은 라우터를 통해서만 가능하다. 또 하나는 서브넷 마스크를 만들 때는 이진수로 봤을 때 여러 개의 1 사이에 0이 오면 안 된다.

이제 서브넷 마스크를 가지고 서브넷을 직접 만들어보는 문제를 한번 직접 풀어보겠습니다.

IP 주소	서브넷 마스크	클래스	서브넷
201.222.10.60	255.255.255.248		
15.18.192.6	255.255.0.0		
130.15.121.13	255.255.255.0		
153.70.100.2	255.255.255.192		

답은 이겁니다. 한번 직접 풀어보시고 확인하세요.

IP 주소	서브넷 마스크	클래스	서브넷
201.222.10.60	255.255.255.248	C	201.222.10.56
15.18.192.6	255.255.0.0	A	15.18.0.0
130.15.121.13	255.255.255.0	B	130.15.121.0
153.70.100.2	255.255.255.192	B	153.70.100.0

어떠세요? 너무 어렵나요? 그럼 저랑 같이 한번 풀어보겠습니다.

맨 첫 번째 문제를 볼까요? 먼저 201.222.10.60은 클래스 C라는 것은 다 아실 겁니다. 이때 클래스 C의 디폴트 서브넷 마스크는 255.255.255.0입니다. 그런데 여기서 사용한 서브넷 마스크는 255.255.255.248입니다. 먼저 주어진 IP 주소를 이진수로 바꾸어 보겠습니다.

201.222.10.60은 1100 1001.1101 1110.0000 1010.0011 1100입니다. 또 주어진 서브넷 마스크를 이진수로 바꾸어 보면,

255.255.255.248은 1111 1111.1111 1111.1111 1111.1111 1000

서브넷을 찾을 때 서브넷 마스크가 255인 것은 이진수로 바꿀 필요 없이 그 부분이 네트워크 부분이 된다고 생각하면 됩니다.

```
따라서 201.222.10. 60   = 1100 1001.1101 1110.0000 1010.0011 1100
      255.255.255.248  = 1111 1111.1111 1111.1111 1111.1111 1000
           서브넷은      1100 1001.1101 1110 0000 1010.0011 1000
```

(왜 그런지는 아시죠? 서브넷 마스크가 1인 부분은 위의 주소가 그냥 내려오는 성질 때문입니다.)

구해진 서브넷 마스크 1100 1001.1101 1110.0000 1010.0011 1000을 십진수로 다시 바꾸면 201.222.10.56이 됩니다. 어떠세요? 답이 이렇게 나온 것입니다.

두 번째 문제입니다.

주어진 IP 주소는 15.18.192.6으로 클래스 A라는 것을 아실 겁니다. 이때 서브넷 마스크가 255.255.0.0으로 주어졌습니다.

네, 그렇습니다. 255가 1111 1111로 모두 1인 경우이니까 두 번째 옥텟까지가 네트워크 부분이 되는 겁니다. 따라서 서브넷 네트워크는 15.18.0.0이 됩니다.

세 번째 문제를 볼까요?

130.15.121.13은 클래스 B에 속한다는 것을 아실 겁니다. (아직 쉽게 쉽게 머리에 안 떠오르실 수도 있습니다. 하지만 자꾸 하다 보면 앞 자리만 보아도 이게 클래스 A인지, B인지, 아니면 C인지 알 수 있습니다.) 그런데 여기서 서브넷 마스크를 보니 255.255.255.0입니다.

이것도 쉽네요. 클래스 B 주소를 마치 클래스 C처럼 사용하는 겁니다. 즉 이렇게 서브넷 마스크를 적용하게 되면 서브넷은 130.15.121.0이 되는 겁니다. 아시겠지만 클래스 B 하나를 이처럼 255.255.255.0이란 서브넷 마스크를 적용해서 서브네팅했을 때 만들어낼 수 있는 서브넷의 개수는 총 256개가 됩니다(맨 앞 〈zero subnet〉과 맨 뒤를 안 쓰는 경우는 254개).

왜 그런지는 다음에 저랑 같이 해보실 수 있을 겁니다.

이번에는 마지막 문제를 풀어보겠습니다. 주어진 IP 주소는 153.70.100.2였습니다. 이 주소는 원래는 클래스 B입니다. (주소의 범위가 128~191까지이기 때문입니다.) 그런데 여기에 서브넷 마스크 255.255.255.192가 왔습니다. 그럼 아까처럼 다시 한 번 이진수로 고쳐보겠습니다. 그런데 여기서 하나 알아두면 편한 건 서브넷 마스크가 255 부분은 이진수로 바꾸지 않아도 됩니다. 왜냐하면 어차피 변환되지 않고 그냥 아래로 내려오니까요. 그럼 이번에는 서브넷 마스크가 255인 부분이 IP 주소로 그냥 십진수로 쓰겠습니다.

IP 주소 153.70.100.2	153. 70.100. 0000 0010	(맨 마지막 자리만 이진수 변환)
서브넷 마스크	255. 255.255.1100 0000	(255.255.255.192)
서브넷	153. 70.100.0000 0000	(153.70.100.0)

Q 오늘은 '서브넷 마스크'에 대해 공부했는데요. 서브넷이란 것이 한 개의 라우터 아래에서 네트워크를 또 나누는 거 맞죠? 그럼 하나의 라우터 아래에서 만들어진 서브넷당 라우터를 또 두는 것인가요? 라우터 아래에서 네트워크를 또 나눈 것이 서브넷이고 그 서브넷당 라우터를 또 두어야 한다. ← 이게 맞나요?
아니면 라우터 없이 네트워크를 나누기 위해 서브넷 마스크를 만들어서 쓰는 것인가요? 이것이 헷갈리니 그다음 진도가 안 나갑니다.

A 네. 일단 기본적으로 네트워크가 나누어지게 되면 이 두 개의 네트워크를 서로 건너가는 방법은 단 하나! 라우터밖에는 없습니다. 자, 그렇다면 서브넷 마스크를 이용해서 나눈 다음에도 둘 사이에는 라우터가 놓여야겠죠?

그렇다면 왜 나눌까요?

그것은 네트워크 주소의 효율적인 이용을 위한 것 하나 하구요. 브로드캐스트 도메인을 줄이기 위한 것입니다. 따라서 "라우터 없이 네트워크를 나누기 위해 서브넷 마스크를 만들어서 쓴다!"는 틀린 말입니다.
이제 계속 진도 나가실 수 있겠죠?

서브넷 마스크, 그 속으로…

계속되는 서브넷 마스크에 정말 수고가 많으십니다. 하지만 서브넷 마스크 부분은 여러분이 앞으로 계속 만나게 될 꼭 한 번은 넘어야 할 산이라는 거 이제는 아실 겁니다. 시험이란 시험에는 안 빠지고 꼭 한두 문제씩 나올 뿐 아니라 일상에서도 계속 만나게 되는 문제이니만큼 꼭 확실하게 알고 넘어가 주셨으면 합니다. 이제 서브넷 마스크의 기본적인 성질은 다 아시죠? 하도 여러 번 강조해서 이젠 귀에 못이 박히셨을 겁니다.

그래도 다시 한 번 보면 첫 번째 알아야 할 것은 서브넷도 하나의 네트워크이기 때문에 일단 나누어진 서브넷은 라우터를 통해서만 통신이 되는 엄연한 하나의 네트워크라는 겁니다.

두 번째는 서브넷 마스크를 만들 때는 여러 개의 1 사이에 0이 들어가는 마스크, 즉 1이 연속되지 않은 서브넷 마스크는 만들지 않는다는 겁니다.

자, 그럼 이 성질을 가지고 이번에는 서브넷을 한 번 직접 만들어 보겠습니다. 실제 일상에서 일어날 수 있는 경우로 알아보죠.

> **문제 ❶** | 공인 IP 주소를 210.100.1.0(서브넷 마스크 255.255.255.0 == 아시죠? 이건 디폴트 서브넷 마스크입니다.) 네트워크를 받았습니다. 그런데 네트워크 관리자인 여러분은 이 공인 주소를 이용해서 PC가 30대인 네트워크를 최소 4개 이상 만든 후 이들 네트워크를 라우터를 이용해서 서로 통신하게 하려고 합니다. 이 경우 여러분이 서브넷 마스크를 만든다면 어떻게 해야 할까요?

여기까지가 문제입니다. 이런 문제는 일상에서도 엔지니어가 가장 많이 접하게 되는 문제일 뿐 아니라 시험에도 많이 나오는 가장 일반적인 문제입니다. 그럼 침착하게 하나하나 풀어보도록 하겠습니다.

일단 우리가 받은 네트워크, 즉 210.100.1.0(255.255.255.0)은 클래스 C입니다. 그리고 뒤에 나온 디폴트 서브넷 마스크를 통해서도 이를 확인할 수 있습니다.

이 주소로 네트워크를 최소 4개 이상 만들려면 지금 주어진 디폴트 서브넷 마스크를 변경해야 합니다. 이때 중요하게 봐야 할 것은 한 네트워크가 포함하는 PC의 개수입니다. (이것을 '클라이언트 수'라고도 하고 '호스트 수'라고도 합니다.) 여기서는 30대의 호스트를 가져야 한다고 했습니다. 따라서 호스트 부분이 30대를 포함할 수 있어야 한다는 것입니다.

그럼 이제부터는 이진수 시간입니다.

호스트 부분이 30개가 되기 위해선 이진수 몇 자리가 필요할까요? 한번 볼까요?

이진수 한 자리 → 1과 0이니까 가질 수 있는 호스트 수는 없습니다. 왜냐하면?

그건 호스트 부분이 전부 1인 경우는 브로드캐스트 어드레스입니다.

또 호스트 부분이 전부 0인 것은 네트워크 그 자체를 나타내기 때문입니다.

왜 그런지 잠깐 살펴보겠습니다. 그럼 우리가 맨 처음 받았던 IP 주소를 볼까요? 210.100.1.0 (255.255.255.0)의 경우 호스트 부분은 맨 마지막 한 자리(마지막 옥텟)라는 것은 이제 다 아시죠? (서브넷 마스크가 0인 부분이 호스트 부분이라고 했으니까 210.100.1.0에서 맨 마지막 자리, 즉 여기선 '0'이라고 쓰인 부분이 호스트 자리입니다.)

만약 우리가 이 주소를 서브넷 마스크의 변환 없이 그대로 쓴다면 우리가 쓸 수 있는 IP 주소는 210.100.1.0에서 210.100.1.255까지입니다.

그런데 이 중에서 호스트 부분이 전부 '0'인(여기서 전부 '0'이란, 이진수로 표시했을 때를 말하는 겁니다.) 210.100.1.0이란 주소는 호스트 주소로 사용할 수 없습니다. 이건 네트워크 주소라고 합니다. 즉 210.100.1.0은 어떤 특정한 호스트나 PC에서 사용하는 주소가 아니라 네트워크 그 자체를 나타낸다는 겁니다.

또한 호스트 부분이 전부 '1'인 210.100.1.255(여기서 255는 이진수로 1111 1111이기 때문입니다.)는 역시 호스트 주소로 사용할 수 없습니다. 이 주소는 210.100.1.0 네트워크의 브로드캐스트 주소입니다. 즉 모든 호스트에게 보낼 메시지가 있을 때 우린 이 주소(210.100.1.255)를 사용해서 210.100.1.0 네트워크의 모든 호스트들에게 전송합니다.

설명이 너무 길어졌네요. 하지만 중요하니까 꼭 기억하세요.

다시 문제로 돌아가 보겠습니다.

호스트 부분이 모두 '0'이거나 호스트 부분이 모두 '1'인 주소는 못 쓰니까 만약 호스트 부분이 이진수 두 자리인 경우는 다음과 같이 만들 수 있습니다.

```
00
01
10
11
```

이때 '00'과 '11'을 못 쓰니까 쓸 수 있는 호스트 수는 01과 10으로 2개입니다.

만약 호스트 부분이 세 자리인 경우는 다음과 같이 쓸 수 있습니다.

```
000
001
010
011
100
101
110
111
```

앞뒤 두 개를 빼면 쓸 수 있는 호스트 수는 여섯 개가 됩니다.

여기서 우리는 하나의 규칙을 찾아낼 수 있습니다. 즉 사용할 수 있는 호스트의 수는 호스트 비트 수가 커지면 커질수록 증가한다는 겁니다. 당연하죠? 그리고 더 중요한 것은 그 사용 가능한 호스트 수를 다음 공식으로도 알아낼 수 있다는 겁니다.

즉 사용 가능한 호스트 수 $= 2^{(호스트\ 비트\ 수)} - 2$

이게 무슨 말인가 하면 먼저 호스트 비트의 수가 2일 때 사용 가능한 호스트 수는 2의 호스트 비트 수, 즉 2승을 하고 거기서 2를 빼는 겁니다.

그럼 2의 2승은 4구요, 거기서 2를 빼면 2가 됩니다. 따라서 호스트 비트가 2개일 때는 배정 가능한 호스트 숫자는 2개가 되는 겁니다.

이번에는 호스트 비트 수가 3개일 때를 보겠습니다. $2^3 - 2 = 6$이 됩니다. 따라서 쓸 수 있는 호스트는 6개입니다.

그럼 호스트 수 30개가 되려면 어떻게 해야 할까요? 이 말을 돌려서 말하면 2의 몇 승을 해서 2를 빼야 30이 되느냐? 하는 말과 같다는 것을 이제는 아실 겁니다. 그럼 해볼까요?

2의 4승은 16, 2의 5승은 32, 따라서 호스트 자리가 이진수 다섯 개는 되어야 한다는 겁니다.

2의 5승은 32이니까 그중에서 앞뒤 두 개 빼고(하나는 네트워크 주소, 또 하나는 브로드캐스트 주소) 30개가 사용할 수 있는 호스트가 되는 겁니다.

어떻습니까? 그렇게 어렵지는 않죠? 그래서 호스트 수 30개가 되기 위한 호스트 자릿수는 이진수로 5개가 되는 겁니다.

즉 210.100.1.0 중에서 맨 마지막 부분만을 한 번 이진수로 바꾸어 보면(나머지 세 자리는 편의상 십진수로 두겠습니다.) 210.100.1.0000 0000이 됩니다. (이해하시죠?) 그중에서 호스트 30개를 포함하기 위한 호스트의 자릿수는 5개니까 210.100.1.ssshhhhh(여기서 s는 서브넷이 되어야 하는 부분이고 h는 호스트 부분입니다.)가 되어야 합니다. 여기서도 호스트의 자리는 맨 오른쪽에서부터 왼쪽으로 늘어납니다. 즉 h가 오른쪽 끝에서 시작해서 왼쪽으로 늘어납니다.

그렇다면 위의 서브넷을 만들기 위한 서브넷 마스크는 255.255.255.1110 0000이 됩니다. (여러분이 아시는 대로 서브넷 마스크는 네트워크 부분을 1로 하고 호스트 부분을 0으로 만들어야 하기 때문입니다.)

그렇다면 이것을 다시 십진수로 바꾸면 255.255.255.224가 되는 겁니다. 따라서 210.100.1.0 이란 클래스 C 주소를 받아서 최소 30개의 호스트를 가지는 최소 4개 이상의 서브넷을 만들려면 서브넷 마스크는 255.255.255.224를 사용해야 한다는 겁니다.

처음이라 조금 어려우실 겁니다. 쉽다면 거짓말이겠죠? 하지만 계속하면 분명 이 정도는 너무 쉽다고 생각할 겁니다. 자주 여러 문제를 접하다 보면 아마 지금보다 훨씬 수월해질 겁니다.

하지만 여기서도 알 수 있듯이 이진수를 많이 활용하기 때문에 시간 있을 때마다 이진수를 공부하는 것이 좋습니다. 그래서 이진수가 손에 익으면 아마 훨씬 쉬울 겁니다.

이번에는 그림을 이용해서 다시 한 문제를 더 풀어보도록 하겠습니다. 그냥 말로 설명드리는 것보다는 뭔가 그림이 있으면 잘 이해되지 않을까 해서 두 번째 문제는 그림으로 설명해보겠습니다.

문제 | 일단 우리가 가지고 있는 공인 IP 주소는 201.222.5.0(255.255.255.0)입니다. 예제에서 대부분 가지고 있는 주소를 클래스 C로 하는 것은 요즘 우리가 받을 수 있는 공인 주소가 클래스 C만 있기 때문입니다. 공인 주소가 모자란다고 전에 말씀드렸죠?

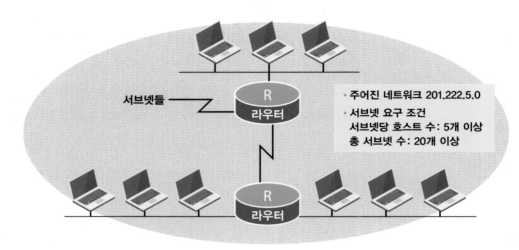

| 그림 5-8 |
서브넷 만들기 1

TIP

서브넷당 호스트 수를 통해서 호스트의 비트 수가 계산되면 서브넷 마스크에서는 이 부분을 '0'으로 만들어주면 됩니다.

여러분이 고객사를 방문해서 위와 같은 그림을 넘겨받았습니다. 그림을 보면 이미 받은 공인 주소는 201.222.5.0(255.255.255.0)이고 고객이 원하는 것은 이 주소를 잘라서 20개 이상의 작은 네트워크를 만드는데, 한 네트워크가 최소한 5개의 호스트를 가져야 한다는 겁니다.

그럼 우리는 주어진 조건에 맞는 서브넷 마스크를 만들어서 고객의 조건에 만족하는 서브넷을 만들어줘야 합니다.

맨 먼저 배운 대로 우리가 가지고 있는 공인 주소를 이진수로 바꾸어 주어야 합니다. 또 현재의 서브넷 마스크를 이진수로 바꿔주어야 합니다. [그림 5-9]를 보면 서브넷 마스크를 적용해야 하는 부분을 알아낼 수 있습니다. 전에 서브넷 마스크는 호스트 부분에 적용한다고 말씀드렸던 것을 기억하실 겁니다. 즉 클래스 C의 경우 맨 마지막 8비트(네 번째 옥텟이라고도 합니다.)에 서브넷 마스크를 적용해서 서브넷을 만듭니다. 즉 8개 중 몇 개를 호스트 비트로 쓰는가를 정하는 겁니다.

다시 말해서 서브네팅이란 기존의 호스트 부분을 줄여서 일부를 서브넷 부분으로 만들고 나머지를 호스트로 만드는 개념이기 때문에 호스트의 숫자는 줄어들고 서브넷의 숫자는 늘어나는 겁니다.

```
201.222.5.0      | 11001001  11011110  00000101  00000000
255.255.255.0    | 11111111  11111111  11111111  00000000
```

- 20개의 서브넷 필요 = 최소 2^5(32) 이상 필요
  (2^4이 16이므로 만족 못함)
- 5개의 호스트 필요 = 최소 2^3(8) 이상 필요
  (2^2이 4이므로 만족 못함)

- 따라서 서브넷 마스크는
  8비트 호스트 부분 5비트를 1로 세팅해야 한다.
  (5비트 서브넷 부분 = 32서브넷, 3비트 호스트 = 6호스트/서브넷)

서브넷 마스크를
적용해야 하는 부분

| 그림 5-9 |
서브넷 만들기 2

```
255.255.255.248 = 11111111  11111111  11111111  11111000
```

먼저 서브넷 개수를 20개로 만족시키기 위한 서브넷 마스크의 비트 수를 찾아보겠습니다. 그림에서 설명하는 대로 2의 4승이 16이므로 최소 5비트는 필요합니다. 또 호스트 개수가 5개를 만족하려면 호스트 비트 수는 2의 2승이 4니까 최소 3비트가 필요하다는 결론이 나옵니다.

서브넷 마스크에서 호스트 부분 3비트를 0으로, 서브넷 부분 5비트를 1로 세팅해 보면 그림에서와 같이 255.255.255.248이라는 서브넷 마스크를 얻어낼 수 있습니다.

즉 201.222.5.0 네트워크를 255.255.255.248 서브넷 마스크를 이용해서 서브넷으로 나누게 되면 각 서브넷당 6개의 호스트를 가지는 32개의 서브넷을 얻을 수 있습니다. 이때 서브넷의 특성상 맨 윗쪽 서브넷(이런 서브넷을 '서브넷 제로'라고 합니다.)과 맨 아래쪽 서브넷은 원래 사용하지 않았습니다. 하지만 요즘은 이 두 서브넷도 사용하는 추세입니다. (이에 대한 자세한 스팩은 RFC 표준 1878을 참고하면 됩니다.)

그럼 서브넷 마스크 255.255.255.248을 이용해서 만들어낼 수 있는 서브넷을 직접 한 번 만들어 보겠습니다. 이 서브넷을 만드는 방법은 호스트 부분을 전부 0으로 만들면 그것이 바로 그 서브넷의 네트워크 주소가 되고, 호스트 부분을 전부 1로 만들면 그것이 바로 그 서브넷의 브로드캐스트 주소가 됩니다. 또 호스트에 부여할 수 있는 주소는 네트워크 주소 더하기 1부터 브로드캐스트 주소 빼기 1까지입니다. 그림을 보면서 설명을 드리겠습니다.

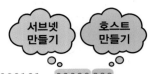

```
201.222.5.0      11001001  11011110  00000101  00000000
255.255.255.248  11111111  11111111  11111111  11111000
```

```
201.222.5.0(255.255.255.248)   : 201.222.5.1   ~ 201.222.5.6
201.222.5.8(255.255.255.248)   : 201.222.5.9   ~ 201.222.5.14
201.222.5.16(255.255.255.248)  : 201.222.5.17  ~ 201.222.5.22
                                    ⋮
201.222.5.224(255.255.255.248) : 201.222.5.225 ~ 201.222.5.230
201.222.5.232(255.255.255.248) : 201.222.5.233 ~ 201.222.5.238
201.222.5.240(255.255.255.248) : 201.222.5.241 ~ 201.222.5.246
201.222.5.248(255.255.255.248) : 201.222.5.249 ~ 201.222.5.254
```

32개 서브넷

| 그림 5-10 |
서브넷 만들기 3

[그림 5-10]처럼 서브넷을 만들 때는 서브넷 마스크를 적용했던 부분(서브넷 마스크를 적용했던 부분은 원래 주소 201.222.5.0 네트워크의 호스트 부분인 맨 마지막 8비트입니다.)에 가서 서브넷 마스크에서 1로 바뀐 부분(노란색 박스)을 이용해서는 서브넷을 만들어 나가고, 서브넷 마스크에서 0으로 된 부분(하늘색 박스)으로는 호스트를 만들어 나가면 됩니다.

즉 노란색 박스 5비트 자리에 00000에서 11111까지를 계속 바꿔넣으면 32개의 서브넷이 만들어집니다. 그다음 각각의 서브넷에서 호스트 비트 3자리에 000에서 111까지 8개의 숫자를 넣습니다. 그럼 000일 때는 네트워크를, 111일 때는 브로드캐스트를, 나머지 즉 001~110까지는 호스트를 나타냅니다.

몇 개만 해볼까요?

```
201.222.5.0000 0000   : 호스트가 모두 0이므로 네트워크 201.222.5.0
201.222.5.0000 0001   : 201.222.5.1
201.222.5.0000 0010   : 201.222.5.2
201.222.5.0000 0011   : 201.222.5.3
201.222.5.0000 0100   : 201.222.5.4
201.222.5.0000 0101   : 201.222.5.5
201.222.5.0000 0110   : 201.222.5.6
201.222.5.0000 0111   : 호스트가 모두 1인 브로드캐스트 주소 201.222.5.7
```

따라서 맨 처음 서브 네트워크의 네트워크 주소는 201.222.5.0, 서브넷 마스크는 255.255. 255.248이고, 호스트 주소는 201.222.5.1~201.222.5.6까지이며, 이 서브 네트워크의 브로드 캐스트 주소는 201.222.5.7이 됩니다.

어떠세요? 이제 직접 하실 수 있죠? 몇 개만 더 해보자구요? 좋습니다. 이번에는 그다음 서브 넷을 보도록 하겠습니다. 서브넷 부분이 이번에는 00001이 됩니다. (이전에는 00000였으니까 1을 증가시킨 겁니다.) 그리고 호스트 부분은 000~111까지를 넣어보면서 찾겠습니다. 그러면 다음과 같습니다.

```
201.222.5.0000 1000  : 호스트가 전부 0인 네트워크 주소 201.222.5.8
201.222.5.0000 1001  : 201.222.5.9
201.222.5.0000 1010  : 201.222.5.10
201.222.5.0000 1011  : 201.222.5.11
201.222.5.0000 1100  : 201.222.5.12
201.222.5.0000 1101  : 201.222.5.13
201.222.5.0000 1110  : 201.222.5.14
201.222.5.0000 1111  : 호스트가 전부 1인 브로드캐스트 주소 201.222.5.15
```

그럼 이제 다 아실 겁니다. 네트워크 주소는? 201.222.5.8

서브넷 마스크는? 255.255.255.248

호스트 주소는? 201.222.5.9~201.222.5.14

브로드캐스트 주소는? 201.222.5.15

그럼 이번에는 맨 마지막 것을 한번 해보겠습니다. 서브넷 부분이 이번에는 1111 1이 됩니다. (맨 마지막 서브넷은 서브넷 부분이 가장 큰 즉, 모두 1이겠죠?) 그리고 호스트 부분은 000 ~111까지를 넣어보면서 찾겠습니다. 그러면 다음과 같습니다.

```
201.222.5.1111 1000  : 호스트가 전부 0인 네트워크 주소 201.222.5.248
201.222.5.1111 1001  : 201.222.5.249
201.222.5.1111 1010  : 201.222.5.250
201.222.5.1111 1011  : 201.222.5.251
201.222.5.1111 1100  : 201.222.5.252
201.222.5.1111 1101  : 201.222.5.253
201.222.5.1111 1110  : 201.222.5.254
201.222.5.1111 1111  : 호스트가 전부 1인 브로드캐스트 주소 201.222.5.255
```

네트워크 주소는? 201.222.5.248

서브넷 마스크는? 255.255.255.248

호스트 주소는? 201.222.5.249~201.222.5.254

브로드캐스트 주소는? 201.222.5.255

전에는 이렇게 만들어진 맨 마지막 서브넷은 사용하지 않았습니다. 하지만 요즘은 워낙 IP 주소가 모자라다 보니 맨 마지막 서브넷도 사용하고 있다고 합니다.

자, 어떠세요? 서브넷 마스크에 대해서 이제 좀 감이 오실 겁니다.

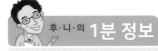 후·니·의 1분 정보

망 분리 IV

자, 벌써 망 분리 네 번째 시간입니다. 지난 시간에 망 분리의 대세 CBC(Client Based Computing)에 대해서 알아봤죠? 쓰던 PC를 가상화해서 업무 영역과 인터넷 영역을 분리하는 방식이라고 설명드렸습니다.

CBC와 대비되는 SBC(Server Based Computing)는 이 가상 영역을 서버에 두는 방식이라고 생각하시면 됩니다. PC에서 두 영역을 나누다 보니 애플리케이션과 충돌도 많고, 구성도 복잡하고 또 아무리 가상화가 되었지만, 한 디스크, 한 메모리를 쓰다 보니 완벽한 보안이 어렵다는 문제가 있었습니다. 하지만 SBC는 아예 작업을 서버에서 진행하고, PC에는 화면만 뿌려주는 방식을 쓰기 때문에 훨씬 더 안전하고 효과적이겠죠?

SBC도 몇 종류가 있긴 한데, 여기서는 가장 대표적인 VDI(Virtual Desktop Infrastructure)만 간단히 알아보도록 하겠습니다. VDI란, 말 그대로 가상의 데스크톱 환경을 만든다는 의미입니다. 겉으로는 PC처럼 생겼지만, 실제 보이는 PC는 화면만 뿌려주고, 키보드 입력만 도와주는 역할만 할 뿐 실제 모든 작업은 서버에서 진행하는 방식입니다. CPU도, 메모리도, 하드디스크도 다 서버가 가지고 있다고 생각하시면 됩니다.

이런 VDI 방식에는 씬 클라이언트(Thin Client, OS가 살짝 깔려 부팅만 되는 놈)와 제로 클라이언트(Zero Client, 부팅도 네트워크로 접속해서 하는 놈) 방식이 있지만, 그냥 쓰던 PC를 가지고 업무 영역에서 사용하고, 인터넷을 쓸 때만 서버로 접속해서 가상 PC를 쓰는 방식도 많이 사용한답니다.

VDI 방식은 아시는 것처럼 서버에서 일이 진행되기 때문에 PC가 감염될 우려가 없고, PC뿐만 아니라 스마트폰이나 태블릿 같은 성능이 좀 떨어지는 장비에서도 업무를 진행하기 수월하다는 장점이 있습니다. 하지만 서버를 따로 둬야 하기 때문에 가격이 비싸고, 서버에서 왔다 갔다 하는 Delay가 있어 약간(?) 느려질 수 있으며, 또 그래픽 작업 등 고사양 CPU와 그래픽 카드가 필요한 멀티미디어 작업은 제약을 받을 수 있다는 단점이 있습니다.

이번 시간은 여기까지!!

나는 네가 지금 있는 그곳을 알고 있다!

계속 지루한 IP 주소 이야기만 하니 좀 짜증 나시죠? 머리도 식힐 겸 해서 조금 쉬어가는 코너를 만들었습니다. 이것도 공부라고 생각하면 머리 아프니까 그냥 이런 것도 있구나라고 생각하고 가볍게 한번 읽어보기 바랍니다.

TCP/IP의 유틸리티 중에는 추적 기능(TRACE)이 있습니다. 이러한 트레이스 역시 TCP/IP에 올라가는 애플리케이션이라고 생각하면 됩니다.

트레이스는 출발지 PC에서 에코 패킷(Echo Packet)을 목적지로 보내서 그 패킷이 어디 어디를 거쳐서 목적지까지 가는지를 알아보는 프로그램입니다. (사실 정확히 말씀드리면 TTL(Time To Live)을 이용해서 찾아가는데, 여기서는 이런 복잡한 이야기는 생략하도록 하겠습니다.)

여러분도 아시는 Ping의 경우는 출발지에서 목적지까지의 응답 시간만을 확인하는 반면, 트레이스는 출발지에서 목적지까지의 모든 자취를 확인하기 때문에 경로를 확인해 볼 수 있습니다. 또 각각의 응답 시간을 확인함으로써 어느 부분이 느려서 전체적인 응답이 느려지는지도 파악이 가능합니다. 즉 네트워크에 문제가 발생할 경우 해결하는 데 큰 도움을 줄 수 있습니다. 게다가 대부분의 트레이스 프로그램은 거쳐 가는 장비들의 도메인 이름을 분석하기 때문에 상대가 지금 어디쯤에 위치하고 있는지를 대략이나마 파악할 수 있게 해줍니다.

예를 들어 내가 어떤 사람과 채팅을 한다고 가정해 보겠습니다. 보통 채팅 프로그램에서 상대의 IP 주소를 알아볼 수 있게 해주는데, 이 경우 그 주소로 트레이스를 해보면 중간중간에 거쳐 가는 IP 주소가 나타납니다. 대부분의 경우는 중간에 DNS를 거치게 되고 이 DNS를 보면 대충은 어느 곳인지 알 수 있게 됩니다. 예를 들어 학교일 수도 있고, 회사일 수도 있고, 학교나 회사 이름까지도 알아낼 수가 있는 겁니다. 저도 전에 몇 번 해본 경험이 있었으니까 아마 가능한 일일 겁니다. 그러니 회사나 학교 같은 데서는 채팅을 해도 조금은 조심해야겠죠? 나쁜 짓 하면 금방 알아낼 수도 있다는 것을 명심하길 바랍니다.

아무튼 이번 이야기의 결론을 내려볼까요?

트레이스는 나부터 상대까지의 경로를 추적하고 또 각각의 도착 시간을 확인하는 프로그램으로, 이 프로그램을 이용해서 나와 상대방의 통신에서 문제가 발생했을 때 원인이 어디인지를 알아볼 수 있다.

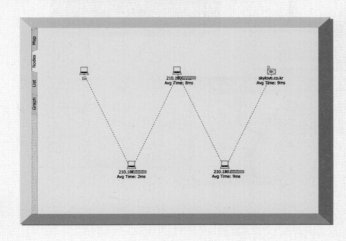

여기까지입니다. 왼쪽 그림은 트레이스를 했을 때 나타나는 그림입니다. (IP 주소는 일부러 조금 가렸습니다.)

| 그림 5-11 |
트레이스를 했을 때
나타나는 그림

재미로 보는 네트워크 관리 시스템(NMS)에 대한 이야기

네트워크를 하는 분이라면 NMS에 대한 이야기를 많이 들으셨을 거고 또 사용해보셨을 겁니다. NMS란 Network Management System, 즉 네트워크 관리 시스템을 이야기합니다. NMS는 말 그대로 네트워크를 효율적으로 관리하고 또 네트워크 문제를 사전에 방지하기 위해서 만들어진 프로그램입니다.

종류도 매우 많습니다.

라우터나 스위치, 그리고 허브 등 네트워크 장비를 관리하는 프로그램이 가장 일반적이고, 경우에 따라서는 사용자 PC만을 관리하는 데스크톱 매니지먼트 시스템(Desktop Management System)도 있습니다. PC 관리란, PC의 사양 및 사용 프로그램 관리, 사용자 관리 등으로 재미있는 기능이 많습니다.

멀리 떨어져 있는 장소에서도 PC의 전원을 끌 수 있을 뿐만 아니라(이것은 PC방 관리 프로그램에도 있는 기능입니다.) 또 사용자가 지금 어떤 프로그램을 쓰고 있는지도 볼 수 있고, 아예 사용자의 모니터 앞에 자신이 앉아 있는 것처럼 같은 화면을 보고 키보드를 두드릴 수도 있습니다. (그러니까 PC방에서 괜히 이상한 프로그램을 돌린다든지, 아니면 이상한 사이트에 들어가면 주인이 다 알고 있을 수도 있다는 겁니다. 조심하셔야겠죠?)

예를 들어 네트워크 관리자는 어떤 사용자가 PC 사용에 문제가 있다는 전화를 받으면 NMS 프로그램을 이용해서 마치 그 PC 앞에 있는 것처럼 그 PC의 모니터를 보고 타이핑을 할 수 있습니다. 이렇게 되니까 문제가 있는 PC까지 뛰어갈 필요가 없겠죠? 하지만 관리자가 맘만 먹는다면 어떤 사람이든 PC에 들어가서 지금 뭘 하는지도 볼 수 있고, 또 필요한 정보도 빼내올 수 있다는 단점이 있습니다.

어떤 기능에나 역기능은 있기 마련인 모양입니다.

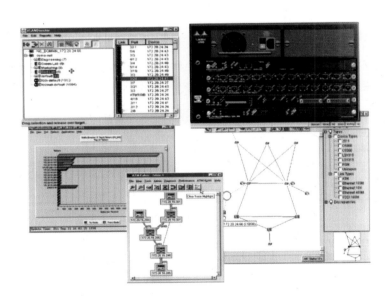

| 그림 5-12 |
네트워크 관리 시스템

그래서 이 기능을 싫어하는 사람도 있습니다. 개인의 프라이버시가 보장되지 않기 때문입니다. 아무튼 네트워크 관리 프로그램은 네트워크 관리자로 하여금 한 자리에 앉아서 모든 네트워크 장비와 네트워크에 접속된 PC들을 관리할 수 있게 해주는 아주 편리한 프로그램임은 틀림없습니다. 따라서 전에는 문제만 생기면 장비 있는 곳으로, PC 있는 곳으로 뛰어다니던 우리의 네트워크 관리자들이 이젠 관리 프로그램의 모니터 앞에 앉아서 편리하게 문제를 해결할 수 있게 된 겁니다.

참 좋은 세상이죠?

그림에서처럼 장비의 지금 상황을 관리 시스템에서도 그대로 볼 수 있습니다. 장비 모양의 사진에 녹색 불이 들어온 거 보이시죠? 그건 제대로 사용하고 있는 포트라는 겁니다. 또한 네트워크의 전체 구성 역시 볼 수 있습니다. 이 외에도 여러 가지 네트워크에 관한 통계치나 관리 항목들을 정리해주고 관리해주는 기능을 수행하는 것이 바로 네트워크 관리 시스템, 즉 NMS입니다. 대부분의 대규모 네트워크에서는 이제 NMS는 선택이 아니라 필수입니다.

질문 있어요! QnA

Q NMS에 대해서 궁금한 것이 있어서요. 네트워크상에서 관리가 가능하다면 그 범위가 어디까지인지 궁금합니다. 음, 그러니까 라우터를 벗어나는 지역까지 가능한지, 아니면 말 그대로 하나의 네트워크에서만 가능한지 알고 싶습니다.

A NMS의 관리 범위는 어떤 프로그램을 쓰는가에 따라 달라집니다. 또한 NMS의 세팅은 NMS뿐 아니라 관리해야 하는 장비에서 일어나야 하기 때문에 NMS만 좋은 것을 산다고 관리가 되는 것은 아닙니다. 즉 NMS로 관리가 가능한 네트워크 장비를 사야 됩니다.

NMS의 관리 범위는 크게는 모든 인터넷도 가능합니다. 라우터를 넘어서 다른 네트워크도 관리가 가능합니다. 하지만 대부분 자신의 네트워크 부분이라고 보면 됩니다. NMS 한 대로 모든 인터넷을 관리한다는 것은 이론적으로나 가능한 이야기입니다. 또 관리하는 장비가 많으면 많을수록 NMS 서버의 메모리 소요는 많아지고 속도는 느려질 겁니다. 그러니까 관리 범위를 제대로 잡아주는 것도 중요합니다.

또 하나 NMS로 다른 네트워크를 관리할 수 없는 것은 다른 네트워크의 보안 때문입니다. 다른 사람이 자신의 네트워크 장비를 맘대로 만지는 것을 좋아할 사람은 아마 없을 겁니다.

이해되시죠?

10
SECTION

서브넷 마스크에 대한 시험

이제는 지금까지 배운 서브넷 마스크에 대한 간단한 시험을 한번 보도록 하겠습니다. 시험이 라고 너무 긴장은 마시고 그냥 내가 정말 이 부분을 이해하고 있는 것인지를 스스로 알아보는 시간을 가졌으면 합니다. 특히 네트워크와 관련된 시험 공부를 하는 분은 열심히 하셔서 비슷한 문제가 나올 때 쉽게 해결할 수 있도록 익혀두기 바랍니다.

자, 그럼 시험을 시작할까요? 원래는 한 문제 푸는 데 걸리는 시간이 2분 이상 소요되면 안 됩니다. 하지만 일단은 시간에 구애받지 말고 차분히 한번 풀어보기 바랍니다.

문제 ❶ | C 클래스 네트워크를 24개의 서브넷으로 나누려고 한다. 각 서브넷에는 4~5개의 호스트가 연결되어야 한다. 어떤 서브넷 마스크가 적절한가?

  a. 255.255.255.192
  b. 255.255.255.224
  c. 255.255.255.240
  d. 255.255.255.248

문제 ❷ | IP 주소가 128.110.121.32(255.255.255.0)이라면 네트워크 주소는 어떻게 되는가?

  a. 128.0.0.0
  b. 128.110.0.0
  c. 128.110.121.0
  d. 128.110.121.32

문제 ❸ | IP 주소 203.10.24.27이란 호스트의 서브넷 마스크는 255.255.255.240이다. 이때 이 네트워크의 호스트 범위와 브로드캐스트 주소는 어떻게 되는가?

  a. 호스트 203.10.24.16~203.10.24.31, 브로드캐스트 203.10.24.32
  b. 호스트 203.10.24.1~203.10.24.254, 브로드캐스트 203.10.24.255
  c. 호스트 203.10.24.17~203.10.24.31, 브로드캐스트 203.10.24.32
  d. 호스트 203.10.24.17~203.10.24.30, 브로드캐스트 203.10.24.31

자, 이제 다 푸셨습니까? 그럼 같이 정답을 확인해 볼까요?

이 문제는 전에도 몇 번 해보셨을 겁니다. 다만 전에는 호스트 수만을 이야기한 반면, 여기서는 서브넷의 수까지 언급한 것입니다.

자, 먼저 서브넷 마스크를 적용해야 하는 부분은 클래스 C였으니까 맨 마지막 8비트가 된다는 건 이제 잘 아실 겁니다. (서브넷 마스크의 적용 범위는 항상 원래 네트워크의 호스트 부분입니다. 즉 클래스 C의 호스트 부분이 맨 마지막 8비트이기 때문에 이곳에 서브넷 마스크를 적용하는 것입니다.) 이 8비트를 지지고 볶아서 4~5개의 호스트를 갖는 24개 이상의 서브넷을 만드는 겁니다. 먼저 4~5개의 호스트를 가지려면 몇 비트의 호스트 비트가 필요한지를 알아보겠습니다. 2의 2승은 4가 되지만 맨 앞은 서브넷 자체라서 버리고 맨 뒤는 브로드캐스트 주소라서 못쓰니까 2비트를 호스트 비트로 썼을 때 막상 호스트에 지정할 수 있는 주소는 2개밖에 안 됩니다. 그럼 4~5개라는 조건에 맞지 않죠? 2의 3승은 8이 되니까 앞뒤 2개를 버린다고 해도 6개의 호스트 주소가 생겨서 위의 조건에 만족합니다.

따라서 호스트의 비트 수는 3비트가 됩니다.

이번에는 전체 서브넷 마스크 적용 비트인 8비트에서 호스트용 3비트를 빼고 남은 5비트를 가지고 서브넷 몇 개를 만들 수 있는지를 알아보면 2의 5승이 32니까 최대 32개의 서브넷을 만들 수 있습니다. (원래는 앞뒤 하나씩을 버리고 30개의 서브넷이 되지만, 요즘은 안 버리고 다 쓰는 추세입니다.) 따라서 24개 이상의 서브넷이 나올 수 있는 겁니다.

즉 서브넷의 수가 24개가 되고 호스트가 4~5개이면 클래스 C의 경우는 NNNN NNNN. NNNN NNNN.NNNN NNNN.nnnn nhhh(N=클래스 C의 네트워크 부분, n=서브넷의 네트워크 부분, h=호스트 부분)이 되는 겁니다.

우리가 계산한 대로 서브넷의 네트워크 부분이 5비트가 되고 호스트 부분이 3비트가 된 것을 알 수 있습니다. 이 경우 서브넷은 최대 32개까지 가능하고, (다만 맨 앞과 맨 뒤를 안 쓰는 경우는 30개겠죠?) 한 서브넷당 호스트 수는 6개가 됩니다.

이런 서브넷 마스크를 만들기 위해서는 n인 부분을 1로 만들고 h인 부분을 0으로 만들어 255.255.255.1111 1000이 됩니다. (편의상 앞 3자리는 10진수로 표시합니다.)

따라서 255.255.255.248이 되는 겁니다.

즉 정답은 d입니다.

> **문제 ②** | IP 주소가 128.110.121.32(255.255.255.0)이라면 네트워크 주소는 어떻게 되는가?
>
> a. 128.0.0.0
> b. 128.110.0.0
> c. 128.110.121.0
> d. 128.110.121.32

이 문제는 네트워크 주소를 묻는 문제입니다. 좀 단순하긴 하지만 함정이 있습니다.

원래 128.110.121.32라면 클래스 B라서 네트워크 주소는 128.110.0.0이 됩니다. (클래스 B는 네트워크 부분이 2옥텟, 호스트 부분이 2옥텟이니까 호스트 부분을 전부 0으로 한 값이 128.11.0.0입니다.)

그런데 여기서는 서브넷 마스크가 뒤에 따라 나왔습니다. 서브넷 마스크에서 3개의 옥텟에 255가 있으니까 맨 마지막 8비트(옥텟)만을 0으로 한 128.110.121.0이 답이 되는 겁니다.

따라서 정답은 c입니다.

문제 ❸ | IP 주소 203.10.24.27이란 호스트의 서브넷 마스크는 255.255.255.240이다. 이때 이 네트워크의 호스트 범위와 브로드캐스트 주소는 어떻게 되는가?

      a. 호스트 203.10.24.16~203.10.24.31, 브로드캐스트 203.10.24.32

      b. 호스트 203.10.24.1~203.10.24.254, 브로드캐스트 203.10.24.255

      c. 호스트 203.10.24.17~203.10.24.31, 브로드캐스트 203.10.24.32

      d. 호스트 203.10.24.17~203.10.24.30, 브로드캐스트 203.10.24.31

이 문제는 그 동안 우리가 많이 다루어 봤던 문제인 동시에 가장 일반적으로 많이 나오는 문제이기도 합니다.

203.10.24.27의 주소와 서브넷 마스크 255.255.255.240을 주었을 때 우선 네트워크 부분과 호스트 부분을 찾아내야 합니다.

여기서 우리가 주의 깊게 봐야 하는 부분은 역시 맨 마지막 8비트겠죠? 다른 곳은 어차피 전부 1인 255로 되어 있으니까 말입니다. 맨 마지막 240을 이진수로 바꾸어 보면 1111 0000이 됩니다. 따라서 호스트 부분은 맨 마지막 4자리가 되고 나머지 4자리가 서브넷 부분이 되는 겁니다. 그렇다면 27이 0001 1011이니까 203.10.24.0001 1011에서 뒤에서부터 4자리는 호스트 부분, 그리고 5번째 자리에서 8번째 자리까지는 서브넷 부분이 됩니다.

그럼 호스트 부분을 전부 0으로 만든 것이 네트워크라고 했으니까 전부 0으로 만들어보면 203.10.24.0001 0000이 되어서 203.10.24.16이 바로 203.10.24.27의 네트워크 주소가 되는 겁니다. 이번에는 브로드캐스트 주소를 알아보면 브로드캐스트는 호스트 부분을 전부 1로 만들어주면 되니까 203.10.24.0001 1111이 되어서 203.10.24.31이 브로드캐스트 주소가 되는 것을 알 수 있습니다.

따라서 나머지 호스트에 부여 가능한 호스트 주소는 네트워크 주소에 1을 더한 값에서부터 시작해서 브로드캐스트 주소에서 1을 뺀 값까지니까 203.10.24.17에서 203.10.24.30까지가 되는 겁니다. 이해가시죠?

따라서 답은 d입니다.

클래스 B를 가지고 255.255.255.240 서브넷 마스크를 씌워서 만들어낼 수 있는 서브넷 수와 서브넷당 호스트 수를 맞추는 문제입니다.

먼저 서브넷 수는 기본 서브넷 마스크에 비해 새로운 서브넷 마스크가 얼마나 더 많은 서브넷을 만들 수 있는가를 확인하는 것입니다. 따라서 클래스 B의 기본 서브넷 마스크는 255.255.0.0이고, 새로 받은 서브넷 마스크는 255.255.255.240이니까 새로운 서브넷 마스크에서 모두 12비트를 서브넷 부분에 할당했다는 것을 알 수 있습니다.

즉 255.255.0000 0000.0000 0000 → 255.255.1111 1111.1111 0000으로 1의 숫자가 12개 늘어났다는 겁니다. (이해되시죠?) 따라서 만들어낼 수 있는 서브넷의 수는 2의 12승만큼(만약 앞뒤 하나씩을 뺀다면 2의 12승에서 2를 뺀 값 만큼이 될 겁니다.) 만들어 낼 수 있습니다. (2의 12승은 4,096입니다.)

또 서브넷당 호스트의 수는 새로 받은 서브넷 마스크에서 0인 부분이니까 4자리가 가능하므로 2의 4승에서 앞뒤 하나씩 뺀 값, 즉 16-2=14가 됩니다.

보기에서는 서브넷의 수가 4,094(앞뒤는 뺐네요.)로 되어 있으니까 서브넷은 4094, 호스트는 14인 c가 정답입니다.

다 맞힌 분 손들어 보세요? 와! 다들 맞추셨네요. 잘하셨습니다. 이 문제만 완전히 이해하신다면 앞으로 IP 주소와 서브넷 마스크에선 어떤 문제가 나와도 풀 수 있을 겁니다.

Q 저희 학교 서브넷 마스크는 255.255.255.192인데요.
255.255.255.1100 0000이 되면 0인 부분이 호스트라고 했으니까 2의 6승, 즉 64가 되니까….
전부 1하고 0이 되는 두 부분을 빼면….
총 62개의 호스트가 연결된다는 뜻인가요? 맞는지, 틀리는지 확인차 글을 올렸습니다.

A 네. 그렇습니다.

지금 말씀하신 255.255.255.192 마스크이면 질문하신 대로 맨 마지막 8비트만 이진수로 고쳐서 보면 쉽게 답을 찾아낼 수 있습니다. 따라서 255.255.255.1100 0000으로 바꾸고 나서 0의 숫자를 세어보면 6개라는 것을 알 수 있습니다. 즉 호스트의 비트 수가 6이라는 겁니다. 따라서 호스트 6비트를 이용해서 만들어낼 수 있는 호스트는 각 서브넷당 $2^6-2=62$가 됩니다.

그렇다면 이 서브넷 마스크를 이용해서 만들어낼 수 있는 서브넷의 수는 몇 개가 될까요?

서브넷의 비트 수는 255.255.255.1100 0000에서 1로 표시된 부분으로 두 비트가 됩니다. 따라서 만들어줄 수 있는 서브넷의 수는 2의 2승에서 2개를 뺀 수인 2개가 됩니다. 그러나 요즘은 서브넷 제로 부분과 맨 마지막 서브넷도 사용하는 추세라고 말씀드렸습니다.

그날은 몇 년 전 봄날이었던 걸로 기억됩니다….

정확한 시점은… 2013년 3월 20일 오후 2시 25분….

한참 열심히 돌아가고 있던 KBS, MBC, YTN 방송사와 금융권에서 사용자 PC에 갑자기 재부팅하라는 메시지가 떴고, 재부팅을 한 후 컴퓨터는 다시 켜지지 않은 대형 장애가 발생했습니다.

이 사태를 훗날 우리는 '3.20 대란'이라 부르고 있고, 이때부터 본격적으로 등장한 공격 방법이 바로 요즘 많이 듣는 APT('아파트'라고 부르시면 안 되고 한 글자, 한 글자 끊어서 '에이. 피. 티'라고 불러야 합니다!!)입니다.

APT가 뭐냐? Advanced, 즉 한 단계 업그레이드된 지능화된 공격 방식을 취하고 있고, Persistent, 즉 한 번 공격하고 마는 게 아니고… 될 때까지… 계~속 지속적으로 공격하는 Threat(위협)이라고 해서 APT를 우리말로 바꾸면 대충 '지능형 지속 위협 공격'이라고 할 수 있습니다.

APT는 아무 놈이나 공격하지 않고, 대상을 정해서 딱 그놈만 공격하며, 목적을 달성할 때까지 지속적으로 다양한 공격방법을 이용해서 공격을 시도하기 때문에, 딱히 이렇게 공격한다고 정의하기가 쉽지 않습니다. (독한 놈…)

하지만 그래도 대충 어떤 식으로 공격하는지 정리를 해달라고 요청하신다면…

먼저 대상을 정하고 대상에 대한 사전 조사를 통해 취약점을 탐색한 후 대상 PC에 악성 코드의 감염과 침투를 시도합니다. 침투 후 권한 상승 및 확장을 진행하고, 정보 유출을 진행하며, 추가 공격을 위한 권한 상승과 확장을 반복하고, 임무 달성 후 공격 정보를 삭제하고 탈출하게 됩니다. (완벽한 놈…)

이렇게 완벽하고 은밀하게(?) 범행을 진행하다 보니 사실 공격을 당하고도 알아채기가 어렵습니다. 조사 결과를 보면 실제 APT를 시도해서 성공하는 데 걸리는 시간은 몇 시간 이내인 경우가 약 85% 정도이지만, 알아내는 데는 약 62%가 몇 달이 걸렸고, 일부는 몇 년이 걸렸다는 결과가 있습니다.

APT!! 조심하셔야겠죠??

이번 편은 여기까지~

IP와 서브넷에 대한 정리

그동안 정말 고생 많으셨습니다. 만약 여기까지 그래도 이해한 분이라면 정말 칭찬해드리고 싶습니다. 앞으로 무슨 일을 해도 성공할 것입니다.

그럼 이번에는 우리가 지금까지 공부한 IP 주소와 서브네팅에 대해 간단하게 정리를 해보겠습니다.

일단 IP 주소는 클래스로 나뉜다고 말씀드렸습니다.

클래스는 물론 A, B, C, D, E까지 다섯 개가 있지만 우린 A, B, C, 이렇게 3개만 알고 넘어가면 된다고 말씀드렸습니다.

클래스 A는 이진수로 보았을 때 맨 앞부분이 '0'으로 시작합니다. 형식은

0nnn nnnn.hhhh hhhh.hhhh hhhh.hhhh hhhh입니다.

무슨 뜻인 줄은 아시죠? 여기서 n이라고 쓰인 부분이 네트워크 부분이고, h라고 쓰인 부분은 호스트 부분입니다. 십진수로는 1에서 126까지라고 생각하면 됩니다. (127은 제외입니다.) 디폴트 서브넷 마스크는 255.0.0.0이 된다는 것도 기억하기 바랍니다. 따라서 하나의 네트워크가 가질 수 있는 호스트 수는 2의 24승, 즉 약 1,600만 개 정도입니다.

클래스 B의 경우는 맨 앞 이진수가 '10'으로 시작합니다. 형식은

10nn nnnn.nnnn nnnn.hhhh hhhh.hhhh hhhh입니다. 십진수로는 128부터 191까지이고, 디폴트 서브넷 마스크는 255.255.0.0입니다. 따라서 하나의 네트워크가 가질 수 있는 호스트 수는 2의 16승, 즉 약 6만 5,000개 정도입니다.

클래스 C의 경우는 맨 앞 이진수가 '110'으로 시작합니다. 형식은

110n nnnn.nnnn nnnn.nnnn nnnn.hhhh hhhh입니다. 십진수로는 192에서 223까지이고, 디폴트 서브넷 마스크는 255.255.255.0이 됩니다. 따라서 하나의 네트워크가 가질 수 있는 호스트 수는 2의 8승에서 2를 뺀 수, 즉 254입니다. (왜 2를 빼는지는 앞에서 설명드렸죠? ^^)

이제 IP 주소와 클래스에 대해서는 정리가 좀 되시죠?

그다음은 서브넷입니다.

서브넷을 만드는 목적은 IP 주소를 보다 효율적으로 낭비없이 쓰기 위함과 적정한 주소 배정을 위함입니다. 서브넷에 대비되는 개념은 슈퍼네팅도 있습니다만, 여기서는 생략하도록 하겠습니다. 서브넷을 만들 때 사용하는 마스크를 '서브넷 마스크'라고 합니다. 모든 IP 주소에는 서브넷 마스크가 있는데 서브넷을 하지 않은 상태로, 즉 클래스의 기본 성질대로 쓰는 경우에는 디폴트 서브넷 마스크를 사용합니다. 서브넷을 나눌 때 기억해야 하는 것은 이진수로 봤을 때 '1'이 되면 네트워크 부분, 그리고 '0'이 되면 호스트 부분이 됩니다. 이건 아시죠? 만약 이 부분이 이해되지 않으면 서브넷 부분을 다시 한 번 보셔야 합니다.

또한 IP 주소에서 호스트 부분을 전부 '0'으로 한 것은 그 네트워크 자체, 즉 네트워크 주소가 되고, 전부 '1'로 한 것은 그 네트워크의 브로드캐스트 주소가 됩니다. 예를 들어 203.240.100.12 (255.255.255.0)에서 호스트 부분을 전부 '0'으로 한 203.240.100.0은 네트워크 자체를 나타내는 것이고, 호스트 부분이 전부 '1'인 203.240.100.255(255는 이진수로 1111 1111이니까요.)는 이 주소의 브로드캐스트 주소로 쓰입니다. 자, 이제부터는 여러분이 연습하는 것만 남았습니다. 확실히 익혀두길 바랍니다.

골치 아픈 서브넷 마스크를 자동으로 계산해줘요?

네, 가능합니다. 요즘은 워낙 좋은 툴들이 많이 나와서 이렇게 서브넷 마스크를 만들어주거나, 아니면 만들어진 서브넷 마스크를 가지고 호스트 부분이나 브로드캐스트 주소를 찾아주는 프로그램들이 많이 있습니다. 그 중에서 저는 여러분께 시스코 홈페이지에서 제공하는 온라인 서브넷 마스크 툴을 소개할까 합니다. 그림 보이시죠?

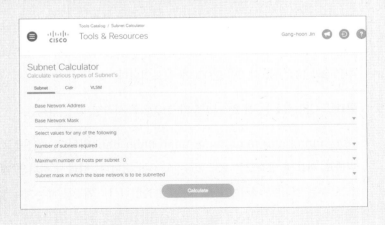

| 그림 5-13 |
서브넷 입력 화면

'Base Network Address'라고 써있는 것 보이시죠? 바로 그 옆에 있는 빈칸에 서브넷을 만들어 주고 싶은 기본 네트워크 주소를 넣어주면 됩니다. (맨 처음 산 큰 고깃덩어리가 바로 여기 넣어주는 기본 네트워크 주소가 되겠죠?) 그리고 디폴트 서브넷 마스크를 그다음 칸에 넣은 후 아래로 내려가서 내가 필요한 서브넷의 수가 몇 개인지, 아니면 한 서브넷에 들어갈 최대 호스트 수가 몇 개인지를 정해줍니다. 그럼 자동으로 아래 있는 서브넷 마스크가 만들어지게 됩니다.

그림에서는 기본 네트워크 주소를 203.10.24.0으로 입력하고, 기본 서브넷 마스크는 당연히 클래스 C니까 255.255.255.0 으로 입력했습니다. 그다음 제가 필요한 서브넷당 최대 호스트가 16개라고 가정하면 [Maximum number of host per subnet]에 16을 넣었습니다. 그랬더니 자동으로 서브넷 마스크가 255.255.255.240으로 만들어집니다.

이제 준비 끝! 아래에 있는 [Calculate] 버튼 보이시죠? 편안한 마음으로 눌러주면 됩니다. ^^ 이때 나오는 결과가 바로 아래쪽 그림에 나와 있습니다.

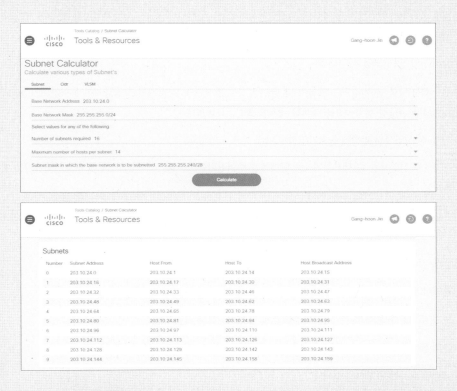

| 그림 5-14 |
서브넷 계산 결과

그림에서처럼 255.255.255.240 서브넷 마스크를 203.10.24.0 네트워크에 씌우게 되면 0번에서 15번까지 16개의 서브넷을 얻을 수 있습니다. 각 서브넷별로 서브넷 주소와 호스트 배정 가능 주소, 그리고 브로드캐스트 주소가 무엇인지를 알려주고 있습니다. 참 쉽죠?

계산 결과, 위에 간단하게 전체 서브넷이 몇 개 만들어졌고, 또 서브넷당 몇 개의 호스트를 가질 수 있다는 설명이 있습니다. 그 밖에도 요즘 많이 쓰이는 CIDR이나 VLSM의 계산 기능을 가지고 있으니 서브네팅에 대한 건 여기 다 모여있는 셈입니다.

이런 좋은 툴이 있다고 서브넷 계산을 소홀히 하시면 안 되는 거 아시죠? 이런 툴들은 어디까지나 여러분이 서브넷을 능숙하게 계산할 수 있는데, 시간이 없을 때 사용하는 겁니다. 참! 혹시 시스코의 서브넷 계산기를 사용하고 싶으신 분은 www.cisco.com에 가서 오른쪽 위에 있는 돋보기 마크(찾기)를 누르시고 'IP Subnet Calculator'라고 입력하시면 찾아준답니다.

망설이지 마세요 Ⅰ

혹시 지금 무언가를 할까 말까 망설이고 계세요?

하고 싶긴 한데 실패할까 두려워 "차라리 시작하지 말자." 이렇게 생각하고 계시는 건 아닌가요?

그런 분들께 후니가 예전에 겪었던 일을 하나 이야기해 드리려구요.

당시엔 무지하게 창피한 일이었지만, 지나고 보니 그래도 좋은 경험 같아 이야기해 드립니다. ^^

후니의 첫 직장은 LG였습니다. (아시는 분은 아시죠? ㅎㅎ)

암튼 LG라는 대기업에 들어간다는 것만으로도 가슴 떨리던 후니는 LG인화원이란 곳으로 신입사원 교육을 들어갔답니다.

오~ 정말 많이 모였더군요. ^^

전국에서 나름 좀 나간다는 애들이 약 450명 정도 한자리에 모여 커다란 강당에서 오리엔테이션을 받는데, 그 첫 과정이 앞으로 4주간 신입사원을 대표할 대표를 뽑는 일이었습니다.

사실 전 신입사원 과정에 들어가면서 하나의 목표가 있었죠. ^^

그건 LG 신입사원 중 대표들과 1등 팀에게만 주어진다는 LG 마크가 선명하게 새겨진 가죽가방을 받는 것이었습니다. ㅎㅎ

그걸 들고 회사에 출근하면 사람들이 "와, 저 친구는 신입사원교육 때 잘했나 보다." 이런 말을 할 것 같아 전 무조건 그걸 받아오리라 맘을 먹었었죠. ㅎㅎ

근데 지금 그 가방을 받을 수 있는 최고의 자리인 신입사원 대표를 뽑는다는 겁니다. ㅎㅎ

무지하게 떨렸죠.

먼저 추천을 해보래요. '이 사람이 대표였음 좋겠다.' 하는 사람으로.

근데 뭐 이제 막 모인 사람들이 누굴 추천하겠어요? ㅎㅎ 그냥 조용하더라구요. ㅎㅎ

그러니 교육 주관하시는 분이 왈,

"그럼 자기가 한번 해보고 싶은 사람 앞으로 나와 보세요." 라고 하대요. ㅎㅎ

근데 사실 450명이라는 많은 사람들 앞에 내가 해보겠다고 나서기는 정말 떨리더라구요.

가슴도 두근두근, 다리도 후들후들, 나갈까 말까 나갈까 말까… ㅠㅠ

근데 아무도 도전을 안 하더라구요. ㅎㅎ

그래서 나갔습니다.

앞으로 걸어가는 그 짧은 길이 왜 그렇게 멀어 보이던지….

주변 사람들은 수군수군, "쟤 누구야?"

ㅋㅋㅋ

단상으로 올라갔습니다.

교육 주관하는 분이 옆에 서라고 하더라구요. 그러더니 다시 묻더군요.

"또 해보고 싶은 분 나오세요."

'나오지 마라… 나오지 마라….'

전 기도했습니다. ㅋㅋㅋ

그런데….

"저~ 여기요, OOO을 추천합니다."

이런 소리가 들리더라구요. ㅠㅠ

그러더니

"저는 XXX를 추천합니다!!!"

이런 소리도 들리더라구요. 〉_〈

그래서 졸지에 대표 도전자가 3명이 된 겁니다.

한 명은 자진해서 올라온… 저 ㅠㅠ

나머지 두 명은 주위 사람들의 추천을 받고 떳떳하게 올라온 OOO과 XXX….

이야기가 너무 길어졌나요??? ㅎㅎ

그럼 그 뒷이야기는 다음 시간에… ㅋㅋㅋ

안녕~

CISCO
NETWORKING

PART
06

스위치를
켜라!

01
SECTION

스위치와 브리지

이번 장에서는 스위치에 대해 살펴보겠습니다. 이미 'PART 04 네트워크 장비에 관한 이야기'에서 스위치에 대한 기본적인 내용을 소개했던 것 기억하시죠? 그때도 설명드렸지만 제가 자꾸 스위치와 브리지를 같이 사용하는 건 스위치든, 브리지든 기본적인 동작에서 별반 차이가 없기 때문입니다. 특히 앞으로 우리가 배울 스패닝 트리 프로토콜(Spanning Tree Protocol)에서는 브리지와 스위치의 차이가 없기 때문에 스위치의 선배격인 브리지도 같이 알아두시면 좋겠네요.

스위치와 브리지가 별 차이가 없다면서 왜 스위치를 소개하는지 궁금하신 분들이 있을 텐데요. 그런 분은 PART 04에서 설명드린 스위치와 브리지의 차이점을 다시 한 번 찬찬히 읽어보시기 바랍니다. 그때도 말씀드렸지만 이제 네트워크 세상에서는 브리지를 찾아보기가 어려워졌습니다. 더 이상 브리지는 우리 주변에 없다는 것이죠. 그 자리를 모두 스위치가 차지했기 때문입니다.

따라서 여러분도 이제 스위치란 녀석과 친해지셔야 합니다. 요즘은 라우터의 영역까지 넘나들고 있는 스위치 녀석에 대한 이야기가 곧 시작됩니다.

02
SECTION
스패닝 트리로 가는
첫 번째 관문 2가지

'PART 04'에서도 말씀드렸지만 스패닝 트리 알고리즘이란, 스위치나 브리지에서 발생하는 루핑('뺑뺑이'라고 설명드린 거 기억하시죠?)을 막아주기 위한 프로토콜입니다.

즉 스위치나 브리지 구성에서 출발지부터 목적지까지의 경로가 2개 이상 존재할 때 1개의 경로만을 남겨두고 나머지는 모두 끊어두었다가, 사용하던 경로에 문제가 발생하면 그때 끊어두었던 경로를 하나씩 살린다고 설명드렸습니다.

자, 그럼 어떻게 STP가 동작하는지 저와 함께 차근차근 알아보죠.

스패닝 트리 프로토콜을 이해하기 위해서는 먼저 2가지 개념을 이해하실 필요가 있습니다.
그 첫 번째가 브리지 ID(Bridge ID)이고, 두 번째는 Path Cost라는 겁니다.

브리지 ID가 뭐냐구요? ID는 일단 느낌이 딱 오시죠? 요즘은 웹 사이트 어디를 들어가려고 해도 ID와 패스워드는 물어보는 세상이니 ID가 'Identification'의 약자라는 것쯤은 다 알고 계실 겁니다.

그럼 브리지도 ID가 필요한가 보죠? 네, 그렇습니다. 브리지 ID란, 브리지나 스위치들이 통신할 때 서로를 확인하기 위해 하나씩 가지고 있는 번호라고 쉽게 생각하시면 될 것 같습니다.

자, 그럼 브리지 ID는 어떻게 만들까요? 분명 어떤 규칙 같은 것이 있을 겁니다. 그것이 바로 [그림 6-1]에 나와 있습니다.

 TIP

Spanning Tree Protocol 을 줄여서 STP라고 한답니다. 네트워크 세상에는 줄임말을 모르면 왕따를 당한답니다. ^^

TIP

스위치도 이 ID를 사용하지만 우린 '스위치 ID'라고 하지 않고 '브리지 ID'라고 한답니다. 좀 이상하죠? 하지만 원래 그렇다고 하니까 우리가 이해해 줘야죠.

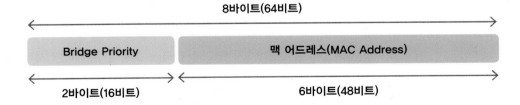

8바이트(64비트)

| Bridge Priority | 맥 어드레스(MAC Address) |

| 그림 6-1 |
Bridge ID

2바이트(16비트)　　　6바이트(48비트)

그림에서 보는 것처럼 브리지 ID는 16비트의 브리지 우선순위(영어로는 Bridge Priority라고 합니다.)와 48비트의 맥 어드레스로 만들어집니다. 맨 앞에 'Bridge Priority'가 오고, 그 뒤에 바로 'MAC Address'가 오는 것이 바로 Bridge ID입니다.

먼저 앞쪽에 있는 브리지 우선순위(Bridge Priority)는 16비트로 만들어지기 때문에 올 수 있는 수는 0부터 $2^{16}-1$까지가 되겠죠. (이진수 시간에 다 배우셨을 테니 따로 설명할 필요는 없겠죠?) 따라서 Bridge Priority에 올 수 있는 수는 0~65535까지가 될 겁니다. 그런데 Bridge Priority는 디폴트로 그 중간에 해당하는 값인 32768을 사용합니다. 즉 아무런 구성도 하지 않은 스위치나 브리지에서 Bridge Priority는 32768이라는 겁니다.

Bridge Priority 뒤에 오는 맥 어드레스는 이미 배운 대로 스위치에 고정되어 있는 값입니다. (물론 대형 스위치의 경우 약간 차이가 나지만 일단 여기선 고정된 값이라고 기억하시기 바랍니다.) 따라서 자신의 고유 맥 어드레스가 Bridge Priority 뒤에 붙게 됩니다. 예를 들어 맥 어드레스가 0260.8c01.1111인 스위치의 브리지 ID가 어떻게 되는지 그림에 나와 있습니다. 여기서 Bridge Priority는 디폴트 값인 32768을 사용했다고 가정하겠습니다. (십진수 32768은 16진수로 바꾸면 8000이 됩니다. 계산해 보세요.^^)

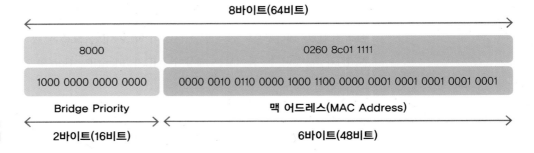

| 그림 6-2 |
Bridge ID의 예

위쪽이 16진수 방식으로 표시한 것이고, 아래쪽이 이진수로 표현되어 있는 것이니 직접 확인해 보시면 좋겠네요. 이렇게 만들어진 Bridge ID는 나중에 스패닝 트리 프로토콜을 수행할 때 아주 중요한 값으로 사용됩니다.

모두 이해하셨죠? 그럼 이제 Path Cost로 넘어갑니다.

Path Cost란 뭘까요? 이제 겨우 Bridge ID란 걸 이해하기 시작했는데 계속 새로운 용어들이 나오네요. 그런데 어쩌죠. 스패닝 트리 프로토콜에선 앞으로도 정말 많은 용어들이 나올 거거든요.

그래서 네트워크를 좀 한다는 사람들도 스패닝 트리 이야기를 꺼내면 모두 고개를 설레설레 흔들곤 한답니다. 그만큼 쉽지 않다는 뜻이겠죠? 하지만 모든 것이 그렇듯이 사실 스패닝 트리도 알고 보면 그리 어려운 것만도 아니랍니다. 중요한 건 기본적인 개념을 잘 이해하는 것이니 저

TIP

Priority는 낮은 값이 더 높은 우선순위를 갖는다는 것을 꼭 알아두시기 바랍니다. 아주 중요하거든요!

와 함께 차근차근 기본을 쌓아가다 보면 STP는 그리 큰 산이 아닐 겁니다.

Path Cost란 말 그대로 Path=길, Cost=비용이니까 '길을 가는 데 드는 비용' 정도로 이해하시면 좋을 것 같습니다. 네트워크 분야에서 길이란, 바로 장비와 장비가 연결되어 있는 링크를 말하는 겁니다. 즉 Path Cost란, 브리지가 얼마나 가까이, 그리고 빠른 링크로 연결되어 있는지를 알아내기 위한 값입니다.

원래 스패닝 트리 프로토콜을 정의하고 있는 IEEE 802.1D에서는 이 Cost 값을 계산할 때 1,000Mbps를 두 장비 사이의 링크 대역폭으로 나눈 값을 사용했습니다.

예를 하나 들어볼까요? 두 스위치가 10Mbps로 연결되어 있다고 가정해 보겠습니다. 아까 배운 대로 Path Cost는 1,000Mbps를 둘 사이의 링크 대역폭(즉 여기서는 10Mbps가 되죠.)으로 나눈 값이라고 했으니 다음과 같겠네요.

1,000/10 = 100

따라서 Path Cost가 100이 됩니다.

그럼 하나 더 예를 들어 볼까요? 100Mbps로 연결된 링크라면 Path Cost는 얼마일까요? 1,000/100이니 답은 10이 됩니다. 쉽죠?

즉 Path Cost는 링크의 속도(대역폭)가 빠르면 빠를수록 더 작은 값이 되는 거죠. 말하자면 링크 속도가 빠르면 그만큼 빨리 도착할 테니 Path Cost는 적게 든다고 보는 것이죠.

그런데 문제가 생겼습니다. 바로 기가비트(1,000Mbps)와 ATM이 나온 것입니다. 왜 문제가 되는지 알아볼까요? 아까 배운 대로 기가비트로 계산을 해보면 1,000/1,000=1이 나옵니다. 그런데 10기가비트라면 1,000/10,000이 되니 답이 0.1이 되는 건가요? 여기서부터 좀 곤란해지는군요. 또 ATM인 OC-48은 어떻게 되죠? 여러분이 아시는 대로 OC-48은 2.4Gbps이니 1,000/2,400=0.42가 되네요.

이렇게 다양한 속도가 나오면서 그동안 사용해 오던 계산법에 따라 계산을 하면 소수점이 나오는 문제가 생긴 겁니다. 그래서 IEEE에서는 소수점이 나오지 않도록 하기 위해 각 속도마다 다음 표와 같은 Path Cost 값을 정의하게 되었지요. 여기 나온 것을 모두 외울 필요는 없지만 자주 사용하는 것 한두 개는 알아두면 도움이 될 겁니다. 10메가, 100메가, 그리고 기가비트 정도까지만 알아두세요.

그럼 이 값을 가지고 실제 Path Cost를 계산해 보겠습니다. [그림 6-3]을 보면 스위치 A와 스위치 B는 10메가로 연결되어 있습니다. 따라서 스위치 B에서 스위치 A로 가는 Path Cost 값은 100이 됩니다.

Bandwidth(대역폭)	STP Cost(Path Cost)
4Mbps	250
10Mbps	100
16Mbps	62
45Mbps	39
100Mbps	19
155Mbps	14
622Mbps	6
1Gbps	4
10Gbps	2

이번에는 스위치 A와 스위치 C가 100메가로 연결되어 있는 걸 볼 수 있습니다. 그렇다면 스위치 C에서 스위치 A로 가는 Path Cost는 19란 걸 금방 눈치챌 수 있을 겁니다. 뿐만 아니라 이런 경우도 있겠죠. 예를 들어 스위치 C 아래에 스위치 D가 있다고 가정하면 스위치 D에서 스위치 A로 가는 Path Cost는 어떻게 될까요? 그림을 살펴보면 스위치 D에서 스위치 C로 가는 Path Cost 19와 다시 스위치 C에서 스위치 A로 가는 Path Cost 19를 더한 값인 38이 됩니다.

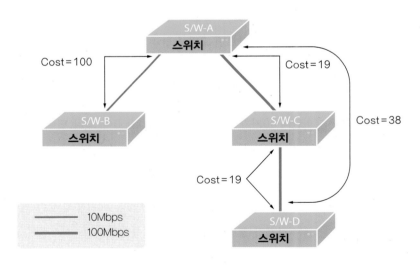

| 그림 6-3 |
스위치 사이의 Path Cost 계산

그리 어렵진 않죠?

자, 그럼 지금까지 배운 걸 정리해 볼까요? 스패닝 트리 계산을 위해 2가지 개념을 먼저 알아야 한다고 말씀드렸습니다. 그 첫 번째가 바로 Bridge ID입니다. 모든 브리지나 스위치들이 꼭 하나씩 가지고 있는 이 ID는 스패닝 트리 계산에서 아주 요긴하게 사용되는데, 전체 8바이트(64비트)로 이루어져 있고 앞의 2바이트(16비트)는 Bridge Priority, 그리고 뒤의 6바이트(48비트)는 맥 어드레스로 만들어졌다고 했습니다.

두 번째로 알아야 할 개념은 Path Cost로, 한 스위치에서 다른 스위치로 가는 데 드는 비용이라고 했습니다. (사실 비용이라고 해서 모두 돈은 아니랍니다. '노력' 정도로 생각하시면 되겠네요. ^^) 그래서 Path Cost는 속도가 빠를수록 값이 작습니다. 예전에는 1000을 자기 속도로 나눈 값을 썼는데, 다양한 속도가 나오는 바람에 소수점 값이 나오게 되었고, 이를 막기 위해 IEEE은 아예 정수값으로 Path Cost 값을 지정했지요.

스패닝 트리를 잘하려면 3가지만 기억하세요!

스패닝 트리 프로토콜은 복잡한 스위치의 루핑을 방지하기 위한 복잡한 프로토콜처럼 보이지만, 사실은 3가지 기본적인 동작만 이해하면 아주 단순 명료합니다. 그 3가지가 무엇인지부터 알아보겠습니다. 어떻게 보면 이 3가지는 꼭 외워야 하는 수학공식과 같습니다. 따라서 조금 어렵더라도 일단 외워두시기 바랍니다.

- **첫째,** 네트워크당 하나의 루트 브리지(Root Bridge)를 갖는다.
- **둘째,** 루트 브리지가 아닌 나머지 모든 브리지(Non Root Bridge)는 무조건 하나씩의 루트 포트(Root Port)를 갖는다.
- **셋째,** 세그먼트(Segment)당 하나씩의 데지그네이티드 포트(Designated Port)를 갖는다.

우선 첫 번째로 네트워크당 하나의 루트 브리지를 갖는다고 했습니다. 여기서 말씀드린 네트워크는 스위치나 브리지로 구성된 하나의 네트워크입니다. 따라서 라우터에 의해 나누어지는 브로드캐스트 도메인이 하나의 네트워크라고 생각하시면 될 것 같습니다. 즉 하나의 브로드캐스트 도메인에 하나씩의 루트 브리지가 있는 것이죠.

그렇다면 루트 브리지(Root Bridge)는 뭘까요? 한마디로 대장 브리지입니다. 즉 스패닝 트리 프로토콜을 수행할 때 기준이 되는 브리지(스위치)입니다. 일단 이렇게만 알아두시고 나중에 직접 동작을 보면 쉽게 이해가 되실 겁니다.

두 번째, 루트 브리지가 아닌 나머지 모든 브리지를 Non Root Bridge라고 하는데, 이 Non Root Bridge당 하나씩의 루트 포트(Root Port)를 가져야 합니다. 여기서 루트 포트란, 루트 브리지에 가장 빨리 갈 수 있는 포트를 말합니다. 즉 루트 브리지 쪽에 가장 가까운 포트라고 볼 수 있습니다. 아까 말씀드린 대로 네트워크당 하나씩의 루트 브리지가 있으므로 루트 브리지를 제외한 나머지 모든 브리지는 자동으로 Non Root Bridge가 됩니다. 따라서 나머지 브리지들은 루트 브리지 쪽으로 가장 가까이 있는 루트 포트를 하나씩 지정해 주어야 합니다.

세 번째, 세그먼트당 하나씩의 Designated Port(우리말로는 '지정 포트' 정도로 해석되고 '데지그네이티드 포트'라고 읽습니다.)를 갖습니다. 여기서 세그먼트란, 쉽게 생각해서 브리지 또는 스위치 간에 서로 연결된 링크라고 보시면 됩니다. 즉 브리지나 스위치가 서로 연결되어 있을 때

이 세그먼트에서 반드시 한 포트는 Designated Port로 선출되어야 한다는 겁니다.

아무리 봐도 뭐가 뭔지 감이 안 오시는 분들 계시죠? 말로 백 번 설명하기보다는 한 번 보여드리는 것이 좋을 듯해서 예를 통해 설명하겠습니다. [그림 6-4]를 보시기 바랍니다.

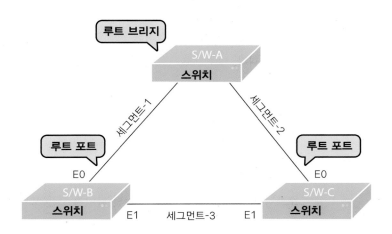

그림에서 스위치 A, 스위치 B, 스위치 C로 이루어진 스위치 네트워크가 있다고 가정해 보겠습니다. 아까 배운 규칙을 이곳에 적용하면 되겠죠?

첫 번째 규칙은 네트워크당 하나의 루트 브리지를 지정한다고 했습니다. 그래서 여기서는 스위치 A라는 스위치가 루트 브리지로 선정된 겁니다. 왜 스위치 A가 루트 브리지로 선정되었는지는 우선 생각하지 않기로 합니다. 선정 기준은 뒤에서 다시 배울 테니까요. 여기에서는 그냥 루트 브리지를 뽑았는데, 그것이 바로 스위치 A라고 가정하겠습니다.

그렇다면 두 번째 규칙에 따라 나머지 모든 브리지들, 즉 Non Root Bridge들은 루트 브리지 쪽에 가장 가까운 루트 포트를 하나씩 선정해야겠죠? 그림에서 Non Root Bridge는 스위치 B와 스위치 C이기 때문에 각각의 스위치에서 하나씩의 루트 포트(Root Port)를 선정했습니다. 여러분이 보기에는 어떤 포트가 루트 포트가 될 것 같나요? 두 스위치 모두 E0 포트가 루트 브리지에 더 가까이 있습니다. 그래서 E0가 루트 포트로 선정되었습니다. 별로 어렵지 않지요? ^^

마지막 세 번째 규칙을 적용하기 전에 먼저 세그먼트가 무엇인지 그림을 통해 알아보겠습니다. 그림에서 보는 것처럼 세그먼트는 브리지 또는 스위치 간의 연결 링크라고 쉽게 생각하시면 됩니다. 그림에서 세그먼트 1은 스위치 A와 스위치 B 간의 링크가 됩니다. 이때 각 세그먼트별로 하나씩의 데지그네이티드 포트를 지정해야 한다고 했으므로 세그먼트 1에서 스위치 A의 E0 포트와 스위치 B의 E0 포트 중에서 하나는 데지그네이티드 포트로 선정해야 합니다.

누가 데지그네이티드 포트로 선정되는지는 나중에 더 설명할 부분이니 여기서는 알아보지 않겠습니다.

결국 스패닝 트리 프로토콜은 지금 배운 3가지 규칙을 적용해서 어느 쪽 링크를 살려두고, 어느 쪽 링크를 끊을지 결정하는 과정입니다. (스패닝 트리 프로토콜은 둘 이상의 경로가 생기면 하나만 남기고 끊어둔다는 말 기억하시죠?)

자, 그럼 여기서 배운 걸 정리해 볼까요? 스패닝 트리 프로토콜은 3가지 과정만 기억하면 된다고 했습니다.

- **첫째,** 네트워크당 하나의 루트 브리지를 선정한다.
- **둘째,** Non Root Bridge당 하나의 루트 포트를 선정한다.
- **셋째,** 세그먼트당 하나의 데지그네이티드 포트를 선정한다.

그리고 마지막으로 하나 더 기억해 두셔야 할 것이 있습니다. 스패닝 트리 프로토콜에서 루트 포트나 데지그네이티드 포트가 아닌 나머지 모든 포트는 다 막아버린다는 사실입니다. 즉 루트 포트와 데지그네이티드 포트를 뽑는 목적은 어떤 포트를 살릴지 결정하기 위한 것입니다.

04
SECTION

누가 누가 더 센가?
STP에서 힘 겨루기

스패닝 트리 프로토콜에서 어떤 일이 일어나는지는 대충 이해하셨죠? 지금부터는 스패닝 트리 프로토콜에서 이런 일이 벌어질 때 어떻게 순서를 정하는지 알아보겠습니다. 즉 누가 루트 브리지가 될지를 정하고, 누가 루트 포트나 데지그네이티드 포트가 될지를 정하려면 어떤 순서가 필요합니다. 그래서 다음과 같은 4단계를 통해서 이런 순서를 정하게 됩니다.

- **1단계** : 누가 더 작은 Root BID를 가졌는가?
- **2단계** : 루트 브리지까지의 Path Cost 값은 누가 더 작은가?
- **3단계** : 누구의 BID(Sender BID)가 더 낮은가?
- **4단계** : 누구의 포트 ID가 더 낮은가?

와, 또 공식이 나왔네요!

그래서 스패닝 트리 프로토콜이 어렵다고 하는 모양입니다. 방금 전에도 3가지만 알면 된다면서 스패닝 트리의 규칙이 나왔는데, 다시 순서 정하기 4단계가 나오니 아마 이쯤에서 스위치쪽은 건너뛰고 싶은 생각이 드는 분들이 계실 것 같네요. 하지만 장담하건데 이제 더 이상은 공식이 안 나온답니다. 너무 걱정하지 말고 이 2가지 규칙만 기억하세요. 그럼 스패닝 트리는 정말 쉬워진답니다.

지금 설명드린 4단계에는 나중에 예제를 보고 설명을 해드리겠습니다. 우선은 이런 것이 있다는 정도로만 알아두시기 바랍니다. 차차 요긴하게 쓸 때가 있습니다.

브리지(스위치도 마찬가지입니다.)는 스패닝 트리 정보를 자기들끼리 주고받기 위해서 특수한 프레임을 사용하는데, 이를 'BPDU(Bridge Protocol Data Unit)'라고 합니다. [그림 6-5]에 부지런히 스패닝 트리 정보를 실어 나르는 BPDU의 모습이 보입니다. 그림에서 보는 것처럼 BPDU에는 아까 설명드린 루트 브리지의 BID인 Root BID, 루트 브리지까지 가는 경로값인 Root Path Cost, 보내는 브리지의 BID인 Sender BID, 그리고 어떤 포트에서 보냈는지를 알게 해주는 Port ID 정보 등이 실려 있습니다.

브리지나 스위치가 부팅을 하면 이들은 각각의 포트로 BPDU를 매 2초마다 내보내면서 서로의 스패닝 트리 정보를 주고받게 됩니다. 즉 브리지는 이 BPDU를 서로 주고받으면서 누가 루트 브리지이고 어떤 포트가 루트 포트가 될지, 그리고 어떤 포트가 데지그네이티드 포트가 될지를 결정하게 됩니다. 그러니 BPDU는 스패닝 트리 프로토콜에서 우체부 아저씨와 같은 아주 중요한 역할을 합니다.

이 역할에 대해서는 뒤에서 좀 더 자세히 살펴보기로 하고 여기서는 브리지나 스위치가 스패닝 트리 정보를 서로 주고받기 위해서 BPDU란 우체부를 사용합니다. 이때 어떤 BPDU가 가장 좋은 BPDU인가를 결정하기 위해 위에서 배운 4단계의 순서 정하기를 사용한다고 이해하시면 되겠네요.

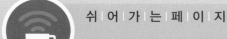

무엇인가 시도해 보기 전에…

살아가면서 우리는 무엇인가를 시작해 보기도 전에 포기하는 경우가 더 많을지도 모릅니다. 거기에는 여러 가지 이유가 있겠지요.

너무 바빠서…

아직은 그 정도의 실력이 안 돼서…

지금 하고 있는 일이 있어서…

나에겐 애초부터 맞지 않는 일이어서…

하지만 우리가 이렇게 여러 가지 이유를 만들고 있는 이 순간에도 주변의 어떤 사람들은 이미 성공을 위해 노력하고 있다는 걸 잊지 마시기 바랍니다.

우연히 인터넷에서 CCIE 자격증을 4개나 가지고 있는 사람의 인터뷰를 읽었습니다. 그는 아직 20대 초중반으로 보이는 무척 앳된 청년이었습니다. 하나를 따기도 어려운데 어떻게 그 많은 자격증을 딸 수 있었을까요?

하지만 그 역시 하루하루가 바쁜 직장인이었고, 그에게도 시험은 어려운 도전이었을 겁니다.

그가 우리와 다른 점이 있다면 안 되는 이유를 찾느니보다 그냥 시작했다는 겁니다.

혹시 지금도 우린 '다음에'라는 말을 너무 많이 찾고 있는 것이 아닌지 모릅니다.

다음에 좀 더 여유가 생기면…

다음에 기회가 된다면…

다음에…

다음에…

당장 오늘부터라도 작은 일 하나에서 시작해 보는 것이 어떨까요? 분명히 오늘부터 시작한 사람은 내일 시작한 사람보다는 앞서갈 겁니다. 어쩌면 평생 그 사람을 앞설 수 있을지 모릅니다.

조금씩 조금씩, 하지만 쉬지 않고 나아가는 모두가 되었으면 하는 바람입니다.

모두 파이팅합시다!

05
SECTION

스위치에서 대장 브리지 (Root Bridge) 뽑기

지금까지 모든 재료 준비가 끝났네요. 보통 요리 강습에서도 본격적으로 요리를 만드는 시간보다는 재료를 준비하고, 제대로 손질하는 데 더 많은 시간이 걸립니다. 마찬가지로 스패닝 트리역시 지금까지 몇 가지 복잡한 설명으로 머리가 아프셨겠지만, 실제 스패닝 트리가 어떻게 만들어지는지 이제부터 설명하는 건 그리 복잡하지 않답니다.

먼저 [그림 6-6]을 보시죠.

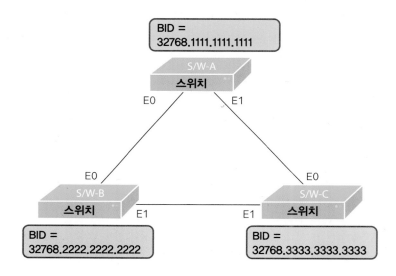

| 그림 6-6 |
3대의 스위치 연결에서
루트 브리지 선출하기

그림에서 보이는 대로 이 네트워크에는 3대의 스위치가 있습니다. 편의상 이 스위치들을 '스위치 A', '스위치 B', '스위치 C'라고 이름을 붙이겠습니다. 3대의 스위치는 그림과 같이 서로 연결되어 있습니다. 그리고 각 스위치는 그림처럼 BID(Bridge ID)를 갖는다고 가정하겠습니다.

이쯤 되면 'BID가 어떻게 구성되더라?' 하고 머리를 긁적거리는 분이 있을 겁니다. 벌써 기억이 가물가물하신 분을 위해 다시 한번 내용을 더듬어 보겠습니다. BID는 전체 64비트로 구성되어있고 가장 앞의 16비트에는 브리지 우선순위(Bridge Priority)가, 뒤에 오는 48비트에는 브리지또는 스위치의 맥 어드레스가 위치합니다. 이때 만약 디폴트 구성이라면 맨 앞에 오는 Bridge Priority는 32768이 됩니다.

그림은 디폴트 구성을 가정한 것입니다. 따라서 맨 앞에 오는 브리지 우선순위는 32768로 모두 같습니다. 그리고 그 뒤에 오는 맥 어드레스는 편의상 스위치 A는 1111.1111.1111로, 스위치 B는 2222.2222.2222로, 스위치 C는 3333.3333.3333이라고 가정하겠습니다.

자, 이제 대장 브리지(Root Bridge)를 뽑아보겠습니다. 대장 브리지를 뽑는 조건은 무조건 낮은 BID를 갖는 녀석이 대장이 되는 겁니다. 어떻게 대장 브리지를 뽑는지 그 과정을 알아보겠습니다.

그림을 보면서 우선 스위치 B와 스위치 C, 이렇게 2대의 스위치가 부팅(여기서 부팅이란, 전원 스위치를 켜서 스위치를 작동하기 시작한 것을 의미합니다.)을 시작했다고 가정하겠습니다.

그럼 이제 스위치 B와 스위치 C는 서로 BPDU(Bridge Protocol Data Unit)를 주고받게 됩니다. 지난 번에 배운 대로 BPDU는 스패닝 트리에 대한 여러 가지 정보를 담고 있으면서 매 2초에 한 번 뿌려지는 프레임입니다. 이렇게 서로 BPDU를 주고받는 건 이미 배운 대로 서로의 스패닝 트리 정보를 주고받아 스패닝 트리를 완성하기 위해서겠죠?

브리지가 맨 처음 부팅하고 나서 내보내는 BPDU에는 Sender BID 정보는 물론 자기 자신의 BID를 넣게 됩니다. 루트 브리지의 BID 역시 자기 자신의 BID를 넣게 됩니다. 왜냐하면 이 브리지는 이제 막 부팅이 끝나 다른 BPDU를 한 번도 받지 못했기 때문에 일단 이 네트워크에는 자기 혼자 있다고 생각하는 겁니다. 브리지가 혼자 있는 네트워크라면 당연히 자기가 루트 브리지가 되겠죠? ^^

이렇게 스위치 B와 스위치 C는 루트 브리지 BID를 자기 자신의 BID로 세팅해서 BPDU를 서로 주고받았습니다. [그림 6-7]이 보이시죠? 스위치 B와 스위치 C는 모두 각자의 BID를 루트 브리지 BID로 세팅해서 BPDU를 보내고 있습니다.

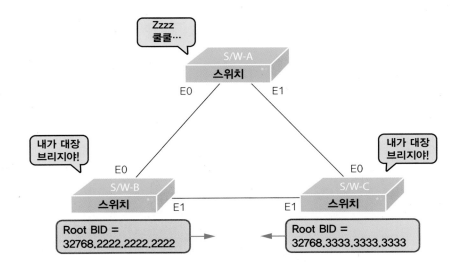

| 그림 6-7 |
스위치 B와 스위치 C의
루트 브리지 뽑기

먼저 스위치 B에서의 상황입니다. 스위치 B가 BPDU를 내보내고 얼마 지나지 않아 스위치 C로부터 BPDU가 도착했습니다. 열어보니 여기에는 루트 브리지의 BID가 32768.3333.3333. 3333으로 되어 있군요. 이것은 스위치 C가 보낸 BPDU이기 때문입니다.

그럼 스위치 B는 자기가 알고 있던 정보, 즉 루트 브리지의 BID가 32768.2222.2222. 2222라는 정보와 방금 스위치 C로부터 받은 정보를 비교하게 됩니다. 그렇다면 둘 중 어떤 BID가 루트 브리지로 될까요?

네, 맞습니다. 바로 낮은 BID가 루트 브리지로 됩니다. 따라서 루트 브리지의 BID는 32768. 2222.2222.2222가 되는 겁니다. 즉 스위치 B는 방금 스위치 C에서 받은 BPDU를 무시해 버립니다. (왜냐하면 내가 가진 BPDU에 있는 루트 BID가 좀 더 낮은 값이니까요. ⌒⌒)

이번에는 스위치 C에서의 상황입니다. 스위치 C 역시 제일 처음 부팅한 후 자신의 BID를 루트 브리지 BID라고 해서 세팅한 BPDU를 내보내고 얼마 되지 않아 스위치 B로부터 BPDU를 받았습니다.

이 BPDU에는 루트 브리지 BID가 32768.2222.2222.2222로 되어 있죠? 이 값과 자신이 방금 보낸 BPDU에 있는 루트 브리지 ID 32768.3333.3333.3333을 비교해 보니 방금 스위치 B로부터 받은 BPDU에 더 좋은 루트 브리지 ID가 있군요. (왜냐하면 32768.2222.2222.2222가 32768.3333.3333.3333보다 더 낮은 수이기 때문입니다.) 따라서 이제부터 스위치 C는 자신의 BPDU에 있는 루트 브리지 BID를 스위치 B의 BID로 바꾸어 다른 곳으로 전송하게 됩니다. 즉 스위치 B를 대장 브리지(루트 브리지)로 인정하고 그의 명령을 따르게 되는 것이죠. ⌒⌒

[그림 6-8]이 보이시죠?

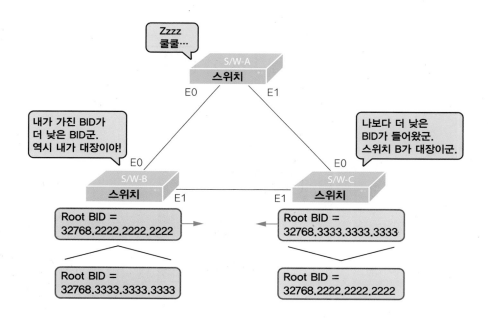

| 그림 6-8 |
평화가 찾아온
스위치 B와 스위치 C

206

이제 스위치 B와 스위치 C 사이에는 평화가 찾아왔습니다. 스위치 B가 루트 브리지라는 데 의견일치를 본 겁니다. 그러나 그 평화는 그리 오래가지 않습니다. 잠시 후 새로운 스위치 A가 부팅을 시작한 겁니다.

스위치 A는 다른 스위치와 마찬가지로 맨 처음 부팅했을 때는 누가 루트 브리지인지 알지 못합니다. 아직 어느 누구에게도 BPDU를 받지 못했기 때문이죠. 부팅을 마친 스위치 A는 자신의 BPDU에 루트 브리지의 BID를 자기 BID인 32768.1111.1111.1111로 실어서 양쪽의 스위치 B와 스위치 C에 보냅니다.

이때 벌써 스위치 B와 스위치 C에서 역시 BPDU가 스위치 A쪽으로 날아오고 있네요. 스위치 B와 스위치 C쪽에서 보낸 BPDU에는 루트 브리지가 어떻게 세팅되어 있을까요? 이 BPDU에 들어 있는 루트 브리지 BID 필드에는 스위치 B의 BID인 32768.2222.2222.2222 값이 들어 있습니다. [그림 6-9]를 보면 스위치들이 서로 BPDU 값을 주고받는 것이 보입니다.

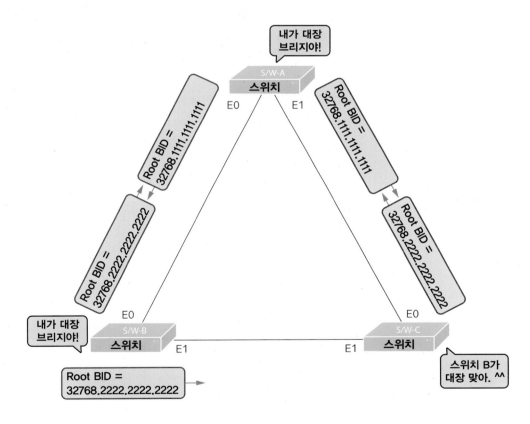

| 그림 6-9 |
스위치 A 부팅 후 BPDU를
주고받는 3대의 스위치들

이제 확실히 이해하셨을 겁니다. 둘 중 어떤 값이 더 낮은 수일까요? 32768.1111.1111.1111이 더 낮은 값입니다. 따라서 이 값을 BID로 갖는 스위치 A가 루트 브리지가 됩니다. 이제 다시 3대의 스위치들에게 평화가 찾아왔습니다. 모두 스위치 A를 루트 브리지로 인정한 것이죠. BPDU를 주고받아 보니 스위치 A의 BID가 가장 낮은 값이었던 것입니다.

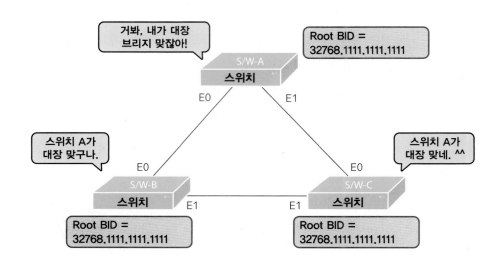

| 그림 6-10 |
루트 브리지 선정이 끝난 스위치

간단하게 정리하면 BID가 가장 낮은 값을 가지고 있는 브리지가 루트 브리지가 된다는 것을 이렇게 장황하게 그림과 이야기로 설명을 드린 겁니다. 하지만 중요한 건 브리지나 스위치가 맨 처음 부팅해서 루트 브리지를 찾아나가는 과정입니다. 이 과정을 꼭 이해하셔야 합니다.

한 가지 질문을 드리겠습니다. 만약 내가 네트워크 관리자인데 스위치 C를 꼭 루트 브리지로 만들고 싶다면 어떻게 해야 할까요? 그건 바로 스위치 C의 BID를 스위치 A의 BID보다 낮은 값으로 만드는 겁니다.

어떻게 하면 될까요? 그래서 Bridge Priority 필드가 있는 겁니다. 예제에서는 Bridge Priority 값이 디폴트 값인 32768이었지만, 이 값을 이보다 작은 수로 만든다면 그 스위치가 가장 낮은 BID를 가질 수 있겠죠.

예를 들어 스위치 C의 Bridge Priority를 100으로 바꾼다면 BID는 100.3333.3333.3333이 되겠죠? 따라서 현재 루트 브리지의 BID인 32768.1111.1111.1111보다 낮은 수가 되어 스위치 C가 루트 브리지가 되는 겁니다.

실제 시스코 스위치 Catalyst 2950에서 브리지의 Priority 값을 변경하는 예제를 살펴보겠습니다.

```
SW-3(config)#spanning-tree vlan 1 priority 100
```

예제에서는 브리지의 Priority를 디폴트 값인 32768에서 100으로 변경했습니다. 위에 있는 vlan 1이란 건 나중에 배우도록 하고, 우선은 스위치에서 브리지 Priority를 이렇게 세팅한다는 정도만 알아두시면 됩니다.

이렇게 Bridge Priority가 바뀐 것은 'show spanning-tree' 명령을 이용해서 확인할 수 있습니다.

```
SW-3#show spanning-tree

Spanning tree 1 is executing the IEEE compatible Spanning Tree protocol
  Bridge Identifier has priority 100, address 0090.b1a6.a400
  Configured hello time 2, max age 20, forward delay 15
  We are the root of the spanning tree
  Topology change flag not set, detected flag not set, changes 3
  Times: hold 1, topology change 35, notification 2
         hello 2, max age 20, forward delay 15
  Timers: hello 0, topology change 0, notification 0

Interface Fa0/15 (port 27) in Spanning tree 1 is FORWARDING
  Port path cost 19, Port priority 128
  Designated root has priority 100, address 0090.b1a6.a400
  Designated bridge has priority 100, address 0090.b1a6.a400
  Designated port is 27, path cost 0
  Timers: message age 0, forward delay 0, hold 0
  BPDU: sent 640, received 4
```

그럼 문제를 통해서 제대로 이해하고 있는지 확인해 볼까요?

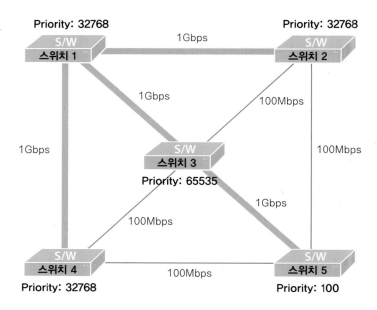

먼저 그림을 봐주시기 바랍니다. 지금까지 배웠던 것보다 훨씬 더 복잡한 스위치 구성이 보이시죠? ^^
여기서 어떤 것이 루트 브리지인지를 찾아보세요.

| 설명 |

그림은 복잡해 보이지만 사실 원리만 알고 나면 정말 쉬운 문제랍니다.

앞에서 배운 대로 루트 브리지는 BID가 가장 낮은 값을 가진 애가 된다고 설명드렸죠? 그리고 BID는 브리지의 Priority와 MAC 주소로 구성된다는 것도 아실 겁니다. 그럼 이제 답이 보이시나요? ^^

네, 이 그림에서는 브리지 Priority가 가장 낮은 애가 바로 스위치 5죠? 100으로 세팅되어 있습니다. 따라서 뒤에 따라오는 MAC 주소와 상관없이 스위치 5가 루트 브리지로 선정된답니다.

이해하셨죠? ^^

06
SECTION

졸병 브리지(Non Root Bridge)의 루트 포트 선출기

치열했던 대장 브리지 선출 과정이 이제 막을 내렸습니다. 그렇다고 모든 것이 끝난 건 아닙니다. 어느 사회에서나 그렇듯이 대장이 뽑히고 나면 나머지 사람들은 그 대장에게 줄을 대보려고 합니다. 스위치 세계도 예외는 아닙니다. 바로 줄대기가 시작되는군요.

이제 루트 브리지의 선출이 끝나자 바로 스위치들의 루트 포트 선출이 시작되었습니다. 앞에서 배운 3가지 규칙 중에서 두 번째 규칙 기억나시죠? '모든 Non Root Bridge는 반드시 한 개의 루트 포트(Root Port)를 갖는다'가 바로 그 규칙입니다.

앞에서 설명드렸지만 루트 포트는 루트 브리지에 가장 가까이 있는 포트를 말합니다. 가장 가까이 있다는 건 어떤 뜻일까요? 네, 맞습니다. Path Cost가 가장 적게 드는 포트가 가장 가까이 있다는 걸 말합니다.

복습은 이 정도로 끝내고 이제 Non Root Bridge에서의 루트 포트 선출을 시작해 보겠습니다.

> **TIP**
>
> Path Cost라는 말 다 기억나시죠? 앞에서 표까지 그려가며 설명드린 내용입니다. 링크의 대역폭에 따라 대역폭이 크면 Path Cost는 작고, 대역폭이 작으면 Path Cost 값은 커집니다.

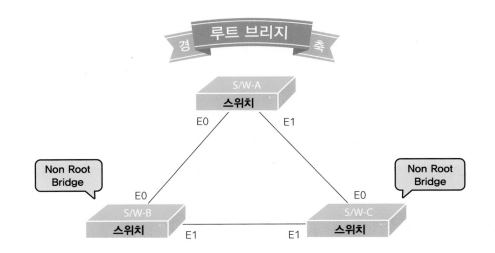

| 그림 6-11 |
Root Bridge와
Non Root Bridge

[그림 6-11]을 보시면 어떤 스위치가 Non Root Bridge인지를 한눈에 척 알 수 있습니다. 스위치 B와 스위치 C입니다. 따라서 이 두 스위치에서 각각 한 개의 루트 포트를 뽑아야 합니다.

스위치 B와 스위치 C에서 루트 포트를 뽑으려면 우선 Root Path Cost를 알아봐야 합니다.

Root Path Cost는 쉽게 루트 브리지까지의 Path Cost라고 생각하시면 됩니다. 따라서 맨 처음 루트 브리지 스위치 A를 출발할 때의 Root Path Cost는 0입니다. [그림 6-12]를 보시면 루트 브리지에서의 Root Path Cost가 0인 것을 알 수 있습니다.

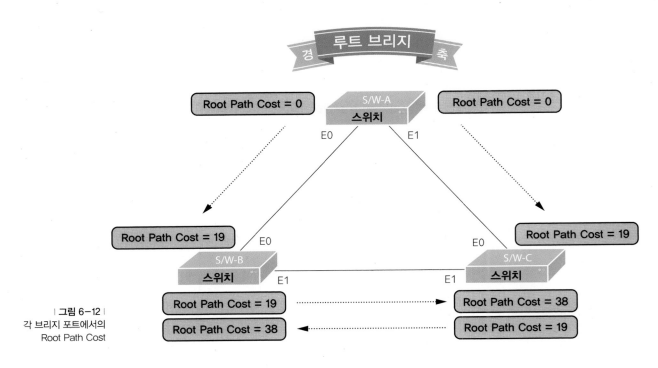

| 그림 6-12 |
각 브리지 포트에서의
Root Path Cost

그림에서 각 스위치들은 패스트 이더넷(100Mbps)으로 연결되어 있다고 가정하겠습니다. 이 경우 Path Cost는 앞에서 배운 대로 19가 됩니다. 따라서 스위치 B의 E0 포트에서는 Root Path Cost 값이 다음과 같습니다.

$0 + 19 = 19$

이 값은 스위치 B의 E1 포트로 전달되고 다시 아래쪽 링크를 통해서 스위치 C의 E1 포트쪽으로 전달됩니다. 스위치 B와 스위치 C 간에도 역시 100메가 통신을 하고 있다고 가정했기 때문에 스위치 C의 E1 포트에서 Root Path Cost 값은 다음과 같이 계산됩니다.

$0 + 19 + 19 = 38$

마찬가지로 스위치 C의 E0 포트의 Root Path Cost 값은 19가 됩니다.

일단 Root Path Cost를 계산했으니 이제 루트 포트를 선정할 차례네요. (사실 이런 값을 계산하지 않아도 대충 루트 포트를 찾을 수 있습니다. 어차피 루트 브리지에 가장 가까운 포트는 눈으로 봐도 보이니까요.) 어쨌든 지금까지 계산한 Root Path Cost 값이 낮은 스위치 B의 E0 포트와 스위치 C의 E0 포트가 루트 포트로 선정되었습니다.

이렇게 3가지 규칙 중 두 번째인 '모든 Non Root Bridge는 반드시 한 개의 루트 포트(Root Port)를 갖는다'가 해결되었습니다. 역시 설명만 길지 그리 어려운 건 아니죠? ^^

후·니·의 1분 정보   APT II

자… 그럼… 지난 시간에 소개해 드린 APT 공격은 어떻게 막아낼 수 있을까요?

음… 우선 결론부터 이야기하자면, 딱 하나의 솔루션으로 막아내기는 쉽지 않다는 겁니다. 앞에서 설명한 것처럼 공격방법이 딱 하나가 아니기 때문이죠.
따라서 방화벽도 필요하고, IPS(침입 방어 시스템)도 필요하며, 다양한 보안 솔루션이 필요하게 되는 겁니다. 이때 등장하게 되는 또 하나의 솔루션이 샌드박스 솔루션입니다.

샌드박스?? 우리나라 말로 모래상자?? 이거 뭘까요??

그림 보이시죠? 이게 샌드박스입니다. 미국 가정집에는 뒤뜰에 애들이 모래 장난을 할 때 샌드박스를 만들어 안전하게 놀 수 있게 해준다고 하는데, 여기서 유래한 말이라고 합니다. 보안에서 이야기하는 샌드박스는 그림의 모래상자처럼 위험성이 의심되는 파일을 격리된 환경에서 구동시켜서 악성 행위가 일어나는지를 확인해보는 기술을 말합니다. ^^ 즉 이미 알려진 악성 코드야… 시그니처를 확인해서 막아내면 그만이지만… 알려지지 않은 악성 파일은 시그니처로 막아낼 수 없겠죠? 그래서 격리된 모래상자 안에 그 파일을 넣고 한번 구동해보는 겁니다. ㅎㅎ

전에 설명해드린 APT를 기억해보신다면 APT의 가장 일반적인 공격 방식이 바로 악성 파일을 통한 감염이다 보니 요즘에는 이와 같은 샌드박스 솔루션이 APT 공격 방어에 유용한 솔루션으로 소개되고 있답니다. 하지만 샌드박스 솔루션이 있다고 악성 파일 공격을 다 막아낼 수 있는 건 아니랍니다. 해커들도 머리가 좋아서 빠져나갈 방법을 만드는 거죠. ㅎㅎ
암튼 샌드박스 솔루션 시장이 요즘 떠오르고 있는데, 대부분의 보안 전문 회사는 이와 같은 샌드박스 솔루션을 보유하고 있답니다. 물론 시스코도 강력한(?) 샌드박스 솔루션을 보유하고 있습니다.

이번 시간은 여기까지~

스패닝 트리의 마지막 단계
데지그네이티드 포트(Designated Port) 뽑기

SECTION 07

여러분들과 웃고 즐기는 사이에 어느덧 스패닝 트리를 구성하는 3단계 중 두 단계를 마쳤네요. 즉 루트 브리지 뽑기와 루트 포트 뽑기를 마쳤고, 이제 마지막으로 데지그네이티드 포트(Designated Port) 뽑기가 남았습니다. 지금까지 두 단계를 거쳐 [그림 6-13]의 결과를 얻었습니다.

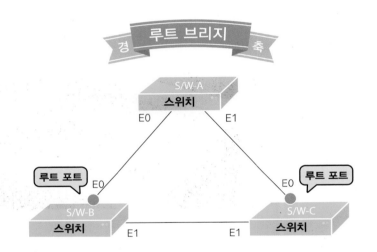

| 그림 6-13 |
루트 브리지와 루트 포트

데지그네이티드 포트를 뽑는 일이 스패닝 트리의 세 번째 단계이긴 하지만, 어떻게 보면 가장 중요한 단계입니다. 결국 데지그네이티드 포트를 뽑아야 스패닝 트리에서 어떤 포트를 풀어주고 어떤 포트는 막을지가 결정되기 때문입니다. 결국 데지그네이티드 포트 뽑기는 스패닝 트리의 클라이맥스라고 할 수 있겠네요. ^^

자, 그럼 비장하게 스패닝 트리의 세 번째 규칙을 되새겨보겠습니다. '세그먼트당 하나씩의 데지그네이티드 포트를 갖는다'가 바로 세 번째 규칙입니다. 즉 브리지 네트워크에서 브리지와 브리지로 연결된(스위치와 스위치로 연결된 것도 포함) 세그먼트당 각각 한 개의 데지그네이티드 포트를 뽑아야 한다는 것입니다.

그럼 무엇으로 데지그네이티드 포트를 뽑을까요? 루트 브리지까지의 Path Cost, 즉 세그먼트 상에서 Root Path Cost를 서로 비교해서 더 작은 Root Path Cost를 가진 포트가 데지그네이티드 포트로 선출됩니다.

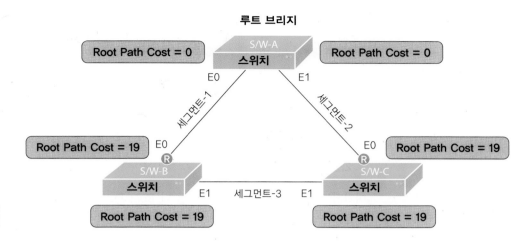

루트 브리지

Root Path Cost = 0   S/W-A 스위치   Root Path Cost = 0

세그먼트-1   E0   E1   세그먼트-2

Root Path Cost = 19   E0 ⓡ S/W-B 스위치   E1   세그먼트-3   E1   ⓡ E0 S/W-C 스위치   Root Path Cost = 19

Root Path Cost = 19   Root Path Cost = 19

| 그림 6-14 |
데지그네이티드 포트 찾기

[그림 6-14]를 보면 우리는 이미 루트 브리지와 루트 포트는 찾았고(R로 표시된 것이 루트 포트) 마지막으로 데지그네이티드 포트를 찾기 위해 각 포트별로 Root Path Cost를 구했습니다.

먼저 세그먼트 1을 보시면 스위치 A의 E0와 스위치 B의 E0가 100Mbps로 연결되어 있습니다. 이때 스위치 A의 E0는 자기가 루트 브리지이기 때문에 당연히 Root Path Cost가 0이 됩니다. 또한 스위치 B의 E0 포트는 100Mbps로 루트 브리지와 연결되어 있기 때문에 19가 됩니다. 따라서 세그먼트 1에서는 스위치 A의 E0 포트가 데지그네이티드 포트로 선출됩니다.

마찬가지로 계산해 보면 세그먼트 2에서도 역시 스위치 A의 E1 포트가 데지그네이티드 포트로 선정됩니다. 똑같죠? 이 결과를 보고 아마 눈치가 빠르신 분들은 감을 잡으셨을 겁니다. 루트 브리지의 모든 포트들(물론 살아있는 액티브 포트겠죠?)은 언제나 데지그네이티드 포트로 선정된다는 사실입니다. 이것만 알아두셔도 데지그네이티드 포트를 훨씬 빠르고 쉽게 선출할 수 있습니다.

이제 세그먼트 1과 2에서는 선출이 끝났고, 마지막으로 세그먼트 3에서의 선출이 남았습니다. 그런데 세그먼트 3에서는 서로 연결된 두 포트의 Root Path Cost가 같습니다. 이렇게 동점이 생겼을 때 어떻게 하면 좋을까요? 그건 이미 앞에서 배웠습니다. 바로 'STP에서의 힘 겨루기' 단원에서 스패닝 트리에서 누가 누가 더 센지를 가릴 때는 4단계를 거친다고 설명했습니다. 다시 한 번 짚어볼까요?

- **1단계** : 누가 더 작은 Root BID를 가졌는가?
- **2단계** : 루트 브리지까지의 Path Cost 값은 누가 더 작은가?
- **3단계** : 누구의 BID(Sender BID)가 더 낮은가?
- **4단계** : 누구의 포트 ID가 더 낮은가?

이 4단계를 통해서 승자가 가려집니다. 자, 그럼 스위치 B의 E1 포트 대 스위치 C의 E1 포트 대

결에 들어갑니다. ⌒⌒

● **1단계** : 누가 더 작은 Root BID를 가졌는가?

여기서는 승부가 가려지지 않습니다. 왜냐하면 스위치 B나 스위치 C 둘 다 똑같은 루트 BID를 가지고 있기 때문입니다. 즉 2개의 스위치 모두 32768.1111.1111.1111이라는 똑같은 루트 BID를 가졌으므로 1단계에서는 판가름이 나지 않습니다.

● **2단계** : 루트 브리지까지의 Path Cost 값은 누가 더 작은가?

여기서도 동점이죠? 아까 본 대로 둘 다 Root Path Cost 값이 같기 때문입니다. 이거 점점 흥미진진해지네요. ⌒⌒

● **3단계** : 누구의 BID(Sender BID)가 더 낮은가?

여기선 뭔가 대결이 이루어질 것 같네요. Sender BID란, BPDU에 스패닝 트리 정보를 실어 보낼 때 발신자의 주소를 넣는 것과 같습니다. 즉 자기 자신의 BID를 말하는 거죠. 따라서 스위치 B의 Sender BID는 32768.2222.2222.2222이고, 스위치 C의 BID는 32768.3333.3333.3333이기 때문에 승자는 스위치 B입니다. 즉 스위치 B의 E1 포트가 데지그네이티드 포트로 선정됩니다.

만약 여기서도 승부가 나지 않는다면 마지막 4단계로 포트 ID까지 비교해 판단을 내린답니다. 나름대로 정확한 승부를 위해 노력하는 셈이죠.

그렇게 해서 만들어진 스패닝 트리가 [그림 6-15]입니다. 여기서 ND는 'Non Designated Port'를 말합니다. 즉 루트 포트나 데지그네이티드 포트가 아닌 나머지 포트입니다.

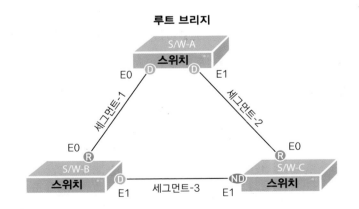

| 그림 6-15 |
데지그네이티드 포트 찾기 완료

스패닝 트리 프로토콜의 5가지 상태 변화

지금까지 스패닝 트리를 만드는 과정을 알아보았습니다. 간단하게 말씀드리면 루트 브리지 하나 뽑아놓고, 루트 브리지를 제외한 나머지 모든 브리지에서 루트 포트를 뽑고, 데지그네이티드 포트를 뽑은 후 마지막으로 나머지 포트는 Non Designated 포트로 지정하면 됩니다.

이렇게 스패닝 트리 프로토콜을 구현해 나가는 과정에서 모든 스위치나 브리지의 포트들은 언제나 5가지 상태로 변합니다. 즉 앞으로 설명드릴 5가지 상태 중 하나에 속하는 겁니다. 마치 맛있는 밥을 지을 때 쌀씻기, 불리기, 가열하기, 뜸들이기를 거치는 것처럼 스패닝 트리를 구성할 때도 다음과 같이 5가지 상태를 거쳐야 합니다.

● **Disabled** : 이 상태는 포트가 고장나서 사용할 수 없거나 네트워크 관리자가 포트를 일부러 Shut Down시켜 놓은 상태입니다.
 – 이때 데이터 전송은? 안 됩니다.
 – 맥 어드레스를 배울 수 있나요? 못 배웁니다.
 – BPDU를 주고받나요? 못 받습니다.

● **Blocking** : 스위치를 맨 처음 켜거나 Disabled되어 있는 포트를 관리자가 다시 살렸을 때 그 포트는 블로킹 상태로 들어갑니다. 이 상태에서는 데이터 전송은 되지 않고 오직 BPDU만 주고받을 수 있습니다. (전에 배운 것을 떠올려 보세요. 맨 처음 스위치가 켜지면 서로 BPDU를 주고받으면서 루트 브리지를 뽑고, 루트 포트를 뽑고, 데지그네이티드 포트를 뽑고, Non Designated 포트를 뽑지요. 바로 이런 과정이 스위치의 블로킹 상태에서 일어나는 겁니다.)
 – 이때 데이터 전송은? 역시 안 됩니다.
 – 맥 어드레스를 배우나요? 못 배웁니다.
 – BPDU를 주고받나요? 주고받습니다.

● **Listening** : 블로킹 상태에 있던 스위치 포트가 루트 포트나 데지그네이티드 포트로 선정되면 포트는 바로 리스닝 상태로 넘어갑니다. 물론 리스닝 상태에 있던 포트도 네트워크에 새로운 스위치가 접속했거나 브리지나 스위치의 구성값이 바뀌면 루트 포트나 데지그네이티드 포트에서 Non Designated 포트로 상황이 변할 수도 있습니다. 전쟁에서 언제든지 밀릴 수 있다는 것이죠. 그렇게 되면 다시 블로킹 상태로 돌아가게 됩니다.
 – 이때 데이터 전송은? 아직도 안 됩니다.
 – 맥 어드레스를 배우나요? 역시 못 배웁니다.
 – BPDU를 주고받나요? 주고받습니다.

● **Learning** : 리스닝 상태에 있던 스위치 포트가 포워딩 딜레이(Fowarding Dealy) 디폴트 시간인 15초 동안 그 상태를 계속 유지하면(즉 전쟁에서 15초 이상 버티는 겁니다.) 리스닝 상태는 러닝 상태로 넘어갑니다. 러닝 상태에서야 비로소 맥 어드레스를 배워 맥 어드레스 테이블을 만들게 됩니다.

    – 이때 데이터 전송은? 아직까지도 안 됩니다.

    – 맥 어드레스를 배우나요? 드디어 배우기 시작합니다.

    – BPDU를 주고받나요? 주고받습니다.

● **Forwarding** : 스위치 포트가 러닝 상태에서 다른 상태로 넘어가지 않고(이는 루트 포트나 데지그네이티드 포트에서 Non Designated 포트로 바뀌지 않았다는 뜻입니다.) 다시 포워딩 딜레이(Fowarding Delay) 디폴트 시간인 15초 동안 그 상태를 계속 유지하면 러닝 상태에서 포워딩 상태로 넘어가게 됩니다. 포워딩 상태가 되어야 스위치 포트는 드디어 데이터 프레임을 주고받을 수 있게 됩니다. 즉 블로킹 상태에 있던 포트가 리스닝과 러닝을 거쳐 포워딩 상태로 오려면 디폴트 포워딩 딜레이인 15초가 2번 지난 30초가 소요됩니다.

    – 이때 데이터 전송은? 드디어 데이터 전송이 시작됩니다.

    – 맥 어드레스를 배우나요? 계속 맥 어드레스를 배워 브리지 테이블을 만듭니다.

    – BPDU를 주고받나요? 주고받습니다.

이렇게 5가지 상태 변화를 통해 스위치나 브리지는 링크를 막기도 하고 열기도 하면서 스패닝 트리를 만듭니다. 스패닝 트리 프로토콜이라는 것이 사실은 한 곳에서 다른 곳으로 가는 경로가 여러 개일 때 한 개의 경로만을 남겨두고 다 끊었다가 그 경로에 문제가 생겼을 때 경로를 하나하나 살리는 것이라고 설명했던 것을 기억하실 겁니다. 이것이 바로 포트의 변화를 통해서 일어납니다. 뒤에 가서 더 자세히 알아보겠지만 일단 여기서는 브리지 또는 스위치의 포트는 5가지의 상태 변화를 거치는데, 이는 스패닝 트리를 완성하기 위한 것이라는 정도만 알아두세요.

[그림 6-16]을 보면 지금까지 우리가 배웠던 5가지 상태가 나와 있습니다. 지금까지 배운 내용을 잘 이해했다면 아마 이 그림이 어렵지 않을 겁니다. 다른 내용은 이미 설명을 드렸고 리스닝, 러닝, 포워딩 상태에서 다시 블로킹 상태로 화살표가 있는 걸 보실 수 있습니다. 이는 리스닝, 러닝, 포워딩 상태에 있던 포트도 루트 포트나 데지그네이티드 포트에서 탈락되면(즉 자기보다 더 센 포트가 나타나 밀리면) 바로 블로킹 상태로 넘어갈 수 있다는 뜻입니다. 또 모든 포트에서 Disable 상태쪽으로 화살표가 있는 것은 포트가 어떤 상태에 있든지 사용자에 의한 Shut Down 명령이나 포트의 고장으로 인해 언제라도 Disable 상태로 변할 수 있다는 의미입니다.

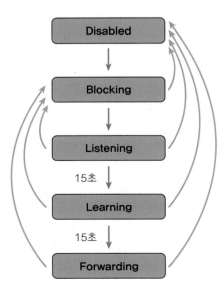

| 그림 6-16 |
스위치의 포트가 거치는
5가지 상태 변화

취직하기 힘든 세상…

요즘 대학교를 졸업하는 학생들이나 취업을 준비하는 사람들을 보면 안타까운 마음이 듭니다. 너무나 좁아져버린 취업의 문. 그러다 보니 경쟁률도 웬만한 재개발 아파트 청약률을 넘어선 지 오래고, 웬만한 실력으로는 이름이 좀 있는 회사에 면접조차 보기 어렵다고들 합니다.

어디 그뿐입니까! 회사에 들어가도 평생직장이란 말은 이제 어디서도 찾아볼 수 없는 옛말이 되어버렸고, 경쟁 또 경쟁이니 정말 세상살이가 쉽지 않습니다. 이꼴 저꼴 안 보려면 차라리 독립해서 장사를 하거나 회사를 차려야 하지만 그 또한 불경기이다 보니 녹록치 않고 무엇보다도 자본금이 있어야죠.

물론 부모님을 아주 잘 만난 몇몇 분들이야 가만히 있어도 부모님이 MBA 유학 보내주시고, 갔다오면 회사를 물려받는 아주 훌륭한 전통이 있겠지만, 정말 몇 명이나 이런 혜택을 받을 수 있을까요? 결국 '내 힘으로 해보자'가 결론이 될 겁니다. 여러분이나 저나 그래서 매일 여기저기 뛰어다니고 있는 거 아니겠습니까?

하지만 세상만 탓하고 있을 수 없고 그래도 남보다 좀 더 앞서기 위해서 남과 다르게 살아야 할 겁니다. 학교 성적을 올리는 것도 중요하지만 그밖에 필요한 것들을 준비하는 것이 중요하죠.

전에도 한번 말씀드렸지만 학교를 졸업하거나 취업을 준비하는 사람에게 물어보면 대부분의 목표는 '무조건 취업'입니다. 즉 월급을 받을 수 있고 앞으로 망하지만 않을 회사라면 무조건 OK라는 거죠.

하지만 취직에 대한 성급함 때문에 놓치는 것이 있습니다. 그것은 바로 자신의 미래입니다. 아무리 취업이 힘들어도 내가 잘할 수 있는 일, 내가 좋아하는 일을 해야 합니다. 점수에 맞춰 무조건 들어간 대학교를 몇 달 못 다니고 그만두고 나와서 다시 재수를 하는 학생들을 보았을 겁니다.

그게 사회에서도 일어나는 것이죠. 어쩌면 그보다 더 큰 후회를 할지도 모릅니다. 일단 취직이 되어 주위의 축하인사를 받고 나면 아무리 직장이 맘에 안 들고 내 적성에 맞지 않더라도 쉽게 사표를 던지고 나올 수 없습니다. 첫발이 그만큼 중요합니다.

저는 취업을 준비하는 후배님들에게 이런 부탁을 드리고 싶습니다. 지금부터 최소한 20년은 재밌게 할 수 있는 일을 찾으라구요. (말이 쉽지 사실 이게 가장 어려운 일일 겁니다. ^^) 어떻게요? 그게 바로 여러분이 할 일입니다. 지금 상식책 하나 더 보고 영어 단어 하나 더 외우는 것도 중요하지만 내가 갈 길을 찾는 것이 더 중요합니다.

요즘은 그래도 인터넷이 있어서 정보를 찾기가 전보다는 수월합니다. 예전에는 자기가 원하는 분야를 알아보려고 무작정 회사에 찾아가 담당자와 면담을 하고 온 사람도 있었다고 합니다. 그 정도 열성이라면 무엇인들 못하겠습니까?

이제는 남들과 같으면 앞설 수 없는 세상입니다. 남들과 다른 방법을 찾아야 합니다. 그리고 그 길을 찾은 다음에는 무조건 앞만 보고 나가야 합니다.

무작정 취업을 생각하기 전에 우선 어디로 가야 할지 방향을 보기 바랍니다. 인생은 마라톤이라고들 합니다. 하지만 아무리 열심히 뛰면 뭐하겠습니까? 결승점이 어딘지를 모르고 뛰는데…. 아무리 느리게 달려도 목표를 보고 달린 사람은 그 목표를 달성하지만, 아무리 있는 힘을 다해도 목표가 없는 사람은 늘 제자리입니다.

제가 쉽게 내뱉은 이 말이 결코 쉬운 일이 아니라는 걸 제 자신이 더 잘 알고 있습니다. 저 역시 아직까지도 헤매고 있거든요. 그렇지만 여러분은 한 발 앞서 사회에 나와 이렇게 헤매고 있는 선배보다 훌륭하니 분명히 성공할 수 있을 겁니다.

초조한 마음을 버리십시오. 아무리 여기저기 찌르면 뭐합니까? 한 번을 찔러도 온 힘을 모아 찌르면 그것이 바로 성공입니다.

나이를 먹으니 잔소리만 늘었네요. 후배 여러분의 건투를 빕니다!

09
SECTION

배운 거 써먹기 –
직접 한번 구성해 보자구요!

이번에는 지금까지 우리가 배운 해박한 스패닝 트리 프로토콜의 지식을 활용해서 직접 스패닝 트리 구성을 연습해 보겠습니다. 먼저 그동안 배웠던 샘플을 가지고 한번 연습을 해보겠습니다. [그림 6-17]은 이미 몇 번 보신 그림입니다. 지금까지 우리는 그림에서처럼 루트 브리지, 루트 포트, 데지그네이티드 포트를 선출했습니다.

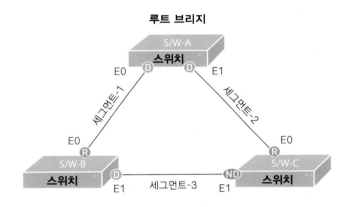

| 그림 6-17 |
예제 1-1 : 포트 선출

브리지 ID를 가지고 루트 브리지를 먼저 선출한 후 나머지 브리지에서 루트 브리지와 가장 가까운 포트로 루트 포트를 뽑고, 각 세그먼트당 루트 브리지와 가장 가까운 것을 데지그네이티드 포트로 뽑는다고 말씀드렸습니다. 물론 이때 결정이 되지 않으면 이미 배운 4단계를 거쳐 승자를 뽑는다고 설명드렸죠. 이렇게 해서 [그림 6-17]을 만들고 나면 이제 스패닝 트리는 거의 완성된 겁니다.

여기서 루트 포트와 데지그네이티드 포트는 포워딩(Fowarding)으로 만들고, Non Desig-nated 포트는 블로킹(Blocking)으로 만들면 됩니다. 포워딩은 위에서 배운 대로 데이터 전송이 일어나는 상태이고, 블로킹은 BPDU 통신은 하되 데이터 전송은 불가능한 상태입니다. 물론 여기서 포워딩으로 바로 표시했지만, 이 포트들이 맨 처음 블로킹 상태에서 바로 포워딩으로 가는 건 아니겠죠? 스패닝 트리 규칙에 따라 리스닝과 러닝을 거치게 될 겁니다.

그렇게 해서 만들어진 것이 [그림 6-18]입니다. Non Designated 포트만 블로킹으로 바뀌었네요.

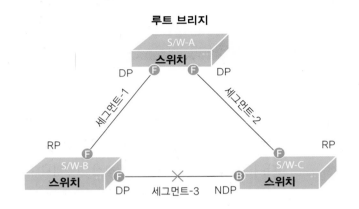

| 그림 6-18 |
예제 1-2 : 포워딩 포트와
블로킹 포트

[그림 6-18]에서 블로킹으로 표시('B'로 표시)한 곳에는 통신이 불가능하기 때문에 스위치 B와 스위치 C 사이의 링크는 끊어지게 됩니다. 따라서 3대의 스위치가 서로 연결되어 있기는 하지만, 실제로는 스위치 B와 스위치 C 사이가 끊어진 [그림 6-19]와 같이 구성됩니다. 여기서 끊어져 있던 스위치 B와 스위치 C 사이의 링크는 스위치 A와 스위치 B 사이 또는 스위치 A와 스위치 C 사이의 링크가 끊어질 경우 다시 살아나게 됩니다.

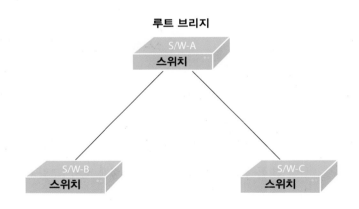

| 그림 6-19 |
예제 1-3 : 완성된 스패닝 트리

그리 어렵지 않죠? 그럼 이번에는 좀 더 복잡한 스위치 구성을 보고 스패닝 트리를 완성해 보겠습니다. 복잡하다고 했지만 사실 원리만 알면 전혀 어렵지 않습니다.

222

[그림 6-20]을 보면 이번에는 5대의 스위치가 서로 연결되어 있습니다. 가는 길도 여러 갈래 네요. 각 스위치는 서로 100Mbps로 연결되어 있고, 각각의 브리지 ID는 박스 안에 BID로 표시 되어 있습니다. 그림에서 스위치 C의 경우 Bridge Priority를 100으로 바꾸었고, 나머지 스위 치들의 Bridge Priority는 디폴트 값인 32768을 그대로 사용했습니다.

스패닝 트리 프로토콜이 Enable되었다고 가정할 경우, 이미 배운 대로 스위치는 출발지에서 목 적지로 가는 경로가 2개 이상일 경우 한 개만을 남겨놓고 끊게 되는데 지금까지 우리가 배운 몇 가지 과정을 거쳐서 이 결과를 만들어 냅니다. 가장 먼저 뭘 해야 하는지 아시죠?

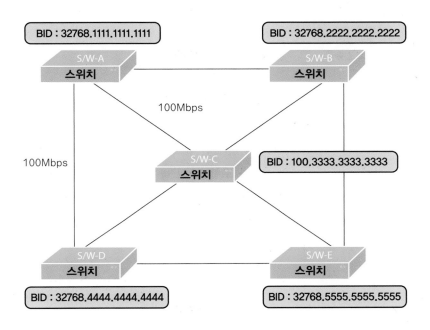

| 그림 6-20 |
예제 2-1 : 스패닝 트리의 구성

이미 배운 대로 브리지 ID를 가지고 루트 브리지를 선출하고, 루트 브리지를 제외한 나머지 모 든 브리지에서 루트 포트를 뽑은 후 세그먼트당 하나의 데지그네이티드 포트를 뽑습니다. 이때 루트 포트와 데지그네이티드 포트를 뽑는 기준은 모두 어떤 포트가 루트 브리지에 더 가까운지 를 보는 것이란 점도 다시 한번 기억해 주세요. 그렇게 해서 만들어진 것이 [그림 6-21]입니다.

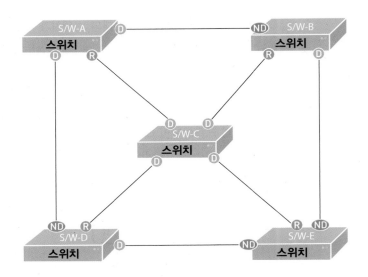

| 그림 6-21 |
예제 2-2 : 루트 브리지, 루트 포트,
데지그네이티드 포트 선출

그림에 보는 것처럼 BID 값이 가장 작은 스위치 C가 루트 브리지로 선출되었고 나머지 브리지에서는 Root Path Cost(루트 브리지까지의 거리로 계산되는 값)를 가지고 루트 포트를 하나씩 선출했습니다. 선출된 루트 포트가 보이시죠? 이렇게 뽑힌 루트 포트와 데지그네이티드 포트는 포트의 상태가 포워딩으로 바뀌게 되고(물론 중간에 리스닝과 러닝을 거칩니다.) 여기서 선출되지 못한 Non Designated 포트는 블로킹 상태로 바뀝니다. 이미 배운 대로 블로킹 상태에서는 데이터 프레임이 전송되지 않기 때문에 [그림 6-22]와 같이 블로킹 포트가 있는 곳은 링크가 모두 끊어지게 됩니다.

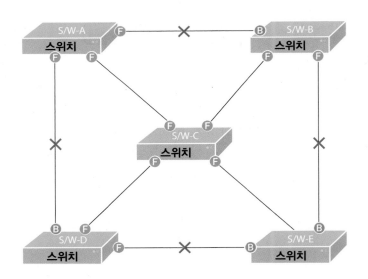

| 그림 6-22 |
예제 2-3 : 포워딩 포트와
블로킹 포트

그래서 만들어진 것이 바로 [그림 6-23]입니다. 처음 그림에서 복잡하게 보이던 많은 링크가 모두 없어지고 루트 브리지를 중앙에 두고 각 스위치들이 중앙에 연결된 구조입니다.

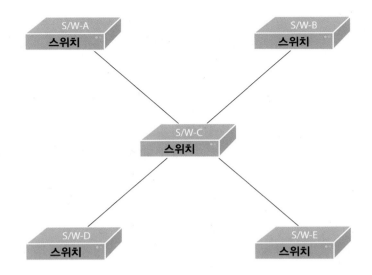

| 그림 6-23 |
예제 2-4 : 완성된 스패닝 트리

이 예제를 연습하면서 느끼셨겠지만 루트 브리지가 어느 스위치가 되느냐에 따라 링크 구성은 달라질 수 있습니다. 따라서 여러분이 나중에 스위치를 직접 구성하게 될 때, 또는 스위치 네트워크를 구성하게 될 때는 이 점을 항상 명심하셔서 루트 브리지를 선정해야 합니다.

마지막으로 샘플 하나만 더 해볼까요? [그림 6-24]를 보시기 바랍니다. 이번에도 5대의 스위치가 서로 연결되어 있는 걸 보실 수 있습니다. 그런데 이전 예제와 다른 점은 스위치 연결을 위한 속도에 차이가 난다는 점입니다. 즉 기가비트와 패스트 이더넷으로 연결되어 있습니다. 따라서 Path Cost 값이 달라지게 된다는 걸 일단 기억하셔야 합니다.

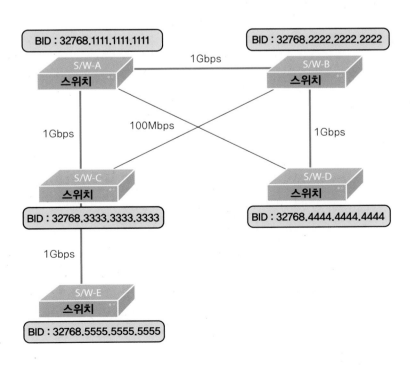

| 그림 6-24 |
예제 3-1 : 스패닝 트리 구성

앞에서 배운 대로 1Gbps의 Path Cost는 4이고, 100Mbps의 Path Cost는 19입니다. 또 각 스위치의 Bridge Priority는 디폴트 값인 32768을 사용했습니다. 자, 이제 포트 선출을 위한 기본은 다 준비가 됐죠? 그럼 직접 루트 브리지와 루트 포트, 데지그네이티드 포트를 찾아보겠습니다. 벌써 찾으셨다구요? 그럼 [그림 6-25]와 비교해 보시기 바랍니다.

먼저 루트 브리지는 각 스위치가 가지고 있는 브리지 ID를 비교해서 금방 찾을 수 있습니다. 스위치 A가 루트 브리지가 되었습니다. 이제 두 번째로 나머지 스위치에서 각각 한 개씩의 루트 포트를 선출하면 되는데, 이것은 누가 루트 브리지에 가장 가까이 있는가를 본다고 했으므로 Root Path Cost 값을 비교해 보아야 합니다. 이때 주의할 것은 기가로 연결된 곳은 '4'를, 패스트 이더넷으로 연결된 곳은 '19'를 넣어주어야 한다는 겁니다. 그렇게 계산하면 [그림 6-25]에서 보이는 포트들이 루트 포트로 선정된 걸 알 수 있습니다. 특히 스위치 D를 보면 루트 브리지로 바로 연결된 링크는 패스트 이더넷이기 때문에 기가 링크쪽 포트를 루트 포트로 선정한 걸 알 수 있습니다.

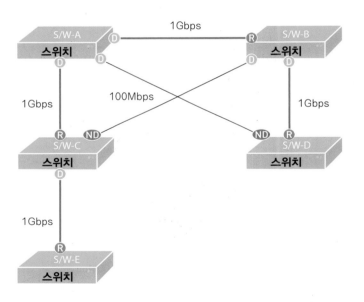

| 그림 6-25 |
예제 3-2 : 루트 브리지, 루트 포트,
데지그네이티드 포트 선출

루트 포트 선정이 완료되면 이제 각 세그먼트(링크)별로 데지그네이티드 포트를 선출하게 됩니다. 데지그네이티드 포트 역시 Root Path Cost를 비교하고, 만약 Root Path Cost가 서로 같을 경우 지난 번에 배운 대로 4단계의 비교를 거쳐 순위를 결정하게 됩니다. 그렇게 결정된 데지그네이티드 포트가 그림에 나와 있습니다. 다들 제대로 찾으셨죠? ^^

이제 마지막 단계로 넘어가야겠네요. 즉 루트 포트와 데지그네이티드 포트는 포워딩으로, Non Designated 포트는 블로킹으로 변환시켜 주는 겁니다. 그렇게 만든 것이 [그림 6-26]입니다.

아주 간단하죠? 블로킹쪽의 링크는 끊어진다는 것도 다들 알고 계실 겁니다.

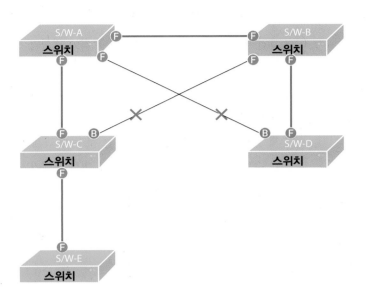

| 그림 6-26 |
예제 3-3 : 포워딩 포트와
블로킹 포트

역시 속도가 느린 패스트 이더넷쪽 링크가 끊어진 걸 알 수 있습니다. 여기서 또 하나 기억해야 할 것이 나왔네요. 아까 배운 것처럼 루트 브리지를 어디로 잡느냐에 따라 어떤 링크가 살고, 어떤 링크가 죽을지 결정되는 것처럼 링크의 속도에 따라서도 크게 영향을 받는다는 것입니다. 이 점 역시 스위치 네트워크를 디자인할 때 염두에 두셔야 합니다. 이렇게 완성된 스패닝 트리 구성이 [그림 6-27]에 나와 있습니다. 이제 스위치 구성만 알면 대충 스패닝 구성은 만들 수 있 겠죠?

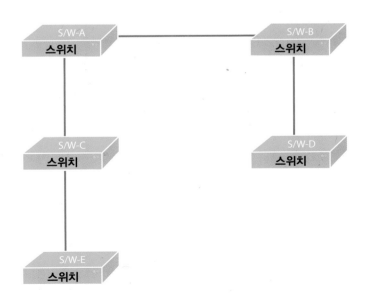

| 그림 6-27 |
예제 3-4 : 완성된 스패닝 트리

지금까지 잘 따라오셨다면 이제 여러분은 스패닝 트리 만들기라는 산 하나를 넘어온 겁니다. 앞을 보니까 작은 동산이 하나 보이는데 뭘까요?

그건 바로 '지금까지 만든 스패닝 트리에 변화가 생겼을 때 어떻게 동작할까'라는 문제입니다. 스패닝 트리 프로토콜을 다시 생각해 보면 '출발지에서 목적지까지 두 개 이상의 경로가 있는 스위치(브리지) 네트워크에서 한 개의 경로를 제외하고 나머지는 모두 막는다'라는 첫 번째 과제와 '사용하던 경로에 문제가 생기면 막았던 나머지 경로 중 하나를 열어준다'라는 두 번째 과제가 있었습니다. 지금까지 우리는 첫 번째 과제를 수행한 겁니다. 그렇다면 이제 두 번째 과제를 수행할 차례네요. 즉 네트워크에 변화가 생기면 현재의 스패닝 트리는 어떻게 바뀌는지, 또 얼마만에 바뀌게 되는지를 알아보겠습니다.

스패닝 트리에 변화가 생기던 날

[그림 6-28]을 보시기 바랍니다. (그림이 참 많죠? 아무래도 그림이 많아야 이해가 쉬울 것 같아 계속 그림을 그려내고 있답니다. ^^)

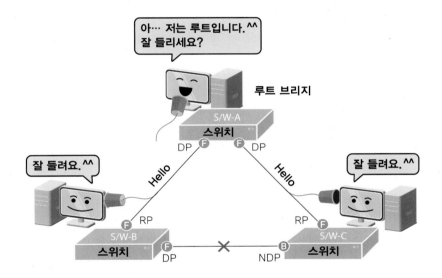

| 그림 6-28 |
평화로운 스패닝 트리

그림에서 보는 것처럼 이제 루트 브리지, 루트 포트, 데지그네이티드 포트 선정이 잘 끝났고 스위치 A와 스위치 B 사이의 링크와 스위치 A와 스위치 C 사이의 링크는 포워딩 상태가 되었습니다. 또 스위치 B와 스위치 C 사이는 블로킹 상태가 되어 스패닝 트리에 평화가 찾아왔습니다. 이때 루트 브리지는 매 2초마다 헬로(Hello) BPDU를 Non Root Bridge로 전송하고, 이 헬로 BPDU를 받은 Non Root Bridge들은 이것을 자신의 데지그네이티드 포트를 통해 다시 전달합니다. (여기서 2초는 디폴트 헬로타임입니다.)

여기서 Non Root Bridge들은 매 2초마다 들어오는 루트 브리지의 헬로패킷을 보면서 '아, 루트 브리지까지 가는 길이 살아있구나!'라는 걸 알게 됩니다. 그 길을 따라서 헬로패킷이 왔을 테니까요.

이때 만약 Non Root Bridge들이 지정된 시간 동안 헬로패킷을 받지 못하면 중간 경로에 뭔가 문제가 발생했다고 생각하고, 드디어 스패닝 트리를 재편성하는 모드로 들어가게 됩니다.

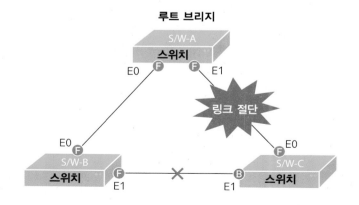
≫ 알고 갑시다!

스패닝 트리의 재편성을 배우기 전에 몇 가지 용어를 먼저 정의할 필요가 있습니다.

- **Hello Time(헬로타임)** : 루트 브리지가 얼마 만에 한 번씩 헬로 BPDU를 보내는지에 대한 시간 입니다. 즉 루트 브리지는 자신에게 연결된 브리지들에게 헬로 BPDU를 헬로타임마다 한 번씩 보 내게 되는데, 디폴트 헬로타임은 2초입니다.

- **Max Age(맥스 에이지)** : 브리지들이 루트 브리지로부터 헬로패킷을 받지 못하면 맥스 에이지 시 간 동안 기다린 후 스패닝 트리 구조 변경을 시작합니다. 즉 맥스 에이지란, 브리지들이 루트 브리 지로부터 얼마 동안 헬로패킷을 받지 못했을 때 루트 브리지가 죽었다고 생각하고 새로운 스패닝 트리를 만들기 시작하는가에 대한 시간입니다.

- **Forwarding Delay(포워딩 딜레이)** : 브리지 포트가 블로킹 상태에서 포워딩 상태로 넘어갈 때 까지 걸리는 시간입니다. 여기서 중요한 점은 블로킹 포트에서 리스닝 상태로 넘어간 포트는 포워 딩 딜레이 시간 동안 기다린 후 러닝 상태로 넘어가고, 러닝 상태에서 다시 포워딩 딜레이 시간 동 안 기다린 후 포워딩 상태로 넘어가기 때문에 사실 블로킹에서 포워딩으로 넘어가는 데 걸리는 시 간은 포워딩 딜레이 시간의 두 배가 된다는 점입니다.

이번에는 브리지에 문제가 생겼을 때 어떻게 브리지가 새로운 스패닝 트리를 만들어 나가는지 알아보겠습니다. [그림 6-28]을 다시 보면서 이야기를 시작하겠습니다. 이미 말씀드린 대로 루 트 브리지는 자기와 연결된 나머지 브리지들에게 헬로패킷을 매 2초마다 뿌리고, 이 패킷을 받 은 브리지들은 자신의 데지그네이티드 포트로 다시 그 헬로패킷을 전달합니다. (그림에서는 스 위치가 몇 대 안 되므로 자기들만 패킷을 받고 전달은 하지 않는 구성이네요.) 어쨌든 여기까지 는 아무 이상이 없었습니다. 평화가 지속되고 있는 겁니다. (마치 폭풍 전야 같네요.)

이때 갑자기 스위치 A와 스위치 C 간의 링크에 문제가 생겨 링크가 끊어졌습니다. 이 다급한 상황이 [그림 6-29]에 그대로 나와 있습니다.

| 그림 6-29 |
스패닝 트리에 문제 발생

230

이렇게 되면 이제 스위치 C는 루트 브리지로부터의 헬로패킷을 받지 못합니다. 헬로패킷을 2초에 한 번씩 받아야 하는 스위치 C에 2초 후 헬로패킷이 들어오지 않으면 어떤 일이 일어날까요?

정답은 '아무 일도 일어나지 않는다'입니다. 스위치 C가 2초에 한 번씩 루트 브리지로부터 받아야 하는 헬로패킷을 받지 못하더라도 아직은 아무 일도 일어나지 않습니다. 왜냐하면 아직 맥스 에이지(MAX Age) 시간이 지나지 않았기 때문입니다. 스위치에서 맥스 에이지 시간은 디폴트로 20초입니다. 따라서 헬로패킷을 받지 못하더라도 스위치 C는 20초 간 루트 브리지로부터 연락을 기다립니다. 그런데 20초가 지나도록 아무 연락이 없다면 드디어 스패닝 트리의 변경을 시작하게 됩니다.

20초 동안 기다려도 루트 브리지로부터의 연락이 없자 스위치 C는 E0 포트를 통해서 들어오던 헬로패킷을 받기를 포기합니다. 하지만 이 시간에도 스위치 B는 계속 루트 브리지로부터 헬로패킷을 받고 있겠죠? 따라서 스위치 B가 루트 포트(스위치 B의 E0 포트)를 통해 받은 헬로패킷을 다시 데지그네이티드 포트(스위치 B의 E1 포트)를 통해 뿌리고 그 BPDU를 스위치 C의 E1 포트를 통해 받게 됩니다.

비록 스위치 C의 E1 포트가 블로킹 상태이지만 BPDU는 받을 수 있는 것을 아시죠? (잘 이해가 되지 않는 분은 앞에서 배운 스패닝 트리의 5가지 상태 변화 부분을 다시 읽어보시기 바랍니다.)

이제 스위치 C는 E1 포트를 루트 포트로 선정하게 됩니다. 루트 포트로 선정된 E1 포트는 곧 포워딩 상태로 넘어가고 E0 포트는 블로킹 상태로 넘어갑니다. 그런데 이때 스위치 C의 E1 포트는 블로킹에서 바로 포워딩으로 넘어가지 않습니다. 이미 알고 계신 대로 블로킹에서 리스닝을 거치고, 러닝을 거쳐 포워딩 상태로 넘어가기 때문에 디폴트 포워딩 딜레이 타임의 2배인 30초가 추가로 필요하게 되는 겁니다. [그림 6-30]을 보시면 새로 바뀐 스패닝 트리가 보입니다.

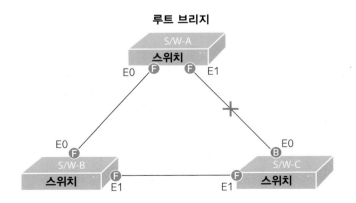

| 그림 6-30 |
새로 만든 스패닝 트리

다시 한번 정리를 해볼까요?

❶ 맨 처음 루트 브리지로부터 헬로패킷을 2초마다 받던 스위치 C에 갑자기 헬로패킷이 들어오지 않게 됩니다.

❷ 참을성 많은 스위치 C는 자신의 맥스 에이지 시간인 20초 동안 루트 브리지로부터의 헬로패킷을 기다려보지만, 20초가 지나도 헬로패킷은 E0 포트를 통해 들어오지 않습니다.

❸ 이렇게 되자 스위치 C는 스위치 B에서 전달해 준 헬로패킷을 자신의 E1 포트로 받아들여 E1 포트를 루트 포트로 세팅하게 됩니다.

❹ 물론 Non Designated 포트로 블로킹 상태에 있던 스위치 C의 E1 포트를 루트 포트로 선정했다고 해서 바로 포워딩 상태로 넘어가는 건 아닙니다. 디폴트 포워딩 딜레이 시간인 15초를 먼저 리스닝 상태에서 기다리고, 다시 한 번 러닝 상태에서 15초를 추가로 기다린 후 드디어 데이터 전송이 가능한 포워딩 상태로 넘어가게 됩니다. 이때 기존의 루트 포트로 포워딩 상태였던 스위치 C의 E0 포트는 블로킹이 됩니다.

이렇게 정리를 하니 훨씬 이해하기가 쉽죠? 여기서 알 수 있는 것처럼 한 링크가 끊어졌을 때 스패닝 트리 프로토콜을 이용해서 다른 경로를 살리는 데 걸리는 시간이 대략 50초(20초+15초+15초) 정도 소요됩니다. 즉 우리 생각처럼 하나의 링크가 끊어진다고 바로 다음 링크가 살아나는 것이 아니라는 겁니다. (50초면 좀 오래 걸리는 편이죠?)

그래서 스패닝 트리 프로토콜을 개선할 많은 기법이 소개되고 있습니다. 대표적인 해결책으로 RSTP(Rapid Spanning Tree Protocol)가 있고, 그밖에 Port Fast, Up-link Fast, Backbone Fast 등이 있습니다. 이에 대해서는 뒤에서 좀 더 자세히 설명해 드리도록 하겠습니다.

Q 요즘 스패닝 트리 이야기를 하면 802.1d가 어떻고 802.1w가 어떻고, Port Fast니 Backbone Fast니 하는 말이 나오는데, 그게 다 뭔가요? 그리고 이런 기능은 모든 스위치에서 다 지원이 되는 건가요?

A 지금까지 우리가 배운 스패닝 트리 프로토콜을 좀 더 유식하게 말씀드리면 IEEE 802.1d Spanning Tree Protocol(STP)이라고 하고, 짧게는 802.1d라고 합니다. 즉 표준 프로토콜 중의 하나죠. STP는 스위치나 브리지 네트워크에서 루핑을 막아주고 한 경로가 끊어졌을 때 자동으로 다른 경로를 살려준다는 장점 때문에 모든 스위치에서 사용되고 있는 기능입니다. (거의 모든 스위치에서 802.1d를 디폴트로 제공합니다.)

그러나 802.1d는 링크에 변화가 생겼을 때 이를 반영하는 데 걸리는 시간, 즉 Convergence Time(컨버전스 타임)이 거의 1분 가까이 걸린다는 문제가 있습니다. 그래서 시스코에서는 802.1d를 보강할 좀 더 개선된 기능을 내놓게 되는데, 그게 바로 나중에 설명해 드릴 Port Fast, Uplink Fast, Backbone Fast와 같은 기능입니다.

이런 기능을 802.1d STP와 같이 사용하면 그동안 최대 50초 이상 걸리던 컨버전스 타임을 획기적으로 단축시킬 수 있습니다. 하지만 이런 기능은 시스코만의 기능으로 표준이 아니라는 단점이 있었습니다. 즉 시스코 이외의 스위치에서는 지원되지 않는다는 것이죠.

그렇다면 802.1d STP보다 빠르면서도 표준으로 모든 스위치나 브리지에서 사용할 수 있는 기능이 없을까요? 그래서 나온 것이 바로 Rapid Spanning Tree Protocol(우리말로는 '빠른 스패닝 트리')인데, 표준으로는 IEEE 802.1w입니다.

802.1w RSTP(Rapid Spanning Tree Protocol)는 전혀 새로운 기술은 아닙니다. 기존의 802.1d STP를 기본으로 만들어졌기 때문에 이미 STP를 완벽하게 이해하고 있는 여러분들은 몇 가지만 더 알면 쉽게 배울 수 있습니다. 또 RSTP는 STP와 같이 사용되면서 만약 스위치가 RSTP를 지원하지 않을 경우 STP가 동작하도록 합니다. 스위치에 따라서는 RSTP가 지원되지 않는 것도 있으니 사용하기 전에 먼저 확인하시는 것이 좋겠죠? 시스코 스위치의 경우는 오래된 모델을 제외하고는 대부분 RSTP를 지원합니다. 참고로 혹시 여러분이 가지고 계신 스위치가 RSTP를 지원하는지 확인하시려면 다음 표를 보시기 바랍니다.

왼쪽의 제품명과 오른쪽의 소프트웨어 버전을 보면 지원 여부를 알 수 있습니다.

Catalyst Platform	MST w/ RSTP	RPVST+ (also known as PVRST+)
Catalyst 2950/2955/3550	12.1(9)EA1	12.1(13)EA1
Catalyst 2970/3750	12.1(14)EA1	12.1(14)EA1
Catalyst 3560	12.1(19)EA1	12.1(19)EA1
Catalyst 4000/2948G/2980G (CatOS)	7.1	7.5
Catalyst 4000/4500 (IOS)	12.1(12c)EW	12.1(19)EW
Catalyst 5000/5500	지원 안 함	지원 안 함
Catalyst 6000/6500 (CatOS)	7.1	7.5
Catalyst 6000/6500 (IOS)	12.1(11b)EX 12.1(13)E, 12.2(14)SX	12.1(13)E

카타리스트 스위치에 대한 짧은 이야기

오늘은 잠깐 시스코의 스위치에 대해 이야기해 볼까 합니다. 시스코를 아시는 분들 중에는 시스코 라우터만 알고 계신 분들이 많습니다. 물론 시스코가 라우터로 출발한 회사라서 그렇겠지만, 사실 요즘은 시스코 스위치 역시 꼭 알아야 할 장비 중하나입니다.

스위치의 동작에 대해서는 자주 이야기를 했으니 이번에는 시스코 스위치 제품에 대해 알아보겠습니다. 그중에서도 여러분들이 가장 관심을 가질 Catalyst 2960 시리즈를 소개합니다.

시스코 스위치 앞에는 대부분 카타리스트(Catalyst)가 들어가고 뒤에 모델명이 붙는데, 이 모델명의 숫자가 높아질수록 제품도 커지고, 가격도 비싸진다고 생각하시면 된답니다. (참고로 요즘은 카타리스트 스위치 이외에도 넥서스(Nexus) 스위치가 데이터센터용으로 출시되고 있기 때문에 예전처럼 시스코의 모든 스위치가 카타리스트 스위치는 아니랍니다. 하지만 이 책에서 언급되는 스위치는 카타리스트 스위치이니 넥서스 스위치는 우선 제외하도록 하겠습니다.) 즉 Catalyst 2960보다 Catalyst 3560이 더 비싸고, 또 이보다는 Catalyst 6500이 더 비쌉니다.

스위치의 경우 모델명을 보면 대개 그 장비 스펙을 알 수 있습니다. 예를 들어 Catalyst 2960G-24라고 하면, Catalyst 2960 스위치 시리즈 중에서 G, 즉 기가비트(1,000Mbps)를 지원하고 24포트짜리 스위치라는 걸 눈치챌 수 있답니다. 물론 요즘 모델명이 점점 더 복잡해져서 예전처럼 모델명만 보고 장비 스펙을 다 알 수 없는 경우도 있지만, 대충 요 녀석이 어떤 장비인지는 모델명만으로도 짐작할 수 있다는 겁니다. 뒤에 가서 좀 더 자세한 스펙을 배우기로 하고, 우선 여기서는 사진에 보이는 스위치가 Catalyst 2960 시리즈 스위치라고만 알고 넘어가도록 하겠습니다.

| 그림 6-31 |
다양한 종류의
Catalyst 2960
시리즈 스위치

11
SECTION

카타리스트 스위치 바라보기

지금까지 스위치에 대한 기본적인(?) 이론에 대해서 알아봤습니다. 사실 스패닝 트리 알고리즘에 대해서 자세히 다룬 내용이 없어 여기선 좀 자세히 알아봤는데요, 기본적인 이해만 되어 있다면 앞으로 나올 다른 응용 스패닝 트리에 대해서도 쉽게 이해하실 수 있을 겁니다.

이번엔 잠깐 눈을 돌려 카타리스트 스위치를 한번 만져보려고 합니다. 앞에 잠깐 카타리스트 2960에 대한 이야기를 드렸던 거 기억나시죠? 그림도 본 기억이 있으실 겁니다. 카타리스트 2960의 경우는 명령어가 시스코 라우터 명령어와 똑같습니다. 그래서 뒤에 배울 라우터에서도 이와 유사한 명령을 쓰니까 여기서는 대충 이런 게 있구나 하고 알아본 후 라우터 시간에 더 자세히 알아보도록 하겠습니다.

우선 카타리스트 스위치가 어떻게 생겼는지부터 알아보도록 하겠습니다. [그림 6-32]에 카타리스트 2960의 몇 가지 모델이 나와 있습니다. 전에도 말씀드렸지만 같은 카타리스트 2960이라고 해도 다 같은 스펙을 가지고 있지는 않습니다. 그림에 보이는 것처럼 각각 차이가 있습니다. 잠깐 그림을 볼까요?

• Cisco Catalyst 2960-48PST-L

2x SFP 포트
48x 10/100PoE 포트
2x 10/100/100 포트

• Cisco Catalyst 2960-24PC-L

24 10/100PoE 포트
2x dual-purpose uplink 포트

• Cisco Catalyst 2960-24TC-L

20x 10/100/1000 포트
4x dual-purpose uplink 포트

• Cisco Catalyst 2960G-48TC-L

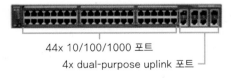

44x 10/100/1000 포트
4x dual-purpose uplink 포트

• Cisco Catalyst 2960-48TT-L

48x 10/100 포트
2x 10/100/100 포트

• Cisco Catalyst 2960-8TC-L

8x 10/100 포트
1x dual-purpose uplink 포트

| 그림 6-32 |
다양한 카타리스트 2960 모델

그림에서 왼쪽 맨 위에 있는 장비가 Catalyst 2960-48PST-L이라는 모델입니다. 앞에서 설명 드린 대로 모델명에 48이 있으니 포트는 48포트가 될 겁니다. 또 모델명에 P가 들어있는 것으로 봐서 이 스위치는 PoE를 지원하는 스위치라는 것을 알 수 있습니다.

그런데 PoE가 뭘까요? ^^

PoE에 대해서는 뒤에 무선 랜을 설명하는 챕터에서 다시 설명드리겠지만, 우선 간단하게 설명 드리자면 Power over Ethernet의 줄인 말로, 이더넷 케이블 위에 데이터만 보내는 게 아니고 전원까지 같이 실어 보내자는 것이 바로 PoE입니다.

그런데 왜 데이터만 실어 보내는 이더넷 케이블에 전원을 실어 보내야 할까요? 그건 IP 전화기 나 AP(Access Point)라는 무선 랜 장비, IP 감시 카메라 같은 장비들에게 데이터뿐만 아니라 전원을 같이 제공하기 위해 만들어졌답니다. 어차피 네트워크 케이블이 연결되어야 하는 이런 장비에게 또 하나의 전원 케이블을 연결하지 않더라도 네트워크 케이블에서 전원을 제공해주면 훨씬 간편하겠죠? ^^

아무튼 여기서는 PoE가 데이터와 전원을 같이 보내는 방식의 스위치라고만 생각하고 일단 넘 어가도록 하겠습니다.

자, 그럼 다시 Catalyst 2960-48PST-L 장비로 돌아와서요, P 뒤에 들어가는 S와 T는 SFP와 TP 방식의 업링크 포트를 제공한다는 의미입니다. 여기서 TP는 UTP 방식이라는 걸 앞에서 배 웠으니 아시겠지만, SFP는 또 뭘까요? 사실 중요한 건 아니지만, SFP는 'Small FormFactor Pluggable'의 약자로(약자 너무 많죠? ㅎㅎ), 광케이블을 접속하기 위한 접속 방식 중 하나라고 생각하시면 될 것 같네요. 맨 앞에 Small이 들어가는 걸로 봐서 기존의 광케이블용 코드 방식 보다 많이 작아졌다는 걸 눈치챌 수 있겠죠? ^^ 아무튼 여기서 SFP는 광케이블용 접속 방식이 고, 속도는 1기가(1Gbps)라고 생각하시면 된답니다.

제가 모델에 대해서도 이렇게 자세하게 설명드리는 이유는 모델명 하나하나의 의미를 알고 있 으면 다음에도 쉽게 모델명을 보고 스펙을 짐작할 수 있기 때문이랍니다. 조금 어렵고 복잡해 보이더라도 차근차근 보는 버릇을 들이길 바랍니다.

그럼 하나만 더 볼까요?

오른쪽 맨 위의 장비를 보면 Catalyst 2960-24PC-L이라는 모델입니다.
이전 모델에서 본 것처럼 24가 들어갔으니 일단 24포트짜리인데, P가 들어갔으니 PoE를 지원 하는 스위치라는 건 짐작하실 겁니다. 그런데 이 녀석은 그다음에 C가 나왔네요?

여기서 나오는 C는 이 스위치가 Dual Purpose Uplink를 가지고 있다는 의미입니다. 잉? Dual Purpose Uplink는 또 뭘까요? 그림을 보시면 포트가 4개 있죠? 그 포트를 자세히 보시면, 위에 있는 2포트는 SFP(Small Form-Factor Pluggable) 포트이고, 아래 2포트는 10/100/1000 Base T 포트입니다. 그럼 이 4포트를 다 쓸 수 있느냐? 그게 아니고 이 2가지 방식 중 하나를 선택해서 쓸 수 있다는 의미랍니다. 즉 연결을 광케이블로 하고 싶을 때는 SFP 포트를 선택하고, UTP로 연결하고자 하면 10/100/1000 Base T 포트를 선택하시면 된답니다. 하지만 중요한 건 둘 중 하나만 쓸 수 있다는 겁니다. 즉 두 방식을 동시에 사용할 수는 없다는 겁니다.

그래서 이 포트를 'Dual Purpose Uplink 포트'라고 하는 겁니다.

이제 나머지 모델들은 그냥 모델명만 봐도 대충 스펙이 보이시죠? 시스코 카타리스트 2960 스위치의 모델에 대해서는 이 정도만 알아두어도 많은 도움이 되실 겁니다. ^^

이번에는 스위치의 앞면을 좀 더 자세히 들여다보겠습니다. 버튼과 조그맣게 불이 들어오는 LED들이 앞면에 위치하고 있습니다. 이 LED들이 무엇을 의미하는지 어느 정도만 알아두면 여러분은 한눈에 스위치의 상태를 알 수 있으실 겁니다. [그림 6-33]을 보시면서 설명을 보시길 바랍니다.

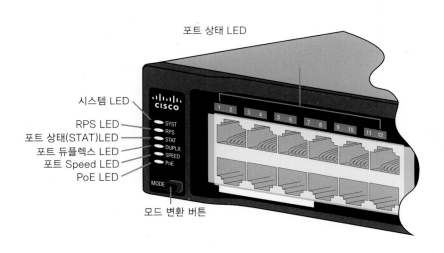

| 그림 6-33 |
카타리스트 2960
스위치의 앞면 LED

그림에서 맨 윗줄 왼쪽에 있는 LED가 시스템 LED입니다. 시스템 LED는 시스템이 전원을 제대로 공급받고 있는지, 장비가 이상 없이 동작하고 있는지를 한눈에 알 수 있게 도와주는 LED입니다. 만약 이 LED가 꺼져 있다면 그건 지금 이 장비에 전원이 꺼져 있는 겁니다. (그러니까 일단 전원을 연결하면 이 LED가 켜져 있어야 하는 겁니다.) 스위치가 전원을 공급받고 정상적으로 동작하고 있다면 시스템 LED는 녹색 불이 들어올 겁니다. (무엇이든 녹색이 제일 좋은 색입니다. 녹색이면 문제없는 거죠. 신호등도 빨간색이나 노란색보다는 녹색이 좋죠? ^^) 그러나 시스템 LED가 노란색 또는 주황색을 나타낸다면, 전원은 공급받고 있으나 장비의 동작에 문제가 있다는 의미입니다. 따라서 무언가 조치를 취해야 한다는 의미가 되겠죠? 시스템 LED의 상태에 따른 설명은 다음과 같습니다.

LED의 색깔	시스템 상태
꺼짐	전원이 공급되고 있지 않은 꺼진 상태
초록색	시스템이 정상적으로 작동 중
주황색(노란색)	전원은 공급되나 비정상적으로 작동 중

시스템 LED의 아래에 있는 RPS LED는 쉽게 말해서 보조 전원 공급 장치의 상태를 보기 위한 LED입니다. RPS는 'Redundant Power Supply'의 약자로, 우리말로 바꾸면 '무정전 전원 공급기' 정도의 의미일 겁니다. Catalyst 2960 스위치는 옵션으로 RPS라는 장비를 추가로 연결해서 자체 전원에 문제가 생겼을 때 RPS를 통해 전원을 공급받을 수 있게 되어 있습니다. 따라서 카타리스트 2960 스위치에 RPS가 연결되어 있다면 RPS LED에 불이 들어올 겁니다. 하지만 일반적으로는 RPS를 사용하지 않기 때문에 RPS LED에는 불이 꺼져있게 됩니다. (만약 RPS가 연결되어 있고 정상적으로 작동중이라면 녹색 불이 들어옵니다.) RPS LED의 변화에 따른 상태 설명은 다음과 같습니다.

LED의 색깔	RPS 상태
꺼짐	RPS가 꺼져 있거나 제대로 연결되어 있지 않다.
초록색	RPS가 연결되어 있고 정상 작동 중이다.
초록색으로 깜빡임	RPS가 연결되어 있으나, 현재 다른 스위치에 전원을 공급 중이어서 현재 스위치에 전원 공급이 불가능하다.
주황색(노란색)	RPS가 대기 모드에 있거나 고장이다. 이때 RPS에 있는 Standby/Active 버튼을 눌러주면 LED는 녹색으로 바뀐다. 그러나 만약 녹색으로 바뀌지 않는다면 RPS 고장이다.
주황색으로 깜빡임	스위치의 내부 전원 고장으로 RPS로부터 전원을 공급받아 작동 중이다.

아래에 있는 4개의 LED(포트 상태 LED, 포트 Duplex LED, 포트 Speed LED, PoE LED)는 각 스위치 포트의 위에 있는 포트 상태 LED가 무엇을 나타내고 있는가를 알려주는 역할을 합니다. 즉 4개의 LED 중 어디에 불이 켜있느냐에 따라 각 스위치 포트 위에 있는 포트 상태 LED의 의미가 달라집니다.

만약 포트 모드 LED가 [STAT]에 있을 경우 각 스위치 포트 위에 있는 포트 상태 LED는 각 포트의 상태(Status)를 나타내게 됩니다. 하지만 포트 모드 LED가 [DUPLX]에 있게 되면 각 스위치 포트 위에 있는 포트 상태 LED는 현재 이 스위치가 사용하고 있는 듀플렉스 모드를 나타내게 됩니다. 따라서 같은 포트 상태 LED라고 하더라도 4개의 LED의 상태에 따라 그 의미가 달라지게 된다는 것도 알아두시기 바랍니다. 그럼 이 4개의 LED가 변할 때마다 포트 상태 LED가 어떤 의미를 뜻하게 되는지 다음 표를 보시기 바랍니다.

포트 모드 LED	포트 모드	포트 상태 LED 표시
STAT	Port Status	각 포트의 상태 표시(디폴트)
DUPLX	Port Duplex Mode	각 포트의 듀플렉스 모드 표시(Half/Full)
SPEED	Port Speed	각 포트의 스피드(10/100/1000) 표시
PoE	PoE Port Power	포트별 PoE의 상태 표시

자, 그럼 이번에는 각 스위치 포트 위에 위치한 포트 상태 LED가 각각의 모드에서 어떻게 표시되는지를 알아보겠습니다. 예를 들어 포트 모드 LED가 [STAT]일 때 포트 상태 LED는 각 포트의 상태를 나타낸다고 했는데, 포트 상태 LED 램프의 변화에 따라 우리는 포트의 현재 상태를 한눈에 알아볼 수 있는 겁니다. 램프가 꺼져 있으면 링크가 없는 거구요, 녹색이면 링크가 되어 있는 거구요, 녹색이 깜빡이면 데이터가 전송 중이라는 의미입니다.

이렇게 포트 상태 LED만으로 우리가 스위치에 대해서 알 수 있는 정보는 다양합니다. 다음 표를 보면 포트 상태 LED의 램프 변화에 따라 우리가 알 수 있는 정보가 모여 있습니다.

포트 모드 LED		포트 상태 LED 램프	스위치 상태
STAT (Port Status)		꺼짐	링크 연결이 안 됨
		초록색	링크 연결됨
		초록색으로 깜빡임	링크가 살아있고 데이터 송·수신 중
		주황색과 초록색으로 번갈아 깜빡임	링크 에러 발생
		주황색(노란색)	포트 Disabled 또는 Blocking (STP에서 배운 것 기억나시죠?)
DUPLX (Duplex)		꺼짐	포트는 Half Duplex 모드로 동작 중
		초록색	포트는 Full Duplex 모드로 동작 중
SPEED (Port speed)	10/100/ 1000포트	꺼짐	10Mbps로 포트가 통신 중
		초록색	100Mbps로 포트가 통신 중
		초록색으로 깜빡임	1000Mbps(1Gbps)로 포트가 통신 중
	SFP 포트	꺼짐	10Mbps로 포트가 통신 중
		초록색	100Mbps로 포트가 통신 중
		초록색으로 깜빡임	1000Mbps(1Gbps)로 포트가 통신 중
PoE		꺼짐	PoE가 꺼짐. 만약 장비가 AC 전원으로부터 전원을 공급받게 되면, 장비가 PoE 스위치에 연결되어 있더라도 PoE LED는 꺼짐
		초록색	PoE가 켜짐. 포트 LED는 스위치 포트가 전원을 공급하는 경우에 녹색으로 켜짐
		초록색과 주황색으로 깜빡임	PoE가 스위치 전원 용량 부족으로 연결된 장비에 전원 공급을 못하는 경우
		주황색으로 깜빡임	고장으로 PoE가 꺼짐
		주황색	PoE가 포트에서 Disable됨(참고로 PoE는 디폴트 On)

이제 스위치의 앞면만 바라보면 대충 스위치의 상태를 알 수 있겠죠? 모드 버튼을 눌러가면서 포트 모드 LED를 바꾸면 위의 표에서처럼 다양한 스위치의 상태를 알아볼 수 있답니다.

앞면 구경을 마쳤으니까 이제 뒷면을 한 번 구경해 볼까요? [그림 6-34]를 보시기 바랍니다.

| 그림 6-34 |
카타리스트 스위치의 뒷면

콘솔 포트

쿨링팬

RPS 연결부

전원 케이블 연결부

앞면의 복잡한 구성에 비해 뒷면은 깔끔합니다. 맨 오른쪽에 보이는 전원 연결부가 있고, 그 옆으로 RPS 연결부가 있습니다. RPS는 무정전 전원 장치 옵션이라고 앞에서 설명드렸죠? RPS와 스위치를 연결할 때 바로 이 포트를 사용합니다. 그 옆에는 쿨링팬이 있는데, 장비를 식혀주는 역할을 하죠. PC에도 하나씩 있는 거 아시죠? ^^ 하지만 2960 스위치 중에서 8포트 모델은 팬이 없답니다. 그래서 사무실 책상이나 회의실에 설치해도 팬 소리가 나지 않아 조용합니다. 맨 마지막으로 왼쪽에 콘솔 포트가 있습니다. 아무래도 우리가 스위치 구성을 하기 위해선 콘솔 연결을 자주하게 될 테니 이쯤에 콘솔 포트가 있다는 것 정도는 알아두시면 좋습니다.

자, 이 정도면 스위치의 겉모습을 보고 해야 할 건 대충 했네요. 어떠세요? 낯설게만 느껴지던 스위치가 이제 좀 친숙하게 느껴지시죠? 그럼 다음 시간에는 드디어(?) 스위치의 구성에 대해서 알아보겠습니다. 콘솔 케이블 챙기는 거 잊지 마세요. ^^

카타리스트 스위치 구성하기

드디어 카타리스트 스위치를 직접 만져보는 시간입니다. 기대되시죠? 스위치를 구성할 때는 먼저 콘솔 케이블(구입한 장비에 같이 들어 있습니다.)을 콘솔 포트에 연결하고, 한쪽 끝은 PC의 COM1 포트('시리얼 포트'라고 합니다.)에 연결해서 콘솔을 만들면 됩니다. 콘솔 만들기에 대한 자세한 설명이 PART 07에 나오니 잘 모르시는 분들은 'PART 07의 Section 08 라우터 구성의 시작'을 빨리 보고 오세요. PC와 콘솔을 연결하는 내용이 자세히 나와 있답니다.

그럼 콘솔 접속을 했다고 가정하고 스위치 구성을 알아볼까요?

스위치는 라우터와 달리 별다른 구성이 없어도 웬만큼 사용이 가능합니다. 뒤에 배울 VLAN이나 보안 등 특별한 구성이 필요 없다면 전원만 연결해도 사용하는 데 지장이 없습니다. 그래서 라우터 구성보다는 스위치 구성이 쉬울 수 있지만, 스위치도 구성이 복잡해지면 라우터를 능가한답니다. ^^

≫ 알고 갑시다!

우리가 배울 Catalyst 2950 스위치의 운영체제 역시 시스코 IOS이다. 따라서 뒤에 배우게 될 라우터와 명령어가 같다.

원래 카타리스트 스위치의 운영체제는 CatOS란 것으로, 사실 IOS와는 좀 다르다. 스위치와 라우터의 운영체제가 다른 것은 카타리스트 스위치는 시스코에서 처음부터 만든 제품이 아니기 때문이다. 시스코가 스위치 회사를 인수 합병한 것이다. 인수 합병을 했다고 스위치에서 원래 사용하던 명령어를 하루 아침에 바꾼다면 기존에 그 스위치를 사용하던 사용자들에게 혼란을 줄 수 있어 그동안 스위치에서는 CatOS를 사용하였다.

하지만 요즘에는 스위치에서도 IOS를 점점 더 많이 사용하는 추세이다. 그래서 전에는 CatOS 중심으로 나오던 CCNA 문제가 요즘은 IOS 중심으로 바뀌었다. ^^

아무 구성도 하지 않은 스위치의 구성 상태를 '디폴트 구성'이라고 하는데, 디폴트 구성을 한번 살펴보겠습니다.

스위치에서 각 포트들의 현재 상황을 볼 수 있는 명령은 show interface status입니다.

```
Switch#show interface status

Port    Name    Status          Vlan    Duplex    Speed     Type
------  ------- --------------  ------  --------  --------  ----------------
Fa0/1           notconnect      1       Auto      Auto      100BaseTX/FX
Fa0/2           notconnect      1       Auto      Auto      100BaseTX/FX
Fa0/3           notconnect      1       Auto      Auto      100BaseTX/FX
Fa0/4           notconnect      1       Auto      Auto      100BaseTX/FX
Fa0/5           notconnect      1       Auto      Auto      100BaseTX/FX
Fa0/6           notconnect      1       Auto      Auto      100BaseTX/FX
Fa0/7           notconnect      1       Auto      Auto      100BaseTX/FX
Fa0/8           notconnect      1       Auto      Auto      100BaseTX/FX
Fa0/9           notconnect      1       Auto      Auto      100BaseTX/FX
Fa0/10          notconnect      1       Auto      Auto      100BaseTX/FX
Fa0/11          notconnect      1       Auto      Auto      100BaseTX/FX
Fa0/12          notconnect      1       Auto      Auto      100BaseTX/FX
```

여기서 보는 것처럼 각 포트들의 상태는 아직 연결이 되어 있지 않고, 모두 Vlan 1번으로 구성되어 있습니다. 또 Duplex 모드와 속도는 모두 Auto네요.

Duplex는 통신 방식입니다. Half Duplex는 한 번에 한쪽에서만 전송하는 방식인 데 비해서 Full Duplex는 동시에 양방향에서 전송이 가능한 방식입니다.

대표적인 Half Duplex 방식의 예로는 무전기가 있습니다. 이쪽에서 무전기의 송신 버튼을 누른 후 "아~ 여기는 독수리, 잘 들립니까?" 하고 송신 버튼을 놓으면, 상대쪽에서 "잘 들린다, 오버~" 하고 말하는 것을 아시죠? 이것을 생각해 보시면 무전기는 동시에 대화를 주고받지 않고 말하는 사람이 송신 버튼을 누른 상태에서 말하고, 들을 땐 송신 버튼을 떼야 들을 수 있다는 것을 알 수 있습니다.

하지만 Full Duplex 방식인 전화는 어떻습니까? 누르고 말고 할 것이 없죠. 서로 마구 이야기해도 문제가 없는 방식입니다. 따라서 무전기로 5분 걸려 할 이야기를 전화로는 2~3분이면 다 끝낼 수 있는 것도 Half Duplex보다 Full Duplex가 더 좋은 이유입니다. 어쨌든 스위치 역시 상대편과 통신을 할 때 Full Duplex인지, Half Duplex인지를 결정할 수 있는데, 여기에서처럼 Auto로 해놓으면 상대편의 상태에 따라 내가 맞추겠다는 의미입니다. 즉 상대가 Full Duplex이면 나도 Full Duplex가 되고, 상대가 Half Duplex이면 나도 Half Duplex가 되는 것이죠. 만약 상대는 Full Duplex인데, 나는 Half Duplex로 서로 맞지 않는다면 어떻게 될까요? 그땐 통신에 문제가 발생하게 됩니다.

Speed가 Auto로 되어 있는 것 역시 이 스위치는 10Mbps와 100Mbps의 속도 둘 다 가능한데, 상대방의 속도에 내가 맞춰주겠다는 의미입니다. 즉 상대가 100Mbps이면 나도 100Mbps로, 상대가 10Mbps이면 나도 10Mbps로 맞추겠다는 겁니다. Speed 역시 상대와 속도가 맞지 않으면 문제가 발생합니다.

Vlan 1번에 모든 포트가 배정되어 있는 것은 Vlan 파트에서 다시 배우겠습니다. 여기서는 Vlan 1이 디폴트 vlan이라는 것만 알아두시기 바랍니다. 정리를 해보면 스위치에서 아무 구성을 해주지 않았을 때의 디폴트 구성은 다음과 같습니다.

```
IP Address ? 0.0.0.0
10/100 포트의 상태? Speed = Auto Duplex = Auto
Spanning Tree 상태? Enable
패스워드? 없음
```

여기서 IP 주소나 패스워드는 세팅을 하지 않았으니 없는 것이 당연하고, 스패닝 트리 프로토콜은 우리가 세팅하지 않아도 자동으로 활성화되어 있습니다. 따라서 자동으로 루핑을 방지합니다. 이것 역시 중요한 내용이니 기억해 두시기 바랍니다.

그럼 스위치 세팅 중 가장 기본적인 IP 주소 세팅을 알아보겠습니다. 스위치에서 IP 주소를 세팅하는 이유는 라우터와 약간 차이가 있습니다. 라우터야 IP 주소를 세팅하지 않으면 동작에 문제가 되기 때문에 꼭 해주어야 하지만, 스위치의 경우에는 해주지 않아도 스위치의 동작에는 문제가 없습니다.

즉 "스위치의 IP 주소 세팅이 꼭 필요할까?"라고 물으신다면 대답은 "꼭 그렇지는 않습니다." 입니다. 그런데 왜 IP 주소를 세팅할까요? 바로 스위치를 제대로 관리하기 위해서입니다. IP 주소를 세팅하면 나중에 스위치 구성을 확인하거나 변경하고자 할 때 텔넷을 이용한 접속이 가능하기 때문입니다. 직접 스위치마다 찾아다니며 콘솔 케이블을 연결하는 것보다는 훨씬 수월하겠죠. 또 앞에서 잠깐 언급한 네트워크 관리 시스템(NMS) 같은 장비에서 스위치를 관리하는 데도 IP 주소가 필요합니다. 이제 스위치에 IP 주소가 왜 필요한지 아시겠죠?

그럼 스위치의 어디에 IP 주소를 부여할까요? 라우터의 경우에는 뒤에서 배우겠지만 각 인터페이스(이더넷, 시리얼 등)별로 IP 주소를 부여합니다. 각 인터페이스 하나하나가 모두 다른 네트워크기 때문입니다. 하지만 스위치는 그렇지 않습니다. 스위치에 있는 모든 포트가 다 같은 네트워크입니다. 왜냐하면 스위치는 네트워크를 나눌 수 없기 때문이죠. 따라서 스위치는 모든 인터페이스(각 포트가 되겠죠?)에 IP 주소를 부여하지 않고 대표로 하나의 주소만을 부여합니다.

Catalyst 2950 스위치에서 IP 주소를 부여하려면 VLAN 인터페이스에서 주소를 배정합니다. 여기서는 Vlan 1번이 디폴트 vlan으로 모든 포트가 여기에 속해 있습니다. 위에서 show interface status라는 명령 후에 나오는 결과는 모든 포트의 Vlan이 1로 되어 있는 것을 보실 수 있습니다.

그럼 IP 주소 세팅을 시작해 보겠습니다. 스위치를 구성하려면 먼저 콘솔 케이블로 스위치에 접속해야 합니다. 스위치에 접속하면 다음과 같은 프롬프트가 나타납니다.

```
Switch>
Switch>
```

이렇게 ' > ' 표시가 나오는 상태를 '유저 모드'라고 합니다. 유저 모드에서는 스위치의 상태 보기만 가능하기 때문에 스위치의 구성을 확인하고 변경하기 위해서는 먼저 프리빌리지드 (Privileged) 모드에 들어가야 합니다. 유저 모드에서 프리빌리지드 모드로 들어가려면 enable 이라는 명령을 사용합니다.

```
Switch>
Switch>enable
Password :*******
```

이렇게 'enable'과 해당 패스워드를 입력하면 프리빌리지드 모드에 들어가게 됩니다. 처음에는 패스워드를 묻지 않습니다. 여러분이 패스워드를 입력하지 않았기 때문입니다. 앞에서 배운 대로 디폴트 구성에서는 패스워드가 없습니다.

```
Switch#
```

TIP

여기서 중요한 것 하나! 구성 모드는 반드시 프리빌리지드 모드에서만 들어갈 수 있습니다. 즉 유저 모드에서는 구성 모드로 들어갈 수 없다는 것입니다. (각 모드에 대한 좀 더 자세한 설명은 뒤에 나오는 라우터편을 참고하시기 바랍니다.)

프리빌리지드 모드로 들어오면 프롬프트가 '꺾쇠(>)'에서 '샵(#)'으로 바뀐 것을 알 수 있습니다. 이게 바로 운영자 모드입니다. 따라서 여기서는 스위치의 모든 구성을 볼 수 있고 또 변경해 줄 수도 있습니다. 우리가 해주어야 할 것은 스위치의 IP 주소 세팅이니 구성을 변경해줄 수 있는 '구성 모드'로 다시 들어가야 합니다.

프리빌리지드 모드에서 구성 모드로 들어가는 명령은 configure terminal입니다.

```
Switch#configure terminal
Enter configuration commands, one per line. End with CNTL/Z.
Switch(config)#
```

구성 모드로 들어오면 프롬프트가 'Switch#'에서 'Switch(config)#'으로 바뀝니다. (자세한 내용은 뒷장 라우터 구성에서 설명하고 여기서는 이렇게 바뀐다는 정도만 이해하고 넘어가시면됩니다. ^^)

구성 모드에 들어왔으니 이제 드디어 IP 주소를 세팅할 차례입니다. 앞에서 배운 대로 IP 주소는 vlan 1 인터페이스에서 세팅한다고 했으니 우선 vlan 1 인터페이스에 들어간 후 거기서 IP 주소를 세팅합니다.

```
Switch(config)#interface vlan 1 ← 구성 모드에서 vlan 인터페이스 모드로 들어가는 명령
Switch(config-if)#ip address 192.168.100.1 255.255.255.0
```

앞의 구성을 보면 먼저 interface vlan 1 명령을 내려 구성 모드에서 vlan 인터페이스 구성 모드로 들어갑니다. 그래서 프롬프트 역시 Switch(config)#에서 Switch(config-if)#으로 바뀌었습니다. 여기에서 IP 주소를 192.168.100.1로 세팅하고 서브넷 마스크는 255.255.255.0으로세팅했습니다. (서브넷 마스크는 이제 다 아실 테니 따로 설명하지 않겠습니다.) 세팅을 마치고구성 모드에서 빠져나올 때는 exit라는 명령을 사용합니다. exit 명령을 한 번 사용할 때마다 한단계씩 빠져나옵니다.

```
Switch(config-if)#exit ← 인터페이스 구성 모드에서 exit를 쳐서 구성 모드로 나갑니다.
Switch(config)#exit ← 구성 모드에서 다시 exit를 쳐서 프리빌리지드 모드로 나갑니다.
Switch#
```

이제 IP 주소의 구성이 끝났습니다. 제대로 구성되었는지 확인해 보겠습니다.

```
Switch#show interface vlan 1
VLAN 1 is up, line protocol is up
  Hardware is CPU Interface, address is 0004.c073.f300 (bia 0004.c073.f300)
  Internet address is 192.168.100.1/24
  MTU 1500 bytes, BW 10000 Kbit, DLY 1000 usec,
      reliability 255/255, txload 1/255, rxload 1/255
```

```
   Encapsulation ARPA, loopback not set
ARP type: ARPA, ARP Timeout 04:00:00
Last input never, output 00:02:59, output hang never
Last clearing of 'show interface' counters never
Queueing strategy: fifo
Output queue 0/40, 0 drops; input queue 0/75, 0 drops
5 minute input rate 0 bits/sec, 0 packets/sec
5 minute output rate 0 bits/sec, 0 packets/sec
   0 packets input, 0 bytes, 0 no buffer
   Received 0 broadcasts, 0 runts, 0 giants, 0 throttles
   0 input errors, 0 CRC, 0 frame, 0 overrun, 0 ignored
   0 input packets with dribble condition detected
   24309 packets output, 15021303 bytes, 0 underruns
   0 output errors, 0 collisions, 0 interface resets
   0 babbles, 0 late collision, 0 deferred
   0 lost carrier, 0 no carrier
   0 output buffer failures, 0 output buffers swapped out
```

프리빌리지드 모드(Switch#)에서 show interface vlan 1을 입력하면 현재 vlan 1에 할당된 IP 주소를 알 수 있습니다. 우리가 할당한 주소가 보이시죠? 주소 설정이 잘 끝났습니다.

스위치에 IP 주소만 세팅하면 스위치가 통신을 할 수 있을까요? 잘 생각해 보시면 우리가 PC에 IP를 세팅할 때도 IP 주소, 서브넷 마스크와 함께 꼭 세팅해 주었던 항목이 하나 더 있었다는 것을 기억하실 겁니다. 바로 디폴트 게이트웨이입니다. 같은 네트워크에서는 디폴트 게이트웨이 없이도 통신이 가능하지만, 다른 네트워크로 넘어가기 위해서는 디폴트 게이트웨이가 필요합니다. 디폴트 게이트웨이란, 한마디로 라우터의 주소입니다. 즉 이 스위치가 붙어있는 라우터 인터페이스의 IP 주소가 바로 디폴트 게이트웨이가 됩니다.

[그림 6-35]를 보면 스위치 A는 라우터의 이더넷 인터페이스(Ethernet 0)에 연결되어 있습니다. 또 스위치 A 아래에 PC들이 연결되어 있습니다. 그림에서 스위치 A는 스위치 B와 다른 네트워크이기 때문에 두 스위치 간의 통신은 라우터를 거쳐야 합니다.

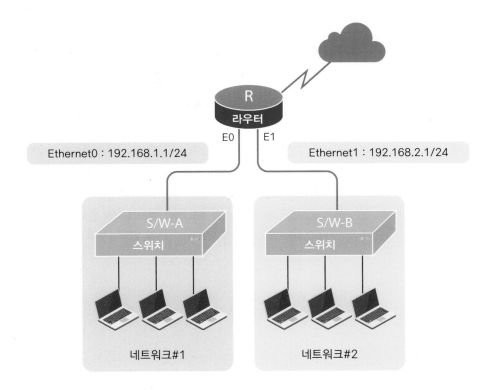

|그림 6-35|
라우터와 연결된 스위치

이 상태에서 스위치 A에는 디폴트 게이트웨이 구성이 필요합니다. 그래야 스위치가 다른 네트워크로 넘어가는 통신을 할 때 라우터에게 물어보게 됩니다. 디폴트 게이트웨이의 구성은 다음과 같습니다.

```
Switch#configure terminal
Enter configuration commands, one per line. End with CNTL/Z.
Switch(config)#ip default-gateway 192.168.1.1
Switch(config)#
Switch(config)#exit
Switch#
```

디폴트 게이트웨이의 구성은 vlan 인터페이스쪽으로 들어가지 않고 일반 구성 모드(Switch (config)#)에서 했습니다. 어디서 구성해 주는지 알아두시기 바랍니다. IP 주소는 vlan 인터페이스 모드에서, 디폴트 게이트웨이는 일반 구성 모드에서 하니 좀 혼란스러울 수 있겠죠? ^^

자, 이제 IP 주소에 대한 기본적인 구성은 마쳤습니다. IP 주소 세팅과 서브넷 마스크, 그리고 디폴트 게이트웨이 구성만 있으면 스위치는 네트워크에서 관리가 가능합니다.

이번에는 포트의 속도, Duplex에 대한 세팅을 알아보겠습니다. 이미 앞에서 배운 대로 각 포트의 속도와 Duplex는 'Auto'로 되어 있는 것이 디폴트 값입니다. 따라서 스위치에서 따로 구성해 주지 않아도 자동으로 스위치 포트에 접속하는 상대방의 속도에 따라 맞춰지기 때문에 별 문제가 없습니다. 그러나 스위치 포트의 속도나 Duplex 모드를 고정할 필요가 있을 때는 세팅을 통해 구성해 주는 것 역시 가능합니다.

>> 알고 갑시다!

간혹 스위치 포트 속도와 Duplex를 Auto에 맞추었을 때 상대쪽 장비나 랜카드 역시 Auto로 세팅되어 접속하는 양쪽이 모두 Auto가 되는 경우가 있다. 이때 서로 상대방 모드에 맞추려고 기다리다 보니 접속 시 에러가 발생할 수도 있다. 따라서 이런 접속 에러를 방지하기 위해 스위치쪽 포트의 속도나 Duplex 모드를 미리 세팅하는 경우도 있으니 참고해야 한다.

스위치 포트의 속도와 Duplex를 세팅하는 예제를 살펴보겠습니다.

```
Switch#configure terminal
Enter configuration commands, one per line. End with CNTL/Z.
Switch(config)#interface fastethernet 0/1
Switch(config-if)#speed ?
  10    Force 10 Mbps operation
  100   Force 100 Mbps operation
  auto  Enable AUTO speed configuration


Switch(config-if)#speed 10
Switch(config-if)#
Switch(config-if)#duplex ?
  auto  Enable AUTO duplex configuration
  full  Force full duplex operation
  half  Force half-duplex operation


Switch(config-if)#duplex half
Switch(config-if)#exit
Switch(config)#exit
Switch#
```

구성을 보면 먼저 구성 모드로 들어가기 위해 앞에서 배운 대로 프리빌리지드 모드(Switch#)에서 configure terminal 명령을 이용합니다. 각 포트별 속도와 Duplex를 세팅하는 것이므로 변경해 주고자 하는 인터페이스로 들어갑니다(Switch(config)#interface fastethernet 0/1). 여기에서 먼저 속도를 세팅하기 위해 speed라는 명령을 사용했습니다. 그런데 speed 뒤에 오는 명령을 잘 모를 경우 speed 뒤에 물음표(?)를 사용하면 speed 명령 뒤에 넣을 수 있는 옵션이 나옵니다. 10, 100, auto가 보이시죠? 예제에서는 Fast Ethernet 0/1번 포트의 속도를 10Mbps로 세팅했습니다.

다음으로 Duplex 모드를 세팅하겠습니다. 마찬가지로 구성하고자 하는 인터페이스로 들어가서 세팅을 합니다. Duplex 모드를 변경하기 위해서 Duplex 명령을 사용하는데, 이때 뒤에 오는 옵션을 보기 위해 역시 "?'를 사용했습니다. 여기서 선택할 수 있는 옵션은 auto, full, half가 있네요. 예제에서는 half를 선택했습니다. 즉 한 번에 한쪽에서만 송신하는 방식을 선택한 겁니다. 모든 구성을 마치고 다시 프리빌리지드 모드로 나올 때는 exit 명령을 사용한 것이 보이시죠? 쉬운 구성을 마쳤습니다.

자, 그럼 제대로 구성을 마쳤는지 확인해야겠죠? 해당 인터페이스에 대한 구성을 보기 위해서는 show interface 명령을 사용합니다.

```
Switch#
Switch#show interface fastethernet 0/1
FastEthernet0/1 is up, line protocol is up
  Hardware is Fast Ethernet, address is 0004.c073.f301 (bia 0004.c073.f301)
  MTU 1500 bytes, BW 10000 Kbit, DLY 1000 usec,
      reliability 255/255, txload 1/255, rxload 1/255
  Encapsulation ARPA, loopback not set
  Keepalive not set
  Half-duplex, 10Mb/s, 100BaseTX/FX
  ARP type: ARPA, ARP Timeout 04:00:00
  Last input 00:00:01, output 00:00:57, output hang never
  Last clearing of 'show interface' counters never
  Queueing strategy: fifo
  Output queue 0/40, 0 drops; input queue 0/75, 0 drops
  5 minute input rate 0 bits/sec, 0 packets/sec
  5 minute output rate 0 bits/sec, 0 packets/sec
     404 packets input, 31323 bytes
     Received 403 broadcasts, 0 runts, 0 giants, 0 throttles
     0 input errors, 0 CRC, 0 frame, 0 overrun, 0 ignored
     0 watchdog, 403 multicast
     0 input packets with dribble condition detected
     52 packets output, 17642 bytes, 0 underruns
     0 output errors, 0 collisions, 3 interface resets
     0 babbles, 0 late collision, 0 deferred
     0 lost carrier, 0 no carrier
     0 output buffer failures, 0 output buffers swapped out
Switch#
```

인터페이스에 대한 여러 가지 상태가 나온 것이 보입니다. 중간쯤에 보면 스위치 포트의 모드는 Half-duplex로, 속도는 10Mbps로 되어 있습니다. (참고로 그 옆에 있는 100BaseTX/FX는 하드웨어적인 스펙이니 무시하셔도 됩니다. ^^)

이제 스위치에서 IP 주소 세팅, 디폴트 게이트웨이, 그리고 포트 속도와 Duplex 세팅을 마쳤습니다. 이 정도면 스위치의 기본 세팅에 대한 내용은 정리가 됐습니다. 스위치 세팅에 대해 좀 더 자세한 내용은 뒤에 나오는 라우터 구성을 참조하세요.

지난 시절은 아름답다?

가끔 학교 다닐 때 생각이 나네요. ^^

음, 그러니까 대학교 때… 실은 고등학교 때는 별로 공부를 안 했고, 그나마 정신을 차린 게 대학교 때였거든요. ^^

거의 3년간 매일 아침 5시면 학교 도서관에 가곤 했는데, 새벽에 자전거로 학교 캠퍼스를 달리면 기분이 꽤나 상쾌했던 기억이 납니다. 머리엔 헤드폰을 쓰고, 노래를 크게 틀고… 그때 들었던 노래는 이런 거였습니다. ^^

"날이 샌다. 목장에 아침이 온다~"

그땐 빨리 사회로 나가서 내 힘으로 돈도 벌고, 뭔가를 해보고 싶었는데… 왜 지금은 자꾸 학교 때가 그립죠?

한 번이라도 좋으니 학생이던 그 시절로 돌아가고 싶단 생각을 하곤 하거든요. ^^

암튼 지금 학생이신 분들은 다른 어른들이 늘 이야기하시는 대로 무엇과도 바꿀 수 없는 좋은 시간에 계신 겁니다.

그러니 무얼 하든 정말 멋지고 열정적으로 하시길 부탁드립니다. ^^

지금의 1년이 나중에 10년과도 바꿀 수 없는 소중한 시간이기 때문입니다.

저 역시 어른이 되어버려서인지 자꾸 잔소리가 늘어가는 거 같네요.

여러분 모두의 건투를 빕니다. ^^

13
SECTION

맥 어드레스는 어디에 저장되어 있을까요?

이번에는 맥 어드레스가 실제 스위치에서는 어떻게 사용되는지 알아보겠습니다.

전에 배운 대로 맥 어드레스는 스위치나 브리지가 출발지에서 들어오는 맥 어드레스를 보고 그 것을 자신의 맥 어드레스 테이블에 저장한 후 그 주소 테이블에 있는 맥 어드레스를 찾으면 그 쪽 포트로만 보내고 나머지 포트는 막아줌으로써 스위치의 기본 기능 중 하나인 콜리전 도메인 을 막는 역할을 합니다. 따라서 맥 어드레스를 배우고 저장하는 것은 어떻게 보면 스위치의 가 장 큰 기능 중의 하나라고 볼 수 있습니다.

시스코 스위치가 맥 어드레스를 저장하는 방식은 크게 2가지가 있는데, 그중 하나는 위에서 설 명드린 대로 자동으로 배우는 방식입니다. 이 방식을 'Dynamic 방식'이라고 합니다. 이건 디폴 트죠. ^^

일단 맥 어드레스 하나를 배우고 나면, 그것을 맥 어드레스 테이블에 저장하고 사용합니다. 이 때 이 주소를 사용한 지 300초(디폴트)가 지나도록 다시 사용하지 않으면 이 주소는 MAC 테이 블에서 지워집니다. MAC 테이블은 그 용량에 한계가 있기 때문입니다. 따라서 배웠던 모든 주 소를 천년만년 계속 가지고 있을 수가 없는 것입니다. 그러니 쓰지 않은 지 오래된 녀석은 지워 가는 겁니다. 우리 사람하고 똑같죠? 우리도 기억 속에서 오랫동안 쓰지 않는 것은 조금씩 지워 지니까요.

반면 아예 천년만년 절대 지워지지 않도록 맥 어드레스를 저장하는 방식도 있습니다. 이 경우는 사람이 수동으로 맥 어드레스를 넣어줍니다. 이것을 'Permanent 방식'이라고 합니다. 우리 사 람들에게도 기억 속에서 영원히 지워지지 않는 일이 있는 것처럼요.

Catalyst 2950 스위치에서 맥 어드레스 테이블을 직접 보고 싶으면 show mac-address-table이라는 명령을 치면 되는데, 이때 나오는 테이블이 아래와 같습니다. 보이시죠?

```
Switch# show mac-address-table
          Mac Address Table
-------------------------------------------

Vlan    Mac Address        Type        Ports
-------  -----------------  ----------  ----------
   1     0000.f064.4b91     DYNAMIC     Fa0/1
   1     0000.f071.6eea     DYNAMIC     Fa0/1
   1     0000.f072.36cf     DYNAMIC     Fa0/1
   1     0000.f081.857a     DYNAMIC     Fa0/1
   1     0000.f089.1974     DYNAMIC     Fa0/1
   1     0001.0290.ce61     DYNAMIC     Fa0/1
   1     0001.0291.6f62     DYNAMIC     Fa0/1
   1     0003.47a5.4756     DYNAMIC     Fa0/1
   1     0004.e210.35c0     DYNAMIC     Fa0/1
   1     0008.0238.af13     DYNAMIC     Fa0/1
   1     0050.bf71.a1b0     DYNAMIC     Fa0/1

Total Mac Addresses for this criterion: 11
```

맨 앞에 Vlan이 보이고, 그다음 맥 어드레스가 있고, 바로 옆에 이 주소를 배운 방식이 Dynamic 이라고 된 것이 보이시죠? 그리고 마지막에 있는 포트는 이 맥 어드레스를 가진 장비가 어느 포 트에 접속되어 있는지를 알려줍니다. 일반적으로 Permanent가 사용되는 경우는 드문 편이지 만 그래도 알아두시는 것이 좋습니다.

MAC 테이블에서 첫 번째 줄만 보자면, 패스트 이더넷 0/1쪽에 0000.f064.4b91이라는 맥 어 드레스가 있는 것을 배웠다는 뜻입니다. 그리고 어느 쪽 포트에서든지 이 맥 어드레스를 목적지 로 갖는 녀석이 들어오면 그 패킷은 바로 패스트 이더넷 0/1쪽으로 보내준다는 의미입니다.

이번에는 스태틱 맥 어드레스를 세팅하는 법을 간단히 알아보겠습니다. 스태틱 맥 어드레스란, 앞에서 말씀드린 대로 항상 맥 어드레스 테이블에 저장되어 지워지는 일이 없는 주소입니다. 예 를 들어 서버나 고정 장비 등은 이렇게 스태틱으로 지정해 주면 시간이 지나도 지워지지 않을 뿐만 아니라 다시 이 맥 어드레스를 알기 위해 Learning 과정을 거칠 필요가 없다는 장점이 있 답니다. 하지만 주소가 바뀐다고 해도 자동으로 수정이 불가능하고 맥 어드레스 테이블을 계속 사용하기 때문에 메모리가 낭비된다는 단점도 있겠죠? 그래서 앞에서 말씀드린 대로 일반적으 로는 그리 자주 사용하지 않습니다.

먼저 명령어 형식을 볼까요?

```
Switch(config)#mac-address-table static mac-addr vlan vlan-id interface interface-id
```

이 명령은 일반 구성 모드에서 내리는 명령입니다. mac-address-table 명령 뒤에 static이라는
명령을 주고, 그 뒤에 스태틱으로 지정할 맥 어드레스를 입력합니다. 맥 어드레스 뒤의 vlan은
이 맥 어드레스를 받아들인 쪽의 vlan이고, interface는 이 맥 어드레스를 목적지로 갖는 주소
가 들어오면 지금 지정해 준 인터페이스쪽으로 보낸다는 의미입니다. 직접 한번 입력해볼까요?

```
Switch#configure terminal
Enter configuration commands, one per line. End with CNTL/Z.
Switch(config)#mac-address-table static aaaa.aaaa.aaaa vlan 1 interface fastEthernet 0/24
Switch(config)#
```

위의 예에서는 맥 어드레스 aaaa.aaaa.aaaa가 vlan 1을 통해서 들어왔을 때 목적지 인터페이
스가 패스트 이더넷 0/24번이라는 것을 스태틱으로 구성했습니다. 따라서 맥 어드레스 테이블
에는 앞으로 이 주소가 항상 남아있게 됩니다. 정말로 남아있는지 한번 확인해 보죠.

```
Switch# show mac-address-table
          Mac Address Table
-------------------------------------------------

Vlan    Mac Address        Type        Ports
-------  -----------------  ----------  ----------
   1    0000.f064.4b91     DYNAMIC     Fa0/1
   1    0000.f071.6eea     DYNAMIC     Fa0/1
   1    0000.f072.36cf     DYNAMIC     Fa0/1
   1    0000.f081.857a     DYNAMIC     Fa0/1
   1    0000.f089.1974     DYNAMIC     Fa0/1
   1    0001.0290.ce61     DYNAMIC     Fa0/1
   1    0001.0291.6f62     DYNAMIC     Fa0/1
   1    0003.47a5.4756     DYNAMIC     Fa0/1
   1    0004.e210.35c0     DYNAMIC     Fa0/1
   1    0008.0238.af13     DYNAMIC     Fa0/1
   1    0050.bf71.a1b0     DYNAMIC     Fa0/1
   1    aaaa.aaaa.aaaa     STATIC      Fa0/24

Total Mac Addresses for this criterion: 12
```

가장 아래 aaaa.aaaa.aaaa가 스태틱으로 잡혀 있는 것이 보이시죠? 구성이 잘 되었다는 것을 알 수 있습니다. 참고로 현재 보이는 맥 어드레스 테이블을 지우는 명령은 clear mac-address-table입니다.

말로만 배운 MAC 테이블을 직접 본 기분이 어떠세요? 어렵게 느껴지던 MAC 테이블도 실제로 보니 별것 아니죠? 하지만 라우터의 라우팅 테이블만큼 스위치에서 중요한 정보를 가진 곳이 MAC 테이블이니 잘 기억해 두세요.

14
SECTION

가상의 랜(Virtual LAN)이란?

이번에는 스위치의 기능 중에서 요즘 가장 많이 사용된다는 가상 랜, 즉 VLAN에 대해 알아보겠습니다.

예전에는 스위치가 단순히 콜리전 영역을 나눠주는 정도의 역할만 하면 충분했습니다. 가상 랜 같은 것은 생각하지도 않았으니까요. 그런데 사람들이 콜리전 도메인만을 나눠주는 스위치의 기능에 별로 만족하지 못하기 시작했습니다. 가상 랜과 같이 무언가 새로운 기능이 필요해진 겁니다. 예를 들어볼까요?

전에 말씀드린 대로 브로드캐스트의 영향이 점차 커지면서 라우터에 의한 네트워크 영역의 분류는 필수가 되었고, (이 부분이 이해가 잘 되지 않으면 'PART 02'에서 브로드캐스트에 대한 설명을 다시 한 번 읽어보세요.) 이런 네트워크 영역의 구분은 스위치의 능력을 뛰어넘는 기능이었습니다.

그래서 하나의 스위치에 연결된 모든 장비들이 모두 같은 브로드캐스트 도메인 안에 있게 되었습니다. 이러한 브로드캐스트 도메인을 나누려면 중간에 라우터를 두고 양쪽으로 스위치를 라우터에 연결해야만 합니다. 그런데 가상 랜, 즉 VLAN을 사용하면 한 대의 스위치를 마치 여러 대의 분리된 스위치처럼 사용하고, 또 여러 개의 네트워크 정보를 하나의 포트를 통해 전송할 수 있습니다. 이러한 가상 랜을 이용하면 하나의 스위치에 연결된 장비들도 브로드캐스트 도메인이 서로 다를 수 있습니다. [그림 6-36]을 한번 보시기 바랍니다.

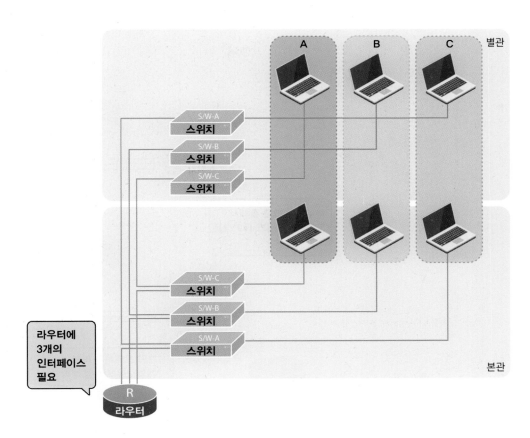

| 그림 6-36 |
가상 랜이 없는 구성

그림에서 이 회사는 본관과 별관, 이렇게 2개의 건물이 있고, 회사 전체는 3개의 네트워크로 나누어져 있습니다. 따라서 본관에 있는 라우터에서는 3개의 이더넷(Ethernet) 인터페이스가 나와야 하고, (라우터는 원래 네트워크 개수만큼 인터페이스가 필요합니다.) 이 3개의 인터페이스는 3개의 서로 다른 스위치(스위치 A, B, C)에 연결되어야 합니다. 만약 이 회사의 별관쪽에도 똑같이 3개의 네트워크가 필요하다면 다시 3대의 스위치를 설치하고 맨 처음 스위치에서 같은 네트워크에 속한 스위치끼리 연결해 주어야 합니다. [그림 6-37]을 보면 이해가 가실 겁니다.

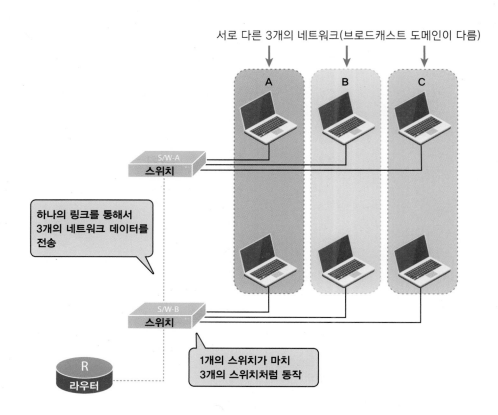

서로 다른 3개의 네트워크(브로드캐스트 도메인이 다름)

하나의 링크를 통해서 3개의 네트워크 데이터를 전송

1개의 스위치가 마치 3개의 스위치처럼 동작

| 그림 6-37 |
가상 랜의 구성

TIP

한 스위치에 붙어 있는 A 네트워크의 PC와 B 네트워크의 PC가 통신하려면 반드시 라우터를 거쳐서만 가능하다는 것을 잊지 마시기 바랍니다. 아무리 같은 스위치에 붙어 있어도 통신이 불가능합니다. 그건 네트워크가 다르기 때문입니다. 따라서 서로 다른 네트워크 간의 통신은 반드시 라우터를 거쳐야 한다는 사실을 명심하시기 바랍니다.

하지만 VLAN이 지원되는 라우터와 스위치를 사용하면 [그림 6-37]에서와 같이 라우터는 스위치로 하나의 링크만을 이용해서도 3개의 네트워크 정보를 같이 실어보낼 수 있습니다. 즉 한 선에 여러 개의 네트워크 정보를 보내는 것이 가능해집니다. 또 스위치도 여러 개의 브로드캐스트 영역을 나누어줄 수 있게 됩니다. 그림에서 보는 것처럼 하나의 스위치가 연두색, 노란색, 하늘색 네트워크에 동시에 속해 있다는 것을 알 수 있습니다.

그럼 이런 가상 랜이 어떻게 쓰이는지 다시 한 번 예를 들어보겠습니다. 어떤 회사가 있습니다.

이 회사에는 인사팀과 생산팀이 있는데, 사용자에 따라 인사팀 사람들은 A 네트워크에, 생산팀 사람들은 B 네트워크에 속하게 되어 있습니다. 그런데 인사팀에 있던 김대리가 책상을 생산팀으로 옮기게 되었습니다. 생산팀에서 파견 근무를 하게 된 것입니다. 물론 인사팀 소속으로 인사 업무를 계속 수행하면서 말입니다. 자, 그렇다면 김대리의 PC는 이제 생산팀이 사용하고 있는 스위치 중에서 한 포트를 쓰게 되는데, 이렇게 되면 인사팀 네트워크에 속한 김대리가 생산팀 스위치를 사용해도 될까요?

물론 VLAN이 없다면 불가능합니다. 여기서 여러분은 그냥 김대리의 네트워크 IP 주소를 생산팀에 속하도록 바꾸고 생산팀 스위치에 연결하면 되지 않느냐고 반문하실 겁니다. 물론 가능하지만 김대리는 현재 인사팀 업무를 보기 때문에 여러 가지 측면에서 인사팀 네트워크에 속해 있는 것이 편리합니다. 보안 등의 문제가 생기는 겁니다. (네트워크를 나누어서 보안을 적용하기 때문에 생산팀에 속하면 아무래도 관리가 힘듭니다.)

VLAN이 없을 경우 김대리를 인사팀 네트워크에 연결하는 방법을 한번 생각해 보겠습니다. 일단 김대리를 위한 별도의 스위치가 한 대 필요하겠죠? 인사팀의 스위치에서 포트 하나를 뽑자니 거리가 너무 멀기 때문입니다. 그다음, 김대리가 연결된 스위치를 인사팀쪽으로 따로 연결해 주어야 합니다. 그림을 보면 쉽게 이해가 가실 겁니다.

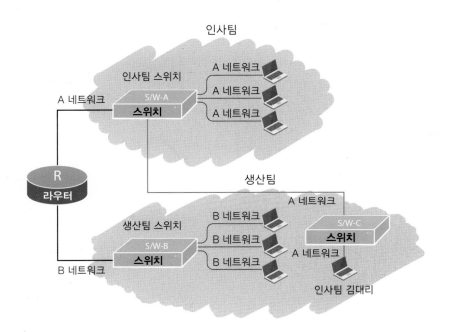

| 그림 6-38 |
가상 랜이 없는 경우
김대리의 네트워크 구성

그런데 기존 스위치가 가상 랜을 지원된다면 어떻게 될까요? 먼저 라우터와 인사팀 스위치 사이를 트렁크로 연결합니다. 즉 하나의 포트를 사용해서 여러 개의 네트워크 정보를 전달하는 것입니다. 따라서 라우터는 이전 그림과는 달리 인사팀 스위치에만 트렁크로 연결됩니다. 하지만 네트워크 정보는 A, B가 같이 흐르게 됩니다.

그다음은 인사팀 스위치와 생산팀 스위치를 트렁크로 연결합니다. 이렇게 하면 인사팀 스위치 한 포트와 생산팀 스위치 한 포트를 연결하고, 이 링크를 이용해서 A 네트워크 정보와 B 네트워크 정보를 동시에 전송할 수 있습니다.

이렇게 트렁크 구성을 마치고 나서 생산팀 스위치의 포트를 VLAN(Virtual LAN)으로 세팅하는데, 한 포트는 인사팀용으로 써야 하니 A 네트워크로 세팅하고, 나머지 포트는 B 네트워크로 세팅합니다.

모든 세팅을 마치면 그림과 같이 인사팀의 김대리는 따로 스위치를 사용하지 않고도 A 네트워
크를 사용할 수 있게 됩니다. 이게 바로 VLAN의 힘입니다. 일단 스위치 한 대가 절약되었고,
라우터에도 인터페이스가 하나만 필요하기 때문에 훨씬 이익입니다. 따라서 요즘 스위치에서
가상 랜, 즉 VLAN은 선택이 아니라 필수 사항이 되고 있습니다.

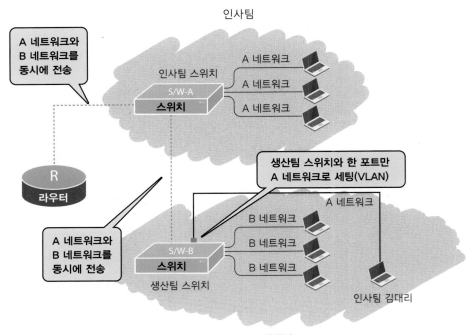

| 그림 6-39 |
가상 랜으로 구성한
김대리의 네트워크

15
SECTION

VLAN에서
꼭 기억해야 할 몇 가지

이제 좀 더 구체적으로 VLAN에 대해 알아보겠습니다. 사실 VLAN에서는 'V'라는 말이 늘 걸립니다. Virtual, 즉 '가상'이라는 말이 들어가서 처음에는 개념 잡기가 어렵게 느껴집니다. 하지만 VLAN은 몇 가지만 기억하고 있으면 그리 복잡한 개념이 아닙니다.

먼저 VLAN은 스위치에서 지원하는 기능입니다. 허브나 브리지에서는 지원하지 않는 기능이죠. 따라서 VLAN을 지원한다면 이 장비는 스위치 이상의 장비라는 것을 알아두시기 바랍니다.

다음으로 VLAN은 한 대의 스위치를 여러 개의 네트워크로 나누기 위해서 사용합니다. 따라서 스위치가 일단 VLAN으로 나누어지면 나누어진 VLAN 간의 통신은 오직 라우터를 통해서만 가능합니다. 여기서 '네트워크를 나눈다'는 의미는 브로드캐스트 도메인을 나눈다는 의미입니다. [그림 6-40]을 보면 하나의 스위치 안에 3대의 서로 다른 스위치가 살고 있습니다. 이 3대의 스위치는 각각 서로 다른 네트워크에 소속된 스위치입니다. 따라서 서로 간의 통신은 라우터를 통해서만 가능하게 됩니다.

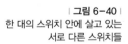

| 그림 6-40 |
한 대의 스위치 안에 살고 있는
서로 다른 스위치들

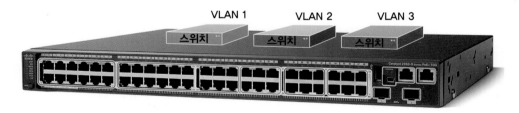

스위치의 각 포트들은 서로 다른 3개의 스위치 중 어디에도 속할 수 있습니다. 스위치 안에 있는 각각의 스위치를 우리는 VLAN이라고 합니다. 따라서 그림에서 한 대의 스위치가 3개의 VLAN으로 나누어져 있는 것을 알 수 있습니다.

[그림 6-41]을 보면 VLAN이 구성된 2대의 스위치가 서로 연결되어 있는 것을 볼 수 있습니다. 이 2대의 스위치는 패스트 이더넷 포트를 통해 연결되는데, 각 스위치별로 3개의 VLAN이 있기 때문에 이 연결 포트를 통해 3개의 VLAN 정보가 한꺼번에 전송되도록 구성했습니다. (그렇지 않으면 각 VLAN별로 3개의 연결이 필요하겠죠?) 이렇게 하나의 포트를 통해 서로 다른 여러 개의 VLAN을 전송할 수 있게 하는 포트를 '트렁크 포트(Trunk Port)'라고 합니다.

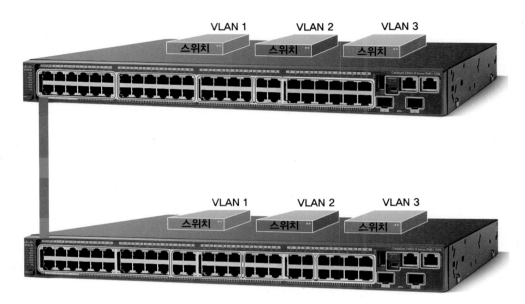

| 그림 6-41 |
트렁크 포트를 통한
스위치의 연결

물론 이 구성에서도 VLAN 1, VLAN 2, VLAN 3은 서로 통신할 수 없습니다. (비록 한 링크를 통해서 전송이 가능하다고 해도 어디까지나 서로 다른 네트워크이기 때문에 서로 간의 통신은 불가능합니다.) 계속 강조하지만 VLAN 간의 통신은 오직 라우터를 통해서만 가능하답니다. ^^

트렁크 이야기로 돌아가서 [그림 6-41]에서처럼 트렁크 포트가 가능하기 때문에 VLAN은 여러 대의 스위치에 구성이 가능합니다. 즉 같은 VLAN끼리는 스위치를 건너서도 통신이 가능한 것입니다. (그림에서 VLAN 1은 VLAN 1끼리, VLAN 2는 VLAN 2끼리, 그리고 VLAN 3은 VLAN 3끼리만 스위치를 건너서 통신이 됩니다.)

사실 트렁크에서 패킷이 전송될 때는 패킷에 VLAN 정보도 같이 전송됩니다. 그 때문에 어느 VLAN에 속한 패킷인지를 목적지에서 구분할 수 있습니다. 이처럼 트렁크에서 패킷에 VLAN 정보를 넣는 몇 가지 방법이 있는데, 그건 뒤에 가서 좀 더 알아보겠습니다. 여기서는 VLAN 트렁킹을 위해서는 뭔가 특별한 기법이 필요하다는 정도만 이해해 두시기 바랍니다.

Q VLAN이 스위치에서 브로드캐스트 도메인을 나눠준다는 것까지는 이해가 가는데, 도대체 그것을 어떻게 나눠주는 것인가요? 그리고 다이내믹 VLAN이라는 말을 들었는데, 그건 지금까지 우리가 배운 VLAN과 다른가요?

A 네. 스위치에서 VLAN을 나누는 방식에는 스태틱 VLAN과 다이내믹 VLAN 방식, 이렇게 2가지가 있습니다.

스태틱 VLAN은 가장 일반적인 방식으로 스위치의 각 포트들을 원하는 VLAN에 하나씩 배정해 주면 됩니다. 대부분의 스위치에서 사용하는 방법이라고 생각하시면 됩니다. 어떻게 배정해 주는지는 뒤에 가서 명령어로 자세히 설명해 드리겠습니다.

다이내믹 VLAN은 좀 다릅니다. 다이내믹 VLAN은 스태틱 VLAN처럼 포트별로 고정 VLAN을 배정하는 것이 아니라 그 포트에 접속하는 장비의 맥 어드레스를 보고 그 주소에 따라 VLAN을 달리 배정하는 방식입니다.

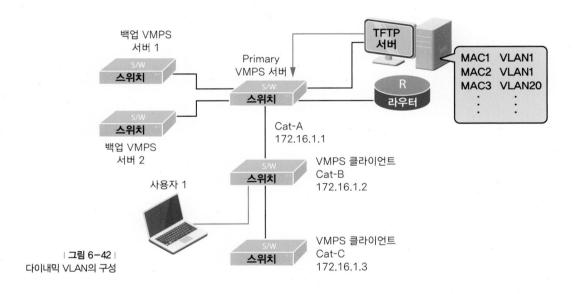

| 그림 6-42 |
다이내믹 VLAN의 구성

즉 어떤 장비가 스위치에 접속하면(그림을 보면 사용자 1이라는 노트북이 스위치에 접속한 것이 보이시죠?) 스위치는 자신의 기본 기능인 Learning을 이용해 그 장비의 맥 어드레스를 배우게 됩니다. 그 장비의 맥 어드레스를 알게 된 스위치는 곧바로 VMPS(VLAN Membership Policy Server) 서버에 이 장비의 맥 어드레스를 알려주고, 맥 어드레스를 알게 된 VMPS 서버는 자신이 가지고 있는 데이터베이스를 뒤져 지금 들어온 맥 어드레스에 해당하는 VLAN을 찾은 후 그 정보를 해당 스위치에 알려줍니다. VLAN 정보를 받은 해당 스위치는 장비의 VLAN을 방금 전달받은 그 VLAN 값으로 세팅하는 것이죠. 따라서 장비가 스위치의 포트에 접속하기 전까지는 스위치의 포트에 VLAN이 세팅되어 있지 않습니다. 장비가 접속하면 그 장비의 맥 어드레스에 따라 VLAN을 세팅하는 것이죠. 한마디로 VLAN 세팅이 '그때그때 달라요.~'가 되겠네요. ^^

다이내믹 VLAN에서 VMPS는 들어온 맥 어드레스를 가지고 그 주소에 해당하는 VLAN을 찾아주는 통제 센터 역할을 하는데, 주로 대형 스위치에서 이 기능을 제공합니다. (2950이 대형 스위치가 아니란 것은 아시죠? ^^)

그림을 보시면 다이내믹 VLAN 구성은 금방 이해가 가실 겁니다. 여기서 VMPS 서버가 프라이머리, 백업으로 나누어져 있는 것은 혹시 프라이머리 서버가 죽게 되면 백업 서버가 그 역할을 대신하도록 하기 위한 것입니다. VMPS 서버가 죽으면 VLAN 배정을 하지 못하니 문제가 생기겠죠? 그래서 보통 이런 구성에서는 백업 VMPS 서버를 두는 것이 일반적이랍니다. 또 맨 위에 보이는 TFTP 서버는 실제 맥 어드레스와 이에 해당하는 VLAN 정보를 가진 FTP 서버입니다. VMPS 서버는 항상 TFTP 서버와 통신해서 어떤 녀석이 어떤 VLAN에 속했는지를 알아내게 되는 것이죠.

다이내믹 VLAN은 주로 이동이 잦은 사무 환경에 적합하답니다. 자기 맥 어드레스에 따라 해당 네트워크를 자동으로 찾아가 주니 정말 편리하겠죠? 물론 구성하는 엔지니어는 힘들겠지만요. ^^

16
SECTION

VLAN에서의 트렁킹과 VTP
(VLAN Trunking Protocol)

와, 제목이 무척 어렵네요! 사실 VLAN이 어려운 것은 그 개념을 이해하기가 어렵기 때문이기도 하지만, 바로 여기서 배울 트렁킹과 VTP(VLAN Trunking Protocol)도 한몫을 합니다. 겨우 VLAN을 이해했나 싶으면 나와서 VLAN을 더욱 어렵게 하는 장본인들이죠. 여기서는 트렁킹이 무엇이고, 왜 VTP가 필요한지를 알아보겠습니다.

앞에서 잠깐 말씀드린 대로 트렁킹은 여러 개의 VLAN들을 함께 실어나르는 것을 말합니다. 즉 각 스위치에 여러 개의 VLAN이 있기 때문에 원래는 각 VLAN별로 링크를 만들어주어야 하지만, 그렇게 되면 너무 많은 링크가 필요하기 때문에 마치 셔틀버스처럼 모든 VLAN이 하나의 링크를 통해 다른 스위치나 라우터로 이동하기 위해 트렁킹이란 것을 만든 겁니다. 그러다 보니 버스를 내릴 때 자기 집을 제대로 찾아가려면 각 VLAN별로 별도의 이름표가 있어야겠죠? 그래서 각 VLAN들은 트렁킹이라는 셔틀버스에 자기들의 패킷을 태울 때 각각 이름표를 붙여줍니다. 이 이름표를 어떻게 붙여주느냐에 따라 트렁킹도 2가지 방식이 있답니다. 바로 ISL 트렁킹과 IEEE 802.1Q 방식의 트렁킹입니다.

먼저 ISL은 시스코에서 만든 트렁킹 프로토콜로, 시스코 장비끼리만 사용하는 방식인 반면, IEEE 802.1Q 방식은 트렁킹에 대한 표준 프로토콜입니다. 두 방식의 차이는 표준과 비표준이라는 점 외에 실제 패킷 안에서 어떻게 이름표를 붙이느냐가 서로 다르다는 것이지만, 거기까지는 알 필요가 없을 것 같습니다. 우리가 사용하는 Catalyst 2950의 경우에는 이 두 개의 트렁킹 방식 중 IEEE 802.1Q만을 지원합니다. (참고로 시스코의 상위 기종 스위치의 경우는 두 개의 트렁킹 방식을 모두 지원합니다.)

IEEE 802.1Q 방식은 앞으로 Catalyst 2950을 가지고 실제 테스트할 트렁킹 방식으로, 앞에서 말씀드린 대로 표준 트렁크 프로토콜입니다. 802.1Q에서는 네이티브 VLAN(Native VLAN)이라는 한 가지 특색있는 VLAN이 나옵니다.

네이티브 VLAN이란 녀석은 뭘까요? 앞에서 설명드린 셔틀버스 기억나시죠? 트렁킹은 셔틀버스에 올라타는 모든 VLAN 패킷에 각각의 VLAN 정보를 써서 가슴에 이름표로 붙여준다고 했습니다. 그런데 IEEE 802.1Q에서는 이름표를 붙이지 않는 VLAN이 하나 있습니다. 말하자면 좀 사는 집안 애들인 모양입니다. ^^ 다른 모든 VLAN들은 이름표를 붙이지만 유독 이 VLAN 에는 이름표를 붙이지 않습니다. 특별 대우를 해주는 것이죠.

그럼 어떻게 이 패킷의 VLAN을 찾을까요? 그건 간단합니다. 딱 하나의 VLAN만 이름표를 달 지 않았으니 이름표를 달지 않은 패킷은 모두 그쪽 VLAN이겠죠? 바로 이 VLAN을 '네이티 브 VLAN'이라고 합니다. 즉 네이티브 VLAN은 패킷에 VLAN 정보를 붙이지 않고 보내는 VLAN('Untagged 트래픽'이라고도 말합니다.)으로, 모든 스위치 네트워크에서 유일하게 한 개 의 VLAN만을 네이티브 VLAN으로 세팅할 수 있습니다. 그래야 나중에 이름표 없는 패킷이 어느 VLAN인지 알 수 있기 때문입니다. 네이티브 VLAN은 뒤에서 나오니 잘 기억해 두시기 바랍니다.

ISL(Inter-Switch Link) 방식은 이미 말씀드린 대로 시스코만의 트렁킹 프로토콜로, 스위치와 스위치 간의 링크, 스위치와 라우터 간의 링크에서 여러 개의 VLAN 정보를 함께 전달하는 방 식입니다. IEEE 802.1Q와 큰 차이는 없지만 ISL은 네이티브 VLAN이라는 개념이 없이 모든 VLAN에 이름표를 붙입니다. [그림 6-43]과 같이 각 VLAN 정보는 ISL 트렁크를 따라 전송됩 니다. 물론 같은 링크를 통해서 전송이 이루어지지만 이 패킷들은 서로 다른 VLAN에 속해 있 기 때문에 통신은 라우터를 통해서만 가능합니다. (제가 이 부분을 계속 강조하고 있다는 것을 아시겠죠? ^^)

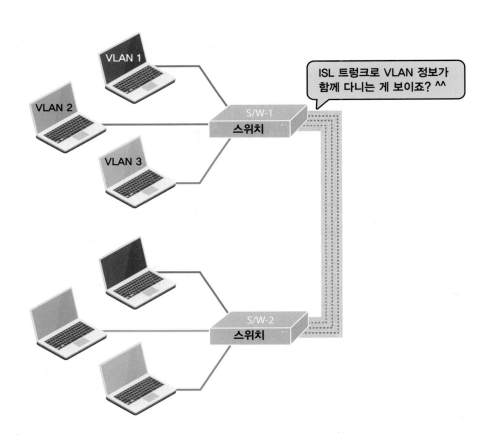

| 그림 6-43 |
ISL 트렁크를 통한
VLAN의 이동

쉽게 '트렁킹이란, 여러 개의 VLAN을 한 번에 전송하는 방식'이라고만 이해하시면 됩니다.

그럼 VTP(VLAN Trunking Protocol)는 또 뭘까요? VTP는 스위치들 간에 VLAN 정보를 서로 주고받아 스위치들이 가지고 있는 VLAN 정보를 항상 일치시켜 주기 위한 프로토콜입니다. VTP 역시 시스코만의 프로토콜입니다. [그림 6-44]를 보시기 바랍니다.

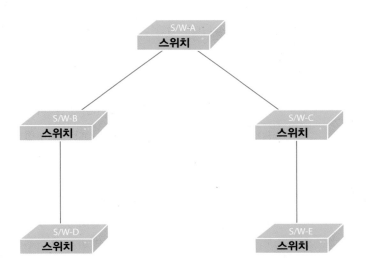

| 그림 6-44 |
VTP가 없는 스위치들

[그림 6-44]에 있는 스위치들은 VTP 기능이 지원되지 않는 스위치라고 가정하겠습니다. 이 스위치들에게 새로운 VLAN 하나를 추가할 필요가 생기면 스위치 A부터 스위치 E까지 5대의 스위치에 모두 VLAN 구성을 변경해 주어야 합니다. 또 VLAN 하나를 지우려면 역시 각 스위치의 구성에 들어가서 VLAN을 지워주어야 한다는 문제가 있습니다. 그럼 VTP가 있다면 어떻게 될까요? [그림 6-45]를 보시기 바랍니다.

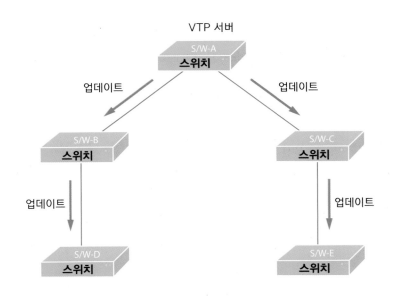

| 그림 6-45 |
VTP가 구성된 스위치들

앞에 본 것과 똑같은 구성의 스위치이지만 VTP가 enable되도록 구성하면, VTP 서버에서 한 번만 VLAN 정보를 설정해도 VTP 서버는 다른 스위치와의 트렁크 링크를 통해서 VLAN 정보를 자동으로 업데이트합니다. 따라서 나머지 모든 스위치에 일일이 VLAN 정보를 업데이트할 필요가 없는 장점이 있습니다.

자, 그럼 어떻게 VTP가 전체 스위치들 간에 VLAN 정보를 항상 일치시켜 주는지 좀 더 자세히 알아보겠습니다. (잠깐! 여기서 VTP에 대한 자세한 내용까지는 알고 싶지 않다면 이 부분은 건너뛰셔도 됩니다. 너무 쉬우면 지루해 하시는 분들을 위한 설명이니까요. ^^)

VTP에서의 VLAN 정보는 스위치 간 트렁크 링크를 통해서만 전달됩니다. (즉 트렁크 링크가 아닌 곳으로는 이 정보가 전송되지 않습니다.) 이때 두 스위치 간의 트렁킹 방식이 IEEE 802.1Q이든, ISL이든, 상관 없이 전달이 가능합니다.

VTP 간에 주고받는 메시지는 다음 3가지 형식이 있습니다.

❶ **Summary Advertisement** : VTP 서버가 자기에게 연결되어 있는 스위치들에게 5분마다 한 번씩 전달하는 메시지로, 자신이 관리하는 VTP 도메인의 구성에 대한 Revision 넘버(Revision Number)를 보냅니다. 스위치들은 바로 이 Revision 넘버를 보고 자신들의 VLAN 정보가 최신 버전인지, 아닌지를 판단합니다. 또한 Summary Advertisement는 VLAN 구성에 변화가 생겼을 때도 전달이 되는데, 이때는 5분을 기다리지 않고 즉시 전달됩니다.

❷ **Subset Advertisement** : 이 메시지는 VLAN의 구성이 변경되었을 때나 VTP 클라이언트로부터 Advertisement Request 메시지를 받았을 때 전송됩니다. 실제 VLAN 정보는 바로 이 Subset Advertisement에 저장되어 전달됩니다.

❸ **Advertisement Request** : 이 메시지는 클라이언트가 VTP 서버에 Summary Advertisement와 Subset Advertisement를 요청하는 용도로 사용됩니다. 클라이언트는 자신의 Revision 넘버보다 더 높은 Revision 넘버를 갖은 Summary Advertisement를 전달받거나, VTP 도메인 이름이 바뀌거나, Subset Advertisement 메시지를 잃어버렸거나, 스위치가 새로 리셋되었을 경우 Advertisement Request 메시지를 VTP 서버에 보냅니다.

일단 이 3가지의 메시지가 어떻게 사용되는지는 뒤에서 예제를 통해 다시 설명하겠습니다. 여기서 또 하나 알아두셔야 할 것이 있습니다. (알아야 할 것이 참 많죠? ^^)

우선 [그림 6-46]을 보시기 바랍니다.

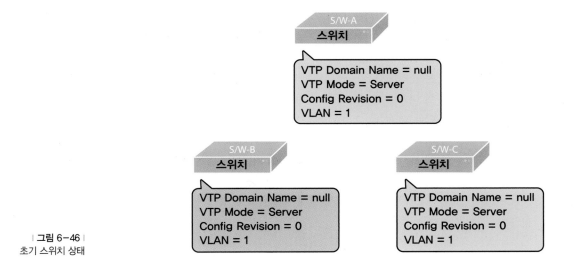

| 그림 6-46 |
초기 스위치 상태

그림에서 스위치 3대가 처음 초기 상태에서는 VTP Name이 세팅되어 있지 않습니다. 또한 VTP 모드는 디폴트 값인 서버 모드로 세팅되어 있습니다. 현재의 VLAN 업데이트 상태를 나타내는 Revision 넘버는 아직 한 번도 VLAN 업데이트가 일어나지 않았기 때문에 0으로 되어 있습니다. 맨 아래 VLAN 역시 디폴트 VLAN인 1번 VLAN만이 존재하고 있습니다. 이것이 스위치를 구입해서 제일 처음 켰을 때의 디폴트 구성입니다.

여기서 우리가 알아야 할 것이 3가지 더 나옵니다. 그건 바로 VTP의 3가지 모드입니다.

❶ **VTP 서버 모드** : VTP 서버 모드에서는 VLAN을 생성하고, 삭제하고, VLAN의 이름을 바꿔줄 수 있으며, VTP 도메인 안에 있는 나머지 스위치들에게 VTP 도메인 이름과 VLAN 구성, Configuration Revision 넘버를 전달해 줄 수 있습니다. VTP 서버는 VTP 도메인의 모든 VLAN에 대한 정보를 NVRAM에서 관리하며, 스위치가 꺼졌다 다시 켜지더라도 VLAN 정보를 모두 가지고 있습니다. (여기서 NVRAM이란, 비휘발성 RAM으로 전원이 꺼져도 저장된 정보를 잃지 않도록 설계된 내부 메모리입니다.)

❷ **VTP 클라이언트 모드** : VTP 클라이언트 모드에서는 VLAN을 만들거나 삭제하고, VLAN 이름을 바꿔주는 일이 불가능합니다. VTP 클라이언트는 VTP 서버가 전달해준 VLAN 정보를 받고, 또 받은 정보를 자기와 연결된 다른 쪽 스위치에 전달하는 것만 가능합니다. 또한 VTP 클라이언트는 이 정보를 NVRAM에 저장하지 않기 때문에 만약 스위치가 리부팅하면 모든 VLAN 정보를 잃게 되어 VTP 서버로부터 다시 받아와야 합니다. 서버에 비해 몇 가지 제약이 있기는 하지만, VTP 정보를 자신의 메모리에 따로 보관하지 않기 때문에 메모리가 적은 스위치는 이 방식이 유리하겠죠?

❸ **VTP 트랜스페어런트 모드(Transparent Mode)** : VTP 트랜스페어런트 모드는 VTP 도메인 영역 안에 있지만, 서버로부터 메시지를 받아 자신의 VLAN을 업데이트하거나 자신의 VLAN을 업데이트한 정보를 다른 스위치에 전달하지 않습니다. VTP 도메인 안에서는 살지만 완전히 혼자 노는 방식입니다. 따라서 직접 VLAN을 만들고, 삭제할 수 있으며, 이 정보를 자기만 알면 되기 때문에 다른 스위치들에게 알리지 않습니다. 다만 VTP 트랜스페어런트 모드는 서버로부터

TIP

VTP 모드가 서버이니 VTP
도메인 이름을 세팅해 줄 수
있는 것은 앞에서 배웠죠? 또
한 여기서 VTP 도메인 이름
은 VLAN을 새로 만들거나
변경하기 전에 꼭 먼저 만들
어주어야 합니다. 중요하니까
꼭 기억해 두세요!

들어온 메시지를 자기를 통해 연결된 다른 스위치쪽으로 전달해 주거나 자기와 연결된 다른 스위치쪽에서 서버쪽으로 가는 VTP 메시지(여기서의 메시지는 위에서 배운 3가지 Advertisement를 말합니다.)를 전달해 주는 역할만 합니다. 말하자면 남들의 VTP 메시지는 전달해 주되 자기는 관여하지 않는 스타일이 바로 트랜스페어런트 모드입니다. 트랜스페어런트란, 말의 의미 그대로 마치 투명인간 같은 스위치 모드라고 할 수 있습니다. 트랜스페어런트 모드는 한 스위치에서 만든 VLAN을 그 스위치에서만 쓰기 때문에 외부 스위치가 이를 알 필요가 없을 경우, 즉 로컬 스위치에서만 사용할 VLAN을 가진 스위치에 주로 사용됩니다. VTP 트랜스페어런트 모드 스위치 역시 자신의 VLAN 정보를 NVRAM에 저장하고 있겠죠? 자기 혼자만 알고 있는 정보이기 때문입니다.

이런 3가지 VTP 모드가 실제 네트워크 환경에서 어떻게 동작하는지 예를 들어 설명을 드리겠습니다.

앞에서 본 스위치의 초기 VTP 구성에 변화가 일어났습니다. 즉 스위치 A가 VLAN 구성을 시작한 것입니다. 어떤 구성이 일어났는지 볼까요? 먼저 스위치 A는 VTP 모드를 서버로 하고 VTP 도메인 이름을 Cisco로 주었습니다.

다음으로 3개의 VLAN도 추가해서 VLAN 2, VLAN 3, VLAN 4를 만들었습니다. (VLAN 1은 맨 처음부터 있었던 거 아시죠?) 마지막으로 Config Register 값은 3으로 변경되었습니다.

[그림 6-47]을 보면 스위치 A의 변화된 모습을 보실 수 있습니다.

TIP

Config Revision 값은
VLAN이 새로 만들어지거
나 지워질 경우 1씩 추가되
는데, 현재 3개의 VLAN이
만들어졌으니 최초값 0에서
3을 더해 3으로 변경된 겁
니다.

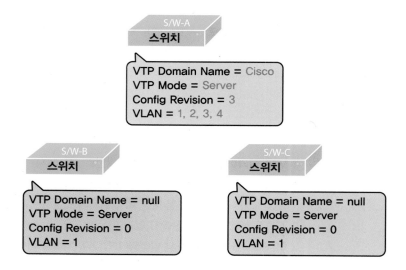

| 그림 6-47 |
스위치 A의 VTP 서버 모드 변신

그림에서 보는 것처럼 스위치 A는 이제 VTP 서버로서 완벽한 모습을 갖추었지만 스위치 B와 스위치 C는 아직 초기 디폴트 상태 그대로입니다. 이제 스위치 B는 VTP 클라이언트 모드로, 스위치 C는 VTP 트랜스페어런트 모드로 만들어 스위치 A와 직접 연결해 보겠습니다. (어때요, 흥미진진하시죠? ^^)

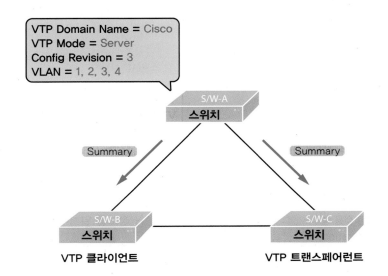

| 그림 6-48 |
Summary Advertisement를
전송하는 VTP 서버 스위치

Summary Advertisement를 받은 스위치 B는 먼저 자신의 VTP 도메인 이름을 Cisco로 변경합니다. 그리고 Configuration Revision 넘버를 비교해 봅니다. 비교해 보니 현재 갖고 있는 Revision 넘버(0)보다 더 높은 Revision 넘버(3)가 들어왔네요? 그럼 자신의 VLAN 정보를 업데이트해야겠죠? 따라서 스위치 B는 VTP 서버인 스위치 A에게 Advertisement Request를 보내 업데이트된 VLAN 정보를 요청합니다. 그럼 스위치 A는 다시 Summary Advertisement와 Subset Advertisement를 스위치 B에 보내주게 됩니다. Subset Advertisement에는 실제 VLAN 정보가 들어 있습니다. 이제 스위치 B는 자신의 VLAN 정보에 그림처럼 VLAN 2, 3, 4를 추가하고 Configuration Revision 넘버를 3으로 변경합니다. 드디어 스위치 B와 스위치 A 간의 VLAN 정보가 일치되었습니다.

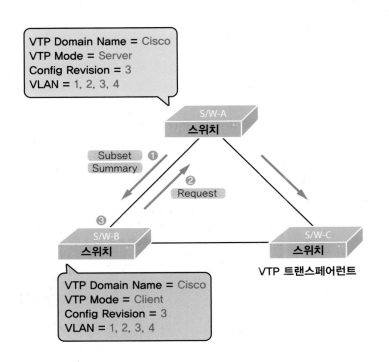

VTP Domain Name = Cisco
VTP Mode = Server
Config Revision = 3
VLAN = 1, 2, 3, 4

Subset ❶
Summary

❷ Request

❸

VTP Domain Name = Cisco
VTP Mode = Client
Config Revision = 3
VLAN = 1, 2, 3, 4

VTP 트랜스페어런트

| 그림 6-49 |
VTP 서버와 VTP 클라이언트의
VLAN 정보 일치

 TIP

정보를 일치시키는 것을 영어로는 'Syncronization (싱크로나이제이션)'이라 하고 줄여서 'Sync(싱크)'라고도 합니다.

[그림 6-49]처럼 VTP 클라이언트는 VTP 서버와 항상 VLAN 정보를 일치시킵니다. 여기서도 스위치 B가 스위치 A와 VLAN 정보를 일치시킨 것을 보실 수 있습니다. 무엇을 보고 VLAN 정보를 일치시킬까요? 네, 바로 Configuration Revision 넘버를 보고 항상 업데이트를 체크한다고 했습니다. ^^

이번에는 스위치 A와 스위치 C 사이에 어떤 일이 일어나는지 알아보겠습니다. 스위치 C는 스위치 B와 좀 차이가 있겠죠? 스위치 C는 VTP 모드가 트랜스페어런트 모드이기 때문입니다.

이야기는 스위치 C가 스위치 A와 연결된 후 Summary Advertisement를 받는 것에서부터 시작됩니다. 스위치 A로부터 VTP 도메인 이름과 Configuration Revision 넘버가 들어있는 Summary Advertisement를 받았지만, 스위치 C는 이 메시지를 자신의 VLAN 정보에 전혀 반영하지 않고 원래 상태 그대로 유지합니다. 스위치 C는 혼자 놀기의 달인인 VTP 트랜스페어런트 모드로 동작하고 있기 때문입니다.

여기서 스위치 C가 VTP 도메인 이름을 Cisco라고 만들고 VLAN 10과 20을 추가했다고 가정해 보겠습니다. (트랜스페어런트 모드에서는 VTP 도메인 이름을 만들고, VLAN을 추가 및 삭제하는 것이 가능하다고 배우셨죠?) 원래대로라면 같은 VTP 도메인 이름을 사용하는 스위치들끼리는 VLAN 정보를 일치시켜야 하니 스위치 C가 방금 만든 VLAN 정보를 다른 스위치들에게 전달해야 하지만, 스위치 C는 트랜스페어런트 모드로 동작하기 때문에 자신의 VLAN 정보를 다른 어떤 스위치에도 전달하지 않습니다. 물론 방금 배운 대로 다른 스위치로부터 VLAN 정보를 받아 자신의 VLAN 정보를 수정하지도 않습니다. (또 트랜스페어런트 모드에서는 VLAN을 새로 만들거나 삭제해도 Configuration Register 값이 변하지 않고 늘 0입니다.) 그렇다고 트랜스페어런트 모드로 동작하는 C와 같은 스위치가 VTP 메시지를 아예 막아버리는 것은 아닙니다. [그림 6-50]을 보시기 바랍니다.

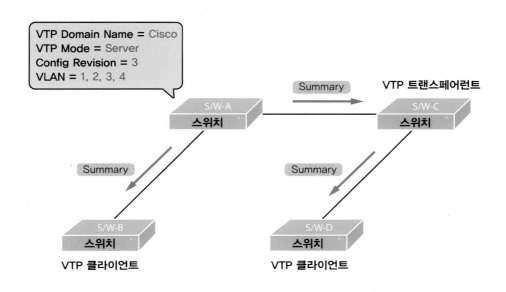

| 그림 6-50 |
트랜스페어런트 모드 스위치

[그림 6-50]에서처럼 트랜스페어런트 스위치로 동작하는 스위치 C의 뒤에 다시 D라는 스위치가 새로 연결된다면(물론 트렁크로 연결되어야겠죠?) 스위치 C는 스위치 A로부터 전달받은 VTP 메시지를 스위치 D에 전달해 주고, 또 스위치 D에서 전달받은 VTP 메시지를 스위치 A에 전달하는 릴레이 역할을 합니다. 즉 스위치 C 자신은 이 정보를 사용하지 않더라도 중간에서 전달은 해주는 것이죠. ^^

지금까지 VLAN에서의 트렁킹 방식, VTP에서의 메시지 종류, 그리고 VLAN 정보를 스위치끼리 서로 일치시켜(Sync라고 했던 거 기억나시죠?) 주기 위한 VTP에는 어떤 모드가 있는지 알아봤습니다. 보통 VLAN을 공부하는 사람들이 가장 어려워하는 부분이 바로 이 내용인 것 같습니다. 하지만 알고 보면 그리 어려운 이론이 아니죠? ^^

Q 늘 VLAN 이야기만 나오면 헷갈렸는데, 나름대로 VLAN을 공부해 보려다 또 막혔어요. VTP Pruning이라는 것이 나오는데 이건 또 뭔가요?

A 네. VTP Pruning은 VLAN을 좀 더 효율적으로 사용하기 위해 만든 응용 기법 중의 하나입니다. Pruning('프루닝'이라고 발음하죠? ^^)의 뜻이 '가지치기' 잖아요? 말 그대로 트렁크로 이동하는 VLAN 트래픽 중에서 갈 필요가 없는 트렁크쪽으로 트래픽이 흘러갈 경우 그 부분을 가지치기하듯이 잘라내겠다는 뜻입니다. 설명만으로는 이해가 잘 안 되시죠? 그림을 보면서 설명드리는 것이 좋겠네요.

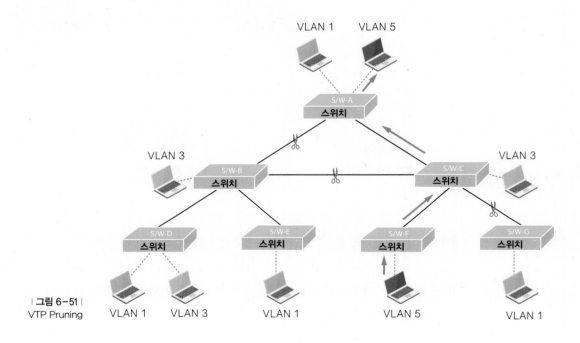

| 그림 6-51 |
VTP Pruning

그림에서 스위치 A에서 스위치 G까지 모든 스위치들은 VLAN으로 세팅되어 있고 스위치들끼리는 트렁크로 연결되어 있다고 가정하겠습니다. 또 VLAN 5는 스위치 A와 스위치 F에만 설정되어 있다고 가정해 보겠습니다. 즉 나머지 스위치에는 VLAN 5에 해당하는 포트가 설정되어 있지 않다는 의미입니다.

이때 스위치 F에 연결된 PC(이 PC는 VLAN 5에 속한 PC입니다.)에서 브로드캐스트가 발생했습니다. 브로드캐스트이니 같은 VLAN으로는 모두 전달되야 하겠죠? 만약 VTP Pruning이 설정되어 있지 않는 상태라면 이 브로드캐스트는 트렁크를 통해서 모든 스위치쪽으로 전달됩니다. 물론 스위치에 도착해 보면 스위치 A를 제외한 나머지 모든 스위치는 VLAN 5에 속한 포트가 없기 때문에 이 브로드캐스트를 버리겠지만, 그래도 트렁크의 대역폭은 소비한 셈입니다.

하지만 VTP Pruning이 설정되어 있는 경우라면 그림에서처럼 트렁크로 전달되는 트래픽을 보고 그쪽으로 갈 필요가 있는지, 없는지를 먼저 확인합니다. 즉 그림에서 가위로 표시된 쪽으로는 VLAN 5에 대한 트래픽이 갈 필요가 없다는 것을 알게 되는 겁니다. 따라서 이쪽은 가지치기를 해주는 겁니다. 그리고 VLAN 5를 가지고 있는 스위치쪽으로만 길을 열어줍니다. 그렇게 되면 VLAN 5와 관계 없는 트래픽을 트렁크를 통해 전송함으로써 발생하는 대역폭 낭비를 막아줄 수 있겠죠? 그림에서 스위치 C는 VLAN 5를 가지고 있지 않지만(VLAN 3만 있죠.) 스위치 F에서 발생한 트래픽이 스위치 A쪽으로 가기 위해서는 이 스위치를 거쳐야 하기 때문에 스위치 F에서 스위치 C쪽으로 연결된 트렁크에서는 VLAN 5의 정보를 통과시켜 줍니다.

VTP Pruning은 한마디로 내가 가지고 있지 않은 VLAN 정보에 대한 트래픽은 비록 모든 VLAN을 전송해 주는 트렁크라고 해도 받지 않겠다는 겁니다. 그래서 트렁크쪽의 대역폭을 절약하겠다는 것이죠. (물론 스위치 C처럼 중간에 있어 어쩔 수 없는 경우에는 별수 없겠지만요.)

17
SECTION

VLAN의 구성

그럼 이번에는 스위치에서 VLAN을 직접 한번 구성해 보겠습니다. 너무 긴장하실 필요는 없습니다. 이미 여러분은 저와 함께 VLAN에 대한 이론은 다 배우셨으니 그대로 구성에 사용하시면 됩니다. ^^

VLAN을 구성하려면 무엇을 해야 하는지 다시 한 번 정리해 보죠. 스위치로 VLAN이 이미 구성되어 있는 기존 네트워크가 아닌 새로운 네트워크에 처음으로 스위치를 구성한다면 VTP 도메인 이름을 만들어야겠죠? VTP 도메인 이름은 VLAN을 만들거나 삭제하는 작업을 하기 전에 가장 먼저 해야 할 작업입니다.

TIP

왜 클라이언트는 안 될까요? 만약 이 스위치가 연결될 네트워크에 이미 VTP 서버 모드로 동작하는 스위치가 있다면 스위치를 VTP 클라이언트 모드로 구성할 수 있습니다. 하지만 여기에서는 스위치가 하나뿐이니 불가능하겠죠? ^^

VTP 도메인 이름을 만든 다음에는 VTP 모드를 설정해 줍니다. VTP 모드는 서버, 클라이언트, 트랜스페어런트의 3종류가 있다는 것을 배웠습니다. VTP 도메인 이름과 VTP 모드를 세팅하고 나면, VLAN을 구성해 주면 됩니다. 새로운 VLAN을 만들고, 해당 VLAN에 포트를 지정한 후 필요 없는 VLAN을 없애는 작업을 하는 것입니다. 물론 VLAN을 새로 만들고 지우는 작업은 VTP 서버 모드와 트랜스페어런트 모드에서만 가능한 거 아시죠?

그 밖에 앞에서 배운 VTP Pruning을 설정해 줄 수도 있고, VTP 도메인에 패스워드를 설정해 줄 수도 있습니다.

자, 그럼 하나하나 따라해 볼까요?

```
Switch#configure terminal
Enter configuration commands, one per line. End with CNTL/Z.
Switch(config)#vtp ?
domain          Set the name of the VTP administrative domain.
file            Configure IFS filesystem file where VTP configuration is stored.
interface       Configure interface as the preferred source for the VTP IP updater address.
mode            Configure VTP device mode
password        Set the password for the VTP administrative domain
pruning         Set the adminstrative domain to permit pruning
version         Set the adminstrative domain to VTP version
Switch(config)#vtp
```

구성 모드에서 VTP라고 입력하고 '?'를 입력하면 VTP 뒤에 나올 수 있는 여러 가지 옵션이 보입니다. 맨 먼저 VTP 도메인 이름을 설정하겠습니다.

```
Switch(config)#vtp domain cisco
Changing VTP domain name from NULL to cisco
Switch(config)#
```

VTP 도메인 이름을 'cisco' 라고 입력했습니다. 입력이 잘 되었다는 메시지가 보이네요.

이번에는 VTP 모드를 입력해 보겠습니다. 클라이언트는 안 되고 서버 혹은 트랜스페어런트인데, 여기서는 VTP 서버 모드로 구성해 보겠습니다.

```
Switch(config)#vtp mode ?
client       Set the device to client mode.
server       Set the device to server mode.
transparent  Set the device to transparent mode.
Switch(config)#vtp mode server
Setting device to VTP SERVER mode
Switch(config)#
```

VTP 모드 뒤에 '?'를 넣어 가능한 옵션을 알아본 후 그중에서 server 모드로 구성했습니다. 지금까지 제대로 구성했는지 한번 확인해 볼까요? VTP 구성을 확인하는 명령은 show vtp status입니다.

```
Switch#show vtp status
VTP Version                     : 2
Configuration Revision          : 0
Maximum VLANs supported locally : 68
Number of existing VLANs        : 5
VTP Operating Mode              : Server
VTP Domain Name                 : cisco
VTP Pruning Mode                : Disabled
VTP V2 Mode                     : Disabled
VTP Traps Generation            : Disabled
MD5 digest                      : 0x57 0x30 0x6D 0x7A 0x76 0x12 0x7B 0x40
Configuration last modified by 0.0.0.0 at 3-1-93 00:46:05
```

VTP 오퍼레이션 모드가 서버로, VTP 도메인 이름은 cisco로 세팅되어 있습니다.

자, 이번에는 트렁크 포트를 세팅해 보겠습니다. 트렁크 포트는 IEEE 802.1Q 방식과 ISL 방식이 있다고 설명드렸죠? 그런데 Catalyst 2950에서는 ISL 방식을 지원하지 않고 오직 IEEE 802.1Q 모드만 지원합니다. 따라서 Catalyst 2950에서는 선택의 여지가 없네요.

예를 들어 Fastethernet 0/1번을 트렁크로 세팅한다고 가정해 보겠습니다. 먼저 구성 모드에 들어가서 다시 해당 인터페이스 구성 모드로 들어가야겠죠? 그다음, switchport라는 명령을 이용해서 트렁크 세팅을 합니다. 여기서 switchport 명령을 잘 기억해 두시기 바랍니다. switchport는 각 포트를 VLAN에 배정할 때나 트렁크를 세팅할 때 사용되는 명령으로, 중요한 역할을 합니다. (저는 간혹 이 명령이 잘 생각나지 않아서 고생을 합니다. 전에는 set 명령만 썼는데 switchport는 새로 나왔거든요. ^^)

```
Cat2950#conf t
Enter configuration commands, one per line. End with CNTL/Z.
Cat2950(config)#int fa 0/1
Cat2950(config-if)#switchport ?
  access          Set access mode characteristics of the interface
  host            Set port host
  mode            Set trunking mode of the interface
  nonegotiate     Device will not engage in negotiation protocol on this interface
  port-security   Security related command
  priority        Set appliance 802.1p priority
  protected       Configure an interface to be a protected port
  trunk           Set trunking characteristics of the interface
  voice           Voice appliance attributes

Cat2950(config-if)#switchport mode ?
  access    Set trunking mode to ACCESS unconditionally
  dynamic   Set trunking mode to dynamically negotiate access or trunk mode
  trunk     Set trunking mode to TRUNK unconditionally

Cat2950(config-if)#switchport mode trunk
```

이제 Fastethernet 0/1이 트렁크로 세팅되었습니다. 그런데 앞에서 말씀드린 대로 Catalyst 2950의 경우 트렁크 모드가 IEEE 802.1Q로 선택의 여지가 없습니다. 하지만 Catalyst 3550의 경우 IEEE 802.1Q 또는 ISL 둘 중 하나로 선택이 가능합니다. Catalyst 3550의 경우를 보겠습니다.

```
Cat3550(config)#int fa0/1
Cat3550(config-if)#switchport trunk ?
allowed         Set allowed VLAN characteristics when interface is in trunking mode
encapsulation       Set trunking encapsulation when interface is in trunking mode
native              Set trunking native characteristics when interface is in trunking mode
pruning             Set pruning VLAN characteristics when interface is in trunking mode
Cat3550(config-if)#switchport trunk encapsulation ?
dot1q           Interface uses only 802.1q trunking encapsulation when trunking
isl             Interface uses only ISL trunking encapsulation when trunking
negotiate       Device will negotiate trunking encapsulation with peer on interface
```

switchport 뒤에 trunk라고 입력하고 '?'를 치니 encapsulation이라는 옵션이 보이네요. 그래서 switchport turnk encapsulation이라고 하고 다시 '?'를 눌러 다음 옵션을 확인합니다. 다음으로 dot1q와 isl이 보이네요. 아마 눈치채셨겠지만 dot1q는 IEEE 802.1Q를 뜻합니다. 또 negotiate는 상대 모드에 따라서 내가 맞추겠다는 의미입니다. 상대가 IEEE 802.1Q이면 나도 802.1Q로, 상대가 ISL이면 나도 ISL로 하겠다는 것이죠. 트렁크는 나와 상대가 모두 서로 같은 모드를 써야 통신이 됩니다. (아주 중요한 내용입니다!)

그런데 Catalyst 2950의 경우 똑같은 명령을 내려보면,

```
Cat2950#conf t
Enter configuration commands, one per line. End with CNTL/Z.
Cat2950(config)#int fa 0/1
Cat2950(config-if)#switchport trunk ?
  allowed       Set allowed VLAN characteristics when interface is in trunking mode
  native        Set trunking native characteristics when interface is in trunking mode
  pruning       Set pruning VLAN characteristics when interface is in trunking mode
```

위에서 보는 것처럼 Catalyst 2950의 경우는 switchport trunk 뒤에 올 수 있는 옵션에 encapsulation이라는 것이 없습니다. 따라서 IEEE 802.1Q만 쓸 수 있습니다.

그럼 지금 세팅한 trunk 포트가 제대로 세팅되었는지 확인해 봐야겠죠? 트렁크 포트 상태를 확인하는 일반적인 명령은 show interface switchport와 show interface trunk입니다.

```
Cat2950#show interface fa0/1 switchport
Name: Fa0/1
Switchport: Enabled
Administrative Mode: trunk
Operational Mode: trunk
Administrative Trunking Encapsulation: dot1q
Operational Trunking Encapsulation: dot1q
Negotiation of Trunking: On
Access Mode VLAN: 1 (default)
Trunking Native Mode VLAN: 1 (default)
Administrative private-vlan host-association: none
Administrative private-vlan mapping: none
Operational private-vlan: none
Trunking VLANs Enabled: ALL
Pruning VLANs Enabled: 2-1001

Protected: false

Voice VLAN: none (Inactive)
Appliance trust: none
Cat2950#
```

Show interface switchport 명령을 보면 interface Fa0/1이 트렁크로 세팅되어 있습니다. 트렁크 모드는 dot1q, 즉 IEEE 802.1Q네요. 그리고 앞에서 배운 IEEE 802.1Q의 특징인 Native Vlan은 1번으로 되어 있네요. (네이티브 VLAN은 이름표를 붙이지 않은 vlan이라고 설명드렸죠? ^^)

```
Cat2950#show interface fa0/1 trunk

Port      Mode         Encapsulation    Status        Native vlan
Fa0/1     on           802.1q           trunking      1

Port      Vlans allowed on trunk
Fa0/1     1-4094

Port      Vlans allowed and active in management domain
Fa0/1     1-2

Port      Vlans in spanning tree forwarding state and not pruned
Fa0/1     2
Cat2950#
```

Show interface trunk 명령은 스위치 전체에서 트렁크로 세팅된 포트에 대한 간략한 상태를 보여줍니다. 이 스위치에 트렁크로 세팅된 포트는 Fa0/1만 있네요.

지금까지 어떤 일을 했죠? VTP 도메인 이름을 정하고, VTP 모드를 서버로 정하며, 마지막으로 트렁크로 사용할 포트를 선정해서 트렁크 모드를 IEEE 802.1Q로 정했습니다.

이제 VLAN을 만들어 보겠습니다. 그 전에 먼저 VLAN에 대한 몇 가지 진실을 알아보겠습니다.

우리가 VLAN에 대해 아무것도 세팅하지 않았을 때도 디폴트 VLAN은 이미 세팅이 되어 있습니다. VLAN이 어떻게 각 포트에 배정되어 있는지를 보기 위한 명령은 show vlan입니다.

```
Switch#show vlan
VLAN   Name       Status       Ports
------ ---------- ------------ ----------------------------------------
1      default    active       Fa0/2, Fa0/3, Fa0/4, Fa0/5,
                               Fa0/6, Fa0/7, Fa0/8, Fa0/9,
                               Fa0/10, Fa0/11, Fa0/12, Fa0/13,
                               Fa0/14, Fa0/15, Fa0/16, Fa0/17,
                               Fa0/18, Fa0/19, Fa0/20, Fa0/21,
                               Fa0/22, Fa0/23, Fa0/24
1002   fddi-default            active
1003   token-ring-default      active
1004   fddinet-default         active
1005   trnet-default           active

VLAN   Type   SAID    MTU     Parent  RingNo   BridgeNo  Stp    BrdgMode    Trans1   Trans2
------ ------ ------- ------- ------- -------- --------- ------ ----------- -------- --------
1      enet   100001  1500    -       -        -         -      -           0        0
1002   fddi   101002  1500    -       -        -         -      -           0        0
1003   tr     101003  1500    -       -        -         -      -           0        0
1004   fdnet  101004  1500    -       -        -         -      -           0        0
1005   trnet  101005  1500    -       -        -         -      -           0        0
Switch#
```

여기에 있는 VLAN 구성은 우리가 아무것도 손대지 않았는데도 스위치에 이미 들어있는 구성입니다. 꽤 복잡해 보이는데 다른 것은 신경쓰지 마세요. VLAN 1이 디폴트 VLAN으로 최초에 모든 포트가 다 VLAN 1에 속해 있다는 것입니다.

그런데 자세히 보니 Fa0/1 이 VLAN 1에 보이지 않습니다. 어디를 간 것일까요? Fa0/1은 트렁크로 세팅되어 있어서 그렇습니다. 각 포트의 상태를 간단히 보는 show interface status 명령을 이용해서 포트의 상태를 한번 볼까요?

```
Switch#show int status

Port      Name       Status          Vlan        Duplex       Speed        Type
------    ---------  --------------  ----------  -----------  ------------  -----------------------
Fa0/1                connected       trunk       Half         10           100BaseTX/FX
Fa0/2                connected       1           A-Full       A-100        100BaseTX/FX
Fa0/3                notconnect      1           Auto         Auto         100BaseTX/FX
Fa0/4                notconnect      1           Auto         Auto         100BaseTX/FX
Fa0/5                notconnect      1           Auto         Auto         100BaseTX/FX
Fa0/6                notconnect      1           Auto         Auto         100BaseTX/FX
Fa0/7                notconnect      1           Auto         Auto         100BaseTX/FX
Fa0/8                notconnect      1           Auto         Auto         100BaseTX/FX
Fa0/9                notconnect      1           Auto         Auto         100BaseTX/FX
Fa0/10               notconnect      1           Auto         Auto         100BaseTX/FX
Fa0/11               notconnect      1           Auto         Auto         100BaseTX/FX
Fa0/12               notconnect      1           Auto         Auto         100BaseTX/FX
Fa0/13               notconnect      1           Auto         Auto         100BaseTX/FX
Fa0/14               notconnect      1           Auto         Auto         100BaseTX/FX
Fa0/15               notconnect      1           Auto         Auto         100BaseTX/FX
Fa0/16               notconnect      1           Auto         Auto         100BaseTX/FX
Fa0/17               notconnect      1           Auto         Auto         100BaseTX/FX
Fa0/18               notconnect      1           Auto         Auto         100BaseTX/FX
Fa0/19               notconnect      1           Auto         Auto         100BaseTX/FX
Fa0/20               notconnect      1           Auto         Auto         100BaseTX/FX

Port      Name       Status          Vlan        Duplex       Speed        Type
------    ---------  --------------  ----------  -----------  ------------  -----------------------
Fa0/21               notconnect      1           Auto         Auto         100BaseTX/FX
Fa0/22               notconnect      1           Auto         Auto         100BaseTX/FX
Fa0/23               notconnect      1           Auto         Auto         100BaseTX/FX
Fa0/24               notconnect      1           Auto         Auto         100BaseTX/FX

Switch#
```

Fa0/1 포트는 트렁크로 지정된 것 외에 앞에서 세팅한 듀플렉스 모드와 스피드 모드까지 그대로 세팅되어 있네요.

VLAN에 대한 두 번째 진실은 각 스위치마다 만들 수 있는 VLAN의 개수는 모두 다르다는 것입니다. 즉 VLAN의 개수는 스위치의 모델이나 용량에 따라 정해지기 때문에 다 다릅니다. 내가 가진 스위치가 최대 몇 개의 VLAN을 만들 수 있는지를 보려면 앞에서 배운 show vtp status 명령으로 확인하면 됩니다.

```
Cat2950#show vtp status
VTP Version                          : 2
Configuration Revision               : 0
Maximum VLANs supported locally      : 64
Number of existing VLANs             : 5
VTP Operating Mode                   : Server
VTP Domain Name                      : cisco
VTP Pruning Mode                     : Disabled
VTP V2 Mode                          : Disabled
VTP Traps Generation                 : Disabled
MD5 digest                           : 0x57 0x30 0x6D 0x7A 0x76 0x12 0x7B 0x40
Configuration last modified by 0.0.0.0 at 3-1-93 00:08:19
Local updater ID is 0.0.0.0 (no valid interface found)
Cat2950#

Cat3550#show vtp status
VTP Version                          : 2
Configuration Revision               : 0
Maximum VLANs supported locally      : 1005
Number of existing VLANs             : 5
VTP Operating Mode                   : Server
VTP Domain Name                      : cisco
VTP Pruning Mode                     : Disabled
VTP V2 Mode                          : Disabled
VTP Traps Generation                 : Disabled
MD5 digest                           : 0x57 0x30 0x6D 0x7A 0x76 0x12 0x7B 0x40
Configuration last modified by 0.0.0.0 at 0-0-00 00:00:00
Local updater ID is 0.0.0.0 (no valid interface found)
Cat3550#
```

Catalyst 2950의 경우 최대 지원 VLAN의 개수가 64개인데 비해서 Catalyst 3550의 경우는 1,005개나 됩니다. 만들 수 있는 VLAN이 많으면 좋겠지만 필요하지도 않은데 무조건 많다고 좋은 것은 아니겠죠? ^^

VLAN에 대한 세 번째 진실은 스위치의 IP 주소 세팅은 VLAN 1에 한다는 것입니다. 앞에서 스위치의 IP 주소를 세팅할 때도 말씀드렸지만, 스위치의 IP 주소는 매니지먼트 VLAN 역할을 담당하는 VLAN 1에 합니다. 스위치는 라우터처럼 인터페이스별로 IP 주소를 주지 않습니다.

또 IP 주소를 주는 목적 역시 스위치는 관리, 즉 매니지먼트를 위한 것이라는 점을 기억하시기 바랍니다.

마지막 VLAN에 대한 진실을 알아보겠습니다. 역시 앞에서 말씀드렸지만 VLAN을 추가하고 삭제하는 작업은 VTP 서버 모드와 VTP 트랜스페어런트 모드에서만 가능합니다. VTP 클라이언트 모드는 VLAN 추가나 삭제가 불가능합니다.

자, VLAN에 대한 기본적인 성격 분석이 대략 끝났습니다. 이제 본격적으로 VLAN을 만들어 보겠습니다. Catalyst 2950 스위치에서 VLAN을 세팅하는 것에는 2가지 방법이 있습니다.

- **첫째,** VLAN을 Config-VLAN 모드에서 세팅하는 방법
- **둘째,** VLAN을 VLAN Configuration 모드에서 세팅하는 방법

왜 같은 일을 두 군데서 하는 것일까요? 게다가 이름도 하나는 config-VLAN이고, 또 하나는 VLAN Configuration으로 비슷한 것을 앞뒤만 바꿔놓았네요.

잠시 Catalyst 스위치의 명령체계에 대해 이야기를 하겠습니다. 원래 카타리스트 스위치는 CatOS라는 IOS와는 약간 다른 명령 방식을 사용했습니다. 주로 Set 명령이라는 것을 썼죠. (우리가 흔히 라우터에서 사용하는 명령 형식은 IOS 방식이랍니다.) 카타리스트에서 CatOS를 쓰던 시절 VLAN 구성은 VLAN Configuration 모드에서 했습니다. VLAN을 위한 구성 모드라는 것입니다.

VLAN Configuration 모드는 스위치의 프리빌리지드 모드(Switch# 프롬프트)에서 다음과 같이 'vlan database'라고 입력하고 들어가는 모드입니다.

```
Cat2950#vlan database
Cat2950(vlan)#
Cat2950(vlan)#
```

이렇게 들어온 모드가 바로 Vlan Configuration 모드입니다. 그런데 스위치 명령을 IOS 방식으로 바꾸면서 모든 구성을 라우터처럼 하다 보니 VLAN 구성 역시 그냥 라우터처럼 Configuration 모드(Switch(config)#)에서 해주는 것이 좋겠다는 생각이 든 겁니다. 그래서 VLAN 구성 역시 Configuration 모드에서 할 수 있도록 했는데, 그것이 ConfigurationVLAN 모드가 되었습니다. ConfigurationVLAN 모드는 일단 Configuration 모드에 들어간 후 VLAN 이름을 입력하면 됩니다. 이때 새로운 VLAN 이름을 넣으면 VLAN이 만들어지고, 기존의 VLAN 이름을 넣으면 기존 VLAN을 수정하게 되는 것입니다.

```
Cat2950#configure terminal
Enter configuration commands, one per line. End with CNTL/Z.
Cat2950(config)#vlan 2
Cat2950(config-vlan)#
```

Cat2950(config-vlan)#에서 괄호 안에 'config-vlan'이라고 되어 있는 것을 보고 'configvlan 모드'라고 부르는 것입니다.

여러분들은 가능하면 두 번째 설명드린 config-vlan 모드에서 구성하는 것을 연습하세요. VLAN Configuration 방법보다는 config-vlan 방식이 더 신세대적인 방법이거든요. ^^

자, 그럼 신세대적 방법으로 VLAN을 하나 만들어보겠습니다. 먼저 configure terminal이라는 명령으로 Configuration 모드에 들어가서 만들고 싶은 VLAN 넘버를 써 줍니다. 그리고 나서 만든 VLAN에 이름을 붙여주기 위해 config-vlan 모드에서 name이라는 명령을 사용합니다. 아래 예를 보세요.

```
Cat2950#configure terminal
Enter configuration commands, one per line. End with CNTL/Z.
Cat2950(config)#vlan 2
Cat2950(config-vlan)#name CCNA
Cat2950(config-vlan)#^Z ← 프리빌리지드 모드로 나오는 명령이죠. Ctrl+Z
Cat2950#
```

위에서 보는 것처럼 configuration 모드에서 vlan을 입력하고 2를 넣었습니다. 여기서 2는 vlan ID입니다. 즉 디폴트로 VLAN 1은 있기 때문에 다음 숫자 2를 넣어준 것이죠. 따라서 2는 새로운 VLAN ID이므로 vlan 2라고 입력하면 새로운 VLAN 2가 만들어지는 것입니다. vlan 2를 입력해 새로운 VLAN을 만든 후 config-vlan 모드에 들어가서 name 명령을 이용해서 새로운 VLAN 2의 이름을 CCNA로 명명했습니다. 자, 일단 vlan 2라는 새로운 vlan을 만들고 이름도 지어주었습니다. 다시 프리빌리지드 모드(Cat2950#)로 나가기 위해 Ctrl을 누른 상태에서 Z를 눌렀습니다.

이제 VLAN이 제대로 구성되어 있는지 확인해 볼까요? VLAN 구성은 show vlan 명령으로 가능합니다.

```
Cat2950#show vlan

VLAN   Name                   Status        Ports
------ ---------------------  ------------- -------------------------------------
1      default                active        Fa0/2, Fa0/3, Fa0/4, Fa0/5
                                            Fa0/6, Fa0/7, Fa0/8, Fa0/9
                                            Fa0/10, Fa0/11, Fa0/12, Fa0/13
                                            Fa0/14, Fa0/15, Fa0/16, Fa0/17
                                            Fa0/18, Fa0/19, Fa0/20, Fa0/21
                                            Fa0/22, Fa0/23, Fa0/24

2      CCNA                   active
1002   fddi-default           active
1003   token-ring-default     active
1004   fddinet-default        active
1005   trnet-default          active

VLAN   Type   SAID    MTU    Parent  RingNo   BridgeNo  Stp    BrdgMode    Trans1   Trans2
------ ------ ------- ------- ------- -------- --------- ------ ----------- -------- --------
1      enet   100001  1500    -       -        -         -      -           0        0
2      enet   100002  1500    -       -        -         -      -           0        0
1002   fddi   101002  1500    -       -        -         -      -           0        0
1003   tr     101003  1500    -       -        -         -      -           0        0
1004   fdnet  101004  1500    -       -        -         ieee   -           0        0
1005   trnet  101005  1500    -       -        -         ibm    -           0        0

Remote SPAN VLANs
------------------------------------------------------------------------------------------


Primary    Secondary     Type       Ports
---------- ------------- ---------- -----------

Cat2950#
```

새로운 vlan 2가 생기고 이름이 CCNA로 만들어진 것을 확인할 수 있습니다. 이번에는 방금 만든 vlan 2를 지워보죠. 지우는 것도 간단합니다. 앞에 'no'만 붙여주면 됩니다.

```
Cat2950#configure terminal
Enter configuration commands, one per line. End with CNTL/Z.
Cat2950(config)#no vlan 2
Cat2950(config)#^Z
Cat2950#
12:37:16: %SYS-5-CONFIG_I: Configured from console by console
```

좀전과 똑같은데 앞에 no만 들어간 것이 보이시죠? 실제 지워졌는지 Show vlan으로 확인해
보겠습니다.

```
Cat2950#show vlan

VLAN   Name                   Status      Ports
------ ---------------------- ----------- -------------------------------------
1      default                active      Fa0/2, Fa0/3, Fa0/4, Fa0/5
                                          Fa0/6, Fa0/7, Fa0/8, Fa0/9
                                          Fa0/10, Fa0/11, Fa0/12, Fa0/13
                                          Fa0/14, Fa0/15, Fa0/16, Fa0/17
                                          Fa0/18, Fa0/19, Fa0/20, Fa0/21
                                          Fa0/22, Fa0/23, Fa0/24

1002 fddi-default             active
1003 token-ring-default       active
1004 fddinet-default          active
1005 trnet-default            active

VLAN   Type  SAID    MTU     Parent  RingNo   BridgeNo  Stp    BrdgMode     Trans1   Trans2
------ ----- ------- ------- ------- -------- --------- ------ ----------- -------- --------
1      enet  100001  1500    -       -        -         -      -            0        0
1002   fddi  101002  1500    -       -        -         -      -            0        0
1003   tr    101003  1500    -       -        -         -      -            0        0
1004   fdnet 101004  1500    -       -        -         ieee   -            0        0
1005   trnet 101005  1500    -       -        -         ibm    -            0        0

Remote SPAN VLANs
------------------------------------------------------------------------------------


Primary    Secondary    Type      Ports
---------- ------------ --------- -----------


Cat2950#
```

지워진 것이 보이네요. 이렇게 VLAN을 만들고 삭제하는 것은 아주 간단합니다. 지금까지 우리가 config-vlan 모드에서 VLAN을 만들고 지웠다는 거 아시죠? ^^

이번에는 똑같은 작업을 vlan configuration 모드에서 해보겠습니다. 모든 스위치가 VLAN을 만들고 지우는 작업을 config-vlan에서 할 수 있는 것은 아닙니다. 물론 Catalyst 2950은 가능하지만, 예를 들어 Catalyst 2900 같은 경우는 VLAN을 만들고 지우는 것이 vlan configuration 모드에서만 가능하기 때문에 꼭 알아두셔야 합니다. 어렵지 않으니 한번 해보겠습니다.

먼저 vlan configuration 모드에 들어가야겠죠. vlan database란 명령을 프리빌리지드 모드에서 내려주면 됩니다. vlan configuration 모드에 들어간 후의 작업은 위와 똑같습니다.

```
Cat2950#vlan database
Cat2950(vlan)#vlan 2 name CCNA
VLAN 2 added:
    Name: CCNA
Cat2950(vlan)#exit
APPLY completed.
Exiting....
Cat2950#
```

먼저 vlan database로 vlan configuration 모드(Cat2950(vlan)#)에 들어왔습니다. 그다음에는 VLAN을 만드는데 vlan ID는 2번으로, 이름은 CCNA로 만들어 줍니다. 여기에서 약간 차이가 나죠? 구성을 마치고 다시 프리빌리지드 모드로 나올 때는 exit라는 명령을 씁니다. 여기서 만약 Ctrl+Z를 하면 구성이 변경되지 않으니 주의하시기 바랍니다. (혼동할 수 있으니 주의하세요!)

vlan configuration 모드에서는 VLAN 삭제도 간단합니다. 역시 앞에 'no'를 붙여줍니다.

```
Cat2950#vlan database
Cat2950(vlan)#no vlan 2
Deleting VLAN 2...
Cat2950(vlan)#exit
APPLY completed.
Exiting....
Cat2950#
```

이제 VLAN을 만들고 삭제하는 것은 쉽게 하실 수 있을 겁니다. 항상 show vlan으로 확인하는 것도 잊지 마세요.

지금까지 우리는 VLAN을 두 번 만들고 두 번 지웠습니다. 한 번은 config-vlan 모드에서, 또한 번은 vlan configuration 모드에서 해봤습니다. 그리고 이 스위치는 현재 VTP 서버 모드로 동작하고 있습니다. (앞에서 우리가 그렇게 구성했지요.) 그렇다면 현재 VTP Revision 넘버는 몇 번일까요?

답은 4입니다. VTP 서버 모드에서 VTP Revision 넘버는 VLAN이 추가, 삭제될 때마다 하나씩 증가한다는 것을 잘 아실 겁니다. 정말 맞는지 한 번 볼까요?

```
Cat2950#show vtp status
VTP Version                     : 2
Configuration Revision          : 4
Maximum VLANs supported locally : 64
Number of existing VLANs        : 5
VTP Operating Mode              : Server
VTP Domain Name                 : cisco
VTP Pruning Mode                : Disabled
VTP V2 Mode                     : Disabled
VTP Traps Generation            : Disabled
MD5 digest                      : 0x6B 0x8E 0xA4 0x8F 0x73 0x4B 0x1A 0x25
Configuration last modified by 0.0.0.0 at 3-1-93 12:53:02
Local updater ID is 0.0.0.0 (no valid interface found)
Cat2950#
```

만약 VTP 모드가 Transparent 모드였다면 VTP Revision 넘버는 0입니다. VTP 트랜스페어런트 모드에서는 VTP 넘버가 증가하지 않습니다. 이것도 중요한 사항이니 꼭 기억해 두세요! ^^

지금까지 VLAN을 만들고 지우는 방법을 배웠습니다. 이제는 각 VLAN에 포트를 어떻게 배정하는지 알아보겠습니다. 이것만 배우면 VLAN에 대한 기본적인 내용은 다 익힌 셈입니다.

만약 스위치의 Fa0/5번 포트를 앞에서 만들어 놓은 VLAN 2에 배정한다면 다음과 같이 구성됩니다.

```
Cat2950#configure terminal
Enter configuration commands, one per line. End with CNTL/Z.
Cat2950(config)#interface fastEthernet 0/5
Cat2950(config-if)#switchport access vlan 2
Cat2950(config-if)#^Z
Cat2950#
```

구성에서 보는 것처럼 먼저 해당 인터페이스 구성 모드로 들어갑니다. 그다음에는 앞에서 배운 switchport 명령을 사용했습니다. 어떤 포트를 vlan에 배정하는 명령은 다음과 같습니다.

```
Cat2950(config-if)#switchport access [vlan vlan# | dynamic]
```

vlan 옵션은 포트를 해당 vlan에 고정시킬 때 사용하며, dynamic 옵션은 앞에서 설명한 Dynamic VLAN을 사용할 때 지정해 줍니다.

자, 그럼 잘 구성되었는지 확인해봐야겠죠? 역시 우리가 배운 show vlan을 이용해서 확인할 수 있습니다.

```
Cat2950#show vlan

VLAN    Name                 Status        Ports
------- -------------------- ------------- -------------------------------------
1       default              active        Fa0/2, Fa0/3, Fa0/4, Fa0/6
                                           Fa0/7, Fa0/8, Fa0/9, Fa0/10
                                           Fa0/11, Fa0/12, Fa0/13, Fa0/14
                                           Fa0/15, Fa0/16, Fa0/17, Fa0/18
                                           Fa0/19, Fa0/20, Fa0/21, Fa0/22
                                           Fa0/23, Fa0/24
2       CCNA                 active        Fa0/5
1002    fddi-default         active
1003    token-ring-default   active
1004    fddinet-default      active
1005    trnet-default        active

VLAN  Type   SAID    MTU    Parent  RingNo   BridgeNo   Stp    BrdgMode    Trans1    Trans2
----- ------ ------- ------ ------- -------- ---------- ------ ----------- --------- --------
1     enet   100001  1500   -       -        -          -      -           0         0
2     enet   100002  1500   -       -        -          -      -           0         0
1002  fddi   101002  1500   -       -        -          -      -           0         0
```

```
1003    tr     101003  1500    -      -      -      -      -      0        0
1004    fdnet  101004  1500    -      -      -      -      -      0        0
1005    trnet  101005  1500    -      -      -      -      -      0        0

Remote SPAN VLANs
------------------------------------------------------------------------------------------


Primary     Secondary     Type      Ports
----------  ------------  --------  -----------


Cat2950#
```

show vlan으로 본 것처럼 Fa0/5번 포트가 vlan 2에 배정되어 있습니다. show vlan보다 간단
한 정보를 보려면 show vlan brief란 명령을 사용하면 됩니다.

```
Cat2950#show vlan brief

VLAN   Name                   Status        Ports
------ ---------------------  ------------  --------------------------------------
1      default                active        Fa0/2, Fa0/3, Fa0/4, Fa0/6
                                            Fa0/7, Fa0/8, Fa0/9, Fa0/10
                                            Fa0/11, Fa0/12, Fa0/13, Fa0/14
                                            Fa0/15, Fa0/16, Fa0/17, Fa0/18
                                            Fa0/19, Fa0/20, Fa0/21, Fa0/22
                                            Fa0/23, Fa0/24
2      CCNA                   active        Fa0/5
1002   fddi-default           active
1003   token-ring-default     active
1004   fddinet-default        active
1005   trnet-default          active
Cat2950#
```

간단해도 있을 것은 다 있죠? 또 vlan 2에 대한 정보만 보고자 할 경우 show vlan id 2라고 입
력할 수도 있습니다.

```
Cat2950#show vlan id 2

VLAN    Name                     Status      Ports
------- ------------------------ ----------- -------------------------------------
2       CCNA                     active      Fa0/1, Fa0/5

VLAN    Type   SAID    MTU      Parent  RingNo   BridgeNo  Stp   BrdgMode   Trans1   Trans2
------- ------ ------- -------- ------- -------- --------- ----- ---------- -------- --------
2       enet   100002  1500     -       -        -         -     -          0        0

Remote SPAN VLANs
------------------------------------------------------------------------------------
Disabled

Primary    Secondary     Type       Ports
---------- ------------- ---------- -----------

Cat2950#
```

지금까지 한 포트를 특정 vlan에 배정하는 것을 알아봤습니다. 물론 지금 구성한 배정을 취소하고 다시 디폴트 vlan인 vlan 1로 돌아가고자 할 경우에는 vlan 포트와 똑같이 구성하되 앞에 'no' 만 붙여주면 됩니다.

```
Cat2950#configure terminal
Enter configuration commands, one per line. End with CNTL/Z.
Cat2950(config)#int fa0/5
Cat2950(config-if)#no switchport access vlan 2
Cat2950(config-if)#^Z
Cat2950#
```

그럼 Fa0/5번 포트는 다시 디폴트 vlan인 vlan 1로 돌아갑니다.

VLAN에 대한 기본적인 내용은 이제 다 배웠습니다. VLAN에 앞서 VTP 모드를 어떻게 세팅하고 트렁크를 어떻게 만드는지, 또 VLAN을 새로 추가하고 삭제하는 방법까지 모두 배우신 겁니다. 그렇게 어렵다는 VLAN을 이렇게 금방 배우시다니 대단하네요! 지금까지 배운 VLAN 구성만 잘 활용하면 어떤 어려운 구성도 척척 해낼 수 있을 겁니다.

18
SECTION

실제 상황! VLAN

그럼 지금까지 배운 것을 모두 활용해서 실전에 응용해봐야겠죠? 이제부터는 실제 VLAN 구성을 보고 라우터와 스위치를 가지고 그 구성대로 해보겠습니다. 여러분은 아직 라우터 구성에 대해서는 배우지 않으셨으니 스위치쪽만 보세요. 그리고 나중에 라우터를 배운 후 다시 라우터 구성을 보시면 이해가 가실 겁니다. ^^

먼저 [그림 6-52]를 보시기 바랍니다.

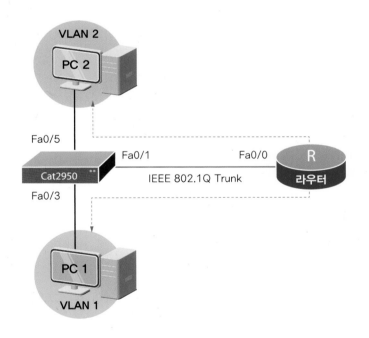

| 그림 6-52 |
VLAN의 실제 구성

그림에서는 스위치가 VLAN 1과 VLAN 2, 이렇게 2개의 VLAN으로 구성되어 있고 PC 1은 VLAN 1에, PC 2는 VLAN 2에 접속되어 있습니다. 또 스위치 포트 Fa0/1은 트렁크로 구성되어 있으며, 트렁크 모드는 IEEE 802.1Q입니다. 이렇게 구성된 스위치는 라우터와 접속되어 있습니다. 물론 여기서 라우터의 Fa0/0 포트도 인캡슐레이션이 IEEE 802.1Q로 세팅되어 있어야합니다. 그래야 통신이 될 테니까요.

이 구성에서 PC 1과 PC 2는 서로 다른 네트워크(VLAN)에 있기 때문에 비록 같은 스위치에 연결되어 있더라도 직접 통신을 할 수 없고 오직 라우터를 통해서만 통신이 가능합니다. 점선으로 표시된 화살표가 보이시죠? 바로 PC 1과 PC 2가 라우터를 거쳐서 통신하는 경로입니다.

그럼 이와 같은 구성을 위해 먼저 스위치를 구성해 보겠습니다.

먼저 스위치를 켠 후 스위치 구성 모드로 들어가서 스위치의 이름과 Enable 패스워드를 세팅합니다. (패스워드 세팅은 라우터 구성에서 다시 설명하겠습니다.)

```
Switch#configure terminal
Enter configuration commands, one per line. End with CNTL/Z.
Switch(config)#host
Switch(config)#hostname Cat2950
Cat2950(config)#enable password cisco
Cat2950(config)#^Z
Cat2950#
```

다음으로 스위치 관리를 위해 VLAN 1에 IP 주소를 주고 디폴트 게이트웨이도 세팅합니다.

```
Cat2950#configure terminal
Enter configuration commands, one per line. End with CNTL/Z.
Cat2950(config)#interface vlan 1
Cat2950(config-if)#ip address 10.10.10.2 255.255.255.0
Cat2950(config-if)#no shutdown
Cat2950(config-if)#exit
Cat2950(config)#ip default-gateway 10.10.10.1
Cat2950(config)#^Z
Cat2950#
```

이번에는 VTP 모드를 세팅할 차례입니다. 그 동안에는 VTP 모드를 서버로 세팅했으니 좀 색다르게 트랜스페어런트로 해보겠습니다.

```
Cat2950#configure terminal
Enter configuration commands, one per line. End with CNTL/Z.
Cat2950(config)#vtp mode transparent
Setting device to VTP TRANSPARENT mode.
Cat2950(config)#vtp domain cisco
Cat2950(config)#^Z
Cat2950#show vtp status
VTP Version                     : 2
Configuration Revision          : 0
Maximum VLANs supported locally : 64
Number of existing VLANs        : 6
VTP Operating Mode              : Transparent
VTP Domain Name                 : cisco
VTP Pruning Mode                : Disabled
VTP V2 Mode                     : Disabled
VTP Traps Generation            : Disabled
MD5 digest                      : 0x97 0xA0 0x57 0xBB 0xE5 0x23 0x62 0xFF
Configuration last modified by 0.0.0.0 at 3-1-93 13:41:46
Cat2950#
```

보시는 대로 VTP 모드는 트랜스페어런트로, VTP 도메인 이름은 cisco로 지정했습니다. 그리고 나서 show vtp status로 확인까지 했네요. ^^

이제 VLAN을 만들겠습니다. 여러분도 아시는 것처럼 VLAN 1은 디폴트 VLAN으로 이미 만들어져 있기 때문에 우리는 VLAN 2만 만들면 되겠죠? 이름도 CCNA로 지정해 보겠습니다.

```
Cat2950#configure terminal
Enter configuration commands, one per line. End with CNTL/Z.
Cat2950(config)#vlan 2
Cat2950(config-vlan)#name CCNA
Cat2950(config-vlan)#^Z
Cat2950#
```

이번에는 트렁크 포트를 세팅하겠습니다. 그림에서 스위치 포트 Fa0/0가 트렁크로 세팅되어야 하네요. 그리고 트렁크 모드는 IEEE 802.1Q로 해야겠군요.

```
Cat2950#configure terminal
Enter configuration commands, one per line. End with CNTL/Z.
Cat2950(config)#interface fa0/1
Cat2950(config-if)#switchport mode trunk
Cat2950(config-if)#switchport trunk allowed vlan all
Cat2950(config-if)#^Z
Cat2950#
```

위 구성에서 모드를 트렁크로만 잡았는데 Catalyst 2950은 IEEE 802.1Q만 지원하기 때문에 따로 선택하지 않는 것입니다. 만약 Catalyst 3550처럼 ISL 방식과 IEEE 802.1Q 중에서 골라야 한다면 구성은 약간 달라집니다. 참고로 한 번 보세요.

```
Cat3550#configure terminal
Enter configuration commands, one per line. End with CNTL/Z.
Cat3550(config)#int fa0/1
Cat3550(config-if)#switchport mode trunk
Cat3550(config-if)#switchport trunk encapsulation ?
dot1q      Interface uses only 802.1q trunking encapsulation when trunking
isl        Interface uses only ISL trunking encapsulation when trunking
negotiate  Device will negotiate trunking encapsulation with peer on interface
Cat3550(config-if)#switchport trunk encapsulation dot1q
Cat3550(config-if)#switchport trunk allowed vlan all
Cat3550(config-if)#^Z
Cat3550#
```

위에서 보신 대로 Catalyst 3550의 경우는 switchport trunk encapsulation이라는 명령을 사용해서 사용할 트렁크 모드를 IEEE 802.1Q와 ISL 중에서 고르도록 했습니다.

이제 포트를 VLAN에 배치할 차례입니다. VLAN 1에 배치할 Fa0/3 포트는 따로 명령을 줄 필요가 없겠죠? 어차피 디폴트 VLAN에 속해 있고 디폴트 VLAN이 VLAN 1이니까요. 따라서 Fa0/5번 포트만 VLAN 2에 넣도록 하겠습니다.

```
Cat2950#configure terminal
Enter configuration commands, one per line. End with CNTL/Z.
Cat2950(config)#interface fa0/5
Cat2950(config-if)#switchport access vlan 2
Cat2950(config-if)#^Z
Cat2950#
```

이제 스위치 구성이 다 끝났습니다. 여기까지 이해하셨으면 여러분은 VLAN을 완전히 파악한 것입니다. 여기서 잠깐 라우터 구성을 참고로 보시죠. ^^

라우터도 명령어는 똑같습니다. 그런데 라우터 구성에 앞서 서브 인터페이스에 대해 잠깐 알아보겠습니다. 서브 인터페이스란, 인터페이스 하나를 다시 작게 나눈 것을 말합니다. 하나의 인터페이스를 왜 다시 나누냐구요? 그건 바로 지금처럼 VLAN을 쓸 때 사용하기 위해서입니다. [그림 6-52]에서도 볼 수 있는 것처럼 라우터는 스위치의 트렁크 포트와 연결되어 있고 스위치의 트렁크 포트를 통해 라우터로 들어오는 VLAN은 2개입니다. 원래대로라면 라우터는 2개의 이더넷 인터페이스를 제공해야 하지만, 지금의 경우는 하나의 인터페이스로 2개의 네트워크와 접속했습니다. 따라서 겉으로는 하나지만 내부적으로는 2개의 인터페이스가 있어야 각각의 VLAN에 대한 라우팅을 해줄 수 있는 겁니다. [그림 6-53]을 보시기 바랍니다.

| 그림 6-53 |
라우터의 서브 인터페이스

그림에서 보이는 대로 라우터의 인터페이스는 실제로는 하나의 인터페이스이지만, 여러 개의 서브 인터페이스로 분리될 수 있습니다. (물론 서브 인터페이스를 지원할 수 있는 인터페이스는 FastEthernet이고, 라우터에 따라 지원 여부가 결정됩니다.) 또 그림에서는 서브 인터페이스가 2개만 사용되지만, 사용 환경에 따라서 수백, 수천 개 이상으로 확장해 줄 수도 있습니다. 이렇게 서브 인터페이스를 지원하는 라우터만 VLAN 구성에 참여할 수 있습니다.

일단 구성에서는 라우터가 이처럼 VLAN 트렁킹을 지원한다고 가정하겠습니다. 자, 그럼 라우터 구성을 시작합니다.

먼저 라우터의 이름과 패스워드를 지정하겠습니다. 없어도 상관없지만 그래도 기본이니까 해주는 것이 좋겠죠? ^^

```
Router#configure terminal
Enter configuration commands, one per line. End with CNTL/Z.
Router(config)#hostname Router01
Router01(config)#enable password cisco
Router01(config)#^Z
Router01#
```

스위치 구성과 똑같네요. 다음은 본격적으로 인터페이스를 구성하겠습니다. 먼저 Fa0/0이 디폴트로 shutdown되어 있으니까 no shutdown 명령으로 살려준 뒤 서브 인터페이스를 만들고 각 인터페이스별 인캡슐레이션을 IEEE 802.1Q로 세팅하고 VLAN을 지정해 주면 됩니다.

```
Router01#configure terminal
Enter configuration commands, one per line. End with CNTL/Z.
Router01(config)#int
Router01(config)#interface fa0/0
Router01(config-if)#no shutdown
Router01(config-if)#exit
Router01(config)#interface fastEthernet 0/0.1
Router01(config-subif)#encapsulation dot1Q 1 native
Router01(config-subif)#ip address 10.10.10.1 255.255.255.0
Router01(config-subif)#exit
Router01(config)#interface fastEthernet 0/0.2
Router01(config-subif)#encapsulation dot1Q 2
Router01(config-subif)#ip address 10.10.11.1 255.255.255.0
Router01(config-subif)#^Z
Router01#
```

위의 구성을 보면 Fa0/0.1을 vlan 1로 세팅하고, vlan 1을 네이티브 VLAN이라고 설정해 주었습니다. (IEEE 802.1Q는 네이티브 VLAN이 있다는 거 기억하시죠?) 또 Fa0/0.2는 vlan 2로 세팅했습니다. 물론 모두 인캡슐레이션은 IEEE 802.1Q를 썼습니다. 그리고 각 서브 인터페이스별로 IP 주소를 세팅해 주었습니다. IP 주소를 보면 아시겠지만 2개의 서브 인터페이스는 서로 다른 네트워크로 구성되어 있습니다. 이것으로 라우터에 대한 구성도 모두 마쳤습니다.

만약 라우터의 IOS 버전이 12.1(3)T 이전 버전이고 IEEE 802.1Q를 세팅해야 한다면 위의 구성은 약간 달라집니다. (여러분이 사용하는 라우터의 구성은 대부분 12.1(3)T 이전 버전일 가능성이 많습니다.) 위의 구성과 잘 비교해 보시기 바랍니다.

```
Router01#configure terminal
Enter configuration commands, one per line. End with CNTL/Z.
Router01(config)#int
Router01(config)#interface fa0/0
Router01(config-if)#no shutdown
Router01(config-if)#interface fa0/0.1
Router01(config-subif)#ip address 10.10.10.1 255.255.255.0
Router01(config-if)#exit
Router01(config)#interface fastEthernet 0/0.2
Router01(config-subif)#encapsulation dot1Q 2
Router01(config-subif)#ip address 10.10.11.1 255.255.255.0
Router01(config-subif)#^Z
Router01#
```

달라진 부분을 찾으셨나요? 네, 바로 네이티브 VLAN에 대한 구성, 즉 Fa0/0.1에 대한 구성이 없어졌습니다. IOS 버전 12.1(3)T 이전에는 네이티브 VLAN의 경우는 서브 인터페이스에 구성하지 않고 바로 실제 인터페이스에 구성했습니다. 위에서도 VLAN 1에 대해서는 실제 인터페이스 Fa0/0에 직접 구성한 것을 볼 수 있습니다. 왜냐하면 VLAN 1이 네이티브 VLAN이기 때문입니다. 꼭 참고하세요.

이제 여러분은 VLAN에 대한 이론과 실기 공부를 모두 마쳤습니다. 물론 간단한 내용은 아니었지만 그렇다고 겁을 먹고 피해갈 내용도 아니죠? 스위치 기술은 라우터 기술에 밀려 그 중요도가 조금 떨어지는 것이 사실입니다. 하지만 그렇다고 스위치 기술을 무시했다가는 영영 스위치를 이해하지 못하고 스위치와 멀어지게 될지도 모릅니다. 그러므로 미리미리 친하게 지내셔서 스위치 분야에서도 망설임 없는 멋진 엔지니어가 되시기를 바랍니다.

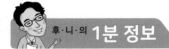
요즘 노트북을 새로 구매하시는 분들은 깜짝 놀랄 몇 가지를 발견하실 겁니다.

MAC에서나 볼 수 있었던 얇고 가벼운 노트북 스타일과 30초 안에 부팅을 완료하는 빠른 속도!!

역시 세상이 좋아졌구나… 하는 걸 느끼실 겁니다. ^^

근데 도대체 무엇 때문에 그동안 투박하고 무거웠던 노트북이 이렇게 날씬해지고 빨라졌을까요? 물론 CPU가 좋아졌죠. ^^

하지만 CPU만 최신형으로 바꾼다고 이렇게 되진 않을 겁니다. 가장 큰 이유는 바로 하드디스크입니다.

지금까지 우리가 쓰던 하드디스크가 바로 이겁니다. 아마 한 번쯤은 본 기억이 있으실 겁니다.

그림의 원판같이 생긴 게 계속 빙글빙글 돌아가면서 데이터를 읽어내죠…. (그래서 하드 돌아가는 소리가 나죠. ㅎㅎ)

잘못해서 어디 부딪치기라도 하면 하드가 깨져 데이터가 날아가는 것도 문제지만, 가장 큰 문제는 부피가 크고, 무겁고, 속도가 느리다는 겁니다. 아무리 기술이 좋아져도 물리적으로 속도를 올리는 것 자체가 쉽지 않죠.

그래서 나왔습니다!!

훨씬 얇고, 훨씬 가볍고, 훨씬 빠른, 거기다가 전기도 덜 먹고, 열도 덜 나는… 요 녀석이 바로 SSD(Solid State Drive)입니다. 요즘 나오는 노트북에 하드디스크 대신 SSD가 들어가서 노트북이 얇고 가볍고 빨라진 겁니다. ^^

사실 SSD가 우리에게 알려진 건 최근이지만, 원래 SSD는 1980년에 개발되어 군사, 항공 등 특수 용도에만 사용되었다고 합니다.

왜 이렇게 좋은 걸 지네들끼리만 썼냐구요??

그건 바로 가격 때문입니다. 너무 비쌌던 거죠. ㅎㅎ

나머지는 다음 편에서~ ^^

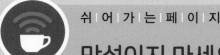

망설이지 마세요 II

지난 글에 이어서 오늘은 완결편입니다. ㅋㅋㅋ

지난 줄거리.

신입사원 교육에서 우수 수료자에게만 준다는 LG 마크 선명한 가죽가방 하나 받아보고자 온갖 떨림을 무릅쓰고 대표자를 해보겠다며 스스로 단상 위까지 올라갔지만, 혼자 잘되는 거 절대~ 그냥 볼 수 없다는 착한(?) 동기들의 추천으로 두 명이 더 대표 후보로 올라오게 되었는데…. 한 명은 자기 스스로 추천을 해서 올라온 후니, 나머지 두 명은 당당히 다른 사람의 추천으로 올라온 OOO과 XXX…. ㅠㅠ

교육 담당하시는 분이 말씀하더군요.

"자, 그럼 세 사람이 올라왔으니 각자 대표가 되면 어떻게 하겠다는 정견 발표를 해보세요."

정견 발표라구요??? 이궁, 전 그냥 올라가면 시켜주는 줄 알았답니다. 그래도 여기서 물러설 후니가 아니죠. 이왕 올라온 거 단상에 서서 커다란 목소리로 말했습니다.

"안녕하세요? 아무리 생각해도 제가 대표가 되면 여러분들을 즐겁고 알차게 신입사원 교육을 할 수 있도록 이끌 수 있을 것 같아 스스로 올라왔습니다. 많이 찍어주세요!!!"

뭐 이런 말도 안 되는 잘난 척으로 일관했죠. 그런데 나머지 두 사람은,

"저는 능력도 없는데 추천을 받아 어쩔 수 없이 올라왔습니다. 그래도 시켜주시면 열심히 해보렵니다."

이런 겸손 모드로 응하더군요. 이궁 〉_〈

발표가 끝나고 교육 담당하시는 분이

"세 명은 뒤로 돌아서시고 지금부터 거수로 대표와 부대표를 뽑겠습니다."라고 하더라구요.

말 그대로 즉결 심판이죠. ㅋㅋ

결과가 어떻게 되었을까요? ㅎㅎ

결과는 OOO이 약 200표, XXX가 약 100표….

그럼 450명이니까 후니는 음… 450−350＝100표냐구요??

그게 아니고 나머지 80 정도는 기권했구요. 저는 달랑 열댓 명 ㅠㅠ 그래도 저를 위해 손을 들어준 그 열댓 명이 눈물 나게 고마웠답니다. ㅠㅠ

그래서 OOO은 대표로 뽑히고, XXX은 부대표가 되었답니다.

저는요?? 교육 담당하시는 분이 그러대요.

"거기 세 번째 분~ 자리로 돌아가세요."

괜히 나갔다가 신입사원 교육 첫날부터 'Dog 망신'을 당하다니….

전 얼굴을 어디에 둬야 될지 모를 정도로 창피했답니다. 그리고 각자 반 배정을 받고 강당을 빠져나가는데 뒤에서 수군수군. ㅋㅋ

암튼 450명의 신입사원들은 다시 6개의 반을 배정받았고, 각 반에 가니 다시 조별로 책상이 있더군요. 한 조는 약 12명 정도, 한 반에 약 70~80명 정도였던 거 같습니다. 조별 책상에 앉으니 나머지 조원들이 다들 저를 알아보고 웃더군요. >_<

그러면서 "아까… 올라가셨다 내려오신 분 맞죠? ㅎㅎㅎ"

이궁… 앞으로 4주간 어떻게 살아야 할지 캄캄하더라구요. 그때 반에 들어오신 교육 담당하신 분이 말씀하시더라구요.

"이제 각 조별 조장을 선출해주세요."

그런데 제 옆에 있던 분이 제게 이러는 겁니다.

"아까 대표 떨어지셨으니 우리 조 조장을 해주세요."

네?? 450명의 대표를 출마했던 제가 고작 12명의 조장을 하라구요???

전 강력하게 안 하겠다는 의지를 밝혔지만, 자꾸 주변에서 조장을 하라는 권유에 "에구, 모르겠다. 그냥 이거라도…." 라는 생각에 조장을 하겠다고 수락을 했답니다.

그런데….

제 맞은편에 앉은 분이 자기 옆 사람을 또 다른 조장 후보로 추천하지 뭡니까?? 참내~~ 그래서 저희 조에서는 사상 초유의 조장 투표를 두 사람의 후보를 놓고 실시하게 되었답니다.

결과요?

물론 제 앞사람이 추천한 그 분이 우리 조의 조장이 되었죠. ㅠㅠ
(내가 언제 한다고 했냐구요~ 괜히 하라고 시키더니…. ㅠㅠ)

그렇지 않아도 대표선거에서 떨어져 비통한 저를 거의 확인사살하더군요. (참고로 조장 밑에 부조장은 없었답니다. ㅠㅠ) 아무튼 그래서 후니는 대표에 떨어지고, 조장까지 물 먹었습니다. 살면서 그렇게 창피했던 적이 없었습니다. ㅠㅠ

조장이 뽑히고 나자 교육 담당하시는 분이 다시 "이제 반장을 뽑겠습니다." 이러대요.

저희 조 거의 난리가 났습니다. 저를 반장으로 추천하는 겁니다. ㅠㅠ

'너 오늘 한번 제대로 망가져봐라.' 이런 거죠. >_< 전 죽어도 안 하겠다고 했지만 거의 저의 조원들이 월드컵 때 대한민국 응원하듯 제 이름을 불러댔습니다. ㅎㅎ 그래서 제가 다시 반장 후보로 나갔죠. ㅎㅎㅎ 근데 제가 반장이 된 겁니다. ㅋㅋ 왜요?

대표와 조장을 두 번이나 떨어진 후니가 불쌍했던지 아무도 후보에 안 나오는 바람에 단일후보로 반장이 된 겁니다. ㅎㅎ

그래서 우여곡절 끝에 반장이 된 후니는, 신입사원 교육 4주 동안 정말 열심히 뛰어다녔고, 또 최선을 다했던 것 같습니다.

그 결과, 후니네 조원들 모두 우수 신입사원으로 선발되어 꿈에 그리던 LG 가죽가방도 받게 되었고, 또 반장 역할을 수행했던 제게는 또 하나의 가방이 생겼죠. ^^ 졸지에 가방이 2개가 된 겁니다 .ㅎㅎ

그때 후니는 무언가 한 가지를 배웠답니다.

정확히 그게 무어라고 표현할 수는 없었습니다. 하지만… 내가 하고자 하면, 그리고 그 방향으로 계속 나아가기만 한다면 시련이 있겠지만, 결국은 목적지에 도착하겠구나… 하는 것이었습니다.

이 책을 읽고 있는 분들 중에서 어떤 분은 인생에 가장 힘든 시기를 보내고 있을지도 모릅니다. 또 어떤 분은 결정을 해야 하는 일로 망설이고 있을지 모릅니다. 하지만 그럴 때마다 내 목표가 무엇이었는가를 다시 한번 냉정하게 생각해 보시기 바랍니다. 그리고 앞으로 나아가시기 바랍니다.

탐험가가 길을 잃었을 때 북극성을 바라보고 길을 찾듯이, 여러분의 북극성은 성공이라는 별이 아닐까 생각합니다. ^^

우리 모두 성공했으면 좋겠네요. ^^

안녕~~

CISCO
NETWORKING

PART 07

라우터만 알면 네트워크 도사?

01
SECTION

라우터를
한마디로 말하자면…

여기에서는 라우터에 대해서 본격적으로 알아보도록 하겠습니다.

전에도 라우터에 관한 내용은 몇 번 다루었고, 또 그동안 IP 주소와 서브넷 마스크에 대한 내용을 완벽하게 끝냈으니 이제 본격적인 라우터 공부를 하는 것이 가능하겠죠?

앞에서도 몇 번 말씀드린 적이 있지만, 네트워크를 하는 사람이 가장 자주 만나는 장비는 바로 이 라우터라는 장비입니다. 인터넷을 사용하기 위해서, 서로 다른 네트워크 간 통신하기 위해서, 그리고 브로드캐스트 영역을 나눠주기 위해서 꼭 필요한 이 라우터는 여러분이 네트워크에 입문하게 된다면 가장 자주 만나는 장비 중 하나가 될 것입니다. (물론 시험 문제에서도 마찬가지입니다.)

우선 이번 시간에는 라우터란 장비에 대해 알아보도록 하겠습니다.

라우터란, 한마디로 '지능을 가진 경로 배정기'라고 말할 수 있습니다.

지능을 가진 경로 배정기란 말은 라우터는 자신이 가야 할 길을 자동으로 찾아서 갈 수 있는 능력을 가진 것을 말합니다. 즉 외부의 어떤 인터넷 사이트를 찾아가는 데이터가 있다면 라우터는 이 데이터를 목적지까지 가장 빠르고 효율적인 길을 스스로 찾아 안내해 주는 능력을 가지고 있습니다.

참 좋은 장비죠?

TIP

라우터는 Layer 3, 즉 네트워크 계층에서 동작하기 때문에 'Layer 3 장비'라고도 합니다.

물론 라우터에 아무것도 해주지 않았는데도 이러한 기능이 수행되는 것은 아닙니다. 라우터에 어떤 세팅을 해줘야 좋은 길을 가장 빨리 찾아갈 수 있습니다.

그럼 그 세팅은 누가 해야 할까요?

바로 여러분입니다.

이런 라우터의 세팅을 제대로 알기 위해서는 라우터에서 쓰이는 명령어 몇 줄을 아는 게 중요하지는 않습니다. 계속 공부하면서 배우겠지만 라우터에서 사용하는 명령어는 라우터의 제조회사에 따라 모두 다르기 때문에 모든 명령어를 안다는 것은 불가능하고 또 그럴 필요도 없습니다.

(물론 전문적인 네트워크 엔지니어라면 라우터의 명령을 줄줄 외우고 있겠지만 말입니다.)

우리가 알아야 하는 것은 바로 네트워크에 대한 개념입니다. 즉 네트워크의 IP 주소에 대한 이해, 서브넷 마스크에 대한 이해, 라우팅에 대한 이해 등입니다.

라우터가 물론 IP 라우팅만을 하는 것은 아닙니다. 예를 들어 IPX, DECNET, AppleTalk 등 많은 프로토콜의 라우팅이 있지만, 우선 여기에서는 IP 라우팅을 위주로 알아보도록 하겠습니다.

일단 우리가 사용할 라우터는 시스코 라우터로 하겠습니다. 시스코 라우터가 전 세계 인터넷의 80% 이상을 차지하고 있는 세계 제일의 라우터이기도 하지만, 일단 제가 써본 것이고 제일 많은 질문을 받는 것이므로 이 라우터를 위주로 설명하겠습니다.

02
SECTION
라우터는
무슨 일을 할까요?

우선 라우터가 도대체 어떤 일을 하는지 하나하나 알아보도록 하겠습니다. 만약 어떤 사람이 여러분에게 라우터가 무슨 일을 하는 장비냐고 묻는다면 여러분은 이렇게 말씀하시면 됩니다.

"라우터는 두 가지 일을 하는데, 그 하나가 Path Determination(경로 결정)이고, 또 하나는 Switching(스위칭)입니다."

이 말은 어떻게 보면 상당히 교과서적인 말이면서 어렵게 느껴지는 말이기도 하지만, 결국 여러분이 라우터를 전부 이해한 다음에 이 말을 다시 한 번 읽어본다면 그땐 아마 이해가 될 겁니다. 라우터는 데이터 패킷이 목적지까지 갈 수 있는 길을 검사하고 어떤 길로 가는 것이 가장 적절한지를 결정합니다. 이것을 '경로 결정'이라고 말합니다. 그리고 그 길이 결정되면 그쪽으로 데이터 패킷을 스위칭해 줍니다. 이것을 '스위칭'이라고 합니다. (여기서 스위칭은 스위치가 해주는 일과는 다릅니다.)

그럼 라우터는 어떻게 가장 좋은 길을 찾아가는 것일까요? 이 라우터란 녀석도 나름대로 계산을 합니다. 어디로 가는 것이 가장 빠른 길일까, 어디로 가는 것이 가장 안전한 길일까 하고 말입니다. 이렇게 라우터가 가장 좋은 길을 찾는 데는 라우팅 알고리즘, 즉 라우팅 프로토콜이 사용됩니다. 그리고 라우팅 알고리즘은 이를 위해서 라우팅 테이블이란 것을 만들어서 관리합니다. 즉 라우팅 테이블에는 어디로 가려면 어떻게 가라는 지도 정보가 들어있는 겁니다. (아직 라우팅 알고리즘이 무언지, 그리고 라우팅 테이블은 또 뭔지 아실 필요는 없습니다. 나중에 이 부분은 계속 배워나갈 겁니다.) 이러한 라우터의 기능을 위해서 라우터는 PC처럼 CPU(중앙 처리장치)도 가지고 있고, 메모리도 가지고 있고, 또 인터페이스도 가지고 있습니다.

>> 알고 갑시다!

여기에서의 결론은!

라우터는 경로 결정과 스위칭을 하는 장비인데, 가장 좋은 경로를 결정하기 위해서 라우팅 알고리즘을 사용하고 이런 라우팅 알고리즘은 라우팅 테이블을 만들어서 관리한다.

여기까지입니다.

03
SECTION

라우터는
어떻게 생긴 녀석일까요?

이번에는 도대체 라우터가 어떻게 생겼는지 한번 알아보도록 하겠습니다. 라우터는 정말 종류도 많고 가격대도 다양합니다. 싼 것은 몇십 만 원에서부터 비싼 것은 몇억 원짜리도 있으니까 말입니다.

우리가 보통 사용하는 중소 규모의 사무실이나 게임방용 라우터들은 [그림 7-1]에 있는 라우터들이 대부분입니다. 물론 이외에도 대형 회사의 센터 장비라든지, 아니면 ISP(인터넷 서비스 제공업체)들에서 사용하는 라우터는 크기가 훨씬 더 큰 라우터들도 많습니다.

보통 라우터의 앞쪽에는 램프(전원 램프, 상태 표시 램프, 링크 표시 램프 등)들이 있고, 뒤에는 직접 케이블을 연결할 수 있게 되어 있습니다. 따라서 라우터를 구매하실 때는 라우터 그 자체도 중요하지만, 여기에 들어가는 케이블도 꼭 챙기셔야 합니다. 예를 들어 콘솔 케이블(나중에 다시 설명드릴 텐데 라우터의 구성을 위해서는 꼭 필요한 케이블입니다.)이나 아니면 라우터와 DSU(전용선 모뎀이라고 생각하면 됩니다.)를 연결해주는 케이블 같은 것 말입니다(V.35 케이블 등). 처음에 라우터를 세팅하러 가는 분들은 라우터 그 자체에 너무 신경을 쓰셔서 이런 것을 꼭 빼먹는 경우가 있습니다.

라우터는 살 때 일체형으로 이미 구성이 되어 있는 단독형과, 껍데기만 산 다음에 자기가 필요한 모듈들을 하나하나 꽂아서 쓸 수 있는 모듈형이 있는데, 생각하는 대로 나중에 네트워크가 더 확장될 가능성이 있어서 라우터가 필요할 경우에는 모듈형이 적합하고, 구입 후 증설이나 확장 없이 사용할 거라면 단독형이 더 적합합니다. 게임방 같은 곳에서는 단독형이 적당하겠죠?

라우터의 가격은 대부분 성능과 지원되는 인터페이스 숫자, 그리고 지원하는 기능에 따라 달라집니다. 물론 메이커에 따라서도 가격 차이가 있습니다. 가전제품과 비슷하니까 금방 이해가실 겁니다. 다시 말해서 라우터의 가격은 소프트웨어와 하드웨어로 나누어지는데, 시스코에서는 이렇게 라우터에 들어가는 소프트웨어를 'IOS(Internetwork Operating System)'라고 합니다. 이 소프트웨어에는 어떤 라우팅 프로토콜을 지원할 것인지, 어떤 보안 기능을 가질 것인지, 그리고 어떤 편리성을 제공할 것인지 등 다양한 라우터의 운용에 관한 내용이 들어있습니다. 따라서 IOS에 따라서도 가격차가 꽤 많이 납니다.

소프트웨어에는 별로 가격 개념이 없어서인지 장비를 살 때는 아깝지가 않은데 소프트웨어를 살 때는 조금 아깝다는 생각이 드는 분이라면 라우터를 사실 때도 고민하게 될 겁니다. 어떤 경우에는 라우터 자체보다 운영체제, 즉 소프트웨어의 값이 더 비쌀 수도 있으니까 말입니다.

또 하드웨어의 경우에는 여러 가지 모델이 있고 앞에서 말씀드린 것처럼 자신의 현재 네트워크와 앞으로의 미래를 예측해서 가장 적합한 라우터를 찾는 것이 중요합니다. 물론 비싸고 좋은 것을 사면 좋겠지만, 어차피 성능이란 것은 자신에게 가장 맞는 게 최고일 뿐만 아니라 무조건 비싸다고 좋은 것은 아니기 때문입니다.

이제 여러분은 라우터를 사진으로라도 보셨으니까 다음에 이런 녀석들을 만나면 아마 한눈에 알아볼 수 있을 겁니다.

Cisco 2500 Router

Aggregation Services Router Series 9000

Cisco ISR 4000 Router

| 그림 7-1 |
라우터 사진

Aggregation Services Router Series 1000

Nerwork Convergence System Series Router

그림에서 맨 왼쪽 위에 있는 시스코 2500이라고 하는 녀석이 라우터 중에서는 가장 유명한 녀석입니다. 제일 많이 팔린 녀석이기도 하고 말입니다. 시스코 2500 모델은 주로 작은 회사나 게임방 등 사용자 수가 약 몇백 명 정도인 곳을 연결하는 데 적합합니다. (물론 사용자 수는 사용 프로그램과 사용 환경에 따라 크게 달라질 수 있습니다.) 이런 2500 시리즈 라우터들을 아까 말씀드린 단독형이라고 볼 수 있는 겁니다. 하지만 2500 라우터는 나온 지 너무 오래된 라우터라서 기능이 많이 떨어집니다. 그래서 몇 년 전 단종되어 더 이상 판매를 하지 않습니다. 따라서 시중에 돌아다니는 2500 시리즈 라우터는 중고 장비라고 보시면 됩니다.

2500 시리즈의 아래에 보이는 라우터가 중소 규모의 지사에 적당하도록 만들어진 ISR 4000 라우터입니다. ISR은 'Integrated Services Router'의 약자로, 우리말로 하면 라우터에 여러

가지 서비스 기능을 추가했다는 의미인데, 현재 ISR 라우터는 1세대 G1과 2세대 G2를 거쳐 4000 시리즈까지 발전했습니다. ISR 4000 또는 ISR 4K(보통 1000을 1K라고 부르다 보니 시스코 장비에서는 이렇게 1000 단위로 끝나는 장비를 줄여서 K로 표시하기도 한답니다.) 라우터는 요즘 네트워크에서 꼭 필요한 기능인 보안, 음성 지원, 무선뿐만 아니라 서버 기능까지 갖추고 있어 필요에 따라 라우터에 장착된 서버를 이용해서 우리 회사에 필요한 가상의 기능을 만들어 줄 수도 있답니다. 이렇게 되면 중소 규모의 지사에는 라우터, 스위치, 서버, 보안 방화벽 등을 따로 두지 않고도 ISR 4K 라우터 한 대만 있으면 모든 게 다 해결되겠죠? ^^

그 아래 보이는 라우터는 ASR 라우터 시리즈로, 주로 대형 SP(Service Provider) 네트워크나 대기업용 라우터로 사용되면서도 강력한 보안 기능과 다양한 서비스를 제공해주는 라우터입니다.

오른쪽 위에 보이는 ASR(Aggregation Services Router) 9000 시리즈 라우터는 ASR 1000 시리즈 라우터보다 한 단계 높은 급의 라우터입니다. 이미 더 이상 판매하지 않지만 아직도 대형 라우터로 기억되고 있는 시스코 7600 시리즈 라우터를 계승한 동급 라우터라고 생각하시면 되는데요, 아무래도 최신형 라우터이다 보니 7600 라우터에 비해서는 훨씬 더 빠르고 강력한 라우팅을 제공할 뿐만 아니라 다양한 기능을 가지고 있어 대형 라우터가 사용되는 기업이나 학교, 관공서 등의 코어 라우터로 적합한 장비랍니다. (보통 코어 라우터, 또는 코어 스위치와 같이 '코어'라고 부르는 장비는 네트워크의 가장 중앙에서 핵심 역할을 하는 장비를 말합니다.) 이렇게 중요한 역할을 하는 라우터이다 보니 절대 문제가 생겨서는 안 되기 때문에 안정성이 굉장히 중요하구요, 또 그만큼 가격도 만만치 않습니다. ^^

오른쪽 아래에 있는 NCS 라우터(Network Convergence System Series Router)는 현재 시스코에서 나오고 있는 라우터 중 가장 사양이 높은 라우터 시리즈입니다. NCS 시리즈 라우터는 다시 NCS 2000, NCS 4000, NCS 6000 시리즈 라우터로 구분되는데, 이미 짐작하시는 대로 가장 숫자가 큰 NCS 6000 라우터가 제일 큰 라우터입니다. ^^

이 라우터는 슬롯당 최고 2테라 바이트의 속도를 낼 수 있는 최상급 라우터이고, 사용 환경에 따라 NCS 6000 라우터를 최대 16까지 붙여서 마치 한 대의 라우터처럼 사용할 수도 있게 구성이 가능합니다. 이런 구성을 '멀티샤시 구성'이라고 하는데, 이렇게 해서 최고 256테라의 속도가 가능하게 되는 겁니다. 물론 라우터는 속도만 중요한 게 아니랍니다. NCS 6000 라우터와 같이 네트워크의 핵심이 되는 코어 라우터의 경우는 무엇보다도 안정성이 중요합니다. 그렇겠죠? 막 빠르게 처리하다가 그냥 다운이 되어버린다거나, 장애 하나 생겼다고 모든 처리가 멈춰버린다면 정말 큰일이겠죠? 따라서 이와 같은 코어 라우터의 경우 다양한 장애 대비책이 만들어져 있고, 심지어 소프트웨어를 업그레이드한다거나 한쪽에서 장애가 발생하는 경우라고 하더라도 라우터는 서비스를 계속할 수 있도록 디자인되어 있답니다.

... TP/나 ... Serial(시리얼)이라고 합니다. 여기서 나오는 Ethernet(이더넷)과 Serial(시리얼)은 나중에 다시 설명드리겠습니다. 아무튼 이 라우터는 3개의 접속 포트가 있다는 뜻입니다. 즉 3군데와 붙일 수 있다는 뜻이 됩니다.

그럼 또 'Ethernet'이니, 'Serial'이니 하는 말은 무슨 의미일까요?

Ethernet은 많이 들어보셨죠? Ethernet은 내부 네트워크와 접속할 때 사용하는 인터페이스입니다. 즉 내부의 허브나 스위치 등과의 연결을 위한 포트입니다. (물론 내부 네트워크가 토큰링인 경우에는 토큰링 인터페이스가 필요하지만, 여기서는 일반적인 이더넷을 예로 들었습니다.) 인터페이스 Type은 TP(RJ45)나 AUI(15핀) 방식이 있습니다.

TP는 10Base T 방식을 말하고 AUI는 15핀으로 된 방식입니다. (Cisco 2501은 이더넷 인터페이스 방식이 AUI입니다. 따라서 요즘 많이 쓰는 UTP 케이블과 연결하기 위해서는 AUI-to-TP 트랜시버가 필요합니다. 이를 MAU(Media Access Unit)라고도 합니다.)

⚙ TIP

Cisco 2501처럼 Ethernet 인터페이스가 AUI 방식인 경우에는 꼭 그림과 같은 MAU가 필요합니다.

| 그림 7-2 |
AUI-to-TP 트랜시버

시리얼(Serial)은 WAN과의 접속을 위한 거라고 생각하면 됩니다. 즉 DSU(Digital Service Unit 또는 Data Service Unit이라고 합니다.)와의 접속을 위한 것입니다. 물론 FDSU, CSU 등과의 연결도 마찬가지입니다. 즉 외부 네트워크('리모트 구간'이라고도 합니다.)로의 연결을 위해서 사용하는 포트가 바로 Serial 포트입니다. 간혹 'WAN 포트'라고도 합니다.

또한 Serial 포트가 있는 경우에는 Serial 포트와 DSU, FDSU, CSU 등과 연결하기 위한 케이블이 하나 필요한데, 이 케이블이 바로 V.35 케이블입니다. 라우터를 구매하실 때는 이 케이블까지 구매하셔야 합니다. 이 케이블이 없으면 라우터와 DSU와의 연결이 불가능합니다.

그러고 보니 지금 설명드리는 NCS 6000 라우터는 지난번에는 아예 설명조차 드리지 않았던 라우터였네요. 그때 설명드렸던 CRS-1 라우터는 이제 CRS-3 라우터에 이어 CRS-X(보통 CRS 10이라고 합니다.)까지 진화하고 있답니다.

그런데 이처럼 성능이 높은 라우터들이 계속 나오는 이유는 뭘까요? 그건 바로 우리가 사는 환경, 특히 네트워크 환경이 계속 변화하기 때문일 겁니다. 요즘 많이 들어본 듯한 네트워크의 트렌드를 잠깐 생각해볼까요? 우선 모바일 환경으로의 변화일 겁니다. 이 책을 처음 썼을 때만 해도 인터넷은 그저 커다란 데스크톱 컴퓨터에 케이블을 연결해서 사용하거나, 좀 앞서가는 사람들이라면 노트북을 들고 다녔던 게 전부일 겁니다. 하지만 이제 인터넷을 쓸 때 가장 많이 사용하는 장비는 다름 아닌 휴대폰이죠? ^^ 휴대폰, 태블릿, 그리고 노트북 등 이런 장비들을 바로 '모바일 장비'라고 한답니다. 또 다른 변화는 트래픽의 변화일 겁니다. 전에는 주로 텍스트 위주로 전송되던 인터넷의 데이터가 어느 순간부터 음성과 비디오 형태로 바뀌기 시작했습니다. 이제 뉴스도 인터넷에서 생방송으로 시청이 가능하고, 웬만한 야구 중계도 전부 인터넷을 통해 볼 수 있는 시대인 걸 보면 인터넷 속도와 성능이 몇 년 전에 비해 얼마나 발전했는지를 알 수 있습니다. 이런 비디오 트래픽은 앞으로도 점점 더 많아질 것이라고 전망하고 있으니 당연히 네트워크 장비들도 이를 처리할 수 있어야 하겠죠? 그 밖에도 한 번쯤 들어보셨을지 모르는 IoT(Internet of Things)와 빅데이터 같은 트렌드 역시 더 빠르고 성능 좋은 네트워크 장비가 필요해진 이유가 되었답니다.

가격이요? 가격은 당연히 매우 비쌀 겁니다.

이런 종류의 라우터는 일반 기업이나 학교보다는 '서비스 프로바이더(SP)'라고 부르는 KT나 SKT 같은 곳에서 사용하거나, 대형 인터넷 포털에서 사용한답니다.

참! DSU는 아시죠? 그냥 전용선용 모뎀 정도라고 생각하면 되는데, 속도나 방식에 따라 DSU, FDSU, CSU 등으로 부르고 모양은 다 비슷합니다. 옛날 학교 다닐 때 들고 다니던 납작한 도시락 모양이고, 색깔은 흰색이나 회색, 검은색입니다. 불이 들어오는 구멍이 여러 개 있어서 깜빡깜빡거립니다. 이 장비의 한쪽은 전용선에 연결하게 되고, 다른 한쪽은 라우터에 연결하는 겁니다.

>> 알고 갑시다!

인터페이스는 라우터의 접속 포트를 말한다.
Ethernet 포트는 내부 네트워크, 즉 랜(LAN)을 위한 접속 포트이며, Serial 포트는 외부 네트워크(인터넷 또는 원격지) 접속을 위한 포트로, DSU/CSU와 연결한다.

요즘 나오는 라우터 중에서는 라우터 안에 이미 DSU/CSU 기능을 내장하고 있는 것들이 있습니다. 이러한 라우터는 따로 DSU/CSU 등을 살 필요가 없을 뿐만 아니라 케이블도 절약됩니다. 하지만 개인적으로 이런 라우터를 선호하진 않습니다. 우선 DSU나 CSU는 여러 제조사의 제품이 있는데, 물론 표준을 따르고 있지만 간혹 제품끼리의 호환에 문제가 있어서 둘 사이의 접속이 안 되는 경우가 있습니다. DSU/CSU를 내장하고 있지 않은 라우터의 경우는 DSU/CSU만 교체해주면 되지만, 내장형 라우터의 경우는 방법이 없기 때문입니다. 따라서 현재 우리나라에서는 이처럼 DSU/CSU 내장형 라우터는 그리 많이 사용하고 있지 않은 추세입니다. 이런 것도 알아두면 도움이 되겠네요.

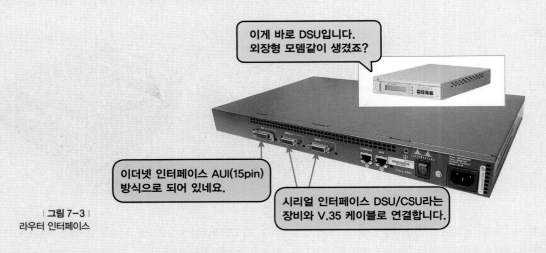

이게 바로 DSU입니다.
외장형 모뎀같이 생겼죠?

이더넷 인터페이스 AUI(15pin)
방식으로 되어 있네요.

시리얼 인터페이스 DSU/CSU라는
장비와 V.35 케이블로 연결합니다.

| 그림 7-3 |
라우터 인터페이스

[그림 7-3]에서는 시스코 라우터 2501의 뒷면을 보여주고 있습니다. 여기에서 우리는 이더넷 인터페이스와 시리얼 인터페이스가 있다는 것을 알 수 있습니다. 만약 전용선으로 인터넷을 쓴다고 가정하면 시리얼 인터페이스에 V.35 케이블을 연결한 후 이 케이블을 다시 DSU/CSU로 연결하고, 전화국에서 들어온 전용선도 DSU/CSU에 연결하게 됩니다. 라우터 위에 보이는 것이 바로 DSU입니다.

04
SECTION

라우팅 프로토콜과 라우티드 프로토콜

우리가 라우터를 하다 보면 여러 가지 비슷한 말을 많이 만나게 되고, 이것이 혼동되기 시작하면서 라우터가 어렵다는 이야기를 많이 하게 되는데, 그중에 하나가 바로 이 '라우팅 프로토콜'과 '라우티드 프로토콜'이 아닐까 합니다.

지금까지 우리가 배웠던 TCP/IP와 IPX, AppleTalk 등 우리가 아는 모든 프로토콜은 전부 라우티드 프로토콜입니다. 라우티드 프로토콜(Routed Protocol)이란, 말 그대로 라우팅을 당하는, 즉 라우터가 라우팅을 해주는 고객을 뜻합니다. 라우터라는 자동차를 타고 여행을 떠나는 승객이라고 생각하면 됩니다. 그러니까 TCP/IP나 IPX는 고객으로서 라우터라는 자동차를 타고 다른 네트워크로 여행을 떠나는 겁니다.

그렇다면 라우팅 프로토콜(Routing Protocol)은 그 자동차를 안전하고 빠르게 운전하는 운전기사라고 볼 수 있습니다. 즉 라우터에 살면서 라우티드 프로토콜들에게 목적지까지 가장 좋은 길을 갈 수 있게 해주는 역할을 합니다.

따라서 라우터 입장에서는 어떤 운전기사(라우팅 프로토콜)를 채용하는가에 따라서 라우터의 성능(즉 얼마나 빨리, 그리고 안전하게 가는가)이 결정된다고 봐도 됩니다. 물론 자동차(라우터)가 가지고 있는 기본적인 성능도 중요합니다.

이런 라우팅 프로토콜에는 RIP(Routing Information Protocol), IGRP(Interior Gateway Routing Protocol), OSPF(Open Shortest Path First), EIGRP(Enhanced Interior Gateway Routing Protocol) 등이 있습니다. 물론 이외에도 많지만 우선은 이 정도만 알고 계시면 됩니다.

이런 라우팅 프로토콜을 다른 말로는 '라우팅 알고리즘'이라고도 합니다. 라우팅 알고리즘은 자신의 라우팅 테이블을 가지고 있으면서 자기가 찾아갈 경로에 대한 정보를 이곳에 기억해둡니다. 어디가 가장 빠르고 안전한 길인가 하고 말입니다. 즉 라우팅 테이블은 운전기사(라우팅 프로토콜)가 있으면서 어떤 길이 가장 좋은 길인지 메모해 두는 이정표 같은 것이라고 생각하면 됩니다. 따라서 라우팅 테이블은 일종의 메모리라고 생각하면 되고, 또 어떤 알고리즘을 사용하는가에 따라서 라우팅 테이블의 내용은 달라지게 됩니다. 그렇겠죠? 운전기사별로 메모하는 버릇이 다를 테니까 말입니다. 그럼 라우팅 테이블에는 어떤 내용이 들어갈까요?

TIP

라우터의 주요 기능인 길을 찾는 기능을 제공하는 것은 라우팅 프로토콜입니다.

주로 목적지, 그리고 그 목적지까지의 거리, 그리고 어떻게 가야 하는가 등의 내용입니다. 또 라우팅 테이블은 시간이 지나면서 계속 업데이트됩니다. 즉 끊임없이 변한다는 말입니다. 새로운 길이 생길 수도 있고 새로운 목적지가 추가될 수도 있기 때문입니다. 끊임없이 변화하는 것이 바로 라우팅 테이블입니다. 그렇다면 라우팅 알고리즘은 목적지까지의 가장 빠르고 안전한 길을 어떤 조건을 가지고 찾아낼까요? 그것은 사용하는 라우팅 프로토콜(라우팅 알고리즘)에 따라 전부 다릅니다.

다음에는 이런 라우팅 프로토콜에 대해서 하나하나 공부해 보도록 하겠습니다.

>> 알고 갑시다!

라우티드는 자동차에 타는 승객이고, 이 자동차를 운전하는 것이 바로 라우팅 프로토콜이다. 그리고 자동차는 라우터이다. 이 자동차의 운전기사는 자기가 가는 목적지에 대한 이정표를 가지고 있는데, 이것을 '라우팅 테이블'이라고 하며 이 라우팅 테이블은 운전자마다 모두 다르다.

엔지니어에게 가장 중요한 것은?

엔지니어에게 가장 중요한 것은 무엇일까요?

전 상대로 하여금 신뢰를 갖도록 하는 것이라고 생각합니다. 즉 고객으로부터의 신뢰를 말합니다. 고객이 그 엔지니어를 신뢰하게 되면 고객은 항상 그 엔지니어를 믿게 되고 그렇게 된다면 엔지니어가 일을 하기는 정말 수월해질 겁니다. 프로젝트를 진행하면서 항상 느꼈던 거지만, 고객이 엔지니어를 믿지 못하면 정말 일을 진행하기가 힘듭니다. 사사건건 시비가 생기고 또 일 자체에 융통성을 발휘할 수 없어 고객이나 엔지니어나 모두 매우 피곤할 것입니다. 거기다가 문제가 발생하면 서로에게 책임을 떠넘기느라 정신이 없기도 합니다. 하지만 신뢰를 얻은 엔지니어는 모든 일을 수월하게 실행할 수 있을 뿐만 아니라 고객의 전폭적인 협조로 일 자체도 수월해지고 문제가 발생해도 고객이 스스로 해결하거나 최소한의 인력 투입으로 해결되도록 협조를 하기 때문에 엔지니어로서는 그보다 더 좋을 수가 없습니다.

그렇다면 신뢰받는 엔지니어가 되려면 어떻게 해야 할까요? 일단 고객을 리드해야 합니다.

한마디로 고객보다 앞서 나가야 한다는 겁니다. 예를 들어 네트워크 기술쪽은 물론이고 컴퓨터에 관한 기술, 그리고 신기술 경향, 거기다가 고객의 궁금증까지 쉽게 풀어줄 수 있는 능력이 있어야 한다는 겁니다. 그 사람과 있으면 뭔가 일이 잘 풀린다는 인상을 심어줘야 한다는 겁니다. 고객 역시 사람이기 때문에 편하고 잘해주는 사람을 좋아하게 됩니다. 또한 고객과의 약속을 철저히 지킬 줄 알아야 합니다. 절대 어떤 약속이든 지켜야 한다는 게 중요합니다. 우선은 그냥 넘어가보자는 식으로 못 지킬 약속을 하는 일을 아예 하지 말아야 합니다.

시간 관념도 중요한 요소입니다. 고객과의 시간 약속에 절대 늦어선 안 됩니다. 늦게 도착해서 늦게까지 일하는 엔지니어를 고객은 절대 신뢰하지 않을 겁니다. 고객 역시 집에 일찍 가고 싶겠죠? 아무튼 전체적으로 완벽해 보이는 엔지니어를 고객은 신뢰하게 됩니다.

제가 지금 드린 이 이야기는 아마 어디서나 마찬가지일 것입니다. 너무도 평범한 이야기를 왜 이렇게 장황하게 늘어놓느냐면 너무나도 중요하기 때문입니다. 오늘부터 새로운 마음으로 상대에게 신뢰받는 사람이 되기 위해 노력해보면 어떨까요?

저도 여러분께 신뢰받기 위해 더욱 더 노력하겠습니다.

CISCO Networking

스태틱(Static) 라우팅 프로토콜과 다이내믹(Dynamic) 라우팅 프로토콜

라우팅 프로토콜을 구분할 때 스태틱과 다이내믹 라우팅 프로토콜로 구분합니다.

스태틱은 우리말로 하면 '정지된' 또는 '정적인'이라는 뜻이니까 말 그대로 한 번 정해놓으면 죽으나 사나 정해진 그대로 수행하는 프로토콜을 말하고, 다이내믹은 '동적인'이란 말 뜻처럼 상황에 따라서 그때그때 변화가 가능한 프로토콜을 말합니다.

좀 더 정확히 살펴보자면 스태틱 라우팅 프로토콜의 경우는 라우터에 사람이 일일이 경로를 입력해주는 것입니다. 가장 빠르고 좋은 길을 사람이 찾아서 말입니다. 그럼 라우터는 사람이 입력해 준대로 데이터를 보내기만 하면 됩니다.

사람이 모든 것을 생각하고 넣어주니까 그보다 더 좋은 길이 없겠죠? (물론 똑똑한 사람이 넣어준 길이라면 말입니다.) 거기다가 라우터는 아무 생각 없이 데이터를 넘기기만 하면 되니까 라우터 입장에서 봤을 때는 생각할 게 별로 없습니다. 시키는 대로 하기 때문에 따로 이정표도 많이 가지고 있을 필요가 없고 말입니다. 즉 라우터 자체에는 부담이 들지 않아 라우팅하는 속도도 빨라지고 라우터의 성능이 좋아지게 됩니다. 물론 메모리도 적게 듭니다. 그것뿐만이 아닙니다. 스태틱 라우팅의 경우에는 사람이 경로를 알려주는 방식이기 때문에 뒤에 배울 다이내믹 라우팅 방식처럼 라우터들끼리 라우팅 테이블을 교환할 필요가 없습니다. 따라서 네트워크의 대역폭을 그만큼 절약할 수 있습니다. 게다가 요즘 중요시되고 있는 보안에도 강합니다. 왜냐하면 외부에 자신의 정보를 알리지 않기 때문이죠. 그러고 보면 스태틱 라우팅은 정말 장점이 많습니다.

그러나 단점도 있습니다.

일단 귀찮다는 겁니다. 사람이 라우터에 일일이 목적지별로 경로를 넣어줘야 하니까 말입니다. 또 하나는 입력해준 경로에 문제가 생기면 큰일이 발생한다는 겁니다. 예를 들어 서울에서 부산을 가는 경로를 사람이 생각해서 라우터에 넣어줄 때 비행기가 가장 빠르다고 생각해서 비행기로 간다고 넣어줬다고 가정해 보겠습니다.

그런데 어느 날 날씨가 나빠져서 비행기가 뜨지 않는 사태가 발생했다면 라우터는 어떻게 할까요?

스태틱 라우팅 프로토콜의 경우는 그래도 데이터를 계속 서울 공항으로 보내게 됩니다. 사람이 라우터에 "부산 갈 때는 비행기이다"라고 입력해 놓았기 때문에 아무리 비행기가 뜨지 않아도 모든 데이터를 비행장에 보내게 되고, 결국 부산에는 못 가게 되는 겁니다. 즉 스태틱 라우팅 프로토콜은 사람이 입력해준 경로에 문제가 발생하면 사람이 다시 그 경로를 고쳐줄 때까지는 계속 문제가 있는 쪽으로 데이터를 보내려고 합니다. 어차피 수동이니까 당연한 결과입니다.

하지만 다이내믹 라우팅 프로토콜은 평소에는 비행기로, 그리고 비행기에 문제가 있으면 기차로, 또 기차에 문제가 있으면 자동차로 이렇게 자동으로 판단하고 그때그때 가장 좋은 길을 찾아내는 방식입니다.

또 다이내믹 프로토콜은 사람이 일일이 경로 입력을 해줄 필요가 없습니다. 라우터가 알아서 가장 좋은 길을 찾아가도록 되어 있습니다.

여기까지 보면 다이내믹이 좋아 보이죠?

하지만 다이내믹 프로토콜의 경우는 라우터에 부담을 줍니다. 왜냐하면 라우터가 할 일이 많아지기 때문입니다. 라우팅 프로토콜을 이용해서 어떤 길이 가장 빠른 길인지 계산을 해야 하고, 또 시간이 지날 때마다 바뀐 정보는 없는지 계속 확인해 봐야 하며, 이정표도 계속 업데이트 해야 하고 할 일이 한두 가지가 아닙니다. 우리가 일반적으로 이야기하는 RIP, IGRP, OSPF, EIGRP 등이 이런 다이내믹 라우팅 프로토콜에 속합니다.

TIP

작은 규모의 네트워크에 연결된 라우터에서는 주로 스태틱 라우팅 프로토콜을 사용하고, 네트워크센터와 같이 많은 경로를 처리하는 경우에는 다이내믹 라우팅 프로토콜을 사용합니다.

일반적인 라우팅 환경에서는 여러 가지 상황에 자동으로 대응할 수 있는 장점이 있고, 또 자동으로 가장 좋은 길을 찾아가는 다이내믹 라우팅 프로토콜을 주로 사용합니다. 하지만 어떨 때는 라우팅 성능을 높이기 위해 스태틱을 사용하기도 합니다. 또 라우터가 선택할 수 있는 경로가 오직 하나뿐일 때는 다이내믹 프로토콜을 쓸 필요가 없을 수도 있습니다. 어차피 그 길이 끊어지면 다른 길도 없기 때문에 그때는 스태틱을 쓰는 게 좋습니다.

제가 설명드린 스태틱 라우팅 프로토콜과 다이내믹 라우팅 프로토콜에 대해 이해가 가십니까?

≫ 알고 갑시다!

라우팅 프로토콜에는 '스태틱 라우팅 프로토콜'과 '다이내믹 라우팅 프로토콜'이 있다. 스태틱은 라우터가 정해진 길만을 가기 때문에 일이 없는 대신 사람이 일일이 구성을 해줘야 하고, 또 정해진 길에 문제가 생겨도 사람이 그 길을 다시 고쳐줄 때까지는 계속 그 길로 가려고 한다. 다이내믹은 라우터가 알아서 길을 찾는 장점이 있는 대신 라우터가 할 일이 많아진다.

라우팅 테이블에 대한 이야기

SECTION 06

라우팅 테이블에 대해 잘 이해가 안 가시는 분들이 있을 것 같아서 그림으로 다시 한번 설명을 드리겠습니다. [그림 7-4]에서 중앙에 Router의 라우팅 테이블이 있습니다. 이 Router는 목적지와 목적지를 가려면 어느 인터페이스로 가야 하는지를 자신의 라우팅 테이블에 가지고 있습니다. 여기서 E0는 이더넷 인터페이스 0번을 나타내고, S0는 시리얼 인터페이스 0번을 나타냅니다. 또 T0는 토큰링 인터페이스 0번을 나타냅니다. (인터페이스 번호는 0번부터 시작합니다.)

따라서 라우터가 어떤 목적지를 찾아가려고 하면 먼저 라우팅 테이블을 보게 되는 겁니다.

예를 들어 라우터가 150.2.0.0 네트워크에 있는 어떤 PC를 찾아가는 패킷을 받아들이게 되면 라우터는 자신의 라우팅 테이블에 150.2.0.0으로 가는 길이 나와 있는지를 먼저 확인합니다. 그랬더니 자기 라우팅 테이블에 150.2.0.0 네트워크로 가려면 T0로 가라는 내용이 나와 있으니까 패킷을 토큰링쪽 인터페이스로 넘겨주게 되는 겁니다. 물론 진짜 라우팅 테이블은 이것과는 조금 다릅니다. 또 전에도 말씀드렸듯이 라우팅 테이블은 라우터가 사용하는 라우팅 프로토콜에 따라서도 달라집니다.

제가 여기서 보여드리고자 하는 것은 라우팅 테이블에 관한 개념입니다.

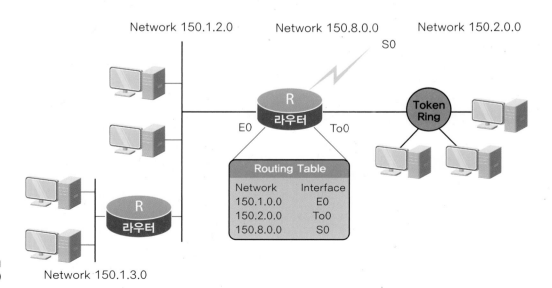

| 그림 7-4 |
라우팅 테이블(Routing Table)

즉 라우팅 테이블이란, 라우터가 어떤 경로를 찾을 때 사용하는 것이고, 이것은 사용하는 라우터의 프로토콜에 따라 달라지며, 또 라우터는 항상 최적의 경로를 찾아 이것을 라우팅 테이블에 유지하고 있다는 겁니다.

자, 그럼 라우팅 테이블이 정말로는 어떻게 생겼는지 한번 알아볼까요?

[그림 7-4]에서처럼 라우터는 자기의 라우팅 테이블에다가 어떤 지도 정보를 가져다 놓습니다. 그건 라우터가 어떤 일을 하는가를 이해한다면 아마 이해가 될 겁니다. 이제 라우터가 어떤 일을 하는지 아시겠죠? 가장 빠르고 안전한 길을 찾아주고, 또 그 길이 끊어지면 다른 길을 찾아주는 역할을 합니다. 그럼 라우터에게 가장 중요한 것은 무엇일까요?

그것은 바로 지도입니다.

그렇다고 우리가 보통 쓰는 그런 지도는 아니고 라우터가 여러 가지 정보를 종합해서 얻어낸 네트워크에 대한 지도입니다. 즉 그림에서 보는 것처럼 어떤 목적지에 가기 위해서는 어떤 경로를 이용해서 가야 된다라고 써놓은 정보입니다.

이것을 우리는 '라우팅 테이블'이라고 합니다.

그러니까 라우터는 전원을 켜는 그 순간부터(물론 라우팅 프로토콜에 대한 세팅은 이미 되어 있다고 가정했을 때입니다.) 라우팅 테이블을 만들기 시작해서 어떤 패킷이 길 안내를 요청하면 라우팅 테이블을 보고 길을 안내합니다.

자, 그렇다면 전원이 꺼지면 어떻게 될까요? 라우터가 이런 라우팅 테이블을 저장할까요? 답은 '아니오'입니다. 꺼지면 모두 지워지게 됩니다.

하지만 걱정할 필요는 없습니다. 전원이 켜지면 다시 만들 수 있으니까요. 얼마만에? 몇 초가 될 수도 있고 또 몇 분이 될 수도 있습니다. 그것은 네트워크의 크기와 사용하는 프로토콜에 따라 많이 달라집니다. 아무튼 라우팅 테이블은 라우터가 가장 중요하게 사용하는 길 안내 정보가 들어있다고 생각하면 됩니다.

시스코 라우터에서 라우팅 테이블을 보기 위해서는 show ip route라는 명령을 사용합니다.

자, 그럼 한번 해볼까요?

```
Paris# show ip route
Codes: I - IGRP derived, R - RIP derived, O - OSPF derived
   C - connected, S - static, E - EGP derived, B - BGP derived
   i - IS-IS derived, D - EIGRP derived
```

```
     * - candidate default route, IA - OSPF inter area route
     E1 - OSPF external type 1 route, E2 - OSPF external type 2 route
     L1 - IS-IS level-1 route, L2 - IS-IS level-2 route
     EX - EIGRP external route

 Gateway of last resort is not set

 I        144.253.0.0 [100/1300] via 133.3.32.2 0:00:22 Ethernet1
    131.108.0.0 is subnetted (mask is 255.255.255.0), 3 subnets
 I        131.108.33.0 [100/180771] via 131.108.16.2, 0:01:29, Ethernet1
 C        131.108.12.0 is directly connected, Ethernet0
 C        131.108.16.0 is directly connected, Ethernet1
 I 218.100.103.0 [100/1200] via 133.3.32.2, 0:00:22, Ethernet1
```

TIP

'Show ip route'라는 명령은 ip에 대한 라우팅 테이블을 보여줍니다. 만약 ipx에 대한 라우팅 테이블을 보고 싶으면 'show ipx route' 라고 입력합니다

이렇게 나오게 됩니다.

여기 나오는 라우팅 테이블은 여러분이 시스코 라우터를 계속 만지게 된다면 아주 자주 만나게 되므로 하나하나의 의미를 꼭 아셔야 하는 것들입니다. 하지만 아직은 모르셔도 됩니다. 우선 여기서는 간단하게 구경만 하고 넘어가면 됩니다.

라우팅 테이블에서 각각의 의미는 맨 앞에 있는 영문자가 어떤 프로토콜을 이용해서 이 길을 알아냈는가를 보여줍니다. 즉 I는 IGRP를, R은 RIP를 나타내고, O는 OSPF를 나타냅니다. 또 C는 connected, 즉 직접 접속된 네트워크를 말합니다.

라우터가 그 네트워크에 직접 붙어있다는 뜻입니다. 그다음에 있는 주소는 목적지를 나타냅니다. (정확히 말해서 목적지의 네트워크 주소입니다.) 그리고 그다음에 나오는 것이 바로 어디를 통해서 가야 목적지에 도착할 수 있는가를 알려주는 경로입니다.

여러분이 라우터를 자주 접하게 된다면 꼭 알아야 할 명령입니다. 조금 복잡해도 라우팅 테이블을 자주 접하시는 게 좋습니다.

≫ 알고 갑시다!

라우터는 라우팅 테이블이라는 경로에 대한 지도 정보를 유지하고 있는데, 이건 RAM에 올라가기 때문에 파워가 꺼지면 전부 지워져 버린다. 그리고 다시 파워를 켜면 수초 또는 수분 만에 다시 만들어진다. 이 라우팅 테이블을 시스코 라우터에서 보는 명령은 show ip route이다. (sh ip route는 TCP/IP에서 찾은 경로만 보여준다. 예를 들어 IPX에서의 경로 정보를 보고자 하는 경우에는 sh ipx route라고 해주면 된다.)

AS, 그리고 내부용과 외부용 라우팅 프로토콜

여기에서는 먼저 AS(Autonomous System)라는 말에 대해서 알아보도록 하겠습니다. AS란 말은 네트워크를 하는 사람이라면 자주 듣게 되는 말입니다.

AS는 'Autonomous System'의 약자로, 하나의 네트워크 관리자에 의해서 관리되는 라우터들의 집단이라고 생각하면 됩니다. 또 어떤 의미로는 하나의 관리 규정 아래서 운용되는 라우터의 집단 또는 하나의 관리 전략으로 구성된 라우터 집단 등으로, 쉽게 말하면 한 회사나 기업, 또는 단체의 라우터 집단이라고 생각하면 됩니다.

예를 들어 어떤 기업이 네트워크를 구축하게 되면 그 네트워크 안에는 여러 대의 라우터가 올 수 있습니다. 서울에 몇 대, 지방에 몇 대 이렇게 이 기업에 소속된 모든 라우터들은 그 기업의 네트워크 관리자에 의해 관리를 받게 되는데, 이런 그룹이 바로 AS가 됩니다. 또 KT, 데이콤과 같은 ISP 업체들도 자신들이 가진 라우터가 한두 대가 아닐 겁니다. 이렇게 ISP들이 보유하고 있는 라우터 그룹이 하나의 AS가 됩니다.

라우터들을 다시 AS라는 그룹으로 묶어주는 이유는 라우터가 가지는 정보를 효율적으로 관리하고 인터넷 서비스를 좀 더 간편하게 제공하기 위해서입니다. 즉 AS 안에 있는 라우터들은 자신의 AS에 속해 있는 라우터에 대한(물론 자신들 내부의 네트워크 정보겠죠?) 정보만 알고 있으면 됩니다. 그러다가 외부, 즉 AS 밖으로 나갈 때는 그 AS에 있는 문지기 라우터(ASBR; Autonomous System Boundary Router라고 합니다.)에게 정보를 물어봐서 밖으로(인터넷) 나가는 겁니다.

문지기 라우터는 자신의 AS와 인접해 있는 다른 AS에 대한 정보를 가지고 있으면서 자기 AS에서 밖으로 나가는 라우터나 외부 AS에서 자기 AS쪽으로 들어오는 라우터에게 정보를 제공하는 역할을 합니다.

이런 시스템 때문에 라우터들은 인터넷에 접속하더라도 전 세계의 모든 네트워크에 대한 정보를 다 가지고 있을 필요가 없고, 단지 자신이 속한 AS에 대한 정보만 가지면 됩니다.

이때 라우터가 AS 내부에서 사용하는 라우팅 프로토콜을 Interior Routing Protocol 또는

Interior Gateway Protocol(IGP)이라고 하고 AS 간에, 즉 AS 외부에서 서로 라우팅 정보를 주고받기 위해 라우터가 사용하는 프로토콜을 Exterior Routing Protocol 또는 Exterior Gateway Protocol(EGP)이라고 합니다.

Interior Routing Protocol의 예로는 우리가 잘 아는 RIP, IGRP, EIGRP, OSPF 등이 있고, Exterior Routing Protocol의 예로는 EGP, BGP 등이 있습니다.

따라서 본사와 지사 간에 라우터를 설치해야 할 경우에는 RIP나 OSPF 등 IGP를 사용하고, 본사의 라우터가 인터넷 서비스 업체와 연결을 해서 인터넷을 사용해야겠다고 생각할 경우에는 BGP와 같은 EGP를 사용합니다. (뒤에 가서 다시 설명드리겠지만 Exterior Gateway Protocol의 경우 요즘은 EGP보다는 거의 BGP를 사용하는 추세입니다. BGP가 여러 가지 장점을 가지고 있기 때문입니다.)

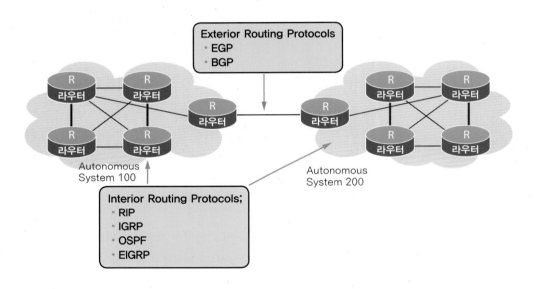

| 그림 7-5 |
Autonomous System

그림에서 구름으로 보이는 것이 하나의 AS입니다. 즉 AS 안에서는 Interior Routing Protocol, 즉 내부용 라우팅 프로토콜인 RIP이나 IGRP 등이 라우터에서 사용되고, AS와 AS 간의 통신에서는 라우터에서 BGP 등과 같은 Exterior Routing Protocol, 즉 외부용 라우팅 프로토콜이 사용됩니다.

내가 면접을 준비하는 사람이라면…

지금 회사생활을 하는 분은 아마 면접 한두 번쯤은 다 경험해 보셨을 겁니다. 물론 저도 그렇구요. 또 지금 학교 다니는 분들도 앞으로 취직을 위해서는 면접을 몇 번은 거쳐야 할 겁니다. 저 역시 면접을 받는 입장이었던 경우가 면접을 하는 입장이었던 때보다는 많았지만, 그래도 제가 그동안 느낀 면접에 대한 생각을 여러분께 말씀드리려고 합니다.

면접에 대한 첫 번째는 일단 준비해라!입니다.

쉽죠? 다 알고 계신다구요?

네, 맞습니다. 조금 무식해보여도 그날 예상 질문을 뽑아보는 겁니다. 물론 그냥 물어봐도 대답할 자신이 있다고 생각하겠지만, 미리 정리해놓은 답을 말하는 것과 그때 그때 생각해서 말하는 것은 듣는 사람 입장에선 분명히 차이가 있습니다. 면접은 그냥 평소 실력으로 보는 게 아닙니다. 분명히 준비가 필요합니다.

조용히 집에 앉아서 생각을 해보는 겁니다. 몇 가지 예상 질문들을 말입니다. 특히 "앞으로 10년 후에 당신이 뭐가 되어 있을 거 같아요?" 이런 질문은 가장 자주 나오는 것 중 하나입니다. 그때 어떻게 멋지게 대답해 줄 것인가를 생각해보는 겁니다. 더 흔한 질문도 있습니다. "우리 회사를 선택하게 된 동기가 뭡니까?" 하지만 이런 질문은 꼭 나오는 말입니다. 그리고 대답의 뒷말을 흐리는 것은 보기에 좋지 않습니다. 군대식으로 '다'나 '까'로 끝을 내는 버릇을 들이는 것이 좋습니다. 예전에는 말을 하면서 상대방을 빤히 바라다보면 버릇이 없다고 했지만, 요즘 면접에서는 그 사람이 얼마나 자신감을 가졌는지를 보기 때문에 답변 시에도 몸을 반듯이 하고 상대의 눈을 바라보면서 자신감을 가지고 말하면 좋은 점수를 받을 수 있을 겁니다. 그리고 복장도 좀 신경을 쓰는 게 좋습니다. 물론 머리는 단정히 깎아야 하고, 손톱도 당연히 정리를 해야 하고, 양복은 진한 색이 좋습니다.

영어 면접 시에는 어려운 단어를 넣어서 말이 이상하게 해석되게 하는 것보다는 쉬운 단어로 간략하게 말하는 것이 좋습니다. 그리고 영어가 잘 안 된다고 얼굴을 붉히거나 중간에 말을 하려다 마는 경우는 마이너스라는 것을 기억하기 바랍니다. 대부분의 영어는 자기 소개, 그리고 자기가 지원한 분야에 대한 설명 그 정도니까 미리 준비해서 외워두는 것도 좋을 겁니다.

아무튼 면접에 대한 여기에서의 결론.

- 면접 시에는 너무 긴장한 모습을 보이지 말고 자신감을 보여라!
- 질문 몇 개 정도는 미리 준비하고 답변을 외워둬라!
- 깔끔한 복장으로 깨끗한 이미지를 심어줘라!
- 표정을 항상 밝고 자신감 있게 유지하라!

여기까지입니다. 요즘은 면접의 비중이 점점 높아져서 면접 결과가 취업의 모든 것을 좌우하는 경우가 많습니다. 제가 있는 곳도 면접만으로 사람을 채용하는 방식을 취하고 있습니다. 남 앞에서 말하는 것을 잘 연습해두면 분명히 면접에서 좋은 결과가 있을 겁니다.

할 수 있죠? 모든 분들의 성공을 빕니다. ^^

라우터 구성의 시작

SECTION

자, 이번 시간에는 라우터를 실제 인스톨(설치)할 때는 어떤 방법이 있는지를 알아보도록 하겠습니다.

라우터에 명령어를 입력하는 방법은 몇 가지나 될까요?

CCNA 시험에도 많이 나오는 문제이기 때문에 특히 질문이 많은 부분입니다. 여기에서 완전히 이해를 하고 넘어가면 좋을 것 같습니다. [그림 7-6]에 있는 것처럼 대략 5가지 정도가 됩니다. 물론 라우터에 따라서 차이는 있겠죠? 여기에서 예를 들어 설명하는 것은 시스코 라우터입니다.

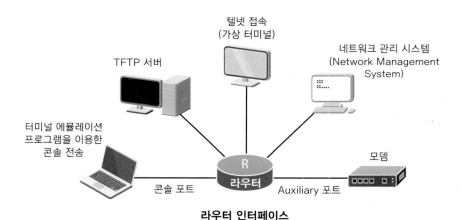

| 그림 7-6 |
라우터의 설치 방법

라우터 인터페이스

그 첫 번째가 바로 콘솔(console) 케이블이란 것을 이용하는 겁니다. 라우터를 구매하게 되면 대부분은 그 안에 콘솔 케이블이란 것이 같이 들어있는데, 이 케이블을 라우터의 콘솔 포트(라우터의 뒷면에 보면 Console이라고 쓰여있는 포트가 있습니다.)에 연결하고 나머지 한쪽은 컴퓨터의 USB 포트에 연결하게 되면 콘솔 연결이 되는 겁니다. 가끔 콘솔 케이블 중에는 양쪽 다 UTP 포트 모양으로 되어 있는 케이블도 있는데, 이 경우에는 이 UTP 포트를 다시 USB 포트로 변경하는 컨버터를 따로 준비하셔야 합니다. UTP 형식이라고 바로 LAN 포트에 연결하면 안 된답니다. ︎︎

일단 콘솔 케이블 연결이 끝나면 이제 콘솔 프로그램을 다운로드해야 합니다. 윈도우 XP 버전까지만 해도 윈도우에서 기본적으로 하이퍼터미널이라는 콘솔 프로그램을 제공했는데, 지금 사용하는 윈도우 7이나 윈도우 10의 경우는 따로 하이퍼터미널을 제공하지 않기 때문에 인터넷에서 콘솔용 프로그램을 다운로드해야 한답니다.

콘솔용 프로그램 중에서 가장 많이 사용하는 프로그램은 'PuTTY(뿌띠)'라는 앙증맞은 이름을 가진 프로그램입니다. 그냥 네이버에서 PuTTY라고 검색하시면 찾을 수 있답니다. ^^ [그림 7-7]은 네이버에서 PuTTY를 검색했을 때의 화면입니다.

| 그림 7-7 |
콘솔 프로그램 다운로드하기

그림에서 보이는 것처럼 이 프로그램은 무료 다운로드가 가능한 프로그램입니다. 여기서 오른쪽에 보이는 [무료 다운로드] 버튼을 누르면 여러분의 컴퓨터 사양에 따라 32비트 버전 또는 64비트 버전으로 프로그램을 다운로드하게 되고, 간단한 설치가 시작됩니다. 설치는 그냥 시키는 대로만 따라주면 된답니다. ^^

설치가 끝나면 바로 PuTTY를 이용해서 콘솔 작업이 가능한데, 그전에 먼저 확인해줄 게 한 가지 있습니다. 앞에서 콘솔 케이블을 여러분의 컴퓨터에 연결한 거 기억나시죠? USB 포트에 연결했잖아요? ^^ 이 콘솔 케이블이 제대로 연결되었는지, 그리고 어떤 포트에 연결되었는지를 알아보기 위해 컴퓨터에서 장치 관리자를 열어봐야 합니다. 장치 관리자는 바탕화면에서 [내 컴퓨터]를 클릭하시고 마우스 오른쪽 버튼을 누르게 되면 [속성]이라는 필드가 보이고, 이걸 선택하면 내 컴퓨터에 대한 여러 가지 정보를 볼 수 있습니다. 이때 맨 왼쪽 위에 [장치 관리자]가 있는데, 이것을 클릭했을 때의 화면이 [그림 7-8]에 보입니다.

| 그림 7-8 |
[장치 관리자]에서 콘솔 포트 확인

[장치 관리자]를 자세히 보시면 아래쪽에 [포트 (COM & LPT)]라는 항목이 보이실 겁니다. 여기에서 [Cisco Serial(COM6)] 이라고 보이실 겁니다. 제 컴퓨터에서는 콘솔 케이블이 COM6에 연결되어 있다는 걸 알 수 있습니다. 이와 같은 COM 포트 번호는 컴퓨터마다 다르기 때문에 여러분의 컴퓨터에서는 다르게 보일 수 있습니다. 따라서 콘솔 케이블 연결 후에는 꼭 장치 관리자의 열과 포트 번호를 확인하시기 바랍니다. 근데 왜 이걸 확인하냐구요? 그건 조금 있으면 알게 됩니다. ^^

이제 콘솔 케이블 연결이 완료되었으니 콘솔 작업을 위해 앞에서 다운로드해서 설치했던 PuTTY를 실행해봐야겠죠? [그림 7-9]는 PuTTY를 실행했을 때의 첫 화면입니다.

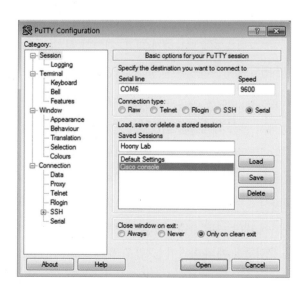

| 그림 7-9 |
콘솔 만들기

좀 복잡하게 영어로 막 써있지만, 별로 중요한 내용은 아니고, 맨 위쪽에 있는 'Serial line'이란 곳에 앞에서 장치 관리자를 열어가며 확인했던 COM 포트 번호를 여기에 써주시면 됩니다. 저의 경우엔 앞에 그림에서 설명드린 것처럼 포트 번호가 COM6였으니까 여기에 COM6를 입력했습니다. 그리고 옆에 있는 Speed는 시리얼에서의 초당 비트수인데, 원래 잡혀진 디폴트 값인 9,600bps를 그대로 사용하시면 됩니다. 그리고 그 아래쪽 Connection type은 Serial로 선택해주시면 됩니다. 앞에서도 잠깐 이야기드렸지만 우리가 COM 포트라고 이야기하는 이 포트가 다른 말로는 Serial 포트이기 때문입니다.

그리고 아래쪽 박스에 Saved Sessions에는 지금 만든 이 콘솔 구성을 어떤 이름으로 저장할 건지를 정해서 써주면 되는데, 저는 'Hoony Lab'이라는 이름을 만들어줬습니다. 여러분은 아무거나 예쁜 이름으로 만들어주시면 된답니다. ^^ 이렇게 한번 Session 이름을 만들어 놓게 되면 다음부터는 PuTTY를 쓸 때마다 구성을 넣어줄 필요 없이 그냥 저장된 세션 이름만 선택하면 되겠죠?

자, 그럼 지금까지의 콘솔 연결을 정리해볼까요?

> ❶ 인터넷에서 무료 콘솔 연결 프로그램을 다운로드해서 설치한다. (예: PuTTY)
> ❷ 콘솔 케이블을 한쪽은 라우터의 콘솔 포트에, 다른 한쪽은 노트북의 USB 포트에 연결한다.
> ❸ 내 컴퓨터의 장치 관리자 화면에 들어가 콘솔 케이블이 어떤 포트에 연결되어 있는지를 확인한다. (예: COM6)
> ❹ 콘솔 프로그램 (PuTTY)을 실행하고 필요한 내용을 넣어준다.
>   • 포트 번호 : 내가 확인한 포트 번호 (예: COM6)
>   • 스피드 : 9600
>   • 커넥션 타입 : Serial
> ❺ 구성을 저장하기 위해 세션 이름을 만들어준다.

이렇게 모든 구성을 마쳤으면 아래 보이는 [Open] 버튼을 눌러 라우터에 들어갈 수 있습니다.

이게 바로 콘솔을 이용한 연결입니다. 콘솔 연결을 통한 라우터 구성은 가장 일반적인 구성입니다. 여러분도 나중에 라우터를 구성하게 될 기회가 있을 텐데 그때 바로 콘솔에 연결하는 방식을 사용할 것입니다.

콘솔을 이용한 방식은 설명드린 것처럼 라우터를 맨 처음 구성할 때는 가장 일반적이고 편리한 방법이지만, 라우터에 직접 PC를 들고가서 콘솔 케이블을 연결해주어야 하는 불편함이 있습니다. 또한 콘솔 케이블도 필요하기 때문에 맨 처음 구성하는 경우나 고장이 났을 때만 사용하고, 일단 한 번 라우터가 구성된 이후에는 잘 사용하지 않는 방법입니다.

즉 일단 라우터의 모든 세팅이 끝난 후 나중에 라우터의 구성 일부를 변경하는 경우에는 콘솔보다는 텔넷을 이용해서 구성을 변경하기 때문입니다.

콘솔 방법의 장점은 가장 강력한 세팅 방법이라는 겁니다. 예를 들어 나중에 나오는 텔넷 방식은 라우터와 통신이 끊어지게 되면 텔넷도 같이 끊어지기 때문에 네트워크 고장 발생시 텔넷으로 라우터에 접근이 불가능한데, 이때도 콘솔은 라우터에 접근이 가능합니다.

또 AUX(Auxiliary) 포트라는 것이 있는데, 이 포트에는 모뎀을 연결할 수 있게 되어 있습니다.

여기에 모뎀을 연결해 놓으면 원격지에서도 모뎀을 통해 라우터에 명령어를 입력할 수 있습니다. 이렇게 모뎀을 이용한 라우터 구성은 기존의 네트워크에 문제가 발생해서 텔넷으로는 라우터에 접근이 불가능합니다. 또한 콘솔을 연결해서 구성을 하자니 너무 먼 곳, 즉 라우터가 지방 같은 곳에 있어 불가능한 경우에 사용하는 방법입니다.

물론 라우터에는 모뎀에 대한 세팅이 모두 되어 있어야 합니다. 이런 AUX 포트의 사용은 순전히 문제가 발생했을 때를 대비한 것이기 때문에 일반적이지는 않습니다.

그다음은 텔넷(Telnet)을 이용한 라우터 구성입니다. 텔넷 역시 PuTTY를 이용해서 사용이 가능합니다.

[그림 7-10]을 보면 콘솔을 만들 때와 같은 화면이라는 것을 아실 겁니다. 다만 하나 다른 것은 접속 방법(Connection Type)이 Telnet이라는 것입니다.

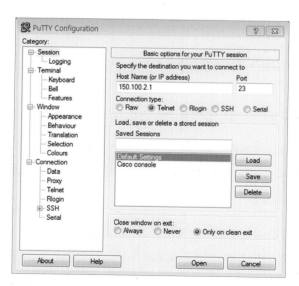

| 그림 7-10 |
텔넷 접속 구성하기

대부분 라우터를 관리할 때 가장 많이 사용하는 방법이 바로 이 텔넷을 이용한 방법입니다. 이 방법은 라우터의 IP 주소만 알고 있고 네트워크에 접속만 되어 있다면 어디에서도 구성이 가능하다는 장점이 있습니다. 반면 라우터의 맨 처음 구성 시에는 어차피 IP 주소조차 없기 때문에 텔넷 사용이 불가능하다는 단점과 네트워크 연결이 끊어질 경우 텔넷 접속이 불가능하다는 단점을 가지고 있습니다.

텔넷을 사용하는 한 가지 예를 들어보겠습니다.

만약 제가 지방의 어떤 라우터를 설치했다고 가정해 보겠습니다. 물론 맨 처음 지방에 그 라우터를 설치하기 위해 출장을 갔을 겁니다. 라우터를 전산실에 설치하고 콘솔을 이용해서 라우터의 IP 주소를 세팅했거나 기타 라우터의 구성을 세팅했을 겁니다. 모든 것이 이상이 없다는 것을 확인하고 저는 다시 서울로 올라왔습니다. 그런데 그 라우터의 구성을 변경할 일이 생겼다고 가정해보겠습니다. 뭐 프로토콜이나 서브넷 등 말입니다. 그렇다면 또다시 콘솔 케이블을 가지고 직접 지방으로 내려가야 할까요?

바로 이럴 때 사용하는 것이 텔넷입니다. 물론 네트워크로 연결되어 있다는 가정이 있어야겠죠? 그런 텔넷을 바로 'Virtual Terminal(가상 터미널)'이라고 합니다. 그럼 이제는 아시겠죠? 만약 지금 설명한 상황과 똑같은 상황에서 네트워크에 문제가 생겨 텔넷조차도 불가능한 경우에는 무엇을 사용할까요? 그게 바로 AUX 포트를 통한 접속입니다. 앞에서 배워서 아마 알고 계실 겁니다.

네트워크 관리 시스템(NMS)에 의한 라우터의 구성 방법은 라우터 구성 방법 중에서는 가장 쉬운 방법일 겁니다. 물론 NMS 구성은 좀 어렵지만 일단 구성된 NMS에서 라우터를 세팅한다고 가정한다면, 지금까지 방법과는 달리 그래픽 방식이기 때문에 훨씬 쉽고 또 여러 가지 다른 정보도 많이 알 수 있게 됩니다.

마지막으로 TFTP 서버로 라우터를 구성하는 방법입니다. 이 방법은 앞에서 설명드린 4가지 방법과는 약간의 차이가 있습니다. 즉 앞의 4가지 방법은 직접 명령을 라우터에 세팅할 수 있는데, TFTP 서버에 의한 방식은 서버에서 직접 라우터로 세팅을 해주는 방식은 아닙니다.

TFTP 서버에 의한 라우터 구성은 이미 다른 곳에서 만들어 놓은 라우터의 구성 파일을 TFTP 서버에 저장해 두었다가 라우터로 다운로드해 주는 방식을 말합니다. 이때 다운로드에 사용되는 프로토콜이 바로 TFTP(Trivial File Transfer Protocol)인데, 우리말로 하면 '단순형 파일 전송 프로토콜' 정도 됩니다.

만약 여러분이 라우터의 IP 주소를 아신다면 윈도우의 MS-DOS 모드로 이동해 telnet x.x.x.x(라우터의 IP 주소)를 입력해 보세요.

그럼 라우터로 텔넷을 하게 됩니다. 물론 아까 배운 대로 하이퍼터미널로도 텔넷 구성은 가능하지만 간단하게 해보려면 MS-DOS 모드에서도 가능합니다. 라우터의 IP 주소를 모른다구요?

그것은 도스 모드에서 ipconfig(windows xp)을 했을 때 게이트웨이 번호로 나타나는 주소가 여러분의 네트워크에 붙어있는 라우터의 IP 주소입니다.

가장 많이 쓰이는 방법이니 한 번씩 연습해 보는 게 좋겠죠? 물론 지금은 그냥 연습만 해보기 바랍니다. 또 직접 라우터에 가서 콘솔을 연결할 수 있는 분은 콘솔 케이블과 노트북을 들고 라우터로 가서 라우터의 콘솔 포트와 노트북의 시리얼 포트에 콘솔 케이블을 연결하고 한 번 라우터에 접속해 보세요. 아마 라우터와 친해지게 될 겁니다.

[그림 7-11]은 콘솔을 통한 라우터에 접속한 것을 보여줍니다. 라우터에 뭐라고 글씨가 많이 나와있는데 지금은 신경쓰지 않으셔도 됩니다. 어차피 나중에 이 뜻을 다 알게 될 거니까요.

아무튼 지금은 라우터에 콘솔을 연결하면 이렇게 보인다는 것만 알면 됩니다. 물론 콘솔을 통해서 접속했는데 아무것도 안 보이거나 이상한 글자가 깨져서 나오는 경우에는 콘솔의 구성에 이상이 있거나 케이블에 이상이 있다고 생각하면 맞을 겁니다. 따라서 위에서 설명드린 구성을 다시 한 번 확인해보고 꼭 라우터 구입 시에 같이 딸려오는 콘솔 케이블을 사용하시기 바랍니다. 참고로 이 라우터는 아무것도 세팅되어 있지 않은 새 라우터이고 기종은 시스코 2509입니다.

≫ 알고 갑시다!

라우터를 구성하는 방법은 5가지가 있다. 첫 번째로 맨 처음 라우터를 구성할 때 쓰는 콘솔 케이블을 통한 구성, 두 번째는 원격지에서 모뎀을 이용한 구성, 세 번째는 일단 IP 주소가 세팅된 다음에 네트워크를 통해서 접속하는 텔넷을 이용한 구성, 네 번째는 네트워크 관리 시스템이 있는 곳에서 사용하는 NMS를 이용한 구성, 그리고 맨 마지막에는 미리 구성된 파일을 저장했다가 나중에 라우터로 다운로드하는 TFTP 서버를 이용한 구성이 있다.

09 SECTION

CISCO Networking

라우터의 중요한 몇 가지 모드

여기에서는 라우터의 몇 가지 중요한 모드에 대해서 한번 알아보겠습니다. 아마 다 알고 계실 거라고 믿지만, 그래도 기본을 짚고 넘어가는 것도 중요하니까 아는 분은 복습한다는 생각으로 읽어보세요. 또 시스코 라우터를 처음 접하시는 분은 이게 도대체 무슨 소리냐고 하겠지만 라우터에 대한 설명에서, 또 라우터를 만지는 사람들의 이야기에서 자주 나오는 중요한 개념이니까 꼭 이해해 두기 바랍니다.

시스코 라우터의 경우 콘솔을 이용해서 라우터에 들어가든, 아님 텔넷을 통해 라우터에 들어가든 라우터의 몇 가지 모드 화면으로 들어가게 되는데, 그 모드는 대략 유저 모드, 프리빌리지드 (Privileged) 모드, 구성(Configuration) 모드, 셋업(Setup) 모드, RXBOOT 모드 등이 있습니다.

RXBOOT 모드는 평소에는 사용할 일이 없는 모드입니다. 그럼 이 모드는 언제 사용할까요?이 모드는 라우터의 패스워드를 모르는 경우나 라우터의 이미지 파일(IOS)에 문제가 생긴 경우 복구를 위해 사용합니다. 즉 이 모드는 문제 발생시 복구용으로 만들어 놓은 모드라고 생각하면 됩니다. 이 모드는 'RXBOOT 모드' 또는 'ROMMON 모드'라고도 합니다. ROM Monitor 모드를 줄여서 부르는 말입니다. 이 모드의 사용법은 나중에 패스워드 복구를 배울 때 설명할 예정이므로 일단은 롬몬, 또는 RXBoot 모드라는 것이 있다라는 것까지만 알아두고 넘어가도록 하겠습니다.

TIP

초기 Setup 모드를 그냥 통과하려는 경우는 [Ctrl]+[C]를 누르면 됩니다.

그다음 셋업 모드입니다. 셋업 모드는 라우터를 처음 구매해서 파워를 켰거나 라우터에 구성 파일이 없는 경우 라우터가 부팅하면서 자동으로 들어가는 모드입니다. 이 모드에 들어가서 라우터는 구성에 관계된 질문을 하나하나 던지게 되고, 사용자는 이 질문에 대답하면서 구성 파일을 만들 수 있도록 되어 있는데, 이 모드 역시 뒤에 라우터의 구성에서 자세히 다룰 예정이므로 셋업 모드란 것이 있구나까지만 알고 넘어갑니다.

그럼 이제 나머지 유저 모드, 프리빌리지드 모드(Privileged Mode), 그리고 구성 모드를 하나씩 알아보도록 하겠습니다.

라우터에 콘솔로 접속하게 되면 다음과 같이 보이게 됩니다. (여기에서는 기본적인 세팅이 되어 있는 라우터라고 가정하겠습니다. 처음 상태는 아니란 말입니다.)

PART 07 라우터만 알면 네트워크 도사? **333**

```
Router con0 is now available

Press RETURN to get started.
User Access Verification
Password:
Router>
```

이때 '>'가 있는 이 모드를 '유저 모드'라고 합니다.

⚙ TIP
'>'로 보이는 유저 모드에서
는 어떤 구성 변경도 불가합
니다. 구성 변경을 위해서는
'#'이 보이는 프리빌리지드
모드로 들어가야 합니다.

이 유저 모드에서는 주로 테스트, 즉 현재 상태를 볼 수 있습니다. 핑(Ping)을 해본다든지, 아니면 트레이스 등을 해볼 수 있습니다. 하지만 라우터의 구성 파일을 본다거나 구성 자체를 변경할 수는 없습니다.

즉 일반 유저가 라우터의 구성을 변경시키면 문제가 되겠죠?

따라서 라우터의 운영자 모드는 따로 있는데, 이것이 바로 프리빌리지드(Privileged) 모드입니다. 프리빌리지드 모드에 들어가는 방법은 유저 모드에서 enable라는 명령을 사용하는 것입니다. 즉

```
Router con0 is now available

Press RETURN to get started.
User Access Verification
Password:
Router>
Router> enable
Password :*******
```

이렇게 enable과 해당 패스워드를 입력하면 프리빌리지드 모드에 들어가게 됩니다. 원래 패스워드는 안 보이는 건 다 아시죠?

```
Router#
```

프리빌리지드 모드에 들어오면 프롬프트가 꺾쇠(>)에서 샵(#)으로 바뀐 것을 알 수 있습니다.

이 모드에서는 모든 라우터의 명령이 가능합니다. 구성을 볼 수도 있고 변경할 수도 있습니다. 유저 모드는 사용할 수 있는 명령이 제한적인데 비해서 프리빌리지드 모드는 사용할 수 있는

명령의 제약이 없는 모드입니다. 즉 운영자가 뭐든지 해도 괜찮습니다.

프리빌리지드 모드에서 다시 유저 모드로 빠져나갈 경우에는 다음과 같이 입력하면 됩니다.

```
Router#
Router# disable
Router>
```

유저 모드에서도 빠져나가고 싶으면 이렇게 입력하면 됩니다.

```
Router>
Router> exit
```

일단 우리가 라우터를 세팅하는 경우에 가장 많이 만나는 모드가 바로 지금 설명드린 2가지 모드입니다. 잘 기억해 두기 바랍니다.

자, 다음은 구성 모드입니다. 라우터의 구성 파일을 변경하는 경우에 사용하는 모드입니다. 보통 Config 모드라고도 하는 이 모드는 라우터를 만지는 엔지니어들은 꼭 알아두어야 할 모드입니다. 앞에서 말씀드린 대로 우리가 만들어야 할 모든 구성 파일을 바로 이곳에서 만들기 때문이죠.

아무튼 이 모드에 들어가기 위해선 반드시 우리가 프리빌리지드 모드에 있어야 합니다. 즉 유저모드에서는 결코 들어갈 수가 없는 모드라는 겁니다. 그럼 구성 모드에 한번 들어가 볼까요?

우선 프리빌리지드 모드에서 들어갈 수 있다고 했으니까.

```
Router con0 is now available

Press RETURN to get started.
User Access Verification
Password:
Router>
Router> enable
Password :*******
Router#
Router#config terminal ← 구성 모드로 들어가는 명령입니다.
Router(config)# ← 구성 모드에 들어왔습니다.
Router(config)#
```

이제부터는 라우터의 모든 구성 파일을 이곳에서 만들 수 있습니다. 구성을 다 마치고 구성 모드에서 프리빌리지드 모드로 빠져나갈 때는 [Ctrl]+[Z]를 이용합니다. 키보드의 왼쪽 아래에 있는 [Ctrl]과 [Z]를 동시에 누르는 겁니다.

빠져나오는 방법은 이 외에도 exit를 이용하는 방법이 있습니다. Exit와 [Ctrl]+[Z]의 차이는 [Ctrl]+[Z]는 한 번에 프리빌리지드 모드로 빠져나올 수 있는 반면에 Exit는 단계별로 빠져나온다는 겁니다.

이 말이 이해가 안 가겠지만 우선은 그렇게만 이해하고 여기서는 2가지 방법으로 빠져나올 수 있다는 것까지만 이해하면 됩니다. 자, 그럼 한번 빠져나와 볼까요?

```
Router(config)#
Router(config)#exit
Router#
```

이렇게 빠져나왔습니다. 쉽죠?

>> **알고 갑시다!**

라우터에는 몇 가지 모드가 있다. 여기서 우리가 자주 사용하는 모드는 프리빌리지드 모드, 즉 운영자 모드와 구성 모드, 즉 Config 모드이다. 구성 모드로의 변경은 오직 프리빌리지드 모드에서만 가능하다. 그리고 유저 모드에서 프리빌리지드 모드로 들어가는 명령은 enable이고, 다시 유저 모드로 나오는 명령은 disable이다.

라우터의 구성 모드에서 많이 쓰이는 유용한 키

라우터를 구성하다 보면 많은 상황과 만나게 됩니다. 이때 알아두면 편리한 몇 가지 키가 있습니다. 물론 이것은 모르셔도 라우터를 구성하는 데는 아무 상관이 없습니다. 다만 알아두면 편리합니다.

이미 아는 분도 있겠지만 라우터의 구성 모드에서 명령어를 입력할 때 우리가 보통 사용하는 화살표 키는 사용되지 않습니다. 만약 약 20글자 정도를 입력한 후 맨 첫 글자를 고치고 싶으면 화살표 키는 안 되므로 앞으로 배울 몇 가지 키를 모를 경우에는 Backspace로 전부 지운 다음에 다시 입력해야 해서 불편합니다. 여기서 알려드리는 키는 이런 불편함을 해소하기 위해서 만든 키입니다. 그럼 어떤 것이 있는지 한번 알아볼까요?

- Ctrl+A 명령어의 맨 앞 글자로 이동합니다. 즉 명령어를 수정할 때 맨 앞 글자로 커서를 이동시키는 역할을 합니다.
- Ctrl+E 명령어의 맨 뒤 글자로 이동합니다.
- Esc+B 한 단어 뒤로 이동합니다.
- Esc+F 한 단어 앞으로 이동합니다.
- Ctrl+F 한 글자 앞으로 이동합니다
- Ctrl+B 한 글자 뒤로 이동합니다.

여기서 '+'의 의미는 같이 누른다는 것입니다. 즉 Ctrl+B는 Ctrl을 누르고 이 상태에서 B를 같이 누른다는 것입니다. 이 밖에 또 한 가지 중요한 것이 있습니다.

라우터를 사용하다 보면 같은 명령을 반복해서 내려야 하는 경우가 많이 있습니다. 또 명령 자체가 복잡하고 길기 때문에 한 번 내린 명령의 경우 다시 치는 것보다는 단순히 전에 내린 명령을 다시 불러와서 바로 실행시키는 것이 훨씬 편합니다.

도스 명령에서도 F3이 바로 한 번 내린 명령을 다시 내리는 명령입니다. 그런데 도스는 방금 전에 내린 명령 하나만 기억하는 반면에 라우터는 최대 256개의 명령어를 기억하고 있다가 다시 내릴 수 있도록 되어 있습니다(디폴트는 10개).

그럼 방금 내린 명령을 가장 최근 것부터 뒤로 가면서 찾는 명령어가 바로 Ctrl+P입니다. 이렇게 Ctrl+P로 찾다가 내가 찾는 명령이 나오면 Enter만 눌러주면 된다는 겁니다. 그러니까 Ctrl+P는 한 번 내린 명령을 뒤쪽으로 찾아나가는 명령입니다. 그럼 앞쪽으로 찾아나가는 명령은 무엇일까요? 그건 Ctrl+N입니다. 보통은 이것을 모르시는 분이 많이 계신데, 모르면 불편할 때가 많습니다.

자, 그럼 지금까지 내린 명령을 한꺼번에 다 보고 싶다면 무엇을 입력해야 할까요?

네, show history입니다. 그럼 기본으로 전에 내린 10개의 명령이 보여집니다. 보통은 10개 정도면 충분한데, 이전에 내린 명령을 좀 더 기억하고 싶다면 최대 256개까지 가능합니다.

만약 이렇게 기억할 수 있는 명령어의 수를 늘이기 위해서는 다음과 같은 명령이 필요합니다.

```
Router# terminal history size 30
```

이렇게 해주면 전에 내린 30개의 명령이 기억되는 겁니다. 여기서 30 대신 256을 입력하면 그만큼 기억되겠죠? 하지만 이렇게 기억량이 많으면 아무래도 라우터의 메모리는 조금 더 쓰게 됩니다.

또 하나의 키는 Tab입니다. 이 키는 보통 라우터를 사용하다 보면 줄임 명령어를 자주 사용하게 되는데, 줄임 명령을 입력하고 Tab을 눌러주면 그 줄임 명령의 완전한 명령이 자동으로 써지는 기능을 제공합니다. 이게 무슨 말이냐면, 예를 들어 show runningconfig라는 명령을 입력하는 경우 간단하게 입력하면 sh run, 뭐 이 정도로 입력해도 같은 명령이 수행됩니다. 이때 처음에 명령어를 공부하는 경우나, 아니면 익숙하지 않은 명령을 입력하는 경우에 Tab을 사용하면 그 명령을 완전하게 볼 수 있어서 도움이 됩니다. 즉 위의 예에서 show라는 명령을 입력할 경우 sh로 시작된다는 것은 아는데 뒤는 잘 모르겠다면 sh를 입력하고 Tab을 누릅니다.

```
Router#sh Tab
```

이렇게 하게 되면 (아직 Enter를 누르지 않았습니다.)

```
Router#show
```

위에서처럼 자동으로 뒷 글자는 라우터가 써주는 겁니다. 그리고 나서 running-config란 명령을 입력할 경우 run이라고 시작되는 건 알겠는데 뒤는 잘 모르겠다면 run을 입력하고 Tab을 누른 후

```
Router#show run Tab
```

을 하게 되면

```
Router#show running-config
```

가 자동으로 타이핑되는 겁니다.

재밌겠죠? 물론 이것을 모른다고 라우터를 사용하지 못하는 것은 아닙니다. 하지만 라우터를 잘 활용하기 위해서는 조그마한 팁을 많이 알아두는 것도 필요합니다.

⚙ **TIP**

처음에는 꼭 Tab을 같이 사용해서 full 명령어를 알아두시기 바랍니다. 너무 약자만 알면 나중에 시험 볼 때 곤란해질지도 모릅니다.

여러분이 아마 라우터를 많이 만지게 된다면 꼭 필요한 기능일 겁니다. 지금이 아니어도 나중에라도 다시 한 번 읽어보고 꼭 자신의 것으로 만들기 바랍니다.

라우터 안에는 어떤 것들이 살까요?

SECTION 10

여기에서는 라우터의 내부를 한번 들여다볼까요? 물론 라우터의 내부를 아는 것이 라우터를 설치하고 구성을 하는 데 무슨 관련이 있느냐고 생각하는 분들도 있겠지만, 뭐든지 기본이 중요한 것 아니겠습니까? 기본을 충실히 하면 이해가 쉽습니다. 역시 요즘은 암기보다는 이해가 중요시되는 세상이니 저도 여러분의 이해를 위해 잠깐 라우터의 내부에는 무엇들이 사는지를 설명해 드릴까 합니다.

아래 그림을 보면 라우터가 그렇게 복잡한 것이 아니라는 것을 알게 될 겁니다. (여기서 사용한 라우터는 시스코 2500 시리즈이지만 다른 라우터들도 똑같은 구조라고 생각해도 됩니다.)

그림에서 위쪽에 라우터를 움직이는 프로그램이 사는 공간이 있고, 아래쪽에는 콘솔 포트와 AUX 포트, 인터페이스가 있습니다.

인터페이스는 바로 네트워크와 라우터에서 직접 연결되는 부분입니다. 즉 허브나 스위치와 연결하는 이더넷 인터페이스 또는 DSU나 CSU와 연결하는 Serial 인터페이스가 바로 그것입니다.

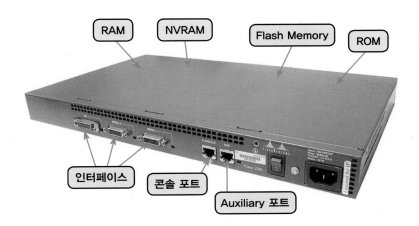

| 그림 7-12 |
라우터의 내부

자, 그럼 맨 위부터 볼까요?

가장 먼저 램(RAM)이 있습니다.

램(RAM)에는 라우터를 운용하는 운용 시스템이 올라가게 되는데, 아시는 대로 램은 파워가 꺼지면 모두 지워지는 곳이기 때문에 이 운용체제도 파워가 켜진 다음에 램(RAM) 위로 올라오게 됩니다.

모든 라우터들은 그들 고유의 운영체제를 가지고 있는데, 시스코 라우터의 경우 이 운영체제로 IOS(Internetwork Operating System)를 사용합니다.

시스코의 경우는 모든 시스코 제품에 동일하게 이 운영체제를 사용하기 때문에 한 제품에 대한 경험만 있으면 다른 제품을 쉽게 만질 수 있는 장점도 있습니다.

램(RAM)에는 일단 운영체제가 올라가고 그다음은 라우팅 테이블이 들어갑니다. 라우팅 테이블이란, 전에 배운 대로 라우터가 목적지에 대한 정보를 저장해 놓은 테이블이라고 보면 되는데, 쉽게 말씀드려서 목적지까지의 약도라고 생각하면 됩니다.

목적지가 많으면 약도도 많아질 거고, 가는 곳이 한두 군데밖에 안 된다면 약도도 적어지게 될 겁니다. 따라서 라우터를 어떤 용도로 사용하는가에 따라, 그리고 어떤 라우팅 프로토콜을 사용하는가에 따라 라우팅 테이블의 크기는 큰 차이가 납니다.

물론 라우팅 테이블이 크면 클수록 램을 많이 차지하겠죠?

운영체제도 마찬가지입니다. 즉 어떤 용도로 라우터를 쓰는가에 따라 여러 가지 운영체제 중 하나를 골라서 사용하게 되는데, 이 운영체제 역시 우리가 돈을 주고 구입하는 것이다 보니 무조건 모든 기능이 많다고 좋은 것은 아닙니다. 기능이 많으면 많을수록 가격은 비싸지고 또 램을 많이 차지하게 됩니다. 따라서 자신이 하고자 하는 일에 가장 적당한 운영체제를 골라야 한다는 것을 잊지 말기 바랍니다.

램에 올라가는 것들 중에서 운영체제와 라우팅 테이블 이외에 또 중요한 것 한 가지는 바로 구성 파일입니다. 즉 라우터의 주소는 어떻게 되고, 라우팅 프로토콜은 무엇을 사용하며, 보안은 어떻게 하고 등등이 우리가 구성 모드에서 만들어 줬던 라우터의 구성 파일이 램에 올라가서 실제 라우터를 움직이는 겁니다. 정말 중요하겠죠?

램에는 이외에도 ARP 캐시니, 패스트 스위칭에 대한 캐시 등을 가지고 있습니다.

자, 그렇다면 이제 램이 무엇을 저장하고 있는지는 대충 이해가 가실 겁니다. 그런데 램의 특성, 즉 라우터의 전원이 꺼지면 램에 있는 모든 정보가 지워진다는 것에 대해서 걱정하는 분들이 많으실 겁니다. 라우터의 운영체제도 지워지고, 그동안 알아두었던 지도 정보, 즉 라우팅 테이블도 날아가 버릴 거고, 게다가 가장 중요하다는 라우터의 구성 파일도 지워진다면 정말 큰일이 아닐 수 없습니다. 즉 백업을 위한 무언가가 필요하다는 이야기가 됩니다.

그래서 바로 다른 메모리가 필요한 겁니다.

그 중의 하나가 바로 NVRAM(Non Volatile RAM)입니다. 말 그대로 비휘발성, 즉 전원을 끈 상태에서도 정보가 날아가지 않는 램을 뜻합니다.

자, 이 이야기를 드리기 전에 먼저 램에 저장된 것 중에서 백업을 해야 하는 것이 뭐가 있는지부터 알아볼까요?

일단 라우팅 테이블은 백업할 필요가 없습니다.

물론 목적지까지의 모든 정보를 가진 라우팅 테이블이 없다면 패킷이 목적지에 도달하는 것은 불가능할 겁니다. 하지만 라우팅 테이블은 그때그때 변하는 다이내믹한 정보이고, 게다가 라우팅 테이블을 다 지운 상태에서도 라우터가 이 테이블을 다시 만드는 데는 몇 초 정도밖에 걸리지 않기 때문에(물론 경우에 따라서는 몇 분까지도 걸리는 게 있지만 대부분은 짧은 시간입니다.) 라우팅 테이블을 어디에 저장한다는 것은 의미가 없습니다.

하지만 라우터의 구성 파일, 즉 어떤 인터페이스에 IP Address는 얼마이고, 또 어떤 라우팅 프로토콜을 쓰며, 어떤 식으로 라우팅 테이블을 관리할 것인지에 대한 Configuration 파일은 만약 지워지게 되면 문제가 심각해질 것입니다.

모든 구성을 전부 새로 해야 하니까 말입니다.

그래서 이 구성 파일을 저장하는 곳이 있어야 하는데, 이것이 바로 NVRAM입니다. 이곳에 저장된 구성 파일은 라우터가 켜지면 램으로 올라와서 라우터를 구성 파일대로 움직이게 하고, 파워가 꺼질 때는 NVRAM에 저장됩니다. 물론 우리가 저장 명령을 이용해서 저장해주어야 하겠지만 말입니다. 이해가시죠?

시스코 라우터의 경우는 NVRAM에 저장된 구성 파일을 보는 명령이 'show startup-config' 또는 'show config'입니다. 그럼 램에 저장된 구성 파일을 보는 명령은 무엇일까요? 그건 'show running-config' 또는 'write terminal'입니다.

혹시 시스코 라우터를 가지고 계시는 분은 한번 해보시기 바랍니다.

자, 그럼 이제 Flash 메모리에 대해서 한번 알아보겠습니다. 전에 말씀드린 것처럼 라우터를 움직이는 운영체제인 IOS(Internetwork Operating System)는 플래시 메모리란 곳에 저장됩니다. 플래시 메모리는 전원이 꺼져도 데이터가 지워지지 않는 곳입니다. 또 라우터에 따라서는 플래시 메모리를 교체하거나 확장할 수도 있습니다. 전에 설명드렸던 NVRAM과 다른 점은 NVRAM에 비해서 플래시 메모리는 용량이 크다는 것입니다. NVRAM은 오직 구성 파일 저장용으로 사용되는 반면, 플래시 메모리는 주로 IOS 이미지 파일 저장용으로 사용된다는 겁니다.

플래시 메모리에 저장되어 있던 IOS는 전원이 켜지면서 라우터의 무대격인 램으로 뛰어올라오게 되는 겁니다. 그리고 전원이 꺼지면 무대인 램에서 내려와 플래시 메모리에 머무르는 겁니다.

만약 우리가 쓰는 라우터는 계속해서 새로운 기능이 추가되는데 그렇다면 라우터를 계속 새것으로 바꿔야 할까요?

아닙니다. 라우터의 운영체제인 IOS만 업그레이드하면 됩니다. IOS의 업그레이드를 위해서는 플래시에 새로운 IOS를 다운로드하는 방법이 있습니다. 이렇게 IOS를 업그레이드할 때 사용되는 프로토콜이 우리가 전에 배웠던 TFTP라는 겁니다. 이 부분은 나중에 다시 한 번 알아보도록 하겠습니다.

아무튼 라우터의 운영체제는 어디에 저장될까요?

그건 플래시 메모리란 곳입니다.

그리고 롬(ROM)이란 곳에는 라우터의 가장 기본적인 내용, 이를테면 파워가 켜지면 어떤 순서로 라우터 스스로의 상태를 점검하고 또 어디서 운영체제(IOS)를 가져다가 메모리에 올릴 것인지 등을 적어 놓습니다. 우리들의 PC에서 보면 CMOS 아시죠? 즉 PC를 처음 켜면 메모리가 얼마니, 하드가 몇 메가니 보여주고 그다음에 좀 있다가 윈도우 화면이 뜨고 하는 그런 것과도 비슷하다고 볼 수 있습니다. 라우터도 마찬가지입니다.

라우터가 켜지면 처음에는 자기 스스로를 점검한 후(이 과정을 POST, 즉 Power On Self Test라고 합니다.) 저장되어 있던 IOS를 가져오고, 구성 파일을 가져오게 되는 겁니다. 또 롬에는 기본적인 IOS가 들어 있습니다. 이것이 들어 있는 이유는 라우터에 문제가 생길 경우 기본적인 IOS를 롬에서 가져오기 위해서입니다. 이전에 배운 대로 ROM Monitor 모드에서 롬부팅을 하는 경우는 바로 롬에 있는 IOS를 가지고 부팅하는 것입니다.

암튼 이렇게 라우터 안에는 메인 메모리(RAM)와 NVRAM(비휘발성 메모리), 그리고 플래시 메모리, 롬이 있습니다. 물론 이것은 시스코 라우터의 경우인데, 다른 라우터도 이와 비슷하다고 보면 됩니다.

이제 여러분은 라우터의 내부 탐험을 마쳤습니다.

어때요? 내부에도 별건 없죠? 라우터 역시 한 대의 컴퓨터라고 생각하면 편하실 겁니다. 즉 내부에는 PC와 같은 램도 있고 하드디스크 같은 플래시 메모리도 있습니다. 물론 롬도 있죠? 다만 NVRAM은 PC에 없는 기능이네요.

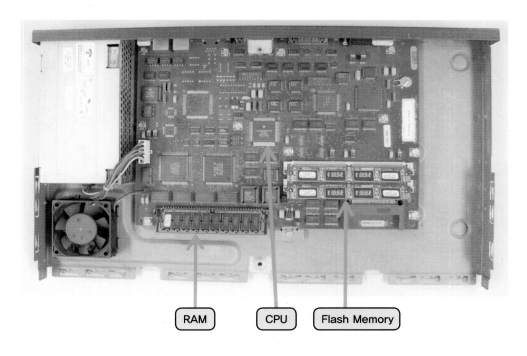

| 그림 7-13 |
2501 라우터의 내부

RAM   CPU   Flash Memory

[그림 7-13]은 시스코 2501 라우터의 내부입니다. 우리가 생각했던 것보다는 간단하죠? 그림 왼쪽에 팔랑개비같이 생긴 게 팬(Fan)입니다. 장비가 열이 나는 것을 방지하기 위한 선풍기라고 생각하면 되겠네요. 그리고 그 옆에 램이 보입니다. 2501의 경우는 램을 설치하는 뱅크가 하나입니다. 이것도 알아두셔야겠죠? 그리고 오른쪽에 두 개의 메모리가 꽂혀있는데(자세히 보이지는 않습니다.) 이것이 바로 플래시 메모리입니다. 2501의 경우 플래시를 꽂는 뱅크는 2개가 있습니다. 여기 꽂힌 플래시는 8메가짜리 두 개니까 16메가 플래시가 되겠네요. 가운데 보이는 것이 바로 CPU입니다. 시스코 2501 라우터의 CPU는 매킨토시 컴퓨터에서 사용하는 모토롤라 칩을 사용하는데, 여기는 MC68030 칩이 사용되었습니다. 대충 아시겠죠?

라우터에는 그림에서 보는 여러 가지 메모리와 인터페이스, 그리고 콘솔 포트, AUX 포트가 있는데, 하나하나는 모두 쓸모가 있다. 라우터에서 모든 일이 벌어지기 위해서는 일단 프로그램이 무대로 올라와야 하는데 이 무대가 바로 램이고, 롬에는 라우터의 기본 정보가, NVRAM에는 구성 파일이, 그리고 플래시 메모리에는 IOS 이미지가 저장된다.

참고로 시스코 라우터 중에서 시스코 3620이라는 라우터의 내부를 보면서 지금까지 설명드린 메모리들을 한번 알아보겠습니다.

우리가 알아야 할 메모리는 주로 램과 플래시 메모리인데, 그 이유는 이 2가지 메모리는 업그레이드, 즉 확장이 필요할 수 있기 때문입니다. 이제 확장을 해야 하는 이유는 아실 겁니다. 그래도 한번 생각해 볼까요? 램의 확장은 왜 필요할까요? 그건 네트워크가 큰 곳에 위치하고 있어

TIP

라우터의 RAM이나 Flash를 업그레이드하는 경우에는 라우터의 뚜껑을 열어야 합니다. 이때 꼭 전원을 끄시기 바랍니다

서 라우팅 테이블이 커지거나 라우팅 프로토콜이 OSPF처럼 메모리를 많이 필요로 하는 경우, 또 IOS 버전이 높고 지원 기능이 많은 경우입니다. 또 플래시 메모리를 확장하는 경우 IOS 버전을 올리거나 지원 기능이 많은 버전을 사용하는 경우입니다. 시스코 라우터의 IOS는 버전과 기능에 따라서 권고하는 라우터의 램 용량과 플래시 메모리 크기가 있습니다. 이 정보는 시스코 홈페이지를 참고하기 바랍니다.

⚙ **TIP**

RAM이나 Flash에는 홈이 파여있는데, 앞뒤가 바뀌지 않게 하기 위해서입니다.

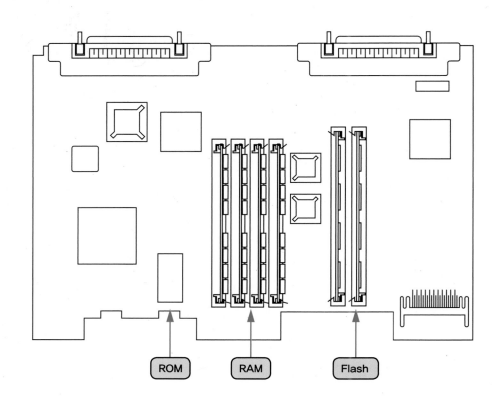

| 그림 7-14 |
라우터 내부에서의
메모리(시스코 3620)

그림에서 보이는 대로 3600 시리즈 라우터에도 우리가 배운 메모리들이 들어 있습니다. 말씀 드린 것처럼 메모리를 얼마나 사용하는가는 사용 환경에 따라 차이가 있기 때문에 램과 플래시 의 경우 항상 적정한 메모리를 유지하는 것이 중요합니다. 또 경우에 따라서는 확장 역시 필요합니다. 맨 왼쪽에 보이는 롬은 특별한 일이 아니면 교체하는 일이 없습니다. 그러나 램은 많으면 많을수록 유리합니다. 그림에서는 4개의 램이 꽂혀 있는데, 이렇게 램이나 플래시를 꽂을 수 있도록 되어 있는 공간을 '뱅크'라고 합니다. 뱅크가 몇 개인지가 램이나 플래시를 얼마까지 확장할 수 있느냐의 기준이 됩니다.

램이나 플래시에 꽂히게 되는 메모리는 [그림 7-15]에 보이는 것과 비슷합니다. 플래시는 고가형 장비일 경우 주로 PCMCIA 방식을 지원해서 앞에서 카드 형식으로 꽂고 뺄 수 있게 되어있습니다. 3600 시리즈에서는 플래시 메모리를 PCMCIA 방식과 기존 메모리 방식으로 둘 다 지원합니다.

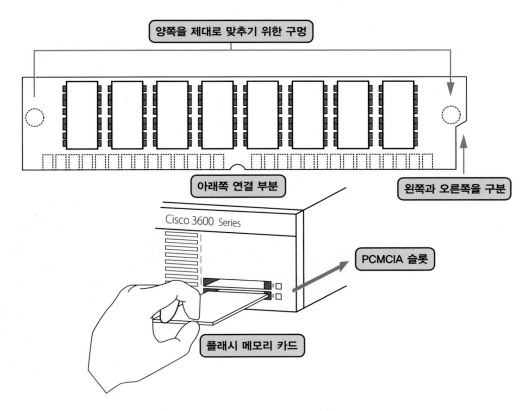

| 그림 7-15 |
라우터 내부의 메모리

그림에서 위에 보이는 메모리는 대부분 라우터의 내부에 설치되는 방식입니다. 그리고 [그림 7-15]의 플래시 메모리는 라우터의 PCMCIA 슬롯에 설치되는 방식입니다. 앞으로 이런 메모리들을 만나게 되면 꼭 한번 자세히 봐두시기 바랍니다.

최신형 라우터도 뜯어볼까요?

자, 이 책이 나오던 시절에만 해도 잘 나가던 Cisco 2501 라우터나 3600 라우터는 이제는 한물간 라우터가 되었답니다. (하지만 앞에서 말씀드린 대로 라우터의 IOS만 업그레이드 가능하니까 한물갔다고 어디다 버릴 생각하지 마시고 업그레이드하시면 새 라우터가 됩니다. ^^)

[그림 7-16]의 라우터가 바로 가장 최근에 발표된 최신형 라우터 'ISR 4400'입니다. ISR 라우터는 Integrated Services Router의 약자로, 말 그대로 '여러 가지 서비스'가 포함되어 있는 라우터라는 뜻입니다. ^^

여러 가지 서비스란?

요즘 네트워크에 꼭 필요한 기능, 예를 들어 보안, 무선, VoIP 등의 기능이 라우터 안에 포함되어 있다는 의미랍니다. 지금 우리가 배우는 이 책에서 라우터의 역할은 말 그대로 네트워크와 네트워크를 연결해주고, 가장 빨리 목적지 네트워크까지 데려다주는 단 하나의 기능만 이야기하고 있지만, 요즘 라우터는 라우터의 기본적인 기능 이외에도 말씀드린 것처럼 여러 가지 첨단 (?) 기능을 포함하고 있답니다.

책에서 Cisco 2501 라우터만 보다가 막상 실전에 나가서 최신형 라우터를 보고 당황하실까봐 잠깐 설명드리겠습니다.

그림 보시죠. ^^

| 그림 7-16 |
ISR 4400 라우터

전혀 새로운 라우터죠? 색깔도 그동안 보아왔던 녀석들보다 간지(?)나고, 기품이 있어 보입니다. 지금 보시는 이 라우터는 ISR 4400 라우터로, 보통 'ISR 4K'라고 불리는 라우터입니다. 앞에서 사진으로도 설명드렸지만 ISR 4K 라우터는 지방 사무소에 특화된 라우터로, 이 녀석 한 대만 있으면, 라우터 기능뿐만 아니라 스위치, 방화벽, 서버까지의 모든 기능을 다 제공해줄 수 있는 만능 라우터랍니다. 그중에서도 사진에 보이는 라우터는 Cisco 4451이라는 가장 최상급 라우터입니다.

조금 후에 뒷모습을 보여 드리겠지만 사진에서 보이는 것처럼 앞모습은 상당히 깔끔합니다. 파워 서플라이와 팬만 있죠? 팬은 말 그대로 선풍기 같은 건데, 라우터 안에서 발생하는 열을 배출해주기 위해 있습니다. 얼핏 봐서는 안 보이는데, 가운데 부분에 구멍이 송송 뚫린 부분을 자세히 보면 그 안에 팬이 들어있답니다. 최근 라우터들은 대부분 장착 시에 앞면과 뒷면이 거꾸로 장착되기 때문에 사실 여기 보이는 부분이 앞이긴 하지만 뒤쪽으로 장착되곤 한답니다. 따라서 이쪽에 전원을 연결하는 파워 서플라이가 있죠. 자세히 보면 라우터의 오른쪽에 손잡이가 하나 보이는데, 여기에 추가 파워 서플라이를 더 넣을 수 있게 되어 있답니다. 따라서 전원을 이중으로 공급해줌으로써 전원 하나가 고장나더라도 나머지 백업 전원을 사용할 수 있도록 해줬답니다.

자, 이제 뒷면을 볼까요? ^^

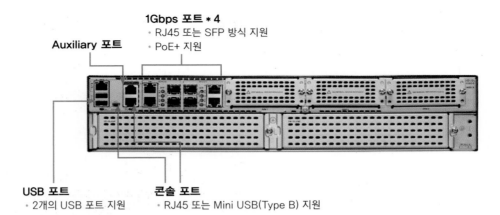

1Gbps 포트 * 4
 • RJ45 또는 SFP 방식 지원
 • PoE+ 지원

Auxiliary 포트

| 그림 7-17 |
Cisco 4451 라우터의 뒷면 모습

USB 포트
 • 2개의 USB 포트 지원

콘솔 포트
 • RJ45 또는 Mini USB(Type B) 지원

ISR 4K(또는 ISR 4000이라고도 부르고, 가끔은 Cisco 4000이라고도 부른답니다.)의 뒷면은 앞 모습보다 조금 더 복잡하답니다. ^^

왼쪽에 콘솔 포트가 보입니다. 콘솔 포트는 RJ45 방식(UTP 포트)과 Mini USB(USB Type B) 방식으로, 둘 중 하나를 사용해서 연결해줄 수 있습니다. 요즘은 워낙 USB가 대세다 보니 USB 방식으로 콘솔을 연결하는 경우가 많답니다.

Auxiliary 포트라고 보이는 포트는 흔히 'AUX 포트'라고 부릅니다. 앞에서도 알아봤지만 AUX 포트는 주로 모뎀을 연결해서 백업 라인을 구축하는 용도로 만들어졌는데, 제 경험으로는 AUX 포트는 거의 사용하는 경우가 없어 그냥 이런 포트가 있다라고만 알아두시면 될 것 같습니다.

Cisco 4451 라우터는 기본적으로 4개의 기가비트 포트를 제공해줍니다. 그림을 보면 우리가 가장 많이 사용하는 RJ45(UTP) 방식과 SFP 방식으로, 둘 중에 하나를 선택해서 사용하도록 되어 있습니다. SFP는 Small Form-Factor Pluggable의 약자로, 기존 광케이블 포트보다 훨씬 작게 만들어져서 공간을 절약할 수 있도록 디자인된 광케이블 포트라고 쉽게 생각하시면 됩니다. 앞에서 스위치를 설명드리면서 배운 거 기억나시죠?

그림에서 보이는 빈 공간은 여러 가지 모듈들을 설치할 수 있도록 만들어진 공간입니다. 이곳에 앞에서 설명드린 스위치나 서버, 무선, 음성 지원 등 다양한 서비스 모듈을 설치하게 되면 이제 라우터는 라우터의 기본 기능 이외에도 여러 가지 서비스가 가능해지고, 이로써 진정한 ISR(Integrated Services Router)로 탄생하게 되는 겁니다. 이런 라우터를 모듈형 라우터라고 한다는 것도 알아두시면 좋겠네요. ^^

자, 이제 대충 겉을 살펴봤으니 안을 들여다 볼까요?

한번 뜯어보겠습니다. ^^

컨트롤 플레인
(Control Plane)

RAM

뒷면

앞면

데이터 플레인
(Data Plane)

| 그림 7-18 |
Cisco ISR 4451의 내부 모습

먼저 RAM(램)이라고 보이시죠? 최대 16기가까지의 램을 장착할 수 있도록 구성되어 있답니다. 예전에 만났던 라우터에 비해 최근 출시된 라우터들은 당연히 RAM의 용량도 점점 커지는데, 그건 더 많은 일을 더 빨리 해야 하기 때문일 겁니다.

또 하나 특이한 게 바로 컨트롤 플레인(Control Plan)과 데이터 플레인(Data Plan)입니다. 전에는 라우터를 열어보면 그냥 CPU가 하나 있었는데, 이제는 CPU가 하나가 아니고 두 개가 보입니다.

자, 그럼 컨트롤 플레인은 뭐고, 또 데이터 플레인은 무슨 일을 하는 녀석일까요?

자세히 알아보면 복잡하니까 여기서는 쉽게 알아보자면 컨트롤 플레인은 조금 복잡한 일을 담당합니다. 예를 들어 어떤 특정 트래픽을 막아주거나, 더 빨리 가게 해주거나, 뭔가 복잡한 기능을 더 해주는 등 라우터가 하는 일 중 고급스러운(?) 일을 주로 담당하는 곳이 컨트롤 플레인입니다. 반면 데이터 플레인은 말 그대로 데이터의 전송에만 집중합니다. "너는 이쪽에서 왔으니 저쪽으로 가라."와 같이 데이터를 최대한 빨리 보낼 수 있도록 하는 일을 담당하게 된답니다.

이렇게 데이터 제어를 담당하는 컨트롤 플레인과 데이터 전송을 담당하는 데이터 플레인을 나눠놓게 되면 일을 나눠서 할 수 있게 되어 빠르고 효과적인 라우팅 서비스가 가능하다는 장점도 있습니다. 이 밖에도 필요한 서비스가 추가될 때마다 모든 라우터를 바꾸지 않고도 컨트롤 플레인의 성능만 올려주면 된다는 또 다른 장점도 있습니다.

사실 이 밖에도 이처럼 컨트롤 플레인과 데이터 플레인을 나눈 이유는 SDN(Software Defined Network)이라는 큰 트렌드를 기반으로 하는 이유도 있지만, SDN은 여러분이 네트워크에 대한 지식을 좀 더 쌓은 후 이해할 수 있는 내용이기 때문에 여기서는 잠시 넘어가도록 하겠습니다. ^^

암튼 옛날 라우터보다 훨씬 빨라지고 훨씬 효과적인 서비스가 가능해진 라우터가 나왔구나라고 생각하시면 될 것 같습니다. ^^

이렇게 처음 설명드린 Cisco 2501부터 방금 설명드린 ISR 4K까지 다양한 종류의 라우터가 있지만, 이렇게 전혀 다른 라우터들도 시스코라는 한 지붕에 사는 가족이다 보니 모드 같은 OS를 사용한답니다. (여기서 OS 부분은 현재 조금 달라진 부분이 있지만, 여러분들은 같은 OS를 사용한다고 알아두셔도 된답니다.)

그게 바로 IOS죠. ^^

그래서 앞에서 설명드린 대로 라우터는 달라도 명령어는 모두 똑같답니다.

따라서 여러분들이 지금부터 라우터에 대해 잘 배워두시면 나중에 실전에 나가서 다른 시스코 라우터를 만나더라도 전혀 긴장하거나 겁 먹을 필요가 없습니다. 그저 하던 대로 침착하게 만져 주면 되는 겁니다. ^^

자, 그럼 요즘 라우터도 잠깐 구경했으니 다시 진도를 나가볼까요? ^^

내가 가진 라우터의
현재 정보는 모두 이곳에!

SECTION 11

앞에서 라우터에는 여러 가지 메모리들이 있고 각각은 나름대로의 임무를 띠고 있다는 것을 배웠습니다. 따라서 라우터의 이런 메모리들에 대한 상태를 제대로 보고 관리하는 것은 라우터를 제대로 관리하는 데 가장 중요하다고 해도 과언이 아닐 겁니다.

이번에는 라우터의 각종 정보(주로 메모리의 정보)를 보는 명령어(물론 시스코 라우터의 경우)를 알아보도록 하겠습니다. 그림을 보면 먼저 라우터의 각종 메모리에는 어떤 내용이 들어있는지를 알 수 있습니다.

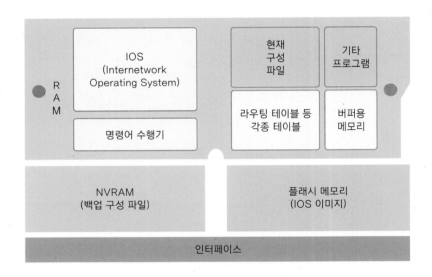

| 그림 7-19 |
라우터의 내부

show version

먼저 라우터의 기본적인 내용, 즉 사용하는 소프트웨어의 버전이라든지, 아니면 가지고 있는 인터페이스의 종류, 그리고 IOS가 어디서 부팅했는지 등에 관한 전반적인 내용을 볼 수 있는 명령이 바로 show version입니다. 아마 라우터를 사용해본 분이라면 자주 사용하는 명령 중 하나일 것입니다. 다음은 라우터에서 show version 명령을 내렸을 때입니다.

```
Router#show version
Cisco Internetwork Operating System Software
IOS (tm) 3600 Software (C3620-JS-M), Version 11.2(14)P, RELEASE SOFTWARE (fc1)
Copyright (c) 1986-1998 by cisco Systems, Inc.
Compiled Tue 26-May-98 22:42 by dschwart
Image text-base: 0x600088E0, data-base: 0x607D6000

ROM: System Bootstrap, Version 11.1(19)AA, EARLY DEPLOYMENT RELEASE SOFTWARE (fc1)

Router uptime is 3 minutes
System restarted by power-on
System image file is "flash:c3620-js-mz.112-14.P", booted via flash

cisco 3620 (R4700) processor (revision 0x81) with 24576K/8192K bytes of memory.
Processor board ID 10229142
R4700 processor, Implementation 33, Revision 1.0
Bridging software.
SuperLAT software copyright 1990 by Meridian Technology Corp).
X.25 software, Version 2.0, NET2, BFE and GOSIP compliant.
TN3270 Emulation software.
1 FastEthernet/IEEE 802.3 interface(s)
4 Serial network interface(s)
DRAM configuration is 32 bits wide with parity disabled.
29K bytes of non-volatile configuration memory.
8192K bytes of processor board System flash (Read/Write)

Configuration register is 0x2102
```

굵은 글자로 표시한 것이 여러분이 알아두면 편리한 것들입니다. 우선 IOS (tm) 3600 Software (C3620-JS-M), Version 11.2(14)P를 보면 '아! 이 라우터가 3600 시리즈 라우터 구나'와 이 라우터의 IOS 버전은 11.2(14)P 버전이구나' 하는 것을 알 수 있습니다. 즉 라우터의 IOS 버전을 알 수 있는 것이 바로 show version입니다.

또한 System image file is "flash:c3620-js-mz.112-14.P", booted via flash에서는 현재 IOS 이미지가 플래시 메모리에 저장되어 있고, 이 파일의 이름이 바로 c3620-jsmz.112-14.P 라는 것을 알 수 있습니다.

```
1 FastEthernet/IEEE 802.3 interface(s)
4 Serial network interface(s)
```

이것은 이 라우터가 가지고 있는 인터페이스에 대한 정보를 알게 해줍니다. 즉 1개의 Fast Ethernet 인터페이스와 4개의 시리얼 인터페이스를 가지고 있는 것을 알 수 있습니다.

```
29K bytes of non-volatile configuration memory.
8192K bytes of processor board System flash (Read/Write)
```

NVRAM이 29K라는 것과 플래시 메모리의 용량이 8메가라는 것을 알려줍니다. 그리고 맨 마지막에 있는 Configuration register is 0x2102 라우터의 IOS가 어떻게 부팅했는지, 그리고 어떤 구성 파일을 사용했는지 등에 대한 정보를 가지고 있습니다. 여기서 0x의 의미는 16진수를 의미하고 뒤에 나오는 2102는 하나하나 그 의미를 가지고 있는데, 자세한 내용은 다시 알아보기로 하고 우선은 가장 일반적인 레지스터 값이 0x2102라는 것만 알아두기 바랍니다.

show interface

그다음이 show interface입니다. 말 그대로 현재 이 라우터가 가지고 있는 모든 인터페이스가 다 보일 뿐만 아니라 그 인터페이스의 현재 상황까지도 상세하게 알 수 있는 명령입니다.

여기에서 인터페이스란, 예를 들어 시스코 2501 라우터의 경우 이더넷 1개와 시리얼 인터페이스 2개로 구성되어 있는데, 이런 것들을 말합니다. 쉽게 말씀드려서 라우터 외부에 네트워크와 붙이려고 만들어 놓은 장치들이라고 생각하면 됩니다.

아무튼 우리가 라우터를 설치한다고 하는 말은, 다시 말해서 라우터의 인터페이스를 어디에다 붙인다 하는 말과 같다고 봐도 됩니다. 그러니까 이 인터페이스의 상태를 보는 show interface 명령은 그만큼 중요한 명령입니다. 제 생각으로는 라우터를 만지면서 가장 많이 사용하는 명령이 바로 show interface가 아닐까 합니다.

show interface 명령은 특정의 인터페이스를 지정해서 사용할 수도 있습니다. 예를 들어 라우터 전체의 인터페이스를 보는 것이 아니고 특정한 인터페이스만 보고 싶은 경우는 show interface 뒤에 인터페이스 이름을 넣어줍니다. show interface ethernet 0이라는 명령은 이더넷 인터페이스 0번만을 보여달라는 의미입니다. 물론 이 명령으로 인터페이스가 지금 살아있는지, 죽었는지도 확인할 수 있습니다.

다음의 예는 시스코 3600 라우터에서 show interface serial 0/0을 했을 때입니다.

```
Router#show interface serial 0/0
Serial0/0 is down, line protocol is down
  Hardware is M4T
  Internet address is 133.6.34.3/24
  MTU 1500 bytes, BW 1544 Kbit, DLY 20000 usec, rely 255/255, load 1/255
  Encapsulation HDLC, loopback not set, keepalive set (10 sec)
  Last input never, output never, output hang never
  Last clearing of "show interface" counters never
  Queueing strategy: fifo
  Output queue 0/40, 0 drops; input queue 0/75, 0 drops
  5 minute input rate 0 bits/sec, 0 packets/sec
  5 minute output rate 0 bits/sec, 0 packets/sec
     0 packets input, 0 bytes, 0 no buffer
     Received 0 broadcasts, 0 runts, 0 giants, 0 throttles
     0 input errors, 0 CRC, 0 frame, 0 overrun, 0 ignored, 0 abort
     0 packets output, 0 bytes, 0 underruns
     0 output errors, 0 collisions, 9 interface resets
     0 output buffer failures, 0 output buffers swapped out
     10 carrier transitions DCD=down DSR=down DTR=down RTS=down CTS=down
```

⚙ TIP

기회가 될 때마다 Show Interface에 나오는 의미로 공부해 두면 Trouble shooting에 도움이 될 것입니다.

아직 다른 것은 몰라도 Serial0/0 is down, line protocol is down은 알아두면 도움이 될 겁니다. 즉 여기서 시리얼 인터페이스가 제대로 동작하려면 Serial0/0 is up, line protocol is up이 되어야 한다는 것입니다. 지금은 둘다 down이기 때문에 이 인터페이스는 제대로 동작하지 않음을 의미합니다.

```
Show running-config (또는 write terminal)
Show startup-config (또는 show config)
```

이번에는 라우터에서 현재 돌아가고 있는 구성(Configuration) 파일을 볼 때는 어떤 명령을 쓰는지 알아보기로 하겠습니다.

구성 파일에는 2가지 종류가 있습니다. 왜 2가지나 되냐구요? 1가지 아니냐구요? 2가지가 정답입니다.

1가지는 메모리에서 돌아가는 실질적인 구성 파일이고, (Active Configuration File 또는 Running Configuration File이라고 합니다.) 또 하나는 NVRAM에 저장되어 있는 백업 구성 파일입니다. (Backup Configuration File 또는 Startup Configuration File이라고 합니다.)

이 두 개의 구성 파일은 서로 같을 수도 있고, 또 서로 다를 수도 있습니다.

만약 지금 시스코 라우터를 만지는 엔지니어 분이라면 아마 이 미묘한 차이를 잘 알고 계실 겁니다. 따라서 이 2가지의 차이점을 잘 이용하면 정말 편안한 구성이 가능하지만, 만약 잘못 이용하면 씻을 수 없는(?) 실패를 경험하게 될 수도 있습니다.

아무튼 나중에 더 알아보기로 하고 현재의 구성 파일을 보는 명령은 show running-configuration 명령입니다.

너무 길다구요? 그럼 이렇게만 치세요.

```
sh run
```

저 역시 이것만 입력합니다. 그런데 여러분은 show run 대신 write terminal(write term)이라고 해도 같은 결과, 즉 현재 구성 파일을 볼 수 있을 겁니다. 이 명령은 전에 사용되던 명령입니다. 즉 이런 명령을 사용하는 분을 만나게 되면 그분은 아마 오래 전부터 라우터를 만지던 분이니까 여러분보다는 고수일지도 모릅니다. 그래도 여러분은 show run 명령으로 배워두는 것이 좋겠죠?

이번에는 NVRAM에 저장되어 있는 백업 구성 파일을 보는 명령입니다.

show startup-configuration이라고 치거나 간단히 sh start 또는 sh config라고 쓰면 됩니다. 뭐 이렇게 명령이 많냐고 불평하는 분이 있을 텐데 이것은 라우터의 소프트웨어 버전이 바뀌면서 달라진 겁니다.

그러니까 사용하기 편한 것으로 하는데 기왕이면 새 버전이 좋겠죠? 새 버전은 show start입니다.

>> 알고 갑시다!

자, 이 2가지 구성 파일을 보는 명령에 대한 정리를 해볼까요?

구성 파일의 종류에는 현재 구성 파일과 백업 구성 파일이 있다.
현재 구성 파일을 보려면 라우터에서 show run이라고 치면 된다.
백업 구성 파일을 보려면 라우터에서 show start라고 치면 된다.

이 명령은 기본이니까 꼭 기억해 두기 바랍니다.

show flash

이 명령은 플래시 메모리를 보는 명령입니다. 전에 말씀드린 대로 플래시 메모리에는 IOS의 이미지 정보가 들어 있습니다. 이 정보를 보고 싶을 때 또는 이곳에 있는 이미지를 백업받거나 업그레이드하고 싶을 때 먼저 이 IOS 이미지 파일에 대한 내용을 알아야 하기 때문에 사용하는 명령입니다. 'show flash'라고 입력하면,

```
Router#show flash
Directory of flash:/

  0 ----       49096   Nov 03 1998 01:14:21   TinyROM-1.0(2)
  1 -r-x     2470740   Mar 09 1999 00:18:52   c800-g3-mw.120-3.T1

12582912 bytes total (10027008 bytes free)
Router#
```

위와 같이 현재 플래시에 있는 파일 이름, 즉 여기에서는 c800-g3-mw.120-3.T1이 이미지 파일 이름입니다. 이 파일이 차지하는 크기는 약 2.4메가 정도 됩니다. 그리고 플래시 전체 용량은 약 12메가, 사용할 수 있는 공간은 약 10메가 정도라는 것을 알 수 있습니다.

show processes cpu

이 명령은 현재 라우터의 동작 상태를 보여주는데, 이 명령을 입력하면 현재 라우터의 5분, 1분, 5초 동안의 CPU 로드가 퍼센트로 나타나기 때문에 라우터가 얼마나 일을 하고 있는지를 알 수 있는 명령이기도 합니다. 다음은 라우터에서 show processes cpu 명령을 수행했을 때를 보여줍니다.

```
Router#show processes cpu
CPU utilization for five seconds: 0%/0%; one minute: 0%; five minutes: 0%
 PID   Runtime(ms)   Invoked   uSecs   5Sec    1Min    5Min   TTY   Process
   1             4        78      51   0.00%   0.00%   0.00%     0   Load Meter
```

이외에도 라우팅 테이블을 프로토콜별로 보는 명령인 show ip route 같은 명령어도 있는데, 이런 것들은 다음에 자세히 알아보기로 하겠습니다. 제 경험상 너무 많이 알아도 다 잊어버리므로 일단 우리는 지금 배운 것까지만 알고 넘어가서 잊어버리지 않도록 하는 것이 더 좋을 것 같습니다. 여기에서 배운 show version, show interface, show run, show config, show flash, show processes cpu 명령은 잊지 말고 다음으로 넘어갔으면 합니다.

라우터 셋업 모드

자, 그럼 이제부터는 지금까지 배운 많은(?) 라우터에 대한 지식을 바탕으로 라우터에 명령을 직접 입력해 보도록 하겠습니다. 마치 운전면허를 준비할 때 이론 공부를 마치고 직접 차에 올라타는 것과 같은 겁니다. 만약 이 부분을 이미 다 아는 분이라도 정리니까 다시 한 번 복습해보도록 하고, 또 처음 보는 분은 물론 열심히 하셔야겠죠?

맨 먼저 라우터를 처음 구입했다고 가정하면, 그래서 그 라우터에 어떤 구성도 되어있지 않다면 라우터는 부팅 후에 바로 셋업(setup) 모드로 들어갑니다.

셋업 모드란 무엇일까요? 전에 라우터의 모드에 대해 공부했던 것을 기억하죠? 셋업 모드는 가장 쉬운 라우터의 세팅 모드입니다. 즉 하나하나 질문을 하면서 그 질문에 대한 대답을 바탕으로 라우터의 구성 파일을 만드는 겁니다.

시스코 라우터의 셋업 모드를 한번 볼까요?

```
--- System Configuration Dialog ---
At any point you may enter a question mark '?' for help.
Use ctrl-c to abort configuration dialog at any prompt.
Default settings are in square brackets '[]'.
Continue with configuration dialog? [yes]:
First, would you like to see the current interface summary? [yes]:
```

이렇게 시작됩니다. 밑에서 두 번째 줄에 보니까 다이얼로그 방식으로 구성하겠냐고 물어보네요. 거기서 'yes'를 선택하면 바로 질문을 통한 구성 방식이 시작됩니다. 먼저 전체 인터페이스 상황을 보여주겠다고 하죠? 그다음에도 질문은 계속됩니다. 라우터 이름은 뭐로 할래? 패스워드는 뭐로 쓸래? 또 라우팅 프로토콜은 뭐로 할래?

이것저것 질문해서 우리가 대답을 하면 라우터는 자동으로 구성 파일, 즉 'configuration file'을 만듭니다. 구성 파일을 다 만들고 난 다음에는 마지막으로 여러분께 한번 보여줄 겁니다. 이렇게 만들었는데 이것을 구성 파일로 사용할 것인가를 말입니다.

"저장할래?" 이렇게 물어보죠. 그래서 우리가 "그래, 저장할게."라고 대답하면 그다음부터는 그 구성 파일이 저장되고, 우리가 이 다음에 라우터를 껐다가 켜도 셋업 모드로 들어가지 않게 됩니다. 어때요? 셋업 모드에 대해 이해가 가시죠?

여기까지 간단하게 정리를 해보면 셋업 모드는 라우터에 어떤 구성 파일도 저장되어 있지 않을 때 라우터가 이를 인식하고 자동으로 들어가는 모드이고, 이 모드에서는 질문과 답변을 통해서 라우터가 자동으로 구성 파일을 만든다. 여기까지입니다.

네? 질문 있으시다구요? 그럼 셋업 모드로 다시 들어가고 싶다면 구성 파일을 다 지워야 하느냐구요? 아닙니다. 셋업 모드로 다시 들어가고 싶은 경우에는 프리빌리지드 모드(Privileged Mode)에서 setup이라고 입력하면 됩니다. (유저 모드에서는 안 되는 거 다 아시죠?)

```
Router# setup
```

TIP

라우터의 setup 모드는 초보자를 위한 기본적인 구성만 가능한 모드입니다. 실제 라우터 구성에서는 사용하지 않습니다.

[그림 7-20]은 셋업 모드를 보여주고 있습니다. 한번 확인해 보기 바랍니다.

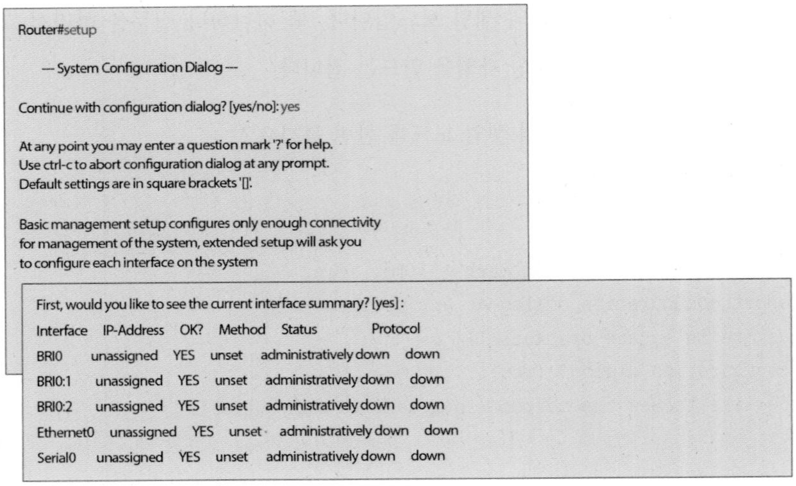

```
Router#setup

-- System Configuration Dialog --

Continue with configuration dialog? [yes/no]: yes

At any point you may enter a question mark '?' for help.
Use ctrl-c to abort configuration dialog at any prompt.
Default settings are in square brackets '[]'.

Basic management setup configures only enough connectivity
for management of the system, extended setup will ask you
to configure each interface on the system

First, would you like to see the current interface summary? [yes] :
Interface   IP-Address   OK?   Method   Status               Protocol
BRI0        unassigned   YES   unset    administratively down  down
BRI0:1      unassigned   YES   unset    administratively down  down
BRI0:2      unassigned   YES   unset    administratively down  down
Ethernet0   unassigned   YES   unset    administratively down  down
Serial0     unassigned   YES   unset    administratively down  down
```

| 그림 7-20 |
라우터의 셋업 모드

그럼 이제부터는 셋업 모드를 이용해서 직접 구성하는 것을 하나씩 해보도록 하겠습니다.

```
#setup
       --- System Configuration Dialog ---
At any point you may enter a question mark '?' for help.
Use ctrl-c to abort configuration dialog at any prompt.
Default settings are in square brackets '[]'.
Continue with configuration dialog? [yes]:
```

여기서 첫 번째 질문이 나왔습니다. Dialog 방식, 즉 대화식으로 구성을 하겠느냐고 물어봤습니다. 여기에서는 디폴트 값이 Yes입니다. 따라서 대화식으로 구성을 하고 싶은 경우에는 그냥 Enter를 치시면 됩니다. 물론 'Yes'라고 또 입력하셔도 아무 문제가 없습니다. 여기서 'No'라고 입력하거나 Ctrl+C를 누르면 셋업 모드에서 빠져나오게 됩니다.

```
First, would you like to see the current interface summary? [yes]:
Interface      IP-Address      OK?    Method      Status      Protocol
Ethernet0      unassigned      NO     not set      down        down
Serial0        unassigned      NO     not set      down        down
Serial1        unassigned      NO     not set      down        down
```

그다음 질문은 현재 이 라우터의 인터페이스를 보겠느냐 하는 겁니다. 여기서 디폴트 값은 Yes입니다. 따라서 그냥 Enter를 치면 현재의 인터페이스 상황이 보입니다. 이 라우터가 가지고 있는 인터페이스는 이더넷 1개, 그리고 시리얼 2개입니다. 그리고 모든 인터페이스에는 아직 IP 주소 세팅이 되어 있지 않고, 또 상태는 모두 다운이라는 것도 알 수 있습니다.

```
Configuring global parameters:
Enter host name [Router]:Cisco-R
```

그다음은 글로벌 파라미터, 즉 일반적인 세팅을 하는 단계입니다. 가장 먼저 라우터의 이름을 뭐로 할지를 물어보고 있습니다. 디폴트 값은 Router입니다. 따라서 우리가 따로 라우터의 이름을 만들어 주지 않으면 이것의 이름은 Router가 되는 겁니다. 만약 우리가 이름을 주고 싶으면 옆에 라우터 이름을 넣어주면 됩니다. 여기서는 라우터 이름으로 Cisco-R이라는 이름을 사용했습니다.

```
The enable secret is a one-way cryptographic secret used instead of the enable password when it exists.
Enter enable secret []:korea
Enter enable password []:korea
% Please choose a password that is different from the enable secret
Enter enable password []:cisco
```

그다음은 암호를 입력하는 곳입니다. 이곳은 특히 주의 깊게 보셔야 할 곳이기도 합니다. 종종 암호를 입력하고도 자신이 입력한 암호를 잊어버려서 라우터에 들어가지 못하는 경우가 있습니다. 중요한 암호니까 남들에게도 알려주지 않으므로 잊어버리고 고생을 많이 하는 경우가 있습니다. 여기서 입력하는 암호는 유저 모드에서 프리빌리지드 모드로 넘어가는 암호입니다. 라우터의 모든 구성을 변경하기 위해서는 반드시 프리빌리지드 모드, 즉 운영자 모드로 들어가야 합니다. 따라서 암호 중에서 가장 중요한 암호가 바로 이곳입니다. 여기서 알아야 할 암호는 바로 enable secret과 enable password입니다.

TIP

enable secret과 enable password의 차이점을 명확히 알아두는 것이 중요합니다.

enable secret은 프리빌리지드 모드로 들어갈 때 가장 먼저 물어보는 암호입니다. 그런데 여러분이 나중에 보면 알겠지만 이 암호는 우리가 세팅하고 나면 나중에 자동으로 Encryption이 되는 특성이 있습니다. 즉 구성 파일에서 암호를 보려고 해도 이상한 문자로만 보입니다. 따라서 남들이 내 구성 파일을 보고 암호를 알아내려고 해도 이상하게 보이니까 암호를 알 수 없는 겁니다. 그러나 enable password는 구성 파일에서 보면 내가 원래 입력했던 값이 그대로 보입니다.

또 하나 중요한 것은 내가 만약 enable secret을 'korea'로 하고 enable password를 'cisco'로 정한 상태에서 유저 모드에서 프리빌리지드 모드로 들어가고자 할 때 사용하는 enable이라는 명령을 입력하면,

```
Router>enable
Password:
```

위와 같이 패스워드를 물어보게 되는데, 이때 enable password인 cisco를 입력하면 절대 들어갈 수 없게 됩니다. 이때는 enable secret 값인 korea를 입력해야만 들어갈 수 있습니다. 그럼 enable secret 값인 korea를 입력하고 또 enable password인 cisco를 넣어줘야 할까요?

답은 아닙니다. 즉 라우터는 enable secret과 enable password가 같이 존재하는 경우에는 항상 enable secret 값만을 확인합니다. 그러나 라우터에 enable secret이 세팅되어 있지 않은 경우에는 비로소 enable password 값을 물어보게 되는 겁니다.

```
The enable secret is a one-way cryptographic secret used instead of the enable password when it exists
```

라고 나와있는 말이 보이죠? 즉 enable secret이 있는 경우에는 enable password를 대치한다고 나와있습니다.

제 경험으로는 대부분의 경우 라우터 세팅에서 enable secret은 생략하는 경우가 많습니다. 왜냐하면 구성 파일에서 패스워드가 보이지 않기 때문에 나중에 실수할 가능성이 많기 때문입니다.

하지만 또 하나 중요하게 알아두셔야 할 것은 셋업 모드에서는 enable secret을 생략하고 넘어갈 수가 없다는 것입니다. 꼭 써줘야만 다음 단계로 넘어가게 되어 있습니다. 따라서 셋업 모드에서 세팅을 하신 분이 enable secret을 사용하지 않을 경우에는 모든 셋업을 마치고 다시 수동으로 enable secret 값을 지워줘야만 합니다. (이 부분은 나중에 다시 설명드리겠습니다. 우선은 enable secret을 세팅하고 넘어가겠습니다.)

다시 위의 enable secret 화면을 보면 여기서는 enable secret 값으로 korea를 사용했습니다. 그리고 이번에는 enable password를 물어보자 다시 같은 값인 korea를 사용했습니다. 그럴 수 있겠죠? 패스워드가 많아지면 복잡해지니까 말입니다. 하지만 여기서 에러가 발생했습니다. 즉 enable secret과 enable password 같은 것은 사용할 수 없기 때문입니다. 따라서 세팅에서 보이는 대로 enable password를 이번에는 cisco로 바꿨습니다. 이러고 나니까 다음 단계로 넘어가게 됩니다.

```
Enter virtual terminal password [ ]:korea
Configure SNMP Network Management? [no]:
```

이번에는 virtual terminal 패스워드를 물어봅니다. 버추얼 터미널 패스워드는 우리가 텔넷을 하고 들어갈 때 물어보는 패스워드를 말합니다. 즉 우리가 라우터에 텔넷으로 접속하는 경우에는 가장 먼저 버추얼 터미널(Virtual Terminal) 패스워드를 묻게 됩니다.

그리고 이 패스워드를 통과하면 유저 모드로 들어가게 됩니다. 유저 모드에서 프리빌리지드 모드로 가려면 당연히 아까 배운 enable secret 또는 enable password를 입력해야겠죠? 즉 버추얼 터미널 패스워드는 '텔넷용 암호다'라고 생각하면 됩니다. 여기에서는 이 암호를 korea로 사용했습니다. 그런데 여러분이 아시는 대로 korea는 enable secret으로 이미 한 번 사용했죠? 그럼 여기서 또 한 번 사용할 수 있을까요? 네, 가능합니다. 좀 전에는 사용할 수 없었지만 여기서는 사용이 가능합니다. 그래서 그냥 korea를 사용하도록 하겠습니다.

그다음에 물어보는 건 SNMP 세팅입니다. 여기서 SNMP 세팅이란 NMS, 즉 네트워크 관리 시스템과 상관있는 겁니다.

만약 NMS를 사용하지 않는 경우는 따로 세팅할 필요가 없습니다. 우리도 이건 건너뛰도록 하겠습니다. 디폴트가 No니까 그냥 Enter를 치면 되겠죠?

```
Configure IP? [yes]:
      Configure IGRP routing? [yes]:
          Your IGRP autonomous system number [1]: 200
Configure DECnet? [no]:
Configure XNS? [no]:
Configure Novell? [no]: yes
Configure Apollo? [no]:
Configure AppleTalk? [no]:
Configure Vines? [no]:
Configure bridging? [no]:
```

이번에는 프로토콜에 관한 세팅입니다.

먼저 IP를 세팅하겠느냐고 물어보고 있습니다. yes라고 했네요. 그러자 IP 라우팅에 사용할 라우팅 프로토콜을 물어봅니다. 즉 여기서는 IGRP를 사용하겠느냐고 물어봅니다.

여기서 만약 no라고 입력하면 또 다른 라우팅 프로토콜들을 물어봅니다. 즉 RIP나 EIGRP 같은 프로토콜 말입니다. 우리는 IGRP를 라우팅 프로토콜로 사용하겠습니다. 그다음은 IGRP에 사용할 AS 번호를 물어봅니다. 이 번호에 대한 의미는 나중에 다시 설명드리겠습니다. 일단은 그냥 200을 사용합니다.

그리고 IPX 라우팅 프로토콜인 Novell을 사용한다고 세팅했습니다. 나머지 DECnet, XNS, AppleTalk, Vines, bridging 등은 사용하지 않습니다.

```
Configuring interface parameters:

Configuring interface Ethernet0:
    Is this interface in use? [yes]:
    Configure IP on this interface? [no]: yes
    IP address for this interface: 172.16.92.1
        Number of bits in subnet field [0]:
        Class B network is 172.16.0.0, 0 subnet bits; mask is 255.255.0.0
    Configure Novell on this interface? [no]: yes
        Novell network number [1]:
```

여기서부터는 인터페이스에 대한 세팅을 하고 있습니다. 먼저 이더넷 인터페이스입니다. 이더넷 인터페이스는 여러분들이 잘 아시는 대로 현재의 로컬 네트워크에 붙이는 인터페이스입니다. 만약 우리가 이 라우터를 게임방에 설치한다면 게임방에 있는 허브나 스위치에 연결하는 인터페이스가 바로 이 이더넷 인터페이스입니다. 우리가 인터넷 제공업체에게 공인 IP 주소를 받았다면 바로 이 이더넷 인터페이스에 지정해 주어야 하는 것입니다.

여기서는 이더넷 인터페이스의 IP 주소로 172.16.92.1을 사용했습니다. 즉 이 네트워크에 연결된 PC들의 기본 게이트웨이 IP 주소가 바로 172.16.92.1이 됩니다.

그다음에는 서브넷 필드의 숫자를 물어봤습니다. 즉 서브넷 마스크를 물어보는 것으로, 그동안 우리가 배운 대로 255.255.0.0이라고 입력하려고 하면 에러가 나옵니다. 여기서는 몇 비트 서브넷팅을 했는가를 물어보는 겁니다. 따라서 만약 클래스 B인 172.16.92.1에 따로 서브넷을 안하고 그냥 쓰는 경우에는 0이라고 해주면 됩니다. 만약 클래스 B인 172.19.92.1을 클래스 C인 255.255.255.0으로 서브넷 마스크를 만들었다면 여기서 서브넷 비트 수는 8이 됩니다. (기존 255.255.0.0에서 255.255.255.0으로 8비트 만큼 1이 늘어났기 때문입니다. 이 부분이 이해되지 않으면 서브넷 마스크로 가서 다시 한 번 공부하길 바랍니다.)

물론 이것은 사용하는 IOS 버전에 따라서 약간 달라질 수 있습니다. 여기 나와있는 것은 버전이 조금 오래된 것입니다. 따라서 서브넷 마스크를 직접 넣지 못하지만 요즘 IOS는 서브넷 마스크의 직접 입력이 가능합니다.

```
Do you want to configure FastEthernet0/0 interface? [yes]:
  Use the 100 Base-TX (RJ-45) connector? [yes]:
  Operate in full-duplex mode? [no]:
Configure IP on this interface? [yes]:
  IP address for this interface [133.6.34.3]:
  Subnet mask for this interface [255.255.0.0] :
```

위의 또 다른 예를 보시기 바랍니다. 여기에서는 서브넷 마스크를 직접 사용했죠? 따라서 이 두 가지를 모두 알고 계시는 것이 좋을 겁니다.

다시 앞의 구성으로 돌아가서 그다음은 이더넷 인터페이스에 IPX를 세팅하고 있습니다. 노벨의 IPX의 경우는 IPX 번호만 넣어주면 모든 세팅이 끝나기 때문에 IP에 비해 훨씬 수월합니다.

여기서 만약 게임방에서 스타크래프트나 다른 게임에서 IPX를 사용한다고 라우터에 IPX를 세팅해 줄 필요가 있을까요? 그렇지 않습니다. 라우터에서 IPX를 세팅해 준다는 의미는 IPX 트래픽을 다른 네트워크로 넘긴다는 의미입니다. 따라서 내부의 게임방 안에서만 IPX를 사용하는 경우에는 라우터에 IPX 세팅을 하실 필요가 없다는 겁니다

```
Configuring interface Serial0:
   Is this interface in use? [yes]:
   Configure IP on this interface? [yes]:
     Configure IP unnumbered on this interface? [no]:
        IP address for this interface: 152.100.10.67
        Number of bits in subnet field [0]:
        Class B network is 152.100.0.0, 0 subnet bits; mask is 255.255.0.0
     Configure Novell on this interface? [yes]: no

Configuring interface Serial1:
   Is this interface in use? [yes]:no
```

이번에는 시리얼 인터페이스에 대한 세팅입니다. 시리얼 인터페이스는 여러분이 아시는 대로 외부로 접속하기 위한 인터페이스입니다. 즉 전용선과 연결된 포트라고 생각하면 됩니다. 인터 넷과 연결되는 포트이기도 합니다. 여기에서는 시리얼 인터페이스의 IP 주소로 152.100.10.67 을 사용했습니다. 즉 여기서 우리가 알 수 있는 것은 이더넷 네트워크와 시리얼 네트워크는 서 로 다른 네트워크여야 한다는 겁니다. 그리고 우리 라우터의 시리얼 0 인터페이스와 연결된 상 대방 라우터의 시리얼은 현재 우리 라우터의 시리얼 0과 같은 네트워크상에 있어야 한다는 겁 니다. 즉 우리 라우터의 시리얼 0과 연결된 상대방 라우터의 시리얼쪽 세팅을 보면 그 역시 네 트워크가 152.100.0.0 네트워크여야 합니다. 물론 IP 주소는 서로 달라야 하겠죠? 물론 서브넷 마스크도 동일해야 합니다. 이 부분을 늘 명심하기 바랍니다. 두 번째 시리얼 인터페이스는 사 용하지 않았습니다.

대충 이 정도의 세팅을 하고 나면 라우터의 세팅이 모두 끝납니다. 우리가 라우터의 세팅을 마 치고 나면 전에 말씀드린 대로 라우터는 그동안 우리와의 대화를 통해 만들어낸 구성 파일을 보 여줍니다.

```
The following configuration command script was created:

hostname Cisco-R
enable secret 5 $1$g722$dg2UVvWG6eekNRTE5LfmM
enable password cisco

line vty 0 4
password korea
snmp-server community
!
ip routing
no decnet routing
```

```
no xns routing
novell routing
no apollo routing
appletalk routing
no clns routing
no vines
no bridge
no mop enabled
-- More --
```

그동안 우리가 고생(?)해 가면서 세팅한 값이 보이네요. 먼저 라우터 이름이 보이죠? 여기서는 Cisco-R이라고 되어 있습니다. 그다음에 보이는 것이 바로 enable secret입니다. 우리는 분명히 korea라고 입력했는데 여기서는 이상하게 보이죠? 이걸 바로 encryption되어 있다고 합니다. 그러나 enable password는 우리가 입력했던 그대로 cisco로 보입니다.

Line vty 0 4라는 것은 우리가 사용할 수 있는 텔넷이 0번에서 4번까지 총 5개라는 것을 보여줍니다. 그리고 텔넷 패스워드가 바로 보입니다. 여기에서는 korea로 세팅되었습니다. 나머지는 그냥 읽어보면 아는 내용입니다. 맨 마지막에 More라고 되어있네요. 그럼 더 있다는 뜻이니까 [Spacebar]를 눌러줍니다. (시스코 라우터에는 More에서 [Spacebar]를 사용합니다. [Spacebar]를 누르면 한 줄씩 이동합니다.)

```
interface Ethernet0
ip address 172.16.92.1 255.255.0.0
novell network 1
no mop enabled
!
interface Serial0
ip address 152.100.10.67 255.255.0.0

interface Serial1
shutdown
!
router igrp 200
network 172.16.0.0
network 152.100.0.0
!
end
Use this configuration? [yes/no]: yes
[OK]
Use the enabled mode 'configure' command to
modify this configuration.
```

이번에는 우리가 인터페이스에 세팅해 주었던 값이 보입니다. 우선 이더넷 0 인터페이스에 넣어준 IP 주소와 서브넷 마스크를 보여주고 있습니다. 앞에서도 말씀드렸지만 이 주소가 바로 로컬 네트워크에 있는 PC들이 가져야 하는 디폴트 게이트웨이 주소입니다. 또한 이더넷 인터페이스의 서브넷 마스크는 로컬 네트워크의 모든 PC의 서브넷 마스크와 동일해야 합니다. 노벨의 IPX 네트워크 번호가 1로 세팅된 것도 보입니다. 만약 우리가 노벨 네트웨어 파일 서버를 사용한다면 이 번호 역시 파일 서버의 번호와 일치해야 합니다.

그다음은 시리얼 인터페이스입니다. 두 개의 시리얼 인터페이스 중에서 하나는 사용하지 않았습니다. 따라서 serial 1 인터페이스는 shut down으로 보입니다.

여기에서 사용한 라우팅 프로토콜은 시스코의 IGRP입니다. IGRP는 세팅에 항상 AS 번호를 넣게 되어 있는데, 여기서는 200을 사용했습니다. 만약 여기서 우리가 IGRP AS 번호 200을 사용했다면 우리 라우터와 연결된 상대 라우터도 같은 번호, 즉 200을 사용해야만 통신이 가능합니다. 이 부분은 나중에 다시 설명드리겠습니다. 우선은 같은 번호로 맞춰야만 통신이 된다는 것만 알고 계시면 됩니다.

이렇게 모든 세팅을 보여주고 나서 이 구성을 사용할 것인지를 물어봤습니다. 사용하려고 만들었으니까 물론 Yes를 눌러줘야겠지만, 마음에 들지 않거나 다시 해보고 싶은 경우에는 No를 눌러도 됩니다. No를 누른다면 그 동안 세팅한 값이 다 날아가는 것은 당연하겠죠?

그리고 나면 이 구성 정보는 저장이 되고(이때 저장되는 곳이 바로 NVRAM입니다.) 나중에 다시 구성을 변경하고 싶다면 configure terminal을 사용해서 고치라는 말이 나오면서 모든 세팅이 마무리됩니다.

어떠세요? 정말 쉽죠? 이미 다 알고 계신 분은 너무 지루하셨을 겁니다. 하지만 초보자 여러분의 경우는 천천히 몇 번 읽어보면서 라우터와 친해지기 바랍니다.

사실 여러분이 나중에 라우터와 친해지게 된다면 이런 셋업 모드를 사용하지는 않게 될 겁니다. 주로 configure 명령을 이용해서 세팅하게 됩니다. 따라서 앞으로의 모든 세팅은 configure terminal을 이용해서 하겠습니다.

>> 알고 갑시다!

라우터 초보자를 위한 모드로 질문과 대답을 이용해서 구성 파일을 만드는 셋업 모드가 있다. 라우터를 처음 사서 부팅하면 자동으로 셋업 모드로 들어가게 되고, 또 나중에는 setup이란 명령으로도 셋업 모드로 들어갈 수 있다. 셋업 모드를 모두 마치면 라우터는 그동안의 구성 파일을 보여주고 이 구성 파일을 사용할 것인지를 물어본다. 만약 사용자가 구성 파일을 사용하겠다고 하면 이 파일은 NVRMA에 저장된다. 하지만 이런 셋업 모드는 자주 쓰지는 않는다.

알아두면 편리한 라우터의 도움말

이번에는 시스코 라우터에서 사용하는 도움말 기능(HELP)과 몇 가지 유용한 명령들을 알아보도록 하겠습니다.

자주 라우터를 만지는 사람들도 대부분은 자기가 하던 버릇대로 라우터를 만지기 때문에 쉽게 할 수 있는 일을 어렵게 하는 경우가 간혹 있습니다. 이런 실수를 사전에 예방하기 위해서는 역시 기초를 다져두는 것이 좋습니다. 여러분들은 어차피 기초에서 시작하는 거니까 처음부터 기초를 확실히 하는 것이 좋을 겁니다.

그 첫 번째가 바로 도움말의 사용입니다.

시스코 라우터에서는 이 기능을 context sensitive help라고 합니다. 이것은 내가 처음에 넣는 글자에 따라 도움말이 바뀐다는 말로, 한마디로 똑똑한 도움말 기능입니다.

자, 얼마나 똑똑한지 볼까요? 예를 들어 시스코 라우터에서 시간 세팅을 하려고 할 때 그냥 대충 클록(clock)일 것으로 예상하여 입력하고자 하는데, 아무래도 스펠링이 자신이 없습니다. 그래서 아래와 같이 clok라고 입력했더니 다음 에러가 나옵니다. (스펠링이 틀렸죠?)

```
Router# clok
Translating "CLOK"
% Unknown command or computer name, or unable to find computer address
```

이것은 라우터가 clok란 명령을 이해하지 못하기 때문에 이것을 호스트 이름으로 인식한 겁니다.

자, 그럼 어떻게 할까요?

```
Router# cl?
clear clock
```

이와 같이 cl이라고 쓰고 글씨에 바로 붙여서 물음표를 해주면 cl로 시작하는 모든 명령이 나옵니다. 여기에서는 두 개가 나왔죠? clear하고 clock이 나왔습니다.

이 둘 중에서는 고를 수 있죠? 그럼 이제 시간 세팅이 clock이라는 것을 알았으니 그대로 입력해 보겠습니다.

```
Router# clock
% Incomplete command.
```

그랬더니 위에서처럼 충분하지 않다고 에러가 나왔습니다. 그러면

```
Router# clock ?
set Set the time and date
```

이번에는 clock을 입력한 다음에 한 칸을 띄고 물음표를 입력합니다. (여기서 중요한 것은 이번엔 한 칸 띄고 물음표를 입력하는 겁니다. 방금 전에는 글자 뒤에 바로 붙여서 물음표를 입력했던 거 기억하시죠?) 그럼 clock 뒤에 주는 명령 옵션이 set이란 것을 알려주면서 time과 date를 setting하라고 나옵니다.

자, 그러면

```
Router# clock set
% Incomplete command.
```

그냥 clock set이라고만 하니까 또 충분하지 않다고 하죠? 그럼 다시 물음표를 써서 확인해 보겠습니다.

```
Router# clock set ?
Current Time (hh:mm:ss)
```

hh:mm:ss 방식으로 현재 시간을 넣으라고 나옵니다. 그럼 넣어볼까요?

```
Router# clock set 19:56:00
% Incomplete command.
```

그랬더니 또 뭔가 부족하다고 에러가 나왔습니다. 조금 짜증나더라도 계속 참고 다시 물음표를 넣어봅니다.

```
Router# clock set 19:56:00 ?
<1-31>          Day of the month
MONTH       Month of the year

Router# clock set 19:56:00 04 8
.                               ^
% Invalid input detected at the '^' marker

Router# clock set 19:56:00 04 August
% Incomplete command.

Router# clock set 19:56:00 04 August ?
<1993-2035>        Year
```

⚙ TIP

현재 시스코 라우터의 운영
체제인 IOS는 버전 12.3이
나왔습니다.

이런 식으로 자신이 모르는 명령도 똑똑한 도움말 기능을 이용해서 입력할 수 있습니다. 사실 라우터를 해보면 알겠지만 이 기능은 정말 편리한 기능 중 하나입니다. 어떤 명령을 어디서 들어본 것 같기만 해도 도움말 기능을 이용해서 쉽게 찾아낼 수 있습니다.

≫ 알고 갑시다!

내가 모르는 명령이나 대충 어디서 들어본 듯한 명령도 도움말 기능만 제대로 활용하면 다 찾아낼 수 있다. 그리고 이런 도움말을 context sensitive help라고 한다. 도움말을 사용할 때는 물음표를 사용하는데, 글자에 바로 붙여서 쓰면 그 글자로 시작하는 명령을 찾아주고, 명령어 뒤에 한 칸을 띈 후 물음표를 입력하면 그 명령에서 줄 수 있는 옵션을 알 수 있다.

13
SECTION

라우터에 명령을 입력하는
두 번째 방법

여기에서는 전에 배운 셋업 모드에서의 명령 입력 방식 외에 또 어떤 것이 있는지 알아보겠습니다. 앞에서도 말씀드렸지만 셋업 방식은 자주 사용하지 않습니다. 괜히 시간만 많이 걸리고 막상 내가 셋업하고 싶은 명령은 없는 경우도 있기 때문입니다. 따라서 대부분의 경우는 Configuration 모드, 즉 구성 모드에서 작업합니다.

따라서 우리도 이제는 구성 모드에서 작업을 하는 것을 배워보겠습니다.

라우터의 구성 모드에 들어가기 위해서는 configure라는 명령을 사용합니다. 라우터의 프리빌리지드 모드(관리자 모드)에서 configure 명령을 내려보면,

```
Router#configure ?
memory              Configure from NV memory
network             Configure from a TFTP network host
overwrite-network    Overwrite NV memory from TFTP network host
terminal            Configure from the terminal
<cr>
```

이렇게 나옵니다.

여기에서 우리는 보통 terminal 옵션을 가장 많이 사용합니다.

✿ TIP

라우터의 구성 모드로 들어가는 명령인 configure terminal은 줄여서 conf t 라고 입력할 수 있습니다.

configure terminal은 라우터의 구성을 콘솔이나 텔넷을 이용해서 할 때 사용하는 모드입니다. 즉 사람이 직접 터미널 앞에 앉아서 명령을 하나하나 입력해 주는 모드가 바로 configure terminal입니다.

명령은 아래와 같이 입력합니다.

```
Router#configure terminal
Enter configuration commands, one per line. End with CNTL/Z.
Router(config)#
```

그럼 프롬프트가 바뀐 것이 보이죠? Router#에서 Router(config)#으로 말입니다. 이것은 구성 모드로 들어온 것을 의미합니다. 전에도 말씀드렸지만 이렇게 구성 모드로 들어올 수 있는 모드는 꼭 하나 프리빌리지드 모드(관리자 모드)입니다. 유저 모드에서는 구성 모드로 들어올 수 없다는 것을 기억해 두기 바랍니다.

configure의 나머지 옵션도 좀 알아볼까요?

configure memory는 NVRAM에 있는 백업 구성 파일을 현재의 RAM에서 동작하고 있는 구성 파일의 위에 덮어씌워서 현재 돌아가고 있는 파일 대신 백업 파일을 사용하겠다는 뜻입니다. 즉 이것이 무슨 말인가 하면 내가 라우터를 구동한 다음에 구성 모드에 가서 이것저것 구성 파일을 고쳤다고 가정해 보겠습니다. 그런데 라우터도 제대로 작동하지 않는 등 구성 파일을 고치지 않은 것보다 못해졌습니다. 그래서 아예 맨 처음, 즉 고치기 전으로 돌아가고 싶어졌습니다. 이럴 때 만약 고친 구성 파일을 NVRAM에 저장하지 않았다면 configure memory란 명령을 사용해서 백업 구성 파일을 현재 구성 파일 위에 덮어버리면 고치기 전으로 돌아갈 수 있게 됩니다.

시스코 라우터에서는 구성 모드에서 구성을 변경한 다음에 [Enter]를 치게 되면 그 시점에서 명령이 바로 바뀌어서 수행되기 때문에 조심해야 합니다.

예를 들어서 기존에 enable 패스워드가 korea였는데,

```
Router(config)#enable password cisco1 [Enter]
```

이라고 입력하고 [Enter]를 치고 나서부터는 바로 enable 패스워드가 cisco1로 작동하게 됩니다.

또 한 가지 예를 더 들어보면

지금 제 PC의 IP 주소는 150.100.1.100이고, 제 라우터의 주소는 150.100.1.1입니다. 그래서 제가 제 PC에서 라우터로 텔넷을 했습니다.

```
telnet 150.100.1.1
```

가능하겠죠? 네트워크에 붙어있다면 말입니다. 그리고 나서 라우터의 구성 모드로 들어가서 라우터의 이더넷 인터페이스의 IP 주소를 150.10.1.1로 바꾸었습니다. 아래 명령어 보이죠?

```
Router#configure terminal
Enter configuration commands, one per line. End with CNTL/Z.
Router(config)#interface fa 0/0
Router(config-if)#ip address 150.10.1.1 255.255.255.0
```

그럼 이 명령을 입력하는 그 순간에, 즉 Enter를 누르는 그 순간에 자신의 PC와 라우터 사이의 텔넷 세션은 끊어져 버립니다. 왜냐하면 PC의 주소는 여전히 150.100.1.100인데, 라우터의 주소는 150.10.1.1이 되었으니 전혀 다른 네트워크가 될 것입니다. 따라서 통신이 되지 않는 겁니다. 이런 경우는 라우터를 자주 만지는 엔지니어에게도 일어나는 일이니 여러분은 매우 조심하셔야 합니다.

자, 그럼 configure terminal을 하고 나서 빠져나오는 명령은 뭘까요? 전에도 한번 말씀드린 적이 있습니다.

Ctrl + Z입니다. (키보드 왼쪽 Ctrl을 누른 상태에서 Z를 누릅니다.)

구성 모드에서 프리빌리지드 모드로 빠져 나온 다음에 이 구성 파일을 저장하려면 꼭 다음과 같이 해주셔야 합니다.

```
Router#write memory
```

write memory는 현재 RAM에 있는 구성 파일을 NVRAM으로 저장해주는 명령입니다. 이 명령은 다음과도 같은 명령입니다.

```
Router#copy running-config startup-config
```

다만 IOS 버전에 따라 높은 버전은 둘 다 가능하고 낮은 버전(IOS 10.3 이하)에서는 write memory만 가능합니다.

자, 그럼 여기에서의 결론을 알아볼까요?

라우터의 구성 변경을 위해서는 항상 프리빌리지드 모드에서 구성 모드로 들어가야 하는데, 프리빌리지드 모드에서 구성 모드로 들어가기 위한 명령은 configure이다. 또 구성을 텔넷이나 콘솔로 하는 경우에는 terminal이라는 옵션을 사용해서 configure terminal 명령을 사용한다.

구성 모드에서 명령이 효과를 발휘하는 시점은 명령 줄을 입력하자마자이다. 따라서 Enter를 치는 그 순간에 구성 변경이 일어난다.

모든 변경을 마치고 구성 모드에서 빠져나올 때는 Ctrl+Z를 입력하고 프리빌리지드 모드에서 RAM의 구성 파일을 NVRAM으로 저장할 때는 write memory 또는 copy runningconfig startup-config 명령을 입력한다.

셋업 모드에서 구성했던 내용을 이번에는 구성 모드에서 다시 한 번 구성해 볼까요?

먼저 라우터에 텔넷이나 콘솔로 접속한 후 유저 모드에서 프리빌리지드 모드로 들어갑니다. (구성 모드는 항상 프리빌리지드 모드에서 들어간다는 것 다 아시죠?)

```
Router>enable
Password:*****
Router#
```

구성 모드에 들어가기 위한 명령 configure(그냥 conf까지만 입력해도 됩니다.)와 옵션 값 terminal(그냥 t만 입력해도 됩니다.)을 입력합니다.

```
Router#conf t
Enter configuration commands, one per line. End with CNTL/Z.
Router(config)#
```

이제 라우터의 이름 Cisco-R과 enable secret 값인 korea, 그리고 enable password 값인 cisco를 입력해 보겠습니다.

```
Router(config)#hostname Cisco-R
Cisco-R(config)#enable secret korea
Cisco-R(config)#enable password cisco
```

위와 같이 라우터의 호스트 이름을 Cisco-R로 입력하고 Enter를 치고 나면 다음 줄에서부터는 라우터 이름이 Router에서 Cisco-R로 바뀌어진 것을 알 수 있습니다. 전에 말씀드린 명령어가 수행되는 시점이 이젠 이해가 가시죠?

enable secret는 현재는 텍스트로 보이지만 나중에는 암호화되어서 보입니다.

이번에는 텔넷 라인에 대한 패스워드 세팅을 하겠습니다.

```
Cisco-R(config)#line vty 0 4
Cisco-R(config-line)#login
Cisco-R(config-line)#password korea
Cisco-R(config-line)#
```

먼저 버추얼 터미널에 대한 세팅을 위해 line vty 0 4라는 명령을 입력했습니다. 전에도 말씀드렸지만 vty는 버추얼 라인을, 0 4는 0번부터 4번까지 총 5개의 텔넷이 동시에 가능하다는 것을 의미합니다.

여기에서 line vty 0 4를 입력하자 다음 라인에서 프롬프트가 Cisco-R(config)#에서 Cisco-R(config-line)#으로 바뀐 것을 알 수 있습니다. 즉 여기서부터는 일반 구성 모드가 아니라 라인 구성 모드라는 것을 알려주고 있습니다. Login이라는 명령은 로그인시 패스워드를 체크하겠다는 것을 의미합니다. 나중에도 설명드리겠지만 라인 패스워드가 설정되어 있지 않으면 텔넷 자체가 불가능하기 때문에 텔넷을 통한 접속을 허락해 주고 싶다면, 라인에서의 패스워드는 꼭 세팅해 주셔야 합니다. 또 한 가지는 여기서 만약 login이란 명령을 빼게 되면 텔넷에서 접속 시에 패스워드를 아예 물어보지 않습니다. 따라서 패스워드를 주려면 반드시 login 명령이 같이 들어가야 한다는 것을 알아두기 바랍니다.

```
Cisco-R(config-line)#exit
Cisco-R(config)#
```

여기 보이는 것처럼 line 구성 모드에서 다시 일반 구성 모드로 나가기 위해서는 exit라는 명령이 사용되었습니다. 즉 어떤 특정 구성 모드에서 일반 구성 모드로 나가기 위해서는 exit 명령이 사용된다는 것을 알 수 있습니다.

이번에는 인터페이스에 대한 세팅을 한번 해보겠습니다. 먼저 이더넷 0 인터페이스입니다.

여기에서 우리가 해줘야 할 구성은 IP 주소, IPX 주소입니다. 또 하나 여기서 꼭 해주셔야 할 구성은 바로 no shutdown이라는 명령입니다. 라우터가 아무 세팅도 되어있지 않은 경우에는 대부분 인터페이스에 shutdown이란 명령이 들어가 있습니다. 즉 인터페이스를 강제로 다운시켜 놓은 겁니다. 따라서 이 인터페이스를 먼저 살려주는 것이 가장 중요합니다.

죽어있는 인터페이스를 다시 살리려면 shutdown 명령을 취소해 주어야 합니다.

시스코 라우터에서는 구성 모드에서 한 번 입력한 명령을 취소할 때 원래 명령의 앞에 no를 입력합니다. 따라서 shutdown을 취소하기 위해서는 no shutdown을 입력합니다.

일단 이더넷 0 인터페이스를 구성하기 위해서는 일반 구성 모드에서 인터페이스 구성 모드로 들어가야 합니다.

```
Cisco-R(config)#interface ethernet 0
```

또는 줄여서

```
Cisco-R(config)#int e 0
```

라고도 합니다. 대부분의 경우는 이렇게 아래처럼 줄임말을 많이 사용하는데, 이것이 바로 숙련된 엔지니어와 초보자의 차이입니다. 우리가 게임을 한다고 해도, 예를 들어 스타크래프트 같은 거요. 고수는 핫키를 많이 사용하잖아요? 비슷하죠?

먼저 no shutdown을 입력해서 인터페이스를 살려줍니다. (이 명령을 사용하는 버릇을 갖는 것이 좋습니다. '만사불여튼튼'이란 말도 있으니까요.)

```
Cisco-R(config)#int e 0
Cisco-R(config)#no shutdown
00:37:34: %LINK-3-UPDOWN: Interface Ethernet0, changed state to up
```

그럼 이더넷 인터페이스 0이 허브나 스위치에 연결되어 있다면 위에서와 같이 이더넷 0 인터페이스가 UP되었다는 메시지가 나타납니다.

계속 IP 주소를 입력해 보겠습니다.

```
Cisco-R(config-if)#ip addr 172.16.92.1 255.255.0.0
```

여기서도 int e 0을 입력하고 나서 바로 프롬프트가 Cisco-R(config)#에서 Cisco-R(config-if)#로 바뀌었습니다. IP 주소의 입력에 대한 명령이 다음 줄에 보입니다. 원래는 ip address 172.16.92.1 255.255.0.0인데, 여기서도 ip address를 ip addr로 줄여서 쓰고 있습니다. 이처럼 줄여서 쓰는 것은 여러분의 편리함을 위해서지만 헷갈리면 다 쓰셔도 됩니다.

이번에는 노벨의 IPX 네트워크 번호를 세팅하겠습니다. IPX 네트워크 번호 세팅에 대한 명령은 ipx network니까,

```
Cisco-R(config-if)#ipx network 1
%Must give "ipx routing" command first
```

명령을 포맷대로 ipx network 1이라고 입력했더니 에러가 발생했습니다. Must give "ipx routing" command first라는 말은 ipx network 명령을 입력하려면 그 전에 ipx routing이란 명령을 일반 구성 모드(Cisco-R(config) 프롬프트)에서 먼저 해주어야 한다고 말하는 겁니다.

그럼 인터페이스 구성 모드에서 일반 구성 모드로 먼저 나간 다음에 ipx routing이란 명령을 입력해 줍니다.

```
Cisco-R(config-if)#exit
Cisco-R(config)#ipx routing
Cisco-R(config)#int e 0
Cisco-R(config-if)#ipx network 1
Cisco-R(config-if)#
```

전에 말씀드린 대로 인터페이스 구성 모드에서 일반 구성 모드로 나가는 데 exit를 사용했습니다. 그리고 시키는 대로 일반 구성 모드에서 ipx routing을 해줬구요, 다시 이더넷 인터페이스 0으로 들어와서 (int e 0) ipx network 1이란 명령으로 노벨의 IPX 네트워크 번호를 1로 세팅했습니다. 자, 그럼 이더넷 인터페이스의 구성은 끝났습니다.

이번에는 시리얼 0 인터페이스를 구성해 보기로 하겠습니다. 먼저 이더넷 인터페이스 구성에서 빠져나와서 시리얼 0 인터페이스 구성 모드로 들어갑니다. 그리고 나서 시리얼 인터페이스에 IP 주소를 입력합니다. 여기에서도 가능하면 no shutdown을 입력해 주는 것이 좋습니다.

```
Cisco-R(config-if)#exit
Cisco-R(config)#int s 0
Cisco-R(config-if)#ip addr 152.100.10.67 255.255.0.0
Cisco-R(config-if)#no shut
Cisco-R(config-if)#
00:31:09: %LINK-3-UPDOWN: Interface Serial0, changed state to down
```

맨 먼저 이더넷 인터페이스 구성 모드에서 빠져나오기 위해 exit 명령을 입력했습니다. 그럼 일반 구성 모드로 나온 것이 보일 겁니다. 여기서 다시 시리얼 0 인터페이스 구성 모드로 들어가기 위해서 interface serial 0(줄여서 int s 0)을 입력합니다. 그다음은 IP 주소를 입력하고 마지막으로 no shutdown을 입력합니다. 만약 회선이 죽어있고 DSU/CSU를 라우터와 연결하지 않았다면 위와 같이 down이라는 메시지가 나타납니다.

이제 마지막으로 라우팅 프로토콜에 대한 세팅이 남았습니다.

우리가 세팅하는 IP 라우팅 프로토콜은 IGRP이고 AS 번호는 200입니다.

```
Cisco-R(config)#router igrp 200
Cisco-R(config-router)#network 172.16.0.0
Cisco-R(config-router)#network 150.100.0.0
Cisco-R(config-router)#no network 150.100.0.0
Cisco-R(config-router)#network 152.100.0.0
```

맨 먼저 router igrp 200이라고 입력하고 나면 이번에는 라우팅 구성 모드로 갑니다. 프롬프트가 Cisco-R(config-router)#로 바뀐 것을 알 수 있습니다. 그리고 해당 인터페이스를 입력하면 됩니다. 그런데 3번 줄을 보면 152.100.0.0이라고 입력해야 하는 네트워크 번호를 150.100.0.0이라고 잘못 입력해 버렸습니다.

이때는 이 명령을 취소해 주어야 하는데, 그때 사용하는 명령이 바로 'no'입니다. 즉 그다음 라인에 no network 150.100.0.0이라고 입력하면 150.100.0.0 네트워크가 취소됩니다. 그리고 나서 152.100.0.0 네트워크를 입력했습니다.

이제는 아셨죠? 뭐든지 내가 한 번 입력한 명령을 지우고 싶으면 앞에다 no만 넣어주면 됩니다. 이제 모든 구성을 다 마쳤습니다.

그러니 라우터의 구성 모드에서 원래의 프리빌리지드 모드(운영자 모드)로 나가야겠죠?

Ctrl+Z가 바로 그 명령입니다. 이렇게 프리빌리지드 모드(운영자 모드)로 나오게 되면 아래와 같은 메시지를 볼 수 있게 됩니다.

```
Cisco-R(config-router)#exit
Cisco-R(config)#^Z
Cisco-R#
00:54:11: %SYS-5-CONFIG_I: Configured from console by console
```

그리고 나서 이제 내가 지금까지 입력한 구성 파일을 보고 싶다면 현재 램에 있는 running configuration을 봐야 하니까 아래와 같이 입력합니다.

```
Cisco-R#sh run
Building configuration...

Current configuration:
!
version 12.0
service timestamps debug uptime
service timestamps log uptime
no service password-encryption
!
hostname Cisco-R
!
enable secret 5 $1$BfFO$sEG0J8dRCv7PTNScybJsb0
enable password cisco
!
ip subnet-zero
ipx routing 00e0.1e5e.1e9c
!
!
interface Ethernet0
 ip address 172.16.92.1 255.255.0.0
 no ip directed-broadcast
 ipx network 1
!
interface Serial0
 ip address 152.100.10.67 255.255.0.0
 no ip directed-broadcast
 no ip mroute-cache
 no fair-queue
!
router igrp 200
 network 152.100.0.0
 network 172.16.0.0
!
ip classless
!
!
line con 0
 transport input none
line 1 8
line aux 0
line vty 0 4
 password cisco
 login
!
end

Cisco-R#
```

벌써 눈치채셨겠지만 우리가 세팅하지 않은 값도 많이 들어있다는 것을 아셨을 겁니다. 예를들어 ip subnet-zero 같은 것은 우리가 넣어준 값이 아니죠?

그럼 이런 값이 왜 들어가 있을까요? 그건 바로 이런 값이 디폴트 값이기 때문입니다. 즉 우리가 따로 넣어주지 않아도 이렇게 인식하는 겁니다.

여기서 주의 사항 한 가지! 만약 여기 있는 디폴트 값 중에서 **빼줘야** 할 것이 있다면 no 명령을 이용해서 **빼줘야** 합니다. 아셨죠?

이런 값에 대한 자세한 의미는 시간 있을 때마다 하나씩 알아보기로 하겠습니다. 아무튼 여기까지가 구성 모드를 이용한 라우터의 구성입니다.

자, 여기에서 문제 하나 드리겠습니다.

이렇게 구성을 마친 상태에서 라우터를 껐다가 켜면 어떻게 될까요?

라우터에 지금까지 구성했던 구성 파일들은 그냥 날아가 버립니다. 즉 지금 구성 파일은 램 (RAM)에 있기 때문입니다. 따라서 램에 있는 구성 파일을 전원을 꺼도 지워지지 않는 NVRAM으로 옮겨 놓아야 하는데 그 명령이 바로

```
Cisco-R#copy running-config startup-config
```

또는

```
Cisco-R#write memory
```

입니다. 즉 현재 램 위에 놓고 있는 running-config를 전원이 꺼져도 지워지지 않는 startup-config로 복사하는 겁니다. 아래 명령도 같은 의미입니다. 절대 잊으면 안 되겠죠?

어떠세요? 셋업 모드와 구성 모드 어느 것이 더 쉽죠? 지금은 잘 몰라도 나중에는 분명히 구성 모드가 쉽다고 느끼실 겁니다.

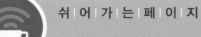

이력서 쓰시게요? ^^

대학교 신입생 때는 이력서 용지를 사 들고 다니던 선배들을 보면 '난 언제 저런 거 써 보나' 하면서 참 부럽기도 했는데….

이제 와 생각해보니 이력서를 들고 다니던 그 선배님들은 참 막막하셨겠다 하는 생각이 듭니다.

그래도 그땐 나았죠.

이력서에 대충 초, 중, 고 졸업연도와 학교 이름을 잘 써넣은 후 경력란에는 군대 갔다온 거 하나 써넣고 자격증란에는 운전면허 하나, 그리고 잘 나간다는 애가 정보처리기사 자격증 하나를 넣고 나면 이제 깨끗하게 찍은 사진 하나 붙여 넣으면 되던 시절이었으니까 말입니다. ^^

하지만 요즘 이력서 그렇게 썼다간 쳐다보지도 않고 바로 휴지통으로 날아갈 겁니다. ㅎㅎ

그럼 요즘 이력서는 어떻게 써야 할까요?? 여기서 잊지 말아야 할 게 하나 있죠? ^^ 이력서를 잘 쓰는 게 중요한 게 아니고 이력서에 써 넣을 '이력'을 잘 관리해야 한다는 겁니다. ^^

평소에 자기 이력 관리에는 아무 신경을 안 쓰다가 이력서를 잘 써보겠다고 며칠 밤을 머리를 쥐어뜯어도 제대로 된 이력서를 완성하기는 거의 불가능할 겁니다.

그래서 이력서는 하루 이틀 만에 완성되는 게 아니고 1년, 2년, 길게는 10년, 20년 동안 완성되는 것이라는 걸 절대 잊어서는 안 된다는 겁니다. 게다가 전에는 대학교를 졸업할 때까진 이력 관리란 게 없이 그냥 학교만 다니면 됐지만, 이젠 그런 일은 상상도 할 수 없죠? 이제 신입사원들이 제출하는 이력서에 써있는 화려한 경력을 보고 있자면 '난 요즘 같은 시대에 취직하려고 했음 아마 이력서도 못 내밀었을거야.'라는 생각이 들곤 한답니다.

자, 그럼 이력서를 제대로 만들기 위해 뭘 해야 할까요?

지금 학생이라면 아마 이런 것들이 필요할 겁니다.

❶ 취업하고자 하는 회사의 업무와 관련된 자신의 경험

학교에서 배운 전공부터 시작해서 학교에서 진행했던 클럽이나 동호회 활동, 그리고 인턴 경험 등을 쌓아두어야 합니다.

아무리 경험이 없어도 학교에서 네트워크 동아리 한두 개 정도는 다들 이끌고 계시잖아요? 그러다 보면 자연스럽게 경진대회 같은 데 나가서 대상 같은 것도 한두 번 타시잖아요? ^^ 이런 건 다들 있으시잖아요? 이런 거 없음 네트워크 공부한 거 아니잖아요? 그냥 놀러 다닌 거지…. ㅎ

다들 표정이 왜 그러세요? 네트워크 동아리가 학교에 있는 줄도 모르는 분들처럼?

아니 다들 표정이 왜 그러세요? 네트워크 경진대회 있는 것도 처음 들었다는 것처럼? ㅎㅎ

(농담입니다. ^^ 그냥 예전에 개그콘서트에서 행복 전도사님이 이야기하던 게 생각나서요. 담에 기회 있을 때 한번 보세요. 개그 콘서트 중에 달인이랑 행복 전도사가 제일 재미있더라구요. ^^)

암튼 네트워크와 관련된 경험을 만들어두는 건 이력서 쓰는 데 꽤나 도움이 된답니다. ^^

❷ 자신의 장점을 차별화할 수 있는 내용

요거 중요합니다. ^^

남들은 많이 안 가지고 있는데 나만 가지고 있는 게 있다면 여기다가 넣어주세요. ^^

예를 들어 스포츠댄스 자격증이 있다든지, 골프 세미프로 자격이 있다든지, 아니면 커피의 달인 바리스타 자격증이라든지, 소믈리에 자격증이라든지, 좀 특이한 자격이나 경험을 넣어주는 겁니다. 뭐든 좋습니다. 다만 너무 일반적이지 않으면 됩니다.

요즘은 워낙 튀는 사람이 인정받는 시대이다 보니 이런 것들이 자신에게 좀 더 플러스 요인이 될 수 있답니다.

또한 봉사활동이나 민간대사활동 등 사회 참여활동 등도 좋은 반응을 얻을 수 있습니다.

그렇다고 이 부분을 너무 많이 강조하진 마세요. 너무 노는 놈으로만 보이면 곤란하니까요. ㅎㅎ

❸ 영어 능력에 대한 검증된 자료

영어! 빠질 수 없겠죠? ㅎㅎ

어학연수 경험이라든지 외국어 평가 등에 대한 점수 등을 넣어줘야 합니다.

늘 이야기 드리는 것이지만 요즘은 외국 회사뿐만 아니라 국내 회사에서조차도 영어를 많이 강조하고 있기 때문에 영어에 약할 경우 경쟁력이 떨어지는 건 당연한 결과입니다. 따라서 여유가 있으시다면 어학연수를 권하고 싶습니다. 꼭 미국, 캐나다 같은 곳이 아니어도 알아보면 필리핀, 말레이시아 등 가깝고 싼 곳도 많답니다. 본인이 얼마나 노력하느냐에 따라 결과는 달라지는 거니까 그냥 "남 이야기일 거야."라고 생각하지 마시고 한번 고려해 보시기 바랍니다.

만약 여유가 안 된다면 꾸준히 영어 학원을 다니실 것을 권합니다.

학원 홍보는 아니지만 제 경험으로는 SDA(삼육외국어학원)가 가격 대비 성능(?)이 가장 뛰어난 곳이 아닌가 생각합니다. 저도 다녀봤지만 정말 열심히 하지 않으면 안 되게 만들어져 있죠. 다만 일주일에 5일 꼬박꼬박 나가야 하고 하루에 2시간씩 수업이 있으니까 최소한 하루에 4~5시간은 영어에 투자할 여건이 되어야 한다는 게 문제입니다. 하지만 학생이라면 꼭 한번 도전해보시길 권하고 싶네요. 만약 본인이 이 학원을 2년간만 빠지지 않고 열심히 다니게 된다면 웬만한 어학연수 다녀온 사람 정도는 우습게 보이실 겁니다. ^^ (그럼 저는 그 정도냐구요? 안타깝게도 중간에 그만두는 바람에 다시 원상복구! ㅠㅠ)

❹ 기타 능력

워드, 엑셀, CCNA, CCIE 등 기타 자격 등을 준비해야 합니다. (CCIE가 기타 자격이 됐네요. ㅎㅎ)

이렇게 모든 준비가 완료되었다면 드디어 이력서를 쓸 준비가 된 겁니다. 어때요? 이력서 쓰기 참 쉽죠잉~~~ ^^

사실 이 정도 실력만 제대로 갖추게 되면 아마 학교가 조금 밀려도, 인물이 조금 밀려도(ㅎㅎ), 말이나 글솜씨가 조금 밀려도, 분명 여러분을 제대로 알아보고 쓰려고 하는 곳이 있을 겁니다.

예전에 엠넷에서 방송했던 〈슈퍼스타 K〉에서는 최종 1등에게 1억 원의 상금과 가수 입문을 책임져 주었는데, 이 행사에 지원한 사람들이 몇십만 명이라고 하죠?

예심을 보면서 어떤 사람은 탈락하면서 억울해하고, 어떤 사람은 합격했다고 너무 좋아라 했지만, 결국 최종적으로 선발된 사람들을 보면 운이 작용한 건 별로 없었다는 겁니다.

실력이 있어야 운도 따라준다는 아주 단순한 논리를 우리 독자 여러분들 모두(저까지 포함해서) 다시 한 번 더 생각해 보는 하루였음 좋겠네요. ^^

자, 그럼 이제 힘내실 거죠?? ^^

오늘도 이력서의 한 줄을 더 추가하기 위해 파이팅~~~~~!!

14 스태틱(Static) 라우팅을 이용한 라우터 구성

SECTION

여기에서는 우리가 앞으로 사용할 라우팅 프로토콜에 대해서 배워보겠습니다. 그 첫 번째가 바로 스태틱 라우팅 프로토콜입니다. 스태틱 라우팅 프로토콜을 앞에서 한번 배운 기억이 있을 겁니다.

지난 번에 배운 대로 스태틱 라우팅 프로토콜은 라우터 운영자가 직접 경로를 입력해 주기 때문에 라우터는 라우팅하는 데 머리를 쓰지 않아 빠르게 라우팅이 가능합니다. 또한 라우팅 테이블도 적게 사용한다는 장점이 있는 반면에 운영자가 입력해준 경로에 문제가 생겨도 다른 길을 자동으로 찾아내지 못하고 다시 운영자가 수정해줄 때까지 기다린다는 단점이 있습니다. 따라서 스태틱 라우팅 프로토콜은 갈 수 있는 경로가 하나밖에 없는 Stub 라우터용으로 많이 사용됩니다.

Stub 네트워크란, 오직 하나의 경로만을 통해서 외부 망과 연결된 네트워크를 의미합니다. [그림 7-21]에서 B 라우터는 Stub 네트워크상에 있습니다. 즉 B 라우터는 오직 A 라우터를 통해서만 외부 네트워크로 연결되어 있기 때문입니다. 이런 구성에서 라우터 B의 라우팅 프로토콜로는 스태틱 라우팅 프로토콜이 적당합니다.

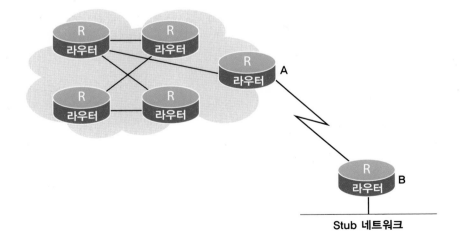

| 그림 7-21 |
스터브(Stub) 네트워크

라우터 A에는 다양한 연결이 존재합니다. 따라서 A 라우터는 다이내믹 라우팅 프로토콜이 유리합니다. 하지만 B의 경우는 A와의 연결이 끊어지면 다른 대치 경로가 없습니다. 따라서 항상 B의 트래픽은 A로 향하기 때문에 스태틱 라우팅이 유리합니다.

그림에 나와있는 B처럼 대표적인 Stub 네트워크를 하나 예를 들어본다면 어떤 곳일까요?

네, 그곳은 바로 게임방 네트워크입니다. 게임방의 경우 대부분 라우터 한 대를 가지고 인터넷에 연결하게 됩니다. 물론 전용선도 하나를 쓰는 경우가 대부분입니다.

게임방 라우터가 B라고 가정하면 라우터 B의 윗부분(구름 부분)은 인터넷이 됩니다. 그중에서 라우터 B와 직접 연결된 라우터 A는 인터넷 서비스 제공 업체의 라우터라고 생각하면 됩니다.

만약 게임방이 KT를 쓴다면 KT에 있는 라우터가 되고, SKB를 쓴다면 SKB에 있는 라우터가 되는 겁니다.

그럼 라우터 A 옆에 있는 다른 라우터들은 뭘까요? 그건 바로 인터넷 라우터들입니다. 인터넷에 라우터가 도대체 몇 개나 될까요? 하지만 여기선 나머지는 모두 생략합니다. 아무튼 이런 구조에서 스태틱 라우팅 프로토콜이 사용된다는 것을 이제는 다 이해하실 겁니다.

이때 사용하는 스태틱 라우팅 프로토콜의 명령을 알아보면 다음과 같습니다.

> **TIP**
>
> 대부분의 게임방용 라우터는 스태틱 라우팅을 사용합니다. 따라서 라우터의 메모리가 많이 필요도 없고 많은 라우팅 기능을 제공할 필요도 없습니다.

```
Router (config) #ip route network [mask] {address | interface} [distance]
```

맨 앞을 보면 'Router(config) #'이라고 되어 있습니다. 즉 여기서 스태틱 라우팅 명령은 구성 모드 중에서도 일반 구성 모드에서 내리는 명령이라는 것을 알 수 있는 겁니다. (구성 모드는 일반 구성 모드, 인터페이스 구성 모드, 라인 구성 모드, 라우팅 구성 모드 등 많이 있다는 거 알고 계시죠?)

```
ip route network [mask]
```

일반 모드에서 내리는 스태틱 명령의 포맷은 맨 앞에 ip route라고 쓰고, 그다음에는 목적지 네트워크를 적어 넣습니다. 순서는 네트워크 주소를 적고, 목적지 네트워크의 서브넷 마스크를 집어넣으면 됩니다.

```
{address | interface} [distance]
```

그 뒤에 따라나오는 address는 목적지 네트워크를 가려면 여기 나오는 address로 가라는 의미입니다. 이때 이 address는 1홉을 건너뛴 address입니다. (무슨 말인지 이해가 안 가죠? 아직은 걱정하지 마세요. 나중에 다 설명드리겠습니다. 우선은 '1홉이란 현재 라우터에서 한 칸 건너뛴 상대편 라우터이다'라고만 생각하고 넘어가자구요.)

address 대신 interface를 넣어줄 수도 있습니다. 이 경우는 목적지에 가려면 라우터의 어떤 인터페이스를 통해서 가야 하는가를 입력한다고 보면 됩니다. 예를 들어 라우터의 시리얼 0 인터페이스를 타고 목적지를 간다면, interface에 serial 0이 오는 겁니다.

나중에 예제에서 좀 더 알아보도록 하겠습니다. 여기에서 한 가지 주의 사항! address를 입력할 때는 상대편 라우터의 주소를 넣지만 interface를 입력할 때는 자기 라우터의 인터페이스를 입력합니다. 혼돈하지 마세요.

맨 마지막에 나오는 distance는 이 라우팅 정보의 가치입니다. distance 값이 커지면 커질수록 가치는 떨어집니다. 디폴트는 1입니다.

여기서 {address | interface}라는 의미는 address나 interface 둘 중에서 하나만 골라서 쓰라는 의미이고, [distance]의 의미는 써도 되고 안 써도 된다는 것을 의미합니다. 즉 안 쓰면 디폴트 값이 적용됩니다.

이렇게 말로만 떠드니까 아마 이해가 잘 안 될 겁니다. 역시 예제가 최고죠? 이번에는 예제를 통해서 스태틱 라우팅을 어떻게 구현하는지를 한번 알아보도록 하겠습니다.

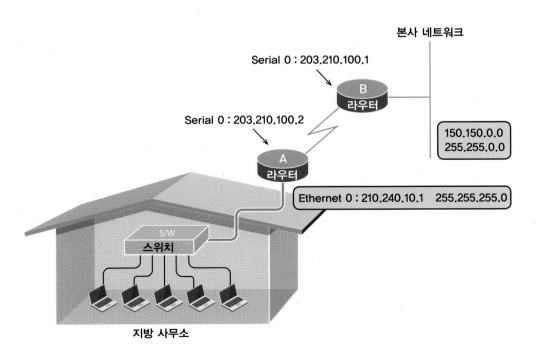

| 그림 7-22 |
스태틱 라우팅의 예제

자, 여러분은 이제 지방 사무소의 라우터에 대한 스태틱 라우팅을 시작하셔야 합니다. 지방 사무소가 보이죠?

지방 사무실에 있는 라우터는 경로가 하나밖엔 없습니다. 무조건 본사 네트워크에 접속되어야 합니다. 따라서 지방 사무실의 라우터에는 다이내믹 프로토콜 대신에 스태틱 라우팅을 구현하는 것이 유리합니다.

그럼 먼저 라우터 A에서 스태틱 구성을 하기 전에 몇 가지 정보를 알아보겠습니다.

목적지 네트워크는? 150.150.0.0

목적지 네트워크의 서브넷 마스크는? 255.255.0.0

그럼 스태틱 명령을 한번 알아볼까요? 명령어의 형식은 기억하죠?

```
Router (config) #ip route network [mask] {address | interface} [distance]
```

먼저 ip route 150.150.0.0 255.255.0.0까지는 아실 겁니다. 즉 맨 앞에 들어가는 주소는 목적지의 주소라고 말씀드렸습니다. 그다음은 1홉을 건너뛴 IP 주소입니다(address).

'1홉을 건너뛰었다는 것'은 라우터 A에서 봤을 때 한 라우터를 넘어간 것을 의미하니까 라우터 B가 됩니다. 그리고 라우터 A와 연결된 부분이니까 B 라우터의 serial 0 인터페이스 주소가 되는 겁니다. 즉

address = 203.210.100.1입니다.

distance는 디폴트로 두면 되니까 써줄 필요가 없습니다. 따라서 라우터 A에 입력하는 스태틱 라우팅 명령은 다음과 같습니다.

```
ip route 150.150.0.0 255.255.0.0 203.210.100.1
```

쉽죠? 이 명령을 직접 라우터 A에 입력해 보겠습니다.

```
Router-A>
Router-A>enable
Password:*****
Router-A#
Router-A#config terminal
Enter configuration commands, one per line. End with CNTL/Z.
Router-A(config)#
Router-A(config)# ip route 150.150.0.0 255.255.0.0 203.210.100.1
Router-A(config)#
Router-A(config)#^Z
Router-A#
00:54:11: %SYS-5-CONFIG_I: Configured from console by console
Router-A#write mem
```

이제 설명 안 드려도 왜 이런 구성을 하는지는 다 이해되시죠? 마지막에 write mem이라는 명령은 지금까지 구성한 구성 파일을 라우터의 NVRAM에 저장하기 위한 명령입니다. 같은 명령으로 copy running-config startup-config가 있습니다. (참! ^Z는 키보드의 왼쪽 아래에 있는 [Ctrl]을 누른 상태에서 [Z]를 누르는 겁니다. 아시죠?)

ip route 150.150.0.0 255.255.0.0 203.210.100.1와 같은 명령으로 ip address 대신 인터페이스 넘버를 넣어서 같은 명령을 만들면,

ip route 150.150.0.0 255.255.0.0 serial 0입니다.

여기서 serial 0는 라우터 A의 인터페이스를 의미합니다.

그럼 여러분이 지금까지 배운 실력으로 지방 사무소의 라우터를 구성해보기 바랍니다.

여기서 라우터 이름은 (Router-A)로 하도록 하겠습니다. 또 지방 사무소의 내부 네트워크는 이더넷을 사용하며 210.240.10.0 / 255.255.255.0라고 가정하겠습니다. 물론 라우팅 프로토콜은 스태틱을 사용합니다. 또 Enable secret는 사용하지 않고 다만 Enable password는 cisco로 하겠습니다. 위에서 다 배운 거니까 쉽겠죠?

다음은 구성을 했던 순서와 라우터의 구성 파일을 보여주고 있습니다. 여러분의 구성하신 내용
과 비교해 보기 바랍니다.

맨 처음 라우터에 들어갈 때는 패스워드가 없을 겁니다. 따라서 enable 명령만으로 프리빌리
지드 모드(관리자 모드)로 들어갈 수 있습니다. 아시죠? 구성 모드에 가려면 먼저 프리빌리지드
모드에 가야 한다는 것 말입니다.

```
Router>enable
Router#
Router#conf t
Enter configuration commands, one per line. End with CNTL/Z.
Router(config)#host? ← 라우터의 이름을 바꿔주기 위해 host로 시작하는 명령을 찾습니다.
hostname

Router(config)#hostname Router-A
Router-A(config)#enable password cisco
Router-A(config)#int e 0 ← 이더넷 인터페이스 0번 구성 모드로 들어갑니다.
Router-A(config-if)#no shutdown
Router-A(config-if)#ip addr 210.240.10.1 255.255.255.0
Router-A(config-if)#int s 0
Router-A(config-if)#no shutdown
Router-A(config-if)#ip addr 203.210.100.2 255.255.255.0
Router-A(config-if)#exit
Router-A(config)#ip route 150.150.0.0 255.255.0.0 203.210.100.1
Router-A(config)#^Z ← 구성을 마친 후 Ctrl+Z로 빠져나옵니다.
Router-A#write memory ← 구성 파일을 NVRAM에 저장합니다.
00:04:27: %SYS-5-CONFIG_I: Configured from console by consoler
Building configuration...
[OK]
```

라우터 구성을 마친 후 구성 파일을 보면서 확인합니다.

```
Router-A#sh run
Building configuration...

Current configuration:
!
version 12.0
service timestamps debug uptime
service timestamps log uptime
no service password-encryption
!
hostname Router-A
!
enable password cisco
!
ip subnet-zero
!
!
!
interface Ethernet0
  ip address 210.240.10.1 255.255.255.0
  no ip directed-broadcast
!
interface Serial0
  ip address 203.210.100.2 255.255.255.0
  no ip directed-broadcast
  no ip mroute-cache
!
interface Serial1
  no ip address
  no ip directed-broadcast
  shutdown
!
ip classless
ip route 150.150.0.0 255.255.0.0 203.210.100.1
!
!
line con 0
  transport input none
line aux 0
line vty 0 4
  login
!
end

Router-A#
```

예제에서처럼 라우터 A에서의 구성만 마쳤다고 해서 라우터 A와 라우터 B 간의 통신이 되는 것은 아닙니다. 라우터 B 역시 적절한 라우팅 프로토콜을 이용한 구성이 되어야만 두 라우터 간에 통신이 가능합니다.

 후·니·의 **1분 정보**   빠름 빠름 빠름 II

사실 그동안 CPU의 속도는 무지하게 빠르게 발전했습니다.

그런데 이전 편에서 말씀드린 것처럼 HDD는 아무래도 기계 장치이다 보니 속도 상승의 한계가 있었던 겁니다.

CPU가 캐시와 메모리를 통해 nanosecond(나노는 10^{-9}인 것 아시죠?)의 성능을 내는 동안 하드디스크는 빨라야 millisecond(1000분의 1초) 단위의 성능을 내다 보니, 당연히 애플리케이션의 성능이 떨어질 수밖에 없는 겁니다.

CPU가 아무리 빠르면 뭐합니까? 읽어오는 게 느린데…. (그래서 RAM을 늘려보지만 역시 한계가 있었던 거죠.)

그래서 SSD, 즉 플래시 방식의 디스크가 나온 겁니다.

플래시는 하드디스크에 비해 Latency가 무려 1,000배 이상 빠르고, 10배 이상의 Bandwidth를 가지며, 읽기와 쓰기 속도 역시 100배 이상 빠릅니다.

아무래도 모터로 돌아가는 하드디스크에 비해 반도체 방식인 플래시가 훨씬 빠르다는 건 제가 굳이 설명하지 않아도 눈치 채셨겠죠? ^^

그래서 가격만 비싸지 않다면 당연히 HDD보다 SSD를 선호할 수 밖에 없겠죠?

그런데 알고 보면 이 SSD라는 애가 가격만 비싼 게 아니랍니다. 또 다른 단점이 한 가지 더 있죠.

역시 다 갖춘 사람이 없는 것처럼, 다 갖춘 장비도 없나 봅니다. ㅎㅎ

그 단점을 이해해야 SSD를 제대로 이해할 수 있으니까… 좀 설명이 길어질 것 같네요.

이번 시간은 여기서 마무리 ~~

15 SECTION

스태틱 라우팅만 알면 디폴트 라우트는 식은 죽 먹기

이번에는 스태틱 라우팅과 같은 계열이면서 우리가 일상 네트워크 환경에서 가장 많이 사용하는 디폴트 라우트(Default Route)를 알아보겠습니다.

그럼 디폴트 라우트가 무엇인지 먼저 알아볼까요?

디폴트 라우트란, 경로를 찾아내지 못한 모든 네트워크들은 모두 이곳으로 가라고 미리 정해 놓은 길입니다. 즉 여러 가지 라우팅 프로토콜에 의해서 길을 다 찾아간 다음에 그래도 길을 못 찾은 네트워크가 있다면 무조건 이곳으로 가라고 말해줍니다. 한마디로 말하면 미아 보호소 같은 겁니다. 길 잃은 양들은 모두 내게로 오라! 이게 바로 디폴트 라우트입니다.

자, 이런 디폴트 라우트는 어디에서 사용될까요? 정말로 많은 라우터에서 디폴트 라우트를 사용합니다. 먼저 인터넷을 사용하는 라우터입니다. 가장 많이 사용하는 인터페이스쪽으로 디폴트 라우트를 잡아놓으면 다른 경로에서 해당 네트워크를 못 찾을 때는 무조건 인터넷쪽 인터페이스로 가보게 되는 겁니다.

두 번째는 Stub 네트워크에 있는 라우터입니다. (이제 스터브 네트워크가 뭔지는 아시죠? 어차피 스터브 네트워크에 있는 라우터는 갈 수 있는 경로가 하나밖에 없으니까 그 하나의 길만 디폴트 라우트로 만들어 놓으면 계속 그 길로만 다니게 됩니다. 이전에 배운 것은 스태틱 라우팅이고, 이번에 만든 것은 디폴트라는 거 아시죠?

즉 전에 배운 스태틱 라우팅은 그냥 특정 목적지를 가기 위한 구성이었지만, 디폴트 라우팅은 특정 목적지를 지정하지 않고 그냥 모든 목적지가 모두 디폴트로 지정한 곳으로 간다는 것에서 차이가 있습니다.

디폴트 라우트를 만드는 법은 2가지가 있습니다.

첫 번째는 디폴트 네트워크를 이용한 방법이고, 또 한 가지는 스태틱 명령을 이용한 방법입니다. 그럼 지금부터 디폴트 네트워크를 이용한 구성을 알아보도록 하겠습니다. 자, 다음과 같은 그림이 있습니다.

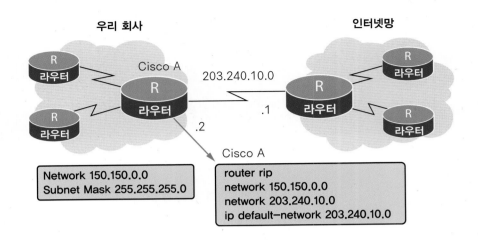

| 그림 7-23 |
디폴트 네트워크의 설정

먼저 A 라우터는 우리 회사의 네트워크에서 인터넷쪽으로 연결된 라우터라고 가정해보겠습니다. 물론 인터넷쪽으로 연결될 때는 지금 여기서처럼 RIP나 스태틱을 사용하지 않고 BGP라는 프로토콜을 쓰는 경우가 대부분이지만, 여기에서는 디폴트 네트워크의 설정을 설명드리려고 한 거니까 이렇게 가정해본 겁니다.

암튼 A라는 라우터가 RIP라는 프로토콜을 이용해서 150.150.0.0이라는 회사쪽 네트워크와 203.240.10.0이라는 인터넷 라우터와 연결 구간 네트워크에 대한 정보를 이미 라우팅 테이블에 넣고 있다고 가정했을 때(즉 라우팅 테이블을 보면 203.240.10.0이란 네트워크가 보여야 합니다.)

다음과 같이

```
ip default-network 203.240.10.0
```

라고 입력하면 라우팅 테이블에 나와있지 않은 모든 목적지(즉 갈 곳 없는 모든 패킷들)는 무조건 203.240.10.0 네트워크로 보내라는 의미가 됩니다. 즉 일단 라우팅 테이블에서 다 찾아보고 그래도 없으면 그다음에는 무조건 디폴트 네트워크로 정해놓은 203.240.10.0 네트워크로 가라는 의미입니다.

하지만 이런 ip default-network는 구성에 있어서 함정이 굉장히 많습니다. 별로 쉽지 않은 구성이라는 겁니다. CCIE 실기에서도 자주 출제될 정도로 어려운 문제거든요. 아무튼 여기서 디폴트 네트워크에 대한 것 하나만큼은 확실히 하고 넘어가 보겠습니다.

디폴트 네트워크는 구성에 있어서 몇 가지 규칙이 있습니다.

첫 번째, Ip default-network 뒤에 오는 네트워크 주소는 항상 클래스를 맞춰주어야 한다. 예를 들어 ip default-network 150.100.10.0이라고 주면 안 된다는 겁니다. 왜냐하면 150으로 시작되는 네트워크는 클래스 B이기 때문에 ip default-network 150.100.0.0처럼 주어야 한다는 것입니다. 가장 많이 틀리는 대목이니까 여러분들은 항상 주의해주기 바랍니다.

두 번째, RIP에서 디폴트 네트워크를 구성하는 경우 Ip default-network 뒤에 오는 네트워크 주소는 반드시 RIP 프로토콜에서 정의된, 즉 RIP 프로토콜이 돌고 있는 네트워크여야 한다는 것입니다. 예제에서도 203.240.10.0이란 네트워크가 RIP에 포함된 것을 아실 겁니다. (이 규칙은 IGRP의 경우에는 반대입니다. 즉 IGRP의 경우에는 절대로 IGRP 프로토콜이 돌고 있지 않은 네트워크를 지정해야 한다는 것입니다. 하지만 우선은 RIP만 알고 넘어가도록 하겠습니다.)

자, 그럼 우리가 예제에서 입력했던 ip default-network 203.240.10.0 명령이 이 2가지 규칙을 준수하는지 알아볼까요?

TIP

디폴트 네트워크를 이용한 방법은 많이 주의해야 합니다. 이 중 하나만 어긋나도 제대로 동작하지 않기 때문에 가급적이면 스태틱 명령을 이용한 방법을 사용하길 권합니다.

- **첫 번째 규칙** : 클래스 준수는 보이는 대로 지키고 있습니다. 203으로 시작하니까 클래스 C가 맞죠? 따라서 203.240.10.0으로 클래스 룰을 지켰습니다.
- **두 번째 규칙** : RIP 프로토콜이 돌아가고 있는 네트워크를 디폴트 네트워크로 잡아야 하는 규칙은 [그림 7-23]에서 보는 것처럼 203.240.10.0 네트워크가 RIP에 포함된 것을 알 수 있습니다.

```
Router RIP
Network 150.150.0.0
Network 203.140.10.0
```

이런 디폴트 네트워크는 지금 설명드린 것처럼 그리 간단하지 않습니다. 따라서 여러분들께는 지금 배우신 디폴트 네트워크보다는 스태틱 라우팅을 이용하는 디폴트 네트워크인 두 번째 방법을 권하고 싶습니다. 같은 예제를 놓고 이번에는 스태틱 라우팅을 이용해서 구성을 변경해보겠습니다.

```
ip route 0.0.0.0 0.0.0.0 203.240.10.1
```

이것이 ip default-network 203.240.10.0 대신 들어가게 됩니다.

이 명령은 우리가 전에 배운 스태틱 명령과 같은 형식입니다. 다만 목적지 네트워크 부분이 조금 이상합니다. 전에는 목적지 네트워크와 서브넷 마스크를 써줬는데, 여기서는 전부 0으로 되어있다는 것이 조금 이상하죠?

여기서 0.0.0.0 0.0.0.0은 디폴트 네트워크를 의미합니다. 즉 라우팅 테이블에서 길을 찾지 못하는 모든 네트워크에 가려면 모두 여기로 모여라는 의미입니다. 그다음 나오는 203.140.10.1 주소는 next hop 라우터의 IP 주소입니다. 즉 A 라우터와 연결되어 있는 상대편 라우터의 IP 주소가 되는 겁니다. (이건 전에 스태틱 라우팅할 때도 했으니까 이해가시죠?) 따라서 ip route 0.0.0.0 0.0.0.0 203.240.10.1의 의미는 라우팅 테이블에서 길을 찾지 못하는 모든 패킷은 모두 203.240.10.1쪽으로 보내라는 의미입니다.

또한 ip route 0.0.0.0 0.0.0.0 203.240.10.1은 ip route 0.0.0.0 0.0.0.0 serial 0처럼 인터페이스 번호를 적어도 된다는 것은 앞에서 말씀드렸습니다. 물론 여기서 Serial 0 인터페이스는 라우터 A의 인터페이스이고, 인터넷쪽으로 붙어있는 IP 주소 203.240.10.2를 가진 인터페이스 입니다. (IP route에서 뒤에 적는 경로 정보는 IP 주소가 되면 상대 라우터의 주소, 인터페이스가 되면 자기 인터페이스가 된다는 것을 명심하기 바랍니다.)

자, 이번에는 거의 모든 게임방에서 사용하고 있는 구성을 예로 들어서 한번 알아보겠습니다.

먼저 구성을 한번 보실까요?

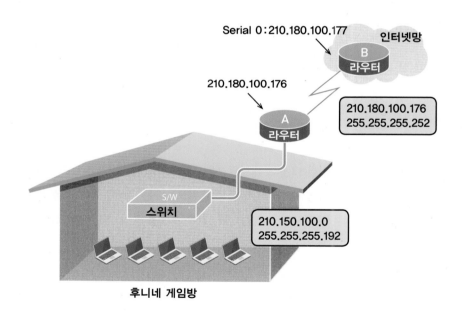

먼저 앞의 그림을 잠깐 볼까요? 보통 게임방 네트워크에는 공인 주소를 많이 부여하지 않습니다. 여기서도 이더넷쪽에 210.150.100.0 255.255.255.192로 배정했습니다. 서브넷쪽 공부한 내용을 다시 한번 생각해 보면 255.255.255.192 서브넷이 클래스 C를 4개로 나눈다는 것을 아실 겁니다.

즉 255.255.255.192는 255.255.255.1100 0000을 의미하니까 이때 만들어질 수 있는 서브넷은 다음의 표와 같습니다.

No	서브넷 주소	호스트 시작 주소	호스트 끝 주소	브로드캐스트 주소
0	210.150.100.0	210.150.100.1	210.150.100.62	210.150.100.63
1	210.150.100.64	210.150.100.65	210.150.100.126	210.150.100.127
2	210.150.100.128	210.150.100.129	210.150.100.190	210.150.100.191
3	210.150.100.192	210.150.100.193	210.150.100.254	210.150.100.255

이제 이 표는 금방 이해가 가시죠?

따라서 표에 나온 것처럼 210.150.100.0, 255.255.255.192는 62개의 호스트를 연결할 수 있도록 공인 주소를 배정한 것입니다. 그러니까 이 게임방에는 최대 62개의 PC가 들어갈 수 있는 겁니다.

다음은 인터넷과의 연결입니다. 라우터의 시리얼 0 인터페이스에 배정된 주소는 210.180.100.178이고 서브넷 마스크는 255.255.255.252입니다. 여기 보이는 것처럼 서브넷 마스크 255.255.255.252는 시리얼 인터페이스에서 전형적으로 사용하는 마스크 주소입니다. 왜냐하면 이 서브넷 마스크로 만들어낼 수 있는 호스트 수는 네트워크당 2개이기 때문입니다. 시리얼 네트워크에는 내쪽 인터페이스와 상대방쪽 인터페이스, 이렇게 두 개만 주소를 배정하면 되기 때문에 호스트 수가 2개면 충분합니다.

자, 그럼 210.180.100.178(255.255.255.252)의 서브넷 네트워크 주소는 어떻게 될까요? 계산해보면 되겠죠? 그림에 나와 있는 것처럼 210.180.100.176이 됩니다. 255.255.255.252에서 맨 뒤 252가 이진수로 바꾸면 1111 1110이니까 한번 계산해보세요.

자, 주소 부분은 여기까지 해서 이해하셨을 것이고 본격적인 라우터의 구성에 들어가겠습니다. 물론 스태틱을 이용해서 구성합니다.

```
Router#sh run
Building configuration...

Current configuration:
!
version 12.0
service timestamps debug uptime
service timestamps log uptime
no service password-encryption
!
```

```
hostname Router
!
enable password cisco
!
ip subnet-zero
ip name-server 164.111.101.2
ip name-server 203.222.252.2
!
!
!
interface Ethernet0
ip address 210.150.100.1 255.255.255.192
no ip directed-broadcast
!
interface Serial0
ip address 210.180.100.178 255.255.255.252
no ip directed-broadcast
no ip mroute-cache
!
interface Serial1
shut down
!
ip classless
ip route 0.0.0.0 0.0.0.0 Serial0
!
!
!
line con 0
transport input none
line aux 0
line vty 0 4
password cisco
login
!
end
```

자, 이제 위의 라우터 구성을 하나하나 알아보도록 하겠습니다. 이런 라우터의 구성을 하나씩 봐두는 것이 나중에 본인이 라우터를 구성할 때도 많은 도움이 될 겁니다.

```
-------------------------------
hostname Router
!
enable password cisco
-------------------------------
```

이 부분은 라우터의 이름을 나타냅니다. 여기서는 라우터의 이름이 Router입니다. 그리고 enable password는 cisco라고 되어 있는 것을 알 수 있습니다. enable password란, 유저 모드에서 프리빌리지드 모드(운영자 모드)로 들어오는데 사용되는 패스워드입니다.

이렇게 호스트 이름, 즉 라우터의 이름을 입력하고 나면 라우터에서의 프롬프트가 Router#로 나오게 되는 겁니다.

만약 hostname OurRouter1이라고 입력했다면 OurRouter1#이란 프롬프트로 바뀌게 되는 것을 아실 겁니다. 여기서 enable password 말고 enable secret을 사용한다면 패스워드 부분이 암호화되어서 나오는 것도 이제는 아시죠?

```
--------------------------------------------
ip subnet-zero
ip name-server 164.111.101.2
ip name-server 203.222.252.2
--------------------------------------------
```

윗부분에서 맨 윗줄은 전에 우리가 서브넷할 때 공부한 건데 기억나실지 모르겠네요.

원래 서브넷을 만들면 맨 앞쪽 서브넷하고 맨 뒤는 버린다고 했죠? 그런데 맨 앞쪽을 사용하기 위해서 내리는 명령이 바로 ip subnet-zero입니다. 요즘은 IP가 모자라서 이렇게 맨 앞쪽 서브넷뿐만 아니라 맨 뒤쪽 서브넷도 사용하는 추세입니다. ip subnet-zero에 대해서는 나중에 다시 설명을 드리겠습니다.

그다음 두 줄은 바로 라우터에게 DNS 서버를 알려주는 명령입니다. 즉 이 네트워크에서의 DNS 서버의 IP 주소가 164.111.101.2와 203.222.252.2라는 겁니다. DNS는 도메인 네임 서버로 IP 주소를 도메인 네임으로 바꾸어 주는 기능을 하는 서버입니다. 우리가 넷스케이프나 익스플로러에서 IP 주소 대신에 웹 주소를 부여하는 것은 바로 이런 도메인 네임 서버의 역할 때문입니다.

DNS 서버가 있는 경우에는 이렇게 라우터에게 알려줘야 합니다.

```
--------------------------------------------
interface Ethernet0
ip address 210.150.100.1 255.255.255.192
no ip directed-broadcast
--------------------------------------------
```

앞의 명령어 줄이 바로 내부 네트워크에 연결되는 라우터의 Ethernet 인터페이스에 대한 구성입니다. 즉 라우터의 IP 주소가 210.150.100.1이고 라우터가 연결된 내부 네트워크의 서브넷마스크가 255.255.255.192입니다.

앞의 표에서도 보셨겠지만 이렇게 되면 서브넷의 네트워크 주소는 210.150.100.0이 되고 부여 가능한 주소는 210.150.100.1에서 210.150.100.62까지가 됩니다. 이 네트워크처럼 서브넷 부분에 전부 0을 넣어서 만든 네트워크가 바로 서브넷 제로라는 겁니다. 왜 그런지 볼까요?

즉 255.255.255.1100 0000에서 앞의 255가 3개 있는 부분까지는 그대로 기존의 네트워크 주소를 넣습니다. 210.150.100이겠죠? 그다음이 중요합니다.

1100 0000에서 1이 오는 부분을 가지고 서브 네트워크를 만들면 00, 01, 10, 11로, 4개의 서브넷이 나옵니다.

```
00 : 210.150.100.0000 0000 : 210.150.100.0
01 : 210.150.100.0100 0000 : 210.150.100.64
10 : 210.150.100.1000 0000 : 210.150.100.128
11 : 210.150.100.1100 0000 : 210.150.100.192
```

여기서 서브넷 부분이 00인 210.150.100.0이 바로 서브넷 제로가 되는 겁니다. 전에도 설명을 드렸지만 ip subnet-zero 명령이 바로 이러한 서브넷 제로를 사용하기 위한 명령입니다.

```
------------------------------------------
interface Serial0
bandwidth 512
ip address 210.180.100.178 255.255.255.252
------------------------------------------
```

이 부분은 우리 라우터가 인터넷쪽으로 붙는 것에 대한 구성을 나타낸 것입니다.

여기서 보면 사용하는 인터페이스는 시리얼 0입니다. 시스코 2501의 경우 이렇게 외부망에 붙일 수 있는 시리얼 인터페이스가 2개인데, 그 하나가 serial 0이고 또 하나가 serial 1입니다.

그러니까 라우터 입장에서 보면 시리얼 인터페이스가 하나 남게 되는 겁니다. 그리고 외부로 붙는 인터페이스의 IP 주소는 210.180.100.178에 서브넷 마스크는 255.255.255.252입니다.

따라서 상대편 IP 주소는 210.180.100.177이라는 것은 아실 겁니다. (아까 했던 부분입니다.) 다시 말씀드려서 우린 인터넷에 붙기 위해 인터넷 서비스 제공업체의 다른 라우터와 연결된 것이고, 그 라우터의 IP 주소는 210.180.100.177이 됩니다.

```
---------------------------------------
ip route 0.0.0.0 0.0.0.0 Serial0
---------------------------------------
```

이것이 바로 스태틱 라우팅에 대한 명령어입니다. 막상 스태틱 라우팅 명령은 한 줄밖에 안 됩니다.

이건 무슨 뜻인고 하니 IP 트래픽 중 밖으로 나가려는 트래픽은 모두 serial 0으로 보내라는 뜻입니다. 여기서 다른 라우팅 프로토콜은 없습니다. 따라서 모든 패킷이 시리얼 0으로 나가게 됩니다. (만약 다른 라우팅 프로토콜이 돌고 있다면, 그 라우팅 프로토콜이 만들어낸 라우팅 테이블 안에서 먼저 경로를 찾고, 그곳에서 경로를 찾지 못하는 녀석들만 시리얼로 보내게 됩니다.)

즉 내부에서 외부로 나가려는 모든 트래픽을 전부 인터넷과 연결된 인터페이스인 serial 0으로 보내라는 수신호인 셈입니다.

이 한 줄의 명령어만 있으면 라우터는 아무 생각없이 외부로 나가려는 모든 트래픽을 serial 0으로 보내는 겁니다.

ip route 0.0.0.0 0.0.0.0 Serial 0과 같은 의미를 갖는 명령이 있는데,

ip route 0.0.0.0 0.0.0.0 210.180.100.177입니다. 이건 계속 설명드렸던 내용이니까 다 이해하시죠?

예제에서와 같이 외부와 연결된 인터페이스가 하나밖에 없다면 굳이 다이내믹 라우팅 프로토콜을 쓸 필요가 없겠죠?

맞습니다. 이렇게 스태틱 라우팅 프로토콜을 이용하는 것이 훨씬 간단합니다.

TIP

스태틱 라우팅 방식을 이용해서도 백업 구성이 가능합니다. 이때는 Distance 값을 이용해서 구성해줄 수 있습니다.

아마 모든 게임방은 이와 같은 스태틱 프로토콜로 구성되어 있을 겁니다. 물론 인터넷용 회선을 두 개 이상 사용하는 경우는 이렇게 스태틱으로 구성하면 안 되겠죠? 만약 두 개의 인터넷 회선을 이용하는 라우터가 이와 같은 스태틱 라우팅 프로토콜을 이용한다면 두 개의 회선을 전부 이용할 수 없을 겁니다. 이럴 때는 다이내믹 라우팅 프로토콜이 유리합니다. (물론 스태틱을 이용해서도 방법이 있긴 하지만 권하지는 않습니다.)

>>> 알고 갑시다!

라우터 구성에서 가장 많이 사용하는 것 중에 하나인 디폴트 라우트는 디폴트 네트워크를 이용한 구성과 스태틱 라우팅을 이용한 구성이 있다. 실생활에서는 주로 스태틱 라우팅 프로토콜을 이용한 구성을 많이 사용하고, 그 방식은 ip route 0.0.0.0 0.0.0.0 { address | interface }이다.
여기서 address는 상대방 라우터의 접속 인터페이스 IP 주소이고, interface는 자기 라우터의 접속 인터페이스이다.

🔍 스태틱과 디폴트 네트워크의 만남

자, 그럼 이제 여러분은 스태틱 라우팅(Static Routing)과 디폴트 라우팅(Default Routing)에 대해서 다 배우셨습니다. 여기서 배운 것처럼 스태틱은 쉽고 단순하지만, 여러분이 앞으로 라우터를 사용하면서 가장 자주 사용하게 되는 명령 중 하나입니다.

이제는 여러분이 네트워크 엔지니어가 되어 직접 라우터를 구성해 보겠습니다. 먼저 그림을 보기 바랍니다.

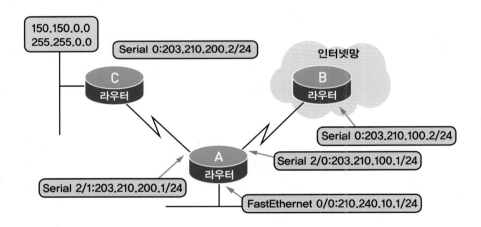

| 그림 7-25 |
스태틱과 디폴트 라우팅의 구성

이 그림에서 여러분이 구성하셔야 할 것은 라우터 A입니다. 라우터 A는 여기서는 시스코 3660 라우터를 사용하였습니다. 이 라우터의 구성은 이렇습니다.

- 라우터 이름은 Router_A를 사용합니다.
- Enable password는 'cisco'를 사용합니다.
- 이더넷 인터페이스는 210.240.10.1 255.255.255.0 네트워크를 사용합니다.
- 시리얼 인터페이스는 두 개를 가지고 있는데, 인터넷쪽 라우터인 라우터 B로는 '시리얼 2/0 인터페이스' (203.210.100.1 255.255.255.0)를 사용했고, 라우터 C로는 '시리얼 2/1 인터페이스' (203.210.200.1 255.255.255.0)를 사용해서 연결했습니다. 여기서 2/0나 2/1과 같이 인터페이스를 표시하는 것은 우리가 지금까지 배운 시스코 2500 시리즈와의 차이점입니다. 시스코 라우터 3660은 [그림 7-26]에서 보이는 것처럼 모듈형 라우터입니다. 모듈형 라우터의 경우 인터페이스 번호를 쓰는 규칙이 슬롯 번호/유닛 번호입니다. 따라서 슬롯 번호를 먼저 쓴 후 뒤에 0에서부터 시작하는 유닛 번호를 쓰는 겁니다. 예제에서는 슬롯 0에 있는 FastEthernet과 슬롯 2번에 있는 시리얼 인터페이스를 사용했기 때문에 이더넷은 0/0으로, 시리얼 인터페이스는 2/0, 2/1로 표시됩니다.
- 물론 다이내믹 라우팅 프로토콜은 사용하지 않습니다. 모두 스태틱 라우팅만을 사용합니다.
- 150.150.0.0(255.255.0.0) 네트워크를 접속할 수 있어야 합니다.
- 나머지 모든 트래픽은 디폴트로 인터넷쪽으로 나갈 수 있도록 구성해야 합니다.

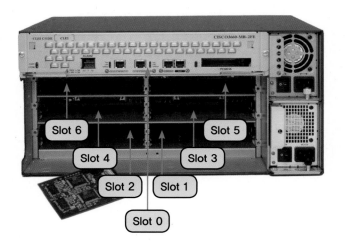

| 그림 7-26 |
시스코 라우터 3660

```
Router_a#sh run
Building configuration...

Current configuration:
!
version 12.0
service timestamps debug uptime
service timestamps log uptime
no service password-encryption
!
hostname Router_A
!
enable password cisco
!
```
(라우터의 이름과 인에이블 패스워드를 주었습니다. 이 정도는 이제 다 아실 겁니다.)
```
ip subnet-zero
no ip finger
no ip domain-lookup
cns event-service server
!
interface FastEthernet0/0
 ip address 210.240.10.1 255.255.255.0
 no ip directed-broadcast
 duplex auto
 speed auto
!
```
(이더넷 인터페이스를 세팅했네요. 아까 설명드린 대로 패스트 이더넷 0/0은 0번 슬롯에 있는 첫 번째 인터페이스를 뜻합니다. 위치는 앞에 있는 그림을 보면 아실 겁니다.)
```
!
interface Serial2/0
 ip address 203.210.100.1 255.255.255.0
 no ip directed-broadcast
 no fair-queue
 clockrate 128000
!
```
(시리얼 인터페이스를 세팅했습니다. 이제 2/0의 의미는 아시죠? IP 주소를 세팅하고 마지막 줄에 clockrate를 세팅했습니다. 원래 구성이라면 이 명령은 필요가 없습니다. 하지만 여긴 실습 환경이라서 라우터와 라우터를 V.35 케이블로 직접 연결했습니다. 그럴 때는 항상 DCE쪽 인터페이스에는 여기서처럼 클록을 세팅해야 합니다. 이것은 뒤에 가서 다시 설명해 드릴 거니까 일단은 이런 것이 있구나 하고 넘어갑니다.)
```
!
 interface Serial2/1
 ip address 203.210.200.1 255.255.255.0
 no ip directed-broadcast
 clockrate 128000
!
```
(같은 내용입니다. 생략해도 되겠죠?)

```
interface Serial2/2
 no ip address
 no ip directed-broadcast
 shutdown
!
interface Serial2/3
 no ip address
 no ip directed-broadcast
 shutdown
!
!
ip classless
ip route 0.0.0.0 0.0.0.0 203.210.100.2
```

(이 부분이 바로 디폴트 네트워크를 설정한 것입니다. 즉 집을 못 찾는 모든 트래픽들은 여기 쓰여진 대로 203.210.100.2쪽으로 보내겠다는 것입니다. 위에서 배운 거 다들 기억나죠?)

```
ip route 150.150.0.0 255.255.0.0 203.210.200.2
```

(디폴트 네트워크 명령과 유사한 스태틱 명령입니다. 어떤 특정 네트워크, 즉 150.150.0.0 255.255.0.0이란 네트워크에 가려면 무 조건 203.210.200.2쪽으로 가라는 명령입니다.)

```
no ip http server
!
!
line con 0
 exec-timeout 0 0
 logging synchronous
 login
 transport input none
line aux 0
line vty 0 4
 login
!
end
```

이 구성이 이제는 별로 어렵지 않으시죠? 아마 모두 이해가 가실 겁니다. 여기서 가정한 것은 라우터 B와 라우터 C가 이미 구성되어 있다는 것입니다. 따라서 라우터 B와 C의 구성은 생략 하도록 하겠습니다.

모든 구성이 끝나고 나면 먼저 각 인터페이스가 살았는지를 확인해야 합니다. 특히 양쪽 라우 터와 붙어있는 시리얼 2/0와 시리얼 2/1 인터페이스를 확인하는 것이 중요합니다. 인터페이스 의 현재 상태를 확인하는 명령은 show interface입니다. (전에 한번 설명드렸는데 기억하시 죠?) 이렇게 show interface를 입력하면 라우터에 있는 모든 인터페이스에 대한 정보를 다 보 여주게 됩니다. 그런데 어느 특정 인터페이스만 보고 싶은 경우에는 뒤에 인터페이스 이름과 번 호를 붙여주면 됩니다. 예를 들면 'show interface serial 2/0', 이렇게 말입니다.

```
Router_A#sh int s 2/0
```
(여기서처럼 그냥 줄여서 sh int s 2/0라고도 합니다. 물론 고수에 한해서….)
```
Serial2/0 is up, line protocol is up
```
(전에도 말씀드렸지만 여기 Serial2/0 is up, line protocol is up이 중요합니다. 이 의미는 인터페이스가 살아있고 정상적으로 통신이 가능한 상태라는 걸 의미합니다. 이 부분은 다음에 자세히 다루도록 하겠습니다. 아무튼 여기선 'UP, UP이 되어야 한다.'까지만 알고 넘어갑니다.)
```
  Hardware is M4T
Internet address is 203.210.100.1/24
```
(우리가 입력했던 IP 주소가 보이시죠?)
```
  MTU 1500 bytes, BW 2048 Kbit, DLY 20000 usec,
     reliability 255/255, txload 1/255, rxload 1/255
  Encapsulation HDLC, crc 16, loopback not set
  Keepalive set (10 sec)
  Last input 00:00:04, output 00:00:03, output hang never
  Last clearing of show interface counters never
  Queueing strategy: fifo
  Output queue 0/40, 0 drops; input queue 0/75, 0 drops
  5 minute input rate 0 bits/sec, 0 packets/sec
  5 minute output rate 0 bits/sec, 0 packets/sec
     127 packets input, 9373 bytes, 0 no buffer
     Received 117 broadcasts, 0 runts, 0 giants, 0 throttles
     1 input errors, 1 CRC, 0 frame, 0 overrun, 0 ignored, 0 abort
     137 packets output, 12862 bytes, 0 underruns
     0 output errors, 0 collisions, 5 interface resets
     0 output buffer failures, 0 output buffers swapped out
     9 carrier transitions DCD=up DSR=up DTR=up RTS=up CTS=up
```

이렇게 show interface를 이용해서 인터페이스가 정상적으로 살았다는 것을 확인하면(물론 모든 인터페이스를 전부 확인해야겠죠?) 그다음은 상대편 라우터의 시리얼 인터페이스까지 Ping이 되는지를 확인해야 합니다. 핑이 된다는 것은 거기까지 TCP/IP 통신이 정상적으로 동작한다는 것을 의미합니다. 따라서 핑을 해보는 것은 필수적입니다.

```
Router_A#ping 203.210.100.2

Type escape sequence to abort.
Sending 5, 100-byte ICMP Echos to 203.210.100.2, timeout is 2 seconds:
!!!!!
Success rate is 100 percent (5/5), round-trip min/avg/max = 16/16/16 ms
```

핑을 했더니 다섯 개의 느낌표(!)가 다 돌아왔죠? 이건 203.210.100.2까지 통신이 가능하다는 것을 의미합니다. 맨 마지막 줄에 있는 정보 보이시죠? 다섯 개를 보냈는데 100% 성공했다는 것을 보여줍니다. 또 5개가 갔다가 돌아온 시간이 최소(min) 16밀리초(ms), 평균(avg) 16밀리초, 최대(max) 16밀리초 걸렸다는 것을 알려주고 있습니다. 여기에서는 최소, 평균, 최대가 모두 같게 나왔지만, 여러 번 핑을 해보면 아마 이 정보가 도움이 된다는 것을 아실 겁니다. 핑에 대한 이야기는 다음에 한 번 기회를 봐서 자세히 설명드리겠습니다. 중요하거든요. (참고로 지금 우리가 사용한 핑은 Basic 핑, 또는 Standard 핑이고, 이것 말고 Extended 핑도 있습니다.)

핑을 통해서 양쪽 라우터를 모두 확인하고 나면 그다음은 라우팅 테이블을 통해서 내가 구성한 라우팅 정보가 제대로 라우팅 테이블에 들어있는지를 확인해야 합니다. 라우팅 테이블이 뭔지는 다 아시죠? 라우터가 가지고 있는 지도 정보입니다. 따라서 라우팅 테이블에 들어있지 않은 길은 절대로 갈 수가 없습니다. 라우팅 테이블을 보는 명령은 show ip route라는 거 아시죠?

```
Router_A#sh ip route
Codes: C - connected, S - static, I - IGRP, R - RIP, M - mobile, B - BGP
       D - EIGRP, EX - EIGRP external, O - OSPF, IA - OSPF inter area
       N1 - OSPF NSSA external type 1, N2 - OSPF NSSA external type 2
       E1 - OSPF external type 1, E2 - OSPF external type 2, E - EGP
       i - IS-IS, L1 - IS-IS level-1, L2 - IS-IS level-2, ia - IS-IS inter area
       * - candidate default, U - per-user static route, o - ODR
       P - periodic downloaded static route
```
(여기까지 나와있는 것은 설명입니다. 즉 앞에 오는 글자가 어떤 것이며, 그것이 무엇을 의미하는지를 설명하고 있습니다.)
```
Gateway of last resort is 203.210.100.2 to network 0.0.0.0
```
(이 말은 나올 때도 있고 나오지 않을 때도 있는데, 우리가 디폴트 라우팅을 설정했을 때만 나오게 되어 있습니다. 즉 last resort – 우리말로 하면 마지막 휴게소? 뭐 이쯤 됩니다. 전에 설명드린 것처럼 아무데도 갈 곳이 없으면 나머지는 모두 이곳으로 가라는 겁니다. 여기서는 203.210.100.2쪽, 그러니까 라우터 B로 가라고 하는 겁니다. 왜냐하면 그쪽이 인터넷쪽이잖아요? 그러니까 그쪽으로 가면 네트워크가 많으니 찾을 수 있을 거라는 겁니다. 사실 그쪽 아니면 갈 곳도 없죠? 왜냐하면 라우터 C쪽에는 150.150.0.0 네트워크 말고는 없기 때문입니다.)

```
C       203.210.200.0/24 is directly connected, Serial2/1
C       203.210.100.0/24 is directly connected, Serial2/0
C       210.240.10.0/24 is directly connected, FastEthernet0/0
```
(우선 접속된 포트, 즉 라우터에 붙어있는 포트가 나오는 겁니다. 맨 앞에 C는 connected 포트를 의미합니다.)

```
S       150.150.0.0/16 [1/0] via 203.210.200.2
```
(여기 보이는 것이 바로 스태틱 구성으로 만들어진 라우팅 정보입니다. 즉 맨 앞에 S는 스태틱을 뜻하고 뒤에 나오는 정보가 길 안내 정보입니다. 아시겠죠? 150.150.0.0/16에서 16은 16비트 마스크라는 것을 의미합니다. 즉 이 말은 255.255.0.0과 같은 의미입니다. 이해가시죠? 그 뒤에 오는 Via 203.210.200.2는 아시는 대로 150.150.0.0 네트워크에 가려면 203.210.200.2를 통해서 가라는 것을 의미합니다. 우리가 그렇게 입력해준 거 기억나시죠?)

```
S* 0.0.0.0/0 [1/0] via 203.210.100.2
```
(이것 역시 스태틱입니다. S로 시작했으니까요. 그런데 S 뒤에 별이 붙었죠? *의 의미는 바로 디폴트라는 겁니다. 즉 150.150.0.0 네트워크로 가는 트래픽을 제외한 모든 트래픽은 203.210.100.2로 가라는 겁니다.)

어떠세요? 쉽죠? 이제 여러분은 라우팅 테이블에 나와있는 스태틱 라우팅과 디폴트 라우팅에 대한 정보에 대해서는 모두 아실 수 있겠죠? 여기에서처럼 우리가 입력했던 명령이 라우팅 테이블에 보이면 우리가 의도한 대로 트래픽을 보낼 수 있음을 의미하게 됩니다.

그럼 이제 맨 마지막으로 150.150.0.0 255.255.0.0 네트워크가 접속 가능한지와 나머지 트래픽이 모두 라우터 B를 타고 나가는지를 확인하면 되겠죠? 이 확인 역시 핑을 이용해서 하겠습니다.

```
Router_A#ping 150.150.1.1

Type escape sequence to abort.
Sending 5, 100-byte ICMP Echos to 150.150.1.1, timeout is 2 seconds:
!!!!!
Success rate is 100 percent (5/5), round-trip min/avg/max = 4/4/4 ms
```

150.150.1.1은 라우터 C의 이더넷 0 인터페이스로, 이곳이 핑이 된다는 것은 150.150.0.0 네트워크에 접속이 가능하다는 것을 의미합니다. 이번에는 다른 곳으로 핑을 해보겠습니다. 여기에서는 인터넷쪽에 172.70.100.1이란 것이 있다고 가정하겠습니다.

```
Router_A#ping 172.70.100.1

Type escape sequence to abort.
Sending 5, 100-byte ICMP Echos to 172.70.100.1, timeout is 2 seconds:
!!!!!
Success rate is 100 percent (5/5), round-trip min/avg/max = 16/16/16 ms
```

잘 되죠? 이제야 비로소 네트워크 세팅이 끝났습니다. 여러분도 해보셔서 아시겠지만 그리 어려운 것은 아니죠?

라우터를 구성하고, 중간 점검을 위한 핑을 해보고 라우팅 테이블을 한번 보고, 그리고 마지막 점검으로 핑해보고 끝낸다. 여기까지입니다.

Q 안녕하세요. 라우터 대 라우터로 라우터의 소프트웨어를 서로 다운로드할 수 있다는 이야기를 들었어요. 즉 라우터의 소프트웨어 버전을 올린다거나 아니면 지워진 이미지 파일을 받을 때 말입니다. 자세한 방법을 알려주세요.

A 네. 라우터의 IOS 소프트웨어 이미지를 업그레이드하는 방법은 크게 두 가지 정도가 있습니다. 하나는 IOS 이미지를 PC에 다운로드한 후 PC를 TFTP 서버로 두고 PC에서 라우터로 이미지를 다운로드해 주는 방식이 있습니다. 또 하나는 질문하신 경우에서처럼 라우터 대 라우터로 IOS를 업그레이드하는 방식으로, 한 대의 라우터에 있는 IOS 이미지를 다른 쪽으로 다운로드해 주는 방식입니다.

첫 번째, PC를 통한 IOS 업그레이드를 알아보도록 하겠습니다.

❶ 우선 IOS 이미지를 PC로 카피해와야 하는데 시스코로부터 CD를 통해 PC로 카피해오거나 시스코의 홈페이지에서 필요한 IOS를 다운로드하는 방법이 있습니다. (물론 아무나 시스코 홈페이지에 가서 필요한 IOS를 카피해오진 못하겠죠? 권한이 있는 유저만 가능합니다.)

❷ 일단 필요한 IOS 이미지를 PC로 복사해오고 나면 적당한 디렉토리에 저장합니다.

❸ PC에 TFTP 서버 프로그램을 구동시킵니다. 이 PC를 TFTP 서버로 동작시키기 위해서입니다. [그림 7−27]은 Cisco의 TFTP 서버 화면입니다. 윗줄에 있는 메뉴 중에서 View라는 것을 누르면 Option이 나오는데, 이것을 누르게 되면 가운데 보이는 것처럼 창이 하나 뜹니다. PC용 TFTP 서버를 처음 사용하는 경우에는 항상 이 부분에 주의해야 합니다. 즉 TFTP Server Root Directory 세팅입니다. TFTP 서버의 루트 디렉토리를 어디로 세팅할 것인가를 정하는 것으로, 라우터는 나중에 여기서 정해 놓은 루트 디렉토리에 가서 IOS 이미지 파일을 찾게됩니다. 따라서 IOS 이미지가 저장된 디렉토리를 TFTP Server Root Directory로 만들어야 합니다. 만약 이 세팅이 제대로 되지 않았다면 라우터는 TFTP 서버로부터 IOS 이미지를 찾지 못할 것입니다. 따라서 이 부분이 아주 중요합니다.

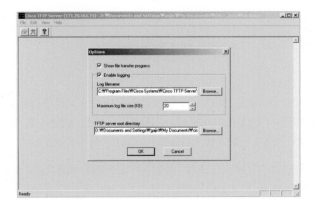

| 그림 7−27 |
TFTP 서버의 구성

❹ 다음은 네트워크 구성을 확인해야 합니다. [그림 7−28]을 보면 네트워크 구성이 어떻게 되는지를 한눈에 알 수 있습니다. 즉 TFTP 서버는 라우터와 네트워크로 연결되어 있어야 합니다. 다시 말해서 Ping이 가능해야 합니다.

그림에서는 TFTP 서버와 라우터가 같은 네트워크에 위치하고 있지만, 네트워크가 달라도 IOS 이미지를 다운로드하는 것은 가능합니다. 다만 여러 네트워크를 거치다 보면 속도가 느려질 가능성이 있기 때문에 가능하면 동일한 네트워크상에서 TFTP 서버를 두는 것을 권장합니다.

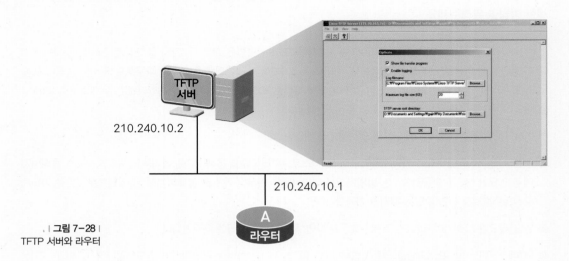

210.240.10.2

210.240.10.1

| 그림 7-28 |
TFTP 서버와 라우터

A
라우터

⑤ 일단 PC에 IOS 이미지가 있고, 이 PC가 TFTP 서버로 동작하며, TFTP 서버와 라우터 간에 핑이 된다면 드디어 라우터의 IOS 이미지를 다운로드할 준비가 끝난 것입니다. 따라서 이제는 라우터로 가서 IOS 이미지를 업그레이드만 하면 됩니다. 자, 라우터의 프리빌리지드 모드에 들어갑니다. 그리고 copy tftp flash, 즉 TFTP 서버에 있는 파일을 라우터의 플래시 메모리로 가져오겠다는 명령을 줍니다.

```
Router#copy tftp flash
Address or name of remote host [ ]? 210.240.10.2
Source filename [ ]? c800-g3-mw.120-3.T1
Destination filename [c800-g3-mw.120-3.T1]?
Accessing tftp://150.100.1.1/c800-g3-mw.120-3.T1...
```

그러면 라우터는 TFTP 서버의 IP 주소를 물어봅니다. 이때 우리가 TFTP 서버로 구성해 놓은 PC의 IP 주소를 넣어준 후 복사할 IOS 이미지 파일의 이름을 적어주면 됩니다. 물론 이 이름의 파일은 PC, 즉 TFTP 서버의 루트 디렉토리(아시죠? TFTP 세팅에서 루트로 만들어 놓은 디렉토리 말입니다.)에 들어있어야 합니다.

그다음은 라우터에 어떤 이름으로 저장할지를 묻게 되는데, 대부분은 같은 이름으로 저장하면 됩니다. 모든 입력이 끝나면 그때부터 복사가 시작되는데, 만약 플래시 메모리에 이미 다른 이미지가 들어있다면 라우터는 이 파일을 지워도 되는지 묻게 됩니다. 업그레이드니까 지워도 상관없겠죠? 그 질문에 대답하면 바로 삭제를 시작하고 삭제가 끝난 후 비로소 TFTP 서버로부터 파일을 다운로드합니다. 모든 파일을 다운로드하고 나면 라우터는 이 파일을 제대로 다운로드했는지 검증해 본 후 모든 과정을 마치게 됩니다.

두 번째 방법은 라우터 대 라우터의 업그레이드 방법입니다.

라우터 대 라우터로 라우터의 OS, 즉 IOS를 업그레이드하는 경우에는 주로 TFTP를 이용한 방법을 사용합니다. 전에도 TFTP에 대해서는 한번 설명드렸습니다. 즉 라우터를 서로 네트워크를 통해서 연결한 후 하나는 TFTP 서버로 동작하게 하고, 나머지 하나는 TFTP 클라이언트로 동작하게 하는 겁니다.

자, 그럼 어떤 명령을 이용해서 이렇게 서로간에 다운로드할 수 있는지 한번 보겠습니다.

먼저 TFTP 서버가 될 라우터에 가서 현재 이 라우터가 가지고 있는 이미지 파일의 이름을 확인하는데, 이때 사용하는 명령이 sh flash입니다.

```
Router#sh flash
Directory of flash:/


  0 ----      49096  Nov 03 1998 01:14:21  TinyROM-1.0(2)
  1 -r-x    2470740  Mar 09 1999 00:18:52  c800-g3-mw.120-3.T1


12582912 bytes total (10027008 bytes free)
Router#
```

여기서 다운로드할 IOS 이미지 파일의 이름이 c800-g3-mw.120-3.T1이란 것을 알게 되었습니다. 이번에는 구성 모드로 들어갑니다.

```
Router#conf t
Enter configuration commands, one per line. End with CNTL/Z.
Router(config)#tftp-server flash c800-g3-mw.120-3.T1
Router(config)#^Z
Router#
```

즉 tftp-server flash 〈image file-name〉을 입력하면 됩니다. 이제 TFTP 서버쪽에서 해줄 일은 모두 끝났습니다. 이번에는 TFTP 클라이언트, 즉 라우터 소프트웨어를 업그레이드해야 하는 라우터에 가서 copy tftp flash라는 명령을 수행합니다.

```
Router#copy tftp flash
Address or name of remote host [ ]? 150.100.1.1
Source filename [ ]? c800-g3-mw.120-3.T1
Destination filename [c800-g3-mw.120-3.T1]?
Accessing tftp://150.100.1.1/c800-g3-mw.120-3.T1...
```

copy tftp flash를 입력하면 맨 먼저 TFTP 서버의 IP 주소를 물어봅니다. 그러면 우리가 아까 TFTP 서버로 만들어 주었던 라우터의 IP 주소를 여기에 입력합니다. 이때 물론 서버 역할을 하는 라우터와 카피를 받아와야 하는 클라이언트 라우터는 핑이 되어야 합니다. 즉 네트워크로 연결되어 있어야 한다는 겁니다.

그다음은 TFTP 서버에서 우리가 지정해 주었던 이미지 파일 이름을 물어봅니다. 아까 TFTP 서버에서 입력한 파일 이름을 그대로 써주면 됩니다.

이번에는 현재 라우터에 TFTP 서버로부터 받아온 파일을 저장할 때 어떤 이름으로 저장해야 할지를 물어봅니다. 대부분은 가져온 이름, 즉 source file name을 그대로 사용합니다.

모든 입력이 끝나면 드디어 라우터는 TFTP 서버 라우터를 찾아서 다운로드를 받기 시작합니다. 이때 클라이언트 라우터에 플래시 메모리가 모자라면 기존의 IOS는 지워지게 됩니다. (지워도 되는지를 물어봅니다.)

모든 절차가 끝나면 파일 전송이 일어나고, 파일 전송이 끝나고 나면 TFTP 클라이언트 라우터의 IOS 이미지는 업그레이드가 됩니다.

이해가시죠? 라우터를 만지다 보면 처음에는 IOS 이미지를 업그레이드하거나 바꿀 일이 별로 없을 겁니다.

하지만 결국 한두 번쯤은 경험을 하게 되는데, 의외로 이 부분에 대해서 잘 모르시는 분이 많습니다. 아마 경험이 없기 때문입니다. 여러분도 알아두면 분명히 도움이 되실 겁니다.

16
SECTION

라우터의 구성 명령에 대한 버전별 정리

여기에서는 라우터의 구성 명령에 대해 정리해보겠습니다. [그림 7-29]를 보면 시스코 IOS 이미지 버전 11.0 이상에서 사용되는 구성 명령이 나와 있습니다. 라우터를 처음 접하는 분들께는 상당히 도움이 되는 그림이라고 생각합니다. 저 역시 처음에 라우터를 만지면서 굉장히 힘들었던 것이 바로 이 부분이었습니다. 너무 비슷비슷한 명령이 많아서 하나하나 배울 때는 이해를 하다가도 막상 서로를 비교해보려고 하면 잘 안되었던 기억이 납니다. 여러분도 아마 마찬가지일 것입니다. (물론 다 이해하고 계신 분도 있겠죠? 그런 분은 빼구요.)

만약 아직까지 예전의 저처럼 라우터에 대한 구성 명령이 확실치 않다면 이번에 정리를 해보기 바랍니다. 또 하나 여기서 보이는 것처럼 시스코 라우터의 명령은 버전에 따라서 차이가 약간 있습니다. 우리가 지금 사용하고 있는 윈도우의 명령 역시 윈도우 95냐, 윈도우 98이냐, 윈도우 2000이냐, 아니면 윈도우 XP냐에 따라 약간의 차이가 있는 것과 마찬가지라고 생각하면 편합니다.

아무튼 그러다 보니 한 가지도 정리를 잘 못하는데 자꾸 여러 가지 명령이 나와서 고생되실 겁니다. 현재 시스코 라우터의 운영체제인 IOS(Internetwork Operating System) 버전은 12.3 정도까지 나와 있습니다. 그런데 여기서 보는 것처럼 라우터의 구성에 관련된 명령은 11.0 버전 이상과 이하에서 약간의 차이를 보입니다. 하지만 여러분은 이제 이 둘 중에서 11.0 이상 버전용 명령만 아셔도 큰 어려움은 없을 겁니다.

요즘 사용하는 대부분의 라우터가 모두 11.0 버전 이상이기 때문입니다. 혹시나 하는 마음에 11.0 버전 이하를 넣어둔 거니까 참고만 하면 됩니다.

그림에서 보는 것처럼 오른쪽에 있는 네모들이 라우터에 있는 메모리들 중에서 라우터의 구성 파일을 저장할 수 있는 곳입니다. 쉽죠? 당연히 NVRAM(Nonvolatile Random Access Memory)이 있구요, 라우터가 동작하면서 구성 파일이 올라왔다가 라우터가 꺼지면 지워지는 곳이 RAM입니다. 라우터 안에서 구성 파일은 이 두 곳에만 저장된다고 보면 됩니다.

자, 이 구성 파일을 보는 명령을 볼까요?

먼저 램에 저장된 구성 파일을 콘솔이라고 하는 PC에서 보는 명령이 바로 show running config입니다. 여기서 콘솔이란, 라우터에 접속해서 구성을 변경하는 PC를 말합니다. 따라서 콘솔 케이블로 연결했건, 아니면 텔넷으로 접속했건 모두를 포함한다고 생각하면 됩니다.

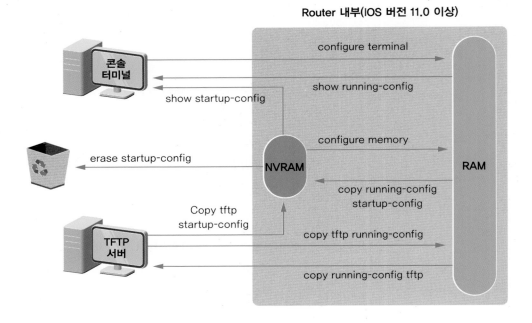

Router 내부(IOS 버전 11.0 이상)

| 그림 7-29 |
라우터의 구성 명령 정리
– IOS 버전 11.0 이상

그렇다면 콘솔에서 넣어준 명령을 라우터의 RAM쪽에 보낼 때는 어떤 명령을 쓸까요? 바로 configure terminal입니다. 언뜻 이해가 안 가실지 모르겠습니다. 자, configure terminal이 뭐하는 명령인지는 아시죠? 프리빌리지드 모드에서 라우터를 구성할 때 쓰는 명령이죠.

즉 콘솔에서 내린 명령이 라우터로 들어가는 겁니다. 정확히 말하면 라우터의 runningconfig 를 바꾸는 것이니까 라우터의 램에 구성 파일을 넣는 것이라고 볼 수 있는 겁니다.

이해가시죠?

NVRAM과 RAM 간의 관계를 한번 볼까요?

RAM에 있는 구성 파일을 NVRAM으로 보내는 명령이 뭘까요? RAM에 있는 구성 파일인 running-config를 NVRAM에 있는 startup-config로 복사해 주는 겁니다. 그래야 라우터가 꺼져도 구성 파일이 저장되겠죠?

이번에는 반대의 경우입니다. 이런 가정을 해보죠. 콘솔로 configure terminal을 해서 라우터의 구성 파일(running-config겠죠.)을 변경했습니다. 라우터의 구성 파일을 변경하면 이 구성이 적용되는 시점이 언제인 줄은 아시죠? 바로 한 줄을 입력하고 [Enter]를 두드리는 순간 적용됨니다. 이렇게 구성 파일을 한참 변경하다 보니까 뭔가 실수를 해서 이 구성 파일을 변경 전으로 돌려놓고 싶은 상황이 왔다고 가정하겠습니다. 물론 하나하나를 다 기억했다가 원상태로 바꿔주면 되겠지만 시간이 걸리겠죠? 이때 변경한 구성 파일(running-config)을 아직 NVRAM에 저장하지 않았다면 NVRAM에 있는 구성 파일(startup-config)은 변경 전의 구성을 가지고 있을 겁니다. 그렇죠? (즉 이 경우 startup-config와 running-config의 내용이 서로 다릅니다.)

따라서 구성을 원래대로 바꾸고 싶다면 변경 전의 내용이 담긴 startup-config를 다시 불러와서 running-config로 덮어 씌우면 되는데, 그때 쓰는 명령이 바로 configure memory입니다. 자주 사용되는 명령은 아니지만 알아두면 분명히 도움이 될 겁니다. 물론 이 방법 이외에도 라우터를 껐다가 켜면 변경했던 구성 파일은 어차피 램에 있던 거니까 날아갈 것이고, NVRAM에 있던 기존의 구성 파일이 올라오기 때문에 예전 상태로 돌릴 수 있겠지만, 라우터를 껐다가 켜지 않고도 이 명령만 알면 되기 때문에 훨씬 편리할 것입니다.

TIP

실제 라우터에서 구동되고 있는 구성 파일은 running config입니다. 하지만 라우터를 껐다 켰을 경우에는 startup-config를 이용해서 다시 동작하게 됩니다.

NVRAM에 저장된 구성 파일을 콘솔 PC에서 보는데 사용되는 명령이 show startup-config라는 것은 다 아시죠?

만약 NVRAM에 저장된 구성 파일을 아예 지워버리고 싶다면 그림에서와 같이 erase startup-config라고 명령하면 됩니다. 그럼 running-config를 지우려면 어떻게 할까요? 그냥 라우터를 껐다가 켜면 지워지겠죠? 맞습니다. running-config는 램에 저장된 정보이기 때문에 파워를 끄면 날아가 버립니다. 그래서 파워를 꺼도 구성 파일이 지워지지 않는 NVRAM이 필요합니다. 따라서 라우터를 껐다가 켜면 항상 램에 있던 구성 파일은 지워지고 NVRAM에 있는 구성 파일이 다시 램으로 올라오게 되는 겁니다.

이처럼 우리가 자주 사용하는 콘솔용 PC 이외에 구성 파일을 안전한 곳에 저장해 두고 싶을 때 사용하는 것이 바로 TFTP 서버를 이용한 구성 파일의 백업입니다. 여기 그림에서 보는 것처럼 TFTP 서버는 RAM과 NVRAM에 있는 구성 파일을 백업하고 Restore해줄 수 있는 기능을 가지고 있습니다. 자주 사용하는 명령은 아니지만 한번 봐두면 도움이 될 겁니다.

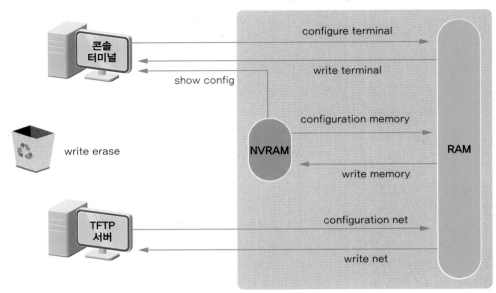

Router 내부(IOS 버전 11.0 이하)

콘솔
터미널

configure terminal

write terminal

show config

write erase

NVRAM

configuration memory

RAM

write memory

TFTP
서버

configuration net

write net

| 그림 7-30 |
라우터의 구성 명령 정리
– IOS 버전 11.0 이하

⚙ TIP

버전 11.0 이하에서 사용되
는 명령은 상위 버전에서도
사용이 가능하지만, 상위 버
전용 구성 명령은 하위 버전
에서는 사용이 불가능합니다.

[그림 7-30]은 IOS 버전 11.0 이하에서 사용하는 명령을 정리했습니다. 같은 개념이고 명령만 달라진 것이니까 한번 읽어보기 바랍니다. 여기에서 나오는 이 명령은 현재 사용하는 11.0 이상의 버전에서도 모두 통용이 가능합니다. 따라서 아직도 이 명령을 자주 사용하는 분들도 있습니다. (저도 가끔은 이 명령을 씁니다. 더 짧고 편하거든요.)

자, 이 정도면 여러분은 구성에 대한 명령은 한번 정리하신 겁니다.

라우터를 알아보기 쉽게 만드는 몇 가지 명령

라우터를 이것저것 살펴보다 보면 이 라우터가 무슨 라우터인지, 내가 지금 어떤 라우터를 만지고 있는지 가끔 혼돈될 때가 있습니다. 이럴 때를 대비해서 이번에는 라우터에 무언가 표시를 해둠으로써 좀 더 편리하게 라우터를 이용할 수 있게 하는 몇 가지 방법을 알아보겠습니다.

어쩌면 이미 여러분이 알고 있는 내용일지도 모릅니다. 벌써 일부 라우터는 우리가 계속 써오고 있던 것입니다.

그 첫 번째가 라우터에 이름을 주는 것입니다. 라우터에 이름을 주자! 예전에 어떤 곳에 라우터를 설치하러 갔는데, 그 회사는 조금 특이한 작명 규칙(?)을 가지고 있더군요. 예를 들어 전국에 설치된 라우터의 이름을 모두 별 이름으로 하는 것입니다. 목성, 지구, 토성…, 그리고 전국에 설치된 서버의 이름은 모두 나무나 꽃의 이름으로 만들었습니다. 소나무, 장미, 백합…, 삭막한 컴퓨터의 이름에 별 이름과 나무와 꽃의 이름을 만들어준다는 것이 참 멋져 보였습니다.

하지만 이렇게 되면 어느 꽃이 어디 있는 서버인지, 그리고 어느 별이 어디 있는 라우터인지는 다시 다 외워야겠죠? 그래서 보통은 라우터나 서버의 이름에는 이 장비의 위치나 특징, 하는 일 등에 대한 내용이 들어있곤 합니다. 예를 들어 서울의 데이터센터에 설치된 라우터의 이름을 'Seoul-CR1' 뭐 이렇게 만들면 '이건 서울에 있고 센터의 1번 라우터구나!'라는 것을 알 수 있습니다. 물론 라우터의 이름을 길게 만들어도 되지만, 이 경우에는 나중에 라우터 이름을 사용할 때 더 불편할 수 있기 때문에 너무 긴 것도 좋지 않습니다. 암튼 라우터의 이름은 그 라우터를 구별할 수 있게 해주는 아주 중요한 요소 중 하나입니다.

그럼 라우터의 이름을 어떻게 주는지는 다 아시죠? 자, 라우터의 프리빌리지드 모드에서 구성 모드로 들어갑니다.

```
Router#conf t
Enter configuration commands, one per line. End with CNTL/Z.
Router(config)#
```

이제 라우터의 이름을 Rack03R1으로 입력해보겠습니다. 즉 랙 번호 3번에 설치된 1번 라우터를 의미합니다.

```
Router(config)#hostname Rack03R1
Rack03R1(config)#
```

이렇게 라우터의 이름을 이용해서 라우터를 구분하는 방법이 있습니다.

또 다른 방법으로는 배너를 이용한 방법입니다. 배너를 사용하면 라우터에 접속된 시점에서 배너가 나타납니다. 따라서 이 라우터에서 어떤 일을 한다든지, 아니면 경고성 멘트 같은 것들을 배너로 넣어두면 라우터에 들어오는 모든 사람들이 그 배너를 보도록 하는 것입니다. 배너를 한번 입력해 보겠습니다. 참고로 시스코 라우터에서 배너는 영어로 입력해야 합니다. 아직 한글은 지원을 안 한다고 하네요.

```
Rack03R1#conf t
Enter configuration commands, one per line. End with CNTL/Z.
Rack03R1(config)#banner motd # This is Seoul Router Rack03 Router no 1#
Rack03R1(config)#
```

TIP

라우터 구성 시에 Description을 사용하면 나중에 라우터 구성을 쉽게 이해할 수 있고 AS 시에도 도움이 됩니다. 따라서 Description을 사용하는 버릇을 들이시기 바랍니다.

사용하는 명령은 banner motd 명령입니다. motd는 Message Of The Day를 줄여서 쓴 것이라고 합니다. 암튼 그리고 나서는 베너가 시작되는 걸 알리는 파라미터가 쓰이는데, 이를 'Delimiter(구분자)'라고 합니다. 여기서는 #을 사용했습니다.

따라서 banner motd 다음에 #을 하고, 쓰고 싶은 말을 쓰는 겁니다. 쓸 말을 다 쓰고 나면 맨 마지막에 다시 #을 함으로써 배너가 끝났음을 표시해야 합니다.

세 번째 방법으로는 각 인터페이스에 설명을 달아주는 용도로 주로 사용되는 Description이 있습니다. 어떤 인터페이스가 어디로 연결된 인터페이스이고, 이 인터페이스는 무슨 용도로 사용되고 있는지에 대해서 간단한 설명을 달아두면 나중에 인터페이스를 변경하거나 확인할 때 아주 많은 도움이 됩니다. 여러분들도 지금부터 라우터를 구성하면서 이런 인터페이스 Description 명령을 사용하는 버릇을 들이기 바랍니다. 저는 이것이 버릇이 안 되서 지금도 이 명령을 쓰는 것이 별로 익숙하지 않아 맨날 빼먹고, 나중에 '이게 어디로 연결된 거지?' 하고 찾기 일쑤입니다.

인터페이스에 Description을 주기 위해서는 다음을 수행합니다.

```
Rack03R1#conf t
Enter configuration commands, one per line. End with CNTL/Z.
Rack03R1(config)#interface serial 0
Rack03R1(config-if)#description To access Pusan Router Serial 0
```

이렇게 구성해 놓으면 나중에 시리얼 0 인터페이스를 보면 '아, 이 라우터는 부산 라우터의 시리얼 0 인터페이스와 접속되어 있구나!'라고 알 수 있습니다.

어떠세요? 꼭 필요한 기능 같죠? 여기서 배운 몇 가지 명령은 사실 라우터를 구성하고 라우팅 테이블을 만드는 것과는 전혀 상관이 없는 명령입니다. 즉 라우터 이름을 쓰건 말건, 배너를 넣건 말건, 그리고 디스크립션을 해주건 안 해주건, 라우터의 성능과 기능에는 아무 영향을 안 준다는 것입니다. 하지만 이것을 잘 해줌으로써 나중에 라우터를 관리할 때 많은 시간을 절약해줄 수 있게 됩니다. 원래 처음엔 조금 느린 사람이 나중엔 빠른 겁니다. 저는 이런 명령에 익숙치 않다 보니 처음엔 조금 빠르지만 나중엔 정리가 안 돼서 고생을 많이 했던 기억이 납니다.

여러분은 안 그러시겠죠?

방화벽에 대한 이야기

이번 시간에는 요즘 말이 많은 방화벽에 대해서 좀 알아보겠습니다.

제가 처음 네트워크를 구축하러 돌아다니던 시절에만 해도 방화벽이라는 그 개념조차도 없었던 것 같습니다. 인터넷도 별로 활성화되지 않았고 또 해킹을 한다는 것 자체가 너무 어려운 기술이었기 때문입니다. 하지만 지금은 어떻습니까? 인터넷을 안 쓰는 곳이 없습니다. 인터넷으로 접속만 하면 못 가볼 데가 없습니다. 또 해킹 기술은 어떨까요? 한마디로 정말 쉬워졌습니다. 옛날 같으면 혼자 어려운 프로그램을 짜고, 서버에 대한 전문 기술, OS에 대한 전문 기술 등을 공부해서 완벽하게 이해하고 응용해야만 해킹이 가능했지만, 지금은 그렇게 다 필요 없죠. 남들이 다 만들어놓은 프로그램으로 해킹이 가능하기 때문에 해커가 되는 건 정말 쉬운 일이 되어 버렸습니다. 이처럼 해킹이 쉬워지고 보안이 중요시되면서부터 나오기 시작한 방화벽은 말 그대로 외부로부터의 불법적인 침입을 막기 위해서 만든 장비 또는 프로그램입니다.

원래는 보안 프로그램이라고 하는 것이 맞는데, 이 프로그램 중에서 초기에 시장 점유율이 가장 높았다는 이스라엘의 체크포인트 사에서 만든 제품 이름이 'FireWall'이라서 사람들이 '방화벽' 또는 'Fire Wall'이라고 합니다. (요즘은 이 제품 말고도 많은 제품이 나와서 경쟁하고 있기 때문에 현재 시장 점유율을 말씀드리진 못하겠네요.)

요즘은 네트워크를 구성하면서 보안을 빼먹는 곳이 없을 만큼 보안의 중요성은 날로 증대되어 가고 있습니다. 여기서 설명드리려는 방화벽뿐만 아니라 외부로부터의 침입 의도를 찾고 자동으로 방어하며, 침입 후에 그 흔적을 찾도록 하는 침입 탐지 시스템(Intrusion Detection System 또는 IDS)은 보통 사무실이나 건물에 설치된 감시 카메라와 같이 네트워크의 감시 카메라 역할을 하는 장비입니다. 또 네트워크의 이상 유무를 미리 점검해보고 어디가 약점인지, 어떤 것을 보완해야 하는지를 리포트하는 보안 스캐닝 소프트웨어 등도 있습니다. 아마 자주 듣게 되실 겁니다.

아무튼 이런 방화벽 프로그램은 네트워크를 세 개로 분류해서 하나는 외부, 또 하나는 내부, 그리고 나머지는 DMZ(비무장지대) 존으로 구분하는 것이 대부분입니다.

그리고 내부 네트워크는 외부에서는 완전히 보이지 않도록 하고 DMZ 존에는 외부에 공개해야 하는 서버들, 즉 메일 서버, 웹 서버 등을 위치시킵니다. 따라서 외부에서는 내부 네트워크는 전혀 보이지 않고 단지 DMZ 존만을 부분적으로 볼 수 있게 됩니다. 이렇게 하면 완전한 보안이 가능하게 됩니다.

대부분의 보안 프로그램이 이러한 개념을 이용하고 있습니다. 이런 프로그램들은 주로 유닉스 서버에 설치되는데, 서버의 성능 또한 중요합니다. 왜냐하면 보안 서버가 죽게 되면 모든 외부 통신이 두절되기 때문입니다. 즉 문지기가 죽을 때는 문을 걸어 잠그고 죽는 거죠.

물론 라우터 안에서도 보안 기능을 작동시킬 수 있는데, 가장 일반적인 보안 기능이 바로 Access List입니다. 아마 들어보신 분 있으실 겁니다.

하지만 Access List는 OSI 7 Layer에서 볼 때 Network Layer 정도까지만 보안한다는 단점을 가지고 있기 때문에 완전한 보안을 기대할 수는 없습니다. 따라서 완벽한 보안을 위해서는 Access List 이외에 또 다른 보안 솔루션이 필요하게 되는데, 요즘은 라우터에서도 완벽한 보안 기능의 설정이 가능합니다. (여기서 말씀드리는 라우터는 시스코 라우터입니다.) 물론 보안 기능을 제공하는 IOS를 설치한 다음에 말입니다.

그렇다면 라우터에 보안이 완벽한데 왜 따로 방화벽 장비를 살까요? 그것은 바로 라우터의 일이 많아지기 때문입니다. 라우터에서 라우팅도 하고, 보안도 하고, 또 다른 일도 하다 보면 라우터는 너무 일이 많아서 자칫 성능이 떨어질 수 있습니다. 따라서 라우터에 별로 일이 없는 경우는 라우터가 보안까지 챙기도록 구성하고, 만약 라우터가 많은 일을 해서 성능 저하가 걱정되는 경우에는 전문적인 방화벽 장비를 두어야 하는 것입니다.

전에는 라우터만 알면 네트워크 엔지니어로서 남부럽지(?) 않았지만 이제는 정말 알아야 될 게 많은 세상입니다.

그렇죠?

17 디스턴스 벡터(Distance Vector)와 링크 스테이트(Link State)

SECTION

점점 더 어려운 말이 나오네요. 하지만 알고 보면 별것 아닌 이야기입니다. 뭐든지 그렇죠?

알고 보면 별것이 아닌데 괜히 말이 이상해서 어려울 것 같은 것들이 많죠? 네트워킹에서도 많은 말이 그렇습니다. 그러니까 여러분들은 어려워 보인다고 건너뛰지 말고 무슨 말인지 한 번쯤 읽어보면 좋겠죠?

자, 지금까지 우리는 라우팅 프로토콜에 대해서 배우고 있습니다. 생각을 한번 정리해볼까요?

라우팅 프로토콜은 여러분이 아시는 대로 '스태틱 라우팅 프로토콜'과 '다이내믹 라우팅 프로토콜'로 나누어볼 수 있다고 했습니다. 즉 사용자가 라우터에 목적지에 대한 경로를 직접 넣어주는 방식인 스태틱 라우팅 프로토콜과 라우터가 자동으로 가장 빠른 경로를 찾는 다이내믹 라우팅 프로토콜로 나누어지는 겁니다.

다이내믹 라우팅 프로토콜도 역시 AS(Autonomous System) 안에서 사용되는 IGP(Interior Gateway Protocol)와 AS 간에 사용되는 EGP(Exterior Gateway Protocol)가 있다고 말씀드렸습니다. 기억나시죠? 왜 있잖아요? AS는 하나의 네트워크 관리 지침을 따르는 라우터들의 집합이라고 말씀드린 거 생각나시죠? 그 AS 내부에서 경로 정보를 주고받는 라우팅 프로토콜을 IGP라고 말하는데 RIP, IGRP, OSPF, EIGRP 등이 여기에 속합니다. 또 AS와 AS 간에 라우팅을 해줄 때 주로 사용되는 EGP 라우팅 프로토콜에는 BGP가 있다는 것도 말씀드렸습니다.

또 하나의 라우팅 프로토콜에 대한 분류가 바로 이번에 배우실 디스턴스 벡터 알고리즘(Distance Vector Algorithm)과 링크 스테이트 알고리즘(Link State Algorithm)입니다. 즉 라우팅 테이블을 어떤 식으로 관리하는가에 따른 분류라고 생각하시면 됩니다.

먼저 디스턴스 벡터 알고리즘은 말 그대로 디스턴스(Distance, 거리)와 벡터(Vector, 방향)만을 위주로 만들어진 라우팅 알고리즘입니다. 따라서 라우터는 목적지까지의 모든 경로를 자신의 라우팅 테이블 안에 저장하는 것이 아니라 목적지까지의 거리(홉 카운트 등)와 그 목적지까지 가려면 어떤 인접 라우터(Neighbor Router)를 거쳐서 가야 하는지에 대한 방향만을 저장합니다.

따라서 인접 라우터들과 주기적(예를 들면 RIP의 경우 30초에 한 번)으로 라우팅 테이블을 교환해서 자신의 정보에 변화가 생기지 않았는지를 확인하고 관리합니다.

이러한 디스턴스 벡터 알고리즘은 한 라우터가 모든 라우팅 정보를 가지고 있을 필요가 없기 때문에 라우팅 테이블을 줄일 수 있어서 메모리를 절약하고, 또 라우팅의 구성 자체가 간단하며, 여러 곳에서 표준으로 사용되고 있다는 장점을 가지고 있습니다. 반면에 라우팅 테이블에 아무런 변화가 없더라도 정해진 시간마다 한 번씩 꼭 라우팅 테이블의 업데이트가 일어나기 때문에 트래픽을 쓸데없이 낭비하고, 라우팅 테이블에 변화가 생길 경우 이 변화를 모든 라우터가 알 때까지 걸리는 시간(이 시간을 네트워크에서는 Convergence Time이라고 합니다.)이 너무 느립니다. 그렇겠죠? [그림 7-31]에서처럼 라우팅 테이블의 변화가 생기면 이웃 라우터와 전달, 전달, 전달, 이렇게 일어나기 때문에 라우팅 테이블의 변화를 알아채는 데 걸리는 시간이 길어집니다. 뿐만 아니라 이렇게 느린 업데이트 때문에 RIP의 경우는 최대 홉 카운트가 15를 넘지 못하게 되어 있습니다. 즉 라우터 15개를 넘어서 있는 네트워크는 인식을 못하는 겁니다.

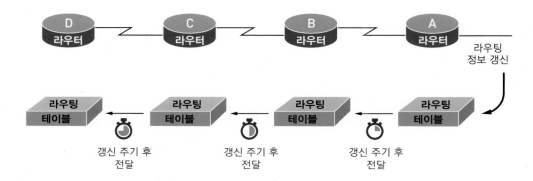

| 그림 7-31 |
디스턴스 벡터 알고리즘

이와 같은 여러 가지 단점 때문에 디스턴스 벡터 알고리즘은 커다란 네트워크에는 적용하지 않습니다. 다만 작은 규모의 네트워크에 적용할 경우에는 구성의 편리와 메모리의 절약 등의 장점을 살릴 수 있습니다. 대표적인 디스턴스 벡터 알고리즘에는 RIP(Routing Information Protocol)와 IGRP(Interior Gateway Routing Protocol)가 있습니다. 링크 스테이트(Link State) 알고리즘은 조금 다릅니다. 즉 이 알고리즘은 한 라우터가 목적지까지의 모든 경로 정보를 다 알고 있다고 생각하면 됩니다. [그림 7-32]에서처럼 링크 스테이트 알고리즘은 먼저 링크에 대한 정보(어디에 어떤 네트워크가 있고, 거기까지 가려면 어떤 라우터를 통해야 한다는 정보)를 토폴러지 데이터베이스로 만들게 됩니다.

이렇게 만들어진 토폴러지 데이터베이스를 가지고 라우터는 SPF(Shortest Path First)라는 알고리즘을 계산하게 됩니다. SPF는 말 그대로 어디로 가야 가장 빨리갈 수 있는가를 계산하는 겁니다. 이 계산 결과를 가지고 라우터는 SPF 트리를 만들게 됩니다. SPF 트리란, 출발지에서 목적지까지를 마치 나뭇가지처럼 펼쳐놓은 후 가장 빠른 경로를 찾아가는 방식입니다. (이 부분은 뒤에서 다시 자세히 설명드리겠습니다.) 이렇게 트리가 만들어지면 라우터는 그 트리 정보를 이용해서 라우팅 테이블을 만들게 됩니다.

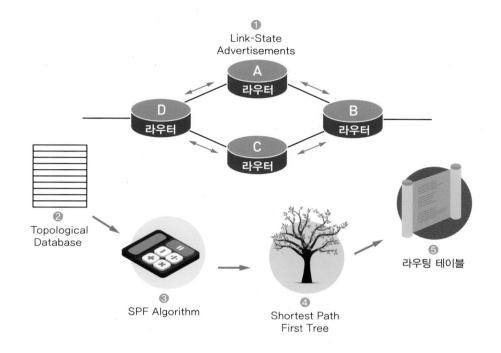

| 그림 7-32 |
링크 스테이트 알고리즘

링크 스테이트 알고리즘은 한 라우터에서 목적지까지의 모든 경로를 알고 있기 때문에 중간에 링크의 변화가 생겨도 이를 알아내는 데 걸리는 시간이 짧습니다. 또한 이웃 라우터들과 라우팅 테이블을 교환하는 과정에서도 모든 라우팅 테이블을 교환하는 디스턴스 벡터 방식과는 달리 라우팅 테이블의 교환이 자주 발생하지 않고, 또 교환이 일어나는 경우에도 테이블에 변화가 있는 것만을 교환하기 때문에 트래픽 발생을 줄여줄 수 있습니다.

하지만 링크 스테이트 방식의 경우 라우터가 모든 라우팅 정보를 관리해야 하기 때문에 메모리를 많이 소모하게 되고, 또 SPF 계산 등 여러 가지 계산을 해야 하기 때문에 라우터 CPU가 일을 많이 해야 합니다. 따라서 링크 스테이트 알고리즘은 커다란 네트워크에 설치되는 고용량 라우터에 적용하는 것이 바람직하다고 볼 수 있습니다. 대표적인 링크 스테이트 알고리즘에는 OSPF(Open Shortest Path First) 라우팅 프로토콜이 있습니다.

TIP

OSPF는 좋은 경로를 찾기 위해 SPF 알고리즘을 사용하는데, 이 계산 과정이 DistanceVector 알고리즘보다 복잡하기 때문에 메모리도 많이 사용하고 CPU에 부담도 더 많이 주게 됩니다.

자, 배운 것을 한번 정리해볼까요?

라우팅 테이블을 유지 관리하는 방식은 크게 2가지로 나눌 수 있는데, 하나는 디스턴스 벡터이고, 또 하나는 링크 스테이트 방식이다. 디스턴스 벡터는 거리와 방향만 유지하며 라우터는 이웃 라우터와 주기적으로 라우팅 테이블을 교환한다.

이 방식은 메모리가 적게 들고 구성이 쉽지만, 링크 변동 시 인식 시간이 길고 네트워크 크기(홉카운트)에 제한이 있다. 링크 스테이트는 라우터가 목적지까지의 모든 경로를 알기 때문에 링크 변동에 따른 인식이 빠르고, 라우팅 테이블의 교환 주기가 길며, 교환 시에도 링크 변동이 일어난 라우팅 테이블만 교환하기 때문에 트래픽이 적다. 또한 대형 네트워크에 적합하다. 하지만 메모리의 소모가 많고 CPU의 로드가 많다.

이상입니다.

SPF-Shortest Path First(최단 경로 우선) 알고리즘

사실 SPF 알고리즘에 대해서 설명드리려고 하면 너무 어려워서 이해하기 힘드실지도 모르겠습니다. 하지만 링크 스테이트 알고리즘을 설명하다 보면 분명히 SPF라는 알고리즘이 나오는데, 혹시 궁금하신 분이 있을지 몰라서 그런 분들만을 위해서 심화 학습을 하나 만들어 봤습니다. 따라서 궁금한 분들만 보고 나머지 분들은 그냥 이렇구나 하고 넘어가도 됩니다.

[그림 7-33]에서 라우터 A는 Network 1에 직접 연결되어 있기 때문에 cost 0으로 도달 가능하다는 것을 알 수 있습니다. 여기서 cost란, 어떤 네트워크에 도착하기 위한 비용이나 시간 또는 로드 정도라고 생각하면 됩니다.

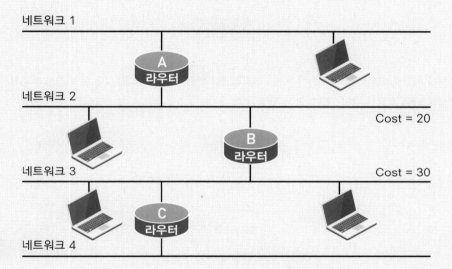

| 그림 7-33 |
SPF 알고리즘

라우터 A는 Network 2에도 cost 0으로 접속되며, 라우터 B에는 cost 20으로 접속됩니다. (즉 네트워크 2를 거쳐서 라우터 B로 가기 때문에 cost 20이 발생한 것입니다.)

라우터 B의 경우는 Network 2와 Network 3에 cost 0으로 접속되고, Router A에는 cost 20으로, Router C에는 cost 30으로 접속됩니다.

마지막으로 라우터 C는 Network 3과 Network 4에 cost 0으로 접속되고, Router B에는 cost 30으로 접속된다는 것을 알았습니다.

라우터 A	라우터 B	라우터 C
(N1−0)	(N2−0)	(N3−0)
(N2−0)	(N3−0)	(N4−0)
(RB−20)	(RA−20)	(RB−30)
	(RC−30)	

Link−State Database

표를 보면 이런 정보를 가지고 링크 스테이트 데이터 베이스를 만든 것을 알 수 있습니다.

이제 여기 나온 데이터베이스를 이용해서 SPF 트리를 만들고 그 트리에 따라서 라우팅 테이블을 만들면 됩니다. 여기서 SPF 계산은 생략했습니다. 그 대신 계산에서 나온 값 cost를 그대로 사용하겠습니다.

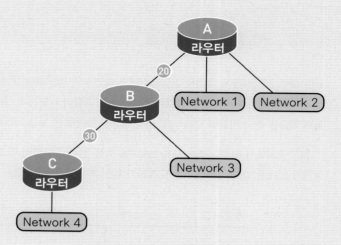

| 그림 7-34 |
라우터 A의 SPF 트리

[그림 7-34]는 라우터 A를 트리의 루트에 두고 각 목적지까지의 코스트를 계산한 트리입니다. 이 트리를 이용해서 라우터 A에 대한 라우팅 테이블을 다음의 표와 같이 만들어볼 수 있습니다.

Destination	Next Hop	Metric
N1	Direct	0
N2	Direct	0
N3	Router B	20
N4	Router B	50

라우터 A에 대한 라우팅 테이블

아시죠? 여기서 N1~N4는 네트워크를 나타냅니다. Next Hop이란 바로 이웃하는 라우터를 의미합니다. 즉 목적지까지 가려면 어떤 라우터를 거쳐야 하는가를 의미합니다.

[그림 7-35]에서처럼 이번에는 라우터 B를 루트로 하는 트리를 만듭니다. 이제 여러분이 해보실 수 있겠죠?

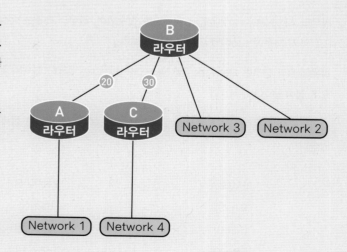

| 그림 7-35 |
라우터 B의 SPF 트리

Destination	Next Hop	Metric
N1	Router A	20
N2	Direct	0
N3	Direct	0
N4	Router C	30

라우팅 B에 대한 라우팅 테이블

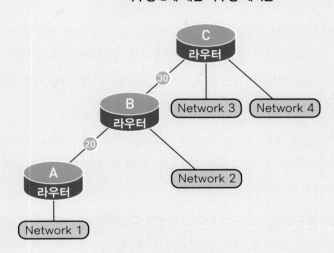

| 그림 7-36 |
라우터 C의 SPF 트리

Destination	Next Hop	Metric
N1	Router B	50
N2	Router B	30
N3	Direct	0
N4	Direct	0

라우터 C에 대한 라우팅 테이블

지금까지 보신 대로 Link-State Database로부터 각 라우터는 자신을 루트로 하는 shortest path tree를 만듭니다. 그리고 tree의 각 node는 루트로부터 정점까지의 shortest하고 best cost한 path로 보이게 됩니다. 일단 tree가 만들어지면 next hop의 set은 연관된 destination과 cost로써 인식되어집니다. shortest path tree와 이 결과로 만들어진 routing table들을 보시면서 SPF를 이용한 라우팅 테이블의 작성에 대해서 이해하시기 바랍니다.

≫ 알고 갑시다!

자, 결론을 내려볼까요?
각 Router들은 공통의 Link-State Database로부터 자신을 루트로 하는 각각의 트리를 구성한 후 이 트리로부터 routing table을 만들어낸다. 그리고 그다음은 이 테이블을 이용하여 목적지까지의 경로를 구성하는 것이다.

18
SECTION

라우터의 패스워드 구성

여기에서는 라우터에 들어가는 패스워드는 뭐가 있고 또 어떤 특징이 있는지, 그리고 어떻게 세팅을 해주는지에 대해서 알아보기로 하겠습니다. 라우터에는 여러 가지 패스워드가 있습니다. 그냥 무심코 넘어가면 안 되는 것이 이 패스워드의 세팅인 만큼 이번 기회에 확실히 정리해 두기 바랍니다.

먼저 여러분이 잘 알고 계시는 enable password와 enable secret이 있습니다. 이 2가지에 대해서는 제가 전에도 몇 번 강조를 했습니다. 절대 혼돈하거나 잊어버리면 안 되는데, 혹시나 하는 마음에 다시 한 번 정리를 해볼까요?

먼저 이 두 패스워드는 모두 라우터의 유저 모드에서 라우터의 프리빌리지드(Privileged Mode) 모드로 들어가기 위한 패스워드입니다. 그럼 왜 패스워드가 두 개씩이나 필요할까요?

그건 두 명령에 약간의 차이가 있기 때문입니다. 아시는 것처럼 enable password는 라우터에서 구성해주면 패스워드가 라우터의 구성 파일에서 그대로 보이게 됩니다. 따라서 라우터의 패스워드를 잊어먹어도 구성 파일을 보면 다시 알 수 있다는 장점이 있는 대신에 이 구성 파일을 다른 사람이 봤을 경우 패스워드까지도 알아버리게 된다는 단점 역시 가지고 있습니다. 그러나 enable secret 명령으로 패스워드를 만들게 되면 패스워드는 바로 자동 암호화가 되어 구성 파일에서는 보이지 않게 됩니다.

또 하나 이들 두 명령의 특징은 만약 enable secret과 enable password를 동시에 세팅했을 경우에는 enable secret만 묻게 된다는 것입니다. 여기까지는 다 아시죠? 전에 한번 설명한 내용이므로 꼭 이해해 두기 바랍니다. enable password와 enable secret 세팅은 다음과 같습니다.

```
Rack03R1#conf t
Enter configuration commands, one per line. End with CNTL/Z.
Rack03R1(config)#enable pass Cisco
Rack03R1(config)#exit
Rack03R1#
00:54:11: %SYS-5-CONFIG_I: Configured from console by console
```

이렇게 구성을 마치고 show running—config를 수행하면

```
Rack03R1#sh run
Building configuration...

Current configuration:
!
hostname Rack03R1
!
enable password cisco
```

이렇게 보이지만, 만약 enable secret을 세팅할 경우에는 아래와 같이 암호화된 패스워드가 나타나게 됩니다.

```
Rack03R1#conf t
Enter configuration commands, one per line. End with CNTL/Z.
Rack03R1(config)#enable secret Cisco
Rack03R1(config)#exit
Rack03R1#
00:54:11: %SYS-5-CONFIG_I: Configured from console by console
```

이렇게 구성을 마치고 show running—config를 수행하면

```
Rack03R1#sh run
Building configuration...

Current configuration:
!
hostname Rack03R1
enable secret 5 $1$BfFO$sEG0J8dRCv7PTNScybJsb0
```

그다음으로 세팅하는 패스워드가 세 군데 있는데 하나는 콘솔, 또 하나는 Virtual Terminal, 즉 텔넷 접속 시의 패스워드이고, 마지막 하나는 AUX 포트 패스워드입니다. AUX 포트는 배운 기억이 나죠? 모뎀으로 접속하기 위해서 만든 포트라고 말씀드렸습니다.

그런데 이 세 개의 패스워드는 각각 각자의 구성 모드 안에 들어가서 명령을 입력해야지, 방금 전에 배운 enable password나 enable secret처럼 일반 구성 모드(Rack03R1(config)#)에서 입력하지 않습니다. 자, 이제부터 하나하나 배워보도록 하겠습니다.

먼저 콘솔 포트로 접속할 때 암호를 묻는 콘솔 패스워드 세팅입니다.

```
Rack03R1#conf t
Enter configuration commands, one per line. End with CNTL/Z.
Rack03R1(config)#line con 0
Rack03R1(config-line)#login
Rack03R1(config-line)#password cisco
```

위를 살펴보면 콘솔 패스워드를 입력하기 위해서는 먼저 line con 0이라는 명령을 입력해서 콘솔 구성 모드로 들어갑니다. 프롬프트가 Rack03R1(config)#에서 Rack03R1(configline)#로 바뀐 거 보이시죠? 즉 콘솔 구성 모드로 들어왔음을 의미합니다. 그럼 콘솔 구성 모드에서 다시 일반 구성 모드로 나가려면 어떻게 할까요? 네, 그건 전에 배웠죠? 바로 exit 명령입니다. 암튼 콘솔 구성 모드로 들어와서 login이란 명령을 입력했습니다. login이란 명령을 쓰지 않으면 콘솔에서 접속할 때 아무리 패스워드를 세팅했어도 패스워드를 묻지 않고 바로 접속시켜 버립니다. 따라서 만약 패스워드를 세팅하고자 하는 경우에는 반드시 login이란 명령도 같이 써주어야 합니다. 즉 바늘 가는 데 실 간다는 말처럼 패스워드 가는 데는 꼭 login이 간다고 생각하면 편합니다. 이 규칙은 버추얼 터미널에서의 패스워드 세팅이나 AUX 포트에서의 패스워드 세팅에서도 마찬가지로 적용됩니다.

다음은 버추얼 터미널과 AUX 포트에서의 패스워드 세팅입니다.

```
Rack03R1#conf t
Enter configuration commands, one per line. End with CNTL/Z.
Rack03R1(config)#line vty 0 4
Rack03R1(config-line)#login
Rack03R1(config-line)#password cisco
Rack03R1(config-line)#exit
Rack03R1(config)#line aux 0
Rack03R1(config-line)#login
Rack03R1(config-line)#password cisco
```

위의 구성을 보면 먼저 버추얼 터미널 패스워드를 세팅하고 있습니다. line vty 0 4라는 의미는 버추얼 터미널 번호 0번에서 4번까지에 대해서 모두 세팅하겠다는 의미입니다. 물론 vty 0번, vty 1번 식으로 따로따로 패스워드를 세팅하는 것도 가능하지만 이 경우에는 텔넷 접속 시에 어떤 vty 포트로 접속했다는 것을 알려주어야 하는 번거로움이 있어서 대개는 모든 버추얼 터미널 포트에 같은 패스워드를 적용합니다. 여기서도 마찬가지로 login 명령을 주었습니다.

이때 login 대신 login local이라는 명령을 줄 수 있습니다.

login은 앞에서 배운 대로 접속 시에 미리 세팅된 패스워드를 묻도록 한다고 되어 있습니다. 그런데 login local이라고 해두면 접속 시 미리 세팅된 사용자 아이디와 패스워드를 묻게 됩니다. 따라서 login 명령보다 한 수 위의 보안을 제공해 준다는 장점이 있습니다.

그럼 미리 세팅된 유저 아이디와 패스워드라고 했는데, 이것은 어디서 세팅할까요? 역시 라우터에서 세팅합니다. 한번 해볼까요?

여기에서는 약간 다른 구성이 보입니다. 즉 line vty 0 4에는 패스워드 세팅을 하지 않았습니다. 그리고 일반 구성 모드(Rack03R1(config)#)로 빠져나와서 username과 password를 입력했습니다.

```
Rack03R1#conf t
Enter configuration commands, one per line. End with CNTL/Z.
Rack03R1(config)#line vty 0 4
Rack03R1(config-line)#login local
Rack03R1(config-line)#exit
Rack03R1(config)#username ccna password cisco
```

⚙ TIP

콘솔에 세팅하는 타임아웃은 초 단위로 가능합니다. 여기서의 타임아웃 시간은 키보드를 누르는 간격입니다. Enter 를 누르는 간격이 아닙니다.

이렇게 구성해 놓으면 나중에 이 라우터로 텔넷 접속 시에 username과 password를 동시에 물어보게 됩니다. 물론 여기 있는 username과 password는 한 개가 아니라 여러 개를 넣어줄 수도 있습니다.

AUX 포트의 패스워드 세팅은 vty 포트의 세팅과 같죠? 아마 금방 아실 겁니다.

콘솔이나 텔넷 포트 등에는 얼마 동안의 시간에 아무 입력이 들어오지 않으면 자동으로 타임아웃되는 명령을 넣어줄 수도 있습니다. 이것이 바로 exec-timeout 명령입니다. 예를 들어 콘솔 포트에 접속해서 작업할 때 10분 30초 동안 아무 입력이 없으면 콘솔을 자동으로 끊는 명령을 주고 싶으면

```
Rack03R1#conf t
Enter configuration commands, one per line. End with CNTL/Z.
Rack03R1(config)#line con 0
Rack03R1(config)#exec-timeout 10 30
```

이라고 주면 됩니다. 앞에 있는 숫자가 분을, 그리고 뒤에 있는 숫자가 초를 나타냅니다. 만약

타임아웃을 없애고 싶으면 어떻게 할까요? 아무 입력이 없어도 사람이 접속을 끊을 때까지는 자동으로 타임아웃을 걸지 않는다면 exec-timeout 0 0 또는 no exec-timeout 명령을 써주면 됩니다. 그러나 이때 주의하셔야 할 것이 하나 있습니다.

만약 no exec-timout이란 명령을 주다가 실수로 no exec라고 입력하고 Enter를 쳤을 경우에는 콘솔 포트로 명령 입력이 안 됩니다. no exec란 이 포트에는 아무 명령도 먹지 않도록 한다는 의미이기 때문입니다. 따라서 이 경우에는 라우터에 콘솔을 연결해도 아무 키도 먹지 않고 아무 것도 동작하지 않습니다. 이 경우 복구를 위해서는 뒤에서 배우실 패스워드 복구 절차와 같은 절차를 밟아주어야 하므로 명령어를 입력할 때는 항상 주의하기 바랍니다.

>> 알고 갑시다!

라우터에 세팅하는 패스워드는 유저 모드에서 프리빌리지드 모드로 들어가는 패스워드인 enable password와 enable secret이 있고, 콘솔 포트, 버추얼 터미널 포트, AUX 포트에도 패스워드를 세팅해 줄 수 있다. 또 콘솔이나 버추얼 터미널 포트 등에 타임아웃을 걸어서 사용 안 하는 포트를 자동으로 끊어줄 수도 있다.

질문 있어요! QnA

Q 시스코 라우터 enable 암호와 텔넷 암호 규칙이 어떻게 되는지 궁금합니다. 대소문자를 구별한다는 것은 알고 있는데 문자 수, 숫자 구분, 특수 문자, 띄어쓰기는 어떻게 되는지, 그리고 최대 혹은 최소 몇 문자를 써야 하는지 등 일정한 규칙을 알려주세요.

A 네, 일정한 규칙이 있답니다. 한번 볼까요?

❶ 암호의 첫 글자로 숫자가 올 수 없습니다.
❷ 그다음부터는 알파벳과 숫자가 올 수 있습니다.
❸ 최대 80자(영문 기준)까지 패스워드를 만들 수 있습니다.
❹ 숫자 뒤에 빈 공간이 올 수 없습니다. 예를 들어 'hello 21'은 가능하지만 '21 hello'는 불가능합니다.
❺ 영문자의 대소문자를 구분합니다.

show interface에 대한 짧은 이야기

이번에는 show interface에 대한 이야기를 해볼까 합니다. 라우터를 만지다 보면 가장 자주 보게 되는 명령 중 하나가 바로 show interface가 아닌가 합니다. 그러다 보니 show interface보다는 sh int라는 명령으로 줄여서 많이 사용하고 있고, 특정 인터페이스를 지정해서 sh int s 0, 즉 show interface serial 0이라고도 사용합니다. 여러분들도 라우터를 만져보신 분은 분명히 show interface를 몇 번 이상씩은 해보셨을 겁니다.

자, 그렇다면 왜 show interface란 명령을 사용할까요?

우선 라우터에서 show interface란 명령을 내렸을 때 나오는 화면을 보면서 설명드리겠습니다.

```
Router_A#sh int s 0
Serial 0 is up, line protocol is up
  Hardware is M4T
  Internet address is 203.210.100.1/24
  MTU 1500 bytes, BW 2048 Kbit, DLY 20000 usec,
      reliability 255/255, txload 1/255, rxload 1/255
  Encapsulation HDLC, crc 16, loopback not set
  Keepalive set (10 sec)
  Last input 00:00:04, output 00:00:03, output hang never
  Last clearing of "show interface" counters never
  Queueing strategy: fifo
  Output queue 0/40, 0 drops; input queue 0/75, 0 drops
  5 minute input rate 0 bits/sec, 0 packets/sec
  5 minute output rate 0 bits/sec, 0 packets/sec
      127 packets input, 9373 bytes, 0 no buffer
      Received 117 broadcasts, 0 runts, 0 giants, 0 throttles
      1 input errors, 1 CRC, 0 frame, 0 overrun, 0 ignored, 0 abort
      137 packets output, 12862 bytes, 0 underruns
      0 output errors, 0 collisions, 5 interface resets
      0 output buffer failures, 0 output buffers swapped out
      9 carrier transitions DCD=up DSR=up DTR=up RTS=up CTS=up
```

뭐 아주 여러 가지 내용이 복잡하게 나와있지만, 사실 여기서 우리가 주로 보는 것은 그리 많지 않습니다. 한 줄 아니면 두 줄이죠. 그러니까 여러분 주위에서 엔지니어가 와서 show interface란 명령을 치고 이것저것 보는 것 같아도 대개는 한두 줄 보는 것이다 이렇게 생각하면 아마 마음이 좀 편안해지실 겁니다.

자, 그 한 줄이 바로 Serial 0 is up, line protocol is up입니다. 즉 이 회선이 살아있는지, 죽어있는지를 알 수 있습니다.

여기 보이는 것처럼 Serial 0 is up, line protocol is up이 나오게 되면 이 인터페이스는 아무 이상이 없고 잘 돌아가고 있다는 것을 의미합니다. 특히 시리얼 라인인 경우에는 회선이 죽었는지 살았는지를 이 한 줄을 보고 알 수 있습니다. 여기서 앞에 나오는 serial up이라는 것은 이 인터페이스가 접속되어 있는 장비(DSU/CSU)로부터 캐리어를 받았다는 것을 의미합니다. 즉 신호가 검출된 거죠. 뒤에 나오는 line protocol up은 keepalive 동안 상대쪽으로부터 정상적으로 신호를 받아오고 있는 것을 의미합니다. 그럼 show interface를 했을 때 시리얼 라인에서 나올 수 있는 상태에 대해서 잠깐 알아보겠습니다.

Serial 0 is up, line protocol is up 이건 지금 배운 거죠? 아주 정상입니다.

Serial 0 is up, line protocol is down은 아까 배운 지식에 의하면 이건 장비로부터의 캐리어는 받고 있는데, 상대로부터의 신호 검출이 안 되고 있습니다.

사실은 이 경우가 라우터에서 가장 빈번하게 나타날 수 있는 경우입니다. 우리쪽 장비는 이상이 없는데, 회선에 문제가 있거나 상대쪽에 문제가 있는 경우 흔히 발생합니다. 또 우리쪽 시리얼 인터페이스에 접속된 상대쪽 라우터의 시리얼 인터페이스의 인캡슐레이션 타입이 우리쪽 시리얼과 동일하지 않은 경우에도 이런 현상이 발생합니다. 무슨 말인고 하니 우리쪽 시리얼 인터페이스의 인캡슐레이션 타입은 다음과 같이 HDLC입니다.

```
Encapsulation HDLC
```

시스코 라우터의 경우 디폴트 값이 바로 HDLC입니다. 그러나 상대편 라우터가 시스코 장비가 아니거나 만약 다른 인캡슐레이션 타입을 사용한다면 두 라우터의 인캡슐레이션 타입을 동일하게 해주어야 한다는 것입니다.

Serial 0 is down, line protocol is down의 경우는 우리쪽 라우터와 우리쪽 DSU/CSU 간의 연결이 제대로 되지 않았거나, DSU/CSU 장비에 이상이 있거나, 혹은 라우터 케이블에 이상이 있는 경우에 주로 발생합니다. 로컬 장비로부터의 캐리어를 받지 못한 경우입니다.

Serial 0 is administratively down, line protocol is down의 경우는 라우터의 인터페이스에 shutdown 명령이 들어있는 경우입니다. (show running-config이란 명령으로 보면 보입니다.) 라우터는 대부분 초기에는 모든 인터페이스에 shutdown 명령이 들어있습니다.

따라서 라우터 인터페이스를 구성하고 나서 이 인터페이스를 사용 가능하게 하기 위해서는 shutdown 명령을 풀어줘야 하는데, 이게 바로 no shutdown입니다.

```
Rack03R1#conf t
Enter configuration commands, one per line. End with CNTL/Z.
Rack03R1(config)#int serial 0
Rack03R1(config-int)#no shutdown
Rack03R1(config-int)#
```

아시겠죠? 여기서 배운 정도만 알아두면 show interface에 대해서는 어느 정도 아시는 겁니다.

19 시스코 라우터의 친구 찾기 CDP

SECTION

여기에서는 시스코 라우터와 스위치에서 직접 연결된 시스코 장비를 찾아내는 기능인 CDP (Cisco Discovery Protocol)에 대해서 알아볼까 합니다.

CDP는 말 그대로 시스코 장비를 찾아내는 프로토콜입니다. 그것도 시스코 장비와 직접 연결되어 있는 시스코 장비만을 찾아냅니다. [그림 7-37]을 먼저 보겠습니다.

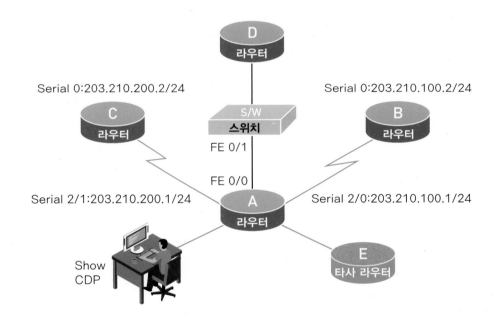

| 그림 7-37 |
CDP

저는 지금 라우터 A에 콘솔을 연결하고 들어가서 작업을 시작했습니다. 여기서 CDP 명령을 이용해서 찾을 수 있는 장비는 어떤 것들일까요?

먼저 CDP는 시스코 장비끼리만 찾아낼 수 있다고 했으니까 라우터 E는 타사 장비 라우터로써 제외됩니다. 즉 타사 라우터는 CDP를 이용해서 찾아낼 수 없습니다. 또한 라우터 D의 경우도 라우터 A에서는 CDP를 이용해서 찾을 수 없습니다. 왜냐하면 라우터 A와 직접 연결되어 있지 않고 스위치를 통해서 연결되어 있기 때문입니다. 따라서 라우터 A에서 CDP를 이용해서 찾아낼 수 있는 장비는 라우터 B, 라우터 C, 그리고 이더넷쪽에 연결된 스위치입니다. 물론이 장비들은 전부 시스코 제품이어야 합니다.

자, 그럼 CDP에 대해서 좀 더 구체적으로 알아보도록 하겠습니다.

먼저 CDP는 Data Link 계층에 올라가는 프로토콜입니다. 따라서 상위 네트워크 계층에 어떤 프로토콜이 올라가는가에 상관없이 실행이 가능합니다. 즉 TCP/IP, IPX, AppleTalk 등에 상관없이 CDP는 수행이 가능합니다. 어떤 분들은 이렇게 말씀드리고 난 뒤에도 먼저 IP 주소를 세팅을 해야 CDP가 보이는 것 아니냐고 질문을 하는데, 지금 말씀드린 대로 CDP가 데이터 링크 계층에 있기 때문에 IP 주소 같은 세팅은 필요 없습니다.

- 장비의 이름과 같은 확인 정보
- IP 주소와 같은 주소 정보
- 접속 포트에 대한 정보
- 접속 장비의 기능에 대한 정보
- 접속 장비의 하드웨어 사양

따라서 CDP 명령은 현재 시스코 장비에 접속된 상대 장비의 IP 주소나 기타 정보를 모를 때, 또는 어떤 포트로 접속되었는지 알고 싶을 때 사용하면 편리합니다.

마지막으로 CDP에서 아셔야 될 사항 중 하나는 CDP는 멀티캐스트를 이용해서 시스코 장비들을 찾아낸다는 것입니다.

자, 그럼 이제 본격적으로 CDP 명령으로 들어가 보겠습니다. [그림 7-39]에서 저는 라우터 A에 연결되어 있습니다.

```
Router_A#sh cdp ?
  entry        Information for specific neighbor entry
  interface    CDP interface status and configuration
  neighbors    CDP neighbor entries
  traffic      CDP statistics
  |            Output modifiers
<cr>
```

show cdp를 수행하고 물음표를 치니까 CDP 뒤에 올 수 있는 옵션이 많이 나오고 있습니다. 물론 〈cr〉이라는 것은 그냥 show cdp도 수행됨을 의미합니다.

먼저 show cdp를 수행해서 이 라우터에 적용되고 있는 일반적인 CDP 상황을 알아보겠습니다.

```
Router_A#sh cdp
Global CDP information:
        Sending CDP packets every 60 seconds
        Sending a holdtime value of 180 seconds
        Sending CDPv2 advertisements is enabled
Router_A#
```

현재 라우터 A는 매 60초에 한 번씩 CDP 패킷을 내보내고 있습니다. 즉 상대편의 상황을 확인하고 자신의 정보를 주기 위해서 60초마다 CDP 패킷을 내보내는 것입니다. 이때 만약 CDP 패킷이 들어와야 할 시간 동안 들어오지 않는다면, 최대 180초 동안은 기존에 가지고 있던 정보를 가지고 기다리겠다는 것이 holdtime입니다.

여기 있는 60초와 180초는 디폴트 값이고, 시스코 라우터나 스위치에서 CDP는 디폴트로 Enable(활성화)되어 있습니다.

```
Router_A#show cdp neighbors
Capability Codes: R - Router, T - Trans Bridge, B - Source Route Bridge
                  S - Switch, H - Host, I - IGMP, r - Repeater

Device ID      Local Intrfce    Holdtme    Capability    Platform     Port ID
Switch         Fas 0/0          152        T S           WS-C2924-X   Fas 0/1
Router_B       Ser 2/0          138        R             2500         Ser 0
Router_C       Ser 2/1          160        R             2500         Ser 0
Router_A#
```

라우터 A에서 show cdp neighbor 명령을 내리면 현재 라우터 A에서 볼 수 있는 장비인 라우터 B, 라우터 C, 그리고 스위치가 보입니다.

맨 먼저 스위치를 보면 라우터 A의 FastEthernet 0/0에서 스위치의 0/1번 포트로 연결된 것을 알 수 있습니다. 여기에 보이는 대로 local interface는 라우터 A를, 그리고 Port ID는 스위치의 포트 ID를 나타냅니다.

이 스위치는 플랫폼이 WS-C2924-X라는 제품입니다. 이것은 시스코의 스위치 중에서 24포트를 가진 10/100Mbps용 스위치라는 것을 알 수 있습니다. 또 이 장비는 Trans-parent 브리지 기능과 스위치 기능을 지원하는 장비인 것도 알 수 있습니다. 이 장비에 대한 정보를 받은 지는 약 30초 정도가 지났음도 알 수 있습니다. 왜냐하면 Holdtime이 180에서 떨어지기 시작해서 152까지 내려온 것을 보고 새로운 정보를 받은 지 28초가 지난 것을 알 수 있기 때문입니다.

이렇게 해서 만약 Holdtime이 0이 될 때까지 스위치로부터 CDP 패킷을 받지 못하면 라우터 A 는이 스위치 정보를 자신의 CDP에서 삭제하게 됩니다.

그다음 정보도 알아볼까요? 이제 쉽죠. 라우터 B는 라우터 A의 시리얼 2/0 포트에 연결되어 있고, 플랫폼은 2500 시리즈 장비이며, 자신의 시리얼 0 포트를 통해서 라우터 A와 연결되었 습니다. 마찬가지로 라우터 C도 자신의 시리얼 0 포트를 통해서 라우터 A의 시리얼 2/1과 연결되어 있고 장비는 2500 시리즈입니다.

자, 그럼 좀 더 자세한 정보를 알아볼까요?

```
Router_A#show cdp entry *
-------------------------
Device ID: Switch
Entry address(es):
  IP address: 10.10.5.6
Platform: cisco WS-C2924-XL, Capabilities: Trans-Bridge Switch
Interface: FastEthernet0/0, Port ID (outgoing port): FastEthernet0/1
Holdtime : 145 sec

Version :
Cisco Internetwork Operating System Software
IOS (tm) C2900XL Software (C2900XL-C3H2S-M), Version 12.0(5.2)XU, MAINTENANCE INTERIM SOFTWARE
Copyright (c) 1986-2000 by cisco Systems, Inc.
Compiled Mon 17-Jul-00 17:35 by ayounes

advertisement version: 2
Protocol Hello:   OUI=0x00000C, Protocol ID=0x0112; payload len=27, value=00000000FFFFFFFF010121FF000000
0000000004C0737FC0FF0001
VTP Management Domain: 'cisco'

-------------------------
Device ID: Router_B
Entry address(es):
IP address: 203.210.100.2
Platform: cisco 2500, Capabilities: Router
Interface: Serial2/0, Port ID (outgoing port): Serial0
Holdtime : 131 sec

Version :
Cisco Internetwork Operating System Software
IOS (tm) 2500 Software (C2500-JS-L), Version 12.0(7), RELEASE SOFTWARE (fc1)
Copyright (c) 1986-1999 by cisco Systems, Inc.
Compiled Wed 13-Oct-99 22:20 by phanguye

advertisement version: 1
```

이번에는 show cdp neighbors 명령보다 좀 더 자세한 내용을 볼 수 있습니다. 맨 먼저 스위치에서도 스위치에 세팅된 IP 주소를 볼 수 있습니다. 또 스위치에 들어있는 IOS의 버전 정보 역시 알 수 있습니다. 라우터 B에서도 현재 라우터의 IOS 버전과 IP 주소 등을 알 수 있습니다. show cdp neighbors detail 명령으로도 같은 결과를 얻을 수 있습니다. 아무거나 편한 것을 쓰시면 좋겠네요. 저는 개인적으로 show cdp neighbors detail 명령을 씁니다.

```
Router_A#show cdp traffic
CDP counters :
        Total packets output: 527, Input: 398
        Hdr syntax: 0, Chksum error: 0, Encaps failed: 0
        No memory: 0, Invalid packet: 0, Fragmented: 0
        CDP version 1 advertisements output: 130, Input: 130
        CDP version 2 advertisements output: 397, Input: 268
```

위에서 사용한 show cdp traffic은 CDP 트래픽이 어떻게 흐르고 있는가를 보여주는 명령입니다. 여기서처럼 라우터 A에서는 전체 527개의 CDP 패킷을 내보냈고 398개의 패킷이 들어왔음을 알 수 있습니다.

🔧 TIP

상대쪽 라우터에서 우리쪽 라우터에 대한 정보를 볼 수 없게 하고자 하면 꼭 CDP를 Disable해주시기 바랍니다. 하지만 이 경우에는 우리 라우터에서도 상대편 정보를 볼 수 없게 됩니다.

만약 여러분이 상대가 CDP로 정보를 알아내는 것이 싫다고 생각하는 경우에는 CDP를 비활성화(Disable)시켜 줄 수 있습니다. CDP를 Disable해주는 방법은 라우터 전체를 Disable해주는 방법과 특정 인터페이스로 가는 CDP만을 막는 방법, 2가지가 있습니다.

즉 라우터 전체에 CDP를 Disable하게 되면 상대쪽에서는 어떤 CDP 정보도 받아볼 수 없을 뿐만 아니라 CDP를 Disable한 라우터에서 아무 정보를 받아볼 수 없게 됩니다.

```
Router_B#conf t
Enter configuration commands, one per line. End with CNTL/Z.
Router_B(config)#no cdp run
Router_B(config)#^Z
Router_B#
Router_B#
Router_B#
02:21:36: %SYS-5-CONFIG_I: Configured from console by console
Router_B# show cdp neighbors
 % CDP is not enabled
Router_B#
```

라우터 B에서 no cdp run이란 명령으로 라우터 B 전체에 CDP를 Disable했습니다. 따라서 라우터 B는 다른 곳으로 자신의 정보를 주지도 않겠지만, show cdp neighbor에서도 아무것도 볼 수 없게 됩니다.

잠깐! 나중에 다시 CDP를 살리고 싶으시면 cdp run이라는 명령을 쓰면 됩니다. 앞에 no만 빠졌죠? 이때 라우터 A에서 show cdp neighbors를 해보면,

```
Router_A#sh cdp nei
Capability Codes: R - Router, T - Trans Bridge, B - Source Route Bridge
                  S - Switch, H - Host, I - IGMP, r - Repeater

Device ID       Local Intrfce     Holdtme    Capability    Platform      Port ID
Switch          Fas 0/0           142        T S           WS-C2924-X    Fas 0/1
Router_B        Ser 2/0           55         R             2500          Ser 0
Router_C        Ser 2/1           152        R             2500          Ser 0
Router_A#
```

위에서처럼 holdtime 값이 계속 떨어지고 있는 것을 알 수 있습니다. 즉 이제 라우터 B는 CDP 정보를 주지 않고 있기 때문에 기존에 가지고 있던 정보가 더 이상 업데이트되지 않는 것입니다. 앞으로 55초 동안에도 라우터 B로부터 CDP 정보가 들어오지 않으면 라우터 A는 더 이상 라우터 B 정보를 볼 수 없습니다.

```
Router_A#sh cdp nei
Capability Codes: R - Router, T - Trans Bridge, B - Source Route Bridge
                  S - Switch, H - Host, I - IGMP, r - Repeater

Device ID       Local Intrfce     Holdtme    Capability    Platform      Port ID
Switch          Fas 0/0           152        T S           WS-C2924-X    Fas 0/1
Router_C        Ser 2/1           162        R             2500          Ser 0
Router_A#
```

앞에 보이죠? 이제 라우터 B에 대한 정보는 사라졌습니다. 또 특정 인터페이스에서만 CDP를 Disable하고자 할 때는 그 인터페이스의 구성 모드에 가서 명령을 내리면 됩니다.

```
Router_B#conf t
Enter configuration commands, one per line. End with CNTL/Z.
Router_B(config)#
02:38:51: %SYS-5-CONFIG_I: Configured from console by console
Router_B(config)#int serial 0
Router_B(config-if)#no cdp enable
Router_B(config-if)#^Z
Router_B#
```

여기에서처럼 no cdp enable이라는 명령으로 시리얼 0쪽으로는 CDP 패킷을 내보내지도 않고 받지도 않게 됩니다. 물론 다시 주고받고 싶을 때는 cdp enable입니다.

어때요? CDP 쉽죠?

텔넷(Telnet)을 이용한 장비 접속

SECTION 20

라우터를 만져본 사람 중에 텔넷을 사용하지 않은 사람은 아마 없을 겁니다. 텔넷은 네트워크에 조금만 관심이 있는 사람이라면 누구나 해본 경험이 있을 겁니다. 전에 말씀드린 것처럼 시스코 라우터의 구성에서도 일단 초기 구성이 되고 나면 다음부터는 텔넷을 이용해서 구성 변경이나 상태 점검을 하는 경우가 많기 때문에 알아두면 아마 편리하게 사용할 수 있을 것입니다.

텔넷은 기본적으로 TCP/IP 위에 올라가는 프로그램이기 때문에 당연히 라우터나 스위치에는 TCP/IP가 설치되어 있어야 하고 IP 주소를 알고 있어야 합니다.

또 하나 시스코 장비에서 상대편으로 텔넷을 하려면 VTY 패스워드를 알고 있어야 합니다. 당연하죠? 또 앞에서도 말씀드렸지만 만약 상대가 VTY 패스워드를 세팅해 놓지 않은 경우에는 텔넷 접속이 불가능합니다.

먼저 상대 라우터가 VTY 패스워드를 세팅해 놓지 않은 경우를 보시겠습니다.

[그림 7-38]에서 라우터 B는 VTY 패스워드를 세팅하지 않았다고 가정하겠습니다. 라우터 A 가 라우터 B의 IP 주소를 알고 텔넷을 시도했습니다.

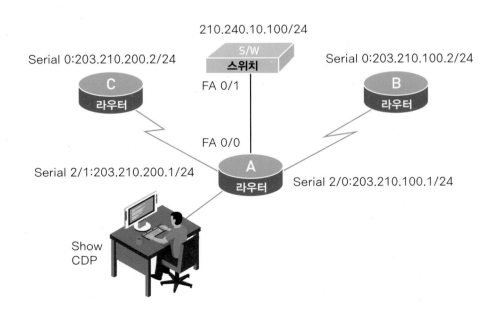

| 그림 7-38 |
텔넷을 통한 장비 접속

```
Router_A#telnet 203.210.100.2
Trying 203.210.100.2 ... Open
Password required, but none set

[Connection to 203.210.100.2 closed by foreign host]
Router_A#
```

⚙ **TIP**

VTY 패스워드는 세팅해 놓
지 않으면 기본적으로 외부
에서의 텔넷 접속이 불가능
합니다.

그러나 텔넷을 통해 라우터 B에 접속한 순간 라우터 B에 VTY 패스워드가 세팅되지 않았기 때문에 라우터는 자동으로 커넥션을 끊으면서 패스워드가 세팅되어 있지 않다는 메시지를 뿌려줍니다. 즉 텔넷 접속이 실패한 것입니다.

그럼 다시 라우터 B의 VTY 패스워드를 세팅한 후 텔넷을 시도해 보겠습니다.

```
Router_B#conf t
Enter configuration commands, one per line. End with CNTL/Z.
Router_B(config)#line vty 0 4
Router_B(config-line)#password cisco
Router_B(config)#^Z
Router_B#
03:46:14: %SYS-5-CONFIG_I: Configured from console by console
Router_B#
```

이제 라우터 A에서 다시 텔넷을 시도해 보겠습니다.

```
Router_A#telnet 203.210.100.2
Trying 203.210.100.2 ... Open
User Access Verification

Password:*******
Router_B>en
Password:*******
Router_B#quit

[Connection to 203.210.100.2 closed by foreign host]
Router_A#
```

마지막으로 텔넷 세션을 마치고 빠져나오는 경우에는 quit이나 exit을 치면 됩니다.

그러나 텔넷 세션을 완전히 끝내지 않고 잠깐 동안만 빠져나올 수도 있는데, 그때는 Ctrl + Shift + 6을 같이 눌러준 다음에 마지막으로 X를 누르면 됩니다. (먼저 Ctrl을 누른 상태에서 왼쪽 Shift를 누르구요, 이렇게 둘 다 누른 상태에서 맨 마지막에 6을 누르는 겁니다. 그러니까 쉽게 말하면 Ctrl + ^인 셈인데 ^이 Shift를 누르고 6이니까 그런 겁니다. 여기까진 아시겠죠? 그 다음에는 누르고 있던 모든 키를 풀구요, 마지막으로 X를 누르면 됩니다.)

자, 한번 해볼까요?

```
Router_A#telnet 203.210.100.2
Trying 203.210.100.2 ... Open

User Access Verification

Password:
Router_B>en
Password:
Router_B#
Router_B#
Router_B#ctrl+^ x  ← Ctrl+^를 누르고 나서 다 놓고 이번에는 X를 누릅니다.
Router_A#
```

그럼 쉽게 다시 라우터 A로 돌아왔습니다. 자, 그럼 아까처럼 quit을 치고 완전히 텔넷 세션을 끊은 것과 잠깐 돌아온 것은 어떻게 구분을 할 수 있을까요? 그건 show session이란 명령을 통해서 알 수 있습니다. 라우터 A에서 show session 명령을 내려보겠습니다.

```
Router_B#
Router_B#
Router_A#sh session
Conn Host              Address        Byte       Idle Conn Name
* 1 203.210.100.2      203.210.100.2   0         2 203.210.100.2
```

그렇죠? 현재 잠깐 빠져나온 곳이 203.210.100.2라는 것을 알려줍니다. 그리고 맨 앞에 있는 *는 맨 마지막에 빠져나온 곳을 뜻합니다.

이번에는 다시 이 상태에서 라우터 A에서 라우터 C로 텔넷을 해보겠습니다. [그림 7-38]을 참고하기 바랍니다. 여느 때처럼 텔넷이 됐죠? 그런데 여기서는 유저 이름과 패스워드를 물어봅니다. 이것은 전에 배웠죠? 라우터의 VTY에서 login local을 잡아주었기 때문입니다.

```
Router_A#telnet 203.210.200.2
Trying 203.210.200.2 ... Open


User Access Verification

Username: ccna
Password:
Router_C>en
Password:
Router_C# ctrl+^ x
Router_A#
```

라우터 A에서 다시 show session을 수행해 보니 이제는 라우터 B, 라우터 C, 이렇게 두 개의
세션이 보입니다. 그런데 맨 마지막에 빠져나온 곳은 203.210.200.2라는 것을 알 수 있습니다.
(맨 앞에 있는 * 표시가 그것을 뜻합니다.)

```
Router_A#sh session
Conn Host              Address        Byte     Idle Conn Name
    1 203.210.100.2    203.210.100.2   0        3 203.210.100.2
*   2 203.210.200.2    203.210.200.2   0        0 203.210.200.2

Router_A#
```

라우터 A에서 지금 열려있는 세션으로 다시 가고 싶은 경우에는 단순히 앞에 있는 커넥션 번호
만 넣어주면 됩니다. 즉

```
Router_A#1
[Resuming connection 1 to 203.210.100.2 ... ]

Router_B#
```

와 같이 라우터 B(203.210.100.2)로 가는 경우에 커넥션 번호가 1번이니까 1만 쳐주면 자동으
로 라우터 B로 들어갑니다. 또 위의 경우에서 라우터 C(203.210.200.2)의 경우는 맨 마지막 들
어갔다온 세션이기 때문에 그냥 Enter만 눌러주면 자동으로 접속됩니다.

```
Router_A# [Enter]
[Resuming connection 1 to 203.210.200.2 ... ]

Router_C#
```

라우터 A에서 이제 텔넷 세션을 끊고 싶은 경우에는 disconnect 명령을 사용합니다. 즉

```
Router_A#sh session
Conn Host               Address         Byte     Idle Conn Name
   1 203.210.100.2       203.210.100.2   0        3 203.210.100.2
*  2 203.210.200.2       203.210.200.2   0        0 203.210.200.2

Router_A#disconnect
Closing connection to 203.210.100.2 [confirm]
```

라우터 A에서 disconnect라는 명령을 입력하면 라우터 A는 자신의 세션 중에서 가장 최근에 접속했던, 즉 앞에 * 표시된 것부터 접속을 끊어도 되느냐고 물어봅니다. 물론 disconnect 2와 같이 뒤에 커넥션 넘버를 넣어주어서 특정 커넥션만 끊을 수도 있습니다.

```
Router_A#sh session
Conn Host               Address         Byte     Idle Conn Name
*  2 203.210.200.2       203.210.200.2   0        10 203.210.200.2

Router_A#disconnect
Closing connection to 203.210.200.2 [confirm]
Router_A#sh session
% No connections open
```

show session을 보니 세션 하나가 끊어진 것이 보입니다. 이런 식으로 세션을 모두 닫아줄 수도 있습니다.

어떠세요? 텔넷 하나를 가지고도 공부해야 할 것이 좀 많죠? 사실 텔넷은 그냥 telnet이라는 명령만 알아도 사용하는 데 큰 지장이 없습니다. 여기에서 배운 것을 몰라도 된다는 이야기이기도 합니다. 하지만 남보다 조금이라도 앞서려면 분명히 남보다 나은 무언가가 있어야 한다고 생각합니다. 원리를 알고 사용하는 것과 아무것도 모르고 오직 그렇게 써야 하니까 쓰는 것과는 차이가 있을 거라고 믿습니다.

지금 조금 어렵더라도 힘내고 충분히 자기 것으로 만들고 넘어가기 바랍니다.

핑(Ping)과 트레이스(Trace)

여기에서는 핑과 트레이스에 대해서 한번 정리하고 넘어가도록 하겠습니다. 텔넷도 마찬가지지만 핑과 트레이스 역시 라우터를 만지다 보면 없어서는 안 될 명령 중 하나입니다. 핑과 트레이스는 라우터를 구성한 후 네트워크의 연결에 이상이 없는지를 테스트하기 위해 만든 프로그램입니다. 즉 출발지에서 목적지까지 연결에 이상이 없는지, 그리고 이상이 있다면 어디에서 이상이 발생했는지를 핑과 트레이스를 이용해서 찾아낼 수 있습니다.

사용하기도 간편하고 강력해서 자주 사용하는 핑과 트레이스는 의외로 많은 사람들이 그 사용법을 잘 모르는 경우가 많습니다. 여기서 저와 함께 그동안 알아왔던, 아니면 처음 시작하는 핑과 트레이스를 배워보도록 하겠습니다.

핑은 전에 설명을 드렸죠? 단순 핑에 대해서는 한번 설명을 드렸습니다. 그때 확장형 핑은 다음에 한다고 말씀드렸던 기억이 납니다. 먼저 [그림 7-39]를 보세요. 이번에 배울 핑과 트레이스는 라우터 C에서 실습을 해보도록 하겠습니다. 그래서 IP 주소도 다 적어주었으므로 확인해본 후 시작합니다.

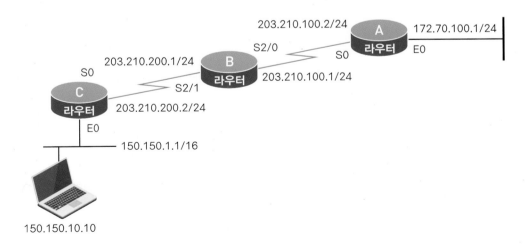

| 그림 7-39 |
핑과 트레이스를 위한
라우터 구성

먼저 단순형 핑입니다. 전에도 한번 해봤죠. 라우터 C에서 라우터 A의 이더넷 0 인터페이스인 172.70.100.1로 핑을 해보겠습니다.

```
Router_C#ping 172.70.100.1

Type escape sequence to abort.
Sending 5, 100-byte ICMP Echos to 172.70.100.1, timeout is 2 seconds:
!!!!!
Success rate is 100 percent (5/5), round-trip min/avg/max = 20/20/20 ms
Router_C#
```

역시 연결이 잘 되어 있죠? 즉 라우터 C를 출발한 패킷은 172.70.100.1을 갔다가 이상없이 돌아왔습니다. 만약 잘못된 주소를 핑했다면 어떻게 될까요?

```
Router_C#ping 182.100.1.1
Type escape sequence to abort.
Sending 5, 100-byte ICMP Echos to 182.100.1.1, timeout is 2 seconds:
.....
Success rate is 0 percent (0/5)
Router_C#
```

위에서처럼 느낌표(!) 대신 점(.)으로 표시됩니다. 즉 에코 패킷을 목적지로 보내고 2초 동안 돌아오지 않으면 타임아웃에 걸립니다. 타임아웃 값은 디폴트 2초이고 조정이 가능합니다.

가끔 회선 상태가 좋지 않은 경우나 라우팅 테이블에 문제가 생기는 경우에는 느낌표(!)와 점(.)이 같이 나오기도 합니다. 즉 타임아웃이 걸렸다가 또 돌아오고 하는 현상이 벌어지기도 합니다.

그런데 지금 우리가 사용하는 단순형 핑에서는 한 가지 꼭 알아두셔야 할 것이 있습니다. 라우터 C에서 172.70.100.1로 핑을 수행했을 때 에코 패킷의 목적지는 여러분도 다 아시듯이 172.70.100.1입니다. 그럼 이 에코 패킷의 출발지 IP 주소는 어떻게 될까요?

그건 바로 이 패킷이 라우터 C를 떠나는 지점이 되는 시리얼 0 인터페이스의 주소인 203.210.200.2가 됩니다. 즉 우리가 방금 사용한 단순형 핑으로는 목적지 주소는 바꾸어 줄 수 있지만, 출발지 주소는 항상 라우터를 떠나는 인터페이스가 된다는 것입니다.

따라서 단순형 핑으로는 라우터 C의 이더넷 인터페이스인 150.150.1.1에서 172.70.100.1까지의 접속 테스트는 해볼 수가 없는 것입니다.

네트워크를 구성하고 테스트하다 보면 이 문제가 얼마나 중요한지 직접 체험하실 겁니다. 예를 들어 라우터 C에서 라우터 A로 핑을 해보면 아무 이상이 없이 잘 되는데, 라우터 C의 이더넷에 연결된 PC에서 핑을 해보면 안 되는 경우가 있습니다. 이 경우는 라우터 C의 라우팅에 문제가 있는 경우인데, 흔히 사용하는 단순 핑으로는 에코 패킷의 출발지를 정할 수 없기 때문에 PC에 가서 직접 핑을 해보지 않는 이상은 확인해볼 수 있는 방법이 없습니다.

따라서 핑을 할 때 에코 패킷의 출발지를 지정하거나, 에코 패킷의 크기, 그리고 핑을 몇 번 보낼 것인가(디폴트는 5번입니다.) 등에 대한 옵션을 줄 수 있는 확장형 핑을 사용할 줄 알아야 하는 것입니다.

```
Router_C#ping
Protocol [ip]: ip
Target IP address: 172.70.100.1
Repeat count [5]: 10
Datagram size [100]: 200
Timeout in seconds [2]: 2
Extended commands [n]: y
Source address or interface: 150.150.1.1
Type of service [0]:
Set DF bit in IP header? [no]:
Validate reply data? [no]:
Data pattern [0xABCD]:
Loose, Strict, Record, Timestamp, Verbose[none]:
Sweep range of sizes [n]:
Type escape sequence to abort.
Sending 10, 200-byte ICMP Echos to 172.70.100.1, timeout is 2 seconds:
!!!!!!!!!!
Success rate is 100 percent (10/10), round-trip min/avg/max = 32/33/36 ms
Router_C#
```

TIP

여러분들은 주로 확장형 Ping을 사용하시길 권합니다. 목적지 주소뿐 아니라 출발지 주소도 지정할 수 있고 Echo 패킷의 수나 크기를 정할 수 있기 때문입니다.

위에서 사용한 것이 바로 확장형 핑입니다. 단순형의 경우는 ping 명령 뒤에 바로 주소를 쓰고 [Enter]를 쳤는데, 확장형의 경우는 그냥 ping 명령만 입력한 후에 [Enter]를 누르고 나서 나오는 질문에 하나씩 입력을 하는 방식으로 진행됩니다.

먼저 프로토콜을 선택할 수 있습니다. 즉 IP, IPX, AppleTalk, Decnet 등의 프로토콜을 선택해 줄 수 있습니다. 그다음은 목적지 주소를 적습니다. 그리고 에코 패킷을 몇 번 보낼 것인지를 결정합니다. 타임아웃을 결정한 후 나오는 것이 핑에서의 확장 명령 모드로 들어갈 것인지를 묻는 질문입니다. 이때 no라고 답변하면 핑이 바로 시작됩니다. 그러나 yes라고 답변하면 이번에는 확장형에 대한 질문을 시작합니다. 여기에 바로 에코 패킷의 출발지 주소를 묻는 질문이 나옵니다. 나머지는 전부 디폴트로 하는 경우 [Enter]만 쳐주면 됩니다. 그러면 핑이 시작되었죠? 어때요? 확장형 핑도 쉽죠?

앞의 예에서는 출발지 150.150.1.1에서 에코 패킷이 출발해서 목적지 172.70.100.1까지를 돌아온 겁니다.

이렇게 핑을 이용하면 목적지까지의 접속을 테스트해 볼 수가 있습니다. 그런데 이 에코패킷이 중간에 어디를 거쳐서 가는지, 또 예를 들어 얼마의 시간이 걸렸다면 각 구간별로는 얼마만큼의 시간이 소요되었는지 등에 대한 경로 정보를 얻어낼 수는 없습니다. 그냥 출발지와 목적지 정보만을 가지게 되는 것입니다.

이렇게 출발지에서 목적지뿐만 아니라 중간에 거친 경로에 대한 정보와 소요 시간까지도 확인해볼 수 있는 것이 바로 Trace 명령입니다. 먼저 Trace를 이용해서 라우터 C에서 172.70.100.1까지를 확인해 보겠습니다.

```
Router_C#trace 172.70.100.1

Type escape sequence to abort.
Tracing the route to 172.70.100.1

  1 203.210.200.1 4 msec 4 msec 4 msec
  2 203.210.100.2 12 msec * 12 msec
Router_C#
```

보시는 대로 trace는 경로를 추적합니다. 즉 203.210.200.2를 출발한 패킷은 203.210.200.1과 203.210.100.2를 거쳐서 목적지 172.70.100.1에 도착했습니다. 또 각 구간마다 걸린 시간도 확인을 해볼 수 있습니다.

TIP

Trace 사용 시에는 주의해야 합니다. 만약 트레이스에서 타임아웃이 걸리면 최대 40번의 경로를 그냥 기다리게 됩니다. 따라서 우선 Ping으로 목적지가 살아있는 것을 확인한 후에 Trace를 사용하시기 바랍니다.

Trace 명령은 원래 TTL이란 것을 이용합니다. TTL이란, Time To Live라는 말로, 라우터 하나를 거칠 때마다 1씩 감소해서 0이 되면 패킷을 버리면서 에러가 발생하도록 한 값입니다. 왜 TTL을 사용할까요? 그건 패킷이 네트워크에서 무한히 루핑을 도는 현상을 막기 위해서일 겁니다.

Trace를 시작하면 맨 처음에는 TTL 1로 패킷을 내보냅니다. 그럼 맨 첫 번째 라우터를 넘어가면서 TTL은 0이 되고 바로 에러 메시지가 발생해서 돌아오게 되는데, 그것이 바로 1 203.210.200.1 4 msec 4 msec 4 msec로 나타납니다. 그다음에는 TTL 값을 2로 보내면 첫 번째를 지나 두 번째 라우터에서 TTL이 0으로 바뀔 것이고, 또 메시지가 발생하게 됩니다. 이런 식으로 TTL을 하나씩 증가시키면서 목적지로 보내서 돌아오는 메시지를 가지고 경로를 추적하는 것입니다. 꽤 흥미롭죠? 누구의 아이디어로 만들어졌는지는 모르지만 꽤나 똑똑한 사람이었던 것 같습니다.

>>> 알고 갑시다!

핑은 너무도 쉽게 자주 사용하는 명령이지만, 단순형 핑을 사용했을 때 출발지 주소는 라우터를 떠나는 쪽 인터페이스로 자동으로 잡히기 때문에 출발지 주소를 변경해 주려면 반드시 확장형 핑을 사용해야 한다. 목적지까지의 경로를 하나하나 분석해 주는 기능을 가진 트레이스는 TTL이란 값을 하나씩 증가시키면서 돌아오는 에러 메시지를 가지고 경로를 확인해 주는 기능을 제공한다.

오늘은 뭐 입나?

학교 다닐 때와 회사 다닐 때의 차이점 중에 가장 현실적으로 다가오는 것 중 하나가 학교 갈 땐 아무거나 내가 편한 옷 입고 가도 되지만, 회사 갈 땐 그렇지 않다는 거죠. ^^

근데 후니는 그게 가끔 헷갈렸습니다. ㅎㅎ 물론 지금은 제가 처음 직장생활을 할 때보다 많~~이 자유스러워지고, 회사에 개방적인 분위기가 생겨서 사실 복장을 가지고 이래라 저래라 하는 상사는 많지 않지만….

제가 직장생활을 시작하던 그곳은 그 당시엔 약간은 고리타분(?)한 복장 규범(?) 같은 게 있었던 거 같습니다.

가급적이면 하얀색 셔츠를 입어라, 넥타이는 너무 튀지 않는 색으로 해라, 양말은 진한 색으로, 캐주얼 복장은 토요일에만 가능…. 그런데도 후니는 노란색 와이셔츠에 이상한 무늬의 넥타이를 매고 다니다가 몇 번 지적을 받기도 했던 거 같습니다. ㅎㅎ

지금 제가 다니고 있는 회사는 아무래도 외국계 회사이고, 복장에 대해선 크게 터치가 없는 자유로운 분위기이다 보니 특별한 날이 아니면 양복 입는 것도 필요 없을 정도로 복장에 대한 규정이 없는 곳입니다. 그래서 또 후니는 한동안 건빵 바지에 복잡하게 생긴 스타일의 셔츠로 사람들의 눈길을 사로잡곤 했죠. ㅋㅋ

그때 생각은, '외모나 복장은 중요하지 않다. 중요한 것은 내 실력이고, 내 안에 있는 정신이다….' 이런 거였던 것 같습니다.

네. 지금도 그 생각은 변함이 없습니다.

그런데 제가 놓치고 있었던 게 있더라구요.

어쨌거나 사람들은, 내 실력이나 내 안의 정신보다는 내 외모를 먼저 보게 된다는 것이고, 그 겉모습을 통해 순식간에 나에 대한 선입견이 형성된다는 거였습니다.

그리고 그 선입견은 좀처럼 바뀌는 게 아니라는 것도 알게 되었습니다. 그러니 외모나 복장은 중요하지 않다는 제 생각은 현실적으로는 전혀 맞지 않는 이야기더라구요.

이걸 왜 이제야 알게 됐을까요?

그래서 전 우리 후배님들께 저 같은 오류를 범하지 않았으면 하는 마음에… 이 이야기를 해드리고 싶습니다.

아마 회사생활을 하고 계신 분은 다 인정하고 계시겠지만 회사에서 그 사람에 대한 평가는 자기 상사만의 생각으로 이루어지는 게 아니라, 자기와 같이 일하는 많은 사람들의 평가가 종합된다는 겁니다. 특히 외국 회사의 경우는 더욱 그렇습니다. 그 사람에 대한 많은 사람들의 피드백을 종합해서 그 사람을 평가하게 되는 거죠.

따라서 자기의 피드백을 좋게 유지하는 건 자기의 실력을 최고로 유지하는 것만큼 중요한 일입니다. 그리고 그 피드백 중엔 알게 모르게 자신의 복장이나 외모 때문에 결정지어지는 것들이 있다는 겁니다.

그러니 외모나 복장이 아무것도 아니라는 생각은 정확히 잘못된 거죠.

제가 여러분께 드리고 싶은 이야긴 이겁니다.

자기의 외모나 복장은 알고 보면 자신의 피드백을 결정하는 꽤나 중요한 요소 중 하나라는 겁니다.

그럼 외모가 안 되는데 어떡하냐구요? 성형이라도??? ㅎㅎ

그런 의미는 아니구요, 단정한 외모 그리고 깔끔한 복장이 중요하다는 겁니다.

일단 머리는 누가 봐도 깔끔하게(개성 있는 머리 이런 스타일은 학교 때 충분히 경험하고 오시기 바랍니다. ^^) 그리고 가능하다면 가볍게 무스나 젤, 또는 스프레이로 정리해주는 게 좋겠죠? 훨씬 깔끔해 보입니다. ^^

복장은 요즘 양복을 꼭 입지 않아도 되는 회사라면 비즈니스 캐주얼 정도의 복장이면 충분합니다. 셔츠와 자켓 스타일이 점퍼나 스웨터보다 훨씬 낫습니다.

그리고 또 하나 중요한 건 구겨지지 않고 때 타지 않은 깔끔한 복장이어야 한다는 거죠. ^^ (빈티지 스타일은 쉬는 날 놀러갈 때 입으세요. ^^) 그런데 유행에 너무 뒤떨어지는 건 좀 그렇죠? ㅎㅎ 구두 역시 깔끔하고 너무 낡은 게 아니면 됩니다. 무엇보다도 자신의 복장이나 스타일에 관심을 갖는 게 중요합니다. 인터넷도 뒤져보고 아님 책도 사보고 하면서 자기 스타일을 남들과 차별화하는 것 역시 경쟁에서 앞서는 길 중 하나일 겁니다.

오늘 아침, 거울 앞에서 스스로에 대한 평가를 해보시기 바랍니다.

누군가 날 본다면 정말 믿고 일을 맡겨보고 싶을 만큼 믿음이 가는 외모의 내가 거울 속에 서 있는지….

우리 독자 여러분 모두가 속에 숨겨둔 실력뿐만 아니라 겉으로 드러나는 외모에서까지 누구보다도 앞서기를…. ^^

후니가 파이팅합니다.~~~ ^^

찾아보기

최고의 네트워크 입문서,
많은 분들이 추천하셨습니다!

교보문고

네트워크를 공부하는 사람이라면 한 번쯤 읽어 보길 권하고 싶다. 무엇보다도 네트워크의 약간의 기초를 가지고 있고 네트워크를 공부하고자 하는 사람이라면 시스코의 장비들은 현장에 나가게 되면 바로 맞닥뜨리는 장비들이기 때문에 더욱 그렇다. 이 책은 시스코 장비에 대한 기본 틀을 아주 쉽고도 명확하게 설명하였다. 한 번 책을 다 읽은 나로서도 두 번 정도 더 읽고 기초를 다져야겠다는 생각이 들 정도이다. 기초를 제대로 다져야 앞으로 나아갈 수 있다는 것은 모든 일의 진리라고 생각한다.

ljh76**님

예전부터 네트워크에 관심이 좀 있어서 책을 이것저것 샀었는데 이렇게 쉽게 설명된 책은 거의 못 본 거 같습니다. 물론 제 실력이 워낙 부족해서인 이유도 있겠지만 네트워크라는 분야에 처음으로 들어서는 저의 입장에서는 도무지 이해가 가지 않는 내용이 많아서 난감하더라구요. 인터넷 서점에서 이 책을 보구 마음에 끌려서 사게 되었는데 정말 잘 샀다는 생각이 드네요. 전공 교과서보다 더 열심히 보구 있습니다. ㅎㅎㅎ 지금 두 번째 보는 중인데 네트워크의 기초가 튼튼해지는 것 같은 생각이 듭니다. 특히 이 책에서 라우터가 어떻게 돌아가고 구성이 되는지에 대해서 자세하게 설명이 되어 있어서 책을 보는 것만으로도 충분히 이해를 할 수 있을 거라는 생각이 드는군요. 전체적으로 말하자면 단순 지식을 나열하는 것이 아니라 원리를 쉽게 풀어나가는 것에 초점을 두었다고 볼 수 있겠지요. 다른 분들은 어떠실지 모르겠지만 저로서는 이 책을 통해서 얻은 게 많아서 정말 초보 네트워커들에게는 딱 이라는 말밖에는….

ssawoo**님

네트워크에 관심이 있어 어떤 책을 볼까 고민하다 어느 컴퓨터 잡지에서 이 책에 대한 글을 보고 한 달여 기간 동안 공부를 해보았는데 정말 현실감 있게 잘 설명되어 있고 진도도 잘 나가고… 특히 실제도 쓸모 있는 내용이 모두 들어있습니다. CCNA를 준비하는 이들은 꼭 보시길~ ^^

jpira**님

예스24

어느 분야나 그 분야에서 최고로 꼽히는 책이 하나씩은 있다. 이 책은 '네트워크' 분야에서 그렇게 불릴만한 자격이 있고, 실제로 현재 그만한 명성을 얻고 있는 책이다. 학교에서 배우는 딱딱하고 어려운 네트워크에 대한 정보에서 벗어나 한국인이 최~대~한 쉽게 쓴 책이라 약간의 지식만 가지고 시작하더라도 반 정도는 후딱 볼 수 있고, 남는 것이 많은 책이다. 아주 어려워 보이는 분야의 공부를 어렵게 시작하여 흥미를 잃기도 쉽지만, 반대로 쉬운 책으로 시작해 흥미를 얻는 경우가 있는데 이 책은 후자를 가능하게 해주는 양서이다.

하지만 '아는 만큼 보인다'라는 말이 있듯, 이 책의 반 이상을 넘기는 순간 내용은 서서히 어려워지기 시작했다. 그 순간, 과감히 책을 덮고 다시 앞으로 돌아가 그동안 얻은 지식을 정리했다. 그리고 훗날 다시 이 책을 다시 폈을 때는 어려운 내용도 쉽게 머리에 들어오리라 각오를 다지며…

질풍**님

네트워크를 모르는 사람도 이해할 수 있을 정도로 쉽고 간결하다. 대학에서 네트워크를 공부한 사람은 가벼운 마음으로 읽으면서 기본기를 탄탄히 할 수 있을 것 같다. 물론 어릴 때 영어 공부할 적 보던 책 맨투맨과 유사한 기법… 그러니까 작가가 들이대는(?) 경험담이나 노파심에 적는 글들이 거슬릴 수도 있지만 책을 보며 머리도 동시에 식힐 수 있을 듯하다. CCNA를 목표로 하는 분들 중에서 초보적인 수준의 분들은 반드시 읽어보라고 권하고 싶다. 쭈욱 읽어가면서 좀 더 깊숙이 보고자 하는 부분은 색인을 붙여가면서 살을 늘리면 강력한 지식을 얻을 수 있지 않을까 한다. 어찌 되었건 강추!

bada**님

네트워크는 정말 어려운 분야가 아닐 수 없습니다. 그러나 후니의 네트워킹 이야기를 읽으면 더 이상 어려운 분야가 아닙니다. 네트워크를 배우고 싶어도 엄두가 나지 않은 사람은 꼭 이 책을 읽으라고 권하고 싶습니다. 틈틈이 읽고 있는데 네트워크가 싸악 정리되는 느낌! 저는 개발 업무를 하고 있는데 기본적인 네트워크 실무 지식을 쌓고 싶어서 이 책을 구입해서 읽고 있습니다. 전문적인 부분은 살짝 넘어가고 잘 설명된 텍스트와 이해하기 편한 그림 위주로 즐겁게 읽고 있습니다.

holy**님

인터파크

네트워킹 분야를 알기 쉽게 풀어 쓴 저자의 노력이 엿보입니다.

ljhlovel**님

보안전문가가 꿈인 학생입니다. 주변 분께서 이 책 보구 CCNA 준비하라고 하셔서 샀는데 역시 명성만큼이나 좋더군요. ㅋㅋㅋ 우선 처음 하신 분들도 쉽게 다가갈 수 있어요. 다른 책들을 보면 딱딱해서 보기 싫었는데 이 책은 좋더군요. ㅋㅋ 강추요. ㅋㅋ

shwpdnr5**님

알라딘

말이 필요 없다. 글쓴이와 화상 채팅을 하고 있는 듯하다. 과언이 아니다.

필독님

과장 조금 보태서(^^;) 네트워크 개념을 잡는 데 이만한 책이 없는 것 같습니다. 딱딱한 설명으로 지루해질 내용을 작가의 솜씨로 풀어낸 쉬운 설명은 우리를 바른 길(?)로 인도해 줍니다. 뭐든지 시작할 때가 가장 부담스러울 수 있는데 이 책이 그런 부담에서 벗어나도록 도와줄 것입니다. 허나 결국엔 실습을 해볼 수 있어야 이 책의 내용이 다 이해가 됩니다. 이 책과 함께 시작해 보세요~ ^^ 강추!!!

lsj159**님

강컴닷컴

음, 이 책은 뭐랄까. 좀 아껴주고 싶은 책 중에 하나네요. 언제 봐도 상관없는 책. 그리고 훈훈한 느낌이 드는 책입니다. 나중에 커서 성공해서도 읽어도 되는 책이고, 기초는 정말 확실히 다져주며 네트워크에 입문할 수 있도록 도와주는 책이기도 합니다. ^^

최**님

컴퓨터전공자로서 수많은 전공 서적 및 관련 서적을 접해보았지만 이 책은 소설책 읽는 기분(그렇다고 가볍지는 않다)으로 쉽게 접할 수 있었던 것 같다. 굳이 CCNA를 준비한다면 약간의 부족한 감이 없지 않지만, 막연한 네트워크로의 공부를 시작하기에는 이만한 교재도 없을 듯하다.

제갈**님

개정증보신판
4th Edition

시스코 전문가가 말하는 네트워크 따라잡기

CISCO 시스코

후니의 쉽게 쓴 네트워킹

Vol. 2

진강훈 외 지음

BM (주)도서출판 성안당

이 책의 구성

PREVIEW

질문 있어요! QnA

후니 카페에 올라왔던 질문과 평소 네트워크를 공부하면서 궁금했던 사항을 친절하고 쉽게 설명하였습니다.
(네이버 후니 카페 http://cafe.naver.com/hoonycafe)

네트워크 플러스+

본문에서 자세히 설명하지 못한 알아두면 유용한 내용을 좀 더 집중적으로 정리하였습니다.

쉬어가는 페이지

저자의 흥미로운 이야기를 들으며 잠시 휴식을 갖는 시간입니다.

새로운 디자인 & 풍부한 일러스트

새롭게 바뀐 디자인과 그림을 통해 네트워크 구성도를 빠르고 정확하게 이해할 수 있도록 하였습니다.

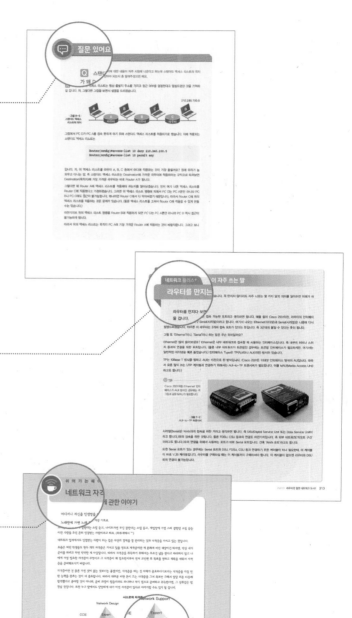

후니의 1분 정보 NEW

시스코 전문가 저자 후니가 직접 선택한 최근 네트워크 업계의 핫한 아이템과 이슈를 쉽고 재미있게 소개합니다.

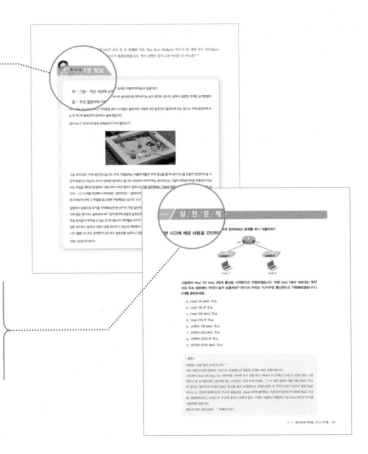

실전 문제 NEW

배운 내용을 토대로 문제를 풀며 자신의 실력을 점검할 수 있도록 새롭게 구성하였습니다.

후니 직강 동영상 강의 소개

새롭게 개정된 4th Edition은 기본 '서브넷 마스크' 해설 강의와 함께 네트워크 전반의 기본이 되는 '네트워크의 기초' 동영상 강의를 무료로 제공합니다.

저자 직강 무료 강의

저자 후니가 직접 '서브넷 마스크'와 '네트워크의 기초'를 귀에 쏙쏙 들어오도록 쉽게 설명합니다. 강의를 통해 네트워크를 여러분의 것으로 만드세요.

강의 자료

강의 시청 시 파워포인트 자료를 함께 보면서 네트워크를 훨씬 더 수월하게 이해할 수 있습니다.

· 무료 강의 수강권 이용 방법 ·

성안당 e러닝(bm.cyber.co.kr) 접속 ▶ 회원가입 후 로그인 ▶ 마이페이지 ▶ 나의 결제 정보 ▶ 쿠폰 등록/발급내역 ▶ 쿠폰번호 입력(하이픈 포함 입력) ▶ 등록하기 클릭 ▶ 아래의 목록에서 사용하기 클릭 ▶ (수강중인 강좌로 이동) ▶ 강의실 입장하기 클릭

★ 쿠폰을 등록하면 강의는 30일 동안 수강할 수 있습니다. 단, 쿠폰 유효기간은 2025년 12월 31일까지입니다.

차례
CONTENTS

CISCO
NETWORKING

PART
08

라우팅 프로토콜과의
한판

RIP라는 라우팅 프로토콜에 대한 이야기

여기에서는 다이내믹 라우팅 프로토콜에 대해서 알아보겠습니다. 전에도 한번 설명을 드렸지만 다이내믹 라우팅 프로토콜은 운영자가 일일이 경로를 지정하지 않아도 라우터가 똑똑하게 알아서 길을 찾아가는 프로토콜입니다.

우선 이렇게 똑똑한 다이내믹 라우팅 프로토콜 중에서 가장 구성이 쉬우면서도 가장 단순한 라우팅 프로토콜인 RIP에 대해서 알아보겠습니다.

먼저 RIP(Routing Information Protocol)를 짧은 질문과 대답을 가지고 간단하게 정리해 보도록 하겠습니다.

> **문제 ❶** | 라우팅 프로토콜(Routing Protocol)이냐, 라우티드 프로토콜(Routed Protocol)이냐?

정답은 → 라우팅 프로토콜이 맞는 답입니다.

> **문제 ❷** | 다이내믹 라우팅 프로토콜이냐, 스태틱 라우팅 프로토콜이냐?

정답은 → 다이내믹 프로토콜입니다.

> **문제 ❸** | 내부용 라우팅 프로토콜(Interior Gateway Protocol)이냐, 외부용 라우팅 프로토콜 (Exterior Gateway Protocol)이냐?

정답은 → 내부용 라우팅 프로토콜(IGP)입니다.

> **문제 ❹** | 디스턴스 벡터(Distance Vector) 라우팅 프로토콜이냐, 링크 스테이트(Link State) 알고리즘이냐?

정답은 → 디스턴스 벡터 알고리즘입니다. (즉 Distance(거리)와 Vector(방향)으로 길을 찾아가는 프로토콜입니다.)

문제 ❺ | RIP 라우팅 프로토콜에서 라우터가 좋은 길을 결정하는 기준이 되는 요소는 무엇인가?

정답은 → 홉(Hop) 카운트입니다.

문제 ❻ | RIP 라우팅 프로토콜에서 최대한 갈 수 있는 홉 카운트의 거리는 어디까지인가?

정답은 → 15개까지입니다. 16개부터는 도착이 불가능합니다.

문제 ❼ | RIP의 디폴트 라우팅 업데이트 주기는?

정답은 → 30초입니다.

이 정도만 RIP에 대해서 알고 있다면 아마 RIP에 대해서는 자신감이 생길 겁니다. 몇 가지는 이미 설명을 드린 내용이고 나머지 설명드리지 않은 부분은 앞으로 진도를 나가면서 하나씩 설명하겠습니다.

RIP는 말씀드린 것처럼 단순하기는 하지만 그래도 옛날부터 많은 사랑을 받아온 명실상부한 스탠더드(Standard), 즉 표준 라우팅 프로토콜입니다. 초보자가 라우터를 컨피규레이션 (설정, Configuration)한다면 RIP가 아마 가장 편리할 겁니다. RIP는 또 라우터의 메모리를 적게 사용하는 장점도 있습니다. 정말 좋은 프로토콜입니다.

하지만 RIP의 경우는 몇 가지 단점도 가지고 있습니다.

우선 RIP가 목적지까지의 최적 경로를 찾아가는 방법을 알아봐야 합니다. RIP의 경우는 최적의 경로를 찾는 방법이 가장 단순합니다. 즉 라우터를 몇 번 거쳐서 목적지에 도착하는가를 보는 것입니다. 다시 말하면 목적지까지 가는 데 네트워크를 몇 번 거쳐야 하는가입니다. 이것을 조금 어려운 용어로 말씀드리면 '홉 카운트(Hop Count)'라고 하는데, RIP는 가장 낮은 홉 카운트가 가장 좋은 경로라고 결정하게 됩니다.

이렇게 홉 카운트만 가지고 경로를 선택하다 보니 실수도 많이 하게 됩니다. 예를 들어 다음 그림을 보기 바랍니다.

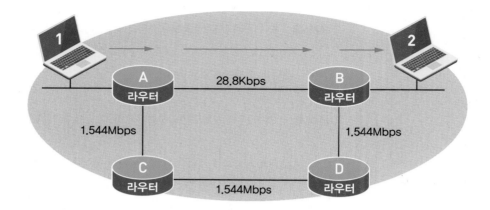

| 그림 8-1 |
RIP 라우팅 프로토콜의 길 찾기

그림에서 1번 PC에서 2번 PC로 가는 데이터가 있을 때 라우터 A에 RIP 라우팅 프로토콜이 돌고 있다면 라우터 A는 화살표대로 라우터 B쪽으로 데이터를 보냅니다. 왜냐하면 라우터 B쪽으로 보내는 것이 홉 카운트가 더 적기 때문입니다. 라우터 C쪽으로 보내면 라우터 C와 라우터 D, 그리고 라우터 B를 거쳐야 목적지인 2번 PC에 도착할 수 있기 때문입니다. 하지만 각 라우터 간의 회선 속도를 보기 바랍니다.

데이터가 라우터 B쪽으로 가게 되면 28.8Kbps라는 엄청나게 느린 속도로 날아가게 됩니다. 하지만 라우터 C 방향으로 가면 비록 라우터는 위쪽보다 많이 거치게 되어도 속도가 T1 (1.544Mbps)이기 때문에 훨씬 빨리 날아갈 수 있습니다. 즉 사실은 라우터 A는 2번 PC로 가는 패킷을 라우터 C쪽으로 보내는 게 훨씬 빨리 보낼 수 있는 겁니다.

그래도 RIP는 계속 위로 데이터를 보냅니다.

이게 바로 RIP의 단점입니다. 즉 경로 선택을 오로지 홉 카운트에 의존하기 때문에 속도나 회선의 신뢰도, 그리고 회선의 로드 등을 확인해 볼 수 없는 겁니다. 따라서 그냥 라우터를 적게 거치는 것을 좋은 경로로 선택해 버립니다.

또 RIP의 경우 자신의 라우터에서 15개 이상의 라우터를 거치는 목적지의 경우는 Unreachable (갈 수 없음)로 정의하고 데이터를 보내지 못하기 때문에 커다란 네트워크상에서 사용하기는 무리가 있습니다.

그럼에도 불구하고 아직도 많은 곳에서 RIP를 사용하는 이유는 소규모 네트워크 상에서는 효율성이 좋고, 라우터의 메모리를 적게 차지하며, 게다가 구성이 간편하기 때문입니다. 참, 그리고 모든 라우터에서 지원하는 표준 라우팅 프로토콜이라는 것도 한 가지 이유가 될 겁니다.

여러분도 사용해보실 기회가 있을 겁니다.

다이내믹 프로토콜 중의 하나인 RIP(Routing Information Protocol)는 구성이 간편하고 표준 라우팅 프로토콜이어서 많은 곳에서 사용되고 있다. 그러나 경로 선택을 오직 홉 카운트로만 한다든지, 데이터를 최대 라우팅할 수 있는 거리가 짧다는 단점 때문에 커다란 네트워크보다는 소규모 네트워크에서 많이 사용된다.

RIP에서 몇 가지 더 알아야 할 사항은 앞에서도 설명했던 업데이트 주기이다. RIP의 경우는 매 30초마다 이웃한 라우터들과 라우팅 정보를 교환한다. 경로에 이상이 있는 건 아닌지 또 뭔가 새로 생긴 경로는 없는지를 확인한다.

시스코 라우터의 경우 RIP는 디폴트 4의 경로까지, 최대는 6개의 경로까지 로드 밸런싱이 가능하다. 만약 어떤 목적지로 가는 경로가 4개 있는데, 모두 같은 홉 카운트를 가지고 있는 경우 라우터는 이 네 곳으로 패킷을 분산해서 보내는 것이다. 이렇게 로드를 분산해서 보내는 것을 '로드 밸런싱'이라고 한다.

💬 질문 있어요! QnA

Q 질문이 있는데요. 사람들이 라우터를 구성하면서 '백투백(Back-to-Back)'이라고 하던데, 어떤 구성을 이야기하는지, 그리고 왜 이런 구성을 하는지 알고 싶어요.

A 네. 라우터를 실습실에서 구성하다 보면 가장 먼저 떠오르는 고민이 바로 전용선 구간입니다.

원래 환경에서는 전화국에 요청해서 전용선을 설치하고 서로 라우터를 연결하면 되지만, 실습실에 전용선을 설치할 수는 없어서 만드는 구성이 바로 Back-to-Back 구성입니다. 즉 라우터와 라우터를 서로 직접 연결하면서 마치 전용선 구간에서 연결한 것처럼 만드는 기술입니다.

아시겠지만 원래 전용선을 연결하기 위해서는 라우터 뒤에 모뎀 장비인 DSU/CSU가 붙고 그 뒤에 전용선을 연결합니다. 하지만 Back-to-Back 구성에서는 라우터 대 라우터를 V.35 케이블만 가지고 서로 연결하는 것입니다. 그림을 보면 금방 이해가 될 겁니다.

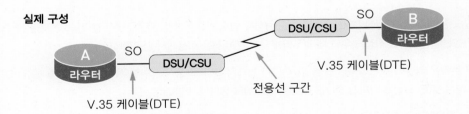

실제 구성

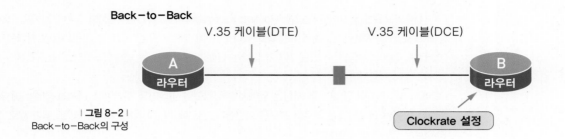

Back-to-Back

V.35 케이블(DTE)　　　　V.35 케이블(DCE)

A 라우터　　　　　　　　　　　　　　　B 라우터

Clockrate 설정

| 그림 8-2 |
Back-to-Back의 구성

그림에서 위의 그림이 실제 구성입니다. 즉 라우터의 시리얼 인터페이스에 V.35 케이블을 연결하고 한쪽 끝은 DSU/CSU에 연결합니다. DSU/CSU는 전용선에 연결하게 되는 겁니다. 상대편도 마찬가지로 구성됩니다.

이러한 실제 구성에서 라우터는 DTE 장비가 되고, DSU/CSU는 DCE 장비가 되기 때문에 이때 라우터에 사용하는 V.35 케이블은 DTE 케이블입니다. V.35 케이블을 실제 보았을 때 DTE 케이블은 핀이 밖으로 나와있는 숫놈이고, DCE 케이블은 숫놈을 꽂을 수 있게(?) 되어있는 암놈이니까 금방 알아보실 수 있을 겁니다.

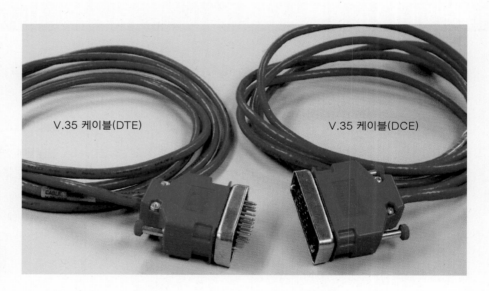

V.35 케이블(DTE)　　　　　　　　　　V.35 케이블(DCE)

| 그림 8-3 |
V.35 DTE
/DCE 케이블

그러나 실습 환경에서는 중간에 DSU를 놓고 또 전용선을 연결하는 이러한 실제 구성이 불가능하기 때문에 전용선과 DSU/CSU를 생략하고 직접 라우터 대 라우터를 V.35 케이블을 이용해서 연결합니다.

이때 중요한 것은 라우터 A나 라우터 B 둘 중 하나가 반드시 DCE로 동작해야 한다는 것입니다. 즉 둘 다 DTE가 아니라 하나는 DTE, 그리고 나머지 하나는 DCE로 동작해야 한다는 것입니다.

그림에서는 라우터 A가 DTE로 동작하고 라우터 B가 DCE로 동작하게 되어 있습니다. (케이블이 서로 다르다는 것을 알 수 있습니다.) 이때 어느 쪽 라우터가 DCE이고, 어느 쪽 라우터가 DTE인지를 알아보는 방법은 물론 케이블을 보면 알겠지만 라우터에서 명령으로도 확인이 가능한데, 그 명령은 다음과 같습니다.

```
Router#show controller interface interface-number
```

여기서 interface는 인터페이스의 종류를 이야기합니다. 그리고 interface-number는 인터페이스별 번호입니다. 예를 들어볼까요?

```
Router-B#show controller serial 0
HD unit 0, idb=0x8E6AC, driver structure at 0x92848
buffer size 1524 HD unit 0, V.35 DCE cable, clockrate 56000
cp=0x21, eda=0x492C, cda=0x4940
RX ring with 16 entries at 0x214800
00  bd_ptr=0x4800  pak=0x093B84  ds=0x218E80  status=80  pak_size=45
01  bd_ptr=0x4814  pak=0x0937BC  ds=0x218108  status=80  pak_size=44
                              ⋮
```

위에서처럼 show controller 명령을 수행해서 DTE와 DCE를 확인합니다. 일단 DTE, DCE를 확인한 후 DCE 케이블이 연결되어 있는 라우터의 인터페이스 구성 모드로 들어가서 구성 파일에 다음 구성을 추가합니다.

```
Router-B(config)#int s 0
Router-B(config-if)#clockrate 56000
```

예를 들어 라우터 B의 시리얼 0 인터페이스에 연결된 케이블이 V.35 DCE 케이블인 경우 라우터 B의 시리얼 0 인터페이스 구성 모드로 들어가서 Clockrate를 세팅해 주는 겁니다. DCE 장비는 클록을 제공해야 하기 때문에 이렇게 Clockrate 값을 넣어주는 겁니다.

여기서 세팅해주는 Clockrate 값은 바로 두 라우터 간의 회선 속도가 됩니다. 따라서 앞에서처럼 56000이라고 세팅한 경우에는 56Kbps의 속도로 두 라우터가 연결되었다고 생각하면 됩니다.

일단 두 라우터가 이처럼 Back-to-Back 구성으로 연결되고 나면 이제부터는 전용선으로 연결된 구성과 똑같이 사용할 수 있습니다. 따라서 라우터의 실습 환경에서는 꼭 필요한 구성입니다.

이제 Back-to-Back에 대해서 이해가 가시죠? 실은 저도 지금 Back-to-Back 구성으로 라우터를 세팅하고 여러분께 설명드리고 있는 겁니다.

RIP와 함께 춤을?

SECTION 02

자, 이번에는 본격적으로 RIP에 대해서 알아보겠습니다. 일반적인 성격은 앞에서 알아보았고 이번에는 RIP를 이용해서 라우터를 구성할 때의 명령어 형식과 실제 예를 통한 RIP 라우팅의 구현, 그리고 구현한 다음에 잘 돌아가는지를 무엇으로 확인해 보나 하는 것들을 공부해 보겠습니다.

먼저 RIP에 대한 명령어 형식입니다. 명령어를 알아야 RIP를 동작시킬 수 있겠죠?

```
Router(config)#router rip
Router(config-router)#network network-number
```

이 두 가지 명령이 전부입니다. 정말 쉽겠죠?

먼저 첫 번째 줄에 있는 router rip란 명령은 프롬프트를 보셔서 아시겠지만 '일반 구성 모드(Router(config)#)'에서 내리는 명령입니다. 이 명령은 이제부터 RIP 라우팅을 사용하겠다는 뜻입니다. 그러니까 RIP 라우팅 프로토콜을 쓰시려면 꼭 넣어줘야 하는 명령입니다.

두 번째 명령은 항상 'router 구성 모드'에서 내려줘야 하는 명령입니다. 즉 이 명령을 하기 전에는 반드시 router rip라는 명령을 먼저 내려준 후 Router(config-router)# 모드로 들어와서 내리는 명령입니다. 이 명령은 RIP 라우팅에 참가하는 네트워크를 지정해 주기 위해서 사용하는 명령입니다. 여기서 network-number가 바로 RIP로 라우팅해 줄 네트워크가 됩니다.

이때 주의하셔야 할 사항이 있습니다. RIP와 같은 라우팅 프로토콜은 네트워크 넘버를 입력할 때 서브넷 마스크는 입력하지 않습니다. 즉 RIP는 Classful하게 모든 네트워크를 인식한다는 것입니다. 예를 들어 내가 사용하는 라우터에 이더넷 0에 배정한 네트워크가 150.150.100.0 255.255.255.0이라고 가정해 보겠습니다. 서브넷 마스크는 완전히 이해하고 계시겠지만 150.150.100.0/24는 클래스 B를 서브넷 마스크해서 클래스 C처럼 쓰고 있는 겁니다. 이때 라우팅 프로토콜은 RIP를 쓴다고 가정하고 앞에서 배운 대로 명령을 입력하겠습니다.

```
Router(config)#router rip
Router(config-router)#network 150.150.100.0
```

하지만 이렇게 입력을 해도 RIP에서는 네트워크를 150.150.0.0으로 인식해 버립니다. 따라서 show running-config을 수행해 보면 다음과 같이 보이게 됩니다.

```
!
router rip
network 150.150.0.0
!
```

TIP

여기서 사용하는 RIP는 버전 1입니다. RIP 버전 2에서는 여러 가지 개선이 일어났습니다. 시스코 라우터에서는 RIP 버전 1과 2를 모두 지원합니다.

자, 이렇게 되면 어떤 문제가 발생할까요? 네, 맞습니다. 이렇게 되면 RIP를 수행하고 싶은 곳은 150.150.100.0뿐인데, 150.150.0.0으로 모든 네트워크가 들어가서 원하지 않는 네트워크까지 RIP가 수행하게 되는 것입니다. (이 부분은 아주 중요하지만 아직은 모르셔도 됩니다. 여러분이 좀 더 복잡한 네트워크를 다루실 때는 분명히 생각하셔야 할 내용입니다. 여기서는 이러한 상황에 대해서는 나중에 잠깐 다루도록 하겠습니다.)

다시 본론으로 돌아가 볼까요? 명령어 형식은 대충 배웠으니까 이번에는 실습을 통한 RIP 구성을 한번 해볼까 합니다.

예를 들어 본사는 서울에, 그리고 지사는 부산에 있는 어떤 회사가 있다고 가정해보겠습니다. 이 회사의 본사에는 PC와 서버를 합쳐서 약 200대 정도의 장비가 있고 부산 지사에는 약 150명 정도가 PC를 쓰고 있다고 가정하겠습니다.

자, 여러분이 이제 이 두 사무실 간에 네트워크를 설치해 주기 위해서 라우터 앞에 앉았습니다. 그리고 일단 여기서는 인터넷에 대한 접속은 없다고 가정하겠습니다. 단순히 두 사무실 간에 네트워크를 연결하는 겁니다.

자, 이때 준비물은 뭐가 있을까요?

그림을 보면서 설명을 드리겠습니다. 일단 두 사무실의 내부에는 네트워크가 되어있다는 가정하에 두 사무실을 연결하기 위한 라우터 2대(라우터 A와 라우터 B)와 DSU 또는 CSU 2대가 필요합니다. (그림에서 DSU/CSU 부분은 생략되었습니다.)

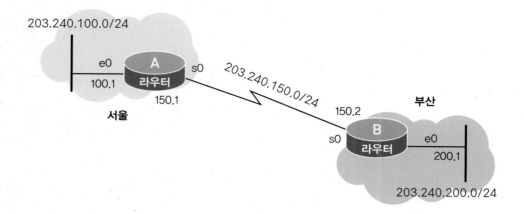

203.240.100.0/24

e0
100.1

A
라우터

s0

203.240.150.0/24

150.1

서울

150.2

부산

s0

B
라우터

e0
200.1

203.240.200.0/24

| 그림 8-4 |
RIP를 이용한 라우터의 구성

여기서 보이는 것처럼 서울 본사와 부산 지사의 네트워크를 구축하기 위해서는 총 3개의 네트워크가 필요합니다. 즉 서울 내부 네트워크, 부산 내부 네트워크, 그리고 마지막으로 시리얼 라인(WAN 구간)에 대한 네트워크입니다. 이렇게 네트워크를 나누는 것은 각 구간별로 서로 다른 네트워크가 있어야 하기 때문입니다.

또 한 가지 여기서 여러분이 아셔야 할 것은 시리얼 구간, 즉 전용선 구간에도 하나의 네트워크가 소모된다는 것입니다. 따라서 이 구간에는 지금처럼 서브넷 마스크 255.255.255.0을 사용하는 것은 IP 주소를 낭비하게 되는 것입니다. 만약 공인 IP 주소를 사용한다면 더욱 더 문제가 됩니다. 하지만 여기선 이 부분에 대한 이야기는 일단 건너뛰도록 하겠습니다. 나중에 VLSM(Variable Length Subnet Mask)을 설명하면서 설명드리도록 하겠습니다. 우선은 모두 같은 서브넷 마스크를 사용하기로 했다고 가정하겠습니다.

라우터를 구성하기 전에 항상 [그림 8-4]와 같은 구성도를 만드는 것이 중요합니다. 라우터를 구성하다 보면 구성이 잘 생각나지 않거나 아니면 엉뚱한 IP 주소를 잘못 입력하는 경우가 있기 때문에 항상 그림을 먼저 그리고 라우터를 구성하는 버릇을 들이기 바랍니다.

구성도에는 라우터의 이름과 어떤 식으로 서로 연결되어 있는지에 대한 내용, 그리고 IP 주소가 들어가면 됩니다. 서울, 부산 네트워크의 경우는 최대 인원이 250명을 넘지 않기 때문에 각 네트워크에 클래스 C 하나씩을 배정했습니다.

자, 이제 라우터 구성을 직접 보면서 설명드리겠습니다. 라우터 구성에서 중요한 부분만 써보면 아래와 같습니다.

● **본사 라우터**

```
interface ethernet 0
ip adderss 203.240.100.1 255.255.255.0
```

이 부분이 본사 라우터의 이더넷 부분입니다. 즉 이 회사의 본사는 203.140.100.2~203.240.100.254까지의 IP 주소를 사용하겠죠? (203.240.100.1은 라우터에 이미 부여했고, 203.240.100.255는 브로드캐스트 주소입니다.)

```
interface serial 0
ip address 203.240.150.1 255.255.255.0
```

이 부분이 본사 라우터의 시리얼, 즉 부산과 접속되는 인터페이스입니다. 여기서도 보이지만 이더넷과 시리얼 인터페이스는 서로 다른 네트워크여야 한다는 것을 항상 잊지 말기 바랍니다.

```
router rip
network 203.240.100.0
network 203.240.150.0
```

이 부분이 RIP에 대한 구성입니다. 정말 간단하죠?

RIP 라우팅에 참여하는 네트워크를 넣어준다고 했으니까 여기서는 본사 라우터의 이더넷 부분(203.240.100.0)과 시리얼 부분(203.240.150.0)을 포함시키면 됩니다. 현재 보이는 것처럼 네트워크는 Classful하게 들어가기 때문에 따로 서브넷 마스크를 입력하지 않도록 되어 있습니다.

이렇게만 하면 본사 라우터의 모든 구성은 끝나게 됩니다.

자, 그럼 전체 라우터의 구성을 한번 볼까요?

● **전체 라우터**

```
Seoul-R#sh run
Building configuration...

Current configuration:
!
version 12.0
service timestamps debug uptime
service timestamps log uptime
no service password-encryption
!
hostname Seoul-R
!
enable secret 5 $1$BfFO$sEG0J8dRCv7PTNScybJsb0
enable password cisco
!
ip subnet-zero
!
!
!
interface Ethernet0
  ip address 203.240.100.1 255.255.255.0
  no ip directed-broadcast
!
interface Serial0
  ip address 203.240.150.1 255.255.255.0
  no ip directed-broadcast
  no ip mroute-cache
  no fair-queue
!
router rip
  network 203.240.100.0
  network 203.240.150.0
!
ip classless
!
!
line con 0
  transport input none
line 1 8
line aux 0
line vty 0 4
  password cisco
  login
```

```
!
end

Seoul-R#
```

⚙ TIP

show ip protocol을 사용
하면 현재 사용하고 있는 RIP
의 버전 정보를 볼 수 있습니
다. 아래와 같이 RIP 정보를
전달할 때는 버전 1로, 수신할
때는 버전 1과 버전 2로 수신
하고 있습니다.

이제는 라우터의 구성만 보셔도 아시겠죠? 이렇게 점점 라우터의 구성과 친해지는 것이 중요합니다.

자, 이제 서울 본사 라우터의 구성은 마무리되었습니다. 과연 제대로 구성되었는지 한번 확인해 보고 싶으시죠? 몇 가지 명령이 있습니다.

먼저 show ip protocol이란 명령이 있습니다.

```
Seoul-R#sh ip protocol
Routing Protocol is "rip"
  Sending updates every 30 seconds, next due in 15 seconds
  Invalid after 180 seconds, hold down 180, flushed after 240
  Outgoing update filter list for all interfaces is
  Incoming update filter list for all interfaces is
  Redistributing: rip
  Default version control: send version 1, receive any version
    Interface        Send    Recv    Key-chain
    Ethernet0        1       1       2
    Serial0          1       1       2
  Routing for Networks:
    203.240.100.0
    203.240.150.0
  Routing Information Sources:
    Gateway         Distance      Last Update
    203.240.150.2         120      00:00:08
  Distance: (default is 120)

Seoul-R#
```

위와 같이 라우터의 프리빌리지드 모드(운영자 모드)에서 show ip protocol이란 명령을 내리면 현재 IP에서 동작하고 있는 라우팅 프로토콜이 보입니다. 우리가 서울 본사에 있는 라우터에 RIP를 동작시켰기 때문에 맨 윗 줄에 Routing Protocol is "rip"라는 말이 보입니다. 그 다음에는 라우팅 정보를 얼마 만에 한 번씩 업데이트하는가를 보여줍니다. RIP는 매 30초에 한 번씩 업데이트가 발생하는데, 지금 마지막으로 업데이트한 지 15초가 지났다고 나옵니다. 그러니까 앞으로 15초만 더 있으면 한 번 더 업데이트되겠네요.

이때 만약 어떤 곳으로부터 30초 동안에 업데이트 정보를 받지 못했다면 어떻게 될까요? RIP 환경에서 라우터는 180초 동안은 상대측으로부터 정보를 받지 못해도 느긋하게 기다립니다. 즉 RIP 업데이트가 6번 들어오지 않을 때까지는 기다려주는 겁니다. 이 시간을 'Invalid Time'이라고 합니다(Invalid after 180 seconds). 그런데 180초가 지나도 상대에서 업데이트가 들어오지 않게 되면 라우터는 Hold Down 상태로 들어갑니다. 이때부터 라우터는 상대편이 다운됐을 거라고 생각하게 되고 'possibly down'이라는 메시지를 라우팅 테이블에서 보여줍니다.

그리고도 1분 동안 상대로부터 연락이 없으면 라우터는 이 경로가 죽었다고 생각하고 라우팅 테이블에서 이 경로에 대한 정보를 지워버리게 되는데, 그 시간이 바로 'Flush Time'입니다 (flushed after 240).

그 다음에 보이는 Default version control: send version 1, receive any version이란 말은 RIP의 버전에 대한 정보를 보여주고 있습니다. 즉 RIP의 여러 가지 단점을 보완해서 새로 나온 RIP가 RIP version 2인데, 현재 우리는 RIP 버전 1을 사용하고 있다는 것을 보여주고 있습니다. (나중에 시간을 내서 RIP 버전 2에 대해서는 설명을 드리겠습니다.) 아무튼 RIP 버전 1에서 보낸 정보는 어떤 버전이든지 받아볼 수 있지만, RIP 버전 2에서 보낸 정보는 오직 RIP 버전 2에서만 이해할 수 있다는 것을 알려주고 있습니다.

그 다음에 보이는

```
Routing for Networks:
    203.240.100.0
    203.240.150.0
```

은 현재 라우터에서 RIP가 적용되고 있는 네트워크를 보여줍니다. 우리가 이더넷 0쪽과 시리얼 0쪽에 RIP를 적용했으니까 이렇게 보이는 겁니다.

그럼 라우팅 정보는 어디로부터 얻어오고 있을까요? 거기에 대한 정보를 보여주는 것이 바로 아래에 나와있는 내용입니다. 즉 다음과 같습니다.

```
Routing Information Sources:
    Gateway          Distance      Last Update
    203.240.150.2    120           00:00:08
Distance: (default is 120)
```

여기서 203.240.150.2가 바로 라우팅 정보를 읽어오는 곳입니다. 여기가 어딘지는 아시죠? 바로 부산 라우터의 시리얼 부분입니다. (이해가 안 가면 [그림 8-4]를 다시 한 번 더 보세요.)

맨 마지막 줄에 Distance, 즉 거리가 120이라고 되어 있네요. 이것을 'Administrative Distance'라고 합니다. 즉 라우팅 정보에 대한 신뢰성 정도라고 생각하면 됩니다. 이 디스턴스 값이 작으면 작을수록 라우터는 그 경로를 신뢰합니다. 참고로 스태틱 라우팅 정보는 디스턴스 값이 1입니다. 따라서 같은 목적지에 대해서 RIP로 찾아낸 길과 스태틱으로 찾아낸 길, 이렇게 2개의 길이 존재한다면 라우터는 스태틱으로 찾아낸 길쪽으로 데이터를 내보내게 됩니다. 디스턴스가 작을수록 더 신뢰하기 때문입니다.

자, 이번에는 라우팅 테이블을 한번 확인해 볼까요? 라우팅 테이블을 보려면 show ip route라는 명령이 사용됩니다.

```
Seoul-R#sh ip route
Codes: C - connected, S - static, I - IGRP, R - RIP, M - mobile, B - BGP
    D - EIGRP, EX - EIGRP external, O - OSPF, IA - OSPF inter area
    N1 - OSPF NSSA external type 1, N2 - OSPF NSSA external type 2
    E1 - OSPF external type 1, E2 - OSPF external type 2, E - EGP
    i - IS-IS, L1 - IS-IS level-1, L2 - IS-IS level-2, * - candidate default
    U - per-user static route, o - ODR

Gateway of last resort is not set

R    203.240.200.0/24 [120/1] via 203.240.150.2, 00:00:21, Serial0
C    203.240.100.0/24 is directly connected, Ethernet0
C    203.240.150.0/24 is directly connected, Serial0
Seoul-R#
```

라우팅 테이블이 보입니다. 바로 맨 마지막 3줄이 라우팅 테이블입니다.

```
R    203.240.200.0/24 [120/1] via 203.240.150.2, 00:00:21, Serial0
```

여기에서 맨 앞에 있는 R은 RIP로 찾아낸 길을 뜻합니다. 그 다음에 나오는 203.240.200.0은 목적지 네트워크입니다. 즉 찾아낸 목적지를 뜻합니다. 이때 뒤에 나오는 /24의 의미는 255.255.255.0, 즉 서브넷 마스크를 이진수로 바꾸었을 때 1의 숫자를 의미하고 120은 RIP의 디스턴스 값을 나타냅니다. 그 뒤에 나오는 1은 코스트를 의미하는데, RIP에서는 코스트가 홉 카운트니까 1홉 떨어져서 목적지가 있다는 의미로 해석하면 될 것 같네요.

```
C    203.240.100.0/24 is directly connected, Ethernet0
C    203.240.150.0/24 is directly connected, Serial0
```

이것은 앞에 있는 C가 의미하듯이 라우터에 붙어있는 네트워크라는 것을 알려줍니다. (C는 connect를 의미하니까요.)

이번에는 RIP가 동작하는 라우터에서 디버그 명령으로 실제 라우팅 업데이트가 일어나는 것을 한번 살펴보겠습니다. 디버그 명령은 굉장히 유용한 명령이면서도 섣불리 사용하면 라우터에 치명적인 영향을 줄 수 있기 때문에 사용 시에는 각별한 주의가 필요합니다.

또한 디버그 명령을 사용하려면 될 수 있는 한 콘솔에서 명령을 내려주는 것이 좋습니다. 물론 텔넷에서도 디버그 명령을 내릴 수 있지만, 텔넷에서 디버그 명령을 내리는 경우는 terminal monitor라는 명령을 주어야만 텔넷 화면에서 디버그의 결과를 볼 수 있습니다. 꼭 기억해 두기 바랍니다.

또 디버그 명령에서 가장 중요한 것 하나는 디버그 명령 후 결과치를 보고 나서는 반드시 디버그 명령을 꺼줘야 한다는 겁니다. 디버그를 시작하고 나면 계속 모니터에 여러 가지 내용을 뿌려주기 때문에 라우터에 부담이 너무 많이 가게 되고, 잘못하면 라우터가 다운될 수도 있기 때문에 디버그는 가능한 조금만 사용해야 하고 또 보고난 뒤에는 반드시 꺼줘야 합니다.

디버그를 꺼주는 명령으로는

```
Router#no debug all
```

과

```
Router#undebug all
```

TIP

debug all과 같은 명령은 실제 라우터 환경에서는 절대 사용하지 않기를 권합니다. 라우터에 너무 많은 로드를 주어 라우터가 다운될 수 있습니다.

이 있습니다. 이 두 명령 중 하나를 내리고 나면 모든 디버그가 멈추게 됩니다. (물론 이 명령을 내리고도 잠깐 동안은 디버그 화면이 계속 보입니다. 이것은 시간차라고 생각하면 됩니다. 하지만 곧 멈추니 너무 걱정하지 마세요.)

그런데 막상 디버그를 실시하게 되면 계속 화면에 디버그의 결과가 나오기 때문에 위에서 말씀드린 디버그를 끄는 명령을 사용하기가 굉장히 어렵습니다. (막 화면이 지나가니까 정신이 없어집니다.)

따라서 디버그를 꺼줄 때는 빨리 끄는 것이 중요한데 이때 사용하는 명령이

```
Router#u al
```

입니다. u al은 undebug all을 줄여서 사용하는 명령입니다. 아마 이것을 알아두면 많은 도움이 될 겁니다.

디버그 명령은 한마디로 라우터에서 자기네들끼리 어떤 정보를 주고받는지를 우리가 잠깐 들여다보는 명령입니다. 즉 아래 명령처럼 디버그하고 IP RIP라고 하면 IP RIP에서 라우터끼리 서로 통신하는 것을 보여줍니다. 명령어를 주는 방식은 그냥 프리빌리지드 모드(운영자 모드)에서 debug ip rip라고 해주면 됩니다. 그럼 명령을 내리는 시점에서부터 라우터에서 rip에 대해서 주고받는 내용을 보여주기 시작합니다. (물론 IP 중에서죠.) 직접 한번 볼까요?

```
Seoul-R#debug ip rip
RIP protocol debugging is on
Seoul-R#
05:25:34: RIP: sending v1 update to 255.255.255.255 via Ethernet0 (203.240.100.1)
05:25:34:       network 203.240.200.0, metric 2
05:25:34:       network 203.240.150.0, metric 1
05:25:34: RIP: sending v1 update to 255.255.255.255 via Serial0 (203.240.150.1)
05:25:34:       network 203.240.100.0, metric 1
05:25:51: RIP: received v1 update from 203.240.150.2 on Serial0
05:25:51:       203.240.200.0 in 1 hops
05:26:04: RIP: sending v1 update to 255.255.255.255 via Ethernet0 (203.240.100.1)
05:26:04:       network 203.240.200.0, metric 2
05:26:04:       network 203.240.150.0, metric 1
05:26:04: RIP: sending* v1 update to 255.255.255.255 via Serial0 (203.240.150.1)
05:26:04:       network 203.240.100.0, metric 1
05:26:20: RIP: received v1 update from 203.240.150.2 on Serial0
05:26:20:       203.240.200.0 in 1 hops
05:26:31: RIP: sending v1 update to 255.255.255.255 via Ethernet0 (203.240.100.1)
```

여기서 보면

```
05:25:34: RIP: sending v1 update to 255.255.255.255 via Ethernet0 (203.240.100.1)
```

은 라우팅 업데이트를 05시 25분 34초에 RIP 버전 1로 이더넷 0쪽으로 보냈습니다. 그 다음을 다시 보면

```
05:26:04: RIP: sending v1 update to 255.255.255.255 via Ethernet0 (203.240.100.1)
```

정확히 30초 후에 다시 라우팅 업데이트가 일어난 것을 알 수 있습니다. 즉 라우팅 업데이트는 30초에 한 번씩이라는 걸 알 수 있죠? 나머지도 자세히 비교해 보면 마찬가지라는 것을 알 수 있습니다. 또한 RIP의 송신과 수신에 RIP 버전 1이 사용되고 있다는 것도 알 수 있습니다.

자, 이렇게 해서 RIP에 대한 구성을 완성했습니다. 어떠세요? 그렇게 어렵진 않죠? 사실 RIP의 장점 중 하나가 바로 구성이 단순하다는 것입니다.

그럼 이제 부산 지사의 라우터 구성은 여러분이 직접 할 수 있죠? 한번 해보세요. 제가 부산으로 출장을 보내 드리겠습니다. 그리고 아래에 나온 부산 라우터 구성과 비교해 보세요.

```
Pusan-R#sh run
Building configuration...

Current configuration:
!
version 12.0
service timestamps debug uptime
service timestamps log uptime
no service password-encryption
!
hostname Pusan-R
!
enable secret 5 $1$BfFO$sEG0J8dRCv7PTNScybJsb0
enable password cisco
!
ip subnet-zero
!
!
!
interface Ethernet0
  ip address 203.240.200.1 255.255.255.0
  no ip directed-broadcast
!
interface Serial0
  ip address 203.240.150.2 255.255.255.0
  no ip directed-broadcast
  no ip mroute-cache
  no fair-queue
!
router rip
```

```
 network 203.240.200.0
 network 203.240.150.0
!
ip classless
!
!
line con 0
  transport input none
line 1 8
line aux 0
line vty 0 4
  password cisco
  login
!
end

Pusan-R#
```

>> 알고 갑시다!

구성이 간단한 RIP 라우팅 프로토콜을 이용한 라우터의 구성은 RIP 라우팅을 시작하는 명령 Router RIP와 이 명령 뒤에 오는 network 명령을 이용한다.

RIP 구성을 마친 후에 라우터에서 RIP를 확인해 보는 명령은 show ip protocol이 있고, 라우팅 테이블을 보고 싶으면 show ip route 명령을 사용하면 된다. 또 디버그를 사용할 때는 가능한 콘솔 화면에서 하고 텔넷에서 할 때는 terminal monitor란 명령이 필요하다. 그리고 더 중요한 건 디버그는 반드시 조금만 보고 꺼줘라. 그런데 디버그를 끄는 명령은 u al이다.

라우터의 구성은 여러분이 보시는 대로 그렇게 어렵지 않습니다. 사실 라우터를 구성하다 보면 우리가 책에서 접하지 못한 여러 상황을 만나게 됩니다. 예를 들어 전용선의 문제로 라우터를 동작하지 못하는 경우나 서로 다른 제품의 라우터 연결 시에 발생하는 문제는 여러분이 엔지니어가 되어서 직접 겪어봐야 해결할 수 있는 것들입니다.

다만 제가 드리고 싶은 말씀은 이런 상황에서 라우터의 구성에 대한 확신마저도 없다면 오히려 제대로 구성한 라우터의 구성을 바꾸어서 더 큰 실수를 할 수도 있다는 것입니다. (바로 제 경험담입니다.) 여러분은 이제 라우터의 구성에 대한 확신을 가지셨을 테니 혹시 문제가 발생한다고 해도 전혀 당황하지 않으실 거라고 믿습니다.

이번에는 여러분이 직접 RIP를 이용해서 구성을 해보겠습니다. [그림 8-5]는 여러분이 그동안 많이 보아온 그림입니다. 여기에서 PC A와 PC B 간에 있는 라우터를 RIP로 구성해서 두 PC가 통신이 되도록 해보는 겁니다.

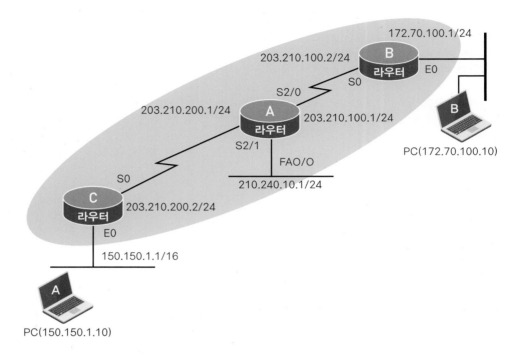

| 그림 8-5 |
RIP를 이용한 라우터 구성 연습

먼저 라우터 C의 구성에 대한 주요 부분입니다.

```
!
interface Ethernet0
  ip address 150.150.1.1 255.255.0.0
!
interface Serial0
  ip address 203.210.200.2 255.255.255.0
!
!
router rip
  network 150.150.0.0
  network 203.210.200.0
!
```

즉 Ethernet 0 인터페이스와 Serial 0 인터페이스에 IP 주소를 구성대로 할당하고 RIP를 활성화한 후 RIP가 수행될 네트워크를 넣었습니다.

다음은 라우터 A입니다.

```
!
interface FastEthernet0/0
  ip address 210.240.10.1 255.255.255.0
  no ip directed-broadcast
  duplex auto
  speed auto
!
interface Serial2/0
  ip address 203.210.100.1 255.255.255.0
  no ip directed-broadcast
  no fair-queue
  clockrate 128000
!
interface Serial2/1
  ip address 203.210.200.1 255.255.255.0
  no ip directed-broadcast
  clockrate 1007616
!
router rip
  network 203.210.100.0
  network 203.210.200.0
  network 210.240.10.0
```

라우터 A는 조금 다르네요. 특별히 다른 것은 아니지만 우선 시리얼 인터페이스쪽을 보면 clockrate가 세팅되어 있는 것이 보일 겁니다. 이제 이것이 왜 있는 줄 아시겠죠? 네, 맞습니다. 바로 백투백(Back-to-Back) 구성 때문에 들어간 겁니다. 그리고 Fast Ethernet0/0과 serial 2/0, 2/1을 세팅하고 이들 네트워크를 모두 RIP 네트워크로 정의했습니다. 역시 어렵지 않죠?

다음은 라우터 B입니다.

```
interface Ethernet0
  ip address 172.70.100.1 255.255.255.0
  no ip directed-broadcast
!
interface Serial0
  ip address 203.210.100.2 255.255.255.0
  no ip directed-broadcast
  no ip mroute-cache
  no cdp enable
!
!
```

```
router rip
 network 172.70.0.0
 network 203.210.100.0
```

여기 세팅에서는 한 가지 다른 점이 있습니다. 앞에서도 말씀드렸지만 Ethernet 0 인터페이스의 세팅을 보면 Ethernet 0에 세팅된 네트워크는 172.70.100.0/24 네트워크로 172.70.0.0을 서브네팅해서 사용했습니다. 그런데 밑에 구성된 RIP 네트워크 세팅에는 172.70.100.0이 아니라 172.70.0.0으로 Classful하게 들어갔습니다. 이게 바로 RIP의 한계입니다.

일단 모든 라우터에 구성을 마쳤으면 검증을 시작해보겠습니다.

라우터 C에서 172.70.100.0 네트워크에 접속되는가를 보려면 간단히 핑 테스트를 해보면 되지만, 우선은 라우팅 테이블에 172.70.100.0이 있는지를 확인하겠습니다.

```
Router_C#sh ip ro
Codes: C - connected, S - static, I - IGRP, R - RIP, M - mobile, B - BGP
    D - EIGRP, EX - EIGRP external, O - OSPF, IA - OSPF inter area
    N1 - OSPF NSSA external type 1, N2 - OSPF NSSA external type 2
    E1 - OSPF external type 1, E2 - OSPF external type 2, E - EGP
    i - IS-IS, L1 - IS-IS level-1, L2 - IS-IS level-2, ia - IS-IS inter area
    * - candidate default, U - per-user static route, o - ODR
    P - periodic downloaded static route
Gateway of last resort is not set
C    203.210.200.0/24 is directly connected, Serial0
R    203.210.100.0/24 [120/1] via 203.210.200.1, 00:00:03, Serial0
R    210.240.10.0/24 [120/1] via 203.210.200.1, 00:00:03, Serial0
R    172.70.0.0/16 [120/2] via 203.210.200.1, 00:00:03, Serial0
C    150.150.0.0/16 is directly connected, Ethernet0
Router_C#
```

위와 같이 172.70.0.0 네트워크가 라우터 C의 시리얼 0 인터페이스를 통해서 연결되어 있음을 보여줍니다. 일단 라우터 C에서 172.70.0.0 네트워크가 보이니까 이번에는 라우터 B에서 150.150.0.0 네트워크가 보이는지를 확인하면 됩니다. 그럼 라우터 B에 가서 명령을 내립니다.

```
Router_B#sh ip ro
Codes: C - connected, S - static, I - IGRP, R - RIP, M - mobile, B - BGP
    D - EIGRP, EX - EIGRP external, O - OSPF, IA - OSPF inter area
    N1 - OSPF NSSA external type 1, N2 - OSPF NSSA external type 2
```

```
   E1 - OSPF external type 1, E2 - OSPF external type 2, E - EGP
   i - IS-IS, L1 - IS-IS level-1, L2 - IS-IS level-2, * - candidate default
   U - per-user static route, o - ODR

Gateway of last resort is not set

R    203.210.200.0/24 [120/1] via 203.210.100.1, 00:00:06, Serial0
C    203.210.100.0/24 is directly connected, Serial0
R    210.240.10.0/24 [120/1] via 203.210.100.1, 00:00:07, Serial0
     172.70.0.0/24 is subnetted, 1 subnets
C    172.70.100.0 is directly connected, Ethernet0
R    150.150.0.0/16 [120/2] via 203.210.100.1, 00:00:07, Serial0
Router_B#
```

이제 두 라우터에서 양쪽 네트워크를 인식하고 있는 것을 알았습니다. 핑은 해보나마나 당연히 되겠죠? 그래도 한번 해볼까요?

```
Router_C#ping
Protocol [ip]:
Target IP address: 172.70.100.1
Repeat count [5]:
Datagram size [100]:
Timeout in seconds [2]:
Extended commands [n]: y
Source address or interface: 150.150.1.1
Type of service [0]:
Set DF bit in IP header? [no]:
Validate reply data? [no]:
Data pattern [0xABCD]:
Loose, Strict, Record, Timestamp, Verbose[none]:
Sweep range of sizes [n]:
Type escape sequence to abort.
Sending 5, 100-byte ICMP Echos to 172.70.100.1, timeout is 2 seconds:
!!!!!
Success rate is 100 percent (5/5), round-trip min/avg/max = 16/19/20 ms
Router_C#
```

RIP로의 구성이 끝났습니다. 여러분도 RIP가 그리 어려운 프로토콜이 아니란 것을 이제 아시겠죠?

같은 길을 두 사람이 알고 있다면 누구 말을 들어야 하지?
– Administrative Distance

앞에서도 잠깐 다룬 이야기입니다. 만약 우리가 한 라우터에 라우팅 프로토콜을 2개 이상 사용해야 한다면 어떤 상황이 일어날까요?

라우팅 프로토콜이 뭐냐구요? 라우팅 테이블을 만들고 유지하는 프로토콜, 즉 Static Routing Protocol, RIP, IGRP, OSPF, EIGRP 같은 거 말입니다.

네? 한 라우터에서 뭐하러 라우팅 프로토콜을 2개씩이나 쓰냐구요?

근데 그럴 일이 생깁니다. 라우터 구성을 하다 보면 말입니다. 왜냐하면 내 라우터의 양쪽에 다른 라우터가 연결되어 있다고 가정할 때 왼쪽에 있는 라우터는 RIP를 쓰고 오른쪽에 있는 라우터는 IGRP를 쓴다면 내 라우터는 중간에 있으니까 둘 다 써야만 합니다. 즉 내 양옆에 있는 사람이 한 명은 영어를 쓰고 한 명은 중국말을 하면 저는 중간에서 영어도 쓰고 중국말도 써야 서로가 대화를 할 수 있는 것처럼 말입니다.

아무튼 이런 상황이 되어서 우리가 한 라우터에 2개 이상의 라우팅 프로토콜을 쓰게 되었다고 가정을 해보겠습니다.

이런 경우에 내가 어떤 경로, 즉 길에 대한 정보를 얻으려고 보니까 RIP를 쓰는 라우터도 그 길에 대한 정보를 알고 있고, 또 IGRP를 쓰는 라우터도 그 길을 알고 있는 겁니다. 즉 내가 일본 가는 경로를 물어보니까 미국 사람도 설명을 해주고 중국 사람도 설명을 해주는데, 설명이 서로 다른 겁니다. 자, 그렇다면 나는 어떤 사람의 말을 믿어야 할까요?

라우터로 다시 돌아가서 말씀드리면 어떤 경로 정보를 RIP와 IGRP에서 동시에 받는다면 어떤 라우팅 프로토콜에서 온 정보를 이용해서 경로를 찾을까 하는 것입니다.

이에 대한 답은 바로 Administrative Distance 값입니다. [그림 8-6]에 시스코 라우터에서의 Distance(디스턴스) 값이 나와 있습니다.

⚙ TIP

라우팅 프로토콜별 Adminstrative Distance 값은 몇 가지 외워두시기 바랍니다.
RIP(120), IGRP(100), OSPF(110)

A
라우터

Route Soruce	Default Distance
Connected interface	0
Static route out an interface	0
Static route to a next hop	1
EIGRP summary route	5
External BGP	20
Internal EIGRP	90
IGRP	100
OSPF	110
IS-IS	115
RIP v1, v2	120
EGP	140
External EIGRP	170
Internal BGP	200
Unknown	255

| 그림 8-6 |
시스코 라우터의
Default Administrative Distance

역시 뭐니뭐니해도 가장 작은 값 0을 가진 것은 그 라우터가 직접 가지고 있는 인터페이스입니다. 예를 들어 라우터 C의 경우 Ethernet 0 인터페이스나 serial 0 인터페이스 등이 여기에 속합니다. 이런 인터페이스는 우리가 show ip route에서 보았을 때 c로 보입니다.

```
Router_C#show ip route
Codes: C - connected, S - static, I - IGRP, R - RIP, M - mobile, B - BGP
    D - EIGRP, EX - EIGRP external, O - OSPF, IA - OSPF inter area
    N1 - OSPF NSSA external type 1, N2 - OSPF NSSA external type 2
    E1 - OSPF external type 1, E2 - OSPF external type 2, E - EGP
    i - IS-IS, L1 - IS-IS level-1, L2 - IS-IS level-2, ia - IS-IS inter area
    * - candidate default, U - per-user static route, o - ODR
    P - periodic downloaded static route

Gateway of last resort is not set

C    203.210.200.0/24 is directly connected, Serial0
R    203.210.100.0/24 [120/1] via 203.210.200.1, 00:00:03, Serial0
R    210.240.10.0/24 [120/1] via 203.210.200.1, 00:00:03, Serial0
R    172.70.0.0/16 [120/2] via 203.210.200.1, 00:00:03, Serial0
C    150.150.0.0/16 is directly connected, Ethernet0
```

또 하나 디스턴스 값이 0이 되는 것이 있는데, 그것은 인터페이스를 이용해서 스태틱 라우트 명령을 준 경우입니다. 우리가 일반적으로 사용하는 스태틱 라우트 명령은

```
Router_A(config)#ip route 150.150.0.0 255.255.0.0 203.240.200.2
```

와 같이 맨 뒤에 어디를 통해서 갈 것인가를 IP 주소를 입력해서 정의합니다. 이렇게 정의한 스태틱 라우트 명령은 디스턴스 값이 1이 되지만, 예를 들어

```
Router_A(config)#ip route 150.150.0.0 255.255.0.0 serial 2/1
```

이라고 인터페이스를 입력하는 경우는 디스턴스 값이 0이 된다는 것입니다. 이때 입력하는 인터페이스는 자신의 인터페이스가 됩니다.

그 다음으로 우리가 눈여겨 보아야 할 것은 BGP, IGRP, RIP, OSPF, EIGRP 등입니다. 이것들은 가능한 외워두면 도움이 될 겁니다.

지금까지 알아본 것과 같이 각 라우팅 프로토콜별로 이러한 디스턴스 값이 있는데, 이 값이 작으면 작을수록 신뢰성이 더 높습니다. 따라서 2개의 라우팅 프로토콜 중에서 디스턴스 값이 작은 쪽의 말을 듣게 됩니다. 현재 우리 라우터에 돌아가고

있는 프로토콜에 대한 디스턴스 값은 show ip protocol을 하면 보인다는 것을 이제는 다 아실 겁니다.

이제 Administrative Distance에 대해서 이해가 되시죠? 복잡한 네트워크 구성에서는 이 개념을 이해하는 것이 중요합니다. 생각하지 못한 많은 문제를 찾아낼 수 있는 건 이처럼 기본에 충실한 것이기 때문입니다.

후·니·의 1분 정보

빠름 빠름 빠름 Ⅲ

가격 비싼 거 빼고는 HDD에 비해서 훨씬 가볍고, 훨씬 빠르고, 에너지 효율도 좋은 SSD가 가격 말고도 또 하나의 단점이 있다고 이야기드렸죠?

이 단점을 이해하려면 SSD, 즉 플래시 메모리의 저장 방식에 대한 이해가 먼저 필요하답니다. ^^

전통적으로 플래시 메모리에 데이터를 저장하는 방식은 하나의 셀에 하나의 비트를 저장하는 방식이었는데, 이를 'SLC(Single Level Cell)'이라고 합니다. 사실 이런 SLC 방식으로는 HDD를 대신할 SDD를 만들기가 쉽지 않았던 게 바로 가격 때문이었습니다. 너무 비쌌던 거죠.

그런데 가격을 낮출 수 있는 기술이 나왔습니다.

바로 MLC(Multi-Level Cell)와 TLC(Triple Level Cell) 방식의 출현입니다.

MLC와 TLC가 뭐냐구요?

SLC(Single Level Cell)가 하나의 셀에 하나의 비트를 저장하는 방식이니까 MLC(Multi-Level Cell)는 셀 하나에 2개의 비트를 저장하는 방식이고, TLC(Triple Level Cell)는 셀 하나에 3개의 비트를 저장하는 방식이겠죠?

한 방에 1명씩 배정해주다가 한 방에 2명 또는 3명을 배정해주니까… 방값이 싸지는 건 당연하겠죠?

그런데 한 방에 1명이 있는 방과 한 방에 2명 또는 3명이 있는 방이 있을 때 "지금 즉시 연병장으로 집합"하라는 명령을 내리면… 누가 빠를까요?

역시 1명이 있는 방이 빠르겠죠? 두세 명 있는 방은 신발 찾고, 서로 나가려고 투닥거리고, 서로 밀치고 하느라 당연히 느리겠죠?

그래서 SLC에 비해 MLC나 TLC는 읽기, 쓰기 속도가 더 느리답니다. (자료에 보니 SLC가 MLC에 비해 읽기는 30%, 쓰기는 약 75% 빠르다고 하네요.) 가격은 좀 더 싸지만 속도가 느린 것이지요.

또 하나는 수명입니다. 즉 얼마나 많이 지웠다 썼다가 가능하냐는 거죠.

SLC는 약 100,000회의 쓰기가 가능한데, MLC의 경우는 약 5,000~10,000회, TLC는 최대 1,000회의 쓰기가 가능합니다.

이게 무슨 문제가 있을까요? 아주 중요한 문제가 있는데… 너무 길어져서 여기까지…. ^^

라우터를 만지다가…

지금부터 꽤 오래 전이었던 것 같습니다.

라우터를 만지기 시작한 지 몇 달도 안 되던 새내기 시절에 후니는 갑자기 궁금해졌습니다.

내가 알고 있는 RIP와 스태틱 라우팅 프로토콜만 있으면 모든 라우터와 전부 연결이 가능한데, 왜 IGRP나 OSPF하는 것들을 배워야 할까?

그리고 전 그때 다짐했습니다.

나는 앞으로 모든 라우터를 RIP와 스태틱으로만 연결하리라.

여러분도 저랑 비슷한 경험을 하셨을지 모릅니다.

제가 좋아하는 게임인 '스타크래프트'에서도 그렇습니다. 저는 이 게임을 시작한 지 벌써 몇 년째지만 아직도 저그 사용법을 모릅니다. 무식하게도 오직 프로토스 하나만을 고수하고 있습니다. 그러니 저그가 뭘 만들어서 쳐들어오는지, 저그의 어떤 면이 단점이고 어떤 면에서 강한지를 모릅니다. 그러니 저그를 이기기가 쉽지 않은 것은 어쩜 당연한지도 모르겠습니다.

라우팅 프로토콜도 마찬가지입니다. 모든 것을 다 알고 있어야만 그때그때 가장 적절한 프로토콜을 사용할 수 있는 겁니다.

물론 모든 라우터를 RIP와 스태틱으로만 구성할 수도 있습니다. 아니 그냥 스태틱 하나로도 구성이 가능하겠죠. 하지만 이런 사람은 모든 라우팅 프로토콜을 자유자재로 구사하는 사람과는 상대가 되지 않는다는 겁니다. 또 라우터의 성능 역시 마찬가지입니다. 예를 들어 어떤 네트워크에는 OSPF를 사용하는 것이 라우터의 성능을 가장 좋게 하는 것임에도 오로지 RIP만을 고수하다 보니 네트워크의 변화를 인지하는 데 시간이 많이 걸리고, 때로는 여러 가지 좋은 기능을 포기해야 하는 경우가 있습니다.

여러분도 저처럼 잘못된 고집을 부리지 말고 이제부터라도 자기가 안 해본 것에 대한 도전을 두려워하지 말기 바랍니다.

Distance-Vector 라우팅 알고리즘에서의 문제점과 해결책

SECTION 03

이번에는 디스턴스 벡터 알고리즘의 문제점에 대한 고찰을 해볼까 합니다. 미리 말씀드리지만, 그렇다고 디스턴스 벡터 알고리즘이 문제점만 있는 것은 아닙니다. 장점도 많지만 여기에서는 문제점만을 집중적으로 알아보려는 것입니다. 그리고 마지막에서 그 해결책에 대한 것들도 함께 알아보겠습니다.

디스턴스 벡터의 문제점이라면 가장 먼저 떠오르는 것은 바로 '시간'입니다. 즉 한 번 배운 라우팅 테이블을 계속 전달하기 때문에 업데이트가 모든 네트워크에 전달되는 시간(이것을 보통 '컨버전스 타임(Convergence Time)'이라고 합니다.)이 많이 걸린다는 것입니다. 따라서 이것 때문에 우리가 흔히 이야기하는 루핑이 발생할 수 있습니다.

| 그림 8-7 |
라우팅 테이블의 전달

먼저 [그림 8-7]을 보겠습니다. 라우터 A는 왼쪽 네트워크로부터 라우팅 테이블의 업데이트를 받았습니다. 즉 왼쪽에 연결된 네트워크의 링크에 변화가 감지된 것입니다. 그럼 이제부터 라우터 A는 자신의 라우팅 테이블을 변경하기 위한 작업을 시작합니다. 새로운 링크가 생겼다면 그것을 넣고, 만약 어떤 네트워크가 끊어졌다면 그 네트워크를 라우팅 테이블에서 지울 것입니다.

이런 작업을 통해서 라우터 A는 새로운 라우팅 테이블을 만들게 됩니다. 그리고 라우팅 업데이트 시간이 왔습니다. RIP에서는 30초에 1번 라우팅 테이블을 업데이트한다고 배운 것을 기억할 겁니다. 마찬가지로 디스턴스 벡터(Distance-Vector) 알고리즘은 업데이트 주기를 가지고 있습니다.

예를 들어 이 주기가 30초라고 가정하면 라우터 A는 30초 후에 변경된 라우팅 테이블을 라우터

B에 보내고 라우터 B는 다시 30초 후에 라우터 C에 이 정보를 보내주는 것입니다. 따라서 라우터 C는 라우터 A가 라우팅 테이블 변화를 인지한 지 60초 후에야 비로소 네트워크의 변화를 인지할 수 있게 되는 것입니다.

만약 라우터 C 뒤에 또 다른 라우터가 있다면 어떨까요? 그렇습니다. 라우터가 네트워크 변화를 인지하는 데 많은 시간이 걸린다는 것을 이제 여러분도 직접 느끼셨을 겁니다.

이번에는 좀 더 구체적인 예를 들어서 설명해 보겠습니다.

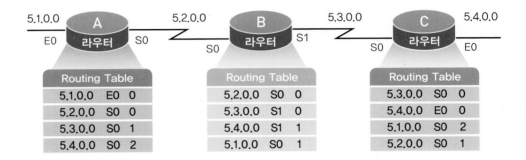

| 그림 8-8 |
디스턴스 벡터 알고리즘에서
라우팅 테이블

[그림 8-8]은 각 라우터별로 현재 가지고 있는 라우팅 테이블을 보여주고 있습니다. 물론 라우팅 테이블이 정확히 이렇게 생기진 않았습니다. 개념적으로 이해하기 바랍니다. 맨 앞에 있는 것이 목적지 네트워크이고, 그 다음은 어디를 통해서 갈 것인가를 알려주는 테이블입니다. 그리고 맨 마지막이 홉 카운트 정보입니다. RIP의 라우팅 테이블과 유사하죠?

아무튼 이 상태에서는 모든 라우팅 테이블이 정상적입니다. 라우터 A, B, C 모두 동일한 정보를 가지고 있습니다. 이때 라우터 A에 연결되어 있는 5.1.0.0 네트워크에 문제가 발생했습니다. 즉 5.1.0.0 네트워크가 다운되었습니다.

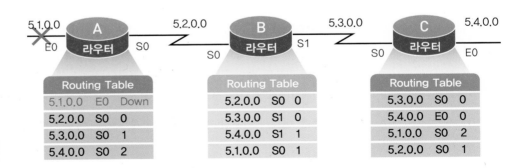

| 그림 8-9 |
라우팅 루핑 1

라우터 A는 즉시 자신의 라우팅 테이블에 5.1.0.0이 다운이라고 업데이트를 합니다. 하지만 아직 업데이트 주기가 되지 않았기 때문에 라우터 B나 라우터 C는 이 정보를 알지 못합니다. 이때 라우터 B가 라우팅 테이블을 업데이트했습니다.

여기에는 [그림 8-10]에서 보는 것처럼 5.1.0.0 네트워크 정보도 들어 있습니다. 네트워크 5.1.0.0에 대한 라우팅 정보를 라우터 B로부터 받은 라우터 A는 5.1.0.0 네트워크를 라우터 B를 통해서 갈 수 있다고 생각하고 자신의 라우팅 테이블을 바꿉니다. 즉 5.1.0.0 네트워크는 라우터 B로 갈 수 있는데 홉 카운트는 2라구요. 이제부터 정말 말도 안 되는 일이 벌어지고 있는 겁니다.

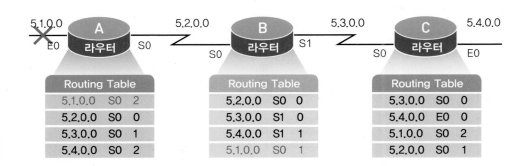

| 그림 8-10 |
라우팅 루핑 2

이번에는 라우터 B가 라우터 A로부터 온 네트워크 5.1.0.0에 대한 정보를 보니 홉 카운트가 2로 바뀐 것을 알았습니다. 어차피 라우터 B는 라우터 A를 거쳐서 5.1.0.0 네트워크를 가야 하기 때문에 자신의 홉 카운트를 3으로 바꾸게 됩니다. (어처구니 없죠?) 그렇게 되니 라우터 B의 뒤에 있는 라우터 C는 5.1.0.0 네트워크에 대한 자신의 홉 카운트를 4로 바꾸게 되는 겁니다.

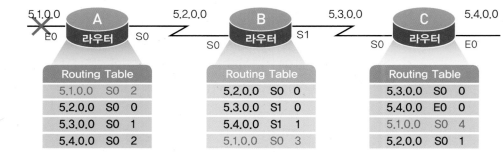

| 그림 8-11 |
라우팅 루핑 3

이런 식으로 라우팅 테이블은 계속 루핑을 돌기 시작하는데, 결국 죽어있는 네트워크로 향하는 데이터는 뱅글뱅글 돌기만 할 뿐 목적지에 도착하지 못하기 때문에 네트워크에 엄청난 트래픽이 발생할 뿐 아니라 라우팅 테이블이 꼬이게 되어 제대로 된 라우팅을 수행할 수 없게 됩니다.

이처럼 라우팅에 루핑이 발생하는 이유는 한 라우터가 라우팅 정보에 대한 모든 정보를 가지고 있지 못하고, 또 이웃 라우터로부터의 업데이트가 느리게 이루어지기 때문입니다.

따라서 이런 문제를 방지하기 위한 대책이 필요한데, 여기서는 그 대책에 대해서 한번 알아볼까 합니다.

맨 먼저 Maximum Hop Count를 이용한 방법입니다. RIP 라우팅 프로토콜의 경우는 최대 홉 카운트를 15로 규정하고 15를 넘어가는 라우팅 경로에 대해서는 unreachable로 간주합니다. 그리고 flush time이 지난 후에는 라우팅 테이블에서 아예 삭제해 버립니다. 이렇게 최대 홉 카운트를 정해놓으면 라우팅의 루핑이 발생하더라도 16까지 이르게 되면 멈출 수 있습니다. 그러나 RIP의 최대 홉 카운트 제한은 15홉을 넘어서는 경로에 대해서는 아예 도달할 수 없기 때문에 요즘처럼 네트워크의 규모가 커질 경우 치명적인 약점을 드러내게 됩니다.

이번에는 Hold Down Timer를 이용한 루핑 방지법입니다.

[그림 8-12]에서 라우터 E에 붙어있는 네트워크 A가 다운되었다고 가정해보겠습니다. 라우터 E는 네트워크 A가 다운되었다는 것을 라우터 A에 알렸습니다. 그러면 라우터 A는 네트워크 A에 대한 Hold Down 타이머를 시작합니다. 만약 이때 라우터 B가 라우팅 테이블을 업데이트하면서 라우터 A에 네트워크 A를 자신을 통해서 갈 수 있는데, 홉 카운트 4라고 이야기한다면 라우터 A는 이 정보를 무시합니다.

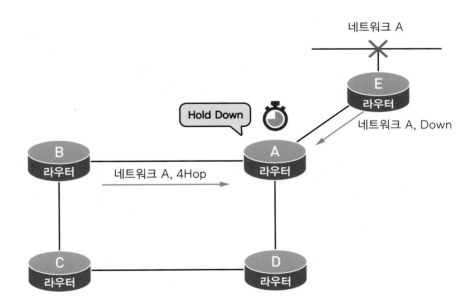

| 그림 8-12 |
Hold Down 타이머 1

즉 Hold Down 타이머가 동작하고 있는 동안에는 외부에서 해당 네트워크에 대한 라우팅 경로 정보를 받았을 때 원래 가지고 있던 메트릭 값(목적지까지의 거리에 대한 값으로, RIP의 경우는 Hop 카운트가 됩니다.)보다 큰 값이 들어오면 무조건 무시합니다. 그리고 Hold Down 카운터가 종료되거나 목적지에 대한 새로운 경로가 지금 가지고 있던 메트릭과 같거나 좋은 경로가 들어올 때만 이웃 라우터로부터의 업데이트를 받아들입니다.

[그림 8-13]에서 네트워크 A에 대해서 라우터 A는 홉 카운트 1을 가지고 있었습니다. 이때 아직

Hold Down 타이머가 끝나지 않은 상태에서 라우터 B가 네트워크 A에 대한 더 나쁜 홉 카운트 (여기서는 4)를 가지고 업데이트를 했습니다. 이렇게 되면 라우터 A는 라우터 B의 업데이트를 무시합니다. 아까 배운 규칙, 메트릭 값이 원래 값과 같거나 더 좋지도 않을 뿐만 아니라 Hold Down 타이머가 종료되지도 않았기 때문입니다.

라우터 A가 라우터 B와 라우터 D쪽으로 업데이트를 하게 되면 이제 라우터 B와 D도 네트워크 A에 대해서 Hold Down 타이머를 작동시킵니다.

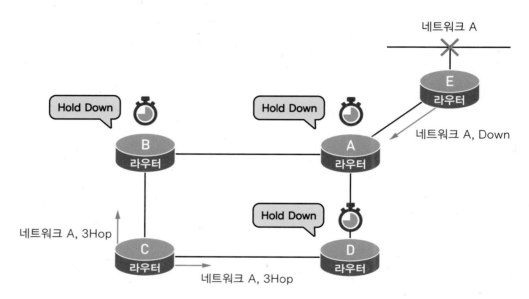

| 그림 8-13 |
Hold down 타이머 2

이번에는 라우터 B와 D도 네트워크 A에 대해서 Hold Down 타이머가 걸렸습니다. 이때 라우 터 C가 라우터 B나 라우터 D에 네트워크 A를 홉 카운트 3으로 갈 수 있다고 업데이트를 해도 이들 라우터는 이 업데이트를 무시합니다. 홉 카운트 3은 그들이 가지고 있는 네트워크 A에 대 한 메트릭 값과 같거나 좋은 값이 아니기 때문입니다. 이로써 Hold Down 타임 동안 네트워크 의 모든 라우터들은 네트워크 A가 다운된 것을 인식하는 것입니다. 이러다가 네트워크 A가 살 아나게 되면 라우터 A는 라우터 B와 D에 홉 카운트 1로 네트워크 A에 갈 수 있다고 알리게 되 고 라우터 B와 D는 Hold Down 타이머를 풀고 업데이트를 받아들이는 것입니다.

어떠세요? Hold Down 타이머가 이해가세요? 조금 어렵게 느꼈을지도 모르겠습니다. 한마디 로 Hold Down 타이머는 어떤 경로가 죽었다고 판단하면 이 경로에 대한 상태를 바로 바꾸지 않고 일정 시간이 지난 다음에 바꾸겠다는 것입니다. 이 일정 시간은 바로 모든 라우터들이 그 경로가 죽었다는 것을 인식하는 정도라고 생각하면 됩니다.

이번에는 스플릿 호라이즌(Split Horizon)입니다. 이건 또 뭐죠?

정말 네트워크의 용어는 끝도 없나 봅니다. 그래서 네트워크가 어렵다고 하는 걸까요? 아무튼 지금 배우실 스플릿 호라이즌은 아주 중요한 개념입니다. 네트워크를 설계할 때마다 약방의 감초처럼 나오는 말입니다. 따라서 아무리 말이 이상하고 처음 들어본다고 하더라도 스플릿 호라이즌만큼은 꼭 알아두기 바랍니다.

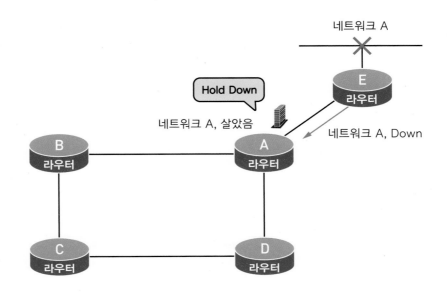

| 그림 8-14 |
스플릿 호라이즌

⚙ TIP

스플릿 호라이즌이 인터페이스에서 Enable되었는지, Disable되었는지 확인하기 위해서는 'show ip interface' 명령을 사용합니다.

스플릿 호라이즌은 한마디로 말하면 라우팅 정보가 들어온 곳으로는 같은 정보를 내보낼 수 없다는 것입니다. 즉 [그림 8-14]에서 라우터 A는 네트워크 A에 대한 정보를 이미 라우터 E에서 받았기 때문에 네트워크 A에 대한 정보를 다시 라우터 E쪽으로는 내보낼 수 없다는 것입니다. 이러한 스플릿 호라이즌이 뜻하는 바는 만약 하나의 라우터가 어느 네트워크 정보를 인접한 라우터에서 받았다면, 그 인접한 라우터가 그 네트워크에 더 가까이 있을 것이 분명하며, 이러한 정보를 다른 라우터들로부터 더 이상 받을 필요가 없다는 것입니다.

여기에서 라우터 A가 모든 라우팅 업데이트를 라우터 E쪽으로 보내지 않는 것은 아닙니다. 다만 네트워크 A에 대한 라우팅 정보만 보내지 않는 것입니다. 스플릿 호라이즌에 대해서 또하나 알아두셔야 할 점은 스플릿 호라이즌은 두 라우터 간의 루핑만을 막기 위해서 만들어진 기술이라는 것입니다. 따라서 전체 라우터 네트워크의 루핑을 스플릿 호라이즌을 가지고 막는 것은 어렵습니다.

이번에는 라우트 포이즈닝(Route Poisoning)에 대해서 알아보도록 하겠습니다. 라우트 포이즈닝은 뭔가 '극약 처방' 같은 느낌이 나는 말입니다. 여기서 포이즈닝이란, 라우팅 테이블에 극약 처방을 한다는 것입니다. [그림 8-15]를 보면 네트워크 A가 다운되자 라우터가 네트워크 A에 대한 메트릭 값을 16으로 바꾸었습니다. 즉 사용할 수 없는 값으로 만들어버린 겁니다.

그 대신 라우팅 테이블에서 지워버리지는 않았습니다.

이때 라우터 A에서 네트워크 A에 대한 업데이트 정보가 들어와도 라우터 E는 그것을 무시합니다. 그리고 나서 라우터 E는 네트워크 A에 대한 메트릭 값을 16으로 해서 내보내는 겁니다. 따라서 라우터 A는 이제부터는 네트워크 A에 대한 메트릭을 16으로 갖게 됩니다. 이런 식으로 다운된 네트워크를 먼저 무한대치로 바꾸어 버리는 방식이 바로 라우트 포이즈닝이라고 생각하면 됩니다. 이렇게 되면 라우팅 테이블에서 지워버렸다가 잘못된 라우팅 정보를 받는 일을 미리 막을 수 있는 효과가 있습니다.

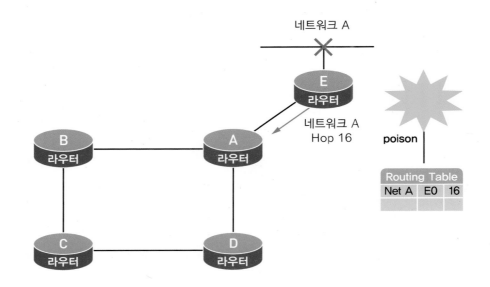

| 그림 8-15 |
라우트 포이즈닝

마지막으로 포이즌 리버스(Poison Reverse)에 대해서 알아보겠습니다. 포이즌 리버스는 스플릿 호라이즌을 약간 변형했다고 생각하면 이해가 쉬울 겁니다. 또 다른 명칭으로는 '포이즌 리버스 업데이트를 사용한 스플릿 호라이즌(Split horizon with poison reverse update)'이라고도 표기하는 이 방식은 스플릿 호라이즌처럼 라우팅 정보를 보내온 쪽으로 알려주지 않는 것이 아니라 라우팅 정보를 되돌려 보내기는 하되 이 값을 무한대 값으로 쓰는 방식입니다. 왜 이런 방법을 쓸까 한번 생각해 볼까요?

홉 개수가 무한대라는 뜻은 앞서 다루었듯이 경로를 사용할 수 없다는 것이라서 라우터는 이 경로에 대한 라우팅 업데이트를 무시하는 것이 됩니다. 따라서 경로의 정보를 아주 없애는 것보다 무한대 홉 값을 포함해서 라우팅 업데이트를 실시한다면 다른 모든 라우터들은 실수로 잘못된 경로 정보를 사용하는 경우를 크게 줄일 수 있기 때문입니다.

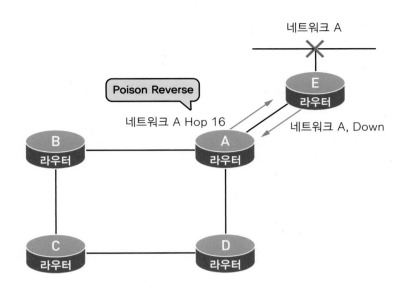

| 그림 8-16 |
포이즌 리버스

하지만 여기서 중요한 것은 스플릿 호라이즌은 포이즌 리버스 기능이 첨가되든지 또는 안 되든지 라우팅 루프를 자기 라우터랑 붙어있는 인접 라우터에서만 방지할 수 있다는 것입니다. 따라서 어느 하나만의 루핑 방지 방법을 사용하는 것이 아니라 여기에 있는 여러 가지 방식을 적절하게 활용하는 것이 중요합니다.

아무튼 시험에서도 꼭 이 부분에 대한 문제가 한두 문제씩은 고정 출연(?)하고 또 제대로 이해해 놓지 않으면 계속 골치가 아픈 부분이므로 여기 나와있는 몇 가지 루핑 방지법에 대해서는 특징을 확실히 알아두기 바랍니다. 특히 스플릿 호라이즌이라는 것을 확실히 알아두기 바랍니다. 꼭 쓸모가 있으실 겁니다.

자, 그럼 여기까지의 결론을 알아볼까요? 디스턴스 벡터 알고리즘은 쉽고, 간편하고, 또 라우팅 테이블을 적게 사용하는 등 여러 가지 장점이 있지만, 루핑이 발생하기 쉽다는 단점을 가지고 있습니다. 그래서 사용되는 루핑 방지법이 있는데, 라우팅 메트릭스를 제한하는 방식입니다. RIP의 경우 최대 홉 카운트를 15까지로 제한(16부터는 Unreachable입니다.)하면서 무한의 루핑을 방지하지만, 커다란 네트워크에서는 거리 제한이 있는 약점이 있습니다. 또한 한 번 다운된 경로에 대해서는 일정 시간 동안 라우팅 업데이트를 받지 않는 홀드 다운이나, 라우팅 정보를 받은 쪽으로는 같은 라우팅 정보를 보내지 않는 스플릿 호라이즌, 그리고 이를 응용한 포이즌 리버스 등 여러 가지 루핑 방지법이 있는데, 이들을 적절히 잘 활용해야 합니다. 여기까지입니다.

Q 라우터에서 VLSM이라는 말이 많이 나오고, 또 요즘 라우팅 프로토콜은 VLSM이 지원되어야 한다고 말하는데, 도대체 VLSM이 뭐고 또 왜 필요한지 알려주세요.

A 네, VLSM(Variable Length Subnet Mask)은 쉽게 말씀드리자면 라우터의 각 인터페이스별로 서브넷 마스크가 전부 제각각인 경우를 말합니다. 즉 여러 종류의 서브넷 마스크를 VLSM이라고 합니다.

그런데 라우팅 프로토콜이 VLSM을 지원하는가, 지원하지 않는가는 요즘 들어 우리가 인터넷을 많이 사용하게 되면서 더욱 더 강조되기 시작했습니다.

왜냐하면 전에는 우리가 인터넷을 사용하지 않아 주로 비공인 IP 주소를 많이 사용했기 때문에 IP 주소를 아껴서 쓸 필요가 없었습니다. 그러니까 대부분은 서브넷 마스크를 그리 중요하게 생각하지 않고 디폴트 서브넷 마스크를 많이 사용하곤 했습니다.

그런데 인터넷을 사용하면서부터 IP 주소가 모자라기 시작하니까 서브넷 마스크의 중요성이 점점 커진 겁니다. 그래서 이더넷쪽 서브넷 마스크와 시리얼쪽 서브넷 마스크를 서로 같게 하지 않게 된 겁니다. 물론 여러 개의 이더넷이 있는 라우터에서는 같은 이더넷이라도 네트워크의 크기에 따라서 서브넷이 서로 달라지기 시작한 겁니다. 즉 하나의 라우터에 여러 개의 서브넷 마스크가 존재하기 시작한 겁니다.

이렇게 VLSM을 사용하게 되면 IP 주소를 효율적으로 사용할 수 있기 때문입니다.

불행히도 RIP나 IGRP 라우팅 프로토콜은 VLSM을 지원하지 못합니다. 아마도 인터넷시대 이전에 나온 프로토콜이라 그런 모양입니다. 아무튼 이 두 프로토콜은 라우팅 테이블을 서로 주고받을 때 뒤에 붙는 서브넷 마스크를 인식하지 못하기 때문에 당연히 VLSM을 이해 못하는 겁니다. 따라서 라우터에 VLSM을 세팅하는 경우에는 RIP나 IGRP 라우팅은 사용하지 않아야 합니다. 이 경우에는 스태틱 라우팅 프로토콜이나 EIGRP나 OSPF 같은 라우팅 프로토콜을 권고합니다.

```
Rack01R3#sh run
Building configuration...

Current configuration:
!
hostname Rack01R3
!
enable password cisco
!
interface Serial0
  ip address 137.1.10.3 255.255.255.248
no ip directed-broadcast
  ipx network 1000
  !
```

```
interface Serial1
  no ip address
  no ip directed-broadcast
  shutdown
!
interface FastEthernet0
  ip address 137.1.30.3 255.255.255.0
  no ip directed-broadcast
  half-duplex
  ipx network 3000
!
router ospf 1
  network 137.1.10.0 0.0.0.7 area 0
  network 137.1.30.0 0.0.0.255 area 3
!
```

위의 구성을 잠깐 볼까요? 구성에서 Serial 0 인터페이스와 FastEthernet 0 인터페이스의 서브넷 마스크가 다르게 되어 있죠? 이렇게 서로 다른 서브넷 마스크를 가지는 것을 VLSM이라고 합니다. 그리고 아래 OSPF 구성 세팅을 보면 서브넷 마스크 정보가 뒤에 붙어다니고 있음을 알 수 있습니다. (0.0.0.7, 0.0.0.255 하는 것들이 서브넷 마스크 정보입니다.)

아직은 OSPF를 배우지 않았으니까 그냥 이런 게 있구나라고 생각하고 넘어가도록 하겠습니다.

≫ 알고 갑시다!

자, 그럼 VLSM에 대한 결론을 내려볼까요?

VLSM(Variable Length Subnet Mask)은 IP 주소의 효율적 이용을 위해 한 라우터에 접속되는 네트워크마다 서로 다른 서브넷 마스크를 줄 수 있도록 만든 규칙이다. 그런데 RIP나 IGRP는 라우팅 테이블을 서로 주고받을 때 서브넷 마스크 정보를 포함하지 않기 때문에 모두 디폴트 서브넷 마스크만 사용해서 VLSM을 지원하지 못한다. 만약 VLSM을 사용하려면 EIGRP나 OSPF를 사용하면 된다.

04
SECTION

IGRP 라우팅 프로토콜

이번 시간에는 RIP와 같은 디스턴스 벡터 라우팅 프로토콜 중의 하나인 IGRP(Interior Gateway Routing Protocol)에 대해서 알아보도록 하겠습니다.

사실 RIP는 초기에 만들어진 프로토콜이다 보니 인터넷 환경이 이렇게 커나갈 줄 모르고 만들어진 부분이 많습니다. 특히 최대 홉 카운트 15라는 것과 가장 좋은 경로를 찾는 방식이 오직 Hop, 즉 라우터를 몇 개 건너뛰어야 하는가 등은 치명적인 약점이 아닐 수 없었습니다. 1980년대 중반에 IGRP가 나오게 된 것은 아마도 이런 여러 가지 이유 때문이 아니었을까 생각됩니다.

자, 시작해 볼까요?

문제 ❶ | 라우팅 프로토콜(Routing Protocol)이냐, 라우티드 프로토콜(Routed Protocol)이냐?

정답은 → RIP와 마찬가지로 라우팅 프로토콜이 맞는 답입니다.

문제 ❷ | 다이내믹 라우팅 프로토콜이냐, 스태틱 라우팅 프로토콜이냐?

정답은 → 다이내믹 프로토콜입니다. 쉽죠?

문제 ❸ | 내부용 라우팅 프로토콜(Interior Gateway Protocol)이냐, 외부용 라우팅 프로토콜 (Exterior Gateway Protocol)이냐?

정답은 → 내부용 라우팅 프로토콜(IGP)입니다.

문제 ❹ | 디스턴스 벡터(Distance Vector) 라우팅 프로토콜이냐, 링크 스테이트(Link State) 알고리즘이냐?

정답은 → 디스턴스 벡터 알고리즘입니다. 즉 Distance(거리)와 Vector(방향)으로 길을 찾아가는 프로토콜입니다.

> **문제 ❺** | IGRP 라우팅 프로토콜은 모든 라우터에서 전부 사용 가능한 프로토콜이다?

정답은 → 아니오입니다. 즉 IGRP 라우팅 프로토콜은 표준 프로토콜이 아니고 시스코에서 만들어낸 프로토콜입니다. 따라서 RIP와는 달리 시스코 라우터에서만 사용이 가능합니다.

> **문제 ❻** | IGRP 라우팅 프로토콜도 홉(Hop) 카운트만을 따져서 경로를 결정한다?

정답은 → 역시 아닙니다. IGRP는 다음 다섯 가지 요인을 가지고 가장 좋은 경로를 선택합니다.

즉 Bandwidth, 이것은 우리말로 '대역폭'이란 뜻입니다. 다시 말해서 속도를 의미합니다. 단위는 초당 킬로비트로 나타내서 Kbps가 됩니다. 가끔 이 값에 대해서 질문을 하는 경우가 있습니다. 지금 속도와 이 값을 맞추어야 통신이 되느냐고 말입니다. 하지만 이 값은 회선을 개통하거나 통신 속도를 하드웨어적으로 맞추어 주는 값이 아닙니다.

TIP

bandwidth 명령 뒤에 나오는 값의 단위는 Kbps입니다. 하지만 clockrate 뒤에 나오는 값의 단위는 bps입니다.

IGRP와 같이 Bandwidth를 이용해서 최적의 경로를 찾는 프로토콜들이 참고하기 위한 값이라고 생각하면 됩니다. 즉 어떤 경로를 선택할까를 결정할 때 세팅되어 있는 Bandwidth 값을 보는 겁니다. Bandwidth의 세팅은 각 인터페이스에 가서 해주면 됩니다. 즉

```
Interface serial 0
Bandwidth 56
```

이라고 하면 56Kbps의 대역폭을 갖는다고 세팅한 것입니다. 아래는 실제로 세팅하는 예를 보여주고 있습니다.

```
Router_B#conf t
Enter configuration commands, one per line. End with CNTL/Z.
Router_B(config)#int s 0
Router_B(config-if)#band
Router_B(config-if)#bandwidth ?
  <1-10000000> Bandwidth in kilobits

Router_B(config-if)#bandwidth 56
Router_B(config-if)#^Z
```

이처럼 bandwidth를 세팅한 값은 show interface에서 확인해 볼 수 있습니다. 만약 Bandwidth 명령을 사용하지 않고 디폴트를 그대로 둔다면 Bandwidth 값은 1.544Mbps를 가지게 됩니다.

```
Router_B#sh int s 0
Serial0 is up, line protocol is up
  Hardware is HD64570
  Internet address is 203.210.100.2/24
MTU 1500 bytes, BW 56 Kbit, DLY 20000 usec, rely 255/255, load 1/255
```

☼ TIP

라우터에서 bandwidth의 세팅은 속도를 지정해주는 것이 아닙니다. 즉 bandwidth를 높인다고 속도가 더 빨라지지는 않습니다. bandwidth는 라우팅 프로토콜이 최적의 경로를 찾는 데 참고하는 값으로의 역할을 합니다.

Delay, 이것은 우리말로 '지연'이란 뜻입니다. 경로를 통해서 도착할 때까지의 지연되는 시간이란 의미라고 받아들이면 됩니다. (단위는 마이크로초로 나타내서 micro second입니다.) 원래 이 값은 회선에 아무 트래픽이 없을 때를 가정하고 제공되는 수치이며, 1부터 16,777,215 사이의 값이 오게 됩니다.

IGRP는 라우터 포트에 연결되어 있는 회선의 종류와 설정된 대역폭 값에 따라서 지연 값을 계산하도록 되어 있습니다. 물론 수동으로 지연 값을 집어 넣어줄 수는 있지만, 지연 값보다는 다른 변수 값을 바꾸는 방법이 더 유용하기 때문에 대부분은 디폴트 값을 그대로 사용합니다.

● **Reliability** : 우리말로 '신뢰성'을 뜻합니다. 케이블이나 전용선 등 전송 매체를 통해 패킷을 보낼 때 생기는 에러율을 나타내는 수치입니다. 다시 말하자면 목적지까지 제대로 도착한 패킷과 에러가 발생한 패킷의 비율입니다. Keepalive라는 것을 이용해서 출발지와 목적지 사이 경로의 신뢰도를 측정합니다. (단위는 0에서 255 사이의 정수로 표시되는데, 255가 가장 신뢰성이 좋은 것이고 숫자가 낮아지면 신뢰도는 떨어집니다.) 또한 이 값은 자동으로 계산되는 값입니다.

● **Load** : 우리말로 '부하', '하중' 등을 의미합니다. 즉 출발지와 목적지 경로에 어느 정도의 부하가 걸리고 있는지를 측정합니다. (단위는 255분의 몇으로 나타내는데, 1/255이면 부하가 적은 것이고 255/255이면 부하가 많이 걸리는 것을 의미합니다.)

● **MTU** : Maximum Transmission Unit의 약자로, 경로의 최대 전송 유닛의 크기를 말하고, 바이트로 표시됩니다.

따라서 이 5가지로 경로 선택을 하기 때문에 홉(Hop) 카운트만 가지고 목적지를 찾는 RIP와는 달리 좀 더 지능적으로 경로를 선택할 수 있습니다.

정답은 → IGRP는 90초에 한 번씩 라우팅 테이블의 업데이트가 발생합니다.

이 외에도 앞에서 말씀드렸던 것처럼 IGRP는 RIP처럼 15개의 라우터 이상을 넘어가지 못한다는 제약을 극복하기 위해 최대 홉 카운트 255로 커다란 네트워크의 적용에도 문제가 없습니다.

하지만 RIP나 IGRP의 경우는 VLSM(Variable Length Subnet Mask)을 지원하지 못하는 약점이 있고, 또 IGRP는 시스코 라우터에서만 적용된다는 단점도 가지고 있습니다.

VLSM이 뭔지는 앞에서 설명드렸습니다.

우리가 RIP에서 보았던 똑같은 그림을 이번에는 IGRP에서 보도록 하겠습니다.

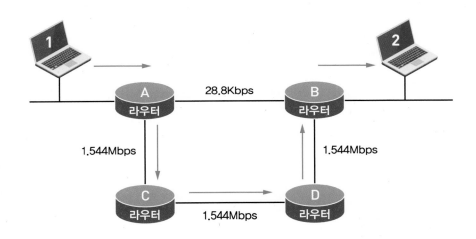

| 그림 8-17 |
IGRP 라우팅에서 경로 찾기

그림에서 보는 대로 IGRP 라우팅 프로토콜은 홉(Hop) 카운트가 아닌 위에서 설명드린 5가지의 요소를 가지고 경로를 찾아가기 때문에 속도가 빠른 아래쪽 경로를 선택할 수 있게 되는 겁니다. 역시 RIP보다는 똑똑하죠?

그럼 이제부터는 IGRP를 이용한 라우터 구성에 사용하는 명령어를 알아보도록 하겠습니다.

IGRP 구성을 위해서 사용할 명령어는 2가지인데, 전에 배운 RIP와 거의 유사합니다.

```
Router(config)#router igrp autonomous system number
```

> **TIP**
>
> IGRP의 디폴트 최대 홉 카운트는 100이지만, 255까지 조정이 가능합니다.

즉 라우터의 일반 구성 모드에서 router igrp라고 입력하고 뒤에는 AS 번호를 넣어주는 겁니다.

RIP에서는 router rip만 했는데, 여기서는 그 뒤에 AS 번호를 넣는다는 것이 조금 차이가 있습니다. 이때 넣어주는 AS 번호는 전에도 한 번 설명을 들은 기억이 있을 겁니다. (기억 안 나면 다시 한 번 읽어보세요.) 즉 동일한 운영 방식 또는 운영자 아래 있는 라우터의 그룹을 AS라고 하니까 그룹별로 붙여놓은 번호라고 생각하면 될 겁니다.

여기서는 AS 번호에 대해서 크게 부담을 안 가지셔도 됩니다. 다만 서로 통신을 해야 하는 라우터들은 서로 같은 AS 번호를 가져야만 통신을 원활하게 할 수 있습니다. 물론 서로 달라도 통신이 가능하긴 하지만 뭔가 조치를 취해 주어야만 합니다. (그것은 나중에 자세히 알아볼 기회를 가지도록 하겠습니다.)

두 번째 명령은 RIP에서도 있었던 network 명령입니다.

```
Router(config-router)#network network-number
```

즉 IGRP 라우팅에 참가하는 네트워크를 지정하는 것입니다. 따라서 이 명령은 항상 router igrp as-number 다음에 내려주어야 합니다. 한 번 내린 network 명령을 수정할 때도 마찬가지입니다. 반드시 router igrp as-number 명령을 먼저 쓰고 나서 수정을 해야 합니다.

RIP나 IGRP에서 network 명령 뒤에 오는 network-number는 항상 클래스 개념으로 들어갑니다. 예를 들어 Ethernet 인터페이스에

```
interface ethernet 0
ip adderss 150.140.100.1 255.255.255.0
```

이라고 네트워크를 지정했다고 가정해 보겠습니다. 여기에서 보이는 대로 이더넷에 원래 부여한 네트워크 150.140.100.1 255.255.255.0은 원래는 클래스 B인 것을 서브넷 마스크를 이용해서 클래스 C처럼 사용하고 있다는 것을 알 수 있습니다. (아시죠? 150으로 시작했으니까 원래는 클래스 B가 맞죠? 이해가 안 가면 다시 서브넷쪽으로 가서 공부를 한 번 더하고 오세요.)

이 상황에서 network 명령 뒤의 network-number에 제가 만약 150.140.100.0이라고 입력했다고 가정하겠습니다. 즉 다음과 같습니다.

```
Router(config)#router igrp 100
Router(config-router)#network 150.140.100.0
Router(config-router)#
Router(config)#^Z ← 이건 Ctrl과 Z를 눌러서 빠져나온 겁니다.
Router#
00:54:11: %SYS-5-CONFIG_I: Configured from console by console
```

그리고 나서 지금까지 입력한 구성 파일을 다시 보려고 running configuration을 했습니다.

```
Router#sh run
!
생략...
!
router igrp 100
network 150.140.0.0
```

이렇게 분명히 150.140.100.0을 입력해 넣었는데도 라우터에서 자동으로 이것을 150.140.0.0으로 인식해 버렸습니다. 즉 IGRP나 RIP는 뒤의 서브넷에 대한 인식 기능이 상당히 많이 떨어져서 서브넷을 인터페이스별로 따로 주는 방식은 VLSM(전에도 한 번 말씀드렸죠? Variable Length Subnet Mask라구요.)을 지원하지 못합니다. 이런 것들도 알아두면 많이 도움이 될 겁니다.

자, 이제 지난 시간에 RIP로 구성했던 실습을 다시 한 번 IGRP를 이용해서 구성해 보겠습니다. 먼저 구성을 다시 한 번 볼까요?

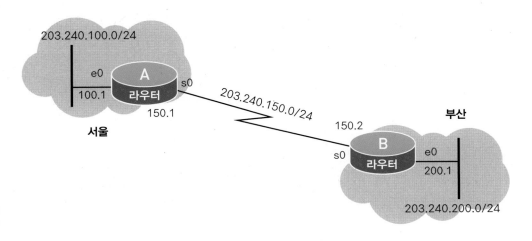

| 그림 8-18 |
IGRP를 이용한 구성 실습

RIP와 똑같은 상황을 이번에는 IGRP를 이용해서 구성해보겠습니다.

달라지는 것은 단지 라우팅 명령뿐입니다. 즉 인터페이스별 주소 배정이나 암호, 호스트 네임 등은 모두 RIP를 구성할 때와 동일합니다.

본사 라우터 부분은 먼저 인터페이스에 부여하는 IP 주소와 동일합니다.

```
interface ethernet 0
  ip adderss 203.240.100.1 255.255.255.0

interface serial 0
  ip address 203.240.150.1 255.255.255.0
```

이제 라우팅 프로토콜 부분입니다. 실습에서는 AS 번호를 200으로 사용하기로 가정합니다.

```
router igrp 200
network 203.240.100.0
network 203.240.150.0
```

위에서 보이는 것처럼 RIP 구성과 달라진 것은 별로 없습니다. 이번에는 부산쪽 라우터를 알아보겠습니다.

```
interface ethernet 0
  ip adderss 203.240.200.1 255.255.255.0

interface serial 0
  ip address 203.240.150.2 255.255.255.0

router igrp 200
network 203.240.200.0
network 203.240.150.0
```

이때 부산과 서울 본사의 경우는 모두 IGRP AS 번호를 200으로 통일했습니다. 만약 이 두 번호가 다르다면 통신에 문제가 발생합니다. (물론 서로 달라도 통신이 가능하도록 하는 방법이 있습니다.) 나머지는 큰 차이가 없습니다. 전체 라우터 구성을 한번 보겠습니다.

```
Seoul-R#sh run
Building configuration...

Current configuration:
!
version 12.0
service timestamps debug uptime
service timestamps log uptime
no service password-encryption
!
hostname Seoul-R
!
enable secret 5 $1$BfFO$sEG0J8dRCv7PTNScybJsb0
enable password cisco
!
ip subnet-zero
!
!
!
interface Ethernet0
  ip address 203.240.100.1 255.255.255.0
  no ip directed-broadcast
!
interface Serial0
  ip address 203.240.150.1 255.255.255.0
  no ip directed-broadcast
  no ip mroute-cache
  no fair-queue
!
router igrp 200
  network 203.240.100.0
  network 203.240.150.0
!
ip classless
!
!
line con 0
  transport input none
line 1 8
line aux 0
line vty 0 4
  password cisco
  login
!
end

Seoul-R#
```

자, 이번에는 부산 라우터입니다.

```
Pusan-R#sh run
Building configuration...

Current configuration:
!
version 12.0
service timestamps debug uptime
service timestamps log uptime
no service password-encryption
!
hostname Pusan-R
!
enable secret 5 $1$BfFO$sEG0J8dRCv7PTNScybJsb0
enable password cisco
!
ip subnet-zero
!
!
!
interface Ethernet0
  ip address 203.240.200.1 255.255.255.0
  no ip directed-broadcast
!
interface Serial0
  ip address 203.240.150.2 255.255.255.0
  no ip directed-broadcast
  no ip mroute-cache
  no fair-queue
!
router igrp 200
  network 203.240.200.0
  network 203.240.150.0
!
ip classless
!
!
line con 0
  transport input none
line 1 8
line aux 0
line vty 0 4
  password cisco
  login
```

```
!
end

Pusan-R#
```

라우터 구성 후에 IGRP 라우팅의 상태를 보는 명령은 RIP 때와도 비슷합니다. 즉 show ip protocol을 이용해서 현재 라우팅에 대한 정보를 알아볼 수 있고, 또 라우팅 테이블 정보를 보기 위해서는 show ip route라는 명령을 사용합니다.

```
Seoul-R#sh ip prot
Routing Protocol is "igrp 200"
  Sending updates every 90 seconds, next due in 67 seconds
  Invalid after 270 seconds, hold down 280, flushed after 630
  Outgoing update filter list for all interfaces is
  Incoming update filter list for all interfaces is
  Default networks flagged in outgoing updates
  Default networks accepted from incoming updates
  IGRP metric weight K1=1, K2=0, K3=1, K4=0, K5=0
  IGRP maximum hopcount 100
  IGRP maximum metric variance 1
  Redistributing: igrp 200
  Routing for Networks:
    203.240.100.0
    203.240.150.0
  Routing Information Sources:
    Gateway           Distance        Last Update
    203.240.150.2          100        00:00:16
  Distance: (default is 100)

Seoul-R#
```

대충 이렇게 보입니다.

이제는 조금 내용이 눈에 들어오실 겁니다. 즉 여기서 보니까 현재 IP 라우팅 프로토콜로는 IGRP 200이 동작하고 있습니다. 또 라우팅 테이블의 업데이트 시간은 매 90초마다 한 번씩이라는 것도 알 수 있습니다.

게다가 디스턴스 값이 100이라는 것도 보입니다. RIP는 디스턴스 값이 얼마였는지 기억하세요? 아마 120이었을 겁니다. 그렇다면 IGRP와 RIP, 2개가 길 정보를 가져왔다면 라우터는 어떤 길을 선호할까요? 그것은 디스턴스 값이 작은 IGRP로부터 받은 정보입니다.

⚙ TIP

RIP나 OSPF는 표준 프로토콜이지만, IGRP나 EIGRP는 시스코의 고유 프로토콜이기 때문에 다른 회사의 라우터에서는 사용하지 않는다는 것을 기억해 두시기 바랍니다.

이번에는 라우팅 테이블을 확인해 보도록 하겠습니다.

```
Seoul-R#sh ip route
Codes: C - connected, S - static, I - IGRP, R - RIP, M - mobile, B - BGP
    D - EIGRP, EX - EIGRP external, O - OSPF, IA - OSPF inter area
    N1 - OSPF NSSA external type 1, N2 - OSPF NSSA external type 2
    E1 - OSPF external type 1, E2 - OSPF external type 2, E - EGP
    i - IS-IS, L1 - IS-IS level-1, L2 - IS-IS level-2, * - candidate default
    U - per-user static route, o - ODR

Gateway of last resort is not set

I    203.240.200.0/24 [100/8576] via 203.240.150.2, 00:01:19, Serial0
C    203.240.100.0/24 is directly connected, Ethernet0
C    203.240.150.0/24 is directly connected, Serial0
Seoul-R#
```

라우팅 테이블 정보를 보면 맨 위에 있는

```
I    203.240.200.0/24 [100/8576] via 203.240.150.2, 00:01:19, Serial0
```

가 바로 IGRP에서 얻어낸 라우팅 정보입니다. I가 바로 IGRP를 의미합니다. 즉 IGRP를 통해서 203.240.200.0 네트워크를 찾았는데, 이 네트워크는 203.240.150.2(serial 0)를 통해서 갈 수 있다는 것입니다.

이때 IGRP 라우팅의 디스턴스(Distance)는 100이고, 매트릭스 값은 8576이 됩니다.

나머지는 맨 앞이 C로 시작되니까 Connect를 의미한다는 걸 전에 설명드렸던 거 기억하죠?

>> 알고 갑시다!

그럼 IGRP 라우팅에 대한 결론을 알아볼까요?
IGRP도 RIP처럼 디스턴스 벡터 알고리즘 중의 하나이지만, RIP와는 달리 여러 가지 요소를 가지고 경로를 찾기 때문에 좀 더 좋은 길을 찾는 능력이 뛰어나고, 홉 카운트의 제한이 없어서 좀 더 큰 네트워크에 적용이 가능하다. 하지만 VLSM을 지원하지 않아서 요즘 같은 라우팅 환경에서는 자주 사용하지 않는 라우팅 프로토콜이다.

이번에는 여러분이 직접 IGRP를 이용해서 구성을 연습해 보겠습니다. [그림 8-19]는 여러분이 앞에서 RIP를 구성해 보았던 그림입니다. 기존에 PC A와 PC B 간에 있는 라우터를 RIP로 구성해서 두 PC가 통신이 되도록 했습니다. 이번에는 그것을 IGRP 구성으로 바꾸어 보겠습니다.

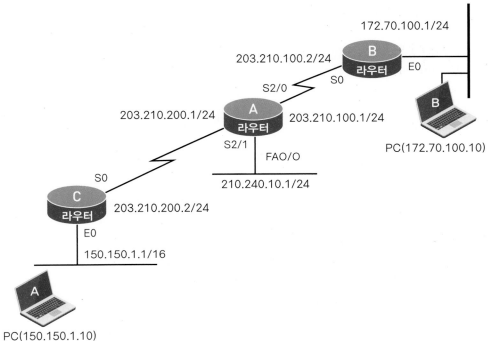

| 그림 8-19 |
IGRP 라우팅의 구성

먼저 라우터 C의 구성입니다. 우선은 기존에 만들어주었던 RIP 라우팅을 Disable, 즉 없애주어야 합니다. 그리고 IGRP를 Enable해 주도록 하겠습니다. 참고로 시스코 라우터에서 어떤 명령을 지우고 싶을 때는 그 명령을 주었던 모드로 들어가서 앞에 'no'를 달아주면 됩니다. 예를 들어 ip route 0.0.0.0 0.0.0.0 150.100.1.1이라는 스태틱 라우트 명령을 없애고 싶으면 구성 모드에 들어가서 no ip route 0.0.0.0 0.0.0.0 150.100.1.1이라고 명령하면 지워집니다. 따라서 라우터 C의 경우 이미 RIP가 구성되어 있기 때문에 기존 구성을 보면,

```
!
router rip
  network 150.150.0.0
  network 203.210.200.0
!
```

을 먼저 지워주고 IGRP를 잡도록 하겠습니다.

```
Router_C#conf t
Enter configuration commands, one per line. End with CNTL/Z.
Router_C(config)#no router rip
Router_C(config)#router igrp 200
Router_C(config-router)#network 150.150.0.0
Router_C(config-router)#network 203.210.200.0
Router_C(config-router)#^Z
Router_C#
01:36:18: %SYS-5-CONFIG_I: Configured from console by console
Router_C#
```

아마 쉽게 이해될 겁니다. 기존에 사용했던 IP 주소는 그대로 사용하기 때문에 따로 구성해줄 필요가 없습니다.

다음은 라우터 A입니다.

```
!
interface FastEthernet0/0
  ip address 210.240.10.1 255.255.255.0
  no ip directed-broadcast
  duplex auto
  speed auto
!
interface Serial2/0
  ip address 203.210.100.1 255.255.255.0
  no ip directed-broadcast
  no fair-queue
  clockrate 128000
!
interface Serial2/1
  ip address 203.210.200.1 255.255.255.0
  no ip directed-broadcast
  clockrate 1007616
!
router igrp 200
  network 203.210.100.0
  network 203.210.200.0
  network 210.240.10.0
```

라우터 A 역시 라우터 C와 마찬가지로 구성했습니다. 참고로 no router rip라고 명령을 입력하면 router rip 아래에 있던 네트워크 명령은 모두 사라지기 때문에 나중에 router igrp 200 뒤에 네트워크 명령을 다시 잡아주어야 합니다.

다음은 라우터 B입니다.

```
interface Ethernet0
  ip address 172.70.100.1 255.255.255.0
  no ip directed-broadcast
!
interface Serial0
  ip address 203.210.100.2 255.255.255.0
  no ip directed-broadcast
  no ip mroute-cache
  no cdp enable
!
!
router igrp 200
  network 172.70.0.0
  network 203.210.100.0
```

지금 보셔서 아는 바와 같이 뒤에 붙는 AS 번호만 제외한다면 RIP 구성과 동일합니다. 전혀 다른 것이 없습니다. 일단 모든 라우터에 구성을 마쳤으면 검증을 시작해보겠습니다. 라우터 C에서 172.70.100.0 네트워크에 접속되는가를 보려면 간단히 핑 테스트를 해보면 되지만, 우선은 라우팅 테이블에 172.70.100.0이 있는지를 확인하겠습니다.

```
Router_C#sh ip ro
Codes: C - connected, S - static, I - IGRP, R - RIP, M - mobile, B - BGP
    D - EIGRP, EX - EIGRP external, O - OSPF, IA - OSPF inter area
    N1 - OSPF NSSA external type 1, N2 - OSPF NSSA external type 2
    E1 - OSPF external type 1, E2 - OSPF external type 2, E - EGP
    i - IS-IS, L1 - IS-IS level-1, L2 - IS-IS level-2, ia - IS-IS inter area
    * - candidate default, U - per-user static route, o - ODR
    P - periodic downloaded static route

Gateway of last resort is not set

C    203.210.200.0/24 is directly connected, Serial0
I    203.210.100.0/24 [100/10476] via 203.210.200.1, 00:00:33, Serial0
I    210.240.10.0/24 [100/8486] via 203.210.200.1, 00:00:33, Serial0
I    172.70.0.0/16 [100/10576] via 203.210.200.1, 00:00:33, Serial0
C    150.150.0.0/16 is directly connected, Ethernet0
Router_C#
```

보이는 대로 172.70.0.0 네트워크가 라우터 C의 시리얼 0 인터페이스를 통해서 연결되어 있음을 보여줍니다. RIP 구성과 다른 점은 라우팅 테이블에서 보이는 경로 앞에 붙어있는 글자가 R에서 I로 바뀌었다는 것입니다. (당연하겠죠? RIP에서 IGRP로 바뀐 거니까요.)

일단 라우터 C에서 172.70.0.0 네트워크가 보이니까 이번에는 라우터 B에서 150.150.0.0 네트워크가 보이는지를 확인하면 됩니다. 양쪽에서 확인해야 네트워크가 연결된 것을 알 수 있겠죠? 자, 그럼 라우터 B에 가서 명령을 내려보겠습니다.

```
Router_B#sh ip ro
Codes: C - connected, S - static, I - IGRP, R - RIP, M - mobile, B - BGP
    D - EIGRP, EX - EIGRP external, O - OSPF, IA - OSPF inter area
    N1 - OSPF NSSA external type 1, N2 - OSPF NSSA external type 2
    E1 - OSPF external type 1, E2 - OSPF external type 2, E - EGP
    i - IS-IS, L1 - IS-IS level-1, L2 - IS-IS level-2, * - candidate default
    U - per-user static route, o - ODR

Gateway of last resort is not set

I    203.210.200.0/24 [100/182571] via 203.210.100.1, 00:00:51, Serial0
C    203.210.100.0/24 is directly connected, Serial0
I    210.240.10.0/24 [100/180581] via 203.210.100.1, 00:00:52, Serial0
     172.70.0.0/24 is subnetted, 1 subnets
C    172.70.100.0 is directly connected, Ethernet0
I    150.150.0.0/16 [100/182671] via 203.210.100.1, 00:00:52, Serial0
Router_B#
```

이제 두 라우터에서 양쪽 네트워크를 인식하고 있는 것을 알았습니다. 자, 그럼 이번에는 마지막 확인 단계로 핑이 남았죠? 한번 해볼까요?

```
Router_C#ping
Protocol [ip]:
Target IP address: 172.70.100.1
Repeat count [5]:
Datagram size [100]:
Timeout in seconds [2]:
Extended commands [n]: y
Source address or interface: 150.150.1.1
Type of service [0]:
Set DF bit in IP header? [no]:
Validate reply data? [no]:
Data pattern [0xABCD]:
```

```
Loose, Strict, Record, Timestamp, Verbose[none]:
Sweep range of sizes [n]:
Type escape sequence to abort.
Sending 5, 100-byte ICMP Echos to 172.70.100.1, timeout is 2 seconds:
!!!!!
Success rate is 100 percent (5/5), round-trip min/avg/max = 16/19/20 ms
Router_C#
```

그렇게 어렵진 않죠? 게다가 RIP를 해보셨으면 별로 다른 것이 없다는 것도 알 겁니다.

여기서 잠깐 라우터 구성 후에 현재의 상태를 점검하는 몇 가지 명령어를 알아보겠습니다. 물론 구성 파일을 보는 명령인 show running-config, show ip route와 show interface뿐만 아니라 show ip protocol과 show ip interface를 보면 현재 구성된 IGRP 구성에 대한 좀 더 자세한 데이터를 알 수 있습니다.

```
Router_B#
Router_B#show ip protocol
Routing Protocol is "igrp 200"
  Sending updates every 90 seconds, next due in 20 seconds
  Invalid after 270 seconds, hold down 280, flushed after 630
  Outgoing update filter list for all interfaces is
  Incoming update filter list for all interfaces is
  Default networks flagged in outgoing updates
  Default networks accepted from incoming updates
  IGRP metric weight K1=1, K2=0, K3=1, K4=0, K5=0
  IGRP maximum hopcount 100
  IGRP maximum metric variance 1
  Redistributing: igrp 200
  Routing for Networks:
    172.70.0.0
    203.210.100.0
  Routing Information Sources:
    Gateway          Distance      Last Update
    203.210.100.1       100 0      0:00:23
  Distance: (default is 100)

Router_B#
```

전에도 한번 설명드렸죠? 여기서 눈여겨 보아두어야 할 곳을 조금 굵게 표시했습니다. IGRP 의 경우 90초에 한 번 업데이트를 한다는 것은 알고 있었죠? 여기 보면 IGR의 최대 홉 카운트 가 100으로 되어 있습니다. 조금 이상하죠? 아까는 분명히 255가 최대라고 말씀드렸는데 말입 니다. 하지만 놀랄 필요 없습니다. 이 값은 디폴트 값이기 때문에 바꾸어 줄 수 있습니다. 이 값 을 바꾸고 싶으시면 구성 모드에 가서 바꾸면 됩니다.

```
Router_B#conf t
Enter configuration commands, one per line. End with CNTL/Z.
Router_B(config)#router igrp 200
Router_B(config-router)#metric maximum-hops 255
Router_B(config-router)#^Z
Router_B#
02:42:53: %SYS-5-CONFIG_I: Configured from console by console
Router_B#
```

다음은 인터페이스에서의 IP 프로토콜 동작 상태를 보기 위한 명령으로 show ip interface입니다.

```
Router_B#show ip interface
Ethernet0 is up, line protocol is up
  Internet address is 172.70.100.1/24
  Broadcast address is 255.255.255.255
  Address determined by non-volatile memory
  MTU is 1500 bytes
  Helper address is not set
  Directed broadcast forwarding is disabled
  Outgoing access list is not set
  Inbound access list is not set
  Proxy ARP is enabled
  Security level is default
  Split horizon is enabled
  ICMP redirects are always sent
  ICMP unreachables are always sent
  ICMP mask replies are never sent
  IP fast switching is enabled
  IP fast switching on the same interface is disabled
  IP Fast switching turbo vector
  IP multicast fast switching is enabled
  IP multicast distributed fast switching is disabled
  Router Discovery is disabled
  IP output packet accounting is disabled
```

```
    IP access violation accounting is disabled
TCP/IP header compression is disabled
    RTP/IP header compression is disabled
    Probe proxy name replies are disabled
    Policy routing is disabled
    Network address translation is disabled
    Web Cache Redirect is disabled
BGP Policy Mapping is disabled
```

지금까지는 자주 사용하지 않는 명령이지만 여러분이 좀 더 연습을 하고 나서는 꼭 알아두어야 할 것들입니다. 특히 중간에 있는 스플릿 호라이즌 정보는 이 인터페이스에 스플릿 호라이즌이 Enable되어 있음을 알려주는 중요한 정보입니다.

물론 디버그 역시 몇 가지는 알아두는 게 좋겠죠? "debug ip igrp transactions"를 입력하면 "debug ip rip" 명령어를 사용했을 때와 아주 비슷한 결과가 나옵니다. 즉 IGRP 업데이트가 보내지거나 받아졌을 때 반드시 그 사실을 알려주는데, 바로 그 정보가 이 debug 명령에서 나오는 것입니다. 또한 라우팅 업데이트에 포함된 네트워크 정보는 관련 메트릭 값과 함께 나오기 때문에 어떤 라우팅 정보가 업데이트되는지도 확인이 가능합니다.

```
Router_B#debug ip igrp transactions
02:56:36: IGRP: sending update to 255.255.255.255 via Ethernet0 (172.70.100.1)
02:56:36:        network 203.210.200.0, metric=182571
02:56:36:        network 203.210.100.0, metric=180571
02:56:36:        network 210.240.10.0, metric=180581
02:56:36:        network 150.150.0.0, metric=182671
02:56:36: IGRP: sending update to 255.255.255.255 via Serial0 (203.210.100.2)
02:56:36:        network 172.70.0.0, metric=1100
Router_B#u all
All possible debugging has been turned off
```

물론 맨 마지막에는 항상 디버그 명령을 꺼야 된다는 것은 계속 강조하고 있으니까 아시죠?

IGRP에서 아셔야 될 것 중에서 마지막으로 한 가지만 첨가하자면 passive interface 명령입니다. 즉 IGRP 라우팅 업데이트가 특정 인터페이스로는 날아가지 않도록 하고 싶을 때 사용하는 명령입니다. 간단한 예를 들어 볼까요? 어떤 라우터에 OSPF와 IGRP가 같이 사용된다고 가정하겠습니다. 즉 다음과 같습니다.

```
Interface Ethernet 0/0
Ip address 160.100.1.1 255.255.255.0

Interface Ethernet 1/0
Ip address 160.100.2.1 255.255.255.0
```

이때 Ethernet 0/0 네트워크는 IGRP를, Ethernet 1/0 네트워크는 OSPF를 사용한다고 가정해보면 라우팅 프로토콜에 대한 구성은 아래와 같이 될 겁니다.

```
router ospf 10
  network 160.100.2.0 0.0.0.255 area 0

router igrp 200
  network 160.100.0.0
```

아직 OSPF를 배우진 않았지만 대충 구성을 보면 앞에서도 말씀드린 것처럼 OSPF는 160. 100.2.0 네트워크만을 포함하는 반면, IGRP 네트워크는 160.100.0.0 모두를 포함해서 (이건 IGRP의 특징이라고 말씀드렸죠? 서브넷 정보를 포함하지 않는 것 말입니다.) OSPF 라우팅 정보만 나가야 할 Ethernet 1/0 인터페이스까지 IGRP가 날아가게 됩니다. 따라서 이때는 Ethernet 1/0에 대해서 IGRP를 passive로 만들어 주는 것이 좋은데, 사용하는 명령이 바로 passive interface입니다. 즉 다음이라고 하면 IGRP 라우팅 업데이트가 Ethernet 1/0로는 날아가지 않게 됩니다.

```
router igrp 200
  network 160.100.0.0
  passive interface Ethernet 1/0
```

암튼 이 passive interface 명령도 가끔은 사용해야 하니까 잘 알아두기 바랍니다. 아무래도 한 번 들은 것과 들어보지 않은 것과는 차이가 나겠죠?

자, RIP과 비슷한 IGRP에 대한 공부는 여기까지입니다.

네트워크의 성능은 PPS라구요!

자, 이번에는 가벼운 마음으로 그냥 한번 읽어보세요. 네트워크의 성능을 이야기할 때 자주 듣는 말인 PPS에 대해서 한번 알아보는 시간을 가지려고 합니다.

복잡했던 라우터는 잠깐 잊기로 하겠습니다. PPS는 초당 전송하는 패킷 수, 즉 Packet Per Second를 말합니다. 벌써 다 알고 계신다구요? 그럼 PPS란 것을 어떻게 계산하는지 볼까요?

만약 우리가 10메가 속도의 이더넷을 쓴다고 가정해 보겠습니다.

이 경우 Packet Per Second의 계산식은 다음과 같습니다.

```
PPS = 1초 / (IFG + Preamble Time + Frame Time)
```

갑자기 산수가 나오니까 머리 아프다구요? 하지만 별거 아니니까 한번 끝까지 읽어보기 바랍니다. 즉 1초에 몇 개의 패킷이 날아가는지를 재보는 거니까 한 패킷이 날아가는 데 몇 초 걸리는지를 알아본 다음에 이것으로 1초를 나누는 겁니다.

이해가시죠?

자, 그럼 한번 해보겠습니다.

일단 IFG는 Inter Frame Gap이라고 하는 녀석으로, 프레임과 프레임 사이의 간격을 말합니다. 즉 프레임들이 날아갈 때 띄어두어야 하는 최소 간격을 의미합니다. 예를 들어 자동차에서의 안전거리 정도라고 생각하면 이해가 될 겁니다. 아무튼 이 거리를 시간으로 따지면 9.6micro초(백만 분의 1초가 1마이크로초)입니다.

Preamble Time, 즉 프레임 앞에 붙는 서두 또는 서론 정도라고 하는 시간이 6.4마이크로초가 있습니다.

Frame Time은 프레임이 날아가는 시간입니다. 만약 이더넷에서의 가장 작은 프레임 크기인 64바이트짜리가 날아간다고 가정할 경우 64바이트는 비트로 바꾸면 64×8 = 512비트가 되고, 1비트 날아가는 데 걸리는 시간이 0.1마이크로초니까 512비트이면 51.2마이크로초가 됩니다.

자, 이제 재료 준비가 끝났으니 전체 계산만 해보면 되겠네요.

64바이트 프레임에 대한 PPS는 다음과 같이 나옵니다.

```
= 1초 / (9.6 + 6.4 + 51.2) microsecond
= 1 / (67.2) microsecond
= 0.01488 × 1,000,000
= 14,880 PPS
```

즉 10메가의 이더넷에서 가장 작은 패킷만 계속 날려보낼 경우에 초당 14,480패킷이 날아간다는 결론이 나오는 셈입니다. 따라서 만약 어떤 장비가 지원하는 PPS가 14,880PPS보다 못하다면 10메가 이더넷에서 제대로 성능을 발휘할 수가 없는 겁니다.

물론 네트워크의 속도가 올라가면 PPS도 올라가야 됩니다. 즉 100메가 네트워크에서는 14,880PPS보다 대충 10배는 빠른 PPS가 제공되어야 하고, 기가비트에서는 100배 정도가 빨라야 한다는 것은 아마 이해가 될 겁니다.

따라서 네트워크에 대한 장비, 즉 스위치나 라우터의 카탈로그에는 항상 지원하는 PPS 값이 나오게 되는데, 여러분은 이제부터 이런 기준으로 PPS 값을 자세히 확인해 보기 바랍니다.

라우터를 이용한 DHCP 서버의 구성

DHCP라면 여러분도 잘 알고 있을 겁니다. 전에도 한번 설명을 드렸지만 요즘은 워낙 많이 사용하는 기능이니까 굳이 설명 드리지 않아도 될 겁니다.

그래도 정리하는 기분으로 한번 살펴볼까요? DHCP(Dynamic Host Configuration Protocol)는 PC나 호스트가 자신의 IP 주소를 항상 가지고 있는 방식이 아니라, 부팅되면서 DHCP 서버로부터 다이내믹하게 하나씩 IP 주소를 받아오는 방식으로, IP 주소를 자동으로 배정하여 IP 주소를 편리하게 관리하고, IP 주소를 효율적으로 사용하게 하는 방식입니다. (여기까지는 다 아시는 거죠?)

4장에서도 한번 다루었는데요. 이번에는 라우터에서 DHCP 서버 구성을 해줌으로써 라우터가 IP 주소를 자동으로 분배할 수 있게 구성해보겠습니다.

먼저 [그림 8-20]을 다시 한 번 보면서 DHCP에 대해서 이해해 보기 바랍니다. 그림 아래쪽에 있는 DHCP 서버는 자신이 IP 주소의 Pool을 가지고 있다가 IP 주소 요청이 들어오면 하나씩 배정을 하고 있습니다.

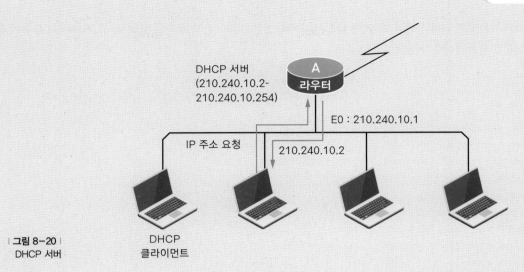

| 그림 8-20 |
DHCP 서버

이전에도 설명드린 것처럼 원래 DHCP 서버의 역할을 윈도우 NT 서버나 노벨의 넷웨어 서버 등 서버급들이 지원하는데, 시스코의 경우는 라우터에서도 이 기능을 지원하고 있습니다.

[그림 8-21]을 보기 바랍니다. 라우터 A는 DHCP 서버 역할을 수행합니다. 아래에 붙어있는 클라이언트 PC들은 부팅하면서 라우터 A에 IP 주소를 요청합니다. 그러면 라우터 A는 자신이 관리하는 주소 중에서 하나씩을 배정하는 겁니다. 자, 그 과정을 하나하나 알아보도록 하겠습니다.

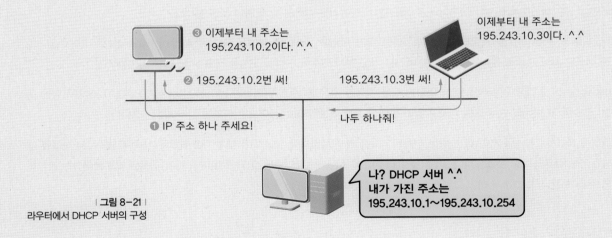

| 그림 8-21 |
라우터에서 DHCP 서버의 구성

먼저 라우터에서 DHCP 서버를 구성해주기 위해서는 다음 명령을 입력해야 합니다.

```
Router_A#conf t
Enter configuration commands, one per line. End with CNTL/Z.
Router_A(config)#service dhcp
```

즉 라우터에서 DHCP 서버나 전달 에이전트를 Enable해주는 명령입니다. 디폴트 값이 Enable이기 때문에 특별히 해주지 않아도 되지만 확실히 해주기 위해 넣었습니다.

그 다음은

```
Router_A(config)#ip dhcp pool ccna
Router_A(dhcp-config)#
Router_A(dhcp-config)#network 210.240.10.0 255.255.255.0
Router_A(dhcp-config)#default-router 210.240.10.1
Router_A(dhcp-config)#?
DHCP pool configuration commands:
    bootfile             Boot file name
    client-identifier    Client identifier
    client-name          Client name
    default-router       Default routers
    dns-server           DNS servers
    domain-name          Domain name
    exit                 Exit from DHCP pool configuration mode
    hardware-address     Client hardware address
```

Ip dhcp pool ccna처럼 DHCP 주소의 Pool(영역)을 지정해 줍니다. 먼저 Pool의 이름을 만들어주는데, 우리는 ccna라고 주었습니다. 여기에서 이름은 아무거나 주어도 됩니다. 여러분 기분에 맞게 하나 주면 됩니다.

자, 이렇게 Pool 이름을 지정하고 나니까 프롬프트가 Router_A(config)#에서 Router_A(dhcp-config)#로 바뀌었습니다. 즉 DHCP 구성 모드로 들어온 것입니다. 여기서 가장 먼저 해주어야 하는 구성은 바로 IP Pool의 지정입니다.

network 210.240.10.0 255.255.255.0로 Pool을 지정한 것은 IP 주소의 범위가 210.240.10.1~210.240.10.254까지임을 뜻합니다. 즉 이 범위의 IP 주소를 가지고 있다가 IP 주소에 대한 요청이 들어오면 하나씩 나누어주는 겁니다.

그리고 또 하나 꼭 해주셔야 하는 것은 디폴트 라우터의 지정입니다. 호스트가 내부 네트워크에서 목적지를 찾지 못했을 때 달려가는 라우터의 IP 주소입니다. 이 디폴트 라우터 주소는 무엇이 될까요? 당연히 바로 자기 네트워크에 붙어있는 라우터의 주소가 됩니다. 그래서 여기 그렇게 지정했습니다. 보이시죠?

```
default-router 210.240.10.1
```

[그림 8-22]에서도 나타나 있지만 디폴트 라우터는 바로 네트워크에 붙어있는 라우터의 이더넷 인터페이스가 됩니다.

그리고 Router_A(dhcp-config)# 모드에서는 그 밖에도 많은 옵션을 세팅해줄 수 있습니다. 사용 가능한 세팅 값이 위에 나와 있으니 참고하기 바랍니다. 예를 들어 DNS 서버에 대한 정보나 도메인 네임을 세팅해줄 수도 있고 DHCP IP 주소를 배정하는 기간(Lease Time) 등도 자주 사용하는 옵션 중 하나입니다. 기억해 두면 분명히 도움이 될 겁니다.

자, 여기까지 보니까 뭔가 의문이 생기실 겁니다. DHCP용 IP 주소 Pool을 네트워크와 마스크만으로 주다 보니 뭔가 이상한 점이 생깁니다. 그것이 뭘까요?

그것은 바로 이미 사용하고 있는 주소를 제외시켜야 하는데 그럴 수 없다는 겁니다. 예를 들어 현재 라우터의 이더넷 인터페이스는 IP 주소 210.240.10.1을 사용하고 있습니다. 따라서 DHCP 서버가 IP를 배정할 때는 이렇게 미리 사용하고 있거나 특정 이유로 사용해야 하는 IP 주소를 제외할 필요가 있습니다. 따라서 이처럼 특정 IP 주소를 배정해주기 위한 명령이 필요합니다.

```
Router_A(config)#ip dhcp excluded-address 210.240.10.1
Router_A(config)#ip dhcp excluded-address 210.240.10.100
```

예를 들어 IP 주소 중에서 210.240.10.1은 라우터의 이더넷 주소로, 210.240.10.100은 서버의 주소로 미리 배정되어 있다면 위의 구성 명령을 사용할 수 있습니다. 이렇게 ip dhcp excluded-address 명령을 이용하면 DHCP Pool에서 제외할 IP를 지정해줄 수 있습니다.

모든 것이 다 구성되고 나면 이제 PC를 DHCP 클라이언트로 세팅해서 부팅해보면 됩니다. 전에 PC를 DHCP 클라이언트로 세팅하는 것 설명드렸죠? [그림 8-22]를 봅시다. PC에서의 이런 구성은 [시작] 버튼 - [제어판]에서 진행한다는 것을 알고 계실 겁니다.

그리고 나서 부팅을 하면 PC는 자동으로 라우터 A로부터 IP 주소를 받아오게 됩니다. 이것은 PC에서 ipconfig (윈도우 XP)로 확인해 볼 수 있습니다.

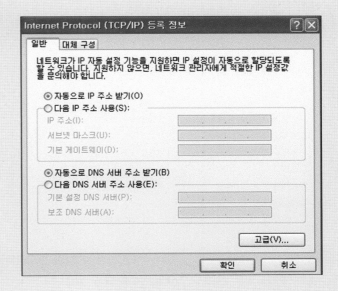

| 그림 8-22 |
IP 주소 자동 설정 기능

또한 라우터 A에서도 현재 배정해준 IP 주소를 확인해 볼 수가 있는데, show ip dhcp binding을 이용하면 다음과 같이 현재 IP 배정 상태가 나타납니다.

```
Router_A#sh ip dhcp binding
IP address        Hardware address      Lease expiration      Type
210.240.10.2      0100.80c7.033c.76     Mar 04 1993 02:21 AM  Automatic
Router_A#
```

또 현재 DHCP 서버로 돌아가고 있는 라우터 A의 상태 역시 알 수 있는데, show ip dhcp server statistics를 이용해서 확인해 볼 수 있습니다.

```
Router_A#sh ip dhcp server statistics
Memory usage         13384
Address pools        1
Database agents      0
Automatic bindings   1
Manual bindings      0
Expired bindings     0
Malformed messages   4

Message              Received
BOOTREQUEST          0
DHCPDISCOVER         5
DHCPREQUEST          1
DHCPDECLINE          0
DHCPRELEASE          0
DHCPINFORM           4

Message              Sent
BOOTREPLY            0
DHCPOFFER            1
DHCPACK             1
DHCPNAK             0
Router_A#
```

◎ TIP

라우터를 DHCP로 구동하면 라우터에 부담을 주게 됩니다. 따라서 라우터에 로드가 별로 없는 SOHO 같은 소규모 네트워크에 적용하는 것이 바람직합니다.

위에서처럼 현재 사용되는 메모리와 DHCP Pool의 숫자, 그리고 몇 개가 배정되었는지 등에 대한 정보를 알 수 있습니다.

이 정도면 라우터를 DHCP 서버로 세팅하는 것은 문제 없겠죠? 여기서 한 가지 더 알아두실 건 시스코의 모든 라우터가 모두 DHCP 서버를 지원하는 것은 아닙니다. 사용하는 IOS(운영체제)와 기종에 따라서 차이가 있으니까 확인해보기 바랍니다.

Q 어느 라우터에서 sh run 명령을 준 후의 일부 내용인데요, 라우터를 공부하면서 secondary의 의미와 역할을 모르겠더라구요. secondary IP 주소에 대해서 자세히 알려주세요.

```
interface Ethernet0
  ip address X.X.X.193 255.255.255.192 secondary
  ip address X.X.X.30 255.255.255.0
no mop enabled
```

A 네, 이런 경우를 한번 생각해 보겠습니다.

내가 라우터를 하나 가지고 있다고 가정하겠습니다. 모델은 시스코 2501(이 라우터는 이더넷 인터페이스가 하나이고 시리얼, 즉 인터넷 접속용 포트가 2개가 있는 라우터입니다.)을 가지고 있습니다. 그런데 우리 이더넷에는 약 400명의 사용자가 있습니다. 그리고 나는 IP 주소를 클래스 C로 2개를 받아서 가지고 있습니다.

여기에서는 203.210.100.1~255와 203.210.150.1~255를 받았다고 가정하겠습니다.

그럼 라우터 구성을 어떻게 해야 될까요?

이더넷 인터페이스의 주소를 클래스 C 네트워크 하나로 하려니 주소가 모자랍니다. 그럼 주소 범위 2개를 한 인터페이스에 지정할 수 있을까요? 이럴 때 사용하는 것이 바로 secondary 주소입니다. 한 인터페이스에 1개 이상의 주소 범위를 지정하는 것을 말합니다. 이때의 구성 방식은 아래의 예와 같습니다. 즉 다음처럼 하는 겁니다.

```
!
interface Ethernet0
ip address 203.210.150.1 255.255.255.0 secondary
ip address 203.210.100.1 255.255.255.0
!
```

이렇게 구성하게 되면 라우터의 이더넷 인터페이스 주소는 약 500개를 줄 수 있게 됩니다.

자, 그럼 이제 이것을 생각해보죠. 203.210.150.10과 203.210.100.3은 같은 인터페이스에 붙어 있는 PC의 IP 주소입니다. 그럼 이 2대의 PC가 라우터 없이도 통신이 가능할까요?

원래 같은 라우터의 인터페이스에 붙어있는 2대의 PC는 라우터가 죽어도 통신이 되는 성질을 가지고 있습니다. 그런데 여기에서는 그렇지가 않습니다.

즉 203.210.100.3과 203.210.150.10 IP 주소를 가진 두 PC는 비록 같은 라우터 인터페이스에 붙어있긴 하지만 통신을 할 때는 라우터를 한 번 거치게 됩니다. 통신이 일어나는 경로를 살펴보면,

203.210.100.3 → 라우터의 이더넷 인터페이스 203.210.100.1 → 203.210.150.1 → 203.210.150.10

이런 식으로 경로 설정을 하게 됩니다. 일반적인 경우와는 차이가 난다는 것을 알 수 있습니다. 그림으로 보면 더욱더 쉽게 이해될 겁니다.

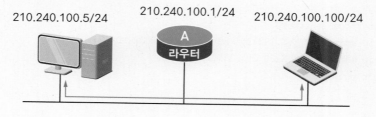

· secondary 주소 미적용 라우터

210.240.100.5/24   210.240.100.1/24   210.240.100.100/24

· secondary 주소 적용 라우터

203.210.100.1/24
203.210.150.1/24 secondary

203.210.150.10/24   203.210.100.3/24

| 그림 8-23 |
Secondary IP 구현시
통신의 경로

그림에서 위에 있는 구성은 일반적인 라우터 구성입니다. 즉 secondary IP를 구현하지 않았습니다. 따라서 PC 210.240.100.5와 노트북 210.240.100.100은 직접 통신이 가능합니다. 즉 라우터를 거치지 않습니다. 왜 그런지는 아시죠? PC 210.240.100.5와 노트북 210.240.100.100은 같은 네트워크에 있습니다. 따라서 둘 간의 통신은 라우터를 거치지 않고 일어납니다.

그런데 아래에 있는 그림에서 secondary IP를 라우터에 적용한 경우 같은 이더넷 인터페이스상에 붙어있는 PC들이라고 하더라도 네트워크 부분이 서로 다른 경우는, 즉 203.210.150.10과 203.210.100.3은 라우터를 통해서만 통신이 가능하게 됩니다. 물론 이때도 네트워크 부분이 서로 같은 경우에는 라우터를 거치지 않습니다.

이러한 secondary 주소 기능은 IP뿐만 아니라 IPX 등에서도 적용이 가능하고 또 하나의 인터페이스에 여러 개의 secondary 주소를 지정할 수도 있습니다. 다음 구성 보이죠?

```
interface Ethernet0
  ip address 194.100.2.1 255.255.255.0 secondary
  ip address 194.100.3.1 255.255.255.0 secondary
  ip address 194.100.4.1 255.255.255.0 secondary
  ip address 194.100.1.1 255.255.255.0
```

여기에서는 하나의 인터페이스에 4개의 서로 다른 네트워크를 지정했습니다. 이처럼 한 인터페이스에 여러 개의 네트워크를 지정할 때는 secondary 주소가 사용된다는 것을 아셨을 겁니다. 하지만 이런 방식은 라우터에 부담을 줄뿐 아니라 통신의 효율도 떨어뜨리기 때문에 꼭 필요한 경우가 아니면 권하는 구성은 아닙니다. 참고하기 바랍니다.

≫ 알고 갑시다!

자, 그럼 Secondary 질문에서의 결론을 알아볼까요?

한 라우터의 인터페이스에 여러 개의 주소 범위를 줄 때 사용하는 명령은 secondary이다. 두 주소 범위 간의 통신은 라우터를 거쳐서 일어난다.

```
interface Ethernet0
   ip address X.X.X.193 255.255.255.192 secondary
   ip address X.X.X.30 255.255.255.0
no mop enabled
```

위의 경우는 x.x.x.30 255.255.255.0에서 클래스 C(254개)가 가능하고, 그 다음 x.x.x.193 255.255.255.192에서 62개가 가능하니까 이더넷 0에 부여 가능한 주소는 총 316개 정도가 되는 것이다.

이상입니다.

OSPF 라우팅 프로토콜

CISCO Networking

OSPF로 한 걸음

이제부터는 OSPF(Open Shortest Path First) 프로토콜에 대한 이야기를 할까 합니다. OSPF 프로토콜의 구성보다는 OSPF에서 알아두어야 할 중요한 개념 위주로 하나씩 설명을 드리려고 합니다.

OSPF를 공부하다 보면 제일 어려운 부분이 개념의 이해인 것 같습니다. 자꾸 낯선 용어가 나오고, 또 그것을 이해하지 않고 넘어가면 더 어려운 용어가 나와서 쉽게 포기하게 됩니다. 사실 구성만 본다면 OSPF도 그리 어렵지 않습니다. 라우터만 구성하겠다고 생각하면 정말 쉬운데 아무것도 모른 채 라우터만 구성하면 안 되겠죠? 그래서 여기서는 OSPF에서 나오는 여러 가지 개념에 대한 이해를 돕고자 합니다.

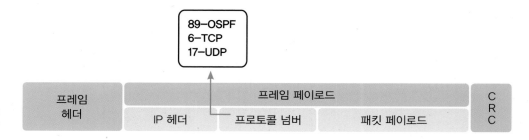

| 그림 8-24 |
IP 패킷 안에 있는 OSPF

그림이 조금 복잡하긴 하지만 한 번 봐 두면 다음에 도움이 되실 겁니다. 즉 OSPF는 IP 패킷 안에 프로토콜 넘버 89(십진수)로 들어가게 됩니다. 그러니 IP 패킷만 봐도 이것이 OSPF 정보라는 것을 금방 알 수 있는 겁니다. 처음 OSPF를 시작하는 것이니 그동안 우리가 배웠던 아주 쉬운 프로토콜인 RIP와 한번 비교해 보겠습니다.

우선 Convergence Time(컨버전스 타임)입니다. 컨버전스 타임은 쉽게 라우터 간에 서로 변경된 정보를 주고받는 데 걸리는 시간이라고 생각하면 됩니다. 예를 들어 어떤 인터페이스가 죽었을 때 이 정보가 모든 라우터들 사이에 퍼지는 데 걸리는 시간이 바로 컨버전스 타임이 됩니다.

RIP의 경우는 매 30초에 한 번씩 업데이트가 일어나고 아시는 대로 홀드다운 타임이니, 에이징이니 하는 것들 때문에 컨버전스에 많은 시간이 걸리지만, OSPF는 어떤 변화가 생길 때 바로 전달할 수 있기 때문에 훨씬 빠릅니다. 따라서 큰 네트워크에 아주 적당하죠. 특히 OSPF는 Area(에어리어)라는 개념을 사용해서 전체 OSPF 네트워크를 작은 영역으로 나누어 관리하기 때문에 방금 설명을 드린 것처럼 빠른 업데이트를 하면서도 효율적인 관리가 가능합니다.

또 하나는 VLSM을 지원하는가의 여부입니다. RIP v1의 경우는 당연히 이것을 지원하지 못합니다. 하지만 OSPF는 VLSM을 확실하게 지원합니다. VLSM을 지원하게 되면 IP 주소를 효과적으로 사용할 수 있다는 장점뿐만 아니라 라우팅 테이블을 줄이는 부수적인 효과도 있습니다. 이를 위해 OSPF는 라우트 서머리제이션(Route Summarization)을 지원하기 때문에 여러 개의 라우팅 경로를 하나로 묶어주는 기능이 탁월합니다.

이번에는 네트워크 크기에 대한 제한입니다. 즉 RIP의 경우는 최대 15개의 홉 카운트밖에 넘어가지 못합니다. 즉 최대 15대의 라우터만 건널 수 있기 때문에 이보다 더 멀리 떨어진 곳까지는 데이터의 전달이 불가능하다는 겁니다. 하지만 OSPF는 이런 제한이 없습니다.

또 네트워크 대역폭의 활용 측면에서도 OSPF가 앞섭니다. 즉 RIP의 경우는 매 30초마다 브로드캐스트가 발생하기 때문에 대역폭 낭비가 많지만, OSPF는 네트워크에 변화가 있을 때만 정보가 날아가고 그것도 멀티캐스트로 날아가기 때문에 훨씬 실용적이지요.

마지막으로 경로 결정에 관한 것도 있습니다. 즉 RIP는 홉 카운트만을 따지기 때문에 속도나 딜레이(지연)와 상관없이 홉 카운트가 적은 것만을 선호하지만, OSPF는 많은 관련 요소를 합쳐서 경로를 선택하기 때문에 훨씬 정확한 경로 선택이 가능하다는 겁니다.

이렇게 비교해 보니 대략 OSPF의 성격이 보이시죠? 물론 이밖에도 여러분이 알고 있는 것처럼 OSPF는 표준 라우팅 프로토콜이고, 링크스테이트 라우팅 알고리즘입니다.

그럼 이번에는 OSPF가 어떤 네트워크 타입에서 적용 가능한지를 알아보겠습니다. 쉽게 말하면 OSPF가 적용되는 토폴로지(Topology)입니다. 더 어려워졌다구요? 이런! 하지만 OSPF에서 토폴로지를 이해하는 것은 중요합니다. 일반적으로 다른 라우팅 프로토콜의 경우는 토폴로지를 별로 따지지 않는 데 반해서, OSPF는 토폴로지가 바뀌는 것에 따라 약간씩 동작이 바뀌기 때문에 기본을 이해하는 것이 중요합니다. 일단 여기서는 어떤 토폴로지가 있고, 그 정의가 무엇인지만 알아보겠습니다.

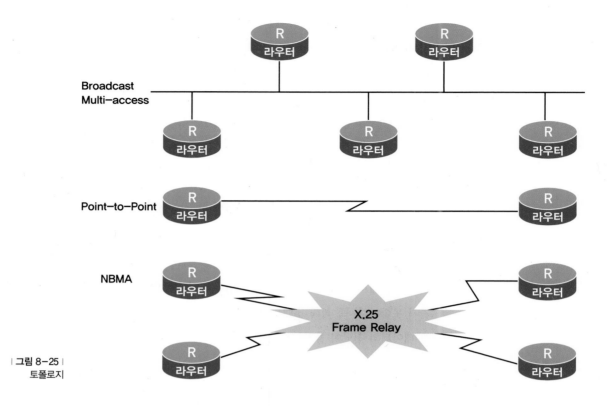

Broadcast
Multi-access

Point-to-Point

NBMA

X.25
Frame Relay

| 그림 8-25 |
토폴로지

그림을 보면 우선 브로드캐스트 멀티액세스 토폴로지(Broadcast Multi-access Topology)가 있습니다. 맨 위 그림은 네트워크에 2개 이상의 라우터가 연결되는 경우로, 하나의 메시지를 내보내면 이 네트워크상에 있는 모든 녀석들이 정보를 받아볼 수 있는 구조입니다. 가장 일반적인 예를 들자면 이더넷 세그먼트가 되겠죠.

그 다음은 포인트 투 포인트 토폴로지(Point-to-Point Topology)입니다. 보이는 것처럼 네트워크에 한 쌍의 라우터만 존재하는 경우가 될 겁니다. 전용선 같은 것이 가장 좋은 예가 되겠네요.

마지막은 NBMA라는 토폴로지입니다. NBMA는 Non Broadcast Multiple Access로, 이 토폴로지 역시 네트워크에 2개 이상의 라우터가 연결됩니다. 하지만 브로드캐스트 멀티액세스와는 다르게 브로드캐스트 능력은 가지고 있지 않습니다. 프레임릴레이나 X.25 네트워크가 이 경우에 해당합니다.

이처럼 OSPF는 Broadcast Multi-access, Point-to-Point, 그리고 NBMA로 네트워크를 나누어 지원하고, 동작 방식도 약간씩 다르기 때문에 구성 시 이 네트워크가 어떤 토폴로지인지를 먼저 확인한 다음에 구성에 들어가야 합니다. 그럼 각 토폴로지별로 뭐가 어떻게 다른지 궁금하실 겁니다. 이제 차차 나옵니다. ^^

OSPF의 이웃 사랑

이번에는 OSPF가 어떻게 주위의 다른 OSPF 라우터들과 교류를 시작하는지 알아보겠습니다. 원래 OSPF에서 라우터는 주위에 있는 OSPF 라우터들을 찾아서 자신의 데이터베이스 안에 저장하는데, 이런 주위의 라우터들을 'Neighbor(이웃)'라고 합니다. 즉 주변에 어떤 이웃들이 사는지에 대한 정보를 관리하는 겁니다. 이렇게 이웃을 찾아내기 위해서 OSPF 라우터는 Hello 패킷을 내보냅니다.

즉 주위에 있는 라우터에게 그냥 말을 먼저 걸어보는 겁니다. "안녕!" 하구요. ^^

그러면 그 라우터가 "네. 저도 OSPF 라우터입니다." 하고 말하겠죠. 그럼 라우터는 이 녀석을 이웃으로 생각하게 되는 겁니다. 그 과정이 아래 그림에 나와 있습니다.

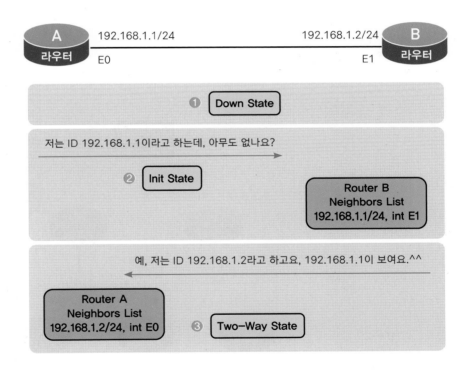

| 그림 8-26 |
OSPF의 이웃 사귀기

처음부터 하나씩 볼까요? 첫 번째 상자에 들어있는 화살표부터 보면, 라우터 A가 켜지면서 헬로 메시지를 내보냅니다. 이때 라우터 ID가 같이 나가게 되는데, 라우터 ID는 쉽게 말하면 OSPF에서 서로를 구분하는 이름이라고 보시면 됩니다. 라우터 ID는 뒤에서도 다시 설명하겠지만 이 라우터의 IP 주소 중에서 제일 높은 주소를 사용합니다. (물론 예외도 있지만요.)

어쨌든 라우터 A가 켜지면 A는 이웃이 누구인지 모르기 때문에 모든 OSPF 라우터들에게 헬로 패킷을 보내는데, 브로드캐스트로 보내는 것이 아니라 멀티캐스트 주소 224.0.0.5를 이용해서 헬로를 내보내게 됩니다. (여기서 224.0.0.5라는 멀티캐스트 주소로 보내진 헬로를 OSPF로 동작하는 라우터만 수신합니다.)

헬로를 받은 다른 라우터들(여기서는 라우터 B가 되겠죠?)은 라우터 A를 자신들의 이웃 목록 (Neighbor List)에 넣게 되는데, 이 과정을 'Init 과정'이라고 합니다. 이것이 바로 두 번째 화살표의 의미입니다.

세 번째 화살표에서는, A에서 헬로 메시지를 받은 OSPF 라우터들이 A에 유니캐스트로 자신들의 정보를 보내게 됩니다. 아무래도 헬로를 받았으니 자기들도 뭔가 답례를 하는 것이겠죠. 이때 중요한 것은 이번에는 유니캐스트라는 겁니다.

마지막 과정에서 라우터 A는 Neighbor들로부터 받은 정보를 자신의 Neighbor 리스트에 넣어 관리하게 됩니다. 이렇게 이웃들과 주고받는 헬로 패킷이 [그림 8-27]에 나와 있습니다.

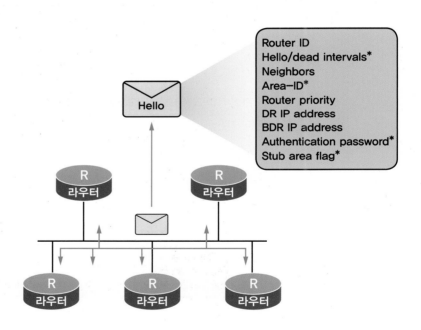

| 그림 8-27 |
Hello 패킷

그림에 보이는 대로 헬로 패킷 안에는 정말 많은 정보가 들어있습니다. 라우터 ID도 보이고, DR, BDR을 결정하기 위한 Priority 필드도 보이네요.

그런데 글자 뒤에 별 모양(*)으로 표시된 것은 무엇일까요? 아주 중요하다는 뜻입니다. 원래 책에도 별표를 치면 중요한 의미라는 거 아시죠? 이것은 바로 서로 간에 헬로 패킷에서 최소한 별표로 표시된 것들끼리는 똑같아야 이웃으로 인정해 주겠다는 것입니다. 예를 들어 Hello/ Dead 인터벌이 서로 다르면 죽어도 서로 이웃이 될 수 없습니다. (이것은 CCIE 문제에도 나오는 것이니 알아두시면 좋습니다.) 따라서 OSPF 구성에서 서로 Neighbor 형성이 이상하게 잘되지 않을 경우 우선 여기서 별표로 표시한 것들이 라우터에서 모두 일치하는지를 확인해 보셔야 합니다. 이렇게 서로 똑같아야 하는 정보는 여러분들이 OSPF를 배우실 때 꼭 기억해야 할 것들입니다.

이제 OSPF 라우터의 이웃찾기가 좀 이해가 되시죠? 우선 알아두실 것은 Neighbor 관계가 형성되어야 비로소 통신을 시작할 수 있다는 겁니다. 또 이런 이웃 관계 형성을 위해 헬로 패킷이 사용되는데, 이 패킷은 10초에 한 번씩 발생하고, 헬로 패킷에는 이웃이 되기 위해서 꼭 일치해야 하는 정보가 들어있다고 기억해 두시기 바랍니다.

물론 뒤에 DR이니 BDR이니 하는 것들이 나오기는 하지만, 우선은 여기서 배운 만큼만 이해하시면 OSPF 전체를 파악하는 데 도움이 되실 겁니다.

자, 그런데 앞에서 이웃들과 대화를 할 때 같이 내보내는 정보 중에 라우터 ID라는 것이 있었습니다. (헬로 패킷에서도 맨 앞쪽에 들어있던 정보죠.) 지금부터 라우터 ID에 대해 좀 더 알아보겠습니다.

OSPF에서는 라우터 ID를 이용해서 서로를 식별하기 때문에 굉장히 중요한 의미를 갖습니다. 마치 우리들이 처음 만나 명함을 교환하며 악수를 하는 것처럼 라우터 ID는 각자의 이름과 같습니다. 그런데 만약 라우터 ID가 달라지게 되면 서로를 알아보지 못하게 되겠죠. 그렇게 되면 처음부터 다시 인사를 나누고 명함을 교환해야 하는 번거로움이 발생합니다. 이렇게 OSPF에서 중요한 역할을 하는 Router ID는 통상 그 라우터의 IP 주소 중 가장 높은 IP 주소를 사용합니다. 아래 라우터 구성을 보시기 바랍니다.

```
ethernet 0
ip address 150.100.1.1 255.255.255.0

ethernet 1
ip address 150.200.1.1 255.255.255.0

serial 0
ip address 203.240.100.1 255.255.255.0
```

구성에서와 같이 이더넷 2개와 시리얼 1개의 인터페이스를 가진 라우터가 OSPF로 동작하고 있다면 이 라우터의 OSPF Router ID는 203.240.100.1이 되는 겁니다. (이 주소가 가장 높은 주소죠.) 그런데 여기서 주의할 점이 있습니다. 만약 여기서 Router ID로 사용된 serial 0 인터페이스가 죽었다 살아나는 것을 자꾸 반복한다면 어떻게 될까요?

네, Router ID가 자꾸 바뀌게 됩니다. 또 라우터 ID가 바뀔 때마다 OSPF 라우터들은 정보를 수정해야겠죠. 따라서 라우터 ID로 사용할 인터페이스는 가장 안정된 인터페이스를 사용해야 합니다. 그런데 라우터 ID를 안정된 인테페이스로 주겠다고 IP 주소를 바꾸기가 쉬울까요? 그 역시 만만치 않은 일입니다.

따라서 라우터 ID를 쓰기 위해서 보통 Loopback(루프백) 인터페이스를 사용합니다. OSPF에서 Loopback 인터페이스를 사용하면 그 IP 주소의 높낮이에 관계 없이 무조건 Loopback 주소가 라우터 ID가 됩니다. 또 Loopback 인터페이스는 다운되는 인터페이스가 아니기 때문에 라우터 ID가 바뀔 염려도 없죠.

보통 OSPF 라우터의 경우 그 구성을 보면 Loopback 인터페이스가 하나씩은 다 있는데, 대부분은 그 이유 때문입니다. 앞으로는 여러분도 OSPF를 디자인할 때 Loopback 인터페이스를 잊지 마시기 바랍니다. 그리고 또 하나 기억해 두셔야 할 것이 있습니다. 만약 이미 라우터 ID가 있는 상태에서 새로 Loopback 인터페이스를 만들고 나면 바로 라우터 ID가 바뀌는 것이 아닙니다. 라우터를 재부팅하거나 아니면 OSPF 라우팅 프로토콜을 내렸다가 다시 올려야 합니다. OSPF를 좀 만져본 사람들도 이 부분은 실수하기가 쉬우니 잘 기억해 두세요.

그럼 정리를 해볼까요? OSPF에서는 서로 헬로 패킷을 주고받으며 이웃 라우터와 인사를 하는데, 이때 가장 중요한 것 중 하나가 바로 라우터 ID입니다. 라우터 ID는 그 라우터의 살아있는 인터페이스 중 가장 높은 IP 주소를 사용하게 되는데, 만약 이 인터페이스의 상태가 불안해서 자꾸 다운이 될 경우 ID가 자주 바뀌게 됩니다. 이 때문에 다른 모든 라우터들의 정보를 계속 바꿔야 하므로 안정된 인터페이스의 IP 주소를 라우터 ID로 만드는 것이 좋습니다. 이를 위해 OSPF에서는 Loopback 인터페이스를 사용하고, Loopback 인터페이스가 있으면 주소의 높낮이에 상관없이 무조건 이 주소가 라우터 ID가 됩니다.

🔍 OSPF에서의 반장과 부반장

이번에는 OSPF에서 없어서는 안 될 DR(Designated Router)과 BDR(Backup Designated Router) 이야기입니다. 한마디로 한 반에 있는 반장과 부반장이라고 생각하시면 됩니다. 우리가 학교 다닐 때 선거로 반장과 부반장을 뽑았듯이 여기서도 DR과 BDR은 선거를 통해서 뽑힙니다.

OSPF 세그먼트에서는 각 라우터들이 OSPF에 참여하게 되면 DR과 BDR에 자신의 Link State를 알리게 됩니다. 이렇게 DR, BDR에만 자신의 링크 정보를 알리는 이유는 모든 라우터들과

Link State를 교환할 경우 발생하는 트래픽을 줄이고 Link State의 Sync(일치성)를 제대로 관리하기 위해서입니다. 이 정보를 전달받은 DR은 이 정보를 모두 관리하면서 링크의 상태를 항상 일치시키는 역할을 하게 됩니다.

그럼 부반장(BDR)은 무엇을 할까요? 반장이 업무를 제대로 수행하는지를 관찰합니다. 그러다가 반장이 업무 수행 능력이 없어지면, 즉 DR 라우터가 다운되면 바로 반장의 역할을 하게 되는 겁니다. OSPF의 반장과 부반장 역할이 재미있죠? ^^

따라서 OSPF에서는 모든 라우터가 반드시 DR, BDR과 Link State를 Sync(일치)해야 합니다. 이것을 Adjacency(어드제이션시)라고 한다는 것도 알아두시면 좋겠네요. 또 하나 DR과 BDR은 라우터 ID와 라우터의 Priority를 가지고 선출된다는 것도 알아두세요.

그럼 지금부터는 DR과 BDR이 어떻게 선출되는지에 대해서 알아보겠습니다. 앞에서 말씀드린 대로 DR과 BDR은 그 역할이 대단히 중요하기 때문에 선출에 대해서 명확하게 이해하고 있어야 누구를 반장을 시킬지, 누구를 부반장을 시킬지 미리 정해줄 수 있습니다.

OSPF를 구성하다 보면 DR과 BDR의 구성이 얼마나 중요한지 알 수 있는데, 어떤 구성에서는 특정 라우터가 꼭 DR로서 동작해야 하는 경우가 생기기 때문입니다. 이때는 선출에 대해 이해하지 못하고 있으면 마음대로 구성할 수 없어서 곤욕을 치르기도 합니다. 그러니 여러분은 미리 그 선출 과정을 알아두시는 것이 좋습니다.

알고 보면 선출 과정은 꽤 쉽습니다. 그럼 차근차근 알아볼까요? OSPF에서 DR이 되기 위해서는 Priority가 높아야 합니다. OSPF로 동작하는 라우터들은 모두 Priority를 갖는데, 이 값이 디폴트로는 1입니다. (즉 OSPF 라우터에 아무것도 세팅하지 않았을 때 기본 Priority 값이 1입니다.) 그런데 어떤 한 라우터가 이보다 높은, 예를 들어 Priority 2가 있다면 무조건 이 라우터가 DR이 됩니다. 물론 BDR은 그 다음으로 높은 라우터가 되겠죠?

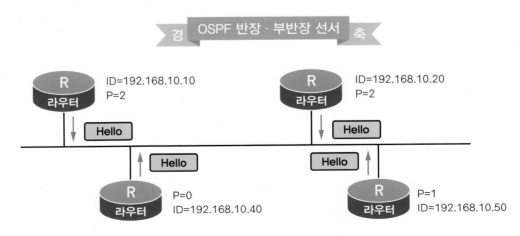

| 그림 8-28 |
OSPF의 반장 · 부반장 선거

[그림 8-28]을 보면 대로 라우터들은 헬로 패킷이라는 멀티캐스트 패킷을 이용해서 서로의 정보를 주고받아서 DR과 BDR을 선출하게 됩니다.

그림을 보니 Priority 2인 라우터가 2대가 있죠? 만약 Priority가 서로 같으면 누가 선택될까요? 그럼 라우터 ID를 가지고 따져봅니다. 즉 라우터 ID가 높은 것이 DR이 됩니다.

따라서 그림에서 오른쪽 위에 있는 라우터 ID 192.168.10.20을 가진 라우터가 DR이 되고, 192.168.10.10을 가진 왼쪽 위 라우터가 BDR로 선정되었습니다.

이쯤에서 질문을 하나 해보겠습니다. 라우터 ID가 어떻게 정해지는지 기억나세요? OSPF 라우터는 모두 하나씩의 라우터 ID를 갖는데, 라우터 ID는 그 라우터의 인터페이스 주소 중 가장 높은 주소가 된다고 했습니다. 그런데 만약 Loopback 인터페이스가 설정되어 있다면 Loopback 인터페이스의 주소가 라우터의 ID가 됩니다. (이렇게 Loopback 인터페이스를 만드는 것은 절대로 다운이 되지 않는 인터페이스를 만들어서 라우터 ID가 안정적으로 유지되게 하기 위한 것입니다.) 이렇게 만들어진 라우터 ID를 비교해서 더 높은 것이 DR이 되고, 그 다음이 BDR이 됩니다. 자, 이제 DR과 BDR의 선출이 끝났습니다. 그때 새로운 전학생이 한 명 온 겁니다. 예를 들어 이 전학생 라우터의 Priority가 3이라고 가정하면 어떻게 될까요? 지금 선출된 DR과 BDR보다 분명 높은 Priority가 되겠죠?

하지만 이 라우터는 DR이나 BDR이 될 수 없습니다. 왜냐하면 이미 반장 선거가 끝났기 때문입니다. 만약 DR이 다운되면 BDR이 DR이 되면서 BDR의 자리가 비게 되고, 이때 다시 BDR 선거를 하게 되는데 이 경우에는 Priority 3인 이 라우터가 BDR로 올라갈 수 있는 겁니다. 아주 민주적이죠? 하지만 여기 있는 라우터들을 전부 껐다 컨다거나 OSPF를 전부 죽였다가 살린다면 다시 DR, BDR 선거를 하기 때문에 Priority 3인 녀석이 DR이 될 수 있을 겁니다.

이 정도면 DR과 BDR에 대해서는 이해가 가시죠? 마지막으로 중요한 것이 하나 더 있습니다. 만약 어떤 라우터를 영원히 DR, BDR 선거에 입후보하지 못하게 하려면 어떻게 하면 될까요? Priority를 0으로 세팅하면 됩니다.

정리하면, OSPF에서는 모든 OSPF 라우터들 간에 링크 상태를 교환할 경우 생기는 트래픽을 작게 하고 빠른 Sync를 가능하게 하기 위해 DR, BDR을 사용하는데, OSPF의 모든 라우터는 DR과 BDR에게 링크 정보를 업데이트합니다.

DR, BDR은 Priority가 높은 순서대로 선출되며, 같은 Priority에서는 라우터 ID가 높은 순으로 선출됩니다. 또 아무리 Priority가 높다고 해도 이미 DR, BDR 선출이 끝난 후에 들어온 라우터는 곧바로 DR이 될 수 없습니다. 영원히 DR, BDR 선출에 참여시키고 싶지 않은 OSPF 라우터는 Priority를 0으로 주면 됩니다.

Q 안녕하세요. 아래 문제를 좀 풀어주세요. OSPF에 대한 것인데 확실하게 알고 싶네요.

A 문제마다 각각 설명하였습니다.

> **문제 ❶** | Routers are primarily elected as DR and BDR based upon their:
>
> a. Router ID
>
> b. Size
>
> c. Uptime
>
> d. Priority
>
> e. Processor speed

문제부터 볼까요? 'DR과 BDR은 무엇으로 뽑는가' 하는 문제네요. 이것은 쉽죠? 이미 앞에서 언급한 대로 라우터의 DR, BDR은 당연히 Priority로 선출합니다. 답은 d.

> **문제 ❷** | What is the OSPF default priority for an interface?
>
> a. 0
>
> b. 3
>
> c. 1
>
> d. 7

이런, 너무 쉬운 문제가 연속으로 출제되고 있네요. 이것 역시 무조건 외우는 문제네요. 디폴트 Priority는 1이라고 말씀드렸죠? 답은 c.

> **문제 ❸** | If there is a tie during the DR and BDR election process, how is the tie broken?
>
> a. By powering off one of the tied routers
>
> b. Highest Router ID
>
> c. Highest MAC address
>
> d. Lowest MAC address
>
> e. Manual configuration

이 문제는 문제에서 나오는 tie break라는 말이 좀 헷갈리죠? 이것은 Priority가 같은 라우터 2개가 있다면 무엇을 보고 DR과 BDR을 선출하느냐는 겁니다. 이 경우는 라우터 ID를 보고 우열을 가린다고 앞에서 설명드렸던 것이 생각나네요. 라우터 ID는 Loopback 인터페이스 주소 또는 가장 높은 IP 주소가 된다는 것도 같이 기억해 두시기 바랍니다. 따라서 정답은 b입니다.

문제 ❹ | If the DR fails, a new DR and BDR are elected.

     a. True

     b. False

만약 DR에 문제가 있다면 새로운 DR과 BDR을 선출할까요? 답은 '아니오'입니다. DR에 문제가 있으면 BDR이 DR이 되고 새로운 BDR만 선출합니다. 따라서 답은 b가 되겠네요.

🔍 OSPF에서 링크 변화 눈치채기

이번에는 OSPF 라우터들이 앞에서 선출된 DR, BDR을 이용해서 링크의 변화를 어떻게 서로 업데이트해 나가는지를 알아보겠습니다. 아무래도 OSPF 라우터가 처음 켜질 때부터 알아보는 것이 좋겠죠?

❶ 라우터가 처음 켜지거나 새로 OSPF 라우팅으로 구성되면 그 라우터는 멀티캐스트 주소(이때 사용되는 주소는 224.0.0.5로, 모든 OSPF 라우터들에게 전송되는 주소입니다. 따라서 네트워크상의 호스트들이나 다른 장비쪽으로는 전송되지 않습니다. 이것이 바로 브로드캐스트와 멀티캐스트의 차이겠죠?)를 이용해서 헬로 패킷을 보냅니다. 앞에서 배우셨죠? OSPF 라우터가 이웃 라우터들을 찾기 위해 보내는 인사죠.

❷ 이 헬로 패킷을 이용해서 새로운 라우터는 DR과 BDR의 주소를 알게 됩니다. 헬로 패킷 안에 들어있는 내용을 자세히 보시면 알 수 있을 겁니다.

❸ 이제 새 라우터는 자신이 가지고 있는 링크 정보를 LSA(Link-State Advertisement)에 담아 모든 DR에게 전송합니다. (이렇게 LSA 정보를 업데이트하는 것을 'LSU-Link State Update'라고 합니다.) 이때 멀티캐스트 주소 224.0.0.6을 사용하며, 모든 DR, BDR에게 전송됩니다. DR에 LSA가 도착하면 BDR은 자신의 타이머(Timer)를 세팅하고 DR이 새로운 라우터에게서 받은 이 정보를 다른 OSPF 라우터들에게 재전송하는지 기다리게 됩니다. 즉 BDR은 DR이 제대로 일을 하는지 감시하는 역할을 합니다.

❹ DR은 이 새로 받은 LSA 정보를 멀티캐스트 주소 224.0.0.5를 이용해서 다른 모든 OSPF 라우터들에게 전송합니다(새 라우터도 포함). 전송 후 DR은 모든 라우터들로부터 ack를 받음으로써 자기가 보낸 정보가 잘 도착했구나 생각하게 됩니다.

❺ 이때 만약 DR이 BDR의 타이머가 끝날 때까지 LSA 정보를 다른 OSPF 라우터들에게 전송하지 않으면 BDR은 DR이 되고, 헬로 패킷을 이용해서 BDR을 새로 선출하게 됩니다.

❻ 만약 링크가 끊어지면 해당 라우터는 그 정보를 즉시 DR에게 알리고 DR은 그 LSA 정보를 다시 모든 OSPF 라우터들에게 전송합니다. 또 새로운 정보를 받은 라우터들은 그 LSA를 다시 가까운 네트워크로 Flooding(플로딩)해서 네트워크에 대한 정보를 업데이트하게 됩니다.

다시 한 번 쉽게 풀어보면, OSPF 라우터에서 링크에 어떤 변화가 생기면 우선 그 네트워크에 있는 DR에게 알리고, DR은 다른 OSPF 라우터에게 알려 각자의 라우팅 테이블을 업데이트한 다는 말입니다. 그런데 만약 DR이 제대로 동작하지 않는다면 어떻게 될까요? 그때는 BDR이 DR의 역할을 대신합니다.

[그림 8-29]에 지금까지 설명드린 링크 변화의 업데이트가 그림으로 간략하게 나와있습니다. 라우터 A의 링크가 다운되자 라우터 A는 이 정보를 곧바로 DR과 BDR에게 보냅니다. 정보를 받은 DR은 네트워크에 있는 모든 OSPF 라우터에게 이 정보를 업데이트하고, BDR은 옆에 시계를 두고 DR이 제대로 업데이트를 하는지 감시하고 있군요. ^^

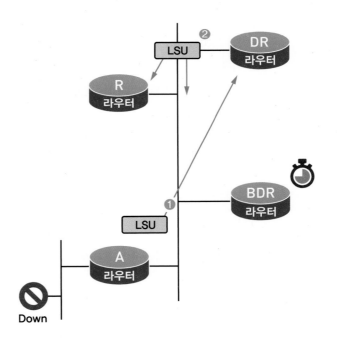

| 그림 8-29 |
링크 변화의 업데이트

간단한 OSPF의 구성

실제 라우터에 OSPF를 구성해 보겠습니다. 가장 기본적인 것만 해볼 예정이니 라우터를 구성해 보실 분들은 꼭 따라해 보셔야 합니다. 시스코 라우터에서 OSPF를 구성하려면 우선 다음 2가지를 꼭 해주어야 합니다.

❶ 라우터에 OSPF를 Enable한다.
❷ OSPF로 운용할 네트워크를 정의해 준다.

이 2가지만 해주면 이제부터 라우터는 OSPF 라우팅 프로토콜을 씩씩하게 돌리기 시작합니다.

그럼 먼저 라우터에 OSPF를 Enable하려면 어떻게 하는지 볼까요? 라우터의 구성 모드에서 다음 명령을 내립니다.

```
Router#(config)router ospf process-id
```

이때 process-id는 한 라우터에서 OSPF를 여러 개 돌릴 때 그 프로세스를 구별하기 위한 id로 사용됩니다. 이 process-id를 다른 라우터와 꼭 일치시킬 필요는 없습니다. 즉 두 라우터가 OSPF를 돌리는 경우 하나를 router ospf 100이라고 정의했다면 다른 하나는 router ospf 300이라고 해도 문제가 없다는 겁니다. 하지만 보통 이 process-id를 맞춰주는 것이 좋겠죠? 특별히 번호를 달리할 이유가 없다면 말입니다.

참고로 한 라우터에서 ospf의 process-id를 여러 개 운용하는 것은 별로 바람직하지 않습니다. 왜냐하면 이 process-id당 하나씩의 DB를 운용하기 때문에 성능에 문제가 생길 수 있기 때문입니다.

그 다음으로 두 번째 내용을 살펴보겠습니다.

```
network address wildcard-mask area area-id
```

네트워크를 정의할 때 위와 같은 명령을 사용하는데, 여기에 wildcard-mask가 나오죠? 와일드카드 마스크는 지금까지 우리가 배운 서브넷 마스크와 약간 다릅니다. 아무래도 마스크로 끝나니 비슷한 점도 있지만 성격은 이름 그대로 아주 와일드해서 서브넷 마스크와 반대로만 행동하는 녀석이 바로 와일드카드 마스크입니다. 즉 서브넷 마스크가 255.255.0.0이라면 와일드카드 마스크는 서브넷 마스크를 이진수로 바꾸었을 때 1인 부분은 모두 0으로, 0인 부분은 모두 1로 바꾸는 성질이 있습니다. 따라서 0.0.255.255가 됩니다. 반대로 바뀌었죠? 와일드카드 마스크에 대한 좀 더 자세한 내용은 스탠더드 액세스 리스트에서 다시 설명해 드리겠습니다. 혹시 시간이 되시면 먼저 읽어보고 오셔도 좋습니다.^^

어쨌든 이 명령은 router-config 모드에서 내려주는 명령입니다. 즉 다음과 같이 됩니다.

```
Router#(config-router)#network address wildcard-mask area area-id
```

이 명령은 어떤 네트워크를 OSPF로 돌릴 것인지를 결정하는 겁니다. 먼저 네트워크 주소를 address에 쓰고, 서브넷 마스크의 반대 개념인 wildcard-mask를 씁니다. 그런 다음, area를 쓰고 그 뒤에 area-id를 정해서 써 주는 겁니다. 예를 들어 볼까요?

```
network 150.100.1.0 0.0.0.255 area 0
```

이것은 150.100.1.0(mask : 255.255.255.0)이라는 네트워크를 area 0에 넣어주는 겁니다. 서브넷 마스크가 255.255.255.0이니 와일드 마스크를 0.0.0.255로 넣어준 것이죠. 와일드 마스크는 서브넷 마스크와 정반대라는 것을 기억하세요.

여기서 생소한 'area'라는 말이 나오는데, OSPF에서는 보다 확장성 있는 라우팅 업데이트를 위해서 사용하는 개념입니다. 즉 전체 OSPF 영역을 보다 작은 area 단위로 나누어 그 영역 안에 있는 OSPF 라우터들끼리만 우선 링크 정보를 업데이트하고, 다른 area와의 통신은 area 사이에 있는 라우터들(Area Border Router 또는 ABR)이 정보를 전달하도록 하는 방식입니다. 너무 복잡한 것은 나중에 배우고 우선 여기에서는 OSPF가 area라는 단위로 나누어져 통신이 일어난다는 것과 area의 가장 기본은 백본 area라고 부르는 area 0이라는 것만 알아두시기 바랍니다. 따라서 area를 구성할 때는 백본 area를 중심으로 다른 area를 구성해 주는 것이 가장 일반적입니다.

그럼 OSPF의 가장 일반적이고 단순한 구성을 연습해 보겠습니다.

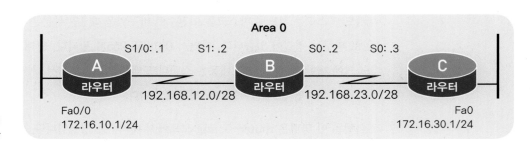

| 그림 8-30 |
간단한 OSPF 구성 연습

그림에서 보이는 대로 라우터 3대가 서로 시리얼로 연결되어 있습니다. 이 3대의 라우터는 같은 area인 area 0에 있다고 가정하겠습니다. 라우터의 IP 주소와 서브넷 마스크가 그림과 같을 때 각 라우터의 주요 구성은 아래와 같습니다.

● **라우터 A**

```
interface FastEthernet0/0
  ip address 172.16.10.1 255.255.255.0
!
interface Serial1/0
  ip address 192.168.12.1 255.255.255.240
!
router ospf 100
network 172.16.10.0 0.0.0.255 area 0
  network 192.168.12.0 0.0.0.15 area 0
```

● **라우터 B**

```
interface Serial0
  ip address 192.168.23.2 255.255.255.240
!
interface Serial1
  ip address 192.168.12.2 255.255.255.240
!
router ospf 100
network 192.168.12.0 0.0.0.15 area 0
  network 192.168.23.0 0.0.0.15 area 0
```

● **라우터 C**

```
interface FastEthernet0
  ip address 172.16.30.1 255.255.255.0
!
```

```
interface Serial0
  ip address 192.168.23.3 255.255.255.240
!
router ospf 100
network 172.16.30.0 0.0.0.255 area 0
  network 192.168.23.0 0.0.0.15 area 0
```

지금까지 배운 RIP나 IGRP와는 달리 이더넷과 시리얼 인터페이스에서의 서브넷 마스크가 다른 것을 볼 수 있습니다. 즉 라우터 A를 보면 이더넷의 서브넷 마스크는 255.255.255.0인데 비해 시리얼의 서브넷 마스크는 255.255.255.240입니다. 이렇게 한 라우터의 인터페이스들이 서로 다른 서브넷 마스크를 갖는 것을 VLSM(Variable Length Subnet Mask)이라고 합니다. 이미 알고 계시죠?

구성에서 또 하나 눈여겨 봐야 할 부분이 OSPF 라우팅 구성쪽의 와일드 마스크입니다. 이미 설명했지만 여기 예가 나오니 예를 가지고 다시 한 번 설명을 드리겠습니다. 라우터 A의 Serial 1/0의 주소는 192.168.12.1이고 서브넷 마스크는 255.255.255.240이었습니다. 이 네트워크가 OSPF area 0으로 동작하도록 정의하기 위해서는 우선 이 주소의 네트워크 주소를 알아내야 합니다. 이것은 쉽죠? 서브넷 마스크를 가지고 호스트 부분이 전부 0이 되는 것을 찾아내면 됩니다. (너무 많이 들어서 이미 귀에 못이 박히셨을 겁니다. ^^) 그렇게 찾아낸 네트워크 주소는 192.168.12.0이고 서브넷 마스크는 255.255.255.240입니다. 앞에서 말씀드린 대로 와일드 마스크는 서브넷 마스크를 이진수로 바꾸었을 때 1은 0으로, 0은 1로 바꾸어 만든다고 했으니,

255.255.255.240 = 1111 1111.1111 1111.1111 1111.1111 0000을 바꾸어 보면
0.0.0.15   = 0000 0000.0000 0000.0000 0000.0000 1111이 됩니다.

따라서 와일드 마스크는 0.0.0.15가 됩니다.

현재 라우터에서 돌아가고 있는 IP 라우팅 프로토콜을 보려면 show ip protocols 명령을 사용합니다.

```
A_Router#sh ip protocols
Routing Protocol is "ospf 100"
  Outgoing update filter list for all interfaces is not set
  Incoming update filter list for all interfaces is not set
  Router ID 192.168.12.1
```

```
    Number of areas in this router is 1. 1 normal 0 stub 0 nssa
    Maximum path: 4
    Routing for Networks:
      172.16.10.0 0.0.0.255 area 0
      192.168.12.0 0.0.0.15 area 0
    Routing Information Sources:
      Gateway              Distance         Last Update
      192.168.12.1         110              00:37:25
      192.168.23.3         110              00:37:25
      192.168.23.2         110              00:37:25
Distance: (default is 110)
```

show ip protocols 명령에서 현재 이 라우터에 OSPF 100이라는 라우팅 프로토콜이 돌아가고 있음을 알 수 있습니다. 또 이 라우터의 라우터 ID도 나와 있죠? 앞에서 배운 대로 가장 높은 수가 ID로 선택되었는지 보겠습니다. 라우터 A의 경우 가장 높은 주소는 192.168.12.1이니 맞네요. 그 밖에도 OSPF의 Administrative Distance가 110이라는 것도 나와 있습니다.

이번에는 현재의 라우팅 테이블이 어떻게 보이는지 한번 보겠습니다. 라우팅 테이블을 보는 명령은 다 아시죠? show ip route입니다.

```
A_Router#show ip route
Codes: C - connected, S - static, R - RIP, M - mobile, B - BGP
       D - EIGRP, EX - EIGRP external, O - OSPF, IA - OSPF inter area
       N1 - OSPF NSSA external type 1, N2 - OSPF NSSA external type 2
       E1 - OSPF external type 1, E2 - OSPF external type 2
       i - IS-IS, su - IS-IS summary, L1 - IS-IS level-1, L2 - IS-IS level-2
       ia - IS-IS inter area, * - candidate default, U - per-user static route
       o - ODR, P - periodic downloaded static route

Gateway of last resort is not set

     192.168.12.0/28 is subnetted, 1 subnets
C       192.168.12.0 is directly connected, Serial1/0
     172.16.0.0/24 is subnetted, 2 subnets
O       172.16.30.0 [110/129] via 192.168.12.2, 00:43:09, Serial1/0
C       172.16.10.0 is directly connected, FastEthernet0/0
     192.168.23.0/28 is subnetted, 1 subnets
O       192.168.23.0 [110/128] via 192.168.12.2, 00:43:09, Serial1/0
```

맨 앞에 'O'가 붙은 라우팅 정보가 보이네요. 이미 알고 계시는 대로 이 경로는 OSPF를 이용해서 찾아낸 경로입니다. 라우팅 테이블을 보시면 서브넷된 정보가 같이 전달된다는 것을 아실 수 있을 겁니다. 즉 VLSM을 지원하기 때문입니다. 라우팅 정보의 뒤에 오는 110은 이미 앞에서 설명드린 Distance 값이고, 뒤에 오는 숫자는 메트릭 값입니다. 이제 설명드리지 않아도 다 아실 겁니다.

이번에는 좀 더 색다른 정보를 보겠습니다. OSPF 라우터의 경우 접속 방식에 따라 구성이 조금씩 달라진다는 것을 설명드린 적이 있습니다. 포인트 투 포인트니, 브로드캐스트니, NBMA니 하는 말 생각나시죠? 이렇게 OSPF의 인터페이스 방식을 알아보는 명령이 바로 show ip ospf interface입니다.

```
A_Router#sh ip ospf interface
Serial1/0 is up, line protocol is up
  Internet Address 192.168.12.1/28, Area 0
  Process ID 100, Router ID 192.168.12.1, Network Type POINT_TO_POINT, Cost: 64
  Transmit Delay is 1 sec, State POINT_TO_POINT,
  Timer intervals configured, Hello 10, Dead 40, Wait 40, Retransmit 5
    oob-resync timeout 40
    Hello due in 00:00:04
  Supports Link-local Signaling (LLS)
  Index 2/2, flood queue length 0
  Next 0x0(0)/0x0(0)
  Last flood scan length is 1, maximum is 1
  Last flood scan time is 0 msec, maximum is 0 msec
  Neighbor Count is 1, Adjacent neighbor count is 1
    Adjacent with neighbor 192.168.23.2
  Suppress hello for 0 neighbor(s)
FastEthernet0/0 is up, line protocol is up
  Internet Address 172.16.10.1/24, Area 0
  Process ID 100, Router ID 192.168.12.1, Network Type BROADCAST, Cost: 1
  Transmit Delay is 1 sec, State DR, Priority 1
  Designated Router (ID) 192.168.12.1, Interface address 172.16.10.1
  No backup designated router on this network
  Timer intervals configured, Hello 10, Dead 40, Wait 40, Retransmit 5
    oob-resync timeout 40
    Hello due in 00:00:06
  Supports Link-local Signaling (LLS)
  Index 1/1, flood queue length 0
  Next 0x0(0)/0x0(0)
  Last flood scan length is 0, maximum is 0
  Last flood scan time is 0 msec, maximum is 0 msec
  Neighbor Count is 0, Adjacent neighbor count is 0
  Suppress hello for 0 neighbor(s)
A_Router#
```

먼저 시리얼 인터페이스쪽을 보겠습니다.

```
Serial1/0 is up, line protocol is up
  Internet Address 192.168.12.1/28, Area 0
  Process ID 100, Router ID 192.168.12.1, Network Type POINT_TO_POINT, Cost: 64
  Transmit Delay is 1 sec, State POINT_TO_POINT,
  Timer intervals configured, Hello 10, Dead 40, Wait 40, Retransmit 5
```

위에 보이는 대로 시리얼 인터페이스의 네트워크 타입은 포인트 투 포인트입니다. 두 라우터가 시리얼로 1 대 1 연결되어 있죠. 따라서 이 방식을 '포인트 투 포인트'라고 하고, 이때는 앞에서 배운 DR이나 BDR을 선출하지 않습니다. 사실 뽑을 필요가 없는 것이죠. 둘밖에 없는데 반장, 부반장이 무슨 필요가 있겠습니까? ^^

뒤에 보이는 코스트는 OSPF에서 링크의 속도에 따라 부여하는 값으로, 100,000,000을 대역폭으로 나눈 값을 사용합니다. 여기 있는 코스트 값에 따라 OSPF는 최적의 경로를 찾아내게 됩니다. 그러고 보면 코스트 값은 꽤나 중요하죠? 시리얼 라인에서 코스트 값 계산은 시리얼 인터페이스의 디폴트 대역폭이 1.544Mbps이므로 100,000,000/1,544,000으로 나누면 약 64가 나옵니다. 그래서 Cost:64가 나온 겁니다.

아래 보이는 헬로는 배운 것이네요. 10초에 한 번 헬로 패킷을 보내는 것으로 4번의 헬로에도 응답이 없으면 죽었다고 생각하는 겁니다. 그래서 데드 인터벌은 헬로의 4배가 됩니다.

이번에는 이더넷쪽을 볼까요?

```
FastEthernet0/0 is up, line protocol is up
  Internet Address 172.16.10.1/24, Area 0
  Process ID 100, Router ID 192.168.12.1, Network Type BROADCAST, Cost: 1
  Transmit Delay is 1 sec, State DR, Priority 1
  Designated Router (ID) 192.168.12.1, Interface address 172.16.10.1
  No backup designated router on this network
  Timer intervals configured, Hello 10, Dead 40, Wait 40, Retransmit 5
```

이더넷의 네트워크 타입은 브로드캐스트라고 나와 있습니다. 따라서 여기서는 DR이나 BDR 선출이 필요합니다. 그림을 봐서 아시겠지만 사실 라우터 A의 이더넷쪽에는 다른 라우터가 연결되어 있지 않습니다. 따라서 혼자 북 치고 장구 치고 하는 수밖에 없겠네요. 단일 출마를 했으니 당연히 라우터 A가 DR이 되겠죠? 그래서 DR의 라우터 ID를 보면 192.168.12.1이라는 자신의 라우터 ID가 보입니다. 이 인터페이스는 패스트 이더넷, 즉 100Mbps이니 코스트를 계산해 보면 100,000,000/100,000,000으로 1입니다. 그래서 코스트가 1이 됩니다. 나머지는 이해가 되시죠?

이번에는 내 주변에 어떤 이웃이 사는지 알아보는 show ip ospf neighbor 명령을 보겠습니다. [그림 8–31]의 라우터 B에서 이 명령을 내려보면 다음과 같은 결과를 얻을 수 있습니다.

```
B_Router#show ip ospf neighbor

Neighbor ID    Pri    State      Dead Time    Address        Interface
192.168.23.3   1      FULL/ -    00:00:38     192.168.23.3   Serial0
192.168.12.1   1      FULL/ -    00:00:36     192.168.12.1   Serial1
```

라우터 B와 연결된 2대의 라우터(여기서는 라우터 A, 라우터 C)의 라우터 ID가 보입니다. 앞에서 배운 대로 역시 라우터 ID를 가지고 판단을 하는군요. 상태(State)가 FULL이라고 되어 있는 것은 이웃(네이버)끼리 서로를 인식했고, 서로 간에 라우팅 테이블의 교환이 성공적으로 이루어져 현재 통신을 제대로 수행하고 있다는 의미라는 것도 같이 알아두시면 좋겠네요. 따라서 show ip ospf neighbor에서 상태(State)가 FULL이면 일단 네이버와의 통신은 정상적이라고 생각하시면 됩니다.

자, 이제 정리해 볼까요? OSPF 라우팅 구성 중 가장 간단한 area 하나에서 구성 연습을 해보았는데, area가 여러 개 나오더라도 지금 배운 내용만 제대로 이해하시면 큰 어려움 없이 구성이 가능할 겁니다. 중요한 것은 OSPF가 어떻게 구현되고, 각각의 메시지가 어떤 의미를 가지고 있는지를 이해하는 것입니다. 그런 관점에서 여러분들은 이제 고급 OSPF로 가기 위한 충분한 기초 체력을 다지신 겁니다. ^^

또 미팅? --;

학교 다니면서 쓰던 단어와 회사 와서 쓰는 단어 중 그 의미가 가장 달라진 걸 골라보라면, 전 '미팅'이라고 이야기할 것 같습니다.

학교 때의 미팅과 비슷한 말로는 '과팅', '번개팅', '소개팅'이 있었지만, 회사에서의 미팅과 비슷한 말은 '회의'나 '컨퍼런스'가 있죠. ㅎㅎ

학교 다닐 때 말만 들어도 설레고 가슴 떨리던 미팅은 회사에 와서 지겨움과 어려움, 그리고 미팅 후 만들어지는 수많은 숙제로 그 느낌 역시 달라져 버렸습니다. ㅋㅋ 암튼 그렇다고 직장 다니면서 미팅을 안 할 수도 없는 거고…. 또 미팅이야?? 이러면서 대충 노트 하나 집어 들고 회의실로 들어가고…. 아니면 명함집 챙겨 들고 외부로 나가는 일이 오늘도 반복되고 있답니다.

그런데 이렇게 매일매일 진행되는 미팅…. 좀 더 효과적으로, 그리고 스스로를 부각하는 미팅으로 만들어볼 순 없을까요?

사실 똑똑한 사람은 이런 미팅을 정말 잘 활용하는 사람이랍니다. 또 회사에서는 이렇게 미팅을 잘 활용하는 사람이 능력 있다고 인정받는 경향이 아주 많습니다. 그러니 여러분도 이제 미팅을 지겹다고만 생각하지 마시고 뭔가 전략을 가지고 임하셔야 할 겁니다. ^^

미팅을 제대로 하기 위해서는 먼저 준비가 필요합니다. 일단 미팅 주제를 제대로 이해해야겠죠? 왜 모이는지, 이 미팅의 중요도나 긴급도는 어느 정도인지, 오늘 모여서 내놓아야 할 결론은 무엇인지…. 그리고 참석자에 대한 정보도 필요합니다. 누가 오는 건지, 나와 같은 편은 누구이고, 나와 반대 의견을 가진 사람은 누구인지, 또 나와 반대편은 어떤 의견을 낼 것으로 예상되는지….

그리고 미팅에서 내가 할 역할에 대해 준비해야 합니다. 나는 어떤 의견을 주장해야 하는 입장인지, 다른 사람의 의견을 조정해야 하는 입장인지, 다른 사람의 이야기를 반박해야 하는 입장인지, 그리고 미팅을 위해 내가 알아가야 하는 정보는 무엇인지도 알고 있어야 합니다.

예를 들어 시장 상황이라든지, 특정 기술에 대한 사전 지식이라든지, 경쟁사나 제품에 대한 지식이라든지….

이 정도 준비가 되었다면 이런 정보를 미리 미팅에 들고 들어갈 노트나 노트북에 정리해두시기 바랍니다.

자, 그럼 미팅 준비 끝? 네, 뭐 대충 이 정도면 어느 정도 미팅 준비는 끝난 거죠. ^^

하지만 이 밖에도 만약 내가 어떤 의견을 내놓고 설득을 해야 할 입장이라면, 미리 미팅에 참가할 사람들 중 나와 협조적인 사람을 만나 이런 의견을 설명하고, 추후 미팅 시 도움이 되는 발언을 부탁하는 것도 좋은 방법입니다. 보통 회의 시에 갑자기 의견을 내게 되면 동의하는 사람들은 침묵하고, 반대하는 사람들만 목소리를 높이는 경우가 있습니다. 따라서 이럴 때에는 미리 사전에 협조를 부탁해 놓는 게 필요할 수 있답니다.

또 미팅 장소나 시간을 미리 인지하고, 자신의 캘린더나 아웃룩에 입력해서 미팅에 늦지 않도록 하는 것 역시 중요합니다.

그리고 보면 매일 하는 미팅인데도 준비할 게 정말 많죠? 이런 거 다 하려면 머리 아프겠죠? ㅎㅎ 하지만 뭐든 버릇들이기 나름이랍니다.

누가 그러더라고요. 무슨 일이든 15번만 반복하면 버릇이 된다고. 그런데 그게 안 되는 사람은 100번을 더 반복하면 된다고 하더라구요. ㅎㅎ

역시 계속 하는 것만큼 중요한 건 없겠죠? ㅎㅎ

첨엔 어색하고 시간도 많이 걸리겠지만 거북이처럼 느리더라도 계속 반복하고 반복한다면… 언젠간 그게 자신의 습관이 되고, 미팅에서 달라진 자신의 모습을 느끼게 되고, 다른 사람 역시 달라진 모습의 여러분을 느끼게 될 겁니다.

가끔 후배님들과 이야길 하다 보면 많은 분들이 기술을 배우고 자격증을 하나라도 더 만드는 게 가장 중요한 일이라고 생각하시고 계시지만, 막상 회사를 다니다 보면 그 외에도 우리가 모르는 중요한 것들이 참 많답니다. ^^

제 이야기 너무 머리 아프다고 생각하지 마시고 오늘부터라도 미팅에 들어갈 때 '뭔가 하나 준비하고 들어가겠다.', '뭔가 하나 얻어서 나오겠다.' 이렇게만이라도 생각하신다면 분명 달라진 스스로를 발견하게 되실 겁니다.

우리 후배님들이 하루하루 발전하는 모습을 기대하며….

안녕~~~

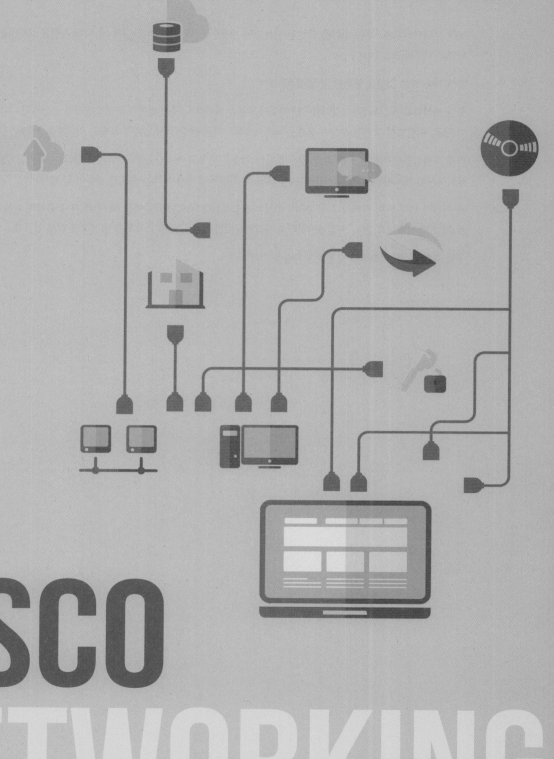

CISCO
NETWORKING

PART

09

라우터,
그 속으로 전진!

01 SECTION

네트워크 접근 제어 액세스 리스트(Access List)

여기에서는 우리가 라우터를 할 때 꼭 알아두어야 하는, 그러나 왜 그런지 부담스럽고 조금은 어려운 듯한, 그러나 알고 보면 별로 안 어려운 '액세스 리스트(Access List)'라는 명령에 대해서 알아보기로 하겠습니다.

그럼 액세스 리스트란 무엇을 뜻할까요?

요즘 이 사람 리스트다, 저 사람 리스트다 하고 떠들어 대니까 혹시 액세스 리스트도 액세스란 사람이 뭔가를 정리해 놓은 리스트 아닐까 생각하는 분이 있을지도 모르겠네요.

하지만 액세스 리스트는 그런 유행하는 리스트가 아니라 한마디로 말해서 네트워크에 액세스, 즉 접근을 하게 해줄까, 말까를 미리 정해놓은 리스트라고 생각하면 됩니다. 즉 어떤 녀석에게는 어디만 보여주고, 또 어떤 녀석에게는 어디만 쓰게 해야겠다 하고 정해 놓은 표를 의미합니다.

이러한 액세스 리스트는 주로 보안을 위해서 사용되고 있습니다. 요즘 들어서는 그 중요성을 모두 인식하는 추세여서 점점 많이 사용되고 있습니다. 물론 라우터에 세팅이 됩니다. 그러니까 당연히 라우터가 볼 수 있는 한계, 즉 네트워크 계층까지만 관리가 되겠죠? 하지만 요즘은 라우터도 네트워크 계층만 보는 것이 아니라 애플리케이션 계층까지 관리하는 여러 가지 기능이 나와있기 때문에 꼭 네트워크 계층까지만이라고 단정할 수는 없습니다. 그냥 일반적으로는 그렇다는 겁니다.

어떤 분들은 라우터의 액세스 리스트가 있는데, 왜 파이어월(방화벽) 같은 보안 장비를 따로 두는지 궁금해 합니다.

정확히 말하자면 우리가 배울 라우터의 액세스 리스트는 모든 침입자를 완벽하게 막아낼 수는 없습니다. 또 관리 자체도 쉽지가 않습니다. 즉 피지컬 계층에서 애플리케이션 계층까지를 완벽하게 막아줄 수 있고 많은 보안 기능을 가지고 있는 전문 보안 서버가 필요하게 된 겁니다.

그런데 요즘은 라우터에도 이러한 파이어월용 소프트웨어를 같이 넣어서 운용할 수 있으니까 혹시 라우터만 가지고 계신 분은 한번 알아보셔도 좋을 것 같습니다.

액세스 리스트는 앞으로 라우터의 실제 구성할 때뿐만 아니라 여러 가지 자격 시험에서도 빈번히 출제되는 문제이기도 합니다. 혹시 시스코 자격증을 준비하는 분이라면 이번 기회에 꼭 이해해 두기 바랍니다.

자, 그럼 액세스 리스트를 시작합니다.

액세스 리스트는 앞에서 말씀드린 대로 라우터의 문지기라고 생각하면 쉽습니다. 이런 액세스 리스트도 종류가 있습니다. 크게 두 가지라고 볼 수 있는데, 첫 번째가 스탠더드 액세스 리스트 (Standard Access List), 말 그대로 조금은 일반적인, 약간 쉽다는 뜻입니다. 단순한 액세스 리스트입니다.

두 번째가 익스텐디드 액세스 리스트(Extended Access List)인데, 이것은 조금 복잡한 액세스 리스트입니다. 그리고 다이내믹 액세스 리스트(Dynamic Access List)라고 또 하나가 있는데, 이것은 자주 쓰이지는 않지만 가끔 시험에 나오곤 합니다. 이것은 유저 네임(User Name)과 패스워드에 따라 통제가 가능한 액세스 리스트입니다.

여기에서는 스탠더드 액세스 리스트(Standard Access List)와 익스텐디드 액세스 리스트 (Extended Access List)까지만 알아보도록 하겠습니다.

TIP

스탠더드 액세스 리스트는 출발지 주소를 가지로 통과 여부를 결정합니다.

자, 스탠더드 액세스 리스트의 가장 큰 특징은 출입 통제를 할 때 출발지 주소만 참고한다는 겁니다. 즉 스탠더드 액세스 리스트는 출발지 주소만 가지고 제어를 합니다. 이것이 어디서 왔는가를 본 다음, 통과 여부를 결정하는 것입니다.

하지만 익스텐디드 액세스 리스트는 출발지도 보고, 목적지도 보고, 또 프로토콜도 보고, 사용 포트 번호도 보고 아무튼 온갖 것을 다 본 다음에 통과 여부를 결정합니다.

라우터 액세스 리스트를 많이 해본 사람들도 스탠더드 액세스 리스트를 세팅할 때 출발지 주소를 보는지, 목적지 주소를 보는지 혼동한다거나, 아니면 익스텐디드 액세스 리스트를 세팅할 때 출발지가 먼저 오는지, 목적지가 먼저 오는지를 가지고 혼동할 때가 있는데, 여러분은 잘 기억해 두기 바랍니다. 그리고 또 하나 알아두셔야 할 것 한 가지! 이것은 시험에 나오니까 혹시 자격증 공부하는 분은 꼭 알아두기 바랍니다.

만약 액세스 리스트에 걸려서 못 들어가는 경우 라우터에 어떤 메시지가 나타날까요? 그건 'Host Unreachable'이란 말이 나온다는 겁니다. 나중에도 설명할 기회가 있겠지만 일단은 답이라도 알아두는 것이 좋습니다.

≫ 알고 갑시다!

라우터에서 네트워크에 대한 보안을 위해 사용하는 것이 바로 액세스 리스트라는 것인데, 액세스 리스트에는 스탠더드 액세스 리스트와 익스텐디드 액세스 리스트가 있다(다이내믹 액세스 리스트도 있지만 여기에서는 일단 생략). 스탠더드 액세스 리스트는 무조건 출발지 주소만 보고 결정을 하고, 익스텐디드 액세스 리스트는 있는 조건은 다 따진다.

후·니·의 1분 정보

빠름 빠름 빠름 IV

가볍게 보려고 열어본 1분 정보가 좀 어려웠다고 생각하는 분들 있으셨죠? ^^

SLC가 어떻고, MLC가 어떻고, TLC가 어떻고…. 그래서 아마 어떤 분들은 대충 읽고 지나갔을 겁니다. 이거 어차피 시험에도 안 나오니까 몰라도 돼. 그거 플래시 메모리 방식마다 몇 번까지 쓸 수 있는지가 뭐가 중요해? 그런데 우리 일상에도 플래시 메모리는 자주 쓰이고 있답니다.

예를 들어볼까요? 요즘 웬만한 차에는 하나씩 다 달려있다는 블랙박스!!

거기 들어가는 메모리 카드가 바로 플래시 메모리입니다. ^^ 아시는 것처럼 블랙박스는 상시녹화 모드겠죠? 그래서 메모리가 다 찰 때까지 녹화하고, 다 차면 지우고 또 쓰는 방식입니다. 보통 16G짜리 플래시로 4시간 정도 녹화가 가능하니까 하루에 6번을 썼다 지웠다 하겠죠? 특히 블랙박스에 들어가는 메모리가 이렇게 썼다 지웠다를 자주 하는 구조랍니다. (물론 이건 일반 영상을 지운다는 의미이고, 충격 영상 같은 내용은 좀 더 오래 보관한다고 하네요…. 어째 점점 이야기가 산으로…. ^^)

이쯤 되면 지난 시간에 배운 메모리 방식에 따른 수명을 다시 찾아보시겠죠? 만약 여러분이 사용하는 블랙박스 안에 들어간 플래시 메모리가 TLC(Triple Level Cell)라면 최대 1,000번의 쓰기가 가능하다고 했으니까 하루 6번, 100일이면 600번… 200일도 안 되어 메모리가 망가질 수 있습니다. (물론 메모리에 따라 달라질 수 있으니 꼭 이렇다는 건 아닙니다. ㅎㅎ)

이때 8G짜리였다면 하루에도 12번을 지웠다 썼다 해야 하니까 수명은 더 줄어들겠죠? 두 달 쓰면 망가지는 겁니다.

그래서 대부분의 블랙박스용 메모리는 MLC(Multiple Level Cell) 방식을 씁니다. MLC 방식의 경우 보통 1.5~3년 정도 쓸 수 있다고 하네요. 물론 플래시 메모리를 데이터 저장용으로 쓸 경우엔 자주 지웠다 썼다 할 일이 없으니까 걱정 안 해도 되지만 블랙박스처럼 자주 썼다 지워야 할 경우엔 싸다고 TLC 방식을 사지 마시고, 꼭 MLC 방식을 확인해주시기 바랍니다.

어떻게 확인하냐구요? ^^ 오른쪽 사진 보이시죠?

메모리 살 때 꼭 확인하세요 ~~

자, 그럼 지금 바로 차로 달려가서 내 메모리 한번 확인해보셔야겠죠? ㅎㅎ

이번 시간은 여기까지…. ^^

액세스 리스트에서 이것만 알면 다 안다!

SECTION 02

이번에는 액세스 리스트에서 가장 중요한, 즉 액세스 리스트의 노른자를 배워보도록 하겠습니다. 사람들이 액세스 리스트를 하면서 어렵다고 하는 이유도, 그리고 액세스 리스트에서 자꾸 에러가 걸리는 이유도 사실은 이 규칙을 완전하게 이해하고 있지 못하기 때문입니다.

또 알고 있다고 하더라도 잊어버리기 쉬우므로, 이번에 정말 완벽하게 이 규칙을 자신의 것으로 만들기를 바랍니다.

액세스 리스트에서 가장 중요한, 잊어버리면 안 되는 4가지 규칙을 이제부터 하나하나 알아보기로 하겠습니다.

❶ 액세스 리스트는 윗줄부터 하나씩 차례로 수행된다.

만약 4개의 액세스 리스트가 있다면 맨 윗줄이 수행되고 그 다음 줄로 내려온다는 겁니다.

별거 아닌 것 같지만 중요합니다. 앞으로 예를 들어 설명을 드리겠습니다. 아무튼 지금은 그냥 외우세요. "윗줄부터 아래로 차례차례!"

❷ 액세스 리스트의 맨 마지막 line에 'permit any'를 넣지 않을 경우는 default로, 어느 액세스 리스트와도 match되지 않은 나머지 모든 address는 deny된다.

액세스 리스트는 맨 마지막 줄에는 항상 모든 것을 막아버리는 deny all이 들어있다고 생각하고 있습니다. 그러니까 어떤 액세스 리스트의 항목에도 해당하지 않는 주소가 있다면, 그 주소는 맨 마지막 줄까지 내려온 후 deny all에 걸려서 모두 막혀버리는 겁니다.

따라서 2번 규칙을 까먹고 액세스 리스트를 구성하는 경우는 막고 싶지 않은 것들도 실수로 모두 막혀버리는 아주 불행한 사태가 발생하는 겁니다. 조심, 조심, 또 조심하셔야 합니다.

❸ 액세스 리스트의 새로운 line은 항상 맨 마지막으로 추가되므로 access-list line의 선택적 추가 (selective add)나 제거(remove)가 불가능하다.

예를 한번 들어 볼까요? 지금 여러분은 어렵게 배운 라우터의 액세스 리스트를 만들어 나가고 있습니다. 여러분이 있는 곳은 라우터의 구성 모드입니다.

```
Router(config)#access-list 105 permit tcp any host 201.222.11.7 eq domain
Router(config)#access-list 105 permit tcp any host 201.222.11.7 eq ftp
Router(config)#access-list 105 permit tcp any host 201.222.11.7 eq ftp-data
Router(config)#access-list 105 permit tcp any host 201.222.11.7 eq smtp
Router(config)#^Z
Router#
00:54:11: %SYS-5-CONFIG_I: Configured from console by console
Router#
```

아직 여기 있는 액세스 리스트가 무엇을 의미하는지는 모르셔도 됩니다. 대충 익스텐디드 액세
스 리스트(Extended Access List)가 이렇게 생겼구나라고만 알아두기 바랍니다.

자, 여기 보이는 것처럼 열심히 어려운 액세스 리스트를 구성했습니다. 그런데 모든 구성을 마
치고 나와서 가만히 생각해보니까 액세스 리스트의 명령어 중 위에서 두 번째가 잘못된 거였습
니다. 즉 IP 주소가 201.222.11.7이어야 하는데 그만 205.222.11.7로 잘못 입력하게 된 겁니다.
그럼 고쳐야겠죠? 그래서 다시 구성 모드로 들어갔습니다. 명령어를 지울 때는 명령어 앞에 no
를 붙이면 된다고 했으니까 이렇게 먼저 잘못 내린 명령을 no를 이용해서 지운 다음에 다시 제
대로 된 명령어를 입력했습니다.

```
Router#
Router#configure terminal
Enter configuration commands, one per line. End with CNTL/Z.
Router(config)#no access-list 105 permit tcp any host 205.222.11.7 eq ftp
Router(config)# access-list 105 permit tcp any host 201.222.11.7 eq ftp
Router(config)#^Z
Router#
00:54:11: %SYS-5-CONFIG_I: Configured from console by console
Router#
```

대부분의 경우 구성을 변경할 때는 이런 방식을 사용하는 것이 맞습니다. 그러나 액세스 리스트
에서 이런 방식을 사용하게 되면 그동안에 입력되었던 나머지 모든 액세스 리스트는 지워지게
됩니다. 이렇게 하고 나서 show running-config를 보게 되면,

```
Router#show run
!
생략…
!
access-list 105 permit tcp any host 201.222.11.7 eq 42
!
```

TIP

액세스 리스트 작업 시에는 메모장(Notepad) 등을 열어 그곳에서 작업하는 것이 좋습니다.

위에서처럼 맨 마지막에 입력한 한 줄의 액세스 리스트만 남게 됩니다. 그러니 항상 주의하셔야 합니다. 절대 잊지 마세요. 아주 큰 낭패를 볼 수도 있습니다.

❹ interface에 대한 액세스 리스트가 정의(define)되어 있지 않은 경우(즉 interface에 accessgroup 명령이 들어있지 않은 경우) 결과는 permit any가 된다.

액세스 리스트가 정의되어 있지 않은 인터페이스는 액세스 리스트를 거치지 않고 바로 통과되기 때문에 당연히 permit any가 되는 겁니다.

이것을 2번 규칙과 혼돈하면 안 됩니다. 2번은 액세스 리스트는 정의되었지만, 자기가 속할 액세스 리스트가 없는 것이고, 4번은 아예 자기 네트워크에는 액세스 리스트도 정의되어 있지 않은 경우이기 때문입니다.

어때요? 조금 어렵죠?

하지만 앞으로 시스코 라우터를 다룰 계획이 있으신 분이라면 절대로 잊어버려서는 안 되는 내용이기도 합니다.

네? 저는 외우고 있냐구요?

아뇨. 저도 잘 못 외우는 편입니다. 저처럼 도저히 외워지지 않는 분은 이 규칙을 메모해 두기 바랍니다. 그리고 생각날 때마다 찾아서 사용하면 됩니다.

》》 알고 갑시다!

액세스 리스트를 움직이는 4가지 규칙이 있는데, 첫 번째는 윗줄부터 아래로 차례로 수행된다는 것, 두 번째는 액세스 리스트의 맨 마지막에는 deny all이 생략되어 있다는 것, 세 번째는 액세스 리스트에서 중간에 있는 액세스 리스트를 지우려고 하면 모든 액세스 리스트가 다 지워진다는 것, 네 번째는 인터페이스에 액세스 리스트 명령이 없으면 그건 permit all이라는 것이다.

4가지의 액세스 리스트 규칙은 액세스 리스트 사용 시에 아주 중요한 거니까 모두 외워야 하고 못 외우면 잘 보이는 곳에 메모해 두세요!

네트워크의 혼잡, 컨제션에 대한 이야기

오늘은 혼잡에 대해서 좀 알아보도록 하겠습니다.

보통은 Congestion('컨제션'이라고 하죠.)이라고 이야기하는데, 이것이 바로 네트워크에서 가장 조심해야 할 것 중의 하나입니다.

자, 그럼 컨제션, 즉 혼잡이란 무엇일까요?

말 그대로 네트워크에서 혼잡이 발생하는 겁니다. 도로에서 길이 꽉 막히는 것처럼 말입니다. 그런 혼잡이 왜 생기냐구요? 그것은 아마도 도로에서 차가 길에 꽉 막히는 이유와 똑같을 겁니다.

그러니까 도로의 용량보다 차가 갑자기 많이 밀릴 때 도로의 혼잡이 발생하는 것처럼 네트워크에서도 네트워크의 전체 대역폭(Bandwidth라고 하죠.)보다 그 네트워크를 지나는 데이터가 많이 몰리게 되면 바로 컨제션이 발생합니다. 사실 네트워크상에서 컨제션은 발생할 수밖에 없는 필연적인 것인지도 모릅니다. 마치 도로에서도 출퇴근 시간에는 길이 막히는 것처럼 말입니다.

네트워크상에서는 'Bursty(버스트) 트래픽'이라고 하는 것이 있는데, 이것이 무엇인고 하니 데이터가 갑자기 폭주하는 것을 말합니다.

그러다가 한순간에는 데이터가 거의 없다가 또 갑자기 많이 들어오다가 하는 겁니다. 이런 버스트 트래픽 때문에 당연히 컨제션이 발생합니다. 문제는 상습적인 컨제션이 발생하는 것입니다. 네트워크상에서 계속, 언제나, 항상, 늘 컨제션이 발생하면 그것이 문제가 되는 겁니다.

아무튼 이렇게 네트워크상에서 발생하는 컨제션은 어떻게든 해결을 해줘야 하는데, 이것이 바로 '컨제션 매니지먼트'라고 합니다.

그럼 어떻게 이런 네트워크상의 컨제션을 해결해 주는지를 한번 알아보도록 하겠습니다. 위에서 말씀드린 대로 네트워크상에서 분명히 발생하는 혼잡은 관리만 제대로 해주면 어느 정도 방지할 수가 있습니다. 물론 완전하게 혼잡을 막으려면 돈을 많이 들여서 대역폭을 높이면 되겠죠?

이때 네트워크 관리를 하는 여러분은 어떤 식으로 이 문제를 조금이라도 해결할 수 있을까요? 그게 바로 혼잡 제어입니다. 여기에서는 이런 혼잡을 제어하기 위한 방법을 하나씩 알아보기로 하겠습니다.

첫 번째는 사용자와 애플리케이션에 대한 필터링을 하는 겁니다.

즉 모든 사용자와 모든 애플리케이션을 다 통과시키면 네트워크의 트래픽이 너무 증가하니까 골라서 통과시키는 겁니다. 그럼 불필요한 것들은 아예 네트워크에 들어올 수 없게 되는 겁니다. 이렇게 불필요한 것들을 막아내기 위해서는 액세스 리스트란 것이 사용됩니다.

두 번째는 브로드캐스트를 막아주는 겁니다.

말씀드린 대로 브로드캐스트는 꼭 필요하면서도 네트워크에 트래픽을 너무 많이 가중시키기 때문에 불필요한 부분에서는 이것을 막아주는 게 중요합니다. 하지만 아주 잘 막아야겠죠? 아무거나 막았다가는 아주 예상치 못한 결과를 얻을 수도 있기 때문입니다.

예를 들어 라우팅 업데이트 같은 정보도 브로드캐스트가 있는데, 이것을 막았을 때는 라우터는 경로가 끊어졌다고 생각하게 됩니다. 실제는 살아있는데도 말입니다.

세 번째는 타이머를 맞추는 겁니다.

즉 일정 시간마다 한 번씩 일어나는 일을 제대로 조정해줌으로써(시간 간격을 늘인다든지) 네트워크의 트래픽을 줄이는 겁니다.

이때 일정 시간마다 일어나는 대부분의 일은 브로드캐스트입니다.

네 번째는 라우팅 테이블의 관리입니다.

라우팅 정보의 교환 역시 트래픽을 발생시킵니다. 따라서 요녀석들 일부를 스태틱으로 조정해주면 트래픽이 줄어들게 되는 거죠.

마지막은 트래픽의 우선순위를 매기는 겁니다.

그래서 중요한 트래픽은 우선 처리해주고 느려도 되는 트래픽은 뒤로 빼는 겁니다. 그렇다고 네트워크 관리자 트래픽에만 우선순위를 높게 매기면 안 되겠죠? 아무튼 이렇게 많은 기법이 혼잡 관리를 위해 필요합니다.

이런 기법을 제대로 할 줄 아는 사람을 네트워크 고수라고 하죠. 역시 결코 쉬운 일은 아닐 겁니다. 여러분도 이제부터는 시간날 때마다 이런 부분에 관심을 가져보기 바랍니다.

03
SECTION

스탠더드 액세스 리스트의 시작

이제부터는 슬슬 스탠더드 액세스 리스트에 대해서 알아보도록 하겠습니다. 액세스 리스트의 적용은 무엇보다도 개념의 이해가 중요합니다. 개념만 이해하고 나면 액세스 리스트를 적용하는 것이 별게 아니라는 것을 아실 수 있을 겁니다. 전에도 말씀드렸지만 액세스 리스트가 어렵다고 하는 건 기본적인 개념을 제대로 이해하고 있지 못하기 때문일 거라고 생각합니다.

자, 그럼 우린 그림을 보면서 스탠더드 액세스 리스트의 개념을 이해해 보겠습니다.

Inbound Access List

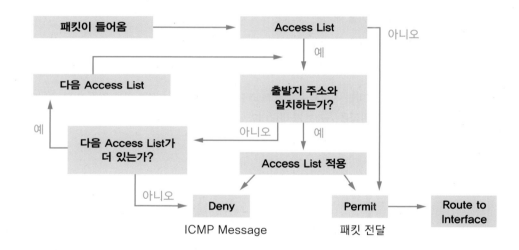

| 그림 9-1 |
스탠더드 액세스 리스트
– Inbound

[그림 9-1]은 라우터 인터페이스의 Inbound쪽에 액세스 리스트가 설정되었을 때를 보여줍니다. 나중에 구성에서 배우겠지만 액세스 리스트는 인터페이스에 IN과 OUT으로 구성될 수 있는데, 여기에서는 액세스 리스트를 IN에 걸었을 경우입니다.

맨 처음 라우터의 인터페이스로 패킷이 들어오면 라우터는 이 인터페이스에 액세스 리스트가 설정되어 있는지를 먼저 확인합니다. 만약 이 인터페이스에 액세스 리스트가 설정되어 있지 않다면 바로 통과입니다. 즉 패킷을 정해진 경로로 내보내면 됩니다.

그러나 이 인터페이스에 액세스 리스트가 걸려있다면 그 액세스 리스트에 있는 주소와 들어온 패킷의 출발지 주소를 비교해 보게 됩니다. 왜 그런지는 아시죠? 스탠더드 액세스 리스트의 경우는 출발지 주소, 즉 Source Address를 가지고 액세스 리스트를 만든다는 것을 설명드렸습니다. 만약 액세스 리스트에 정의된 주소와 패킷의 출발지 주소가 일치하면 그 액세스 리스트를 수행하는 겁니다. 이때 액세스 리스트의 조건이 Deny이면 패킷의 흐름을 막은 후 'host unreachable'이라는 ICMP 메시지를 뿌려주고, 액세스 리스트의 조건이 Permit이라면 패킷을 정해진 경로로 내보냅니다.

Outbound Access List

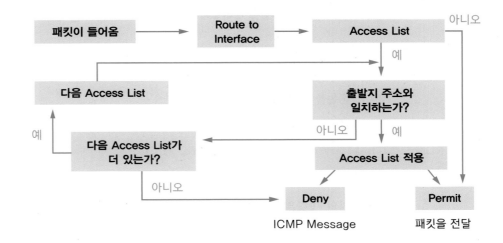

| 그림 9-2 |
스탠더드 액세스 리스트
– Outbound

자, 그럼 지금부터는 스탠더드 액세스 리스트를 본격적으로 구성에 적용해 보도록 하겠습니다. 스탠더드 액세스 리스트는 전에도 말씀드린 대로 출발지 주소만 가지고 통과 여부를 결정한다고 했습니다.

그럼 명령어의 형식을 한번 알아볼까요? 2가지 명령이 있습니다.

```
Router(config)#access-list access-list-number {permit | deny} {source [source-wildcard]}| any }
```

일단 여기서 액세스 리스트는 일반 구성 모드(Router(config)#)에서 내리는 명령이라는 것을 알 수 있습니다.

형식은 맨 앞에 access-list라고 쓰고, 그 다음에 액세스 리스트 번호(access-list number)를 넣어줍니다.

이때 번호는 1에서 99 사이의 숫자를 사용합니다. (1~99까지의 이 숫자는 중요합니다. 이렇게 액세스 리스트는 종류에 따라서 access-list 번호가 정해져 있습니다. 시험에는 꼭 하나씩 나오고 있습니다.)

그 다음이 통과시킬 것인가, 말 것인가를 결정하는 permit과 deny 결정입니다.

그 뒤에는 출발지 주소 또는 출발지 네트워크를 넣습니다. 그리고 그 뒤는 와일드카드 마스크(wildcard mask)가 따라 나옵니다. (와일드카드 마스크는 따로 알아보는 시간을 갖겠습니다.) 여기서 출발지 주소 뒤에 오는 와일드카드 마스크는 생략이 가능하지만, 만약 생략했다면 그것은 와일드카드 마스크가 0.0.0.0인 경우입니다.

만약 출발지 주소를 적어넣지 않고 any라고 하면 모든 주소가 포함됩니다.

이렇게 액세스 리스트 명령을 입력하고 나면 이제는 이 액세스 리스트를 어떤 인터페이스에 적용할까를 결정해야 합니다. 이것 또한 중요한 작업입니다. 대부분의 경우 인터페이스 적용에 혼돈을 많이 하곤 합니다. 한번 볼까요?

```
Router(config-if)# ip access-group access-list-number {in |out}
```

위의 명령은 각 인터페이스에 내리는 명령입니다. 따라서 프롬프트가 인터페이스 구성 모드(Router(config-if)#)임을 알 수 있습니다. 즉 내가 만약 액세스 리스트를 이더넷 인터페이스 0에 적용하고 싶다면 Router(config)#int e 0 명령을 먼저 입력해서 프롬프트를 Router(config-if)#으로 바꾸어주어야 합니다.

그 뒤에 나오는 access-list-number는 우리가 앞에서 액세스 리스트에 부여했던 번호와 동일한 번호를 써줌으로써 액세스 리스트 명령을 인터페이스에 연결해 주는 기능을 합니다.

그 뒤에 나오는 in, out은 액세스 리스트를 인터페이스의 들어오는 쪽(in)에 부여할 것인가, 나오는 쪽(out)에 부여할 것인가를 결정합니다. (아까 그림에서 In과 Out에 대한 것 다 이해하셨죠?) 만약 이 값이 생략되었다면 그것은 out을 뜻합니다. 즉 out이 디폴트가 되는 것입니다. in과 out은 실제 적용에서 혼동하는 경우가 많습니다. 여기서 그림을 한번 알아보도록 하겠습니다.

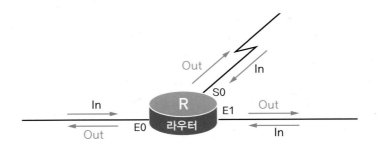

| 그림 9-3 |
액세스 리스트에서 In과 Out

 TIP

액세스 리스트를 지정한 후 핑을 이용해서 접속 여부를 테스트할 때는 반드시 확장형 핑을 사용하셔야 합니다.

그림에서 보는 바와 같이 In은 현재 인터페이스쪽에서 라우터로 들어오는 것을 말합니다. 그리고 Out은 라우터에서 해당 인터페이스쪽으로 나가는 것을 의미합니다. 간단하게 생각되겠지만 실제 상황에서나 시험에서는 많이 혼동되니까 직접 라우터에 화살표를 그려넣으면서 구성하면 좋습니다.

이 두 가지 명령만 넣어주면 스탠더드 액세스 리스트는 모두 끝나는 것입니다.

네트워크 플러스⁺

와일드카드 마스크에 대해서 알아봅시다

스탠더드 액세스 리스트를 잠깐 뒤로 하고 아까 나왔던 말 중에서 '와일드카드 마스크'라는 말을 한번 알아보고 넘어가겠습니다.

와일드카드 마스크란 도대체 뭘 하는 녀석일까요?

이것은 주로 OSPF 라우팅 프로토콜을 사용할 때나, 아니면 지금처럼 액세스 리스트를 사용하는 경우에 사용되는 일종의 마스크입니다.

우리가 아는 마스크인 서브넷 마스크(Subnet Mask)와는 같은 마스크 가문의 자손으로, 태생은 비슷하지만 성격은 정반대라서 이녀석은 서브넷 마스크가 무엇을 하면 무조건 반대로만 하는 아주 청개구리 같은 녀석입니다.

자, 그럼 와일드카드 마스크란 녀석을 알아볼까요? 다음의 액세스 리스트를 가지고 설명을 드리겠습니다.

```
access-list 2 deny 36.48.0.0 0.0.255.255
```

위의 명령은 36.48.0.0 네트워크에서 출발한 모든 녀석은 다 막아버리겠다는 스탠더드 액세스 리스트의 예입니다.

그렇다면 여기서 여러분은 의문을 가질 겁니다. 만약 36.48.0.0 네트워크를 나타낸다면 뒤에는 255.255.0.0이 따라와야 하는데, 왜 0.0.255.255가 왔느냐 하는 겁니다.

그것은 액세스 리스트에서는 네트워크 번호 뒤에 와일드카드 마스크가 따라오기 때문입니다.

그런데 와일드카드 마스크는 서브넷 마스크를 이진수로 풀었을 때 0으로 된 부분은 모두 1로, 또 1로 된 부분은 모두 0으로 바꾸는 성질을 가지고 있습니다. 따라서 255.255.0.0 서브넷 마스크를 와일드카드 마스크로 바꾸면 0.0.255.255가 되는 겁니다. 즉 다음과 같습니다.

```
255.255.0.0     = 1111 1111.1111 1111.0000 0000.0000 0000
0.0.255.255     = 0000 0000.0000 0000.1111 1111.1111 1111
```

이해가시죠?

그럼 하나 더 해볼까요? 만약 255.255.255.252 서브넷 마스크가 있다면 이 네트워크를 표시할 때 와일드카드 마스크로는 어떻게 표시해야 할까요?

```
255.255.255.252 = 1111 1111.1111 1111.1111 1111.1111 1100
0.0.0.3         = 0000 0000.0000 0000.0000 0000.0000 0011
```

이런 와일드카드 마스크는 아까 말씀드린 대로 OSPF에서도 사용되고 액세스 리스트에서도 사용됩니다. 그러니까 당연히 알아두어야 합니다. 그것도 확실히 말입니다.

자, 그런 의미에서 한 문제만 더 풀어 볼까요? 만약 201.100.10.0 255.255.255.248 네트워크를 지정하기 위해서 와일드카드 마스크를 사용한다면 어떻게 될까요?

이번에는 조금 다른 식으로 풀어볼까요?

일단 이진수로 풀어봤을 때 255는 모두 1이니까 와일드카드 마스크에서는 모두 0, 즉 0이 될 겁니다. 그러니까 이제 255가 있는 부분은 쉽게 0이 되는구나 하고 생각하면 됩니다.

따라서 우리는 맨 마지막 248만 주의깊게 보면 됩니다.

248 = 1111 1000입니다. 따라서 와일드카드 마스크는
= 0000 0111이 되어 7이 되는 겁니다.

즉 201.100.10.0 255.255.255.248 네트워크를 OSPF나 액세스 리스트에서 나타낼 때는 201.100.10.0 0.0.0.7로 나타납니다.

>> 알고 갑시다!

와일드카드 마스크는 서브넷 마스크랑 같은 집안이긴 한데, 서로 사이가 안 좋아서 무조건 반대로만 한다. 그런데 이런 와일드카드 마스크는 OSPF 하고 액세스 리스트에서 사용된다.

스탠더드 액세스 리스트의 예제

이번에는 실제 예제를 통해서 스탠더드 액세스 리스트를 라우터에 직접 구성해 보도록 하겠습니다.

스탠더드 액세스 리스트는 이전 시간에도 말씀드렸지만 출발지 주소를 가지고 제어하니까 출발지 주소가 어디인지를 알아두는 것이 중요합니다. 또 하나는 맨 마지막에는 항상 deny any가 생략된다고 했으니까 그 부분을 주의해서 구성해야 합니다.

또 한 가지 주의해야 하는 것은 액세스 리스트는 순서대로 수행된다는 것입니다.

그림에서 우리는 라우터 A에 스탠더드 액세스 리스트를 적용하려고 합니다. 이 액세스 리스트를 가지고 PC A에 대한 접근을 제어하려고 합니다.

먼저 액세스 리스트를 어떤 인터페이스에 걸어야 하는지를 생각해 보겠습니다. PC A가 이더넷 0쪽에 있으니까 만약 우리가 액세스 리스트를 이더넷 0 인터페이스에 적용한다면 IN일까요, 아니면 OUT일까요?

답은 OUT입니다. 즉 라우터에서 이더넷 0쪽으로 나가는 방향이 됩니다. 그림을 보시면 이해가 될 겁니다.

이더넷 0이 아니고 시리얼 0과 이더넷 1쪽에 각각 부여할 수도 있습니다. 그럴 경우에는 방향은 IN이 됩니다. 이해가시죠?

자, 그림을 보고 설명을 드리겠습니다.

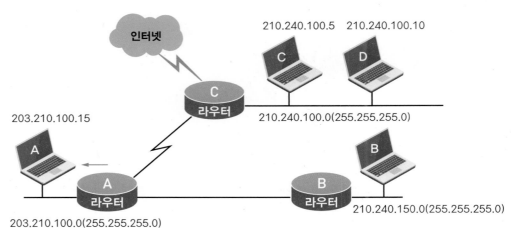

210.240.100.5 210.240.100.10

인터넷

C
라우터

210.240.100.0(255.255.255.0)

203.210.100.15

A
라우터

B
라우터

210.240.150.0(255.255.255.0)

|그림 9-4|
스탠더드 액세스 리스트의 적용

203.210.100.0(255.255.255.0)

우리는 PC A에 접속할 대상을 다음과 같이 규정하려고 합니다. 즉

- PC C를 제외한 210.240.100.0 네트워크의 모든 PC는 PC A를 접속할 수 있다.
- 210.240.150.0 네트워크에서는 PC B를 포함해서 나머지 모든 PC들이 PC A를 접속할 수 있다.
- 인터넷의 모든 PC는 PC A를 접속할 수 없다.

자, 그럼 시작합니다.

```
Router#config terminal
Enter configuration commands, one per line. End with CNTL/Z.
Router(config)#access-list 2 deny 210.240.100.5
Router(config)#access-list 2 permit 210.240.100.0 0.0.0.255
Router(config)#access-list 2 permit 210.240.150.0 0.0.0.255
Router(config)#
Router(config)#int e 0
Router(config-if)#ip access-group 2 out
Router(config-if)# ^Z
Router#
00:54:11: %SYS-5-CONFIG_I: Configured from console by console
Router#
```

첫 번째 액세스 리스트에서 액세스 리스트 번호는 2를 사용했습니다. 스탠더드 액세스 리스트의 경우 1에서 99 사이의 숫자를 사용하는 규칙이 있기 때문에 그 사이에 있는 2를 사용한 것입니다.

```
access-list 2 deny 210.240.100.5
```

이것은 210.240.100.5라는 PC를 deny한 것입니다. 이때 뒤에 와일드카드 마스크가 생략되었습니다.

만약 와일드카드 마스크가 생략되었다면 그건 0.0.0.0을 의미합니다. 이때 0.0.0.0은 호스트 그 자체를 가리킵니다. 즉 주소가 210.240.100.5라는 것 하나뿐이라는 것입니다. 따라서 이 명령에 의해서 PC C는 접근이 막혀버렸습니다.

그 다음 명령을 보겠습니다.

```
access-list 2 permit 210.240.100.0 0.0.0.255
```

이번에는 210.240.100.0 0.0.0.255를 permit했습니다. 즉 와일드카드 마스크를 서브넷 마스크로 바꾸어보면 0.0.0.255는 255.255.255.0이니까 210.240.100.0 255.255.255.0 네트워크에 있는 모든 것들은 permit, 즉 접근을 해도 된다는 것입니다.

그런데 이때 질문이 하나 있을 수 있습니다. 즉 PC C의 경우 210.240.100.5가 주소이기 때문에 분명히 210.240.100.0 네트워크 안에 포함됩니다. 그렇다면 PC C도 permit이 될까요?

답은 '아니오'입니다.

즉 PC C의 경우는 맨 첫 번째 액세스 리스트에 의해서 이미 deny가 되었습니다. 따라서 그 다음 줄에 아무리 모든 210.240.100.0 네트워크에 대한 permit이 있어도 PC C는 deny가 되는 겁니다. 이것이 바로 액세스 리스트의 규칙 1번 모든 액세스 리스트는 위에서 아래로 차례차례 수행된다는 규칙에 따른 것입니다.

그 다음 나오는 액세스 리스트는 간단합니다. 즉 다음은 210.240.150.0 네트워크를 모두 permit한다는 의미입니다.

```
access-list 2 permit 210.240.150.0 0.0.0.255
```

따라서 PC B를 포함한 210.240.150.0 네트워크의 모든 PC들은 PC A로의 접속이 가능합니다.

자, 이제 더 이상 액세스 리스트가 없습니다. 그럼 맨 마지막에는 어떤 것이 생략되었다고 했죠?

맞습니다. access-list 2 deny all이 생략되었다고 말씀드렸습니다. 따라서 여기서 지정하지 않은 모든 네트워크로부터의 접속이 불가한 것입니다. 즉 인터넷으로부터의 트래픽은 PC A로 접속할 수가 없습니다.

인터페이스쪽에서 보면 이더넷 0 인터페이스에서 아래 명령을 내렸습니다. 즉 다음과 같습니다.

```
Router(config-if)#ip access-group 2 out
```

여기에서 ip access-group 뒤에 오는 숫자는 우리가 액세스 리스트에서 정해준 숫자와 일치해야 합니다. 그래야 그 액세스 리스트가 연결되어 수행됩니다. 그리고 뒤에 붙는 out은 라우터에서 이더넷 0쪽으로 나가는 것을 의미합니다.

자, 여기까지가 스탠더드 액세스 리스트의 예제입니다. 어떠세요? 쉽죠?

아무리 복잡한 녀석도 전에 우리가 배운 4가지 규칙만 잊어먹지 않는다면 정말 어려울 것이 없다는 것을 아실 겁니다. 현재 구성된 access-list를 확인하는 명령을 하나 알려드리면요. show ip access-lists입니다.

지금까지 구성을 한번 볼까요?

```
Seoul-R#sh ip access-lists
Standard IP access list 2
    deny 210.240.100.5
    permit 210.240.100.0, wildcard bits 0.0.0.255
    permit 210.240.150.0, wildcard bits 0.0.0.255
Seoul-R#
```

이렇게 스탠더드 액세스 리스트가 2번으로 구성되었다고 맨 첫 줄에서 알려주고 있습니다. 그 다음에 나온 것은 우리가 그동안 입력해 주었던 내용입니다. 이런 sh ip access-lists 명령은 액세스 리스트를 구성하고 맨 마지막에 현재 상태를 확인하기 위해서 사용합니다.

여기까지입니다.

Q 스탠더드 액세스 리스트의 위치에 대한 내용이 자주 시험에 나온다고 하는데 스탠더드 액세스 리스트의 위치가 왜 Destination Router쪽에 있어야 되는지 좀 알려주셨으면 해요.

A 네. 스탠더드 액세스 리스트는 항상 출발지 주소를 가지고 접근 여부를 결정한다고 말씀드렸던 것을 기억하실 겁니다. 자, 그렇다면 그림을 보면서 설명을 드리겠습니다.

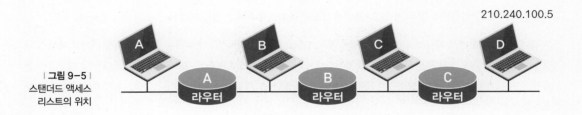

| 그림 9-5 |
스탠더드 액세스
리스트의 위치

그림에서 PC D가 PC A를 접속 못하게 하기 위해 스탠더드 액세스 리스트를 적용하기로 했습니다. 이때 적용되는 스탠더드 액세스 리스트는

```
Router(config)#access-list 10 deny 210.240.100.5
Router(config)#access-list 10 permit any
```

입니다. 자, 이 액세스 리스트를 라우터 A, B, C 중에서 어디에 적용하는 것이 가장 좋을까요? 원래 우리가 늘 외우고 다니는 답, 즉 스탠더드 액세스 리스트는 Destination에 가까운 라우터에 적용하라는 규칙으로 따져보면 Destination(목적지)에 가장 가까운 라우터는 바로 Router A가 됩니다.

그렇다면 왜 Router A에 액세스 리스트를 적용해야 하는지를 알아보겠습니다. 먼저 여기 나온 액세스 리스트를 Router C에 적용했다고 가정하겠습니다. 그러면 이 액세스 리스트 명령에 의해서 PC D는 PC A뿐만 아니라 PC B나 PC C에도 접근이 불가능합니다. 왜냐하면 Router C에서 다 막아버렸기 때문입니다. 따라서 Router C에 위의 액세스 리스트를 적용하는 것은 문제가 있습니다. (물론 액세스 리스트를 고쳐서 Router C에 적용할 수 있게 만들 수는 있습니다.)

마찬가지로 위의 액세스 리스트 명령을 Router B에 적용하게 되면 PC D는 PC A뿐만 아니라 PC B 역시 접근이 불가능하게 됩니다.

따라서 위의 액세스 리스트는 목적지 PC A에 가장 가까운 Router A에 적용하는 것이 바람직합니다. 그러고 보니 우리가 외우고 다니던 답이 맞는 거네요.

콤플렉스 있으세요? ^^

예전 TV에서 부활의 리더 김태원 님이 하신 말씀이 자꾸 생각나네요.

자신을 유명한 기타리스트로 만들게 해준 건 바로 콤플렉스 때문이었다고…. 뭐 하나 잘하는 것 없는 자신이 남들 앞에 나서고 싶어 시작한 게 기타였다고 하더라구요. 그 계기로 그분은 그 유명한 부활을 만들었고, 주옥같은 노래를 만든 분이 된 거죠.

여러분은 어때요? 콤플렉스 같은 거 있으세요? 후니도 콤플렉스라고 하면 정말 이것저것 많은 축일 겁니다. ㅎㅎ

그 중에 마른 몸매 역시 꽤나 오랫동안 콤플렉스였죠. 178cm의 키에 60kg도 안 나가는 몸무게, 그게 대학교 때의 후니였습니다. 물론 군대 가서 고생하고 짬밥 좀 먹어주니까 몸무게가 늘어서 60kg를 넘기긴 했지만, LG 다닐 때도 양복을 사러 가면 어깨랑 허리부분이 헐렁해서 좀처럼 폼이 나지 않아 늘 어딘가 모자라 보이곤 했죠. 그게 후니에겐 늘 콤플렉스였습니다.

그래서 시작한 게 헬스였답니다. 첨엔 헬스를 등록하려고 가는 것 자체가 부담스러워 며칠을 망설였고, 막상 가서도 거기서 주는 옷을 입고 헬스장에서 마땅히 할 게 없어 얼쩡거리다가 샤워만 하고 돌아오곤 했답니다. 무슨 운동이라도 하나 하려고 하면 무게를 계속 낮춰줘야 하고 떡대 아저씨들이 즐비한 벤치프레스 있는 쪽으론 아예 갈 생각도 못했답니다. ㅎㅎ 게다가 왜 내가 운동하려고 자세만 잡으면 코치님은 날 쳐다보시는지. ㅠㅠ 코치님들 눈을 피해 운동하기도 늘 고역이었죠.

한 달을 하고, 두 달을 해도 온몸이 쑤시기만 할 뿐 몸의 변화는 글쎄요… 거의 느껴지지 않더라구요. -.-;

근데 남들이 이야기해주는 후니의 장점 중 하나가 뭔지 아세요? ㅎㅎ 되든, 안 되든 한번 시작하면 끝을 보는 스타일이라고 하더라구요.

(참고로 일이나 공부는 아닌 것 같구요, 주로 노는 쪽… ㅋㅋ) 암튼 그렇게 시작한 헬스가 지금까지 7년 가까이 되어가네요. ㅋㅋ

지금은 어떠냐구요?

혹시 지금쯤 제 몸매를 송승헌이나 권상우 몸매가 되어있을 거라고 생각하시는 건 아니죠? ㅋㅋ

물론 매일은 아니지만 거의 7년을 일주일에 세 번 이상, 그리고 최근 2년 정도는 일주일에 5번씩 꼬박꼬박 나가서 한 시간 반 정도의 운동을 하고, 남들 먹는 보충제까지 챙겨먹는 후니의 몸매는… 보통 30~40대 남성의 평균 몸무게에서 좀 미달되구요. ㅎㅎ 근육량 역시 평균치 또는 그 이하 ㅋㅋ

그럼 뭐 복근 이런 거요? 아직 보이지도 않는답니다. ㅋㅋ

그래도 맨 처음 운동을 시작할 때 60kg을 간신히 넘기던 체중이 67~68kg으로 많이 올랐고, 가끔 운동 많이 하고 샤워할 때 보면 꽤나 건강해진 제 모습에 저 혼자 만족하는 정도까진 올라갔답니다. ㅎㅎ

세상엔 참 아무리 노력해도 안 되는 게 있더라구요. ㅎㅎ

그치만 정말 많이 노력한다면, 그리고 될 때까지 또 노력한다면, 그렇게 한다면… 정말 안 되는 게 있을까요??

물론 정말 최고가 될 수 없을지도 모릅니다.

하지만 내가 노력하기로 마음을 먹고, 그 노력을 시작하는 순간부터 예전의 나를 뛰어넘게 되는 건 확실한 거 같습니다. 늘 말라깽이였던 후니도, 이제 몸짱이란 소린 못 듣겠지만… 최소한 말라깽이란 소린 안 듣는 걸 보면 말입니다. ^^

이 글을 읽고 계신 여러분들도 콤플렉스 한두 개씩은 있을 겁니다.

학력이 될 수도 있구요, 경력이 될 수도 있고, 영어가 될 수도 있고, 자격증이 될 수도 있을 겁니다.

하지만 어찌 보면 이런 콤플렉스가 자신이 앞으로 더 발전할 수 있는 기회가 된다는 걸 의미하기도 합니다. 지금보다 나아질 수 있다는 반증이기도 합니다.

그리고 그게 바로 희망이 될 수 있습니다.

언제까지나 콤플렉스를 숨기는 게 아니라 당당히 콤플렉스에 맞서 싸울 준비만 되어 있다면 말입니다. 그리고 끈기 있게 조급해하지 말고 끝까지 나아가 보시기 바랍니다.

언젠가는, 분명히 언젠가는… 그 콤플렉스를 딛고 일어선 여러분을 보실 수 있게 될 겁니다.

그리고 후배들에게… 난 이렇게 내 콤플렉스를 이겼다고 이야기해주실 때가 올 겁니다.

여러분들 모두에게 그날이 오길 기원합니다. ^^

안녕~~

05
SECTION

텔넷포트(VTY Port)에서의
액세스 리스트

점점 더 흥미를 더해가는(?) 액세스 리스트 공부, 여기에서는 라우터에 텔넷 접속을 하는 사용자를 제어하기 위한 방법을 배워보도록 하겠습니다.

다 알고 계시는 대로 라우터에 텔넷을 한다는 것은 라우터의 Virtual Terminal 포트로 접속을 한다는 것을 의미합니다. 라우터의 구성을 보면 다음과 같은 세팅을 보셨을 겁니다.

```
line vty 0 4
  password cisco
  login
!
```

⚙ TIP

line vty에서 'login' 명령이 빠지면 Telnet 접속 시에 패스워드를 묻지 않게 됩니다.

이 세팅이 바로 텔넷 포트에 관한 세팅인 것은 다 알고 계실 겁니다. 즉 텔넷에 접속하기 위한 가상의 포트는 5개가 있다는 의미입니다. 따라서 텔넷을 하고 들어올 때는 이 포트를 이용해서 들어오는 겁니다.

따라서 이 VTY 포트에 액세스 리스트를 적용하면 텔넷으로 들어오는 소스 주소를 제어할 수 있습니다. 자, 그럼 텔넷 포트에 액세스 리스트를 수행하기 위한 명령을 알아보도록 하겠습니다.

```
Router_C(config)#line vty 0 4
Router_C(config-line)#
```

위에서와 같이 먼저 line vty 명령을 이용해서 구성하고자 하는 VTY 포트로 들어갑니다. 아래에 구성 모드가 일반 구성 모드에서 line 구성 모드로 바뀐 것을 볼 수 있을 겁니다.

```
Router_C(config-line)#access-class 10 ?
  in Filter incoming connections
out Filter outgoing connections
```

다음은 access-class 명령을 사용해서 액세스 리스트 번호를 지정하고 이 액세스 리스트를 vty 인터페이스의 IN에 적용할 것인지, OUT에 적용할 것인지를 결정합니다.

다음의 구성 예를 보면서 설명을 드리겠습니다.

```
access-list 10 permit 200.10.10.0 0.0.0.255
!
line vty 0 4
access-class 10 in
password cisco
login
!
```

line vty 0 4에 액세스 리스트가 IN으로 적용되고 있습니다(access-class 10 in). 여기에서 IN의 의미는 이제 다 아시죠? 즉 텔넷으로 들어오는 것을 의미합니다.

여기서 적용한 access-class 10은 앞에 있는 access-list의 번호와 일치해야 합니다. 즉 여기서 access-list 10 permit 200.10.10.0 0.0.0.255는 200.10.10.0 네트워크에 있는(IP 주소 200.10.10.1~200.10.10.254) 모든 호스트들은 이 라우터로 텔넷이 가능하고, 나머지 모든 IP 주소를 가진 호스트는 이 라우터로 텔넷 접속이 불가능함을 의미합니다.

여기에서 보이는 대로 라우터로의 텔넷 접속을 제어하고자 하는 경우에는 access-class의 뒤에 IN을 써주게 됩니다. 그리고 액세스 리스트는 스탠더드 방식을 주로 사용합니다. 이 정도면 라우터로의 텔넷 접속은 이제 마음대로 제어할 수 있겠죠?

익스텐디드 액세스 리스트
(Extended Access List)

SECTION

지금까지 여러분은 액세스 리스트 중에서 스탠더드 액세스 리스트(Standard Access List)와 텔넷 포트를 제어하는 액세스 클래스(Access Class)에 대해서 알아봤습니다. 이번에는 그보다 는 약간 복잡한 익스텐디드 액세스 리스트에 대해서 알아보도록 하겠습니다. 물론 액세스 리스 트에도 IP 이외에 IPX라든지 AppleTalk 등 여러 가지가 있지만, 우선 여기서는 IP에 대해서만 알아보도록 하겠습니다.

그럼 스탠더드 액세스 리스트(Standard Access List)와 익스텐디드 액세스 리스트(Extended Access List)의 차이부터 알아볼까요?

• 스탠더드 액세스 리스트는 출발지 주소(Source Address)만 제어하는 반면, 익스텐디드 액세스 리스트는 출발지 주소와 목적지 주소(Destination Address) 모두를 제어할 수 있다.
• 스탠더드 액세스 리스트는 전체 TCP/IP에 대한 제어만 하는 반면, 익스텐디드 액세스 리스트는 ip, tcp, udp, icmp 등 특정 프로토콜을 지정해서 제어할 수 있다.
• 스탠더드 액세스 리스트는 1에서 99까지의 숫자를 Access List 번호로 사용하고, 익스텐디드 액세스 리스트는 100에서 199까지의 숫자를 Access List 번호로 사용한다.

이번에는 스탠더드 액세스 리스트에서처럼 표를 통해서 어떻게 익스텐디드 액세스 리스트가 작 동하는지를 알아보겠습니다.

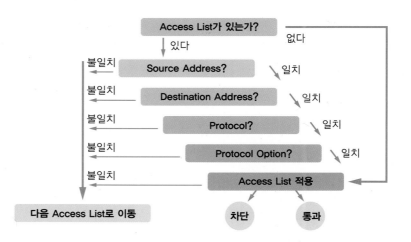

| 그림 9-6 |
익스텐디드 액세스 리스트
(Extended Access List)의 동작

[그림 9-6]에서처럼 맨 처음 액세스 리스트가 있는 것을 확인하고, 없으면 패킷을 그냥 통과시키는 부분은 스탠더드 액세스 리스트와 동일합니다. 다만, 익스텐디드 액세스 리스트는 출발지 주소(Source Address)뿐만 아니라 목적지 주소(Destination Address), 프로토콜 등 관리하는 항목이 훨씬 더 많다는 것이 다릅니다. 따라서 익스텐디드 액세스 리스트는 스탠더드 액세스 리스트에 비해서 훨씬 정교한 액세스의 제어가 가능합니다.

익스텐디드 액세스 리스트의 명령 형식은 다음과 같습니다.

```
Router(config)# access-list access-list-number {permit | deny}
protocol source source-wildcard [operator port]
destination destination-wildcard [ operator port ] [ established ] [log]
```

위에서와 같이 우선 액세스 리스트를 정의합니다. 먼저 액세스 리스트의 정의는 스탠더드 액세스 리스트에서와 마찬가지로 일반 구성 모드(Router(config)#)에서 구성하고, 명령어 형식 역시 조금 복잡해지긴 했지만 비슷합니다.

또 하나의 명령어는 인터페이스에 적용하는 명령어입니다.

```
Router(config-if)# ip access-group access-list-number { in | out }
```

이 명령어는 스탠더드 액세스 리스트와 동일합니다. 역시 뒤에 in과 out이 있네요. 이러한 액세스 리스트 명령 중에서 다음 몇 가지는 알아두면 특히 편리하실 겁니다.

```
access-list 101 permit ip 0.0.0.0 255.255.255.255 0.0.0.0 255.255.255.255
```

이것은 access-list 101 permit ip any any와 같은 의미입니다. 즉 0.0.0.0 255.255.255.255는 any로 바꾸어서 사용할 수 있습니다.

```
access-list 101 permit ip 0.0.0.0 255.255.255.255 131.108.5.17 0.0.0.0
```

이것은 access-list 101 permit ip any host 131.108.5.17과 같은 의미입니다. 즉 131.108.5.17 0.0.0.0은 host 131.108.5.17과 같은 의미로 사용됩니다.

또 하나 알아두셔야 할 것은 established입니다. established 옵션은 TCP 데이터그램이 ACK 나 RST bit이 set되어 들어오는 경우에만 match가 발생하게 됩니다. 이게 무슨 말이냐면, 예 를 들어 보겠습니다.

```
access-list 104 permit tcp any 128.88.0.0 0.0.255.255 established
```

이와 같은 액세스 리스트가 주어졌다면 어느 source 주소에서든지 ACK나 RST bit이 set되어 있는 경우 128.88.0.0 network와 connection이 가능함을 의미합니다. 그러나 이 경우 ACK나 RST는 128.88.0.0쪽에서 먼저 connection을 시도해야 set되므로 128.88.0.0 이외에 외부에서 먼저 connection을 맺을 수는 없고, 다만 128.88.0.0쪽에서 먼저 connection을 설정하려고 할 때 reply가 가능하도록 하는 것입니다.

즉 이 명령은 128.88.0.0 네트워크에 있는 호스트들은 밖으로 나갈 수 있고, 밖에서는 128.88.0.0 네트워크로 들어올 수 없게 하는 기능을 제공합니다. 아마 꼭 한두 번은 사용할 일 이 있을 겁니다.

이번에는 익스텐디드 액세스 리스트를 구성해보도록 하겠습니다. [그림 9-7]을 보기 바랍니다. 이 그림에서 구성해야 하는 액세스 리스트는 다음 조건을 만족해야 합니다.

- 150.100.1.0 255.255.255.0 네트워크에 있는 호스트들에 대해서 150.100.2.0 255.255.255.0에 있는 호스트들이 FTP와 TELNET을 못하게 제한한다.
- 나머지 모든 곳에서 150.100.1.0 255.255.255.0 네트워크로 들어오는 트래픽은 허가하기로 한다.

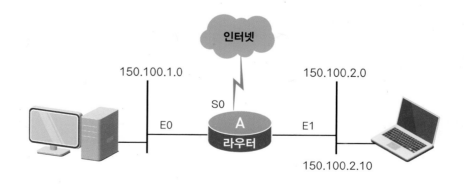

| 그림 9-7 |
익스텐디드 액세스 리스트의
예제

이 조건을 만족하기 위해 다음 액세스 리스트가 사용됩니다.

```
!
interface Ethernet0
  ip address 150.100.1.1 255.255.255.0
  ip access-group 101 out
  no ip directed-broadcast
  duplex auto
  speed auto
!
!
!
access-list 101 deny    tcp 150.100.2.0 0.0.0.255 150.100.1.0 0.0.0.255 eq ftp-data
access-list 101 deny    tcp 150.100.2.0 0.0.0.255 150.100.1.0 0.0.0.255 eq ftp
access-list 101 deny    tcp 150.100.2.0 0.0.0.255 150.100.1.0 0.0.0.255 eq telnet

access-list 101 permit ip any any
!
```

먼저 인터페이스를 보기 바랍니다.

액세스 리스트 101번을 FastEthernet 0번에 OUT쪽으로 지정했습니다. 그림에서와 같이 IN 과 OUT의 결정은 항상 중요하니까 일단 그림으로 그린 다음에 구성에 적용하기 바랍니다.

그럼 이제 액세스 리스트를 볼까요? 액세스 리스트는 총 4줄입니다. 맨 윗줄이 좀 길어서 다음 줄까지 내려오긴 했지만 일단 4개의 액세스 리스트를 썼습니다.

먼저 맨 첫 줄과 둘째 줄은 연관이 있으니까 같이 설명드리면, 액세스 리스트 번호가 101인 걸 로 봐서 익스텐디드 액세스 리스트라는 것을 알 수 있습니다. 기억하죠? 100~199까지가 익스 텐디드 액세스 리스트라는 거… 다음 나온 값은 Deny, 즉 차단한다는 것입니다. 무엇을 차단하 느냐 하면 출발지 네트워크가 150.100.2.0이고 와일드 마스크가 0.0.0.255니까, 150.100.2.0 255.255.255.0 네트워크가 나옵니다. 와일드 마스크는 이제 확실히 아시죠? 혹시 아직도 혼동 된다면 와일드 마스크에 대한 설명을 다시 한 번 읽고 오세요.

따라서 150.100.2.0 255.255.255.0 네트워크에서 출발한 TCP 패킷이 목적지 150.100.1.0 255.255.255.0으로 가는 경우 이 패킷의 특성이 FTP-Data나 FTP인 경우 차단을 하겠다는 것입니다. 즉 첫 번째 두 줄은 FTP 통신을 막기 위한 것임을 알 수 있습니다.

세 번째 줄을 보기 바랍니다. 여기서는 텔넷 통신을 막았네요. 출발지와 목적지는 위와 똑같습니다. 자, 이제 우리가 맨 처음에 계획한 FTP와 텔넷 통신 차단은 끝났습니다. 그런데 왜 마지막 access-list 101 permit ip any any가 들어갔을까요? 액세스 리스트의 규칙으로 맨 마지막에는 항상 Deny any가 생략되어 있기 때문에 나머지 모든 트래픽은 자동으로 막힌다는 것말입니다. 따라서 여기서는 access-list 101 permit ip any any를 써줌으로써 여기서 정의하지 않은 모든 트래픽을 통과시켰습니다.

액세스 리스트를 설정하고 나면 인터페이스에서 제대로 설정되어 있는지를 확인할 수 있는데, 다음 명령을 사용합니다.

```
Router#show ip interface Ethernet 0
Ethernet0 is up, line protocol is up
  Internet address is 150.150.1.1/16
  Broadcast address is 255.255.255.255
  Address determined by non-volatile memory
  MTU is 1500 bytes
  Helper address is not set
  Directed broadcast forwarding is disabled
  Outgoing access list is 101
  Inbound access list is not set
  Proxy ARP is enabled
  Security level is default
  Split horizon is enabled
  ICMP redirects are always sent
  ICMP unreachables are always sent
  ICMP mask replies are never sent
  IP fast switching is enabled
  IP fast switching on the same interface is disabled
  IP Flow switching is disabled
  IP Feature Fast switching turbo vector
  IP multicast fast switching is enabled
  IP multicast distributed fast switching is disabled
  IP route-cache flags are Fast
  Router Discovery is disabled
--More--
```

또한 현재 라우터에서 설정된 모든 access-list를 한눈에 보고자 하는 경우에는 다음 명령을 사용해서 확인이 가능합니다.

```
Router#show ip access-list
Extended IP access list 101
  deny tcp 150.100.2.0 0.0.0.255 150.100.1.0 0.0.0.255 eq ftp-data
  deny tcp 150.100.2.0 0.0.0.255 150.100.1.0 0.0.0.255 eq ftp
  deny tcp 150.100.2.0 0.0.0.255 150.100.1.0 0.0.0.255 eq telnet
  permit ip any any
Router#
```

자, 어떠셨어요?

액세스 리스트도 처음엔 어렵게 느껴지지만 그 기본만 이해한다면 충분히 자유자재로 구사할 수 있습니다. 액세스 리스트를 공부하면서 여러분이 다시 한 번 기억해야 할 것은 액세스 리스트의 4가지 기본 성격입니다. 잊지 말기 바랍니다.

알고 보면 별거 아닌 액세스 리스트는 여기까지입니다.

라우터의 장애 대비 HSRP

SECTION 07

여기에서는 라우터의 장애 대비를 위한 기능인 HSRP에 대해서 알아보도록 하겠습니다. 먼저 HSRP(Hot Standby Routing Protocol)란 프로토콜은 시스코 장비에서만 사용되는 기능입니다. 다른 회사의 장비 역시 비슷한 기능은 있지만 이 프로토콜과 호환은 불가능하다는 것을 알아두기 바랍니다.

자, 그럼 HSRP가 무언지 알아볼까요?

위에서 설명드린 대로 HSRP는 라우터가 고장나는 것에 대비해서 라우터 한 대를 더 구성에 포함한 후 메인 라우터가 고장나면 자동으로 두 번째 라우터가 메인 라우터의 역할을 대신하는 기능을 말합니다.

자, 그럼 여러분과 함께 이런 경우를 가정해 보도록 하겠습니다. [그림 9-8]을 보기 바랍니다.

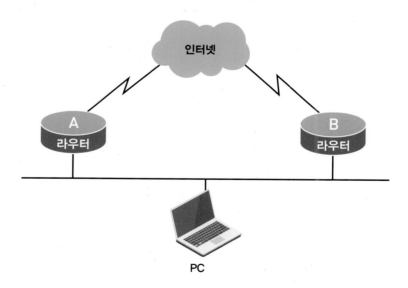

| 그림 9-8 |
라우터의 이중화

어떤 네트워크 관리자가 라우터 한 대가 고장날 경우에도 다른 라우터를 이용해서 인터넷을 계속 사용할 수 있도록 하기 위해 [그림 9-8]에서처럼 라우터를 두 대 가져다 구성했습니다.

어때요? 잘 했죠? 그리고 이제 라우터 두 대가 있으니까 라우터 하나가 죽어도 나머지 하나를 통해서 인터넷을 계속 쓸 수 있을 거라고 생각한 거죠.

하지만 정말로 그 경우가 발생했을 때 PC 사용자들은 인터넷을 사용할 수 없었습니다. 분명히 나머지 한 대는 살아 있었는데도 말입니다. 왜 그럴까요?

PC에서 인터넷을 사용하기 위해서는 디폴트 게이트웨이(Default Gateway)를 세팅한다는 것을 다 알고 계실 겁니다. 아시는 대로 디폴트 게이트웨이는 자신의 네트워크에서 목적지를 찾다가 못 찾는 경우 가장 먼저 길을 물어보러 달려가는 라우터가 됩니다.

여기서는 PC들의 세팅에 디폴트 게이트웨이를 라우터 A라고 세팅했다고 가정하겠습니다. 그래서 라우터 A가 제대로 동작할 때는 PC들은 아무 문제없이 인터넷을 사용했습니다. 그런데 라우터 A에 문제가 생겨 라우터 A가 그만 다운되고 말았습니다. 지금 이 상황에서도 라우터 B는 정상적으로 동작하지만, 아래에 있는 PC들의 디폴트 게이트웨이는 라우터 A로 세팅되어 있기 때문에 아무도 라우터 B를 통해서 인터넷을 가려고 하지는 않게 되는 겁니다.

물론 PC 세팅에 들어가서 디폴트 게이트웨이를 일일이 라우터 B의 주소로 바꾸어주면 되지만 정말 큰일일 겁니다.

자, 이처럼 디폴트 게이트웨이 문제까지를 해결해주는 기술이 바로 HSRP입니다.

HSRP는 실제 존재하지 않는 가상의 라우터 IP 주소를 디폴트 게이트웨이로 세팅하게 한 다음, 그 주소에 대해서 Active 라우터와 Standby 라우터의 역할을 두어 처음에는 액티브 라우터가 그 주소의 역할을 대신 수행합니다. 그러다가 액티브 라우터에 문제가 발생하면 자동으로 스탠바이 라우터가 액티브의 역할을 수행할 수 있게 하는 기술이기 때문에, PC들은 자신의 디폴트 게이트웨이를 고치지 않고도 항상 인터넷을 접속할 수 있게 되는 겁니다.

어때요? 이해가시죠? 자, 그럼 이번엔 우리가 직접 한번 HSRP를 구성해 볼까요?

[그림 9-9]를 보기 바랍니다. 여기서 라우터 B와 라우터 C로 라우터 이중화를 구축했기 때문에 PC는 라우터 B나 라우터 C 중 하나에 문제가 생겨도 라우터 A와의 통신이 가능합니다.

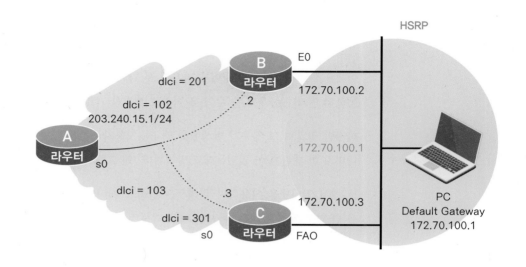

| 그림 9-9 |
HSRP 세팅

그림의 구성으로 다음 HSRP 세팅을 하려고 합니다.

> • 라우터 B는 액티브 라우터로, 라우터 C는 스탠바이 라우터로
> • PC들의 디폴트 게이트웨이 주소는 172.70.100.1로
> • 라우터 B가 다운되면 라우터 C가 액티브 라우터의 역할을 수행하지만, 만약 라우터 B가 다시 살아나면 라우터 C는 다시 스탠바이로 복귀
> • 라우터 자체의 다운뿐만 아니라 라우터의 시리얼 인터페이스에 문제가 생겨도 액티브 라우터에서 스탠바이 라우터로 역할 교대

맨 마지막의 기법은 트래킹(Tracking)이라는 것입니다. 즉 라우터 B가 다운되지는 않았지만 라우터 B의 시리얼 회선에 문제가 생길 수도 있는 겁니다. 이 경우에도 역시 PC는 라우터 A와 통신이 불가능하게 됩니다. 따라서 이처럼 라우터의 시리얼에 문제가 생겼을 때도 액티브 라우터를 교체해야 하는데, 이것이 바로 트래킹입니다.

먼저 라우터 B의 구성을 보겠습니다.

```
Router_B#sh run int e 0
Building configuration...

Current configuration:
!
interface Ethernet0
  ip address 172.70.100.2 255.255.255.0
  no ip redirects
  no ip directed-broadcast
```

```
   standby 1 timers 3 10
   standby 1 priority 105
   standby 1 preempt delay 5
   standby 1 ip 172.70.100.1
   standby 1 track Serial0 10
end

Router_B#
```

여기서 가장 먼저 보셔야 할 구성은 standby 1 ip 172.70.100.1입니다.

즉 먼저 standby 명령을 이용해서 HSRP 그룹을 1로 세팅한 후 이 그룹에서 사용할 가상의 디폴트 게이트웨이 주소로 172.70.100.1을 세팅했습니다. 이 구성은 스탠바이 라우터로 동작할 라우터 C에서도 일치해야 합니다. 즉 그룹 번호와 가상 주소가 똑같아야 동작이 됩니다.

🔩 TIP

HSRP에서 Priority(우선 줄임)가 높은 라우터가 액티브 라우터가 되며 디폴트 Priority 값은 100입니다.

두 번째로 보실 것은 standby 1 priority 105입니다. 이것은 라우터 B의 priority를 세팅하는 것으로, 같은 스탠바이 그룹에 속한 라우터 중 priority가 높은 라우터가 액티브 라우터가 되고 낮은 라우터가 스탠바이 라우터가 됩니다. 이때 priority의 디폴트 값이 있는데 디폴트는 100입니다. 따라서 만약 standby priority 명령이 없다면 이 라우터의 priority는 100이 됩니다. 나중에 보게 되겠지만 라우터 C의 priority는 100입니다. 따라서 라우터 B의 priority가 더 높기 때문에 라우터 B가 액티브 라우터가 됩니다.

그 다음에 볼 것은 standby 1 preempt delay 5입니다. preempt 명령은 복귀에 대한 명령입니다. 즉 위의 조건에서 제시한 대로 액티브 라우터였던 라우터 B가 죽었다가 다시 살아나는 경우 라우터 B는 5초 후에 다시 액티브 라우터로 복귀를 하는 것입니다. 만약 이 명령을 사용하지 않게 되면 라우터 B가 다시 살아나도 액티브 라우터로 복귀할 수 없게 됩니다. 이때 주의할 점은 이 명령(standby 1 preempt delay 5)은 양쪽 라우터에 똑같이 구성되어 있어야 한다는 것입니다. 흔히 액티브 라우터쪽인 라우터 B에만 세팅하는 경우가 있는데, 에러의 발생 가능성이 있습니다. 여러분들은 꼭 양쪽 라우터에 세팅해 주기 바랍니다.

이번에는 standby 1 track Serial0 10을 보기 바랍니다. 앞에서 설명드린 트래킹입니다. 즉 라우터 B의 시리얼 0 인터페이스에 문제가 생길 경우 뒤에 있는 값인 10만큼 라우터 B의 priority를 떨어뜨리는 겁니다. 따라서 이 경우 라우터 B의 priority는 95가 되어 라우터 C의 100보다 낮아지고, 이 결과 라우터 C는 액티브 라우터가 되는 것입니다. 물론 라우터 B의 시리얼이 다시 살아나면 Priority는 다시 105가 되고, preempt 명령에 의해 라우터 B는 다시 액티브로 동작합니다.

마지막으로 standby 1 timers 3 10은 타이머에 관한 옵션입니다. 즉 HSRP 그룹에 속한 라우터들은 매 3초마다 한 번씩 서로를 확인합니다. 그리고 10초 동안 액티브 라우터쪽에서 대답이 없는 경우 자동으로 스탠바이 라우터가 액티브의 역할을 수행하게 됩니다. 물론 이 명령은 없어도 됩니다.디폴트 값을 사용하면 되기 때문입니다.

어때요? HSRP 구성도 그리 어려운 것은 아니죠? 그럼 이번에는 여러분이 라우터 C의 HSRP 세팅을 직접 해보기 바랍니다. 아래는 라우터 C의 구성입니다.

```
Router_C#sh run int fa 0
Building configuration...

Current configuration:
!
interface FastEthernet0
  ip address 172.70.100.3 255.255.255.0
  ip access-group 100 in
  no ip redirects
  no ip directed-broadcast
  half-duplex
  standby 1 timers 3 10
  standby 1 priority 100
  standby 1 preempt delay 5
  standby 1 ip 172.70.100.1
  standby 1 track Serial0 10
end

Router_C#
```

라우터 C 역시 액티브 라우터인 라우터 B와 크게 다르지 않습니다. 물론 같은 HSRP 그룹이니까 같은 번호 1을 사용했고 같은 가상 주소를 사용했습니다. 한 가지 다른 점이 있다면 바로 priority입니다. 당연하죠? 그래야 스탠바이 라우터가 될 테니까요.

자, 그럼 이번에는 PC에서 172.70.100.1이라는 가상 주소로 핑을 해보겠습니다.

```
C:\>ping 172.70.100.1

Pinging 172.70.100.1 with 32 bytes of data:

Reply from 172.70.100.1: bytes=32 time<10ms TTL=128
Reply from 172.70.100.1: bytes=32 time<10ms TTL=128
Reply from 172.70.100.1: bytes=32 time<10ms TTL=128
Reply from 172.70.100.1: bytes=32 time<10ms TTL=128

Ping statistics for 172.70.100.1:
    Packets: Sent = 4, Received = 4, Lost = 0 (0% loss),
Approximate round trip times in milli-seconds:
    Minimum = 0ms, Maximum = 0ms, Average = 0ms

C:\>
```

위와 같이 172.70.100.1은 가상 주소로 실제는 존재하지 않는 라우터의 주소이지만, PC는 이주소로 핑이 가능하게 됩니다. 실제 172.70.100.1에 핑한 이 패킷은 라우터 B에서 응답을 받은 것입니다. (라우터 B가 액티브 라우터이기 때문이겠죠?)

따라서 PC의 디폴트 게이트웨이는 172.70.100.1이 됩니다.

라우터에서 HSRP 구성을 마치고 나면 현재의 구성에 대한 검증이 필요하게 됩니다. 아래 명령은 현재의 HSRP의 동작 상태를 한눈에 볼 수 있습니다.

```
Router_B#show standby
Ethernet0 - Group 1
  Local state is Active, priority 105, may preempt 5 secs after interface is up
  Hellotime 3 holdtime 10 configured hellotime 3 sec holdtime 10 sec
  Next hello sent in 00:00:01.632
  Hot standby IP address is 172.70.100.1 configured
  Active router is local
  Standby router is 172.70.100.3 expires in 00:00:08
  Standby virtual mac address is 0000.0c07.ac01
  Tracking interface states for 1 interface, 1 up:
    Up   Serial0 Priority decrement: 10
Router_B#
```

현재 액티브 라우터로 동작하는 라우터 B에서 show standby라는 명령을 통해서 본 HSRP의 상황입니다. 현재 이 라우터는 액티브로 동작하고 있고 priority는 105라는 것이 나와 있습니다. 또 가상 주소는 172.70.100.1로 세팅되어 있다는 것도 알 수 있고, 스탠바이 라우터의 주소는 172.70.100.3이라는 것도 알 수 있습니다.

그 외에도 이 명령을 통해서는 HSRP에 대한 많은 상황을 알아볼 수 있습니다. HSRP 구성에서 가장 많이 사용하는 명령이니까 꼭 기억해 두기 바랍니다. 아래는 라우터 C에서 수행한 결과입니다.

```
Router_C#show standby
FastEthernet0 - Group 1
  Local state is Standby, priority 100, may preempt
  Preempt delayed 5 secs after interface is up
  Hellotime 3 holdtime 10 configured hellotime 3 sec holdtime 10 sec
  Next hello sent in 00:00:02.876
  Hot standby IP address is 172.70.100.1 configured
  Active router is 172.70.100.2 expires in 00:00:08
  Standby router is local
  Standby virtual mac address is 0000.0c07.ac01
  Tracking interface states for 1 interface, 1 up:
    Up   Serial0 Priority decrement: 10
Router_C#
```

HSRP 구성은 이 정도만 알면 다 아는 겁니다. 사실 그리 복잡하지 않은 HSRP 구성은 대부분이 실수에 의해서 구성에 문제가 생기는 경우가 많습니다. 세팅 값을 서로 틀리게 적는다든지, 한쪽에서 IP 주소를 잘못 잡는다든지 하는 실수가 많으니까 구성할 때 조심하기 바랍니다. 또한 문제 발생 시에는 아래 디버그 명령을 이용해서 액티브 라우터와 스탠바이 라우터의 통신 상태를 알 수 있습니다. 기억해 두기 바랍니다. 3초에 한 번 Hello 패킷이 나가는 것이 보이죠?

```
Router_C#debug standby
04:18:22: SB1:FastEthernet0 Hello in 172.70.100.2 Active pri 105 hel 3 hol 10 ip 172.70.100.1
04:18:23: SB1:FastEthernet0 Hello out 172.70.100.3 Standby pri 100 hel 3 hol 10 ip 172.70.100.1
Router_C#
04:18:25: SB1:FastEthernet0 Hello in 172.70.100.2 Active pri 105 hel 3 hol 10 ip 172.70.100.1
04:18:25: SB1:FastEthernet0 Hello out 172.70.100.3 Standby pri 100 hel 3 hol 10 ip 172.70.100.1
Router_C#
```

IP 주소의 변환 NAT
(Network Address Translation)

이번에는 마지막으로 요즘 한창 주가를 올리고 있는 NAT에 대해서 알아보기로 하겠습니다. NAT, 즉 Network Address Translation의 약자로, 한쪽 네트워크의 IP 주소가 다른 네트워크로 넘어갈 때 변환이 되어서 넘어가는 것을 말합니다. 이러한 NAT는 다음 몇 가지 이유 때문에 자주 사용됩니다.

- 내부의 네트워크에는 비공인 IP 주소를 사용하고 외부 인터넷으로 나가는 경우에만 공인 IP 주소를 사용하고자 하는 경우
- 기존에 사용하던 ISP에서 새로운 ISP로 바꾸면서 내부 전체의 IP를 바꾸지 않고 기존의 IP 주소를 그대로 사용하고자 하는 경우
- 2개의 인트라넷을 서로 합하려다 보니 두 네트워크의 IP가 서로 겹치는 경우
- TCP 로드 분배가 필요한 경우

위의 여러 가지 이유 중에서 NAT를 사용하는 가장 주된 이유는 아마도 첫 번째가 아닐까 생각합니다. 즉 내부의 모든 PC나 호스트에 부여할 공인 주소는 한정되어 있고 모든 인터넷을 사용을 하고자 하는 경우에는, 내부에서는 비공인 주소를 사용하다가 외부로 나갈 때만 공인 주소를 부여받아 나가는 방식을 사용하면, 다수의 비공인 IP 주소 사용자가 인터넷을 사용할 수 있기 때문입니다.

두 번째로 NAT를 사용하는 이유는 내부의 주소를 자주 바꾸고 싶지 않은 경우입니다. 예를 들어볼까요? 어떤 회사가 A라는 ISP를 통해서 인터넷을 사용할 때 부여받은 주소는 203.210.100.0 네트워크였습니다. 그런데 이 회사가 ISP를 B라는 곳으로 바꾸었습니다. 이 경우에는 원래 회사 전체의 IP 주소를 다시 바꾸어야 합니다. 그러나 NAT를 이용하면 이를 해결할 수 있습니다. 즉 기존 주소를 계속 사용하면서 외부로 나갈 때만 바꾸어 나가도록 하는 겁니다.

세 번째의 경우 역시 자주 발생하는 문제입니다. 즉 서로 비공인 주소를 사용하던 두 네트워크를 연결하는 경우 사용하던 IP 주소 영역이 겹칠 수 있게 되는데, 이때 NAT를 사용하면 두 네트워크의 주소를 일일이 변경하지 않고서도 이 문제를 해결할 수 있게 됩니다.

네 번째 TCP 로드 분배는 밖에서는 하나의 주소로 보이는 호스트가 내부에서는 여러 개의 호스트에 매핑되도록 하여 서버의 로드를 분배하는 기술입니다. 일단은 '이런 것도 있구나' 하는 것만 알아두기 바랍니다.

아무튼 이렇게 편리한 NAT는 라우터에서 지원하는 기능 중 하나입니다. 그렇다고 모든 라우터가 NAT를 지원하는 것은 아니고 라우터마다 사용 소프트웨어에 따라 차이가 있으니까 확인하기 바랍니다.

[그림 9-10]을 보면서 NAT의 동작을 이해해 보기 바랍니다. 그림에서 라우터의 왼쪽은 내부 영역이고 라우터의 오른쪽은 인터넷, 즉 외부 영역이 됩니다. 왼쪽의 내부 영역에 있는 비공인 주소가 라우터를 통과하면서 공인 주소로 바뀌게 됩니다.

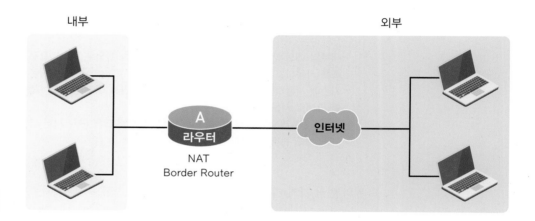

| 그림 9-10 |
NAT의 구성

또 하나의 그림을 보면서 실제 NAT의 주소가 어떻게 변경되는지를 알아보기로 하겠습니다. [그림 9-11]을 보면 NAT가 어떻게 동작하는지를 쉽게 알 수 있습니다. 우리가 내부 네트워크에서 사용하는 비공인 주소를 'Inside Local 주소'라고 합니다. 그리고 외부로 나갈 때 변환되어 나가는 주소를 'Inside Global 주소'라고 합니다. (이 용어는 혼동할 수 있으니 꼭 외워두기 바랍니다.) 따라서 NAT는 Inside Local 주소를 Inside Global 주소로 바꾸어주는 과정입니다.

그림에서 라우터의 왼쪽에 10.1.1.1이라는 주소를 가진 호스트가 있습니다. 그 호스트가 외부에 있는 호스트와 통신을 할 때 주소가 어떻게 바뀌어가는지를 알아보기로 하겠습니다. 먼저 10.1.1.1이 라우터를 거치게 되면 라우터의 NAT 테이블을 거쳐가면서 주소가 172.16.217.1로 바뀌게 되고 그 내용은 NAT 테이블에 보관됩니다. 이때부터 외부에서는 10.1.1.1을 모두 172.16.217.1로 알게 되는 것입니다. 따라서 외부의 호스트는 응답을 할 때 당연히 목적지를 172.16.217.1로 해서 보내게 됩니다.

목적지 주소 172.16.217.1을 받은 라우터는 다시 이 주소를 NAT 테이블을 이용해서 원래의 주소 10.1.1.1로 바꾼 후 내부 네트워크로 전달하게 되고, 이 과정을 거쳐서 내부의 호스트 10.1.1.1과 외부의 호스트 사이에는 통신이 가능해집니다. 하나하나 순서대로 그림을 보면 쉽게 이해가 갈 겁니다.

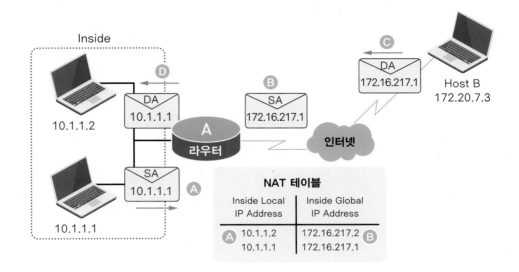

| 그림 9-11 |
NAT의 주소 변환

자, 그럼 이제 NAT 구성을 시작해 볼까요? 우선 알아두어야 할 명령이 있습니다. 가장 중요한 명령이니까 잘 이해해 두기 바랍니다.

ip nat inside source list 1 pool ccie에서처럼 라우터에 inside source 명령이 정의되었다면 이 의미는 첫 번째, inside로 정의한 인터페이스에서 오는 패킷의 source 주소(출발지 주소)를 보고 그 주소가 액세스 리스트 1번에 정의한 source 주소에 해당하면 그것을 지정된 풀(여기서는 ccie란 pool이 됩니다.)에 있는 주소로 바꿔주겠다는 의미입니다. 두 번째는 outside로 정의한 인터페이스에서 들어오는 패킷의 목적지 주소를 보고 그것이 pool에 속한 주소이면 그것을 다시 private 주소로 바꿔주겠다는 것을 의미합니다.

이 명령의 의미는 아주 중요하기 때문에 꼭 이해해 두기 바랍니다.

실제 NAT 구성이 아래에 나와 있습니다.

```
ip nat pool ccie 210.98.100.2 210.98.100.254 netmask 255.255.255.0
ip nat inside source list 1 pool ccie
ip nat inside source static 10.1.1.100 210.98.100.100
access-list 1 permit 10.1.1.0 0.0.0.255
!
int e 0
ip address 10.1.1.1 255.255.255.0
```

```
ip nat inside
!
int s 0
ip address 210.98.100.1 255.255.255.0
ip nat outside
```

맨 첫 줄에 나와있는 다음의 명령은 외부로 나갈 때 사용할 Inside Global IP 주소의 pool입니다.

```
ip nat pool ccie 210.98.100.2 210.98.100.254 netmask 255.255.255.0
```

즉 내부의 주소가 라우터 밖으로 나가면서 바뀔 주소를 의미합니다. 이때 맨 앞에는 사용할 첫 주소 (210.98.100.2)가 오고, 그 다음에는 맨 마지막 주소(210.98.100.254)가 오며, 맨 마지막으로는 이 주소의 서브넷 마스크 정보가 오게 됩니다. 여기서 pool 이름 ccie는 사용자 마음대로 만들어줄 수 있으나, 나중에 오는 ip nat inside source list 명령에서 주어지는 pool 이름과 일치하여야 합니다.

다음 명령은 이미 배운 것입니다.

```
ip nat inside source list 1 pool ccie
```

앞에서 배운 대로 inside로 정의한 인터페이스에서 들어오는 출발지 주소가 액세스 리스트 번호 1번과 일치하면 pool ccie에 정의된 주소로 변환하겠다는 것입니다. 꼭 기억해 두기 바랍니다.

세 번째 줄은 건너뛰겠습니다. 조금 있다 보기로 하겠습니다.

네 번째 줄에 명령은 액세스 리스트입니다. 전에 배웠으니까 금방 이해할 겁니다.

```
access-list 1 permit 10.1.1.0 0.0.0.255
```

이처럼 inside local 주소로 정의할 영역을 액세스 리스트를 이용해서 지정해주어야 하는 것입니다.

그리고 마지막으로는 각 인터페이스에 어디가 Inside 인터페이스이고, 어디가 Outside 인터페이스인가를 지정하면 됩니다. 어때요? 쉽죠? NAT도 그리 어려운 명령이 아니니까 여기서 배운 기본적인 것만은 알아두기 바랍니다. 이렇게 NAT를 지정하게 되면 라우터는 10.1.1.0 네트워크를 자동으로 210.98.100.2부터 210.98.100.254로 바꾸어주게 됩니다.

그렇다면 만약 어떤 호스트는 꼭 변하지 않는 Global 주소를 가져야 한다면 어떻게 해야 할까요? 그게 바로 스태틱 NAT 명령입니다. 그것이 우리가 건너뛴 세 번째 줄에 구성되어 있습니다. 즉 10.1.1.100은 언제나 210.98.100.100으로 변환되어야 하는 경우라면 ip nat inside source static 10.1.1.100 210.98.100.100 명령을 사용해서 정의해 줄 수 있습니다. 이 스태틱 명령도 알아두면 분명히 도움이 될 겁니다.

이렇게 지정한 NAT 명령이 제대로 돌아가는지를 확인하는 명령 중 'show ip nat translations'라는 명령이 있습니다. 이 명령을 이용하면 내부 주소가 외부 주소로 어떻게 바뀌고 있는지를 알 수 있습니다.

```
Router#sh ip nat translations
Pro      Inside global     Inside local      Outside local      Outside global
---      210.98.100.2       10.1.1.1          ---                ---
Router#
```

여기서 나오는 Outside local이나 Outside global은 나중에 배우기로 하고, 우선은 생각하지 않아도 됩니다.

이외에도 디버그 명령을 이용하면 다음과 같이 NAT의 변환에 대한 현재 과정을 볼 수 있습니다.

```
Router#debug ip nat
NAT: s=10.1.1.1->192.168.2.1, d=172.16.2.2 [0]
NAT: s=172.16.2.2, d=192.168.2.1->10.1.1.1 [0]
NAT: s=10.1.1.1->192.168.2.1, d=172.16.2.2 [1]
NAT: s=10.1.1.1->192.168.2.1, d=172.16.2.2 [2]
NAT: s=10.1.1.1->192.168.2.1, d=172.16.2.2 [3]
NAT*: s=172.16.2.2, d=192.168.2.1->10.1.1.1 [1]
NAT: s=172.16.2.2, d=192.168.2.1->10.1.1.1 [1]
NAT: s=10.1.1.1->192.168.2.1, d=172.16.2.2 [4]
NAT: s=10.1.1.1->192.168.2.1, d=172.16.2.2 [5]
NAT: s=10.1.1.1->192.168.2.1, d=172.16.2.2 [6]
Router#un all
```

디버그 명령은 항상 맨 마지막에 꺼주는 것 아시죠? 여기서는 undebug all을 사용했습니다.

낭중지추?!

안녕하세요?

요즘 들어 경기상황이 좋지 않다 보니 취업 문도 점점 더 좁아졌고, 시대를 잘 타고난 선배들에 비해 어려운 시절에 태어난 우리 후배님들은 정말 좋은 실력을 가지고 있는데도 취업이란 좁은 문 앞에서 점점 자신을 잃어가고 있는 것 같아 걱정이 앞섭니다. 그렇다고 손 놓고 있을 순 없겠죠? 어떻게든 이 경쟁에서 승자가 되어야 하니까요. ^^

경쟁에서 이기기 위해선 딱 두 가지가 필요합니다. ^^

1. 남들보다 우수한 능력
2. 그 능력을 제대로 표현할 수 있는 표현력

참 쉽죠? ^^

암튼 오늘은 2번 표현력 부분에 대해서 잠깐 이야기드릴까 합니다.

물론 요즘도 취업 한번 해보려고 하면 학벌이 무지 중요하죠. 게다가 자격증과 해외연수 경험, 또 여러 회사의 인턴 경험 및 대회수상 경력, 거기다가 어떤 분은 취업과는 전혀 상관없을 것 같은 바리스타 자격증이나 소믈리에 자격증, 레크리에이션 강사 자격증 등 정말 오만 가지 재주를 가지신 분들이 많더라구요.

하지만 이러한 화려한 학벌과 경력에도 불구하고 표현력이 제대로 갖춰지지 않은 분은 면접장에서 스스로를 제대로 표현하지 못해 자신의 능력에 해당하는 점수를 받지 못할 뿐더러 경쟁에서도 밀리게 되는 경우가 종종 있답니다.

물론 표현력이란 게 타고난 소질이기도 하지만, 조금만 노력하면 분명 개선될 수 있는 부분이기 때문에 지금 취업을 준비하시는 분이나 아니면 다니고 있는 회사를 옮기려고 하는 분들 역시 표현력을 어떻게 높일 것인가에 대해 많이 고민하는 게 필요하답니다.

표현력이 좋다는 게 꼭 말을 청산유수처럼 잘하는 것을 말하는 아닙니다. 오히려 면접장에서 말을 청산유수로 하는 사람을 바라보고 있으면 웬 잡상인 같은 느낌이 들 때도 있습니다. 중요한 건 말을 잘하는 것보다 제대로 된 말을 하는 겁니다.

보통 '말은 많은데 쓸 말이 없다'란 말 있죠? ㅎㅎ 여러 가지 말을 의미 없이 늘어놓는 것은 가장 주의해야 할 사항입니다.

간결하면서도 결론이 명확해야 하고, 의미가 제대로 전달될 수 있도록 해야 한다는 겁니다.

남들 앞에 서면 괜히 얼굴이 붉어지고, 입을 여는 순간부터 침이 마르고, 말이 나오는 순간부터 버벅거리기 시작한다는 분도 사실 준비만 되어있다면 다소 상기된 얼굴로 자기가 하고 싶은 이야기를 천천히 또박또박 이야기하는 모습이 면접관들에게 더 높은 점수를 받기도 한답니다.

자, 그럼 어떻게 준비를 해야 할까요?

일단 내가 가지고 있는 문장력으론 부족하다라고 생각되는 분들이 있다면 바로 서점으로 달려가 책을 사시기 바랍니다.

무슨 책이요??

아무 책이나 사세요. ^^ 자기가 재미있게 읽을 만한 책이면 다 좋습니다. 비록 그게 만화책이라고 할지라도 안 읽는 것보다는 나을 겁니다. (그렇다고 만화책은 사지 마세요. ㅎㅎ) 암튼 소설이든, 수필이든, 시집이든 뭐든 좋습니다. 책을 읽다 보면 분명 자신의 문장력이 점점 나아지는 걸 느끼게 되실 겁니다. (그러고 보면 책은 참 괜찮은 도구(?)인 거 같아요. ^^)

매일 도서관에서 전공책과 상식책만 쌓아놓고 읽지 마시고, 가끔 휴게실에 나와 커피 한 잔과 자기가 읽고 싶은 책을 조금씩 읽어보면 휴식도 되고 또 자신의 표현력도 점점 좋아지게 될 겁니다. ^^

두 번째는 말을 많이 하는 겁니다. ^^ 친구들과 있을 때, 식구들과 있을 때, 선후배들과 있을 때, 본인이 자꾸 이야기를 주도해보세요. '내가 유재석이다' 또는 '내가 강호동이다' 이렇게 생각하고 자꾸 화제도 전환시켜보고 주제도 만들어가면서 이야기를 이끌어보는 연습을 해보세요. 자꾸자꾸 연습을 하다 보면 상대방을 리드하고, 자기가 하고 싶은 이야길 타이밍에 맞춰서 던질 수 있게 되실 겁니다.

면접을 하다 보면 나름 준비는 많이 한 것 같은데, 천편일률적으로 대답을 외워서 한다거나 생각하지 않은 질문에는 한마디도 못하고 얼굴만 붉히는 분들을 종종 보게 됩니다. 면접이라는 게 여러 명 중 한두 명을 선발하는 거다 보니 아무래도 면접관들은 수험자들에게 자꾸 돌발적인 질문을 해서 스트레스를 주고 그런 상황에서 어떻게 대처하는지를 보게 되는 경우가 많습니다.

따라서 충분한 표현력과 풍부한 실전경험이 없는 사람은 당황하게 되어 있답니다. 당황하게 되면 제대로 된 답변을 못하게 되고 면접장을 나와 후회를 하게 된답니다.

하지만 앞서 말씀드린 대로 책을 많이 읽어 제대로 된 표현을 할 줄 알고 많은 경험을 통해 어떤 돌발 상황에도 대처할 수 있는 능력이 생긴다면, 어떤 면접 상황에서도 최소한 자신이 가진 만큼, 준비한 만큼은 보여줄 수 있는 능력을 갖추게 된다는 겁니다.

아시죠? 면접에서 사람을 뽑는 건 그 사람의 현재 가치보다는 앞으로의 가능성을 먼저 본다는 걸 말입니다.

그렇게 면접을 위해 많은 준비를 해온 사람이라면 분명 회사에서 주는 업무에도 열정을 보일 것이라고 생각하기 때문에 회사에선 이런 사람들을 선호하게 되어 있답니다.

결국 제대로 된 준비와 그 준비를 위한 열정을 가지고 있다면, 아무리 경쟁이 심하고 아무리 취업의 문이 좁더라도 분명 승리하는 사람이 될 수 있을 겁니다.

'낭중지추'라는 말 아시죠? 주머니 속의 송곳이란 말인데요. 주머니 속에 아무리 많은 다른 물건들이 있어도, 그 물건들을 직접 눈으로 보지 않고 손으로 만져 보기만 해도 송곳은 금방 찾을 수 있다는 겁니다.

여러분이 취업을 위해 제대로 된 준비를 하고 있고 성공하겠다는 열정이 있다면, 수백 대 일, 아니 수천 대 일의 경쟁에서도 여러분은 분명히 주머니 속의 송곳처럼 눈에 띄게 될 거라고 전 믿습니다.

우리 후배님들 모두가 낭중지추가 되는 그날까지… 파이팅입니다!!

안녕~

CISCO
NETWORKING

PART
10

세상은 넓고
네트워킹은 계속된다

01
SECTION

WAN은 어렵다?

네트워킹을 하다 보면 듣는 이야기 중 하나가 바로 'WAN은 어렵다'는 말입니다. 그건 아마 기술이 어렵다기보다는 개념이 어렵다는 뜻일 겁니다. LAN은 바로 눈앞에 보이기 때문에 문제가 생기면 하나하나 만져보면서 문제를 해결할 수 있지만, WAN은 나 혼자만 잘한다고 되는 문제가 아니고, 또 전부 만져볼 수 있는 것도 아니기 때문에 더욱 어렵게 느껴집니다. 하지만 WAN의 기본 개념을 튼튼하게 잡고, 내가 해야 할 부분과 전화국(통신 선로 담당)에서 해야 할 부분을 명확히 구분할 수 있다면 큰 문제가 안 됩니다. 사실 우리는 이미 WAN을 사용하는 데 너무나도 익숙해져 있기 때문이죠.

우리 곁의 WAN은 바로 전화기입니다. 하루에도 몇 번씩 울리는 휴대폰, 그리고 가정과 사무실에 한 대씩 자리하고 있는 유선 전화기, 팩스, 모뎀 같은 것들이 모두 WAN 장비입니다. 하지만 전화기를 쓰면서 어렵다는 생각을 하지는 않죠? 마찬가지로 WAN 역시 그리 어려운 것이 아닙니다. 자주 쓰다 보면 금방 친숙해질 겁니다. 마치 우리 주머니 안에 있는 작고 예쁜 휴대폰처럼요. ^^

자, 그럼 WAN이 무엇인가에 대해서 슬슬 알아볼까요? WAN이란, 한마디로 내가 직접 네트워크 케이블을 깔아서 통신을 연결할 수 없을 때 사용하는 네트워킹 방식입니다.

Wide Area Network라는 말처럼 넓은 지역에서는 네트워킹을 하기 위해 직접 케이블을 설치해서 통신한다는 것이 쉽지도 않을 뿐만 아니라 비용 측면에서도 결코 효율적이지 못합니다. 서울에 사는 사람이 부산에 사는 친구와 전화를 하겠다고 서울에서 부산까지 전화 케이블을 까는 것과 마찬가지죠. 그때는 차라리 전화국을 통해 전화를 하는 것이 더 경제적이라는 겁니다. 마찬가지로 넓은 지역의 네트워킹에서도 중간에 통신 회사를 통해서 네트워킹을 구축하게 되는데, 이게 바로 가장 일반적인 WAN의 구성입니다.

WAN은 사용하는 목적, 사용료, 거리, 방법 등에 따라 다양한 종류가 있습니다. WAN이 어려운 이유 중의 하나도 바로 WAN의 구현 방법이 여러 가지이기 때문일 겁니다. 하지만 여러 가지 WAN의 방법도 다음 3가지 정도로 구분이 가능합니다.

- **전용선 방식(Leased Line)** : 영어로 'Leased Line'이니, '임대회선'이라고 하는 것이 맞겠지만 일반적으로 '전용선'이라고 부릅니다. 이 방식은 말 그대로 전화국과 같은 통신사업자에게 통신회선을 임대받아서 쓰는 방식입니다. 예를 들어 서울에서 부산까지 통신을 해야 한다면 통신사업자가 서울에서 부산까지 이미 설치해 놓은 회선 중 하나를 우리는 돈을 내고 대여해서 쓰는 겁니다. 나 혼자 빌려서 쓰는 것이니 마치 내가 설치한 통신회선처럼 사용할 수 있어 좋겠죠? 보안에도 크게 신경쓸 필요가 없지만 비용이 좀 많이 든다는 단점이 있습니다. Leased Line을 전용선이라고 하는 이유가 이제 이해되시죠? 나 혼자만 쓸 수 있는 전용 라인이기 때문입니다.

- **회선 스위칭 방식(Circuit Switched)** : 이 방식은 전용선 방식과는 달리 내가 통신을 하는 순간에만 나에게 필요한 회선을 열어주고 통신이 끝나면 회수하는 방식입니다. 이렇게 설명하니 꽤 복잡한 기술 같지만 우린 이미 서킷 스위칭 방식을 경험하고 있습니다. 가장 일반적인 것이 전화입니다. 전화를 걸 때 수화기를 들고 상대방의 전화번호를 누릅니다. 상대가 전화를 받으면 이때부터 전화국에서는 나에게 통신회선을 하나 열어준 것입니다. 내가 통화할 수 있게 말이죠. 전화가 끝나고 내가 수화기를 내려놓으면 전화국에서는 내가 사용했던 회선을 다시 회수해 갑니다. 이처럼 내가 통신하는 순간에만 나에게 회선을 쓸 수 있게 해주는 방식이 바로 서킷 스위칭 방식입니다. 방금 예를 들었던 전화뿐만 아니라 모뎀이나 ISDN 같은 경우가 이 방식에 해당합니다. 모두 다이얼을 돌려 상대와 연결해서 통신하고, 통신이 끝나면 회선을 반납하는 방식입니다.

- **패킷 스위칭 방식(Packet Switched)** : 이 방식은 좀 더 다릅니다. 패킷 스위칭에서는 우리가 통신하는 순간에도 우리에게 통신회선 전체를 다 빌려주는 것이 아닙니다. 말 그대로 패킷 하나하나가 나뉘어서 통신회선을 타고 목적지까지 전달되는 방식이기 때문에 엄밀히 말하면 통신 회선을 다른 사람들과 나눠서 쓰는 방식이 바로 패킷 스위칭입니다. 따라서 패킷 스위칭 방식으로 통신을 할 때 실제로는 내가 가진 회선이 없지만 마치 내가 목적지까지의 회선을 가지고 있고, 데이터를 그 회선을 통해 전달하는 것처럼 동작하도록 해주어야 하는데, 이 목적 때문에 Virtual Circuit과 같은 개념이 나오게 됩니다. 버추얼 서킷이란, 앞에서 설명한 대로 사실은 나에게 배정된 회선이 없는데 마치 있는 것처럼 통신하는 방식입니다. 대표적인 패킷 스위칭 통신 방식은 프레임 릴레이, ATM, X25 등이 있습니다.

다음 페이지에 있는 [그림 10-1]을 보시면 지금까지 설명드린 3가지 WAN 방식이 나와 있습니다. WAN 방식에 따라 우리가 사용하는 접속 방식 역시 차이가 있습니다.

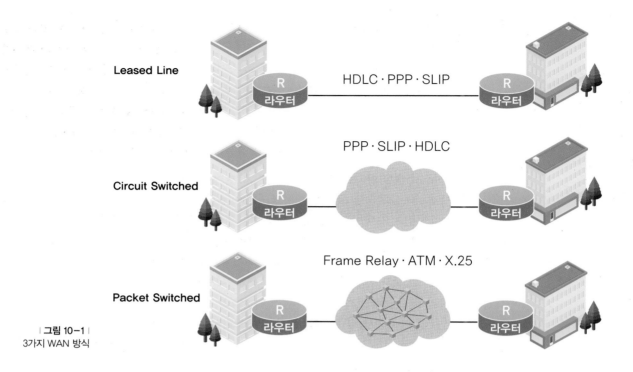

Leased Line

HDLC · PPP · SLIP

라우터 R

라우터 R

PPP · SLIP · HDLC

Circuit Switched

라우터 R

라우터 R

Frame Relay · ATM · X.25

Packet Switched

라우터 R

라우터 R

| 그림 10-1 |
3가지 WAN 방식

💬 **질문 있어요! QnA**

Q WAN을 공부하다 보면 혼동되는 말이 나오는데, CPE라는 말과 Demarc라는 말이 있네요. 그리고 DTE, DCE는 또 뭔가요? 속 시원하게 설명 좀 해주세요!

A 네, CPE(Customer Premises Equipment)란, 쉽게 '고객이 가진 장비' 정도의 뜻으로 해석이 됩니다. 즉 고객 사이트에 있는 장비라고 보시면 되는데, 라우터, DSU/CSU 같은 장비가 바로 CPE 장비의 예입니다. 그럼 고객 사이트에 있는 스위치, 허브, 랜 카드도 CPE 장비가 아니냐고 물으실 텐데, 그것 역시 CPE라고 볼 수 있습니다. 하지만 CPE라는 말은 주로 WAN쪽 서비스에서 통신사업자 장비와 고객장비를 구분하는 용도로 쓰이기 때문에 일반적으로 WAN과 관련된 DSU/CSU, 라우터까지 지칭합니다.

Demarc 또는 Demarcation은 우리말로 '경계'를 의미합니다. 즉 어디까지가 고객이 책임지는 부분이고, 어디까지가 서비스 제공자가 책임지는 부분이냐를 나눌 때 쓰는 말이죠. 이 이야기는 주로 WAN쪽에 문제가 생겼을 때 어디서부터 서비스 제공자(통신 사업자)가 책임을 지는가를 결정하기 위해 만들어진 용어로, 주로 DSU/CSU와 라우터쪽은 고객 책임이고, 회선부터는 통신사업자 책임이 됩니다.

사실 WAN을 구축하다 보면 이런 일이 많습니다. 예를 들어 서울과 부산 간의 통신이 갑자기 끊어졌다면, 네트워크 엔지니어는 이 문제가 라우터나 DSU/CSU 같은 고객쪽 장비 문제인지, 회선 같은 통신사업자 문제인지를 재빨리 알아내야 합니다. 그러기 위해서는 장비뿐만 아니라 회선에 대해서도 많은 지식과 경험이 필요합니다. 그래야 전화국과 싸워서 이길 수 있겠죠? 잘못하면 우리쪽 문제가 아닌데도 책임을 뒤집어 쓰는 경우가 있거든요. 그만큼 WAN쪽은 경험이 중요합니다. 회선도 살려보고 전화국 선로 담당자와도 자주 이야기를 해봐야 감을 잡기가 쉽답니다. 역시 해보는 것 밖에는 별다른 방법이 없죠? ^^

DTE(Data Terminal Equipment)는 말 그대로 데이터가 WAN쪽으로 여행을 시작하는 터미널 같은 곳입니다. 사용자와 네트워크로 구분을 했을 때 사용자측에서 데이터의 송신이나 수신의 용도로 사용되는 장비니까 라우터가 대표적인 DTE가 되겠네요. 반면 DCE(Data Communications Equipment 또는 Data Circuit-terminating Equipment)는 사용자와 네트워크로 구분을 했을 때 네트워크측으로의 연결 역할을 담당하는 연결 통로를 제공해줍니다. 대표적인 장비로 DSU/CSU가 있겠죠. 그리고 DCE는 여러분이 아시는 대로 클록을 제공한다는 특징을 가지고 있습니다. 너무 자세히 파고 들지 말고 저처럼 이 정도만 알아두셔도 충분합니다. ^^

후·니·의 1분 정보　빠름 빠름 빠름 V

그동안 몇 회에 걸쳐 SSD(Solid State Disk)에 대한 이야기를 드렸는데, 오늘은 스토리지에 대한 이야기로 넘어가볼까 합니다. ^^

스토리지가 뭘까요? 네, 맞습니다. 그 데이터센터에 가면 있는 캐비닛 같이 생긴 거… 왜 EMC나 넷엡, HP 같은 회사들이 팔고 있다는 그것!! 우리말로 하면 저장장치. ㅎㅎ '스토리지'라고 하는 저장장치는 쉽게 말씀드리면, 하드디스크(HDD)가 여러 개 붙어있는 겁니다. 캐비닛만큼 많이 붙어서 데이터센터의 모든 자료를 저장하는 거죠. ㅎㅎ

방금 말씀드린 대로 지금까지의 모든 스토리지 장비는 대부분 HDD 방식이었습니다. 그런데 점점 세상이 빨라지고, CPU 성능이 올라가는 이 마당에 HDD의 성능만으로는 데이터센터의 성능을 올리는 데 한계가 있었던 겁니다.

한 조사에 따르면 지난 20년간 HDD의 성능은 겨우 2배 정도밖에 향상되지 않아, 이제 CPU와 HDD의 성능 차이가 25배에 달하고 있다고 하네요. (한계가 온 거죠. ㅎㅎ) 그래서 SSD 스토리지를 고려하게 된 겁니다. ^^

지금까지 배운 대로 SSD는 더 빠르고, 가볍고, 에너지를 더 적게 먹고, 더 조용하고… 이런 많은 장점이 있고, 특히 속도 때문에 SSD 스토리지를 고려하게 된 거죠.

참고로 SSD는 HDD에 비해 Latency가 1,000배 이상 빠르고, 읽기 쓰기 속도 역시 100배 이상 빠르다고 이전에 설명드린 거 생각나시죠? ^^ (기억 안 나면 '빠름 빠름 빠름 II' 참조 ㅎㅎ)

이렇게 빠른 SSD를 스토리에 활용하기 위해 처음엔 HDD와 SSD를 함께 붙여 만든 스토리지가 많이 쓰이게 되었습니다. 자주 가져다 쓰는 데이터는 SSD에, 가끔 쓰는 데이터는 HDD에 넣어두는 방식으로, 요런 걸 유식하게 '하이브리드 스토리지'라고 한답니다. ^^

기존 HDD만으로 구성된 스토리지에 비해 SSD를 추가한 하이브리드 스토리지는 성능이 훨씬 좋아졌겠죠? (역시 돈 값을 하는구나… 하고 느꼈다고 합니다. ㅎㅎ)

그래서 요즘 새롭게 바람이 불기 시작한 게… 바로 모든 스토리지를 SSD로 구성한 '올플래시 스토리지'입니다!!

스토리지의 새로운 트렌드!! 두둥~~

이제 누군가 올 플래시 스토리지에 대해 물어본다면 재밌게 이야기해주실 수 있겠죠?

'빠름 빠름 빠름'편은 여기서 마무리~

HDLC보다 괜찮은 PPP

이번에는 우리가 라우터의 시리얼(Serial) 라인에서 주로 사용하는 HDLC(High-level Data Link Control)에 대해서 간단히 알아보겠습니다. 사실 HDLC는 PPP에 비해 그리 좋은 프로토콜은 아닙니다. PPP는 여러 가지 프로토콜을 통합해서 인캡슐레이션하는 기능, 다양한 보안 기능이 있어 HDLC보다 효과적입니다. 특히 시스코 라우터의 시리얼 라인에서 디폴트로 사용하는 HDLC는 시스코만의 방식으로 표준 HDLC 프로토콜이 아닙니다.

>>> 알고 갑시다!

HDLC는 표준 프로토콜일까요, 아닐까요?

답은 바로 HDLC는 표준 프로토콜이다. 하지만 시스코에서 사용하는 HDLC는 표준 프로토콜이 아니다. 표준 HDLC는 그렇게 효과적인 프로토콜이 아니었다. 지원하는 네트워크 프로토콜도 하나밖에 안 된다. 하지만 시스코 HDLC는 여러 개의 프로토콜을 지원한다는 장점이 있다. 표준 HDLC 프로토콜보다 효과적인 HDLC를 시스코 라우터에서 사용하기는 하지만, 표준이 아니기 때문에 시스코 라우터와 다른 회사의 라우터를 서로 시리얼로 연결하는 경우에는 HDLC를 쓰면 안 된다. 그럴 때는 PPP를 사용하는 것이 좋은데 실제 구성 시 이 문제 때문에 WAN을 살리지 못하고 고생하는 경우가 종종 있다. 똑같이 HDLC 인캡슐레이션을 썼는데 통신이 안 되니 괜히 회선이 문제가 있다느니, 장비가 고장이 났다느니 하면서 고생고생하는 것이다.

여러분도 특히 조심해야 합니다. 이상입니다.

그럼 라우터에서는 어떻게 HDLC를 Enable할까요? 일단 시리얼 인터페이스에는 디폴트로 Enable되어 있죠? 하지만 모뎀 라인과 같은 Async 라인에서 Enable해줄 필요가 있을 때는 다음 명령을 사용합니다.

```
Router(config)#interface serial 1/0
Router(config-if)#encapsulation ?  ← 시리얼쪽에 가능한 인캡슐레이션 종류가 보이죠?
  frame-relay    Frame Relay networks
  hdlc           Serial HDLC synchronous
  lapb           LAPB (X.25 Level 2)
  ppp            Point-to-Point protocol
  smds           Switched Megabit Data Service (SMDS)
  x25            X.25

Router(config-if)#encapsulation hdlc  ← 시리얼의 경우는 해주지 않아도 디폴트가 HDLC입니다.
```

[그림 10-2]를 보시면 표준 HDLC와 시스코의 HDLC가 비교되어 있습니다. 확실히 다르긴 다르죠? 혹시 시스코 라우터의 시리얼 인터페이스에 디폴트로 인캡슐레이션되어 있는 HDLC를 어디서 확인해야 하는지 모르는 분들을 위해 show interface에서 나오는 결과도 같이 정리했으니 확인해 보세요.

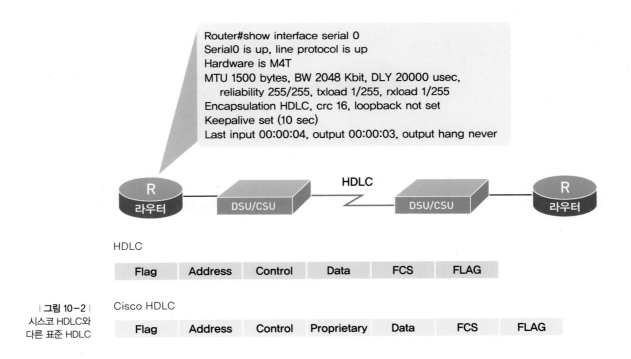

Router#show interface serial 0
Serial0 is up, line protocol is up
Hardware is M4T
MTU 1500 bytes, BW 2048 Kbit, DLY 20000 usec,
    reliability 255/255, txload 1/255, rxload 1/255
Encapsulation HDLC, crc 16, loopback not set
Keepalive set (10 sec)
Last input 00:00:04, output 00:00:03, output hang never

HDLC

| Flag | Address | Control | Data | FCS | FLAG |

| **그림 10-2** |
시스코 HDLC와
다른 표준 HDLC

Cisco HDLC

| Flag | Address | Control | Proprietary | Data | FCS | FLAG |

이제 PPP를 좀 알아볼까요? PPP(Point-to-Point) 프로토콜은 WAN에서 가장 일반적인, 그리고 가장 괜찮은 인캡슐레이션 방식입니다. 물론 시스코 장비를 쓰다 보면 전용선 같은 시리얼 라인에서는 주로 HDLC를 사용하게 되지만, ISDN 방식에서나 모뎀 접속에서는 거의 대부분의 접속을 PPP를 이용해서 구현하게 됩니다. (시리얼 라인에서도 PPP 사용은 가능한데, 타사

장비와 연결할 때는 PPP를 써야겠죠?) PPP는 강력한 보안기능과 여러 가지 네트워크 계층 프로토콜을 한꺼번에 지원하는 장점을 가진 표준 프로토콜이라는 것만 기억하시기 바랍니다.

PPP가 멀티프로토콜을 지원하고 강력한 보안기능을 지원하는 것은 PPP 안에 살고 있는 두 형제 때문입니다. 그것은 바로 NCP와 LCP입니다. (형제이다 보니 돌림자가 CP로 같네요.) NCP(Network Control Protocol)는 IP, IPX, AppleTalk 등 멀티프로토콜 지원을 책임지고 있고, LCP(Link Control Protocol)는 링크 접속에서의 보안, 에러 체크, 압축기능 및 멀티링크 PPP와 같은 다양한 접속 옵션을 제공합니다.

🔧 TIP

멀티링크 PPP 기능은 여러 개의 PPP 링크로 로드밸런싱을 하는 개념으로 이해하시면 됩니다.

우리가 일반적으로 LCP를 주목하는 이유는 바로 보안기능 때문입니다. LCP는 여러 가지 기능 중에서 보안기능을 제공함으로써 안전한 PPP 통신을 책임집니다. [그림 10-3]을 보면 LCP의 보안인증 과정은 데이터 링크 계층의 세션을 맺고 나서 네트워크 계층 간의 통신이 일어나기 직전에 발생합니다. 다시 한 번 정리해 보면 먼저 데이터 링크 계층을 서로 연결하고, 그다음에 보안인증을 거친 후 보안인증 과정을 무사히 마치면 마지막으로 네트워크 계층을 서로 연결하게 되는 겁니다. (순서가 이해되시죠? 가끔 시험에도 나오는 것이니 잘 알아두세요. ^^)

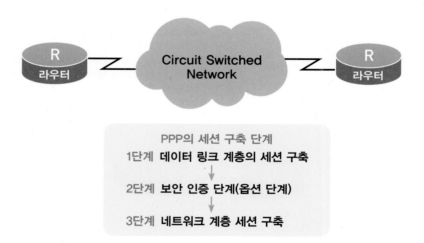

| 그림 10-3 |
PPP의 세션 구축 단계

PPP의 세션 구축 그림에 지금까지 설명을 드린 세션을 구축하는 단계가 1, 2, 3 순서로 나와있네요. 가끔 시험에 나온다는 것을 각인시켜 드리기 위해 시험지 모양의 그림 위에 순서를 써 두었으니 꼭 기억하세요. ^^

이번에는 PPP의 대표적인 보안인증 방법인 PAP과 CHAP을 알아보겠습니다. 먼저 PAP(PPP Authentication Protocol 또는 Password Authentication Protocol)은 간편하면서도 가장 일반적인 패스워드 확인법입니다. [그림 10-4]를 먼저 보시기 바랍니다.

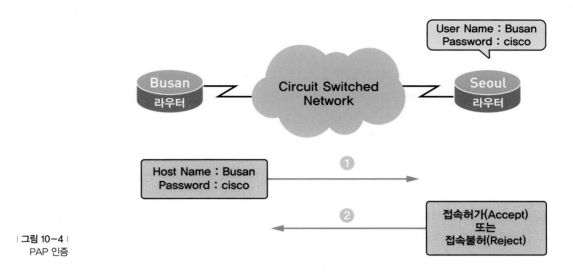

| 그림 10-4 |
PAP 인증

서울과 부산에 있는 라우터가 PPP로 접속하고 있고 보안인증은 PAP을 사용한다고 가정하겠습니다. 이때 부산에 있는 라우터 'Busan'이 서울 라우터에 접속을 요청합니다. 부산 라우터는 서울 라우터에 접속을 요청하면서 자기의 Host Name(여기서는 Busan이죠.)과 패스워드를 서울 라우터에 보내게 됩니다. 그럼 서울 라우터는 지금 부산 라우터로부터 받은 Host Name과 Password를 자신이 가지고 있는 Username/Password 자료와 비교해 봅니다. 그림에서 보는 대로 Busan과 Cisco라는 패스워드가 서울 라우터가 가지고 있는 자료와 일치하죠? 이 경우에는 접속이 허가됩니다. 이것이 바로 PAP 방식 인증입니다.

그림에서 보이는 대로 통신이 2번 일어나므로 좀 유식하게 '2 Way Handshake 방식 인증'이라고도 합니다. Handshake가 악수이니 직역하면 '양방향 악수'가 되나요? 하지만 꼭 양방향 악수라고 직역해서 생각하실 필요는 없고, 인증을 위해 2번의 통신이 이루어진다고 생각하시면 될 것 같습니다.

다시 한 번 정리해 보면 PAP에서 접속을 원하는 라우터는 자신의 Host Name과 패스워드를 같이 실어서 상대방 라우터에 보내고, 이를 받은 상대방 라우터는 방금 받은 Host Name/Password 자료와 자신이 보유하고 있는 Username/Password 자료를 비교해서 같으면 접속을 허가하고, 틀리면 접속을 막는 방식입니다.

그런데 PAP은 간단하다는 장점이 있지만, 호스트 이름과 암호가 그대로 네트워크를 타고 이동하기 때문에 중간에서 해킹에 노출될 가능성이 있습니다. 그렇다고 호스트 이름과 암호가 Encryption(암호화)되어 이동하는 것도 아니므로 그 위험성은 더욱 크죠. 이런 경우를 전문 용어로 '호스트 이름과 암호가 Clear Text로 이동한다'라고 합니다. 이 약점 때문에 실제 상황에서는 PAP보다는 앞으로 배우게 될 CHAP을 더 많이 사용합니다. 그래서 CHAP이 시험에도 더 많이 나오는 겁니다. ^^

자, 그럼 이제 CHAP(Challenge Handshake Authentication Protocol)에 대해서 알아보겠습니다. CHAP은 PAP과 비교했을 때 2가지 특징이 있습니다. 첫 번째는 PAP처럼 중간에서 해킹을 할 수 없게 만들었다는 겁니다. 두 번째는 PAP이 2-Way Handshake라면 CHAP은 3-Way Handshake 방식입니다. 이런 2가지 특징이 가능한 이유를 지금부터 알아보겠습니다. 먼저 [그림 10-5]를 보시기 바랍니다.

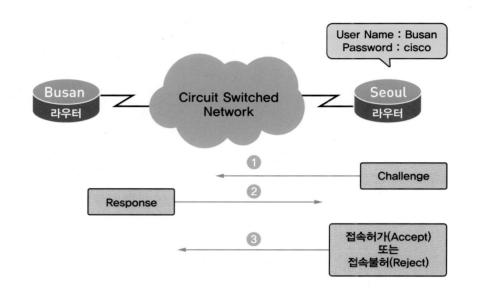

| 그림 10-5 |
CHAP 인증

그림에 영어가 좀 섞여 있어 어렵게 보일 수도 있지만 사실 알고 보면 별것 아닙니다. 먼저 부산 라우터가 접속을 시도하면 서울 라우터는 그림에서처럼 챌린지(Challenge)를 보냅니다.

챌린지를 보내는 것은 이 코드 값을 이용해서 다음에 답을 보내라는 뜻입니다. 어쨌든 "서울 라우터야, 접속하고 싶으면 이것 받아!" 하면서 챌린지를 보내는 겁니다. 그럼 부산 라우터는 수신한 챌린지 값을 가지고 자신의 패스워드를 암호화하게 됩니다.

TIP

챌린지는 간단히 암호를 만들기 위한 코드 값 정도라고 생각하시면 됩니다.

좀 더 어렵게 이야기하면 '해싱한다'고 하는데, 해싱(Hashing)은 기존의 데이터를 어떤 코드 값을 이용해서 완전히 변형시켜서 절대 원본 데이터로 돌아갈 수 없게 만드는 겁니다. 예를 들어 사과라는 원래 재료를 믹서라는 코드 값을 이용해서 갈아 사과주스를 만들었다고 합시다. 이렇게 만든 사과주스는 비록 믹서기로 사과를 갈아 만들었다는 것을 알게 되더라도 절대 다시 사과로는 바꾸지 못하겠죠? 해싱은 바로 이런 방식입니다. 원본 값을 절대로 만들지 못하게 하는 것이죠.

이야기가 좀 벗어났는데 어쨌든 이렇게 패스워드를 해싱한 값을 서울 라우터에 보내면 서울 라우터는 자기가 가지고 있던 패스워드를 같은 방법으로 해싱해 보는 것입니다. 이렇게 서울 라우터가 해싱해서 나온 값과 방금 부산 라우터가 해싱해서 보낸 값을 비교해서 이 값이 서로 같으면 인증을 통과시키는 방식이죠. 즉 자기도 사과를 믹서기로 갈아서 주스가 되는지 보는 것이죠. 어때요, 별로 어렵지 않죠?

정리하면, 먼저 부산 라우터의 접속 요청을 받은 서울 라우터가 챌린지라는 코드 값을 부산 라우터에 보내주고, 부산 라우터는 챌린지 값을 이용해서 패스워드를 해싱한 후 그 값을 서울 라우터에 보냅니다. 이 값을 받은 서울 라우터는 자기도 똑같은 해싱 방법으로 결과를 만들어서 자기가 만든 값과 부산 라우터에게 받은 값을 비교해서 같으면 통과시키고, 틀리면 통신을 끊는 방식입니다. 지금 설명을 드린 CHAP은 패스워드 자체가 네트워크로 이동하는지는 않기 때문에 중간에 해킹해도 패스워드를 알 수 없다는 장점이 있습니다. PAP보다 훨씬 강력한 보안이죠.

이제 PAP과 CHAP에 대해서 이해가 되셨죠? 혹시 아직도 고개를 갸우뚱하신 분들이 계시다면 PAP과 CHAP에 대한 질문과 답변을 한 번 읽어보세요. 분명 이해가 되실 겁니다.

Q 안녕하세요, 후니님. 다름이 아니라 PPP 보안 인증 중에 PAP과 CHAP이 있잖아요. PAP은 대충 이해가 가는데, CHAP은 이해될 듯하면서도 이해가 잘 가지 않네요. 알기 쉽게 설명 좀 해주세요. 챌린지 값이 구체적으로 어떤 건가요? 초등학교 수준으로 알려주세요. 제 수준이 초등학생이랍니다. ^^

A 네, 우리가 보통 WAN 구간을 세팅할 때 흔히 쓰는 기법 중 하나가 바로 PPP(Point To Point) 프로토콜입니다. 즉 1 대 1로 접속하는 방식이죠. 이렇게 PPP를 사용하는 경우 양쪽 라우터가 서로 확인하기 위한 보안 방법이 필요한데, 크게 두 종류가 있습니다. 하나는 PAP(PPP Authentication Protocol, '팹'이라고 읽습니다.)이고 다른 하나는 CHAP(Challenge Handshake Authentication Protocol, '챕'이라고 읽습니다.)입니다.

PAP은 쉽습니다. 그냥 접속하고자 하는 녀석이 자기의 Host Name과 Password를 상대 라우터에게 보냅니다. 그것을 보고 맞으면 접속을 허락하는 것이니 정말 쉽죠. 흔히 군대에서 보초를 설 때 누가 오면 암호를 묻는데, 그때 상대가 암호를 말해서 맞으면 통과시키는 것과 같습니다. 간단해서 좋긴 한데 문제가 하나 있죠. 만약 두 사람의 대화 내용을 누군가가(간첩이겠죠?) 듣는다면 그 사람도 암호를 알게 됩니다. 따라서 PAP은 간단하다는 장점이 있지만, 암호가 네트워크상에서 Clear Text로 날아다니기 때문에 안전하다고 볼 수 없습니다.

그러나 CHAP은 다릅니다. 마치 군대에서 가지고 있는 난수표처럼 자기가 아는 암호를 바로 부르는 것이 아니라 암호를 다른 형태로 만들어서 불러줍니다. 예를 들어 암호가 '백두산'이라면 보초는 '암호가 뭐냐?'라고 묻는 것이 아니라 '암호에 들어가는 받침이 모두 몇 개냐?' 식으로 물어봅니다. 그럼 통과자는 자기가 알고 있는 '백두산'의 받침을 세어 '받침은 2개다.'라고 말해주면 보초는 그걸 듣고 자기가 들어야 할 암호, 즉 백두산의 받침 개수를 세어보고 방금 받은 받침 개수 2와 일치하니 암호가 맞다고 생각하고 통과시켜 주는 방식입니다. 만약 이때 간첩이 2개라는 것을 듣는다고 해도 원래 암호인 '백두산'을 알 수는 없겠죠? 물론 다음 번에는 받침을 묻는 것이 아니고 글자 수나 'ㅅ'의 개수를 묻는다든지 챌린지 값에 변화를 주는 것이죠. 따라서 받침 2개만 알아서는 절대로 통과가 되지 않습니다.

이것은 예를 든 것으로, 물론 실제 통신에서는 이와 다르겠죠? 실제 통신에서는 Host Name과 Password를 해싱한다고 합니다. 즉 특정 규칙으로 다시 바꿔버리는 겁니다. 그리고 그 해싱 값을 상대에게 보냅니다. 그러면 상대는 역시 자기가 가지고 있던 원본을 같은 방법으로 해싱해서 지금 들어온 값과 비교하는 겁니다. 이 두 해싱 값이 같으면 접속을 허락하는 것이죠. 이렇게 되면 서로 간에 Host Name이나 Password가 직접 전달되지 않기 때문에 중간에서 보려고 해도 할 수가 없겠죠? 그래서 PAP에 비해 훨씬 보안에 안전하다고 하는 겁니다.

보통 CHAP은 3Way Handshaking을 한다고 합니다. 즉 첫 번째 접속을 원하는 녀석이 있다는 걸 알게 되면 챌린지를 보냅니다. 다시 말해 '네가 가진 Host Name과 Password를 이 방법으로 해싱해서 보내보라'는 겁니다. 두 번째는 챌린지를 받은 접속할 녀석이 그 요청대로 해싱해서 결과를 보내는 과정입니다. 그리고 마지막 세 번째는 다시 해싱 값을 받은 라우터는 자기의 값과 방금 받은 값을 비교해서 접속을 허락합니다.

이해가 되셨는지 모르겠네요. 결론을 내리면, PAP이나 CHAP이나 둘 다 PPP 접속을 안전하게 하기 위한 방법인데, PAP은 간단하지만 암호를 직접 주고받는 방식이라 해킹의 염려가 있습니다. 반면 CHAP은 암호를 직접 주고받지 않고 암호를 해싱이라는 방식으로 한 번 변형을 시켜 주고받기 때문에 해킹에 안전하다는 겁니다.

03
SECTION

프레임 릴레이(Frame Relay)의 구성

자, 이번에는 기대하고 기대하시던(?) 프레임 릴레이 세팅에 대한 이야기를 드릴까 합니다. 사실 프레임 릴레이에 대해서 설명드리려면 꽤나 많은 설명을 드려야 합니다. X.25와 비교해서 어떻구 저떻구, 또 용어는 뭐가 있고…. 하지만 여기서는 자세한 이야기는 생략하도록 하겠습니다.

우리가 실무에서 프레임 릴레이 스위치를 통한 라우터 연결을 할 때 어떤 식으로 구성을 해주어야 하는가를 알아보는 겁니다. 또 구성 후에는 무엇을 확인하는가를 알아볼 겁니다. 미리 말씀드리지만 여기서는 실습 환경이기 때문에 라우터 한 대를 마치 프레임 릴레이 스위치처럼 구성한 후 나머지 라우터들을 연결합니다. 여러분도 아마 혼자 공부하려면 이런 구성을 알아두는 것도 도움이 될 거라고 생각합니다.

그래도 잠깐 프레임 릴레이에 대해서는 알고 넘어가야겠죠?

기존 WAN에서 전통적으로 사용하던 통신 방식은 X.25라는 방식이었습니다. 아마 처음 들어보신 분들도 있겠지만, 이 방식은 느리고 에러가 많았던 옛날의 WAN 환경에 알맞도록 여러 가지 에러 복구 기능 및 흐름 제어 기능이 들어 있습니다. 하지만 프레임 릴레이 방식은 에러 복구와 흐름 제어 등의 데이터 처리 과정을 생략함으로써 보다 효율적인 데이터 전송 방법을 제공하게 되었습니다. 그러니까 프레임 릴레이 방식은 X.25에 비해 빠르고 효과적이지만 에러 제어 기법은 거의 제공이 안 된다고 생각하면 이해가 쉬울 것입니다.

프레임 릴레이에 대한 기술적인 사항은 앞으로 기회가 있을 때마다 설명드리도록 하겠습니다. 이번에는 프레임 릴레이 세팅에서 자주 나오는 몇 가지 용어에 대해서 한번 알아보겠습니다.

Data-Link Connection Identifier(DLCI)는 한마디로 프레임 릴레이 연결을 위한 주소라고 생각하면 됩니다. X.25 방식의 경우는 주소 지정을 위해 X.121이라는 주소 방식을 사용했는데(이건 모르셔도 됩니다.) 프레임 릴레이의 경우는 바로 DLCI라는 녀석을 사용하는 겁니다. 나중에 구성을 보면 이해가 가겠지만 하나의 링크(이건 피지컬한 링크가 아니라 논리적인 링크를 말합니다.)에 하나씩의 DLCI가 배정됩니다. 따라서 실제 하나의 인터페이스에 여러 개의 DLCI가 있을 수 있습니다. 왜냐하면 한 인터페이스가 여러 개의 논리적 링크를 가지고 있을 수 있기 때문입니다.

LMI(Local Management Interface)란 말이 나옵니다. 이것은 DLCI 정보와 함께 설정된 PVC 정보를 알려줌으로써 인터페이스의 다양한 정보와 동작 상태 등을 제공하는 기능입니다. 즉 LMI는 특정 동작 상태에 관련된 정보를 인접 라우터들에게 알려줌으로써 프레임 릴레이 네트워크상의 Virtual Circuit의 상태를 쉽게 파악할 수 있게 해주는 기능을 제공합니다. 하지만 여기에서 여러분이 아셔야 할 내용은 LMI 자체보다는 라우터에서 LMI를 세팅할 때 LMI 타입을 서로 맞추어 주어야 통신이 가능하다는 것입니다. LMI 타입으로는 시스코의 LMI, ANSI 617 Annex D LMI, 그리고 ITU-T의 Q.933 Annex A LMI 등 3가지가 있는데, ANSI 방식이 가장 널리 사용되는 방식입니다. 이 부분 역시 뒤에서 구성을 하면서 설명드리도록 하겠습니다.

자, 대충 이쯤 해놓고 프레임 릴레이의 구성에 대해서 한번 알아보겠습니다. 뭐든지 제대로 하려면 끝이 없겠지만 여기서는 대충 '이런 것이 프레임 릴레이 구성이구나' 하는 정도만 알아보려고 합니다. 그래야 나중에 프레임 릴레이 구성을 하더라도 어디서부터 공부를 해야 하는지를 알 수 있을 테니까요.

먼저 프레임 릴레이 인터페이스의 인캡슐레이션(Encapsulation) 방식에 대해서 알아보겠습니다. 인캡슐레이션이란, 프레임 릴레이망을 통과할 때 마치 캡슐로 덮어 씌우는 것처럼 포장을 한다고 생각하면 됩니다.

아무튼 프레임 릴레이 인캡슐레이션 방식은 Cisco 방식과 IETF 방식으로 두 가지가 있습니다. 그런데 시스코 라우터의 경우 디폴트는 Cisco 방식을 사용하기 때문에 시스코 라우터끼리는 Cisco 방식을 사용하는 것이 편하고 만약 시스코 라우터와 타사 라우터를 서로 같이 사용하는 경우에는 IETF 방식을 인캡슐레이션 방식으로 사용하는 것이 바람직합니다. 아래에 있는 명령을 보면서 설명드리겠습니다.

```
Router(config)#interface s 0
Router(config-if)#encapsulation frame-relay ?
  ietf Use RFC1490/RFC2427 encapsulation
  <cr>
```

먼저 프레임 릴레이의 인캡슐레이션 명령은 인터페이스에 해주는 것이라는 것을 잊지 말기 바랍니다. 따라서 먼저 일반 구성 모드(Router(config)#)에서 인터페이스 구성 모드(Router(config-if)#)로 들어와야 합니다. 인터페이스 구성 모드에 와서 encapsulation frame-relay 명령을 입력하고 마크를 넣어보니 뒤에 올 수 있는 것은 IETF와 그냥 Enter 키, 즉 encapsulation frame-relay ietf 또는 encapsulation frame-relay를 써줄 수 있습니다. 여기서 encapsulation frame-relay ietf는 ietf 방식의 인캡슐레이션을, encapsulation frame-relay는 Cisco 방식의 인캡슐레이션을 의미합니다.

다음은 LMI(Local Management Interface) 값입니다. 기본적으로 프레임 릴레이 구성에서는 원활한 프레임 릴레이 설정을 위해서 서비스 공급자(ISP)에게 반드시 정확한 LMI 종류를 알아봐야 합니다. 시스코 라우터의 인터페이스는 서비스 공급자의 LMI 종류와 일치하는 LMI로 세팅되어 있어야만 제대로 작동될 수 있습니다. LMI는 현재의 DLCI 값, global 또는 local significance DLCI 값, 그리고 virtual circuit의 현재 작동 상태 등의 정보를 알려주기 위한 값이라고 생각하면 됩니다.

LMI 세팅은 요즘 나오는 시스코 IOS 버전의 경우, 즉 IOS 버전 11.2 이상부터는 서비스 공급자의 LMI 시스코 라우터가 자동으로 감지하고 세팅해주기 때문에 따로 구성할 필요가 없습니다. 하지만 11.2 이전 버전에서는 꼭 필요한 구성입니다.

LMI 구성에 대한 방법이 아래에 나와 있습니다.

```
Router(config)#int s 0
Router(config-if)#frame-relay lmi-type ?
  cisco
  ansi
  q933a
Router(config-if)#frame-relay lmi-type cisco
```

앞의 예에서처럼 LMI 타입에 대한 세팅 역시 인터페이스에서 하도록 되어 있습니다. 가능한 LMI 타입은 앞에서와 같이 Cisco, ansi, q933a 등 3가지가 있습니다. 하지만 요즘에는 LMI를 자동으로 인식하기 때문에 따로 명령을 써줄 필요가 없습니다.

다음은 프레임 릴레이에서 각 논리적 링크에 부여하는 값인 DLCI와의 매핑에 대한 설명을 드리겠습니다. 사실 위에서 배운 프레임 릴레이의 인캡슐레이션과 LMI 방식, 그리고 지금 배울 DLCI 매핑이면 프레임 릴레이는 끝입니다.

별로 어려울 것도 없는 프레임 릴레이는 실은 몇 가지 처음 듣는 단어와 개념 때문에 어렵게 느껴지는데, 그 중 하나가 바로 서브 인터페이스(sub interface)가 아닌가 합니다. 그래서 우선은 서브 인터페이스에 대해서 알아보고 넘어가겠습니다.

[그림 10-6]에서 위에 있는 그림은 실제 프레임 릴레이의 구성입니다. 라우터의 시리얼 인터페이스가 프레임 릴레이 스위치와 연결되어 있는 그림입니다. 여기에서 라우터 A를 보면 라우터 A의 Serial 0 인터페이스가 프레임 릴레이 스위치와 연결됨으로써 라우터 B, 라우터 C와 연결되었습니다.

그러나 논리적인 구성도에서의 링크는 [그림 10-6]의 아래에 있는 것처럼 2개입니다. 즉 라우터 A에서 라우터 B로의 링크와 라우터 A에서 라우터 C로의 링크입니다. 따라서 라우터 A의 경우는 한 인터페이스가 2개의 논리적 링크를 가지게 되는데, 이때는 서브 인터페이스로의 구성이 가능합니다. 물론 서브 인터페이스 구성을 하지 않을 수도 있습니다.

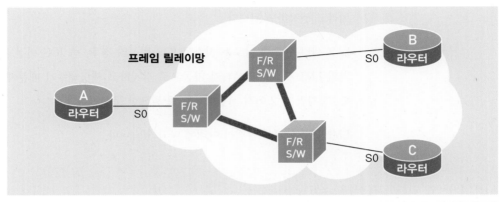

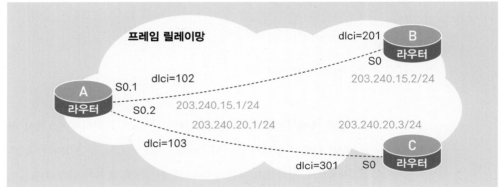

| 그림 10-6 |
프레임 릴레이의 구성 1

TIP

프레임 릴레이 인터페이스에서 서브 인터페이스를 만들 때는 인터페이스 타입을 지정할 때 주의를 기울여야 합니다. 한 번 지정된 인터페이스 타입은 라우터를 껐다 켤 때까지 지울 수 없습니다.

만약 라우터 A가 서브 인터페이스로 구성된다면 바로 위의 그림과 같게 됩니다. 즉 실제로는 라우터 A에서 회선이 1개가 나갔지만, 마치 2개의 회선을 가지고 있는 것처럼 사용할 수 있습니다. 이렇게 서브 인터페이스를 지정하면 이 서브 인터페이스도 마치 실제 인터페이스처럼 프레임 릴레이 인캡슐레이션 방식도 지정하고, LMI 방식도 지정하며, 또 IP 주소도 부여할 수 있습니다.

서브 인터페이스를 지정하는 방법은 먼저 서브 인터페이스를 지정하고자 하는 인터페이스명을 앞에 쓰고, 뒤에 점을 찍어서 서브 번호를 붙이면 됩니다.

```
Router(config)#interface serial 0.1 ?
  multipoint          Treat as a multipoint link
  point-to-point      Treat as a point-to-point link

Router(config)#
```

즉 serial 0 인터페이스를 서브 인터페이스로 나누고자 하는 경우에는 위에서처럼 interface serial 0 뒤에 점을 찍고 1번부터 계속 써주면 됩니다. 이때 서브 인터페이스는 두 종류를 만들어줄 수 있는데, 한 곳에서 여러 곳으로 연결해주는 서브 인터페이스 타입인 multi-point 와 일대일 연결 타입인 point-to-point 타입이 있습니다.

[그림 10-6]의 경우는 라우터 A에서 라우터 B와 라우터 C로 나간 서브 인터페이스가 서로 다른 네트워크(하나는 203.250.15.0이고, 또 하나는 203.240.20.0 네트워크)로 구성되었기 때문에 point-to-point로 구성하였습니다.

그럼 여기에서 라우터 A의 시리얼 인터페이스 구성을 잠깐 구경해볼까요?

```
interface Serial2/0
  no ip address
  no ip directed-broadcast
  encapsulation frame-relay
  no fair-queue
  frame-relay lmi-type ansi
!
interface Serial2/0.1 point-to-point
  ip address 203.240.15.1 255.255.255.0
  no ip directed-broadcast
  frame-relay interface-dlci 102
!
interface Serial2/0.2 point-to-point
  ip address 203.240.20.1 255.255.255.0
  no ip directed-broadcast
  frame-relay interface-dlci 103
```

여기서 중요한 것이 많이 나오네요. 자세히 봐두기 바랍니다.

우선 여기에서 보이는 것처럼 라우터 A가 서브 인터페이스로 구성되다 보니까 라우터 A의 실제 인터페이스인 Serial 2/0에는 IP 주소 구성이 없습니다. 즉 IP 주소를 실제 인터페이스에 하지 않고 서브 인터페이스에 했다는 것을 기억해 두기 바랍니다.

피지컬 인터페이스에서 세팅하는 것은 이 인터페이스의 인캡슐레이션 방식(encapsulation frame-relay)과 여기서 사용된 LMI 타입(frame-relay lmi-type ansi)입니다. 앞에서 설명 드린 대로 LMI 타입은 이 프레임 릴레이망에 연결된 모든 라우터에서 같이 맞추어 주어야 합니다. 디폴트는 Cisco라는 것을 이제는 아시죠?

자, 이렇게 피지컬 인터페이스를 구성하고 나면 이제 서브 인터페이스를 구성하게 됩니다. 서브 인터페이스의 구성법은 앞에서 배웠습니다. 그대로 서브 인터페이스를 하나 만든 다음에 서브 인터페이스의 타입은 point-to-point로 정의했습니다. 그리고 이 서브 인터페이스에 IP 주소를 입력하게 됩니다. 마치 진짜 인터페이스인 것처럼 말이죠.

그 다음에 잊지 말고 꼭 해줘야 하는 것이 DLCI 연결입니다. 물론 프레임 릴레이의 구성에서 Encapsulation 타입과 LMI만 잡아주면 Inverse ARP라는 것이 동작해서 자동으로 연결이 가능하도록 해주지만, 보통은 inverse ARP 대신 여기에서처럼 frame-relay interface 명령이나 frame-relay map 명령을 사용해서 수동으로 설정을 하게 됩니다. 여러분들도 가능하면 제가 하는 방식을 사용하시기를 권합니다.

특히 여기서 주의해야 하는 것은 frame-relay map 명령과 Inverse ARP는 같이 동작하지 않는다는 것입니다. 따라서 만약 Inverse ARP를 사용하는 경우에는 절대로 frame-relay map을 같이 사용하면 안 되므로 주의하기 바랍니다. (이런 문제는 CCIE 시험에도 간혹 나오고 있습니다.)

맨 처음 프레임 릴레이를 세팅하면 자동으로 Inverse ARP가 동작하기 때문에 아무 문제없이 연결이 됩니다. 즉 핑이 되는 겁니다. 그러다가 만약 다른 하나를 더 프레임 릴레이망에 붙일 일이 발생해서 이것을 연결할 때 frame-relay map을 사용했다고 가정하면, 이 경우에도 제가 경고한 것과는 달리 모든 라우터들의 연결이 잘 되고 정상적으로 핑이 가능합니다. 그런데 만약 이 라우터들을 전부 껐다 켜는 경우에는 라우터가 부팅하면서 frame-relay map 명령이 있는 것을 알고 Inverse ARP를 동작시키지 않기 때문에 정상적인 연결이 되지 않는 겁니다. (그러니까 더 혼돈이 오겠죠? 껐다 켜기 전까지는 잘 되었는데 한 번 부팅하고 나서 안 되니 말입니다.) 따라서 아까 말씀드린 대로 Inverse ARP를 믿기보다는 여기에서처럼 framerelay map과 frame-relay interface-dlci를 이용해서 수동으로 연결을 해주시기 바랍니다.

여기서처럼 서브 인터페이스를 만들고 그 타입이 point-to-point인 경우는 frame-relay map 명령을 사용하지 않고 frame-relay interface-dlci를 사용한다는 것도 알아두기 바랍니다. 이 명령의 형식은 frame-relay interface-dlci 뒤에 자기 라우터의 Local DLCI 번호를 넣어주면 됩니다.

```
frame-relay interface-dlci 102
```

만약 라우터 A와 같이 point-to-point 서브 인터페이스에 frame-relay interface-dlci 명령 대신 frame-relay map 명령을 사용하게 되면 다음과 같은 에러 메시지가 나타납니다.

```
Router_A(config-subif)#frame map ip 203.240.15.2 102 broad
FRAME-RELAY INTERFACE-DLCI command should be used on point-to-point interfaces
```

그럼 라우터 B와 라우터 C의 구성도 같이 알아볼까요?

```
Router_B#sh run int s 0
Building configuration...

Current configuration:
!
interface Serial0
  bandwidth 56
  ip address 203.240.15.2 255.255.255.0
  no ip directed-broadcast
  encapsulation frame-relay
  no ip mroute-cache
  frame-relay map ip 203.240.15.1 201 broadcast
  frame-relay lmi-type ansi
end

Router_C#sh run int s 0
Building configuration...

Current configuration:
!
interface Serial0
  ip address 203.240.20.3 255.255.255.0
  no ip directed-broadcast
  encapsulation frame-relay
  no ip mroute-cache
  frame-relay map ip 203.240.20.1 301 broadcast
  frame-relay lmi-type ansi
end
```

라우터 B와 라우터 C의 구성이 있습니다. 이 두 라우터의 경우에는 서브 인터페이스를 사용하지 않고 피지컬 인터페이스를 그대로 사용했습니다. 따라서 피지컬 인터페이스에 IP 주소를 그대로 부여한 것을 볼 수 있습니다. 또 인캡슐레이션 방식(encapsulation frame-relay)과 LMI 타입(frame-relay lmi-type ansi)도 라우터 A, B, C가 일치함을 알 수 있습니다.

여기에서 알아야 할 것은 frame-relay map 명령입니다. 위와 같이 피지컬 인터페이스나 multi-point 서브 인터페이스를 이용해서 프레임 릴레이를 구성하는 경우에는 위와 같은 frame-relay map 명령을 사용하게 됩니다. frame-relay map 명령의 사용 형식은 다음과 같습니다.

```
Router_B(config-subif)#frame-relay map <protocol> <address> <dlc> broadcast
```

즉 프레임 릴레이에서 사용할 프로토콜(여기서는 IP)을 쓰고, 상대편의 주소(여기서는 상대의 IP 주소)를 넣은 후 자신의 DLCI 번호를 넣고 맨 마지막에 브로드캐스트를 넣게 됩니다. 라우터 B의 구성에서

```
frame-relay map ip 203.240.15.1 201 broadcast
```

상대편 라우터, 즉 라우터 A의 IP 주소는 203.240.15.1이고, 라우터 B에서 라우터 A쪽으로 연결된 프레임 릴레이의 DLCI 값은 [그림 10-6]에 있는 것처럼 201입니다. 그리고 마지막에 브로드캐스트를 활성화했습니다. 라우터 C의 구성 역시 마찬가지입니다.

이렇게 프레임 릴레이의 구성을 마쳤으면 라우터에서 현재의 상태를 검증해야 합니다. 이때 사용하는 명령이 show frame-relay pvc입니다.

```
Router_A#show frame-relay pvc

PVC Statistics for interface Serial2/0 (Frame Relay DTE)

            Active       Inactive      Deleted       Static
   Local      2             0             0             0
   Switched   0             0             0             0
   Unused     0             0             0             0
DLCI = 102, DLCI USAGE = LOCAL, PVC STATUS = ACTIVE, INTERFACE = Serial2/0.1
```

```
    input pkts 10         output pkts 63        in bytes 1040
    out bytes 16728       dropped pkts 0        in FECN pkts 0
    in BECN pkts 0        out FECN pkts 0       out BECN pkts 0
    in DE pkts 0          out DE pkts 0
    out bcast pkts 53     out bcast bytes 15688
 pvc create time 01:13:44, last time pvc status changed 00:50:09

 DLCI = 103, DLCI USAGE = LOCAL, PVC STATUS = ACTIVE, INTERFACE = Serial2/0.2

    input pkts 38         output pkts 84        in bytes 10336
    out bytes 22944       dropped pkts 2        in FECN pkts 0
    in BECN pkts 0        out FECN pkts 0       out BECN pkts 0
    in DE pkts 0          out DE pkts 0
    out bcast pkts 74     out bcast bytes 21904
    pvc create time 01:12:40, last time pvc status changed 00:44:00
 Router_A#
```

이때 위와 같이 라우터 A에서는 2개의 프레임 릴레이 PVC를 사용했음을 알 수 있습니다. 즉 DLCI 102번과 103번입니다. 또 이 2개의 PVC는 현재 ACTIVE 상태라는 것도 알 수 있습니다. 그리고 각 PVC에 사용한 인터페이스는 serial 2/0.1과 serial 2/0.2라는 것도 보여줍니다.

여기서 특히 주의깊게 보셔야 할 것은 PVC STATUS = ACTIVE 부분으로, 이 상태가 ACTIVE 이외의 상태, 즉 inactive나 deleted 상태의 경우는 프레임 릴레이 연결의 문제가 있는 것임을 알아야 합니다.

또 하나 프레임 릴레이망의 상태를 확인하는 명령은 show frame-relay map입니다. 즉 프레임 릴레이망이 어떻게 연결되어 있는지와 그 상태를 보여주는 명령입니다.

```
Router_A#sh fram map
Serial2/0.1 (down): point-to-point dlci, dlci 102(0x66,0x1860), broadcast
         status defined, inactive
Serial2/0.2 (up): point-to-point dlci, dlci 103(0x67,0x1870), broadcast
status defined, active
```

여기에서처럼 serial 2/0.1은 상태가 inactive로 보이고, serial 2/0.2는 상태가 active로 보입니다. 따라서 라우터 A와 B 구간은 프레임 릴레이 구간에 문제가 있음을 알 수 있습니다.

이번에는 [그림 10-7]을 보기 바랍니다. 아까 그림과 비슷한 것 같기도 하지만 약간의 다른 점이 보입니다. 무엇일까요?

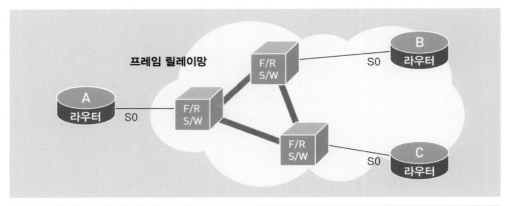

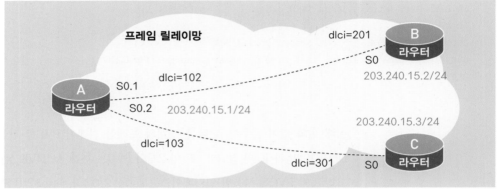

| 그림 10-7 |
프레임 릴레이의 구성 2

네, 그렇습니다. [그림 10-6]의 경우는 라우터 A와 라우터 B 구간 네트워크, 라우터 A와 라우터 C 구간의 네트워크가 서로 다른 네트워크였습니다. 그러나 [그림 10-7]에서는 라우터 A, B, C의 프레임 릴레이망이 모두 같은 네트워크라는 것을 알 수 있습니다.

이때 라우터 A에 사용되는 서브 인터페이스 타입이 바로 multi-point입니다. (아마 눈치채셨을 겁니다.) 자, 그럼 이때 라우터 A를 구성해 볼까요?

```
interface Serial2/0
 no ip address
 no ip directed-broadcast
 encapsulation frame-relay
 no fair-queue
 frame-relay lmi-type ansi
!
interface Serial2/0.1 multipoint
 ip address 203.240.15.1 255.255.255.0
 no ip directed-broadcast
 frame-relay map ip 203.240.15.2 102 broadcast
 frame-relay map ip 203.240.15.3 103 broadcast
```

이전 구성과 비교해서 보면 훨씬 도움될 것입니다. 앞에서 설명드린 대로 하나의 서브 인터페이스에서 라우터 B와 C로 연결되어 나갔기 때문에 이번에는 서브 인터페이스의 타입이 multi-point로 바뀌었습니다. 또 아까는 frame-relay interface-dlci 명령을 사용했는데, 이번에는 frame-relay map 명령을 사용했고 두 군데 모두 맵을 잡았음을 알 수 있습니다.

여기서 또 하나 주의해주어야 할 것은 라우터 B와 라우터 C의 구성입니다.

```
Router_B#sh run int s 0
Building configuration...

Current configuration:
!
interface Serial0
  bandwidth 56
  ip address 203.240.15.2 255.255.255.0
  no ip directed-broadcast
  encapsulation frame-relay
  no ip mroute-cache
  frame-relay map ip 203.240.15.1 201 broadcast
  frame-relay map ip 203.240.15.3 201 broadcast
  frame-relay lmi-type ansi
end


Router_C#sh run int s 0
Building configuration...

Current configuration:
!
interface Serial0
  ip address 203.240.15.3 255.255.255.0
  no ip directed-broadcast
  encapsulation frame-relay
  no ip mroute-cache
  frame-relay map ip 203.240.15.1 301 broadcast
  frame-relay map ip 203.240.15.2 301 broadcast
  frame-relay lmi-type ansi
end
```

[그림 10-7]을 보면 라우터 B와 라우터 C는 각각 라우터 A하고만 연결이 되어 있습니다. 따라서 언뜻 생각하기에는 라우터 B나 라우터 C에서는 라우터 A와의 frame-relay map만을 잡아주면 될 것이라고 생각하겠지만 사실은 그렇지 않습니다.

라우터 구성을 살펴보면 라우터 B는 라우터 A와 라우터 C에 대한 frame-relay map을 모두 잡아주었고, 또 라우터 C는 라우터 A뿐만 아니라 라우터 B에 대한 frame-relay map을 구성해 주었습니다. 이처럼 라우터 B와 라우터 C가 서로를 frame-relay map으로 구성해 주지 않으면 서로 간의 통신은 불가능합니다. 이것을 주의하기 바랍니다.

그럼 아까 배운 대로 프레임 릴레이의 상태를 라우터 B에서 확인해 보겠습니다.

```
Router_B#show frame-relay map
Serial0 (up): ip 203.240.15.1 dlci 201(0xC9,0x3090), static,
              broadcast,
              CISCO, status defined, active
Serial0 (up): ip 203.240.15.3 dlci 201(0xC9,0x3090), static,
              broadcast,
              CISCO, status defined, active
Router_B#
```

보이는 대로 라우터 B는 라우터 A(203.240.15.1)와 라우터 C(203.240.15.3)로 2개의 PVC를 맺고 있음을 알 수 있습니다. 그럼 라우터 B에서 라우터 A와 라우터 C로 핑을 한번 보내 볼까요?

```
Router_B#ping 203.240.15.1

Type escape sequence to abort.
Sending 5, 100-byte ICMP Echos to 203.240.15.1, timeout is 2 seconds:
!!!!!
Success rate is 100 percent (5/5), round-trip min/avg/max = 4/5/8 ms
Router_B#ping 203.240.15.3

Type escape sequence to abort.
Sending 5, 100-byte ICMP Echos to 203.240.15.3, timeout is 2 seconds:
!!!!!
Success rate is 100 percent (5/5), round-trip min/avg/max = 4/7/8 ms
Router_B#
```

어때요? 프레임 릴레이도 별것 아니라는 것을 아셨죠? 사실 프레임 릴레이를 실제 구성하려고 하는 경우에는 구성 자체의 어려움보다는 회선을 체크하고 DLCI 번호를 받는 등의 일 때문에 시간이 지체되는 경우가 많습니다.

따라서 어딜 가나 경험이 있어야 한다는 것은 여기에서도 적용됩니다. 아무튼 여러분은 여기서 배운 정도의 지식만 가지고 있으면 지금 당장 프레임 릴레이를 구성하러 가도 아무 이상없이 잘 할 수 있을 겁니다. 자, 조금은 어렵고 조금은 지루했던 프레임 릴레이의 구성은 여기까지입니다.

참고로 지금 우리가 사용하고 있는 프레임 릴레이 스위치의 구성을 한번 보여드리겠습니다. 여러분이 이것까지 아실 필요는 없습니다. 그냥 재미삼아 구경하기 바랍니다.

우리가 중간에 있다고 가정한 프레임 릴레이 스위치는 [그림 10-8]에서 보이는 대로 라우터 1대입니다. 여기서는 시스코 1750 라우터에 4개의 시리얼 인터페이스를 달아서 프레임 릴레이로 사용했습니다. 그림을 먼저 보고 프레임 릴레이 스위치의 구성을 보기 바랍니다.

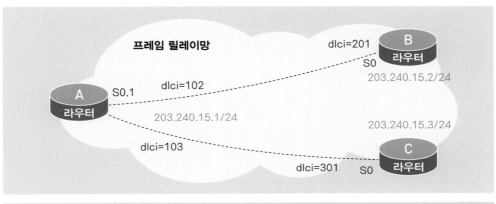

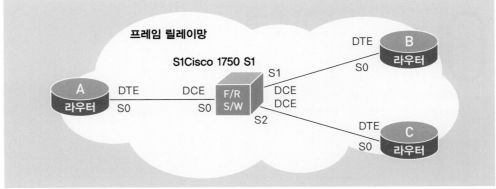

| 그림 10-8 |
프레임 릴레이의 구성 3

그림에서처럼 라우터 A, B, C는 중간에 있는 프레임 릴레이 스위치와 Back-to-Back 케이블을 이용해서 연결되었습니다. 따라서 DCE 케이블 쪽에서는 클록을 입력해 주어야 한다는 것을 이제 알고 계실 겁니다. 혹시 기억나지 않으면 라우터의 Back-to-Back 구성을 다시 한 번 찾아서 읽어보기 바랍니다. 여기 구성에서는 프레임 릴레이 스위치쪽이 모두 DCE로 세팅되어 있습니다.

그럼 이제 프레임 릴레이 스위치 역할을 수행하는 라우터의 구성을 보겠습니다.

```
!
frame-relay switching
!
interface Serial0
  no ip address
  encapsulation frame-relay
  clockrate 2000000
  frame-relay lmi-type ansi
  frame-relay intf-type dce
  frame-relay route 102 interface Serial1 201
  frame-relay route 103 interface Serial2 301
!
interface Serial1
  no ip address
  encapsulation frame-relay
  clockrate 1000000
  frame-relay lmi-type ansi
  frame-relay intf-type dce
  frame-relay route 201 interface Serial0 102
!
interface Serial2
  no ip address
  encapsulation frame-relay
  clockrate 2000000
  frame-relay lmi-type ansi
  frame-relay intf-type dce
  frame-relay route 301 interface Serial0 103
!
interface Serial3
  no ip address
  encapsulation frame-relay
  shutdown
!
```

구성은 보이는 대로 그리 어렵지 않습니다. 이것은 프레임 릴레이 스위치로 구성되기 때문에 IP 주소를 입력할 필요가 없습니다. 단지 어느 인터페이스에서 들어온 것을 어디로 내보내주기만 하는 스위치라고 생각하면 됩니다.

⚙ TIP

프레임 릴레이 스위치를 라우터를 이용하여 구성하는 방법을 알아두면 LAB 환경에서 도움이 됩니다. 특히 CCIE를 준비하는 분이라면 미리 프레임 릴레이 스위치를 구성하는 방법을 공부해 두기 바랍니다.

따라서 맨 위에 frame-relay switching이란 명령을 이용해서 자신이 프레임 릴레이 스위치의 역할을 수행함을 정의했습니다.

이제 라우터 A와 연결된 시리얼 0 인터페이스를 보겠습니다. 말씀드린 대로 시리얼 0 인터페이스는 DCE쪽입니다. 따라서 클록을 설정해 주어야 하는데, clockrate 2000000 명령을 사용해서 클록을 지정했습니다. 그리고 현재 이 라우터가 프레임 릴레이의 스위치로 동작하기 때문에 프레임 릴레이 인터페이스 타입 역시 DCE로 지정합니다. (frame-relay intf-type dce, 여기 나온 DCE는 케이블 타입을 말하는 것이 아니고 프레임 릴레이 스위치쪽에는 항상 DCE로 세팅합니다.) 역시 프레임 릴레이 스위치에서도 LMI 타입과 인캡슐레이션 타입은 똑같이 맞춰줍니다.

이제 frame-relay route 명령을 이용해서 인터페이스와 DLCI 번호를 이어주는 일이 남았습니다. 시리얼 0 인터페이스에서

```
frame-relay route 102 interface Serial1 201
```

은 라우터 A에서 DLCI 102번으로 들어온 것은 시리얼 1쪽, 즉 라우터 B쪽으로 연결해 주며, 이때 라우터 B쪽에서 사용되는 DLCI 번호는 201이라는 것을 지정하는 명령입니다. 즉 여기서 102는 로컬 DLC를, 201은 리모트 DLCI 번호를 나타냅니다.

또 라우터 A쪽에서 103으로 들어온 것은 시리얼 2쪽, 즉 라우터 C쪽으로 보내줍니다. 이때 라우터 C쪽에서 라우터 A쪽으로의 연결은 DLCI 301이 된다는 것을 지정하는 명령은 framerelay route 103 interface Serial2 301이 됩니다.

대충 이렇게만 알면 다음에 혼자 프레임 릴레이 스위치를 구성하실 때 도움이 될 겁니다. 자, 지루하고 어려웠던 프레임 릴레이의 구성은 여기까지입니다.

04
SECTION

ISDN의 추억

이번에는 ISDN(Integrated Services Digital Network)에 대한 이야기를 좀 해볼까요? 사실 ISDN에 대한 이야기는 좀 고민을 했던 부분입니다. 요즘 ISDN을 쓰는 분들이 얼마나 계실까 하는 것이 첫 번째 고민이었고, 이것을 배운다고 써 먹을 곳이 있을까 하는 점이 두 번째 고민 이었습니다. 하지만 지금도 외국에서는 ISDN이 많이 사용되고 있고, 국내와 같이 DSL 기술이 나 메트로 이더넷처럼 초고속 전송 기술이 꽉 잡고 있는 나라는 그리 많지 않기 때문에 시스코 역시 아직까지 ISDN을 지원하는 장비가 나오고 있는 상황입니다. 하지만 제 생각에는 이것도 몇 년 가지 않아 분명 사라질 것으로 예상되는 기술 중 하나입니다. 그렇다면 사라지기 전에 기본적인 것은 어서 배워두어야겠죠?

먼저 ISDN이란 무엇인지를 알아야 합니다. 대표적인 Circuit Switched Network(앞에서 배운 기억이 나시죠? 전화기와 똑같은 방식입니다.)의 한 예인 ISDN은 이미 Integrated Services Digital Network라는 약자를 통해 알 수 있듯이 디지털 네트워크를 통해 여러 가지 서비스, 즉 음성, 데이터 등의 서비스를 전송하는 방식을 말합니다. 국내에서도 90년대 초반에 서비스되기 시작한 ISDN 기술은 전화접속 방식에 비해 상대적으로 빠른 속도(지금과는 비교도 안 되겠지만 그때는 꽤나 빨랐답니다.)와 디지털 전송 방식으로 여러 가지 서비스를 동시에 제공한다는 장점 때문에 꽤 사랑을 받았지만, 이제는 한물간 기술로 일부 은행권이나 회사 등에서 백업용 회선으로 사용하고 있는 것이 전부입니다. 그나마 요즘은 이 백업용 회선도 곧 다른 라인으로 교체될 것이라고 하니 우리 기억 속에서 사라질 날도 멀지 않은 기술임은 확실합니다. 실제 국내에서는 2003년도를 끝으로 ISDN 서비스가 대부분 중단되었습니다. (배울 맛이 안 나시죠? 그래도 조금만 참으세요. ^^)

ISDN은 BRI(Basic Rate Interface)와 PRI(Primary Rate Interface) 두 종류로 구분됩니다. [그림 10-9]에 BRI와 PRI에 대한 그림이 있습니다. 사실 BRI와 PRI는 겉보기에는 하나의 라인이지만, 그림에서 보이는 대로 여러 개의 전송통로를 가진 회선입니다. 그 전송통로가 몇 개인지에 따라 BRI와 PRI를 구분하기 때문입니다.

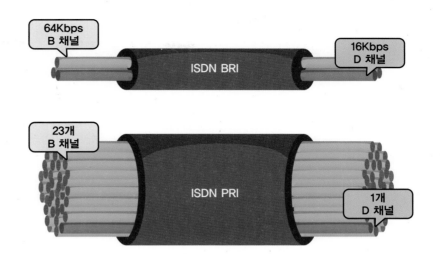

| 그림 10-9 |
BRI와 PRI

그림에서 위쪽에 보이는 것이 BRI(Basic Rate Interface)입니다. BRI는 2개의 B 채널과 하나의 D 채널을 가지고 있습니다. B 채널은 Bearer 채널의 약자로, 우리말로는 '짐꾼' 또는 '운반인' 정도의 의미를 가지며 데이터, 음성, 영상 등의 사용자 데이터 전송을 담당합니다. D 채널은 'Delta 채널'이라고도 부르며, 제어 정보나 시그널 전송에 사용됩니다. BRI에서 B 채널은 64Kbps의 대역폭을 갖고, D 채널은 16Kbps의 대역폭을 갖기 때문에 데이터의 최대 전송 대역폭은 128Kbps라고 생각하시면 됩니다. (데이터 대역폭은 128K이지만, 총 대역폭은 128K+16K이니까 144Kbps입니다.)

64Kbps × 2개의 B 채널 = 128Kbps

그림의 아래에 보이는 것이 PRI(Primary Rate Interface)입니다. 정확하게 말하면 PRI 중에서도 그림에서 보이는 것은 T1 PRI입니다. (PRI는 E1 PRI와 T1 PRI가 있습니다.) T1 PRI는 전체 대역폭이 약 1.544Mbps이고 23개의 B 채널과 1개의 D 채널을 가지며, 주로 미국이나 일본 등에서 사용됩니다. 또 E1 PRI는 약 2.048Mbps의 대역폭으로 30개의 B 채널과 1개의 D 채널을 가지며, 주로 유럽에서 많이 사용됩니다. (국내도 유럽 방식을 사용합니다.)

보통 시험에서는 ISDN BRI와 PRI에 대한 구분, 그리고 B 채널과 D 채널에 대한 간단한 이해 정도를 묻는 내용이 자주 출제되고 있습니다. 따라서 개념만 잘 이해해 두시면 어렵지 않게 답을 맞출 수 있을 겁니다.

우리는 여기서 2개의 채널인 B 채널, D 채널과 2개의 ISDN 접속 속도인 BRI, PRI를 배웠습니다. 표를 만들면서 배운 것을 명확하게 정리해 보겠습니다.

⚙ TIP

ISDN에서 채널이란, 신호가 흐를 수 있는 통로를 말합니다. 이 통로를 통해 사용자의 데이터나 제어에 관한 신호가 흘러다닌다고 생각하시면 됩니다.

- ● ISDN의 채널

채널	속도(대역폭)	기능	사용 프로토콜
B	64Kbps	음성, 데이터, 영상 등 사용자 정보 전달	PPP, HDLC
D	16Kbps(BRI) 64Kbps(PRI)	통신제어, 신호 정보 전달	LAPD(Link Access Procedure on the D channel)

- ● ISDN의 접속 방식

접속 방식	구성	속도	비고
BRI(Basic Rate Interface)	2B + 1D	144Kbps	
PRI(Primary Rate Interface)	23B + 1D(T1) 30B + 1D(E1)	1.544Mbps 2.048Mbps	북미, 일본 유럽, 한국

이제 접속 방식과 채널에 대해서는 정리가 되셨을 겁니다. 이 정도만 알고 있으면 됩니다.

ISDN을 하다 보면 또 하나 혼동되는 것이 바로 ISDN의 장비 타입과 인터페이스 방식입니다. NT1이니, NT2이니, U 인터페이스이니, S/T 인터페이스이니 하는 말을 들으면 ISDN을 점점 멀리하고 싶어집니다. 그러다 ISDN과 이별(?)을 고하게 되는 것이죠. 이번 기회에 ISDN에서 나오는 장비 타입과 인터페이스 타입을 확실히 이해해 두시면 다음부터는 혼동하는 일이 없을 겁니다. 우선 [그림 10-10]을 보시기 바랍니다. 그림이 좀 복잡하지만 사실 알고 보면 아무것도 아닙니다.

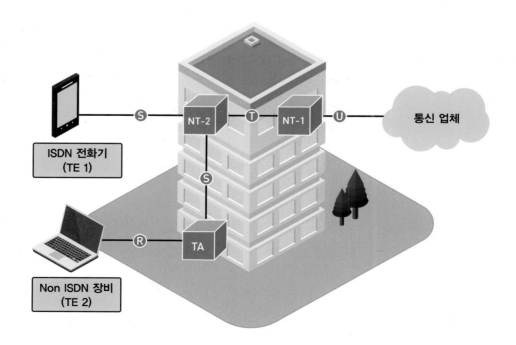

| 그림 10-10 |
ISDN의 장비와 인터페이스 타입

먼저 그림의 왼쪽에 있는 전화기와 컴퓨터 그림을 보시기 바랍니다. ISDN망에 접속한 장비를 TE(Terminal Equipment)라고 합니다. 우리말로는 '터미널 장비'라고 해야겠네요. TE는 다시 2종류로 나눌 수 있는데, ISDN용 전용장비(예를 들어 ISDN 전용 전화기나 ISDN 인터페이스를 가지고 있는 라우터가 여기에 해당합니다.)를 TE1이라 하고, ISDN 전용 장비가 아닌 일반 장비(예를 들어 일반 컴퓨터나 일반 전화기, ISDN 인터페이스가 없는 라우터가 여기에 해당합니다.)를 TE2라고 합니다. 그래서 위에 있는 ISDN용 전화기 밑에는 TE1, 아래에 있는 일반 컴퓨터에는 TE2라는 글자가 쓰여 있습니다.

TE2 장비는 ISDN 전용 접속장비가 아니기 때문에 ISDN망에 접속하기 위해서는 TA(Terminal Adapter)라는 장비가 필요합니다. (우리도 보통 전원 코드가 서로 맞지 않을 때 어댑터라는 것을 쓰지요.) 그림에서 TE2 장비 앞에 TA라는 터미널 어댑터가 있는 것을 보실 수 있을 겁니다. 이때 TA는 그림에서처럼 외부에 단독으로 존재하는 장비일 수도 있고, 아니면 보드 형태로 TE2에 탑재될 수도 있습니다. 만약 TA가 외부에 단독으로 나와 있는 장비라면 TE2와 TA 간에 연결이 필요할 텐데, 이 연결에는 RS 232C나 V.24, V.35 등이 사용되고, 이 인터페이스를 R 인터페이스라고 합니다.

TE1 장비와 TA 장비는 NT1(Network Termination equipment type 1)에 RJ-48 형식으로 연결됩니다. (일단 중간에 있는 NT2는 신경 쓰지 마세요.) RJ-48은 4wire 접속, 즉 4가닥으로 접속하는 방식으로, RJ-45의 8가닥 중에 4가닥만을 사용해서도 접속이 가능합니다. (이 경우 Straight 케이블을 씁니다.) 그런데 그림을 보니 TE1, TA 장비와 NT1 사이에 NT2라는 장비가 있는 것이 보이죠? NT2라는 장비는 NT1을 여러 개의 TE1 또는 TA가 공유하게 하기 위한 장비라고 생각하시면 됩니다. 일종의 교환기 역할을 하는 장비가 바로 NT2입니다. 여기서 TE1이나 TA가 NT1에 접속하는 인터페이스 방식은 S/T 방식입니다.

NT1까지 4가닥으로 온 통신케이블은 사용자 구역을 떠나 통신업체 회선과 연결되면서 2가닥(원래의 전화회선 방식)으로 바뀌게 되는데, NT1은 바로 4가닥의 케이블을 2가닥으로 바꿔주는 역할을 합니다. 이때 NT1과 통신업체와의 연결에 사용되는 인터페이스 방식이 U 인터페이스입니다.

아마 지금 설명드린 장비 타입과 인터페이스 타입이 ISDN에서 가장 혼란스러운 용어 중 하나가 아닐까 생각합니다. (적어도 제게는 그랬습니다. ^^;) 그러니 저처럼 계속 고생하지 마시고 한 번에 제대로 기억하기 바랍니다. 그림을 보면서 다시 한 번 천천히 해보시면 금방 기억이 되실 겁니다. 순서대로 외우는 사람들도 있지만 외운 건 금방 잊어버리니까 먼저 이해를 해두시기 바랍니다.

자, 그럼 지금까지 배운 것을 가지고 응용 문제를 내 볼까요? 만약 라우터의 BRI 인터페이스에 'U' 인터페이스라고 쓰여 있다면 이건 무슨 의미일까요? 네, 그건 라우터 안에 이미 NT1이 포함되어 있다는 의미겠죠. 따라서 이곳에는 일반 전화선 2가닥을 직접 연결하시면 됩니다. (전화선은 보통 RJ-11이라고 합니다.)

그럼 만약 라우터의 BRI 인터페이스에 'S/T' 인터페이스라고 써 있다면 어떨까요? 이것은 NT1이 필요한 라우터라는 의미입니다. 따라서 NT1 장비를 따로 구해서 라우터의 S/T 인터페이스와 연결해 주어야 합니다. NT1과 라우터의 S/T 인터페이스는 4가닥 RJ-48로 연결하거나 RJ-45 Straight 케이블로 연결하면 되겠죠.

BRI 인터페이스 방식이 S/T 방식이면 이를 유럽형 방식이라고 하고, U 방식이면 이를 북미식이라고 한다는 것도 같이 알아두시면 좋겠네요.

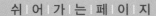

인턴? 인턴! 인턴 ^^

후니도 대학교 3학년 때 국내 한 대기업 인턴 생활을 한 적이 있습니다.

막연하게 졸업하면 취직을 해야지 하는 마음은 있었지만, 실제 회사란 곳이 어떤 곳인지 어떤 생활을 하면서 살아가는 지 몰랐던 후니에게 인턴 생활은 많은 것을 얻게 해준 것 같습니다.

방학 때 3주간만 근무하면 잠도 재워주고 밥도 먹여주고, 게다가 월급까지 준다는 말에 혹해서 구미까지 내려가서 시 작한 인턴 생활은 막연하게만 생각하던 회사생활을 직접 체험하고, 회사에서 원하는 사람은 어떤 사람이며, 회사와 학 교는 어떻게 다르구나 하는 걸 몸소 체험했던 소중했던 기회였습니다. 또 다른 인턴들과의 만남을 통해 내가 우리 과, 우리 학교에서만 경쟁하고 있지 않고, 전국의 모든 학생들과 경쟁하고 있는 것을 느끼게 되었던 것 같습니다.

인턴 기간 중에 제가 배치된 곳은 외부업체로부터 부품을 납품받는 곳이었는데, 부품 납품 현황을 거의 수작업으로 관 리하고 있어 그 당시에 제가 관심 있었던 데이터베이스 프로그램으로 자동 집계가 되도록 해주었습니다. 그런데 의외 로 반응이 좋아 직원들 대상으로 교육도 하고, 팀장님께 칭찬도 들었던 기억이 납니다. 사실 마음만 먹으면 시키는 대 로 잡일이나 하고, 때 되면 밥 먹고 퇴근할 수도 있었지만, 그냥 한번 질러보자는 생각에 시작했던 작업이 의외로 성공 적이었고, 그 일 이후로 후니는 "아, 직장 생활이란 뭔가 좀 튀어야 되겠구나…" 라고 생각하게 되었답니다. ^^

만약 지금 학교를 다니는 분들 중에 취업을 계획하고 계신 분들이 있다면 가능하면 대학교 때 인턴을 경험해보시길 권 합니다. 물론 요즘은 대학교 졸업 후 취업의 준비과정으로 인턴을 활용하는 곳도 많지만, 대학 재학 중에도 인턴 과정 을 체험해 볼 수 있습니다.

사람들은 자기가 보고, 자기가 생각하는 만큼만 이루어낼 수 있다고 합니다.

그냥 지금 상황이 어렵고, 내가 가진 게 별로 없어서란 말만으로 스스로를 감싸려 하지 마시고, 그럼에도 난 할 수 있다 는 자신감으로 눈을 크게 뜨고 두리번거려보세요.

지금 할 수 있는 게 보일 거고, 지금 이룰 수 있는 목표가 보일 겁니다. 그리고 하루하루 작은 목표를 이루어내다 보면 분명 큰 목표를 이루어낸 스스로를 발견하실 수 있을 겁니다.

지금 학생이라면 현재 위치에서, 그리고 취업을 준비하고 있다면 그 자리에서, 또 직장에 있다면 현재 맡은 일에서도 분명 그 목표는 찾아낼 수 있을 겁니다.

우리 모든 후배님들이 저보다 훨씬 많은 걸 이루고 저보다 훨씬 능력 있는 엔지니어가 될 것이란 걸 전 믿습니다. ^^

안녕~~

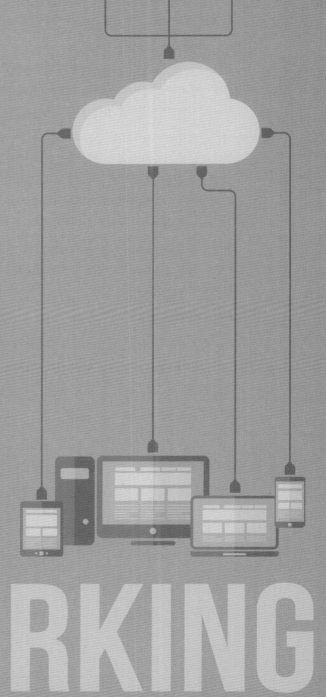

CISCO
NETWORKING

선이 없는 세상,
무선으로의 여행

무선으로의 여행

SECTION 01

세상이 점점 편리함을 추구하고, 어느 곳에 있더라도 내가 원하는 정보를 주고받는 통신만은 포기할 수 없는 요즘 시대에 인터넷은 정해진 장소, 정해진 컴퓨터에서만 가능하다라고 말한다면 그 말을 받아들일 사람은 아마 몇 안 될 겁니다.

'컴퓨터'라고 하면 떠오르던 웅장한 데스크톱이 이제는 작고 앙증맞기까지 한 노트북으로 바뀌어가는 추세이고, 이 책의 앞쪽에서 침 튀기며 설명한 랜 카드도 이제는 기억이 가물가물해지고 있는 건 어쩌면 당연한 결과인지도 모르겠습니다. (노트북은 랜 카드가 메인보드에 같이 들어있는 경우가 많아 따로 랜 카드를 설치할 필요가 없답니다.)

그러다 보니 이제 네트워크에서도 선을 깔아서 연결하던 유선 방식 이외에 무선이라는 방식이 점점 일반화되어가고 있습니다.

이제 커피숍에서도 노트북을 꺼내 들고 무언가 중요한 일을 하면서 메일을 주고받고 있고, 공항, 호텔, 심지어 차 안이나 비행기 안에서도 무선으로 인터넷을 접속하는 건 이제 일상의 모습이 되어버렸습니다.

요즘은 뭐 집에서도 노트북 한두 대 쯤은 거의 있을 정도니 가정에서의 무선 통신 역시 일반적인 추세가 됐죠?

암튼 이제 우리는 유선 네트워킹 말고도 알아야 할 게 또 늘어났습니다. 그게 바로 무선 네트워킹이죠. ^^

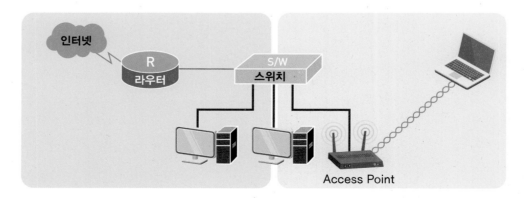

| 그림 11-1 |
무선 네트워킹

[그림 11-1]에서 지금까지 우리가 봤던 일반적인 네트워킹에 대한 그림이 왼쪽 박스에 나와 있습니다. 그런데 오른쪽엔 약간(?)은 낯선 그림이 보입니다.

오른쪽 박스의 아래쪽에 보이는 뿔이 2개 난 장비가 무선 네트워킹의 핵심이자 꽃이라고 할 수 있는 AP(Access Point)입니다.

AP(Access Point)가 뭐냐구요?

한마디로 말씀드리자면 한쪽 발은 유선에, 그리고 나머지 한쪽 발은 무선에 양다리를 걸치고 무선과 유선을 서로 연결해주는 역할을 하는 녀석입니다. 그림에서도 보이시죠? 한쪽은 유선 네트워크에 붙어있고(스위치에 붙어있죠?) 나머지 한쪽은 무선 랜 카드가 장착된 노트북과 통신을 하고 있습니다. (여기서 스프링처럼 보이는 건 그림에서 무선 주파수를 그릴 수 없어서 AP와 통신하는 모양을 그려넣은 거랍니다. 진짜 스프링이 있는 건 아니랍니다. ^^)

이와 같은 AP가 있어야 무선 통신이 가능하기 때문에, 만약 여러분이 지금 어딘가에서 무선으로 통신을 하고 계신다면 분명 여러분의 주위에는 그림에서와 같이 생긴 AP라는 녀석이 있을 겁니다. 주위를 한번 잘 둘러보세요. ^^

AP는 종류도 무지 많답니다. 참고로 시스코에서 나오는 AP들의 그림이 아래에 나와 있습니다. 이렇게 AP의 종류가 여러 가지인 이유는 사용하는 장소와 주파수의 세기, 통신 방식 등 다양한 환경에 맞도록 디자인되어 있기 때문이랍니다.

| 그림 11-2 |
다양한 종류의
무선 네트워킹 장비

[그림 11-2]에서 맨 윗줄에 있는 AP가 기업에서 가장 많이 사용되는 일반적인 AP랍니다. AP는 그림에서처럼 안테나가 밖으로 나와 있는 모델과 안테나가 안에 탑재된 모델로 구분된답니다. 가운뎃줄에 있는 장비는 조금 작은 규모의 사무실에서 사용하는 좀 더 저렴한 모델이고, 맨 아랫줄에 보이는 튼튼하게 생긴 AP는 외부에서 사용하는 AP입니다. 보기에도 눈이나 비에 강하게 생겼죠? ^^

여기서 잠깐! 우리가 그동안 배웠던 이더넷의 통신 방식에 대해서 생각해보면 이더넷에서는 IEEE 802.3 표준을 이용해서 통신을 한다는 거 다 알고 계시죠? 즉 유선 네트워크에서는 IEEE 802.3으로 통신을 하고 있다는 겁니다. 반면 무선쪽의 통신은 IEEE 802.11 표준으로 통신을 하고 있습니다.

그럼 AP란 녀석은 IEEE 802.3 통신과 IEEE 802.11 통신을 둘 다 이해하고 있어야겠군요? 맞습니다! 하지만 다행스럽게도 이 2가지 통신 방식은 상당히 유사하기 때문에 특별히 변경되는 부분은 거의 없답니다. 다만 IEEE 802.3 방식에서의 전송매체가 케이블인 반면, IEEE 802.11의 경우는 전파(영어로는 Radio Wave라고 합니다.)이기 때문에 약간의 차이가 있답니다.

>> 알고 갑시다!

무선 랜에서의 통신 방식 CSMA/CA란?

무선 랜에서의 통신 방식인 IEEE 802.11, 즉 CSMA/CA는 Carrier Sense Multiple Access/Collision Avoidance의 줄인 말이다. 즉 이더넷의 CSMA/CD와 같이 전송 전에 미리 Carrier를 Sense해서 현재 통신이 일어나고 있는지를 확인하고, 통신이 없으면 아무나 보낼 수 있다는 것이다. 이더넷 방식과 비슷하다. 하지만 뒤쪽을 보면 이더넷의 경우는 CD(Collision Detection)로 부딪힐 경우 다시 보낸다는 배짱 방식인데 반해서 무선은 CA(Collision Avoidance)로 좀 더 충돌을 피하기 위한 대비책을 많이 가지고 있다.

좀 소심하죠? ^^ 여기까지입니다.

다음 그림을 보시기 바랍니다.

❶ Radio Wave를 들어본다.　　　　　　❷ 랜덤한 시간 동안 기다린다.

| 그림 11-3 |
IEEE 802.11 통신에서
데이터를 보내는 방식

❸ 시간이 지난 후 다시 들어본다.　　　　❹ 전송 후 ACK를 기다린다.

IEEE 802.11 통신에서 데이터를 보내는 방식은 다음과 같습니다.

❶ **Listen Air Space(Radio Wave)** : 현재 통신이 일어나고 있는지 들어보는 겁니다. 전에 배운 CSMA/CD에서도 같은 동작을 했다는 거 기억하시죠?

❷ **Set random wait timer before sending frame** : 바로 데이터를 보내는 것이 아니라 다시 랜덤한 시간 동안 기다리게 됩니다. 혹시 있을지 모르는 충돌을 미연에 방지하기 위함이라고 하는데 굉장히 조심스러운 녀석이죠? ^^

❸ **After timer has passed, listen again and send** : 랜덤한 시간이 흐르고 난 후 다시 한 번 더 통신이 일어나고 있는지를 들어본 후 드디어 프레임을 전송하게 됩니다.

❹ **Wait for an Ack** : 무선 통신의 경우 보낸 데이터가 잘 도착했는지를 알 수 있는 방법이 없으니 보내고 나서는 항상 잘 받았다는 신호(ACK)를 기다리게 됩니다.

❺ **If no Ack, resend the frame(다시 ❶로)** : 만약 정해진 시간 동안에 ACK를 받지 못했다면 전송이 실패한 것으로 생각하고 ❶로 돌아가 다시 전송을 시도하게 된답니다.

02 SECTION

무선 랜에서의
2가지 중요한 모드

무선 랜을 구성할 때 알아두어야 할 2가지 모드가 있는데 하나는 Ad Hoc(애드 호크) 모드이고, 또 하나는 Infrastructure(인프라스트럭처) 모드입니다.

Ad Hoc 모드란 말을 사전에서 찾아보면 '특별한' 또는 '임시 변통의'라는 의미로 해석되는데, 말 그대로 AP 없이 PC끼리 무선 랜 카드만 꽂아서 임시 변통으로 통신하는 방식을 의미합니다. 몇 년 전까지만 해도 일부 사용하고 있었는데, 최근에는 거의 사용하지 않는 추세니 이제 Ad Hoc 모드에 대해서는 '전에 이런 게 있었구나…' 라고만 기억하고 넘어가도록 하겠습니다.

우리가 일반적으로 사용하는 무선 네트워킹 모드는 Infrastructure 모드입니다.

Infrastructure 모드는 앞에서 봤던 AP를 사용해서 무선 통신이 일어납니다. 즉 무선 랜 카드가 장착된 PC는 데이터를 AP에 전달하고, AP가 이 데이터를 상대방 PC에 전달해 주는 방식입니다. 유선 네트워크라면 AP의 역할은 허브와 비슷하다고 볼 수 있습니다. 허브처럼 어느 한 순간에는 어느 한 녀석과만 통신이 가능하기 때문이죠. 그림을 보시면 Ad Hoc 모드와 Infrastructure 모드를 구분해서 볼 수 있습니다.

| 그림 11-4 |
무선 랜에서의 두 가지 모드

Ad Hoc 모드

Infrastructure 모드

Infrastructure 모드는 다시 2가지 모드의 서비스 방식을 지원하는데, 이를 Service Set이라고 부릅니다.

- BSS(Basic Service Set)
- ESS(Extended Service Set)

BSS는 AP 1대를 이용해서 무선 랜을 구성하는 방식을 말하고, ESS는 AP 여러 대를 이용해서 무선 랜을 구성하는 방식을 말합니다. ESS와 같이 AP 여러 대를 사용해서 무선 랜을 구성하는 이유는 무선 랜을 구성하는 지역이 AP 1대로 커버되지 않는 넓은 지역이거나 접속하는 무선 장비들이 AP 1대로 커버하기에는 용량이 부족할 경우 사용하게 됩니다.

대부분의 회사에 구성되어 있는 무선 랜의 경우는 ESS가 많고, 가정에 구성되는 무선 랜의 경우는 BSS가 많습니다. 아래 그림에 BSS와 ESS가 나와 있죠? 아마 쉽게 이해하실 수 있을 겁니다.

그림에서 ESS의 경우는 여러 개의 AP를 하나의 무선 랜에서 사용해야 하기 때문에 서로 다른 주파수를 사용하도록 구성해줘야 하는데, 이를 위해 주파수 간에 간섭이 발생하지 않는 영역, 즉 비중첩 채널을 사용해야만 합니다. 참고로 IEEE 802.11b의 경우 비중첩 채널은 3개까지 가능하고, IEEE 802.11a의 경우는 시스코 AP를 사용했을 경우 우리나라에서 19개까지 가능하답니다. ^^

참고로 ESS를 설명하는 그림에서 사용한 통신 방식은 IEEE 802.11b이구요, 채널 1과 채널 6을 사용한 이유는 이 두 채널이 서로 중첩되지 않는 비중첩 채널이기 때문입니다. 이처럼 ESS를 구성해줄 때는 약 10~15% 정도의 영역이 서로 겹치도록 해서 통신의 Hole(구멍이죠?)이 생기지 않도록 해준답니다. (무선 표준에 대한 설명은 바로 뒤에서 자세히 해드릴 테니 조금만 기다려주세요. ^^)

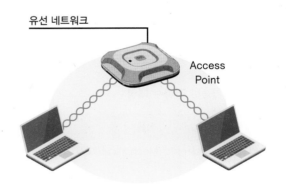

| 그림 11-5 |
Basic Service Set

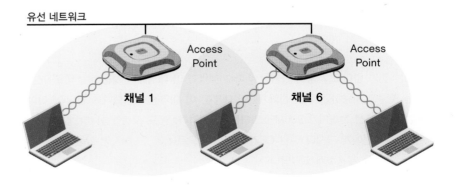

| 그림 11-6 |
Extended Service Set

주파수에 대한 짧은 이야기

눈에는 잘 보이지 않지만 사실 여러 가지 정보가 공기 중으로 날아다니고 있다는 거 아시죠? 가장 대표적인 것이 무엇일까요?

네. ^^ 라디오나 TV일 겁니다. 수많은 라디오 방송은 모두 전파를 타고 날아다니고 있고, 소리뿐 아니라 영상까지도 같이 보내야 하는 TV 역시 공기 중으로 날아다니고 있답니다. 이런 애들이 서로 부딪치지 않고 잘 날아다니게 하기 위해서는 아무래도 중간에 교통 정리가 필요하겠죠? ^^ 그래서 필요한 게 바로 주파수 대역을 나눠주는 겁니다.

라디오에서 '안녕하세요? 여기는 89.1MHz KBS FM입니다.' 같은 말 들어 보셨죠? 또 차만 타면 듣는 교통방송 역시 95.1MHz를 사용하니까 잊어먹지 말라고 전화번호도 xxx-9595를 사용하더라구요. ^^ 이런 게 바로 주파수랍니다. 나라에서 미리 각 방송국별로 사용할 주파수 영역을 할당해 준 거죠.

FM의 경우 일반적으로 할당해 주는 영역은 약 200KHz 정도입니다. MHz로 바꾸면 0.2MHz죠. 따라서 만약 89.1MHz 영역이라면 이 FM 방송에 배정한 영역은 89.0MHz~89.2MHz까지랍니다. 즉 89.1MHz를 중심으로 앞뒤로 0.1MHz를 배정해주는 거죠.

TV의 경우는 FM보다는 많은 정보를 전달해야 하니까 아무래도 좀 더 많은 주파수 영역이 필요하겠죠? FM이 0.2MHz인데 비해 TV는 약 4.5MHz랍니다. 20배가 넘는군요. ^^

제가 이렇게 라디오와 TV의 주파수 영역을 설명해드리는 이유를 눈치채셨어요?

그렇죠. 우리가 앞으로 배울 무선 통신 역시 주파수가 필요하답니다. 무선에서 사용하는 주파수 영역은 무엇인지 이제 슬슬 궁금해지시죠? ^^

그런데 이렇게 나라에서 허가를 받고 사용해야 하는 주파수 대역이 있는 반면, 허가를 받지 않고 누구나 쓸 수 있는 주파수 대역도 있는데, 그 대역이 아래 표에 나와 있습니다.

● **인가받지 않고도 사용 가능한 주파수 대역**

주파수 대역	이름	사용하는 장비들
900MHz	Industrial, Scientific, Mechanical(ISM)	대부분의 구형 무선 전화기
2.4GHz	Industrial, Scientific, Mechanical(ISM)	신형 무선 전화기, 전자레인지, 무선 포인터, 무선 마우스, 블루투스 장비, IEEE 802.11, 802.11b, 802.11g 무선 랜 표준
5GHz	Unlicensed National Information Infrastructure (U-NII)	신형 무선 전화기, IEEE 802.11a, 802.11n 무선 랜 표준

표에는 인가 없이도 사용이 가능한 주파수 대역과 이 대역에서 사용하는 대표적인 장비들이 나와 있습니다. 900MHz의 경우는 옛날에 사용하던 무선 전화기들이 대부분 이 대역을 사용했다고 합니다. 아마 제 나이 또래분들은 그 당시 유행했던 바텔(?)의 무선 전화기가 900MHz였다는 걸 기억하실지도 모르겠습니다. 전화가 오니까 커다란 하얀 개가 그 전화기를 입에 물고 주인에게 가져다 주던 CF가 갑자기 떠오르네요. ^^ 하지만 요즘 나오는 무선 전화기들은 대부분 2.4GHz 대역과 5GHz 대역을 사용하게 되었답니다.

뒤에서 다시 설명을 드리겠지만 우리가 무선 네트워킹을 구축할 때 사용하는 주파수 대역은 2.4GHz이거나 5GHz 대역입니다. 그런데 2.4GHz의 경우 무선 랜에서만 사용하는 것이 아니라 다른 장비들도 이 대역을 사용한답니다. 대표적으로 이 대역을 사용하는 장비로는 전자레인지가 있습니다. 따라서 전자레인지 근처에 무선 AP를 설치하고 데이터를 전송하는 도중에 전자레인지에 음식을 데우면 아마 통신에 영향을 받게 될 겁니다. ^^ 그러니까 가능하면 AP는 전자레인지 근처에 설치하면 안 되겠죠?

또한 2.4GHz 대역에서 사용되는 장비로는 각종 세미나에서 발표자들이 사용하는 무선 포인터(파워포인트 페이지도 넘기고 레이저 빔도 쏘는 볼펜같이 생긴 거 아시죠?)나 무선 마우스 등이 있답니다. 아무래도 인가가 필요 없는 주파수 대역이니 여러 장비들이 같은 대역을 사용하게 되고, 가끔은 주파수 간섭 같은 현상도 벌어지겠죠? 하지만 이 대역도 굉장히 넓은 대역이다 보니 문제가 계속 생기는 건 아니랍니다.

또 하나 2.4GHz 대역에서 사용되는 장비가 바로 블루투스(Bluetooth)랍니다. 요즘 휴대폰의 이어폰을 보시면 주로 무선 블루투스를 사용하는 장비들이 많죠? 또 무선 마우스 같은 블루투스 마우스가 있답니다. 블루투스 기술은 대략 10미터 이내의 짧은 거리를 1Mbps 이내의 저속으로 전송하고자 할 때 간편하게 사용되는 기술인데, 이 녀석들 역시 2.4GHz 대역을 이용하구요, 1초에 1,600번 전송 채널을 옮겨다니는 주파수 호핑 방식으로 사용된답니다. 주파수 호핑 방식은 뒤에 다시 설명드릴게요. ^^

자~ 여기까지 주파수에 대한 이야기 끝!

무선 랜의 통신 표준

SECTION

앞에서 무선 랜 통신은 IEEE 802.11 방식을 사용한다고 이미 설명드렸는데 또 무슨 표준에 대한 이야기냐구요?

무선에서의 통신 표준은 이더넷에서처럼 IEEE 802.3 하나로 끝나는 게 아니고 사용하는 주파수 대역과 통신 속도에 따라 여러 가지 표준이 있답니다. 현재까지 나와 있는 무선 랜에 대한 다양한 표준이 표에 나와 있습니다.

● **무선 랜에서 사용되는 표준 통신 방식**

무선 표준	IEEE 802.11b	IEEE 802.11g	IEEE 802.11a	IEEE 802.11n	IEEE 802.11ac
승인 연도	1999년	2003년	1999년	2007년	2015년
최대 속도	11Mbps	54Mbps	54Mbps	450Mbps	3.5Gbps
지원 속도	1, 2, 5.5, 11Mbps	6, 9, 12, 18, 24, 36, 48, 54Mbps	6, 9, 12, 18, 24, 36, 48, 54Mbps	65, 300, 450Mbps	290, 870, 1,300, 1,730, 2,430, 3,500Mbps
사용 주파수	2.4GHz	2.4GHz	5GHz	2.4GHz, 5GHz	5GHz

아마 지금 무선 랜을 사용하시는 분들이라면 표에 나온 표준을 한 번쯤은 들어보셨을 겁니다. 조금 오래된 노트북이나 무선 랜 AP를 가지고 있는 분들이라면 802.11a나 802.11g 같은 무선 표준을 사용하고 있으실 거고, 최신 무선 제품을 가지고 있거나 노트북을 구매한 지 얼마 안 되는 분들의 경우는 아마 802.11ac 무선 표준을 사용하고 계실 겁니다. 표에서도 알 수 있듯이 무선 랜은 표준에 따라 그 특징이 다르고, 당연히 지원하는 속도에도 차이가 있습니다. 최근에는 무선 랜의 속도가 Gbps를 넘어서기 시작하면서 더 이상 무선이 유선보다 느리다는 고정관념은 사라지게 되었습니다. 대부분의 유선이 1Gbps를 지원하기 때문에 표에서도 보듯이 내가 802.11ac 무선 표준을 지원하는 장비를 가지고 있다면, 최대 3.5Gbps까지 속도가 나올 수 있으니까 유선보다도 훨씬 빠른 무선을 갖게 되는 겁니다.

그런데 여기서 하나 궁금한 게 있을 겁니다. 왜 무선에서는 최대 속도와 지원 속도로 나눠놨을까요?

그냥 항상 최대 속도로만 통신하면 되는 걸 뭐하러 일부러 느린 속도로 통신을 하냐는 거죠. 그런데 가끔은 느린 속도로 통신을 할 일도 있답니다. ^^

그건 주파수의 세기 때문이에요.

만약 내 노트북 AP와 멀지 않은 곳에 있어 AP로부터의 전파를 받는 데 문제가 없다면 최대 속도로 통신하면 되겠죠? 그런데 내 노트북이 AP와 좀 멀리 떨어져 있을 경우, 전파의 세기가 약해져서 통신이 됐다가 안 됐다가 하는 문제가 발생할 겁니다. 이런 경우 속도를 낮춰주게 되면 통신이 가능해집니다. 즉 AP로부터 가까울 때는 최대 속도를 사용하다가 멀어지게 되면 점점 속도를 낮추면서 계속 통신이 되도록 하기 위해서 무선 통신에서는 여러 가지 속도를 지원한다는 것도 같이 알아두시기 바랍니다.

그럼 또 이런 질문을 하시겠죠?

AP에서 무선 노트북까지 거리가 얼마나 떨어질 수 있어요? 또는 AP에서 거리에 따라 속도가 얼마나 낮아지나요?

그런데 사실 이 질문에 정확하게 대답하려면 실제 사용하는 환경을 제대로 확인해야 하고 또 AP의 설치 위치나 건물의 구조까지도 봐야 한답니다. 하지만 일반적인 경우를 가정하자면 IEEE 802.11g를 사용하고 AP가 실내에 설치된다고 가정했을 때 무선 장비(노트북)는 AP로부터 약 30미터까지는 최대 속도인 54Mbps로 통신이 가능하구요, 약 130미터까지는 통신이 가능하답니다. 물론 이때는 속도가 최하 속도로 떨어지겠지만요. 그리고 IEEE 802.11a를 사용하는 경우라면 큰 차이는 없지만 거리가 약간 짧아져서 약 24미터 정도까지가 54Mbps 속도를 지원하고, AP와의 최대 거리는 약 100미터를 지원한답니다. 물론 이 내용은 사용 환경에 따라 달라질 수 있으니까 참고만 하세요. (아무래도 실내보다는 실외의 경우 벽이나 구조물이 없어 좀 더 멀리까지 통신이 가능하답니다.)

Q 안녕하세요? 최근 무선 랜을 공부하다가 자주 듣는 용어가 MIMO(미모?) 라는 말이 있는데 MIMO에 대해서 쉽게 알려주세요!

A 네, MIMO는 Multiple Input Multiple Output을 줄여서 부르는 말로, '미모' 또는 '마이모'라고도 부르는데 개인적으로는 '마이모'가 조금 더 있어 보이는(?) 느낌이어서 여러분께도 '마이모'라고 읽는 걸 권해드리고 싶네요. ^^ 암튼 MIMO는 무엇이냐? 이걸 알기 전에 먼저 SISO를 이해해야 합니다. 그러니까 앞에 표에서 배운 여러 가지 무선 표준 중에서 802.11n 표준이 나오면서 처음으로 MIMO라는 개념이 나왔으니 그 전까지의 무선 표준은 SISO, 즉 Single Input, Single Output을 제공했다고 생각하시면 됩니다.

SISO나 MIMO는 모두 무선 통신과 안테나의 관계에서 나오는데요, 쉽게 설명드리자면 SISO는 하나의 안테나를 가지고 상대방과 통신을 하는 방식입니다. 이론적으로는 무선 통신에서 상대방이 데이터를 무선으로 보내면 내가 한 번만 그 데이터를 받겠지만, 실은 무선 통신이라는 것은 보이지 않는 많은 반사가 일어나기 때문에 데이터가 한 번만 들어오는 게 아니고 시간을 두고 같은 데이터가 여러 군데서 여러 번 들어온다고 합니다. 그럼 받는 사람 입장에선 어떤 데이터를 선택할 건가에 대한 고민이 생기겠죠? 그래서 들어온 데이터를 분석해서 제대로 된 데이터를 만드는 과정이 걸리고 여기에 시간이 걸려 빠른 통신이 어려웠던 겁니다.

그런데 MIMO 방식은 안테나가 2개 이상 있기 때문에 데이터를 받을 때 2개 이상의 안테나로 동시에 데이터를 받게 되고, 이렇게 되면 1개의 안테나로 여러 번 데이터를 받아서 제대로 된 데이터를 골라내던 SISO 방식에 비해 훨씬 빠르게 제대로 된 데이터를 찾아낼 수 있게 되는 겁니다. 그래서 802.11n의 경우 최대 속도가 기존 표준에 비해서 빨라지게 된 거죠. 또한 MIMO는 데이터를 보낼 때 2개 이상의 안테나에 나누어 보낼 수 있기 때문에 기존 방식보다 훨씬 빠른 전송이 가능하게 된 겁니다. 역시 안테나 하나보다는 여러 개의 안테나로 동시에 보내는 게 훨씬 빠르긴 하겠죠? ^^ 이제 MIMO에 대해서 이해가시죠? ^^

여기서 보너스로 한 가지 더 이야기를 드린다면, MIMO에도 SU-MIMO와 MU-MIMO가 나온답니다. 잉?? MIMO도 이제 겨우 알까 말까 한데 SU-MIMO와 MU-MIMO는 또 뭐냐구요?

SU-MIMO는 Single User-Multiple Input Multiple Output이구요, MU-MIMO는 Multiple User-Multiple Input Multiple Output을 말하는 겁니다.

앞에서 설명드렸던 802.11n이 지원하는 MIMO는 정확히 말하면 SU-MIMO입니다. 즉 한 번에 한 사람이랑만 통신이 가능한 겁니다. 그런데 802.11ac 표준이 나오면서 MU-MIMO라는 개념이 나오기 시작했습니다. 이건 말 그대로 한 대의 AP가 동시에 여러 명과 MIMO가 가능하다는 겁니다. 따라서 기존까지 사용하던 AP가 마치 우리가 알던 허브와 같았다면, 최근에 나온 802.11ac를 지원하는 AP의 경우는 스위치가 되는 겁니다. ^^

앞으로 MIMO에 대한 이야기가 나오면 조금 더 자신 있게 이야기할 수 있겠죠? ^^

안녕~

인사? 누구세요??

후니는 선천적(?)으로 사람을 잘 못 알아봅니다. 어제 만나서 한두 시간 이야기를 나눴던 사람도 오늘 보면 기억이 잘…. ㅠㅠ

대학교 때는 소개팅을 한 적이 있었는데 한 두세 시간 동안 이야기하고 헤어졌습니다. 그 다음날 캠퍼스에서 그분이 절 보고 아는 체를 하는 걸 전 다른 사람에게 인사하는 줄 알고 그냥 지나갔다가 소개팅시켜준 애한테 욕 직살나게 먹었습니다. ㅠㅠ

암튼 타고난 길치에 인치?? 아니 얼굴치? 뭐 암튼 사람 얼굴 기억 못하는 거랑 길 잊어먹는 건 아주 타고 난 소질인데다가 눈까지 나빠서 멀리 있는 사람은 잘 보이지도 않아 이래저래 오해와 질시(?) 속에 살았던 것 같습니다. 그게 회사 생활에서도 상당히 마이너스가 된다는 사실을 느끼게 된 건 입사 후 6개월쯤 지난 후였던 것 같습니다.

그때 후니는 여의도 쌍둥이빌딩 동관(마포대교쪽) 빌딩 6층에 기거하고 있었는데, 하루는 한창 바쁘게 테이블에서 장비를 조립하고 있는데(그땐 서버도 자주 조립하고, 네트워크 장비도 열어보고 하던 시절이라 손에서 드라이버가 떠날 날이 없었답니다. ㅎㅎ) 한 무리의 아저씨들이 저쪽 멀리서 다가오더군요.

솔직히 아저씨라기보다는 좀 더 늙으신 반백의 머리도 보이고 암튼 그런 낯선 분들이 마치 우리 사무실이 자기 안방인 것처럼 다가오길래 사실 기분이 좀 나쁘긴 했습니다. (제가 좀 까칠하거든요. ㅎㅎ) 그래서 한 번 살짝 째려주고, 제자리에 가서 서랍에서 장비를 꺼낸 후 화려한 뒷발차기로 부드럽게 서랍을 닫아주고 돌아서 장비를 다시 만지고 있는데… 갑자기 그 할아버지(?)가 오더니 제 책상의 반쯤 닫힌 서랍을 발로 뻥 하고 차서 닫더라구요. 그 소리에 놀라 돌아보니 그 아저씨들이 절 째리고 있었습니다. (뭐임???)

암튼 전 기분은 나빴지만 그쪽이 수가 많아서 참고 있었는데, 그 뒤에 따라오시던 분이 절 부르더니 "당신, 어느 팀 누구야? 부사장님을 봤으면 인사를 해야지." 이러시는 겁니다.

이궁… -.-;;

방금 제 책상을 차고 가신 분은 부사장님이셨고, 지금 그 이야길해주신 분은 인사팀장님이셨습니다. ㅠㅠ 그날 전 여기저기 불려 다니면서 욕먹고 완전 짤릴 뻔 했습니다. -.-

아~~ 그래서 군대가면 제일 먼저 하는 게 직속상관 관등성명 외우기랑 내부반 서열 순으로 외우기였구나… 그런 생각이 들었답니다.

왜 제가 이런 이야길 쓸데없이 장황하게 늘어놓는지 아시죠? ㅎㅎ

회사는 또 하나의 사회이고, 어찌 보면 내게 가장 중요한 공간이기도 하답니다. 그런데 그곳에서 같이 생활하는 사람들을 입사하고 나서 바로 알지 못한다면 그건 굉장히 큰 위험을 안고 사는 거랍니다. 자기에게 절대 플러스 요인이 될 수 없습니다.

회사에 입사하면 물론 일을 빨리 배워 선배들에게 쓸모 있는(?) 후배가 되는 것도 중요하지만, 그만큼 중요한 게 바로 그 회사에 있는 사람들의 얼굴을 익히는 게 아닐까 생각합니다. 그리고 그 사람들에게 한 번이라도 더 가서 인사하고 자기를 알리는 것 역시 중요합니다.

선배들은 분명히 저 사람이 나보다 늦게 입사한 사람이란 걸 아는데, 자기 혼자 모르는 사람이라고 그냥 인사도 안하고 지나간다면 그건 분명히 찍히는 겁니다. 다른 부서 사람이라고 나랑 전혀 상관이 없을 거란 생각은 완벽한 오산이랍니다.

요즘 같은 협업시대에 서로 돕지 않곤 살 수 없는 거죠.

전 새로 입사한 후배들에게 잘 모르면 무조건 먼저 인사하라고 말합니다. 내가 선배든, 후배든 누가 먼저 인사하느냐에 대한 법칙은 없답니다. 먼저 보는 사람이 인사하면 되는 거죠. ^^ 또 우리 회사 사람이 아니고 손님이라고 하더라도 인사해서 손해 볼 것도 없습니다. 그 사람이 "왜 저한테 인사하세요??"라고 화를 내진 않을 테니 말입니다. ^^

첨엔 모르는 사람에게 먼저 인사하기가 좀 낯설지 몰라도 자꾸 하다 보면 그게 자기에게 모두 플러스 요인으로 작용하게 되고, 또 익숙해져서 자기도 모르는 사이에 예의 바른 청년(?)으로 새로 태어나게 될 겁니다.

꼭 회사에서만 적용되는 룰이 아니죠?? 학교에서도, 동네에서도, 어디서든지 예의 바른 사람을 싫어하는 곳은 없답니다.

제가 왜 이렇게 예의를 강조하냐구요?

사실은 제가 신입 때 이런 말씀해주시는 선배가 없어 버릇없이 자랐거든요. ㅎㅎ 한번 버릇없이 크니까 잘 안 고쳐지더라구요. ㅠㅠ 다른 분들은 저처럼 되지 마시고 꼭 착하고 예의 바르다는 평을 들으시길 바랍니다. ^^

자, 그럼 당장 시작해야겠죠?

돌아다니면서 먼저 인사해보세요. 어색하게 말고 웃으면서… ^^

그리고 상대방을 보세요. 아마 여러분의 미소를 따라 하게 될 겁니다. ^^

안녕~~

04
SECTION

무선 통신에서의
3가지 인코딩 방식

무선 랜 카드나 AP 등이 무선으로 통신을 한다는 것은 안을 들여다보면 어떤 식으로든 데이터를 무선 신호(Radio Signal)로 바꾸는 과정을 거치게 되는데, 이를 '인코딩'이라고 합니다. 무선 통신에서 알아둘 만한 대표적인 인코딩 방식으로는 다음 3가지가 있답니다.

● **FHSS(Frequency Hopping Spread Spectrum)**

우리나라 말로 하면 '주파수 호핑 확산 스펙트럼' 방식이라고 해석할 수 있습니다.

해석하고 보니까 더 어렵죠? 이게 무슨 말일까요? 호핑은 여기저기 깡충깡충 뛰어다니는 것 같은 느낌이 드는 말인데…. 주파수가 여기저기로 뛰어다닌다? 더 모르겠죠? ^^

이 방식은 쉽게 말하자면 무선 신호(Radio Signal)를 많은 주파수 채널로 빠르게 바꿔가면서(Hopping) 전송하는 방식입니다. 한마디로 여기서 찔끔, 저기서 찔끔 이리저리 옮겨 다니면서 전송을 하는 방식이죠. 이때 주파수 채널은 무작위로 선택되는 것처럼 보여도 사실은 복잡한 알고리즘 같은 것을 이용한다고 하네요. 이렇게 여기저기 뛰어다니면서 통신을 해서 그런지 잡음과 간섭 같은 고질적인 통신 문제에 강점이 있는 방식이라고 합니다. 깡충깡충 뛰면서 잡음이 있는 채널을 피해가는 모양입니다. ^^ 최초의 IEEE 802.11 무선 방식은 지금 배운 FHSS 인코딩 방식을 사용했는데, 요즘 주로 사용되는 IEEE 802.11a나 802.11b, 802.11g는 이 방식을 사용하고 있지 않다는 것도 같이 알아두시기 바랍니다.

● **DSSS(Direct Sequence Spread Spectrum)**

요걸 우리나라 말로 하면 '직접 시퀀스 확산 스펙트럼'이 되네요. 역시 이것도 한글로 써놓으니 더 어려워지는군요. ^^ 일단 DSSS 방식은 앞에서 배운 FHSS와는 달리 여기저기 뛰어다니면서 전송하는 게 아니라 여러 개의 채널 중에서 하나를 잡고 계속 그 채널로만 전송을 하는 방식이랍니다. DSSS 방식은 신호를 매우 작은 전력으로 넓은 대역으로 전송하기 때문에 잡음에 영향을 적게 받고, 낮은 전력 사용으로 다른 통신에 영향을 덜 주며, 보안에도 우수하다는 장점을 가지고 있습니다.

DSSS 방식은 IEEE 802.11b 무선 통신에서 사용하는 인코딩 방식이구요, 그러다 보니 당연히

2.4GHz 대역에서 사용되겠죠? 이때 사용되는 대역폭은 82MHz로, 2.402GHz에서부터 2.483GHz까지랍니다. 그림에서 보이는 것처럼 DSSS 인코딩 방식에서는 최대 11개의 채널(한국은 13개 채널까지 가능)을 지원하며, 이 중 비중첩 채널은 3개입니다.

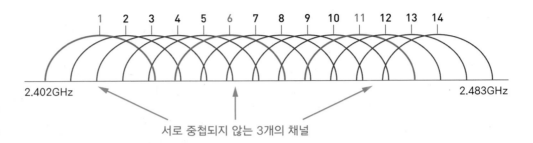

그림에서 보시면 13개의 채널이 존재하고, 그 중 1번, 6번, 11번 채널은 서로 겹치지 않죠? 따라서 앞에서 배운 ESS 구성을 할 때는 이렇게 비중첩 채널들을 이용하게 된답니다. ESS 기억나시죠? 무선 랜을 2대 이상의 AP를 이용해서 구축하는 거잖아요? 이때 만약 같은 채널을 쓰는 AP를 2대 놓는다면 당연히 이 2대의 AP에서 나오는 주파수는 충돌이 발생할 겁니다. 그럼 2대를 동시에 사용할 수 없겠죠? 이런 경우에 사용하는 것이 바로 비중첩 채널입니다. 예를 들어한 AP는 채널 1번을 사용하고, 다른 AP는 채널 6번을 사용하도록 구성한다면 이 2대의 AP는 서로 다른 채널을 사용하기 때문에 전파의 충돌이 발생하지 않고 동시에 통신이 가능하게 될 겁니다. 왜 비중첩 채널이 필요한지 이해가시죠? ^^

● OFDM(Orthogonal Frequency Division Multiplexing)

우리말로 고쳐보면 '직교 주파수 분할 다중' 방식이 됩니다. 직교 주파수? 헐…. 이건 더 어려운 말이 되어 버리네요. ㅠㅠ 일단 FDM만 먼저 보면 조금 쉬워지죠? Frequency Division Multiplexing, 즉 주파수 분할 다중 방식은 하나의 시그널을 여러 개의 주파수로 나누어 보내는 방식을 말합니다. 그런데 앞에 직교가 붙어있는 의미는 전파에서 이렇게 직교성을 이용하면 주파수가 서로 겹쳐도 간섭이 일어나지 않아 좀 더 많은 주파수 분할이 가능해진다고 하네요. (전파는 정말 어려워요. 그렇죠? 전파공학하시는 분들 존경합니다. ^^) 아무튼 이렇게 여러 개의 다중 주파수를 이용해서 전달하는 방식이 바로 OFDM 인코딩 방식인데, 무선 통신에서는 IEEE 802.11a와 802.11g가 바로 OFDM 인코딩 방식을 사용하고 있답니다.

그럼 정리를 해볼까요? 무선 통신에서 인코딩 방식은 크게 3가지가 있는데, Frequency Hopping Spread Spectrum이라고 부르는 FHSS 방식과 Direct Sequence Spread Spectrum이라고 부르는 DSSS, 그리고 Orthogonal Frequency Division Multiplexing이라고 부르는 OFDM 방식이다. 그런데 FHSS는 802.11a 방식에서, DSSS 방식은 802.11b 방식에서, OFDM 방식은 802.11a와 802.11b 방식에서 사용되는 방식이다. 여기까지입니다.

05
SECTION

무선 네트워크에도
이름이 있답니다 - SSID

무선을 사용하는 사용자들이라면 어디선가 SSID(Service Set IDentifier)라는 말을 들어보셨을 겁니다.

어디서 들어보신 기억이 나세요? Service Set이라구요?

네. 앞에서 무선 랜의 모드에 대해서 배울 때 Infrastructure 모드에 2가지 서비스 방식이 있다고 했는데, 그게 하나는 BSS이고 또 하나는 ESS였죠? 거기서 뒤에 나오는 SS가 바로 SSID에서 나오는 SS와 같은 의미랍니다. 즉 Service Set이죠. ^^ 즉 Service Set에서 서로를 구분하기 위해 만들어놓은 ID가 바로 SSID랍니다.

좀 더 쉽게 말하면 SSID는 무선 네트워크에서 사용하는 이름이랍니다. 무선 네트워크가 많다 보니 당연히 고유의 이름이 필요하겠죠? 그래서 SSID는 바로 그 이름의 역할을 하는 녀석이랍니다. 길이는 32바이트로 구성되고, 같은 무선 네트워크 안에 있는 무선 장비들은 모두 같은 SSID를 가져야 한답니다. 즉 어떤 무선 장비가 현재 무선 네트워크의 SSID를 제대로 갖고 있지 않다면 당연히 이 녀석은 이 무선 네트워크에 연결될 수 없게 된답니다. 그러니 중요하겠죠?

최소한 집에서든, 회사에서든 어딘가에서 내가 무선 네트워크를 사용하려면 SSID만큼은 알아야 한답니다. ^^ 그럼 SSID는 어떻게 알 수 있고, 또 어떻게 세팅하는지 한번 볼까요?

원래 무선 네트워크에서는 디폴트로는 100ms마다 SSID와 기타 구성 정보를 Broadcast로 네트워크에 뿌려주도록 되어 있답니다. 따라서 윈도우 화면에서 오른쪽 아래에 있는 [네트워크 보기]를 눌러 보시면 현재 내 노트북에서 연결이 가능한 모든 무선 네트워크가 보이게 되는 겁니다.

여기서 보이는 여러 개의 무선 네트워크의 이름이 바로 SSID랍니다. 이렇게 다양한 무선 네트워크의 이름, 즉 SSID가 보이는 건 앞에서 말씀드린 대로 SSID의 Broadcast 때문이죠. 여러분들도 직접 무선 랜이 사용 가능한 PC에서 해보시면 현재 접속 가능한 SSID를 보실 수 있습니다. 그런데 이렇게 되면 한 가지 문제가 생기겠죠?

근처에만 있다면 누구나 무선 네트워크에 들어올 수 있다는 문제가 생기게 되는 거죠. 그래서 무선 랜에서 우리가 고민해야 하는 부분이 바로 '보안'이라는 겁니다. 뒤에서 보안에 대해서는 다시 알아보도록 하구요, 우선 SSID만이라도 남들에게 안 보여주는 방법에 대해서 알아보도록 하겠습니다.

SSID를 아무나 못 보게 하려면 SSID의 디폴트 세팅인 Broadcast 기능을 Disable해주시면 됩니다. 대부분의 AP 구성에 들어가 보면 SSID를 Broadcast로 할 것인가, Disable할 것인가를 선택하게 되어 있습니다. 이때 SSID의 Broadcast를 Disable하게 되면 그림에서처럼 현재 접속 가능한 무선 네트워크 보기에서 해당 무선 네트워크가 보이지 않게 된답니다. 오직 미리 SSID 이름을 알고 있는 PC만 그 네트워크에 접속할 수 있겠죠? 이렇게 SSID의 Broadcast를 막는 것을 'SSID Cloaking'이라고도 합니다.

| 그림 11-9 |
링크시스 AP에서의 SSID
Broadcast 세팅

[그림 11-9]는 링크시스(Linksys) 제품의 AP 구성 화면입니다. 자세히 보시면 네 번째 줄에 Wireless SSID Broadcast라는 걸 Enable/Disable하게 되어 있죠? 대부분의 다른 AP들도 이렇게 구성 화면에서 세팅을 변경할 수 있게 되어 있답니다.

링크시스 AP의 세팅을 보시면 두 번째 줄에 SSID를 세팅하게 되어 있고, SSID로 'Linksys'를 사용하고 있다는 것도 알 수 있습니다. 만약 SSID의 Broadcast Mode를 Disable했다면, 말씀드린 대로 무선 네트워크 보기에서는 보이지 않기 때문에, 자신의 무선 랜 카드를 세팅할 때 SSID를 미리 'Linksys'로 세팅해주어야 합니다.

[그림 11-10]에는 PC에서 자신의 SSID를 세팅하는 그림이 나와 있습니다.

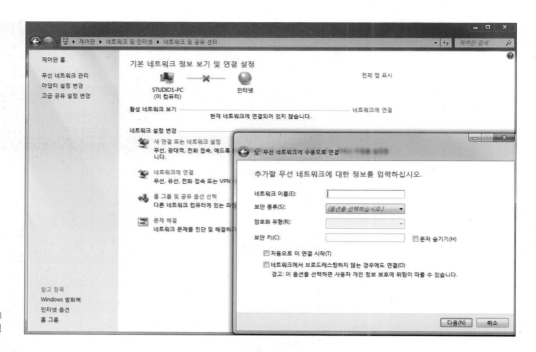

| 그림 11-10 |
PC에서 무선 네트워크의 세팅

윈도우 메뉴에서 [설정]을 누르고 들어가면 '네트워크 및 인터넷' 항목이 보이고 여기로 들어가면 현재 네트워크의 상태가 보입니다. 여기서 다시 '네트워크 및 공유 센터'로 들어가면 '기본 네트워크 정보보기 및 연결 설정' 화면으로 들어갈 수 있습니다. 이 화면에서 네트워크 설정 변경 메뉴의 아래에 있는 [새 연결 또는 네트워크 설정] 버튼을 누르고 들어가서 '새 네트워크 연결'을 눌렀을 때 보이는 화면이 그림과 같습니다. 설명이 좀 복잡하긴 한데 찾는 건 그리 어렵지 않으실 겁니다. 또한 최신판 윈도우(윈도우 10)에서는 무선 네트워크 연결을 이렇게 복잡하게 하지 않아도 자동으로 접속 가능한 네트워크를 찾아주기 때문에 매번 이와 같이 메뉴를 찾아 들어갈 필요는 없답니다.

아무튼 일단 들어가게 되면 [그림 11-10]과 같은 화면이 보이는데, 여기서 맨 위에 보이는 '네트워크 이름'이 바로 SSID가 되는 겁니다. SSID를 입력하게 되면 그다음으로 보안의 종류를 선택하게 되는데, 무선 랜 보안 방식은 이다음 장에서 좀 더 자세히 설명드리겠지만, 크게 WEP(Wired Equivalent Privacy) 방식과 WPA(Wi-Fi Protected Access) 방식으로 나눌 수 있습니다. WEP 방식은 무선 네트워크에 접속하고자 하는 노트북이 AP가 미리 지정해 놓은 Key 값을 가지고 있다가 접속할 때 알려주는 방식입니다. 미리 같은 단어를 알고 있다가 그 단어를 맞추는 애들만 접속하도록 해주는 방식인 거죠. WPA 방식은 WEP보다 좀 더 복잡한 암호화 방식인데, 다음 장에서 자세히 알아보도록 하고 여기서는 넘어가도록 하겠습니다.

자, 그럼 SSID에 대해 잠깐 정리해볼까요?

SSID란 무선 네트워크에서 사용하는 이름으로, 32바이트로 구성되며, 동일한 무선 네트워크를 사용하는 모든 무선 장비들은 동일한 SSID를 가져야 한다. SSID는 디폴트로 100ms마다 브로드캐스트되는 모드이지만, Disable해줄 수도 있는데, 이걸 'SSID Cloaking'이라고 한다. 이렇게 SSID가 Cloaking 되면 무선 네트워크 보기에서는 보이지 않으며, 수동으로 SSID를 직접 입력해줘야만 접속이 가능하다.

여기까지입니다. ^^

Wi-Fi란 무엇일까요?

와이파이(Wi-Fi)라고 하는 거 들어보셨죠?

무선을 쓰다 보면 아마 아래에 보이는 이런 마크도 보신 기억이 있을 겁니다. 그럼 와이파이가 뭘까요? 한마디로 이야기하자면 무선 장비들의 호환성 검증입니다.

무선 장비들을 만들어내는 회사들이 이런 무선 장비들끼리의 호환성을 검증해서 이 마크를 붙이는 겁니다. 그러니까 이 마크가 붙어있다면 일단 무선의 호환성에는 문제가 없다고 봐야겠죠? 우리가 오디오에서 많이 듣던 말 중에 Hi-Fi라는 말 있죠? 좋은 오디오에만 붙여준다는 그 하이파이. ^^ 사실 Wi-Fi는 이 말에서 나온 거라고 하네요.

Hi-Fi가 음향 품질이 좋은 음향 장비에만 붙여지는 것처럼 Wi-Fi 역시 좋은(?) 무선 장비에만 붙여주는 무선 호환성 검증이 아닐까요?

Wi-Fi는 Wireless Fidelity의 줄임말이라고 하니까 무선에 대한 충성도(?) 내지는 무선에 대한 성실성(?) 정도의 의미를 가진다고 이해하시면 되겠네요.

그럼 이제 Wi-Fi 마크를 보시면 좀 더 반갑겠죠? ^^

| 그림 11-11 |
Wi-Fi 마크

06
SECTION

무선 네트워크에서의 보안

무선 네트워크를 사용하면서 가장 신경 쓰이는 일이 있다면 그건 바로 보안 문제일 겁니다.

예를 들어볼까요?

해커가 어떤 회사의 네트워크에 침입하려고 한다고 가정하죠. 뭐 요즘은 이런 경우 해커들은 대부분 인터넷을 타고 회사 네트워크에 침입하게 될 겁니다. 하지만 여기서는 이 회사가 인터넷에 연결되어 있지 않고 내부에서만 통신을 한다고 가정하겠습니다. 그렇다면 해커는 회사 안으로 직접 침입해서 회사에 있는 네트워크 케이블을 본인 PC에 연결하는 방법밖에는 없겠죠? 영화에서처럼 회사 경비를 뚫고, 몰래 비상계단을 통해서 그것도 여러 가지 비밀번호를 뚫고 사무실 내에 침입을 성공해야만 회사 네트워크와 연결시킬 수 있답니다. 중간중간 위험한 고비도 많이 넘겨야겠죠?

하지만 무선의 경우는 어떨까요?

굳이 위험하게 회사 내부까지 침입할 필요 없이 회사 건물 근처에서 무선 랜이 가능한 노트북을 통해 회사 네트워크와 접속이 가능하게 됩니다. 그냥 무선 노트북을 들고 회사 근처에 서 있기가 민망하다면, 차를 타고 회사 건물 근처를 맴돌면서 회사 무선 네트워크에 접속해 해킹하는 것도 가능하답니다. 즉 무선이란 것은 유선 케이블과 달라서 통제가 그리 쉽지 않죠.

따라서 무선을 사용할 때 무엇보다도 중요한 것이 바로 보안이랍니다.

자, 그럼 보안에 대해 본격적으로 이야기하기 전에 먼저 보안에서 가장 자주 듣는 두 단어에 대해서 알아볼까요?

보안을 이야기할 때 가장 많이 나오는 말은 바로 Authentication과 Encryption입니다. 우리나라 말로 하면 Authentication은 '인증'이라고 할 수 있구요, Encryption은 '암호화' 정도라고 할 수 있을 겁니다.

쉽죠? 인증과 암호화 ^^

그럼 뭐가 인증이고, 뭐가 암호화인지를 조금 더 알아볼까요?

인증, 즉 Authentication은 우리가 어디를 들어가려고 할 때 안에서 '누구세요?' 하고 물어본 후 들어와도 되는 사람에게만 문을 열어주는 것을 말합니다. 즉 어딘가에 접속하고자 할 때 이 장비에게 접속을 허가할 건지 아닌지를 결정하는 것이라고 생각하면 되겠죠?

암호화, 즉 Encryption은 일단 접속이 된 후 서로 간에 데이터를 주고받는 과정에서 누가 훔쳐 보는 걸 방지하기 위해 데이터 자체를 암호화하는 것을 의미합니다. 즉 보내는 쪽에서 암호화를 하고, 받는 쪽에서는 같은 암호화 기법을 이용해서 암호를 풀고 읽어보는 거죠. 이렇게 되면 중간에서 누군가 데이터를 훔쳐가도 암호화가 되어 있어 무슨 내용인지 알 수 없겠죠?

이렇게 두 가지 보안 기법, 즉 Authentication과 Encryption을 먼저 이해하고 다음 단계로 넘어가겠습니다.

맨 처음 무선 네트워크에 사용된 보안 표준은 WEP(Wired Equivalent Privacy)라는 겁니다. 제일 먼저 나온 보안 기법인 만큼 꽤나 단순하고 쉽죠. 일단 무선 네트워크에 접속하려고 하는 노트북 같은 클라이언트 장비와 액세스 포인트가 같은 Key 값을 나눠 가지고 있다가 접속이 시도되면 이 Key 값이 같을 경우에만 접속을 허락하는 방식입니다. 여기서 Key 값은 40bit이고, Static, 즉 고정된 값이기 때문에 관리자가 일정 기간이 지난 후 모든 무선 네트워크에 있는 AP와 클라이언트의 Key 값을 한 번씩 바꿔주지 않는다면 몇 년이고 계속 같은 Key 값을 사용할 수밖에 없고, 그러다 보니 보안에 취약하게 되는 겁니다. 게다가 40비트의 Key 값은 너무 간단해서 해킹 툴로 몇 번만 돌려보면 찾아내기도 쉽다고 합니다.

앞에서 설명드린 것처럼 무선 네트워킹의 경우는 유선과는 달리 전파가 건물 밖으로도 새어나 갈 가능성이 있기 때문에 건물 밖에서 무선 랜을 장착한 노트북 한 대만 있으면 내부 네트워크에 접속이 가능할 수 있습니다. 게다가 위에서 설명드린 WEP 키 방식을 사용할 경우에는 해커가 건물 밖에서 네트워크 트래픽을 캡처한 후 그 중에서 WEP 키를 찾아내서 들어올 수도 있기 때문에 보안에 약할 수밖에 없었답니다.

따라서 WEP 키 방식보다 좀 더 보안에 강한 방법이 필요했는데, 시스코는 이 문제를 802.1X 사용자 인증 방식을 통해 해결하고자 했습니다. 802.1X 사용자 인증 방식이라고 하는 건 쉽게 말하자면 Username과 Password를 이용한 방식입니다. 즉 무선 네트워크에 접속하려고 하면 사용자 이름과 암호를 입력하고 이게 맞아야 접속을 허락해주는 방식이 되는 겁니다.

예를 들어 기존의 장비에만 키값을 넣어 인증하는 방식의 경우에는 장비를 누가 가져가서 네트워크에 접속하려 한다면 막을 방법이 없다는 단점이 있었습니다. 하지만 이렇게 Username과 Password를 사용하는 사용자 인증 방식은 해커가 장비에 있는 키값을 알아내거나, 혹은 장비를 몰래 들고 나가서 접속을 하려고 해도 Username과 Password를 알지 못하면 접속이 불가하기 때문에 훨씬 안전하다고 할 수 있습니다.

이런 새로운 보안 기법이 추가되어 만들어진 방식이 바로 Wi-Fi 협회에서 만들어낸 WPA (Wi-Fi Protected Access)입니다. WPA는 WEP 방식이 가지고 있던 많은 보안 약점을 해결한 새로운 무선 랜 보안 방식입니다. WPA 방식의 보안은 앞에서 설명드린 802.1X 사용자 보안을 도입했을 뿐 아니라, 기존의 Static 키만 사용하던 방식에 Dynamic 키 방식을 추가하여 무선 네트워크에 접속할 때 키값이 자동으로 바뀌는 방식을 사용할 수도 있게 되었습니다. 뿐만 아니라 Encryption, 즉 암호화 기법도 기존의 방식보다 한층 강화된 방식의 암호화 기법인 TKIP(Temporal Key Integrity Protocol)를 사용합니다. 이 방식은 기존에 사용하던 WEP 키 방식에 좀 더 보안 요소를 강화시키는 키 생성 방법을 추가해서 만들어졌기 때문에 보안 강화뿐 아니라, 기존 WEP을 지원하던 녀석들이 하드웨어 변경 없이도 손쉽게 업그레이드가 가능하다는 장점도 가지게 되었습니다. 사실 WPA는 Wi-Fi 협회에서 만든 보안 방식이라 표준이라고 볼 수는 없지만, 뒤에 발표된 표준 무선 보안에서 역시 WPA의 많은 부분을 포함하고 있다는 것도 같이 알아두시면 좋겠네요.

마지막으로 소개드릴 무선 랜 보안 방식이 바로 2004년 발표된 802.11i입니다. 일단 표준이구요, 앞에서 설명드린 WPA 방식을 대부분 수용하고 있지만 Encryption, 즉 암호화 부분에 사용되는 알고리즘은 WPA의 TKIP가 아니라 AES(Advanced Encryption Standard Encryption) 방식을 사용하게 됩니다. AES라는 방식은 훨씬 더 복잡하고 강력한 암호화 기법인데요. 이러다 보니 AES를 위해서는 ASE 방식에서 암호화를 위한 전용 프로세서까지 있어야 한다고 하네요. 암튼 표준으로 발표된 802.11i를 지원하기 위해서 Wi-Fi에서도 WPA2(Wi-Fi Protected Access)를 발표하게 되는데, 이미 눈치채셨겠지만 WPA2에서는 기존의 WP에서 지원하지 않았던 AES 암호화 기법을 지원하게 되었답니다.

조금 복잡한 무선 네트워크에서의 보안에 대한 이야기를 잠깐 정리해 볼까요?

사실 맨 처음 무선 네트워크가 나왔을 때만 해도 보안에 대한 걱정은 거의 하지 않았답니다. 그래서 그때 겨우 할 수 있었던 보안이 SSID를 감추는 방법 정도였을 겁니다. 앞에서 설명드렸죠? ^^ 그런데 시간이 흘러 무선 보안에 대한 요구가 나타나자 처음으로 만들어낸 보안 기법이 WEP(Wired Equivalent Privacy)였죠? 고정된 키값을 AP와 클라이언트에서 사용하도록 한 이 방식은 40비트의 짧은 키값과 한 번 쓰면 자주 바꿀 수 없는 고정키라는 문제가 있었다고 말씀드렸죠? 그래서 시스코에서는 802.1X를 이용한 사용자 인증 방식의 보안을 도입했고, 바로 이런 시스코의 사용자 인증 방식을 포함하는 Wi-Fi에서 만들어낸 WPA(WiFi Protected Access)가 나왔습니다. WPA는 사용자 인증 방식의 채택과 TKIP라는 기존의 WEP 암호화를 보완한 암호화 기법을 사용했지만 표준은 아니었다고 말씀드렸죠? 그리고 나서 무선 랜 보안 표준인 802.11i가 발표됩니다. 802.11i의 가장 큰 특징은 암호화 기법이 TKIP보다 강화된 새로운 방식인 AES(Advanced Encryption Standard Encryption)이라는 겁니다. 또한 WAP2는 이런 802.11i 표준을 지원하려고 WPA에 AES 암호화 기법을 추가한 방식이라고 설명드렸습니다.

정리가 되세요? ^^

아래는 지금까지 이야기를 표로 정리해본 거랍니다.

● **무선 랜에서의 보안 기법**

무선 보안	키 분배 방식	사용자 인증	암호화
WEP	고정형(Static)	없다	불안
Cisco	동적 방식(Dynamic)	802.1X	TKIP
WPA	Static & Dynamic	802.1X	TKIP
802.11i/WPA2	Static & Dynamic	802.1X	AES

표로 보니까 좀 더 쉽죠?

07
SECTION

AP를 직접 만져보자

처음엔 낯설게만 느껴졌던 무선에 대해서 어느 정도 친숙해지셨나요? 자, 그럼 이번에는 직접 Access Point를 만져보는 시간을 가져보려고 합니다.

백 번 이야기하는 것보다 역시 한 번이라도 직접 만져보는 게 낫겠죠?

| 그림 11-12 |
AP3800

우리가 이번 시간에 만져볼 녀석은 바로 위 사진에서 보이는 이 녀석입니다. 모델명은 AP3802I 라는 모델인데요. 맨 뒤에 I는 1(일)이 아니고 영문 I입니다. 여기서 I는 Internal을 의미하는데 요, 즉 안테나가 내부에 들어있다는 의미입니다. 그럼 모델명에서 E가 붙은 AP는 안테나가 밖 으로 나와 있는 방식을 의미한다는 건 아시겠죠? ^^ 중요한 건 아니지만 상식으로 알아두시기 바랍니다.

3800 시리즈 AP는 현재 시스코에서 나오는 실내형 AP 중에 상위 기종에 속한답니다. 1800, 2800, 3800 시리즈 순으로 나오는데 아무래도 상위 기종이다 보니 성능도 좋고, 가격 역시 비 싸겠죠?

최신 기종답게 3800AP는 IEEE 802.11 AC Wave2 표준을 지원하고 있답니다. 속도는 최고 약 2.3Gbps까지 나오는 기종으로, 802.11AC뿐 아니라 이전 표준인 802.11b, 802.11g, 802.11a 와 802.11n까지를 모두 지원한답니다. ^^ 이렇게 하려면 주파수 대역 역시 2.4GHz와 5GHz를 모두 지원해야겠죠?

모양은 사진에서 보이는 것처럼 작고 단순합니다. 벽이나 천장에 붙이며, 깨끗하고 깔끔하게 보이도록 전체적으로 하얀색을 띠고 있고, 사진에서는 잘 안 보이겠지만 중간쯤에 음각으로 Cisco 마크가 찍혀 있답니다. (찾으신 분? ^^) 가운데 있는 작은 LED는 AP의 상태를 쉽게 알 수 있도록 만들어 놓은 상태 LED인데, 이 LED가 사진처럼 푸른색일 때 현재 이 AP는 정상적으로 동작하고 있고, 적어도 하나 이상의 무선 장비가 이 AP에 접속되어 있다는 걸 의미합니다.

만약 AP가 정상적으로 작동하고는 있지만 이 AP에 접속된 무선 장비가 하나도 없다면, 이 불빛은 연한 초록색으로 바뀌게 됩니다. 또 소프트웨어를 업그레이드 중일 때는 파란색 불빛이 깜빡이게 되구요, 장비에 문제가 발생한 경우에는 초록색 불빛이 깜빡이게 된답니다. 어때요? 재미있죠? ^^ 별거 아닌 것 같은 AP의 불빛 하나도 그 의미를 알고 보면 꽤나 재미있을 뿐 아니라 현재 장비의 상태도 알려주니 꽤나 유용하겠죠?

자, 그러면 AP의 뚜껑을 열어볼까요?

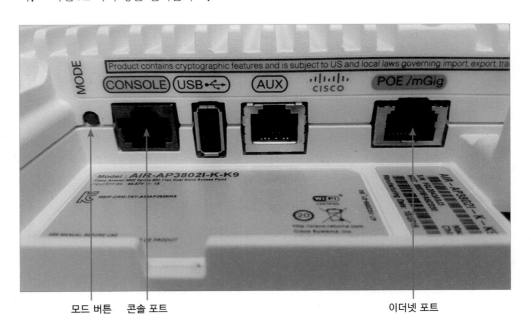

| 그림 11-13 |
AP3800의 안쪽 모습

모드 버튼   콘솔 포트   이더넷 포트

뚜껑을 연 모습이 보이죠? 사실 열어보면 별 특이한 것도 없답니다. 맨 왼쪽에 전원 포트가 보입니다. 무선 AP 역시 전기가 있어야 돌아가겠죠? 그러다 보니 전원 포트가 있는 건데 문제는 대부분의 무선 AP를 주로 천장이나 벽에 설치하다 보니 전원을 연결하기가 만만치 않다는 겁니다. 한두 대도 아니고 수십, 수백 대의 AP를 위해 천장마다 전원공사를 하는 건 사실 만만한 일은 아니겠죠? 그래서 나온 기술이 바로 PoE라는 기술이랍니다.

PoE를 들어보셨어요?

어떤 분은 PoE를 파워 오브 이더넷(Power of Ethernet)이라고 잘못 알고 계시는데, 파워 오브 이더넷이라고 하면, 이더넷의 힘? 이거 아닙니다. ^^

PoE는 파워 오버 이더넷(Power over Ethernet)의 약자로, 말 그대로 이더넷 위에 파워, 즉 전원을 같이 실어서 보내는 방식을 말합니다. 무선 AP의 경우 설치하는 장소가 천장이나 벽과 같이 전원공사를 해주기가 어려운 곳이 많기 때문에, 이때 이더넷 케이블을 통해 데이터 전송과 함께 전원을 공급해주게 되면 따로 전원공사를 하지 않아도 된다는 장점이 있습니다.

이렇게 데이터 전송을 위한 이더넷 케이블에 데이터뿐만 아니라 전원을 같이 실어서 보내기 위해서는 스위치가 PoE 기능을 지원해야 하는데, 이런 스위치를 'PoE 스위치'라고 합니다.

PoE 스위치의 포트에서 이더넷 케이블을 연결해주게 되면, 이 케이블을 통해서는 데이터뿐만 아니라 −48V의 DC 전원도 같이 공급을 해주게 되는 겁니다. 그렇다면 이더넷 포트를 통해 전원을 공급받을 수 있기 때문에 따로 전원 포트를 연결해줄 필요가 없겠죠?

그런데 만약 PoE 스위치에서 케이블을 뽑아 그걸 PC에 연결하면 어떻게 될까요? PC의 랜 카드에 −48V DC 전원을 흘려 보내게 된다면 랜 카드는 물론이고 PC의 메인보드까지 손상될 수도 있겠죠? 그렇다면 PoE 스위치는 절대 PC와는 연결하면 안 된다는 걸까요?

하지만 이런 걱정은 하지 않으셔도 된답니다. PoE 스위치는 포트를 장비와 연결해주게 되면 자기와 연결된 장비가 전원을 필요로 하는 녀석인지, 데이터만 필요로 하는 녀석인지를 바로 알아차리고, 무선 AP와 같이 데이터와 전원을 같이 필요로 하는 녀석들에게는 데이터와 전원을 공급해주고, PC와 같이 데이터만 필요로 하는 녀석에게는 전원은 공급하지 않고 일반 스위치처럼 데이터만 공급해주게 된답니다. 참 똑똑한 PoE 스위치죠? ^^

PoE는 이처럼 무선 AP뿐만 아니라 IP 전화기, IP 카메라 등에서도 많이 사용된답니다. 나중에 시스코의 IP 전화기를 볼 기회가 있으면 뒤에 케이블을 자세히 봐 주세요. 아마 네트워크 케이블 하나만 달랑 연결되어 있을 겁니다. 즉 전원 케이블이 안 보이는 거죠. 그건 바로 그 네트워크 케이블을 통해 전원이 같이 전달되고 있다는 의미입니다. 알고 보면 더 재미있답니다. ^^

지금까지 설명드린 PoE 기술은 원래 시스코에서 독자적으로 개발할 당시에 'Inline Power'라고 불렀습니다. 'Inline Power', 라인 안에 전원이 있다는 의미죠? 즉 이더넷 케이블에 전원을 같이 실어 보낸다는 의미입니다. 그리고 얼마 후 이 기술은 표준으로 정의되었고, 표준 PoE 기술을 IEEE 802.3af라고 합니다. 여러분들도 앞으로 IEEE 802.3af라는 말을 자주 듣게 되실 겁니다. 그때 당황하지 마시고 IEEE 802.3af란 이더넷 케이블에 데이터뿐만 아니라 전원을 같이 실어 보내기 위해 만들어진 Power over Ethernet 표준이라고만 알고 계시면 된답니다. ^^

그런데 최근에 나오는 AP의 경우에는 하는 일이 많다 보니 전기도 많이 먹어서, 전에 사용하던 AP가 대부분 15.4W 정도 이하의 전원이면 충분했다면, 새로운 AP들은 최소 30W 이상, 어떤 녀석은 60W까지도 필요하게 되었답니다. 그래서 앞에서 배운 PoE(Power over Ethernet) 표준 역시 기존에는 대부분이 IEEE 802.11af(15.4W)였다면, 최근에는 30W를 공급하는 PoE+('PoE 플러스'라고 읽습니다) 또는 60W를 공급하는 UPoE를 사용하는 추세랍니다.

따라서 기가 속도가 나오는 무선 AP로 교체를 하기 위해서는 단순히 AP만 새로 사면 되는 게 아니고, AP와 연결하는 PoE

스위치 역시 PoE+나 UPoE를 지원하는 스팩으로 교체해줘야 한다는 사실도 기억하셔야 합니다.

앞 페이지의 AP 내부 화면을 보시면, POE/mGIG이라는 포트가 보입니다. 이 포트는 이더넷 케이블을 연결하는 포트로, 앞에서 배운 PoE를 연결하는 케이블이라는 걸 알 수 있겠죠? 따라서 설명드린 대로 이 포트를 통해 데이터뿐만 아니라 전원도 공급이 가능하게 됩니다. 옆에 mGIG이라는 건 시스코가 지원하는 Multi-Gigabit 포트인데, AP가 1기가의 속도를 넘어가기 때문에 케이블 역시 1G가 넘는 속도를 지원해주기 위해 만든 표준으로, 최대 5기가까지의 속도를 제공해줄 수 있다고만 일단 알아두시기 바랍니다. ^^

[그림 11-13]의 포트는 콘솔 포트입니다. 콘솔 포트는 우리가 라우터에서 배운 콘솔 포트와 같은 기능입니다. 즉 Access Point를 구성해주기 위해 사용하는 포트죠. 콘솔 포트에 연결해 AP를 구성해주기 위해선 앞에서 배운 터미널 에뮬레이션 프로그램이 필요한데요, 이때의 구성은 아래와 같이 해주면 됩니다.

- 9,600 baud
- 8 data bits
- No parity
- 1 stop bit
- Flow control XON/XOFF

터미널 에뮬레이션 프로그램 구성은 이미 라우터에서 해보셨을 테니 따로 설명드리지 않겠습니다.

콘솔 포트의 왼쪽에 보이는 조그만 버튼이 모드 버튼입니다. 아주 유용하게 쓰이는 버튼이죠. 쉽게 말하자면 PC에 있는 리셋 키 같은 건데, 리셋 키는 PC가 죽었을 때 껐다 켜는 용도로만 사용되지만, 여기 있는 모드 버튼은 다음 2가지 경우에 사용됩니다.

● AP 구성을 맨 처음 상태, 즉 Factory Default로 만들 수 있습니다. AP를 초기 출고했을 때의 구성, 즉 Factory Default로 재설정하려면 모드 버튼을 20초 이내로 누르고 있어야 합니다. 이렇게 하면 AP 구성 파일이 지워지고 암호, WEP키, IP 주소 및 SSID를 포함한 모든 구성 설정이 Factory Default 값으로 재설정됩니다.

● AP 내부 메모리의 내용을 포함해서 모든 구성 파일을 다 삭제할 수 있습니다. 모든 구성 파일 및 나라별로 미리 세팅되어 있는 규정 도메인 구성을 포함하여 AP 내부 스토리지를 지우려면 모드 버튼을 20초 이상, 60초 미만 동안 누른 상태로 유지합니다. 이렇게 나라별로 미리 구성해 놓은 규정 도메인 정보까지 지우는 이유는 다른 나라에서 사용하던 장비를 그 나라에 맞게 구성할 때 필요하기 때문인데요, 장비에 따라 이 방식을 지원하지 않는 경우도 있으니 참고만 하시기 바랍니다.

옆에 보이는 USB 포트는 향후 확장 모듈을 연결하기 위한 포트라고 생각하시면 됩니다. 지금은 딱히 신경 안 쓰셔도 된답니다. ㅎㅎ

자, 이 정도면 다음에 AP를 직접 보셔도 대충은 낯설지는 않겠죠? 그렇다면 이번 시간에 제대로 배우신 겁니다. ^^

08
SECTION

AP를 직접 구성해볼까요?

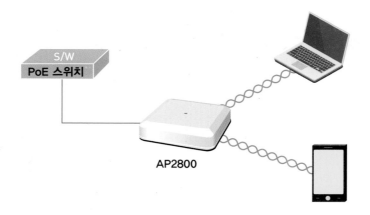

| 그림 11-14 |
AP의 구성

우리가 이번에 구성해줄 AP는 AP2800입니다. 앞에서 배웠던 AP3800보다 한 단계 낮은 레벨의 AP이지만 802.11AC를 지원하는 AP랍니다. 우리는 이번에 Mobility Express라는 방법을 이용해서 AP를 구성해주려고 합니다. ME라고도 부르는 Mobility Express는 AP를 쉽고 간단하게 구성할 수 있게 해주는 솔루션으로, 우리들과 같은 무선 초보들에게 딱 맞는 솔루션이랍니다. ^^

AP에 구성해줄 내용은 아래와 같습니다.

- **시스템 이름** : Hoony_AP
- **AP의 관리 IP 주소** : 10.10.10.1
- **AP의 Default Gateway 주소** : 10.10.10.254
- **AP의 SSID** : CISCO1234
- **Security WAP2 key** : password

간단하죠? 자, 그럼 구성을 시작해볼까요?

[그림 11-14]를 보시기 바랍니다.

먼저 AP는 PoE 스위치에 연결해줘야 합니다. PoE 스위치는 앞에서 배운 기억나시죠? 데이터와 함께 전원까지도 공급해주는 스위치라고 설명드렸습니다.

PoE 스위치에 AP를 연결해주면 스위치의 LED에 불이 깜박이기 시작합니다. 부팅을 시작하는 거겠죠? ^^ 몇 분을 기다리면 스위치의 LED가 녹색 불로 바뀐 걸 볼 수 있을 겁니다.

| 그림 11-15 |
부팅이 끝난 AP2800

[그림 11-15]를 보시면 부팅이 끝나 녹색 불이 들어와 있는 AP2800을 볼 수 있습니다. 제 사진 실력이 부족해서 색이 녹색처럼 보이지 않네요. ㅜㅜ

참고로 사진에서 보는 AP는 안테나가 외부에 연결되는 AP2800e 타입입니다. 각 모서리에 하나씩 4개의 안테나가 보이시죠? AP 뒤에 i가 붙는 안테나 내장형과 e가 붙는 안테나 외장형이 있다고 말씀드렸던 거 기억나시죠? ^^

AP의 부팅이 끝나면 노트북이나 무선으로 연결된 스마트폰에서 'CiscoAirProvision'이라는 네트워크가 검색되는데, [그림 11-16]에서처럼 보실 수 있습니다.

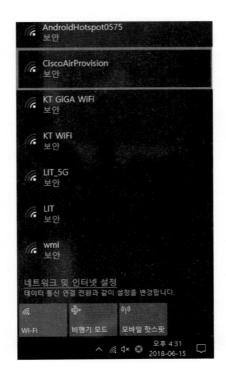

| 그림 11-16 |
무선 네트워크에서 검색되는
CiscoAirProvision

이제 'CiscoAirProvision' 네트워크에 연결하면 됩니다. 여기서 초기 디폴트 패스워드는 'password'입니다. (모두 소문자입니다.)

연결이 되었으면 Web 브라우저를 하나 열고 http://mobilityexpress.cisco/를 입력하면 [그림 11-17]과 같은 Mobility Express 첫 화면이 보이게 됩니다. 두둥!!

첫 페이지에서 관리자 계정을 하나 만들게 되는데, User Name과 Password를 구성해주는 겁니다. 나중에 구성을 위해서 들어갈 때 필요하니 만들어 두실 때 꼭 기억해두셔야겠죠?

여기서 저는 관리자 User Name은 'Hoony'로, 패스워드는 'Cisco123'으로 세팅했습니다. 너무 일반적인가요? ^^

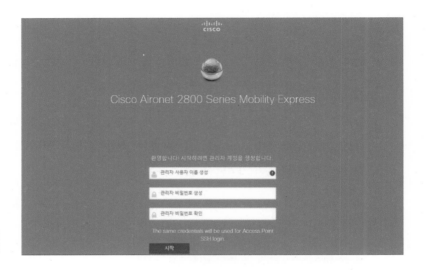

| 그림 11-17 |
Mobility Express 첫화면

User ID와 Password를 구성하고 들어가면 드디어 AP의 구성 첫 화면이 보이는데 여기서 시스템의 이름, AP의 IP 주소 구성을 해주게 됩니다. [그림 11-18]을 보시기 바랍니다.

| 그림 11-18 |
Mobility Express 구성 1

첫 번째 화면에서 시스템 이름, 국가, 날짜 및 시간, 그리고 Time Server를 먼저 세팅해주게 되는데, 시스템 이름은 'Hoony_AP'로 했고, 국가는 '대한민국'을 선택했습니다.

시스템에 대한 기본적인 구성이 끝나면, 그 다음이 AP에 대한 관리 주소 세팅입니다. AP의 관리 주소를 세팅하게 되면 나중에 AP의 주소만을 Web 브라우저에 입력하고도 구성 변경 화면으로 들어올 수 있기 때문에 훨씬 편리하답니다.

우리는 앞에서 세팅하기로 했던 주소 10.10.10.1을 AP의 관리 IP 주소로 입력하고, 서브넷 마스크는 255.255.255.0으로, 기본 게이트웨이(Default Gateway)는 10.10.10.254로 세팅하겠습니다. 한글 메뉴라 훨씬 편하시죠? ^^

아래 DHCP 서버를 사용하는 것으로 체크하게 되면 AP가 DHCP 서버의 역할을 해서 AP에 접속하는 무선 장비들에게 IP 주소를 자동으로 배분해줄 수도 있습니다.

첫 번째 페이지에서 구성이 완료되면 이제 두 번째 페이지로 넘어가보겠습니다. [그림 11-19]를 보시기 바랍니다.

| 그림 11-19 |
Mobility Express 구성 2

두 번째 구성 페이지에서 네트워크 이름은 바로 SSID입니다.

시작할 때 SSID를 CISCO1234로 세팅하기로 했으니, 네트워크 이름 박스에 CISCO1234로 SSID를 입력합니다. 보안은 디폴트 방식인 WAP을 선택하고 비밀번호(Password)를 세팅합니다. 이 SSID로 접속하기 위해 입력하는 암호입니다. 간단하죠? 이제 거의 모든 구성이 완료되었습니다.

자, 그럼 다음으로 넘어가 볼까요?

[그림 11-20]은 세 번째 구성 페이지입니다.

이미 앞에서 기본적인 구성을 마쳤기 때문에 마지막 세 번째 페이지에서는 부가 기능에 대한 몇 가지 구성만 해주면 됩니다.

먼저 지금 구성하는 AP가 얼마나 많은 무선 장비와 연결되게 할 거냐에 따라 클라이언트 밀도를 선택할 수 있습니다. 이렇게 클라이언트 밀도를 낮음, 일반, 높음으로 선택하는 이유는 클라이언트의 밀도에 따라 가장 최적의 RF, 즉 Radio Frequency를 만들어주기 위해서입니다.

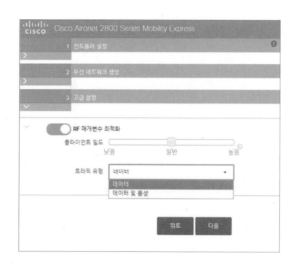

| 그림 11-20 |
Mobility Express 구성 3

다음은 지금 구성하는 AP가 주로 어떤 트래픽을 담당해줄 거냐 하는 것에 대해 선택을 하게 됩니다. [그림 11-20]에 보이는 것처럼 트래픽 유형은 데이터 또는 데이터 및 음성으로 선택해 줄 수 있습니다. 이렇게 AP가 전달하는 트래픽의 유형을 데이터와 음성으로 구분하는 이유는 데이터의 전송과 음성의 전송이 근본적인 차이가 있기 때문입니다. 데이터의 경우는 중간에 끊김 현상이 나타나더라도 전체적인 속도가 중요하지만, 음성의 경우는 조금 느리더라도 중간에 끊김이 있으면 안 되기 때문에 트래픽을 다르게 운용하기 위한 것입니다. 즉 Quality of Service를 위한 구성을 AP가 자동으로 해주기 위해서 트래픽 유형을 선택하는 것입니다.

이렇게 AP의 사용 환경까지 선택해주게 되면 Mobility Express를 통한 AP의 구성은 모두 완료되었습니다. 어때요? 간단하죠? ^^

[그림 11-21]을 보시면 지금까지 구성했던 내용을 마지막으로 확인해볼 수 있습니다. 맨 처음 로그인 화면에서 세팅했던 사용자 이름부터 시스템 이름, 국가, 시간대, AP의 관리 IP Address, 기본 게이트웨이 주소가 보이고, SSID인 네트워크 이름도 구성이 되어 있는 걸 보실 수 있습니다. 맨 아래는 AP의 사용 환경까지 선택한 내용이 보이시죠?

구성이 완료된 상태에서 아래의 [적용] 버튼을 누르면 AP는 구성을 저장하고, 리부팅을 시작하게 됩니다. 리부팅이 완료되면 이제 무선 네트워크 이름에 우리가 세팅했던 SSID인 CISCO1234라는 네트워크가 보이게 되는 겁니다.

지금까지 Mobility Express를 사용해서 시스코 AP2800을 구성하는 방법을 알아봤는데요. 어떠셨습니까? 그동안 배웠던 다른 장비들보다 오히려 쉽죠?

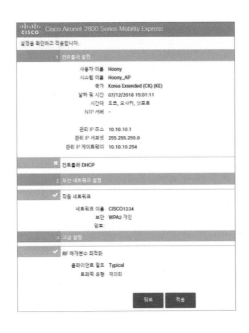

| 그림 11-21 |
Mobility Express를 이용해
완성된 AP 구성

물론 무선 네트워크에 대해서 완전하게 이해하고, 또 AP의 세부적인 구성까지 이해하기 위해서는 훨씬 더 많은 내용을 공부해야 합니다. 하지만 무선 초보자도 지금 배운 Mobility Express를 이용하면 AP에 대한 기본적인 구성은 해줄 수 있으니까 너무 긴장하지 않으셔도 된답니다.

앞에서 보신 것처럼 AP의 사용 환경에 따른 RF의 구성이나 데이터 종류에 따른 QoS까지 해준 거니까 이 정도면 완변한 AP 전문가가 된 거겠죠? ^^

그럼 무선 랜 구성은 여기까지입니다.

정말 색다른 네트워크 장비(?)

매일 해야 하는 청소가 귀찮아 청소기가 만들어졌고, 그 청소기를 끌고 다니면서 직접 청소하는 게 귀찮아 로봇 청소기가 만들어진 것처럼 어쩌면 세상의 모든 물건들은 다들 필요에서부터 나온 게 맞을 겁니다.

네트워크가 점점 크고 복잡해지면서 네트워크 장비들을 하나하나 관리하고 운영해주는 것 역시 보통 일이 아니게 되었습니다. 그래서 나온 게 앞에서 배운 네트워크 관리 시스템(NMS, Network Management System) 같은 거지만, 이 역시 내가 직접 설치해야 되고 운영하는 거라서 NMS를 배워야 하는 또 다른 어려움이 생기게 되는 겁니다.

그냥 장비만 연결하면 관리는 알아서 해주게 하면 안 될까?

이런 필요에서 출발한 장비가 있습니다.
바로 클라우드 관리 방식의 네트워크 장비입니다!!

'클라우드'라고 다들 들어보셨죠? ^^
네? 맥주 아닙니다. ㅋㅋ

우리말로 번역하면 '구름'이지만, 여기서 클라우드 관리 방식이라고 하는 건 쉽게 장비만 연결해주면 어디서나 웹사이트에 로그인해서 관리해줄 수 있다는 의미입니다.

전에도 비슷한 게 있었다구요?

웹 브라우저를 띄우고 라우터나 스위치의 IP 주소 또는 NMS 주소 같은 걸 넣어준 후 웹사이트로 로그인하는 방식이 있었습니다. 하지만 클라우드 관리 방식과는 다른 게 이전 방식의 경우 로그인을 위해서 내가 해줘야 하는 구성이 필요했고, 또 실제 로그인하는 곳 역시 내가 미리 만들어 놓은 서버나 내가 미리 구성해 놓은 네트워크 장비였습니다.

하지만 클라우드 관리 방식은 말 그대로 장비에 미리 구성이 필요 없고, 일단 장비만 연결한 후 (물론 장비가 인터넷과는 연결이 되어야 하겠죠? ^^) 웹사이트로 들어가기만 하면, 방금 연결한 장비를 포함해서 내가 관리하는 모든 장비가 한눈에 보이고, 모든 장비 구성을 웹사이트에서 관리해줄 수 있게 되는 겁니다.

전에는 네트워크 장비를 설치한다고 하면 저희 같은 엔지니어들이 장비 하나하나를 콘솔 케이블로 연결해서 구성해주고, 네트워크에 연결하고, 이상이 없는지 직접 콘솔케이블로 들어가 체크하고, NMS 같은 관리 시스템을 서버에 설치하고, NMS에 들어가서 네트워크 장비를 잡아주고 나서 추가 구성이나 관리를 했습니다. 하지만 클라우드 관리 방식은 장비를 박스에서 꺼내서 아무 구성없이 인터넷이 되는 케이블만 연결해주고, 웹사이트로 로그인해서 필요한 장비 구성을 하는 방식이기 때문에, 훨씬 쉽고 간편할 뿐 아니라 내가 직접 설치 장소까지 안 가도 설치가 가능하다는 장점이 있습니다. ^^

따라서 장비가 전국 여기저기에 흩어져 설치되고, 설치와 관리를 한 사람이 해야 되는 입장이라면 지금 설명드린 클라우드 관리 방식은 시간과 노력을 최대한 절약할 수 있게 해주는 방식이랍니다.

여기서 설명드릴 Meraki('메라키' 또는 '머라키'라고 읽으시면 됩니다. ^^) 제품이 대표적인 클라우드 관리 방식의 네트워크 장비인데요, 일단 이번 시간에는 클라우드 관리 방식의 네트워크 장비란 어떤 장점이 있는지만 이해하시면 충분히 의미 있는 시간이라고 생각합니다.

클라우드 관리 방식이란, '네트워크 장비는 그저 박스를 까서 인터넷과 연결만 시켜주고, 나머지 모든 일은 클라우드, 즉 인터넷 웹사이트에 들어가서 관리해주는 방식의 장비다'라고 이해해주심 되겠습니다!!

이번 시간은 여기까지~

세상에서 가장 쉬운 IT ^^

앞에서 설명드린 클라우드 관리 방식의 네트워크 장비를 만드는 머라키는 '세상에서 가장 쉬운 IT'라는 슬로건을 내걸고 장비를 만들고 있다고 합니다. (현재 머라키는 몇 년 전 시스코가 인수해서 이제는 '시스코 머라키'라고 부르기도 한답니다. ^^)

MR (무선 장비)   MX (보안/라우팅 장비)   MS (스위치)   모바일 장비 관리   MV (감시 카메라)   MI Insight

클라우드 관리방식의 IT

| 그림 11-22 | 가장 쉬운 IT

위에 그림처럼 시스코 머라키 장비는 일단 인터넷에 연결만 되면 모든 관리는 웹사이트를 통해서 이루어집니다. 마치 영화에서 봤던 것처럼 화면에 지도가 나타나고, 내 장비가 어디에 있는지를 한눈에 볼 수 있으며, 장비를 선택하면 그 장비의 구성뿐 아니라, 이 장비를 지금 누가 사용하고 있고, 무얼 쓰고 있는지, 트래픽은 어떤 게 흘러다니고 있는지, 우리가 궁금해할 만한 모든 정보를 아주 예쁘고 간단한 UI를 통해 보여주게 됩니다.

현재 시스코 머라키 제품은 무선 AP 이외에도 VPN용 라우터나 스위치 등 다양한 제품이 있고, 보통은 소수의 네트워크 관리자가 전국에 분포한 네트워크 장비들을 설치하고 관리해줘야 하는 경우, 복잡한 네트워크 관리에 어려움을 느껴 쉽고 효과적인 네트워크 관리를 원하는 경우에 많이 사용하고 있다고 합니다. ^^

이제 더 이상 네트워크 장비를 설치하러 여기저기 무거운 가방을 들고 출장을 다니거나, 낯선 고객사에서 날밤을 꼬박 새울 일이 줄어들 것 같습니다. ^^

그렇다고 '혹시 내 직업이 없어지는 거 아냐?'라는 걱정은 안 하셔도 됩니다. 어차피 웹사이트로 로그인해서 쉬운 그래픽을 가지고 설치나 관리를 하더라도 네트워크에 대한 지식은 꼭 필요할 테니까요.

안녕~

저… 퇴근이 몇 시예요? -.-;;

전에 LG에 있을 때 처음 들어온 신입사원에게 궁금한 것이 있음 물어보라고 하자 물어본 질문입니다. ^^

궁금하겠죠. ㅎㅎ 학교 다닐 때도 늘 시간표만 보면서 오늘은 몇 시에 집에 가나 이런 것만 계산하고 그랬는데, 아무리 회사지만 몇 시에 끝나는 줄은 알아야 친구들이랑 약속도 잡고, 엄마한테 '나 몇 시에 집에 가.' 이런 말도 하죠.ㅎㅎ

하지만 그런 질문을 받는 선배로서는 '요 녀석 봐라? 벌써 집에 갈 궁리만 하네.' 이런 생각이 들더라구요.ㅎㅎ

그 당시 저희 팀은 따로 퇴근시간이 정해져 있지 않을 정도로 매일 날 새는 게 일이었고, 야근을 밥 먹듯 했으며, 야근 없으면 회식, 그래서 제대로 퇴근하는 건 거의 토요일 정도였던 시절이었으니 새파란(?) 신입사원이 오자마자 언제 집에 가냐고 물어본다는 거 자체가 거의 용납이 안 되던 일이었습니다. 지금 생각해보면 전근대적인 사고방식이었지만 그땐 그랬답니다.ㅎㅎ

지금은 어떨까요? 그때보다는 많이 자율성이 강조되고 있긴 하지만, 시스코 같은 외국회사조차도 팀보다는 자기를 먼저 챙기는 얌체(?) 스타일을 아직 좋아하지는 않는답니다. 결국 어디서나 자기보다는 팀을 먼저 생각하고 회사 전체의 목표를 성공으로 이끌기 위해 노력하는 사람을 더 인정해주기 마련인가 봅니다. 톡톡 튀는 개성과 협동정신은 별개라고 생각합니다.

만약 누군가 '난 누가 뭐래도 내가 원하는 걸 원하는 방식대로 할 거야.'라고 선언한다면 냉정하게 말해 그 사람은 팀에 어울리는 사람이라고 볼 수 없답니다. 때론 팀을 위해 한 발짝 물러설 줄도 알고, 때론 목표를 위해 희생을 감수할 줄 아는 사람이 명령어 한 줄 더 알고, 자격증 하나 더 있는 사람보다 훨씬 더 인정받을 수 있답니다.

누군가 이런 이야길 하더라구요.

"Attitude is everything."

중요한 건 현재 가지고 있는 그 사람의 능력이 아니라 앞으로 발전할 수 있는 가능성이고, 그 가능성은 바로 그 사람의 하고자 하는 의지에서 나온다고 생각합니다.

"저 사람 똑똑하고 능력 있어." 이런 말도 좋지만, "저 사람 성실하고 늘 노력하는 사람이야."라는 말이 더 멋지게 들린답니다.

우리 모두 어느 곳에서나 사랑 받고, 그곳에서 꼭 필요한, 성실하고 늘 노력하는 사람이 되었으면 합니다. ^^

안녕~

CISCO
NETWORKING

PART 12

IPv6로 떠나는 여행

IPv6, 왜 필요한 걸까요?

몇 년 전이긴 하지만 그땐 네트워크가 무엇인지만 알아도 괜찮은 시절이었습니다. 하지만 이젠 네트워크도 너무 방대한 분야로 나뉘었고 또 하루가 다르게 변해가고 있습니다. 정말 하루라도 네트워크에 관한 기술의 발전이 멈춘 날이 없는 것 같습니다.

그 많은 네트워킹 기술 중에서 이번에는 IP version 6에 대한 이야길 들려드릴까 합니다.

몇 년 전부터 들리기 시작한 IP version 6(줄여서 IPv6라고 합니다.)는 벌써 우리와 너무도 가까운 곳에 와 있고, 또 곧 우리 모두에게 몰아닥칠 새로운 IP의 세상입니다.

저와 조금 먼저 IPv6에 대해 알아보고 준비하신다면 아마 낯설게 다가온 IPv6가 조금은 더 친숙하게 느껴지지 않을까 생각합니다.

자, 서론은 여기까지만 하구요, 이야기 시작합니다.

그럼 먼저 IPv6가 왜 나왔는지부터 차근차근 알아보도록 하겠습니다. 이미 눈치채셨겠지만 IPv6의 출현 이유 첫 번째는 IPv4 주소의 주소 공간 부족입니다.

1981년도부터 본격적으로 사용하게 되었던 IP version 4는 1985년에는 전체 주소의 1/16을 사용했으니 그때까지만 해도 주소 부족을 걱정할 필요는 없었을 겁니다. 그런데 1991년 World Wide Web이란 게 개발되고, 1993년엔(이젠 우리의 아련한 기억 속에 웹 브라우저의 할아버지로 기억되고 있는) 모자이크(Mosaic)가 발표되었습니다. 그러다 보니 IP 주소의 사용이 점점 늘어나게 되면서 1995년에는 전체 주소의 1/3을, 2000년에는 1/2를 사용하게 되었습니다.

아시다시피 IPv4는 32비트 주소 체계니까 이론적으로 2^{32} 만큼의 주소를 만들 수 있습니다.

그게 얼마냐구요?

약 43억 개 정도가 됩니다.

그러나 그걸 다 쓸 수는 없답니다. 일단 중간중간에 Private용 등으로 예약된 주소 영역이 있구요, 또 클래스 E는 연구용으로 사용되니 막상 쓸 수 있는 주소는 훨씬 적은 수가 되겠죠. 따라서 현실적으로 배정이 가능한 IP 주소는 약 2억 5,000만 개 정도밖엔 되지 않는다고 합니다.

정말 적죠?

2억 5천만 개가 왜 적냐구요? 그 정도면 충분하지 않냐구요?

그렇지 않습니다.

현재 네트워크의 수는 매년 약 2배로 증가하고 있답니다. 이와 함께 인터넷의 사용자와 장비 역시 기하급수적으로 늘어나고 있습니다.

2001년도 현재 인터넷 사용자 수는 약 4억 2천만 명이라고 하니까 벌써 공인주소의 약 2배 정도의 수가 인터넷을 쓰는 겁니다만, 4억 명이라고 해봐야 전 세계 인구의 1/10도 안 되는 수입니다. 게다가 중국이나 인도, 러시아 등 인구가 무지하게 많은 나라들이 인터넷을 쓰기 시작했다고 하니, 이제 IP 주소의 부족은 불 보듯 뻔해지게 된 겁니다.

여러분께서도 동의하시죠?

그런데 문제는 이렇게 IP 주소를 사용하는 사람들이 늘어난다는 것이죠. 게다가 기존에 IP 주소를 주로 사용하던 PC나 컴퓨터뿐만 아니라 새로운 장비들이 자꾸 IP 주소를 사용하려고 한다는 것입니다. IP 전화기 아시죠? 언제부턴가 사무실 책상 위에 떡 하니 자리잡기 시작한 IP 전화기는 앞으로 몇 년 내에 일반 전화기들을 몰아낼 기세로 그 세력(?)이 커지고 있답니다. 게다가 집에서는 인터넷 전화기라는 이름으로 전화기에 IP 주소를 하나씩 붙여서 나타난 애들이 저렴한 통화료를 내세워 집 전화를 집 밖으로 쫓아내기 시작했답니다. "집 나가면 개고생"이라고 하면서 말입니다. ^^

TV도 바뀌고 있죠? IPTV로 말입니다. 그러고 보면 이제 IP란 말은 너무나도 흔하게 사용하는 말이 되어 버렸습니다. 초등학교 애들조차도 "아빠, 우리도 IPTV 설치하자."라고 이야기하는 걸 보면 말입니다. ^^

아무튼 이런 추세라면 IP 주소는 곧 고갈 상태가 된다는 게 현재의 예측이랍니다.

우리에게는 이미 쓸 만한 IPv4 주소는 남아있지 않아 어떤 식으로든 주소 공간 확장에 대한 조치를 내릴 때가 온 겁니다.

이렇게 주소 공간 부족 이외에도 IP version 4의 문제점은 몇 가지 더 있을 수 있습니다.

현재 IP version 4가 가지고 있는 복잡한 헤더(Header)는 전체 필드를 불필요하게 늘리게 했고, 라우터로 하여금 효과적인 헤더 관리를 할 수 없게 한다는 문제를 낳기도 했습니다. 뿐만 아니라 IP 주소 배정 방식이 복잡하다는 문제도 있습니다. 물론 DHCP(DHCP 다들 아시죠? 이 책에도 나와 있으니 혹시 잘 모르시면 참조하세요.)를 사용해서 이 문제를 해결할 수 있었지만 또 다른 서버의 구성이라는 오버헤드를 필요로 하게 되었습니다.

또 주소가 부족하다 보니 주소 배정을 체계적으로 할 수 없어 몇 개의 라우팅 정보를 하나로 묶어주는 Aggregation(라우팅 공부하시면서 다 배운 내용이죠? 이렇게 해야 라우팅 테이블이 줄어든다고 설명드렸죠? ^^)이 어렵고, 따라서 라우팅 테이블은 점점 더 크고 복잡해질 수밖에 없었습니다.

이 밖에도 번거롭고 효율적이지 못했던 보안 기능과 Mobile IP의 지원 등은 IP version 4에서 해결해줘야 하는 문제점이었습니다.

자, 그렇다면 어떻게 해야 당장 이 문제를 해결할 수 있을까요? 먼저 주소 부족을 해결하기 위한 방법을 알아볼까요? 여러분들이 다 아시는 방법이 하나 있죠?

내부망에서는 Private IP 주소, 즉 내 맘대로 주소를 쓰고 밖으로, 즉 인터넷으로 나갈 때만 공인 IP 주소를 사용하는 겁니다.

이 방법은 이미 오래 전에 흥부네 집에서도 사용을 했던 방법입니다.

가족은 무지 많은데 입고 나갈 옷이 없었던 흥부네 가족은 외출복 몇 벌을 옷걸이에 걸어두고 집에 들어오면 옷을 벗어두고 모두 모여 이불 속에 머리만 내밀고 있다가 밖을 나갈 때만 그 옷을 입고 나가는 겁니다. 이렇게 하면 가족 모두의 수만큼 옷이 있을 필요가 없겠죠? 밖에 나갈 녀석들만 옷을 입고 갔다 오면 벗어두고 또 다른 애가 나갈 때 그 옷을 입고 나가면 되니까요. ^^

그게 바로 NAT(Network Address Translation)라는 겁니다.

내부에선 Private 주소를 사용하고 인터넷으로 나갈 때만 공인 IP 주소를 쓰게 되면 IP 주소가 몇 개 없어도 인터넷이 가능하다는 장점이 있습니다.

요즘 많이 사용하는 인터넷 공유기 역시 이런 원리를 이용한 것입니다. 하지만 이 방식은 옷이 1인당 하나씩 있을 경우 그냥 그 옷만 입고 나갔다 들어오면 되지만, 옷이 몇 벌 없으니 나갈 때와 들어올 때마다 옷을 갈아입어야 한다는 단점이 있습니다. 따라서 시간이 더 걸리겠죠? 즉 IP 주소를 변환해주는 시간이 필요하다는 겁니다.

그뿐만 아니라 여러 가지 End-to-End 기능을 지원하는 프로그램에서도 호환성에 문제가 있을 수 있습니다. 혹시 기억하시는지 모르겠지만 NAT를 사용할 때 인터넷 전화 프로그램이 간혹 안 되는 경험을 하셨을 겁니다.

이런 NAT라는 방법 이외에도 IPv4에서 주소 공간을 절약하기 위한 대표적인 방법은 바로 서브넷팅이 있습니다.

아시죠? 그 지긋지긋한 서브넷 마스크를 이용한 서브넷팅. 쉽게 말하면 네트워크를 잘게 쪼개

쓴다는 것인데, 주소가 많으면 뭐하러 잘게 쪼개서 쓰겠습니까? 주소가 부족하니까 쓸 만큼 쪼개 쓰고 나머지를 아끼는 거죠.

원래 맨 처음 IPv4 주소가 많았을 땐 서브넷팅이 그리 많이 사용되지 않았지만, 요즘은 서브넷팅 안 하는 곳은 거의 없을 뿐 아니라 그 쪼개기도 점점 더 정교해졌다는 거죠.

이것 땜에 공부하는 여러분들만 죽을 맛이 된 거구요.

또 안 쓰는 주소는 자동으로 회수하고 주소가 필요한 PC에는 그때그때 주소를 배분해주는 DHCP (Dynamic Host Configuration Protocol)가 있습니다. DHCP를 사용하지 않을 경우 당장 사용을 하지 않는 IP 주소라고 하더라도 그 상태를 파악할 수 없으니 IP 주소 관리가 쉽지 않았던 게 사실입니다. 하지만 DHCP를 사용하게 되면서 주소 배정의 편리함뿐만 아니라 안 쓰는 주소를 회수할 수 있어서 주소 낭비를 막을 수 있었습니다.

이 밖에도 클래스 A, B, C와 같은 기존의 약속을 무시하고 뒤에 붙은 서브넷 마스크만 가지고 클래스를 지정하는 방식인 CIDR(Classless Inter Domain Routing)이 있습니다. CIDR은 주로 서브넷팅과 반대 개념인 슈퍼넷팅, 즉 여러 개의 작은 네트워크를 1개로 모아서 라우팅 테이블을 줄여줌으로써 라우터의 메모리를 절약하고 라우팅 속도를 올려주기 위해 사용합니다.

IPv4에서의 주소 부족은 이와 같이 다양하고도 복잡한 주소 관리기법을 만들어냈고 네트워크는 점점 더 복잡해지게 된 겁니다.

자, 지금까지 배운 내용을 정리해볼까요?

현재 우리가 사용하고 있는 인터넷 주소 방식인 IP version 4는 그 사용자가 기하급수적으로 늘어나고, 또 네트워킹을 사용하는 장비가 늘어남으로써 주소 부족 상태를 낳고 있습니다. 현재까지 이 문제를 자체적으로 해결하기 위해 IPv4에서는 NAT를 비롯한 다양한 솔루션을 내놓고 있지만, 점점 더 복잡해지는 구성 방법과 End to End 지원이라는 문제에 부딪친 상태입니다. 또한 이런 방법으로도 주소 부족은 점점 더 심화되고 있습니다.

따라서 기존 IPv4를 대체하면서도 훨씬 개선된 새로운 IP 방식이 필요하게 되었는데, 그건 바로 다음 시간부터 자세히 알아볼 IP version 6입니다.

02

SECTION

IPv6의 탄생

자…, 지난 시간의 IPv4의 눈물겨운 주소 아껴쓰기 이야기에 이어 이번 시간에는 어떻게 해서 IPv6가 탄생하게 되었는지부터 알아보도록 하겠습니다.

한마디로 IPv6의 역사, 아니면 IPv6의 탄생 신화??? 뭐 그런 겁니다.

1990년, 그러니까 그 당시는 우리에겐 아직 인터넷이란 것도 낯설던 시절이죠. 겨우 천리안 정도를 누비고 다니던 그런 시절이었습니다.

바로 이 해에 IETF(Internet Engineering Task Force)에서는 벌써 클래스 B 주소가 1994년쯤에는 고갈될 것이라고 예상했다고 합니다. (이때 이미 IP 주소의 부족을 예견했다니 역시 세상엔 똑똑한 사람이 꽤나 많은 모양입니다.)

그리고 다음 해인 1991년 11월 IETF는 산타페에서 열린 IETF 미팅에서 이 문제를 해결하기 위해 ROAD(ROuting and ADdress) 그룹을 만들게 됩니다. 그리고 1995년 IPNG(IP Next Generation) Workgroup이 'RFC 1883'이라는 첫 번째 세부안을 내놓게 됩니다. 이게 바로 IPv6의 근간이 되었다고 전해집니다.

다음 해인 1996년 IPv6의 테스트베드인 6Bone이 인터넷을 통해 시작됩니다. 6Bone은 뒤에 다시 설명하겠지만, IPv6의 운용을 테스트하기 위해 만든 망입니다. 즉 현재 우리가 사용하고 있는 IPv4망에는 영향을 주지 않으면서 IPv6에 대한 여러 가지 실험을 해볼 수 있도록 만들어놓은 IPv6의 망이라고 생각하시면 됩니다. 우리나라를 포함해서 전 세계 57개국 1,100개 이상의 사이트가 이 망에 연결되어 테스트를 했었답니다. 하지만 이 망이 만들어진 목적이 테스트인 만큼 이 망은 2006년 6월 6일을 기해서 철거(?)하기로 했다고 합니다. 그리고 그동안 사용하던 주소 영역은 IANA(Internet Assigned Numbers Authority)로 다시 반납했다고 하네요. (아무래도 테스트망이 더 필요 없었나 봅니다. 그것도 2006년 6월 6일이라고 정한 걸 보면 역시 6을 상당히 강조한 느낌이 들죠? ^^)

그리고 1999년 IPv6 포럼이 발족하게 됩니다. 이 포럼에서는 IPv6에 대한 여러 가지 기능을 협의하고 표준에 대한 의견을 수렴하는 역할을 하고 있습니다.

현재는 거의 모든 네트워크 제품 벤더들이 IPv6의 기능을 자사 제품에 탑재하고 있을 정도로 이제 IPv6는 더 이상 미래의 이야기가 아니라 바로 눈앞에 닥친, 아니 벌써 우리 곁에서 진행되고 있는 현실입니다.

어떠세요? 이제 IPv6에 대한 전반적인 역사가 이해가세요? 이렇게 역사공부 같은 지루한 이야기를 소개해 드린 건 우리가 모르는 사이에도 이 세상에선 정말 많은 변화가 일어나고 있었다는 것을 같이 느껴보자는 의미에서였답니다. 그러니까 막 외우고 그러실 필요는 없겠죠? 아무튼 벌써 20년도 전에 시작된 IPv6에 대한 연구가 이제 결실을 맺기 시작한 거네요. ︿︿

왜 갑자기 IPv4에서 IPv6로 뛰었을까요?

SECTION 03

자, 여기서 문제 하나!

그럼 IPv5는 있을까요? 그동안 쓰던 게 IPv4였는데 왜 갑자기 IPv5를 건너뛰고 IPv6으로 갔을 까요?

하나도 안 궁금하시다구요? 그래도 이야길 꺼냈으니 모두 궁금해 하신다고 생각하고 IPv5에 대 해 말씀드리도록 하겠습니다.

일단 정답부터 말씀드리자면 IPv5는 있습니다. IPv5는 한마디로 QoS(Quality of Service) 제 공을 위한 실험적인 Resource Reservation Protocol로써 Internet Stream Protocol(ST)로 정의됩니다.

무슨 말이냐구요?

다시 말씀드리자면 IPv5는 인터넷과 같은 곳에서 디지털 사운드나 멀티미디어 데이터와 같은 리얼타임 데이터를 효과적으로 전송하기 위해 만들어진 프로토콜이라는 겁니다. IPv5는 네트 워크 경로 위에 리얼타임 스트리밍 데이터를 보낼 때를 대비해서 네트워크 자원(Resource)을 예약(Reserve)해둘 수 있기 때문에 다른 자동차들이 아무리 많이 다녀도 시원하게 뻥뻥 뚫리는 버스 전용차로처럼, 자신만의 네트워크 자원을 가지고 전송이 가능하게 되는 겁니다. 이래야 소리나 영상 같은 데이터가 끊어지지 않고 부드럽게 전송될 수 있겠죠?

꽤나 좋은 프로토콜이긴 하지만, IPv5는 IPv4와 공존하면서 상호작용을 하도록 디자인된 프로 토콜로, IPv4를 대체하기 위한 프로토콜은 아닙니다. 실제로도 IPv4와 IPv5는 동일한 주소 구 조를 가지고 있기 때문에 IPv6와는 차원이 다르다고 볼 수 있습니다.

다만 IPv4와 IPv5의 차이점은 패킷의 첫 번째 4비트 부분인 IP Version Number가 다르다는 것뿐입니다. 하나는 4, 하나는 5. ^^

1970년대 말기에 만들어진 IPv5로 알려진 프로토콜은 이제 RSVP(Resource Reservation Protocol)와 같은 비슷한 역할을 하는 다른 프로토콜이 나오면서 그 쓰임새가 많이 줄었다고 합 니다. 그래도 이런 프로토콜이 있었구나… 하는 것 정도는 알아두시는 것도 좋겠죠? ^^

IPv5/ST Protocol에 대한 좀 더 자세한 설명이 알고 싶으신 분은 RFC1190과 RFC1819를 참고하시기 바랍니다. (너무 엔지니어적인 멘트였나요? ^^)

 후·니·의 1분 정보

기가에서도 부족함이 느껴질 때…

최근 무선 속도가 증가하면서 핫한 트렌드로 부상하기 시작한 기술이 있습니다.

그게 바로 mGig('엠긱'이라고 읽으면 됩니다.)인데요, multiple Giga bps를 의미하는 mGig(엠긱)은 1Gbps의 속도가 아니라 2.5Gbps 또는 5Gbps의 속도를 내기 위한 새로운 기술이라고 생각하시면 됩니다.

요 녀석이 왜 필요할까요?

그냥 요즘 흔한 10G를 쓰면 될 텐데….

10G를 쓰기 위해서는 케이블의 변경이 필요하답니다. 즉 Cat6a라는 케이블이 있어야 10G 속도가 정상적으로 100m 이상 나오는데, 10G 쓰자고 있던 케이블 다 걷어내고 새로 설치하기가 만만치 않을 겁니다.

물론 새로 짓는 건물이라거나, 아예 네트워크 자체를 10G로 업그레이드하는 경우에는 괜찮습니다. 하지만 단순히 AP 속도가 1G 이상으로 올라서 AP와 스위치 간의 연결을 1G 이상으로 올리고 싶은 경우는 이 일이 여간 귀찮은 일이 아니라는 겁니다.

특히 요즘은 '기가와이파이' 라는 말처럼 무선이 1G를 넘어서 3G까지 올라가는 마당에 무선 AP와 스위치의 연결이 1G 밖에 되지 않는다면 여기에 병목현상이 생길 수밖에 없겠죠?

그래서 나왔습니다. mGig은 기존에 1G 속도만 지원하던 오래된 케이블을 그대로 사용하면서도 속도를 2.5G, 5G까지 올려줄 수 있는 기술이랍니다. ^^

이제 mGig이 지원되는 스위치만 있으면 기존 케이블을 Cat6a 이상으로 변경하지 않고도 원래 사용하던 1Gbps의 속도를 5G까지 올려줄 수 있겠죠? 물론 스위치와 연결해줄 AP 역시 mGig을 지원해야 합니다. ^^

mGig !! 이제 이해하셨죠? ^^

IPv6에서 무엇이 달라졌냐고 묻는다면…

그럼 이제 IPv5에 대한 걱정이나 미안함 같은 건 털어버리시구요, 바로 IPv6에 대해 알아보도록 하겠습니다. 이제부터가 진짜 IPv6에 대한 여행이니 이제부턴 안전벨트 단단히 매고 전속력으로 따라오시기 바랍니다.

그럼 먼저 IPv6의 특징에 대해 간단히 살펴봅시다.

먼저 가장 큰 특징은 뭘까요? 아시죠?? 바로 확~ 넓어진 주소 공간입니다. 이렇게 주소 공간이 넓어진 것은 주소 부족의 문제를 해결하는 것뿐만 아니라 여러 가지를 가능하게 해줍니다. 그게 뭐냐구요??

전문 용어로 알아보자면,

먼저 Global Address입니다. 말 그대로 주소의 겹침 없이 전 세계적으로 유일한 주소를 마음 놓고 쓸 수 있다는 것입니다. TV를 보면 요즘 같은 시대에 꼭 필요한 인재상을 글로벌 인재라고 하죠? 전 세계 어디에서도 경쟁력을 갖춘 사람… 뭐 이런 인재가 필요하다는 이야긴데 IP 주소도 이제 글로벌 주소시대에 왔나 봅니다. ^^ 이렇게 글로벌 주소를 갖게 되면 Flexibility, 즉 주소 배정에 융통성이 가능해지고, 주소를 체계적으로 배정할 수 있어서 나중에 주소를 집합해서 하나의 주소를 만드는 Aggregation(묶어준다는 거죠?)을 효과적으로 수행해 줄 수 있으 며, 한 경로 또는 장비의 문제시 끊기는 현상이 없는 전송을 위한 Multi-homing(멀티호밍, 그러니까 집이 여러 곳이다? 뭐 그런 의미로, 한 곳에 문제가 생겼을 때 돌아갈 곳을 정해두는 방식이랍니다.) 역시 훨씬 편리하게 수행 가능해졌습니다.

무슨 영어가 이렇게 줄기차게 나오냐고 짜증내는 분들 계시겠죠? 한글로 표기할까도 고민했는데 아무래도 그냥 영어로 이해하시는 게 나을 것 같아 그대로 썼답니다. 영어로 쓰는 버릇을 들이는 것도 좋을 것 같네요. ^^

이야기 계속 이어집니다. 자, 그럼 IPv6의 특징이 주소만 넓어진거냐?? 그건 아닙니다.

IP Header의 구조가 대폭 개선되었습니다. IP 헤더가 뭔지 아시죠? IP 패킷의 머리 부분(뒤에 가서 설명드리겠습니다.), 즉 여러 가지 정보를 담고 있는 헤더가 그동안은 무지 복잡해서 라우팅의 성능 개선이 어려웠는데, IPv6에서는 헤더의 정보를 간소화하고 효과적으로 배치해서 라우팅의 성능을 획기적으로 올릴 수 있게 했습니다. 쉽게 IPv4에서는 머리가 복잡했는데, 이제 IPv6에서는 머리가 맑아져서 성능이 개선되었다… 라고 생각하시면 되겠네요. ^^

또한 다양한 IPv4로부터 IPv6로의 이전 옵션을 제공하는데, 이는 어차피 아무리 IPv6가 좋아도 하루아침에 IPv4가 전부 IPv6로 넘어갈 수는 없기 때문에 한동안은 두 버전의 동거가 필요하게 됩니다. 이때 IPv4와 IPv6 간의 다양한 전환기법이 제공되어야 IPv6로의 변경이 용이해지게 되어서 IPv6에서는 여러 가지 다양한 옵션의 전환 기능을 제공하게 됩니다.

자, 그럼 일단 여기서 잠깐 정리해볼까요?

"IPv6의 특징이 뭐냐?"라고 누군가 여러분께 묻는다면 넓어진 주소 공간, 간편해진 IP 헤더, 그리고 다양한 IPv4와의 호환 옵션이라고 자신 있게 이야기하시면 됩니다. 사실 좀 더 있는데 그건 뒤에서…. ^^

어때요? 참 쉽죠~잉? ^^

이제부터 누군가를 만나도 IPv6를 설명할 수 있게 됐네요.

이제 우리는 IPv6의 주요 기능에 대해서 간략하게 알아봤습니다. (진짜 간략하죠?)

그렇다면 이번 시간엔 구체적으로 IPv6의 주소 공간이 얼마나 넓어졌는지, 그리고 그 정도면 우리가 앞으로 천년만년 마음 놓고 쓸 수 있는 건지에 대해서 알아보겠습니다.

재미있겠죠? ^^

지난번 어떤 기사를 보니 IPv4와 IPv6의 주소를 비교하면서 주소 크기가 4배로 넓어졌다고 나와 있던데 이 글을 읽는 사람 입장에선 사용할 수 있는 주소 공간 역시 4배가 늘어났다고 오해할 소지가 있겠죠?

이미 아시는 대로 IPv4의 주소 체계는 32비트였습니다. 그리고 IPv6의 주소 체계는 128비트입니다. 물론 비트 수로 따지자면 크기가 4배 늘어난 거지만, 사용할 수 있는 주소의 차이는 어마어마합니다.

먼저 IPv4의 주소를 알아볼까요?

2^{32}개를 다 쓴다고 가정했을 때 약 43억 개의 주소가 나옵니다. 하지만 이미 설명드린 대로 사용 가능한 주소는 2억 5,000만 개 정도라고 했죠.

그럼 이번엔 IPv6의 주소를 알아볼까요?

128비트 주소니까 만들어낼 수 있는 주소는 2^{128}, 즉 계산해보면 3.4×10^{38}개만큼의 주소 공간이 나옵니다. 이게 뭐냐구요? 정확하게 감이 안 온다구요?

그렇다면 직접 써서 보여드리겠습니다.

340,282,366,920,938,463,463,374,607,431,768,211,456개의 주소가 가능한 것입니다.

지금까지의 수의 개념으로 보면 거의 무한대라고 해도 되겠죠?

근데 이걸 어떻게 읽어야 하느냐구요? 그래서 제가 네이버 지식검색에 찾아봤답니다. ^^

한자권 나라에서 숫자를 읽을 땐 만 단위, 즉 4개씩 끊어 읽잖아요. 그래서 단위는,

일, 십, 백, 천, 만, 억, 조, 경, 해, 자, 양, 구, 간, 정, 재, 극, 항아사, 아승기, 나유타, 불가사의, 무량대수 순이라고 합니다. (여기서 무량대수는 가장 큰 수로 10^{68}이라고 하네요. 언젠가 모 퀴즈 프로그램의 마지막 단계에서 이 문제가 나왔던 걸로 기억합니다. 또 항아사란, 갠지스 강의 모래 개수라고 합니다.)

이제 읽어볼까요??

340,282,366,920,938,463,463,374,607,431,768,211,456는,

340간, 2823구, 6692양, 938자, 4634해, 6337경, 4607조, 4317억, 6821만, 1456이 되네요.

그러니까 이제 "IPv6로 만들 수 있는 주소가 몇 개야?" 이런 질문을 받으신다면 여러분은 "음~ 약 340간 개 정도 돼."라고 대답해 주시면 됩니다. ^^

만약 이 주소를 지구상에 존재하는 모든 사람들에게 나누어준다고 가정했을 때도 1인당 10^{28}만큼의 주소(정확히 말씀드리자면 5.373×10^{28} 정도입니다.)를 나누어줄 수 있다고 하니 이제 주소 부족에 대한 걱정은 잊으셔도 되겠습니다.

그냥 숫자로 설명하는 것보다 뭔가 비교를 해서 설명하면 이해가 쉬울 것 같아 잠시 IPv4 주소와 IPv6 주소를 비교해서 설명을 해볼까 합니다.

이런 가정을 하겠습니다. 만약 IP 주소 1개를 1그램(g)이라고 한다면 IPv4에서 이론적으로 가능한 모든 주소를 더한 무게는 43억 그램이 되고, 이 무게는 뉴욕 맨해튼에 있는 엠파이어 스테이트 빌딩 무게의 1/85이라고 합니다. 볼까요?

일단 엠파이어 스테이트 빌딩은 102층이고, 무게는 36만 5,000톤이라고 합니다. 요걸 그램으로 바꿔야 계산이 되겠죠?

$$365,000T$$
$$= 365,000,000Kg$$
$$= 365,000,000,000g$$
$$365,000,000,000 / 4,300,000,000 = 약 85$$

따라서 이 빌딩이 102층에 총 높이가 381미터라고 하니까 1/85면 약 1.2층이고 높이로는 4.5미터 정도의 빌딩 무게라고 생각하시면 되겠네요. (이거 다 인터넷에서 뒤졌답니다. ^^)

그렇다면 IPv6는 얼마나 될까요??

IPv6는 엠파이어 스테이트 빌딩으론 계산이 안 되어 우리가 비교할 만한 가장 무거운 무게인 지구를 가지고 비교를 해보겠습니다.

지구의 무게는 실제로 잴 수는 없지만 이론상으로 약 5.972×10^{21}톤이라고 합니다. 이 무게를 기준으로 했을 때 IPv6에서 가능한 주소를 하나에 1그램씩 계산하면 지구 무게의 무려 567억 배의 무게가 된다고 합니다.

정말 무겁죠??

IPv4의 가능한 주소와 IPv6의 주소는 사실 비교가 안 되는 정도의 차이랍니다.

| 그림 12-1 |
엠파이어 스테이트 빌딩과 지구

앞으로의 주소도 모자라는 것 아니냐고 누가 질문한다면 지구를 생각하시기 바랍니다. 물론 나중에 배우면서 아시겠지만 주소 체계를 들여다보면 이걸 전부 내 맘대로 정하는건 아니지만, 그렇다고 하더라도 이제 예전처럼 서브넷 마스킹을 이리저리 굴려가며 주소를 쪼개쓸 일은 없게될 겁니다.

이번 시간에 배운 건 쉽죠??

IPv4의 주소 부족에 시달리던(?) 우리들에게 이제 펑펑 써도 다 못쓸 만큼의 IPv6 주소가 날아왔다!!!

여기까지입니다. ^^

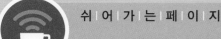

그리 멀지 않았던 옛날엔…

후니가 군대를 제대하고 처음 산 컴퓨터가 XT였다고 이야기드렸었나요?

혹시 XT란 기종을 모르시는 분도 계신가요? ^^

음~ 그러니까 PC 계보로 봤을 때는 거의 '오스트랄로 피테쿠스' 같은 분인데 XT가 나오고, AT가 나왔고, 그 다음에 386이 나오고, 그 다음으로 486, 그리고 펜티엄 시대가 열린 거죠. 아마 제 기억으로는 XT에 들어가는 CPU가 인텔 8086/8088 프로세스였던 것으로 기억하구요.

AT에는 인텔 80286, 그래서 AT를 286이라고도 불렀죠. 그리고 나서 80386 CPU가 들어간 386이 나왔죠.

뭐 아무튼 최초의 제 개인 컴퓨터는 조립품 XT였는데 그 당시에는 굉장한 스펙으로 돈을 펑펑 쏟아 부어서 장만한 제 PC엔 당시 최고 사양에만 넣는다는 2개의 플로피 드라이브(5.25인치 2개)와 일반인은 상상도 못할 하드디스크가 장착돼 있었는데, 그 하드디스크 용량이 얼마였을까요? 문제! ㅋㅋ

정답은 짜잔~~ 무려~~ 20메가였습니다. ^^ 20기가도 아니고, 200메가도 아닌, 20메가바이트! ㅋㅋ

그렇다면 하드 20메가의 가격은?

아는 아저씨께 아주 저렴하게 구입한 하드디스크의 가격은 20만 원. ㅎㅎ 당시 시세는 메가당 만 원이 싸게 사는 거였답니다.

아무튼 당시 20메가는 5.25인치 플로피디스크 약 50장에 해당하는 어마어마한 데이터 용량이었고, 제가 20메가 하드를 장착했다는 소식을 들은 제 친구들은 그 큰(?) 하드디스크를 뭐 하려고 샀냐고 다들 놀랐답니다.

그때가 1989년이었으니까 이제 거의 30년이 흘러가네요.

요즘 20메가는 메인 메모리(RAM)로도 한참 부족하죠? 요즘은 RAM이 최소 8기가는 되어야 좀 돌아가겠구나 하잖아요. 그리고 하드는 기본 500기가, 아니면 요즘은 1테라의 시대까지 왔으니까요. 전에는 1테라가 얼만지 느낌도 없었지만, 기가도 모자라 기가의 천 배가 넘는 테라가 나와버렸답니다. 이미 1테라도 부족해서 4테라 이상으로 업그레이드하시는 분들도 많다고 합니다.

혹시 요즘 네트워크 트래픽이 전 세계적으로 얼마나 되는지 아세요? ^^

어떤 자료를 보니까 2016년 기준으로 IP 트래픽은 한해 동안 1.2제타바이트(Zetta Byte)였다고 합니다. 매월 기준으로 보면 약 96엑사바이트(Exa Byte)입니다. 또 2021년까지는 IP 트래픽이 3.3ZB의 트래픽이 흘러다닐 거라고 합니다. 이는 매월 약 278EB의 데이터가 날아 다니는 겁니다.

엑사바이트?? 제타바이트??

이건 또 뭘까요?

아까 테라바이트까진 이야기했죠?^^ 테라가 약 1,000개 모이면 페타(Peta)가 되고, 페타가 다시 1,000개 모이면 엑사가 되고, 엑사가 1,000개 모이면 제타(Zetta)가 되고, 제타가 1,000개 모이면 요타(Yotta)가 된다는…. ㅠㅠ

참고하시라고 위키피디아(Wikipedia)에 올라온 자료를 붙여뒀답니다.

Decimal		
Value	SI	
1,000	K	Kilo
$1,000^2$	M	Mega
$1,000^3$	G	Giga
$1,000^4$	T	Tera
$1,000^5$	P	Peta
$1,000^6$	E	Exa
$1,000^7$	Z	Zetta
$1,000^8$	Y	Yotta

아마 처음엔 외우려고 해도 잘 안 외워질지도 모릅니다. 그럴 땐 이렇게 해보세요. "MGTP 이지요"라고요. ^^

M(메가), G(기가), T(테라)까진 다들 아시니까 그 1,000배인 P(페타)까지만 순서를 기억해두시구요, 그 뒤에는 '이지요'만 붙여주심 됩니다. ^^ (무슨 수능 학원 같네요. ㅎㅎ)

암튼 그래서 "MGTP이지요." 즉 M-G-T-P-E-Z-Yo가 된다는 걸 쉽게 기억하실 수 있을 겁니다.

다시 본론으로 돌아가서요. 이제 전 세계 네트워크 트래픽이 3년 후에는 약 3.3제타바이트 크기까지 올라갈 거라는 이야길해주시려면 최소한 단위는 알고 있어야겠죠? ㅎㅎ

30년 전 20메가 하드디스크를 사고 너무 커서 뭘까 힘들어하던 후니가 이젠 제타바이트 이야기까지 하게 될 줄은 그땐 아마 몰랐을 겁니다.

05 SECTION

IPv6의 주요 특징에 대한 첫 번째 이야기

이번 시간엔 지난 시간에 대충 집어봤던 IPv6의 특징을 하나하나 설명해드리겠습니다.

이제부터가 진짜 IPv6에 대한 설명이니까 긴장하시구요, 조금 어려워지더라도 포기하지 마시기 바랍니다.

자, 시작해볼까요?

진정한 나만의 주소 세상

지난 시간에 Global Address에 대해 언급한 적이 있을 겁니다. 기억나세요? 혹시 가물가물하시면 앞 페이지로 가보시면 된답니다. ^^

보통 Global이란 말이 들어가면 '전 세계적으로', 아니면 '모든 네트워크를 통틀어'라는 의미로 기억해두시면 될 것 같네요. 그래서 IPv6의 특징에서 주로 나오는 Global Address나 오늘 설명드릴 Global Reachability와 같은 말은 IPv6의 주소 범위가 광대해짐으로써 가능해진 기능이라고 볼 수 있습니다.

참고로 제가 앞으로는 영어로 된 말을 자주 쓸 것 같은데요, 이유는 다른 문서를 보시더라도 그 개념을 쉽게 이해시켜드리기 위한 것입니다. 제가 여기서 저만의 언어(?)로 설명을 드리면 다른 자료를 보시면서 제가 설명드린 내용이 이 말인지 아닌지 이해하기 어려우실 겁니다.

그래서 좀 어려우시더라도 네트워크쪽에서 같이 사용되는 영어로 설명을 드리는 게 좋다는 생각입니다. 가끔 영어가 나오더라도 너무 기분 나빠하지 마시고 이해해 주시기 바랍니다. ^^

자, 다시 돌아와서 아무튼 여기서 말하는 Global Reachability란, 전 세계의 네트워크 어디에서나 주소를 변경하지 않고, 즉 고유의 주소를 가지고 접속이 가능하다는 걸 뜻합니다. 이미 전에도 설명드렸지만 최근에는 네트워크에 PC나 프린터, 전화기, TV, 휴대전화, 팩스, 셋톱박스 등 많은 장비들이 접속되고 있어 각자에게 고유의 IP 주소를 부여해야 했지만, IPv4 환경에선 충분한 주소가 없었습니다. 따라서 중간에 NAT 기능을 지원하는 장비를 두고 주소를 몇 번씩 변환해가면서 서비스를 수행하다 보니 진정한 End-to-End Reachability를 실행하기가 어려웠습니다. (여기서 End-to-End Reachability란, 통신을 할 때 출발점이 되는 한쪽 끝 장비에서 도착점이 되는 다른 쪽 끝 장비까지의 연결을 의미합니다. 즉 한쪽 끝에서 다른 쪽 끝까지 주소 변환없이 도착이 가능하다는 거죠.)

한쪽 끝에서 다른 쪽 끝까지 주소 변환없이 도달 가능하다는 게 뭐가 좋다는 거냐?? 궁금해 하실 분도 있겠지만 사실 이건 큰 의미가 있습니다.

애플리케이션의 적용에서도 그렇고 보안적인 측면에서도 End-to-End Reachability는 훨씬 효과적인 구현이 가능하기 때문입니다.

잠깐 정리해볼까요?

IPv6의 넓은 주소 공간은 점점 늘어나는 네트워크 지원 장비들 모두에게 충분한 IP 주소를 제공 해줄 수 있기 때문에 전 세계 어디에 있더라도 한쪽 끝에서 다른 쪽 끝까지 주소 변환 없이 자기 자신의 주소를 가지고 접속이 가능한 End-to-End Reachability를 지원한다. 따라서 애플 리케이션적인 측면이나 보안적인 측면에서 훨씬 더 효과적이다!!! 여기까지입니다. ^^

🔍 주소의 계층화가 이루어진다면…

이번 시간에는 넓은 주소 공간의 또 다른 이점에 대해서 설명드리겠습니다.

바로 계층화된 주소 배정이 가능해진다는 것입니다.

웬 계층??

이렇게 반문하는 분이 있을 겁니다. 요즘 우리 사회는 계층 없는 사회를 만들자는 게 목표이긴 하지만, 네트워킹에선 계층을 만들어주는 것이 훨씬 관리하기 편리하죠. 무슨 계층인지 알아볼까요?

영어로 말하자면 Hierarchy, 즉 주소 체계의 계층화란 말을 영어로 표현하면 Hierarchical Addressing 또는 Addressing Hierarchy라고 합니다. (갑자기 영어시간 됐네요.)

한마디로 긴 주소를 목차 나누듯이 나누어준다는 개념이죠.

예를 들어 128비트의 IPv6 주소를 가지고 처음 16비트까지는 상용 주소를 구분하고, 17비트부터 23비트까지는 대륙(아시아, 아메리카, 아프리카, 유럽 등)을 구분하고, 23비트부터 32비트까지는 그 대륙에 있는 ISP들을 구분하게 하고, 또 32비트부터 48비트까지는 하나의 사이트, 즉 회사나 기관, 학교 같은 걸 구분하게 하고, 48비트부터 64비트까지를 이용해서 각 LAN을 구분해준다면 지금보다 훨씬 수월한 주소 관리가 가능해질 것입니다.

즉 현재 우리가 사용하고 있는 우편번호 관리, 전화번호 관리, 그리고 자동차 번호판 관리와도 비슷한 개념입니다. 그렇게 되면 우린 IPv6 체계에서 IP 주소만 보게 되더라도 대충 어느 나라에서 사용되는 어떤 ISP에서 부여받은 어떤 사이트 주소인지를 알 수 있게 된다는 겁니다.

물론 현재 IPv4 체계에서도 이런 구분을 두려고 많이 노력했지만, 아무래도 주소 범위가 좁다 보니 그렇게 구현하기가 만만치 않았습니다. 게다가 여기저기 나누어주고 쪼개 쓰다 보니 오히려 그런 구분을 한다는 건 더더욱 어려워지게 된 거죠.

이러한 체계적인 주소의 구분은 주소를 알아보기 쉽게 한다는 장점뿐만 아니라 여러 개의 트래픽을 하나로 묶어주는 것까지도 가능하게 해주었습니다. 같은 방향으로 가는 트래픽을 구분해서 하나로 묶어 보내게 되면 네트워크의 트래픽을 훨씬 줄일 수 있다는 개념이죠. 같은 방향으로 출근하는 사람끼리 모여서 차를 타고 가는 카풀과도 비슷하네요.

또 IPv4 체계에서의 슈퍼넷팅(Supernetting)의 개념과 같이 여러 개의 라우팅 경로를 하나로 묶어줄 수도 있게 됩니다. 이렇게 되면 라우팅 테이블에 저장되어야 할 경로를 획기적으로 줄일 수 있겠죠? 즉 내부에서는 여러 개의 네트워크가 있지만 이걸 외부로 뿌릴 때는 하나로 묶어서 뿌리게 된다면, 외부에선 여러 개의 네트워크 경로를 다 따로따로 관리할 필요가 없게 된다는 겁니다.

예를 들어 미국에서 누군가가 편지를 보낼 때 한국 주소를 번지수까지 적어서 보낸다고 하더라도 미국에선 일단 주소를 다 확인해 보는 게 아니고 한국으로 가는 건 모두 모아서 한국의 대표 우체국(네트워크에선 이런 역할을 하는 라우터를 'Border Router' 또는 '관문 라우터'라고 합니다.)으로 보내게 되고 그 다음 주소는 우리나라 우체국에서 보고 각 지방으로 보내는 것과 같은 개념이죠.

만약 미국에서 우리나라로 가는 편지를 주소별로 하나씩 배달한다고 하면 훨씬 복잡해지겠죠?

바로 계층적 주소 배치는 이렇게 주소를 체계적으로 관리함으로써 여러 개의 주소를 하나의 주소로 묶는 Aggregation이 효과적으로 이루어지게 해준다는 겁니다.

지금까지 내용을 정리해볼까요?

IPv6에서는 주소 공간이 128비트로 넓어졌기 때문에 주소의 계층적 관리가 가능해졌고, 이러한 관리 기법으로 인해 효과적인 주소 배치가 가능해졌을 뿐만 아니라 여러 개의 네트워크를 하나의 네트워크로 묶어 트래픽을 줄일 수 있게 되었다!!! 여기까지입니다. ^^

묶자! 묶자! 다 묶자!!!

이번엔 IPv6의 또 하나의 장점 Aggregation에 대한 이야기입니다. 지난 번에도 잠깐 언급했죠?

Aggregation이 뭐냐?? 한마디로 묶는다는 겁니다.

즉 여러 개의 네트워크 주소를 하나로 묶어준다는 거죠. 이렇게 Aggregation이 가능한 건 앞에서 설명드린 대로 계층적인 주소 배정이 가능하게 되었기 때문입니다.

왜 묶어줄까요?

답은 바로 간단하게 하기 위해서입니다.

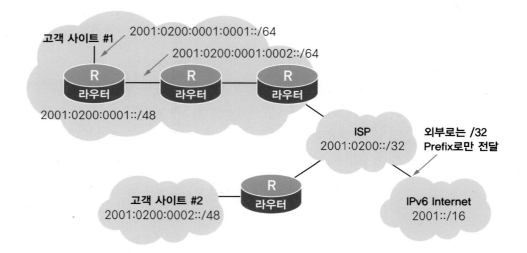

| 그림 12-2 |
Aggregation

그림을 보면서 설명드리겠습니다.

고객 사이트 #1을 먼저 보시죠.

고객 사이트 #1에는 2개의 네트워크가 있다고 가정하겠습니다. 하나는 2001:0200:0001:0001::/64이고 또 하나는 2001:0200:0001:0002::/64입니다.

이궁… 이게 뭐냐구요? 이게 바로 IPv6 주소입니다. ^^

IPv6 주소는 16진수로 표시하고 4자리마다 ':'(콜론)으로 구분을 해주는 방식입니다. 좀 헷갈리시죠? 주소에 대한 이야기는 다음에 설명해 드리겠습니다. 우선은 그냥 보시기 바랍니다. 2개의 주소를 보면 앞에서부터 세 번째 콜론까진 똑같죠? 그리고 네 번째 묶음(?)에서 하나는 0001이고 또 하나는 0002로 다릅니다. 서로 다른 2개의 네트워크가 있는 거죠.

하지만 이 2개의 네트워크가 밖으로 나갈 땐 하나로 묶어서 내보낼 수 있다는 겁니다. 즉 2001:0200:0001::/48로 말이죠.

아마 이쯤 되면 눈치채신 분도 있으실 텐데요… 뒤에 붙는 /64나 /48 같은 수는 바로 IPv4에 서의 서브넷 마스크 비트랑 비슷합니다. 즉 /48이란, 맨 앞에서 48비트까지가 같은 네트워크라 는 거죠. /64는 맨 앞에서 64비트까지가 같아야 한 네트워크구요.

그럼 /48과 /64는 둘 중 어느 것이 큰 네트워크일까요??

답은 /48이겠죠? 앞에서부터 48비트까지만 같고, 나머진 다 달라도 같은 네트워크가 되니까 128에서 48을 뺀 80비트가 바로 호스트 비트가 되는 개념이죠. ^^

이야기가 샜네요. 다시 돌아와서 /64비트인 두 네트워크는 /48비트인 하나의 네트워크로 묶어 줄 수 있습니다.

그림 아래 고객 사이트 #2 역시 같은 개념으로 2001:0200:0002::/48로 묶었다고 가정했을 때, 고객 사이트 #1과 고객 사이트 #2를 묶어줄 수도 있겠죠??

이렇게 2001:0200:으로 시작하는 네트워크를 다 모아준다면 하나의 네트워크가 되는 거죠. 그 림에 있는 ISP가 바로 그런 네트워크입니다.

이렇게 된다면 이 ISP에서는 인터넷쪽으로의 라우팅 정보만을 알려주게 되는 거죠.

따라서 인터넷쪽에선 목적지가 2001:0200::/32로만 시작하는 네트워크가 온다면 다 여기 있는 ISP쪽으로 보내주겠죠??

이게 바로 Aggregation의 개념입니다.

나중에 설명드리겠지만 2001:로 시작되는 주소는 IPv6에서 인터넷 상용 서비스를 위해 할당된 번호구요, 2001: 뒤에 200으로 나오는, 즉 2001:0200:으로 시작되는 주소는 아시아쪽에 배당 된 주소랍니다. ^^

이렇게 주소를 묶어주는 이유가 '간단하게 하기 위해서'라고 말씀드렸는데, 이걸 좀 더 네트워 크적인 용어로 설명드린다면, Prefix Aggregation(네트워크의 앞부분을 묶는 방식)을 해주는 이유는 여러 개의 경로 정보를 하나로 묶어줌으로써 라우팅 테이블을 줄여줄 수 있고, 이렇게 라 우팅 테이블을 줄여 라우터의 메모리 절약은 물론이고 라우팅을 훨씬 더 효과적이고 빠르게 진 행할 수 있기 때문입니다.

사실 현재망에서도 라우팅 경로 정보를 줄여주기 위해서 CIDR(Classless Inter Domin Routing)이나 Supernetting 등의 다양한 노력을 하고 있지만, 역시 체계적인 주소 배정이 안 되어 있다 보니 구현의 어려움을 겪고 있답니다. 하지만 IPv6에서는 아예 배정부터 계층적인 구조를 지원하다 보니 훨씬 효과적인 라우팅이 가능해진다는 거죠.

예를 들어 오래된 도시는 길이 모두 좁고 꼬불꼬불해서 차들이 엉키고 뒤섞여 운전하기가 여간 까다롭지 않죠. 그렇다고 길을 하나 새로 만들어보려고 해도 기존에 있던 건물들이 체계적으로 지어지지 않아서 어려움이 많잖아요.

하지만 미리 도시 계획에 의거해서 만들어진 계획 도시는 널따란 길과 반듯하게 세워진 건물들 때문에 도시의 교통 통제가 훨씬 간편하다는 거죠.

이게 바로 IPv4와 IPv6의 차이라고 볼 수 있습니다. ^^

서울, 경기권에 사시는 분들이라면 일산, 분당을 생각하시면 되구요, 경상도쪽이라면 창원 같은 도시를 생각하면 되겠죠?? 그게 바로 기존 도시와는 다른 차별화된 IPv6 도시의 형태이기 때문입니다. ^^

자, 그럼 오늘 배운 걸 정리해볼까요? ^^

IPv6 주소는 체계적으로 배정된 주소 때문에 여러 개의 주소를 하나로 묶어주는 기능인 Prefix Aggregation이 가능하다. 따라서 라우팅 테이블을 줄일 수 있을 뿐 아니라 효과적이고 확장 가능한 라우팅의 적용이 훨씬 더 수월해진다!!! ^^

IPv6의 주요 특징에 대한 두 번째 이야기

이건 노파심입니다만, IPv6에 대한 이야기가 많이 나오다 보니 IPv4를 공부하시던 분들 모두 손을 놓고 이젠 IPv4는 공부 안 해도 된다라고 생각하신다면 그건 잘못된 생각이랍니다.

지금도 그렇지만 IPv6에 대한 설명은 모두 IPv4를 기본으로 깔고 진행하다 보니 IPv4를 이해하지 못하면 IPv6를 이해하기가 어렵답니다.

그러니 IPv4도 부지런히 공부하시면서 IPv6는 틈틈이 관심을 갖고 봐두세요. ^^

이번 시간엔 지난 시간에 이어 IPv6의 특징에 대해서 계속 알아보겠습니다.

새로운 IPv6에 대한 내용이 자꾸 어색하고 이해하기 어려우시겠지만, 여러분들처럼 여러분 뒤에 오는 사람들도 마찬가지이니까 포기하지 마시고 쭈욱~ 따라오세요. ^^

Auto Configuration

오늘 배울 IPv6의 첫 번째 특징은 Stateless Auto Configuration입니다.

Stateless란 말을 이해하려면 이와 반대되는 Stateful을 이해해야 합니다.

예를 들어 Stateful Auto Configuration이란 말은 어떤 state를 계속 유지하면서 자동 구성을 지원해준다는 말입니다. (이궁… 제가 봐도 뭔 말인지 모르겠네요.ㅠㅠ) 예를 들어 DHCP를 보면 특정 서버에서 테이블을 관리하면서 IP 주소를 분배하는 방식이죠? 이와 같은 방식을 Stateful Auto Configuration이라고 합니다. 그러니까 IPv4에서도 Stateful Auto Configuration은 지원됐던 거죠.

그러나 Stateless Auto Configuration은 IPv6에서만 지원되는 기능입니다. 즉 특정 서버가 없이도 라우터 등에서 자동으로 호스트의 IP 구성이 가능하게 해주는 방식이죠. Stateless Auto Configuration이야말로 진정한 자동 IP 구성이라고 할 수 있죠.

따라서 IPv6부터는 우리가 일일이 호스트(PC)의 IP 주소를 걱정해 줄 필요가 없습니다.

DHCP 서버같이 전용 서버 없이도 그냥 네트워크에 붙이기만 하면 알아서 자동으로 주소를 만들어주는, 한마디로 Plug and Play(플러그 앤 플레이)라고 볼 수 있죠.

| 그림 12-3 |
Stateless Auto Configuration

MAC: 00:15:58:0d:ea:01

그림을 보시죠.

네트워크에 PC가 연결되어 있는 게 보이시죠? 이 중 아래쪽에 있는 녀석이 새로 네트워크에 접속됩니다. IPv6 통신을 하기 위해서는 주소가 필요하겠죠? 그래서 이 녀석은 라우터에게 자기에게도 주소를 하나 달라고 요청한 겁니다. 일단 얘가 원래 48비트의 MAC Address를 가지고 있는 건 다 아시죠? 우선 이 주소를 64비트로 만듭니다. (만드는 방법은 다음에 설명드리죠.)

그 다음에 자기가 속한 네트워크에 있는 라우터에게 앞대가리 64비트를 전송받게 되는데, 이걸 유식하게는 Prefix라고 합니다.

이렇게 받은 Prefix 64비트에 자기가 가지고 있던 64비트를 합해서 총 128비트짜리 IPv6 주소를 만들어내게 됩니다. 이때 라우터는 Prefix 외에도 Default Route 정보 같은 호스트에게 필요한 정보를 보내주게 됩니다.

따라서 호스트 입장에선 따로 해줄 게 하나도 없습니다. 앞으로 IPv6 시대가 오면 PC든, 전화기든, PDA든, 냉장고든 뭐든 그냥 연결만 하면 바로 네트워크와 연결될 수 있다는 거죠.

꽤나 괜찮은 세상이죠? ^^

지금까지 배운 내용을 잠깐 정리하고 넘어갈까요?

IPv6의 새로운 기능 Stateless Auto Configuration은 특정 서버가 없이도 호스트의 IP 주소를 자동으로 구성해줄 수 있는 기능으로, 호스트가 만든 64비트 주소와 라우터가 보내주는 64비트 Prefix를 더해서 만들어낸다. 그래서 IPv6 시대에는 진정으로 Plug and Play가 가능해지는 것이다.

정리되시죠?

그렇다면 IPv6에서 DHCP는 없어진 걸까요?

지금부터는 이 부분을 한번 알아볼까 합니다.

Stateless Auto Configuration은 그동안에 IPv4에선 지원되지 않던 기능이었죠. IPv4에서는 Stateful Auto Configuration, 즉 DHCP 서버와 같은 서버를 두고 주소를 자동으로 관리해주던 방식을 지원했습니다.

그렇다면 IPv6에서는 Stateful Auto Configuration이 없을까요??

결론부터 말씀드리자면… 있습니다!!!! ^^

그게 바로 DHCPv6라는 것입니다.

즉 호스트 중에는 Stateless Auto Configuration만으로는 구성이 부족한 경우가 있습니다. 예를 들어 DNS 서버나 NTP 서버 정보, 또 SIP 서버나 Novell Directory 서비스 정보에 대한 세팅은 앞에서 배운 Stateless Auto Configuration으로는 구성이 불가능합니다. 따라서 이때는 IPv6에서도 Stateful Auto Configuration을 사용하게 되는데, 가장 일반적인 방법이 DHCPv6입니다.

즉 호스트가 맨 처음 라우터로부터 Stateless Auto Configuration이 이루어질 때 그 안에 같이 따라온 플래그를 보고 자신이 추가적인 정보를 다시 Stateful Auto Configuration을 통해 받아야 할 것인지, 그럴 필요가 없는지를 알게 됩니다.

그러니까 일단 Stateless를 통해 기본적인 정보를 받고, 추가 정보는 Stateful을 통해 받을 수도 있고 안 받을 수도 있다는 거죠. ^^

자, 그럼 이제 Auto Configuration에 대한 답은 나왔죠?

IPv6에서는 Stateless Auto Configuration을 통해 자동으로 호스트의 주소를 만들어 주는데, 이 기능은 IPv4에서는 지원하지 않던 새로운 기능이다. 그런데 IPv6에서 역시 좀 더 자세히 호스트를 구성하고자 하는 경우에는 Stateful Auto Configuration을 이용한다. 대표적인 stateful Auto Configuration은 DHCPv6이다!

브로드캐스트여, 안녕~

이번 시간에는 IPv6의 멀티캐스트에 대해 말씀드리겠습니다.

이전 IPv4에서 네트워크 트래픽에서 골칫거리 중 하나는 바로 브로드캐스트였습니다. 무조건 모든 곳으로 원하든, 원치 않던 전송되던 브로드캐스트. 그렇다고 무조건 막아버릴 수도 없죠?? 브로드캐스트가 골칫거리긴 하지만 또 필요하긴 하거든요. ARP를 할 때나, 라우팅 정보의 업데이트 등에 사용되었잖아요. 그래서 없앨 수도 없는 한마디로, 필요악? 뭐 이런 거였습니다.

하지만 이제 '브로드캐스트'란 단어는 더 이상 IPv6에선 기억하지 않으셔도 될 듯합니다.

IPv6에서는 브로드캐스트 대신 멀티캐스트가 그 역할을 대신합니다. 물론 IPv4에서도 멀티캐스트가 있었지만 IPv6에서의 멀티캐스트는 그 기능이 훨씬 강화되었고 주소 영역도 늘어났습니다. 특히 IPv6의 멀티캐스트는 4비트의 Scope ID라는 것을 사용합니다. 이 Scope ID라는 것이 바로 멀티캐스트의 전송 영역을 지정해줄 수 있도록 해주는 역할을 합니다. 따라서 똑같은 멀티캐스트라고 하더라도 Scope ID에 따라 이 멀티캐스트를 어디까지 받을 수 있게 전송할 것인가를 정해줄 수 있다는 겁니다. 이제 따로 브로드캐스트를 사용해야만 할 이유는 없겠죠?

이제 멀티캐스트에 대해서 별 관심 없으셨던 분들도 IPv6에서는 멀티캐스트가 필수라니까 관심을 가져야겠죠? ^^

간단해진 헤더 정보

세 번째 IPv6의 특징은 간단해진 헤더 정보입니다.

헤더(Header)가 뭘까요?

머리죠. ^^

즉 IP 패킷에서 데이터를 포장한 포장지 위에 써 넣는 주소 같은 것입니다.

왜 우리도 소포나 편지를 보낼 때 겉봉투에 받는 사람 주소, 보내는 사람 주소, 그리고 추가할 사항(예를 들어 '깨짐 주의' 또는 '빠른 특송', '등기' 등)을 쓰는 것처럼 IP 패킷의 헤더 역시 Source Address, Destination Address 외에도 서비스 등급을 나타내는 Type of Service, 헤더의 길이를 나타내는 Header Length 및 여러 가지 Flag와 옵션이 있습니다.

사실 이런 헤더의 정보를 가지고 라우터는 그 패킷을 목적지까지 안전하게 전송하는 역할을 하게 되는 거죠.

그런데 IPv4와 IPv6의 차이점 중 하나가 이 헤더 정보가 많이 달라졌다는 겁니다.

한마디로 말씀드리자면, 헤더 정보가 많이 간단해졌습니다. IPv4에 있던 헤더 정보 중 절반을 날려버렸으니까요. 그도 그럴 것이 IPv4에서는 Source Address와 Destination Address가 32비트면 됐지만, IPv6에서는 그 4배인 128비트가 되니까 기존 헤더 정보를 그대로 쓸 경우 헤더가 엄청나게 커지게 되는 거죠. 그래서 헤더 정보를 효과적으로 줄일 필요가 있었습니다. 또 IPv4에서 만들어 사용해보니까 '이런 건 필요 없겠구나…' 하는 헤더 정보도 있었을 겁니다. 그래서 이번엔 그런 헤더 정보를 과감히 없앤 거죠.

이렇게 많은 헤더 필드를 없애고 나니 패킷 처리가 훨씬 간단해지고 라우팅 성능도 올릴 수 있게 됐습니다. 또 모든 필드들이 64비트 단위로 정렬되어 있어 메모리를 읽고 쓰는 게 훨씬 빨라졌다는 장점도 있죠. 하지만 주소 길이가 기존 32비트에서 128비트로 늘어났기 때문에 주소를 확인하는 데 더 많은 시간이 걸릴 수 있고, IPv4의 헤더를 많이 줄였지만 주소 길이로 전체적인 헤더 길이는 2배로 늘어났기 때문에 처리 속도가 이슈가 된다는 건 알아두셔야겠네요.

물론 대부분의 패킷 처리를 하드웨어적으로 처리하고 장기적으론 이 문제는 해결 가능하지만, 당장에는 성능에서 영향을 줄 것으로 생각되네요.

자, 세 번째 변화를 정리해볼까요?

IPv6에서는 IPv4에서보다 헤더 정보를 많이 간소화하고 절반의 헤더 정보를 없앴기 때문에 패킷 처리가 빨라졌지만, 주소 길이가 4배로 늘어나 주소 확인에 문제가 있을 수 있다. 쉽죠?

움직이는 네트워크

IPv6의 특징을 이야기하다 보면 Mobility를 빼먹을 수 없습니다.

Mobility, 이게 뭘까요?

한마디로 '이동성'이죠. 즉 움직일 수 있는 능력. 뭐 이 정도일 겁니다.

지금까진 네트워크의 이동성이 그렇게 크게 필요치 않았습니다. 왜냐하면 컴퓨터가 크고 무거웠거든요. 한번 설치해놓으면 그걸 자꾸 옮길 일은 별로 없었기 때문에 네트워크의 이동성이란 게 큰 의미가 없었죠.

하지만 요즘은 노트북 사용이 점점 늘고 있고, 웬만한 사람들 가방 속엔 노트북 하나씩은 들어 있는 세상이다 보니 이에 따른 이동성 역시 꼭 필요해졌습니다.

요즘 나오는 기술은 이런 이동성을 보장하기 위한 여러 가지 솔루션을 제공합니다. 가장 대표적인 기술이 무선 랜 기술이죠. 또 Wibro(와이브로, Wireless Broadband)라는 것 역시 움직이면서 네트워크에 접속하기 위한 솔루션이란 걸 알고 계실 겁니다.

이동이 가능하다??

네. 그렇습니다.

즉 자동차를 타고 달리면서 인터넷 검색을 한다··· 이런 게 네트워크 Mobility죠. (운전하면서 인터넷 하면 안 되겠죠? 위험하잖아요. ︿︿)

지하철을 타고 가면서 전화를 하거나 문자를 보내는 사람들이 많이 있죠. 그런데 지금은 지하철 안에서 MSN을 하거나 인터넷을 하는 사람은 별로 안 보여도 아마 몇 년 후에는 그런 풍경을 많이 보실 수 있을 겁니다. 물론 비행기 안에서도 말입니다. 지루한 시간 동안 비행기 안에서도 이제 인터넷을 맘 놓고 쓸 수 있게 되는 겁니다. (일부 항공사에서 이미 이 서비스를 제공하고 있죠.)

한마디로 네트워크 Mobility란, 장비가 현재의 네트워크 접속이 끊기지 않고서도 이동이 가능하도록 해주는 기능이라고 생각하시면 됩니다. ︿︿

아무튼 이런 네트워크 Mobility가 IPv6에선 좀 더 편리해지고 효과적으로 수행이 될 수 있게 된 것이 또 하나의 특징이란 거죠.

물론 네트워크 Mobility는 IPv4에서도 지원이 되던 IETF 표준이었습니다. 하지만 IPv4에서는 옵션으로 제공되어 사용하려면 반드시 그 기능을 추가해야 했는데, IPv6에서는 이미 Built-in 되어 있기 때문에 필요할 때마다 그냥 사용할 수 있다는 차이점이 있습니다.

또 IPv6에서는 IPv4에 비해 Mobility 기능이 훨씬 향상되어 빠르고 안정된 이동성이 보장되어진 게 특징입니다. 이처럼 IPv6에서는 요즘 들어 우리가 많이 사용하고 있고 앞으로 그 사용도가 점점 많아질 Mobility나 보안과 같은 기능을 보다 강화시켰다는 특징을 제공합니다. 아무래도 새로 나온 거니까 새로운 트렌드를 따라서 만들었겠죠?

자, 그럼 지금까지 배운 IPv6의 특징을 간단하게 정리해볼까요?

첫 번째, IP 주소 범위

- IPv4는 32비트 체계였고, 이론상 가능한 주소는 43억 개 정도였죠? 하지만 막상 쓸 수 있는 주소는 2억 5천만 개 정도였구요. 그것도 이미 거의 다 소진한 상태랍니다.
- IPv6는 128비트 체계였고, 가능한 주소는 3.4×10^{38}개 정도랍니다. 따라서 이론적으로 생각했을 때 거의 무제한으로 사용이 가능하다는 특징이 있답니다. 생각나시죠? 엠파이어 스테이트 빌딩과 지구요. ︿︿

두 번째, IP 주소의 자동 구성

- IPv4는 DHCP를 사용해서 자동 구성했던 거 아시죠? 그걸 Stateful Auto Configuration이라고 했습니다.
- IPv6는 Stateless Auto Configuration이라고 해서 네트워크에 접속만 되면 자동으로 구성되는 방식과 DHCPv6 방식이 있다고 했죠? 그리고 IPv6의 주소는 복잡해졌지만 앞으로는 어떤 장비든 네트워크에 접속만 되면 자동으로 주소를 구성할 수 있게 되었죠.

세 번째, 보안

보안에 대한 이야기는 위에서 따로 다루지 않았지만 보안 역시 IPv6에서 많이 개선되었습니다. 특히 아래와 같은 내용이 차이가 있으니까 알아두시면 좋겠네요.

- IPv4는 보안에 관한 IPSec이 있지만 옵션입니다. 따라서 End-to-End 보안을 적용하는 게 쉽지 않았습니다.
- IPv6는 IPSec이 디폴트라서 어디서나 보안을 적용할 수 있다는 차이가 있습니다.

네 번째, Mobility

- IPv4도 Mobile IP를 지원했습니다. 하지만 여러 가지 까다로운 옵션이 있었고, 적용 방식 역시 효율적이지 못한 부분이 있었습니다.
- IPv6에서는 좀 더 효과적인 방법으로 훨씬 간편하게 지원이 가능합니다.

다섯 번째, 브로드캐스트

- IPv4에서는 브로드캐스트가 있어 대역폭을 많이 소비했지만, IPv6에서는 브로드캐스트가 없어지고, 대신 멀티캐스트가 그 역할을 한다고 했죠? 멀티캐스트는 기존의 IPv4와 달리 전달 범위를 지정할 수도 있답니다.

어떠세요?

이제까지 IPv4와 IPv6를 비교하면서 그 차이를 알아봤습니다.

한마디로 IPv6는 그동안 우리가 IPv4를 사용하면서 이런 게 좀 개선되었으면, 이런 건 좀 더 추가되었으면 하던 여러 가지 기능을 개선했고, 보다 성능을 향상시킬 수 있도록 만들어졌습니다. 원래 신제품이 나올 땐 다 그렇죠? ^^

그런데 여기엔 한 가지 문제가 있습니다.

아까 말씀드린 것처럼 IPv6가 새로 나온 전자제품 정도라면, 그냥 쓰던 걸 버리고 이걸 가져다 쓰면 참 좋겠다는 생각을 하지만… 현실은 그렇지 못하다는 겁니다.

즉 이미 우리는 IPv4를 너무나도 방대하게 사용하고 있기 때문에 아무리 좋은 기능을 가진 새로운 IPv6가 나왔다고 하더라도 당장 우리가 쓰던 IPv4를 모두 걷어내고 IPv6로 옮겨갈 수는 없는 것입니다. 그렇죠?

예를 들어 2012년 1월 1일 00시를 기해 IPv6만을 사용해야 한다고 선언한다면, 얼마나 많이 불편할까요? 상상할 수도 없을 겁니다. 서울이란 도시에서 버스 체계 하나만 바뀌었는데도 혼란이 말할 수 없이 커지는 걸 보셨을 텐데, 전 세계의 IP 주소를 하루아침에 바꾼다면 어떤 일이 벌어질지는 어느 정도 짐작이 가실 겁니다.

현실적으로 하루아침에 IPv4에서 IPv6로 옮겨가는 건 불가능합니다. 따라서 앞으로 상당 기간 동안은 IPv4와 IPv6가 공존하는 세상이 올 것이라는 것이 대다수의 의견입니다. 이를 위해 IPv6에서는 IPv4와의 다양한 공존 방법을 제공하고 있습니다.

다음 시간에는 IPv6에 대한 마지막 시간으로 IPv6의 주소는 어떻게 생겼고, 또 IPv4와 IPv6는 서로 어떻게 연결되어 살아갈 수 있는지에 대해서 알아보겠습니다.

그리고 잠깐, 여기서 끝내기가 너무 서운한 분들을 위해 짤막한 문제 풀기를 해보도록 하겠습니다. 지금까지 배운 내용을 정리하는 기분으로 한번 풀어보시기 바랍니다. ^^

정답이요? 정답은 바로 뒤에 있답니다. ^^

문제 ❶ | 다음 중 IPv4에서의 문제점이 아닌 것은?

    a. 주소 공간의 부족

    b. 복잡한 헤더 필드

    c. 브로드캐스트 문제

    d. Stateless Autoconfiguration의 복잡성

    e. Security/Mobility의 복잡성

정답은 → 'd'가 정답인 거 아셨죠? Stateless Autoconfiguration은 IPv6의 특징입니다.

문제 ❷ | 주소 부족을 해결하기 위해 IPv4에서 사용하는 해결책이 아닌 것은?

    a. DHCP

    b. CIDR

    c. Subnetting

    d. NAT

정답은 → 'b'가 정답입니다. CIDR(Classless Inter Domain Routing)은 주로 Supernetting을 통해 라우팅 테이블을 줄이기 위해 사용합니다.

문제 ❸ | IPv6의 특징을 말한 것 중 해당하지 않는 것은?

    a. 넓은 주소 공간

    b. Stateless Autoconfiguration

    c. Stateful Autoconfiguration

    d. 보다 강력해진 Multicast

    e. Automatic QoS Support

정답은 → 'e'의 Automatic QoS Support가 해당되지 않는 특징입니다.

DDoS는 뭐고,
분산 서비스 거부 공격은 또 뭔가요?

혹시 DDoS라고 들어보셨어요?

어떤 분이 그러시더라구요. 모르는 것보다는 그래도 알아두면 도움이 되겠다 싶어 누군가에게 'DDoS가 뭐예요?'라고 용기 있게 물어봤더니 그분 말씀이 "네, 그건 분산 서비스 거부 공격을 말하는 겁니다."라고 친절하게 대답해주셨대요. ㅎㅎ

근데 중요한 건 그분이 '분산 서비스 거부 공격'이란 말을 이해했을까요? ㅎㅎ

자, 그럼 이걸 전문적으로 알아보기 전에 일상생활에서 일어날 수 있는 일을 예로 든다면 좀 쉽게 이해하실 수 있을 것 같네요.

어느 작은 시골 마을이 있었습니다. 그곳엔 은행도 하나, 약국도 하나, 슈퍼도 하나, 중국집도 하나였죠.

이 평화로운 마을에 어느 날 멋진 중국집이 개업을 하게 됩니다. 기존 중국집 왕 사장님은 긴장하겠죠? 게다가 이 집은 장사도 너무너무 잘되는 겁니다. 당연히 자기 집으로 오던 손님은 줄어드니까 왕 사장님은 화가 나겠죠? 그래서 소심한 복수를 계획하게 된답니다.

일단 그 중국집에 손님인 척하고 몰래 들어가서 음식을 주문하면서 주위를 둘러보니 정말 손님이 많습니다. 주인은 여기저기 서빙을 하느라 정신이 없구요.

이때 왕 사장님의 소심한 복수가 시작됩니다.

왕 사장님은 이렇게 외치죠. "사장님, 여기 단무지 좀 더 주세요!!" 이렇게 외치면 서빙하던 주인은 잠시 서빙을 멈추고, 어디서 그런 소리가 났는지 뒤돌아보겠죠? 이때 소리 지른 왕 사장님은 머리를 푹 숙이고 숨는 겁니다.

그럼 서빙하던 주인은 '누가 날 불렀지?' 하고 잠시 찾다가 다시 다른 손님에게 서빙을 시작하려고 합니다. 그 순간 고개를 숙이고 있던 왕 사장님이 다시 외칩니다.

"여기요!! 단무지 좀 더 달라구요!!" 그럼 주인은 다시 서빙을 멈추고 뒤돌아 자기를 부른 손님을 쳐다보겠죠? 하지만 역시 왕 사장님은 고개를 숙여 자기를 숨기고 아무 일도 없는 것처럼 행동하는 거죠.

이런 반복 행동을 계속하면 이 집 주인은 뒤에서 누군가 자꾸 자기를 불렀는지 찾기 위해 자꾸 서빙을 중단하게 되고, 주인의 서빙 속도는 당연히 느려지겠죠?

이것이 바로 전형적인 서비스 거부 공격, 즉 DoS(Denial of Service) 공격의 형태입니다.

한마디로 누군가가 필요 없는 공격을 계속 날려 보내서 정상적인 서비스를 못하도록 방해하는 겁니다.

그럼 다시 중국집으로 돌아가 볼까요?

왕 사장님이 현재 진행하는 DoS 공격은 계속 이 집 주인의 서비스를 방해할 수 있을까요? 사실 처음 몇 번이야 주인이 속겠지만, 계속해서 부르고 숨고를 반복한다면 결국 누가 그런 장난을 쳤는지 알아낼 수 있겠죠? 대충 어디서 소리가 나는지를 눈치챌 수 있으니 계속 공격을 하다간 금방 탄로가 나게 될 겁니다.

이게 바로 DoS 공격의 약점입니다. 처음 몇 번은 공격이 성공하지만 곧 누가 공격했는지 알 수 있게 된다는 겁니다.

DoS 공격, 별로 안 어렵죠? ^^

이야기가 넘 길어졌네요. 나머지 이야긴 다음에~~

안녕~~

07
SECTION

IPv6 주소는
어떻게 생겼을까요?

이번 시간에는 IPv6의 주소는 어떻게 생겼고, IPv4에 비해 어떻게 달라졌으며, 앞으로 우리와 함께 어떻게 살아갈 것인가에 대해 알아보겠습니다.

🔍 IPv6 주소 써보기

자, 그럼 이제부터 IPv6의 주소에 대한 이야길 드리겠습니다.

그동안 우리가 사용하던 IPv4에서는 주소를 보통 10진수로 표현했죠?

그냥 150.100.13.8처럼 10진수로 0~255 사이의 숫자를 쓰고 숫자 사이에 점(.)을 찍었던 방식이었습니다. 하지만 이제부터 우리가 사용하게 될 IPv6의 주소는 조금 달라졌습니다.

아니, 사실은 많이 달라졌습니다. ^^
뭐가 달라졌는지 알아볼까요?

우선 이제 10진수로 IP 주소를 쓰지 않는다는 겁니다. 그럼 뭘 쓰냐구요?

16진수를 사용합니다.

16진수 아시죠? 10진수는 0에서 9까지의 수를 이용해서 표현한다면 16진수는 0에서 15까지의 숫자로 표현해야 될 겁니다. 하지만 10, 11, 12, 13, 14, 15는 두 자릿수가 되어 버리니까 이것들을 따로 표현할 방법을 하나 찾아야겠죠? 그래서 16진수는 이렇게 표현합니다.

```
10진수                          16진수
0        --------------         0
1        --------------         1
2        --------------         2
3        --------------         3
4        --------------         4
5        --------------         5
```

```
6          -------------          6
7          -------------          7
8          -------------          8
9          -------------          9
10         -------------          A
11         -------------          B
12         -------------          C
13         -------------          D
14         -------------          E
15         -------------          F
16         -------------          10
17         -------------          11
                  ⋮
```

쉽게 이해가 가시죠? 10진수와 비교해가며 이해하시기 바랍니다.

그런데 왜 갑자기 잘 쓰던 10진수 대신 16진수를 쓰냐면, 주소가 길어져 더 이상 10진수로 표시하기 어렵다는 것과 16진수가 2진수와의 궁합이 더 잘 맞는다는 2가지 이유 때문입니다.

원래 주소는 IPv4든, IPv6든 모두 2진수로 되어 있다는 건 알고 계실 겁니다.

따라서 2진수 주소를 10진수로 바꾸는 걸 IPv4에서 많이 공부하셨을 텐데 이젠 그럴 필요가 없어졌습니다. IP 주소로 더 이상 10진수를 사용하지 않기 때문이죠. 이젠 2진수를 16진수로 바꾸는 걸 배워야겠죠? ^^

바꾸는 방법은 간단합니다. 왜냐구요? 2진수 4개가 모이면 16진수 1개가 되거든요.

한번 살펴볼까요?

```
2진수                    16진수


0000      ----------      0
0001      ----------      1
0010      ----------      2
                 ⋮
1001      ----------      9
1010      ----------      A
1011      ----------      B
1100      ----------      C
1101      ----------      D
```

```
1110      ----------      E
1111      ----------      F
```

그렇죠? 즉 2진수의 네 자리는 16진수 한 자리로 모두 표현이 된다는 겁니다. 따라서 오히려 2진수의 10진수 변환보다는 2진수의 16진수 변환이 훨씬 쉽죠. (속으로 동의하지 않으시는 분도 있죠? ^^)

이야기가 좀 옆으로 흘렀네요. 자, 다시 돌아와서 IPv6에서 주소는 16진수 네 자리를 쓰고 콜론(:)을 찍고, 또 16진수 네 자리를 쓰고 콜론(:)을 찍고…. 이렇게 16진수로 네 자리를 8번 쓰고 중간에 콜론 7개를 찍어 주소를 표시합니다. 아래를 보시죠.

```
xxxx:xxxx:xxxx:xxxx:xxxx:xxxx:xxxx:xxxx
```

이런 방식입니다. 여기서 x는 16진수 한 자리를 뜻합니다. 예를 들어 달라구요? ^^

```
2001:0DB8:010F:0001:0000:0000:0000:0D0C
```

이때 A~F까지의 알파벳은 문자가 아닌 16진수 숫자이므로 대소문자의 구분이 없다는 것도 알아두시기 바랍니다. 예를 들어

```
2001:0DB8:010F:0001:0000:0000:0000:0D0C
```

와

```
2001:0db8:010f :0001:0000:0000:0000:0d0c
```

는 같은 주소가 되는 겁니다. ^^

자, IPv6 주소 표기의 두 번째 규칙은 앞쪽에 오는 '0'은 안 써도 됩니다. 예를 들어

```
2001:0DB8:010F:0001:0000:0000:0000:0D0C
```

라는 주소는

```
2001:db8:10f :1:0:0:0:d0c
```

로도 쓸 수 있다는 겁니다. 자세히 보시면 연속으로 쓰여있던 0이 생략되어 하나로 바뀐 걸 알수 있습니다. 즉 각 주소 중 앞쪽 0은 생략이 가능하다는 겁니다. 하지만 중간에 있는 0은 생략하면 안 되겠죠?

예를 들어 0D0C를 D0C라고 하면 앞에 '0'이 하나 생략된 걸 알 수 있겠지만, 0D0C를 DC라고한다면 어디에 '0'이 빠졌는지 알 수 없겠죠? 따라서 맨 앞자리 '0'만 생략합니다.

또 0001과 같이 앞에 여러 개의 '0'이 있을 경우도 모두 생략해서 1로 표기할 수 있답니다. 그래야 앞에 '0' 3개가 생략된 걸 알 수 있으니까요. ^^

그럼 이번엔 세 번째 규칙을 알려드리겠습니다.

세 번째 규칙은 '0'이 연속으로 나올 때는 '::'으로 표시할 수 있습니다. 예를 들어

```
2001:db8:10f :1:0:0:0:d0c
```

를

```
2001:db8:10f :1::d0c
```

로 표기할 수 있다는 것입니다.

즉 위에서 보이는 대로 '0'들이 연속으로 나오는 경우는 '::'을 쓸 수 있다는 것입니다. 그러나 이런 방식을 2번 이상 사용하면 안 됩니다. 예를 들어

```
2001:0DB8:0000:0000:FFFF:0000:0000:0D0C
```

이란 주소를

```
2001:0DB8::FFFF:0000:0000:0D0C (O)
```

또는

```
2001:0DB8:0000:0000:FFFF::0D0C (O)
```

로는 표기할 수 있지만,

```
2001:0DB8::FFFF::0D0C (×)
```

처럼 표기할 수는 없다는 겁니다.

왜냐하면 2001:0DB8::FFFF::0D0C처럼 표기했을 경우 어느 '::'에 '0'이 몇 개 생략됐는지 알수 없겠죠? 이렇게 연속으로 '0'이 오는 경우의 '::'으로 대치는 딱 한 번만 가능하다는 겁니다.

자, 그럼 지금까지 배운 주소 쓰기 규칙을 정리해볼까요?

첫째, IPv6 주소는 16진수로 표시하며 16진수 네 자리마다 콜론(:)을 찍어 구분한다.

둘째, IPv6 주소에서 주소의 앞쪽에 '0'이 올 경우 생략이 가능하다.

셋째, IPv6 주소에서 주소에 '0'이 연속될 경우 생략하고 '::'으로 대치할 수 있다. 다만 한 번만 가능하다.

이해가 잘 되지 않는다면 앞쪽에 있는 예를 다시 보시면 되겠죠? ^^

주소에 대한 규칙은 여기까지입니다.

IPv6 주소의 종류

이번에는 IPv6의 주소의 종류에 대해 알아보겠습니다.

먼저 지금까지 우리가 사용하고 있는 IPv4 주소의 종류를 알아볼까요? 무엇무엇이 있죠?

네. 유니캐스트가 있죠! (이거 뭔가요? 혼자 묻고 대답하고…. ㅋㅋ)

받는 사람이 한 명인 주소 방식입니다. 보통 우리가 사용하는 주소가 바로 유니캐스트 주소입니다. 클래스 A, B, C가 바로 여기에 해당합니다.

그 다음으로 멀티캐스트가 있습니다.

받는 사람이 한 명이 아닌 특정 그룹이죠? IPv4에서는 클래스 D가 바로 멀티캐스트 주소였습니다. (IP 주소의 맨 앞자리가 224에서부터 239까지로 시작하는 주소가 바로 멀티캐스트 주소입니다.)

그리고 또 뭐가 있을까요? 네. 브로드캐스트가 있습니다. (또 혼잣말이네요…. ㅠㅠ)

브로드캐스트 주소는 브로드캐스트 영역에 있는 모든 호스트들에게 다 받으라고 보내는 거죠. 한 번에 모두에게 보내니 편리하긴 하지만 이미 알고 계신 대로 문제점도 많다고 설명드렸습니다. 트래픽이 많이 발생할 뿐 아니라 호스트에 인터럽트를 걸기 때문에 호스트의 성능까지도 떨어뜨릴 수 있다는 겁니다.

아무튼 이렇게 유니캐스트, 멀티캐스트, 브로드캐스트가 IPv4에서의 주소 삼형제였습니다.

그런데 IPv6에서는 달라졌습니다.

먼저 말도 많고 탈도 많던 브로드캐스트가 사라졌다는 겁니다. 대신 좀 더 강력해진 멀티캐스트가 그 역할을 대신하게 된 겁니다. 그리고 또 하나, Anycast(애니캐스트)가 등장했습니다.

애니캐스트? 이건 뭘까요?

말 그대로 Any, 즉 '아무나 받아라~'입니다. 아무나 제일 먼저 받는 녀석이 임자가 되는 거죠. 참 이상한 걸 만들었죠? 1993년 처음 제안된 애니캐스트 방식은 그 애니캐스트 그룹 멤버 중 가장 가까이 있는 녀석에게 패킷을 보내는 방식입니다. 이런 방식은 가장 가까운 포인트를 찾는 탐색 메커니즘을 위해 사용된다고 했는데, 현재까지 그렇게 많이 사용되고 있지는 않는 듯합니다. 그래도 알아두는 게 좋겠죠? ^^

자, 정리해볼까요? IPv6에서 주소 방식은 유니캐스트, 멀티캐스트, 그리고 애니캐스트가 있다. 브로드캐스트는 이제 사라졌고 그 기능은 좀 더 강력해진 멀티캐스트가 수행한다.

여기까지입니다.

IPv6와의 어색한 동거

그럼 이제 IPv6에 대해서 어느 정도 개념을 잡으셨을 겁니다. (아니라구요? 그래도 처음 IPv6를 대할 때와는 많이 달라졌다는 걸 느끼실 수 있을 겁니다. 이 정도만 아셔도 많이 아시는 겁니다. ^^)

지금부터는 우리가 현재 사용하고 있는 IPv4 네트워킹 세상에 어떻게 IPv6를 도입하는지 그 방법에 대해 설명드리겠습니다.

서두에서 IPv6라는 방식이 아무리 좋고 또 꼭 필요한 방식이라고 하더라도 우리가 어느 날 갑자기 IPv4를 버리고 IPv6로 돌아갈 수는 없다고 했습니다. 서울이라는 도시에서 버스 번호판 체계 하나 바꾼 것 때문에 며칠 동안 얼마나 많은 어려움을 겪었는지를 기억하실 겁니다. 그런데 전 세계에서 사용하던 IP 주소를 하루아침에 바꾼다면 아마 그 혼란은 상상하기조차 어려울 만큼 클 겁니다. 그러므로 IPv4와 IPv6는 한동안 한집 살림을 해야 할 겁니다. 그렇다면 이 두 버전의 IP를 어떻게 한 집에 동거하게 할 것인가에 대한 논의가 필요합니다. 왜냐하면 잘못된 동거는 뒤에 가서 꼭 말썽이 나거든요. ^^

따라서 동거에 들어가기 전에 어떻게 서로 대화를 하면서 살까에 대한 정의가 필요할 겁니다. 지금부터는 그 방법에 대한 설명을 드리겠습니다.

여러 가지 방법이 있는데, 여기에서는 많이 사용되는 몇 가지 방법에 대해서 소개해드리겠습니다.

먼저 듀얼스택(Dual Stack) 방식이 있습니다.

듀얼스택 방식은 듀얼이란 말에서 눈치챌 수 있듯이, 시스템이 IPv4와 IPv6를 모두 인식할 수 있도록 하여 IPv6를 이해하지 못하는 애플리케이션에는 IPv4만으로 사용할 수 있도록 해주고, IPv6를 이해할 수 있는 애플리케이션은 IPv6를 이용할 수 있도록 해주는 방식입니다. 즉 두 가지 주소 중 골라 쓰도록 하는 방식으로, 호스트에서 또는 라우터에서 구성해 줄 수 있는데, [그림 12-4]는 라우터에서 듀얼스택이 구성된 예입니다. 인터페이스에 IPv4 주소와 IPv6 주소가 둘 다 세팅되어 있는 것을 보실 수 있을 겁니다. 이렇게 되면 IPv4와 IPv6 트래픽을 동시에 포워드를 해줄 수 있습니다.

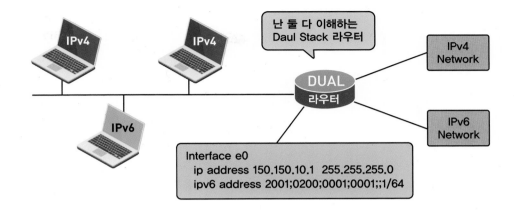

| 그림 12-4 |
Cisco IOS Dual Stack

다음은 터널 방식입니다.

터널 방식은 이미 많이 사용되던 네트워킹 기술로, 기존 네트워크상에서 호환되지 않는 기능을 지원할 때 사용되었습니다. 즉 한쪽 IPv6망에서 다른 한쪽에 있는 IPv6망과 통신을 하고자 할 때 터널 기술을 사용하면, 중간에 있는 망이 IPv6를 지원하지 않더라도 통신이 가능하다는 장점이 있습니다. 하지만 중간에 문제가 발생하면 그 문제를 해결하기 어려워 적정한 아키텍쳐가 아직 마련되지 않았을 때 사용하는 과도기적 기법입니다.

터널 방식에 대한 설명이 아래 그림에 나와 있습니다. 그림에서 보이는 대로 양쪽에 있는 IPv6 호스트가 중간에 있는 IPv4 구름을 뚫고 서로 통신하고 있습니다. 이것은 바로 IPv4 구름 양쪽에 있는 라우터가 앞에서 배운 듀얼스택 방식으로 동작하면서 IPv6 트래픽을 터널을 통해서 반대쪽 라우터까지 전달해주는 방식입니다. 그렇게 하기 위해서는 일단 라우터가 IPv6 PC에게서 받은 정보를 IPv4 네트워크에 실어 보내기 전에 다시 IPv4가 이해하는 포장지로 다시 한 번 포장을 해줘야겠죠? 터널이 나올 때 항상 같이 나오는 인캡슐레이션과 비슷한 개념이라고 생각하시면 됩니다. 이해가시죠? ^^

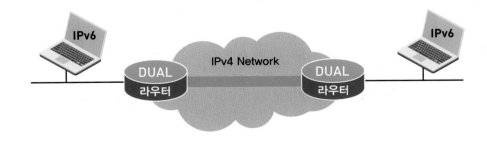

| 그림 12-5 |
Overlay Tunnels

터널 기법은 통신을 시작할 때 터널을 어떻게 만들어주는가에 따라 '매뉴얼 방식', '반자동 방식', '자동 방식' 등으로 구분할 수 있습니다.

라우터에서 IPv6의 구성

SECTION

그럼 실제 라우터에서 IPv6를 사용하려면 어떻게 해주는지 한번 알아볼까요?

라우터를 좀 다루어보신 분들은 크게 다르지 않으니까 긴장하지 않으셔도 된답니다. 주소만 약간 달라졌고, 맨 처음 시작할 때 "내가 IPv6를 사용할 겁니다."라고 한마디만 해주면 되니까요. ^^

일단 라우터에서 IPv6를 사용하기 위해서는 2가지만 기억하세요.

첫 번째, "내가 IPv6를 쓸 거예요."라고 말한다.

두 번째, 라우터의 인터페이스에 IPv6 주소를 배정한다.

쉽죠?

그럼 첫 번째, "내가 IPv6를 사용한다."는 어떻게 하는지 볼까요?

라우터의 일반 구성 모드에서 IPv6 트래픽에 대한 포워딩을 Enable해줍니다.

```
Router(config)# ipv6 unicast-routing
```

이 명령은 IPv6를 사용하기 위한 가장 기본적인 명령이랍니다.

이제 IPv6가 Enable되었다면 라우터의 각 인터페이스에 IPv6 주소를 부여할 때가 되었습니다. 그럼 인터페이스 구성 모드로 들어가야겠죠?

```
Router(config-if)#
```

라우터의 인터페이스 구성 모드에서 IPv6 주소를 구성하기 위해 사용할 수 있는 명령은 여러 가지가 있습니다.

```
Router(config-if)# Ipv6 address <ipv6addr> [/prefix-length>] [link-local]
```

이 명령을 이용해서 IPv6 주소를 줄 경우에는 모든 IPv6 주소를 다 써줘야 합니다. 뒷부분에 나오겠지만 IPv6에서는 주소를 꼭 다 써주지 않아도 자동으로 만들어줄 수 있는데, 이 명령의 경우는 모든 주소를 다 써줘야 하는 경우에 사용합니다. 뒤에 보이는 링크 로컬은 IPv6 주소의 한 종류인데 여기선 그냥 넘어가도록 하겠습니다. ^^

```
Router(config-if)# Ipv6 address <ipv6prefix>/<prefix-length> eui-64
```

두 번째 방식은 앞에서 배운 주소 지정 방식과 약간 차이가 난답니다. 자세히 보시면 앞에서는 〈ipv6addr〉를 써주라고 했는데, 여기선 〈ipv6prefix〉를 쓰라고 나와 있죠? 앞부분에서 설명 드렸는데요, 앞의 명령 〈ipv6addr〉은 IPv6 주소를 다 써줘야 하는 반면, 〈ipv6prefix〉 방식은 IPv6 주소 중 앞쪽 Prefix 부분만을 넣어주는 방식이랍니다. IPv4로 생각하자면 네트워크 주소 만을 넣어주는 방식이죠. ^^

그럼 나머지 부분은 어떻게 만들까요? 그게 뒤에 나와 있는 eui-64라는 방식으로 만들어 준다는 겁니다. 그럼 eui-64는 또 뭘까요? 음… 너무 복잡해질 것 같은데요. ㅠㅠ

쉽게 말씀드리자면, eui-64가 이미 가지고 있는 MAC 주소를 가지고 IPv6의 뒷부분을 만든다는 것인데, 그냥 MAC 주소를 가져다 뒤에 붙이는 게 아니고 약간의 성형(?)을 통해서 원래 48 비트짜리 주소를 64비트짜리로 만들어준답니다. 그래서 뒤에 64가 붙어 있잖아요. 성형 방식은 뒤에서 설명드릴게요. 지금은 일단 넘어갑시다. ^^

세 번째 방식은 아예 인터페이스에 IPv6 주소를 부여하지 않는 방식이랍니다.

```
Router(config-if)# Ipv6 unnumbered <interface>
```

이와 같이 명령을 주고, 뒤에 〈interface〉 부분에 이미 IPv6 주소를 가지고 있는 다른 인터페이스 번호를 부여해주면 그 인터페이스의 IPv6 주소를 같이 사용하는 겁니다. 저도 안 써봐서 왜 이런 명령을 만들어 뒀는지 잘 모르겠는데요, 그냥 이런 게 있다고 알아두세요. ㅎㅎ

실제 구성을 했을 때 어떻게 되는지 잠깐 볼까요?

라우터의 구성 모드에 들어가서 먼저 Gigabit Ethernet 0/0에 IPv6 주소를 구성해주고,

Gigabit Ethernet 0/1에는 unnumbered 명령을 이용해서 구성을 해보겠습니다.

```
Router#conf t
Enter configuration commands, one per line. End with CNTL/Z.
Router(config)#int gi 0/0
Router(config-if)#ipv6 addr 2001:200:1:1::/64 eui-64 ← 앞에서 배운 명령이죠? 뒤에서 다시 설명드리겠습니다.
Router(config-if)#exit
Router(config)#int gi 0/1
Router(config-if)#ipv6 unnumbered gi 0/0 ← 'Gigabit Ethernet 0/1'에는 따로 IPv6 주소를 배정하지 않고 여기에서
                                            처럼 Gigabit Ethernet 0/0의 주소를 쓰겠다고 이야기 했죠?
Router(config-if)#^Z
```

자, 이렇게 구성을 마치고 Gigabit Ethernet 0/1의 주소가 어떻게 사용되는지 한번 볼까요?

```
Router#sh ipv6 interface gi 0/1
Gigabit Ethernet0/1 is administratively down, line protocol is down
  IPv6 is enabled, link-local address is FE80::216:9DFF:FE43:F2E1 [TEN]
  No Virtual link-local address(es):
  Interface is unnumbered. Using address of Gigabit Ethernet0/0
  No global unicast address is configured
  Joined group address(es):
    FF02::1
    FF02::2
  MTU is 1500 bytes
  ICMP error messages limited to one every 100 milliseconds
  ICMP redirects are enabled
  ICMP unreachables are sent
  ND DAD is enabled, number of DAD attempts: 1
  ND reachable time is 30000 milliseconds
ND advertised reachable time is 0 milliseconds
```

뭐 복잡한 게 여러 개 보이지만 다른 건 신경 쓰지 마시구요. ^^

위에서 다섯째 줄을 보시면 이 인터페이스는 unnumbered로 사용되고 있고, Gigabit Ethernet 0/0의 주소를 사용하겠다… 라고 나와 있는 거 보이시죠? 이 정도만 이해하시면 되겠네요. ^^

인터페이스에 주소 명령으로 사용하는 마지막 명령으로 이런 것도 있답니다.

```
Router(config-if)# Ipv6 enable
```

이 명령은 해당 인터페이스에 아예 IPv6 주소를 배정하지 않고, 그냥 IPv6 인터페이스로 쓰겠다는 의미입니다. 따라서 IPv6의 여러 가지 주소 중 오직 Link Local 주소만을 갖게 되고, 이 주소를 이용해서 링크에서 로컬로 통신만을 하게 된답니다. 이야기를 하다 보니까 자꾸 복잡한 주소 이야기가 나오는데 너무 신경 쓰지 마시고, 그냥 여기선 주소를 배정하는 방식이 이렇게 4가지가 있구나… 정도만 이해하시면 된답니다.

자, 그럼 실습을 한번 해볼까요?

구성 방식은 우리가 배운 IPv6 주소 배정법 중에서 두 번째 방법을 사용해보겠습니다.

준비되셨죠? ^^

맨 먼저 IPv6를 사용하기 위해 사용하는 명령이 뭐라고 했죠? (혹시 여기서 책을 앞 페이지로 넘겨 찾고 계신 분 안 계시죠? 벌써 까먹으시면 안 됩니다. ㅎㅎ)

```
ipv6 unicast-routing
```

이란 명령이죠? 그리고

```
Router(config-if)# Ipv6 address <ipv6prefix>/<prefix-length> eui-64
```

명령을 사용해서 실습해보겠습니다. 편의상 주소는 쉽게 줘보죠.

Prefix는 '2001:0200:0001:0001::'로 하고 prefix bit는 '64'로 하겠습니다. 즉 앞에서부터 64비트까지가 네트워크란 거죠. 참고로 위의 주소는 더 간편하게 줄여줄 수도 있다는 거 아시죠? ^^ 어떻게요?

'2001:200:1:1::' 이렇게요. ^^

자, 이제 실습 시작합니다.

라우터의 구성 모드로 들어갑니다.

```
Router#conf t
Enter configuration commands, one per line. End with CNTL/Z.
Router(config)#ipv6 unicast-routing ← 배운 대로 라우터의 구성 모드에서 먼저 IPv6 트래픽을 Enable해줬죠?
Router(config)#int gi 0/0
Router(config-if)#ipv6 address 2001:0200:0001:0001::/64eui-64 ← 여기서 'Gigabit Ethernet 0/0'에 IPv6 주소
를 배정했습니다. 설명한 것처럼 Prefix만 배정하고, 뒤에 'eui-64'란 명령을 이용해서 자신의 MAC 주소를 합친다고 말씀드
렸죠? 뒤에서 어떻게 IPv6 주소가 만들어졌는지 보도록 할게요. ^^
Router(config-if)#^Z
```

자, 구성이 끝났으니까 어떻게 구성이 되었는지 알아볼까요? 우리가 구성해주었던 'Gigabit Ethernet 0/0'의 IPv6 구성을 보기 위해 사용하는 명령이 'show ipv6 interface' 명령입니다.

```
Router#show ipv6 interface gi 0/0
GigabitEthernet0/0 is administratively down, line protocol is down
  IPv6 is enabled, link-local address is FE80::216:9DFF:FE43:F2E0 [TEN]
  No Virtual link-local address(es):
  Global unicast address(es):
    2001:200:1:1:216:9DFF:FE43:F2E0, subnet is 2001:200:1:1::/64 [EUI/TEN]
  Joined group address(es):
    FF02::1
    FF02::2
  MTU is 1500 bytes
  ICMP error messages limited to one every 100 milliseconds
  ICMP redirects are enabled
  ICMP unreachables are sent
ND DAD is enabled, number of DAD attempts: 1
  ND reachable time is 30000 milliseconds
  ND advertised reachable time is 0 milliseconds
  ND advertised retransmit interval is 0 milliseconds
  ND router advertisements are sent every 200 seconds
  ND router advertisements live for 1800 seconds
  ND advertised default router preference is Medium
  Hosts use stateless autoconfig for addresses.
Router#
```

위에 보이는 것처럼 우리가 배정한 주소는 '2001:200:1:1:'까지인데, 뒤에 '216:9DFF:FE43:F2E0'라는 주소가 붙어서 전체 주소 '2001:200:1:1:216:9DFF:FE43:F2E0'가 만들어졌죠?

'Eui-64'라는 명령을 통해 이 인터페이스의 MAC 주소가 64비트로 바뀌어 뒤에 붙는 거라고 했죠? 사실 이 인터페이스의 MAC 주소는 원래 '0016.9D43.F2E0'였습니다. 근데 좀 바뀐 게 보이시나요? 그게 바로 앞에서 설명한 약간의 성형(?)이랍니다. ^^ 'EUI-64'가 어떻게 48비트의 MAC 주소를 64비트로 바꾸는지 볼까요?

일단 가장 중요한 건 48비트의 MAC 주소 가운데에 'FF:FE'를 집어넣는다는 겁니다. 무조건!! 자, 볼까요?

원래 MAC 주소 '0016.9D43.F2E0'의 중앙을 벌려요. ^^

```
0016.9D        43.F2E0
```

이런 식으로요. ^^

그리고 'FF:FE'를 집어넣습니다.

```
0016.9D    FF:FE  43.F2E0
```

그럼 완성되었나 볼까요? '0016.9DFF:FE43:F2E0' 똑같나요? 아니죠? 앞이 다르죠? 'EUI-64'로 만들어진 주소는 '0216:9DFF:FE43:F2E0'이잖아요.

사실 맨 앞 8비트는 이 MAC 주소의 유일성을 나타내는데, 이 주소가 유일한 주소일 경우에는 '02'로 표시하고, 이 주소가 유일한 주소가 아닐 때는 '00'으로 표시하는 거랍니다. 따라서 이 주소는 유일한 MAC 주소이기 때문에 '02'를 넣어주는 거랍니다. 대부분 '00'을 넣는 경우는 드물고, 그냥 '02'로 들어간다고 생각하시면 됩니다.

정리해보면 원래 48비트의 MAC 주소의 중간을 벌려 'FF:FE'를 넣고, 맨 앞의 8비트를 이용해 유일한 MAC 주소임을 알리는 2를 넣게 된다…라고 기억하시면 되겠네요. ^^

너무 복잡하게 생각하진 마세요. 또 외우실 필요도 없답니다. 그냥 궁금해 하실 것 같아서 설명한 거니까요. ^^

아무튼 여기에서는 시스코 라우터에서 IPv6를 사용하기 위한 명령어가 어떤 것들이 있다… 까지만 이해하시면 된답니다. ^^

그렇게 어렵진 않으셨죠?

지금까지 배운 IPv6를 통해 여러분이 조금이라도 IPv6와 친해지셨다면 성공입니다~ ^^

물론 IPv6에 대해 배울 게 많지만 이번엔 기초를 쌓는다 생각하면서 공부하시기 바랍니다. ^^

후·니·의 1분 정보   RU가 뭐예요?

네트워크 장비에 대한 스펙을 읽다 보면 이런 내용을 보신 기억이 있을 겁니다.

'Only 10 RU height'는 뭘까요?? ^^

네트워크 장비의 경우 장비의 키(?)를 cm로 표시하지 않습니다. 늘 RU로 표시하죠. ^^

RU는 'Rack Unit'의 줄임말입니다.

Rack은요? 전산실에 가면 캐비닛같이 생긴 거 있잖아요? 장비들을 넣어놓는 캐비닛이 바로 Rack(랙)입니다.

어차피 장비를 랙에 넣어 놓으니 장비의 높이는 랙에서 쓰는 단위를 씁니다. 1 Rack Unit은 랙에 장비를 설치할 때 옆에 나사 구멍이 있는데, 이 나사 구멍을 기준으로 나사 구멍 3칸 정도의 높이입니다. ^^

인치로는 1.75인치구요, 센티로는 4.445cm입니다. ^^

아래 그림 보이시죠? 아래 보이는 장비가 바로 1RU짜리 장비입니다.

이 높이를 기준으로 아래 장비의 2배의 높이를 가진 장비이면 2RU, 4배의 높이이면 4RU라고 하니까… 위에 10RU는 약 44.45cm 높이가 될 겁니다. ^^

참고로 보통 우리가 쓰는 랙을 '19인치 랙'이라고 부르는데, 그건 넓이입니다.

그림처럼 대부분의 네트워크 장비는 넓이가 같은데 그게 바로 19인치 랙에 장착할 수 있게 만들어진 거죠. ^^

이제 RU에 대해서는 이해되시죠? ^^

오늘은 여기까지!!

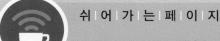

DDoS에 대한 이야기

자, 이어서 시작해볼까요? ^^

2002년 동계올림픽에서 우리나라의 쇼트트랙 김동성 선수가 미국의 오노 선수에게 금메달을 빼앗긴 사건이 있었습니다. 그때 우리 네티즌들이 동시에 미국 동계올림픽 사이트에 접속을 반복해서 그 사이트를 다운시키자고 했던 일이 있었습니다. 이게 바로 전형적인 DoS 공격입니다. 자꾸 그 사이트에 일을 시켜서 그 사이트가 정상적으로 작동하지 못하게 하자는 거죠. 하지만 이 사이트는 무사했습니다. 왜일까요?

그건 이 사이트에서 한국에서 오는 IP 주소를 다 막아버렸기 때문입니다. 처음 몇 번이야 시도가 성공하겠지만, 보니까 대충 다 한국에서 오는 IP 주소란 걸 알게 되고 한국쪽 IP 주소만 막아버리면 공격을 간단하게 제압할 수 있는 겁니다.

그래서 나온 게 바로 DDoS, 즉 Distributed(분산) 서비스 거부 공격입니다. 한마디로 내가 공격하는게 아니고 내가 다른 애들을 포섭해서 그 애들이 나 대신 공격을 하게 하는 방법입니다.

다시 한 번 중국집 이야기로 돌아가 볼까요? 이번엔 왕 사장님이 DDoS 공격을 시작합니다.

그 집에 들어가는 손님들에게 미리 돈 천 원씩을 나눠주고 이렇게 부탁합니다. "밥 먹다가 아저씨를 좀 불러주세요. 그리고 바로 숨어야 합니다."

그럼 식당에 들어간 손님들이 여기저기서 "아저씨, 여기요!"를 외치게 되고, 아저씨가 돌아보면 바로 숨게 됩니다. 한 곳에서 부르는 게 아니니 주인 아저씨는 어디서 불렀는지 도저히 알아낼 수 없게 됩니다. 또 운 좋게 자기를 부른 사람을 잡아낸다고 해도 그 사람은 바로 "아저씨, 여기 단무지 좀 더 달라구요!"라고 말하면서 정상적인 트래픽인양 속이게 됩니다. 절대 잡아낼 수가 없겠죠? 결국 주인 아저씨는 정상적인 서빙을 포기하게 되고 그 집은 문을 닫게 되는 겁니다.

DDoS 공격 정말 무섭죠?

컴퓨터 네트워크에서 DDoS 공격을 다시 설명드리자면, DDoS 공격자는 자신이 직접 대상 서버를 공격하지 않고 자신의 명령을 따라줄 PC 집단을 만들게 됩니다. 그러려면 뭔가 프로그램이 필요하겠죠? 그게 바로 좀비 바이러스 프로그램이 되는 겁니다. 무심코 인터넷에서 다운받은 프로그램에 좀비 바이러스가 숨어 있다가 동작을 시작하게 되면 이제 내 PC는 우리집에 있긴 하지만 한 마리 좀비처럼 어딘가에 숨어있는 공격자의 명령에 따라 공격 대상 서버에 공격을 감행하게 되는 겁니다. 이런 좀비 PC들은 적게는 몇백 대에서 많게는 몇만 대가 한 부대가 되어 공격을 하게 되고, 이런 공격을 받게 되는 공격 대상 서버는 이 수많은 좀비들의 요청 사항을 처리하려다 장렬하게 전사하게 되는 겁니다. 어떠세요? 쉽지 않겠죠?

이게 바로 요즘 유행하는 DDoS 공격이랍니다. 어떤 한 사이트에 수많은 좀비 PC들이 공격을 하게 되면, 그 사이트는 정상적인 서비스가 어려운 마비 상태에 빠지게 되는 겁니다. 이런 DDoS 공격자들이 노리는 건 대부분 금전적인 보상입니다. 돈을 내놓으면 공격을 멈추겠다는 거죠.

그렇다면 이런 인터넷 마적단을 쳐부술 방법은 없을까요?

CISCO
NETWORKING

APPENDIX

01 네트워킹을 하면서
꼭 알아두어야 할 약어

APPENDIX

A

AAA 인증(authentication), 권한 부여(authorization), 계정 관리(accounting)의 첫 머리 글자를 따서 AAA라고 합니다. 요즘은 워낙 보안에 관한 관심이 높아지면서 AAA처럼 보안과 관련된 기능을 제공하는 네트워크 장비가 많아지고 있습니다.

AAL ATM Adaptation Layer의 약자입니다. 물론 ATM에서 나오는 말입니다. 데이터 링크 계층에 속하는 계층입니다. AAL은 데이터를 받아 그 데이터를 48바이트 ATM 페이로드 세그먼트 형태로 만드는 기능을 수행합니다. 또 AAL은 CS와 SAR이라는 2개의 서브 계층으로 구성되어 있습니다. AAL의 4가지 유형은 AAL1, AAL2, AAL3/4, AAL5입니다.

AARP AppleTalk Address Resolution Protocol의 약자입니다. 주로 매킨토시가 사용하는 AppleTalk 프로토콜에서 데이터 링크 주소를 네트워크 주소로 바꾸어주는 프로토콜입니다.

Access list 라우터로 들어오거나 나가는 액세스를 제어하기 위해 사용하는 기술입니다. 자세한 것은 액세스 리스트에 관한 책의 내용을 참고하기 바랍니다.

Access server 커뮤니케이션 서버 혹은 Network Access Server(NAS)라고도 부르는 이 서버는 일반적으로 모뎀 등의 콜을 LAN에 연결해 주는 기능을 수행합니다. 우리가 집에서 모뎀을 통해 ISP 업체에 접속하는 경우 모뎀의 콜을 처음으로 받아서 서버나 인터넷으로 연결해 주는 역할을 하는 것이 바로 이 액세스 서버입니다.

ACD Automatic Call Distribution(자동 호출 분배)의 약자입니다. 동일한 교환국에서 서비스를 제공하는 지리적으로 분산되어 있는 장소의 고객들에게 자동으로 호출을 재라우팅하는 장치나 서비스입니다. 즉 고객이 전화를 걸었을 때 교환원 중에서 지금 현재 전화를 받을 수 있는 사람을 찾아서 그 전화를 연결해 주는 기능을 하는 것이 바로 ACD라고 할 수 있습니다.

Acknowledgment 또는 ACK 어떤 상황에 대해 인식했음을 확인해 주는 신호를 말합니다. 즉 상대편이 어떤 요청에 대한 시그널을 보냈을 때 그 시그널을 받았다는 표시로 ACK 신호를 발생시킵니다.

Active monitor 토큰링 네트워크에서 데이터가 무한으로 네트워크를 돌지 않도록 하는 기능을 수행합니다. 원래는 데이터를 만들어서 보낸 PC, 즉 출발지의 PC가 전송 후 다시 돌아온 데이터를 삭제하게 되지만, 전송 PC의 고장으로 이 데이터가 링 안에서 계속 돌아다닐 때 이를 발견해서 대신 없애주는 역할을 수행합니다.

Address mapping　　한 형태(프로토콜)의 주소를 다른 형태(프로토콜)의 주소로 변환하는 기법을 말합니다. 예를 들어 X.25를 통해 IP를 라우팅할 때 X.25 네트워크가 IP 패킷을 전송할 수 있도록 IP 주소를 X.25 주소로 매핑한다고 하는데, 이것은 바로 IP 주소와 X.25를 서로 바꾸어 주는 것을 일컫는 말입니다.

Administrative distance　　라우터에서 주로 나오는 말입니다. 즉 라우팅 프로토콜에 의해 구해진 라우팅 정보를 그 신뢰도에 따라서 수치로 나타낸 값입니다. 예를 들어 같은 목적지에 대해서 스태틱 라우팅 정보로 알게 된 경로가 있고, RIP 라우팅으로 알게 된 경로가 있다면, 라우터는 이 중 Administrative distance 값이 작은 스태틱으로 알아낸 경로를 선택하게 됩니다. 이 값은 0에서 255까지이며, 값이 클수록 신뢰도 등급은 더 낮아집니다.

Advertising　　광고, 즉 라우팅 정보나 서비스 업데이트 내용을 미리 정해진 간격으로 네트워크로 내보내는 것을 말합니다. 이런 Advertising은 다른 라우터들이 이 라우터를 인식할 수 있게 해줍니다.

Alarm　　주로 네트워크 관리 시스템(NMS ; Network Management System)에서 사용되는 말입니다. 네트워크에 문제가 발생하면 이 Alarm 신호를 이용해서 네트워크 관리자에게 현재의 상황을 알려주는 역할을 수행합니다.

ANSI　　American National Standards Institute(미국 국립 표준기구)의 약자입니다. 기업체와 정부 단체, 그리고 표준과 관련된 활동을 조정하고, 미국 국내 표준을 승인하는 등 국제 표준 단체들에서 미국의 입지를 강화하는 일을 하는 단체입니다. ANSI는 주로 통신과 네트워킹 분야와 관련해 국제 표준과 미국 국내 표준을 개발하고 있습니다.

AppleTalk　　Apple Computer에서 설계한 통신 프로토콜로서, 매킨토시 간의 통신을 위해서 개발되었습니다. 현재는 많이 사용되지 않는 프로토콜입니다.

Application layer(애플리케이션 계층)　　OSI Reference Model(OSI 기준 모델)에서의 일곱 번째 계층입니다. 이 계층은 OSI 모델에 속하지 않는(전자메일, 파일 전송, 터미널 에뮬레이션 등과 같은) 애플리케이션 프로세스에 서비스를 제공하는 기능을 수행합니다. 애플리케이션 계층은 의도한 통신 상대측 및 연결하는 데 필요한 자원의 이용 가능 상태를 알아내어 설정하고, 관련 애플리케이션들을 동기화시키며, 오류 복구나 데이터 손상 방지를 위해 프로시저에 관한 합의 사항을 설정하는 역할을 수행합니다.

ARP　　Address Resolution Protocol(주소 분석 프로토콜)의 약자입니다. IP 주소를 MAC 주소로 바꾸어 줄 때 사용되는 인터넷 프로토콜입니다.

AS　　Autonomous System의 약자입니다. 하나의 네트워크 관리자에 의해 하나의 관리체계로 움직이는 영역이라고 쉽게 생각하면 됩니다. 만약 한 회사의 네트워크가 다른 회사의 네트워크와 연결된다면 각 회사의 네트워크를 하나의 AS라고 부를 수 있습니다. 이러한 AS 간의 라우팅 프로토콜은 주로 BGP를 이용해서 일어납니다. 또 Autonomous System은 IANA에서 할당한 고유한 16비트를 부여받아서 사용합니다.

ASBR　　Autonomous System Boundary Router의 약자입니다. AS 간의 연결을 위한 라우터가 바로 ASBR입니다.

ASCII　　American Standard Code for Information Interchange(미국 정보교환 표준코드)의 약자입니다. 문자를 표현하는 데 쓰이는 8비트 코드 체계입니다(7비트 더하기 패리티).

Asynchronous transmission(비동기 전송)　　정밀한 클록 처리를 하지 않고 전송되는 디지털 신호를 가리키는 용어입니다. 이러한 비동기 전송에서는 일반적으로 시작 비트와 정지 비트가 사용됩니다.

ATM　　Asynchronous Transfer Mode(비동기 전송 모드)의 약어입니다. 음성, 비디오, 데이터 등과 같은 다양한 유형의 서비스를 고정 길이(53바이트) 셀에 넣어 전달하는 국제 셀 릴레이 표준입니다. 고정 길이 셀(53바이트)을 이용해서 전송 지연을 획기적으로 줄인 통신 방식입니다. ATM은 E3, SONET, T3 등과 같은 고속 전송 미디어를 활용하도록 설계되었습니다.

ATM layer　　ATM 네트워크에서 데이터 링크 레이어의 서비스 독립적인 서브 레이어입니다. ATM 레이어는 AAL에서 48바이트 페이로드 세그먼트를 수신한 후 각 세그먼트에 5바이트 헤더를 붙여 53바이트의 표준 ATM 셀을 만드는 기능을 수행합니다. 이 셀들은 물리적인 매체를 통해 전송할 수 있도록 Physical 레이어로 넘겨지게 됩니다.

AURP　　AppleTalk Update-Based Routing Protocol의 약자입니다. AppleTalk 트래픽을 캡슐화해 다른 종류의 프로토콜의 헤더 안에 넣는 방법으로, 이 방법을 사용하면 2개 이상의 서로 접하지 않는 애플토크 인터네트워크를 (TCP/IP와 같은) 다른 종류의 네트워크를 연결해 애플토크 WAN을 만들 수 있는데, 이런 연결을 'AURP 터널'이라고 합니다. AURP는 캡슐화 기능 외에도 외부 라우터들 사이에서 라우팅 정보를 교환해 전체 AppleTalk WAN의 라우팅 테이블을 유지하는 기능도 가지고 있습니다.

Authentication　　인증. 즉 보안 기능 중에서 사람이나 프로세스의 신분을 확인해서 접속 여부를 결정하는 요소로 사용하는 것을 말합니다. 영어로 말하자면 Who are you? 정도가 됩니다.

B

Backbone　　우리말로 등뼈가 되나요? 아무튼 중심이 되는 경로라고 생각하면 됩니다. 네트워크에서 다른 네트워크로부터 가장 자주 송·수신 대상이 되는 통신의 주 경로 역할을 하는 부분으로, 도로로 비유하면 고속도로라고 할 수 있습니다. 그 네트워크의 성능은 백본의 성능이라고 할 정도로 백본은 중요합니다.

Bandwidth(대역폭)　　네트워크 신호용으로 사용할 수 있는 가장 높은 주파수와 가장 낮은 주파수 사이의 차이. 네트워크에서는 주로 속도를 나타낼 때 많이 사용되는 말입니다. 즉 Bandwidth가 10Mbps라면 이것은 속도를 나타내는 것입니다.

Baud　　'보우' 또는 '보'라고 읽습니다. 초당 전송되는 독립적인 신호 요소의 수에 해당하는 신호 처리 속도의 단위. 각 신호 요소가 정확하게 1비트에 해당한다면 baud(보)는 초당 비트 수(bps)와 같은 의미가 됩니다. 터미널 에뮬레이션 세팅시에 Baud를 9600으로 맞추라는 이야기를 많이 들으셨을 것입니다.

B channel　　Bearer channel(베어러 채널)의 약자입니다. ISDN에서 사용자 데이터를 보내는 데 사용되는 전이중, 64Kbps 채널입니다. 참고로 BRI의 경우는 2개의 B 채널을 가지고 있고, T1 PRI의 경우는 24개, E1 PRI의 경우는 30개의 B 채널을 가지고 있습니다.

Beacon　　케이블이 끊어지는 경우와 같은 심각한 문제가 링에 발생했음을 알려주기 위해 토큰링 장치나 FDDI 장치에서 보내는 프레임을 말합니다. Beacon(비콘) 프레임에는 다운된 것으로 추정되는 스테이션의 주소가 포함되어 있습니다.

BECN   Backward Explicit Congestion Notification의 약자입니다. 통신에서 Congestion, 즉 혼잡이 발생했을 때를 대비해서 만든 비트입니다.

BGP   Border Gateway Protocol의 약자로, AS 간의 라우팅에 사용되며, 이런 프로토콜을 Exterior Gateway Protocol이라고 합니다. 요즘 인터넷의 대중화로 회사의 네트워크를 인터넷에 접속하는 경우가 많은데 이때 BGP가 자주 사용됩니다.

BGP4   BGP Version 4, 즉 BGP 버전 4의 약자입니다. 요즘 사용되는 거의 대부분의 BGP 프로토콜은 바로 BGP 4입니다.

B-ISDN   Broadband ISDN(광대역 ISDN)의 약자입니다. 비디오와 같은 높은 대역폭을 사용하는 애플리케이션을 다룰 수 있도록 고안된 ITU-T 통신 표준입니다. BISDN은 현재 SONET 방식 전송 회선을 통해 ATM 기술을 사용하며 155Mbps에서 622Mbps 이상까지의 데이터 속도를 제공하고 있습니다.

Bit   컴퓨터에서 사용하는 가장 작은 단위입니다. 8비트(bit)가 1바이트(byte)라는 거 다 아시죠? 0과 1로 표현됩니다.

BOOTP   Bootstrap Protocol(부트스트랩 프로토콜)의 약자입니다. 네트워크에 연결된 장비가 자신의 IP 정보를 받아오기 위해서 사용하는 프로토콜입니다. Bootp 서버는 주로 NMS가 담당합니다.

BPDU   Bridge Protocol Data Unit의 약자입니다. 네트워크의 브리지 사이에서 정보를 교환하기 위해 일정한 간격(디폴트 2초)으로 보내지는 브리지의 정보입니다. 이 정보를 이용해서 브리지는 스패닝 트리를 구현합니다.

BRI   Basic Rate Interface의 약자입니다. 일반적으로 가정에서 사용하는 ISDN이 대부분 BRI입니다. 데이터 전송을 위한 2개의 B 채널과 1개의 D 채널로 구성되어 있습니다.

Bridge   브리지의 가장 큰 역할 중 하나는 역시 콜리전 도메인을 나누어 준다는 것입니다. 동일한 통신 프로토콜을 사용하는 두 네트워크 세그먼트 사이에서 패킷을 연결하고 전달하는 장치로, 브리지들은 OSI의 데이터 링크 계층(2계층)에서 작동합니다. 일반적으로 브리지는 수신되는 프레임의 MAC 주소를 기준으로 프레임을 필터링하거나 진행 방향으로 포워딩하는 기능을 수행합니다.

Broadband(광대역)   ① 다수의 독립적인 신호를 하나의 케이블로 멀티플렉싱하는 전송 시스템
② 통신 전문 용어 : 음성 수준 채널(4kHz)보다 더 큰 대역폭을 가지는 모든 채널
③ LAN 용어 : 아날로그 신호 처리 방식을 사용하는 동축 케이블

Broadcast   브로드캐스트는 네트워크(브로드캐스트 도메인)의 모드 노드로 보내지는 데이터 패킷입니다. 자세한 내용은 책의 본문(Vol.1 p.45)을 참고하기 바랍니다.

Broadcast domain   브로드캐스트 영역은 브로드캐스트가 발생했을 때 이 패킷을 받는 모든 장비들의 영역을 말합니다. 이런 브로드캐스트 영역은 오로지 라우터에 의해서만 분리가 가능합니다. (가상 랜을 사용하는 스위치도 브로드캐스트 영역을 나누어주지만 서로 간의 통신은 불가능하고 라우터를 거쳐야만 통신이 가능합니다.)

Brouter   '브라우터'라고 부르는 이 장비는 Bridge(브리지)와 Router(라우터) 기능을 함께 가지고 있다고

해서 붙여진 이름입니다. 요즘 대부분의 라우터가 브리지 기능을 가지고 있으니까 엄밀히 말하면 브라우터인데, 이 말은 요즘은 별로 사용되고 있지 않은 오래된 말입니다.

Buffer   전송 중인 데이터를 처리하는 데 사용되는 저장 영역을 말합니다. 버퍼는 통신에서 서로 다른 처리 속도의 차이를 해결해 주기 위한 방법 중 하나입니다. 즉 받아주는 장비의 처리 속도가 느린 경우 보내는 장비는 자신의 버퍼에 패킷을 임시 보관하고 있다가 받아주는 장비가 받을 준비가 되면 버퍼에 있던 패킷을 보냅니다.

Bus topology   네트워크 스테이션에서 시작된 전송이 미디어의 길이를 따라 전달되어 다른 모든 스테이션이 수신하게 되는 버스 모양의 랜 구조를 말합니다. 이더넷이 주로 버스 토폴러지입니다.

Byte(바이트)   8비트가 1바이트가 됩니다.

C

Caching   캐싱이라는 일반적 의미는 이미 배운 정보를 다음에 사용할 때, 또 배울 필요 없이 일정한 곳에 저장했다가 빠르게 사용하는 것을 말합니다. 요즘은 인터넷에서 한 번 갔다 온 곳을 다시 갈 때를 대비해서 서버가 정보를 보관하고 있는 캐시 서버 또는 캐시 엔진이 일반적으로 많이 사용되고 있습니다.

CAM   Content-Addressable Memory의 약자입니다. 스위치 등에서 주소 저장을 위한 메모리로 많이 사용됩니다.

Category 1 cabling   EIA/TIA-586 표준에서 규정한 5가지 등급의 UTP 케이블 연결 방식 중의 하나로서, Category 1 케이블링은 전화 통신에서 주로 사용되며, 데이터를 전송하는 데는 적합하지 않은 케이블링입니다.

Category 2 cabling   EIA/TIA-586 표준에서 규정한 5가지 등급의 UTP 케이블 연결 방식 중의 하나로서, Category 2 케이블링은 최대 4Mbps까지의 속도로 데이터를 전송할 수 있습니다.

Category 3 cabling   EIA/TIA-586 표준에서 규정한 5가지 등급의 UTP 케이블 연결 방식 중의 하나로서, 10BaseT 네트워크에 사용되는 케이블입니다. 전에는 UTP 케이블이라고 하면 바로 이 케이블을 이야기할 정도로 일반적인 케이블이었습니다. 최대 10Mbps 속도까지 데이터 전송을 할 수 있고, 잘만 구성하면 100Mbps 속도에도 적용이 가능한 케이블입니다.

Category 4 cabling   EIA/TIA-586 표준에서 규정한 5가지 등급의 UTP 케이블 연결 방식 중의 하나로서, 토큰링 네트워크에서 사용됩니다. 최대 16Mbps의 데이터 전송 능력을 가지고 있습니다.

Category 5 cabling   EIA/TIA-586 표준에서 규정한 5가지 등급의 UTP 케이블 연결 방식 중의 하나로서, Category 5 케이블링은 최대 100Mbps의 속도로 데이터를 전송할 수 있습니다. 요즘 사용되는 대부분의 UTP 케이블은 바로 이런 카테고리 5 케이블이라고 봐도 됩니다. 또 지금은 기가비트 표준으로까지 쓰이고 있습니다.

CATV   Cable Television(케이블 TV)의 약자입니다. 동축 케이블을 사용해 여러 채널의 프로그래밍 자료가 가정으로 전송되는 통신 시스템입니다.

CBR   Constant Bit Rate의 약자입니다. ATM 포럼에서 정의한 ATM 네트워크 QoS 클래스 중 하나입니다. CBR은 왜곡되지 않은 데이터 전달을 보장하기 위해 정밀한 클록 처리 방식에 의존하는 연결 장치에서 사용된다고 합니다.

CCITT   Consultative Committee for International Telegraph and Telephone(국제 전신 전화 자문 위원회)의 약어입니다. 통신 표준 개발을 담당하는 국제적인 단체입니다. 지금은 ITU-T라고 합니다.

CDDI   Copper Distributed Data Interface의 약자로, STP 케이블 배선과 UTP 케이블 배선을 통한 FDDI 프로토콜을 구현했습니다. CDDI는 비교적 짧은 거리(약 100m)에서 전송하며, 백업(Backup)을 위하여 듀얼링 아키텍처를 사용하여 100Mbps의 데이터 속도를 제공합니다.

CDP   Cisco Discovery Protocol의 약자입니다. 시스코 라우터나 스위치 장비들끼리 서로의 정보를 볼 수 있도록 만든 프로토콜입니다.

Cell   ATM 스위칭에서의 기본 데이터 단위를 말합니다. 하나의 셀은 5바이트의 헤더 부분과 48바이트 페이로드, 즉 데이터 부분으로 구성됩니다.

Channel(채널)   주로 통신 경로를 일컫는 말입니다. 요즘은 하나의 케이블에 여러 개의 채널을 전송하는 기술 또는 여러 개의 케이블을 묶어서 하나의 채널 전달에 이용하는 경우가 많습니다.

Channelized E1   2.048Mbps의 속도를 64Kbps 속도로 30개의 채널로 나누어서 사용할 수 있게 만든 기술입니다.

Channelized T1   1.544Mbps의 속도를 64Kbps 속도로 24개의 채널로 나누어서 사용할 수 있게 만든 기술입니다.

CHAP   Challenge Handshake Authentication Protocol의 약자입니다. PPP 프로토콜에서 사용되는 보안 기법 중의 하나로, 접속 시에 사용자 이름과 암호를 이용해서 접속 여부를 결정합니다. 이와 비슷한 기법으로는 PAP이 있는데, PAP에 비해 암호를 Encryption해서 보낸다는 차이점이 있습니다.

Checksum   전송된 데이터가 이상 없이 전송되었는지를 확인하기 위한 방법 중 하나입니다. 즉 데이터와 같이 데이터를 가지고 만든 체크섬이라는 정수 값을 보내는데, 수신측에 이 값을 다시 계산해서 보내온 체크섬과 비교하는 것입니다. 두 값이 서로 같으면 데이터에 이상이 없다는 것을 확인합니다.

CIDR   Classless Interdomain Routing의 약자입니다. 즉 주어진 IP를 클래스 구분 없이 뒤에 오는 서브넷 마스크에 따라 구분하는 방식입니다. BGP4에서 지원하며 CIDR은 라우팅 테이블을 줄이는 데 효과적입니다.

Circuit switching   전송 전에 일단 출발지와 목적지 사이에 물리적인 전용 경로를 만든 후 전송하고, 전송이 끝나면 이 경로를 끊는 방식입니다. 전화 등에 많이 사용됩니다.

CLI   Command Line Interface의 약자로서, 시스코 라우터가 주로 이 방식을 사용합니다. 즉 명령어를 메뉴 방식이나 아이콘 방식이 아닌 직접 텍스트 입력 방식으로 입력해주는 방식을 말합니다. 도스나 유닉스 역시 CLI 방식이라고 볼 수 있습니다. 이에 대비되는 말은 GUI(Graphic User Interface)가 있습니다.

Client 　　　 서버로부터 서비스를 요청하는 노드(PC, 프린터 등)나 소프트웨어 프로그램을 말합니다. 네트워크 환경에서는 주로 사용자 PC를 나타내는 경우가 많습니다.

Client/Server computing 　　　 전송이 주로 클라이언트와 서버 사이에서 발생하는 네트워크를 일컫는 말입니다. 파일 서버나 프린터 서버, 그리고 메인프레임 등을 두고 각각의 유저 PC들이 이런 서버들을 네트워크를 통해 접속해서 사용하는 경우를 보통 클라이언트/서버 환경이라고 말합니다.

CMTS 　　　 Cable Modem Termination System. 요즘 많이 사용하는 케이블 모뎀을 접속해주는 센터용 장비를 말합니다. 시스코에는 UBR 장비가 있습니다.

Coaxial cable 　　　 보통 '동축 케이블'이라고 합니다. 하나의 내부 와이어 전도체를 감싸고 있는 속이 빈 외부 실린더형 전도체로 구성되어 있는 케이블입니다. 현재 LAN에서 사용되는 동축 케이블의 종류는 디지털 신호 처리를 위해 사용되는 50Ω 케이블과 아날로그 신호 처리와 고속 디지털 신호 처리를 위해 사용되는 75Ω 케이블, 이렇게 2가지가 있습니다.

Collapsed backbone 　　　 주요 네트워크 장비가 중앙에 모여있고 클라이언트들이 이곳에 접속된 구조로 만들어진 네트워크를 일컫는 말입니다.

Collision 　　　 이더넷에서 두 노드가 동시에 전송하게 되면 네트워크상에서 서로 충돌이 발생하게 되는데, 이를 '콜리전'이라고 합니다. 콜리전이 발생하면 전송 노드는 이 패킷을 다시 전송해야 합니다.

Collision domain 　　　 이더넷에서 서로 동시에 전송하면 충돌이 발생하는 영역을 말합니다. 허브나 리피터로 연결된 모든 노드들은 서로 같은 콜리전 도메인에 있습니다. 이러한 콜리전 도메인은 브리지나 스위치를 통해서 나누어줄 수 있습니다.

Communication server 　　　 일반적으로 모뎀 등의 콜을 LAN에 연결해 주는 기능을 수행합니다. 우리가 집에서 모뎀을 통해 ISP 업체에 접속하는 경우 우리 모뎀의 콜을 처음으로 받아서 서버나 인터넷쪽으로 연결해주는 이 서버는 Access Server 또는 NAS라고도 합니다.

Compression 　　　 데이터를 전송할 때보다 적은 대역폭을 사용하기 위해서 사용하는 압축 기술입니다. 일단 압축된 데이터는 전송 후에 도착지에서 다시 압축을 풀어서 사용합니다.

Concentrator 　　　 예전에 hub(허브)를 부르던 말입니다. 모든 케이블을 한 곳에 집중시킨다는 의미를 가지고 있지만, 요즘은 자주 사용되지 않는 말입니다.

Congestion 　　　 네트워크 용량을 초과하는 트래픽이 발생할 경우 네트워크에 컨제션이 발생했다고 합니다.

Connectionless 　　　 통신시에 전송 대상 간의 연결을 먼저 하지 않고 데이터를 전송하는 방식을 말합니다. 이에 대비되는 말로 전송 전에 먼저 커넥션을 연결하고 데이터를 전송하는 방식인 Connection Oriented 방식이 있습니다.

Connection-oriented 　　　 전송 전에 먼저 연결을 맺는 통신 방식입니다.

예 만약 식당에서 밥을 먹다가 반찬이 모자랄 때 Connectionless 방식은 "아줌마, 여기 반찬 좀 더 가져다 주세요."라고 한 번에 주방쪽을 바라보고 외치는 겁니다. 이 방식은 한번에 전송이 가능하니까 전송은 빠르지만 혹시 아줌마가 못 들었으면 반찬을 더 받기는 어렵습니다. 즉 데이터의 확실한 전송을 보장할 수는 없다는 단점이 있습니다.

하지만 Connection-oriented 방식이라면 먼저 "아줌마!"라고 외쳐서 아줌마를 부릅니다. 그럼 아줌마가 오겠죠? 그 다음에 다시 아줌마에게 "여기 반찬 좀 더 주세요."라고 말합니다. 즉 반찬을 더 달라는 말을 하기 전에 먼저 아줌마를 불러서 커넥션을 형성했습니다. 이 방식은 데이터를 정확히 전송한다는 장점은 있지만, 통신 전에 항상 커넥션을 먼저 형성해야 하기 때문에 시간이 더 소모된다는 단점도 있습니다.

Console　　　주로 호스트로 들어가는 통로를 말합니다. 라우터나 스위치의 세팅시에도 콘솔을 이용해서 명령을 입력합니다. 따라서 당연히 라우터나 스위치 등의 장비에는 콘솔 포트가 있습니다. 이때 사용되는 케이블을 '콘솔 케이블'이라고 합니다.

CPE　　　Customer Premises Equipment의 약자입니다. 전화 회사로부터 정보 서비스를 받기 위해 사용자의 사무실 또는 집에 설치되는 장비를 일컫는 말입니다. 주로 터미널, 전화기, 모뎀 등과 같은 통신 단말기 등이 여기에 속합니다.

CRC　　　Cyclic Redundancy Check의 약자로, 데이터 전송 시 수신측에서 오류 점검을 위해 사용하는 기법입니다.

CS　　　Convergence Sublayer의 약자입니다. ATM에서 사용되는 서브 레이어로, 오류 점검의 기능을 수행합니다.

CSMA/CD　　　Carrier Sense Multiple Access/Collision Detection의 약자입니다. 이더넷의 통신 방식으로 데이터를 전송하고자 할 때 먼저 현재 네트워크에 전송중인 데이터가 있는지를 확인한 후 전송을 시작합니다. 이때 동시에 두 장비가 전송을 시작하면 충돌이 발생하게 되고 전송 장비는 이 충돌을 감지하게 됩니다. 충돌이 발생하면 전송 장비는 데이터를 랜덤한 시간이 흐른 뒤에 재전송을 시도합니다.

CSU　　　Channel Service Unit의 약자입니다. 보통 전용선 설치시 라우터와 회선 사이에서 연결자 역할을 수행합니다. 일반적으로 DSU와 함께 사용되어 CSU/DSU라고도 부릅니다. 우리나라에서는 주로 속도가 낮은 것은 DSU를, 속도가 높은 것에는 CSU를 사용합니다.

CTI　　　Computer Telephony Integration을 가리키는 말입니다. 기존의 통신(PBX) 장비를 컴퓨터 애플리케이션과 통합한 형태를 가리키는 말입니다.

CTS　　　Clear To Send의 약자입니다. 수신측에서 데이터를 수신할 준비가 되어 있을 때 송신측에 보내는 신호입니다. EIA/TIA-232 규격입니다.

Cut-through packet switching　　　스위치에서 주로 사용되는 기술이며 데이터가 들어올 때 이 데이터가 전부 들어오는 것을 기다리지 않고 맨 앞쪽의 목적지 주소만 읽게 되면 바로 목적지로 전송하는 기술을 말합니다. 이와 대비되는 말로는 Store and Forward Switching이 있습니다.

D

DAS　　　Dual Attachment Station, 즉 '이중 연결 스테이션'의 약자입니다. FDDI에서 메인(Main) FDDI 링과 세컨더리(Secondary) FDDI 링에 모두 연결되는 장비를 말합니다. 이렇게 이중 연결 방식을 사용해서 만약 메인 링이 장애가 발생해도 세컨더리 링(Secondary Ring)을 통해 전송이 가능합니다.

Data link layer   OSI Reference Model(OSI 참조 모델)의 두 번째 계층입니다. 물리적인 링크를 통해 데이터를 신뢰할 수 있게 전송하는 역할을 합니다. 데이터 링크 계층은 물리적인 어드레싱, 네트워크 토폴로지, 라인 규칙(line discipline), 오류 통지, 순차적 프레임 전달, 흐름 제어 등과 관련이 있습니다. 이 계층은 2개의 서브 레이어, 즉 MAC 서브 레이어와 LLC 서브 레이어로 다시 나눠집니다.

DCE   ① Data Communications Equipment의 약어(EIA 확장 기준)
② Data Circuit-terminating Equipment의 약어(ITU-T 확장 기준)
사용자-네트워크 인터페이스의 네트워크측으로 구성되는 통신 네트워크 장비의 연결 수단. DCE는 네트워크로 연결되는 물리적인 수단이 되며, 트래픽을 전송하고, DCE 장치와 DTE 장치 사이에서 데이터 전송을 동기화시키는 데 사용되는 클록 처리 신호를 제공합니다. 모뎀과 인터페이스 카드는 DCE의 예입니다.

D channel   Data channel의 약자입니다. BRI에서 16Kbps나 PRI에서 64Kbps의 채널을 제공합니다. AODI는 바로 이 D 채널을 이용한 통신입니다.

DDR   Dial-on-Demand Routing의 약자입니다. 라우팅이 필요할 때만 자동으로 세션을 연결하고 라우팅이 종료되면 세션을 자동으로 끊는 라우팅 방식을 말합니다. 주로 전화 회선이나 ISDN 등이 DDR에 많이 이용됩니다.

DECnet   Digital Equipment Corporation이 개발한 통신 제품군(프로토콜 패키지 포함). DECnet/OSI(DECnet Phase V라고도 함)는 가장 최근에 발표된 것이며, OSI 프로토콜과 전용 Digital 프로토콜을 모두 지원합니다. Phase IV Prime은 DECnet 노드를 MAC 주소와 관련된 한계가 있는 다른 프로토콜을 사용하는 시스템과 함께 사용할 수 있도록 내장된 MAC 주소를 지원합니다. 하지만 요즘은 그리 많이 사용되는 편이 아니기 때문에 이런 것이 있다는 것 정도만 알아두면 됩니다.

Dedicated LAN   전용 랜을 의미하는 말로, 보통 스위치에서 연결된 라인을 말합니다. 즉 허브에 연결된 Shared LAN과 대비되는 말이라고 생각하면 됩니다.

Dedicated line   보통 전용회선이라고 부르며 영구적으로 전송을 위해 살아 있는 라인을 말합니다. Leased Line(임대회선)이라고도 합니다. 여기에 대치되는 말로는 Dial-up Line이 있습니다.

Default route   라우팅 테이블에 지정되지 않은 목적지를 찾아가는 경우 사용하는 경로입니다. 즉 목적지가 라우팅 테이블이 존재하지 않을 때 라우터는 디폴트 라우트로 경로를 배정합니다.

Delay   지연, 즉 송신자가 송신을 시작한 것과 수신자가 처음으로 응답을 받은 것 사이의 시간을 말합니다.

Designated router   OSPF에서 만들어지는 라우터로, 멀티액세스 네트워크를 위한 LSA를 생성하고 OSPF를 실행할 때 다른 특별한 책임을 지는 라우터입니다. 적어도 2대의 라우터가 연결되어 있는 각 멀티액세스 OSPF 네트워크에는 OSPF Hello 프로토콜에 의해 선택된 Designated Router가 필요합니다.

Destination address   데이터를 수신하는 네트워크 장치의 주소를 말합니다. 데이터를 송신하는 곳의 주소는 Source Address입니다.

DHCP   Dynamic Host Configuration Protocol의 약자로, IP 주소를 자동으로 할당할 수 있게 하는 프로토콜입니다. 따라서 클라이언트는 부팅시 DHCP 서버에게 IP 주소를 요구하고 서버는 각 클라이언트에게 자신이 관리하고 있는 IP 주소를 분배해줍니다. 이러한 DHCP는 IP 주소의 효율적인 활용에 효과가 큽니다.

Dial backup   WAN 구간이 다운되었을 때를 대비해서 다이얼 라인으로 백업 라인을 구성할 수 있는데, 이를 다이얼 백업이라고 합니다.

Distance vector routing algorithm   디스턴스 벡터 알고리즘은 단순히 방향과 거리에 대한 정보만을 가지고 있는 알고리즘으로, 전체 네트워크에 대한 라우팅 테이블을 가지고 있지 않고 인접한 라우터를 통해서 정보를 요청하는 방식으로 운영되는 기술입니다. 작은 규모의 네트워크에서는 효과적이지만 큰 네트워크에서는 네트워크의 변화를 인식하는 데 많은 시간이 걸리고 루핑이 발생할 수 있다는 단점이 있습니다. Bellman-Ford Routing(Bellman-Ford 라우팅) 알고리즘이라고도 합니다. 대표적인 디스턴스 벡터 알고리즘 라우팅 프로토콜로는 RIP와 IGRP가 있습니다.

DLCI   Data-Link Connection Identifier의 약자입니다. 프레임 릴레이 네트워크에서 PVC나 SVC를 지정하는 값으로 사용됩니다.

DLSw   Data-Link Switching의 약자입니다. 데이터 링크 계층 스위칭과 캡슐화 기법을 사용해 TCP/IP 네트워크를 통해 SNA 트래픽과 NetBIOS 트래픽을 포워딩하는 방식을 마련해 주는 RFC 1434에서 규정된 호환성 표준을 말합니다. DLSw는 SRB 대신에 SSP를 사용하며, 홉 카운트 한계, 브로드캐스트 트래픽과 불필요한 트래픽, 시간 종료, 흐름 제어 기능 부족, 우선순위 설정 기법 부족 등과 같은 SRB의 주요 한계를 제거했습니다.

DNS   Domain Name System의 약자입니다. 네트워크 호스트의 이름과 IP 주소를 매핑해서 유저가 IP 주소 대신 호스트 이름으로 그 호스트를 찾을 수 있도록 하는 서버입니다.

Domain   도메인은 인터넷에서 조직체 종류나 지형을 기초로 네트워크를 분류하는 일반적인 방법을 말합니다. 요즘 인터넷 도메인명을 선점하기 위한 경쟁이 치열합니다.

DRAM   Dynamic Random-Access Memory의 약자입니다.

DS-0   Digital Signal Level 0을 나타냅니다. T1 시설에서 64Kbps로 단일 채널을 통해 디지털 신호를 전송하는 데 사용되는 프레임 처리 규격을 말합니다.

DS-1   Digital Signal Level 1을 나타냅니다. 북미에서 T1(1.544Mbps)의 속도로 디지털 신호를 전송하거나, 유럽에서 E1(2.108Mbps)의 속도로 디지털 신호를 전송하는 데 사용되는 프레임 처리 규격을 말합니다.

DS-3   Digital Signal level 3을 나타냅니다. T3(44.736Mbps)의 속도로 디지털 신호를 전송하는 데 사용되는 프레임 처리 규격을 말합니다.

DSL   Digital Subscriber Line, 즉 디지털 가입자 라인을 뜻하는 약자입니다. 제한된 거리에서 기존의 구리선 배선을 통해 높은 대역폭을 제공하는 공공 네트워크 테크놀로지를 말합니다. DSL에는 ADSL, HDSL, SDSL, VDSL 등의 네 종류가 있습니다. 4가지 모두 한 쌍의 모뎀을 통해 제공됩니다. 즉 한 모뎀은 교환국에 있고 다른 한 모뎀은 고객 사이트에 있게 됩니다. 대부분의 DSL 테크놀로지는 트위스티드 페어선의 전체 대역폭을 사용하지 않기 때문에 음성 채널을 이용할 수 있는 공간이 남게 됩니다.

DSU   Data Service Unit의 약자입니다. 라우터의 전용 회선을 연결할 때 라우터와 회선의 중간에 놓이게 되는 장비입니다. 종종 CSU와 함께 CSU/DSU라고 표기되기도 합니다.

DTE   Data Terminal Equipment의 약자입니다. 사용자-네트워크 인터페이스의 사용자측에서 데이터 발신 장치나 수신 장치, 또는 2가지 겸용으로 사용되는 장치로, DTE는 모뎀과 같은 DCE 장치를 통해 데이터 네트워크에 연결되며, 일반적으로 DCE에 의해 생성된 클록 처리 신호를 사용하게 됩니다. DTE에는 컴퓨터, 멀티플렉서 라우터 등과 같은 장치가 포함됩니다.

DVMRP   Distance Vector Multicast Routing Protocol의 약자로, 대체로 RIP에 기초하고 있는 인터네트워크 게이트웨이 프로토콜. 전형적인 밀집 모드 IP 멀티캐스트 기법을 구현합니다. DVMRP는 IGMP를 사용해 라우팅 데이터그램을 인접 프로토콜과 교환합니다.

E

E1   유럽에서 주로 사용하는 광역 디지털 전송 기법으로, 데이터를 2,048Mbps의 속도로 전달하는 방식이며, 우리나라에서도 사용되고 있습니다.

E3   유럽에서 주로 사용되는 광역 디지털 통신 기법으로, 34,368Mbps의 속도로 데이터를 전달하는 방식입니다. 우리나라에서는 자주 사용되지 않고 있습니다.

Early token release   토큰링 네트워크에서 첫 번째 프레임이 돌아오는 것을 기다리는 대신에 스테이션이 전송 직후 링에 새 토큰을 내어놓을 수 있는 기법으로, 이렇게 되면 하나의 링에 여러 데이터를 전송할 수 있어 전송 효율이 높아집니다. 하지만 링 하나에 여러 개의 토큰을 사용하는 것은 아니라는 것을 알아두기 바랍니다.

EBCDIC   Extended Binary Coded Decimal Interchange Code는 8비트 코드 문자로 구성된 IBM이 개발한 많은 수의 코드화된 문자 세트 중의 하나를 말합니다.

EEPROM   Electrically Erasable Programmable Read-Only Memory, 즉 전기적으로 지울 수 있는 프로그래머블 읽기 전용 메모리를 말합니다. 보통 ROM은 지울 수 없다는 문제가 있지만 EEPROM은 지우기가 가능한 ROM입니다.

EGP   Exterior Gateway Protocol은 AS 간의 라우팅에서 사용되는 프로토콜을 가리키는 말입니다. 이러한 EGP의 종류에는 다시 EGP와 BGP가 있습니다.

EIA   Electronic Industries Association, 즉 전자산업협회의 약어입니다. 전기적 전송 표준을 규정하는 그룹입니다.

EIGRP   Enhanced Interior Gateway Routing Protocol을 나타냅니다. 시스코 라우터에서만 사용되는 프로토콜입니다.

EISA   Extended Industry-Standard Architecture를 뜻하는 말로, PC, PC 서버, UNIX 스테이션과 서버 등에서 사용되는 32비트 버스 인터페이스를 말합니다. 주로 랜 카드나 하드디스크 컨트롤러 등을 구매할 때는 버스 방식에 따라 달라지기 때문에 사용하는 PC 또는 서버의 버스 방식을 우선 확인하고 구매하여야 합니다.

ELAN   Emulated LAN을 뜻하는 말로, ATM에서 하나의 VLAN 또는 하나의 네트워크를 가리키는 말입니다. 각 ELAN별로 LEC, LES, BUS를 둡니다.

EMI   Electromagnetic Interference, 즉 전자 간섭을 뜻하는 말입니다. 통신 채널에서 데이터 무결성을 줄이고 오류율을 증가시킬 수 있는 전자기 신호에 의한 간섭 등을 나타내는 수치입니다.

Encapsulation   데이터를 특정한 프로토콜 안에 감싸는 것을 말합니다. 캡슐 안에 넣고 뚜껑을 막아버리는 겁니다. 이렇게 되면 밖에서는 안에 있는 내용과 관계없이 사용 프로토콜에 따라 처리를 해주게 됩니다.

Encapsulation bridging   시리얼 라인이나 FDDI 라인과 같은 전혀 다른 미디어를 통해 이더넷 프레임을 한 라우터에서 다른 라우터로 전달할 때 필요한 브리징 기법입니다.

Encryption   데이터의 정보를 볼 권한이 없는 사람들은 이해할 수 없는 형태로 암호화하는 것을 뜻하는 말로, 이런 암호화에는 여러 가지 알고리즘이 적용됩니다.

Ethernet   CSMA/CD 방식을 사용해서 통신을 하는 방식이며, 10Mbps의 속도로 다양한 종류의 케이블을 통해서 통신이 일어납니다. 이더넷은 IEEE 802.3과 비슷하지만 완전히 일치하지는 않습니다.

EtherTalk   애플토크 네트워크를 이더넷 케이블로 연결할 수 있게 해주는 애플 컴퓨터의 데이터 링크 제품을 말합니다.

Explorer packet   Source Route Bridge에서 송신측이 수신측을 찾아갈 때 사용하는 패킷을 말합니다. 즉 먼저 목적지까지 익스플로러 패킷을 보내서 돌아오는 이 패킷을 보고 경로를 결정합니다.

F

Fardware address   MAC address(MAC 주소)를 다르게 부르는 말입니다.

Fast Ethernet   보통 100Mbps 이더넷을 나타내는 말입니다. 기존의 이더넷(10Mbps 이더넷)과 프레임 포맷, MAC 메커니즘, MTU면에서 서로 같은 특성을 그대로 지니고 있기 때문에 기존의 10Mbps 이더넷에서 Fast Ethernet으로 훨씬 쉽게 변경할 수 있습니다.

FECN   Forward Explicit Congestion Notification의 약자입니다. 프레임 릴레이 네트워크에서 프레임을 수신하는 장비에게 전송 중에 통신 폭주가 발생했음을 알려주기 위해 설정하는 비트입니다.

Fiber-optic cable   일반적으로 광케이블을 부르는 이름입니다. Optical Fiber라고도 합니다.

Finger   어떤 특정 유저가 특정한 인터넷 사이트에 계정이 있는지 여부를 알아내는 소프트웨어 툴을 말합니다.

Firewall   보통 '방화벽'이라고 부르며 네트워크의 보안을 위해 설치하는 보안 장비입니다. 이스라엘의 체크포인트라는 회사에서 나온 보안 소프트웨어 이름이기도 합니다.

Flash memory   소프트웨어 이미지를 필요에 따라 저장하고, 부팅하고, 다시 기록할 수 있도록 전기적으로 내용을 지우고 다시 프로그래밍할 수 있는 메모리를 말합니다.

Flooding   주로 브리지에서 사용되는 용어로, 브리지나 스위치가 목적지를 알 수 없는 패킷을 수신하거나 브로드캐스트 패킷을 수신했을 때 이 패킷을 자신의 모든 포트로 뿌리는 것을 말합니다.

Flow control   송신 장비와 수신 장비 간의 처리 속도의 차이가 있어서 수신 장비가 전송 속도에 맞게 제대로 처리하지 못하는 경우 수신 장비는 송신측에 전송을 잠시 멈춰줄 것을 요구하는데, 이렇게 전송을 관리해서 서로 간의 처리 속도 차이를 극복하는 것을 말합니다.

FM   Frequency Modulation, 즉 주파수 변조를 나타내는 말입니다.

Forward delay   브리지의 포트가 최초 활성화되어 실제 데이터를 전송할 때까지의 지연 시간을 말하는데, Listening과 Learning에서 각각 15초씩의 지연이 발생합니다.

Forwarding   네트워킹 장비를 이용해서 패킷을 수신측으로 내보내는 것을 말합니다. 브리지에서는 브리지를 통과해서 해당 인터페이스로 패킷을 보내는 것을 말합니다.

FRAD   Frame Relay Access Device를 나타내는 말로, LAN와 프레임 릴레이 WAN 사이를 연결하는 모든 네트워크 장치를 말합니다.

Fragment   비교적 큰 패킷을 보다 작은 단위로 분해한 조각을 말합니다.

Fragmentation   원래의 패킷을 작은 크기로 잘게 나누는 것을 말합니다. ATM에서 데이터를 48바이트로 나누는 것을 말하기도 합니다(5바이트 헤더).

Frame   데이터 링크 계층에서 전송되어지는 단위를 '프레임'이라고 부릅니다.

FSIP   Fast Serial Interface Processor의 약자로, 시스코 라우터에서 사용되는 용어입니다.

FTP   File Transfer Protocol의 약자로, 말 그대로 파일을 전송하는 프로토콜입니다. TCP 위에 올라가는 프로토콜입니다.

Full duplex   통신을 하는 양쪽에서 동시에 송신과 수신이 일어나는 것을 말합니다.

Full mesh   각 네트워크 장비들이 서로 간의 직접 연결 회선을 가지고 있는 경우를 나타냅니다. 이러한 Full mesh 구조는 안정성이 뛰어나지만 비용이 너무 비싸다는 단점을 가지고 있습니다. (장비 간 연결 비용이 많이 들기 때문입니다.)

FXO   Foreign eXchange Office의 약자입니다. 아날로그 음성을 지원하는 기능을 가진 라우터에서 FXO 인터페이스는 주로 교환기와 연결하는 역할을 수행합니다.

FXS   Foreign eXchange Station을 나타내는 말로, 아날로그 음성을 지원하는 기능을 가진 라우터에서 FXS 인터페이스는 일반 아날로그 전화에 직접 연결되며 전원과 다이얼톤 등을 공급합니다. 보통 라우터에 있는 FXS 포트에는 기존 아날로그 전화기를 직접 붙여서 사용할 수 있습니다.

G.723.1   H.324 계열 표준의 일부로, 음성 신호나 오디오 신호 요소를 아주 낮은 비트 전송 속도로 압축하는 데 사용할 수 있는 압축 기법에 대한 규정입니다. 이 CODEC에는 2가지 비트 전송 속도, 즉 5.3Kbps와 6.3Kbps가 있는데, 높은 비트 전송 속도는 MLMLQ 테크놀로지를 기초로 하며 다소 높은 품질의 사운드를 제공하고, 낮은 비트 전송 속도는 CELP를 기초로 하고 있습니다. 시스템 설계자들이 좀 더 융통성을 제공하며, G-시리즈 ITU-T 표준에서 규정되었습니다.

Gateway   현재 노드가 속한 네트워크에 연결되어 있는 라우터를 가리키는 말로도 사용되고(Default gateway) 애플리케이션 레이어까지 프로토콜 변화가 가능한 서비스를 나타내기도 합니다. 🔗 SNA gateway

GB   GigaByte를 나타내는 말로, 대략 1,000,000,000바이트를 의미합니다.

GNS   Get Nearest Server를 나타내는 말로, 가장 가까운 IPX 서버를 찾는 요청 패킷입니다. 노벨 네트웨어에서 사용됩니다.

GUI   Graphical User Interface의 약자입니다. 즉 아이콘이나 그림으로 모든 명령을 수행할 수 있는 것을 나타내는 말입니다. (비교 CLI – Command Line Interface)

Half duplex   '반이중'이라는 말로, 통신 시에 송신이나 수신 중 어느 한 순간에는 둘 중 하나만 일어날 수 있는 방식을 말합니다. 무전기가 이와 같은 통신의 예입니다. 무전기는 말할 때는 송신 버튼을 누른 상태에서 말을 하고 송신 버튼을 놓으면 상대편의 말을 들을 수 있게 되었습니다. 이에 대비되는 말로는 Full duplex가 있습니다.

Handshake   우리말로 하면 악수입니다. 즉 통신을 하기 전에 통신을 제대로 하기 위해서 악수를 하는 것입니다. 즉 통신에 필요한 여러 가지 메시지를 통신 전에 서로 교환하는 것을 일컫는 말입니다. TCP 통신의 경우는 3 Way Handshake 방식을 사용합니다.

HDLC   High-Level Data Link Control의 약자로, 시스코 라우터에서 시리얼 라인에 디폴트로 적용되는 데이터 링크 계층의 프로토콜입니다. SDLC에서 나온 프로토콜이라고 합니다.

HDSL   High-data-rate Digital Subscriber Line의 약자입니다. xDSL 기술 중의 하나인 HDSL는 T1 속도를 지원합니다.

Header   데이터를 인캡슐레이션할 때 데이터 앞에 넣는 제어 정보를 말합니다.

Hello packet   라우터가 다른 라우터들이 살아있는지를 확인하기 위해서 사용하는 패킷입니다.

Hello protocol   OSPF에서 라우터들 간의 통신에 사용하는 프로토콜입니다.

Holddown timer   라우터의 루핑을 방지하기 위해 라우팅 업데이트를 일정 기간 동안 묶어두는 타이머를 말합니다. 즉 이 타이머가 꺼질 때까지는 하나의 변화에 대한 다른 정보는 더 이상 받아들이지 않습니다.

Hop count　　　두 통신 매체 사이의 거리를 표시하는 방식으로, 라우터를 몇 개 건너뛰어서 통신을 하는가에 따라서 카운터가 올라갑니다. RIP의 경우는 이 홉 카운트를 가지고 경로를 선택합니다.

Host　　　네트워크에서 호스트는 어떤 특정한 메인 서버를 나타내기보다는 우리가 사용하는 PC에서 메인 서버까지 다양한 모든 컴퓨터를 통칭하는 경우가 많습니다.

HSRP　　　Hot Standby Router Protocol을 의미하는 약자입니다. 즉 2대의 라우터를 설치하고 PC의 디폴트 게이트웨이 주소를 가상의 주소를 넣어준 후 두 라우터가 이 가상 주소를 서로 백업하게 해서 하나의 라우터가 죽어도 다른 라우터가 즉시 백업할 수 있게 한 구성을 말합니다.

HSSI　　　High-Speed Serial Interface의 약자입니다. WAN에서 최고 52Mbps까지의 고속 시리얼 회선을 제공할 수 있게 만들었습니다.

HTTP　　　HyperText Transfer Protocol의 약자입니다. 웹에서 파일 전송 시에 사용하는 프로토콜입니다.

I

ICMP　　　Internet Control Message Protocol의 약자로, 오류를 보고하고 IP 패킷 프로세싱과 관련된 다른 정보를 제공하는 네트워크 계층 인터넷 프로토콜입니다. 대표적인 ICMP는 Ping이 있습니다.

IEEE　　　Institute of Electrical and Electronics Engineers의 약자입니다. 통신 분야와 네트워크 표준 등을 개발하는 단체입니다.

IEEE 802.1　　　스패닝 트리를 만들어서 브리징 루프를 방지하는 알고리즘을 설명하는 IEEE 규격입니다. IEEE 802.1d도 스패닝 트리 알고리즘인데, 약간은 다르다고 합니다.

IEEE 802.2　　　데이터 링크 계층의 LLC 서브 레이어의 구현 형태를 규정하는 IEEE LAN 프로토콜입니다.

IEEE 802.3　　　이더넷에서 사용되는 프로토콜로, CSMA/CD 액세스 기법을 사용합니다.

IEEE 802.4　　　버스 토폴로지를 통한 토큰 패싱 액세스를 사용하는 토큰 버스 LAN 아키텍처를 기초로 하고 있습니다.

IEEE 802.5　　　STP 케이블 연결을 통해 4Mbps나 16Mbps의 속도로 토큰 패싱 액세스 기법을 사용하며 IBM 토큰링과 비슷합니다.

IEEE 802.6　　　DQDB 테크놀로지에 기초한 IEEE MAN 규격입니다. IEEE 802.6은 1.5Mbps에서 155Mbps까지의 데이터 속도를 지원합니다.

IETF　　　Internet Engineering Task Force의 약어로, 인터넷 표준을 개발하는 것을 담당하는 80개 이상의 업무 집단으로 구성된 특별 위원회입니다.

IGMP   Internet Group Management Protocol의 약어로, IP 호스트가 멀티캐스트 그룹 멤버십을 인접 멀티캐스트 라우터로 보내는 데 사용됩니다. 멀티캐스트를 사용하는 데 표준이 되는 프로토콜입니다.

IGP   Interior Gateway Protocol의 약어입니다. AS(Autonomous System) 내에서 라우팅 정보를 교환하는 데 사용되는 인터넷 프로토콜로, 대표적인 IGP로는 IGRP, OSPF, RIP 등이 있습니다. 이에 대비되는 말은 EGP를 참고하기 바랍니다.

IGRP   Interior Gateway Routing Protocol의 약어입니다. 시스코 고유의 라우팅 프로토콜로, RIP와 같이 디스턴스 벡터 라우팅 알고리즘이지만 훨씬 향상된 기능을 제공합니다.

IISP   Interim-Interswitch Signaling Protocol 이전에 PNNI 0으로 알려진 프로토콜입니다. 그다음에 나온 PNNI 1까지의 임시 솔루션이라고 합니다. ATM 스위치간 통신을 위한 프로토콜이라고 알아두면 됩니다.

ILMI   Interim Local Management Interface의 약어로, 네트워크 관리 기능을 ATM UNI에 내장시키기 위해 ATM 포럼이 개발한 규격입니다. ATM SVC 세팅 시에는 주로 구성해야 하는 값입니다.

Interference   바람직하지 못한 통신 채널 잡음. 간섭

Internet(인터넷)   전 세계 수많은 네트워크가 서로 연결되어 있는 하나의 커다란 네트워크로, TCP/IP 프로토콜을 이용해서 통신하는 특성을 가지고 있습니다. 인터넷은 부분적으로 ARPANET에서 발전했으며, 한때 'DARPA 인터넷'이라고 부르기도 했다고 합니다.

InterNIC   사용자 지원, 문서 자료, 교육, 인터넷 도메인 이름 등록 서비스, 그 외의 다른 서비스를 제공함으로써 인터넷 공동체에 기여하는 조직체. 이전에는 NIC라고 했습니다. 주로 우리에게는 공인 IP 주소의 분배, 인터넷 도메인 이름 등으로 알려져 있습니다.

Inverse ARP   Inverse Address Resolution Protocol의 약어입니다. ARP가 IP 주소 등 논리 주소를 이용해서 MAC 주소, 즉 피지컬 주소를 알아내는 방식인 데 비해 Inverse ARP는 MAC 주소를 이용해서 IP 주소와 같은 논리 주소를 자동으로 알아내는 기술입니다.

IP   Internet Protocol의 약어입니다. TCP/IP 스택에서 비연결성 인터네트워크 서비스를 제공하는 네트워크 계층 프로토콜입니다. IP는 주소 지정, 서비스 타입 규격, 분해와 합성, 보안 등의 기능을 지니고 있습니다. RFC 791에 정의되어 있습니다.

IP address   TCP/IP를 사용하는 호스트에 할당된 32비트 주소입니다. IP 주소는 5가지 클래스(A, B, C, D, E) 중 하나에 속하며, 마침표(도트 소수점 형태)로 분리된 4개의 옥텟으로 기록됩니다. 각 주소는 네트워크 번호, 선택적인 서브네트워크 번호, 호스트 번호 등으로 구성됩니다. 이때 네트워크 번호와 서브네트워크 번호는 함께 라우팅에 사용되며, 호스트 번호는 네트워크나 서브네트워크 내의 개별적인 호스트의 주소를 지정하는 데 사용됩니다. 또한 서브넷 마스크는 IP 주소에서 네트워크와 서브네트워크 관련 정보를 추출하는 데 사용됩니다.

IPv6   IP version 6(IP 버전 6)의 약어입니다. 현재 버전의 IP(버전 4)를 대치하는 새로운 IP 체계입니다. IPv6에는 패킷 헤더 안에 플로를 구분하는 데 사용할 수 있는 플로 ID를 넣을 수 있도록 되어 있고 전체 비트 수는 128비트입니다.

IPX   Internetwork Packet eXchange(인터네트워크 패킷 교환)의 약어입니다. 서버에서 워크스테이션으로 데이터를 전송하는 데 사용되는 NetWare용 프로토콜입니다.

IRB   Integrated Routing and Bridging(통합 라우팅과 브리징)의 약어입니다. 라우터에서 한 인터페이스가 라우팅과 브리징을 같이 하는 경우에 사용합니다. 이 구성에서 사용하는 버추얼 인터페이스를 BVI 인터페이스라고 합니다.

IRDP   ICMP Router Discovery Protocol(ICMP 라우터 탐색 프로토콜)의 약어입니다. 호스트가 기본 게이트웨이로 사용할 수 있는 라우터의 주소를 결정할 수 있는 프로토콜로, 여러 개의 라우터를 준비하여 장애에 대비하는 경우 사용합니다.

ISA   Industry-Standard Architecture(산업 표준 아키텍처)의 약어입니다. 인텔 기반 개인용 컴퓨터에서 사용되는 16비트 버스 방식입니다. 요즘은 대부분 PCI 버스를 사용하는 추세입니다. [참조 항목] EISA

ISDN   Integrated Services Digital Network(통합 서비스 디지털 네트워크)의 약어입니다. 전화 회사가 제공하는 통신 프로토콜로, 전화 네트워크가 데이터, 음성 등을 전송하게 해주며 BRI와 PRI가 있습니다.

IS-IS   Intermediate System-to-Intermediate System(중개 시스템-중개 시스템)의 약어입니다. DECnet Phase V 라우팅에 기초한 OSI 링크-상태 계층형 라우팅 프로토콜로, OSPF처럼 Link States 라우팅 프로토콜입니다.

ISL   Inter-Switch Link의 약어입니다.

ISO   International Organization for Standardization(국제 표준화 기구)의 약어입니다. 네트워킹과 관련된 표준을 포함해 광범위한 표준을 담당하는 국제 기구. ISO는 흔히 사용하는 네트워킹 기준 모델인 OSI 참조 모델로 알려져 있습니다.

ISO 9000   ISO가 정의한 국제 품질 관리 표준 세트입니다. 임의의 국가, 산업 분야, 제품에 국한되지 않는 표준을 이용하는 기업체들은 특정한 프로세스를 배치해 효율적인 품질 시스템을 유지시킬 수 있음을 보여줄 수 있습니다.

ISP   Internet Service Provider(인터넷 서비스 제공자)의 약어입니다. 다른 기업체나 개인들이 인터넷을 액세스하게 해주는 기업체로, 데이콤이나 한국통신 등이 이에 해당합니다.

ITU-T   International Telecommunication Union Telecommunication Standardization Sector(국제 전기 통신 연합 전기 통신 표준화 부문)의 약어입니다. 통신 테크놀로지와 관련된 전 세계적인 표준을 개발하는 국제 단체. ITU-T는 이전에 CCITT가 하던 일을 수행합니다. [참조 항목] CCITT

IVR   Interactive Voice Response(대화형 음성 응답)의 약어입니다. 사람의 말이나 좀 더 일반적으로는 DTMF 신호 처리의 형태로, 사용자 인풋에 대한 응답으로 전화 회선을 통해 기록된 메시지의 형태로 정보를 제공하는 시스템을 가리키는 데 사용되는 용어. 예를 들면 전화로 잔액을 조회할 수 있는 은행이나 자동화된 주식 시세 시스템이 있습니다.

L2F Protocol(L2F 프로토콜)　　Layer 2 Forwarding Protocol의 약어로, VPN을 만드는 데 사용되는 프로토콜입니다.

LAN　　Local-Area Network(근거리 통신망)의 약어입니다. 비교적 작은 지리적인 영역(최대 수천 미터)을 담당하는 고속 데이터 네트워크입니다. LAN은 하나의 건물 안에 있거나 그 외의 지리적으로 제한된 영역에 있는 워크스테이션, 주변 장치, 터미널, 그 외의 장치들을 연결하며, LAN 표준은 OSI 모델의 물리적 계층과 데이터 링크 계층에서 케이블 연결과 신호 처리 방식을 지정합니다.

LANE　　LAN Emulation(LAN 에뮬레이션)의 약어로, ATM 네트워크를 기존의 LAN과 통합하기 위해서 사용하는 방식입니다.

LAN switch(LAN 스위치)　　보통 우리가 스위치라고 말하는 데이터 링크 세그먼트 사이에서 패킷을 포워딩하는 장비입니다. 대부분의 LAN 스위치들은 MAC 주소를 기초로 트래픽을 포워딩합니다. 이런 다양한 LAN 스위치들을 총칭해 때때로 '프레임 스위치'라고도 합니다. LAN 스위치들은 종종 트래픽을 포워딩하는 데 사용하는 방식에 따라 컷스루 패킷 스위칭이나 Store-and-Forward(축적 전송) 패킷 스위칭으로 분류되며, 라우팅 기능을 가지고 있는 멀티레이어 스위치도 있습니다.

LAPB　　Link Access Procedure, Balanced(배분형 링크 액세스 프로시저)의 약어입니다. X.25 프로토콜 스택에 있는 데이터 링크 계층 프로토콜. LAPB는 HDLC에서 도출된 비트 중심형 프로토콜이고, LAPD는 LAPB 프로토콜에서 도출된 것이며, 주로 ISDN 기본 액세스의 신호 처리 요구 조건을 충족시키도록 설계되었다고 합니다.

LAT　　Local-Area Transport(근거리 전송)의 약어로, DEC에서 개발한 네트워크 가상 터미널 프로토콜입니다.

Latency(대기시간)　　① 어떤 장치가 네트워크 액세스를 요청한 시간과 전송 승인을 받은 시간 사이의 지연 시간
② 어떤 장치가 프레임을 수신한 시간과 그 프레임을 수신 포트 방향으로 포워딩한 시간 사이의 지연 시간

Layer 3 Switching(레이어 3 스위칭)　　라우팅을 스위칭과 통합시켜 초당 수백만 패킷의 범위 내에서 매우 높은 라우팅 스루풋 속도를 구현할 수 있도록 설계되었습니다.

LDAP　　Lightweight Directory Access Protocol(경량화된 디렉토리 액세스 프로토콜)의 약어입니다.

Leased line(임대 회선)　　전용 회선의 한 형태로, 통신 사업자에게 임대받은 회선을 의미합니다. [참조 항목] Dedicated line(전용 회선)

LEC　　LAN Emulation Client(LAN 에뮬레이션 클라이언트)의 약어입니다. 단일 ELAN 안의 데이터 포워딩, 주소 분석, 그 외의 다른 제어 기능을 수행하는 엔드 시스템의 엔터티입니다. 각 LEC는 고유한 ATM 주소로 식별되며, 그 ATM 주소를 통해 도달할 수 있는 하나 이상의 MAC 주소와 연관되어 있습니다.

LECS　　LAN Emulation Configuration Server(LAN 에뮬레이션 환경 설정 서버)의 약어입니다. 각

LANE 클라이언트를 ELAN에 해당하는 LES로 유도해 특정한 ELAN에 할당하는 엔터티입니다. 논리적으로 Administrative Domain(관리 도메인)당 하나의 LECS가 존재하며, 이 LECS가 그 도메인의 모든 ELAN에 서비스를 제공합니다.

LED   Light Emitting Diode(발광 다이오드)의 약어입니다. 전기 에너지를 변환시켜서 생성되는 빛을 방출하는 반도체 장치. 하드웨어 장치의 상태 표시 등도 일반적으로 LED입니다.

LES   LAN Emulation Server(LAN 에뮬레이션 서버)의 약어입니다. 특정한 ELAN에 대해 제어 기능을 실행하는 엔터티. ELAN당 단지 하나의 논리적 LES만 존재하며, 이 LES는 고유한 ATM 주소로 구분됩니다.

Link-state routing algorithm(링크 상태 라우팅 알고리즘)   영역 안의 모든 라우터의 링크 정보를 관리하는 알고리즘으로, OSPF, IS-IS, NLSP 등이 여기에 속합니다. 링크의 경로 변화를 빨리 인식하고 대형 네트워크에서 적합하다는 장점이 있는 반면, 메모리 소비가 많고 라우터가 CPU를 많이 사용하기 때문에 대형 라우터에서 사용해야 합니다.

LLC   Logical Link Control(논리적 링크 제어)의 약어입니다. IEEE에서 정의한 2가지 데이터 링크 계층의 서브 레이어 중에서 더 높은 레이어. LLC 서브 레이어는 오류 제어, 흐름 제어, 프레임 처리, MAC 서브 레이어 주소 지정 등을 처리합니다. 가장 많이 사용하는 LLC 프로토콜은 IEEE 802.2입니다.

LMI   Local Management Interface(로컬 관리 인터페이스)의 약어로, 기본적인 프레임 릴레이 규격을 확장한 것입니다. LMI에는 데이터가 흐르고 있는지 확인하는 킵얼라이브 메커니즘, 네트워크 서버에 로컬 DLCI와 멀티캐스트 DLCI를 제공하는 멀티캐스트 메커니즘, 프레임 릴레이 네트워크에서 DLCI가 국지적인 의미가 아니라 전역적인 의미를 가지게 하는 글로벌 주소 지정, 스위치가 알고 있는 DLCI에 관한 지속적인 상태 보고서를 제공하는 상태 보고 메커니즘 등을 지원합니다. ANSI 용어에서는 LMT라고 합니다.

Load Balancing(로드 밸런싱)   전송에 있어서 여러 개의 경로를 통해 데이터를 보냄으로써 전송의 속도를 올리는 방식. 라우터의 경우는 라우팅 프로토콜에 따라서 로드 밸런싱 방식이 달라집니다.

Loopback test(루프백 테스트)   신호를 보냈다가 그 신호가 통신 경로에 있는 임의의 위치에서 발신 장치를 향해 되돌아오게 하는 테스트로, 주로 전용 회선 점검 시 DSU/CSU에서 자주 사용됩니다.

M

MAC   Media Access Control(미디어 액세스 제어)의 약어입니다. IEEE가 정의한 데이터 링크 계층의 2가지 서브 레이어 중의 하위 레이어로, MAC 서브 레이어는 토큰 패싱이나 경합할 것인지 여부와 같은, 공유 미디어 액세스 문제를 처리합니다.

MAC address(MAC 주소)   LAN에 연결하는 모든 포트나 장치에 필요한 표준화된 데이터 링크 계층 주소입니다. 네트워크상의 다른 장치들은 이 주소를 사용해 네트워크 안의 특정한 포트를 찾고 라우팅 테이블과 데이터 구조를 만들거나 업데이트하는 데 사용됩니다. MAC 주소의 길이는 6바이트이며 IEEE에서 관리합니다. Hardware Address(하드웨어 주소), MAC-layer Address(MAC 레이어 주소), Physical Address(물리적 주소) 등의 이름으로도 부릅니다.

MAN   Metropolitan-Area Network(거대도시 지역 네트워크)의 약어로, 한 대도시 지역 전체에 구축되어 있는 네트워크입니다. 일반적으로 MAN의 가동 영역은 지리적으로 LAN보다는 크지만, WAN보다는 작습니다. [비교 항목] LAN, WAN

MAU   Media Attachment Unit(미디어 연결 장치)의 약어입니다. 이더넷 네트워크나 IEEE 802.3 네트워크에서 스테이션의 AUI 포트와 이더넷의 공통 미디어 사이에서 인터페이스를 제공하는 데 사용되는 장치로, 보통은 AUI와 UTP 간 트랜시버라고도 합니다. 토큰링에서 MAU는 Multistation Access Unit(멀티스테이션 액세스 장치)라고 하며, 혼동을 피하기 위해 일반적으로 MSAU라는 약어로 표기합니다. 토큰링의 허브라고 생각하면 됩니다.

MD5   Message Digest 5(메시지 다이제스트 5)의 약어로, SNMP v.2에서 메시지 인증에 사용되는 알고리즘입니다. MD5는 통신의 무결성을 검증하고, 발신지를 인증하며, 적시성을 확인하는 일을 합니다.

Mesh(메시)   많은 리던던시(Redundancy) 상호 연결 장치들을 네트워크 노드 사이에 전략적으로 배치해 장치들을 관리하기 쉽고 세그먼트로 나누어서 조직하는 네트워크 토폴로지. 보통 메시를 구분할 때 Full Mesh(완전 메시형)와 Partial Mesh(부분 메시형)로 나누어 말합니다.

MIB   Management Information Base(관리 정보 베이스)의 약어입니다. SNMP나 CMIP와 같은 네트워크 관리 프로토콜에 의해 사용되거나 관리되는 네트워크 관리 정보 데이터베이스. MIB 객체의 값은 SNMP 명령이나 CMIP 명령을 사용해 변경하거나 검색할 수 있도록 되어 있습니다.

MII   Media Independent Interface(미디어 독립형 인터페이스)의 약어입니다. 네트워크 컨트롤러 칩과 그와 관련된 미디어 인터페이스 칩 사이의 인터페이스를 위한 표준 규격입니다. MII은 10MHz 이더넷 속도와 100MHz 이더넷 속도를 자동으로 감지합니다.

Modem(모뎀)   Modulator-Demodulator(변조-복조기)의 약어로, 디지털 신호와 아날로그 신호를 변환하는 장치입니다. 발신 장치에서 모뎀은 디지털 신호를 아날로그 시설을 통해 전송하기에 적합한 형태로 변환시키고, 수신 장치에서 아날로그 신호는 디지털 형태로 다시 변환하게 합니다. 모뎀을 이용하면 데이터를 음성 수준의 전화회선을 통해 전송할 수 있습니다.

MOSPF   Multicast OSPF(멀티캐스트 OSPF)의 약어. OSPF 네트워크에서 사용하는 도메인 내부의 멀티캐스트 라우팅 프로토콜입니다.

MPEG   Motion Picture Experts Group(동영상 전문가 그룹)의 약어입니다. 비디오를 압축하는 표준. MPEG1은 1.5Mbps의 대역폭에 맞추어 최적화된 압축 비디오와 오디오의 비트 스트림 표준입니다. MPEG2는 보다 높은 품질의 비디오 온 디맨드 애플리케이션용으로 만들어졌으며, 4Mbps에서 9Mbps 사이의 데이터 속도로 실행됩니다. MPEG4는 64Kbps 연결 장치용으로 만들어진 낮은 비트 전송 속도의 압축 알고리즘입니다.

MPLS   Multiprotocol Label Switching(멀티프로토콜 라벨 스위칭)의 약어로, 태그 스위칭 기법으로 보다 빠른 라우팅 성능을 위해 개발되었습니다.

MPOA   Multiprotocol Over ATM(ATM 경유 멀티프로토콜)의 약어입니다. IP, IPv6, AppleTalk, IPX 등과 같은 현재와 미래의 네트워크 계층 프로토콜이 호스트, 라우터, 멀티레이어 LAN 스위치 등이 직접 연결되어 있는 ATM 네트워크상에서 실행되는 방식을 지정하는 ATM 포럼의 표준입니다.

MSAU　　Multistation Access Unit(멀티스테이션 액세스 장치)의 약어로, 토큰링 네트워크의 모든 엔드 스테이션이 연결되는 배선 집중 장치입니다. MSAU는 이런 장치들과 라우터의 토큰링 인터페이스 사이를 연결하는 인터페이스 역할을 하며, 약어로 MAU라고도 표기됩니다.

MTBF　　Meantime Between Failure(평균 고장 간격 시간)의 약어로, 장비의 가동 성능을 나타낼 때 자주 사용됩니다. 즉 얼마 동안 고장 없이 가동되는가를 가늠하는 기준입니다.

MTU　　Maximum Transmission Unit(최대 전송 단위)의 약어로, 특정한 인터페이스가 처리할 수 있는 최대 패킷 크기. 바이트 단위로 표시됩니다.

Multicast(멀티캐스트)　　네트워크 주소에 있는 특정한 그룹에게 보내는 단일(동일한) 패킷입니다.

N

NBMA　　Non Broadcast Multi-Access를 말하는 것으로, 브로드캐스팅을 지원하지 않는 네트워크를 의미하며, 주로 X.25나 프레임 릴레이망에서 사용됩니다.

NAS　　Network Access Server(네트워크 액세스 서버)의 약어입니다. 주로 리모트 지역에서 들어오는 접속을 받아서 내부 네트워크로 연결해주는 기능을 하는 장비로, '커뮤니케이션 서버'라고도 부릅니다.

NAT　　Network Address Translation(네트워크 주소 변환)의 약어입니다. 내부에서는 비공인 주소를 사용하고 외부 인터넷으로 나갈 때는 공인 주소를 사용하는 경우 이들 주소를 중간에서 서로 바꾸어주고 매핑해 주는 기능이 필요한데, 바로 NAT가 이 역할을 합니다.

NCP　　① Network Control Program(네트워크 제어 프로그램)의 약어입니다. SNA에서(이 프로그램이 들어 있는) 통신 컨트롤러와 다른 네트워크 리소스 사이의 데이터 흐름을 라우팅하고 제어하는 프로그램입니다.
② Network Control Protocol(네트워크 제어 프로토콜)의 약어입니다. 애플토크 over PPP와 같은 다른 종류의 네트워크 레이어 프로토콜을 만들어 설정하는 일련의 프로토콜들입니다. [참조 항목] PPP

NEBS　　Network Equipment Building Systems(네트워크 장비 구축 시스템)의 약어로, OSS에서는 교환국 환경에서 채택되는 장비에 대한 Bellcore 요구 조건입니다. 공간, 하드웨어, 기술자 인터페이스, 열, 소방, 취급과 운송, 지진과 진동, 공기 오염 물질, 접지, 소음, 조명, EMC, ESD 등과 관련된 요구 조건을 다룹니다. 따라서 ISP 등 대규모 사업자들이 사용하는 장비는 주로 NEBS 규격을 준수해야 합니다.

Neighboring routers(인접 라우터)　　OSPF에서 공통 네트워크로 연결되는 인터페이스가 있는 2대의 라우터입니다.

NetBEUI　　NetBIOS Extended User Interface(NetBIOS 확장 사용자 인터페이스)의 약어입니다. LAN 매니저, LAN 서버, 윈도우 포 워크그룹, 윈도우 NT 등과 같은 네트워크 운영체제가 사용하는 NetBIOS 프로토콜의 확장판입니다.

NetBIOS Network Basic Input/output System(네트워크 기본 입·출력 시스템)의 약어로, 하위 레벨 네트워크 프로세스의 서비스를 요청하기 위해 IBM LAN의 애플리케이션이 사용하는 API입니다.

NetWare 노벨이 개발한 일반적인 분산형 Network Operating System입니다.

Network(네트워크) 몇몇 전송 매체를 통해 서로 통신을 할 수 있는 컴퓨터, 프린터, 라우터, 스위치, 그 외의 장치들의 집합체입니다.

Network administrator(네트워크 관리자) 네트워크의 운영, 유지 보수, 관리 업무를 담당하는 사람으로, '네트워크 운영자'라고도 합니다.

Network analyzer(네트워크 분석기) 프로토콜 관련 패킷 디코드, 특정한 사전 프로그래밍된 문제 해결 테스트, 패킷 필터링, 패킷 전송 등을 포함해서 다양한 네트워크 문제 해결 기능을 제공하는 하드웨어나 소프트웨어 장치로, 스니퍼(Sniffer)와 같은 장비가 이에 속합니다.

Network layer(네트워크 계층) OSI 표준 모델의 3계층입니다. 이 계층을 이용하면 두 엔드 시스템 사이를 연결하고 경로를 선택할 수 있습니다. 이 계층에서는 IP, IPX 등의 라우팅이 일어나고 라우터는 이 계층에 속하는 장비입니다.

NFS Network File System(네트워크 파일 시스템)의 약어입니다. 일반적으로 사용되는 것처럼 선마이크로시스템즈에서 개발한 분산형 파일 시스템 프로토콜 슈트로, 네트워크를 통해 원격 파일 액세스를 할 수 있습니다. 사실상 NFS는 슈트에 속한 하나의 프로토콜일 뿐이며 NFS 프로토콜에는 NFS, RPC, XDR 등이 포함됩니다.

NHRP Next Hop Resolution Protocol(다음 홉 분석 프로토콜)의 약어입니다. 라우터들이 NBMA 네트워크에 연결된 다른 라우터와 호스트의 MAC 주소를 동적으로 발견하기 위해 사용하는 프로토콜입니다.

NIC ① Network Interface Card(네트워크 인터페이스 카드)의 약어로, 컴퓨터 시스템과의 네트워크 통신 기능을 제공하는 보드입니다. '네트워크 Adapter(어댑터)'라고도 하고 보통 '랜 카드'라고 합니다.

② Network Information Center(네트워크 정보 센터)의 약어로, InterNIC이 맡은 기능을 수행하는 조직체입니다. [참조 항목] InterNIC

NLSP NetWare Link Services Protocol(NetWare 링크 서비스 프로토콜)의 약어입니다. IS-IS에 기초한 Link-State 라우팅 프로토콜로 IPX 라우팅에 사용됩니다.

NMS Network Management System(네트워크 관리 시스템)의 약어로, 네트워크를 한 곳에서 관리하고 장비들의 상태를 모니터하는 장비입니다. 각 장비들의 MIB 정보를 받아서 현재의 상태를 관리할 수 있게 합니다.

NNI Network-to-Network Interface(네트워크-네트워크 인터페이스)의 약어입니다. 모두 하나의 사설 네트워크 안에 있거나 공공 네트워크 안에 있는 두 ATM 스위치 사이의 인터페이스를 정의하는 ATM 포럼 표준. 공공 스위치와 사설 스위치 사이의 인터페이스는 UNI 표준에 의해 정의됩니다. 또한 동일한 기준에 일치하는 두 프레임 릴레이 스위치 사이의 표준 인터페이스입니다. [비교 항목] UNI

NOS   Network Operating System(네트워크 운영체제)의 약어로, 진정한 분산형 파일 시스템을 가리키는 데 사용되는 일반적인 용어입니다. NOS에는 LAN Manger, NetWare, NFS, VINES 등이 있습니다.

NRZ   Non Return to Zero(영비복귀)의 약어입니다. 비트 간격 중에 신호 변화 없이(제로 전압 수준으로 복귀하지 않고) 일정한 전압 수준을 유지하는 신호 방식입니다.

NRZI   Non Return to Zero Inverted(영비복귀 반전)의 약어입니다. 신호 변화 없이(제로 전압 수준으로 복귀하지 않고) 일정한 전압 수준을 유지하지만, 비트 간격의 시작 위치에 데이터가 있으면 신호 변화로 해석하고, 데이터가 없으면 변화 없음으로 해석하는 신호 방식입니다.

NSAP   Network Service Access Point(네트워크 서비스 액세스 지점)의 약어로, ISO에서 지정한 네트워크 주소입니다. NSAP는 OSI 네트워크 서비스를 트랜스포트 계층(4계층) 엔티티가 이용할 수 있게 되는 지점입니다.

NT-1   Network Termination 1(네트워크 터미네이션 1)의 약어로, ISDN에서 고객 구내 장비와 교환국 스위칭 장비 사이의 인터페이스를 제공하는 장치를 말합니다.

NTP   Network Time Protocol(네트워크 시간 프로토콜)의 약어로, TCP를 기초로 구축된 프로토콜입니다. 인터넷에서 무선 클록과 원자 클록을 기준으로 로컬 시간을 정확하게 일치시키는 역할을 합니다. 라우터 등에서 NTP를 지원합니다.

Null modem(널 모뎀)   네트워크를 통하지 않고 장치들을 직접 연결하는 데 사용되는 작은 상자나 케이블을 말합니다.

NVRAM   Nonvolatile RAM(비휘발성 RAM)의 약어로, 장치의 전원을 끈 상태에서도 내용을 그대로 보존하는 RAM입니다. 라우터에서는 이 메모리에 구성 파일을 저장합니다.

O

Octet(옥텟)   8비트를 의미합니다. 네트워킹에서 옥텟이라는 용어는 일부 컴퓨터 아키텍처에서 길이가 8비트가 아닌 바이트를 사용하기 때문에 종종 바이트 대신 사용되기도 합니다.

ODBC   Open DataBase Connectivity(개방형 데이터베이스 커넥티비티)의 약어입니다. 관계형 데이터베이스 관리 시스템과 비관계형 데이터베이스 관리 시스템 모두에서 데이터를 액세스하는 데 쓰이는 표준 애플리케이션 프로그래밍 인터페이스를 말합니다. ODBC는 X/Open SQL Access Group의 호출 수준 인터페이스 규정을 기초로 하고 있으며 DEC, 로터스, 마이크로소프트, 사이베이스 등이 개발했습니다.

ODI   Open Data-Link Interface(개방형 데이터 링크 인터페이스)의 약어로, 다수의 프로토콜이 단일 NIC를 사용할 수 있게 해 주는 표준화된 NIC(Network Interface Card, 네트워크 인터페이스 카드) 인터페이스를 제공하는 노벨의 규격입니다.

OSI reference model(OSI 참조 모델)   Open System Interconnection reference model(개방형 시스템 상호 연결 참조 모델)의 약어로, ISO와 ITU-T가 개발한 네트워크 아키텍처 모델입니다. 이 모델은 7계층(Layer)으로 구성되어 있고 각각 주소 지정, 흐름 제어, 오류 제어, 캡슐화, 신뢰할 수 있는 메시지 전송 등과 같은 특정한 네트워크 기능을 규정하고 있습니다. 하위 계층(물리적 계층)은 주로 미디어 기술에 가장 근접한 계층이고, 아래쪽의 두 계층은 하드웨어와 소프트웨어로 구현되며, 위에 있는 다섯 계층은 소프트웨어로만 구현되어 있습니다. 최상위 계층(애플리케이션 계층)은 사용자에게 가장 가까운 계층입니다. 현재 OSI 기준 모델은 네트워크 기능을 가르치고 이해하는 방법으로 보편적으로 사용되고 있습니다.

7개의 항목은 다음과 같습니다.

- Application Layer(애플리케이션 계층)
- Presentation Layer(프레젠테이션 계층)
- Session Layer(세션 계층)
- Transport Layer(트랜스포트 계층)
- Network Layer(네트워크 계층)
- Data-link Layer(데이터 링크 계층)
- Physical Layer(물리적 계층)

OSPF Open Shortest Path First(개방형 최단 경로 우선)의 약어로, 대표적인 Link-State 알고리즘을 사용하는 라우팅 프로토콜입니다. 대규모의 네트워크에 적합합니다. Area를 나누는 방식을 사용하고, VLSM을 지원하며, 표준 프로토콜이기 때문에 타벤더 라우터와 호환이 가능합니다.

P

PABX Private Automatic Branch eXchange(사설망 자동 구내 교환기)의 약어로, 기업체에서 사용하는 전화용 스위치입니다. PABX는 유럽에서 사용하는 용어이고, PBX는 미국에서 사용하는 용어입니다.

Packet(패킷) 제어 정보가 들어 있는 헤더와 (일반적으로) 사용자 데이터가 포함되어 있는 논리적인 정보 그룹입니다. 패킷은 네트워크 계층 데이터 단위를 언급할 때 가장 자주 사용되는 용어입니다.

PAP Password Authentication Protocol(암호 인증 프로토콜)의 약어로, PPP 피어들이 서로를 인증할 수 있는 인증 프로토콜입니다. 로컬 라우터에 연결하려고 시도하는 원격 라우터는 인증 요청을 보내야 합니다. CHAP와는 달리 PAP는 암호와 호스트 이름, 또는 사용자 이름을 Clear Text로(암호화되지 않은 상태로) 전달됩니다. PAP 자체는 권한이 없는 액세스를 막을 수 없으며, 단지 원격측을 식별하는 역할만 수행하며, 그 사용자에게 액세스를 허용할 것인지의 여부는 라우터나 액세스 서버가 결정합니다. PAP는 PPP 라인에서만 지원합니다.

Parity check(패리티 검사) 문자의 무결성을 검사하는 프로세스입니다. 패리티 검사에는 문자나 단어 내의 바이너리 1 숫자의 총 수(패리티 비트는 제외)를 홀수(odd parity, 홀수 패리티의 경우)나 짝수(even parity, 짝수 패리티의 경우)로 만들어서 에러가 발생했는지를 검사합니다.

PBX Private Branch eXchange(사설망 구내 교환기)의 약어입니다. 가입자 구내에 위치하고 있으며 사설 네트워크와 공공 전화망을 연결하는 데 사용되는 디지털 또는 아날로그 전화 스위치 보드입니다.

PCM Pulse Code Modulation(펄스 코드 변조)의 약어로, 일정한 수의 비트로 샘플을 샘플링하고 엔코딩하여 아날로그 정보를 디지털 형태로 전송하는 것을 말합니다.

PDN   Public Data Network(공공 데이터 네트워크)의 약어입니다.

Physical layer(물리적 계층)   OSI reference model(OSI 참조 모델)의 레이어 1계층입니다. 피지컬 레이어는 엔드 시스템들 사이의 물리적 링크를 작동시키고, 유지시키며 해제시키는 것과 관련된 전기적, 기계적, 방법적, 기능적 규격을 정의합니다.

PIM   Protocol Independent Multicast(프로토콜 독립형 멀티캐스트)의 약어로, 기존의 IP 네트워크에 IP 멀티캐스트 라우팅을 추가할 수 있는 멀티캐스트 라우팅 아키텍처입니다. PIM은 유니캐스트 라우팅 프로토콜이 무엇인지에 따라 영향을 받지 않으며, 덴스(Dense) 모드와 스파스(Sparse) 모드의 2가지 모드로 사용할 수 있습니다.

PIM dense mode(PIM 덴스 모드)   2가지 PIM 모드 중의 하나입니다. 멀티캐스트 그룹 멤버가 많은 경우에 사용하고 일단 모든 노드들이 이 그룹의 멤버라고 가정하고 멀티캐스트 패킷을 전송하는 방식입니다.

PIM sparse mode(PIM 스파스 모드)   2가지 PIM 모드 중의 하나입니다. 소수의 멀티캐스트 그룹 멤버가 있는 경우에 사용하며 RP(rendezvous point(랑데뷰 포인트)를 이용해서 멀티캐스트가 일어나는 방식입니다.

Ping(핑)   Packet Internet Groper(패킷 인터넷 그로퍼)의 약어로, ICMP는 메시지와 메시지의 응답을 이용한 프로그램입니다. 네트워크 장치의 도달 능력을 테스트하기 위해 IP 네트워크에서 사용됩니다.

PLAR   Private Line, Automatic Ringdown(사설 라인, 자동 링다운)의 약어로, 전화를 들면 자동으로 미리 정해진 곳으로 전화를 걸도록 하는 시스템입니다. 호텔 등의 안내 전화 시스템 등에서 사용됩니다.

PNNI   ① Private Network-Network Interface(사설 네트워크-네트워크 인터페이스)
스위치와 스위치 클러스터 사이에서 토폴로지 정보를 배포하는 데 사용되는 규격입니다. 네트워크상의 경로를 계산하는 데 사용됩니다. 이 규격은 잘 알려진 링크-상태 라우팅 기법을 기초로 하고 있으며, 네트워크에서 주소 구조가 토폴로지를 그대로 반영하는 자동 구성 메커니즘이 포함되어 있습니다.
② Private Network Node Interface(사설 네트워크 노드 인터페이스)
ATM 네트워크상에서 포인트 투 포인트 연결과 포인트 투 멀티포인트 연결을 설정하는 신호 처리를 위한 ATM 포럼 규정입니다. 이 프로토콜은 ATM 포럼 UNI 규정에 기초하고 있으며, 발신 라우팅, 크랭크백, 호출 셋업 요청의 대체 라우팅 등을 위한 가외의 메커니즘도 갖추고 있습니다.

Poison reverse updates(포이즌 리버스 업데이트)   어떤 네트워크를 업데이트에 포함시키지 않음으로써 그 네트워크에 도달할 수 없음을 간접적으로 나타내는 것이 아니라, 명시적으로 그 네트워크나 서브넷을 도달할 수 없는 것으로 표시하는 라우팅 업데이트 방식입니다. 포이즌 리버스 업데이트는 커다란 라우팅 루프에 빠지는 것을 방지하기 위해 사용됩니다.

Policy routing(폴리시 라우팅)   사용자가 설정한 정책을 기초로 특정한 인터페이스로 패킷을 포워딩하는 라우팅 방식입니다. 예를 들어 특정한 네트워크에서 보낸 트래픽을 한 인터페이스에서 포워딩해야 하고 그 외의 다른 트래픽은 전부 다른 인터페이스에서 포워딩해야 한다고 규정할 수 있습니다.

POP   Point Of Presence(현재 위치)의 약어로, 서비스 사업자가 지역별로 장비를 설치한 곳을 나타내는 말로 자주 사용됩니다.

POST   Power-On Self Test(시동시 자체 테스트)의 약어로, 장비를 켰을 때 자동으로 수행하는 자체 하드웨어 테스트를 말합니다.

PPP   Point-to-Point Protocol(포인트 투 포인트 프로토콜)의 약어입니다. 동기식 또는 비동기식 회선을 통해 라우터 투 라우터 연결 방식이나 호스트 투 네트워크 연결 방식을 제공하는 프로토콜입니다. SLIP는 IP에서 사용하도록 설계되었지만, PPP는 IP, IPX, ARA 등과 같은 여러 네트워크 레이어 프로토콜과 함께 사용하도록 설계되었습니다.

PQ   Priority Queuing(우선순위 대기열 처리)의 약어입니다.

Presentation layer(프레젠테이션 계층)   OSI reference model(OSI 참조 모델)의 6계층으로, 이 계층은 한 시스템의 애플리케이션 계층에서 보낸 정보를 다른 시스템의 애플리케이션 계층이 읽을 수 있게 보장하는 역할을 합니다. 프레젠테이션 계층은 프로그램이 사용하는 데이터 구조와 관련이 있으며, 애플리케이션 계층을 대신해 데이터 전송 구문을 중재하는 일을 합니다.

PRI   Primary Rate Interface(프라이머리 레이트 인터페이스)의 약어로, 프라이머리 레이트 액세스로 연결되는 ISDN 인터페이스입니다. 프라이머리 레이트 액세스는 하나의 64Kbps D 채널과 음성이나 데이터용으로 사용할 23개의 B 채널(T1)이나 30개의 B 채널(E1)로 구성됩니다.

Print server(프린터 서버)   다른 네트워크 장치에서 보내는 인쇄 요청을 받아 처리한 후 실행(하거나 실행할 수 있도록 전송)하는 네트워크 컴퓨터 시스템입니다.

Priority queuing(우선 순위 대기열 처리)   패킷 크기나 인터페이스 종류와 같은 다양한 특성을 기초로 인터페이스 아웃풋 대기열의 프레임의 우선 순위를 설정하는 라우팅 기능입니다.

Propagation delay(전달 지연 시간)   발신 장치에서 궁극적인 수신 장치로 네트워크를 통해 데이터가 이동하는 데 필요한 시간입니다.

Protocol(프로토콜)   네트워크상의 장치들이 정보를 교환하는 방식에 대한 규칙입니다.

Proxy(프록시)   ① 효율성을 위해 본질적으로 다른 엔티티를 대신하는 엔티티
② 다른 게이트웨이로 하나의 H.323 세션을 릴레이하는 특수 게이트웨이

Proxy ARP(프록시 ARP)   Proxy Address Resolution Protocol(프록시 주소 분석 프로토콜)의 약어입니다. 중개 장치(예를 들면 라우터)가 엔드 노드를 대신해 요청을 한 호스트로 ARP 응답을 전송하는 ARP 프로토콜입니다.

PSDN   Packet-Switched Data Network(패킷 스위칭 방식 데이터 네트워크)의 약어입니다.

PSE   Packet Switch Exchange(패킷 스위치 교환기)의 약어로, 본질적으로 스위치입니다. PSE라는 용어는 일반적으로 X.25 패킷-스위치에서 스위치를 가리키는 데 사용됩니다. [참조 항목] Switch(스위치)

PSTN   Public Switched Telephone Network(공공 스위칭 방식 전화 네트워크)의 약어로, 전 세계적으로 사용되는 다양한 전화 네트워크와 서비스를 가리키는 일반적인 용어입니다. 때때로 POTS라고 합니다.

Q.29313   Q.931에 기초한 ITU-T 규격입니다. B-ISDN 사용자-네트워크 인터페이스에서 네트워크 연결을 설정하고 유지하고 해제하는 데 관한 규칙으로, UNI 3.1 규격이 Q.2931에 기초하고 있습니다.

Q.931   ISDN 네트워크 연결을 설정 및 유지하고 해제하기 위한 신호 처리와 관련된 ITU-T 규격입니다.

QoS   Quality of Service(서비스 품질)의 약어로, 전송 품질과 서비스 가용성을 알려주는 전송 시스템의 수행 성능 척도입니다.

Query(질의)   일부 변수나 변수 세트의 값에 관해 물어보는 데 사용되는 메시지입니다.

Queue(대기열)   ① 일반적으로 프로세싱을 대기하고 있는 요소들의 정리된 목록입니다.
② 라우팅에서 라우터 인터페이스를 통해 포워딩되기 위해 대기하고 있는 패킷의 백로그입니다. 대기열 지연 시간으로, 데이터가 통계적으로 멀티플렉싱된 물리적 회선으로 전송되기 전에 기다려야 하는 시간의 양을 말합니다.

RADIUS   Remote Authentication Dial-in User Services(원격 다이얼 인 서비스)의 약어로, 모뎀과 ISDN 연결을 인증하고 연결 시간을 추적하는 데이터베이스입니다.

RAM   Random Access Memory의 약어로, 마이크로프로세서가 읽거나 쓸 수 있는 휘발성 메모리를 말합니다.

RARP   Reverse Address Resolution Protocol(역방향 주소 분석 프로토콜)의 약어입니다. MAC 주소를 기초로 IP 주소를 찾아내는 방법을 제공하는 TCP/IP 스택의 프로토콜입니다.

RCP   Remote Copy Protocol(원격 복사 프로토콜)의 약어입니다. 사용자들이 네트워크상의 원격 호스트나 서버에 있는 파일 시스템에 파일을 복사해 넣거나 복사해 올 때 사용하는 프로토콜입니다. RCP 프로토콜은 TCP를 사용해 신뢰성 있는 데이터 전송을 가능하게 합니다.

Redistribution(재분배)   한 라우팅 프로토콜을 통해 발견한 라우팅 정보를 다른 라우팅 프로토콜의 업데이트 메시지에 분산시키는 것, 즉 RIP 정보를 IGRP쪽으로 뿌린다거나 OSPF 정보를 RIP쪽으로 뿌리는 것을 말합니다.

Redundancy(리던던시)   인터네트워킹에서 장치, 서비스, 연결 통로 등을 여러 개 두어 장애가 발생하는 경우에 다른 경로를 이용할 수 있게 하는 것입니다.

Redundant system(리던던시형 시스템)   가장 중요한 각 시스템 요소들이 둘 이상 포함되어 있는 컴퓨터, 라우터, 스위치 등의 시스템입니다. 예를 들면 디스크 드라이브 2개, CPU 2개, 전원 공급 장치 2개 등을 갖는 시스템이 리던던시형 시스템입니다.

Relay(릴레이)   둘 이상의 네트워크나 네트워크 시스템을 연결하는 장치를 가리키는 OSI 용어로, 데이터 링크 계층(2계층) 릴레이는 브리지이고, 네트워크 계층(3계층) 릴레이는 라우터가 됩니다.

Reliability(신뢰도)　　링크에서 수신된 킵얼라이브의 예상 비율로, 이 비율이 높으면 그 회선은 신뢰할 수 있습니다. 라우팅 메트릭으로 사용됩니다.

Reload(리로드)　　시스코 라우터가 다시 부팅하는 것, 또는 라우터가 다시 부팅하게 만드는 명령(reload)입니다.

Remote bridge(원격 브리지)　　WAN 링크를 통해 물리적으로 분리되어 있는 네트워크 세그먼트를 연결하는 브리지입니다.

Rendezvous point(랑데뷰 포인트)　　멀티캐스트 그룹 구성 요소를 추적하고 이미 알고 있는 멀티캐스트 그룹 주소로 메시지를 포워딩하도록 PIM 스파스(sparse) 모드에 규정되어 있는 라우터입니다.

Repeater(리피터)　　네트워크 세그먼트 사이에서 전기 신호를 재생성하고 전달하는 장치입니다.

RFC　　Request For Comments의 약어로, 인터넷에 관한 정보를 전달하는 것에 대한 주된 자료로 사용되는 문서 시리즈입니다.

RFI　　Radio Frequency Interference(무선 주파수 간섭)의 약어입니다. 절연이 되지 않은 구리 케이블을 통해 전송되는 정보에 간섭을 일으키는 노이즈를 만드는 무선 주파수입니다.

RFP　　Request For Proposal(제안 요청)의 약어로, 제안 요청서라고 합니다.

RIF　　Routing Information Field(라우팅 정보 필드)의 약어로, IEEE 802.5 헤더에서 소스-경로 브리지가 패킷이 통과해야 하는 토큰링 네트워크 세그먼트를 결정하는 데 사용하는 필드입니다. RIF는 링과 브리지 번호, 그리고 그 외의 다른 정보로 구성됩니다.

RII　　Routing Information Identifier(라우팅 정보 식별 부호)의 약어입니다. SRT 브리지가 투명하게 브리징해야 하는 프레임과 SRB 모듈로 전달해 처리해야 하는 프레임을 구분하기 위해 사용하는 비트입니다.

Ring(링)　　논리상 원형인 토폴로지에서 둘 이상의 스테이션을 연결하는 것입니다. 정보는 액티브 스테이션 사이에서 순차적으로 전달되며 토큰링, FDDI, CDDI 등이 이 토폴로지를 기초로 합니다.

Ring group(링 그룹)　　단일 브리지 토큰링 네트워크에 속하는 하나 이상의 라우터에 존재하는 토큰링 인터페이스의 집합체입니다.

Ring latency(링 대기시간)　　토큰링 네트워크나 IEEE 802.5 네트워크에서 신호가 링을 한 바퀴 돌면서 전달되는 데 필요한 시간입니다.

Ring monitor(링 모니터)　　IEEE 802.5 규격에 기초한 토큰링 네트워크의 중앙 집중식 관리용 툴입니다. [참조 항목] Active monitor(액티브 모니터), Standby monitor(대기 모니터)

Ring topology(링형 토폴로지)　　일방향 전송 링크에 의해 서로 연결되어 하나의 폐쇄 루프를 형성하는 일련의 리피터들로 구성된 네트워크 토폴로지입니다. 네트워크상의 각 스테이션은 리피터에서 네트워크로 연결됩니다. 논리적으로는 링 모양이지만 실제로 링형 토폴로지는 폐쇄 루프의 별 모양으로 구성되는 경우가 가장 많습니다.

RIP   Routing Information Protocol(라우팅 정보 프로토콜)의 약어. 유닉스 BSD 시스템과 함께 제공되는 IGP로, 인터넷에서 가장 일반적인 IGP입니다. RIP는 라우팅 메트릭으로 홉 카운트를 사용합니다.

RJ connector(RJ 커넥터)   Registered Jack connector(등록된 잭 커넥터)의 약어로, 처음부터 전화회선을 연결하는 데 사용된 표준 커넥터입니다. 현재 RJ 커넥터는 전화 연결용으로 사용되고, 10Base-T와 그외의 다른 종류의 네트워크 연결용으로 사용되며, RJ-11, RJ-12, RJ-45가 흔히 사용하는 종류의 RJ 방식입니다.

RMON   Remote Monitoring(원격 모니터링)의 약어입니다. 네트워크로 연결된 장치의 원격 모니터링을 위한 기능을 정의하는 RFC 1271에 규정된 MIB 에이전트 규격. RMON 규격은 무수하게 많은 모니터링, 문제 감지, 보고 등의 기능을 제공합니다.

ROM   Read-Only Memory(읽기 전용 메모리)의 약어로, 마이크로프로세서가 읽을 수는 있지만 쓸 수는 없는 비휘발성 메모리입니다.

Root bridge(루트 브리지)   토폴로지 변경이 필요할 때 네트워크의 다른 모든 브리지에 통보하기 위해 스패닝 트리 구현체의 지정된 브리지들과 토폴로지 정보를 교환하는 브리지입니다. 이렇게 하면 루프를 방지할 수 있고, 링크 장애에 대비가 가능해집니다.

Route(경로)   인터네트워크를 통과하는 길입니다.

Routed protocol(라우티드 프로토콜)   라우터가 라우팅할 수 있는 프로토콜입니다. 라우터는 라우티드 프로토콜이 지정하는 논리적 인터네트워크를 해석할 수 있어야 합니다. 라우티드 프로토콜의 예로는 AppleTalk, DECnet, IP 등이 있습니다.

Router(라우터)   하나 이상의 메트릭을 사용해 네트워크 트래픽을 포워딩해야 하는 최적 경로를 결정하는 네트워크 레이어 장치입니다. 라우터는 네트워크 레이어 정보를 기초로 한 네트워크에서 다른 네트워크로 패킷을 포워딩하는 역할을 합니다.

Routing(라우팅)   목적지 호스트로 연결되는 경로를 찾는 프로세스입니다. 라우팅은 대형 네트워크에서는 매우 복잡해지는데 패킷이 수신 호스트에 도달하기 전에 통과하게 되는 잠재적인 중개 수신 장치가 많고 경로가 다양하기 때문입니다.

Routing domain(라우팅 도메인)   동일한 관리 규칙 세트에 따라 작동하는 엔드 시스템과 중개 시스템 그룹입니다. 각 라우팅 도메인에는 하나 이상의 영역이 있으며, 각 영역은 영역 주소에 의해 고유하게 구분됩니다.

Routing metric(라우팅 메트릭)   라우팅 알고리즘이 한 경로가 다른 경로보다 더 낫다고 판단하는 방식입니다. 이 정보는 라우팅 테이블에 저장됩니다. 메트릭에는 대역폭, 통신 비용, 지연 시간, 홉 카운트, 부하, MTU, 경로 비용, 신뢰도 등이 포함됩니다. 때때로 간단하게 metric(메트릭)이라고도 합니다.

Routing protocol(라우팅 프로토콜)   특정한 라우팅 알고리즘을 구현해 라우팅을 수행하는 프로토콜입니다. 라우팅 프로토콜의 예를 들면 IGRP, OSPF, RIP 등이 있습니다.

Routing table(라우팅 테이블)   라우터나 특정한 네트워크 수신 장치로 연결되는 경로를 추적하는 다른 인터네트워킹 장치에 저장되는 테이블입니다.

Routing update(라우팅 업데이트)　　　네트워크 도달 가능성 및 관련된 비용 정보를 알려주기 위해 라우터에서 보내는 메시지입니다. 라우팅 업데이트는 일반적으로 일정한 간격으로 보내며, 네트워크 토폴로지를 변경한 후에도 보내게 됩니다.

RS-232　　　흔히 사용하는 물리적 레이어 인터페이스로, 지금은 EIA/TIA-232로 알려져 있습니다. 모뎀 접속에 주로 사용되는 방식입니다.

RSM　　　Route Switch Module(경로 스위치 모듈)의 약어입니다.

RSP　　　Route/Switch Processor의 약어입니다.

RSRB　　　Remote Source-Route Bridging(원격 소스 경로 브리징)의 약어입니다.

RSVP　　　Resource Reservation Protocol(리소스 예약 프로토콜)의 약어입니다. IP 네트워크를 통한 리소스 예약을 할 수 있는 프로토콜로서 IP 엔드 시스템에서 실행되는 애플리케이션들은 RSVP를 사용하여 다른 노드들에게 자신이 받으려는 패킷 스트림의 특성(대역폭, 지터, 최대 버스트 등)을 알려줄 수 있습니다.

RTMP　　　Routing Table Maintenance Protocol(라우팅 테이블 유지보수 프로토콜)의 약어입니다. 애플 컴퓨터의 전용 라우팅 프로토콜인 RTMP는 애플토크 네트워크에서 임의의 발신, 소켓에서 임의의 수신 소켓으로 데이터그램을 라우팅하는 데 필요한 라우팅 정보를 구축하고 관리하는 역할을 합니다.

S

SAP　　　① Service Access Point(서비스 액세스 포인트)의 약어로, 주소 규격의 일부인 IEEE 802.2 규격에서 정의한 필드입니다.
② Service Advertising Protocol(서비스 애드버타이징 프로토콜)의 약어. 라우터나 서버를 통하여 네트워크 클라이언트에게 가용 네트워크 자원과 서비스에 대해 알려주는 수단을 제공하는 IPX 프로토콜입니다.

SAR　　　Segmentation And Reassembly(분해와 합성)의 약어입니다. CS에서 전달된 PDU를 (발신 장치에서) 분해하고 (수신 장치에서) 합성하는 것을 담당하는, AAL CPCS의 2개의 서브 레이어 중의 하나. SAR 서브 레이어는 CS가 처리한 PDU를 48바이트 크기의 페이로드 데이터로 분해한 후 ATM 레이어로 전달해 더 처리하게 합니다.

SAS　　　Single Attachment Station(단일 연결 스테이션)의 약어로, FDDI 링의 프라이머리 링에만 연결되는 장치. 클래스 B 스테이션이라고도 합니다.

SDH　　　Synchronous Digital Hierarchy(동기식 디지털 계층 구조)의 약어입니다. 광섬유를 통해 옵티컬 신호를 사용해 전송되는 일련의 속도와 포맷 표준을 정의하는 유럽 표준입니다. SDH는 SONET과 비슷하며, 기본 SDH 속도는 STM-1에서 지정한 대로 155.52Mbps입니다.

SDLC　　　Synchronous Data Link Control(동기식 데이터 링크 제어)의 약어로, SNA 데이터 링크 레이어 통신 프로토콜입니다.

SDSL   Single-line Digital Subscriber Line(단일 라인 디지털 가입자 회선)의 약어입니다. 4가지 DSL 테크놀로지 중의 하나인 SDSL은 하나의 구리 트위스티드 페어 케이블을 통해 다운스트림과 업스트림을 모두 1.544Mbps의 속도로 전달합니다.

Segment(세그먼트)   ① 네트워크에서 브리지, 라우터, 스위치 등에 의해 한계가 정해진 섹션입니다.
② 버스 토폴로지를 사용하는 LAN에서 세그먼트는 종종 리피터에 의해 그와 같은 다른 세그먼트에 연속적으로 연결되어 있습니다.
③ 하나의 트랜스포트 레이어 정보 단위를 규정하기 위해 TCP 규격에서 사용되는 용어입니다.

Serial transmission(시리얼 전송)   데이터 문자의 비트가 단일 채널을 통해 순차적으로 전송되는 데이터 전송 방식입니다.

Session(세션)   ① 둘 이상의 네트워크 장치 사이에서 이루어지는 관련된 통신 트랜잭션 세트입니다.
② SNA에서 두 NAU가 통신을 할 수 있는 논리적인 연결 통로입니다.

Session layer(세션 계층)   OSI reference model(OSI 참조 모델)의 5계층입니다. 이 레이어는 애플리케이션들 사이의 세션을 설정 및 유지하고 종료시키는 일을 하며, 프레젠테이션 계층 엔티티들 사이의 데이터 교환 등을 처리합니다.

Single-mode fiber(단일 모드 광섬유)   빛이 한 가지 각도로만 들어갈 수 있는 좁은 코어로 이루어진 광섬유 케이블입니다. 그런 케이블 배선에서는 멀티모드 광섬유보다 대역폭이 높지만, 폭이 좁은 스펙트럼의 광원(예를 들면 레이저)만 사용할 수 있습니다.

Sliding window flow control(이동하는 윈도우 흐름 제어)   윈도우(화면 표시의 일부분)가 가득 찰 때까지 수신 장치가 송신 장치에게 데이터를 전송하도록 허가해 주는 흐름 제어 방식입니다. 윈도우가 가득 차면, 송신 장치는 수신 장치가 윈도우에 여유가 생겼다고 애드버타이징할 때까지 전송을 멈추어야 합니다. TCP, 그 외의 전송 프로토콜, 그리고 여러 가지 데이터 링크 레이어 프로토콜은 이 흐름 제어 방식을 사용합니다.

SLIP   Serial Line Internet Protocol(시리얼 라인 인터넷 프로토콜)의 약어로, TCP/IP의 변이형을 사용하는 포인트 투 포인트 시리얼 연결을 위한 표준 프로토콜입니다. PPP의 전신입니다.

SMAC   Source MAC(발신 MAC)의 약어입니다.

SMDS   Switched Multi-megabit Data Service(스위칭형 멀티메가비트 데이터 서비스)의 약어로, 전화 회사가 제공하는 고속, 패킷 스위칭형 데이터그램 방식 WAN 네트워킹 테크놀로지입니다.

SNA   Systems Network Architecture(시스템 네트워크 아키텍처)의 약어로, 1970년대에 IBM이 개발한 크고, 복잡하며, 기능이 풍부한 네트워크 아키텍처입니다.

SNMP   Simple Network Management Protocol(단순형 네트워크 관리 프로토콜)의 약어로, TCP/IP 네트워크에서 거의 전용으로 사용되는 네트워크 관리 프로토콜입니다. SNMP는 네트워크 장치를 모니터하고 제어하는 수단이 되며, 환경 설정, 통계 자료 수집, 수행 성능, 보안 기능 등을 관리하는 수단을 제공합니다.

SNMP2   ① SNMP Version 2(SNMP 버전 2)의 약어입니다. 인기 있는 네트워크 관리 프로토콜 버전입니다.

② SNMP2는 중앙 집중식 네트워크 관리 전략과 분산형 네트워크 관리 전략을 모두 지원하며, SMI, 프로토콜 동작, 관리 아키텍처, 보안 기능 등에서 향상된 기능을 제공합니다.

SOHO(소호)　　Small Office Home Office(소규모 오피스 홈 오피스)의 약어로, 대형 기업망에 직접 연결되지 않은 사무실들을 위한 네트워킹 솔루션과 액세스 테크놀로지입니다.

SONET(소넷)　　Synchronous Optical Network(동기식 옵티컬 네트워크)의 약어입니다. Bellcore에서 개발했고 광섬유를 이용해 작동이 되도록 설계된 고속(최대 2.5Gbps) 동기식 네트워크 규격입니다.

Spanning-tree algorithm(스패닝 트리 알고리즘)　　Spanning-Tree Protocol이 스패닝 트리를 만드는 데 사용하는 알고리즘입니다.

Spanning-Tree Protocol(스패닝 트리 프로토콜)　　스패닝 트리 알고리즘을 사용하는 브리지입니다. 이 프로토콜을 이용하면 학습 브리지가 스패닝 트리를 만들어 네트워크 토폴로지에 있는 루프를 동적으로 우회할 수 있습니다. 브리지들은 서로 BPDU 메시지를 교환해 루프를 발견하고, 선택된 브리지 인터페이스를 종료시켜 루프를 제거합니다.

SPF　　Shortest Path First(최단 경로 우선) 알고리즘입니다. 경로의 길이 방향으로 반복 실행되어 최단 경로 스패닝 트리를 판단하는 라우팅 알고리즘입니다. 일반적으로 링크 상태 라우팅 알고리즘에서 사용되나, 때때로 Dijkstra's algorithm(다익스트라의 알고리즘)이라고도 합니다.

SPID　　Service Profile Identifier(서비스 프로필 식별 부호)의 약어입니다. 일부 서비스 제공자가 ISDN 장치가 가입된 서비스를 정의하는 데 사용하는 번호입니다. ISDN 장치는 서비스 제공자에게 연결되는 통로를 초기화하는 스위치를 액세스할 때 SPID를 사용하기 때문에 라우터를 ISDN으로 접속 시에는 필요합니다.

Split-horizon updates(스플릿 호라이즌 업데이트)　　경로에 관한 정보를 수신하는 통로가 된 라우팅 인터페이스로 그 경로에 관한 정보가 거꾸로 나가지 못하게 하는 라우팅 기법입니다. 스플릿 호라이즌 업데이트는 라우팅 루프를 방지하는 데 유용합니다.

Spoofing(스푸핑)　　① 호스트가 인터페이스를 마치 작동 중이고 세션을 지원하고 있는 것처럼 다루게 하는, 라우터가 사용하는 기법. 라우터는 그 세션이 아직 실행 중인 것처럼 호스트가 믿게 하기 위해 호스트에서 보낸 킵얼라이브 메시지에 가짜로 응답을 보냅니다. 스푸핑은 통화 요금을 줄이기 위해 보낼 트래픽이 없으면 회선 스위치드 링크를 다운시키는 DDR과 같은 라우팅 환경에서 유용합니다. [참조 항목] DDR ② 패킷이 자신이 실제로 송신이 되지 않은 주소에서 송신된 것처럼 불법적으로 주장하는 행위입니다. 스푸핑은 필터나 액세스 리스트와 같은 네트워크 보안 메커니즘을 파괴하도록 고안되었습니다.

SPX　　Sequenced Packet eXchange(시퀀스 방식 패킷 교환)의 약어입니다. 네트워크 계층(3계층) 프로토콜들이 제공하는 데이터그램 서비스를 보완하는 신뢰할 수 있는 연결 지향형 프로토콜입니다.

SQL　　Structured Query Language(구조적 질의 언어)의 약어로, 관계형 데이터베이스를 정의하고 평가하는 국제 표준 언어입니다.

SRAM　　전력이 공급되는 동안 그 내용을 그대로 유지하는 RAM의 한 유형입니다. SRAM은 DRAM과는 달리 계속 리프레시할 필요가 없습니다.

SRB   Source-Route Bridging의 약어로, IBM이 창안했고 토큰링 네트워크에서 흔히 사용하는 브리징 방식입니다.

SRT   Source-Route Transparent bridging(소스 경로 투명 브리징)의 약어입니다.

SR/TLB   Source-Route/Translational Bridging(소스-경로 변환 브리징)의 약어입니다.

SS7   Signaling System 7(신호 처리 시스템 7)의 약어로, BISDN과 ISDN에서 사용하는 표준 CCS 시스템입니다.

Standby monitor(대기 모니터)   액티브 모니터에 장애가 발생하는 경우에 대비해 토큰링 네트워크에서 대기 모드로 설정되어 있는 장치입니다.

Star topology(스타형 토폴로지)   네트워크의 엔드 포인트들이 포인트 투 포인트 링크 방식으로 공용 중앙 스위치로 연결되어 있는 LAN 토폴로지입니다.

Static route(정적 경로)   명시적으로 설정해 관리자가 라우팅 테이블에 입력한 경로로, 정적 경로는 동적 라우팅 프로토콜이 선택한 경로보다 우선권을 가집니다.

STM-1   Synchronous Transport Module level 1(동기 전송 모듈 레벨 1)의 약어입니다. ATM 셀을 전달하는 데 사용되는 155.52Mbps 라인의 프레임 구조를 지정하는 많은 수의 SDH 포맷 중의 하나입니다.

Store and forward packet switching(축적 전송 패킷 스위칭)   적절한 포트 밖으로 포워딩하기 전에 프레임이 완전히 처리되어야 하는 패킷 스위칭 기법. 이 프로세싱 방식에는 CRC를 계산하고 수신 주소를 확인합니다.

STP   ① Shielded Twisted-Pair(절연 트위스티드페어 케이블)의 약어로, 다양한 네트워크 구현체에서 사용되는 2쌍 배선 매체입니다. STP 케이블에는 EMI를 줄이기 위한 절연물이 피복되어 있습니다.
② Spanning-Tree Protocol(스패닝 트리 프로토콜)의 약어입니다.

STS-1   Synchronous Transport Signal level 1(동기 전송 신호 레벨 1)의 약어로, 51.84Mbps로 전송하는 SONET의 기본 구성 블록 신호입니다. 보다 빠른 SONET 속도는 STS-n으로 정의되고, n은 51.84Mbps의 배수가 됩니다.

Stub area(스텁 영역)   Default Route, Intra-Area Route, Inter-Area Route 등은 가지고 있지만 외부 경로는 소유하지 않은 OSPF 영역입니다. 스텁 영역 상에서는 가상 링크를 구성할 수 없으며, ASBR도 포함시킬 수 없습니다.

Stub network(스텁 네트워크)   라우터로 연결되는 통로가 하나만 있는 네트워크로, subarea(하위 영역) SNA 네트워크에서 하위 영역 노드와 연결된 링크와 주변 노드로 구성된 부분입니다.

Subnet address(서브넷 주소)   IP 주소에서 서브넷 마스크에 의해 서브 네트워크로 지정되는 부분입니다.

Subnet mask(서브넷 마스크)   IP에서 서브넷 주소로 사용되고 있는 IP 주소의 비트를 표시하기 위해 사용하는 32비트 주소 마스크입니다. 때때로 간단하게 mask(마스크)라고도 합니다.

Subnetwork(서브네트워크)　　　① IP 네트워크에서 특정한 서브넷 주소를 공유하는 네트워크입니다. 서브 네트워크는 네트워크 관리자들이 다중 레벨로 된 계층형 라우팅 구조를 제공하면서 연결된 네트워크들의 복잡한 주소 지정 구조를 알 필요가 없게 하기 위해 임의로 분할한 네트워크입니다. 때때로 subnet(서브넷)이라고도 합니다.

② OSI 네트워크에서 단일 관리 도메인의 통제를 받으며 단일 네트워크 액세스 프로토콜을 사용하는 ES와 IS의 집합체입니다.

SVC　　　Switched Virtual Circuit(스위칭형 가상 회선)의 약어로, 요구가 있을 때 동적으로 설정되고 전송이 끝나면 해제되는 가상 회선입니다.

Switch(스위치)　　　① 각 프레임의 수신 주소를 기초로 프레임을 필터 처리하고, 포워딩하며, 플로딩하는 네트워크 장치입니다. 스위치는 OSI 모델의 데이터 링크 계층에서 작동합니다.

② 필요할 때 연결 통로를 설정하고 더 이상 지원할 세션이 없게 되면 연결을 종료할 수 있는 전자식 장치나 기계식 장치에 적용되는 일반적인 용어입니다.

Synchronous transmission(동기 전송)　　　정밀한 클록 처리 방식으로 전송하는 디지털 신호를 가리키는 용어입니다. 이런 신호는 동일한 주파수를 가지며, 개별적인 문자들은 각 문자의 시작과 끝을 지정하는 제어 비트(시작 비트와 정지 비트라고 함) 안에 캡슐화되어 있습니다.

T

T1　　　디지털 WAN 통신 사업자 시설입니다. T1은 AMI나 B8ZS 코딩 방식을 사용해 전화 스위칭 네트워크를 통해 1.544Mbps의 속도로 DS-1 포맷 데이터를 전송합니다.

T3　　　디지털 WAN 통신 사업자 시설입니다. T3는 전화 스위칭 네트워크를 통해 44.736Mbps의 속도로 DS-3-포맷 데이터를 전송합니다.

TAC　　　① Terminal Access Controller(터미널 액세스 컨트롤러)의 약어로, 다이얼업 라인으로부터 터미널을 연결할 수 있는 인터넷 호스트입니다.

② Cisco Technical Assistance Center(시스코 기술 지원 센터)의 약어입니다.

TACACS　　　Terminal Access Controller Access Control System(터미널 액세스 컨트롤러 액세스 제어 시스템)의 약어입니다. DDN 공동체에서 개발한 원격 액세스 인증 및 이벤트 로그 처리와 같은 그와 관련된 서비스를 제공하는 인증 프로토콜입니다. 사용자 암호는 각 라우터가 아니라 중앙 데이터베이스에서 관리하며, 쉽게 확장시킬 수 있는 네트워크 보안 솔루션을 제공합니다.

TACACS+　　　Terminal Access Controller Access Control System Plus의 약어입니다.

Tag(태그)　　　번호와 그 외의 다른 정보를 포함하는 식별 정보입니다.

Tag switching(태그 스위칭)　　　네트워크 계층(3계층) 라우팅 방식과 데이터 링크 계층(2계층) 스위칭 방식을 통합하여 네트워크 코어에서 확장성이 있는 고속 스위칭을 제공하는 고성능, 패킷 포워딩 테크놀로지입니다.

TAXI 4B/5B   Transparent Asynchronous Transmitter/Receiver Interface 4Byte/5Byte(투명 비동기 송신 장치/수신 장치 인터페이스 4바이트/5바이트)의 약어. ATM뿐만 아니라 FDDI LAN에서도 사용되는 엔코딩 방식입니다.

TCP/IP   Transmission Control Protocol/Internet Protocol(전송 제어 프로토콜/인터넷 프로토콜)의 약어입니다. 1970년대에 미국 DoD에서 전 세계적인 인터네트워크 구축을 지원하기 위해 개발한 프로토콜 슈트의 일반적인 이름으로, TCP와 IP는 이 슈트에서 가장 잘 알려진 2개의 프로토콜입니다.

Telnet(텔넷)   TCP/IP 프로토콜 스택에 포함된 표준 터미널 에뮬레이션 프로토콜입니다. 텔넷은 원격 터미널 연결을 위해 사용되며, 이것을 이용하면 사용자들이 원격 시스템으로 로그인해 리소스를 마치 로컬 시스템에 연결되어 있는 것처럼 사용할 수 있습니다.

Terminal(터미널)   네트워크에 데이터를 입력하거나 데이터를 검색할 수 있는 간단한 장치입니다. 일반적으로 터미널에는 모니터와 키보드가 있지만, 프로세서나 로컬 디스크 드라이브는 없습니다. 요즘은 주로 PC에 터미널 에뮬레이션 프로그램을 설치해서 사용합니다.

Terminal emulation(터미널 에뮬레이션)   컴퓨터가 원격 호스트에 직접 연결된 터미널처럼 보이게 해주는 소프트웨어를 실행하는 네트워크 애플리케이션입니다.

Terminal server(터미널 서버)   터미널, 프린터, 호스트, 모뎀 등과 같은 비동기식 장치를 TCP/IP, X.25, LAT 등의 프로토콜을 사용하는 LAN이나 WAN에 연결하는 통신 프로세서입니다. 터미널 서버는 연결된 장치에는 없는 인터네트워크 지능성을 제공합니다.

Terminator(터미네이터)   전송 라인의 끝에 전기 저항을 마련해 라인의 신호를 흡수하게 하는 장치. 이렇게 하면 신호가 튀어서 되돌아와 네트워크 스테이션에 다시 수신이 되는 일을 방지할 수 있게 됩니다.

TFTP   Trivial File Transfer Protocol(소형 파일 전송 프로토콜)의 약어로, 네트워크를 통해 한 컴퓨터에서 다른 컴퓨터로 파일을 전송할 수 있는 FTP의 단순형 버전입니다.

Thinnet(신넷)   IEEE 802.3 10Base-2 표준에 규정된 보다 얇고 보다 저렴한 형태의 케이블을 정의하는 데 사용되는 용어입니다.

Three-way handshake(3-방향 핸드셰이크)   연결을 설정하는 동안 두 프로토콜 엔티티를 동기화시키는 프로세스입니다.

Throughput(스루풋)   네트워크 시스템의 특정한 지점에 도달하거나 통과하는 정보의 속도입니다.

TN3270   터미널이 IBM 호스트에 3278 모델 2 터미널로 나타나게 할 수 있는 터미널 에뮬레이션 소프트웨어입니다.

Token(토큰)   제어 정보가 들어 있는 프레임입니다. 토큰을 소유하고 있으면 네트워크 장치가 데이터를 네트워크로 전송할 수 있게 됩니다.

Token bus(토큰 버스)   버스 토폴로지를 통해 토큰 전달 액세스를 사용하는 LAN 아키텍처입니다. 이 LAN 아키텍처는 IEEE 802.4입니다.

Token passing(토큰 패싱)   토큰이라고 하는 소형 프레임을 소유하고 있다는 사실을 기초로 네트워크 장치들이 질서 있게 물리적 매체를 액세스하는 액세스 방식입니다.

Token Ring(토큰링)   IBM에서 개발해 지원하는 토큰 패싱 LAN. 토큰링은 링 토폴로지를 통해 4Mbps 나 16Mbps의 속도로 실행됩니다.

Traffic shaping(트래픽 셰이핑)   네트워크를 통신 폭주 상태로 만들 수 있는 통신량 급증을 제한하기 위해 대기열을 사용하는 것으로, 데이터를 버퍼 등에 보관하면서 통신량을 조정해서 통신 폭주를 방지하는 시스템입니다.

Transparent bridging   브리지 포트가 있는 엔드 노드와 관련된 테이블을 기초로 브리지가 한 번에 한 홉씩 프레임을 전달하는 이더넷 네트워크와 IEEE 802.3 네트워크에서 종종 사용되는 브리징 기법입니다.

Transport layer(트랜스포트 계층)   OSI reference model(OSI 참조 모델)의 4계층입니다. 이 계층은 엔드 노드들 사이에서의 신뢰할 수 있는 네트워크 통신을 책임지고, 가상 회선 설정, 유지, 종료, 전송 장애 감지와 복구, 정보 흐름 제어 등을 위한 메커니즘을 제공합니다.

Tree topology(트리 토폴로지)   버스 토폴로지와 비슷한 LAN 토폴로지입니다. 단 트리 네트워크는 다수의 노드가 있는 브랜치를 포함시킬 수 있습니다. 스테이션에서 보내는 전송은 미디어의 길이 방향으로 전달되며, 다른 모든 스테이션에서 수신하게 됩니다.

Tunneling(터널링)   모든 표준형 포인트 투 포인트 캡슐화 기법을 구현하는 데 필요한 서비스를 제공하도록 설계된 아키텍처입니다.

Twisted pair(트위스티드 페어 케이블)   정상적인 나선형으로 배열된 2개의 절연 와이어로 구성된 비교적 저속 전송 매체입니다. 이 와이어는 절연되었는지의 여부에 따라 UTP와 STP로 나뉩니다.

U

UBR   Unspecified Bit Rate(지정되지 않은 비트 전송 속도)의 약어로, ATM 포럼에서 정의한 QoS 클래스입니다. UBR을 이용하면 지정된 최대 크기까지 임의의 크기의 데이터를 네트워크를 통해 보낼 수 있지만, 셀 손실률과 지연 시간 면에서는 보장되지 않습니다.

UBR+   Unspecified Bit Rate plus(지정되지 않은 비트 전송 속도 플러스)의 약어로, EPD나 TPD와 같은 지능형 패킷 폐기 메커니즘을 사용하는 ATM 스위치들에 의해 보완되는 UBR 서비스입니다.

UDLP   UniDirectional Link Protocol(단방향 링크 프로토콜)의 약어로, 위성을 통해 데이터를 수신하기 위한 저가형, 수신 전용 안테나가 사용하는 프로토콜입니다.

UDP   User Datagram Protocol(사용자 데이터그램 프로토콜)의 약어입니다. TCP/IP 프로토콜 스택에서 비연결형 트랜스포트 계층 프로토콜입니다. UDP는 긍정 확인 신호나 전달 보장이 없이 데이터그램을 교환하는 단순한 프로토콜이며, 오류 처리나 재전송은 다른 프로토콜이 처리해야만 합니다.

UNI   User-Network Interface(사용자 네트워크 인터페이스)의 약어입니다. 사설 네트워크에 있는 ATM

장비(라우터나 ATM 스위치)와 공공 통신 사업자 네트워크에 있는 ATM 스위치 사이의 인터페이스를 위한 호환성 표준을 정의하는 ATM 포럼 규격입니다.

Unicast(유니캐스트)   단일 네트워크 수신 장치로 보내진 메시지입니다.

UNIX(유닉스)   1969년 Bell 연구소에서 개발한 운영체제입니다. 유닉스는 처음 등장한 이후 몇 차례의 변신을 했는데, 그런 변신 중에는 캘리포니아 주립 버클리 대학에서 개발한 UNIX 4.3 BSD(Berkeley Standard Distribution(버클리 표준 배포판))과 AT&T에서 개발한 UNIX System V · Release 4.0이 있습니다.

URL   Universal Resource Locator(공용 리소스 로케이터). 브라우저를 사용해 하이퍼텍스트 문서나 그 외의 다른 서비스를 이용하는 표준화된 주소 지정 방식입니다.

UTP   Unshielded Twisted-Pair(비절연 트위스티드 페어 케이블)의 약어입니다. 다양한 네트워크에서 사용되는 4쌍의 와이어 매체입니다. 흔히 사용하는 UTP 케이블 연결 방식에는 카테고리 1 cabling(카테고리 1 케이블링), 카테고리 2 cabling(카테고리 2 케이블링), 카테고리 3 cabling(카테고리 3 케이블링), 카테고리 4 cabling(카테고리 4 케이블링), 카테고리 5 cabling(카테고리 5 케이블링)이 있습니다.

V

V.35   네트워크 액세스 장치와 패킷 네트워크 사이의 통신에 사용되는 동기식, 물리적 계층 프로토콜을 규정하는 ITU-T 표준입니다.

VAD   Voice Activity Detection(음성 액티비티 감지)의 약어입니다. 음성 포트나 다이얼 피더에서 이 기능을 사용하도록 설정하면, 침묵 구간은 네트워크를 통해 전송되지 않고, 들을 수 있는 음성만 전송됩니다. VAD를 사용하도록 설정하면 음성 품질은 약간 저하되지만, 연결 통로가 훨씬 더 적은 대역폭을 차지하게 된다는 장점이 있습니다.

VBR   Variable Bit Rate(가변 비트 전송 속도)의 약어입니다. ATM 포럼에서 정의한 QoS 클래스. VBR은 리얼 타임(RT) 클래스와 비리얼 타임(NRT) 클래스로 나누어지는데, VBR RT는 샘플 사이에 고정 타이밍 관계가 있는 연결에서 사용되며, VBR NRT는 샘플 사이에 고정된 타이밍 관계가 없지만 보장된 QoS는 여전히 필요한 연결에서 사용됩니다.

VCI   Virtual Channel Identifier(가상 채널 식별자)의 약어. ATM 셀의 헤더에 있는 16비트 필드. VPI와 함께 VCI는 셀이 수신 장치로 가는 도중에 일련의 ATM 스위치를 통과하는 동안 그 셀의 다음 수신 장치를 알아내는 데 사용됩니다.

VDSL   Very-high-datarate Digital Subscriber Line(초고속 데이터 전송용 디지털 가입자 회선)의 약어. 4가지 DSL 테크놀로지 중의 하나입니다. VDSL은 하나의 트위스티드 페어 구리선을 통해 13Mbps에서 52Mbps까지의 다운스트림과 1.5Mbps에서 2.3Mbps까지의 업스트림을 제공합니다.

VIP   Versatile Interface Processor의 약어입니다.

Virtual circuit(가상 회선)   두 네트워크 장치 사이에서 신뢰할 수 있는 통신을 보장하기 위해 만드는 논리 회선입니다. 가상 회선은 VPI/VCI 페어에 의해 정의되며, 영구형(PVC)일 수도 있고 스위칭형(SVC)일 수도 있습니다. 가상 회선은 프레임 릴레이와 X.25에서 주로 사용되는데, ATM에서 가상 회선은 Virtual Channel(가상 채널)이라고도 합니다.

VLAN   Virtual LAN(가상 LAN)의 약어입니다. 하나 이상의 LAN에 있는 여러 장치들이 실제로는 많은 수의 서로 다른 LAN 세그먼트에 있는데도 마치 동일한 배선에 연결되어 있는 것처럼 서로 의사소통을 할 수 있도록 관리 소프트웨어를 사용해 설정한 장치 그룹입니다.

VLSM   Variable-Length Subnet Mask(가변 길이 서브넷 마스크)의 약어입니다. 서로 다른 서브넷에서 동일한 네트워크 번호로 다른 서브넷 마스크를 지정할 수 있는 특성. VLSM은 가용 주소 공간을 최적화하는 데 도움이 됩니다.

VoATM   Voice over ATM의 약어. Voice over ATM 기능을 이용하면 라우터가 ATM 네트워크를 통해 음성 트래픽(예를 들면 전화 호출이나 팩스)을 전달할 수 있게 됩니다. ATM을 통해 음성 트래픽을 보낼 때 음성 트래픽은 멀티플렉싱된 음성을 위한 특수한 AAL5 캡슐화 방식을 사용해 캡슐화됩니다.

VoFR   Voice over Frame Relay의 약어입니다. Voice over Frame Relay 기능을 이용하면, 라우터가 프레임 릴레이 네트워크를 통해 음성 트래픽(예를 들면 전화 호출이나 팩스)을 전달할 수 있습니다. 프레임 릴레이를 통해 음성 트래픽을 보낼 때 음성 트래픽은 FRF.12 캡슐화 기법을 사용해 프레임 릴레이 네트워크를 통과할 수 있도록 세그먼트로 분해된 다음 캡슐화됩니다.

VoIP   Voice over IP의 약어로, 정상적인 텔레포니 스타일 음성을 POTS와 같은 기능, 신뢰도, 음성 품질로 IP 기반 인터넷을 통해 전달할 수 있는 능력입니다.

Voice over IP   Voice over IP 기능을 이용하면 라우터가 IP 네트워크를 통해 음성 트래픽(예를 들면 전화 호출과 팩스)을 전달할 수 있는 기능입니다. Voice over IP에서 DSP는 음성 신호를 프레임으로 분해하며, 이 분해된 프레임들은 2개씩 그룹으로 연결되어 음성 패킷에 저장됩니다.

VPI   Virtual Path Identifier(가상 경로 식별자)의 약어입니다. ATM 셀의 헤더에 있는 8비트 크기의 필드. VPI는 VCI와 함께 셀이 수신 장치를 향해 이동하면서 일련의 ATM 스위치들을 통과할 때 그 셀의 그다음 수신 장치를 알아내는 데 사용되는 값입니다. ATM 스위치들은 VPI/VCI 필드를 사용해 셀이 최종 수신 장치로 가는 도중에 이동해야 하는 다음 VCL을 찾아내게 됩니다.

VPN   Virtual Private Network(가상 사설 네트워크)의 약어입니다. 이것을 이용하면 한 네트워크에서 다른 네트워크로 이동하는 모든 트래픽을 암호화하므로 IP 트래픽이 공공 TCP/IP 네트워크를 통해 안전하게 이동할 수 있습니다.

VTP   Virtual Terminal Protocol(가상 터미널 프로토콜)의 약어로, 네트워크를 통해 가상 터미널 연결을 설정할 수 있는 ISO 애플리케이션입니다.

VTT   Virtual Type Terminal(가상 유형 터미널)의 약어로, 가상 터미널 라인(virtual terminal line)이라고도 합니다.

WAN   Wide-Area Network(광역망)의 약어입니다. 방대한 지역에서 사용자들에게 서비스를 제공하고 종종 일반적인 통신 사업자가 제공하는 전송 서비스를 사용하는 데이터 통신 네트워크. 프레임 릴레이, SMDS, X.25 등이 WAN의 예입니다.

Watchdog spoofing(워치독 스푸핑)   NetWare 서버로 워치독 패킷을 보내어 클라이언트와 서버 사이의 세션을 액티브 상태로 유지함으로써 NetWare 클라이언트를 대신하는 라우터를 특별히 지정하는 스푸핑의 하위 세트입니다.

Watchdog timer(워치독 타이머)   ① 타이머를 주기적으로 초기화시키지 않으면 프로세스에서 이벤트나 escape를 시작하게 만드는 데 사용하는 하드웨어나 소프트웨어 메커니즘입니다.
② NetWare에서 클라이언트가 워치독 패킷에 응답하기를 서버가 기다리는 최대 시간을 표시하는 타이머입니다. 타이머가 만료되면, 서버는 또 다른 워치독 패킷을 설정된 최대 수까지 보냅니다.
[참조 항목] Watchdog Packet(워치독 패킷)

WDM   Wave Division Multiplexing(파장형 분할 멀티플렉싱)의 약어입니다.

WFQ   Weighted Fair Queuing(가중 페어 대기열 처리)의 약어입니다. (트래픽 스트림 형태의) 대화를 식별하고, 각 대화에 속한 패킷을 분리시키며, 그 용량을 이러한 각 대화 사이에 공정하게 공유할 수 있게 보장해 주는 통신 폭주 관리 메커니즘입니다. WFQ는 통신 폭주 중에 네트워크 동작을 자동으로 안정시키는 방법이며, 수행 성능 증가와 재전송 감소라는 이점이 생깁니다.

Wildcard mask(와일드카드 마스크)   IP 주소를 다른 IP 주소와 비교할 때 그 IP 주소의 어느 비트를 무시해야 하는지를 판단하기 위하여 IP 주소와 연계되어 사용되는 32비트 수량입니다. 와일드카드 마스크는 액세스 리스트에서 주로 사용됩니다.

WinSock(윈속)   Windows Socket Interface(윈도우 소켓 인터페이스)의 약어로, 매우 다양한 종류의 애플리케이션이 인터넷 연결을 사용하거나 공유할 수 있게 해주는 소프트웨어 인터페이스입니다.

Wiring closet(와이어링 클로짓)   데이터 네트워크나 음성 네트워크를 배선으로 연결할 때 사용하도록 특별히 설계된 공간(장소)입니다. 와이어링 클로짓은 장치들을 상호 연결하는 데 사용되는 배선과 배선 장비들의 중앙 집중식 연결 포인트 역할을 하게 됩니다.

Workgroup(워크그룹)   LAN에서 서로 통신을 하고 데이터를 교환하도록 고안된 워크스테이션 서버들의 집합체입니다.

Workgroup switching(워크그룹 스위칭)   이더넷 네트워크들 사이에서 고속(100Mbps) 투명 브리징을 제공하고, 이더넷과 CDDI나 FDDI 사이에서 고속 변환 브리징을 제공하는 스위칭 방식입니다.

WWW   World Wide Web(월드 와이드 웹)의 약어로, 브라우저와 같은 클라이언트 애플리케이션을 실행하는 터미널에 하이퍼텍스트나 다른 서비스를 제공하는 인터넷 서버들로 이루어진 대형 네트워크입니다.

X

X.121   X.25 네트워크에서 사용되는 주소 지정 기법을 설명하는 ITU-T 표준입니다.

X.25   PDN에서 원격 터미널 액세스와 컴퓨터 통신을 위해 DTE와 DCE 사이의 연결을 유지하는 방법을 정의하는 ITU-T 표준입니다.

X.400   전자우편 전송을 위한 표준을 규정하는 ITU-T 권고입니다.

X.500   파일과 디렉토리에 대한 분산형 유지 보수의 표준을 지정하는 ITU-T 권고입니다.

X.75   두 PDN 사이의 신호 처리 시스템을 정의하는 ITU-T 권고. X.75는 사실상 NNI라고 할 수 있습니다. [참조 항목] NNI

xDSL   ADSL, HDSL, SDSL VDSL 등을 집합적으로 가리키는 용어입니다. 전부 전화 회사들이 제공하는 기존의 구리선 인프라스트럭처를 사용하는 현재 만들어지고 있는 디지털 테크놀로지입니다.

XID   exchange identification(교환 식별)의 약어로, 라우터와 토큰링 호스트 사이의 세션이 진행되기 전에 교환되는 요청 패킷과 응답 패킷입니다.

XNS   Xerox Network Systems(제록스 네트워크 시스템)의 약어입니다. 처음에 PARC에서 설계한 프로토콜 수트. 3Com, 반얀, 노벨, UB 네트웍스 등과 같은 많은 PC 네트워킹 회사들은 주 전송 프로토콜로 XNS의 변이형을 사용했거나 현재 사용하고 있습니다.

Z

ZIP   Zone Information Protocol(영역 정보 프로토콜)의 약어로, 네트워크 숫자를 영역 이름으로 매핑하는 애플토크 세션 레이어 프로토콜입니다.

Zone(영역)   ① 단일 게이트키퍼가 관리하는 모든 터미널, 게이트웨이, 멀티포인트 제어 장치(MCU) 등의 집합체입니다. 영역에는 적어도 하나의 터미널이 포함되어 있으며, 게이트웨이나 MCU도 포함시킬 수 있습니다.
② 애플토크에서 논리적인 네트워크 장치 그룹입니다. [참조 항목] ZIP

Zone multicast address(영역 멀티캐스트 주소)   노드가 자기 영역으로 보내진 NBP 브로드캐스트를 수신하게 되는 데이터 링크 의존형 멀티캐스트 주소입니다.

※ 이 내용은 시스코 코리아 홈페이지의 내용을 참고했습니다.

02

APPENDIX

시스코 장비의 패스워드 복구 방법

다음 표에서 패스워드를 복구하고자 하는 장비를 찾은 후 구분에 나와 있는 번호를 찾아 복구 방법을 배우시기 바랍니다. 이 복구 방법은 시스코 홈페이지(www.cisco.com)에 있는 자료를 참고했습니다.

구분	대상 장비	비고
1	Cisco AGS, Cisco 2000 series, Cisco 2500 series, Cisco 3000 series, 680X0-Based 4000 series, Cisco 7000 series running Cisco IOS 10.0or later in ROMs, IGS series running Cisco IOS 9.1 or later in ROMs	
2	Cisco 806, Cisco 827, Cisco UBR 900, Cisco 1003, Cisco 1004, Cisco 1005, Cisco 1400, Cisco 1600, Cisco 1700, Cisco 2600, Cisco 3600, Cisco 4500, Cisco 1800, Cisco 4700, Cisco AS5x00, Cisco 6x00, Cisco 7000, Cisco 7100, Cisco 7200, Cisco 7500, Cisco uBR 7100, Cisco uBR 7200, Cisco 12000, Cisco LS1010, Cisco 2800, Catalyst 2948G-L3, Catalyst4840G, Catalyst 4908G-L3, Catalyst 5500(RSM), Cisco 3800	#2와 #2-1 2가지 방법 이용
3	IGS routers running software earlier than Cisco IOS 9.1	
4	CGS, MGS, AGS, AGS+, 70X0 running ROMs earlier than Cisco IOS 10.0	
5	500-CS Communication Servers	
6	Cisco PIX 520	
7	Catalyst 1200, 2900, 2926, 2948, 2980G, 4000, 5000, 5500, 6500 (Cat OS를 사용하는 스위치)	
8	Catalyst 1600	
9	Catalyst 2600	
10	Catalyst 2900XL	
11	Catalyst 3000, 3100, 3200	

구분	#1
1	PC를 터미널 에뮬레이션 모드로 해서 라우터의 콘솔에 연결한다. (이때 가능하면 윈도우의 하이퍼터미널을 이용한다. 데이터맨 프로 등은 가급적 피한다.)
2	Show version을 사용해서 현재의 configuration register 값을 확인한다. 이 값은 대부분 0x2102이거나 0x102가 된다.
3	라우터를 리부팅한다. 라우터가 켜지는 시점에(60초 이내) Ctrl+Break를 누른다. 그리고 나면 〉와 같은 롬부트 모드로 들어가게 된다. (이때 사용 프로그램에 따라 롬부트 모드에 들어가지 못할 수도 있으므로 잘 안 될 때는 사용 터미널 에뮬레이션을 다시 확인한다.)
4	〉에서 o/r 0x42라고 입력한다. (이 의미는 NVRAM의 configuration을 무시하고 부팅하되 Flash로부터 부팅함을 의미한다. 만약 Flash 문제로 ROM으로 부팅하고자 할 때는 o/r 0x41이라고 한다.)
5	〉에서 i라고 입력한다. (입력한 후 Enter를 누르면 라우터는 리부팅을 시작한다.)
6	모든 셋업 명령에 No라고 대답하고 바로 Router〉 모드에서 enable을 입력하여 Router#으로 들어간다.
7	지금 상태에서 show run을 하면 아무것도 보이지 않는다. 하지만 show startup 또는 show config를 해보면 NVRAM에 있는 백업 구성 파일이 보인다. 따라서 config mem 명령으로 startup-config를 running-config로 복사한다(아주 중요함). 이 과정을 마친 후 config term 명령을 이용해서 라우터 구성 모드로 들어간 후 라우터 패스워드를 변경하고, config register 값을 원상복구하기 위해 Router(config)#config-register 0x2102라고 입력한 후 Ctrl+Z로 빠져 나와서 저장한 후 라우터를 Reload한다. (0x2102는 step2에서 확인한 값임.)

구분	#2
1	PC를 터미널 에뮬레이션 모드로 해서 라우터의 콘솔에 연결한다. (이때 가능하면 윈도우의 하이퍼터미널을 이용한다. 데이타맨 프로 등은 가급적 피한다.)
2	Show version을 사용해서 현재의 configuration register 값을 확인한다. 이 값은 대부분 0x2102이거나 0x102가 된다.
3	라우터를 리부팅한다. 라우터가 켜지는 시점에(60초 이내) Ctrl+Break를 누른다. 그리고 나면 ROMMON〉과 같은 ROMMON 모드로 들어가게 된다. (이때 사용 프로그램에 따라 ROMMON 모드에 들어가지 못할 수도 있으므로 잘 안 될 때는 사용 터미널 에뮬레이션을 다시 확인한다.)
4	ROMMON〉에서 confreg 0x42라고 입력한다. (이 의미는 NVRAM의 configuration을 무시하고 부팅하되 Flash로부터 부팅함을 의미한다. 만약 Flash 문제로 ROM으로 부팅하고자 할 때는 o/r 0x41이라고 한다.)
5	ROMMON〉에서 reset이라고 입력한다. (입력한 후 Enter를 누르면 라우터는 리부팅을 시작한다.)
6	모든 셋업 명령에 No라고 대답하고 바로 Router〉 모드에서 enable을 입력하여 Router#으로 들어간다.
7	지금 상태에서 show run을 하면 아무것도 보이지 않는다. 하지만 show startup 또는 show config를 해보면 NVRAM에 있는 백업 구성 파일이 보인다. 따라서 config mem 명령으로 startup-config를 running-config로 복사한다(아주 중요함). 이 과정을 마친 후 config term 명령을 이용해서 라우터 구성 모드로 들어간 후 라우터 패스워드를 변경하고, config register 값을 원상복구하기 위해 Router(config)#config-register 0x2102라고 입력한 후 Ctrl+Z로 빠져 나와서 저장하고 라우터를 Reload한다. (0x2102는 step2에서 확인한 값임.)

구분	#2-1
1	#2의 3번 작업인 ROMMON〉에서 confreg 0x42라고 입력했을 때 정상적인 결과를 얻지 못할 경우에는 ROMMON〉에서 confreg라고만 입력하고 [Enter]를 친다.
2	그 다음 Do you wish to change configuration[y/n]?이란 질문이 나오는데 YES로 대답한다. ignore system config info[y/n]?이란 질문이 나올 때까지 계속 NO를 입력한다. ignore system config info[y/n]?에서 YES로 대답한다. change boot characteristics[y/n]?이란 질문이 나올 때까지 계속 NO를 입력한다. change boot characteristics[y/n]?에서 YES로 대답한다.
3	그리고 나면 다음 질문이 나타난다. enter to boot: 이때 플래시 메모리를 사용하여 부팅하는 경우는 2번을, 플래시 메모리가 지워진 경우는 1번을 입력한 후 [Enter]를 친다.
4	Do you wish to change configuration[y/n]?이라는 질문에 NO라고 하고 [Enter]를 친다. ROMMON〉 reload를 입력한다. 부팅 후에는 앞 장과 같은 순서로 진행된다.

구분	#3
1	PC를 터미널 에뮬레이션 모드로 해서 라우터의 콘솔에 연결한다.
2	라우터의 전원을 내리고 뒷 패널에 있는 스위치의 세팅을 적어둔다.
3	스위치 7번 ON(아래로 내린다.), 스위치 0에서 3 OFF(위로 올린다.)
4	파워를 다시 켜면 〉 프롬프트가 나타난다. 이때 b를 입력한 후 Test-System〉 프롬프트가 나타날 때까지 [Enter]를 친다.
5	Test-System〉에서 enable해서 Test-System#으로 들어간다.
6	지금 상태에서 wr term을 하면 아무것도 보이지 않는다. 하지만 show config를 해보면 NVRAM에 있는 백업 구성 파일이 보인다. 따라서 config mem 명령으로 backup config를 active config로 복사한다(아주 중요함). 이 과정을 마친 후 config term 명령을 이용해서 라우터 구성 모드로 들어간 후 라우터 패스워드를 변경하고, [Ctrl]+[Z]로 빠져 나와서 저장한 후 라우터를 끈다.
7	2번에서 적어두었던 기존의 뒷 패널 스위치를 원상복구한 후 라우터를 켠다.

구분	#4
1	PC를 터미널 에뮬레이션 모드로 해서 라우터의 콘솔에 연결한다.
2	라우터의 전원을 내리고 프로세서 카드를 뽑는다. (CSC/2 or CSC/3 or CSC/4 on AGS/CGS/MGS, or RP on a 70x0)
3	하드웨어 레지스터 값을 포지션 현재 0(또는 1)에서 15로 바꾼 후 프로세서 카드를 다시 꽂는다.
4	라우터의 파워를 다시 켜고 〉에서 b 또는 b flash(Flash memory가 있는 경우)를 입력한다.
5	Test-System〉 프롬프트가 나타날 때까지 Enter를 친다. Test-System〉에서 enable해서 Test-System#으로 들어간다.
6	지금 상태에서 wr term을 하면 아무것도 보이지 않는다. 하지만 show config를 해보면 NVRAM에 있는 백업 구성 파일이 보인다. 따라서 config mem 명령으로 backup config를 active config로 복사한다(아주 중요함). 이 과정을 마친 후 config term 명령을 이용해서 라우터 구성 모드로 들어간 후 라우터 패스워드를 변경하고, Ctrl+Z로 빠져 나와서 저장한 후 라우터를 끈다.
7	프로세서 카드를 제거한 후 다시 점퍼를 15에서 원래 상태로 바꾸고 카드를 꽂고 파워를 켠다.

구분	#5
1	500CS의 경우는 패스워드를 교체하지 않고 구성 파일 자체를 삭제하여야 한다.
2	라우터 전원 케이블을 뽑아서 전원을 내린다.
3	라우터의 앞에 있는 DEFAULT 버튼을 누르고 있는다.
4	이 상태에서 라우터의 파워를 다시 켜면 LAN LED에 OK가 들어오고 나서 깜박거린 후 LED가 꺼지게 된다(약 15초 경과 후).
5	LED가 꺼지면 DEFAULT 버튼을 놓는다.
6	2~10분 정도 지난 후 500-CS는 팩토리 셋업 모드로 들어간다.

구분	#6
1	rawrite.exe 파일을 PC에서 실행한 후 스크린에 나오는 질문에 대답한다.
2	콘솔을 이용해서 PIX에 접속한 후 글자를 쳐서 연결되어 있는지 확인한다. 이때 Locked out된 상태이기 때문에 Password 프롬프트만 나타나게 된다.
3	PIX Password Lockout Utility를 PIX의 플로피 드라이브에 꽂는다.
4	PIX의 앞쪽에 있는 리셋 버튼을 누르면 다음 메시지가 보일 것이다. Erasing Flash Password. Please eject diskette and reboot.
5	이제 디스켓을 뽑고 리셋 버튼을 다시 누르면 패스워드 없이 로그인이 가능하다. (패스워드를 물을 때 Enter만 치면 된다.)

구분	#7
1	콘솔에 접속한다.
2	장비를 리부팅한다.
3	패스워드 프롬프트에서 30초 이내에 Enter를 치면 패스워드 없이 로그인이 가능하다.
4	Enable 명령으로 Enable 모드로 들어간다.
5	패스워드 프롬프트에서 30초 이내에 Enter를 치면 패스워드 없이 로그인이 가능하다.

구분	#8
1	스위치의 리셋 버튼을 스위치의 LED에서 다음과 같은 메시지가 보일 때까지 누르고 있는다. erasing mgmt passwd
2	스위치는 리셋되고 패스워드 없이 들어갈 수 있게 된다.

구분	#9
1	2600 스위치의 경우 패스워드를 지울 때는 모든 시스템 컨피그레이션이 같이 지워진다.
2	System Request 버튼을 눌러 System Request Menu에 들어간 후 NVRAM을 지운다.

구분	#10
1	스위치의 파워 케이블을 뽑고 MODE 버튼을 누른 상태에서 파워 케이블을 다시 연결한다.
2	포트 1x의 LED가 꺼지고 1, 2초 경과 후에 MODE 버튼을 놓는다.
3	flash_init 라고 입력한다. Load_helper 라고 입력한다. dir flash: 라고 입력한다 rename flash:config.text flash:config.old를 이용해서 기존 구성 파일을 저장한다.
4	Boot 명령을 이용해서 시스템을 부팅하고, 부팅 시 질문에 N으로 답한다.
5	스위치 프롬프트에서 en을 친다.
6	rename flash:config.old flash:config.text 명령을 이용해서 원래 파일을 복구한다.
7	copy flash:config.text system:running-config를 이용해서 구성 파일을 메모리로 복사한다. 이제 새로운 패스워드를 세팅하면 된다.

구분	#11
1	스위치의 sys req 버튼을 누른 후 화살표를 clear NVRAM으로 옮긴다.
2	다시 부팅을 하면 패스워드를 묻지 않고 부팅이 가능하다.

라우터 실습

APPENDIX

안녕하세요!

후니와 함께 라우터를 실습해 봅시다.

저와 같이하는 실전 라우터 랩에서 첫 번째 단계는 라우터의 구성입니다. 이 코너는 라우터에 충분히 경험을 가진 숙달된 엔지니어를 위한 코너입니다. 따라서 초보자의 경우는 지금 따라하려고 하지 마시고 실력이 충분히 갖춰진 후 도전해보세요. ^^

자, 그럼 시작해 볼까요? 두둥~

일단 라우터가 있어야 랩을 하겠죠?
라우터의 구성은 아래와 같습니다.

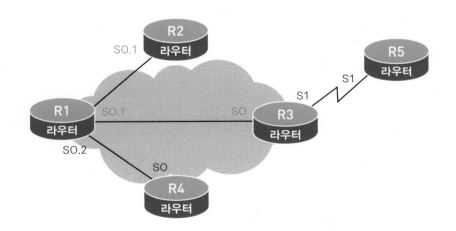

| 실습 그림 1 |
실습 구성

그림을 보면 실습에 사용될 라우터는 모두 5대입니다. 자세히 보시면 라우터의 인터 페이스도 적혀있죠? 추후 구성할 때 이 인터페이스 구성을 그대로 사용할 거니까 실습하시는 분들도 같은 인터페이스를 사용하시는 게 편할 거예요. ^^

이제 구성을 시작할 텐데요, 다음 규칙을 적용해야 합니다.

❶ 특별한 지시가 없는 한 150.100.0.0/24 주소를 사용해서 설정하라.

❷ 특별한 지시가 없는 한 모든 라우터의 인터페이스에 핑이 가능해야 한다.

❸ 특별한 지시가 없는 한 스태틱 라우트(ip route ∼) 명령을 사용하지 않는다.

❹ 'ip ospf network point-to-multipoint'와 'ip ospf network point-to-point' 명령은 사용하지 않는다.

❺ • R1은 2개의 서브 인터페이스를 사용해서 구성하고, R2는 하나의 point-to-point 서브 인터페이스를 사용하며, R3와 R4는 서브 인터페이스를 사용하지 않는다.

    • R1은 DLCI 번호 102, 103, 104를 사용하고, R2는 DLCI 201번을, R3는 DLCI 301번을, 그리고 R4는 DLCI 401번을 로컬 DLCI로 사용한다.

이 5가지 규칙을 생각하면서 일단 백본 구성을 시작하겠습니다. (규칙에 대해서는 아직 신경 쓰지 마세요. 나중에 자세히 설명해 드리겠습니다. ^^) 백본은 프레임 릴레이로 구성되는데요. 원래 프레임 릴레이 스위치망에 라우터를 연결해줘야 하지만, 실습인 관계로 프레임 릴레이 스위치 대신 1대의 라우터를 프레임 릴레이망처럼 구성해보겠습니다.

그림 보이시죠?

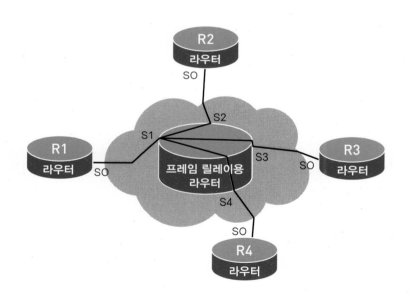

| **실습 그림 2** |
프레임 릴레이용 라우터의 구성

그림을 보면 중간에 있는 라우터가 프레임 릴레이망을 구성하는 라우터입니다. 이 라우터에 Serial 1부터 Serial 4까지의 4개의 인터페이스를 라우터 R1, R2, R3, R4와 연결해 줍니다. 그리고 아래 구성을 넣어주면 프레임 릴레이 구성이 완성됩니다.

이때 앞에서 설명드렸던 5가지 규칙 중에서 다섯 번째 규칙인 DLCI 번호를 잘 기억해서 구성해주면 됩니다.

프레임 릴레이용 라우터의 구성은 실습이 아니면 구성하실 일이 없을 겁니다. 참고로만 알아두시고 외우지 않으셔도 된답니다.

자, 구성을 볼까요?

```
hostname fr ← 라우터의 이름은 그냥 'fr'이라고 줬습니다.
!
frame-relay switching ← 프레임 릴레이 스위치로 동작시키기 위한 명령을 넣어줍니다.
!
interface Serial 1
  no ip address ← 어차피 이 라우터는 프레임 릴레이 스위치로 동작하기 때문에 따로 IP 주소를 넣어주지 않으셔도 됩니
                다. 라우팅용이 아니니까요. ^^
  encapsulation frame-relay ← 꼭 해줘야 하는 명령이죠? 기억해두시기 바랍니다.
  clockrate 56000 ← DCE쪽에서는 꼭 clockrate를 넣어주셔야 합니다. 두 시리얼이 연결되는 거니까, 한쪽은 DCE, 또
                   한쪽은 DTE가 되겠죠? 가능하면 프레임 릴레이 스위치쪽을 DCE로 해주시고, clockrate도 이쪽에
                   넣어주시기 바랍니다.
  frame-relay lmi-type ansi
  frame-relay intf-type dce
  frame-relay route 102 interface Serial2 201
  frame-relay route 103 interface Serial3 301
  frame-relay route 104 interface Serial4 401
```
← 위 frame-relay route 명령이 바로 프레임 릴레이망의 구성입니다. 앞쪽에 R1에서 R2, R3, R4로 갈 때의 DLCI 값을 넣어주고, interface 명령에는 각 DLCI 값에서 어느 인터페이스쪽으로 트래픽을 보낼 것인가를 결정해줍니다. 그리고 마지막에 상대편 DLCI 넘버를 넣어주면 됩니다. 즉 'frame-relay route 102 inter face Serial2 201' 명령의 경우 Serial 1로 'DLCI 102'가 들어오면 이 트래픽을 serial 2쪽으로 보내는데, 그쪽에서 사용하는 DLCI 값은 '201'이 된다는 것입니다. 이것만 봐도 serial 1에서는 serial 2, 3, 4, 이렇게 세 군데로 다 갈 수 있는 구성이란 걸 알 수 있죠? ^^

```
!
interface Serial2
  no ip address
  encapsulation frame-relay
  clockrate 56000
  frame-relay lmi-type ansi
  frame-relay intf-type dce
  frame-relay route 201 interface Serial1 102
```
← serial 2의 경우는 DLCI 201을 이용해서 serial 1쪽으로 트래픽이 갈 수 있다는 걸 알 수 있습니다.

```
!
interface Serial 3
  no ip address
  encapsulation frame-relay
  clockrate 56000
  frame-relay lmi-type ansi
  frame-relay intf-type dce
  frame-relay route 301 interface Serial 103
```
← 역시 serial 3도 DLCI 301을 통해 인터페이스 serial 1쪽으로 갈 수 있게 구성했습니다.

```
!
interface Serial 4
  no ip address
  encapsulation frame-relay
  clockrate 56000
  frame-relay lmi-type ansi
  frame-relay intf-type dce
  frame-relay route 401 interface Serial 104
← 똑같죠? Serial 4의 경우도 DLCI 401을 통해 Serial 4로 갈 수 있습니다.
```

일단 여기까지가 그림 가운데에 있는 프레임 릴레이 스위치용 라우터의 구성입니다.

앞에서 말씀드린 대로 실습에서만 사용되니까 꼭 아실 필요는 없지만 참고로 왜 이렇게 구성했는지만 알아두시기 바랍니다. 대충 S1쪽에서 S2, S3, S4쪽으로 모두 갈 수 있게 길을 만들어 놓았고, S2, S3, S4쪽에서는 S1과 연결되도록 구성했다는 것까지만 알아두시면 됩니다.

자, 일단 프레임 릴레이 망의 구성이 완료되었으면 각 라우터의 IP 주소를 세팅해야겠죠? 앞에서 규칙에 있는 대로 모든 IP 주소는 150.100.0.0 네트워크를 사용한다고 했습니다. 중간중간에 다시 주소를 정의해야 하겠지만 참고로 〈IP 주소 배정표〉를 봐 두세요.

● **IP 주소 배정표**

	R1	R2	R3	R4	R5
S0.1	150.100.1.1/24	150.100.1.2/24			
S0.2	150.100.5.1/24				
E0		150.100.28.9/30			150.100.17.1/24
L0		150.100.28.1/30	160.100.1.1/24	150.100.64.1/24	
L1		150.100.28.5/30	165.100.1.1/24	150.100.65.1/24	
L2		150.100.32.1/28	150.100.20.1/24	150.100.66.1/24	
L3		150.100.32.17/28	150.100.21.1/24		
L4		150.100.36.1/26	150.100.22.1/24		
L5		150.100.36.65/26			
S0			150.100.1.3/24	150.100.5.2/24	150.100.9.2/24
S1			150.100.9.1/24		

〈IP 주소 배정표〉는 참고만 하시고, 구성하면서 다시 설명해 드리겠습니다.

여기서 알아두시면 좋은 것은, 추후 실습에서 라우터를 구성할 경우 IP 주소 배정을 체계적으로 잘하게 되면 훨씬 구성이 편리하고 효과적이라는 것입니다. 실제 라우터의 구성에서도 마찬가지겠죠?

이제 라우터를 직접 구성할 수 있는 수준이라면 라우터의 IP 주소 배정에도 관심을 가져보시기 바랍니다. ^^

이제 드디어 라우터의 구성이 시작됩니다.
구성을 위해 아래 그림을 참조하시기 바랍니다.

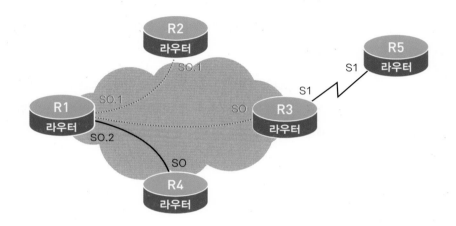

| 실습 그림 3 |
라우터의 구성 실습

먼저 프레임 릴레이 기본을 구성하겠습니다.

■ **프레임 릴레이를 이용한 기본 구성**

처음 설명에서 규칙 5번을 보면

❺ • R1은 2개의 서브 인터페이스를 사용해서 구성하고, R2는 하나의 point-to-point 서브 인터페이스를 사용하며, R3와 R4는 서브 인터페이스를 사용하지 않는다.
 • R1은 DLCI 번호 102, 103, 104를 사용하고, R2는 DLCI 201번을, R3는 DLCI 301번을, 그리고 R4는 DLCI 401번을 로컬 DLCI로 사용한다.

라고 되어있죠?

이건 R1에서는 R2, R3로 나갈 수 있고, R2, R3쪽에서는 R1과만 연결되게 하는 방식인 'Hub and Spoke' 방식의 구성을 이야기합니다.

Hub and Spoke 방식이란 앞에서 설명한 구성처럼 한쪽 포트에서 나머지 포트쪽으로 다 연결되어 있는 구성 방식입니다. 마치 허브에 여러 대의 PC가 연결되어 있는 구성 같죠? 이때 허브 라우터가 R1이 되는 겁니다. (R1의 s0.1만 보시기 바랍니다. S0.2는 R4의 S0과 1 대 1로 연결되어있죠?)

또한 여기서 R1에 2개의 서브 인터페이스를 만들어서 구성하고, R2는 하나의 서브 인터페이스를 만들어 구성하며, R3, R4는 서브 인터페이스를 사용하지 말라는 규칙도 기억해두시기 바랍니다([실습그림 3] 참조).

R1의 구성에서 또 하나 알아두셔야 할 내용이 있습니다.

R1의 Serial 0 인터페이스를 서브 인터페이스로 나눈 후 R2, R3과 연결하는 S0.1은 하나의 인터페이스가 2개의 인터페이스와 연결되기 때문에 인터페이스 타입이 multipoint가 되어야 합니다.

그러나 R4와 연결되는 S0.2 서브 인터페이스는 1 대 1 연결이므로 point-to-point 인터페이스로 지정해 주어야 합니다. (이렇게 서브 인터페이스를 만들 경우에는 인터페이스의 타입을 제대로 맞추어 주는 것이 중요합니다.)

자, 이제 R1의 구성을 시작하겠습니다.

```
!
interface Serial0.1 multipoint
← 앞에서 설명드린 대로 Serial 0.1은 R2, R3과 연결되기 때문에 multipoint 타입으로 잡았습니다.
  ip address 150.100.1.1 255.255.252.0
  no ip directed-broadcast
  frame-relay map ip 150.100.1.2 102 broadcast
  frame-relay map ip 150.100.1.3 103 broadcast
← 이처럼 s0.1은 허브 역할을 하므로 R2와 R3 두 군데 모두를 frame-relay map 명령으로 잡아주는데, 이때 '102'와
  '103'이라는 DLCI 번호를 사용해서 '150.100.1.2'와 '150.100.1.3'으로 통신하게 됩니다.


interface Serial0.2 point-to-point
← Serial 0.2의 경우는 1 대 1로 R4의 S0와 연결되었습니다. 따라서 인터페이스 타입이 point-to-point 방식입니다.
  ip address 150.100.5.1 255.255.255.0
  no ip directed-broadcast
  frame-relay interface-dlci 104
← 이처럼 point-to-point 서브 인터페이스에서는 frame-relay map 명령을 사용하지 않고 frame-relay inter face-
  dlci 명령을 써줍니다. 이때는 DLCI 번호만 넣어주면 됩니다. Map 명령에 비해서 훨씬 간편하죠? ^^
```

이제 라우터 R2의 구성을 볼까요?

```
interface Serial0.1 point-to-point
```
← 앞에서 R2에도 서브 인터페이스를 잡으라고 했기 때문에 S0.1으로 잡아준 후 R1의 S0.1과만 연결해주면 되니까 인터페이스 타입은 point-to-point로 잡았습니다.
```
 ip address 150.100.1.2 255.255.252.0
 no ip directed-broadcast
 frame-relay interface-dlci 201
```
← R1의 s0.2와 마찬가지로 서브 인터페이스를 만들고 point-to-point로 세팅하는 경우는 frame-relay map 명령을 쓸 수 없고, 오직 frame-relay interface-dlci 명령만을 사용해야 합니다. 여러 개의 맵 명령을 쓰는 대신 point-to-point 서브 인터페이스에서는 frame-relay interface-dlci 만들어 가면서 구성됩니다. 이렇게 interface-dlci 명령 한 줄만 넣어도 R2 라우터에서 R1과 R3쪽으로 통신이 가능하게 됩니다.

R3의 구성은 다음과 같습니다.

```
interface Serial0
```
← 위에서 요구한 대로 R3의 경우는 서브 인터페이스를 사용하지 않고 피지컬 인터페이스와 직접 연결했습니다. 따라서 인터페이스 타입을 넣어줄 필요가 없습니다.
```
 ip address 150.100.1.3 255.255.252.0
 no ip directed-broadcast
 encapsulation frame-relay
 no ip mroute-cache
 logging event subif-link-status
 logging event dlci-status-change
 no fair-queue
 frame-relay map ip 150.100.1.1 301 broadcast
 frame-relay map ip 150.100.1.2 301 broadcast
 frame-relay lmi-type cisco
```
← 여기에서는 피지컬 인터페이스를 그대로 사용했기 때문에 frame-relay map으로 모든 인터페이스를 다 잡아줘야 합니다. 여기서 R3의 경우 R1과만 연결되어 있기 때문에 R1쪽만 잡아주면 되는 게 아닌가라고 생각하시는 분이 있는데, 그렇게 해줄 경우엔 R3가 R2와 통신이 안 됩니다. 앞에서 설명한 대로 R1, R2, R3가 하나의 망으로 연결되어 있기 때문에 각각의 라우터에서는 나머지 2개의 라우터쪽으로 핑이 되어야 합니다. 즉 R1의 S0.1과 R2의 S0.1 그리고 R3의 S0 인터페이스는 같은 네트워크이기 때문에 다 핑이 되어야 합니다. 이해 가시죠?

일단 R1, R2, R3의 프레임 릴레이 구성이 완료되었습니다. 이제 제대로 구성되었는지 보려면 show frame-relay map 명령을 사용하면 됩니다. 또 트러블슈팅(troubleshooting)에서는 debug frame-relay packet을 설정하고 핑으로 테스트해보면 알 수 있습니다.

그럼 라우터 R3에서 R1과 R2가 다 보이는지 한번 볼까요?

```
r3#show frame-relay map
Serial0 (up): ip 150.100.1.1 dlci 301(0x12D,0x48D0), static,
              broadcast,
              CISCO, status defined, active
Serial0 (up): ip 150.100.1.2 dlci 301(0x12D,0x48D0), static,
              broadcast,
              CISCO, status defined, active
```

150.100.1.1과 150.150.1.2 둘 다 UP으로 올라와 있는 게 보이시죠? 제대로 돌아가고 있는 겁니다. ^^ 일단 R4 구성은 뒤에 가서 하기로 하고 여기서는 R1, R2, R3 구성만 한 번씩 해보시기 바랍니다.

기본적인 프레임 릴레이 구성이 완료되었으니, 이제 제대로 된 실습이 시작됩니다.

여러분들은 일단 문제를 혼자 풀어보시고, 안되면 문제 뒤에 나온 풀이를 같이 읽어보시기 바랍니다.

자, 문제 시작합니다.

> **문제 ❶** | 서브넷 '150.100.1.0/24'를 사용해서 R1, R2, R3 간을 'OSPF area 0'으로 구성해라. R1, R2, R3 간에는 서로 핑이 가능해야 한다.

쉽죠? OSPF 구성을 해보신 분이라면 누구나 "아~ 이 정도는 그냥 OSPF 명령으로만 잡아주면 되겠지."라고 생각하실 겁니다. 하지만 여기서 출제하는 문제의 수준은 사실 그리 만만한 수준이 아니랍니다. 이 문제의 풀이를 보지 않고 해결할 수 있다면, 거의 CCIE 수준이라고 해도 될 정도입니다. 즉 앞에서 설명드린 대로 단순히 OSPF로 3대의 라우터를 연결하려고 하면 계속 에러가 발생하게 된답니다. 왜 그런지 확인해 볼까요?

왜냐하면 OSPF의 경우 서로 Neighbor를 맺기 위해서는 인터페이스의 Type이 일치해야 합니다. 그런데 기본적으로 R1, R2, R3의 인터페이스 타입이 서로 다르기 때문에 서로 Neighbor를 맺지 못해서 통신이 불가능해진다는 겁니다.

즉 이 문제는 단순한 OSPF 라우팅 문제가 아닌 OSPF의 인터페이스 타입 Mismatch를 어떻게 해결하는지 알아보기 위한 문제입니다.

이 문제를 풀기 위해서 OSPF에서 먼저 알아두어야 할 인터페이스 타입에 대한 내용입니다. 무조건 외우세요. ^^

- 서브 인터페이스가 multipoint로 구성되어 있으면 : Non broadcast

- 서브 인터페이스가 point-to-point로 구성되어 있으면 : point-to-point

- 피지컬 인터페이스가 point-to-point로 구성되어 있으면 : Non broadcast

어렵지 않죠?

따라서 R1, R2, R3 간을 보시면 서로 OSPF 인터페이스 타입이 맞지 않아 OSPF Neighbor 설정이 불가할 수밖에 없습니다. 이 문제를 해결해 주기 위해서는 인터페이스에 ip ospf network 명령을 이용해서 맞춰주면 되는데, 여기에는 총 4가지 방식이 있습니다.

- **Ip ospf network point-to-multipoint** : 이 방식은 DR election이 없는 방식입니다. 여기서 DR 이란 Designated Router이라는 거 아시죠? OSPF의 반장선거를 기억해 보시기 바랍니다.

- **Ip ospf network point-to-point** : 이 방식도 DR election이 없는 방식입니다. 참고로 이 방식은 시스코 라우터의 IOS12.0 이상 버전에서만 지원된다는 것도 알아두시기 바랍니다.

- **Ip ospf network nonbrodcast** : 이 방식을 사용할 경우는 R2에만 입력해 주면 됩니다. 왜냐하면 R1, R3는 이미 nonbroadcast이기 때문입니다. 위에 있는 규칙을 다시 한 번 확인해 보세요. 참고로 현재 내 라우터의 OSPF 인터페이스 타입을 보고 싶다면 show ip ospf interface 명령을 사용하시면 됩니다. 또한 DR election 방식도 있습니다. 또 DR 라우터에서 Neighbor 설정을 해줘야 한다는 것도 기억하시기 바랍니다. neighbor 설정은 아래와 같이 ospf routing 안에 넣어주시면 됩니다.

```
router ospf 100
neighbor 150.100.1.2
neighbor 150.100.1.3
)
```

- **ip ospf network broadcast** : 이 방식을 사용할 경우 항상 R1이 DR이 되도록 해줘야 한다는 걸 기억하셔야 합니다. 즉 HUB and spoke 구조에서는 항상 hub 라우터가 DR이 되어야 한다는 규칙이 있답니다. 따라서 나머지 라우터는 절대 DR이 되지 않도록 R2와 R3에서 priority를 0으로 지정해 주어야 합니다. Priority를 0으로 해두면 무조건 DR 선출에서 빠지게 되니까요. ^^

여기까지 이해 가시죠? 그럼 문제로 돌아가 볼까요?

맨 처음 보여드렸던 규칙 생각나세요?

❹ 'ip ospf network point-to-multipoint'와 'ip ospf network point-to-point' 명령은 사용하지 않는다.

기억나시죠? 따라서 'ip ospf network point-to-multipoint'와 'ip ospf network point-to-point' 명령은 사용하면 안 되니까 2개는 제외하고, 나머지 2가지 방법 중 하나인 'ip ospf network broadcast'를 사용해 보겠습니다.

그럼 각 라우터들을 구성해볼까요?

```
R1>
interface Serial0.1 multipoint
  ip address 150.100.1.1 255.255.255.0
  no ip directed-broadcast
  ip ospf network broadcast
  frame-relay map ip 150.100.1.2 102 broadcast
  frame-relay map ip 150.100.1.3 103 broadcast
← 라우터 R1은 서브 인터페이스에서 multipoint니까 non broadcast 타입이죠? 따라서 위에서 설명드린 대로 ip ospf
  network broadcast 명령을 인터페이스에 넣어줍니다.
!
router ospf 100
  network 150.100.1.0 0.0.0.255 area 0
← 마지막으로 ospf 라우팅을 enable하고 150.100.1.0 네트워크를 area 0으로 잡아줬습니다.
```

```
R2>
interface Serial0.1 point-to-point
  ip address 150.100.1.2 255.255.255.0
  no ip directed-broadcast
  ip ospf network broadcast
  ip ospf priority 0
← 라우터 R2의 경우 서브 인터페이스에서 point-to-point로 구성될 경우 OSPF 인터페이스 타입은 point-to-point니까
  'ip ospf network broadcast' 명령을 사용해서 인터페이스 타입을 일치시켰습니다. 또한 앞에서 설명드린 대로 'ip
  ospf network broadcast' 명령을 사용할 경우 DR 선출이 있는데, 이때 hub 라우터가 반드시 DR로 선출되게 하기 위
  해 나머지 라우터에서는 OSPF priority를 0으로 해줍니다.
!
router ospf 100
  network 150.100.1.0 0.0.0.255 area 0
```

```
R3>
interface Serial0
  ip address 150.100.1.3 255.255.255.0
  no ip directed-broadcast
  encapsulation frame-relay
  ip ospf network broadcast
  ip ospf priority 0
!
router ospf 100
  network 150.100.1.0 0.0.0.255 area 0
← 라우터 R3의 구성은 R2의 구성과 똑같죠?
```

자, 이제 구성이 끝났습니다. 이 상태에서 제대로 구성이 되었는지를 보려면 'show ip ospf neighbor' 명령이나 'show ip route' 명령을 사용해보시면 됩니다. 물론 각 라우터에서 핑을 해보셔도 되겠죠? ^^

이 문제에서 알아두어야 할 것은 OPSF에서 neighbor를 맺기 위해서는 OSPF interface type이 일치해야 한다. 이해하셨죠? 그렇다면 1번 문제 끝!!

이제 두 번째 문제입니다. 문제를 볼까요?

문제 ❷ | R1과 R4 사이를 RIP으로 구성해라.

R1과 R4 사이를 RIP로 구성하라는 문제, 너무 쉽죠? OSPF도 했는데 RIP 구성이야 뭐 식은 죽 먹기 아닌가요? 이렇게 생각하셨다면 그건 오해랍니다. ㅎㅎ 이 문제 역시 함정이 있기 때문입니다.

왜냐하면 R1의 경우 하나의 피지컬 인터페이스를 2개로 나누어서 서브 인터페이스를 만들었고, 이미 그 중 하나가 OSPF 라우팅에 참가하고 있기 때문에 그냥 RIP를 잡아주면 OSPF에 참여하고 있는 서브 인터페이스까지 영향을 받게 된답니다. ^^

그럼 어떻게 해줘야 할까요?

그래서 생각해줘야 할 문제가 필요 없는 인터페이스로 라우팅 업데이트를 보내지 않는 방법입니다. 뭘까요? 네, 그게 바로 'passive interface' 명령입니다.

그럼 R1을 구성해 볼까요?

아까 구성을 미뤄줬던 R1과 R4 사이의 프레임 릴레이 구성도 함께 들어있으니 참조하시기 바랍니다.

```
R1>
interface Serial0.1 multipoint
  ip address 150.100.1.1 255.255.255.0
  no ip directed-broadcast
  ip ospf network broadcast
  frame-relay map ip 150.100.1.2 102 broadcast
  frame-relay map ip 150.100.1.3 103 broadcast
!
!
interface Serial0.2 point-to-point
  ip address 150.100.5.1 255.255.255.0
  no ip directed-broadcast
  frame-relay interface-dlci 104
```
← 앞에서도 말씀드렸지만 서브 인터페이스에서 point-to-point 구성이면, frame-relay interface-dlci 명령을 써준다고 했죠?
```
 !
!
router rip
```
passive-interface Serial0.1

← 설명드린 대로 serial0.1 인터페이스는 이미 OSPF에 참여하고 있고, RIP 업데이트가 나갈 필요가 없기 때문에 이 인터페이스에 'passive-interface'를 걸어줘서 RIP 업데이트가 나가는 것을 방지해 주었습니다.
```
network 150.100.0.0
```

이번엔 라우터 R4의 구성을 보겠습니다. R4에서도 역시 Frame relay 구성을 포함했습니다.

```
R4>
interface Serial0
  ip address 150.100.5.2 255.255.255.0
  no ip directed-broadcast
  encapsulation frame-relay
```
  ip split-horizon

← Split horizon은 RIP 시간에 배운 기억이 나실 겁니다. 쉽게 이야기하자면 한 번 받은 라우팅 정보를 다시 같은 쪽으로는 내보내지 않는다는 의미입니다. 그런데 피지컬 인터페이스에 Frame-Relay가 enable 되면 자동으로 ip split horizon 이 disable 됩니다. 이렇게 되면 나중에 OSPF와 RIP 간에 redistribution을 해줄 때 OSPF에서 RIP쪽으로 redistribute한 정보가 다시 OSPF쪽으로 redistribute 되어서 하나의 네트워크에 대해서 **O IA**[OSPF에서 자체적으로 만들어진 내부 라우팅 정보로 show ip route를 했을 때 보이는 라우팅 정보입니다.]와 **O E2**[OSPF 라우팅 정보가 RIP로 넘어갔다가 다시 OSPF쪽으로 redistribution 되어 마치 외부에서 받아들여진 것처럼 보이는 외부 라우팅 정보로 show ip route로 확인할 수 있는 라우팅 정보입니다.] 2개의 테이블이 보이게 됩니다. 따라서 ip split-horizon을 enable시켜야 rip가 받은 OSPF 정보를 다시 OSPF쪽으로 내보내지 않게 됩니다. 그러나 OSPF가 돌고 있는 R1쪽에서는 할 필요 없습니다. 기억하셔야 할 것은 위와 같은 구성이라면 RIP와 IGRP 프로토콜이 돌고 있는 곳에서는 꼭 해줘야 한다는 것입니다.
```
  no ip mroute-cache
```

```
 logging event subif-link-status
 logging event dlci-status-change
 no fair-queue
 frame-relay map ip 150.100.5.1 401 broadcast
```
← 앞서 frame relay 세팅에서 배운 것처럼 서브 인터페이스가 아닌 피지컬 인터페이스에 바로 frame relay를 세팅했기 때문에 frame-relay map 명령을 사용했습니다. 또한 R3와는 달리 R1과만 1 대 1로 연결되었기 때문에 R1만을 map으로 잡아주면 됩니다.
```
 frame-relay lmi-type cisco
!
!
router rip
 network 150.100.0.0
```

여기까지입니다.

두 번째 문제에서 우리가 배운 것은 라우팅 프로토콜을 잡아줄 때 라우팅 정보를 업데이트하지 않아도 되는 인터페이스에는 'passive interface'란 명령을 사용해야 한다는 것과, 서브 인터페이스가 아닌 피지컬 인터페이스에 프레임 릴레이가 잡힌 상태에서 RIP나 IGRP 같은 라우팅 프로토콜을 사용할 경우에는 반드시 'split horizon'이 자동으로 disable된다는 것을 기억하셔야 합니다. 따라서 2개의 라우팅 프로토콜을 사용해서 서로 redistribution해줄 경우에는 'ip split-horizon' 명령을 사용해주셔야 합니다.

이상 끝!!

> **문제 ❸** | R2에서 30비트 서브넷 마스크를 이용해서 2개의 Loopback과 하나의 이더넷 인터페이스를 만들고 이것을 'OSPF area 22'로 구성해라. 또한 R2에 최소한 14개의 호스트 주소를 가질 수 있는 2개의 loopback 인터페이스를 만들어 OSPF area 25에 위치시켜라.

세 번째 문제는 모처럼 쉬운 문제네요. ^^ 서브넷 마스크만 이해했으면 누구나 풀 수 있는 문제죠? 볼까요?

일단 'ospf area 22'의 경우는 서브넷 마스크를 30비트로 사용하라고 했으니까 '255.255.255.252'를 사용해서 만들면 되겠네요. 'ospf area 25'의 경우는 최소 14개의 호스트를 가질 수 있도록 하라고 했으니 호스트 비트 수가 4비트가 되는 서브넷 마스크를 만들어야겠죠? 지금쯤 바로 암산이 되셔야 합니다. ^^

네. 255.255.255.240 서브넷 마스크죠?

둘 다 서브넷 마스크를 알았으니 이제 라우터 R2를 구성해보겠습니다.

구성 보시죠.

```
R2>
!
interface Loopback0
```
← 루프백 인터페이스는 이렇게 자기가 만들어 주는 가상의 인터페이스랍니다. 케이블을 직접 연결해서 사용할 순 없지만, 실습환경에선 루프백을 이용해서 많은 구성을 해줄 수 있어 많이 사용한답니다. 또한 OSPF 같은 라우팅 프로토콜에서 라우터 ID를 세팅할 때도 사용되는데, 일반 인터페이스는 UP/Down이 발생할 수 있지만, 루프백의 경우는 항상 UP이기 때문에 훨씬 안정적이라는 장점이 있답니다.
```
  ip address 150.100.28.1 255.255.255.252
```
← 첫 번째 루프백의 IP 주소를 세팅했죠? 앞에서 설명한 대로 30비트 서브넷 마스크를 사용했습니다.
```
  no ip directed-broadcast
!
interface Loopback1
  ip address 150.100.28.5 255.255.255.252
  no ip directed-broadcast
!
interface Ethernet0
  ip address 150.100.28.9 255.255.255.252
  no ip directed-broadcast
!
interface Loopback2
  ip address 150.100.32.1 255.255.255.240
```
← Loopback interface 2와 3은 28비트 서브넷 마스크를 사용했습니다. 그래야 최소 14개 이상의 호스트를 갖는 주소가 만들어지겠죠?
```
  no ip directed-broadcast
!
interface Loopback3
  ip address 150.100.32.17 255.255.255.240
  no ip directed-broadcast
!
!
!
router ospf 100

  network 150.100.1.0 0.0.0.255 area 0
```
← 이미 이 부분은 앞에서 구성했던 부분입니다.
```
  network 150.100.28.0 0.0.0.3 area 22
  network 150.100.28.4 0.0.0.3 area 22
  network 150.100.28.8 0.0.0.3 area 22
```
← 문제에서 요청한 대로 area 22에 2개의 루프백 인터페이스와 이더넷을 포함시켰습니다.
```
  network 150.100.32.0 0.0.0.15 area 25
  network 150.100.32.16 0.0.0.15 area 25
```
← 역시 문제에서 요청한 대로 2개의 추가 루프백 인터페이스를 area 25로 정의했죠?

이번 문제에서는 서브넷 마스크만 계산할 줄 알면 무난하게 구성이 가능합니다. 뒤에 나오는 router ospf 부분은 OSPF 구성을 해보신 분이라면 아마 어렵지 않게 구성하실 수 있습니다. 이 부분이 이해가 안 가시면, 책 앞쪽의 OSPF 부분을 참고하시기 바랍니다.

점점 흥미로워지죠? ^^ 자, 이렇게 해서 이번 문제도 끝!!

> **문제 ❹ |** R3과 R5 사이를 'OSPF area 54'로 구성하라. 또한 R5의 E0 인터페이스를 OSPF area 33으로 구성해라. R4를 제외한 모든 라우터들이 R5의 'Ethernet 0'으로 핑이 가능한지 확인해라.

이런 문제는 먼저 구성도를 그려서 확인을 해볼 필요가 있습니다. 구성이 점점 복잡해지기 때문에 구성도가 없이 라우터를 구성하다 보면 실수할 수 있으므로 가능하면 자세한 구성도를 그려서 확인해가면서 라우터 실습을 해보시기 바랍니다.

후니가 그린 그림은 아래와 같습니다.

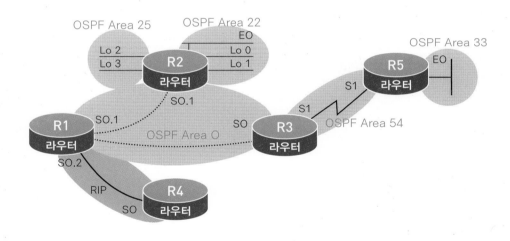

| **실습 그림 4 |**
라우터의 OSPF 구성

문제에서 R3와 R5 사이가 'OSPF Area 54'로 세팅되어야 하고, R5의 Ethernet 0이 'Area 33'으로 세팅되어야 한다고 했습니다. 이렇게 세팅을 한다고 가정하고 그림을 그려보니, Area 33이 백본 Area, 즉 area 0과 직접 연결되어 있지 않죠?

OSPF의 중요한 규칙!!

모든 area는 백본 Area, 즉 OSPF Area 0과 연결되어 있어야 한다는 규칙에 어긋나게 되는 것입니다. 이렇게 되면 당연히 Area 33은 통신이 불가능하기 때문에 이 문제를 해결하기 위해서는 Virtual Link라는 솔루션이 필요합니다.

사실 이 문제는 OSPF에서 Virtual Link의 필요성을 이해하고 있고, 구성할 수 있는지를 알아보기 위한 문제입니다. ^^

Virtual Link에서 중요한 것은 라우터의 ID입니다. Virtual-link에서는 상대편 area의 라우터 ID를 사용하기 때문에 처음에 'show ip ospf'를 통해 라우터 ID를 보고 구성했다고 하더라도 새로운 인터페이스를 계속 추가하면서 라우터 ID가 바뀔 수 있는 가능성이 큽니다. (참고로 라우터 ID는 가장 높은 IP 주소로 선정되게 됩니다.) 따라서 절대 바뀌지 않을 만한 값을 루프백 인터페이스로 잡아서 구성해주는 것이 필요할 뿐 아니라 나중에도 Virtual-link의 통신이 안 되는 경우는 가장 먼저 라우터 ID를 체크해봐야 합니다.

Virtual 인터페이스의 구성은 R3과 R5에서 해주게 됩니다.

```
R3>
interface Loopback1
 ip address 165.100.1.1 255.255.255.0
← 현재 라우터 IP 주소에 비해 가장 높은 주소를 루프백 주소로 잡아줌으로써 이 주소를 라우터 ID로 만들어 줍니다. 이
  때 루프백 인터페이스가 OSPF에 속하지 않아도 라우터 ID가 될 수 있습니다.

router ospf 100
 area 54 virtual-link 150.100.17.1
← 여기서 area 54는 'transit area', 즉 Area0과 Area 33 사이에 위치한 area이고 뒤에 붙는 '150.100.17.1'은 상대
  편 라우터의 ID입니다.
 network 150.100.1.0 0.0.0.255 area 0
 network 150.100.9.0 0.0.0.255 area 54
 network 150.100.20.0 0.0.0.255 area 44
 network 150.100.21.0 0.0.0.255 area 44
 network 150.100.22.0 0.0.0.255 area 44
```

이번에는 R5를 구성해 볼까요?

```
R5>
interface Ethernet0
 ip address 150.100.17.1 255.255.255.0
 no ip directed-broadcast
← R5에서는 루프백 인터페이스 대신 Ethernet 0 인터페이스의 IP 주소가 OSPF의 router ID가 되었답니다. 하지만 이처
  럼 실제 인터페이스를 잡는 경우는 나중에 구성에 변화가 있어 IP 주소가 바뀌게 되면 OSPF router ID 역시 바뀌게
  되니 주의하셔야 합니다. 따라서 가능하면 루프백 주소를 하나 만들어주는 게 좋겠죠? ^^

router ospf 100
 area 54 virtual-link 165.100.1.1
 network 150.100.9.0 0.0.0.255 area 54
 network 150.100.17.0 0.0.0.255 area 33
```

서브넷 마스크 해설

APPENDIX

서브넷마스크를 위해 외워두세요!!

128	64	32	16	8	4	2	1		
1	0	0	0	0	0	0	0	=	128
1	1	0	0	0	0	0	0	=	192
1	1	1	0	0	0	0	0	=	224
1	1	1	1	0	0	0	0	=	240
1	1	1	1	1	0	0	0	=	248
1	1	1	1	1	1	0	0	=	252
1	1	1	1	1	1	1	0	=	254
1	1	1	1	1	1	1	1	=	255

2진수의 이해

0	=	0
1	=	1
2	=	10
3	=	11
4	=	100
5	=	101
6	=	110
7	=	111
8	=	1000
9	=	1001
10	=	1010

십진수 $245 = 2 \times 10^2 + 4 \times 10^1 + 5 \times 10^0$
$ = 200 \quad + \quad 40 \quad + \quad 5$
$ = 245$

이진수 $1101 = 1 \times 2^3 + 1 \times 2^2 + 0 \times 2^1 + 1 \times 2^0$
$ = 8 \quad + \quad 4 \quad + \quad 0 \quad + \quad 1$
$ = 13$

2진수의 변환

십진수 33 은 이진수로..??

```
2 | 33
2 | 16 .... 1        100001
2 |  8 .... 0
2 |  4 .... 0
2 |  2 .... 0
     1 .... 0
```

십진수 45 는 이진수로..??

```
2 | 45
2 | 22 .... 1        101101
2 | 11 .... 0
2 |  5 .... 1
2 |  2 .... 1
     1 .... 0
```

16진수의 이해

```
0  = 0
1  = 1
2  = 2
3  = 3
4  = 4
5  = 5
6  = 6
7  = 7
8  = 8
9  = 9
10 = a
11 = b
12 = c
13 = d
14 = e
15 = f
```

십진수 245 = $2 \times 10^2 + 4 \times 10^1 + 5 \times 10^0$
$= 200 \quad + \quad 40 \quad +5$
$= 245$

16진수 245 = $2 \times 16^2 + 4 \times 16^1 + 5 \times 16^0$
$= 512 + 64 + 5$
$= 581$

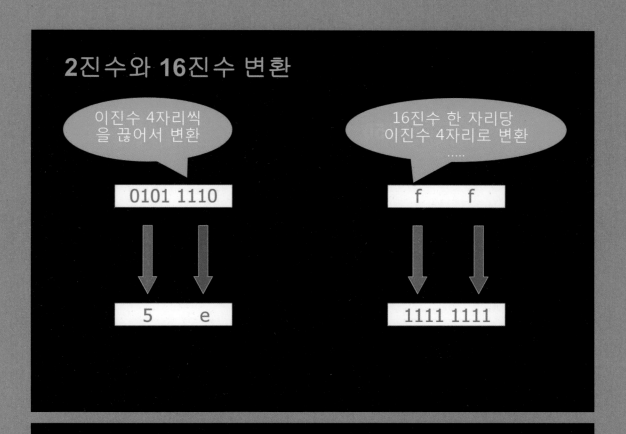

2진수와 16진수 변환

이진수 4자리씩
을 끊어서 변환

16진수 한 자리당
이진수 4자리로 변환
.....

| 0101 1110 |
| f   f |
| 5   e |
| 1111 1111 |

IP 주소를 위한 2진수

2의 승?	10 진수?	2진수?
2^0	1	0000 0001
2^1	2	0000 0010
2^2	4	0000 0100
2^3	8	0000 1000
2^4	16	0001 0000
2^5	32	0010 0000
2^6	64	0100 0000
2^7	128	1000 0000

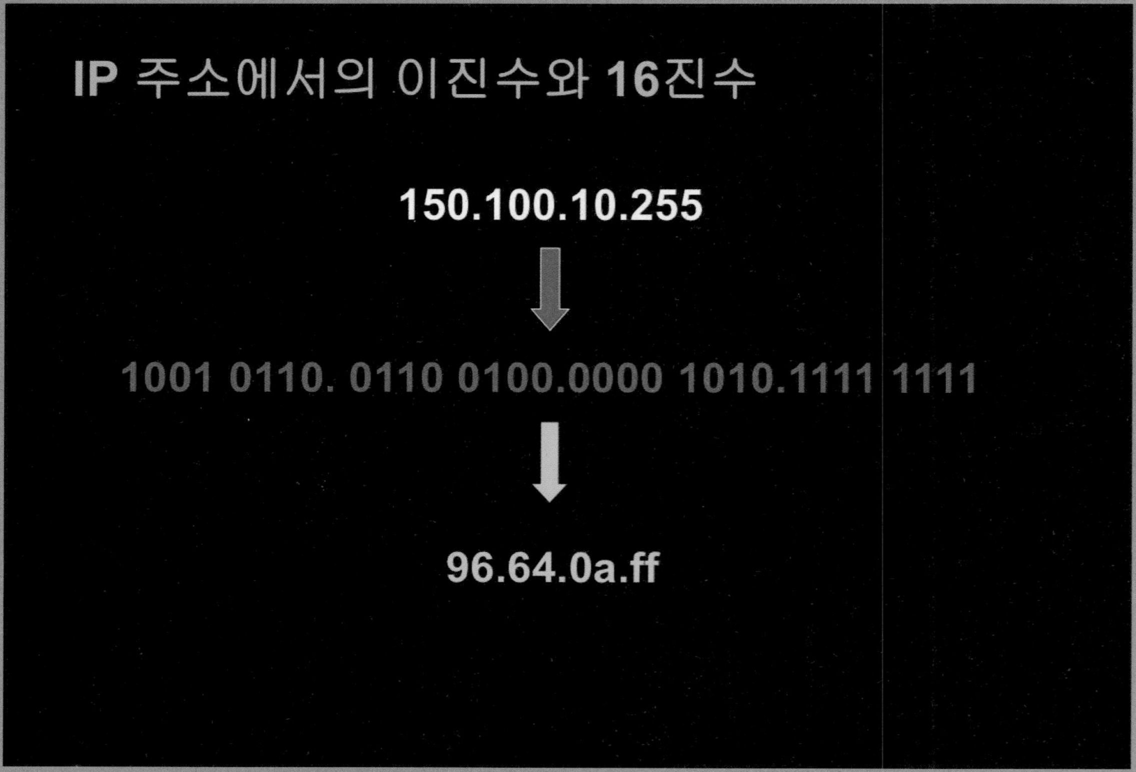

IP 주소에서의 이진수와 16진수

150.100.10.255

1001 0110. 0110 0100.0000 1010.1111 1111

96.64.0a.ff

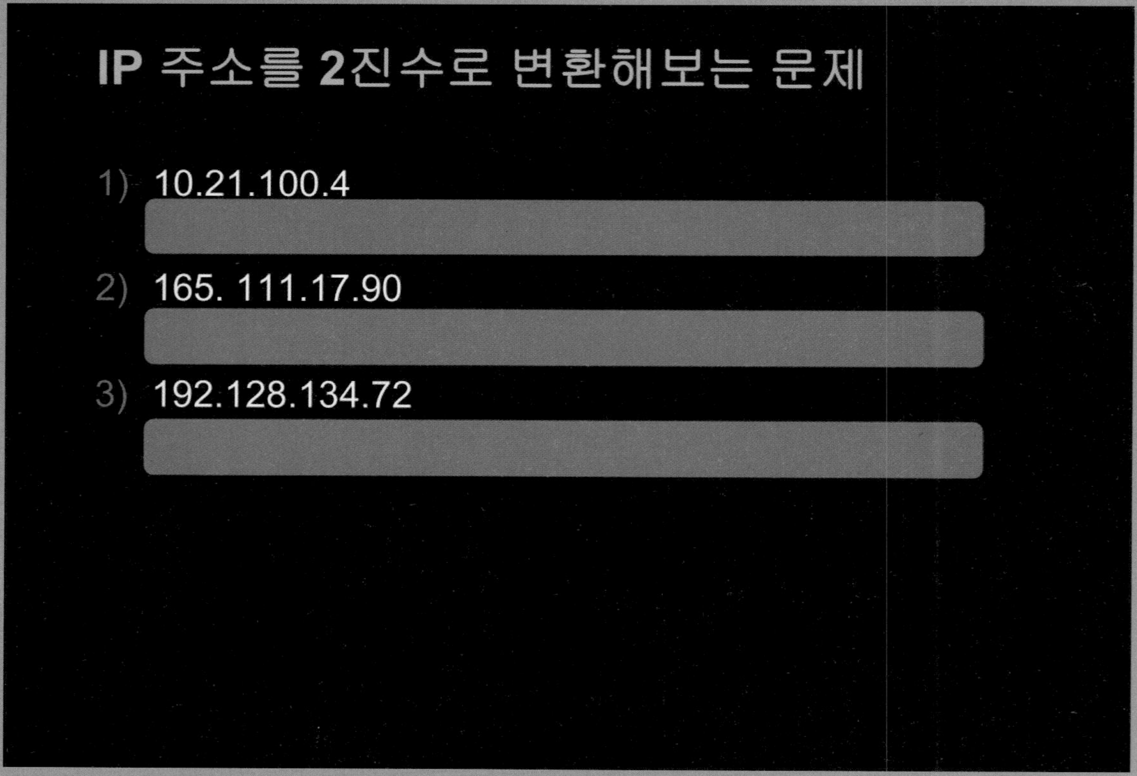

IP 주소를 2진수로 변환해보는 문제

1) 10.21.100.4

2) 165. 111.17.90

3) 192.128.134.72

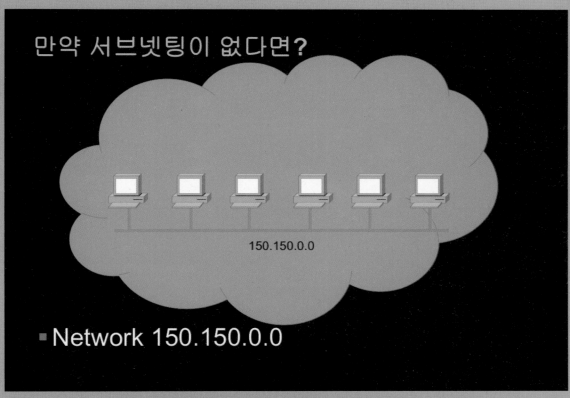

만약 서브넷팅이 없다면?

150.150.0.0

▪ Network 150.150.0.0

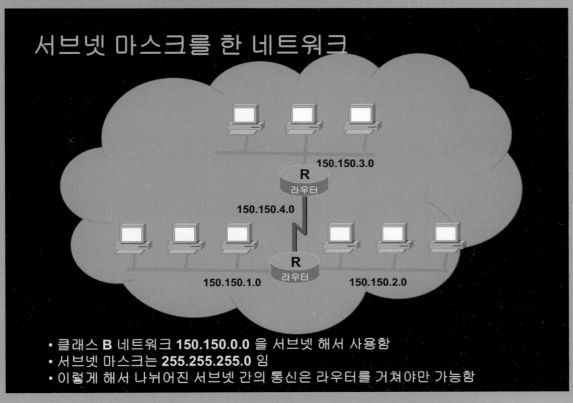

서브넷 마스크를 한 네트워크

150.150.3.0

R
라우터

150.150.4.0

150.150.1.0

R
라우터

150.150.2.0

• 클래스 **B** 네트워크 **150.150.0.0** 을 서브넷 해서 사용함
• 서브넷 마스크는 **255.255.255.0** 임
• 이렇게 해서 나뉘어진 서브넷 간의 통신은 라우터를 거쳐야만 가능함

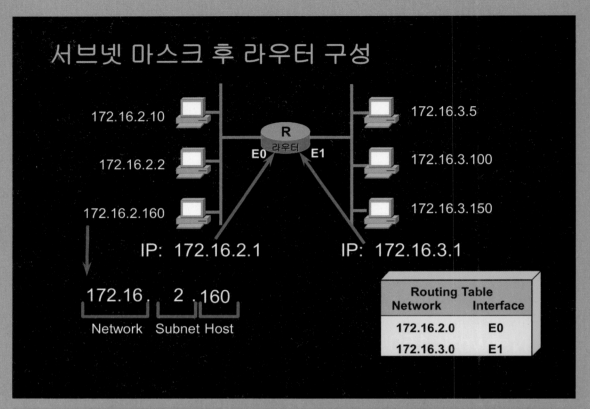

서브넷 마스크 후 라우터 구성

172.16.2.10

172.16.2.2

172.16.2.160

172.16.3.5

172.16.3.100

172.16.3.150

R 라우터

E0   E1

IP: 172.16.2.1   IP: 172.16.3.1

172.16 . 2 .160

Network Subnet Host

Routing Table Network	Interface
172.16.2.0	E0
172.16.3.0	E1

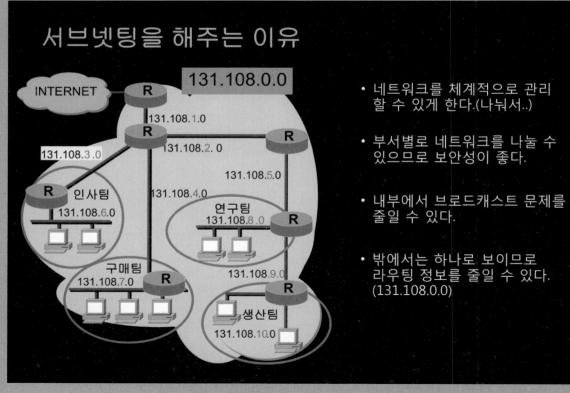

서브넷팅을 해주는 이유

131.108.0.0

INTERNET

R

131.108.1.0

R   R

131.108.3.0   131.108.2.0

R   인사팀   131.108.5.0

131.108.6.0

131.108.4.0

연구팀
131.108.8.0

R

구매팀
131.108.7.0   R

131.108.9.0

생산팀

131.108.10.0

• 네트워크를 체계적으로 관리
  할 수 있게 한다.(나눠서..)

• 부서별로 네트워크를 나눌 수
  있으므로 보안성이 좋다.

• 내부에서 브로드캐스트 문제를
  줄일 수 있다.

• 밖에서는 하나로 보이므로
  라우팅 정보를 줄일 수 있다.
  (131.108.0.0)

디폴트 서브넷 마스크

1) 210.100.100.1 의 디폴트 서브넷 마스크는 ?

2) 150.100.10.20 의 디폴트 서브넷 마스크는?

3) 10.1.1.100 의 디폴트 서브넷 마스크는 ?

IP주소에서 네트워크 주소 찾기

	Network		Host	
IP Address 150.150.100.1	1001 0110	1001 0110	0110 0100	0000 0001

	Network 부분		Host부분	
Subnet Mask 255.255.0.0	1111 1111	1111 1111	0000 0000	0000 0000

	Network 부분		Host 부분	
네트워크 주소 150.150.0.0	1001 0110	1001 0110	0000 0000	0000 0000

서브넷 마스크가 1인 부분의 IP 주소가 그대로 내려오고, 0인 부분은
모두 0으로 바뀌어 네트워크 주소가 됨

서브넷 마스크 만들기

	Network		Host	
IP Address	150	150	100	1

	Network		Host	
Default Subnet Mask	255	255	0	0

	Network		Subnet	Host
8 bit Subnet Mask	255	255	255	0

호스트 비트 부분을 사용하되,
맨 왼쪽비트 부터 사용한다.

서브넷 마스크 만들기(2진수로 보면)

	Network		Host	
IP Address	1001 0110	1001 0110	0110 0100	0000 0001

	Network 부분		Subnet부분	
Subnet Mask	1111 1111	1111 1111	1111 1111	00000 0000

	Network			Host
서브넷을 사용 했을 때 네트워 크 부분의 변화	1001 0110	1001 0110	0110 0100	0000 0000

따라서 서브넷팅 후 네트워크 주소는 150.150.100.0 이 됨

서브넷 마스크를 위해 외워두세요!!

128	64	32	16	8	4	2	1		
1	0	0	0	0	0	0	0	=	128
1	1	0	0	0	0	0	0	=	192
1	1	1	0	0	0	0	0	=	224
1	1	1	1	0	0	0	0	=	240
1	1	1	1	1	0	0	0	=	248
1	1	1	1	1	1	0	0	=	252
1	1	1	1	1	1	1	0	=	254
1	1	1	1	1	1	1	1	=	255

서브넷을 하지 않은 서브넷마스크

	Network		Host	
172.16.2.160	1010 1100	0001 0000	0000 0010	1010 0000
255.255.0.0	1111 1111	1111 1111	0000 0000	0000 0000
	10101100	00010000	00000000	00000000
	172	16	0	0

- 서브넷을 하지 않으면 디폴트 서브넷 마스크를 사용한다.
- 서브넷 마스크가 1인 부분이 네트워크 주소가 된다

서브넷을 수행한 서브넷마스크

		Network	Subnet	Host
172.16.2.160	1010 1100	0001 0000	0000 0010	1010 0000
255.255.255.0	1111 1111	1111 1111	1111 1111	0000 0000
	1010 1100	0001 0000	0000 0010	0000 0000
	172	16	2	0

- Network number가 8비트 더 늘어났다.

서브넷 마스크는 아무나 하나?

- 디폴트 서브넷 마스크 중 호스트 비트를 사용 하되, 맨 왼쪽부터 씀

  예) 172.16.2.160 의 경우 디폴트 서브넷 마스크는
  255.255.0.0 이므로 이를 이진수로 다시 표시하면,
  1111 1111.1111 1111.0000 0000.0000 0000 가 되고,
  빨간색으로 표시한 부분이 호스트 비트가 되므로,
  호스트 비트의 맨 왼쪽부터 1로 바꾸어줌.

- 이진수 '1'이 연속으로 나와야 함

  예) 1111 1111.1111 1111.1100 1100 은 서브넷 마스크가 될수없음

  예) 255.255.10.0   ?
  255.255.199.0   ?
  255.255.240.0   ?

시험: 서브넷마스크 (1)

Address	Subnet Mask	Class	Subnet
172.16.2.10	255.255.255.0	B	172.16.2.0
10.6.24.20	255.255.0.0	A	10.6.0.0
172.30.36.12	255.255.255.0	B	172.30.36.0

시험: 서브넷마스크 (2)

Address	Subnet Mask	Class	Subnet
201.222.10.60	255.255.255.248	C	201.222.10.56
15.18.192.6	255.255.0.0	A	15.18.0.0
130.15.121.13	255.255.255.0	B	130.15.121.0
153.70.100.2	255.255.255.192	B	153.70.100.0

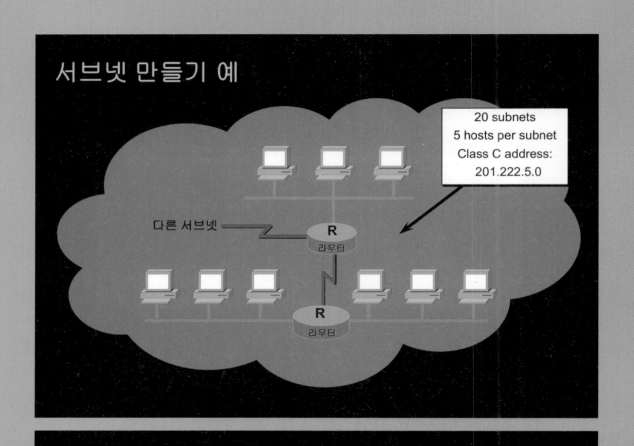

서브넷 만들기 예

20 subnets
5 hosts per subnet
Class C address:
201.222.5.0

다른 서브넷

R
라우터

R
라우터

서브넷 만들기 예 (풀이1)

201.222.5.0	1100 1001	1101 1110	0000 0101	0000 0000
255.255.255.0	1111 1111	1111 1111	1111 1111	0000 0000

20 개의 서브넷 필요 = 최소 2^5 승(32) 이상 필요
(2의 4승이 16 이므로 만족못함)

5개의 호스트 필요 = 최소 2^3 승 (8) 이상 필요
(2의 2승이 4 이므로 만족못함)

서브넷 마스크를
적용해야 하는 부분

따라서 서브넷 마스크는..

8 비트 호스트 부분중 5비트를 1로 세팅해야 한다.
(5비트 서브넷 부분 = 32 서브넷, 3비트 호스트 =7 호스트/ 서브넷)

255.255.255.248 = 11111111 11111111 11111111 11111000

서브넷 만들기 예 (풀이2)

201.222.5.0	11001001	11011110	00000101	00000000
255.255.255.248	11111111	11111111	11111111	11111000

```
201.222.5.0 (255.255.255.248)  : 201.222.5.1   ~ 201.222.5.6
201.222.5.8 (255.255.255.248)  : 201.222.5.9   ~ 201.222.5.14
201.222.5.16(255.255.255.248)  : 201.222.5.17 ~ 201.222.5.22


                         .
                         .
                         .


201.222.5.224 (255.255.255.248)  : 201.222.5.225 ~ 201.222.5.230
201.222.5.232 (255.255.255.248)  : 201.222.5.233 ~ 201.222.5.238
201.222.5.240 (255.255.255.248)  : 201.222.5.241 ~ 201.222.5.246
201.222.5.248 (255.255.255.248)  : 201.222.5.249 ~ 201.222.5.254
```

32개
서브넷

05
APPENDIX

네트워크의 기초

네트워크?

인터넷, 인트라넷, 엑스트라넷 ?

일반적인 기업 네트워크

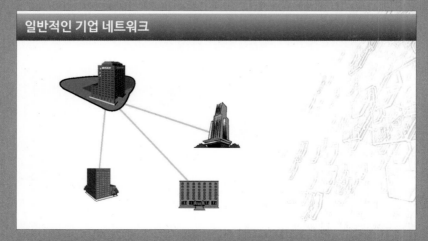

일반적인 기업 네트워크(안으로)

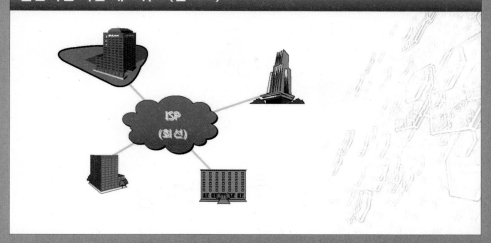

ISP를 통한 본/지사간 연결

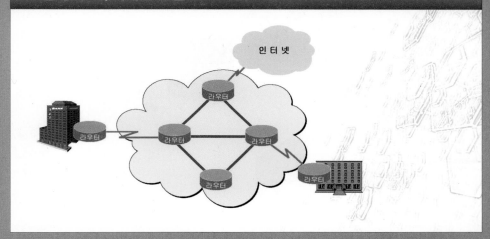

일반적인 기업 네트워크(더 안으로)

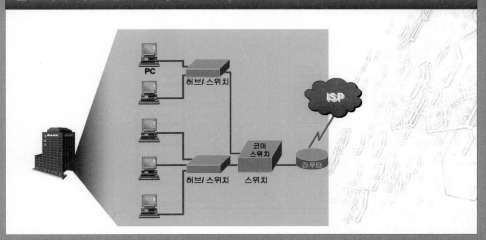

일반적인 기업 네트워크(케이블링은?)

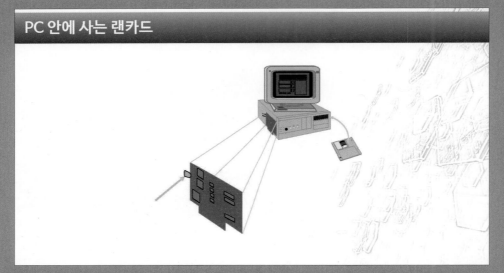

PC 안에 사는 랜카드

데이터의 전송

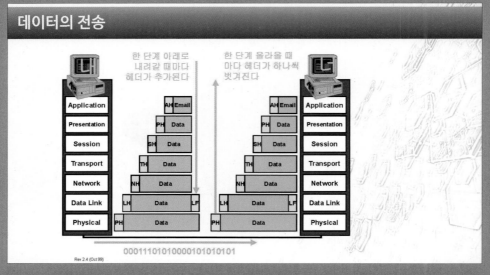

OSI 계층별 네트워크 장비

7	Application	Supported by
6	Presentation	• Protocols
5	Session	• Standards
4	Transport	• Software
3	Network	Router, Multilayer switch
2	Data Link	Bridge, Switch
1	Physical	Concentrator, Hub, Cables & Connectors

HUB ?

– 두개 이상의 네트워크 장비를 묶어 줌

- Non-intelligent device (파워만 연결하면 된다)
- 들어오는 대로 그냥 보낸다.
- 네트워크 대역폭을 나눠 사용

HUB 를 이용한 구성 예

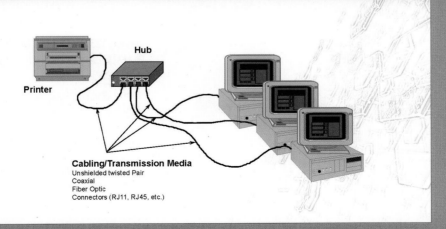

Cabling/Transmission Media
Unshielded twisted Pair
Coaxial
Fiber Optic
Connectors (RJ11, RJ45, etc.)

Ethernet (IEEE 802.3)의 통신방식 CSMA/CD

□ 매체 Access 방식
  – CSMA/CD 방식을 사용

① Carrier Sense/Transmit

② Collision Detection

③ Wait for random time /Retransmit

Wait for random time /Retransmit

Token-Ring

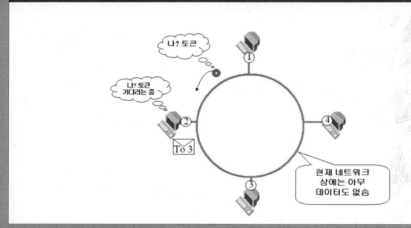

나? 토큰

나? 토큰 기다리는 중

To 3

현재 네트워크 상에는 아무 데이터도 없음

Hub Example

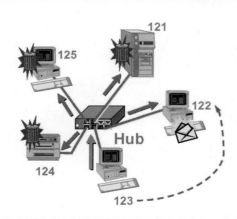

125

121

Hub

122

124

123

Device 123 이 Device 122 에게 메시지를 보내는 경우

허브는 붙어있는 모든 녀석에게 메시지를 보낸다.

나머지는 이 메시지를 버린다.

Device 122 만이 이것이 자기 것 이라고 인식하고 열어본다.

HUB !

**Cisco 1538M
HUB**

- **Eight 10/100
  autosensing ports**
- **Managed**
- **Embedded Web-based
  management**
- **Stackable**

NMS? (Network Management System)

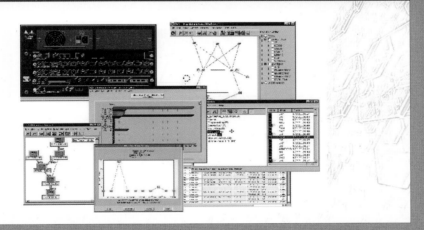

데이터의 전송 방식

- Unicast
- Broadcast
- Multicast

Unicast

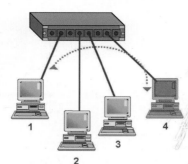

Host1이 특정 호스트에게만 데이터를 전송한다.

Broadcast

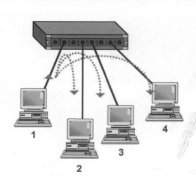

Host1이 모든 호스트에 데이터를 전송한다.

Multicast

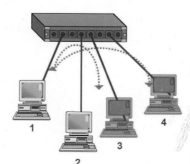

Host1이 특정 그룹 멤버들에게 데이터를 전송한다.

MAC Address

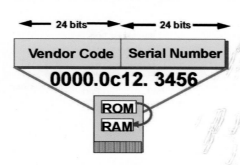

←— 24 bits —→ ←— 24 bits —→

| Vendor Code | Serial Number |

0000.0c12. 3456

ROM
RAM

MAC address는 이세상에서 유일하다.

MAC Address 를 이용한 통신

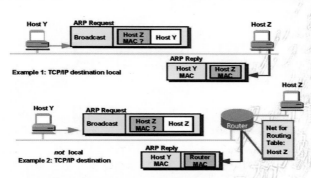

Host Y | ARP Request | | | Host Z
Broadcast | Host Z MAC ? | Host Y

ARP Reply
Host Y MAC | Host Z MAC

Example 1: TCP/IP destination local

Host Y | ARP Request | | | Host Z
Broadcast | Host Z MAC ? | Host Z

Router

Net for Routing Table: Host Z

not local
Example 2: TCP/IP destination

ARP Reply
Host Y MAC | Router MAC

• An example: TCP/IP Address Resolution Protocol (ARP)
• ARP finds the MAC address for a data link connection

Bridges

- 네트워크 세그먼트 간을 연결하거나 프레임을 전달 해주는 기능을 수행하는 Data link layer 장비
- Learns, filters, forwards, and avoids loops
- 허브보다 약간 똑똑하다.
- 들어오는 프레임을 분석한다.
- Forward 나 discard(filter)는 MAC 주소에 따라서 결정한다.
- Competition within segments only

Rev 2.4 (Oct 99)

스위치가 호스트의 위치를 배우는 과정 Learning

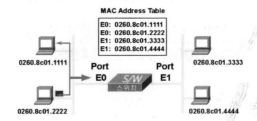

- 해당 인터페이스에 따른 출발지의 MAC 주소를 기억한다.

Forwarding의 발생

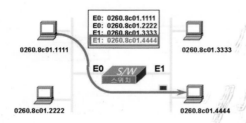

- 브리지나 스위치가 목적지 주소를 알고 있는 경우 발생

Filtering의 발생

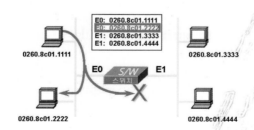

- 목적지가 출발지와 같은 세그먼트에 있다는 것을
  알고 있는 경우 발생

HUB와 스위치의 비교

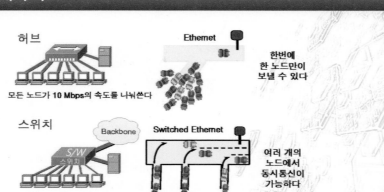

허브

모든 노드가 **10 Mbps**의 속도를 나눠쓴다

스위치

각각의 노드가 **10 Mbps**의 속도를 가진다

Ethernet

한번에 한 노드만이 보낼 수 있다

Switched Ethernet

여러 개의 노드에서 동시통신이 가능하다

Backbone

S/W 스위치

[참고] 샤시형(모듈형) or 단독형??

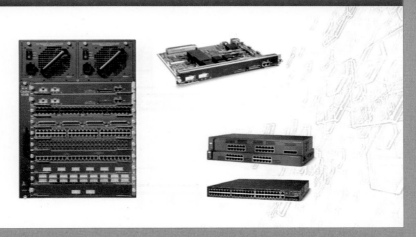

[참고] 스텍형? 단독형??

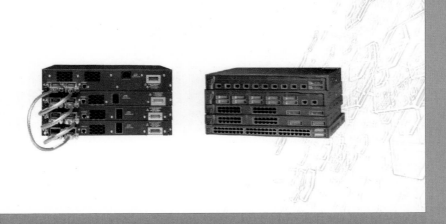

브로드캐스트는 언제 발생하나?

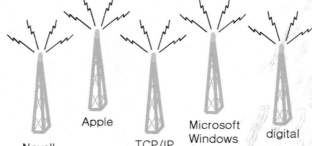

Novell   Apple   TCP/IP   Microsoft Windows   digital

* 네트워크 서비스를 광고하기 위해서
* 라우팅 정보를 서로 교환하기 위해서
* 네트워크 주소를 분석하기 위해서

브로드캐스트의 동작

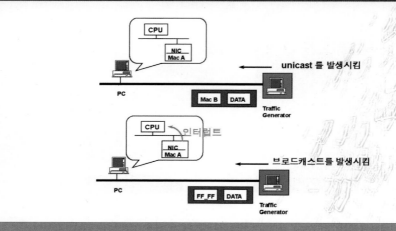

브로드캐스트의 영향

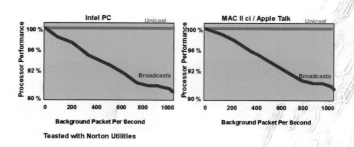

* 브로드캐스트와 멀티캐스트는 CPU에 인터럽트를 건다
* 대역폭을 소모한다

브리지와 스위치

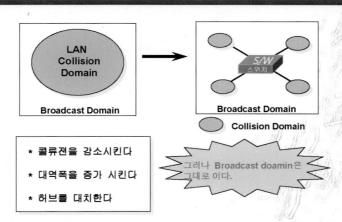

* 콜류젼을 감소시킨다

* 대역폭을 증가 시킨다

* 허브를 대치한다

그러나 Broadcast doamin은 그대로 이다.

브리지와 스위치

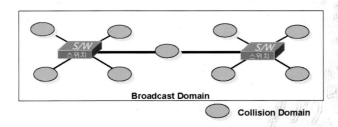

* 스위치로 구성된 네트워크에서는
  브로드캐스트 도메인은 확장된다.

라우터

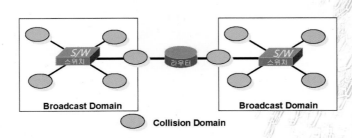

* 브로드캐스트 도메인을 나눈다
* Layer 3 서비스를 제공한다

라우터가 하는 일

Routing is
- 출발지에서 목적지까지의 길을 찾아 준다.
  (path determination)
- 정보를 목적지에서 출발지 쪽으로 배달한다.
  (switching)

A Router is
- 네트워크 계층장비로써 출발지에서 목적지까지
  경로를 결정해 주는 장비이다.
- 브로드캐스트 영역을 나누어주는 성질이 있다.

라우터의 길 찾기

라우터는 네트워크상에서 가장 좋은 경로를 찾는다.
- Routing table이라는 장소에 경로 정보 저장

라우터와 스위치

	ROUTER	Switch
Speed	slower	faster
OSI Layer	3—Network	2- Data Link
Address	hierarchical	MAC address
Broadcasts	blocked	passed through
Security	high	none
Bandwidth	good control	none

찾아보기